汤志钧 编

章太炎年谱长编

（增订本）

上册

中华书局

图书在版编目(CIP)数据

章太炎年谱长编/汤志钧编.—增订本.—北京：
中华书局,2013.3
ISBN 978 - 7 - 101 - 08946 - 2

Ⅰ.章…　Ⅱ.汤…　Ⅲ.章太炎(1869~1936) -
年谱　Ⅳ.B259.2

中国版本图书馆 CIP 数据核字(2012)第 227795 号

书　　名	章太炎年谱长编(增订本)(全二册)
编　　者	汤志钧
封面题签	谢稚柳
责任编辑	欧阳红
出版发行	中华书局
	(北京市丰台区太平桥西里 38 号　100073)
	http://www.zhbc.com.cn
	E-mail:zhbc@zhbc.com.cn
印　　刷	北京市白帆印务有限公司
版　　次	2013 年 3 月北京第 1 版
	2013 年 3 月北京第 1 次印刷
规　　格	开本 787×1092 毫米　1/16
	印张 54¾　插页 8　字数 1107 千字
印　　数	1 - 3000 册
国际书号	ISBN 978 - 7 - 101 - 08946 - 2
定　　价	196.00 元

本书作者在日本京都大学人文科学研究所阅读章太炎《佛学手册》

章太炎《佛学手册》

新城魯於樑宗渠集其十五以芳書畫爲此冊
山水道逸今八有出藍之枝其竹石花鳥人物雜畫
亦各有致末附論畫一首盖其自鉥也顧摹款識
六筆自發與以借摺窗者自別分辣輕美謝少
沈著耳於樑年未及對而亦爲如此豈其下林草
偃亦八亦采而仰企者耶其諳山木之桔出含未涤
而鍾美於斯噫清世名儒大夫七喬世澤大氏斬兵
余顗於樑益勉之也庚午孟秋章炳麟識

章太炎手札

章太炎手迹

章太炎手订《章氏丛书续编目录》(1933 年)

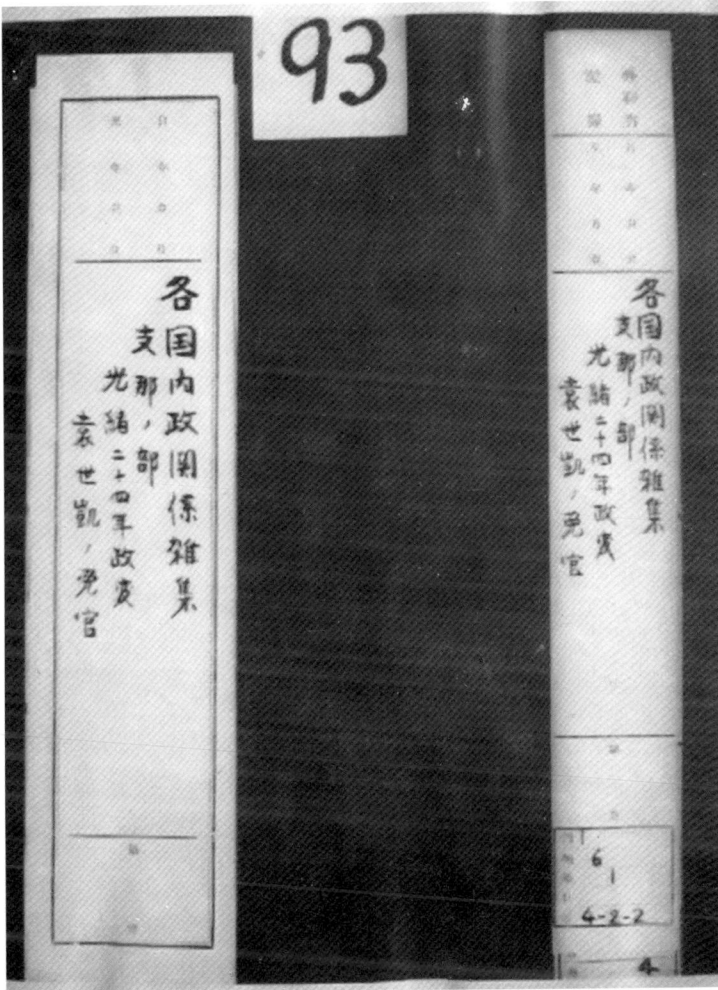

日本外务省档案《各国内政关系杂集》"支那之部"（1898年）

章太炎遺囑

余年六十七歲以來。精力頓減。自分不過三年。俟畢吾孫故書此遺命。一行色舉。

凡人總以立身為貴。學問尚居其次。求門內富貴而驕矜。困窮而

廉節甚戒。出洋游學供有資本乃可為之。如只於異鄉困傲

誕作事也。入官尤須清慎。勿多徵入主務須潔身

余而有書籍鄰里未精美甚幽。宜備用其中以勝書十餘部且最輕

兩男皆讀書識字。不務求任其壽練為余。至今小不過值

教子全速中無談游朱書。部擇所葯全亦示之矣。

余而有善書。章氏諸高子通史官修之部。偶書晉凡十餘部。部清遺國

別記余高在三四部。宜蔣藏之勿失。

余而有動位詩書二件及動位命章二件。於祭祀以葯於祭祀及。

上鐵使國共主樣。五百遺棄。所作服本五上海書者項用導高雨男系

宗此以印損存分。可也。青蔡貴書一存上海備青銀行之第三千

圖借之其中有二千圖。另小存浙江興業銀行之第四圖用方定氏名者為

章太炎遗嘱手迹

杭州章太炎墓

目　录

《章太炎年谱长编》增订说明

　　一、增订部分仍按《章太炎年谱长编》(下简称《章谱》)编次,分为五卷:1868 年—1894 年为第一卷,1895 年—1905 年为第二卷,1906 年—1911 年为第三卷,1912 年—1918 年为第四卷,1919 年—1936 年为第五卷,以便读者检核。

　　二、《太炎先生自定年谱》、《国内外大事》已辑入《章谱》,兹不再赘。所引章氏撰著、讲演、函电,也一一注明来源版本,不再另加《著作系年》。

　　三、本编对《章谱》虽曾记录,但有待补订者,酌予考核,如章氏与宋恕的交往、《仁学》稿抄本的渊源、"苏报案"和亚洲和亲会的始末等;如遇存有争议者,也抒述己见,如《挽孙中山联》。

　　四、章氏在戊戌政变后避地台湾、旅居日本;民国成立后任东三省巡边使、出访南洋,《章谱》仅简志仕履,今仔细访求,录入本编。

　　五、章氏早年东京讲学,晚岁多处报告、苏州授课,本编酌予补充。

　　六、本书引用外文资料,除注明档卷来源、版本页码外,译者姓名也附于后;如有稿抄本鲜为人知者,也注明藏所,如《鹪居日记》。

2010 年 1 月

序

　　章太炎是资产阶级革命家，也是一位著名学者。他出生于太平天国革命失败之后，逝世于抗日战争发生之前，经历了中法战争、中日战争、戊戌政变、义和团运动、辛亥革命、五四运动、北伐战争，写了大量政论文章和学术专著。因此，系统搜集章太炎各该时期的论著，加以分析研究，将有助于对他一生政治活动和思想面貌的了解；对中国近代社会发展变化的探讨，也将有所帮助。

　　由于近代中国发展迅速，时代巨轮不断前进，一个人的思想也时有变化，或者拉车向前，或者逆流而动。正确评价历史人物，就要看他的实践是否符合社会发展客观规律，按照一定的时间、地点和条件加以科学的剖析。面临着尖锐的阶级矛盾和严重的民族危机的旧中国，章太炎曾经由赞助维新到投身革命，也曾经由"拉车向前的好身手"到"既离民众，渐入颓唐"，从而对他先前所发表的论著有所增衍、修饰、改易、删削。1914 年，章太炎手定《章氏丛书》，把先前登在期刊上的战斗的文章每多刊落；《訄书》的改编为《检论》，也反映了章太炎思想递变的迹象。

　　早在章太炎同情维新变法时编集的《訄书》，收录有《客帝》、《分镇》等篇，他自己说当时他写这些文章是与"尊清者游，饰苟且之心"。到了义和团运动以后，始作"匡谬"；1902 年，重为"删革"，编作《訄书》"前录"，成为资产阶级革命时期的重要文献之一。他的始撰、改订以至删削，都留下了章太炎在急遽变化的历史进程中的思想烙印。而这种事例，几乎数见不鲜。那么，为着"知人论世"，爬梳佚文，雠校异同，系年辑录，就显得很有必要。

　　其实，这种情况，不但章太炎如此，其他近代著名思想家也有类似情况：康有为在1884 年始撰《人类公理》，1901 至 1902 年间写成《大同书》，他的"大同学说"，就跟随其思想变化而大相径庭。谭嗣同的《仁学》，在《清议报》和《亚东时报》分别发表时，编次、内容都有不同，说明它们不是同源①。唐才常受到康有为、梁启超的影响后，在他改订的论文中，也增列了"儒教真派，厄于刘歆"等命题②。可见，对于中国近代思想家的著作，应该探源比勘，把问题提到一定的历史范围之内，进行实事求是的全面的历史的评价。

　　《章太炎年谱长编》，就是本着这样的认识编纂整理的，试图为研究章太炎思想和中国近代历史提供一点参考资料。

　　但是，要编好像章太炎这样一个"有学问的革命家"的《年谱》，却又并不简单。首

---

　　①　见拙著：《〈仁学〉版本探源》，《学术月刊》1963 年第五期。
　　②　唐才常：《论各国变法政教之有无公理》，原载《湘学报》第五号至第十一号；后来收入《觉颠冥斋内言》卷一，改题《各国政教公理总论》，文字内容，有所增损。

先,必须网罗遗文,广事搜辑,鉴定版本,反复推敲。其次,又要把每篇文章的写作时间厘订先后,考索同异。更重要的是要从中国近代社会的发展来看章太炎是怎样开展政治活动和不断撰文的。基于他的论著,很多散见于各种报刊,大都有针对性,而结集时则经过磨勘。为此,我曾翻阅了四十年的报纸和一百多种期刊,也注意到各种手稿、抄件以至不同版本的搜集。在1961年编校《章太炎政论选集》时,基本上写出了本书的草稿。此后,陆续修改了三次。1977年又征求了一些同志的意见,作了较大的修改。

　　感谢各方面的帮助,使本书卒底于成。如果说本书对学术界还能起砖瓦之用的话,应该归功于同志们的关怀和支持!

汤志钧

1978 年 5 月

编辑说明

一、本书主要按照不同历史阶段,结合章太炎思想活动,分五卷编次:1868 年—1894 年为第一卷,1895 年—1905 年为第二卷,1906 年—1911 年为第三卷,1912 年—1918 年为第四卷,1919 年—1936 年为第五卷。

二、本书每卷前附按语,说明这一阶段的国内外形势和章氏的思想活动。基本上以年月为经,以事实为纬,适当照顾有关事件。侧重记述章太炎政治、学术情况。

三、1895 年—1918 年间,章太炎参加政治活动;此后"却退居于宁静的学者"。本书二至四卷,每年均附国内大事简记,以便参稽;一、五两卷,则结合各年事迹,穿插说明。

四、《太炎先生自定年谱》仍为研究章氏思想的重要资料,也反映了章太炎对自己各政治活动的看法,今按年系入,编于篇首。

五、辛亥以前,章氏行文,月日多用旧历,辛亥以后则用公元,今悉仍其旧。为便于查考,编者行文,公元概用阿拉伯字,以资区别;至引文则仍用原式。

六、本书选用资料、凡文稿、函电、演说辞等未曾发表而较重要的全录或多录;刊入早期报刊、目前鲜见的多录或酌录;辑入《章氏丛书》的酌录或仅存目录。

七、本书每年末附《著作系年》,按照撰期或发表年月编次。汇成专书,自行辑集者,如《文录》、《检论》、《国故论衡》各篇,除有确实撰期或有刊期可考者另行注明外,其馀编入结集年内。

八、本书引录章氏著作,凡原刊错误,肯定误植者,下用〔 〕号,用正字排在〔 〕号之中;脱字则用< >号;原稿小注和资料来源,概用( )号。

章太炎年谱长编　卷一

（1868 年—1894 年）

说　明

本卷记述 1868 年—1894 年章太炎二十七岁以前的主要事迹。

章太炎生于太平天国革命运动失败后的第四年。他十七岁时，中法战争爆发。二十七岁，中日战争爆发。他的青年时代，正是近代中国面临着尖锐的阶级矛盾和严重的民族危机的时代。

章太炎出生于地主阶级家庭，从小接受传统的封建教育，自称读了《东华录》和受到他外祖父朱有虔讲述明清遗事的影响，较早就孕有民族主义思想。

章太炎的父亲去世以后，他到杭州诂经精舍跟随著名的经学家俞樾埋头"稽古之学"。这时，章氏开始以文字学为基点，从训诂、音韵、典章制度等方面阐释儒家经典、先秦诸子，写了不少读书札记和"课艺"。

清同治七年戊辰（1868 年）　一岁

【自定年谱】余先自分水迁馀杭，距今几五百年。曾祖讳均，字安圃。祖讳鉴，字聿昭。考讳濬，字轮香。是岁十一月三十日（1869 年 1 月 12 日）生。

章氏名炳麟，字枚叔，（一作"梅叔"，见《致俞樾书》。）初名学乘，（黄侃：《太炎先生行事记》，见《制言》第四十一期，转录《神州丛报》一卷一期；汪太冲：《章太炎外纪》；马叙伦：《石屋馀瀋》，见《国民杂志》一卷一号）。浙江馀杭人。因羡慕顾炎武之为人，改名绛，别号太炎。曾用名和笔名有章燐、（《致汪康年书》，见《汪穰卿先生师友手札》，上海图书馆藏。）章缁、（《吴敬恒答章炳麟书》，见巴黎《新世纪》第四十四号。）绛叔、西狩、（《清议报》、《国民日日报》、《浙江潮》、《复报》。）日本西狩祝予、（《昌言报》。）末底、（《江西》；《致苏曼殊函》，见《越风》第十七期；杨仁山：《等不等观杂录》；周作人：《秉烛谈》。）戴角、（《国粹学报》。）独角、（《教育今诣杂志》。）莉汉阁主（《清议报》、《亚东时报》。）台湾旅客、（《清议报》。）知拙夫、（《致汪康年书》；又《致吴君遂书》，手迹，上海图书馆藏。）亡是公、支猎胡、（《致吴君遂书》，同上。）支拉夫、支那夫、（《选报》。）陆沉居士、（《驳箴膏肓评》自署，稿本，上海图书馆藏。）刘子政私淑弟子、（有印章，见《驳箴膏肓评》。）刘子骏之绍述者。（《与刘师培书》，《国粹学报》丙年第十二号，《文录》未收。）又有毛一、（《与刘师培何震书》，见巴黎《新世纪》第一一七号。）萧海琳、（《与李根源书》，见《近代史资料》总三六号。）但未获旁证，也未见手迹。

章氏曾祖名均，字安圃，(一作安溥。）"自署治斋。生清乾隆中"。"家素给，承累世业绪，废居田畜，赀产至百万。入县学为增广生，援例得训导，教于海盐儒学"。"出万馀缗起莒南书院，又置田千亩为章氏义庄，右为家塾，教族人读书，时宗族三百馀人，贫者多就家塾习业"。"年六十四，清道光十二年卒"。（《先曾祖训导君先祖国子君先考知县君事略》，见《太炎文录续编》卷四，下简称《文录续编》。）

章氏祖名鉴，字聿昭，自署晓湖，"稍长，入县学为附学生，援例得国子监生"。"蓄宋、元、明旧椠本至五千卷，日督子弟讲诵"。"中岁好医术，自周、秦及唐、宋、明、清诸方书悉谙诵上口。以家富不受人饷糈，时时为贫者治疗，处方不过五六味，诸难病率旬日起"。"年六十二，清同治二年卒"。（同上。）

又据《光绪馀杭县志稿·人物列传》称：章鉴"少习举业，以妻病误于医，遍购古今医家书，研究三十年。初仅为亲族治病，辄效"。太平天国革命后，"行医为活。尝治时疫之脉绝气脱者，一剂即起，立方参变不泥古。治危症，药不过三四味，曰少则力专，多则牵制也"。（参《行述》。）章氏亦擅医学，受其祖、父影响。

章氏父名濬，字轮香，"家多藏书，得恣诵习"。太平天国革命，对江南地主经济进行扫荡，章"家无馀财，独田一顷在耳"。（又章氏《与龚未生书》谓："呈籍遗产三十亩，聊供饘粥入学之资。"知章氏曾籍遗产土地三十亩。）"尝客清杭州府知府谭钟麟所"，"晚岁里居"，课章氏及兄箴读，"时举藏书目录及平生师友学行以诏。诸子由是发愤为学。年六十六，清光绪十六年卒"。"子男四人，长殇，次篯嗣，清光绪戊子浙江乡试举人，嘉兴儒学训导。次箴，清光绪壬寅浙江乡试举人。次炳麟"。次炳芹，女，适同邑张荫椿，荫椿清光绪癸卯进士，签分度支部福建司主事。

又据《光绪馀杭县志稿·人物列传》：章濬，"字楞香，廪生，屡试优等，道光己酉拔萃科，将入选时，家素封，以忌者訾言，遽归不应试。乡闱七荐不售，泊如也。"同治初，左宗棠"督师至闲林镇，濬献地图，并陈善后策，颇见用。先是，濬祖均捐田千亩建义庄，燹后券册尽毁，濬悉心钩稽，得七百馀亩复之，家谱、宗祀以次修辑，凡勘荒修塘，均实事求是，晚年犹与耆老规画东乡水利无稍倦。生平长于医，为人治病辄效，暇则以诗自娱。"（《两浙輶轩续录》，参《行述》。）是章氏出身于地主阶级家庭。

章濬立有《家训》，中云："妄自卑贱，足恭谄笑，为人类中最佣下者。吾自受业亲教师外，未尝拜谒他人门墙。汝曹当知之。""精研经训，博通史书，学有成就，乃称名士。徒工词章，尚不足数，况书画之末乎？然果专心一艺，亦足自立，若脱易为之，以眩俗子，斯即谓斗方名士，慎勿堕入。""曲园设教诂经精舍，吾时充监院，相处数岁，今闻其茹蔬念佛，贤士晚节，往往至此。"又言自己"中年颇好禅学"，以及"吾家世授医术，然吾未能工也"。（章氏笔述，影行手迹见《制言》第四十三期，1937 年 6 月 16 日出版。）则章氏在章濬死后到诂经精舍就读，系秉其"遗训"；他的探究医术，也与家学有关。

同治八年己巳(1869 年)　　二岁

同治九年庚午(1870 年)　　三岁

同治十年辛未(1871 年)　　四岁

同治十一年壬申(1872 年)　　五岁

同治十二年癸酉(1873 年)　　六岁

【自定年谱】始就傅。

同治十三年甲戌(1874 年)　　七岁

光绪元年乙亥(1875 年)　　八岁

光绪二年丙子(1876 年)　　九岁

【自定年谱】外王父海盐朱左卿先生讳有虔来课读经。时虽童稚,而授音必审,粗为讲解。课读四年,稍知经训。暇亦时以明、清遗事及王而农、顾宁人著述大旨相晓,虽未读其书,闻之启发。

光绪三年丁丑(1877 年)　　十岁

光绪四年戊寅(1878 年)　　十一岁

光绪五年己卯(1879 年)　　十二岁

光绪六年庚辰(1880 年)　　十三岁

【自定年谱】外王父归海盐,先君躬自督教。架阁有蒋之〔良〕骐《东华录》,尝窃窥之,见戴名世、吕留良、曾静事,甚不平,因念《春秋》贱夷狄之旨,先君不知也。家故藏书,遭乱散尽,先君时举目录示之。稍课律诗及科举文字,余慕为古文辞,见天启、崇祯人制义,稍可之,犹以为易,先君诲之曰:"尔文思偭俶,学古非难也。以入制义,则非童子所应为。"由是稍就绳墨,然终不熹。

章氏少时从朱有虔受业,并受其思想影响事,后来曾多次述及。朱希祖:《本师章太炎先生口授少年事迹笔记》说:"余十一二岁时,外祖朱左卿(名有虔,海盐人。)授余读经,偶读蒋氏《东华录》曾静案,外祖谓'夷夏之防,同于君臣之义'。余问:'前人有谈此语否？'外祖曰：'王船山、顾亭林已言之，尤以王氏之言为甚，谓历代亡国，无足轻重，惟南宋之亡，则衣冠文物，亦与之俱亡。'余曰：'明亡于清，反不如亡于李闯。'外祖曰：'今不必作此论，若果李闯得明天下，闯虽不善，其子孙未必皆不善，惟今不必作此论耳。'余之革命思想伏根于此。依外祖之言观之，可见种族革命思想原在汉人心中，惟隐而不显耳。"（见《制言》第二十五期《太炎先生纪念专号》，下简称《口授少年事迹》。）章氏《致陶亚魂柳亚庐书》："鄙人自十四五岁，览蒋氏《东华录》，已有逐满之志。"（《复报》第五号；又见《制言》第六十一期。）《光复军志序》称："余年十三四，始读蒋氏《东华录》，见吕留良、曾静事，怅然不怡，辄言有清代明，宁与张、李也。"（《光复军志》，1918 年 8 月天津华新印刷局铅字排印本。）《东京留学生欢迎会演说辞》说："兄弟少小的时候，因读蒋氏《东华录》，其中有戴名世、曾静、查嗣庭诸人的案件，便就胸中发愤，觉得异种乱华，是我们心里第一恨事。后来读郑所南、王船山两先生的书，全是那些保卫汉种的话，民族思想，渐渐发达，但两先生的话，却没有甚么学理。"（见《民报》第六号，下简称《欢迎辞》。）《狱中答新闻报》称："自十六七岁时读蒋氏《东华录》、《明季稗史》，见夫扬州、嘉定、戴名世、曾静之事，仇满之念固已勃然在胸。"（《苏报》，光绪二十九年闰五月十二日。）1933 年，辛亥革命二十二周年，章氏作题为《民国光复》的讲演时说："余成童时，尝闻外祖父朱左卿先生言：'清初王船山尝云，国之变革不足患，而胡人入主中夏则可耻。'排满之思想，遂酝酿于胸中。及读《东华录》至曾静案，以为吕留良议论不谬。余遂时发狂论曰：'明亡于满清，不如亡于李自成，李自成非异族也。'"（李希泌笔记，见《章太炎先生讲演录》，章氏国学讲习会铅印本。）汪东：《馀杭章先生墓志铭》也说："外祖朱氏，尝授以《春秋》大义，谓夷夏之辨，严于君臣，服膺片言，以至没齿。"（《制言》第三十一期。）知章氏民族主义思想孕育较早，且受到他外祖父朱有虔的启发。

光绪七年辛巳（1881 年）　　十四岁

光绪八年壬午（1882 年）　　十五岁

光绪九年癸未（1883 年）　　十六岁

【自定年谱】先君命赴县应童子试，以患眩厥不竟，先君亦命辍制义，颇涉猎史传，浏览《老》、《庄》矣。

章氏未应科举考试事，《自述学术次第》谓："余生亡清之末，少慭异族，未尝应举，故得泛览典文，左右采获。"（手迹，上海图书馆藏。）《上李鸿章书》称："幼诵六籍，训诂通而已。然于举业，则固绝意不为。"（手迹，上海图书馆藏，见《章太炎政论选集》第 53 页，1977 年 11 月中华书局版，下同。）《谢本师》称："余十六七岁，始治经术。"（《民报》第九号。）诸祖耿：《记本师章公自述治学之功夫及志向》记："余家无多书，年十四五，循俗为场屋之文,非所好也。喜为高论,谓《史》、《汉》易及,揣摩入八比,终不似。年十六,当应县试,病未往,任意浏览《史》、《汉》。"(见《制言》第二十五期,下简称《自述治学》。)章氏又称:"予少时多病,时文亦弄过,旋即废弃,未应试也。然亦适然耳,非有意为之。"(《章太炎先生答问》,见《太炎最近文录》,1915 年 4 月版,下同。)

又据张元济回忆:"太炎先生自幼劬学,不屑仕进,方科举盛行时,从未涉足试院,此余闻之亡友夏穗卿者。"(《挽章太炎联》后附记,见《制言》第二十四期。)夏穗卿,即夏曾佑,见"光绪二十年甲午(1894 年),二十七岁"条。

光绪十年甲申(1884 年) 十七岁

【自定年谱】初读四史、《文选》、《说文解字》。自是废制义不为。

五月(6 月),中法战争爆发。

章氏戊戌正月《上李鸿章书》称:"年十七,浏览周、秦、汉氏之书,于深山乔木间,冥志覃思,然后学有途径,一以荀子、太史公、刘子政为权度。持此三子以观古今中外之册籍,有旁皇周浃者曰知之矣。涉是曰近之矣。吐言相戾,陈义不相应,则以为未知楚夏,不在六艺之科。会天下多故,四裔之侵,慨然念生民之凋瘵,而思以古之道术振之。盖自三子以后,得四人焉。曰盖次公、诸葛孔明、羊叔子、黄太冲。之四人者,事业不同,名声异号,然大要知君民之分际,与亲仁善邻之所以长久,而不肯以残夷割剥、陵轹元元者,则数逾千祀,风期一也。如盖氏之言官家,黄氏之标《原君》,其陈义甚高,而荐绅先生或以为难言,虽言之亦不能竟其绩,或只以违天方命,则麟亦心知其意而已,未敢于岩廊之间道其眇论也。所可道者,则诸葛、羊公,雅儒之所恒言,虽揭橥之而莫以为怪诧。然推其用意,则皆有潢然兼覆之志,观其伐国取邑,不以鏖肝涉血为功,其意固已远矣。诸葛于孙氏,亲之如昆弟交,虽遭挫衄,而不以为憾。及武昌称号,犹驳绝交之议,遣使走贺,盖知共球之锡,不在一家。苟利万姓,孰非当壁。故由其道大用之,则可以怀柔九域;小用之,则能使弹丸之蜀,藉之以不灭。羊公知吴之有陆抗也,师江介不奋其武,譬之三仁未亡,而姬后还师于盟津。及夫和门之率,袀服相见,而醪醴膏沐,劳问不绝,未尝怀忮忌,卓哉有司马揖让之风矣。故由其道小用之,可以壹江汉;大用之,可以使晋室之隆比踪三王。嗟乎!今之世,非无其人也,权不统壹,则有元黄之战;愤激独断,则离遇雨之愠。盖思古人之蹴武,浸假效其一二,而连蹇以去,使其身与国家皆不得有豪毛之益者,是最可哀也。麟每念至此,则壹郁欷唏,仰睎青天而无与语。"(手迹,见《章太炎政论选集》第 53—54 页。)知章氏少时"一以荀子、太史公(司马迁)、刘子政(向)为权度",并推崇盖宽饶、诸葛亮、羊祜、黄宗羲为"知君民之分际,与亲仁善邻之所以长久"。

光绪十一年乙酉(1885 年) 十八岁

【自定年谱】初读唐人《九经义疏》。时闻说经门径于伯兄篯,乃求顾氏《音学五书》、王氏《经义述闻》、郝氏《尔雅义疏》读之,即有悟。自是壹意治经,文必法古。眩厥未愈,而读书精勤,晨夕无间。逾年,又得《学海堂经解》,以两岁紬览卒业。

二月十九日(4月4日),中法在巴黎签订"议和"草约。

关于"说经门径",《自述治学》谓:"知不明训诂,不能治《史》、《汉》,乃取《说文解字》段氏注读之,适《尔雅》郝氏义疏初刊成,求得之。二书既遍,已十八岁。读《十三经注疏》,暗记尚不觉苦。毕,读《经义述闻》,始知运用《尔雅》、《说文》以说经。时时改文立训,自觉非当,复读学海堂、南菁学院两《经解》皆遍。"

光绪十二年丙戌(1886年)　十九岁

光绪十三年丁亥(1887年)　二十岁

《口授少年事迹》谓:"十九、二十岁时,得《明季稗史》十七种,排满思想始盛。"《光复军志序》称:"弱冠,睹全祖望文,所述南田、台湾诸事甚详,益奋然欲为浙父老雪耻;次又得王夫之《黄书》,志行益定。"

光绪十四年戊子(1888年)　二十一岁

【自定年谱】是时细读经训,旁理诸子史传,始有著述之志。

十一月(12月),康有为上书请求变法,提出"变成法,通下情,慎左右"三事。这一次上书,"举京师之人,咸以康为病狂。大臣阻格,不为上达"。(梁启超《戊戌政变记》第1页。)

光绪十五年己丑(1889年)　二十二岁

二月初三日(3月4日),慈禧太后"归政",光绪帝"亲政"。

光绪十六年庚寅(1890年)　二十三岁

【自定年谱】正月,先君殁。遗命以深衣敛。既卒哭,肄业诂经精舍。时德清俞荫甫先生主教,因得从学。并就仁和高宰平先生问经、谭仲仪先生问文辞法度。同学相知者,杨誉龙云成最深。是岁求《通典》读之,后循诵凡七八过。

正月,章父卒,《先曾祖训导君先祖国子君先考知县君事略》称:"炳麟幼时闻先人馀论,读书欲光复汉绩,先考亦不禁也。尝从容言:'吾家入清已七八世,殁皆用深衣敛,吾虽得职事官,未尝诣吏部,吾即死,不敢违家教,无加清时章服。'炳麟闻之,尤感动。及免丧,清政衰矣,始从事光复。"(《文录续编》卷四。)1914 年 5 月 23 日《家书》称:"吾生二十三而孤,愤疾东胡,绝意考试,故得研精学术,忝为人师。"(《章太炎先生家书》,中华书局 1962 年影行本。)

章氏在他父亲死后,到杭州诂经精舍受业。诂经精舍的主持人是俞樾,字荫甫,号曲园,浙江德清人,曾任翰林院编修。他是从顾炎武、戴震、王念孙、王引之等一脉相承下来的清代著名朴学大师,撰有《群经平议》、《诸子平议》、《古书疑义举例》诸书,校正群经、诸子句读,审定文义,并分析其特殊文法与修辞,治学方法比较谨密。但他讲求"古音古训","然不能忘名位"。(《俞先生传》,见《太炎文录》卷二,下简称《文录》。)

章氏从俞樾受业事,《谢本师》称:"稍长,事德清俞先生,言稽古之学,未尝问文辞诗赋。先生为人岂弟,不好声色,而余喜独行赴渊之士,出入八年,相得也。"(《民报》第九号。)《俞先生传》云:"然治《春秋》,颇右公羊氏,盖得之翔凤云。为学无常师,左右采获,深疾守家法、违实录者。说经好改字,末年自敕为经说十六卷,多与前异。章炳麟读《左氏·昭公十七年》传:'其居火也久矣,其与不然乎。'证以《论衡·变动篇》云:'绵然之气,见宋、卫、陈、郑灾。'说曰不然者,林然之误,借林为绵。先生曰:'虽绚善,不可以训。'其审谛如此。"(《文录》卷二。)《自述治学》称:"二十岁,在馀杭,谈论每过侪辈。忖路径近曲园先生,乃入诂经精舍,陈说者再,先生率未许。后先生问:'《礼记·明堂位》有虞氏官五十、夏后氏官百、殷二百、周三百、郑注周三百六十官,此云三百者,记时《冬官》亡也。《冬官》亡于汉初,周末尚存,何郑注谓《冬官》亡乎?'余谓:'《王制》三卿五大夫,据孔疏,诸侯不立冢宰、宗伯、司寇之官,有小司徒、小司寇、小司空、小司马、小卿而无小宗伯,故大夫之数为五而非六,依《周礼》,当减三百之数,与《冬官》存否无涉也。'先生称善。又问:'《孝经》有先王有至德要道,先王谁耶?郑注谓先王为禹,何以孝道始禹耶?'余谓:'《经》云先王有至德要道以顺天下者,明政治上之孝道异寻常人也。夏后世袭,方有政治上之孝道,故孝道始禹。且《孝经》之制,本于夏后;五刑之属三千,语符《吕刑》。三千之刑,周承夏旧,知先王确为禹也。'先生亦以为然。余于同侪,知人所不知,颇自矜。"《章太炎先生答问》谓:"曲园先生,吾师也,然非作八股,读书有不明白处,则问之。"又说:"学问只在自修,事事要先生讲,讲不了许多。予小时多病,因弃八股,治小学,后乃涉猎经中,大概自求者为多。"

高学治,字宰平,浙江仁和人。"刻苦求朴学","亦好宋、明儒书,以贡生选乌程训导"。章氏撰有《高先生传》,自称:"炳麟见先生,先生年七十五六矣,犹日读书,朝必写百名,昼虽倦,不卧也。问经事,辄随口应,且令读陈乔枞书。炳麟曰:'若不逮陈矣。'先生曰:'长洲陈君过拘牵,不得骋。'炳麟问孙星衍,且及逸书。先生曰'逸书置之'。"章氏举例以责,"先生称善。且曰:'若是逸书则可说矣,虽然不见篇帙,从朽壁中得一二语已拉绝者,辄以施训,若得完书当云何?'炳麟由是说经益谨。

先生语炳麟：'惠、戴以降，朴学之士，炳炳有行列矣；然行义无卓绝可称者，方以程、朱侃也，视两汉诸经师坚苦忍形，遁世而不闷者，终莫能逮。夫处陵夷之世，刻志典籍，而操行不衰，常为法式，斯所谓易直弨中君子也，小子志之。'炳麟拜受教。"（《文录》卷二。）

谭献，字仲修，浙江仁和人，同治举人，曾官安徽全椒等县知县，"治经必求两汉诸儒微言大义，不屑屑章句，读书日有程课，凡所论著，橐括于所为日记。文导源汉、魏，诗优柔善入，恻然动人，又工词"。（《清史稿》卷四九一《文苑》三。）后为张之洞延主湖北经心书院。章氏治文，曾受谭献影响，《自述学术次第》称："余少已好文辞，本治小学，故慕退之造词之则，为文奥衍不驯，非为慕古，亦欲使雅言故训，复用于常耳，犹凌次仲之填词，志在协和声律，非求燕语之工也。时乡先生有谭君者，颇从问业。谭君为文，宗法容甫、申耆，虽体势有殊，论则大同矣。"（手迹，上海图书馆藏。）谭献：《复堂日记续录》屡记章氏问学事。章氏在后来写的《致谭献书》也言及文苑事云："少治经术，渐游文苑。既嗜味小学，优思相如、子云，文多奇字，危侧趋诡，遂近伪体。吾师愍其懵暗，俯赐救疗，自审受药阳、扁，正音夔、旷，惭恨向作，悉界游光，寻究斯旨，则宋季孟传已发之。然归、方两君，故未识字，桐城承袭，喜为神襘。往者涤笙曾公已欲反唇，故其文字闳丽，途径自别。妄意文章滥觞，实始诸子。九流虽异，儒、墨以外，多近道家。惟宋苏、王心领神旨，故吐辞清澄，而古意自在。苟违斯谊，则韩、柳、孙、杜、多摭古藻矣。要当修饰文采，令有体要，虽瑰琦卓诡，自有同律。若刘海峰《海舶三集序》，榛芜秽杂，设色无章，斯则童牛角马，不今不古，窃持是为厉禁也。又言不雅驯，搢绅难言。麟近操觚牍，悉在清彻。然综核字句，必契故训。苟义起复，代魏无闻。搦管篡辞，不敢滥厕。彦和《指瑕篇》云：'字以训正，义以理宣，而晋末篇章，依希其旨，始有赏际奇至之言，终无抚叩酬即之语，每单举一字，指以为情。夫赏训锡赉，岂关心解，抚训执握，何预情理，雅颂未闻，汉、魏莫用，悬领似如可辨，课文了不成义，斯实情讹之所变，文浇之致弊。'（以上引刘。）由斯以观，天球武夫，东序不并，文质或异，斯理则同，岂特题糕问䭴，讨论苍、雅而已。若其征实称谓，姑舍是格，号从中国，名从主人，斯盖素王之挈令，高炎之城旦。王凤喈有言，字从隶书，去其舛缪，斯亦足矣。非此族也。不欲依违两是，自生寒热，持论若兹，自作格令。至乃酌理富才，研阅穷照，迥匠独至，非假绳墨。然商较总术，必祖诸子，仲伦月沧之见亮为月下。末议有然，惟希裁正。"（光绪二十二年新正《致谭献书》，手迹，上海图书馆藏。）又有讨论《春秋左传读》和"新政"事，见"光绪二十二年丙申（1896年），二十九岁"条。

光绪十七年辛卯（1891年）　二十四岁

二月（3月）前，康有为在广州长兴里万木草堂设馆讲学。七月（8月），《新学伪经考》刊行。

本年，"始分别古今文师说"。（《自定年谱》"光绪二十二年，二十九岁"条。）

光绪十八年壬辰(1892 年) 二十五岁

【自定年谱】纳妾王氏。

二月十五日(3 月 13 日),杨衢云、谢缵泰在香港辅仁文会开设会所。

五月廿四日,谭献见章氏"说经文稿,其一主荀子'袾绻',谓古者天子朱袞衣,诸侯玄袞衣。其一说'嘉栗旨酒',谓栗为量名。其一说'蠢旗'为锋旗之借字。其一说'日云莫矣,寡君须矣',为日暯暯,且中之暯,非昏莫"。以为"谊不尽确,要为得间"。(谭献《复堂日记续录》,光绪十八年五月二十四日日记。)

章氏于光绪十七、十八年左右,对儒家经籍、周秦诸子逐条考释,成《膏兰室札记》四册,稿本,未刊,皆蝇头细楷,曾见二册,大部分为阐释《列子》、《管子》、《晏子春秋》、《商君书》、《吕氏春秋》、《韩非子》、《淮南子》、《墨子》、《庄子》(按照原稿编次)等书的文字音训,也有对《尚书》、《诗经》、《后汉书》、《国语》等的解释。目录为《幡校四时》、《摛耳》、《上且钩乎君》、《体无痕挞》、《式月斯生》、《婵䏧》、《涅濡郫榆》、《馋充末衡》、《亡党》、《令入而不至谓之瑕》、《掘新井而柴焉》、《弁彼鸒斯归飞提提》、《夫上夹而下苴》、《妒纷》、《奢谆》、《敖胡》、《次浮差樊》、《笑祝》、《翼然自来》、《无迁无衍》、《淑湫》、《凝寋》、《葆诈》、《繁匿》、《溜发也》、《谋乎莫闻其音》、《安爱》、《遇乱》、《周礼不得为用夷说》、《讯唉》、《纠列》、《庚泥不可得泉》、《陕之芳·祀陕》、《勢山》、《忝》、《其山之枭》、《抱蜀》、《职姓》、《圹》、《荥波荥播解》(原注:诂经精舍课作)、《菹薪》、《端噪晨乐》、《镰枝兰鼓》、《邻财》、《有时而炕有时而胸》、《玉门》、《驸马共》、《夷逸》、《五曹算经》、《外无怨治》、《三保之妾》、《奸驱尤佚》、《续蓄》、《侻》、《萌通》、《辟倩》、《托》、《有唇》、《玄豹之疵》、《晏子生卒》、《溪盎而不苟》、《恶沱》、《伎曲》、《醋䢶》、《家一员》、《哀之以验其人》、《苓管》、《题归》、《遏夺》、《旄象之约》、《鲁人戮诵之曰》、《吴楚以此大隆》、《坚穷》、《次官》、《祛步》、《孽矣》、《向挚》、《其状腺然不儇》、《空窍哭历》、《微下》、《掘而不伦》、《诡躁人间》、《不约而善增》、《高科》、《则动泄不失矣》、《制敊》、《主母畜秽》、《则强弱不觳力》《佐弋》、《朒危》、《故周春之民相与歌之曰》、《以疑能相万乘所不窥也》、《察乎吻文》、《人主之所以自浅娟者》、《怨女》、《精沐》、《郎中郎门》、《隐敦适》、《诒施》、《牟食》、《磛勇》、《形植黎累忧悲》、《华藻镈鲜》、《踡跼而谛》、《缠绵绖丠》、《人地计众》、《人不及步钮》、《典凝如冬》、《宋书》、《扶旋狷那》、《雩兑而请雨》、《钻脉得失之迹》、《宴炀至和》、《郑子方》、《焦灭胡章》、《惟菌辂楷三邦底贡厥名》、《簧》、《后子极马》、《驾马三良马之数》、《谭暉》、《批扞》、《此非云益暖之情也》、《饰镱》、《距年》、《乃热照无有及也》、《赞阅》、《畋信》、《腑冷》、《孙之不强》、《则犹为序疏矣》。《以诤诸侯之毙》、《翁缲经》、《三畏》、《撇遂·蝻遂》、《内续奚吾》、《需于郊不犯难行也》、《缌处》、《庶国节》、《转朴》、《盐数》、《百姓之谇也》、《君子至胥车》、《包爱也》、《橘茅食与招也》、《府水》、《墨庄坚白之说》、《倪日之言也》、《誖灵数千》、《是犹命人葆而去亦冠也》、《其勤公家》、《函遍》、《是犹以来首从服也》、《乐而不淫哀而不伤》、《无酒酤我》、《苦昵道僾近》、《裾薄》、《鬲》、《堂密》、《荷异》、《尊害》、《樊骐》、《继苟》、《谡操之》、《鄙》、《荣汝之粮》、《存雄》、《王谛料之》、《牵挺》、《子乎子乎》、《单至》、《凌谇》、《拘此废虐之主录而不舍》、《士经》、《泛山》、《暴》、《意察》、《衡库》、《权与》、《称材》、《刑则绍昧断绝》、《仙也》、《伎苟》、《方明》、《赘下》、《怪严》、《令入而不至谓之瑕》、《疏器》、《五横》、《混吾》、《鹠然若謫之静》、《好缘而好驵》、《慕和》、《毕主赏罚》、《噬下百草》、《关石和钧》、《取则行钧也》、《以言不刑蹇》、《蒿目》、《羁神于世》、《奉而题归之》、《惩艾也》、《牟而难知》、《姑息》、《颡推之履》、《卒报》、《能人》、《锤》、《高曾同服说》、《痤接瘯李》、《玉女》、《佴之蚕室》、《肿哙》、《浣准》、《冲降》、《嘉》、《大尉》、《滂喜》、《要子》、《周行》、《论臧拜经言韵之谬》、《重栎》、《刘歆》、《仲山甫鼎》、《泰折》、《骏庬》、《梵字》、《哲阳》、《常祥》、《宋光宁二宗为宪圣慈烈后服议》、《格五》、《毕状如义》、《献武讳其敖》。

在这些札记中，很多是对先秦、西汉古籍中文字音训的诠释，对通借字等时有心得，如《令入而不至谓之瑕》，即对《管子·法法篇》的"瑕"借为"固"提出新解，他说："《管子·法法》：'令入而不出谓之蔽，令出而不入谓之雍，令出而不行谓之牵，令入而不至谓之瑕'。瑕犹蔽与雍也，字借为固，《春秋》宋共公名固，《十二诸侯年表》作瑕，是瑕与固通也。《说文》'固，四塞也'。《论语》'学则不固'，孔注：'固，蔽也'。《周礼·掌固》注国所依阻者也，惟有塞之蔽之阻之者，是以入而不至，故曰令入而不至谓之固。"又如《幡校四时》认为《列子》中"幡校四时""幡"即"幡"、"蕃"，"蕃"又可借为"变"，他说："幡犹幡也。《食货志》云'狱少幡'者是也，亦犹蕃也。《汉书·成帝纪》引《尧典》'于变时雍'，作'于蕃时雍'，是蕃得借为变矣。校读为交者，《小尔雅·广诂》'交，易也，更也'，然则幡校四时，谓变易四时也。"

札记中有对古注择善而从；或对旧注拘腐，不可理解，提出新义的。如《混吾》谓："《管子·侈靡》'偌尧之时，混吾之美在下'，尹知章注言'二帝之时，比屋可封，美俱在下'，其说是也。而以混为同，则非也。《说文》'琨，石之美者'。《子虚赋》'琳瑉琨珸'，然则混吾即琨珸，以石之美喻人之美也。"又如《庚泥不可得泉》谓："《管子·地员》'青龙之所居，庚泥不可得泉'。注'庚续其处，即有青龙居，又沙泥相续，故不可得泉也'。此说太迂曲。案庚即唐，《说文》唐从庚声可证。上文云，黄唐无宜也。注云，唐，虚肞也，是也。盖虚肞之土谓之庚，亦谓之唐，其实皆借为场，古文唐作啺，从易声，故唐与场声通也。《释诂》'庚扬皆训续也'，是借扬为唐，故庚与场声亦通也。《方言》云'蚍蜉犂鼠之场谓之坻，蟓场谓之坥'，坻与坥，亦皆土中之虚肞者也。"

札记中也有对清儒考证提出批评的，如对臧庸的讲古籍用韵，在《论臧拜经言韵之谬》中说："乃臧拜经以为《三百篇》首尾中间无不可韵者，则支离破碎，厚诬古人，宜为陈恭甫所讥也。乃又谓《仪礼》叙事之文，亦皆有韵。夫《诗》与礼仪祝醮等辞，及群经中应对议论之文，及引古语之文，此乃文章润色之法，设有不韵者，易以训诂相同之字而韵协矣,于理可也。至叙事则如人名、官名,有不容改易者,如谓协韵,则《春秋》亦可协韵乎?"

札记中也有史事考证,如《晏子生卒》,从《晏子春秋·杂下篇》"晏子使吴"一事,与《外下篇》"晏子没十有七年,景公饮诸大夫酒"相矛盾,对晏子生卒和《晏子春秋》提出异议。

由上可知,札记是继承清代乾嘉学派的治学方法,以文字学为基点,从校订经书扩大到史籍和诸子,从解释经义扩大到考究历史、地理、天文历法、音律、典章制度,他是深受俞樾的影响的。这时,章氏深研典籍,潜心钻研,在学业上打下比较坚实的基础,但走的还是封建学者的道路。有的札记,也曾辑入俞樾主持的《诂经精舍课艺》,如《无酒酤我》,即辑入《课艺》七集卷三,但绝大部分都未刊布。大约因系少年之作,不够成熟之故。他在《再与人论国学书》称:"行箧中亦有札记数册。往者少年气盛,立说好异前人,由今观之,多穿凿失本意,大氐十得其五耳。假我数年,或可以无大过矣。"(《国粹学报》丁未年第十二月号。)宜指《膏兰室札记》而言,故章氏生前迄未梓行。

光绪十九年癸巳(1893 年)　　二十六岁

【自定年谱】女㸬生。

章氏在诂经精舍所作"课艺",辑入《诂经精舍课艺》七集。据俞樾《诂经精舍课艺》八集《序》:"吾浙书院课艺,率三年一刻,前刻《诂经》第七集,以癸巳年为止。"又查俞樾《诂经精舍课艺》七集序:"自光绪乙酉刻《诂经精舍》第六集,至于今十载矣。"乙酉,当光绪十一年(1885 年),至七集结集,适为十年。七集俞序撰于光绪二十年季冬,八集俞序又称止于癸巳,知七集为光绪十九年前之作。七集载章氏《壮于顑解》等十七篇,是他在光绪十六——十九年间肄业诂经精舍时的"课艺"。辑入同集之作者,较知名的有崔适、尤莹、章梫、杨誉龙、费有容、蒋敬时等。七集共十二卷,卷末署校雠者名,自一卷至十二卷,都是章氏"校字"。

这些"课艺",是章氏对《易》、《书》、《诗》、《礼》、《春秋左传》等经籍文字音义的诠解。他不拘泥旧注、旧本,每能提出己见,如《祖乙圮于耿解》,认为郑玄所说"祖乙又去相居耿,而国为水所毁,于是修德以御之,不复徙也"。以为郑说"夸张而非事实,水毁城郭,切肤之灾,非如桑谷雊雉之变,无害于民生者,可修德御之也"。提出"圮乃圯之误字","圯于耿者,作桥于耿也,古人多实字虚用,如筑城即曰城,筑郭即曰郭也,故筑圯即曰圯矣"。"此圯于耿,与杜预事正同,谓浮桥也"。(卷二。)《八十曰耋九十曰耄解》谓陆德明《经典释文》据郑玄注本,以《礼记·曲礼》"八十曰耋、九十曰耄"中"曰耋"二字为"后人妄加"。章氏则据《射义》"耆耋好礼,旄期称道不乱",以为"足见耋为八十,与九十曰旄分也",并以《礼记·王制》、《尚书·尧典》相互参证,说明"曰耋"二字不是"妄加"。(卷六。)

在"课艺"中,对今文经说尚未排斥,有时且加援用,认为"《左氏》而通于《公羊》";他对何休《公羊解诂》提出批评,也没有径反《公羊》。如《无酒酤我解》(《膏兰室札记》已存此目。),对《毛诗》中《小雅·伐木》:"无酒酤我"进行考释,认为"《传》:'酤,一宿酒也。'《笺》云:'酤,买也,王无酒酤买之。'""酤",应以郑玄《毛诗笺》训"买"为是。"以酤为买,出于三家,郑说非独创",(卷三。)知章氏对今文三家《诗》说尚不偏废。又如《昭十年不书冬说》,谓何休《公羊解诂》"以为盖昭公取吴孟子之年,故贬之",他以吴与鲁同姓姬,故贬之。章氏认为这是何休"臆说,非《公羊》师承之旧"。对"不书冬",也主褒贬。他还要以"《公羊》之大谊,箴何君之违阙"。(卷七。)又如《鲁于是始尚羔解》,援引《白虎通·瑞贽》"卿大夫贽,古以麛鹿,今以羔雁",以为"执麛者,殷制也。盖殷于三统尚质,于五色尚白。《论语》云'素衣麛裘',谓裘与衣色同,是麛色白也。鲁用殷礼,以从周则嫌僭上,从夏则嫌代周,故用殷礼,祭以白牡,其证也,则贽亦当从殷而用麛"。"鲁卿见晋卿之执羔,因恶麛鹿之质而改尚羔。《春秋》救文以质,方欲改羔为麛,而鲁反弃麛用羔,是以素臣谨志之,盖以见三正之循环,非仅为区区器数录也,此《左氏》可通于《公羊》者也"。(卷七。)

章氏宗汉学,但对宋儒略有可取的也曾采用。如《蹑席解》谓"《礼记·玉藻》'登席不由前为蹑席',自来皆作两句读。谓'所以不由前者,为其蹑席也'。惟陈澔则作一句读"。"澔固妄人,然一知半解,未必全无足录"。(卷五。)

章氏在诂经精舍从俞樾学习,俞樾的治学方法,是从王念孙、王引之一脉相承的。王引之的《经义述闻》,也是他们视为圭臬的作品,但章氏并不迷恋骸骨,墨守师承,认为它也有"未能融贯"之处。如《毋出九门解》云:"炳麟案:郑注以天子九门为:路门、应门、雉门、库门、皋门、城门、近郊门、远郊门、关门。《经义述闻》则谓南方三门,东西北各二。《匠人》九阶注曰:南面三,三面各二,是其例也。说颇精确,惜其谓与《考工记》之旁三门不同,犹未经融贯二经也。"章氏认为《匠人》"营国方九里,此谓城也,旁三门,此谓郭也"。"故知十二门,谓郭而城,止九门也"。"九分其国,九卿治之,必为营于九门明矣"。"故知王城惟有九门,惟郭乃十二门耳,两经固不牾也"。(卷六。)

章氏在诂经精舍"精研故训,博考事实",对我国古代文献曾尽心钻研。

【著作系年】(光绪十六年至十九年)《壮于顺解》(《诂经精舍课艺》)第七集,下同。卷一)。《祖乙圯于耿解》(卷二)。《无酒酤我解》(卷三)。《春秋祭醅解》。《高声硙解》。《弓矢舞解》(以上卷四)。《比年小聘三年大聘五年一朝解》。《蹑席解》。《粱曰芗萁解》(以上卷五)。《八十曰耋九十曰耄解》。《毋出九门解》(以上卷六)。《昭十年不书冬说》。《赵孟为客解》。《鲁于是始尚羔解》。《荆尸解》。《虞幕考》(以上卷七)。《九貉解》(以上卷八)。

《膏兰室札记》四册,稿本。(曾见二册,目见正文)。

《孝经本夏法说》(《文录》卷一,章氏于1908年编的《太炎集》编年目录手稿,系为"癸巳文",下简称《太炎集》)。《宾柴说》(同上)。《子思孟轲五行说》(同上)。《禽艾说》(同上)。

光绪二十年甲午(1894 年)　　二十七岁

【自定年谱】始与钱唐夏曾佑穗卿交。穗卿慧辩,一时鲜匹,亦多矫怪之论。

是年,中日战争爆发。

章氏自称与夏曾佑交,夏字穗卿,一字别士,浙江钱塘人。曾学佛,以为"只有法相宗才算真佛学"。治窥基《成唯识论》,而不以《楞严经》为然。(梁启超:《亡友夏穗卿先生》,见《饮冰室合集·文集》之四十四上。)著有《中国历史教科书》,后改名《中国古代史》。曾劝章氏"购览"佛典,见"光绪二十三年丁酉(1897 年)三十岁"条。

八月,撰《独居记》,曾见抄稿,中谓:"今之人,则有钱塘汪翁,其性廉制,与流俗不合,自湖北罢知县归,人呼曰独头,自命曰独翁,署所居曰独居。章炳麟入其居,曰:翁之独,抑其群也。其为令,斡榷税,虽一锱不自私,帑臧益充,而同官以课不得比,怨之,其群于国也。罢归,遇乡里有不平,必争之,穷其氐,豪右衔忿,而寡弱者得其职性,其群于无告者也。悖礼必抨弹,由礼必善,其群于知方之士也。夫至性恫天下,博爱尚同,鞠录以任之,虽贾怨不悔,其群至矣,其可谓独欤?""故夫独者群,则群者独矣;人独翁,翁亦自独也。案以知群之鲜也。呜呼! 吾亦独夫而已! 耿介好剬行,时有所是非,则人亦媢之。眸子如豆,以自观也;心如丸卵,以自知也。踵翁之独,顾未能逮其群,故曰独而已。翁之独既耀于众,而吾之独尚莫甄襮之。悲夫!"抄稿末有"阏逢敦牂八月姻家子章炳麟纂并书",知撰于"甲午八月"。钱塘汪翁,指汪曾唯。汪字子用,浙江钱塘人,官湖北咸丰县知县,刻《振绮堂集》,系汪康年之叔,见《冬暄草堂师友牋存》。

【著作系年】《独居记》(抄稿,后改名《明独》,收入《訄书》)。《大夫五祀三祀辨》(《文录》卷一,《太炎集》系为"甲午文")。《人滩说》(同上)。

章太炎年谱长编　卷二
（1895 年—1905 年）

说　明

本卷记述 1895 年—1905 年章太炎二十八岁至三十八岁的主要事迹。

1894 年，中日甲午战争发生，清朝被日本侵略者打败，在民族危机深重的刺激下，章太炎毅然走出书斋，参加强学会，编撰《时务报》、《经世报》、《实学报》和《译书公会报》，基本上赞成维新变法。

章太炎当时的办报主张是"驰聘百家"，"引古鉴今"，"证今则不为厄言，陈古则不触时忌"。指出中国应该"发愤图自强"，"不能惟旧章之守"，主张"以革政挽革命"。

章太炎曾上书李鸿章，企求他能"转旋逆流"；也曾跑到武昌，帮张之洞办《正学报》，幻想借助他的实力推动变法。不久，"百日维新"夭折，章太炎避地台湾。他对"六君子"的惨遭杀戮深表愤慨，对以慈禧为首的顽固派的专制骄横极为仇恨，"讨之犹可，况数其罪乎"？等到 1899 夏，由台湾抵达日本，还经常和梁启超接触，对改良主义者仍表同情。《訄书》原刊本就是他在这个时期编订付梓的。

1900 年，义和团运动掀起，八国联军入侵，在新形势下，章太炎也逐渐由改良转入革命。7、8 月间，参加唐才常等在上海发起的"国会"（又名"中国义会"），反对"一面排满，一面勤王"的模糊宗旨，"宣言脱社，割辫与绝"。次年，在东京《国民报》发表《正仇满论》，树起"反满"旗帜，开始向改良派斗争。宣称："满洲弗逐，而欲士之争自濯磨，民之敌忾效死，以期至乎独立不羁之域，此必不可得之数也。浸微浸衰，亦终为欧、美之奴隶而已矣。"他又写了《谢本师》一文，公开宣布和为清政府"蔽遮其恶"的俞樾脱离师生关系。

1902 年初，章太炎东渡日本，和孙中山"定交"，共同商讨"开国的典章制度"和中国的赋税问题。4 月，发起"支那亡国二百四十二周年纪念会"，表示坚决反对清朝政府的统治。他对"深识进化之理"的《管子》、《韩非子》钻研甚力；又阅读了日本和西方资产阶级哲学、社会学书籍，从中寻找学理。返国后，深感旧刊《訄书》"意多不称，重为删革传于世"，对推动当时资产阶级革命运动的发展起了积极作用。

1903 年，章太炎为邹容写的《革命军》撰序，并发表《驳康有为论革命书》，直截了当地把康、梁之流奉为神圣不可侵犯的光绪皇帝称为"载湉小丑"，指出清政府"尊事孔子奉行儒术"，纯粹是为了"便其南面之术，愚民之计"。这篇文章一经发表，立即引起中外顽固派的仇恨，发生了震动全国的"苏报案"。

"苏报案"发生,章氏英勇就逮,慷慨赴难。他除在敌人的法庭上和监狱中愤怒地斥责中外顽固派的卑鄙勾当,宣言"不认野蛮政府"外,又继续撰文,力言反清革命的必要,说:"天命方新,来复不远,请看五十年后,铜像巍巍立于云表者,为我为尔,坐以待之!"

在此期间,章太炎还准备撰写《中国通史》,以发现"文明进化之迹"。

1895—1905 年这十年间,是中国近代历史的动荡时期,章氏由书斋走向社会,由改良走向革命,基本上符合当时中国社会发展的趋势,他的一些战斗性文章,对当时的资产阶级民主革命起了积极作用。

光绪二十一年乙未(1895 年)　二十八岁

【自定年谱】先妣朱太夫人殁。

【国内大事】三月二十三日(4 月 17 日),清政府派李鸿章与日本帝国主义签订了丧权辱国的《马关条约》。二十九日(23 日),俄、德、法三国干涉日本割取辽东半岛,结果,增加"还辽报酬费"三千万两。四月初八日(5 月 2 日),康有为趁着在京应试的机会,联合各省应试举人一千三百馀人发动"公车上书",请求"拒和"、"迁都"、"练兵"、"变法",资产阶级改良派开始登上政治舞台。五月十五日(6 月 7 日),日本帝国主义侵占台北,台湾人民展开轰轰烈烈的抗日武装斗争。闰五月初八日(6 月 30 日),康有为呈送《上清帝第四书》。正式提出了"设议院以通下情"的政治主张。六月二十七日(8 月 17 日),康有为等在北京筹设强学会,并创刊《万国公报》,旋于十月初(11 月下旬)正式成立北京强学会,刊行《中外纪闻》,分送朝士大夫。九月初十日(10 月 27 日),资产阶级革命派兴中会在广州起义失败。九月十五日(11 月 1 日),康有为入"江宁",说署两江总督张之洞设强学会,旋设上海强学会,创《强学报》。十二月初六日(1896 年 1 月 20 日),清政府准御史杨崇伊奏,封禁强学会;不久,又准胡孚宸奏,改强学会为官书局,"专司选译各国新报及指授各种西学"。十二月二十四日(2 月 7 日),清政府准御史王鹏运奏,通饬各省督抚分别在省会筹设商务会。本年,华商裕晋纱厂、大纯纱厂于上海创设。

章太炎在甲午战争失败的刺激下,开始参加政治活动,并"寄会费银十六圆"加入强学会。

强学会是中国资产阶级早年的政治团体,它"专为中国自强而立",主张"变法图强"。创始人是资产阶级改良派康有为,他在闰五月初十日(7 月 2 日),就派梁启超去游说翁同龢,又通过陈炽、沈曾植、沈曾桐等以博取翁的同情。六月二十七日(8 月 17 日),在北京创刊《万国公报》,进行舆论宣传。接着,"游宴小集",筹资集会,以陈炽、沈曾植为正董,沈曾桐、文廷式为副董。(乙未九月二十四日汪大燮:《致汪康年、诒年书》,见

《汪穰卿先生师友手札》,上海图书馆藏。下同。)陈炽、沈曾植、沈曾桐、文廷式都是帝党的中坚,可知强学会是以改良派和帝党为基干的。

此后,一些投机官僚先后混入,增加了内部成分的复杂,"与会诸人官气重而本领低,私意多而急公鲜,议论乱而本旨悖"。(乙未十一月十二日吴樵:《致汪康年书》。)形成内部涣散,争权夺利,成为一群戴着各色官衔的人物攘夺权力之阶。终遭后党御史杨崇伊劾奏,强学会被封。后虽改为官书局,但专司译报,"不准议论时政","不准臧否人物","不准挟嫌妄议","不准渎乱宸听",违失了它的原来设会意图。

北京强学会正式成立前,康有为即已离京,九月十五日,到达南京,说"张香涛开强学会,香涛颇以自任",允许拨款相助。十月初,康有为偕同张之洞幕僚数人由宁抵沪,设立上海强学会,发刊《强学报》,标明"今者鉴万国之强盛弱亡之故,以求中国自强之学"。北京强学会被改为官书局后,上海强学会也随之解散。

章太炎参加的是上海强学会,查《强学报》第一号《上海强学会章程》后面,列有发起人名单,凡黄体芳、屠仁守、康有为、梁鼎芬、黄绍箕、蒯光典、张謇、乔树楠、黄绍第、汪康年、邹代钧、黄遵宪、左孝同、志钧、沈瑜庆、龙泽厚十六人,蔡尔康在《上海强学会序》后"按语"中增加岑春煊、黎庶昌、陈宝琛、陈三立,都无章氏之名。想系上海强学会发起成立后,"征求会友",纳费入会的。

章氏《自定年谱》"光绪二十二年,二十九岁"追记:祖诒后更名有为,以公车上书得名,又与同志集强学会,募人赞助,余亦赠币焉"。《欢迎辞》:"自从甲午以后,略看东西各国的书籍,才有学理收拾进来。当时对着朋友,说这逐满独立的话,总是摇头,也有说是疯颠的,也有说是叛逆的,也有说是自取杀身之祸的。但兄弟是凭他说个疯颠,我还守我疯颠的念头。"《口授少年事迹》记:"康有为设强学会,余时年二十八岁。先是,二十五岁始居杭州,肄业诂经精舍,俞曲园先生为山长,余始专治《左氏传》。至是,闻康设会,寄会费银十六圆入会。"冯自由也说:章氏"闻俞曲园言康祖诒集公车上书,并设强学会于北京,诧为奇士。无何,强学会章程纷投于各书院,征求会友,章以该会宗旨在于富国强兵,乃纳会费十六圆,报名入会。"(《中华民国开国前革命史》第十四章《壬寅支那亡国纪念会》,又见《革命逸史》初集第53页。)

【著作系年】《高先生传》(《文录》卷二,《太炎集》系为"乙未文")。

光绪二十二年丙申(1896年)　　二十九岁

【自定年谱】迁居会城,作《左传读》。余始治经,独求通训故、知典礼而已;及从俞先生游,转益精审,然终未窥大体。二十四岁,始分别古今文师说。谭先生好称阳湖庄氏,余侍坐,但问文章,初不及经义。与穗卿交,穗卿时张《公羊》、《齐诗》之说,余以为诡诞。专慕刘子骏,刻印自言私淑。其后遍寻荀卿、贾生、太史公、张子高、刘子政诸家《左氏》古义,至是书成,然尚多凌杂。中岁以还,悉删不用,独以《叙录》一卷、《刘子政左氏说》一卷行世。

　　初，南海康祖诒长素著《新学伪经考》，言今世所谓汉学，皆亡新王莽之遗；古文经传，悉是伪造。其说本刘逢禄、宋翔凤诸家，然尤恣肆。又以太史〈公〉多据古文，亦谓刘歆之所羼入。时人以其言奇诡，多称道之。祖诒尝过杭州，以书示俞先生。先生笑谓余曰：“尔自言私淑刘子骏，是子专与刘氏为敌，正如冰炭矣。”祖诒后更名有为，以公车上书得名。又与同志集强学会，募人赞助，余亦赠币焉。至是，有为弟子新会梁启超卓如与穗卿集资就上海作《时〈务〉报》，招余撰述，余应其请，始去诂经精舍，俞先生颇不怿。然古今文经说，余始终不能与彼合也。

　　【国内大事】正月十三日（2 月 25 日），帝党首领翁同龢被撤出毓庆宫。二月十七日（3 月 30 日），后党御史杨崇伊奏劾翰林院侍读学士文廷式（帝党），说他“互相标榜，议论时政”，文被革职。七月初一日（8 月 9 日），《时务报》在上海创刊，旬刊，以“变法图存”为宗旨。由梁启超任主笔，汪康年任经理，梁启超的《变法通议》陆续在《时务报》发表，对顽固派的因循保守严加抨击。当时，“四方新学士子”，因喜梁启超的议论新颖，很为欢迎，数月之间，《时务报》销行至万馀分，“为中国有报以来所未有”。梁启超也“名重一时”。上海成为当时改良派活动的中心地区。

　　正月初一日（2 月 13 日），致书谭献，并附寄《左传读》。（见下。）《自定年谱》也说：“作《左传读》”。考《春秋左传读》为章氏早年撰著，是“驳难”清代常州经今文学派刘逢禄的。《自述治学》说：“既治《春秋左氏传》，为《叙录》，驳常州刘氏。书成，呈曲园先生，先生摇首曰：‘虽新奇，未免穿凿，后必悔之。’由是锋铓乃敛。”《自述学术次第》谓：“余治经专尚古文，非独不主齐、鲁，虽景伯、康成亦不能阿好也。先师俞君，曩日谈论之暇，颇右《公羊》。余以为经即古文，孔子即史家宗主。汉世齐学，杂以燕、齐方士怪迂之谈，乃阴阳家之变。鲁学犹为儒流，而成事不符已甚。康成所述，独《周礼》不能杂以今文，《毛诗笺》名为宗毛，实破毛耳。景伯谓《左氏》同《公羊》者十有七八，故条例多为元凯所驳。余初治《左氏》，偏重汉师，亦颇傍采《公羊》。以为元凯拘滞，不如刘、贾阔通。数年以来，知《释例》必依杜氏，古字古言，则汉师尚焉。其文外微言，当取二刘以上。元年之义，采诸吴起，专明政纪，非可比傅乾元也。讥世卿之说，取之张敞，所指则季氏、田氏、赵氏，非如《公羊》谰言崔、尹也。北平历谱、长沙训诂之文，汉以后不遗只字，余独于《史记》得之。《十二诸侯年表》所载郑姜梦兰、卫鞭师曹、曹人弋雁诸事，《左氏》皆不志其年，而《年表》有之，斯必取诸历谱者矣。采用传文，时或改字，观《尚书》改字本于安国，则知《左氏》改字〈本〉于长沙矣。所次《左传读》，不欲遽以问世者，以滞义犹未更正也。”章氏在《再与人论国学书》中也说：“《左氏》故言，近欲次录。昔时为此，亦几得五、六岁，乃今仍有不惬意者，要当精心汰渐，始可以质君子。”（《国粹学报》丁未年第十二号，光绪三十三年十二月二十日出版，收入《别录》卷二。）

　　查《春秋左传读》五卷，《章氏丛书》初编仅收《叙录》。《叙录》云：“《春秋左传读》者，章炳麟著也。初名《杂记》。以所见辄录，不随经文编次，效臧氏《经义杂记》而为之也。后更曰《读》。取发疑、正读为义也。盖籀书为读，绅其大义曰读，"绅其微言亦曰读。"绅微言，绅大义，故谓之《春秋左传读》云。懿《左氏》、《公羊》之衅。起于劭公，其作《膏肓》，犹以发露短长为趣。及刘逢禄本《左氏》不传《春秋》之说，谓条例皆子骏所窜入，授受皆子骏所构造，著《左氏春秋考证》及《箴膏肓评》自申其说。彼其摘发同异，盗憎主人，诸所驳难，散在《读》中。"《自述治学》说："余幼专治《左氏春秋》，谓章实斋六经皆史之语为有见。……方余之有一知半解也，《公羊》之说，如日中天，学者煽其馀焰，簧鼓一世，余故专明《左氏》以斥之。然清世《公羊》之学，初不过一二人之好奇，康有为倡改制，虽不经，犹无大害，其最谬者，在依据纬书，视《春秋经》如预言，则流弊非至掩史实、逞妄说不止。"（《制言》第二十五期。）

章氏在撰写《春秋左传读》时，曾与信奉常州今文经说的谭献商榷，《自定年谱》："谭先生好称阳湖庄氏，（按指清代常州经今文学的开创者庄存与。）余侍坐，但问文章，初不及经义。""其后遍寻荀卿、贾生、太史公、张子高、刘子政诸家《左氏》古义，至是书成，然尚多凌杂。"谭献：《复堂日记续录》"光绪二十一年乙未九月二十三日"记："得汪子用祖孙书，又为馀杭章生炳麟枚叔呈杂文三篇。章生劬书善病，尝撰《春秋左传读》，有志治经。前年杨春圃以所作文字质，已略指正之矣。"章氏光绪二十二年新正《致谭献书》，也附寄《左传读》请"指其瘢垢"，书云："经术之事，髻龀嗜蒲，泛滥六籍，锐志阳秋，湛思《左氏》，骎为起废《谷梁》，辞旨雅懿，鲁学是同。大儒荀卿，照邻殆庶，并受二传，疆易无分。秉此说经，庶鲜悃悔。然自乾、嘉逮今，《公羊》独尚，原其风流遝播，固将有以焉尔。《左》、《谷》师说，近昉东汉，太傅长沙之诂，子政石渠之对，横遭烽燹，有录无书，惟江都《繁露》，灵光火烬，独珍卖饼，职此之由。昔者罦轩翔实，鸣珩于阙里；方耕渊邈，揄袂于晋陵。研寻宗旨，亦已乖矣。申受襜袍，庄氏幽精上通，墨守既坚，遂为雄伯。八十年中，风范无改，乃拟《世篇》于八览，方素臣于文信，脱刀张弧，寻为逑敌。麟以《公羊》大师，无过严氏。犹谓孔子将修《春秋》，与丘明观书周史，归作经传，共相表里。且《隋书·经籍》有《左氏图》十卷，上目下印，实题彭祖。刘昫、宋祁，亦都著录。（申受以沈氏所引严说为伪作，彼未检隋、唐三史，故任臆抹杀尔。）然则明高两传，非复绝潢，岂必刘兆方为鳣鲔，分曹狋吽，成此狷陕，所谓目览云瑕，近不晬睫者乎！夫《左氏》神趣深博，言约谊隐，故览文如飥，寻理即畅，持其藑词，彪蔚叙事，瞻逸曹学，买椟遂失隋珠。尝撢喷于荀、贾，征文于迁、向，微言绝恉，迥出虑表，修举故训，成《左氏读》。志在纂疏，斯为属草，欲使庄、孔解戈，刘、宋弢镞，则鲰生之始愿已。

"乃若诂解一字，虑及千言，以此琐碎，明彼卓约。然后畅王义之清穆，成天下之亹亹。仲任《论衡》，殊体同志者也。夫经义废兴，与时张弛，睹微知著，即用觇国，故黜周王鲁之谊申，则替君主民之论起。然《左氏》篇首以摄诂经，天下为宦，故具微旨，索大同于《礼运》，籀逊让于《书序》，齐、鲁二传，同入环内，苟畅斯解，则何、郑同室释甲势冰矣。贬损当世，隐书不宣，眢言阙殆，今犹古昔。斯固千铃之远猷，不欲亲见其世尔。身为经生，常慕朱云、梅福之风，犹冀王道一乎，高衢聘力，而天材驽劣、轮翩无

取。故每校经衡庐，宁静致远。今辄呈《左传读》为别，奉赐刊剟，令中权度，则所谓桂蠹
繫挈于秋驾，曲木成于枅栵，此都人士，骏快鲜伦。若有采其涓荧，指其瘢垢，尤所愿
也。"（光绪二十二年新正《致谭献书》，手迹。）

此后，章氏在《致刘师培书》中，多次提到《春秋左传读》，并将《叙录》钞交刊登
《国粹学报》。《与刘师培书三》云："昔尝作《左氏读》，约有五十万言。藏在箧中，未
示学者，曾以语君，求为编次。当时书笥已失，今复寻检得之，复欲他人编排年月，则已
不可得矣。臣精销亡，又未能躬自第录。唯《叙录》一篇，文成二万，当觅书手迻写，更
以寄君，窃谓申受见之，唯有匍匐却走耳。"（《国粹学报》丙午年第十二号，光绪三十二年十一
月二十日出版，题《某君与某书》，《文录》未收。）《与刘师培书五》云："昔著《春秋左传读》，
文多不能悉录；《叙录》一篇，专驳申受，业已写定，邮寄呈览。如有可采，或入《国粹
报》中，或更单行，皆从其便。"（《国粹学报》丙午年第十三号，光绪三十二年十二月二十日出
版，题《某君与某书》，收入《文录》卷二，题《丙午与刘光汉书》。"如有可采"以下，《文录》删去。）
《国粹学报》光绪三十三年正月二十日丁未第一号起刊登《叙录》，同年十一月二十日
第十一号刊毕。

章氏后来对《春秋左传读》并不满意，《自定年谱》称："中岁以还，悉删不用，独以
《叙录》一卷、《刘子政左氏义》一卷行世。"1932年10月8日《与徐哲东论春秋书》云：
"《春秋左传读》乃仆少作。其时滞于汉学之见，坚守刘、贾、许、颖旧义，以与杜氏立
异，晚乃知其非。"（《制言》第十七期，1936年5月16日出版。）

《春秋左传读》，有石印本，系两人书写，据钱玄同称，一为章氏自写，一为"抄胥所
写"；钱玄同又谓章氏治《左传》，"前后见解大异"，亦得其实。他说："先师章君之《春秋
左传读》，弟于三十年前曾在师处见其自藏之本，其后向先师之兄仲铭丈乞得一部。书系
缮写石印，版式及大小略如石印《清经解》正、续编。各卷系两人分写，一字迹稍大，体较
古雅，系先师自写；一字迹稍小，体较凡俗，盖抄胥所写。书签为冯梦香一梅篆书。此书
出版当在戊戌以前，因戊戌年张香涛延先师至鄂督幕中，即因张氏曾读此书也。张氏痛
恨《公羊》而嗜《左氏》，故熹先师此书而恶康长素之《伪经考》等。梁任公谓廖季平受张
氏贿逼而编关于《左氏》之书，贿逼与否，我所不知，至廖为张编关于《左氏》之书，则我曾
见之，此亦张氏嗜《左氏》之一证也。《章氏丛书》中之《春秋左传读叙录》及《刘子政左氏
说》两种，即系将此书之一小部分修改而成者，彼两种定稿于丙午、丁未间，在此书之后十
馀年，前后见解大异，故此书久为先师所废弃矣。又先师晚年所作之《春秋左氏疑义答
问》（在《章氏丛书续编》中），则不但与此书所见绝异，即与《丛书》之两种亦大不相同，因又
在彼两种以后二十馀年所作也。窃谓欲知先师治《左氏》学之意见之前后变迁，此三时
期之四部书皆极重要"。（钱玄同：《与顾起潜书》，见《制言》第五十期。）

撰《驳箴膏肓评》、《砭后证》，与《春秋左传读》同为《驳难》刘逢禄而作。先是，东
汉今文学家何休"作《春秋公羊解诂》，与其师博士羊弼追述李育意，以难二传，作《公
羊墨守》、《左氏膏肓》、《穀梁废疾》"。当时"郑玄乃作《发墨守》、《针膏肓》、《起废
疾》"。清代经今文学复兴，刘逢禄又作《针膏肓评》，推演何休今文说。（《针膏肓评》，

见《皇清经解》卷一六三。）章氏《驳箴膏肓评》，即系"驳难"刘逢禄以申郑玄学说的。《砭后证》未见，或已散佚。《驳箴膏肓评》，稿本，封面刻有"刘子骏私淑弟子"印章。蝇头小楷，分十二公编次，如《隐公篇》："不书即位，摄也。何休《膏肓》曰：'古刺诸侯幼弱，天子命贤大夫辅相为政，无摄代之意。昔周公居摄，死不记崩。今隐公生称侯，死称薨，何因得为摄者？郑君箴之曰：周公归政就臣位乃死，何得记崩。隐公见死于君位，不称薨云何？且《公羊传》宋穆公曰：吾立乎此，摄也。以此言之，何得非左氏'。评曰：'周公诞保文武受命，非居摄也。何、郑俱生汉季，沿刘歆、王莽之邪说耳。隐公之谤，《春秋》探其意而成之，著立于法，名之曰摄，而不行即位之礼，非典要也。宋穆公之事，《春秋》大居正已归祸于宋，亦未以穆公之摄为典要也。'驳曰："王莽曰：孟侯朕其弟。周公曰：朕复子明辟，非摄如何？刘言《春秋》探隐意而成之，名之曰摄，则《传》云摄也，何得为误。经不以摄为典要，传亦何尝以摄为典要也。隐言吾将授之，若授之而死，则亦不称公薨矣。志未成而先见弑，安得不书公薨，郑说当矣。"

《驳箴膏肓评》，中多涂改，未曾完卷。章氏识有跋语云："尝作《左传读》，征引曾子申以来，至于贾、服旧注，任重道远，粗有就绪，犹未成书。乃因刘氏三书，驳《箴膏肓评》以申郑说，砭《左氏春秋考证》以明传意，砭《后证》以明称传之有据、授受之不妄。三书既成，喟然有感于《毛诗故训传》自宋及明，士以为惟知言语，不通义理，几几乎高子之流矣。至陈长发先生卓见独识，深明三家《诗》不及毛公远甚，自尔以来，不敢有诋《毛传》者。今《左氏》之见诬久矣，非有解结释纷之作，其诬伊于何底！亦欲追踪法尘，从君子后以存绝笔云尔，章炳麟。"

康有为《新学伪经考》出书后，章氏以为"恣肆"。曾拟有驳议数十条，《瑞安孙先生哀辞》称："会南海康有为作《新学伪经考》，诋古文为刘歆伪书。炳麟素治《左氏春秋》，闻先生治《周官》，皆刘氏学，驳《伪经考》数十事，未就，请于先生。先生曰：是当哗世三数年，荀卿有言，狂生者不胥时而落，安用辩难其以自熏劳也。"（《文录》卷二。）查章氏此时右《左氏》，砭《公羊》，宗古文，难庄、刘，亦有所为而作也。但他虽以为《新学伪经考》"恣肆"，仍与康、梁等游；虽撰驳议，也未公开。

章氏这时除撰《春秋左传读》等书外，在诂经精舍还有"课艺"多篇。《诂经精舍课艺》第八集收录甲午至丙申三年间的"课艺"，辑存章氏《西旅献獒解》等二十一篇。俞樾序云："此三年中，时局一变，风会大开，人人争言西学矣，而余与精舍诸君子犹硁硁焉抱遗经而究终始，此叔孙通所谓鄙儒不通时变者也。虽然，当今之世，虽孟子复生，无他说焉。为当世计，不过曰盍亦反其本矣。为吾党计，不过曰守先王之道以待后之学者。战国时，有孟子，又有荀子。孟子法先王，而荀子法后王。无荀子，不能开三代以后之风气；无孟子，而先王之道几乎息矣。今将为荀氏之徒欤，西学具在，请就而学焉；将为孟氏之徒欤？则此区区者，虽不足以言道，要自三代上之礼乐文章，七十子后汉唐学者之绪言，而我朝二百四十年来诸老先生所孜孜焉讲求者也。精舍向奉许、郑先师栗主，家法所在，其敢违诸？风雨鸡鸣，愿与诸君子共勉之。"知俞樾是想把学生禁锢书斋，脱离现实，讲究东汉许（慎）、郑（玄）之学，"守先王之道以待后之学者"。俞序撰于丁酉八月,章已离舍。作者较知名者有崔适、杨誉龙、冯学书、章炳业、尤莹、汤聘伊、章梫、费有容等。

《诂经精舍课艺》第八集所收章氏各文,体例与七集同,是对《尚书》、《诗经》、《春秋》、《论语》、《孟子》、《尔雅》诸书文字经义的诠释。有时他追究先秦古训,对西汉经说也有怀疑,如《邶风燕燕篇鲁诗说》谓:"《邶风·燕燕》一篇,《鲁诗》以为定姜作,《毛诗》以为庄姜送归妾作。今考古书,知《燕燕》乃周以前人所作,而庄姜、定姜皆尝赋之,或有改定,故谓庄姜作可也,谓定姜作亦可也,而谓其自作则不可也。"(卷三。)在《子畏于匡章辨韩李笔解说》中,也谈"素王"、"夫子损益三统",(卷九。)还沾寻今文经说。

七月十日(8月18日),又致书谭献:"麟前论《管子》、《淮南》诸篇,近引西书,旁傅诸子,未审大楚人士以伧父目之否? 顷览严周《天下篇》,得惠施诸辩论,既题以历物之意,历实训算,傅以西学,正如闭门造车,不得合彻。分曹疏证,得十许条,较前说为简明确凿矣。又作杂文二首,讨论九流异旨,并迻书一通,寄呈懔正。

"自违辟咡,终日枯坐,与蟫鱼相对,朋辈鳞萃,以《汉书》人表、晋代中正格之,鲜当上中品者,浙中文学陵迟衰微可知也。自顾嵲愚,复鲜雅材好博之士相与底厉,恐摛埴索涂,病自此起。自有此身,忽忽三十年,白日骏驱,岁不我与,非裹粮游学,终无以进德业。读孙文定《南游记》,辄为蝶足磬欬。身虽羸弱,犹思策勉疲钝,令不为朝菌日及。洞庭南北,贤桀之所聚首。迩者学校大兴,瑰异日出,中夜仰思,搔首颍枕,常欲效南荣趎得,与巨子连袂。且富媪万里,势近陆沉,斡运地轴,终在江汉,爰居避风,亦有意尔。鄂中斠书纂志,非甚难觌,得夫子汲引,假手西游,穆生次传,仲宣《登楼》,实两兼之。若嚾嚣纵横之习,亦所不为。要以稀米微生,志在没世,齛齝成器,厥在同学尔。"(光绪二十二年七月十日《致谭献书》,手迹。)

本年,谭献返里,章氏往谒,《复堂日记续录》本年十一月朔记:"章生枚叔来谈,迫暮去。"

十二月(1897年1月),章氏离诂经精舍赴沪,任职时务报馆。

《时务报》在上海创刊后,汪康年、梁启超曾邀请章氏"入社",《口授少年事迹》云:"梁启超设《时务报》于上海,遣叶浩吾至杭州来请入社,问:'何以知余?'曰:'因君前有入强学会之事。"冯自由也说:"岁丙申,夏曾佑、汪康年、梁启超发起《时务报》于上海,耳章名,特礼聘为记者,章、梁订交即在此时。章尝叩梁以其师宗旨,梁以变法维新及创立孔教对,章谓变法维新为当世之急务,惟尊孔设教有煽动教祸之虞,不能轻于附和。"(《中华民国开国前革命史》第十四章《壬寅支那亡国纪念会》。)

章氏与《时务报》经理汪康年有旧,他看到《时务报》后,"目击道存","怀欲著论"。十一月二十五日(12月29日),致书汪康年:"泰春解遘,目击道存,吴越既隔,相见日浅。揽览大著,词旨瑰丽,复中义法,与某氏公报,体分雅郑,虽无夔旷,听音立辨。方今风教浇讹,群喙异响,小雅不废,赖有兹编。怀欲著论,遥和钧韶,搦管笔毫,复无佳处。然辞义所趣,故以挚哉。远裔种族匪殊,亲仁善邻,宜捐小忿,刺隙视文,或殊撷埴，迻书粗眜，傀昭所尤。顷戎夏交捽，鼙鼓未息，吾侪坐谈九州，虑非亟务，要自不为田巴呴吐王伯，趣以洮汰疑滞，解释樊结，亦掌故之一官已。

"大著宗旨，不欲臧否人物，趡非教令，斯诚定、哀微辞，言者无罪。抑商榷法制，无过十端，数册以往，语欲屈竭，则绣其鞶帨矣。刍荛之见，谓宜驰骋百家，掎摭子史，旁及西史，近在百年，引古鉴今，推见至隐。昔太冲《待访录》原君论学，议若诞谩，金版之验，乃在今日。斯固玮琦幼眇，作世模式者乎？如鄙见可采，尚有数首，即当写奉，证今则不为厄言，陈古则不触时忌。昔人以三百五篇谏者，其是谓欤。"（手迹，《致汪康年书》，见《汪穰卿先生师友手札》，上海图书馆藏，下同。此书收入《章太炎政论选集》第3—4页。）此为章氏办报之初旨，亦其摒离书斋，步入政治舞台之始基。此书写于十一月二十五日，则章氏赴沪，当在岁阑。

【著作系年】《春秋左传读》五卷（坊间石印本，潘承弼复印本，《章氏丛书》初编仅辑《叙录》）。

《驳箴膏肓评》（稿本，上海图书馆藏）。《砭后证》（未见）。

（光绪二十——二十二年）《西旅献獒解》（《诂经精舍课艺》第八集，下同。卷二《尚书》）。《邶风燕燕篇鲁诗说》。《束矢解》（以上卷三《诗》）。《三鳖解》。《邦汋解》。《髡者使守积解》（二篇，以上卷四《礼》）。《合耦于锄解》。《鳌有七十八十解》。《五官致贡曰享解》。《佩觿解》（以上卷五《礼》）。《舜歌南风解》。《庶人之挚匹解》（以上卷六《礼》）。《僖二十年西宫公谷异义说》。《成十七年书壬申日解》。《聘诸侯非正也解》（以上卷七《春秋》）。《所侠也解》。《谗鼎解》（以上卷八《春秋》）。《子畏于匡章辨韩李笔解说》。《孟子西夷北狄当作西夷北夷说》。《在乙曰旃蒙在未曰协洽解》（以上卷九《论语孝经孟子尔雅小学》）。

《致汪康年书》一（手迹，上海图书馆藏）。光绪二十二年新正《致谭献书》（手迹，上海图书馆藏）。光绪二十二年七月十日《致谭献书》（手迹，上海图书馆藏）。

《钱唐吊龚魏二生赋》（《文录》卷二，《太炎集》系为"丙申文"）。《说束矢白矢》（《文录》卷一，同上）。

光绪二十三年丁酉（1897年）　三十岁

【自定年谱】春时在上海，梁卓如等倡言孔教，余甚非之。或言康有为字长素，自谓长于素王，其弟子或称超回、轶赐，狂悖滋甚。余拟以向栩，其徒大愠。会平阳宋恕平子来，与语，甚相得。平子以浏阳谭嗣同所著《仁学》见示，余怪其杂糅，不甚许也。平子因问："君读佛典否？"余言："穗卿尝劝购览，略涉《法华》、《华严》、《涅槃》诸经，不能深也。"平子言："何不取三论读之。"读竟，亦不甚好。时余所操儒术，以孙卿为宗，不熹持空论言捷径者。偶得《大乘起信论》，一见心悟，常讽诵之。

时新学初兴，为政论者辄以算术物理与政事并为一谈。余每立异，谓技与政非一术,卓如辈本未涉此,而好援其术语以附政论,余以为科举新样耳。唯平子与乐清陈黻宸介石持论稍实,然好言永嘉遗学,见事颇易。余所持论不出《通典》、《通考》、《资治通鉴》诸书,归宿则在孙卿、韩非。康氏之门,又多持《明夷待访录》,余常持船山《黄书》相角。以为不去满洲,则改政变法为虚语,宗旨渐分。然康门亦或儳言革命,逾四年始判殊云。

女婥生。

【国内大事】正月(2 月),商务印书馆在上海创设,先设印刷所。初十日(2 月 11日),康有为到桂林。旋在广西创设圣学会,刊《广仁报》。二十一日(3 月 22 日),《知新报》在澳门创刊,康广仁、何廷光为经理,徐勤等为主笔。二月二十日(3 月 22 日),英商老公茂纱厂正式开工。三月上旬,德商瑞记纱厂开工。三月二十一日(4 月 22日),《湘学新报》(即《湘学报》)在长沙创刊,江标任督办,唐才常等任撰述。四月,英商怡和纱厂开工。二十六日(5 月 27 日),中国通商银行在上海开业。六月(7 月),质学会在武昌成立,苏学会在苏州成立,新学会在上海刊行《新学报》。八月初五日(9月 1 日),清政府以户部尚书翁同龢为协办大学士。九月(10 月),湖南时务学堂开学,梁启超为中文总教习。十月初一日(10 月 26 日),《国闻报》在天津创刊,严复、夏曾佑、王曾植等负责。12 月,又办《国闻汇编》(旬刊),从第二期起刊登《天演论》部分内容。十月上旬(10—11 月),《渝报》在重庆创刊,宋育仁总理。《蒙学报》在上海创刊,由上海蒙学报馆出版。《演义报》在上海创刊,章伯初、章仲和负责。

本年,康有为《孔子改制考》付梓。业勤纱厂在无锡创设。通益公纱厂在杭州创设。

十月二十日(11 月 14 日),德帝国主义军队强占胶州湾。十一月二十二日(12 月15 日),帝俄舰队驶入旅顺湾。十二月十三日(1898 年 1 月 5 日),康有为在北京组织粤学会,展开变法活动,呈送《上清帝第五书》,提出采法俄日以定国是、大集群才而谋变政、听任疆臣各自变法等具体计划。并正式提出了国事付国会议行,请求颁行宪法。

十一月二十四日(12 月 17 日),清政府发出"自强"上谕。张元济在北京开设通艺学堂。十二月二十四日(1898 年 1 月 16 日),翁同龢告光绪皇帝以"变法为急"。

春,章氏在上海,"因阅西报,知伦敦使馆有逮捕孙逸仙事,因问梁启超:'孙逸仙何如人?'梁云:'此人蓄志倾覆满洲政府。'"章氏"心甚壮之"。(《口授少年事迹》。)后来他又追忆:"丁酉入时务报馆,闻孙逸仙亦倡是说,(按指"逐满之志"。)窃幸吾道不孤,而尚不能不迷于对山之妄语。"(对山,指康有为,见《致陶亚魂柳亚庐书》。)又曰:"是时上海报载广东人孙文于英国伦敦为中国公使捕获,英相为之担保释放,余因询孙于梁氏,梁曰:'孙氏主张革命,陈胜、吴广流也。'余曰:'果主张革命,则不必论其人才之优劣也。'"(《民国光复》讲演。)

时章氏任职时务报馆,(汪康年《昌言报跋》:"《时务报》先后延请梁卓如、麦孺博、章枚叔、徐君勉、欧云樵诸君为主笔。"见《昌言报》第一册。)刊发《论亚洲宜自为唇齿》、《论学会有大益于黄人亟宜保护》二文。

正月二十一日(2月22日),《时务报》第十八册出版,载有章氏:《论亚洲宜自为唇齿》,略谓:"使中国生其霸心,发愤图自强,综核名实,使卒越劲,使民悫愿,使吏精廉强力,日本将亲睦之不暇,而又何寇焉。使中国不生其霸心,不发愤图自强,不新制度,随俗雅化,惟旧章之守,虽无日本,犹蚕食于俄罗斯,何耻之可雪?且国家不早自振厉,以稍陵夷,至于谯诃之中,乃欲自张大,斯不亦远乎?……

"为今之计,既修内政,莫若外昵日本,以御俄罗斯。两国斥候,这道于东海,势若橄榄,无相负弃,庶黄人有援,而亚洲可以无虞。

"难者曰:'方今观微之士,以为中国羸弱,犁十年而仆,虽与日本结,其何瘳乎?'曰:'夫发愤为天下雄,则百年而不仆;怠惰苟安,则不及十年而亦仆。吾所议者,为发愤者言也,非为怠惰苟安者言也。夫苟怠惰苟安,虽有形势,若旅顺之阨、马尾之险,可以失之;发愤而为雄,而后以邻国犄角为可恃也。不然,则一饭之顷,已溃败决裂矣,安能十祀?'"

二月初一日(3月3日),《时务报》第十九册出版,载有章氏:《论学会有大益于黄人亟宜保护》,略谓:"今行省皆设中西学堂,以救学官之穷,亦以是倾西人之设义塾于中国者。彼义塾之设,招吾屠牧子,教之语言,教之布算,教之格致,而大旨不出乎摩西基督之书。本实既拨,于彼有用,于我无益。虽然,屠牧子可教,则吾士族之子,其可教可知。设学校以笼之,诚古策已。……

"处农就田野,处商就市井,处工就官府,处士就间燕,古之明训。政府不能任而士民任之,于是奔走展转,搜徒索偶,以立学会。推其用意,凡民有丧,匍匐救之,所谓以绳墨自矫,而备世之急者,此诚豪俊成学之任,而非童龀彪蒙所与能也。宜有以纠之合之礼之养之宣之布之,使比于宾萌,上说下教,以昌吾学,以强吾类;是而不行,人终以科举为清望,而以他途为卑污庳下,则仍驱高材捷足以从学究矣。"继陈外患日迫,内政孔忧,"然则如之何而可?曰:以教卫民,以民卫国,使自为守而已。变郊号,柴社稷,谓之革命;礼秀民,聚俊材,谓之革政。今之亟务,曰:以革政挽革命"。

甲午战后,章氏参加强学会,编撰《时务报》,以为中国宜"发愤图自强",不能"惟旧章之守",并以"革政挽革命"为"今之亟务",知章氏这时政治上基本赞成康、梁变法。

康有为言孔子"托古改制"。章太炎对此并不同意。自称:"春时在上海,梁启超等倡言孔教,余甚非之。"(《自定年谱》。)

但,章太炎这时和康、梁等改良派在一起,撰文中也有沾染康有为今文经说的迹象,上揭《致汪康年书一》,就举了西汉今文经师王式以《诗经》三百五篇"谏"昌邑王的故事。《论学会有大益于黄人亟宜保护》,还说大一统、通三统,并就《齐诗》以言"革命"、"革政"。其言曰:"是故整齐风俗,范围不过,若是曰大一统;益损政令,九变复贯,若是曰通三统。通三统者,虽殊方异俗,苟有长技则取之。虽然,凡所以取其长技,以为我爪牙干城之用者,将以卫吾一统之教也。"

"吾闻《齐诗》五际之说曰:午亥之际为革命,卯酉之际为革政。神在天门,出入候听。是其为言也,岂特如翼奉、郎颛所推,系一国一姓之兴亡而已。大地动摇,全球播覆,内奰中国,覃及鬼方,于是乎应之。方今百年之际,其殆与之符合也哉""大一统"、"通三统",今文《公羊》家言;《齐诗》五际,也是今文《诗》说。他为了阐明变法的必要,即与之所学异涂并为他后来所深诋的今文学说,这时还一度援用。

尽管如此,章太炎对改良派把康有为看作"教皇"、"南海圣人"极为不满,认为是"病狂语,不值一欤"。对今文经说的"诡诞"、"恣肆",也"始终不能与彼合也"。这样,"论及学派,辄如冰炭",不可避免地有所争论。共事不永,遂告分离。

三月十九日(4月20日),章氏《致谭献书》述与康有为门徒争论事曰:"麟自与梁、麦诸子相遇,论及学派,辄如冰炭。仲华亦假馆沪上,每有论议,常与康学牴牾,惜其才气太弱、学识未富,失据败绩,时亦有之。卓如门人梁作霖者,至斥以陋儒,诋以狗曲。(原注:"面斥之云狗狗"。)麟虽未遭謑詬,亦不远于辕固之遇黄生。康党诸大贤,以长素为教皇,又目为南海圣人,谓不及十年,当有符命,其人目光炯炯如岩下电,此病狂语,不值一欤。而好之者乃如蛣蜣转丸,则不得不大声疾呼,直攻其妄。

"尝谓邓析、少正卯、卢杞、吕惠卿辈,咄此康瓠,皆未能为之奴隶。若钟伯敬、李卓吾,狂悖恣肆,造言不经,乃真似之。私议及此,属垣漏言,康党衔次骨矣。会谭复笙来自江南,以卓如文比贾生,以麟文比相如,未称麦君,麦怃忌甚。三月十三日,康党麇至,攘臂大哄。梁作霖复欲往殴仲华,昌言于众曰:昔在粤中,有某孝廉诋諆康氏,于广坐殴之,今复殴彼二人者,足以自信其学矣。噫嘻! 长素有是数子,其果如仲尼得由,恶言不入于耳邪? 遂与仲华先后归杭州,避蛊毒也。

"《新学伪经考》,前已有驳议数十条,近杜门谢客,将次弟续成之。"(《复堂日记续录》钱基博《跋记》。)

三月二十二日(4月23日),章氏又《致汪康年书》曰:"晡时劳君讲解,不宁之至。报馆一席,断难姑留。投我木桃,在他人或未忍此,况彼自谓久要乎? 久要而犹不免于此,则复合之后何如也。凡事离之则双美,合之则两伤。常以笔墨相交,则纪念自生,恐又自此开衅,不如早离为要。白岩虽不在沪,祈嘱山根转致。中国士气日窳,若再忍诟以求餔啜,何以求见湘、粤之士。"(《致汪康年书二》,手迹。)

三月二十七日(4月28日)前,章氏辞离《时务报》,由沪返杭。查《致谭献书》记三月十三日与"康党大哄事",《致汪康年书二》言决辞"报馆一席"。谭献:《复堂日记续录》"光绪二十三年三月二十七日(4月28日)"记:"闻章生枚叔与同事哄而去,此我所豫料,尝尼其行。"三月二十九日(4月30日)记:"得章生枚叔书,乱离瘼矣,士人不图树立,无端为门户之争,竭心力而成战国世界,冷眼一笑,热心又当一笑。"据此,章氏离沪返杭,应在三月十三日之后、三月二十七日之前。

章太炎不同意康有为"倡言孔教"。康有为门徒竟至"攘臂大哄",章太炎愤而离开《时务报》,另在杭州编辑《经世报》,并不断为《实学报》、《译书公会报》撰文。

　　章氏在后来所撰《狱中答新闻报》，述及在《时务报》与康门共事情况称："中岁主《时务报》，与康、梁诸子委蛇，亦尝言及变法。当是时，固以为民气获伸，则满洲五百万人必不能自立于汉土，其言虽与今异，其旨则与今同。昔为间接之革命，今为直接之革命，何有所谓始欲维新、终创革命者哉！"（《苏报》，光绪二十九年闰五月十二日。）

　　章氏在沪，与宋恕相得，《自述学术次第》记："三十岁顷，与宋平子交，平子劝读佛书，始观《涅槃》、《维摩诘起信论》、《华严》、《法华》诸书，渐近玄门。"《对二宋》说："恕字平子，性狂狷，任意气，不遇反为嗛退"。"然其文辞，多刺当世得失，常闭置竹笼中，而尽出其曲谨伪言。遇炳麟，未尝不尽，然不以良书示也，且约文辞不得叙己名。"（《检论》卷八。）《瑞安孙先生伤辞》也说："炳麟少治经，交平子始知佛藏。"（《文录》卷二。）宋恕也有《束发篇》答章氏，末谓："四顾灵踪绝，太息谢骖服。托命礼观音，移情存净域。踽踽素臣身，栖栖大泽滨。殷勤再三赠，强饭抑酸辛。缄口密复密，鹠鸠惊骚人。"（《莫非师也斋诗存》，《瓯风》刊本。）

　　《自定年谱》称"平子以浏阳谭嗣同所著《仁学》见示"。查谭嗣同《酬宋燕生见赠》后附跋语："丙申秋八月，偶客上海，燕生惠我以诗，人事卒卒，未有以报。及还金陵，乃克奉答，并书扇以俟指正。"（原件摄片。）《宋平子文钞》中也有《赠谭复生》："五十年来数壮夫，南州一郭圣人徒。神交昔堕千行泪，声应今传万字书。"也很可能指的是《仁学》。宋恕以《仁学》"见示"，章氏"怪其杂糅"，此后，在所撰《儒术真论》中曾对《仁学》批议，见"光绪二十五年己亥，三十二岁"条。

　　章氏撰文，词多古奥，致《时务报》仅录其两篇。刊登以后，汪康年友僚毁誉交至。二月初七日，谭嗣同《致汪康年梁启超书》曰："贵馆添聘章枚叔先生，读其文，真巨子也。大致卓公如贾谊，章似司马相如。"（《谭嗣同全集》第371页，一九五四年三月三联书店版。）誉为"巨子"。三月十一日，黄遵宪《致汪康年书》谓："馆中新聘章枚叔、麦孺博，（原注："任父盛推麦孺博，弟深信其言。"）均高材生。大张吾军，使人增气。章君《学会》，论甚雄丽，然稍嫌古雅。此文集之文，非报馆文。作文能使九品人读之而悉通，则善之善者矣，然如此既难能可贵矣。才士也夫！"（《汪穰卿先生师友手札》，上海图书馆藏，下同。）四月，续函汪康年："章氏之文，颇惊警，一二月中，亦可录一二篇。"（同上。）尚加称誉，认为可以酌录。惟叶瀚《致汪康年书》则谓：章氏"十九期报第二篇论文太艰涩，（按：指《学会大有益于黄人亟宜保护》。）冼太散碎，观者颇不悦目，操笔人宜嘱其选词加润为要。"（同上。）

　　七月初五日(8月2日)，《经世报》创刊，系章氏返杭后编辑。《经世报》，旬刊，馆设杭州，上海设分馆。宋恕(时在上海)、章炳麟、陈虬等任撰述，七月上旬(初五日)创刊，分"皇言"、"庶政"、"学政"、"农政"、"工政"、"商政"、"兵政"、"交涉"、"中外近事"、"格致"、"通人著述"、"本馆论说"等十二栏。以为孔门"四科，何一非经世之学"。"今赤县之民，渐知耻矣。夫不耻者昏，徒耻者懦，耻莫若学，学莫若会，立学会莫若基报馆。""故辄奋笔为陈故破俗，证邻颂献，以表四科一学，以表儒嫡在浙，以表斯馆乃基学会,斯报非逐市利。"(宋恕:《经世报叙》,见《经世报》第一册,光绪二十三年七月上旬出版。)论说外,多载英、法、日文报章,以记述国内外大事与介绍新学术、新知识为主。章氏在《经世报》刊有《变法箴言》(第一册。)、《平等论》(第二册,光绪二十三年七月中旬出版)、《读管子书后》(第三册,光绪二十三年七月下旬出版,旋改题《喻侈靡》,收入《訄书》原刊本。)、《东方盛衰论》(第四册,光绪二十三年八月上旬出版,收入《訄书》原刊本,修改颇多。)又,《经世报例言》,文字古雅,亦似出于章氏之手。

《经世报例言》:"涣汗自天,讦谟定命,海寓士庶,喁喁延颈,录《皇言》第一。文质三变,斠若画一,损益百世,礼失求野,录《庶政》第二。(通论各政与官制、吏治,与夫部臣疆臣所有事者皆入此。学政等亦庶政之一门,以兹事体大,故别出。)九域异尚,天产贤桀,赤帝师螫,异同胡立,录《学政》第三。(兼各教源流。)顺时觇土,先畤是服,九职任民,园夫红女,录《农政》第四。(兼蚕桑、畜牧、树艺、水利。)人宵天地,制器尚象,吹万不同,入我型范,录《工政》第五。海王之国,长财善贾,轻重我操,塞彼漏卮,录《商政》第六。金火相革,守我域内,禁攻寝兵,悲哉宋钘,录《兵政》第七。(兼方舆。)狴犴不辑,流为甲兵,折衡尊壶,匪陆而苏,录《交涉》第八。(兼公法律例。)风听胪言,虞初是则,疑者区盖,必甄实录,录《中外近事》第九。六幕纷纭,地水火风,陶铸糠粃,朽腐神奇,录《格致》第十。(以上九目,凡章奏、公牍,私著、东西各报皆从其类。)箫管冥和,集思广益,经纬鸿笔,文章粲如,录《通人著述》第十一。(通论无可附丽者入此,专门则入以上各目。)甄综古今,厄言弗道,嗟我稊米,抒恢门世,录《本馆论说》第十二。(《经世报》第一册,光绪二十三年七月上旬出版。)

查《自定年谱》称,章氏对"为政论者,辄以算术、物理与政事并为一谈"很不满意,以为"唯平子与乐清陈黻宸介石持论稍实"。宋恕、陈黻宸都为《经世报》撰文,章氏以"技与政非一术",在《经世报》各文亦见端倪。

《经世报》第一册载有章氏《变法箴言》,略谓:"大波将激,大火将燲,而无忧怖者,其人情乎哉!""往者,士大夫不思经世之业,而沾沾于簿书期会,以为大故,震荡回薄,以有今日,此上天所以哀下民,使无佚乐。故议变法者,吾党之责也。"以为当时"瑰意琦行之士,则有二病焉,华妙云乎,猝暴云乎!""变法者,非口说也,必躬自行之,躬自行之而不可济,必赴汤火冒白刃以行之。古者改制度,定文章,必乘焱刘之后。"中国"有志之士,又稍稍娱乐于禅学以日销其骨鲠",章太炎认为这些"遁匿于佛者"是"华妙",应予规正。也有"见西法之效,以为驰骋上下,无曲折可以径行也,又取夫后王之政而暴施之于百年以前也",这是"猝暴"。

章氏认为:"学堂未建,不可以设议院;议院未设,不可以立民主。事势之决塞,必有先后,皆出于几。自有地球三十九期以来,石刀铜刀铁刀之变,非由政令发征,而民靡然从之,其几迫也。圣人者,因其几而导之人,故举无不起,废无不坠。今也骏特俶党之士,丁时未至,盱衡厉色,悍然而为之,志固不遂,且危其身矣"。"病华妙者,吾惧其不以身殉也;病猝暴者,吾又惧其妄以身殉也。"

章氏认为:"民不知变,而欲其速化,必合中西之言以喻之。喻人之术,横说之则以诗书礼乐,纵说之则以金版六弢,其一曰宙极之史,其一曰六合之成事。人莫信其觊髣阔略之声而信其目睹。是故陈古而阂,不如道今;有独喜其觊髣阔略之声者,与道今而不信,则又与之委蛇以道古。故合中西之言以喻民,斯犹慈石之引铁,与树之相近而靡也。"

《变法箴言》末谓:"虽微踔逸,犹憪凄切怛,悲世之不淑,耻不逮黄帝而哀不已若者。窃闵夫有志之士之玩愒于佛也。其力行者,又举事而焚其绪也,以为如是则终已不得变而之治。故与子道其二病,且以自箴,且以箴天下。揽其要略,惟哀足以成事,虽有智者果者,不哀则败。三十年以往,有何桂清,十年以往,有张佩纶,言谈最贤,亦时有中要领者,而祸败若是,是可鉴矣! 鉴于是二子,变者千端而或有什一之成;不鉴于是二子,冒没轻僄,其势无疑止,虽有中寿,犹不获睹天下之治也。虽然,吾固知其莫能鉴也。于斯时也,是天地闭、贤人隐之世也,吾不能为狂接舆之行吟,吾不能为戴安道之破琴,吾流污于后世必矣。"

七月十五日(8月12日),《经世报》第二册出版,载有章氏:《平等论》,略谓:"天地之道,无平不陂,故曰水平而不流,无源则遽竭,云平而雨不甚,无委云雨则遽已,政平而无威则不行,然则平非拨乱之要道也。"

章氏认为:"平等之说,行之南北朝,则足以救敝;行之唐、宋以后,则不切事情。是何也? 当门第之说盛时,公卿不足贵,舆台皂隶不足贱,而一于种姓乎辨之。""于斯时也,而创平等之说于其间,则米盐之争、锥刀之竞息矣,其有助于政教,必不缚矣。今也罪人不奴,民无僮仆,昔之男子入于罪隶、女子入于春稿者,今亦及身而息。自冕黼旄钺以逮兰缕敝衣者,苟同处里闾,一切无所高下。然则以种族言,吾九皇六十四民之裔,其平等也已久矣,复从而平之,则惟去君臣、绝父子、齐男女耳。"

章氏认为:"古者谓君曰林烝,其义为群,此以知人君与烝民等,其义诚大彰明较著也。""彼法家之言曰:'虽有忮心者,不怨飘瓦。'然则以总统莅民,以金谋定赏罚,是特当轴处中者之所以避怨蘦,而贤桀何取焉。夫父子夫妇之间,不可引绳而整齐之,既若是矣,君臣虽可平,而于事抑又无取。故曰:平等之说,非拨乱之要也。"

章氏末谓:"虽然,吾尝有取矣,取夫君臣之权非平等,而其褒贬则可以平等也。昔者埃及之王称法老,死,大行至窆所,或颂其德,或指其邮,以得失相庚偿,过多则不得入墓,其王亦深自饬厉,惧罹罪辟,莫敢纵欲,是即中国称天以谏天王之义,是即《春秋》有罪不书葬之义。"

《平等难》收入《訄书》,文字有修改。

七月二十五日(8月22日),《经世报》第三册出版,载有章氏《读管子书后》,略谓:"管子之言,兴时化者,莫善于《侈靡》,斯可谓知天地之际会,而为《轻重》诸篇之本,亦泰西商务所自出矣。"

"古者于山之见荣茂草乔松之为煤者,未尝求于良工精材,虽求之而未尝致,非夫效汉阴丈人之假修浑沌氏之术也。其用未侈靡,则皆窳偷生而已足。然而人非一蛾啄恩矣,(一蛾啄恩者,开辟时第一生物。)智慧愈开,侈靡愈甚,则原质之弃于地,与养气、淡气、绿气之弃于球外者,不得不审御机数以求之。是故侈靡者,工艺之所自出也。

夫既有工艺矣，则一方或有馀，而一方或不足，而求之者则固相等，于是商贾操之以征贵贱，则其势不得不生轻重。轻重者，亦势之无可遁者也。……西班牙人尝欲析富家之财以均贫者，而卒至于扰乱。（用《佐治刍言》说。）人之有轻重，且不能平，况于国乎？故始也以贸易为一商之轻重，而终也至以为一国之轻重。管子尝言合小以攻大者，敌国之形；以负海攻负海者，中国之形。呜呼！至于重势既成，则以贸易攻人而有馀，亦无待于兵刃矣。……虽然，物无不以缓急为轻重，则其道亦与侈靡等。故曰：侈靡者，轻重之本，而泰西商务之所自出也。”

《读管子书后》谈到“工艺”，有发展资本主义工商业的思想倾向；又谈到“贸易攻人而有馀”，看到资本主义国家的商品输出。但他又以“管子之言”，“亦泰西商务所自出”，说明也曾依托往古。此文收入《訄书》原刊本，改题《喻侈靡》，除文字有损益外，末后并加附识：“释氏《大集月藏经》云：譬如真金为无价宝，若无真金，银为无价；若无银者，鍮石为无价；若无鍮石，伪宝为无价；若无伪宝，赤白铜铁白蜡铅锡为无价宝。是即侈靡无定，适其时尚之义也。己亥冬日又识。”思想已有变化。

章氏在杭，因高啸桐介绍，与沈瓞民相识，“太炎先言治经，《易》则主费氏家法，而不喜三家之说，于《易纬》尤痛斥之”。“治《春秋左氏传》，注崇贾、服”，并“论今古文异同数则”。（沈瓞民：《记凤凰山馆论学》，见《制言》第二十五期。）

八月初一日（8 月 28 日），《实学报》在上海创刊，旬刊。王斯源、王仁俊等编辑。首载奏章及英、日报文，后附刻中西文书籍甚多，均未全。此报主张分天、地、人、物为四纲，谓：“本报之设，以讲求学问、考核名实为主义，博采通论，广译各报，内以上承三圣之绪，外以周知四国之为，故名《实学报》。”（《时务报》第三十六册，光绪二十三年七月二十一日。）

章氏曾撰《实学报叙》，略谓：“緐古九流，皆出于周官之掌故，遭秦灰烬，高文荡如。汉世抱残缺，遗术犹略可睹。陵夷至于魏、晋，浮屠稍炽，以嘘枯吹生为能事。恨大圜之束缚，而欲摧破去之，共球一撮，则愈不暇留意，终于典章不讲，艺术不考，嬺点九能，如含瓦砾，而实学亡矣。唐、宋以降，政法程度，举不能逮先民，惟畴人操算，稍上合乎周髀，斯则硕果不食，于五际为革政之世。今日之能以欧罗巴学上窥九流者，其芽蘖在是也。惜夫溟渤以外，听远音者闻其疾而不闻其舒。至于《小雅》尽废，四彝交侵，创痏既深，乃流嘶哽咽以道之，则已日莫途远。救时之彦，于是为置学堂。然一行省数千里，就学者犟以百数，俗儒鄙夫，蔽所希闻，大共非訾者，犹十而三四。高材之士，则又龃梧鼠，非螣蛇，涉猎五技，不忍攻苦。又不欲居浅陋，闻格致矣，以希腊、巴比仑之古教炫之；闻古教矣，以佛说炫之。乃曰黄赤青黑，惟吾目是视；角徵穆羽，惟吾耳是听。综其所论以施之西学，则正负乱；以施以中学，则名实乱。然则彼且以此涂智者之耳目，而况中人乎？”

章氏认为：“夫报章者，诚史官之支与余裔也。刘子骏有言：‘墨家者流，盖出于清庙之守。’其在周初曰史佚，其后曰史角，然则墨翟学于史氏。故其声、光、热、重之学，爽然为诸子最。今为《实学报》，其必念夫墨子而后二千馀年，旁魄熔凝以有是篇，必奭然为纪事之书最。且子以其目言，圜则九重则曰天，黄垆息壤则曰地，五种孳乳则曰人，牵牛纪始则曰物，其称谓不辩。而自大圈以内，重黎之所绝，苍牙之所别，化益之所录，尽此矣。是其名也，亦可以言实矣。"

八月十一日（9月7日），《实学报》第二册出版，载有章氏撰文《后圣》、《儒道》、《儒兵》，列为"实学报馆通论"。《后圣》略谓："自仲尼而后，孰为后圣？曰：水精既绝，制作不绍，浸寻二百年，以踵相接者，惟荀卿足以称是。非侈其传经也，其微言通鬼神，彰明于人事，键牵六经，谟及后世，千年而不能闿明者，曰《正名》、《礼论》。《礼论》未作，人以为祝史之事；作矣，人以为辟公之事。孟氏未习，不能窥其意。其他揖让之礼虽从，而庋于行事者，遇之则若焦熬矣。……乌虖！斯其制作也，则迥乎三统，竟乎文祖地祇之毙。是故《礼论》以键六经，《正名》以键《春秋》之隐义。其他《王制》之法，《富》、《强》之论，《议兵》之略，得其枝叶，犹足以比成、康。岂乎！非后圣孰能不见素王而受其鬲翼锏瑁者乎！

"而治孟学者甚之，以论性恶为敌述。乌虖！性恶者，非同人性于禽豸也，而异人性于圣王之制礼，有善不□，斯谓之恶已。……乌虖！世俗之说者，以桀、纣有天下，汤、武篡而夺之。荀子以为伛巫跛匡之智，载在《正论》，驳辩几千言，孰谓其术之异于孟氏也。

"夫治孟学以甚荀氏者，始宋程、苏。苏与程相敌述，其甚荀氏则合从，彼苏氏尤昌狂妄言。（近人或谓苏诋荀卿，乃借以诋荆公，大缪。忿疾荀卿，自是宋世习俗。即如子云文人，偶有撰述，特与徐干等耳，于学术何足轻重。自唐韩氏以杨拟荀，宋人遂以才高多过、才短少过并讥，要只为揭橥孟学，并忘荀、杨之绝非伦比。若谓苏以诋荀卿者诋荆公，然则诋杨雄者，亦可云借以诋温公邪？）推其用意，且曰死而操金椎以葬，下见荀卿，将敲其头矣。利禄小生，不可与道古。其文学以程、苏为宝祐，从而和之，使后圣之学，终于闭锢伏匿；仲尼之志，自是不得见。悲夫！并世之儒者，诵说六艺，不能相统一。章炳麟订之曰：同乎荀卿者与孔子同，异乎荀卿者与孔子异。"

章氏对荀卿极为尊崇，《菿汉微言》称："遭世衰微，不忘经国，寻求政术，历览前史，独于荀卿、韩非所说，谓不可易。"上引戊戌正月《上李鸿章书》也说，"一以荀子、太史公、刘子政为权度"。这里更以荀卿为"后圣"。他的尊崇荀卿，不是单纯的"侈其传经"，而因为他"微言通鬼神，彰明于人事"，"有循于旧名，有作于新名"，也就是因为荀卿有"法后王"思想的缘故。这点，章氏在1899年的《尊荀》中又有发挥。又，康有为利用今文经说"托古改制"，他的门徒梁启超更侈谈"荀传小康，孟传大同"，夏曾佑且有"冥冥兰陵（荀卿）门，万鬼头如蚁"之诗，有似"排荀运动"。（梁启超：《清代学术概论》。）谭嗣同《仁学》又说："二千年来之政，秦政也，皆大盗也；二千年来之学，荀学也，皆乡愿也。"章氏推崇荀卿，专为撰文，或与此有关，盖亦有感而发也。

《儒道》略谓："学者谓黄老足以治天下，庄氏足以乱天下。夫庄周愤世湛浊，已不胜其怨，而托卮言以自解。譬则屈子之赋远游，其于治乱也何庸。老氏之清静，效用于汉。然其言曰：'将欲取之，必固与之。'其所以制人者，虽范蠡、文种不阴鸷于此矣。

故吾谓儒与道辨，当后其清静而先其阴鸷。"以为老子"著五千言，以为后世阴谋者法，其治天下同，其术甚异于儒者矣。""且夫儒家之术，盗之不过为新莽，而盗道家之术者，则不失为田常、汉高祖。得木不求赢，财帛妇女不私取，其始与之，而终以取之，比于诱人以诗礼者，其庙算已多。夫不幸污下以至于盗，而道犹胜于儒。然则愤鸣之夫，有讼言伪儒，无讼言伪道，固其所也。虽然，是亦可谓防窃钩而逸大盗者也。"

《儒兵》首言《阴符经》之缪，继谓："儒者曰：'我善御寇，不禽二毛，不鼓不成列，虽文王之用师，莫我胜也。'……夫治兵之道，莫径治气，以白挺遇刃，十不当二，以刃遇火器，十不当一，以火器遇火器，气不治，百不当一。治气者，虽孟、荀与穰苴，犹是术也，有本有末而已矣。末而末者可以撢其本，故蹴鞠列于技巧，棋势皇博列于术艺，不知者以为娱戏也。其知者以为民性有兵，不能旦旦而用于寇，故小作其杀机，以鼓其气，与儒者之乡射，其练民气则同。虽孟、荀与穰苴，犹是术也。此兵之本也。若夫临敌之道则有矣，方机动时，其疾若括镞，非先治气，则机不可赴，赴机以先人，而人失其长技矣。故曰：智者善度，巧者善豫，羿死桃棓不给射，庆忌死剑不给搏，王守仁知气，此所以成胜。"

《儒道》、《儒兵》都收入《訄书》，有修改。

八月二十一日（9 月 17 日），《实学报》第三册出版，载有章氏撰文《儒法》、《儒墨》、《重设海军议》。

《儒法》略谓："自管子以形名整齐国，著书八十六篇，而《七略》题之曰道家。然则商鞅贵宪令，不害主权术，自此始也。道其本已，法其末已。今之儒者，闻管仲、申、商之术，则震栗色变曰，而言杂伯，恶足与语治。试告以国侨、诸葛亮，则诵祝冀为其后世，而不知侨、亮之所以司牧万民者，其术亦无异于管仲、申、商也。然则儒者之道，其不能摈法家亦明已。""吾观古为法者，商鞅无科条，管仲无五曹令，其上如流水，其次不从则大刑随之，贵其明信，不曰较轻重。子弓曰：'居敬而行简，以临其民。'乌虖！此可谓儒法之君矣。"

《儒墨》略谓："佚翟之祸，至自弊以弊人，斯为酷矣。诋其兼爱，则嚅言也。"又说："然则短丧之制，前倡于禹，后继踵于尚父，惟晏婴镵之，庐仗衰麻，皆过其职。墨子以短丧法禹，于晏婴则师其奸齿而不能师其居丧，斯已左矣。虽然，以短丧言，则禹与太公皆有咎，奚独墨翟，以蔽罪于兼爱，谓之无父，君子重言之。"

《儒法》、《儒墨》收入《訄书》，有修改。

《重设海军议》，文录未收，谓："中国自法兰西开衅以来，始设海军，以为防御外洋之用，至今相距十馀年，而皆烬于东瀛之一战，此其咎在用人不在立法，外海轮船之设，诚不能因噎废食也。""今者通商五十年，泰西技艺，月异而岁不同。且香港割于英，越南并于法，台湾攘于倭。海氛一起，设欲进则可以挑战，欲退则可以屯军。设使墨守成说，逡巡于内港之中，将听其纵横海上，自使招商诸舰，迫抑而不出乎，抑将行险侥幸，以孤注争之乎？"未完，第四册续载。

九月初一日（9 月 26 日），《实学报》第四册出版，载有章氏撰文《儒侠》、《重设海军议》（续）和《异术》。（第五册续完。）

《儒侠》略谓："侠者无书，不得附九流，岂惟儒家摈之。八家亦并摈之。然天下有亟事，非侠士无足属"。"世有大儒，固举侠士而并包之，而特其感慨奋厉，矜一节以自雄者，其称名有异于儒焉耳。"末为："章炳麟曰：得志有夏后，不得志有比干、絜龙逢，儒者颂之，任侠之雄也。"收入《訄书》，首增"漆雕氏之儒废而闾里有游侠"。

《重设海军议》续谓："《传》有云：彼则惧而协以谋我，故难间也。设非重设海军，将何以为筹边之具。"盖行军于溟海之中，我有碰船，则可以触敌矣；我有鱼雷，则可以追敌矣；我有卷筒群子，则可以伤敌矣；我有泳气钟与空气水雷船，则可以破敌矣。即使胜负难言，而两军对仗之时，必能使踌躇踯躅，不得驰骋于内洋。与夫铁锁木桩、守株待兔者，其黠活何止百倍。而欲不重设海军，是犹以揭竿斩木之师，当桓、文之节制耳。若夫高丽辽海之役，兵轮皆聚而歼旃，吾固曰：咎在用人不在立法也。溯章程初立之时，西人以琅威理为教习，牙旗羽纛，皆琅君独遇其荣，遂得悉心训练。丁汝昌以饕餮穷奇之志，行妨贤病国之谋，适遇会操粤海，乃拔其帅纛以自建，自是海军日坏，与夫绿营惰卒，相去几希。其与倭人相拒，卒至如卵击石，如蓬遇风，两阵甫交，举弃甲曳兵而走，而以是归咎于法制之未良。然则陕甘防勇，自左文襄去后，其勇厉亦不逮曩时矣。长江水师，自彭刚直殁后，其坚劲亦不逮曩时矣。其可悉数裁撤乎，抑亦仍旧法而整饬之乎？"

《异术》未曾辑集，原文为："乌虖！物之不齐，物之情也。黄帝与蚩尤以水火相挤者，道术殊也。道生于五德，德生于色，色生于统。三统迭建，王各自为政。仲尼以春王正月莫络之，而损益备矣。彼庄周之论方术，不具九流，而取道、墨、名、法四家，两录其韪，两摭其违，《七略》谓之出于周官者，于是为先马，文武不坠，官人不失要，道可睹者此耳。虽有荒唐之言，无端崖之辞，要不能逾于姒子也。夫吹万不同，而听远音者，闻其疾而不闻其舒。大同至于墨，言不过禹；浑沦至于老聃，言不过周柱下。周所称者，能及唐、虞乎？春秋崇三王，在周则亲殷故杞，自轩辕以下为五帝，上推神农为九皇，又上极而曰民。民者冥也，其尊逾帝王，而子孙不得居附庸，虽庖牺、女娲，被之冥顽之称而不敢辞者，古之道术，野人之所行，固不可复也。今亦有民矣，民有俦群，其能言者士，士登九流，议政于廷，言各从其党，百家胪说而一行，则他议者媂媚，媂媚甚，则必反之兵矣。反之于兵，则必有扑閦之情，必且杀人。夫魁士骏雄将以其议卫民者，徒长乱以为民害。古者庖牺之民可议也。三统未臠，九流未别，所为陈议者，无所于竞。今士与民皆以党竞矣，故上所以纂选之者，非法令法言无任，彼法言必暗民，暗所以宣之也；法令必伏民，伏所以起之也。所宣与起者，民之意而已。上不酬民言而酬其意，曲制时举，润之如夏云，使无顿萃，则抱钟陈茅蕝而治，三王优下之道殚此矣。弃三王之道，而以六十四民为故，上有禅让，下有举废，使民多幸。吾惧昭华之未赠，二女之未嫔，而黄炎之相挤者，以道术斗矣，庄周重言之，而况其卓乎？"文中提到"所宣与起者，民之意而已。"并望"上"能"酬民言而酬其意"，说明有要求从上而下的维新变法思想。文中又提"三统"、"损益"，说明也受康有为等的思想影响。

《实学报》中有很多反对新政文字，如王仁俊所撰《实学平议》（《民主驳议》、《改制辟谬》）等，虽谓："诚不敢阻挠新政，墨守古法"，实际根据封建"三纲"反对民主，反对变法，致为封建顽固派张目，而辑入苏舆的《翼教丛编》中。

《经世报》、《实学报》虽以介绍新知识为名，但文字古雅，不如《时务报》之"近俗"，且杂有王仁俊等陈词滥调，当时曾引起一些人的议论。十月二十一日，张元济：《致梁启超书》曰："近见《实学报》、《经世报》，皆有显与《时务报》为敌之意，此皆例有之阻力，执事幸勿为所动也。《经世报》言多粗鲁，姑勿论。而《实学报》则最足以动守旧者之听，且足以夺貌新者之心。济料其声势必将日大。然一二十年后，民智大开，又必不辨而自屈，则又何必沾沾于目前之是非也。其以天地日月例夫妇，仍不过八股之学。《华盛顿传》后极赞民主，与其《平议》宗旨，大相矛盾。如此之类，不胜枚举，又安能自成一家乎？非谓异我者即在所必摈，东西报馆岂无异趋。所恨者，以爝火之微，而亦欲与日月争明。使为守旧之徒，犹可言也；而伪在此似新之辈。夫处今之世，即合此十百有志之士，通力合作，犹恐未必有济。况复显分畛域，同室操戈！济处局外，且深怨愤，而何论公与穰卿之身当其际者乎？虽然，出一言，行一事，而天下翕然，则已为大同之世矣，而今尚非其时，济敬以两言相勖曰：'勿与之相竞，勿因此自馁'。迟之既久，必能共明。且此之接踵而起者，何一非公与穰卿之私淑弟子乎？此亦公自知之也。"（《汪穰卿先生师友手札》，上海图书馆藏。）

十月初一日（10 月 26 日），《译书公会报》在上海创刊，（《译书公会报》第一期仅署"十月"，无日期。它是周刊，第二期出版于十月初七日，从时间推算，应创刊于十月初一日。）在他的《启事》中说："本公会志在开民智、广见闻，故以广译东西切用书籍、报章为主，辅以同人论说。今首先译出之书，为《五洲通志》、《交涉纪事本末》、《拿破仑失国记》、《维多利亚载记》、《威林吞大事记》、《英国史略》。……所译各报，如英《泰晤士报》、《律例报》、《东方报》；法《非轧罗报》、《勒当报》、《国政报》；德《东方报》；美《自立报》、《纽约报》、《铁路报》；日本《政策报》及东报之最著名者若干种。……七日为期，全年四十六册。"由章氏和杨模（范甫）任主笔。

十月初七日（11 月 1 日），《译书公会报》第二册出版，载有章氏：《译书公会叙》，略谓："互市以来，所传译泰西书，仅逮四百种，兹无错愕也。是四百种者，既剸劂刻镂，不遍流布，拘学倥夫，至不能举其目，兹亦无错愕也。虽然，瞽者羡瞽者，瞽者羡明者，五大洲之册籍，吾不能博发而扬诩之，吾则瞽矣。且新理日出，岁无留故，一息炭养更，其事立变。若乔木之移阴，若蛇蚹蜩翼之移壤，而吾犹守旧译，以成世之喑聋，其焉能与之终古？……虽然，创夫竹帛之成，而不得流布于震旦，以餍蟫鱼之腹，如曩者四百种之效也。乃取夫东西朔方之报章，译以华文，冠之简端，使学者由唐陈而识窔奥。盖自輶车使者之职以溯秘书，其陈义略备矣。

"嗟乎！五十年以往，士大夫不治国闻，而沾沾于声病分隶，戎士视简阅仅若木熙，无一卷之书以教战者，怀安饰誉，其祸遂立见于今日。……泰西政艺，各往往取诸希腊、罗马，而文明远过其本。然则是译书会者，安知不如微虫之为珊瑚、与蠃蛤之积而为巨石也。乌虖！斯又夸父、精卫之志也。”

另有《读日本国志一》、《读日本国志二》、(第四册、第十册，光绪二十三年十月二十一、十二月初四日出版。)《论民数骤增》。(第八册，光绪二十三年十一月二十日出版，《訄书》和《检论》都收，题称《民数》，有增删。)

本年，章氏有《文例杂论》，首谓：“余每读顾先生《救文格论》，叹其绳约觥骸，偃枭削墨，后之治文笔者，得是为同律，其远于鄙倍矣。自桐城方、姚诸子，浸为文辞，传之其人，其所约束，又各以意进退。古之作述，非闳览博观，无以得其条例，惟杜预之善文、挚虞之文章流别，今各散亡秏矣。枭则同异，或时时见于群籍，凌杂取之，固不能成类例，亦庶几捃摭秘逸之道也。”(《文录》卷一。)

【著作系年】《论亚洲宜自为唇齿》(《时务报》第十八册，光绪二十三年正月二十一日出版)。《论学会有大益于黄人亟宜保护》(《时务报》第十九册，光绪二十三年二月初一日出版)。

《致谭献书》(光绪二十三年三月十九日，见《复堂日记续录》钱基博《跋记》)。《致汪康年书二》(光绪二十三年三月二十二日，《汪穰卿先生师友手札》)。

《变法箴言》(《经世报》第一册，光绪二十三年七月上出版)。《平等论》(《经世报》第二册，光绪二十三年七月中出版)。《读管子书后》(《经世报》第三册，光绪二十三年七月下出版)。

《实学报叙》(《实学报》第一册，光绪二十三年八月初一日出版)。《东方盛衰论》(《经世报》第四册，光绪二十三年八月上出版)。《后圣》、《儒道》、《儒兵》(《实学报》第二册，光绪二十三年八月十一日出版)。《儒法》、《儒墨》(《实学报》第三册，光绪二十三年八月二十一日出版)。《重设海军议》(《实学报》第三册、第四册，光绪二十三年八月二十一日、九月初一日出版)。《儒侠》(《实学报》第四册，光绪二十三年九月初一日出版)。《异术》(《实学报》第四册、第五册，光绪二十三年九月初一日、九月十一日出版)。

《译书公会叙》(《译书公会报》第二册，光绪二十三年十月初七日出版)。《读日本国志一》(《译书公会报》第四册，光绪二十三年十月二十一日出版)。《论民数骤增》(《译书公会报》第八册，光绪二十三年十一月二十日出版)。《读日本国志二》(《译书公会报》第十册，光绪二十三年十二月初四日出版)。

《文例杂论》(《文录》卷一，《太炎集》系为“丁酉文”)。

光绪二十四年戊戌(1898年)　三十一岁

【自定年谱】初，余持《春秋左氏》及《周官》义，与言今文者不相会。清湖广总督南皮张之洞亦不憙公羊家，有以余语告者，之洞属余为书驳难。余至武昌，馆铁政局。之洞方草《劝学篇》，出以示余。见其上篇所说，多效忠清室语，因答曰：“下篇为翔实矣。”梁鼎芬者，尝以劾李鸿章罢官，在之洞所，倨傲，自谓学者宗。余闻鼎芬先与合肥蒯光典争文王受命称王义，至相箠击，因谓鼎芬不识古今异法。一日聚语，鼎芬颇及左氏、公羊异同。余曰:"内中国,外夷狄,《春秋》三家所同。弑君称君为君无道,三家亦不有异。实录之与虚言,乃大殊耳。"他日又与侪辈言及光复,鼎芬恚焉。未几,谢归。

其秋,康有为得清主宠任,以变政获罪。清廷称朝野论议政事者为新党,传言将下钩党令,群情惶懬,日本人有与余善者,招游台湾。

九月,携家南渡。时伯兄年四十七,无所出,抚叕为己女以归。

【国内大事】正月初三日(1 月 24 日),光绪皇帝命王大臣延见康有为于总理衙门,康有为提出了变法的具体措施。光绪皇帝命总署呈送康有为所著《日本变政考》、《俄彼得变政记》等书。初六日(27 日),准贵州学政严修议,开经济特科,分内政、外交、理财、经武、格物、考工六门。初八日(29 日),康有为上疏"统筹全局"——《上清帝第六书》,请求光绪皇帝迅速决定变法。旋又呈送《上清帝第七书》,并进呈《俄彼得变政记》。二月初一日(2 月 21 日),南学会在长沙成立,是日学会开讲。三月初五日(3 月 26 日),康有为发动公车百馀人上书,请求联英拒俄。二十七日(4 月 17 日),保国会在北京成立,康有为等发起,以"保国"、"保种"、"保教"为宗旨,拟于北京、上海设两总会,各省府设分会,略具政党规模。三月(4 月),保浙会、保滇会、保川会分别在北京成立。闰三月十二日(5 月 2 日),后党御史潘庆谰劾康有为"聚众不道"。二十七日(5 月 17 日),后党御史黄桂鋆上疏参劾保浙、保滇、保川等会。四月(6 月),康有为、徐致靖、杨深秀先后上疏,请"明定国是",变法维新。

四月二十三日(6 月 11 日),光绪皇帝下"定国是诏",决定变法,"百日维新"开始。此后,陆续颁布"新政"上谕,后党不断阻挠,多次进行斗争。七月十九日(9 月 4 日),后党礼部尚书怀塔布、许应骙等因阻挠主事王照条陈被革职。二十日(9 月 5 日),赏谭嗣同、杨锐、刘光第、林旭四人四品卿衔,在军机章京上行走,参预新政事宜。接着,后党杨崇伊、怀塔布先后到天津看荣禄,有所密谋。八月初一日(16 日),光绪皇帝召见袁世凯,即日擢为侍郎,责成专办练兵事务。初三日(18 日),光绪皇帝命林旭传出"密诏"。初五日(20 日),康有为离京出走。初六日(21 日),慈禧再出"训政",幽光绪于瀛台,政变发生。十三日(28 日),谭嗣同、林旭、刘光第、杨锐、杨深秀、康广仁死难,史称"戊戌六君子"。此后,清政府又下"钩党令",查禁学会,取缔新政。

正月元旦(1 月 22 日),谒见谭献。《复堂日记续录》是日记:"拜年客来,谢之,惟章生枚叔入室长谈。"

正月,上书李鸿章,企求他能"转旋逆流"。自德国出兵强占胶州湾后,接着,沙俄舰队侵入旅顺、大连。亡国大祸,迫在眉睫,中国人民广泛地开展挽救民族危亡的斗争。章太炎对帝国主义的侵略极端痛恨,对清政府的投降卖国很是愤慨,但对汉族地方督抚还存有幻想。他在《上李鸿章书》中,首称少年"浏览周、秦、汉氏之书",(见"光绪十年甲申"条。)中谓:

"乃者胶事良已,德皇子踵至,俄、英、法诸国又以其间觊觎息壤,瓜分之形,皭如泰山。恫天纲之解维，悲横流之靡届。虽自度材质不周世用，窃愿以平日所学，参伍验之。惟公以周、召之才，斡运大夏，夷艰济变，固已多矣。属遭阳九，中道多梗。盖天于哲人，非必欲使素日积劳以旌其伐，而欲使转旋逆流之机，必于是人乎发之，故敢陈其愚戆，以备公之财择焉。

"自古强国之形，远交近攻，而弱国则反是。今夫日本，非有深怨于我也，以深怨言，英、法尝犯眸矣。曩者衔之次骨，至于今则交际犹是，何有于日本。夫同种之国，孰能表东海者，此易知也。而欧人之扰吾边疆，亦恒在左，非得日本，谁与同命。以一时之怨视之，乃不如白种，是犹兄弟争室而授途之人以狐父之戈也。……且日本处大瀛之中，而北与俄罗斯逼处，而东交美利坚，则以檀香山之议，又不能诉合无衅，其于邻国，舍中国则谁与？中国而强，固同室也；中国而弱，苟独厚日本，则不至私徇他人，以诒太平洋之害，独何不愿之有哉！虽然，彼政府智深而才黠，欲以口舌说之，则彼虽饫心慊志，而犹必示拒以要我，则不如不待其要而有以利之，使操纵在我之为得也。闻去岁有东游日本者，上书枢府，欲其深念同忾，以弭中国之兵革，其见纳与否，尚未可知，麟则以为非中国辅轩之使，而自以才辩求亲于日本者，虽随何、食其之口无益。何者，不能以利益授之也。虽然，吾中国今日不求亲于彼，则坐为欧西各国所鱼肉，谁与拯之，其势固不能已，而又非经常之约言所能致也。必如往者德、意、奥三国合从之举，然后觊于患难相救，欲与日本合从，则莫如与之地而用其材，使彼有藉手而乐于亲我，则事何为而不成。

"与之地奈何？曰：威海固日本戍邑也，使德据胶湾，俄据旅顺，则威海之在其间，亦腐肉朽骨而已。与其使俄、德得之，何如使日本得之；与其使日本攘而取之，何如以我迎而与之。夫与之腐肉朽骨而足以市恩于彼，何苦而不为。往者，割澳门以与葡，割巨文岛以与英，此皆承平无事之日也。当是时，饟饷犹充，兵力犹倞，割之无害，不割无所损，而犹毅然奉图籍以界之，况已挤之必弃之域，而弃之转可以纾难乎。且以俄、德犄角之地，得日本介立其间，则其势足以稍相钳制，而恣睢者犹有所忌焉，此一举而两善具也。

"用其材奈何？曰：日本之用客卿也，昔亦借材于欧、美，既而技艺已成，则罢遣西员，而专任其国人。今我于税务则专用英人，于制造局船厂、水师武备诸学堂，则杂用英、德、法人，而特举之大工尚不在是焉。其廪假既厚，而西人至者，其材能率不过中庸，则何如取材于日本，而授之官秩，以为我用乎？往观日人之从事中国者，其取值皆杀减，故廪一西人之禄，足以廪三数日人。而壤地既接，其材之优劣，游者又足以相知。然则用东人者，其收效必过于西人五倍。今税务既深根宁极，不可动摇矣，教习诸员，其取舍则固在我。至于特举大工，自芦汉铁路而外，其他新政，犹不可胜数。又况开矿制械之役乎？夫省饩得材而可以利结日人之心，则是政治饬而合从成也。斯二者，固说士所不能自擅，而惟当轴处中者之有以诺之也。以公瞻言百里，讦谟定命，曷亦以斯入告，而妙选行理，以从事其后乎。

"论者必曰等是盟也。自甲午而前，则谓之修好；自甲午而后，则谓之乞哀。虽然，苟有益也，虽乞哀何损。且吾惟推诚布公于日本，加之以恭谨而得一当焉。其与夫羁縻于西人，而为之臧获牧圉者，其荣辱为何如耶？人亦有言，一惭之不忍，而终身惭乎。夫西人之觇国者，其转移至神速也。……今中国苟与日本相夹辅，内外辑睦，受侮日少，虽不能与日本抗衡，不犹当胜于土耳其乎？夫忍一朝之诉，而以收功于数稔之后者，斯哲人所以异于贩夫贩妇之智也。若夫下民离瘼，疆圉孔棘，天下之势，系于金柅，其忧有甚于瓜分者，非内政修明，不足以自巩，斯固更仆罄竹而不易终其数。

"或以齐、鲁之域密迩畿甸，惧戎马蹂躏，将及近郊，而有爱宅之议。然形胜之地，卒勿能定，复为《迁都驳议》一篇，录为别。自惟才质疏浅，于当世利病，冥掌无所通晓，以大驾将泛，厌覆是惧。念今世之定天保者，无过相国，故不得不鸣其一得之见，以达于持橐之史。"（手迹，上海图书馆藏，见《章太炎政论选集》第53—57页。）

春，章太炎跑到武昌，谒张之洞。据《自定年谱》，张之洞"不熹公羊家，有以余语告者，之洞属余为书驳难"，因而赴鄂。"有以余语告者"，指张之洞幕僚钱恂。赴鄂后，张之洞嘱他帮办《正学报》。章太炎办《正学报》，是想正"迂儒之激"，而张之洞则是假装维新骗取政治资本。斗争的现实，使他认识了张之洞虚伪的嘴脸，从而公开驳斥张之洞胡说的"三纲五常"是"中国所以为中国"的荒谬呓语。《艾如张董逃歌序》称："永历既亡二百三十八年春，余初至武昌，从主者张之洞招也。是时青岛、旅顺既割，天下土崩，过计者欲违难异域，寄籍为流民，计不终朝，民志益涣，驰驱似无傅丽。张之洞始为《劝学篇》，以激忠爱、摧横议，就余咨度。退则语人：宙合皆含血，生于其洲而人偶其洲，生于其国而人偶其国，人之性然也。惟吾赤县，权舆风、姜以来，近者五千祀，沐浴膏泽沦浃精味久矣。禀性非异人。古之谟训，上思利民，忠也；朋友善道，忠也；憔悴事君，忠也。今二者不举，徒以效忠征求氓庶。且乌桓遗裔，蹂躏吾族几三百年，茹毛饮血，视民如雉兔。今九世之仇纵不能复，乃欲责其忠爱，忠爱则易耳，其俟诸革命以后，闻者皆怒，辫发上指栋。或梫之张之洞，之洞使钱恂问故。且曰：'足下言《春秋》主弑君，又称先皇帝讳，于经云何？'应之曰：'《春秋》称国弑君者君恶甚，《春秋》三家所同。清文帝名皇太极，其子孙不为隐，当复为其子孙讳邪？'之洞谢余。归自夏口，沿于大江，而作《艾如张》一篇，以示孙宝瑄，宝瑄韪之。以示宋恕，宋恕阳为发狂不省。其夏，康有为以工部主事筦朝政，变更法度，名为有条贯，能厌民望。海内夸者，曲跳陵厉，北向望风采，以为雪国耻、起民瘼有日。而余复为《董逃篇》一篇，以示宋恕，宋恕复阳狂不省。"（《文录》卷二。）

查《艾如张》，撰于本年，而最初发表在《清议报》第八册，署名"台湾旅客"，（光绪二十五年二月初一日出版。）题称《秦风一首寄赠卓如》，云："狂走上城隅，城隅无栖翼。中原竟赤地，幽人求未得。昔我行东越，道至安谿穷。酾酒思共和，共和在海东。谁令诵诗礼，发冢成奇功。今我行江汉，候骑盈山丘。""去去不复顾，迷阳当我路，河图日以远，枭鸱日以怒。安得起槁骨，掺袪共驰步。""皇穹鉴黎庶，均平无九服。顾我齐州产，宁能忘禹域？"《董逃歌》则谓："齐州有主后，素王县如丝。如丝亦危断，流涕空洮澜。吾衰三百年，刑天殳舞干。狼弧又横怒，绛气殷成山。微命非陈宝，羿鹥良独难。

秦帝不蹈海,归莳千竹竿。"(《文录》卷二。)

章氏在武昌事,《自述学术次第》记:"余昔在南皮张孝达所,张尝言'国学渊微,三百年发明已备,后生但当蒙业,不须更事高深'。张本好疏通,不暇精理,又见是时怪说流行,惧求深适以致妄,故有是语。时即答曰:'经有古今文,自昔异路,近代诸贤,始则不别,继有专治今文者作,而古文未有专业,此亦其缺陷也'。"

冯自由说:"戊戌春间,鄂督张之洞以幕府夏曾佑、钱恂二氏之推荐。专电聘章赴鄂。章应召首途,颇蒙优遇。时张所撰《劝学篇》甫脱稿,上篇论教忠,下篇论工艺,因举以请益。章于上篇不置一辞,独谓下篇最合时势。张闻言,意大不怿。两湖书院山长梁鼎芬一日语章,谓闻康祖诒欲作皇帝,询以有所闻否? 章答以'只闻康欲作教主,未闻欲作皇帝。实则人有帝王思想,本不足异;惟欲作教主,则未免想入非非'云云。梁大骇曰:'吾辈食毛践土二百馀年,何可出此狂语。'怫然不悦。遂语张之洞,谓章某心术不正,时有欺君犯上之辞,不宜重用。张乃馈章以程仪五百两,使夏曾佑、钱恂讽其离鄂。"(《中华民国开国前革命史》第十四章《壬寅支那亡国纪念会》。)

汪太冲《章太炎外纪》谓:"近询诸念劬,念老谓张南皮之识太炎,实先见太炎所为《左氏故》,谓有大才可治事,因属念老致此人。时念老在南皮府中,念老求诸四方,得太炎于上海,与往湖北,偕见南皮。时太炎稍有主张革命名,南皮不敢昼见,匿太炎于念老室中,午夜屏人,见太炎,谈达曙,大服之。"(1918 年 11 月北京文史出版社铅字排印本。)章氏之赴湖北,经过钱恂(念劬)推荐,但谓张之洞"大服之",则不可信。

刘禺生:《世载堂杂忆》则说:"庚子事变后,康、梁公羊改制说盛行。张之洞本新派,惧事不成有累于己,乃故创学说,以别于康、梁。在纺纱局办《楚学报》,以梁鼎芬为总办,以王仁俊为坐办,主笔则馀杭章太炎炳麟也。太炎为德清俞曲园高足弟子,著有《春秋左传读》一书。之洞以其尚《左氏》而抑公羊,故聘主笔政。予与江苏朱克柔、仁和邵仲威(伯纲之弟)、休宁程家柽,常问字于仁俊先生之门。仁俊先生曰:'他日梁节庵与章太炎,必至用武,梁未知章太炎为革命党,其主张奴视保皇党,岂能为官僚作文章乎?'

"《楚学报》第一期出版,属太炎撰文,太炎乃为排满论凡六万言,文成,钞呈总办。梁阅之,大怒,口呼反叛反叛、杀头杀头者凡百数十次。急乘轿上总督衙门,请捕拿章炳麟,锁下犯狱,按律制罪。予与朱克柔、邵仲威、程家柽等闻之,急访王仁俊曰:'先生为《楚学报》坐办,总主笔为张之洞所延聘,今因排满论酿成大狱,朝廷必先罪延聘者,是张首受其累,予反对维新派者以口实。先生宜急上院,谓章太炎是个疯子,逐之可也。'仁俊上院,节庵正要求拿办。仁俊曰:'章疯子,即日逐之出境可也。'之洞语节庵,快去照办。梁怒无可泄,归拉太炎出,一切铺盖衣物,皆不准带,即刻逐出报馆。"(《章太炎被杖》见《世载堂杂忆》第 126—127 页,中华书局 1960 年 12 月第一版。)

又据刘禺生称,章太炎曾改唐诗讥笑张之洞云:"汉阳铁厂锁烟霞,欲取鹦洲作督衙。玉玺不缘归载沣,布包应是到天涯。而今梁上无君子,终古文昌唤卖茶。地下若逢曾太傅,岂宜重问纺棉纱。"(同上第 62 页。)

刘禺生自称时在武昌,但所记夸张失实。《楚学报》,当即《正学报》(见后)。谓章氏此时已有"排满论凡六万言",则未之前闻。从上引《艾如张董逃歌》中,知章氏当时确有反清论调,然只是"退则语人","闻者""或椓之张之洞","之洞使钱恂问故",并未撰有"排满论凡六万言"。章氏虽很早孕有民族主义思想,而这时还只主张"革政",没有挣脱改良主义的思想束缚。他对康、梁今文改制的"夸诞外衣"是反对的,对康、梁的"维新变法"还是赞同。张之洞本以"宏揽自熹",他的"延揽"章氏,主要是由于章氏专治古文,与康、梁的今文不同,而张之洞这时又正在撰《劝学篇》以诋击康、梁改制学说。(查《华国月刊》一卷八期"通讯辑录"有《钟孔昭来书》,谓:"忆章君十馀年前尝有《驳议》——按指驳康有为《新学伪经考》。惜未揭橥,中怀欲然。不悉贵刊可否检录,以饷国人"。《华国》"编者识"云:"按章君未有《驳议》,盖当前清戊戌政变后,张文襄聘章君至鄂,曾属为此文。嗣章君以与文襄论政不合,未几即还上海,遂未属草"。知张之洞延章入鄂,正因章治古文,欲援之以攻主今文的康有为。但章氏自称"《新学伪经考》前已有《驳议》数十条。近杜门谢客,将次第续成之"。见光绪二十三年三月十九日《致谭献书》,惟迄未刊布耳。)经过钱恂推荐,"招"以"咨度"。

张之洞虽列名强学会,"助资"《时务报》,在两江、两湖,也"日以改革为急务",装扮成为一个"维新大员"。实际上所办"新政",并没有改变洋务"新政"的旧辙,他和改良派并无相通之处,因与章太炎"论政不合",从而"讽其离鄂"。

至于章氏在鄂所办之报,刘禺生记载也有错误,当时拟办之报,名《正学报》,是张之洞幕僚梁鼎芬、王仁俊、陈衍、朱克柔等议设的。章氏撰有《正学报缘起》,谓:"光绪二十有四年春,胶州湾既割,是时距辽东之战四年矣。天子方侧席求人材、开特科以致天下士,海内髦杰,踔跃陵厉,北向望风采,以为雪国耻、起民瘼,当在今日。俄而旅顺、金州复迫于朔方之国,并海以南则吴淞,以西南则广州湾,皆滨大瀛,复为邻国要求赁质。将相旰食,瞿然未有以应。士气复沮,议论无所薄,稍益流宕,驰说者至欲避难异域,寄籍为流民,计不终朝,民志益涣,骈然似无附丽者。南海梁鼎芬、吴王仁俊、侯官陈衍、秀水朱克柔、馀杭章炳麟有忧之,于是重趼奔走,不期同时相见于武昌。武昌,天下中枢也,其地为衢国,声闻四达,于中古则称周南,惟苍姬之王,当斡运之以为风始。冀就其疆域,求所以正心术、止流说者,使人人知古今之故,得以涵泳圣涯,化其颛蒙而成其恳恻,于事为便。

"惟夫上说下教,古者职之撢人,而今为报章之属。乃佽偶诹访,东求诸日本,西求诸欧、美之洲,得其日月所记,译以华文,比类错综,终以己之论议,旬为一册,命曰《正学报》。傫成于某月某旬,乃为之要最曰:

"权舆生民以来,远者八千祀,惟吾齐州之种,于宙合为最古,其赋质具五常。古中庸之说曰:木神则仁,金神则义,火神则礼,水神则信,土神则智,人之性然也。生于其洲而人偶其洲,生于其国而人偶其国,亦人之性然也。是故君子不耻不能御外侮,而耻不能仁种类;不耻海滨之不靖,而耻萧墙之无以自固。自十七国以降,一二华人,当裔德之竞,迫于羁絷而为之俘虏,流涕沾袍以违家墓者有矣,未有寇在垣外而乐为之门阃之厮,至短衣髡发以附册籍,一朝自外于其种族而不咽哽,如今日之甚者也。嗟乎!若是者岂冥顽之萌哉!彼亦尝读书识敌情矣,其不耻痡下为臧获,且猥且喜,以骄稚其同类者何也,非学之不正而何以至是乎,抑夫陆沉泥古之士亦有以激之矣。方其上在朝市,或穷而伏闾巷,目未营九州,皆虚憍自贵,恶闻异己,言邻国有善政,则掩耳疾走。至于朝不信道,工不信度,不以芥蒂其胸臆,彼背本者之议,亦因是有以激之也。

"激之无已,邑里儇子故尝习西书者,始掉头而不返,复与西人居,睹其储藏而窥其械用,震怖于其宫室服食之都丽,乃苦不能自致,而愿为之赘属。其悦西国者为是悦也,其诟中国者为是诟也。然其蒙面含垢,犹长见笑于搢绅之士。有巧文辩慧者出,铺观中西,能言其利弊,而歆羡于西方之乐,顾重出诸其口,乃取太古久远之事,以矫拂近世,从而建平等之议,倡无分民之法,持之有故,足以傅经义,使人人得以陵轹其上,孤弃其宗族,而曰是西政之可怀也。若是则儇子不足以为大诟,而议竟行矣。悲夫！惩创于迂儒之激,使学术不由其正,始以快一二人,终以荡析其一洲之黔首,吾如彼何哉。当斯时也,而不思所以救正之,则遂长往矣。抑魏徵有言,使人渐浇诡,不复反朴,今当为鬼为魅,尚安得而化哉。今为是报,盖使孤陋者不囿于见闻以阻新政,而颖异之士亦由是可以无遁于邪也。

"嗟夫！昔者《小雅》之诗人,痛宗周衰弱,称邦人诸友,莫肯念乱,而终之以呼父母,首之以流水之朝宗于海。䌷一章竟,未尝不潸焉出涕也。读是报者,可以兴矣。"

又撰《例言》,有"译报""论议"诸目。"译报"以为"今于西报偏激之词,无所指驳,其蜚语中人,荧惑观听者,则必加之案语,力为纠正"。"格致、算术、农商、工艺","钩元提要,庶有取尔"。"论议"以为"九流腾跃,以兰陵为宗；历史汗牛,以后王为法"。（见《章太炎政论选集》第60--63页。）《正学报》未出,《缘起》《例言》,见有抄件。

至《自定年谱》谓《劝学篇》上篇"多效忠清室语","下篇为翔实"者,查《劝学篇》内篇（即"上篇"）九、外篇（即"下篇"）十五。张之洞自称"内篇务本,以正人心；外篇务通,以开风气"。实则"内篇"《明纲》以"三纲为中国神圣相传之至教",《正权》则诋斥民权,《循序》谓"讲西学必先通中学,乃不忘其祖也"。所谓"中学为体,西学为用",乞助帝国主义以维护封建统治而已。"外篇"虽讲些"农工商"、"矿学"、"铁路",也不过是想在封建尸体上装上一些资本主义花环,章氏谓"为翔实",系与"上篇"相对而言,亦讥之也。

章氏后来对张之洞的办洋务,兴学校,痛予讥评,曰："张之洞少而骄蹇,弱冠为胜保客,习其汰肆,故在官喜自尊,而亦务为豪举。以其豪举施于学子,必优其居处,厚其资用,其志固以劝人入学,不知适足以为病也。自湖北始设学校,其后他省效之,讲堂斋庑备极严丽,若前世之崇建佛寺然,学子家居无是也。仆从周密,起居便安,学子安居无是也。久之政府不能任其费,而更使其家任之。学子既以纷华变其血气,又求报偿,如商人之责子母者,则趣于营利转甚。其后学者益崇远西之学,其师或自远西归,称其宫室舆马衣食之美,以导诱学子,学子慕之,惟恐不得当,则益与之俱化。以是为学,虽学术有造,欲其归处田野,则不能一日安已。自是惰游之士遍于都邑,唯禄利是务,恶衣恶食是耻,微特遗大投艰有所不可,即其稠处恒人之间,与齐民已截然成阶级矣。问之父母妻子,犹是里巷翁媪与作苦之妇也,自以阶级与之殊绝,则遗其尊亲弃其伉俪者所在皆是。人纪之薄,实以学校居养移其气体使然。"(《救学弊论》,1924 年,见《太炎文录续编》卷一,曾见手稿残卷,有较大改动。)

春,章氏撰《弭兵难》。查光绪二十三年,改良主义者受帝国主义蒙惑,倡"弭兵"之说。唐才常在《湘学报》上就有专文谈到"弭兵会",标榜英人罗伯村提出的应该"遵行"的两法:"其第一法,欲令各国永立和好之约,议定各国各派两人成一和好会,办理各国相争之案,所派入会之人,必为众所推举。第二法,欲将各国应许公法汇成一书……为各国所应允,无论因何肇衅,俱有定章办理,使无可疑之处,则强国弱国,俱免误起争端"。(《湘学报》第八号、第九号《各国变法政教之有无公理·弭兵会》,辑入《觉颠冥斋内言》卷一,改题《各国政教公理总论》。)这种论调,实际为帝国主义的侵略辩解。章氏撰文批驳,一针见血地指出:"今以中国之兵甲,与泰西诸强国相权衡,十不当一,一与之搏击,鲜不溃靡。是故泰西诸国之兵可弭,而必不肯弭兵于中国。"指出:"今日之弭兵,特假强国以攘夺之柄,而弱国海隅之苍生,终勿能完其首领焉,懿何瘳乎!""学者知谈兵之为腐儒,则思以弭兵之说廓之。盖一质一文,丁世运之变,而以是为琦辞焉。今夫被彗日用于人,而不得藏于篋者,其道固不足贵也。物之贵者,必大璋青龟,然于世无所用,用之则以崇饰视听。言之贵者,必深微玄眇。如弭兵之说,且近于仁术矣。不溥其本而肇其末,其说亦未可行也。"(《訄书》,1914 年章氏改《訄书》为《检论》,此篇删去。)

《訄书》中《经武》,疑亦撰于同时,应为章氏批驳"弭兵说"时"溥其本"之作。本文首先对当时以"释菜为本,而受成献馘为末"提出异议,认为"本末之无定程"。提出"夫家有桵栝,而国有甲兵,非大同之世,则莫是先矣。苟释其利而倚簟席以谋天下,以交邻国,则徐偃王已;以临禁掖,则李训、郑注已。乌虖哀哉!内政之有萌,志士之始基,鲜不见慴于外内者,爪牙不具,而使人制之,是以知需之为贼。乌虖哀哉!商鞅闟戟而出,齐桓以犀甲韇盾而立国也。"《弭兵难》对谈兵"腐儒"、弭兵"仁术"加以责难;《经武》则正面提出练兵御侮。

春,章氏又撰《鬻庙》,首谓:"宋元丰时有鬻庙之令,张方平奏罢之,儒者至今勿敢道。余以为宋时之误在鬻祠庙而不及寺观,其于祠庙又勿别淫祀也。""余是以建鬻庙之议,而以淫祀与寺观为之鹄的焉。""且吾固非欲尽鬻之而后已也。今增置学堂,其费不赀。县取一区以为学堂之址,所节啬多矣,则是不鬻而可以少费也。夫鬻之足以代赋税,即又不雠,则又足以省费,计无便于此者。"所议与康有为"废淫祀改书院"相合。章氏在《鬻庙》标题下也注有"其夏,有毁寺兴学之令,不果行"。本文纯属改良言论,致 1900 年章氏手校《訄书》时,即行删去。无此篇目。

七月初一日(8 月 17 日),《昌言报》创刊。时章氏离鄂返沪,任职《昌言报》。冯自由说:"章返沪数月。适汪康年与梁启超争管《时务报》,梁被摈,《时务报》遂由汪改称为《昌言报》,仍聘章主持笔政。"(《中华民国开国前革命史》第十四章《壬寅支那亡国纪念会》。)《昌言报》第一册起,载有曾广铨采译、章炳麟笔述之《斯宾塞尔文集》。

七月(8 月),撰《商鞅》,一开始就对"商鞅之中于谗诽也二千年,而今世为尤甚"

力为辩白；对"自汉以降，抑夺民权，使人君纵恣者，皆商鞅法家之说为之倡"的"淫说"加以批驳。指出："法者，制度之大名"，"鞅之作法也，尽九变以笼五官，核其宪度而为治本，民有不率，计画至无俚，则始济之以攫杀援噬。此以刑维其法，而非以刑为法之本也。"并对商鞅变法后秦以富强的成效作了估价，说："牛羊之以族蠹传者，虑其败群，牧人去之而无所靳。刑七百人，盖所以止刑也，俄而家给人足，道不拾遗矣。虽不刑措，其势将偓齐斧以攻橶桷。世徒见鞅初政之酷烈，而不考其后之成效，若鞅之为之，终日持鼎镬以宰割其民者，岂不缪哉！"他写于戊戌变法时期新旧斗争剧烈之时，文后"附识"云："叔季陵迟，非整齐严肃无以起废。今西人之异于商君者，惟轻刑一事，其整齐严肃则一也。宁人先生颇善秦法，太冲则复乎远矣。余著此篇，为世人所骇怪，亦思世无太冲，岂得不与宁人共治邪！凡非议法家者，自谓近于维新，而实八百年来帖括之见也。戊戌七月书。"收入《訄书》"原刊本"。1904 年，《訄书》"重印本"出版，删此"附识"。

八月(9 月)，政变发生，"六君子"遇难，章氏撰《祭维新六贤文》："犷犷丁零，睨我神皋。嗟咨宫府，如犊在牢。亦有东邻，大謷而嘷。寤我朝醒，振我迟挠。吴蜀之援，白日比昭。彼昏日醉，眊若黍子。昵其狙狸，远其唇齿。神州之命，制于朔方。倨牙朝磨，夕饫于肠。矧矣伏蛊，偃卧在旁。鸿都之吏，清人之将。社稷自固，不灌不炀。马逸其蹄，兽焚其窟。彼握玺者，政君是悦。一发之系，宗周未灭。王母虎尾，孰云敢履？惟我六贤，直言以抵。宁不惧咥，固忘生死！上相秉威，狼弧枉矢。以翼文母，机深结闭。大黄拟之，泰阿抵之。长星既出，烧之薙之。系古亡征，党人先罹。断鳌之足，实惟女娲。匪丧陈宝，丧我支那。孰不有死，天柱峨峨。上为赤燨，下为大波。洞庭之涛，与君共殂。"(见《清议报》第七册，光绪二十五年正月二十一日出版，署名"台湾旅客"。)他对"六君子"的被杀表示愤慨，对以慈禧为首的顽固派的专制横暴极为仇恨。

九月初六日(10 月 20 日)，《昌言报》第七册出版，首载《书汉以来革政之狱》一文，署"日本西狩祝予撰"，实出章氏手笔。序曰：

"彗所以除旧布新也。虽然，不能伤物，则反以自戕，其事非必由变法也。肘腋之间，城社之党，其据形便也已久，而愤激剽悍者出而图之，则未有不流血漂卤者。鲧障洪水，罪也。顾以勤民事死，其汨作水土，足以为禹功之倡，则祭法亦列之于祀典。况于奋身不顾，以除魑魅者乎？《黄鸟》之哀，含血所共有，其事虽不获平反于当时，而未尝不平反于后世。虽躁急如伍文，犹有王西庄为之昭雪也。惟其事在疑似之间，而其人之卓诡不群，又不为稠人所悦，则将有抱冤狱于万祀者。以近世言，则有朝鲜之金玉均，其志欲扶翊李氏，而迹近谋逆，横被诛夷，遂为守旧者口实。以前世言，李德裕，唐世勋臣也，以憾宗闵之故，遂称王涯、贾餗为逆贼，而当世亦从而和之，使涯、餗不获张目于地下，斯可悼矣。余尝综汉以来变狱，略陈其始末，盖不悲其死之酷，而悲有李德裕其人者，设淫辞而助之攻也，世有君子，其览观矣。"

下列《窦武陈蕃事》、《何进事》、《太子重俊事》、《王伾王叔文事》、《李训郑注事》数篇。

九月二十六日(11月9日),《昌言报》第九册出版,载有章氏:《蒙古盛衰论》和《回教盛衰论》,《蒙古盛衰论》收入《訄书》原刊本。

九月,"携家南渡"。(《自定年谱》。)政变发生后,清政府下"钩党令",章氏乃避地台湾。《口授少年事迹》云:"康、梁事败,长江一带通缉多人,余名亦在其内,乃避地台湾。"冯自由也说章氏于政变后,"赖日本诗人山根虎雄介绍,赴台湾充《台北日报》记者,并为台湾学务官馆森鸿修订文字。尝著一文忠告康、梁,劝其脱离清室,谓以少通洋务之孙文,尚知辨别种族,高谈革命,君等列身士林,乃不辨顺逆,甘事虏朝,殊为可惜等语。"(《中华民国开国前革命史》第十四章《壬寅支那亡国纪念会》)又据马叙伦称:"章太炎丈《自定年谱》,其记三十一岁避钩党,至台湾,谓为日本人所招,然彼时清廷实有命逮炎丈。黄仲弢丈绍箕得讯以告孙颂容丈诒让,容丈告其从妹夫宋平子先生恕,宋先生以告余师陈介石先生黻宸,师与宋先生皆炎丈友也。即促炎丈避地,乃应日本人之招耳。"(《太炎先生自定年谱补遗》,《近代史资料》1958年第1期。)

章氏"将东渡台湾",赋《杂感》诗:"弱冠通九流,抗志山谷贤。丁此沧海决,危苦欲陈言。重华不可遌,敷衽问九天。溟涬弟尧、舜,而不訾版泉。版泉竟何许,志违时亦迁。訾訾荐绅子,观书穷天府。掉头辞晏婴,仰梁思贾举。血书已群飞,尚踵前王武。何不诵《大明》,为君陈亥午。嗟嗟论甘生,闻辛先病舌。宁为牛后生,毋为鸡口活。抱此忠义怀,扬灵盟白日。隼厉击孤鸾,鸾高先铩翮。铩翮亦良已,畏此矰缴多。举头望天毕,黯黯竟如何。浊流怀阿胶,谁能澄黄河。独弦非可弹,临风发《商歌》。既不遌重华,安事涕滂沱。蓬莱青未了,散发将凌波。"(《清议报》第二十八册,光绪二十五年八月二十一日出版,署名"西狩"。)

十月二十一日(12月4日),抵台北。(《致汪康年书三》,见《汪穰卿先生师友手札》,下同。)

十一月十一日(12月23日),《清议报》在日本横滨发刊,梁启超主编,梁撰《横滨清议报叙例》,略谓:"我支那国势之危险,至今日而极矣。虽然,天下之理,非剥则不复,非激则不行。挽近百馀年间,世界社会日进文明,有不可抑遏之势,抑之愈甚者变之愈骤,遏之愈久者决之愈奇,故际列国改革之始,未尝不先之以桎梏刑戮之干戈惨酷。""乃者三年以前,维新诸子创设《时务报》于上海,大声疾呼,哀哀长鸣,实为支那革新之萌孽焉。今兹政变,下封禁报馆之令,揆其事实,殆与一千八百十五年至三十年间欧洲各国之情形大略相类。呜呼!此正我国民竭忠尽虑扶持国体之时也。是以联合同志共兴《清议报》,为国民之耳目,作维新之喉舌。"列"宗旨"四条:"一、维持支那之清议,激发国民之正气;二、增长支那人之学识;三、交通支那、日本两国之声气,联其情谊;四、发明东亚学术,以保存亚粹。"旬刊,分"论说"、"支那近事"、"万国近事"、"支那哲学"、"政治小说"、"诗文辞随录"等栏。宣传"变法维新",鼓吹政治改良,反对慈禧、荣禄,拥戴光绪复辟。梁启超《戊戌政变记》、谭嗣同《仁学》都在《清议报》发表。章太炎在光绪二十五年五月,由台赴日,曾住清议报馆。《清议报》前期,章氏也有一些诗文在该刊发表。(见"光绪二十五年己亥"条。)

十一月二十三日（1899 年 1 月 4 日），致书汪康年，告以在台情况，首谓："在馆月馀，罗网勿及，得以畅抒所见。东土或以象山相拟，则为之惭忿流汗。在台官吏，颇有佳者，时或接见，觞豆唫咏，聊以卒岁。支那党祸，日益严密，《昌言报》久不得睹，果能存此硕果否？如已为重伯承顶，而穰兄尚未离局，务望寄示数册，尔后以台报互换，斯则幸甚。金人十二，果否销毁？安昌侯闻欲作市侩，其言塙否？皆望明示。"中详述台湾情况，继谓："文士在此者，以法院长水尾晚翠报馆主笔籾山逸、督府小吏馆森某为最。馆森者，冈鹿门之弟子，又事重野安绎，安绎官宫内侍读，与黎纯斋最善，故文亦专学桐城，有《成斋文集》，盖与吴南屏相似，而风韵尚不逮，馆森亦以此衡量人材。弟私语之曰：'此实物徂徕诸公，反对药剂，然养气太少，而淡气太多，恐不足以资呼响矣'"。末称："近候仲逊，远候恪士，西望念劬，北望凌霄，幸谢古人，勉叛圣母。"仲逊，胡惟志；恪士，俞明震；念劬，钱恂。从信中可以看到他对以慈禧为首的清政府的仇恨。

十二月，章氏在台湾把过去发表的和新撰的论政、论学文字辑订《訄书》，《訄书》木刻本（原刊本）"目录"后附识曰：

"幼慕独行，壮丁患难，吾行却曲，废不中权。述鞠迫言，庶自完于皇汉。辛丑后二百三十八年十二月章炳麟识。""辛丑后二百三十八年十二月"，当光绪二十四年十二月，亦即 1899 年 1 月中旬到 2 月上旬。列目五十，即《尊荀》第一、《儒墨》第二、《儒道》第三、《儒法》第四、《儒侠》第五、《儒兵》第六、《公言上》第七、《公言中》第八、《公言下》第九、《天论》第十、《原人》第十一、《民数》第十二、《原变》第十三、《冥契》第十四、《封禅》第十五、《河图》第十六、《榦蛊》第十七、《订实知》第十八、《平等难》第十九、《族制》第二十、《喻侈靡》第二十一、《订文》第二十二、《明群》第二十三、《明独》第二十四、《播种》第二十五、《东方盛衰》第二十六、《蒙古盛衰》第二十七、《东鉴》第二十八、《客帝》第二十九、《官统》第三十、《分镇》第三十一、《宅南》第三十二、《不加赋难》第三十三、《帝韩》第三十四、《商鞅》第三十五、《正葛》第三十六、《刑官》第三十七、《定律》第三十八、《改学》第三十九、《弭兵难》第四十、《经武》第四十一、《争教》第四十二、《忧教》第四十三、《明农》第四十四、《制币》第四十五、《禁烟草》第四十六、《鬻庙》第四十七、《杂说》第四十八、《独圣上》第四十九、《独圣下》第五十。但这个编目，并非最后定稿，书后另有"《訄书》补佚"，收有《辨氏》、《学隐》二篇，目录未收，页码另起，可见这时《訄书》尚未最后定稿。又查《客帝》初载于 1899 年 5 月在日本出版的《清议报》上，而《訄书》原刊本较《清议报》大有增改，知《客帝》属稿于政变发生、章氏避居台湾时，而修改入《訄书》，则在 1899 年 5 月以后。

《訄书》付梓，则在"己亥冬日"。关于《訄书》增订、付梓情况以及基本内容，见"光绪二十五年"条。

【著作系年】《上李鸿章书》（手迹，上海图书馆藏）。《致汪康年书三》（光绪二十四年十一月二十三日，《汪穰卿先生师友手札》）。

《弭兵难》（撰于戊戌春，见《訄书》）。《鬻庙》（戊戌春著，见《訄书》原刊本）。《艾如张董逃歌序》(《雅言》第十期,收入《文录》卷二)。《艾如张》(《清议报》第八册,光绪二十五年二月初一日出版,题称《泰风一首赠卓如》,收入《文录》卷二)。《董逃歌》(《文录》卷二)。《正学报缘起》《例言》(抄稿)。《蒙古盛衰论》(《昌言报》第九册,光绪二十四年九月二十六日出版,收入《訄书》)《回教盛衰论》(同上,《訄书》未录)。

《商鞅》(戊戌七月识,见《訄书》)。

《祭维新六贤文》(撰于戊戌八月,载《清议报》第七册,光绪二十五年正月初一日出版)。
《杂感》(撰于戊戌秋,《清议报》第二十八册,光绪二十五年八月二十一日出版)。《书汉以来革政之狱》(署“日本西狩祝予撰”,《昌言报》第七册,光绪二十四年九月初六日出版)。

《斯宾塞尔文集》(曾广铨译,章氏笔述,《昌言报》第一册起,光绪二十四年七月初一日起)。

《訄书》(原刊本编于本年十二月,次年冬付梓,目见正文)。

光绪二十五年己亥(1899 年)　　三十二岁

【自定年谱】台湾气候蒸湿,少士大夫,处之半岁,意兴都尽。五月,渡日本,游览东西两京。时卓如在横滨,余往候之。值清廷遣刘学询、庆宽等摄录康、梁,为东人笑。香山孙文逸仙时在横滨,余于卓如坐中遇之,未相知也。七月,返至上海。识康氏弟子唐才常,才常方广纠气类,期有大功,士人多和之者。

女琹生。

【国内大事】正月初一日(2 月 10 日),康有为、梁启超、王照等在日本东京明夷阁“望阙行礼”。二月初二日(3 月 13 日),唐才常由湘赴沪,抵沪后参加《亚东时报》编务。十八日(29 日),德军侵占日照。正——二月(3 月),山东义和团朱红灯部起义。二月二十三日(4 月 3 日),清政府向日本政府交涉,不准康有为留日。由日本外务省“赠”以旅费,康有为于本日自横滨乘和泉丸渡太平洋。四月二十八日(6 月 6 日),兴中会杨衢云在日本横滨与梁启超再谈“两党合作”事,仍无结果。六月十三日(7 月 20 日),康有为与李福基等于加拿大组织保皇会。七月初一日(8 月 6 日),梁启超与旅日华侨曾卓轩、郑席儒等创办高等大同学校于东京。八月初二日(9 月 6 日),美国国务卿海约翰(John Hay)提出中国“门户开放”照会。九月十一日(10 月 15 日),朱红灯大败清军袁世敦等部后,撤至高唐、茌平。十一月初三日(12 月 5 日),美使康格(E. H. Conger)照会总署,要求撤换山东巡抚毓贤。次日,清政府命毓贤来京陛见,以袁世凯署山东巡抚。二十二日(24 日),朱红灯牺牲。十一月二十九日(12 月 31 日),梁启超抵达檀香山,“居檀数月,渐以组织保皇会之说进,谓‘名为保皇,实则革命’,侨商不知其诈,多入彀中,捐助汉口起事军饷逾华银十万元。”十二月十二日(1900 年 1 月 12 日),清政府命各督抚严拿惩办会党。二十四日(24 日),杨衢云请辞兴中会会长职。同日,慈禧立载漪子溥儁为大阿哥,即“己亥建储”。二十五日(25 日),上海电报局总办经元善暨寓沪各省绅商叶瀚等一千二百三十一人联名呈总署代奏,请光绪“力疾临御,勿存退位之念。"

　　春,章氏寓居台湾。正月初七日(2月16日),《致汪康年书》曰:"《昌言报》改弦以后,未审用何体裁? 党锢之禁,近稍解未? 闻沪、汉各报,奉其领事官令,不得登康、梁文件。然横滨《清议报》仍自流行,中国不能禁也。伯鸾近作,稍逊于前;对山移檄数四,亦卒无应者。二君皆尝通信,谓与日本社会相合,而政府未必肯听其请。此亦恒情,原不足诧。然至此亦晤无兵枋者之不能变政矣。近复有镜湖同人,移檄自日本来,想孙实甫为之耶? 浩吾学堂,能揩柱否? 仲巽设教,何必发扬德音? 燕生曾有信来,益自言潜心禅学,然与台山尺木议论颇近,恐堕人天小乘也。东人言及公名,肃然起敬;而谬者或以逸仙并称,则安矣。"(《致汪康年书四》,《汪穰卿师友手札》,下同。)"对山",指康有为;伯鸾,指梁启超。

　　二月初一日(3月12日),《清议报》第八册出版,载有章氏:《台北旅馆书怀寄呈南海先生》,系章氏寓居台湾时所作,署名"台湾旅客",诗曰:"一读登楼赋,悠然吾土思。回头忆畴昔,搔首愈踌跦。早岁横江汉,谈经侍不其。清言凌白马,壮志抗黄羲。忽展埼亭集,逾惊秀楚词。帝秦终蹈海,访武尚明夷,石隐优游日,天王明圣时。操刀期必割,沧鼎待重掎。鹯换雕题服,虯登隐背枝。佩绸延茂士,赐块愧遗黎。老泪长门掬,深情故剑知。漂山成众煦,建旐倡群疑。已恸尧台锢,那堪嵇灶侯。有行黔墨突,无涕吊湘累。沙麓精灵在,蓬瀛风鹤危。飞丸穷赵壹,问卜警爰丝。蹈火心非悔,盍簪涂又歧。东洲花树迥,南国羽书迟。斗转空凭眺,河清动凤悲! 千年仲宣恨,茶苦更如饴。"《泰风一首寄赠卓如》,也于同期《清议报》刊布。即《艾如张》,见前。

　　三月,撰《书莽苍园文稿馀后》;四月,又志跋语。留意明季诗文。

　　四月初一日(5月10日),《清议报》第十四册出版,载有章氏:《答学究》,署"台湾旅客来稿",略谓:"章夫子读《傅燮传》,曰:呜呼! 生民之瘝,身死之哀,别成知之矣。自古志节才行之士,内不容于谗构,奉身而出,语稍卓诡,而见诋于俗儒乡愿者皆是也。""方革政变起,余在吴、越间,见康氏所移檄,与友人语,友人或非康氏,余固已心怪之。岁莫至台湾,台湾之学究或曰:泄秘谋以速主祸,非忠也;讦宫闱以崇婞直,非恕也。夫博一身之高名,而不恤王事,岸然独与豨韦氏游者,斯支那之志士也已矣。嗟乎! 吾勿辩于吴、越间,而今又默于是乎? 学究无足语,顾以谇亚东士大夫,则不可以结吾唇膢。夫谓泄之而足以速主祸者,此以慈禧太后为庸女尔,彼其阴谋黠深,方什伯于吕雉,必有秘谋,自康氏之出而知之矣。不然,捕康氏,刑六士,足以雪怨,而何必因上? 且六士之死,未尝具狱成爰书也。彼则曰:吾诇知其情而戮之尔,何待其输情乎? 上之囚,亦诇知其情也。康氏虽不言,何损于祸? 其果于幽囚而不果于弑也,以囚之则君若赘旒,而位号未改,幸四邻可以无动,而弑之则必不可以徼幸,故剂量生杀之中而用之。康氏知慈禧之必不敢劙刃于上也,虽言之何益于祸?

　　"且夫华士之选懦亦甚矣。彼拘于成俗,而不足以陟皇之赫戏者,横九服而皆是也。是故山崩陵阤,而宴卧者如故,非有驰檄,则气何自作? 愤何自发? 四邻何自动?

武鑫精兵何自附？……今祸患之端，始于宫邻，卒于金虎掖庭之上，而罪人在焉。讨之犹可，况数其罪乎？……康氏非近臣，其所为容说者，又不在于吾君之亲昵。数其忮恶，斥其淫昏，人臣之分也。虽邻国闻之，亦以为人臣之分也。夫何经常之论之可执乎？"函中所称"康有为所移檄"，指康将光绪皇帝在二十四年七月三十日和八月初三日发出的两次《密诏》内容露布，当时曾引起封建官僚的不满和一些地主阶级出身的知识分子的震惊。章氏撰《答学究》以驳，对康有为等基本上还是表示同情。

四月十一日(5月20日)，《清议报》第十五册出版，载有章氏:《客帝论》，署"台湾旅客来稿"，谓："自古以用异国之材为客卿，而今始有客帝，客帝者何也？曰:蒙古之主支那是也。夫整军之将，司税之吏，一切假客卿于欧、美，则以鸡林靺鞨之宾旅，而为客帝于中国也何损？知是而逐蒙之论，殆可以息矣。抑夫客卿者，有用之者也；客帝者，孰为之主而与之玺绂者乎？……必若言之，吾则曰:支那之共主，自汉以来，二千馀年而未尝易其姓也。

"昔者《春秋》以元统天，而以春王为文王。文王孰谓？则王愆期以为仲尼是已。欧洲纪年以耶稣，卫藏纪年以释迦，而教皇与达赖喇嘛者，皆尝为其共主。支那之共主，非仲尼之世胄则谁乎？……

"夫固曰，素王不绝，黑绿之德不弛，则支那之域，亘千百世而有共主。若夫摄斧扆、掌图籍者，蒙乎汉乎？则犹鹳雀蚊虻之相过乎前而已矣，……支那有主，则为霸府于丰、镐、汴、洛、北平者，满乎蒙乎？亦犹鹳雀蚊虻之相过乎前而已矣。苟摄之者不得其指，而自以镇抚一国，若天之有释提垣因。斯犹大夫之胪岱，其罪不赦，此汉、魏之所以为亢龙绝气，而客帝之所以愈迫民以攘逐也。……

"宋氏之于金、元，亦尝至乎称臣称侄矣。然而言神州之王统者，终不以彼而夺此。苟以是为比，则衍圣当帝，而人主之当比于桓、文、霸府也。其可议哉？不然，使汉人之帝汉也，则幸犹有寄生之君矣。彼瀛国之既俘，永历鲁监国之既坠，而支那旷数百年而无君也，如之何其可也"。(《清议报》第十五册，光绪二十五年四月十一日出版，署"台湾旅客来稿"。)

在《客帝论》中，他以为满洲贵族入主中国，是"客帝"；中国的"共主"，则为"仲尼之世胄"。在文章中，非但也谈"素王"，还引《中侯》和《春秋繁露》，说明尚未完全摆脱康、梁的思想影响。这点，章氏自己也不否认，他说："余自戊、己违难，与尊清者游，而作客帝，饰苟且之心，弃本崇教，其违于形势远矣。"(《客帝匡缪》，见《訄书》重印本"前录"。)后来又说:"丁酉，入时务报馆，闻孙逸仙亦倡是说，窃幸吾道不孤，而尚不能不迷于对山之妄诪。《訄书》中《客帝》诸篇，即吾往岁之覆辙也。"(《致陶亚魂柳亚庐书》，见《复报》第五号。)另一方面，章氏又提出了"客帝"的课题，"彼瀛国之既俘，永历鲁监国之既坠，而支那旷数百年而无君也，如之何其可也。"他的反清意识，却与康、梁的"忠君保皇"有别。这样，在全国革命形势迅速高涨的情况下，促使他和"尊清者"划清界线，走上革命的道路。

同年冬，《訄书》木刻本付梓，(下简称原刊本。)收入此篇(第二十九篇)，颇多增改，开始提出"逐满"的课题。1900年,又作"匡缪"。1904年,章氏在日本重印铅字排印本时,将本文作为"前录",题称《客帝匡缪》,见后。

五月(6月),渡日本,初三日(6月10日),"发基隆,初七日(6月14日),步上神户"。"初十日(6月17日),发大津趋名古屋。"《游西京记》,见《亚东时报》第十七号,光绪二十五年十月十八日出版,署名"荊汉阁(主。)"在日本与孙中山相晤,受其启发。《口授少年事迹》记:"自台湾渡日本。时梁启超设《清议报》于横滨,余于梁座上始得见孙中山,由梁介绍也。越二三月,余回上海。"冯自由记:"己亥夏间,钱恂任留日学生监督,梁启超时办《清议报》,均有书约章赴日,章应其请,先后寄寓横滨《清议报》及东京钱寓、梁寓,由梁介绍,始识孙中山于横滨旅次,相与谈论排满方略,极为相得。"(《中华民国开国前革命史》第十四章《壬寅支那亡国纪念会》;又见《革命逸史》二集第36页。)又说:孙中山在与章氏等人谈及土地问题时,说他"对于欧、美之经济学说,最服膺美人亨利佐治(Henry George)之单税论",认为"此种方法最适宜于我国社会经济之改革"。(《革命逸史》三集第213页。)

六月初一日(7月8日),《清议报》第二十册出版,载有章氏:《儒冠》,署名"荊汉阁主",诗曰:"青青陵麦蔽荒村,溺尽儒冠问叔孙。岂谓禹汤真酷吏,翻怜训注愧谋臣。中庸千载双胡广,剧美同时两子云。一笑辽东作龙尾,藜床白帽向谁论。"

六月初十日(7月17日),函汪康年,告以"东渡"情况,并及时事,谓:"五月东渡,见吴越王,复累累言公近状,乃知藜羹不斟,彼此同病。鄙意必不欲入大东版籍,(自注:"凡入日本籍者,多为所鄙弃。")而隆琦之故事,犹勉强可以蹑踪。过西都至清水寺,尝拜月照坟,又与诸浮屠往来,他日此志,宜可遂也。对山近在伦敦,行将返西半球。伯鸾寄食外务省官房,幸神户、横滨间粤商击毂,时有馈遗。杂居一案,亦借随何之舌,渐能挽回。彼此报酬,得免弹铗,而非吾辈浙人所能联络也。彼欲以造因成果之说处置天下事,其心苦矣。睢盱九域,恐非卷葹,谁能继者?兴公亦在横滨,自署中山樵,尝一见之,聆其议论,谓不瓜分不足以恢复,斯言即浴血之意,可谓卓识。惜其人闪烁不恒,非有实际,盖不能为张角、王仙芝者也。《昌言》停后,大计何所属?伯鸾旧怨,亦既冰释,渠于弟更谢血气用事之罪。松柏非遇霜雪,不能贞坚,斯人今日之深沉,迥异前日矣。竹林旧好,公宜一修。"(《致汪康年书五》,见《汪穰卿先生师友手札》,下同。)自注:"伯鸾尝问弟曰:'穰卿果何如人?'答曰:'洛、蜀交讧而终不倾入,章、蔡视木居士何如耶?'自是伯鸾亦念君。")"吴越王",指钱恂。"兴公",即孙中山,函中言及与孙中山相晤及其对康、梁的看法。他认为孙中山有"浴血之意,可谓卓识",上引《革命逸史》亦云"相与谈论排满方略,极为相得"。可知他在日本受到孙中山革命思想的启发。

七月初一日(8月6日)起,在《清议报》(第二十三册),连载《儒术真论》,次年正月(第三十四期)刊毕。首谓:"昔《韩非·显学》胪列八儒,而传者独有孟、荀,其他种别,未易寻也。西京贾傅,为荀子再传,而董、刘诸公,已不能以一家名。且弘、汤之法盛行,而儒杂刀笔;参以灾祥鬼神,而儒杂墨术。自东京以来,盖相率如是。《荀子·

儒效》云:其言议谈说,已无以异于墨子矣,然而明不能分别,是俗儒者也。然则七国之季,已有杂糅无师法者,后此何足论。今以《墨子·公孟篇》公孟子、程子与墨子相问难者,记其大略,此足以得儒术之真。其于八儒虽无可专属,要之微言故训,有上通于内圣外王之道,与夫混殽失真者,固大有殊矣。由斯推衍,其说可以卢牟六合,经纬冯生。盖圣道之大,无能出其范者。抑括囊无辩,谓之腐儒。今既摭拾诸子,旁采远西,用相研究,以明微旨,其诸君子亦有乐乎此欤?"

　　中附《视天论》、《菌说》两篇,章氏以为"滞于有形,则无形者乱,眩于有匠、则无匠者乱,故列《视天论》";"不知原始,不能反终,故列《菌说》。"《视天论》赞同《晋书·天文志》"天了无质,仰而瞻之,高远无极,眼瞀精绝,故苍苍然也"之说为"合于分寸节度"。谓:"吾于是知神道设教之故矣。佛氏之约,不得祠诸天鬼神,穷理尽性,斯可谓大智哉!然而复谓以世界付诸帝释者,其诸婆罗门之信金人,非以权辞诱之,则不能致其尊信欤。睿哲若公旦,其知上帝之有无,与不知上帝之有无,吾不敢知也;苟知之,则其心苦矣。"

　　《菌说》则从细菌分析起,考察生命、物种和人类的起源与进化。并对"性海即以太"加以辩驳。谭嗣同把孔子的仁、佛教的性海、基督教的灵魂,归附成近代物理学所说的"以太",写成《仁学》一书。章氏早在 1897 年看到此书稿本,即"怪其杂糅"。(见前。)查《仁学》自 1899 年 1 月 2 日(光绪二十四年十一月二十一日)起,在日本出版的《清议报》刊载,同年 1 月 31 日(十二月二十日),在上海出版的《亚东时报》也连载《仁学》,在思想界很有影响。章氏在《菌说》中虽没有点到谭嗣同的名,但文中"或谓必知各原质之成于以太,万物之成于各原质,而后知内外四大,至于六道,无一非我,乃为乾元至仁之量,是固然矣"。以及"或曰:性善性恶之说,皆不如言无善无恶者"云云,宜指《仁学》而言。《菌说》中对基督教上帝造人之说也加批判,以为"万物皆出于几,皆入于几"。

　　章氏"作《儒术真论》已,检《梁书》至《儒林·范缜传》,观其《神灭论》",认为"卓诡俶傥,与余合契,盖卯金以降,儒流论著,鲜其畴矣。惟知言命而不知非相,知遭遇而不知报施,知无鬼而不知有物,知人物有知而不知草木亦有知,是其所蔽也。又言知此神灭,所以救浮屠之害政,绝桑门之蠹俗,则与傅奕、姚崇所见亦同。要之微言眇义,洗心藏密,节者有间,而举刀无厚,固非退之辈驰骛于外而不知其内者比也。"并录范缜《神灭论》于文末。

　　《儒术真论》文长近两万字,(《文录》未收,见《章太炎政论选集》第 118—144 页。)未及刊完,章氏即离日返沪。

　　八月初一日(9 月 5 日),《清议报》第二十六册出版,刊有章氏:《安昌谣》、《梁园客》,署名"西狩"。《安昌谣》谓:"吾邑有安昌,印何累累耶? 匿形若社鼷,吐声如雷耶。(一解。)北部有狗,喔喔欲啮,我为之楔,我垩崩一角,毋使蚩尤刑天新都盗而攫。百虫将军干位,启将赤其族,殷殷詹鸣,悠悠旆旌,曾不发一镞。(二解。)元规有楼,婆娑其羽,景升注《易》,坐谈玄语,宁不念运甓,一甓千金竟安取? (三解。)丈夫富贵在黄耇，黄耇不可久，愿使火齐之珠殁吾首，朝驰辟历，暮驰烈缺，火齐之綏毋解纽，不信湘波鱼，朱丝系灵侯，灵侯灵侯，子发弗来慎勿忧。（四解。）"

《梁园客》则谓："闻道梁园客最豪，山中谷永太萧条。鸥餘乞食情无那，蝇矢陈庭气尚骄。报国文章隆九鼎，小臣环玦系秋毫。君看鹦鹉洲边月，一阕渔阳未许操。"自注："粤海有文士，少入词苑，以纠弹节相罢官，当时颇著直声。既失志，有咄咄书空之感。去秋遂因政变作符命数篇，诗以记之。"按：此诗系讥梁鼎芬。"符命"，指梁鼎芬在戊戌政变后伪造证据，嘱汪康年代登报刊，以证其在"康学正炽之时"，"有远见深识"，向清政府献媚。原件存《汪穰卿先生师友手札》，上海图书馆藏。

七月下旬，章氏离日，查《自定年谱》云："七月，返至上海。"《致汪康年书六》云："接八月二十日信时，弟适子处湖上。比归家接信，则已二十八日矣。"知八月初，章氏已由沪返浙，则章氏离日返沪，当在七月下旬。离日时，赋《西归留别中东诸君子》："黄垆此抟抟，神州眇一粟。微命复何有，丧元亮同乐。蛣蜣思转丸，茅鸱惟啖肉。新耶复旧耶，等此一丘貉。轶荡开天门，封事苦仆遫。朝上更生疏，夕劾子坚狱。鲸鱼血故暖，凉液幻殊族。球府集苍蝇，一滴缁楚璞。潜鸁岂齐性，缟玄竟谁觉。吾衰久矣夫，白日瞳穷朔。仕宦为金吾，萧王志胡蛮。江海此分袂，涕流如雨雹。何以赠君子，舌噤不敢告。弓月保东海，盻冒起南岳。"（《清议报》第二十八册，光绪二十五年八月二十一日出版，署名"西狩"。）

章氏返国抵沪后，宋恕有诗寄章氏："甬东一夜猿声断，终古黄书泪千行。借问幼安无寸土，欲将何术拯诸姬。"（《六斋遗诗集》。）章氏也有《怀宁舟中怀宋恕诗》："独爱宋齐丘，高怀眇植球。转蓬方一昔，怀葛遂三秋。江海非栖土，文章总罪邮。八儒芳讯问，为尔念京周。"（手迹，温州博物馆藏。）章氏本年曾与宋恕商谈变法立宪事，《对二宋》追忆其事。宋恕以为"今中国言变法者多矣，料简细故，利害相牵，得失或不相庚偿耳，诚欲尽善，宜以大议属之庶人，则天下欢应，湔其旧污"。主张效法日本。章氏以为日本与中国"端绪不同，巧拙亦竟异"。"东国以时序密迩于封建，民性慕进，以偷生惰游为耻，有良俗，故其宪政亦工，非以宪政能致善俗也。夫中夏者，尘为郡县，而国阼数斩，民无恒职，平世善柔之夫，犹能逾超资次以取卿相，会遭变故，而蜚跃者众矣"。以为当前"不可苟效宪政以迎致之，莫若理其本。理其本者，当除胡虏而自植"。"今是言宪政者，非诚有所识于本株也，其或侈言利害，指为必然者，是幸清廷贵人之盲愚，冀以进孰得官耳。察今之病，陆贽所谓时弊，非法弊也。清法之弊，惟入赀得官为泰甚，他或沿因旧章，饩廪之数，经费之率，不察古今物货升降，而横以一概行之，是其当革者耳。乃夫铁道、陆军诸政，此技巧之序行者，犹飞土为弧夭，輴车为驰驿，非所谓新法也。自餘或当改革，犹庶几可以积渐行之"。"独其官吏狃习为奸，苞苴上流，虽良法只以益蠹，此曰时弊。今不课吏人贞邪，徒曰立宪可以定之，建议可以已之，此所谓以《孝经》治黄巾也。是故处今之世，不诛锄旧吏，去其泰半，其他不懩，然是又非习常所能就也。须于光复则大黜之耳。不戮其人，纵令立法踔于日本，终不可以为善国矣。"（《检论》卷八。）

　　章氏在沪，"识康氏弟子唐才常，才常方广纠气类，期有大功，士人多和之者"，（《自定年谱》。）时唐才常在上海主编《亚东时报》，详下。

　　八月初，章氏由沪转浙。

　　八月三十日（10月4日），《致汪康年书六》曰："接八月二十日信时，弟适子处湖上。比归家见信，则已二十八日矣。因草就两篇寄上，乞转致小沂。两文约共二千言。《翼教丛编书后》但与湘中腐儒驳难，未触忌讳也。弟自归杭以后，未营巢窟，奎元巷乃家兄邸寓。时徘徊湖上，间亦至馀杭小驻，行踪诡秘，寄信每不能速。君再有书札，请交大方伯养正书塾邵崇伯转寄为便。九月中，或当至沪。"

　　小沂，沈小沂。《翼教丛编》，苏舆编，自称："专以明教正学为义"，是诽谤维新运动最力的书籍之一。章氏《翼教丛编书后》，是驳斥封建顽固派的战斗文章，载《五洲时事汇编》第三册，列"论说"栏，署名"章炳麟"。（《五洲时事汇编》，1899年9月创刊于上海，初为半月刊，原题"本馆社主日本佐原笃介，支配人中国沈士孙，馆设苏报馆内"。第三册出版于光绪二十五年九月初十日。）原文略为：

　　"是书驳康氏经说，未尝不中綮要，而必牵涉政变以为言，则自成其瘢宥而已。且中国学者之疑经，亦不始康氏也，非直不始康氏，亦不始东壁、申受、默深、于庭也。王充之《问孔》、刘知几之《惑经》、程氏之颠倒《大学》、元晦之不信《孝经》、王柏之删《毛诗》、蔡沈之削《书序》，是皆汉、唐所奉为正经者，而捍然拉杂刊除之。其在后世，亦不餍人心。夫二王、刘、蔡无论矣，程、朱则以理学为阃捭者，方俯首鞠躬之不暇，不罪程、朱，而独罪康氏，其偏枯不已甚乎。

　　"苟曰生心害政邪？以去岁变法诸条，使湘人平心处之，其果以为变乱旧章，冒天下之不韪乎？抑不过盱衡厉色而诋之乎？且说经之是非，与其行事，固不必同。昔欧阳永叔痛諆河洛，韩魏公见之，未尝与言《周易》。使魏公如湘中老儒之见，以说经行事同类而并讥之，则当早尸永叔于两观矣。虽然，诋其说经而并及其行事，此一孔之儒之迂论，犹可说也。乃必大书垂帘逐捕之诏以泄私愤，则吾所不解也。……苟执是非以相争，亦奚不可，而必借权奸之伪嗣以为柄，则何异逆阉之陷东林乎？……

　　"是书又引义乌朱侍御与康氏辩论经义诸札，侍御故金华学派，亦上窥两汉古义，其说经诚与康氏绝异，乃其请诛嬖宦以罢官，则行事又未尝不合也。（元晦与水心平时论学则相攻，及谗臣以道学之名倾轧元晦，则水心又力救焉。）使侍御在今日见康氏之遇祸，方流涕邑优而道之，岂以其力庇贾、马之见，转用之以力庇权奸哉！

　　"今之言君权者，则痛诋康氏之张民权；言妇道无成者，则痛诋康氏之主男女平等。清谈坐论，自以孟、荀不能绝也。及朝局一变，则幡然献符命、舐痈痔惟恐不亟，并其所谓君权妇道者而亦忘之矣。夫康氏平日之言民权与男女平等，汲汲焉如鸣建鼓，以求亡子，至行事则惟崇乾断，肃宫闱，虽不能自持其义，犹不失为忠于所事。彼与康氏反唇者，其处心果何如耶？噫！使侍御有知，其必当以朱丝萦社而攻之也。"

　　章氏与康有为分隶经古、今文学派，对康有为经说，自所不满。但以为"说经之是非，与其行事，固不必同"，康在变法时"不失为忠于所事"，对苏舆等诋击维新"处心果何如耶"加以批判。他在变法失败后，对"腐儒"的妄肆讥刺，严加驳议。

同期《五洲时事汇编》，另有章氏《论黄种之将来》，首谓："使黄种不幸被逼迫，则遁逃伏窜者何地之依？"接着对薛福成"移种"澳洲之说加以批驳。以为："含血之伦，必有精锐之气，精锐之气蛰伏于胸中，若水之有隐热，非淬之厉之磨之捣之，则不足以发。故自古常有亡国败家，而其人材什倍于平世者。""且国之所以存者，以其相兢也；兢之所以起者，以其相羡也。""有羡则兢心因之以至矣，无羡则竞心无所发而他人之竞心因之以至矣。羡与兢之有无，则北人所以常制震旦，与南人所以常为震旦所制之分也。是故黄种之移植，其或在澳洲与，或在秘鲁、墨西哥，未可知也。其遗植之必在于南部则既可知也。天地之道，日中而还，月盈而匡，田鼠之上腾，或为飞鴽，积灰废炭之在原野或足以生蝇蚋，盛衰文野之限，固无有一成而不可变者。是故圣人尽其阳节，守其阴节，顺民之所为，而降命于山川以毅大地。"

九月初八日（10 月 12 日），《致汪康年书七》曰："八月三十日，曾寄《究移殖论》、《翼教丛编书后》两首，托转致小沂。嗣在穗公处得君赴鄂之耗。今复将《藩镇论》一首寄奉，亦望转致小沂。五洲报馆设在何处？务望示悉，以便他日径寄。弟今暂归馀杭。""穗公"，夏曾佑。《藩镇论》载《五洲时事汇编》第四册（光绪二十五年十一月初一日出版），略谓："自封建之法不行于后世，于是策时事者每以藩镇跋扈为忧，是其言则孤秦陋宋之冢嗣也。苟遍历九服，而观夫旌节旄纛之所建，亦苦其不能跋扈耳。诚使跋扈，则姬汉旧邦之世胄，犹可倚以自保、而有造于齐州也多矣。"

又曰："且今之藩镇，能若救火之勿白者乎？其未能也。人之哗嚣以为拥重柄者，特其外观足以自壮尔。若夫植守令，布政教，理府库，训步骑，则一切上制于枢府，而下制于六部，一命之秩，不得专授，铢两之饷，不得擅增。夫是故文吏则面从而背憎，爪牙骑士帖首伏谒于前，而涣德离心于后，使之治文书、剿寇盗则可矣。将驰观于域外，而扶义俶傥以行其意，则吏士有疾走弗顾耳。若夫诏令既下而有所留阻，弗行者非特督抚之于主上也，虽守令于督抚亦然。苟盱衡厉色，朝夕而程督之，亦无弗疾行者。向背之势，从其所好，不从其所令，上下一也。不然，少有不便，则迁延以缓其事，要其勿行也，特迁延则已耳。其驳议则未有也，其封还诏书则未有也，是何也？震于雷霆万钧之势，虽阴堕其实，而勿敢公违其言。……

"夫政不己操，而位不久假，其居官也，则无异于提举祠庙，其勿能跋扈，甚明白矣。然犹赖有数镇稍自奋厉，足以扶危而定倾。故戊戌八月之变，刘坤一正色而立于两江，则桐宫之谋遂止，人比之甘露之难有刘从谏焉。虽然，如从谏之欲清君侧，则弗敢讼言者，非其匡怯，不欲抗志以从古人也。侊然而杖钺于其邻者无不厥角稽首，以聆训政之命。四封无援，介特自立，徒挟湘军与自强军旧部，而能方行如泽潟之师乎？呜呼！观于藩镇之削，则中朝之取法于孤秦陋宋，而甘心于白种之蹂藉也可知已。……

"向者支那藩镇之盛，莫如曾、左，曾氏既夷粤寇，而勿能定九鼎于金陵。曩令知保种之大义，破僭妄之危言，则吴楚贤士云合焱起而附其下，至今三十年，革政可成，何遽不如暹罗也。曾氏既殁，左氏横于赤县者尚二十年，当是时白人虽觊觎，犹敛戢勿敢大肆。……嗟乎！有其时者无其志，有其志者阻其年，使支那无文武自将之主，而渐灭几至于尽。及其偏裨代兴，率不过局促文法，以守纯臣之节，而教者犹以跋扈议之，欲其蒲伏弁栗以为顺从，是直欲使十九行省尽沦没于丑虏而无孑遗也，岂不谬哉！

　　"难者曰：东方之国，莫善于立宪政，孰有立宪政而使藩镇得以自擅者乎？曰：向吾固云，化有进退，时有险易，其世不同者，其法未可以一也。物势之相因若激湍，上薄而后下流于溪壑。板荡之世非得藩镇以尊攘，则宪政不立。且今之斥拟藩镇以为跋扈者，其志果在宪政乎？抑他有所为乎？夫削藩镇以立宪政者，天下之至公也；削藩镇以遂一二肺腑贵人之专欲者，天下之至私也。私之至者，不行媚白人，使脍朕中国以至于尽不已。今藩镇虽离于至公而犹未合于至私。若皇德贞观，廓夷旧章，示民版法，陶冶天下，而归之一宪，藩镇将奔走趋令，如日本之萨、长二藩始于建功，而终于纳土，何患自擅。若犹是无宪也，方将倚依以为屏辅，使内慑权要，而外保分地，跋扈之议，其未可宣也。"末引王夫之《黄书》中《古仪》、《原极》诸篇而加推扬。

　　《訄书》原刊本有《分镇》，词意与《藩镇论》相近，应撰于本年。

　　《分镇》谓："与不得已，官制不及改，则莫若分镇，分镇尚已。

　　"夫法不外操，而兵不中制，今自九服以内，旬始未出，而瓜分固已亟矣；瓜分而授之外人，孰与瓜分而授之方镇。方镇虽不肖，尚略得三四人，其他或愿悫无雄略。……当裔夷之竞，而求之剽末以觊自全，使烝民自立，政府缓带，舍是则无长计矣。若其检式群下，和齐县内，微革更官制，则犹篆车之无輗，而丁时者或未意是也。颂曰：皇以閒之。"（《訄书》原刊本。）

　　《藩镇论》和《分镇》，是章氏在民族危机严重，清政府腐败无能的情况下提出的一种改良设想。《藩镇论》认为藩镇"政不己操，而位不久假"，所以"勿能跋扈"。政变危急之际，"犹赖有数镇稍自奋厉，足以扶危而定倾"，因此不能削弱藩镇，而"甘心于白种之陵藉"。中国如果"无文武自将之主，而渐灭几至于尽"。所以削藩镇，是"天下之至私"，它只能"行媚白人"。同时，重藩镇和立宪政并不矛盾，"板荡之世非得藩镇以尊攘，则宪政不立"，并举日本明治维新以为例。《分镇》更以为"封建之说未必非，而郡县之说未必赽"。"今方镇苶弱，而四裔乘其敝，其极至于虚猲政府，使从而劫疆吏，一不得有所阻挠，割地输币，无敢有异议。彼其所以钳束者，则外轻之效非乎？"进而指出："瓜分而授之外人，孰与瓜分而授之方镇"，"莫若以封建方镇为一，置燕齐晋宋及东三省为王畿，注措无所变"，而全国则设五个道，"道各以督抚才者制之"。可知章氏这时对满洲贵族的昏庸衰朽、丧权辱国是反对的，但对汉族地方督抚还有幻想。次年五六月间，他还怀"借权之谋"，向李鸿章上书。直到参加唐才常在上海发起的"张园国会"，才"宣言脱社，割辫与绝"，逐渐由改良转入革命，对《分镇》再行"匡缪"。（见"光绪二十六年庚子，三十三岁"条。）《訄书》重印时，列为"前录"，题称《分镇匡缪》，文字亦有修润。

　　冬，章氏由杭来沪，参加《亚东时报》编务。据《申报》载，章氏于 1899 年"由日本回上海，在《西〔亚〕东时报》为主笔，复至诚正学堂当汉文教习。"（《申报》，1903 年 12 月

5 日《续讯革命党案》。)

　　查《亚东时报》，创刊于 1898 年 6 月 25 日。自第六号起(1899 年 5 月 4 日出版)，由唐才常主编。唐才常，字佛尘，湖南浏阳人，肄业于长沙校经书院、岳麓学院，和谭嗣同同学于欧阳中鹄之门。1894 年，入两湖书院肄业。鉴于甲午战后，"焚如之灾，迫在旦夕，而士夫泄沓"，(《湘报序》。)"欲以文字改良社会"，(支那汉族黄中黄《沈荩》第五页。)在浏阳兴办算学会，主张维新变法。1897 年，《湘学报》创办，唐任撰述。旋又与谭嗣同等办《湘报》，办报宗旨是："义求平实，力戒游谈，以辅《时务》、《知新》、《湘学》诸报所不逮。"(《湘报序》。)9 月，唐才常应谭嗣同的电召，欲赴北京，参预政事，甫抵汉口，政变猝起，(唐才质《唐才常和时务学堂》，见《湖南历史资料》1958 年第三期。)于是折回湖南，前往上海。其后，周游香港、新加坡、日本各处，于 1899 年 2 月返湘，3 月抵沪，主持《亚东时报》。(按：唐才常的文章最初刊登《亚东时报》，是 1899 年 1 月 31 日出版的第五号，但他这时尚未赴沪。参以唐才常的己亥三月十一日《致江标师书》——《逸经》第二十二期。和己亥三月初四日《致程清书》——手迹，上海图书馆藏。他的主持《亚东时报》，应为第六号起。)

　　秋，唐才常经香港、南洋重赴日本，于是年冬返沪，章氏也于这时来到上海。章氏在《亚东时报》发表的诗文有第十七号的《游西京记》(1899 年 11 月 20 日。)和第十八号的《今古文辨义》，(1899 年 12 月 25 日。)则章氏之编《亚东时报》，应在本年冬。

　　十一月二十三日(12 月 25 日)，《亚东时报》第十八册出版，载有章氏：《今古文辨义》，主要就廖平所撰《群经凡例》、《经话》、《古学考》等书的"偏庚激诡"之处加以辩诘。

　　廖平以为"经皆完书无缺，以为有缺者刘歆也"。"欲摈古文于经义之外，而反引珍说于经义之中；欲摈尧、舜、周公不得为上圣，而反尊庄周、墨翟为大师"。章氏认为："孔子贤于尧、舜，自在性分，非专在制作也"。"然即以群经制作言之，《春秋》自为孔子笔削所成，其旨与先圣不同，即《诗》、《书》亦具录成、康后事，其意亦不心同于尧、舜、周公矣。惟《易》与《礼》、《乐》亦为祝史瞽蒙之守，其辞与事，夫人而能言之行之也。仲尼赞《易》为十翼，则意有出于爻象之外者。今七十子传微言于后学，而为之作记，则意有出于《礼》、《乐》本经之外者。是故经皆孔子之经，而非尧、舜、周公所得据，然彼所以圣过数子者，当不在是。自唐以后，太学遂罢旦而记尼，亦以孔子圣德，自可度越前哲耳。岂以为《士礼》不出周公，而《周礼》又当摈绝哉？然则孔子自有独至，不专在六经；六经自有高于前圣制作，而不得谓其中无前圣之成书，知此则诸疑冰释，以下无庸再解矣。"

　　廖平以为"《左氏》亦今学，其释经亦自造事迹，而借其语以加王心，故大旨与《公》、《穀》同，五十凡无一背《公》、《穀》也"。章氏认为"大抵《左氏》以事托义，故说经之处，鲜下己见，而多借他处之义以释之。故其义最为难知，而其功亦如集腋縠材，非二百四十年之遗语，不足以回旋其意也"。"至三传大旨，自有相同，而其异者终若瓜畴芋区之不可念。廖氏见近世治《公羊》者，皆明斥《左氏》，而不明斥《穀梁》，然《穀梁》之异于《公羊》，不下《左氏》，而诸儒意见偏枯如此，则不如并《左氏》而进之。

且均以为今学也。以廖氏识见卓绝处,亦正其差池处"。

廖平以为"今文重师承,古文重训诂。惟重师承,故不能自为歧说;惟重训诂,故可以由己衍解"。章氏认为"是亦大误。大小夏侯,同出儿宽,而彼此相非。王式《鲁诗》,江公《穀梁》,皆近本申公,而丑诋狗曲。至《诗纬》本于《齐诗》,而言《诗》含六情五际,绝于申,申者,谓申公也,则齐、鲁《诗》亦如仇敌矣。其相忌克如此,安能恪守师说乎?苟专以师承为重,矩尺弗违,则五经只应有五师耳,安得有十四博士乎?古文之训诂,如《周礼》杜及大郑等注,在今日视之为平常,不知当时凿山通道,正自不易。盖此诸家未言章句义理,惟求其字句之通,正如今日校勘家,彼此参稽以求通其所不可通。迨其左右采获,征结尽解,则豁然墒斯而不可变,非如今日专执小学以说经者,必欲皮傅形声,舍其已通者而为之别求新说也。此训诂之所以见重,而非穿求崖穴者所可拟矣"。

《今古文辨义》明确地指出是与廖平辨难,文中没有只字提到康有为。最后还说:"观廖氏书,自谓思而不学,又谓学问三年当一小变,十年当一大变,知其精勤虚受,非卤莽狂仞者比。今于尊崇孔子一案,既为解明如此,则诸论皆不必发。吾甚愿廖氏之大变也。若夫经术文奸之士,藉攻击廖士以攻击政党者,则坉井之鼍,吾弗敢知焉。"康有为的援引今文经说以议政事,启自廖平。章氏虽和廖平讨论,但对"康党",寓有保全之意。可知他的辨析今古,是和封建顽固派叶德辉、苏舆之流的"藉攻击廖士以攻击政党",是有根本区别的。他只是在学术上和今文经师廖平展开讨论,对康、梁的援用今文议论政事,尚未深诋。

本年,江标死,章氏有《江建霞像赞》:"东吴菰芦,乃有江氏。诵数之贤,一二三四。虽未知时,主文善刺。好龙亦至,今也则亡。永塈永泗。"(《逸经》第二十二期《唐才常烈士遗著》后附。)似为后来追赞。

冬,《訄书》木刻本(原刊本)付梓。查《訄书》的付梓、出版时间,各书记载颇有出入,我以为章太炎虽在《訄书》原刊本"叙目"后面,识有"辛丑后二百三十八年十二月",但这时只是编成(见"光绪二十四年"条),尚未付梓。《訄书》的付梓,应为"己亥冬日",而出书则在1900年7月前。

《訄书》原刊本付梓、出书时间的厘订,牵涉到对章氏思想演变、发展的估价,有必要考释说明。

第一,《訄书》原刊本是章太炎在上海送交祝心渊于苏州刊印的。而原刊本"叙目"系于"辛丑后二百三十八年十二月",当光绪二十四年十二月。查戊戌政变发生后,章太炎避居台湾,于十月二十一日抵台北,次年五月,"自台湾渡日本",越二、三月始回上海。那么,"光绪二十四年十二月",章氏正在台湾,不会送到苏州梓行。

第二,《訄书》原刊本正文后面,另有《辨氏》、《学隐》两篇"补佚","叙目"未载,页码另起,知"光绪二十四年十二月"编订以后复行补充。

第三,《客帝论》最初发表在光绪二十五年四月十一日出版的《清议报》,署"台湾旅客来稿",说明此文撰布,章氏还避居台湾。《客帝论》收入《訄书》原刊本时,增改颇大，如"自古以用异国之材为客卿，而今始有客帝。客帝者何也？曰：蒙古之主支那是也"。《訄书》原刊本作："客帝者何也？曰：如满洲之主震旦是也。"改"蒙古"为"满洲"，易"支那"为"震旦"。并在"而支那旷数百年而无君也，如之何其可也"下，增益了一千五百馀字，续予发挥，它揭发了清政府"奉表以臣敌国"的媚外丑态，指斥清朝统治者对各族人民的残酷剥削，提出"逐加于满人，而地割于白人，以是为神州大诟"。开始提出"逐满"的课题。《客帝》，虽早见原刊本"叙目"，但原刊本的《客帝》，是在《清议报》上发表过的《客帝论》基础上增改的。那么，《訄书》付梓，应在光绪二十五年四月《客帝论》发表以后。

第四，《訄书》原刊本首叶有梁启超题签。查光绪二十五年己亥五月至七月间，章氏在日本，和梁启超相处。他自己也说："余自戊、己违难，与尊清者游，而作《客帝》。"梁氏题签，应为己亥夏秋间旅日时所题，则《訄书》付梓，自在章氏七月下旬返沪以后。

第五，《訄书》原刊本各篇中，明确志有年月，有助于编撰、增订时间探讨的，尚有下列各篇：

《喻哆靡》第二十一篇后"附识"，署"己亥冬日又识"。

《播种》第二十五篇："往者士大夫不思经世之业，而沾沾乎文史之事，以为大法，震荡回薄，以革于戊戌"。

《帝韩》第三十四篇："自永历丧亡，以至庚子，二百三十九年，……则曰贯二百三十九年而诸夏无主也"。

《商鞅》第三十五篇末后"跋语"："戊戌七月著。"

《弭兵难》第四十篇标题下："戊戌春著，时俄罗斯弭兵会未起。"

《鬻庙》第四十七篇，标题下："戊戌春著，其夏，有毁寺兴学之令，不果行。"

"戊戌，"当1898年；"己亥"，当1899年；"永历丧亡二百三十九年"，也当1899年。《鬻庙》注明"戊戌春著"，又言"其夏，有毁寺兴学之令"，知撰于"戊戌春"，而修订于政变以后。《弭兵难》注明"戊戌春著"，又言"时俄罗斯弭兵会未起"。查"弭兵会"指帝俄老沙皇尼古拉第二发起，于1899年5月至6月召开的海牙会议，知撰于"戊戌春"，而修订则在1899年6月以后。上引最后年月为"己亥冬日"，比"叙目"后的"附识""辛丑后二百三十八年十二月"，晚了近一年，但它不是正文，而是篇文后面的"附识"，很可能是《訄书》付梓时加上去的。

照此说来，《訄书》原刊本编订于1899年1月中旬到2月上旬（"辛丑后二百三十八年十二月"），而付梓则为"己亥冬日"。查章氏于本年七月下旬，由日本回国，不久，由沪转浙，旋又由杭来沪，"在《亚东时报》为主笔"，据张仲仁回忆："祝君（心渊）寓昌言报馆，与太炎朝夕晤。一日，祝君持《訄书》稿示余，余将抄录一通，未及半而君自沪至。……是为余与君相识之始。《訄书》由祝君倩毛上珍刊印出版。"（《制言》第二十五期。）《昌言报》创刊于光绪二十四年七月，张仲仁所记，则为光绪二十五年之事。章氏"寓昌言报"，还可在当时人的日记中取得旁证。孙宝瑄《日益斋日记》光绪二十五年十二月记："诣昌言报馆，枚叔、浩吾咸在。"又记："有人劝余为康党，枚叔等闻皆大笑曰：'奇事。康以六品官而宰相为之党，未之前闻。'余曰：合肥在都，逢人辄语云：'康有为，吾不如也。'"（稿本，上海图书馆藏。）张仲仁、孙宝瑄都说在昌言报馆晤及章氏。知二十五年十二月，章氏在沪，《訄书》付梓，应在本年。

总上所述，可知《訄书》原刊本梓于"己亥冬日"，至于刻完出书，则在 1900 年 7 月前。上海图书馆藏《訄书》"手校本"目录最后一篇为《解辫发》，又把《客帝》作为"附"篇。知 1900 年 7 月 26 日唐才常召开张园"国会"，章氏"割辫与绝"，撰文明志时，《訄书》原刊本已出。《太炎先生自定年谱》"光绪二十六年庚子，三十三岁"记：唐才常自立军失败，"余亦被连染，然以素非同谋，不甚恇惧"。乃"归乡里度岁"，把印出的《訄书》（即原刊本）重行校订。

钱玄同：《刘申叔先生遗书序》"自注"："《訄书》作于戊戌，改于庚子，至民国四年乙卯而再改，更名曰《检论》。"按《訄书》原刊本出书后，章氏即行修改，钱玄同所说"改于庚子"，即指"己亥冬日"付梓以后，亦即"庚子"7 月"割辫"以后。上海图书馆所藏《訄书》手校本，即是"庚子"所改。（详"光绪二十六年"条。）又，《国学讲习会序》亦称："庚子此书（指《訄书》）出书以后，即海内通识之士，又或表同情于章氏者，且艰于一读。"（《民报》第七号。）谓"庚子"出书。次年正月十三日，章太炎《致汪康年书九》："先时在仲巽家中寄寓，今得彼书，乃知以《訄书》故，颇有谣诼。"仲巽，胡惟志。同日，《致吴君遂书一》："兹有恳者，平阳为弟谋一译润之局，而居停虚寄，无下榻处安定。以《訄书》刻后，谣诼颇多，嘱勿寓彼宅中，致遭侦捕。"平阳，宋恕。知 1901 年初，《訄书》已出，且起影响。（两函详见"光绪二十七年——1901 年，三十四岁"条。）

《訄书》原刊本列目五十，另附"补佚"两篇（目录见前），其中有十一篇是在报刊上发表过的，表列如下：

《訄书》原刊本篇次	发　表　报　刊
《儒墨》第二	《实学报》第三、四册，光绪二十三年八月二十一日、九月初一日出版。
《儒道》第三	《实学报》第二册，光绪二十三年八月十一日出版。
《儒法》第四	《实学报》第三册，光绪二十三年八月二十一日出版。
《儒侠》第五	《实学报》第四册，光绪二十三年九月初一日出版。
《儒兵》第六	《实学报》第二册，光绪二十三年八月十一日出版。
《民数》第十二	《译书公会报》第八册，光绪二十三年十一月二十日出版，原题《论民数骤增》。
《平等难》第十九	《经世报》第二册，光绪二十三年七月中旬（十五日）出版，原题《平等论》。
《喻侈靡》第二十一	《经世报》第三册，光绪二十三年七月下旬（二十五日）出版，原题《读管子书后》。
《东方盛衰》第二十六	《经世报》第四册，光绪二十三年八月上旬（初五日）出版。
《蒙古盛衰》第二十七	《昌言报》第九册，光绪二十四年九月二十六日出版。
《客帝》第二十九	《清议报》第十五册，光绪二十五年四月十一日出版，原题《客帝论》。

这些论文，辑入《訄书》时，在不同程度上进行了一些增删：有的属于文字修润、译

名调整，如"浮屠"改为"佛氏"，"戍陀罗"改为"首陀罗"；有的则系增补新的见闻，如《儒兵》在"《皇博法》一卷"下的注文下，增"按今德意志教陆军有兵棋，其来远矣。"值得注意的是，章太炎的编订《訄书》，收录旧文，是随着戊戌政变的失败、思想认识的变化而抉择删订的，从《訄书》的删订，可以看出章太炎思想发展演变的迹象。

例如章太炎在《时务报》上发表的《论亚洲宜自为唇齿》（第十八册）、《论学会有大益于黄人亟宜保护》（第十九册），《经世报》上发表的《变法箴言》（第一册）、《实学报》上发表的《后圣》（第二册）、《重设海军议》（第三、四册）、《异术》（第四册），《译书公会报》上发表的《读日本国志》（第四、十册），以及《清议报》上的《答学究》（第十四册），《訄书》原刊本都不收入。这些论文，或者宣传日本明治维新后"以小弱为强大"，或者揭橥"修内政"，"以革政挽革命"，或者标明"变法者，吾党之责也"。他的变法主张，有时也以"托古改制"的姿态提出，如说什么民主来源于《尚书·尧典》，议院来源于《周礼》，如果"弃三王之道"，就要"党竞"、"相挤"。又强调变法要有次序，要循序渐进，说什么："学堂未建，不可以设议院；议院未设，不可以立民主。"这些显然是受了康有为等改良主义的思想影响，《訄书》原刊本把它删去，说明章太炎的思想在短短二三年中有着深刻的变化。

但是，章太炎这时还和"尊清者游"，在政治上还没有和康有为、梁启超等改良主义者划清界线，《訄书》原刊本的改良倾向仍很明显。

首先，《訄书》原刊本揭露了清朝封建统治阶级的残酷剥削、腐朽衰败，但它只是主张在不根本动摇封建制度的基础上进行改良，而不是推翻清朝政府。在《訄书》中，指责了清政府"衔不加赋以示恩"，而"举岁藉以饷群胡"；少数满洲贵族"蚀蠹"重敛，而"不能折冲以庇黔首"。（《不加赋难》第三十三。）还用"大酋"等贬词来讥讽清朝皇帝。尽管如此，他还只是想把封建专制制度改变为资本主义的君主立宪制度。他说："今之合群明分者，莫亟于学士，是何也？将以变法为辟公，必使天下之聪明耳目，相为视听，股肱毕强，相为动宰，则始可以御内侮，是故合群尚已。"（《明群》第二十三。）这和康有为"合大群而后力厚"，从而组织学会，刊行报纸，团结地主阶级出身具有资本主义倾向的知识分子进而议政，是一致的。

章太炎对西方资本主义国家的政治制度也曾向往，认为"西方之言治者，三分其立法、行政、司法而各守以有司，惟刑官独与政府抗衡"。（《刑官》第三十七。）而在当前应"通封事"，"法定"之后"则置议院"。他说："上书则新旧杂糅，而持新者制之；群议则新旧杂糅，而持旧者制之。故据乱则通封事，乱已定则置议院。""议院者，定法之后之所尚，而非所取于法之始变也。"（《明群》第二十三。）康有为等改良派呼吁设立议院，实行君主立宪。章太炎则以为要设议院，就要有"议官"；而"议官"之设，"其职则置于定法之后"。先俟"定法"，再设议院，和康有为等的要求在中国实现君主立宪的资本主义国家，仍归一途。

其次，《訄书》原刊本斥责了帝国主义的疯狂侵略，但它还缺少彻底反抗帝国主义的勇气。章太炎鉴于甲午战后的民族危机，看到"瓜分固已亟矣"的急迫形势；（《分镇》

第三十一。)看到"通商之岸,戎夏相捽,一有贼杀,则华人必论死,而欧美多生"的不平等现象;(《定律》第三十八。)也看到清朝统治阶级媚外辱国,"磐折徒跣以承白人之颎怒"(《不加赋难》第三十三。)的投降丑态;以及帝国主义传教士横行不法、夺我"宝藏"等侵略行径。但又以为日本明治维新以后,变法"自强","西邻不敢侮。"(《东鉴》第二十八。)说什么:"发愤为天下雄,则百稔而不仆;怠惰苟安,则不及五稔而亦仆。吾所议者,为发愤之客帝言也,非为怠惰苟安者言也。"(《客帝》第二十九。)幻想"客帝"能够"发愤""自强"。

正由于这样,章太炎在经济上虽有发展资本主义的要求,"中国与一切械器轨道之必藉于炼刚精铁",(《喻侈靡》第二十一。)也只是微弱地提出了"神州之商,潼瀣蔚荟,相集相错,以成大群,而后可与西商格拒",(《制币》第四十五。)不敢径率反帝。政治上也只是在旧的封建尸体上进行点滴"自强"性的改革,而不敢推翻封建制度。例如,他看到清朝法律的"紾戾",看到"通商口岸"帝国主义分子的侵我主权,提出的是"减死以去苛,授正长以权以肃吏,定通商之律以平怨"的改良措施。(《定律》第三十八。)看到"谷出于力耕,力耕出于重农",清朝农业凋敝,"中国金币之泄于异域"。又"以为农官不设,农事不能以大举",并举"天山之水泉,若古勿导,导之自林则徐"为例,建议设立农官以"兴农。"(《明农》第四十四。)看到"烟草之为害烈也",又"以为烟草之禁,政在守令,而司以耆老乡先生,吏无得与"。(《禁烟草》第四十六。)把希望寄托在"耆老乡先生"身上,也就是一些地主豪绅身上,对封建势力仍示妥协。

对帝国主义、封建势力妥协,对人民群众则不信赖,《蒙古盛衰》中就有对黄巢起义的贬刺之词。他所依靠的还是那些出身地主阶级具有资本主义倾向的知识分子,还是主张以设学会、办报刊的方法来"团结士群"。他希望的也只是在不根本动摇封建政体的基础上进行从上而下的资产阶级性的改革,从而变法"自强",挽救危亡。幻想能有"发愤之客帝","登荐贤辅,变革故法,使卒越劲,使民果毅,使吏精廉强力,以御白人之侮。"(《客帝》第二十九。)那么,《訄书》原刊本的主要倾向,还是改良的。

另一方面,《訄书》原刊本虽对儒家也有讥议,但它还是尊孔的。

《訄书》原刊本曾尖锐批驳儒家的空谈"仁恩","不究其实";无情揭露陆德明、孔颖达、冯道、钱谦益等的口喊仁义,"弗恤其污"。但它对儒家的创始者孔子却不敢触动。《訄书》原刊本是以《尊荀》第一始、以《独圣》下第五十终的。《尊荀》强调法后王,以为"荀子所谓后王者,则素王是;所谓法后王者,则法春秋是"。"古也者,近古也,可因者也。……或益而宜,或损而宜,损益曰孪,因之曰不变,仲尼、荀卿之于周法视此矣。"讲的是损益因革,讲的是变与不变。也就是说,讲的是在旧有基础上"或益而宜,或损而宜"。

《訄书》原刊本的最后一篇是《独圣》,说什么"仲尼横于万纪"。"自仲尼之历世摩钝,然后生民之智,始察于人伦",荀卿"为之隆礼艾而杀《诗》、《书》,"也是孔、荀并举。章太炎编次《訄书》,是自成统系的,以《尊荀》始,以《独圣》终,可知他这时虽也"批儒",却没有反孔;他反对的是拘迂守旧的"腐儒"和卑污迎媚的"贱儒",也不是读过儒家经籍的一般士子。

非但如此，《訄书》原刊本还以为旧王朝不断更换，一会儿西汉，一会儿新莽，这些"摄斧扆，掌图籍"的帝王，只如"菌鹤马蜩之相过乎前而已矣"。而"震旦之共主，自汉以来二千馀年而未尝易其姓也"。"震旦之共主"是谁呢？是"仲尼之世胄"。他以为二千年之"以帝王自号"的，只能"主其赏罚，而不得尸其名位"，好比春秋时的齐桓、晋文，虽然称霸诸侯，还是要尊周天子的"名位"。所以"衍圣当帝"，而"人主"则不过"比于桓、文"。清朝建号称帝，只能说是"客帝"；"震旦之共主"，"必在乎曲阜之小邑"。(《客帝》第二十九。)他要求光绪皇帝承认孔子的"统绪"，自己则退处"客帝"，这种言论，等到章太炎一旦矢志革命，也蓦然震惊，感到"弃本崇教"了。鲁迅先生指出："太炎先生是以文章排满的骁将著名的，然而在他那《訄书》的未改订本中，还承认满人可以主中国，称为客帝，比于嬴秦的客卿。"(《病后杂谈之馀》，见《且介亭杂文》。)

然而，章太炎很早孕有民族主义思想，他在戊戌变法时期，虽和康、梁等游，而对他们的"孔子改制"，说则示不满，对改良派的一些变革措施也不完全赞同。如上引《弭兵难》(见"光绪二十四"条。)就对改良派的"弭兵说"不点名地进行批判。又如《定律》，也对改良派用儒家"仁恕之说"，鼓吹"省刑"加以揭斥。查康有为在光绪二十四年正月初八日《上清帝第六书》中说："彼(指帝国主义国家)以我刑律太重，而法规不同故也。今宜采罗马及英、美、德、法、日本之律，重定施行，不能骤行内地，亦当先行于通商各口，……采定各律，以定率从。"当时《中西刑律轻重异同之故》(《皇朝经世文新编》卷四《法律》)一类"省刑"之说甚嚣尘上。章太炎明确指出："中国所患，非刑重之失也"。指出刑不在"轻重"，而在于"中"。"病至于髓理，饮以乌喙、大黄，使人瞑眩而病已；刺以长针，灼以槁艾，使人财有汗而病亦已。故病之赖以治者，非药石之轻重为之也，中其害气也，刑亦有中。"认为清政府"独弛禁于大勋之文臣"，以致"有司持法则失情，持情则失法，进退无所恃"。"故法之不足以惩民者，非轻重为之也，绐戾之使必不可行耳。儒者不究其实，而慕泰西轻刑之名，欲并断斩去之，谓可以仁恩感下民，斯已过矣。"一针见血地对利用儒家学说"慕泰西轻刑之名"的改良派严加辨诘。

章太炎缺少反帝的勇气，但对这些外国传教士横行不法，清政府"输币吊恤，罢黜大臣"的媚外丑态则极为愤懑，在《忧教》篇就指出："泰西之黠者，其于中国，且善厚结之，如桑螵蛸而著之，勿易其土，勿变其帖经，其举者置以为冗官，或处郡县，则比于领事。又令西士之习于华者，籀读吾经纬以号于众曰：'吾有仲尼之遗计籍焉。'若是，则西教愈杀也，而中国自是终于左衽矣。"对李提摩太、林乐知、李佳白之流的借用儒术貌似"维新"，实际施行文化侵略的反动本质摘发备至。这些，他和康、梁等改良派自有不同。此后，章太炎跟随中国社会的发展，逐渐走上革命的道路。

【著作系年】《致汪康年书四》(光绪二十五年正月初七日，《汪穰卿先生师友手札》。下同)。《致汪康年书五》(光绪二十五年六月初十日)。《致汪康年书六》(光绪二十五年八月初四日)。《致汪康年书七》(光绪二十五年九月初八日)

《台北旅馆书怀寄呈南海先生》(《清议报》第八册,光绪二十五年二月初一日出版)。《答学究》(《清议报》第十四册,光绪二十五年四月初一日出版;又见《知新报》第一百册,光绪二十五年八月二十一日出版,题《答学究论康南海密诏出奔事》)。《客帝论》(《清议报》第十五册,光绪二十五年四月十一日出版,收入《訄书》原刊本,增改很大)。《分镇》(《訄书》原刊本)。《儒冠》(《清议报》第二十册,光绪二十五年六月初一日出版)。《安昌谣》(《清议报》第二十六册。光绪二十五年八月初一日出版)。《梁园客》(同上)。《西归留别中东诸君子》(《清议报》第二十八册,光绪二十五年八月二十一日出版)。《儒术真论》(《清议报》第二十三册至三十四册,光绪二十五年七月初一日至二十六年正月初一日,其中第二十六、二十七两期未载)。《游西京记》(《亚东时报》第十七号,光绪二十五年十月十八日出版;又见《雅言》第十一期,改题《旅西京记》,收入《文录》卷一)。《今古文辨义》(《亚东时报》第十八册,光绪二十五年十一月二十三日出版)。《书莽苍园文稿馀后》(《民报》第十五号,文后注明撰于"己亥三月",跋识撰于"己亥四月",收入《文录》卷二)。《论黄种之将来》(《五洲时事汇报》第三册)。《翼教丛编书后》(同上)。《藩镇论》(《五洲时事汇报》第四册)。

《訄书》原刊本于本年冬在苏州付梓,篇目见"光绪二十四年"条。

光绪二十六年庚子(1900年)　三十三岁

【自定年谱】清自诛窜康、梁以后,与外人尤相忌,刚毅用事,遂有义和团之变。其夏,宛平不守,清太后、清主西窜长安。唐才常知时可乘也,与侨人容闳召集人士宣言独立,然尚以勤王为名,部署徒众,欲起兵夏口。余谓才常曰:"诚欲光复汉绩。不宜首鼠两端,自失名义。果欲勤王,则余与诸君异趣也。"因断发以示决绝。未几,才常于夏口就戮,钩党甚亟,其徒皆窜日本,余亦被连染。然以素非同谋,不甚怵惧。是岁,孙逸仙亦起兵惠州,旋败退。

【国内大事】正月初二日(2月1日),康有为由香港抵达新加坡。十五日(14日),清政府再命闽、浙、粤各省悬赏十万两,严拿康、梁,并命毁其所著书籍,凡购其报章者罪之。二十六日(25日),唐才常在上海发起正气会,手订章程二十一条。二月初三日(3月2日),清政府命地方官严捕设厂练拳者。十四日(3月14日),清政府以毓贤为山西巡抚,袁世凯实授山东巡抚。十七日(27日),义和团在天津城南击败清军。三月二十七日(4月26日),杨衢云赴日,与孙中山谋议广东起义。二十九日(4月28日),梁启超致书孙中山,拟藉"勤王以兴民政",劝孙"变通"。五月初一日(5月28日),各帝国主义国家公使决调兵来京,对义和团进行武装干涉,藉以扩大侵略中国。初六日(6月2日),义和团抗击在大沽登陆之帝国主义侵略军。二十二日(18日),义和团击溃西摩尔侵略军于廊房。二十四日(6月20日),清政府颁谕决定"宣战"。三十日(26日),刘坤一、张之洞派上海道余联沅与各领事商定"中外互保条约"。六月十二日(7月8日),清政府以李鸿章为直隶总督兼北洋大臣。次日,授以"全权名义,命与各国协商"。七月初一日(7月26日)，唐才常在上海召开"中国议会"。初四日(29日)，唐才常在上海开会。旋至汉口设自立军，部署"发难"。十七日(8月11日)，秦力山在大通起事失败，寻避地日本。二十日(14日)，帝国主义侵略军侵入北京。次日晨，慈禧挟光绪帝微服出走。二十七日(21日)，唐才常自立军汉口事泄失败。次日，唐才常、林圭等就义。八月十四日(9月7日)，清政府命地方官大力镇压义和团。闰八月初十日(10月3日)，兴中会郑士良率三合会会党起义于惠州。九月初六日(28日)，史坚如响应惠州起义，炸两广总督衙门。次日被捕，旋死难。十一月二十日(1901年1月10日)，"辛丑议和条款草约"订立。十二月十三日(2月1日)，清政府严禁仇教集会。

六月初，章氏在沪，曾致书汪康年。(《汪康年书八》，无月日，汪康年原注："六月初九接"。)函中专谈"译会承顶"一节，略谓："昨晚趋馆，以劫急未得白事。译书承顶一节，据颂阁云：照本六折，尚须清偿二千馀金，故仲虞不愿。此事极不近情理，果如是则非六折，仍是十成耳。此辈梦梦妄想，不堪一噱。弟前者将股顶与彼辈云，照本五折，三年摊还。然顶者既系局中同人，且非有指名承顶者，则名为承顶，实是拆出耳。拆出而尚须对折，则承顶可知，且今之折阅，更非昔比。即以其人之道，还治其人之身，虽三折二折，彼亦惟有钳口而退矣。至于清偿旧欠，此自旧股之责，于新股何与。若所谓赢馀彼此均分，尤属可笑。果尔，岂亏折不当彼此均认乎？然观常州诸公，近俱堕入无赖行径，虽要求甚大，其志不过裰袍一称而已！果中其情，虽折之亦服。公何不以此转告仲虞，如果有意据旧案以相驳诘，三折既还，馀俱不问，彼亦俯首帖耳，求之不可得耳。"颂阁，汪诒年，汪康年之弟；仲虞，汪大钧。章氏曾于光绪二十三年编撰《译书公会报》；译书公会主持人恽积勋、恽毓麟、陶湘、董康都是常州人，故章氏称为"常州诸公。"

六月上旬，上书李鸿章，"明绝伪诏，更建政府"。当义和团运动展开后，两广总督刘坤一、湖广总督张之洞在英帝国主义的指使下，互约"凡(五月)二十四日以后之上谕，概不奉行"，事实上对清政府宣告"独立"。这时，英国计划在两广设一"独立"政府，香港议政局议员何启事先取得港督的同意，与香港兴中会会员陈少白密商，主张"革命党与粤督李鸿章联合救国，由李首向北京政府宣告两广自立，而中山率党员佐之"。(冯自由《中华民国开国前革命史》第八章《庚子李鸿章之独立运动》。)章氏此时，虽尚未与兴中会有多大接触，但对李鸿章也曾存有某些幻想，其所上书曰："乃者，读公《谕粤中士民书》，自以八十衰翁，不惜糜顶，壮哉言乎！北方糜烂且两月，奸回倒柄，强敌乘间，衅起畿甸，波及东南。某等所望于公者，则明绝伪诏，更建政府，养贤致民，以全半壁，不仅以奋蹈危难期也。……

"夫群帅所惮于列强与政府者，其贤者为民命，不肖者即为爵位要领焉耳！今龊龊为两可之谋，而爵位要领，卒不可保，外有责言，进退罪也；内有谴诃，始终罪也。二者皆穷，孰与明绝政府，而示列强以藩镇之可恃乎？虽然，迹诸帅所以环视，无敢以更建政府唱者，亦以分职相等，莫适为主也。今公处元辅之重，当分陕之任，勋藏于天府，信闻于四裔,于位则宜,于望则宜。公若先发,群帅孰不翕然应者。……

"又戊戌之狱,逐臣废官,逃难海外,至不可计,其人大率锐敏轶材之士也,方时无故,尚将澡濯而用之。今祸变已亟,必当开释禁网,引与立功。贤材众多,则布之湘、鄂、江、皖、闽、浙诸幕府,使藩镇辑协,若肩臂胫跗之相使,则政何为而不理? 民何为而不附? ……"

末谓:"曩者公在北洋,规建新法,天下想望,徒以位非枢府,不得变置大政。今事机既迫,钧石之重,集于一人,想远犹闳略,筹之已夙。"(《庚子拳变与粤督书》,《甲寅》第一卷第四十二号,1927 年 2 月 12 日出版。)

七月初一日(7 月 26 日),参加唐才常在上海召开的中国议会,章氏"宣言脱社,割辫与绝"。

义和团运动的掀起,八国联军的入侵,进一步暴露了清朝政府"量中华之物力,结与国之欢心"的卖国真面目。在新形势下,资产阶级内部加速了分化,上层资产阶级的政治代表康有为、梁启超等改良派坚持走改良主义道路,组织了保皇党;很多中下层资产阶级和小资产阶级分子,则纷纷走上推翻清朝政府为目标的革命道路。章太炎也正是在这个时期与改良派决裂而走上革命道路的。

六月中旬,八国联军向北京进犯,以慈禧太后为首的清政府为了躲开义和团运动的打击锋芒,被迫采取假宣传、真投降的欺骗手法。改良派康有为写信给各地保皇会,要他们"助外人,攻团匪,以救上"(指光绪皇帝),妄图依靠英国的帮助,在南方组织政府。唐才常则在康有为的指使下,于 7 月 26 日在上海发起"国会",创设自立会,组织自立军,章太炎参加了这次集会。

本来,当 1899 年冬,章太炎在上海编《亚东时报》时,和唐才常已有接触,(见"光绪二十五年己亥"条。)唐才常这时已组织了自立会的前身——正气会。在《序文》中既说:不能"低首腥羶,自甘奴隶","非我族类,其心必异";又说"君臣之义,如何能废"(《正气会序》,《亚东时报》第十九号,1900 年 2 月 28 日出版。)宗旨模糊。义和团运动展开以后,唐才常又以"保国保种"为辞,邀集沪上"名流"于 7 月 26 日召开"国会",(又名"中国议会"。)到有容闳、严复、章太炎、毕永年等八十馀人,推举容闳为会长,严复为副会长,唐自任总干事。这次会议参加人员极为复杂,除唐才常及其密友数人外,很少知道自立军的机密,不过"震于国会民权之新说,乘兴来会"。(冯自由《革命逸史》第二集,第 76 页,集会情况可参见孙宝瑄《日益斋日记》"光绪二十六年七月一日",稿本。孙宝瑄谓集会地点在"愚园之南新厅。")"国会"宣布的主要宗旨是:一,"保全中国自主之权,创造新自立国";二,"决定不认满清政府有统治中国之权";三,"请光绪皇帝复辟"。态度暧昧。章太炎在集会时,当场批判了唐才常"不当一面排满,一面勤王,既不承认满清政府,又称拥护光绪皇帝,实属大相矛盾,决无成事之理,宣言脱社,割辫与绝"。(冯自由《革命逸史》第二集第 77 页。)《沈荩序》记:"当唐氏建国会时,荩与其议,余方以勤王、光复议论不合,退而毁弃毛发以自表。"(《沈荩》卷首,共和二千七百四十四年铅字排印本,《自定年谱》亦言"因断发以示决绝"。)《口授少年事迹》记:"因唐才常主张一面排满,一面勤王,既不承认满清政府,又称拥护光绪皇帝,余甚非之。因宣言脱社,割辫与绝。但后唐案通缉书上仍有余名。"《民国光复》讲演说:"庚子拳乱,八国联军入北京,唐才常辈藉勤王名,主张革命,发表宣言,粤人容闳手笔也,严复译成汉文,大意诋毁清政,别立政府,而又云戴光绪皇帝为主。余不然其说。时康、梁之徒已渐变原有革命主张,而趋重保皇,遣人询余意见,余力言奉戴光绪为非,因剪发自誓。"

并撰《解辫发》以明志,说"共和二千七百四十一年秋七月,余年三十三矣,是时满洲政府不道,戕虐朝士,横挑强邻,戮使略贾,四维交攻,愤东胡之无状,汉族之不得职,陨涕滂滂曰:余年已立,而犹被戎狄之服,不违咫尺,弗能薙除,余之罪也。将荐绅束发,以复近古,日既不给,衣又不可得。于是曰:昔祁班孙、释隐玄,皆以明氏遗老,断发以殁。《春秋穀梁传》曰:吴祝发。《汉书·严助传》曰:越劗发。余故吴、越间民,去之,亦犹行古之道也。会执友以欧罗巴衣笠至,乃急断发易服。""昔者《小雅》诗人,闵宗周危乱,发愤而作,始之以流水之朝宗于海,而终之以邦人诸友谁无父母。乌虖!余惟支那四百兆人,而振刷是耻者,亿不盈一,钦念哉!"(《訄书》重印本。)

章氏在义和团运动发生和自立军失败的影响下,思想有重大转变。粉碎了对上年所写《客帝》的以为"震旦之共主,必在乎曲阜之小邑",以及"为发愤之客帝"进言的天真想法。他在《訄书》手校本(上海图书馆藏,见下。)的《客帝》第二十九的上面写了一条眉校:"辛丑后二百四十年,章炳麟曰:余自戊、己违难,与尊清者游,而作《客帝》,弃本崇教,其流使人相食。终寐而颖,著之以自劾录,当弃市。"

"辛丑后二百四十年",当1900年,章太炎对"戊、己违难,与尊清者游","弃本崇教",加以批判。这段眉校,标志了章太炎反清思想的发展。

不久,章太炎又写了《客帝匡谬》:"共和二千七百四十一年,章炳麟曰:余自戊、己违难,与尊清者游,而作《客帝》,饰苟且之心,弃本崇教,其违于形势远矣。且汉帝虽孱弱,赖其同胤,臣民犹或死之。满洲贱族,民轻之,根于骨髓,其外视亡异欧、美。故联军之陷宛平,民称'顺民',朝士以分主五城,食其廪禄,伏节而死义者,亡一于汉种,非人人阘茸佣态,同异无所择,孰甘其死? 由是言之,满洲弗逐,欲士之爱国,民之敌忾,不可得也。浸微浸削,亦终为欧、美之陪隶已矣。今弗能昌言自立,而以责宣尼之主祐,面欺。箸之以自劾录而删是篇。"(《訄书》重印本,1914年,章氏将《訄书》增删为《检论》,此篇删去。)

"共和二千七百四十一年",当1900年。1902年,章太炎修订《訄书》时,特地把它作为"前录",作为重印本全书之首。表明他在政治上宣告和改良主义决裂。

同年,他又写了《分镇匡谬》,匡正过去对汉族地方督抚存有幻想之"谬",说:"共和二千七百四十一年,章炳麟曰:怀借权之谋,言必凑是。今督抚色厉中乾,诸少年意气盛壮,而新用事者,其葸畏又过大鳌旧臣,虽属以一道,弗能任。《传》曰:负且乘,盗之招也。纵满洲政府能弃,若无收者何? 夫提挈方夏在新圣,不沾沾可以媮取。鉴言之荛,而删是篇。"(《訄书》重印本;1914年,章氏将《訄书》增删为《检论》,此篇删去。)

七月二十七日(8月21日)唐才常自立军失败,章氏被追捕,"钩党甚急"。他"以素非同谋,不甚怔惧",(《自定年谱》。)乃"归乡里度岁",把印出的《訄书》,重行校订。

章太炎亲自校订的《訄书》,校在《訄书》木刻本("原刊本")上,今藏上海图书馆(下简称《訄书》手校本),前面有章氏亲笔重拟目录:

《原学》第一。《订孔》第二。《儒墨》第三。《儒道》第四。《儒法》第五。《儒侠》第六。《儒兵》第七。《学变》第八。《学蛊》第九。《王学》第十。《颜学》第十一。《清儒》第十二。《学隐》第十三。《订实知》第十四。《原人》第十四。《序种姓》上第十五。《序种姓》下第十六。(按即"原刊本"附录《辨氏》。)《述谶》第十五。《原变》第十七。《族制》第○○。《民数》第十八。《封禅》第十九。《河图》第二十。《方言》第二十一。《订文》第二十二(附《正名略例》)。《公言》第二十三。《冥契》第二十四。《平等难》第二十五。《明群》第○○○。《明独》第二十六。《字谹》第二十七。《东鉴》第○○○。《通法》第二十八。《官统》上第二十九。《官统》中第三十。《官统》下第三十一。《分镇》第三十二。《宅南》第三十三。《不加赋难》第三十四。《商鞅》第三十五。《正葛》第三十六。《刑官》第三十七。《定律》第三十八。《议学》第三十九。《弭兵难》第四十。《经武》第四十一。《述图》第四十二。《原教》上第四十三。《原教》下第○○○。《争教》第四十四。《忧教》第四十五。《礼俗》第四十六。《明农》第四十七。《禁烟草》第四十八。《消极》第四十九。《尊史》第五十。《徵〈七〉略》第五十一。《焚书》第五十二。《哀清史》第五十三(附《中国通史略例》)。《杂说》第五十四。《别录》一第五十五。《别录》二第五十六。《解辫发》第五十七。附《客帝》(另页)。

《訄书》"手校本"列《原学》第一,到《解辫发》第五十七,但第十四、十五两见,《族制》、《明群》、《东鉴》、《原教》未编号,另附《客帝》,实为六十四篇。

《訄书》"手校本"较"原刊本"增加了《原学》、《订孔》、《学变》、《学蛊》、《王学》、《颜学》、《清儒》、《序种姓》上、《方言》、《字谹》、《通法》、《官统》上、《官统》中、《述图》、《原教》上、《礼俗》、《消极》、《尊史》、《徵七略》、《焚书》、《哀清史》、《别录》一、《别录》二、《解辫发》等二十四篇;而把《尊荀》、《公言》上、《公言》下、《天论》、《喻侈靡》、《播种》、《东方盛衰》、《蒙古盛衰》、《帝韩》、《制币》、《鬻庙》、《独圣》上、《独圣》下等十一篇删除了。(《制币》,后来日本出版的《訄书》重印本仍有此篇,下简称"重印本"。)手校本删除各篇,目录中标以"○○"号,惟《明群》、《东鉴》二篇,删后又存。此外,《榦蛊》改作《原教》下,《族制》拟改为《竞存》,后仍保留今题。《客帝》则作为另页附录。它对原刊本是作了很大增删的。

《訄书》"手校本"改笔不多。上海图书馆另藏《訄书》手稿残册,即"手校本"所增篇文。今存《尊史》、《原教》上、《官统》中、《礼俗》、《通法》、《述图》、《王学》、《颜学》、《消极》、《方言》等十一篇;末附《定赋》,即后来"重印本"《定版籍》部分内容。《定赋》未列目,撰述略后。

《訄书》尽管改笔不多,新增各篇,如今亦仅存残册,但它反映了章氏思想的发展演变:

第一,《訄书》"原刊本"以《尊荀》第一始,以《独圣》下第五十终,《尊荀》、《独圣》

下都是孔、荀并举,讲"损益因革"。"手校本"把这两篇删除了,而改以《原学》始,以《解辫发》终。《原学》1900年的手稿虽已无存,但从"重印本"中,可以看到,它主要是强调"立学术","古者有三因(地齐、政俗、材性)","今之为术者,多观省社会,因其政俗而明一指"。说明学术应"观省社会","因其政俗"。也就是说:学术应为当前政治服务。《解辫发》直斥清朝政府"不道"、"无状",而"断发易服","振刷是耻"。那么,"手校本"删去的是议论变法、损益改制文篇,而增加的却是矢志革命的篇文。章太炎的手校《訄书》,重订目录,可以看出他在《訄书》"付梓"不到一年的时间,思想起了重要变化。

第二,《訄书》新增各篇,虽然如今只有残稿,但从目录中,可以看到《订孔》、《学变》等文这时已经拟撰了,(后来收入《訄书》"重印本"。)所删各篇,又基本上都是讲变法改革的,如《鬻庙》就谈"毁寺兴学","以淫祀与寺观为之鹄的","县取一区以为学堂之址"。与康有为等"废淫祀兴学校"主张基本雷同。《独圣》上谈到"孔子贵仁,其术曰积爱为仁,积仁为灵","手校本"也删去了。"手校本"目录和"重印本"基本相似,(见"光绪二十八年条"。)它大体上具备了"重印本"的规模。

第三,"手校本"存录各篇,尽管改笔不多,却很重要。如《官统》,"原刊本"作"以其六典,上诸孔氏","手校本"改作"以其六典,上诸大旅",把"孔氏"改为"五帝"。《儒法》,"原刊本"作"仲舒之决事比,援附格令","手校本"把"格令"改为"经谶",把董仲舒援经论政的实质点了出来。《分镇》,"原刊本"作"咸丰之季,潢池日扰,重以外寇,天下之势,阽阽如累九丸","手校本"改作"咸丰之季,汉帝已立,重以外寇,孤清之命,阽阽如累九丸",把反对清朝的太平天国革命点了出来。他又在《客帝》上作了眉校,对自己过去与"尊清者游而作《客帝》",严肃地作了自我批判(见前)。章太炎在义和团运动后手校的《訄书》,和原刊本大不一样了。

【**著作系年**】《致汪康年书八》(汪氏自注"六月初日接",《汪穰卿先生师友手札》)。《庚子拳变与粤督书》(《甲寅》第一卷第四十二号)。

《訄书》手校本(目录中增加《原学》、《订孔》、《学变》、《学蛊》、《王学》、《颜学》、《清儒》、《序种姓》上、《方言》、《字谶》、《通法》、《官统》上、《官统》中、《述图》、《原教》上、《礼俗》、《消极》、《尊史》、《徵七略》、《焚书》、《哀清史》、《别录》一、《别录》二、《解辫发》等二十四篇,除《字谶》外,其馀都编入"重印本"。《礼俗》,"重印本"改题《订礼俗》)。

《客帝匡缪》(《訄书》"重印本")。《分镇匡缪》(同上)。

《太子晋神仙辩》(《文录》卷一、《太炎集》系为"庚子文")。《二羊论》(同上)。《说于长书》(同上)。

光绪二十七年辛丑(1901年)　三十四岁

【**自定年谱**】才常既败,余归乡里度岁。正月朔旦,友人庐江吴保初君遂遣力急赴余宅曰:"踪迹者且至矣,亟行。"余避之僧寺,十日,知无事,复出上海。平子及诸友皆相见慰问,君遂终以明哲保身相勉。余曰:"辫发断矣,复何言!"平子笑曰:"君以一儒生,欲覆满洲三百年帝业,云何不量力至此,得非明室遗老魂魄冯身耶?"余亦笑。会苏州东吴大学求教员,君遂言:"是有美洲教士任事,君往就之,或得其力。"乃赴苏州。时俞先生笃老,往谒,先生督敕甚厉。对曰:"弟子以治经侍先生。今之经学,渊源在顾宁人,顾公为此,正欲使人推寻国性,识汉、虏之别耳,岂以刘殷、崔浩期后生也。"遂退。

【国内大事】三月十一日(4 月 29 日),清政府宣布惩办"保护"教士、教民"不力"之地方官五十六人。二十二日(5 月 10 日),秦力山、沈翔云等在日本东京创刊《国民报》,鼓吹革命。六月初四日(7 月 19 日),清政府准御史陈秉崧奏,复开经济特科。初九日(24 日),清政府设立外务部,班列六部之前,派奕劻总理事务,王文韶为会办大臣,瞿鸿機为尚书。七月十六日(8 月 29 日),清政府命改科举,废八股,试中国政治史事论。废武科。二十五日(9 月 7 日),奕劻、李鸿章与十一国公使订立"辛丑和约"。八月初五日(17 日),清政府命各省选派留学生,学成分别赏给进士、举人各项出身。九月二十九日(11 月 7 日),李鸿章死。清政府命王文韶署理全权大臣,袁世凯署理直隶总督兼北洋大臣。十一月二十九日(1902 年 1 月 8 日),慈禧入京还宫。十二月二十三日(2 月 1 日),美国发出通牒,将"门户开放"政策适用范围推广到矿山、铁路、建设等方面,以扩大侵略。

正月初一日(2 月 19 日),吴君遂派人来杭,告以"踪迹者且至矣,亟行"。章氏"避之僧寺"。

正月十三日(3 月 3 日),章氏拟由杭来沪,因无"下榻处",曾分别致函汪康年、吴君遂。《致汪康年书九》云:"接初四日信,已逾十日,所指润译一案,居停何人?望即详示。二十圆差可自给,惟无下榻处,甚困也。先时常在仲巽家中寄寓,今得彼书,乃知以《訄书》故,颇有谣诼。巽本胆小,嘱弟不可寓彼宅中。如此,则住栈所费,将去薪水之半。今特致书彦复,欲就其家暂寓。该信望即加封饬送,如吴君慨诺,弟即来沪,否则惟作罢论耳。"署名"知拙夫"。(《汪穰卿先生师友手札》,无年月,署"十三日。")仲巽,胡惟志;彦复,吴君遂。

《致吴君遂书一》,手迹,藏上海图书馆。函曰:"客腊分袂后,舟中以君及子言赠诗破我岑寂。抵家一月,如瘖如聋,惟断烂册子相依为命。间作《广教文格论》一首,此件较宁人原著,意趣稍别,亦以针砭时俗,盖常恐高材者堕轻清魔也。书约二千馀言,较去岁赠宋君诗跋,稍益繁重。迻书尘览,不知宏达君子于意云何?

"兹有恳者,平阳为弟谋一译润之局,而居停虚寄,无下榻处安定,以《訄书》刻后,谣诼颇多,嘱勿寓彼宅中,致遭侦捕,此虽过情之言,然鄙人亦不欲惊碎其胆。此外租界中无可托足,不知尊邸可暂宿数旬否?""子言",陈诗。宋君、"平阳",指宋恕。书中言"润译"和《訄书》出后"谣诼颇多"，以及请借寓吴宅事，与《致汪康年书九》相合，知此函即《汪康年书九》所称"加封饬送"之信。是两书都发于正月十三日。

两书都提到"《訄书》刻后，谣诼颇多"。如前所述。《訄书》原刊本尽管尚未与改良主义者彻底划清界线。但它的言论，已使封建势力震惊，并力即组织围攻。原来倾向维新的胡惟志，也吓得不敢让章太炎"寓彼宅中，致遭侦捕"，章太炎要想重来上海宣传革命，几乎没有容身之地了。但他并不屈挠，"复出上海"，寓吴君遂家。

正月，章氏来沪后，宋恕(平子)"及诸友皆相见慰问"。平子笑曰："君以一儒生，欲覆满洲三百年帝业，云何不量力至此，得非明室遗老魂魄冯身耶？"（《自定年谱》。）查光绪二十五年，章氏曾与宋恕(平子)讨论变法立宪事，并以"除胡虏以自植"为"理其本。"至是，对革命、立宪续有辨难。《对二宋》记："宋恕又曰：'宪政惧不行，行则国完强，外人必先沮败之。'"章氏以为"夫中人习于科目之用，科目绌则望制科，制科不亟行，则以立宪从旁对策，言宪政者，最科目之上者也。""夫立政者，不在多言，直守其半语耳"。"夫旧法素俗，或时刜敝，其去之犹当因民。今议者多大声色、侈章奏以自贾衒，徒言法敝，不课其是非，顾未有一言以攻。恶吏幸臣，竞扇宗羲治法之虚言，而以荀卿治人之文为讳，此徒见其谄谀贵势，不诚有救国人也"。（《检论》卷八。）

三月，赠吴君遂诗，并附跋语，章士钊后来载于《甲寅》，前加引言："偶检旧箧，见先外舅吴北山先生所遗高丽式单面篦扇，质体俭素。太炎于辛丑三月为书一律其上，并附跋语。时太炎主先外舅家，诗即投赠之作。先是，太炎里居，以昌排满为清廷牒捕，太炎不及知，先外舅闻讯，即遣急足迎至沪寓，以身家障之。衣食兴居，备极优遇，即诗中所谓梅福里也。于是相处者近三年，故情谊迥非寻常。'卜居梅福里，草上杜根书'二语，先外舅曾书作门帖，以示矜重。此律《太炎文录》未收，诗既名贵，事尤可纪，字极朴秀隽整，太炎近年绝无此类作意之笔，更可宝也。署名章绛，乃其时改称，以避捕者耳目，且示有慕昆山顾氏之为人云，诗跋如次：

"渐识吴君遂，高情弃直庐。卜居梅福里，草上杜根书。域外称张楚，斯人愿伏蒲。修门遗烬在，谁共吊三闾。

"君遂刑部噩厉守正，有张廷尉风概，以谳狱牾上官，投劾归里。中更国变，嘉遁沪濒，虽栖神家衖，未忘君国。己亥秋，草疏抗言国是，未及上。是时海外鹜骏，奋议征诛，而君悱然冀灵修之一悟也。素善寿伯茀学士，庚子鞭墓之役，伯茀死难，君益无聊，余与君相识愈稔。嘉其恳款，辄赋一律以尉聊寂云尔。辛丑三月，章绛书。"（章士钊：《孤桐杂记》，见《甲寅周刊》第一卷第一号，1925 年 7 月 18 日出版。）寿伯茀，寿福，翰林，光绪二十三年，著论陈说时局大势。同年，与康有为创知耻学会于京。庚子八国联军侵北京，引缳"自殉"。

吴君遂后来也有《赠章太炎》诗："支那有一士，戢影居越西。结念抱冰雪，宅心高虹霓。慷慨怀前修，恻怆悯群黎。丘索与典坟，一一穷探稽。种界析狼鹿，政教疏羌氐。独永泰皇祚，屡忤末俗诋。畸士自踦跙，良马空趹蹄。始知间代才，动与世相睽。澄澄之江波，晓日鸣天鸡。巍巍天台山，仰止难攀跻。贱子奋孤心，逆鳞尝独批，荃莫察中情,信谗反怒侪。邪枉固不容,悻直终见挤。三月何皇皇,两马犹栖栖。怀哉虞重华,风雨闻弗迷。宣尼未忘鲁,子舆思王齐。已而复已而,且俟圣人兮。"(《北山楼集》。)

三月初八日(4月26日),章氏撰《祓三厉文》,"三厉",指徐用仪、许景澄、袁昶三人。当义和团运动展开后,徐、许、袁三人坚持半殖民地统治阶级的顽固立场,对内严厉镇压,对外屈辱退让。他们曾要求慈禧调董福祥出城,派荣禄组织枪手、刀斧手关闭城门,搜捕义和团。但在义和团的压力下,慈禧不敢轻试,将袁、许、徐三人分别斩首。《祓三厉文》谓:"呜乎哀哉!曲突徙薪,六烈峨峨。焦头烂额,曾不足多。尚书莠言,废帝立哥。侍郎、太常,或寝或吪。首施观望,唯之与阿。退则窬卷,进则媕婀。昌言剿寇,阴市于俄。金缯在前,遑恤菹醢。

"呜乎哀哉!南山剖竹,不足书罪。毙之萧斧,孰云天醉。跖蹻自戕,焚身谁怼。繄古义烈,贤劳尽瘁。或荡强胡,颀縻顶瓴。尸祝鬼雄,是曰无愧。今也不然,熏莸易类。华衮所褒,汪、黄与桧。

"呜乎哀哉!王甫之尸,阳球是磔。赵伦之墓,阎缵是斫。闻尔榇至,鲍鱼一石。吴淞泼泼,馀臭上彻。我无金椎,椎尔血额。斫以赤刀,黄肠拱柏。愿尔国殇,灵旗搏格。讼我天阊,来取我魄。"(《清议报》第八十册,光绪二十七年四月十一日出版,署名"蓟汉阁主"。)

六月二十六日(8月10日),《国民报》第四期出版,载有章氏:《正仇满论》。《国民报》,创刊于1901年5月10日,我国留日青年在日本出版,分"社说"、"时论"、"丛谈"、"纪事"、"外论"、"来稿"等栏,《正仇满论》列入"来文"栏,是一篇驳斥改良派的重要文献。

这时康有为、梁启超等仍然坚持改良主义立场,主张光绪复辟,在海外组织保皇党,欺骗华侨。梁启超在其主编的《清议报》中,陆续发表《戊戌政变记》、《光绪圣德记》和其他反对慈禧、荣禄,拥护光绪的言论。《清议报》第七十七册至八十四册,(光绪二十七年三月十一日至五月二十一日。)又发表了《积弱溯源论》。说什么中国"积弱""分因之重大者,在那拉一人",而"今上皇帝(光绪)",则"忘身舍位,毅然为中国开数千年未有之民权,非徒为民权,抑亦为国权也。"实际是企图从慈禧、荣禄等顽固派手中夺取政权,拥护光绪复辟。显然他的这种主张是反对革命的。章氏看到后,立予驳斥,认为"梁子迫于忠爱之念,不及择音,而忘理势之所趣,其说之偏宕也,亦甚矣"。撰《正仇满论》。

首先,他指出清朝封建专制统治的腐朽,革命的不得不行,说:"夫今之人人切齿于满洲,而思顺天以革命者,非仇视之谓也。屠剑之惨,焚掠之酷,钳束之工,聚敛之巧,往事已矣,其可以仇视者,亦姑一切置之。而就观今日之满人,则固制汉不足,亡汉有馀,载其呰窳,无一事不足以丧吾大陆。……然则所谓溺职者,与所谓杀人行劫者,其今之满人非耶?虽无入关以来屠剑焚掠钳束聚敛之事,而革命固不得不行,奈何徒以仇视之见狭小汉人乎?"

其次,他指出梁启超等认为光绪复辟后,中国即可"转弱为强",实际是一种幻想。

"夫其所谓圣明之主者，果能定国是、厚民生、修内政、御外侮，如梁子私意所料者耶？彼自乙未以后，长虑却顾，坐席不暖者，独太后之废置我耳。殷忧内结，智计外发，知非变法无以交通外人得其欢心，非交通外人得其欢心，无以挟持重势，而排沮太后之权力。故戊戌百日之新政，足以书于盘盂，勒于钟鼎，其迹则公，而其心则只以保吾权位也。"指出改良派不能"隐爱"于光绪帝一人。"今其所谓圣明之主者，其聪明文思，果有以愈于尧耶？其雄桀独断，果有以侪于俄之大彼得者耶？由是言之，彼其为私，则不欲变法矣；彼其为公，则亦不能变法矣。进退无所处，而犹隐爱于此一人，何也？"处于今日，非推翻清朝政府不可，非革命不可。"然则满洲弗逐，而欲士之争自濯磨，民之敌忾效死，以期至乎独立不羁之域，此必不可得之数也。浸微浸衰，亦终为欧、美之奴隶而已矣。"

再次，他又指出梁启超的所谓建立君主立宪政体，实际是害怕革命，反对革命。"梁子所悲痛者，革命耳；所悲痛于革命，而思以建立宪法易之者，为其圣明之主耳！"要君主立宪，则"必有国会议院"，"而是二者皆起于民权"，"方今霾噎屯否之世，顾所谓民权者安在乎？"所以"立宪"是行不通的，梁启超"迫于忠爱而忘理势之所趣"，也只是自欺欺人而已。

《正仇满论》是对资产阶级改良派政治主张批驳的第一篇文章，可视为中国近代史上革命与改良论争最早的一篇历史文献。《国民报》发表时，文后有该报编者注云："右稿为内地某君寄来，先以驳斥一人之言，与本报成例，微有不合，原拟不登。继观撰者持论至公，悉中于理，且并非驳击梁君一人，所关亦极大矣。急付梨枣，以饷国民，使大义晓然于天下，还以质之梁君可也。本社附志。"旋辑入《国民报汇编》和《黄帝魂》。其后章氏撰《驳康有为论革命书》，曾多处引录此文。

八月（9月），章氏撰《唐烈士才常象赞》："湘江大波，水与星沓。百灵闪尸，或吐或歙。荔生洴澼，蛟鼍入怀。玄黄之战，鬼搏神䝮。材实非地，地载其器。幼睆藩棠，恬为台隶。南学既闿，于谋于毖。岂不怀革，烝民尚盲。诡循建房，以牢骏疆。大陆何齎，齎于夏口。余有谍援，将发群丑。寇来扼之，膊之磔之。江汉为镀，炙而躩之。梦梦之天，荡荡之帝。弃我神州，而眷胡裔。鄂盗斯张，奸厥明懿。文昌之麒，赤胪犹视。视余无恙，书此罔象。"（《逸经》第二十二期；《文录》卷二收录是篇，题《唐才常画像赞》，有修润。《雅言》第六期也载此篇，与《文录》同。）

本年，由吴君遂介绍，赴苏州东吴大学任教。"往谒"俞樾，俞樾"督敕甚厉"，责以"不忠不孝"。章氏"谢本师"而退，撰文记其事曰："余十六七岁始治经术，稍长，事德清俞先生，言稽古之学，未尝问文辞诗赋。先生为人岂弟，不好声色，而余喜独行赴渊之士。出入八年，相得也。顷之，以事游台湾。台湾则既隶日本，归，复谒先生，先生遽曰：'闻而〔尔〕游台湾，尔好隐，不事科举，好隐则为梁鸿、韩康可也。今入异域，背父母陵墓，不孝；讼言索虏之祸毒敷诸夏，与人书指斥乘舆，不忠。不孝不忠，非人类也，小子鸣鼓而攻之可也。'盖先生与人交，辞气陵厉，未有如此甚者！先生既治经，又素博览，戎狄犲狼之说，岂其未喻，而以唇舌卫扞之？将以尝仕索虏，食其廪禄耶？昔戴君与全绍衣并污伪命,先生亦授职为伪编修。非有土子民之吏,不为谋主,与全、戴同。何恩于虏,而恳恳蔽遮其恶? 如先生之棣通故训,不改全、戴所操以诲承学,虽扬雄、孔颖达,何以加焉。"(《谢本师》,《民报》第九号,《文录》未收,《章太炎文钞》卷五收有此篇。)章太炎在政治上没有对俞樾作任何妥协,他撰文明志,宣布从此和俞樾脱离师生关系,表明他坚持革命的决心。

章太炎在东吴大学任教事,包天笑:《钏影楼丛话》谓:"太炎为苏州东吴大学掌教习,居于螺蛳桥头一小屋。太炎朝出暮归,在讲堂中上下古今,萃精聚神,于是归时往往忘却己门,走入邻家,而太炎不觉也。(《朝野新谈》乙编第 83 页,1914 年 8 月初版。)冯自由说:章氏在东吴,"掌教将一载,时以种族大义训迪诸生,收效甚巨。有一次所出论文题目为《李自成、胡林翼论》,闻者咸以为异。事闻于苏抚恩铭,乃派员谒该校西人校长,谓有乱党章某借该校煽惑学生作乱,要求许予逮捕。章闻警,即再避地日本。"(《中华民国开国前革命史》第十四章《壬寅支那亡国纪念会》)。)《口授少年事迹》称:"在苏州东吴大学任教员,以避其锋。……冬,恩铭为江苏巡抚,问教士:'汝校有章某否? 此人因讲革命,故须问之。'余时因年假回杭州,教士急遣使杭州通知。"

十一月初一日(12 月 11 日),《选报》第四期出版,刊有章氏《漫兴一首》,"花黯乾坤野马飞,春江凭眺故依依。天涯雷电惊朱雀,海国风尘化缟衣。梅福上书仙宦薄,园公采药素心违。登台欲望南屏翠,苍水陵高蕨豆肥。"署名"支拉夫"。《选报》,蒋智由(观云)编辑,本年十月初一日在上海创刊,旬刊,分"论说"、"谕旨"、"内政记事"、"外交记事"、"地球各国"、"所闻录"、"经济类志"、"筹运集"、"他言集"、"国风集"等栏,"论说"大抵出于蒋智由之手,章氏撰诗刊于"国风集"。

十二月十二日(1902 年 1 月 21 日),章氏《致吴君遂书二》曰:"被初九日书,以《惜誓》语相拟,殊过。下走被羁系久矣,犹未至摇尾求食耳。褫吾皮以为鼓,恐亦不足郊天。如彼蚩尤,音响尚闻五百里,鼺而角者,又不足拟也。蒋侯《选报》,汪踦定文,皆不受他人掣曳。仆明岁亦相从为马二先生事业,此事功效,实较教育为巨,然竖弑论缝,厮谦轨范,方雾塞一世,则能辨臭味者鲜矣。

"尊旨欲藉本初之力设局编辑,("藉本初之力"五字,《国粹学报》删,下文"本初"并删。)垂训方来,规模闳远,于今日尤为急务。仆于朋辈中,昔尝见欿牛鼎不可泊鸡,今则已矣。上不辞为庾仲容、马总,下不辞为史游、周兴嗣矣。编辑一事,头绪阗眱,然其大要,不过数端:教科问答之书,不可近于策本;删定成家之书,不可类于御纂,此二种固等而下之之言也。稍高言之,则曰当辨雅俗,不必辨繁简而已。雅而简约,无害为传书,《群书治要》是也;俗而繁博,尤减其伧陋,《文献通考》是也。(贵与全无学术,与今之书贾编策等耳。)持此权度,统纪自得,未审尊恉然否? 致本初书宜与《新世界》诸君子商定拟发。若俟下走到沪,则当在寅末,恐或太晚耳。然君为此议,志愿宏大,又不宜于岁晏猝发,使彼视之,以为百无聊赖而计及于此也。献岁昭苏,便可飞檄。本初方汲汲文学,想于田沮诸俊而外,必当听应仲远一言乎? 蒋侯闻欲往金陵听讲《大乘起信论》(却聘书已交出,望转告。)已发轫否? 残年与子言唱和,兴味当更增也。"手迹,原笺二页四片，用"东吴大学日记"笺纸，上海图书馆藏。（此信即《国粹学报》第一年乙巳第九号《答某君论编书书》，注明撰于"辛丑十二月十二日"，光绪三十一年九月二十日出版。）"本初"，袁世凯。《国粹学报》刊布时，用□□代之，蒋侯，指蒋智由。

本年，撰《秦献记》。查《秦献记》最早发表在 1910 年在东京出版的《学林》第二册，后载 1914 年 3 月 10 日出版的《雅言》第六期。国家图书馆藏有《秦献记》手稿两份，一份注有"辛丑"，章氏自编的《太炎集》编年目录手稿中"辛丑文"也有《秦献记》。这份手稿内容，与《雅言》所载同，而与《文录》不同。另一份手稿即《学林》所载，与《文录》同，当为后来改写。两份手稿的主要不同在最后一段。

《秦献记》手稿，对焚书坑儒提出自己的看法，谓："夫李斯以淳于越之议，夸主异取，故请杂烧以绝其原。越固博士也。商君以《诗》、《书》、《礼》、《乐》为六虱，欲尽划灭之，而以法家相秦者宗其术。然则秦不以六艺为良书，虽良书亦不欲私之于博士。即前议非矣。

"斯以诸侯并争，厚招游学为祸始。故夫滑稽便辞而不可轨法者，则六国诸子是也。不燔六艺，不足以定一尊。（章氏后来改作"不足以尊新王"。）诸子之术，分流至于九家。游说乞贷，人善其私，其相攻尤甚于六艺。今即弗焚，则恣其曼衍乎？诸子与百家语，名实一也。不焚诸子，则《史记》为谬语矣。诸子所以完具者，其书多空言不载行事。又其时语易晓，而口耳相授者众。自三十四年焚书，讫于张楚之兴，首尾五年，记诵未衰，故著帛为具，验之他书，诸侯史记与《礼》、《乐》诸经，多载行事法式，不便谙讽，而《尚书》尤难读，故往往残破，《诗》有音均则不灭，亦其征也。此则后议复非矣。

"余以为著于法令者，自秦纪、医药、卜筮、种树而外，秘书私箧，无所不烧，文学述作，无所不禁。然而斯之奉法，不能坚牢如卫鞅也。鞅挫辱太子，而上不肆行。非令者徙，便令者亦徙，而民不窃议。故《新序》称之，以为'周道如砥，其直如矢'。今斯令始皇始自称朕，后自称真人，微行咸阳，皆尽诛石旁居人。至于徐市、卢生之徒，妄妖求仙，荧惑主听，皆不得以法令裁制。然则朝廷以爱憎无常，侵越宪度，即刑赏不信无疑也。斯特以法令为文具，诏版既下，终不钩考以致其必行。故零陵令与斯辩难，成公生乃奸说其子，著书自见，一切无所穷治，又况票票羊、黄之徒乎！呜呼！斯则敜于用法，顾使秦之黎献，以是得优游论著，亦斯赞之矣。若其咸阳之坑四百六十人，是特以卢生故，恶其诽谤，令诸生传相告引，亦犹汉世党锢之狱，兴于一时，非其法令必以文学为戮。数公者，诚不以抵禁幸脱云。"

《学林》发表的《秦献记》，（与《文录》同钩。）把最后一段删除，改为"烧书者，本秦旧制，不始李斯，自斯始旁及因国耳"。又增"夫高祖则溺儒冠。秦之诸王，非能如李斯知'六艺'之归也。然其律令在官，空为文具，终不钩考以致其诚。今始皇不起白屋，而斯受学孙卿，好文过于余主"。

本年，撰《征信论》上、下，亦为批判康有为等借今文经学以"治史"而写。谓："古人运而往，其籍尚在。籍所不著，推校其疑事足以中微，而世遂质言之，虽适谓之诬。""凡事无期验，推校而得之者，习俗与事状异其职矣。彼习俗者，察之无色，把握之不得其体,推校而得,则无害于质言之,若淮南王所订习俗也。而桓谭所订事状也。事状者,上有册府,下有私录,殚求而不获,虽善推校,惩其质言矣。二者立言之大齐,不以假借者也。世儒以后之所订,而责前之故然,虽皮傅妄言,逾世则浸以为典要。

"夫治史尽于有征,两征有异,犹两曹各举其契,此必一情一伪矣。往世诸子竞于扬己,著书陈辩,败人则录之,己屈则不述也。转以九流相校,而更为雌雄者众。其有从横之士,短长之书,必不自言画策无效,或饕天功以为己力。

"夫礼俗政教之变,可以母子更求者也。虽然,三统迭起,不能如循环;三世渐进,不能如推毂。心颂变异,诚有成型无有哉。世人欲以成型定之,此则古今之事得以布算而知,虽燔炊史志犹可。且夫因果者,两端之论耳。无缘则因不能独生,因虽一,其缘众多,故有同因而异果者,有异因而同果者,愚者执其两端,忘其旁起以断成事,因以起其类例,成事或与类例异,则颠倒而絚裂之,是乃殆以终身,娄之至也。凡物不欲绁,丝绁于金椸则不解。马绁于曼荆则不驰。夫言则亦有绁,绁于成型,以物曲视人事,其去经世之风亦远矣。""夫其信言不美、美言不信,吾以告今文五经之家。知者不博,博者不知,吾以告治晚书疑前史者。善者不辩,辩者不善,吾以告出入风议尚论古人之士。"两文曾刊《学林》第二辑,《征信论》上又载《雅言》第五期,都收入《文录》,文字有改动,以上引文据《学林》。

本年,又撰《与尤莹问答记》。尤莹,字逑孙,和章太炎是诂经精舍同学,后"短命死也"。章氏追述七年前两人"经义"问答,尤莹提出"奇觚者五事",章氏"复举四事问逑孙",都是有关"经义"中的训诂考证。"既发难竟,各相顾称善,宿留饮觯,夕乘竹暴而返。天白颢颢,月出晰晰,濑涛沛沛,人事万端,尽乐者莫如说古义,今也则亡"。此文发表在《雅言》五期,收入《文录》卷一,文字有修润。

本年,章氏据甬上张氏抄本《张苍水集》排印出版。

【著作系年】《致汪康年书九》(光绪二十七年正月十三日,《汪穰卿先生师友手札》)。《致吴君遂书一》(同上,手迹,上海图书馆藏)。《致吴君遂书二》(光绪二十七年十二月十二日,手迹,上海图书馆藏,即《国粹学报》第一年乙巳第九号《答某君论编书书》)。

《菿三厉文》(《清议报》第八十册,光绪二十七年四月十一日出版,撰于三月初八日)。

《正仇满论》(《国民报》第四期,光绪二十七年六月二十六日出版)。

《赠吴君遂诗》并跋(诗手迹,上海图书馆藏;跋语见《甲寅》第一卷第一号)。《漫兴》(《选报》第四期,光绪二十七年十一月初一日出版)。《唐烈士才常赞》(《逸经》第二十二期,1937 年 1 月 20 日出版;《文录》卷二题《唐才常画像赞》;又见《雅言》第六期,1914 年 3 月朔日出版)。

《谢本师》(《民报》第九号)。

《秦献记》(手稿,国家图书馆藏,注明"辛丑",《太炎集》也系为"辛丑文"。载《学林》第二册,1910 年出版;《雅言》第六期,1914 年 3 月 10 日出版,收入《文录》卷一)。

《征信论》上、下(《太炎集》系为"辛丑文",载《学林》第二册,上篇又载《雅言》第五期,1914 年 2 月 26 日出版,两文收入《文录》卷一)。

《与尤莹问答记》(《太炎集》系为"辛丑文",载《雅言》第五期,收入《文录》卷一)。《读郭象论嵇绍文》(《太炎集》系为"辛丑文",收入《文录》卷一)。《张苍水集后序》(同上)。

《七略别录佚文征》一卷并序(见《太炎先生著述目录初稿》卷下,《雅言》二十五期;未见)。

《儒术稽古录》(未刊,据《太炎先生著述目录后编初稿》称,系"都讲东吴时撰稿,由庐江吴氏收载,现归长沙章氏",未见)。

《广救文格论》(《致吴君遂书一》提及,"书约二千馀言",疑就1897年《文例杂论》增删)。

光绪二十八年壬寅(1902年)　三十五岁

【自定年谱】去冬自苏州返乡里。正月朔旦,君遂又遣力走赴余宅曰:"闻君在东吴大学,言论恣肆。江苏巡抚恩铭赴学寻问,教士辞已归,惧有变。亟往日本避之。"于是东渡。时孙逸仙方在横滨。湖南秦遯力山者,故唐才常党,事败东走,卓如不礼焉,往谒逸仙,与语,大悦。余亦素悉逸仙事,偕力山就之。逸仙导余入中和堂,奏军乐,延义从百馀人会饮,酬酢极欢。自是始定交。力山又言:"同舍生有张溥者,直隶沧州人,年甫弱冠,而志行甚坚,仆与偕来就君。"及见,甚奇之。溥字溥泉,后更名继,字溥泉云。力山初与蔡锷松坡同事卓如,其后力山主光复,而松坡隶保皇党,意趣不协。余与力山发起中夏亡国二百四十二年纪念会,力山招松坡同往,松坡痛哭不肯与。余留日本三月,复归。旋返乡里。

余始著《訄书》,意多不称。自日本归,里居多暇,复为删革传于世。

初为文辞,刻意追蹑秦汉,然正得唐文意度。虽精治《通典》,以所录议礼之文为至,然未能学也。及是,知东京文学不可薄,而崔寔、仲长统尤善。既复综核名理,乃悟三国两晋间文诚有秦汉所未逮者,于是文章渐变。

【国内大事】三月初一日(4月8日),《中俄交收东三省条约》签订。十九日(4月26日),章太炎、秦力山等在日本东京召开"支那亡国纪念会",被日警阻止,改在横滨举行。五月初四日(6月9日),清政府实授袁世凯为直隶总督兼北洋大臣。七月十二日(8月15日),清政府颁行学堂章程。九月初六日(10月7日),刘坤一死,清政府命张之洞署理两江总督,端方署理湖广总督。十二月三十日(1903年1月28日),洪全福、谢缵泰等谋广州举事,事泄失败。

正月初一日(2月8日),《新民丛报》在日本横滨创刊,半月刊,梁启超主编。列"宗旨"三条:"一、本报取《大学》新民之义,以为欲维新吾国,当先维新吾民。中国所以不振,由于国民公德缺乏,智慧不开。故本报专对此病而药治之。务采合中西道德,以为德育之方针;广罗政学,以为智育之本原。一、本报以教育为主脑,以政论为附从。但今日世界所趋,重在国家主义之教育,故于政治,亦不得不详。惟所论务在养吾人国家思想。故于目前政府一二事之得失,不暇沾沾词费也。一、本报为吾国前途起见,一以国民公利公益为目的。持论务极公平,不偏于一党派,不为灌夫骂坐之语,以败坏中国者,咎非专在一人也。不为危险激烈之言以导中国,进步当以渐也。"分"图画"、"论说"、"学说"、"时局"、"政治"、"史传"、"地理"、"教育"、"宗教"、"学术"、"农工商"、"兵事"、"财政"、"法律"、"国闻短评"、"名家谈丛"、"舆论一斑"、"杂俎"、"问答"、"小说"、"文苑"、"绍介新著"、"中国近事"、"海外汇报"、"馀录"诸栏。(《新民丛报》第一号《本报告白》。)继续宣传改良。在革命形势日渐高涨的情况下,成为鼓吹立宪、反对革命的刊物。

《新民丛报》第一号"绍介新书",介绍的是谭嗣同《仁学》,说"此书为浏阳谭氏丙申、丁酉间在金陵所著","以佛学、格致学二者为根础,合一炉而冶之,而归之于实用","其思想出乎天天,入乎人人,殆有非钝根众生所能梦见者"。且谓"读其书,当学其为人,则浏阳死而未死矣"。大为揄扬。

正月朔旦(2月8日),章氏"得金陵来电",于正月初七日(2月14日)函吴君遂:"岁时不宿,循虚骏驱,孟陬更始,悲忻互构,人生少七十者,鄙人三十五矣。长来觉日月迅速,文学经术,未足自熹,后此半涂,惧益倾险,如何如何? 顾念足下览分止足,从容色养,俯仰吟啸,绰有馀裕。天以大隐假君,尘埃中人,盐慕何蕨! 昨有异事,得君始明,求为检验。元日得金陵来电,但云枚急赴沪,下无主名,深可怪愕。宁垣知友,无若纯公,意此电实由彼发。既促来沪,或纯公近日已在沪滨,相见时望为代询陵虚一电,竟为何事。指趣既明,祈速赐复,得定行止,是所重荷。

"《文学说例》,近又增删,易稿二次,业付缮写,抵沪时当求是正也。去冬听讲《起信》,有悟入处否? 临颍神驰不俶"。(《致吴君遂书三》,手迹,上海图书馆藏,下同。)

按:此函即《国粹学报》第一年乙巳第八号所载《与某君书》,光绪三十一年八月二十日出版,注明撰于"壬寅正月七日"。又,《国粹学报》发表时,把"昨有异事"到"是所重荷"一段删去。"去冬听讲《起信》,有悟入处否"二句也删。"纯公",指张伯纯。所言《文学说例》,载《新民丛报》第五号、第九号、第十五号,光绪二十八年三月初一日、五月初一日、八月初一日出版。详后。

正月十五日(2月22日),章氏乘轮东渡,二十一日(2月28日)至横滨,暂寓新民丛报社。甫抵横滨,即致吴君遂等书:"十五登轮后,风波恬静,至二十一日遂至横滨。二等舱起居饮食,皆极适宜,始知浮海之乐。到滨得见任公,言及赠书及内地学堂事,据云赠书已决,学堂一节尚待商议,因中东路隔,经营不易也。鄙人舍馆未定,暂寓新民丛报社,(即清议报馆旧址,在元居留地首五十二番。)《丛报》已出二册,任公宗旨较前大异,学识日进,头头是道。总之以适宜当时社会与否为是非之准的,报中亦不用山膏晋语以招阻力。大约此报通行,必能过于《清议》也。"署名"知拙夫"。(《致吴君遂等书四》,手迹。)

二月初九日(3月18日),又致吴君遂等书,告以资产阶级革命派和改良派的斗争情况。曰:"披书,具审一切。鄙人东行已二十日,初寓新民丛报社,后入东京,寓牛込区天神町六十五番支那学生寓中。（有湘人朱菱溪为东道，任公之弟子也。）屏居多暇，仍为广智删润译稿，间作文字登《丛报》中，以供旅费而已。回忆三年前至此，相知惟任公、念劬，今则留学生中旧识有十数人，稍不寂寞也。

"得纯公书，乃知发难者确为臭沟，而挑拨之者象虎也。大龟近策，以为使孙、康二人自相残杀，而后两害可殊，其计甚毒。今者，任公、中山意气尚不能平，盖所争不在宗旨而在权利也。任公暴日本以□□为志，中陷□□，近则本旨复露，特其会仍名□□耳。彼固知事无可为，而专以昌明文化自任。中山则急欲发难，然粤商性本马鹿，牵掣东西，惟人所命。任公知□□，而彼辈惟知保皇，且亦不知保皇为何义，一经熔铸，亦不能复化异形。中山欲以革命之名招之，必不可致，此其所以相攻击如仇雠也。然二子意气尚算和平。鄙人在此，曾见□□数次，彼颇叹南海为奇男子，而惜为世界转移，不能转移世界，其论诚平允矣。康门有徐君勉，最与中山水火。孙党有秦力山，本任公弟子，而宗旨惟在革命，后与任公寻仇，至不相往来，然其人尚可谓刚者，如虬斋则非其比也。戢元丞志在革命，与力山最合，与任公为冰炭，与中山亦不协。近见任公，示我赵月生书，痛诋□□，至云革党之欲甘心于任公，较逆洞为尤甚。嘻！非彼之欲甘心，有此意见，恐适中大龟之诇构耳。地发杀机，龙蛇起陆，在今日棱楛甚微，而他日必有巨祸。吾不敢谓支那大计在孙、梁二人掌中，而一线生机，惟此二子可望，今复交构，能无喟然！常以无相构怨，致为臭沟、大龟利用，婉讽中山，而才非陆贾，不能调和平、勃，如何如何？然不敢不勉也。

"任公云：'君遂株守上海，为气节名士，甚无谓，何不赴东国一扩眼界？弟亦苦望君来。允中本欲来此，偕行甚乐。一月后樱花正开，可以作苏、李河梁之咏矣。

"允中以选文相属，甚愿任此，来时望挈古书数部以作选料。伯器已见三次，风采举止，殊有蒋侯风骨，非特凤毛也。乍见几不能辨。叔雅果往袁处否？念念。"（《致吴君遂书五》，手迹。）

"允中"，汪德渊；"叔雅"，丁惠康；"任公"，梁启超；"念劬"，钱恂；"虬斋"，沈翔云；"徐君勉"，徐勤；"戢元丞"，戢翼翚；"赵月（曰）生"，赵必振；"逆洞"，张之洞。函中提及与孙中山相遇事，《口授少年事迹》也称："春，即至上海，转至日本，与秦力山交。时中山之名已盛，其寓处在横滨，余辈常自东京至横滨，中山亦常由横滨至东京，互相往来，革命之机渐熟。"《东京留学生欢迎会演说辞》说："壬寅春天，来到日本，见着中山，那时留学诸公，在中山那边往来，可称志同道合的，不过一二个人。其馀偶然来往的，总是觉得中山奇怪，要来看看古董，并没有热心救汉的心思。"《小过》说："余始识故大总统孙公于东京对阳馆，及与陶成章、蔡元培、邹容、张继、汪兆铭、宋教仁之徒，援引义法，折其非违，而视听始变。"（《检论》卷九。）汪东《馀杭章先生墓志铭》："初至江户，识故临时大总统孙公，倾盖论交，即关大计，于是作《相宅》一篇，预策革命后建都所宜。"（《制言》第三十一期。）但焘：《章先生别传》："间关至日本江户，邂逅孙公，其论相土迁宅之宜，作《相宅》，述孙公始谟，谓今后建都，谋本部则武昌，谋藩服则西安，谋大洲则伊犁。孙公雅相推重，先生亦服孙公善经画。孙公于开国典制，多与先生相商榷,时人弗之知也。"(《制言》第二十五期。)《自定年谱》也志章氏与孙中山在中和堂"定交"事。许寿裳说:"中和堂这一会,兴中会的同志,畅叙欢谦,每人都敬先生酒一杯,先生共饮七十馀杯而不觉其醉。"(《章炳麟》第 33 页,胜利出版公司 1946 年 5 月版。)

查《訄书》重印本《定版籍》、《相宅》记有孙中山与章氏问答。《定版籍》:"章炳麟谓孙文曰:'后王视生民之版,与九州地域广轮之数,而衰赋税,大臧则充,……然则定赋者,以露田为质,上之而桑茶之地,果漆枲薪之地,桢干之地,至于鱼池,法当数倍稼矣。独居宅为无訾。穷巷之宅,不当蹊隧者,视露田而弱;当孔道者,鱼池勿如,则为差品。以是率之,赋税所获,视今日孰若?'孙文曰:'兼并不塞而言定赋,则治其末已。夫业主与佣耕者之利分,以分利给全赋,不任也。故取于佣耕者,率参而二。古者有言,不为编户一伍之长,而有千室名邑之役。夫贫富斗绝者,革命之媒。虽然,工商贫富之不可均,材也。……彼工商废居有巧拙,而欲均贫富者,此天下之大愚也。方土者,自然者也。自然者,非材力。席六幕之馀壤,而富斗绝于类丑,故法以均人。后王之法,不躬耕者,无得有露田;场圃、池沼,得与厮养比而从事,人十亩而止。露田者,人二十亩而止矣。……夫不稼者,不得有尺寸耕土,故贡彻不设。不劳收受而田自均'。章炳麟曰:'善哉!田不均,虽衰定赋税,民不乐其生,终之发难。有帑廥而不足以养民也。'"经过交谈,章太炎拟订了"均田法":"凡土,民有者无得旷。其非岁月所能就者,程以三年。岁输其税什二,视其物色而衰征之。凡露田,不亲耕者使鬻之,不雠者鬻诸有司。诸园圃,有薪木而受之祖、父者,虽不亲邑,得有其园圃薪木,无得更买。池沼,如露田法。凡寡妻女子当户者,能耕,耕也;不能耕,即鬻。露田无得佣人。凡草莱,初辟而为露田园池者,多连阡陌,虽不躬耕,得特专利五十年。斯尽而鬻之,程以十年。凡诸坑冶,非躬能开浚砻采者,其多寡阔狭,得恣有之,不以露田园池为比。"《相宅》也记载孙中山和章氏关于今后建都问题的讨论,末为"章炳麟曰:'非常之原,黎民惧之,而新圣作者遂焉。余识党言,量其步武先后,至伊犁止,自武昌始。"知章氏本年和孙中山"定交",受其启发。直到十年以后,章氏与孙中山龃龉渐深,仍追怀往事,不胜缱绻:"同盟之好,未之敢忘。昔在对阳,相知最夙,秦力山所以诏我者,其敢弃捐。"(《复孙中山书》,1912 年 1 月,见《大中华》二卷十二期。)

章氏和秦力山等定三月十九日(4 月 26 日)在东京举行"支那亡国二百四十二年纪念会",并征得孙中山的同意。因被日警阻止,改在横滨补行纪念式,冯自由述其事曰:"壬寅三月,章太炎等为鼓吹种族革命、振起历史观念起见,发起支那亡国二百四十二年纪念会于东京。署名发起者,有章炳麟、秦鼎彝、冯自由、朱菱溪、马同(按:应为马和)、周宏业、王家驹、陈桃痴、李群(按:应为李穆)等十人,由章氏手撰宣言书。……并征求孙中山、梁启超二人同意。孙、梁均复书愿署名为赞成人,惟梁则另函要求勿将其名公布。是会定期是年三月十九明崇祯帝殉国忌日,在上野精养轩举行纪念式,留学生报名赴会者达数百人,学界为之振动。

"清公使蔡钧闻留学生有此举动,极形恐慌,乃亲访日外务省,要求将此会解散,以全清、日两国交谊。日政府徇其请,特令警视总监制止章等开会,故署名发起之十人，于开会前一日，各接到牛达区警察署通知书，谓有要事待商，请于是日某时往该署一谈。章等届时偕行，既至神乐阪警署，警长首问章等为清国何省人。章答曰：'余等皆支那人，非清国人。'警长大讶。继问属何阶级，士族乎？抑平民乎？章答曰：'遗民。'警长摇首者再，于是发言曰：'诸君近在此创设支那亡国纪念会，大伤帝国与清国之邦交，余奉东京警视总监命，制止君等开会，明日精养轩之会着即停止'云云。章等以争之无益，无言而退。

"及期，上野精养轩门前有无数日警监视，并禁止中国人开会，惟留学界多未知开会被阻事，是日不约而赴会者，有程家柽等数百人，均被日警劝告而散。孙中山亦自横滨带领华侨十馀人来会，及询知情事，乃在精养轩聚餐，以避日警耳目。是日归抵横滨，即召集同志多人在永乐楼补行纪念式。香港《中国日报》得宣言书，即登载报端，以期普遍。及期，陈少白、郑贯公等举行纪念式于永乐街报社，同志到者极形踊跃，香港及广州、澳门各地人士闻之，颇为感奋云。"（《中华民国开国前革命史》第十四章《壬寅支那亡国纪念会》。）

冯自由又记"横滨补行纪念式"事说："是日下午，太炎及秦力山、朱菱溪、冯自由四人应约莅会，同举行纪念式于永乐酒楼，横滨会员列席者六十馀人。总理主席，太炎宣读纪念辞。是晚，兴中会仍在此楼公宴太炎等，凡八九桌，异常欢洽。总理倡言各敬章先生一杯，凡七十馀杯殆尽，太炎是夕竟醉不能归东京云。永乐酒楼系人和洋服店主人陈植云所开设，陈亦兴中会员也。"（《华侨革命开国史》三《日本之部》八《横滨支那亡国纪念会。》）

《支那亡国二百四十二年纪念会书》，出自章氏手笔，略谓："自永历建元，穷于辛丑，明祚既移，则炎黄姬汉之邦族，亦因以渐灭。迥望皋溇，云物如故。惟兹元首，不知谁氏？""民今方殆，寐而占梦，……觉寤思之，毁我室者，宁待欧、美。""哀我汉民，宜台宜隶。鞭箠之不免，而欲参与政权；小丑之不制，而期扞御皙族，不其忸乎？""是用昭告於穆，类聚同气，雪涕来会，以志亡国。凡百君子，婵嫣相属，同兹恫瘝。""庶几陆沉之祸，不远而复，王道清夷，威及无外。然则休戚之薮，悲欣之府，其在是矣。庄生云：旧国旧都，望之畅然。虽丘陵草木之缗，入之者十九，犹之畅然，况见见闻闻者耶？"（据上引冯自由书所云"印刷旧稿"，《文录》卷二收入此篇，有修润。）

三月初一日（4月8日），《新民丛报》第五号出版，开始刊载章氏《文学说例》，第五号（光绪二十八年三月初一日）、第十五号（光绪二十八年八月初一日）继续刊载。查此即《訄书》重印本《订文》第二十五所附《正名杂义》的基本内容，主要讲文字训诂之学，以为"六书初造，形事意声，皆以组成本义，惟言语笔札之用，则假借为多。""言语不能无病，然则文辞愈工者，病亦愈剧，是其分际，则在文言质言而已。文辞虽以存质为本榦，然业曰文矣，其不能一从质言可知也。文益离质，则表象益多，而病亦益笃"。"有通信之言，有科学之言，此学说与常语不能不分之由"。对官吏、疆域、人名、地名等的诠释，也有发明。又以为"古人文义，与今世习用者或殊，而世必以近语绳之"。"高邮王氏，以其绝学释姬汉古书，冰解壤分，无所凝滞，信哉千五百年未有其人也。犹有未豁然者,一曰倒植,一曰间语。倒植者,草昧未开之世,语言必先名词,次及动词,又次及助动词,……间语者,间介于有义之词,似若繁冗,例以今世文义,又如诘诎难通。……当高邮时,斯二事尚未大著,故必更易旧训,然后辞义就部,是亦千虑之一失乎? 疏通古文,发为凡例,故来者之任也"。《訄书》收入时,叙次重订,颇有增删,文字亦有修润。末后并增"章炳麟曰"一段,谓:"后王置文部之官,以同一文字,比合形名,勿使僭差,其道则犹齐度量、一衡絜也。文辞者,亦因制其律令,其巧拙则无问。何者? 修辞之术,上者闳雅,其次隐约。知谀辞之不令,则碑表符命不作;明直言之无忌,则变雅楚辞不兴。故世乱则文辞盛,学说衰;世治则学说盛,文辞衰。(原注:如六国学说,盛于周汉,此为学说始造之世,不与后世并论。)若其训辞深厚,数典翔博者,独史官之籍尔,又与文辞异职者也。九变知言,出于庄周,则百世不能易矣。曰:天也,道德也,仁义也,分守也,形名也,因任也,原省也,是非也,赏罚也,以此大平。"

三月初一日(4月8日),《选报》第十二期出版,载有章氏:《名学会摄影书后》诗二首:"流汗蒙头愧黑辛,赵家熏腐足亡秦。江湖满地呜呼派,只逐山膏善詈人。""天南馀烬思皇会,江左清谈哲学家。地发杀机终爆裂,昭苏万蛰起龙蛇。"署名"支那夫"。查第一首又见《制言》第六十一期柳亚子《太炎先生遗札》,系于"癸卯",或章氏于癸卯抄赠柳亚子者。又其中"足亡秦",《遗札》作"解亡秦";"善詈人",《遗札》作"善骂人"。

四月初九日(5月16日),《致吴君遂书六》略谓:"下走近况,尚可支持,粮药有寄,即无他望。……气候虽清,屡驱颇有未适,故于译润之暇常读医书三数时,聊以辅衰知卫。顷闻沪上喉证犹多,性柴、穰卿幸而无恙,其馀罹疾死者,先后至万馀人,岂竟无药处此耶? 生民之阨,每在末造,傅青主以故国遗民,常借斯道护持品庶,如仆无似。亭林、夏峰之业,近已绝望,亦欲从青主后矣。哲学家谓乱离之士,率多厌世观念,遂流为吐纳导引一派,岂不信哉!"(手迹。)

四月二十二日(5月29日),《致吴君遂书七》称:"接书并诗一篇,知有勃谿之衅。鄙人亦适读《婚姻进化论》,颇有感触,然勿庸为君告也。今日东报言太后退隐事,想有七八分的确,既得其实,无庸复居其名,谋亦狡矣。又言英国将送对山归国,先移书外务部,问以对山若归贵国,拟处以何罪,烦先示知此事,果非谣传,必对山嗾英政府为之。盖对山近居印度,景况极窘,而任公东居,颇有资产,不肯分润。(对山顷致任公书,言全家三口,方欲饿死,辞甚迫切,任公仅以二百银元相赠,后知不可电汇,乃勉增至五百元。)欲东来则有前岁不准登岸之旧案,故吁请英人为此,预知外务部必以从轻发落应之,自此非但可归中国,并可居日本矣。救贫之策,无复大志,可哀也。鄙人顷迁牛込区原町七十一番静思馆。(以后来缄,仍署章枚叔可也。)烦遍告同志。"(手迹。)"对山",即康有为,见上引。

六月(7月),章氏返国,为上海广智书局"藻饰译文"。冯自由云:"时梁启超方集华侨资本,创设广智书局,延请留学生翻译东文书籍,至是遂聘章藻饰译文焉。"又说:"时余代广智书局翻译日本帝国大学教授德国那特硁博士著《政治学》,全文四十万言,先生为余润词。维时译事初兴,新学家对于日文名词,煞有斟酌,如社会一字,严几道译作群,余则译作人群或群体。经济一字,有人译作生计或财政,余则勉从东译,先生于此不置一辞。然社会经济二语,今已成为吾国通用名词矣。"(《吊章太炎先生》,《制言》第二十五期。但据癸卯年《国民日日报·广智书局历史》,谓广智书局系由唐才常筹款"开办于辛丑年四、五月顷,初名为文明书局"。该报后又刊登《广智书局之更正》,谓"该书局为英人创办集股而成,与保皇会梁启超无关系云云"。则系托词。)

六月(7月),章氏为广智书局译述《社会学》一书付梓(日本岸本能武太著),撰《社会学自序》:"社会学始萌芽,皆以物理证明,而排拒超自然说。斯宾塞尔始杂心理,援引浩穰,于玄秘淖微之地,未暇寻也。又其论议,多踪迹成事,顾鲜为后世计。盖其藏往则优,而匮于知来者。美人葛通哥斯之言曰:社会所始,在同类意识,傚扰于差别觉,制胜于模仿性,属诸心理,不当以生理术语乱之。故葛氏自定其学,宗主执意,而宾旅夫物化,其于斯氏优矣。日本言斯学者,始有贺长雄,亦主斯氏,其后有岸本氏,卓而能约,实兼取斯、葛二家。其说以社会拟有机,而曰非一切如有机,知人类乐群,亦言有非社会性,相与偕动,卒其祈向,以庶事进化,人得分职为候度,可谓发挥通情知微知章者矣。余浮海再东,初得其籍,独居深念,因思刘子骏有言,道家者流,出于史官,固知考迹皇古,以此先心,退藏于密,乃能斡人事而进退之。考迹皇古,谓之学胜;先心藏密,谓之理胜。然后言有与会,而非夫独应者也。岸本氏之为书,综合故言,尚乎中行,虽异于作者,然其不凝滞于物质,穷极往逝,而将有所见于方来,诚学理交胜者哉。乃料简其意,译为一编,无虑五万馀言,有知化独往之士,将亦乐乎此也。"(《社会学》卷首,光绪二十八年七月初十日上海广智书局印刷,八月二十三日发行。)

查《序》中"斯宾塞尔",指斯宾塞:《社会学原理》(中译本于1903年由马君武译出一部分出版);葛通哥斯,指美人吉丁斯《社会学原理》,其提纲《社会化理论》,于1903年由吴建常译出,名《社会学提纲》,而章氏译书则印于1902年,所以他是翻译资产阶级社会学成本著作最早的人。

又,壬寅年《新民丛报》第二十二号,光绪二十八年十一月十五日出版,"绍介新书"栏介绍《社会学》译本,略谓:"译者于祖国学术博而能通,其所定名词,切实精确,其译笔兼信、达、雅三长,诚译坛中之最铮铮者也。近年以来,译事骤盛,而所选之书,率皆普通之历史、地理等,而于高尚专门之学科,阙焉无闻,实译事不发达之明证也。若此书者,其可称译界一明星乎?"此后,《浙江潮》在介绍萨瑞翻译的日本有贺长雄所著《社会进化论》时,对章译也誉为"巨擘"。谓:"吾国新译《社会学》,推徐杭章炳麟之《群学》(按:即指章译《社会学》。)为巨擘,今此书可与章氏之《群学》参观,实研究政学、文学者所不可不读也。"(《浙江潮》第七期"绍介新书"栏,癸卯七月初十日出版。)

查《自定年谱》称:"留日本三月,复归,旋返乡里。"《社会学》序撰于"六月",七月初十即在上海印刷,十一月在日本出版的《新民丛报》即有"介绍"。六月二十五日《致吴君遂书八》,也言登轮"抵舍"事,知六月章氏已归国。

六月(7月),又致书梁启超,谈修《中国通史》事,略谓:"酷暑无事,日读各种社会学书,平日有修《中国通史》之志,至此新旧材料,融合无间,兴会勃发。教育会令作《教育杂志》,作新译书局令润色译稿,一切谢绝,惟欲成就此志。窃以今日作史,若专为一代,非独难发新理,而事实亦无由详细调查。惟通史上下千古,不必以褒贬人物、胪叙事状为贵。所重专在典志,则心理、社会、宗教诸学,一切可以熔铸入之。典志有新理新说,自与通考、会要等书,徒为八面锋策论者异趣,亦不至如渔仲《通志》蹈专己武断之弊。然所贵乎通史者,固有二方面:一方以发明社会政治进化衰微之原理为主,则于典志见之;一方以鼓舞民气、启导方来为主,则亦必于纪传见之。四千年中帝王数百,师相数千,即取其彰彰在人耳目者,已不可更仆数。通史自有体裁,岂容为人人开明履历。故于君相文儒之属,悉为作表,其纪传则但取利害关系有影响于今日社会者为撰数篇。犹有历代社会各项要件,苦难贯串,则取械仲纪事本末例为之作记。全书拟为百卷,志居其半,志〔表〕记纪传亦居其半。盖欲分析事类,各详原理,则不能仅分时代,函胡综叙,而志为必要矣。欲开浚民智,激扬士气,则亦不能如渔仲之略于事状,而纪传亦为必要矣。顷者东人为支那作史,简略无义,惟文明史尚有种界异闻,其馀悉无关闳旨,要之彼国为此,略备教科,因不容以著述言也。"(下略。)后附史目,凡五表、十二志、十记、八考纪、二十七别录。(《章太炎来简》,《新民丛报》第十三号《饮冰室师友论学笺》栏中,光绪二十八年七月初一日出版,所列史目,与《訄书》重印本第五十九篇《哀清史》略同,详下。)

章氏在沪时,曾在张园,"以千金之子坐不垂堂昭示大众"。(癸卯四月二十二日《致吴君遂》,手迹,见"光绪二十九年(1903年),三十六岁"条。)在《訄书》重印本《消极》中也特别提到:"传曰:'千金之子,坐不垂堂',唯学者亦自重其能干禄,故不肯为害,不肯为利。"他在上海,又与吴君遂、黄宗仰(乌目山僧)等游,黄有《赠太炎》:"神州莽莽事堪伤,浪藉家私赃客王,断发著书黄歇浦,哭麟歌凤岂佯狂。"载壬寅年《新民丛报》第十六号,光绪二十八年八月十五日出版。

六月二十三日(7月27日),章氏由沪返杭。(《致吴君遂书九》:"前月二十三日抵家后,即作一械。")

六月二十五日(7月29日),《致吴君遂书八》,也言修史事:"登轮舶后,次日抵舍,无候门之稚子,而忻乐自若,尚赖数册残书耳。人不学道,不能无所系著。庄生云:'不刻意而高,无江海而闲,不道行而寿。'和、汉文籍,吾侪之江海也,不能去江海以求乐,则去纯素同帝之道远矣。呜乎!不习止观,终为形役,将欲绝累去悲,宁可得耶!史事将举,姑先寻理旧籍,仰梁以思,所得渐多。太史知社会之文明,而于庙堂则疏;孟坚、冲远知庙堂之制度,而于社会则隔;全不具者为承祚,徒知记事;悉具者为渔仲,又多武断。此五家者,史之弁旃也,犹有此失。吾侪高掌远蹠,宁知无所陨越,然意所储积,则自以为高过五家矣。

"修通史者,渔仲以前,梁有吴均,观其诬造《西京杂记》,则通史之芜秽可知也。言古史者,近有马骕,其考证不及乾、嘉诸公,而识断亦伧陋,惟愈于苏辙耳。前史既难当意,读刘子骏语,乃知"今世求史,固当于道家求之。管、庄,韩三子,皆深识进化之理,是乃所谓良史者也。因是求之,则达于廓氏,斯氏、葛氏之说,庶几不远矣。太炎遗老者,二百五十年之彭铿也,其用在抽象不在具体,以是为过于彭矣。"署"支猎胡"。(手迹。)

　　信中对过去的旧史家进行了批判,认为"作为史之弁髦"的司马迁、班固、孔颖达、陈寿、郑樵所撰各书都有缺陷。至于清代的马骕《绎史》,"考证不及乾、嘉诸公,而识断亦伧陋"。感到"前史既难当意",乃知今世求史,固当于道家求之"。他的作史主旨在上引《致梁启超书》中有所说明:"所贵乎通史者,固有二方面:一方以发明社会政治进化衰微之原理为主,则于典志见之;一方以鼓舞民气、启导方来为主,则亦必于纪传见之。"他认为历史不是单纯的"褒贬人物,胪叙事状",而应"发明社会政治进化衰微之原理";历史不是颂古非今,引导人们向后看,而应"鼓舞民气,启导方来",引导人们向前看。他认为旧的史书不"识进化之理",马骕《绎史》取材芜杂,不别真伪,所截取的都是远古到秦的史书旧文,杂以论断,裁铸成篇,只是迷恋往古,而不能"启导方来"。那么,章太炎对旧史书的批判,实际是对迷恋往古的旧史观的批判。

　　但是,章太炎不可能对历史作出真正科学的分析,他所汲引的西方"进化"学说,只是庸俗的进化论和资产阶级社会学说(信中所谓"廓氏、斯氏、葛氏之说",就是指廓模德、斯宾塞尔、葛通哥斯——吉丁斯的社会学说。)他对"旧史既难当意",又称誉乾嘉汉学吴、皖两派的建立者惠栋、戴震,以为"支那文明进化之迹,藉以发见"。从《致吴君遂书九》就可以看到他的局限性。

　　七月初五日(8月8日),《致吴君遂书九》云:"史事前已略陈,近方草创学术志,觉定宇、东原,真我师表,彼所得亦不出天然材料,而支那文明进化之迹,藉以发见。赤帝师蚩,犹无所吝,况二儒之彰彰者乎? 斯论一出,半开党必谓我迂,亦不避也。麟家实斋,与东原最相恶,然实斋实未作史,徒为郡邑志乘,固无待高引古义。试作通史,然后知戴氏之学弥纶万有,即小学一端,其用亦不专在六书七音。顷斯宾萨为社会学,往往探考异言,寻其语根,造端至小,而所证明者至大。何者? 上世草昧,中古帝王之行事,存于传记者已寡,惟文字语言间留其痕迹,此与地中僵石为无形之二种大史。中国寻审语根,诚不能繁博如欧洲,然即以禹域一隅言,所得固已多矣。

　　"君与允中皆皖人,与东原生同乡里,当知鄙见为不缪。下走之于实斋,亦犹康成之于仲师,同宗大儒,明理典籍,宗仰子骏,如晦见明,私心倾向久矣。独于是论,非所循逐,亦自谓推见至隐之道,较诸吾宗差长一日也。

　　"抵家旬数,谷稼是咨。幸有陈书数篋,浊醪在罍,星晚奠爵,雠方校石,足用自乐。所苦史藏未具,取精用弘,不得其道。霜时尚当赴沪,甫能成此大业,亦未知允中于意云何?"(手迹。)

　　八月初七日(9月9日),《致吴君遂等书十》曰:"得书知危,嗫嚜待息,是所望于仁者。天地春夏,吾心秋冬,则炎炎者自弭矣。亦知智有不周,神有不照。重九前后,即当赴沪,要以史事成亏为进退。若闲处沪上,旷时废业,诚为无谓,作报教学,终与众人同其熙熙,皆非吾愿,此则侏张独往之性,亦天选而不可移者也。说之给之,志隐虑周,久苦群公,且亦少息,专气致柔,能婴儿乎? 并问冰语以为何如也。"(手迹。)

　　上述数函,都言"修史"事,知章氏这时"兴会勃发","有修《中国通史》之志",准备

"熔冶哲理,以祛逐末之陋;钩汲智深,以振墨守之惑"。(《哀清史》附《中国通史略例》。)

　　十月十七日(11 月 16 日),上海中国教育会组织爱国学社,章氏于次年二月,至爱国学社任教,见"光绪二十九年癸卯,三十六岁"条。

　　本年,"删革"《訄书》。《自定年谱》称:"余始著《訄书》,意多不称。自日本归,里居多暇,复为删革传于世。"查《訄书》原刊本于"己亥冬日"付梓,1900 年出书。同年,唐才常起事后"手校"《訄书》,颇多修改。("手校本",见"光绪二十六年庚子,三十三岁"条。)本年六月返国后,又在 1900 年"手校本"的基础上重行"删革",这就是 1904 年在日本东京翔鸾社铅字排印的"重印本"。(署"共和二千七百四十五年夏四月出版,封面邹容题签,内有章氏相片。下简称"重印本"。)

　　查《訄书》"重印本",叙目"署共和二千七百四十一年",当 1900 年,说明它是在 1900 年"手校"的基础上"删革"的。"重印本"扉页章太炎相片后,说是章氏被逮,《訄书》改订本已于前数月脱稿"。章氏于 1903 年 6 月因"苏报案"入狱,这里说他"前数月脱稿",知《年谱》所称 1902 年"删革传于世"是可信的。钱玄同:《刘申叔先生遗书序》也说:"癸卯,为章公入狱之年,……时章公之《訄书》之改本将出版矣。"也以《訄书》改本订成于"癸卯"(1903 年)前。

　　"删革"后的《訄书》,计收"前录"两篇(《客帝匡谬》、《分镇匡谬》),另《原学》到《解辫发》六十三篇,共六十五篇。

　　今将《訄书》"原刊本"、"手校本"、"重印本"篇目列表如下:

版本 篇目	原刊本	手校本	重印本	最初发表的报刊
1	《尊荀》第一			
2	《儒墨》第二	《儒墨》第三	《儒墨》第三	《实学报》第三、四册
3	《儒道》第三	《儒道》第四	《儒道》第四	《实学报》第二册
4	《儒法》第四	《儒法》第五	《儒法》第五	《实学报》第三册
5	《儒侠》第五	《儒侠》第六	《儒侠》第六(附《上武论征张良事》)	《实学报》第四册
6	《儒兵》第六	《儒兵》第七	《儒兵》第七	《实学报》第二册
7	《公言》上第七			
8	《公言》中第八	《公言》第二十三	《公言》第二十七	
9	《公言》下第九			
10	《大论》第十			
11	《原人》第十一	《原人》第十四	《原人》第十六	
12	《民数》第十二	《民数》第十八	《民数》第二十一	《译书公会报》第八册
13	《原变》第十三	《原变》第十七	《原变》第十九	
14	《冥契》第十四	《冥契》第二十四	《冥契》第三十	
15	《封禅》第十五	《封禅》第十九	《封禅》第二十二	

版本 篇目	原刊本	手校本	重印本	最初发表的报刊
16	《河图》第十六	《河图》第二十	《河图》第二十三	
17	《榦蛊》第十七	《原教》下第000	《原教》下第四十八	
18	《订实知》第十八	《订实知》第十四	《订实知》第十四	
19	《平等难》第十九	《平等难》第二十五	《平等难》第二十八	《经世报》第二册
20	《族制》第二十	《族制》第000	《族制》第二十(附《许由 即咎繇说》)	
21	《喻侈靡》第二十一			《经世报》第三册
22	《订文》第二十二	《订文》第二十二(附《正 名略例》)	《订文》第二十五(附《正 名杂义》)	《新民丛报》第五、九、十 五期
23	《明群》第二十三	《明群》第000		
24	《明独》第二十四	《明独》第二十六	《明独》第二十九	
25	《播种》第二十五			
26	《东方盛衰》第二十六			《经世报》第四册
27	《蒙古盛衰》第二十七			《昌言报》第九册
28	《东鉴》第二十八	《东鉴》第000		
29	《客帝》第二十九	附《客帝》(另页)	前录:《客帝匡谬》	《清议报》第十五册
30		《官统》上第二十九	《官统》上第三十二	
31	《官统》第三十	《官统》中第三十《官统》 下第三十一	《官统》中第三十三《官 统》下第三十四	
32	《分镇》第三十一	《分镇》第三十二	前录:《分镇匡谬》	
33	《宅南》第三十二	《宅南》第三十三	《相宅》第五十三	
34	《不加赋难》第三十三	《不加赋难》第三十四	《不加赋难》第三十九	
35	《帝韩》第三十四			
36	《商鞅》第三十五	《商鞅》第三十五	《商鞅》第三十五	
37	《正葛》第三十六	《正葛》第三十六	《正葛》第三十六	
38	《刑官》第三十七	《刑官》第三十七	《刑官》第三十七	
39	《定律》第三十八	《定律》第三十八	《定律》第三十八	
40	《改学》第三十九	《议学》第三十九	《议学》第四十六	
41	《弭兵难》第四十	《弭兵难》第四十	《弭兵难》第四十四	
42	《经武》第四十一	《经武》第四十一	《经武》第四十五	
43	《争教》第四十二	《争教》第四十四	《争教》第四十九	
44	《忧教》第四十三	《忧教》第四十五	《忧教》第五十	
45	《明农》第四十四	《明农》第四十七	《明农》第四十	
46	《制币》第四十五		《制币》第四十三	
47	《禁烟草》第四十六	《禁烟草》第四十八	《禁烟草》第四十一	

版本 篇目	原刊本	手校本	重印本	最初发表的报刊
48	《鬻庙》第四十七			
49	《杂说》第四十八	《杂说》第五十四	《杂志》第六十	
50	《独圣》上第四十九	《述谶》第十五	《通谶》第十五	
51	《独圣》下第五十			
52	《辨氏》(补佚)	《序种姓》下第十六	《序种姓》下第十八	
53	《学隐》(补佚)	《学隐》第十三	《学隐》第十三	
54		《原学》第一	《原学》第一	
55		《订孔》第二	《订孔》第二	
56		《学变》第八	《学变》第八	
57		《学蛊》第九	《学蛊》第九	
58		《王学》第十	《王学》第十	
59		《颜学》第十一	《颜学》第十一	
60		《清儒》第十二	《清儒》第十二	
61		《序种姓》上第十五	《序种姓》上第十七	
61		《方言》第二十一	《方言》第二十四	
62		《字谥》第二十七		
63		《通法》第二十八	《通法》第三十一	
64		《述图》第四十二	《述图》第二十六	
65		《原教》上第四十三	《原教》上第四十七	
66		《礼俗》第四十六	《订礼俗》第五十一	
67		《消极》第四十九	《消极》第五十五	
68		《尊史》第五十	《尊史》第五十六	
69		《征七略》第五十一	《征七略》第五十七	
70		《焚书》第五十二	《哀焚书》第五十八	
71		《哀清史》第五十三(附《中国通史略例》)	《哀清史》第五十九(附《中国通史略例》)	
72		《别录》一第五十五	《别录》甲第六十一(杨、颜、钱)	
73		《别录》二第五十六	《别录》乙第六十二(许、二魏、汤、李)	
74		《解辫发》第五十七	《解辫发》第六十三	
75			《定版籍》第四十二	
76			《辨乐》第五十二	
77			《地治》第五十四	

"删革"后的《訄书》,和"原刊本"大不一样,较"手校本"又有进展。如上所述,义和团运动以后,章太炎思想发生变化,从而手校《訄书》,进行"匡缪"。1901年,他又在东吴大学宣传革命,和"本师"俞樾公开决裂,与改良派梁启超的"忠君"复辟思想作了针锋相对的斗争。他几次遭遇追捕,革命之志终未屈挠。在日本时,受到孙中山的启发,并在孙中山的支持下,参加了"支那亡国纪念会"的实际斗争。这两年中,章太炎又仔细阅读先秦诸子,以为《管子》、《韩非子》等书"深识进化之理";他又认真钻研日本和西方资产阶级哲学、社会学书籍,从中寻找学理。因此,"重印本"《訄书》是章太炎经历上述革命实践和浏览中西典籍,经过反复琢磨,进行"删革"的。这样,"删革"后的《訄书》,"熔铸新理","推迹古近",成为资产阶级革命时期的重要作品。

"重印本"的篇目与"手校本"大体相同,但删去了《明群》、《东鉴》、《字谶》三篇,增加了《定版籍》、《辨乐》、《地治》三篇,又把《宅南》改为《相宅》。《东鉴》称扬沙俄彼得改革、日本明治维新;《明群》也讲"定法"、"议院",这些改良主义思想残馀,"重印本"裁汰了。而增加的《定版籍》和改写的《相宅》,都记载了章太炎和孙中山的问答,前文还提出"均田法",后文则商讨革命以后的建都问题。(见前。)这是章太炎在1902年重赴日本,受到孙中山革命思想启发的原始记录。《地治》还对资产阶级君主立宪和民主共和制度进行探讨,为中国未来的行政制度提出设想。

"删革"后的《訄书》,把《客帝匡缪》、《分镇匡缪》作为"前录",置于全书之首,以《原学》为第一篇,以《解辫发》压卷,表明他判离改良,矢志革命。全书除"前录"外,大体上可分四类:

一、从《原学》第一到《学隐》第十三,共十三篇,择要论述了先秦诸子到近代的学说史,力图"观省社会因其政俗",对中国古代学术思想发展变化的历史作出说明。

二、从《订实知》第十四到《冥契》第三十,共十七篇,比较集中地反映了朴素的唯物主义认识论和资产阶级进化论的世界观。他用生存竞争学说解释自然界和人类的发展,还强调"人之相竞也以器"。

三、从《通法》第三十一到《消极》第五十五,共二十五篇,在论证中国历史经验的基础上,就政治、经济、军事、文化教育等方面,提供了革命胜利后的建设方案,明确指出:"吾言变革,布新法,皆为后王立制。"(《消极》。)

四、从《尊史》第五十六,到《解辫发》第六十三,共八篇,探讨了编著史书的问题,强调写史要"知古今进化之迹",要说明"社会政治盛衰藩变之所原"。

删革后的《訄书》,有的即使保留了"原刊本"篇文,内容已起重大变化,如《制币》,"原刊本"是以"自有蹠无,自无蹠有,必先取于有用无用之从革,而至无用者从之如形景,则厚生之大衢也已"为结束的。"重印本"最后增加一段:"然而非革命者犹若不能行也。今之政府伪张为幻于上,铸龙圜者自言十六铢,及以地丁内税,而不当十二铢,以此蝥民。故符章刀布之足以明征定保,必俟诸后起者。"径截提出革命,提出"必俟诸后起者"。又如《消极》,"原刊本"无,"手校本"列目。将"重印本"和章氏拟订"手校本"时的《消极》手稿相校,增加了"今有造酢母者,投以百味,苦者亦酸,芳甘者亦酸。彼清政府，犹酢母矣，利政入之，从化而害，害柢之不除，空举利者以妄投摘"一段。他以清政府为"酢母"，认为必定要把这个"害柢"除去，说明他对清政府已不抱幻想。它比 1900 年"手校"《訄书》时更加观点鲜明，立论剀切。

《訄书》中《订孔》、《学变》等篇，批判了孔子的"虚誉夺实"和尊孔派的"苟务修古"。在思想界引起了强烈反响，"馀杭章氏《訄书》，至以孔子下比刘歆，而孔子遂大失其价值，一时群言，多攻孔子矣"。（许之衡：《读〈国粹学报〉感言》，见《国粹学报》乙巳年第六号"社说"。）

"删革"后的《訄书》，认为儒生"苟务修古"，旨在扩大他们的既得利禄，到了近代，"清儒多权诪"，（《别录》乙。）"徇俗贱儒"，"徒睹其污点"；康有为、梁启超等"世儒"，更"熹言三世以明进化"。章氏认为，"察《公羊》所说，则据乱、升平、太平于一代而已矣，礼俗革变，机器迁讹，诚弗能于一代尽之"。（《尊史》。）从理论上、历史上对康、梁三世说痛加鞭斥。

但，章氏仍以为"孔氏，古良史也，辅以丘明而次《春秋》，料比百家，若旋机玉斗矣。谈、迁嗣之，后有《七略》。孔子死，名实足以伉者，汉之刘歆"。还是以孔子为"古良史"，还是古文经学派的看法。可见他的"订孔"，主要还是"订"反动派的利用孔学，对孔子的"保存文化"则示崇仰。

章氏自称，本年"文章渐变"。《自述学术次第》记："余少已好文辞，本治小学，故慕退之造词之则，为文奥衍不驯。""三十四岁以后，欲以清和流美自化，读三国、两晋文辞，以为至美，由是体裁初变。然于汪（东）、李（兆洛）两公，犹嫌其能作常文，至议礼议政则踬焉。仲长统、崔寔之流，诚不可及。吴、魏之文，仪容穆若，气自卷舒，未有辞不逮意，窘于步伐之内者也。而汪、李局促于斯，此与宋世欧阳、王、苏诸家务为曼衍者，适成两极，要皆非中道矣。匪独汪、李，秦、汉之高文典册，至玄理则不能言。余既宗师法相，亦兼事魏晋玄文，观夫王弼、阮籍、嵇康、裴頠之辞，必非汪、李所能窥也。尝意百年以往，诸公多谓经史而外，非有学问，其于诸子佛典，独有采其雅驯，撼其逸事，于名理则深甚焉。平时浏览，宁窥短书杂事，不窥魏晋玄言也。其文如是，亦应于学术耳。余又寻世之作奏者，皆知宗法敬舆，然平彻闲雅之体，始自东汉，迄魏、晋、南朝皆然，非敬舆始为之也。中书奏议，文益加详，一奏或至五六千字，若在后代，则览者易生厌倦，故宋时已有贴黄，清初且制全疏不得过三百字，斯由繁而不杀，成此穷反也。曾涤笙窥摹陆公，颇复简约，其辞乃如房行制义，若素窥魏、晋、南朝诸奏，则可以无是过矣。由此数事，中岁所作，既异少年之体，而清远本之吴、魏，风骨兼存周、汉，不欲纯与汪、李同流。然平生于文学一端，虽有所不为，未尝极意菲薄，下至归、方、姚、张诸子，但于文格无点，波澜意度，非如昌狂偭规者，则以为学识随其所至，辞气从其所好而已。今世文学已衰，妄者皆务为骩骳，亦何暇訾议桐城义法乎？"（手稿，上海图书馆藏。）

【著作系年】《致吴君遂书三》（光绪二十八年正月初七日，手迹，上海图书馆藏，即《国粹学报》第一年乙巳第八号《与某君书》）。《致吴君遂书四》（光绪二十八年正月二十一日，手迹）。

《致吴君遂等书五》（光绪二十八年二月初九日，手迹）。《致吴君遂书六》（光绪二十八年四月初九日，手迹）。《致吴君遂书七》（光绪二十八年四月二十二日，手迹）。《致吴君遂书八》（光绪二十八年六月二十五日，手迹）。《致吴君遂书九》（光绪二十八年七月初五日，手迹）。《致吴君遂书十》（光绪二十八年八月初七日，手迹）。《致梁启超书》（《新民丛报》第十三号，光绪二十八年七月初一日出版，题《章太炎来简》，撰于"六月"）。

《支那亡国二百四十二年纪念会书》（冯自由：《中华民国开国前革命史》第十四章附；收入《文录》卷二，改题《中夏亡国二百四十二年纪念会书》）。《文学说例》（《新民丛报》第五号、第九号、第十五号，光绪二十八年三月初一日、五月初一日、八月初一日出版，按即《訄书·订文》所附《正名杂义》基本内容）。

《说稽》（《太炎集》系为"壬寅文"，收入《文录》卷一）。《说渠门》（同上）。《夏用青说》（同上）。《诸布诸严诸逐说》（同上）。《名学会摄影书后》（《选报》第十二期，光绪二十八年三月初一日出版）。

《社会学》（日本岸本能武太著，章太炎译，序文撰于本年"六月"，书于七月初十由上海广智书局印刷，八月二十三日发行）。

《訄书》重印本（目见正文）。

光绪二十九年癸卯（1903 年）　三十六岁

【自定年谱】妾王氏殁。

清翰林院编修山阴蔡元培鹤庼初为上海南洋公学教员，余因友人蒋智由观云识之。会公学生与任事者交恶，相率退学，鹤庼就租界设爱国学社处之。招余讲论，多述明清兴废之事，意不在学也。溥泉与巴人邹容威丹自日本归，长沙章士钊行严亦来，三人皆年少英发，余以弟畜之。威丹著书称《革命军》，属余为序。行严亦就《苏报》昌言革命。学社诸子又时会林下演说，远近和者浸众。适康有为腾书主君主立宪，力护清虏，余作书驳之。浸寻闻于清廷。清廷责两江总督魏光焘不觉察，甚厉。光焘遣候补道俞明震赴上海查办，余与威丹就逮，羁系租界。时五月上旬也。清廷求各国领事引渡，不许；愿以沪宁路权易之，亦不许。余驳康书虽无效，而清政府至遣律师代表，与吾辈对质，震动全国，革命党声气大盛矣。

【国内大事】三月十四日（4 月 11 日），荣禄死。四月初一日（27 日），天津北洋大学正式开学。寓沪各界绅商以东三省新约事，在张园召开拒俄大会，通电反俄。十五日（5 月 11 日），留日学生钮永建、秦毓鎏等正式成立军国民教育会。十八日（5 月 14 日），云南人民反对法国侵略者修筑滇越铁路。蒙自锡厂工人于是日起义。五月十四日（6 月 9 日），《苏报》刊登《读革命军》。闰五月初五日（29 日），《苏报》刊登章氏《驳康有为论革命书》主要部分。初六日（30 日），"苏报案"发生，章氏被捕下狱。次日，邹容自投入狱。二十五日（7 月 19 日），沈荩在京被拘，六月初八日（31 日），被清政府杖死于刑部。六月十五日（8 月 7 日），章士钊、张继等创刊《国民日日报》于上海。七月十六日（9 月 7 日），清政府设立商部。八月十六日（10 月 6 日），清政府准张之洞奏，拟定出洋学生约束章程一款，奖励章程十款及自行酌办立案章程七款。八月十九日（10 月 9 日），清政府因上海爱国学社宣传革命，命各沿海沿江督抚严拿并认真整顿学堂条规。九月初九日（28 日），中法订立滇越铁路章程。

十一月二十七日（1904 年 1 月 14 日），清政府改管学大臣为学务大臣，命大学士孙家鼐充任。十二月二十一日（2 月 6 日），日俄战争爆发。三十日（2 月 15 日），华兴会正式成立于长沙，黄兴被推为会长。

正月二十日（2 月 17 日），浙江留日学生创《浙江潮》于日本，月刊。《发刊词》谓：壬寅“岁十月，浙江人之留学于东京者百有一人，组织一同乡会，既成，眷念故国，其心恻以动，乃谋集众出一杂志，题曰《浙江潮》”。其宗旨为：“一，近顷各报，其善者类能输入文明，为我国放一层光彩。虽然，国立于世界上，必有其特别之故，以为建国之原质，有万不能杂引他国以为比例者。本志负杂志之资格，其搜罗不得不广，然必处处着眼于此焉。一，本志立言，务着眼国民全体之利益，于一人一事之是非，不暇详述。一，欲争自由，先言自治，然必于其本土之人情、历史、地理、风俗详悉无遗，而后下手之际，乃游刃而有余。先以浙江一隅为言，此非有所畛域限于所知也。”分“社说”、“论说”、“学术”、“大势”、“谈丛”、“记事”、“杂录”、“小说”、“文苑”、“日本闻见录”、“新浙江与旧浙江”、“图书”十二类。章氏《狱中诗》三首、《祭沈荩文》即在《浙江潮》发表。（见下。）

二月（3 月），章氏在上海爱国学社任教。

爱国学社是中国教育会“所赞助而成立”的。中国教育会成立于光绪二十八年春，蔡元培等发起。同年十月十七日，上海南洋公学爆发了反对学校迫害的罢课大风潮，全体学生二百馀人退学，在中国教育会的帮助下，租屋于上海南京路泥城桥福源里，成立爱国学社。《中国教育会募捐启》述其源始云：“专制之毒遍于学界，递积递演，则国民之萌蘖者愈受摧残，一也；外人利我教育权者，将阴施其狡猾，盖深我奴隶之资格，二也。循斯二者，已足以夷吾族姓者，况丰祸之交乘而迭至者乎？（原文如此。）同胞同胞，吾侪不自拔提，偷懦惮事，失今不图，必无幸免之希望矣。乃者旅沪同志殷忧不辍，爰有教育会之举，发起于壬寅之春，至其秋冬之际，而组织乃粗备，请为同胞道其概略。我国今日学界最缺者为教科书，教育会发兴之始，即欲以此自任。继因八股方废，承学之士，于一切新名词，意义既未习闻，恐难沟贯，乃议仿通信教授法，刊行丛报。方欲出版，而驻日蔡使阻遏留学之风潮以起，于是乃谋自立学校规制，尚未底定，又有南洋公学学生不胜教习之虐待者相率出学，求济于教育会，遂成今之爱国学社，此敝会历史之大凡也。”（陆曼炎：《中华民国开国前革命文献》第 14—16 页，名山出版公司 1944 年 12 月版。）

据蒋维乔回忆：“民元前十年壬寅，……是年三月，上海新党蔡子民（元培）、蒋观云（智由）、林少泉（獬）、叶浩吾（瀚）、王小徐（季同）、汪允宗（德渊），乌目山僧（宗仰）等集议发起中国教育会，表面办理教育，暗中鼓吹革命。……教育会成立之日，蔡子民被举为会长。时会员人数稀少，经济尤为竭蹶，发展殊难。暂从文字方面鼓吹，实行办学，尚未有具体计划。适是年之夏，徐家汇南洋公学五班生沈步洲（联）、胡敦复（炳生）有闹学风潮，堂中处置失当，致全体学生皆表同情于五班生。蔡子民为特班教员，从中调停，不得要领，毅然与学生俱退，遂成自来未有之退学大风潮。……中国教育会本拟自办学校，而南洋公学退学生百馀人无力自组学社，遂推代表请求于中国教育会。会中特开会议，决定接受退学生之请求，予以经济及教员之赞助。推蔡子民为总理，吴稚晖为学监，于是年十月十七日，在南京路泥城桥福源里租屋开办，定名爱国学社。……民元前九月癸卯，为中国教育会之全盛时期。时爱国学社学生皆入会为会员。社中春秋开学，各地闻风来学者甚多，校舍不能容，即添租左邻房屋，又添租右面空地为操场。……社中自总理、学监以下教职员，均自行另谋生计，对于学社纯尽义务。如蔡子民则任商务印书馆编译所长，吴稚晖则任文明书局之事。三四年级之国文教员为章太炎（炳麟）、一二年级国文教员则由余任。章则为人译妖怪学讲义，余则为苏报馆译东报，均借译费自给。……中国教育会接受南洋退学生之请求，办理爱国学社，社员全体加入教育会。会与社，二而一，一而二，原无畛域之分。但学社开办之初，会中筹措经费，会员任义务教职，确受社员之爱戴。至本年以来，会中经济，已形竭蹶，除义务教职员以外，未有大宗款项资助学社。在社员眼光中，似乎中国教育会反借学社收入之学费以生存。社员之偏激者，即对教育会有后言，而教育会领袖诸君，吴稚晖则阴祖社员。蔡子民虽不以社员为然，而态度温和，不露圭角。章太炎则坚决主张不与学社合作。当时会中人，戏言此会社颇类似梁山泊，因为点将录，有人以稚晖拟宋江，亦有以足智多谋，拟为吴用者。某日，开评议会，议及教育会与学社分合事，稚晖持其滑稽态度，出语尖刻，偏袒学社方面。太炎当众拍桌大骂云：'稚晖，你要阴谋篡夺，效宋江之所为，有我在此，汝做不到！'稚晖向来口若悬河，当者辄靡，但对太炎之疯头疯脑，不得不让步，默然无语。从此每遇集会，若有太炎在座，稚晖必避席。"（蒋维乔：《中国教育会之回忆》，见《上海研究资料续编》。）

据此，中国教育会成立于光绪二十八年春，南洋公学学生于十月十七日罢课后参加，成立爱国学社。癸卯闰五月初一日《苏报》载乌目山僧（黄宗仰）《贺爱国学社之成立》即称："于去冬月之十七日创建爱国学社。"而章氏在爱国学社任教，则在本年二月。（《申报》，1903 年 12 月 5 日《续讯革命党案》，章氏自称："今年二月来沪，在爱国学社教习。"）任教不久，即对吴敬恒的"阴谋篡夺"极为不满，蔡元培又"提携其数十学生以出"，教育会和爱国学社终起"冲突"。

《浙江潮》第六期《时评》栏中有《上海教育会与爱国学社之冲突》，对爱国学社的斗争表示支持，但对蔡元培携"学生以出"则示讥讽，谓："爱国成立于去耳〔年〕冬间，其时仓卒事发，各学生之父母、之戚友，均纷纷电催去沪，而学生乃卒能茹苦含辛，以有今日之爱国学社，其事可敬，其心堪悲。教育会何忍遂叛之。虽然，教育会、学社，亦非可遂叛也,蔡孑民,教育会之长也,提携其数十学生以出,此事提议于教育会,遂乃相助为理,以扶以持,论其迹,实为共经患难之良友,此而不终,中国尚有可相扶持之人乎?尚有可办之事乎? 又不禁为中国前途一哭也。夫以今日之中国,以今日中国之志士,其于'意气名誉'四字,当如何摆脱之,奈何日累于此四字,而竟至同室操戈也。故吾于此事,不欲说是非,不忍说门户,愿以'有情'二字,以上献于诸志士之前。其或注意于此,则二者虽离可合,即暂不合,亦不害其独立。"(癸卯六月二十日出版。)

爱国学社成立后,又组织爱国女学社。闰五月初三日《苏报》刊登《爱国女学社广告》:"本社现定六月十六日开校,尚有空额,如欲报名,请至泥城桥福源里念二号教育会事务所。前校所窄隘,今另觅宽敞适宜之房屋,供赁定后再行登报。"五月十一日起,《苏报》又登《爱国学社讲习会广告》:"乌伏兔没,寸阴可惜。吾国学堂中人于暑假一二月,皆坐耗时日,无所事事。西国人士则虽值荷风拂暑,早蝉鸣炎,犹复集同志讲学问无宁暑,热心于求学问之子,固应如是也。乃彼有之而我不能有,是我之自居于游惰也,是我之自甘放弃也。游惰以玩愒岁月,放任而姑待早秋,惜哉耻哉。本社同人有鉴乎此,爰创斯会,破中国曩昔之窠臼,新学界磨刷之精神,东西各文,(东文尽暑假内卒业,西文则就程度之高下,而以特别法授之。)苟有所长,不敢自匿,必以告人。有欲与斯会者,可于本月十六日前先至英大马路泥城桥福源里二十二号本社事务所报名,二十日开会,每天三小时,一切细章,报名时取阅。"蔡元培离沪后,由锺宪鬯"经理校事"。(《女界近史》,见《女学报》二年四期,光绪二十九年五月十五日出版。)

据蔡元培回忆:"本校初办时,在满清季年,含有革命性质。盖当时一般志士,鉴于满清政治之不良,国势日蹙,有如人之罹重病,恐其淹久而至于不可救药,必觅良方以治之,故群起而谋革命。革命者,即治病之方药也。上海之革命团,名中国教育会。革命精神所在,无论其为男为女,均应提倡,而以教育为根本。故女校有爱国女学,男校有爱国学社,以教育会员担任办理之责,此本校名之所由来也。其后几经变迁。男校因苏报案而解散。中国教育会,亦不数年而同志星散。"(蔡元培:《在爱国女学校之演说》,《东方杂志》第十四卷第一号,1917年1月。)

又说:"我三十六岁(前十年),南洋公学学生全体退学,其一部分借中国教育会之助,自组爱国学社,我亦离公学,为学社教员。那时候同任教员的吴稚晖、章太炎诸君,都喜昌言革命,并在张园开演说会,凡是来会演说的人,都是讲排满革命的。我在南洋公学时,所评改之日记及月课,本已倾向于民权女权的提倡,及到学社,受激烈环境的影响,遂亦公言革命无所忌。何海樵君自东京来,介绍我宣誓入同盟会,又介绍我入一学习炸弹制造的小组(此小组本止六人,海樵与杨笃生、苏风初诸君均在内)。那时候学社中师生的界限很宽,程度较高的学生,一方面受教,一方面即任低级生的教员;教员热心的,一方面授课,一方面与学生同受军事训练。社中军事训练,初由何海樵、山渔昆弟担任,后来南京陆师学堂退学生来社,他们的领袖章行严、林力山二君助何君。我亦断发短装与诸社员同练步伐,至我离学社始已。

"爱国学社未成立以前,我与蒋观云、乌目山僧、林少泉(后改名白水)、陈梦坡、吴彦复诸君组织一女学,命名"爱国"。初由蒋君管理,蒋君游日本,我管理。初办时,学生很少;爱国学社成立后,社员家中的妇女,均进爱国女学,学生骤增。尽义务的教员,在数理方面,有王小徐、严练如、钟宪鬯、虞和钦诸君;在文史方面,有叶浩吾、蒋竹庄诸君。一年后,我离爱国女学。我三十八岁(前八年)暑假后,又任爱国女学经理。又约我从弟国亲及龚未生、俞子夷诸君为教员。"(《宇宙风》第五十五——五十六期,1937 年 12 月——1938 年 1 月。)

据章士钊回忆:"壬寅、癸卯间,初承拳乱,士风丕变,新党麕集上海,昌言革命,以吾家太炎先生为之魁。钊方习军旅,自南京来会,以军国民义动其曹侣,则大喜。钊于是入居所谓爱国学社,以筋力易人讲录,而从先生习掌故之学焉。先生得钊,以为可教,钊顾轻锐不受绳墨。先生虽好作政论,东南朴学,实为主盟,钊不过粗解行文,驱遣助词,不失律令,攘臂学作新闻记者已耳。得师如此,宜其惓惓以研习故训、讲求国学为事,而为血气所冲荡,起从黄兴往来江湖间,未肯用力。时沧州张继、巴县邹容忿东京监学姚某辱国,劫取其辫而逸。少年英发,不可一世,先生善遇之,埒如钊也。容著《革命军》一书,先生序之,而钊为书签,字句则吾二人俱与检定,容年仅十七耳。先生宏奖后进,提与自著《驳康有为书》并论,容遂知名于时。一日,先生挈钊与继、容同登酒楼,开颜痛饮,因纵论天下大事,谓吾四人当为兄弟,僇力中原,继首和之,一拜而定。自是先生弟畜钊,而钊以伯兄礼事先生唯谨,视柳州之拜苑言扬而兄之,称执谊而固临节不夺,在兄而已者,其于吾兄,犹未得仿佛一二也。天下多故,朋徒分张,季弟容瘐毙于狱,继与钊俱走欧洲,吾兄弟聚散离合之迹盖未易言。"(章士钊:《伯兄太炎先生五十有六寿序》,见《制言》第四十一期。)

春,抗法拒俄运动展开,东京留学生组织军国民教育会,规定宗旨为"养成尚武精神,实行爱国主义"。不久,秦毓鎏以宗旨不明,主张改为"养成尚武精神,实行民族主义"。会中有一些人秘密组织暗杀团,黄兴、陈天华、龚宝铨等都是当时的团员。这时,寓沪各界绅商也在四月初一日在上海张园召开拒俄大会,章太炎时在爱国学社任国文教员,也到张园开会。据蒋维乔回忆:"余在癸卯之春,与太炎同在爱国学社,任国文教员。此学社乃以南洋公学退学生为主体,中国教育会予以赞助而成立者。社中学生分四级,略似今之中学,太炎授三四年级,余授一二年级。社中教员,除供膳宿外,皆纯尽义务。太炎与余,皆卖文以自给,渠为普通学书室译妖怪学讲义,余则为苏报馆翻译东文。学社学生,皆自视为主人翁,视教职员为公仆,待遇极菲薄。余与太炎两人,合居后楼上小披屋,仅堪容膝,其下即为厨房,一日三餐时,烟焰迷目,故常携笔砚稿件,至会客室中写之。教育会每周至张园,公开讲演革命,讲稿辄在《苏报》发表,遂为清廷所忌。太炎排满革命之论尤激烈。"(《章太炎先生轶事》,《制言》第二十五期。)

张园会议,初议拒法,再议拒俄,三拟联合成立中国国民总会。四月十五日《苏报》载:"海上爱国学社特开议会于张园,初会议拒法事,再会议拒俄事,三会则议联合中国国民总会,设义勇队以拒外侮为目的。三次到者均不下数百人。中国以广东、江苏为最多,而我蜀则一二人而已。……各省分簿签名,鄙人签名之时,不禁陨涕,盖我四川簿中除健而外,仅巴县邹君一人(按指邹容)而已。"(谢健:《四川诸君公鉴》。)

　　查张园会议,曾有斗争。"中国国民总会"的发起人是曾为《清议报》总理的保皇党人冯镜如,四月初十日《苏报》载:"冯镜如君、易季服君,喜上海群谊之发达,欲建设'四民总会',造议事厅为民会之基础,且谋于议事厅所在之处,辟绿草如茵之广场,建高矗云霄之钟塔,为海上文明士女别创公园,以适于卫生诸事,以养其高尚品性,……虽与阻法拒俄等会联结而生,然四民总会自是久远事业,与阻法拒俄诸会之因事而立者不同。命之曰四民总会,欲合农、工、士、商全国之民共为一大团体也。故括而言之,又曰国民会。……若以为国民会即教育会所发起,则小舛矣。……发起国民会者,实为冯、易二君。"冯镜如等发起"中国国民总会",要"造议事厅为民会之基础","与阻法拒俄诸会之因事而立者不同",妄图把轰轰烈烈的拒俄运动引入保皇歧途,立即遭到邹容和爱国学社学生的反对。《复报》第十期载:"拒俄事起,海上有所谓四民公会者,签名者颇众。既而发起人冯镜如登台演说,则以效忠异族为宗旨,邹容首骂之,爱国学社学生争脱会。于是,一变为'国民公会',再变为'国民议政会',奴隶真象益露。"(1907 年 6 月 15 日出版。)邹容并发起中国学生同盟会与之相抗。(《苏报》,五月初四、初五日"社说"《论中国学生同盟会之发起》。)那么,"中国国民总会"系冯镜如等发起,当时报纸记载甚明,而后来冯镜如的儿子冯自由竟图篡改历史,胡说什么:"五月间,康徒龙泽厚忽倡议易名曰国民议政会,主张乘势向清廷请愿立宪,于是冯镜如首陈意见脱会,邹容、吴敬恒及爱国学社诸人皆表示不肯加入,而国民议政会遂成无形的解散。"(《记上海志士与革命运动》,见《革命逸史》第二集,第 79 页。)把发起人说是龙泽厚,而冯镜如却变成"首陈意见脱会"之人,真是混淆黑白,颠倒历史!

　　四月(5 月),章氏在爱国学社时,出了个作文题,叫"×××本纪",用为皇帝立传的"本纪",叫学生写自传,有两个学生(陶亚魂、柳亚子)在作文中讲了自己追随康有为尊孔保皇以及后来的思想转变。(蒋慎吾:《爱国学社史外一页》,见《大风》半月刊六十七期。)章氏特写《致陶亚魂柳亚庐书》,历述自己思想转变:"简阅传文,知二子昔日,曾以纪孔、保皇为职志。人生少壮,苦不相若,而同病者亦相怜也。鄙人自十四五时,览蒋氏《东华录》,已有逐满之志。丁酉入时务报馆,闻孙逸仙亦创是说,窃幸吾道不孤,而尚不能不迷于对山之妄语。《訄书》中《客帝》诸篇,即吾往岁之覆辙也。今将是书呈览。二子观之,当知人生智识程度本不相远,初进化时,未有不经纪孔、保皇二关者,以此互印如何?"(《复报》第五号,中华开国纪元四千六百四年出版,原题《致□□二子书》,署名"西狩"。章氏逝世后,柳亚子辑《太炎先生遗札》,刊于《制言》第六十一期,用今题。)

　　四月二十二日(5 月 18 日),又《与吴君遂书》云:"自君遂徙金陵,而吾不复得伴狂避世之友于海上,宙合虽大,可与言者几何。顷以荧居,遂毁我室。无妃匹之累,而犹有弱女三数,然亦近于弃捐也。在学社久,无可为知己道,私自寻理,乃知读书为玩物丧志,程氏之言,诚卓绝已。以此律己,则默坐澂心,差足为消极主义,以此对人,亦谓全学社中宜毁弃一切书籍,而一以体操为务。如是三年,其成效必有大过人者。不然,汤盘孔鼎,既不足为今世用;西方新学,亦徒资窃钩发冢,知识愈开,则志行愈薄,怯蒇愈甚。观夫留东学子，当其始往，岂无颖锐陵厉者，而学成以后，则念念近于仕涂。盖人之劳苦为学，固将以求报偿，今习此技术，而于社会尚无所用，则舍仕宦一涂安往哉？是故言借权立宪者，必其学业已就者也。（原注："得允中书，言入义勇队者，大氐留学不及一年之人，即此知成学诸生之志矣。"）

"向在张园，尝以千金之子坐不垂堂昭示大众。是时教育会初开，爱国学社初立，而仆已持此义，至今一岁，犹坚持未变，亦自以为顽锢之渠魁矣。他人闻此，必以因噎废食为讥。如君明哲，当不我诟。世未有尘垢秕糠而足以陶铸尧、舜者，则知以书籍图史教人，必不为教育之良法，而况圣人不死，有大盗不止之惧耶？书此狂言，略尽愚戆，颇欲西上秣陵，一抒沉郁，未知相宅今在何所，其有以示我也。"（手迹，章士钊藏。）

夏，刘师培"赴京会试，归途，滞上海，晤章君炳麟及其他爱国学社诸同志，遂赞成革命，时民国纪元前九年也"。（蔡元培：《刘君申叔事略》，见《刘申叔遗书》卷首，钱玄同也说："刘君初名师培，前九年癸卯，至上海，与章太炎、蔡孑民诸先生相识，主张攘除清廷，光复汉族，遂更名光汉。"见《刘申叔先生遗书总目》，同上。章士钊则谓："申叔于光绪癸卯夏间，由扬州以政嫌遁沪，愚与陈独秀、谢无量在梅福里寓斋闲谈，见一少年短襟不掩，仓皇叩门趋入，嗫嗫为道所苦，则申叔望门投止之日也，时年且不足二十耳。"见《孤桐杂记》，载《甲寅周刊》第一卷第三十七号，1926 年12 月 25 日出版。)章氏有癸卯《致刘师培书》二，其一为："仁君家世旧传贾、服之学，亦有雅言微旨匡我不逮者乎？孟瞻先生所纂《正义》，秘不行世，鄙人素治兹书，盖尝上溯周、汉，得其传人，有所陈义，则以孙卿、贾傅为本，次即子骏父子。中垒虽治《穀梁》，然呻吟《左氏》，见于君山《新论》，是故《说苑》、《新序》所述，单文只字，悉东序之秘宝、石室之贞符也。数岁以来，籀绎略尽，惜其不成，仍当勉自第次。学术万端，不如说经之乐，心所系著，已成染相，不得不为君子道之。他日保存国粹，较诸东方神道，必当差胜也。"（《国粹学报》乙巳年第一号，题《章太炎与刘申叔书》；《文录》未收，钱玄同：《章太炎黄季刚二君关于刘申叔君之文十首》系于"癸卯"，题《与刘光汉书一》，见《刘申叔先生遗书》卷首。)其二系接刘师培来书，并刘撰《驳太誓答问》、《小学发微》后复，讨论《左传》、"小学"。和第一书同载《国粹学报》，题《章太炎再与刘申叔书》，即《文录》卷二《与刘光汉书》（自注："癸卯"），钱玄同系为《与刘光汉书二》。

四月(5 月)，为邹容：《革命军》撰序。初，章氏在爱国学社讲学时，留日学生邹容也来参加，并与章氏同寓。邹容自述："予于今年中历三月间去日本而至上海，即与友人章炳麟同寓。"（《中外日报》，1903 年 12 月 8 日。)他们都参加了张园的拒俄会议，邹容除和保皇党人冯镜如等进行斗争和创立中国学生同盟会外，（见前。）又奋笔疾书，写成《革命军》。书成，请章氏作序。章氏在最初发表的《邹容传》记："是时余在爱国学社始识容，诸教员争与交。容性倜傥，喜訾人，谓诸社生曰：'尔曹居上海，在声色狗马间，学英文数岁，他日堪为洋奴耳，宁知中外之学乎？'社生群聚欲殴之，乃去。以《革命军》一通示余，令稍稍润色之。余曰'吾持排满主义数岁，世少和者，以文不谐俗故，欲谐俗者，正当如君书。'乃为叙录，与金山僧用仁刻行之。"（日本《革命评论》第十号，明治四十年三月二十五日出版。)"金山僧用仁"，即黄宗仰。

章氏在《序革命军》中说："夫中国吞噬于逆胡二百六十年矣,宰割之酷,诈暴之工,人人所身受,当无不昌言革命。

"今者风俗臭味少变更矣,然其痛心疾首,恳恳必以逐满为职志者,虑不数人。数人者,文墨议论,又往往务为温藉,不欲以跳踉搏跃言之,虽余亦不免是也。

"嗟乎! 世皆嚚昧而不知话言,主文讽切,勿为动容,不震以雷霆之声,其能化者几何? 异时义师再举,其必堕于众口之不俚,既可知矣。今容为是书,壹以叫咷恣言,发其惭恚,虽嚚昧若罗、彭诸子,诵之犹当流汗祇悔,以是为义师先声,庶几民无异志,而材士亦知所返乎! 若夫屠沽负贩之徒,利其径直易知而能恢发智识,则其所化远矣。藉非不文,何以致是也。抑吾闻之,同族相代,谓之革命;异族攘窃,谓之灭亡。改制同族,谓之革命,驱逐异族,谓之光复。今中国既灭亡于逆胡,所当谋者光复也,非革命云尔。容之署斯名,何哉? 谅以其所规画,不仅驱除异族而已,虽政教学术、礼俗材性犹有当革者焉,故大言之曰革命也。"

四月(5 月),撰《驳康有为论革命书》,对改良派展开针锋相对的斗争。这时,康有为除组织专门同革命派对抗的保皇党,和编注《大学注》、《中庸注》、《孟子微》等书,作为保皇复辟的理论张本外;又在他的门徒梁启超所主持的《新民丛报》上,登了《开明专制论》、《法国革命史论》、《保教非所以尊孔论》诸文,《孟子微》等也在《新民丛报》刊布,宣扬天命论,高唱尊孔说,吹捧孔子实行了"大地各国所未有"的"古今至仁之政"。1902 年,在革命发展的影响下,康有为的门徒有的也一度"摇于形势",康有为写了《与同学诸子梁启超等论印度亡国由于各省自立书》和《答南北美洲诸华商论中国只可行立宪不可行革命书》,(两文辑为《南海先生最近政见书》,《章太炎政论选集》207—224 页有摘录。)胡说什么"今欧、美各国,所以致富强,人民所以得自立,穷其治法,不过行立宪法、定君民之权而止,为治法之极则矣"。反对"革命者开口攻满洲",以为"立宪"可以避免"革命之惨"。拼命鼓吹光绪复辟,胡说什么:"夫万国力争流血所不得者,而皇上一旦以与民,我四万万〈人〉不待流血,不待力争,而一旦得欧洲各国民自由民权之大利,此何如其大德哉。"这两封信公开发表,流毒甚广。(《新民丛报》第十六号曾摘录,题《南海先生辨革命书》。)

章太炎自称:于本年"二月来沪,在爱国学社教习,常见康有为致书与某商人、某学生,经我拆阅,当即驳其不能流血,只能革命。此信甚长,系托广东人沙耳公带至香港转寄新加坡交康,未得回信。"(《申报》,1903 年 12 月 5 日《续讯革命党案》。)旋即公开发表,对康有为的谬论痛加驳斥。

《驳康有为论革命书》从清朝的封建统治和种族迫害说到革命的必要,对改良派的反动理论严加批驳。改良派以"立宪法、定君民之权"为"治法之极则";章太炎申斥康有为所谓"满汉不分,君民同治",实际是"屈心忍志以处奴隶之地"。改良派企图以流血牺牲来吓唬革命;章氏指出,欧美的立宪,也不是"徒以口舌成之",革命流血是不可避免和完全必要的。改良派美化光绪;章太炎指出,光绪只是"未辨菽麦"的"小丑",他当初的赞成变法,不过是"交通外人得其欢心"、"保吾权位",如果一旦复辟,必然将中国引向灭亡。改良派宣扬天命论,章太炎指出,"《中庸》以'天命'始",以"上天之载,无声无臭终","拨乱反正,不在天命之有无,而在人力之难易"。改良派以革命会引起社会紊乱为借口;章太炎赞美革命:"公理之未明,即以革命明之;旧俗之俱在,即以革命去之。革命非天雄、大黄之猛剂,而实补泻兼备之良药矣。"有力地打击了改良主义,提高了革命思想。

《驳康有为论革命书》是章氏在 1901 年所撰《正仇满论》的基础上续予发挥的。但是,他的内容和影响,却又有发展:第一,《正仇满论》主要针对梁启超的《积弱溯源论》予以驳斥,而《驳康有为论革命书》则针对改良派的理论和主张作了全面的系统的批判。第二,《驳康有为论革命书》的革命言论比过去更加激烈,甚至斥责光绪帝是"载湉小丑,未辨菽麦",革命宣传的昂扬,震骇了清朝政府。第三,《正仇满论》是在日本刊行的,且未署名,仅言"来稿",而《驳康有为论革命书》则既与《革命军》合刊,又于《苏报》露布(详下),这就更引起了中外反动派的恐慌和嫉视。第四,《驳康有为论革命书》愤怒指出,清政府"尊事孔子,奉行儒术",只是"崇饰观听","便其南面之术,愚民之计",纯粹是搞愚民政策,是为了维护自己的统治。他对康、梁奉为"圣明之主"的皇帝进行了有力的抨击,对康、梁等奉为"教主"的孔子,也进行了无情的摘发。

《驳康有为论革命书》充满了民主革命精神,一经发表,立即引起中外反动派的极大恐慌,章太炎因此被关进班房。

据蒋维乔回忆:邹容"与太炎会于爱国学社,一见心钦,互相期许。容称太炎为东帝,而自称为西帝。容箧中有小册《革命军》稿,太炎为之作序,宗仰出资刊行之,复将太炎之《驳康有为论革命书》同时刊出,不及一月,数千册销行殆尽。"(《章太炎先生轶事》。)不久,又以《康有为与觉罗君之关系》为题刊于闰五月初五日《苏报》。

五月初一日(5 月 27 日),《苏报》开始"改革","鼓吹革命"。《苏报》的主持人是陈范,原具有资产阶级改良主义思想,"未必有醉心革命,遒人木铎之坚决意志",因南京陆师和上海南洋公学相继发生退学风潮后,《苏报》增辟"学界风潮"一栏,"藉资号召,声价大起",而想"更以适时言论张之"。延请爱国学社社员章行严(士钊)"董理斯报",章行严于五月初一日入馆,《苏报》始"以鼓吹革命为己任。"(蒋维乔《蔡子民小史》,见《中国革命记》第十四册,时事新报馆版。)

今将《苏报》"改良"后情况,按日摘录如下:

五月初六日(6 月 1 日)《苏报》,报端刊《本报大改良》:"本报发行之趣意,谅为阅者诸公所谬许,今后特于发论精当时议绝要之处,夹印二号字样,以发明本报之特色,而冀速感阅者之神经"。是日"论说"为《康有为》,谓康系"间接以乞怜于满清政府","而保圣清子孙万世之业"。以为"今日之新社会,已少康有为立锥之地"。

五月初七日(6 月 2 日)《苏报》,报端刊《本报大注意》:"本报近来详于学界,颇承海内外君子之不弃,投函无虚日,愧无以荷。今特将'学界风潮'异常注重,论说之下,首隶此门,用以副诸君子之雅望,又增列'舆论商榷'一种。凡诸君子以有关于学界、政界各条件,愿以己见借本报公诸天下者,本报当恪守报馆为发表舆论之天职,敬与诸君子从长商榷,间亦忘其□陋,附有所陈,诸君子其匡我不逮,幸甚。"有《论江西学堂学生无再留学之理》,谓:"乃二十世纪新中国之主人翁,而俯首就范于亡国家奴之下,大耻奇辱,孰过于斯。"

五月初八日(6 月 3 日)《苏报》,报端刊《本报大沙汰》:"本报务以单纯之议论,作时局之机关,所有各省及本埠之琐屑新闻,概不合本报之格,严从沙汰,以一旨归。其'时事要闻'中,惟择其确有关系者,罗列一二,另设'特别要闻'一门,亦不常置,如获紧要军报,于中国绝大关系等事,则尽前登列,间加按语,以质高明。阅者诸公,或有以采录不备责本报者,本报当谨谢不敏。"是日"论说"为《客民篇》。

五月初九日(6 月 4 日)《苏报》,"论说"为《论报界》。十二日、十三日"论说"为《论中国当道者皆革命党》。(作者署韩天民。)

五月十四日(6 月 9 日)《苏报》,报端刊《本报大感情》:"本报改良以来,颇承诸志士之所不弃,深表同情,投稿于本馆者,殆无虚日,可见中国民气之振。此本报绝大希望,铭感何如。故记者宁避三舍,敬谨先登,尤望诸大豪杰之不吝赐教。中国万岁。"是日"论说"栏登《读革命军》,署"爱读革命军者"。谓:"是以排满之见,实足为革命之潜势力,而今日革命者所必不能不经之一途也。""卓哉邹氏之《革命军》也,以国民主义为干,以仇满为用,捃扯往事,根极公理,驱以犀利之笔,达以浅直之词。虽顽懦之夫,目睹其事,耳闻其语,则罔不面赤耳热,心跳肺张,作拔剑入地,奋身入海之状。呜呼! 此诚今日国民教育之第一教科书也。"

同日(十四日),在"新书介绍"栏刊《革命军》广告:"《革命军》凡七章,首绪论,次革命之原因,次革命之教育,次革命必剖清人种,次革命必先去奴隶之根性,次革命独立之大义,次结论,约二万言。章炳麟为之序。其宗旨专在驱除满族,光复中国。笔极犀利,文极沉痛,稍有种族思想者,读之当无不拔剑起舞,发冲眉竖。若能以此书普及四万万人之脑海,中国当兴也勃焉。是所望于读《革命军》者。"并作《读革命军》阐扬之。

五月十五日(6 月 10 日)《苏报》,发表章氏《序革命军》,列"来稿"栏,署"馀杭章炳麟"。

五月十六日(6 月 11 日)《苏报》,刊登日本佐藤武次郎致章氏函,略谓:"贵国留学生设军国民教育会,名为拒俄,实则革命。"(按:《苏报》刊登此函,未谓来自章氏,《苏报案纪事》则署章氏名。)

五月十七日、十八日(6 月 12、13 日)《苏报》,发表《驳革命驳议》,署"汉族之中汉种",按据柳业子:《我和言论界的因缘》称:"公元 1903 年,我第一次到上海,进了爱国学社。这时候,和章太炎、邹威丹两位先生很接近。在阴历五月中旬,《新闻报》登了一篇《革命驳议》,太炎先生便写《驳革命驳议》来反驳他。开了一个头,他不高兴写了,叫我续下去,我续了一段,同邑蔡冶民先生也续了一段,末尾是威丹先生加下去的。"(《逸经》创刊号,1936 年 3 月 5 日出版。)查《革命驳议》原载五月十三,十四日《中外日报》,柳氏回忆有误。(又据章士钊《疏黄帝魂》,则谓此文系章士钊所作,见《辛亥革命回忆录》

第一集。)此文开头一段,略谓:"夫小小变法,不过欺饰观听,而无救于中国之亡,立宪足以救中国之亡,又非不知自由者所能就,然则研究实学果安所用耶? 然而维新之极点,则必以立宪为归矣。彼所以侈陈维新、讳言革命者,非谓革命之举,必伏尸百万,流血千里,大蹀大搏,以与凶顽争命,而维新可从容晏坐以得之耶?"以下即论述"各国新政,无不从革命而成",在《苏报》连载两天。

五月二十五日(6月20日)《苏报》,"新书介绍"章氏《驳康有为论革命书》:"康有为《最近政见书》力主立宪,议论荒谬,馀杭章炳麟移书驳之,持矛刺盾,义正词严,非特康氏无可置辩,亦足以破满人之胆矣。凡我汉种,允宜家置一编,以作警钟棒喝,定价一角。"

五月二十六日(6月21日)《苏报》,发表《呜呼保皇党》。

闰五月初一日(6月25日)《苏报》,报端刊《本报重改良》:"本报自五月初六改良以来,仍有未臻完善之处,无以副读者诸君之望,心窃歉然。兹于本日闰月一日起,重加一次改良,将目次分作十界:一,论说界(来稿选论,译件附);二,机关界,内设调查部,凡国内近今趋势极有关系各要件,或由本馆专员访得,或诸同志之寄稿,均隶此界(即特别要闻);三,教育界(即'学界风潮');四,政事界;五,新闻界,分中国之部、外国之部(即'时事要闻'、'世界要闻');六,评论界(即舆论商榷);七,通信界;八,纪言界,分'文苑丛录';九,纪实界(即专件择要);十,馀录界。此十界者,不过略为区分,将来或有扩充,随时改订。惟此时限于篇幅,不能全登,当视其报料之倾向,疏密间出。又首次改良,以二号字夹用,今以其占篇幅过多,仍一律用四号字,而于发议精当处,加以圈识,惟机关界则间用二号字,以醒眉目。"

闰五月初五日(6月29日)《苏报》,刊录章氏《驳康有为论革命书》主要部分,以《康有为与觉罗君之关系》为题。此文登载之次日,"苏报案"发生。

闰五月初六日(6月30日),中外反革命勾结,制造"苏报案",章氏被逮。闰五月初五日《申报》载:"上月某日,端方钦奉廷寄外务部呈递魏光焘电称,查有上海创立爱国学社,招集不逞之徒,倡演革命诸邪说,已饬查禁密拿等语。朝廷锐意兴学,方期造就通才,储为国用,乃近来各省学生潜心肄业者固不乏人,而沾染习气肆行无忌者正复不免。似此猖狂悖谬,形同叛逆,将为风俗人心之害。着沿海沿江各省督抚务将此等败类严密查拿,随时惩办。所有学堂条规,并着督饬认真整顿,力挽浇风。"本日,"由沪道商美总领事会同各领签押,工部局即允协拿"。(光绪二十九年闰五月初七日福开森《致兼湖广总督端方电》,见《辛亥革命》第一册第409页。)

中外反动派的阴谋,爱国学社社员事先曾有风闻,吴敬恒畏葸叛离,告密"献策",章太炎在最初发表的《邹容传》中说:"时爱国学社教员吴眺(按:即吴稚晖、吴敬恒)故依附康有为。有为败,乃自匿,入盛宣怀之门。后在日本,与清公使蔡钧不协,逐归,愤发言革命排满事。而爱国学社生多眺弟子,颇自发舒,陵轹新社生如奴隶。余与社长元培议,欲裁抑之。元培畏眺,不敢发。余方驳康有为政见书,事寝寻闻于清政府,欲逮爱国学社教员,元培微闻之,遁入青岛,而社生疾余甚,问计于眺。会清政府遣江苏候补道俞明震穷治爱国学社昌言革命事。明震故爱姚，召姚往，出总督札曰：'余奉命治公等，公与余昵，余不忍，愿条数人姓名以告，令余得复命制府'。姚即出《革命军》及《驳康有为》上之曰：'为首逆者，此二人也。'遽归，告其徒曰：'天去其疾矣，尔曹静待之'。"（日本《革命评论》第十号，明治四十年三月二十五日出版。）《邹容传》后在《民报》发表时，改作："会虏遣江苏候补道俞明震检察革命党事，将逮爱国学社教习吴姚，姚故慕容、炳麟，又幸脱祸，直诣明震自归，且以《革命军》进，明震缓姚，姚逸，遂名捕容、炳麟。"（《民报》第十九号，1908年2月25日出版。）

　　章氏则毫不畏惧，坚留不去，《革命评论》发表的《邹容传》说："英租界巡捕承命至苏报馆，（陈）范遁，令其子诣余告警。余谓诸教员方整理学社未竟，不能去，坐待捕耳。巡捕至，遂入狱。而容亡匿英教士所，巡捕不敢诘，闻余被系，即徒步赴狱自□。"章氏自称："先数日已得消息，未几，《苏报》被封，陈范逃，蔡子民与余议，谓舍走无他法，子民遂走，予遂就逮。"（《章太炎先生答问》，见《太炎最近文录》。）当时还说："革命没有不流血的，我被清政府查拿，现在已经第七次了。"等到警探临前，又自指鼻端，说："余惧不在，要拿章炳麟，就是我。"英勇就逮。

　　闰五月初八日（7月2日），邹容自动投案。当时报载章、邹被逮情况云：

　　"前日英、美租界公廨谳员孙建臣直刺接奉上宪密札，饬拿私立国民会专讲排满灭清之党。首陈叔畴，即陈范，又即陈梦坡，钱允生即钱锡丹，及章炳麟、龙积之、陈〔程〕吉甫、周容（应为邹容，下同。）等人。因饬差役李元持票投租界领袖美领事署，禀请签字。随请捕头派出中西探捕偕往三马路苏报馆，将陈等五人一并禽获，暂押捕房。惟周容闻风逃逸。昨日捕房特遣包探赵银河押解公廨，陈等咸植立案。前英总领事署迪翻译官喝令跪下，诸人不服，相率蹲踞于地。迪君嗤之以鼻，令屈双膝。诸人知不能再售其奸，乃始帖耳而伏。旋有捕房博易者投案，声称陈等已延本律师声辩，请订讯期，直刺商之。迪君着仍还押捕房，听候定期推鞫，随命驾诣上海署向县主汪瑶庭大令缅陈一切情由，然后偕赴道辕，谒见苏松太兵备道袁海观观察，禀请示下遵行。"（《申报》，1903年7月2日——闰五月初八日，《会党成禽》。）

　　"昨报纪周镕（应为邹容，下同。）拘入捕房一节。兹悉周镕系邹镛之误。当龙、章诸人被拘后，邹即至四马路老捕房自行投到，捕头以真假未辩，未遽允收。邹乃自称，我非邹镛，岂肯自投罗网？捕头因准收押，于昨日饬七十二号西探密司依的协同华探赵银河将邹解送公堂。邹供年十九岁，四川人。谳员孙建臣直刺商之英总领事署翻译迪比南君，判还押捕房，候订期会同英领事讯供核夺"。（《申报》，1903年7月4日——闰五月初十日《会党自首》。）

　　闰五月十二日（7月6日），《苏报》载章氏：《狱中答新闻报》："夫民族主义，炽盛于二十世纪，逆胡羶虏，非我族类，不能变法当革，能变法亦当革；不能救民当革，能救民亦当革。吾之序《革命军》，以为革命、光复，名实大异。从俗言之，则曰革命；从吾辈之主观言之，则曰光复。""逆胡挑衅，兴此大狱，盗憎主人，固亦其所。吾辈书生，未有寸刀尺匕足与抗衡，相延入狱，志在流血，性分所定，上可以质皇天后土，下可以对四万万人矣。”“吾以致命遂志为心,彼以公理战胜为的,亦任其从旁规画而已!”“去矣,新闻记者! 同是汉种,同是四万万人之一分子,亡国覆宗,祀逾二百,奴隶牛马,躬受其辱。不思祀夏配天,光复旧物,而惟以维新革命,锱铢相较,大勇小怯,秒忽相衡,斥鷃井蛙,安足与知鲲鹏之志哉! 去矣,新闻记者! 浊醪夕引,素琴晨张,郁素霞之奇意,入修夜之不旸。天命方新,来复不远,请看五十年后,铜像巍巍立于云表者,为我为尔,坐以待之,无多聒聒可也。”(署“章炳麟来稿”。)

同日,《苏报》被封。这时,清政府感到《苏报》“悍谬横肆,为患不小”,特嘱美帝国主义分子福开森“切商各领等,务将该馆立即封闭”。(光绪二十九年闰五月初九日袁树勋:《致兼湖广总督端方电》,见《辛亥革命》第一册第410页。)闰五月初十日,上海道袁树勋又亲访英、美领事,密谋破坏。在中外反动派的勾结下,《苏报》被封。

当时报载《苏报》“发封”情况云:

“昨日,担文律师处帮办人古柏君,偕舌人赴英、美租界会审公堂,检呈近日所出之《苏报》数纸,声称本律师系中国政府所延,因苏报馆内会党魁首钱允生等业已拿获押候,订期会讯。讵料连日《苏报》仍妄登悖逆不道之说,应请将该报馆发封。谳员孙建臣直刺允之,将所呈《苏报》请英总领事署翻译官迪君披阅,随签派公差李元标发封条四纸,着赍赴租界领袖美总领事署及英总领事署禀请签字,然后投老巡捕房,浼总捕头派出中西探捕协同前往该报馆将门钉封。”(《申报》,1903年7月7日——闰五月十三日《发封苏报》。)

闰五月二十一日(7月15日),将章氏,邹容,程吉甫、钱允生(《苏报》职员)、陈仲彝(陈范之子)、龙积之(与唐才常自立军有关)提往审讯。清政府指控《驳康有为论革命书》“大逆不道”的语句是:“盖自乙未以后,彼圣主所长虑却顾,坐席不暖者,独太后之废置吾耳,殷忧内结,智计外发,知非变法无以交通外人得其欢心,非交通外人得其欢心无以挟持重势,而排沮太后之权力。载湉小丑,未辨菽麦,铤而走险,固不为满洲全部计。”“载湉者,固长素之私友,而汉族之公仇也。况满洲全部之蠢如鹿豕者,而可以不革者哉。”章氏在敌人的法庭中严词申斥,指出:“今年二月,在爱国学社任教习,因见康有为著书反对革命,袒护满人,故我作书驳之。所指书中‘载湉小丑’四字,触犯清帝圣讳一语,我只知清帝乃满人,不知所谓圣讳。”并“供不认野蛮政府”。(金鼎:《致湖广总督端方电》,见《辛亥革命》第一册第425页。)

章氏在《狱中与吴君遂张伯纯书》中谈到被逮、“听诉”情况说:“自闰月六日入狱,七日到案。逾数日得君遂手书,并墨银三百圆,资助讼费,高义薄云,感激无量。此案各领事与工部局坚持,不令陷入内地。伪关道袁树勋以兵五百人,解去号褂,潜伏新衙门后,将劫以入城,捕房戒严。传讯时,每一人以一英捕陪坐,马车复有英捕跨辕,数英捕驰车带剑,夹在前后,街巷隘口,亦皆以巡捕伺守,谋不得发。既往听诉,则闻南洋法律官带同翻译,宣说曰:‘中国政府到案。’曰:‘中国政府控告苏报馆大逆不道,煽惑乱党,谋为不轨’;曰:‘中国政府控告章炳麟大逆不道,煽惑乱党,谋为不轨’;曰:‘中国政府控告邹容大逆不道,煽惑乱党,谋为不轨。’乃各举书报所载以为证:贼满人、逆胡、伪清等语，一一宣读不讳。噫嘻！彼自称为中国政府，以中国政府控告罪人，不在他国法院，而在已所管辖最小之新衙门，真千古笑柄矣。诉毕，钱、程二子，自辩本无干涉；仲岐代父入狱，亦已为大众所知，当可开释。弟与威丹，罪状自重。其所控我，自革命逐满外，复牵引玄烨、弘历、载湉小丑等语，以为干犯庙讳，指斥乘舆，不知律师如何申辩？龙积之无事可执。乃云系富有票会匪，犯事在汉口，情节支离，不值一辩。最可笑者，新衙门委员孙某，不甚识字，觳觫殊甚，但云公等速说，我与公等无仇无怨而已。事毕，乘马车归捕房，观者填咽，诵'风吹枷锁满城香，街市争看员外郎'而返。"（《甲寅》第一卷第四十三号《太炎集外文》。）

当时报纸报道第一次"审讯"情况云：

"昨晨，有印度巡捕数十名，骑马持械，偕以捕头，偕某某诸号西捕，拥护马车二辆，风驰云卷，由四马路老巡捕房迤逦过浙江路大桥，以抵英、法租界会审公廨，异而询之，则解奉旨拘拿之在沪创设爱国学社，妄谈革命灭清，并刊行《苏报》及《革命军》，倡议背叛朝廷之章炳麟、邹容、程吉甫、龙积之、钱允生及陈范之子陈仲彝请讯也。钟鸣十下，谳员孙建臣直刺会同英总领事署迪翻译官升堂研鞫。政府律师古柏及哈华托带同舌人到案，邹等亦延博易及高易公馆律师琼司之夥雷满上堂声辩。先由古律师声称：本律师上次到堂，尚未问明各节，现在各人所犯缘由，已逐一稽查清楚，苏报馆主陈范即陈叔畴，为现到案之陈仲彝生父，实主持该馆笔政。程吉甫系司帐人。该报污蔑朝廷，大逆不道，其中有'与满人九世深仇'，及'保护中国不保护满人'之语。甚至本月初五日报中，直呼今上之名，指为'小丑'。初十日论说，有'四万万之同胞，不共戴天，仇杀满人，及杀尽胡人方罢手，快哉！'等悖逆之词。某日更谓'以四万万人杀一人'。其馀如'排满'、'灭清'、'贼清'、'胡牝'之类，种种逆说，不可枚举，容再查出续呈。兹陈范未到，应请补提。……

"章炳麟供：年三十六岁，浙江馀杭人。《革命军》序文，系我所作。邹容供：四川巴县人，《革命军》一书，乃我所作。直刺商之迪君，饬一并还押，候补提陈范及吴、李三人到案，于下礼拜二午后两点半钟再讯。……有见者，谓章长发鬑鬑然被两肩，其衣不束不西，颇似僧人袈裟之状。邹剪辫，易西服。馀人则仍用华装。……直刺知章曾中式，问得自何科？章顾邹微笑曰：'我本满天飞，何窠之有？盖故误科名为鸟窠也，殊不知满天飞类似强盗浑名，章奈何竟当堂自认乎？嘻。"（《申报》，1903年7月16日——闰五月二十二日《初讯革命党》）。按："满天飞"，应为"老布衣"，章操浙江方言，记者误听。

闰五月二十七日（7月21日），第二次"审讯"，当时报纸报道：

"昨日午后两点一刻时，总巡捕头派捕乘马押解奉旨拘拿之革命党章炳麟、邹容、程吉甫、钱允生、陈仲彝五名，至英、美租界公廨时，中国政府律师古柏及哈华托，章、邹诸党人所延律师博易及琼司，均已到案。少选，谳员孙建臣直刺会同英总领事署迪翻译官升堂。古律师声称，上次会讯后，查得此案之外另有交涉，事机尚未停妥，今日未便向堂上声叙，请俟停妥后再互会讯之期。博律师称：古律师所请改期会讯，堂上不能允从。若云交涉事机，究与何人交涉，不妨指明。况《公共租界章程》，界内之事，应归公堂讯理。现在原告究系何人？其为政府耶？抑江苏巡抚耶？上海道台耶？本律师无从知悉。直刺谓章、邹等犯，系奉旨着江苏巡抚饬拘，本分府惟有遵奉宪札行事而已，随将札文出示。博律师又称：政府律师如不能指出章、邹等人所犯何罪，又不能指明交涉之事，应请将此案立即注销。哈律师称此案由最为明白，仍俟政府将交涉事机议妥，然后订期会讯可也。直刺与迪君皆曰诺。遂命将章、邹等五人仍交巡捕带回管押。……"（《申报》，1903 年 7 月 22 日——闰五月二十八日《二讯革命党》。）

闰五月二十八日（7 月 22 日），有《狱中赠邹容》诗："邹容吾小弟，被发下瀛洲。快剪刀除辫，干牛肉作糇。英雄一入狱，天地亦悲秋。临命须掺手，乾坤只两头。"（《浙江潮》第七期，1903 年 9 月 11 日出版，署名"太炎"。）邹容和诗为："我兄章枚叔，忧国心如焚。并世无知己，吾生苦不文。一朝沦地狱，何日扫妖氛？昨夜梦和尔，同兴革命军。"（《狱中答西狩》，见《复报》第五号。）

六月十七日（8 月 9 日），狱中所撰《论承用维新二字之荒谬》，登于章士钊等在《苏报》被封后续办的《国民日日报》。（《国民日日报》创刊于本年六月十五日。）章氏从历史语言上对"维新"二字进行考释，揭露了康有为一伙保皇臣清的反动目的。他认为，历史上没有不经过流血，即采用暴力手段，而能实现革新的。康有为一伙宣扬的"维新"，纯粹是政治欺骗。他说："维新之语，始见于《大雅》，再见于伪《古文尚书》。如《大雅》言：'周虽旧邦，其命维新。'此谓以千数百年西岐之侯国，忽焉宠受帝眷，统一神州，而为万国之共主，是故谓之新命。若今之政府，则帝制自为也久矣，更安有所谓其命维新者？欲言维新，则惟有英雄崛起，历数在躬，而后得副此称尔，而妄者以维新为变法，其缪一也。

"……如彼所说，（按指伪《古文尚书》。）'歼厥渠魁，胁从罔治，旧染污俗，咸与维新'，亦可见未有不先流血而能遽见维新者。特以神武不杀，哀者能胜，故无取乎漂橹成渠耳！而欲洒此旧污，则独夫元恶，本〔未〕有不斩之轻吕悬之太白者，若并此而不歼，则维新必不可就，而妄者以维新为温和主义，其缪二也。

"且彼亦知新之为义乎？衣之始裁为之初，木之始伐谓之新，故衣一成后，不可复得初名，木一枯后，不可复得新名，犹人既老耄，无可以复得幼稚之名也。衣成矣，加以修饰，未尝不灿然耀目，而可以谓之修饰，不可以谓之初。木枯矣，加以黝垩，未尝不掩其朽腐，而可以谓之黝垩，不可以谓之新。新者，一人一代，不过一新而不可再。满洲之新，在康熙、雍正二世。今之政府，腐败蠹蚀，其材已不可复用，而欲责其再新，是何异责垂死之翁以呱啼哺乳也。"（《国民日日报》第三号，1903 年 8 月 9 日，署名"绛叔"，署"黄帝纪元四三九四年癸卯六月十七"；收入《国民日日报汇编》，1904 年 4 月东大陆图书译印局出版。）

六月十二日（8 月 4 日），撰《狱中闻沈禹希见杀》。曾经参加自立军的沈荩（沈克諴），于闰五月二十五日（7 月 19 日）在京被拘。六月八日（7 月 31 日）被清政府杖死于刑部。章氏诗云："不见沈生久，江湖知隐沦。萧萧悲壮士，今在易门京。魑魅羞争焰，文章总断魂。中阴当待我，南北几新坟。"（此诗最初发表在《国民日日报》第八号，1903

年 8 月 14 日出版，题《重有感》，署"西狩"，文句亦有不同，作："不见此君久，江湖久隐沦。萧萧悲壮士，今在易京门。魑魅羞争焰，文章总断魂。中阴应待我，南北几新坟。"并有邹容:《和西狩》，署"庸儿"，诗云："中原久陆沉，英雄出隐沦。举世呼不应，抉眼悬京门。一瞑负多疚，长歌召国魂。头颅当自抚，谁为墨新坟。"）

六月十八日（8 月 10 日），《狱中闻湘人某被捕有感》："神狐善埋掫，高鸟喜回翔。保种平生愿，征科绝命方。马肝原识味，牛鼎未忘香。千载《湘军志》，浮名是锁缰。""衡岳无人地，吾师洪大全。中兴沴诸将，永夜遂沈眠。长策惟干禄，微言是借权。藉君好颈子，来者一停鞭。"

二诗都载《浙江潮》第七期，1903 年 9 月 11 日出版，署名"太炎"，连同《狱中赠邹容》，是许寿裳从蒋智由（观云）处"求钞以实《浙江潮》"的。（《纪念先师章太炎先生》，《制言》第二十五期。）《狱中闻湘人某被捕有感》，原题《狱中闻湘人杨度被捕有感》。又，《国民日日报》第六号，曾载"杨度受知于张之洞"，以及报考清廷"经济特科"等词，对杨度有讥议。

七月初一日（8 月 23 日），开沈荩追悼会于上海愚园，《祭沈荩文》，出于章氏手笔。章士钊:《疏黄帝魂》云:"《祭沈荩文》，此太炎狱中之笔。癸卯七月一日，开追悼会于愚园，吾于所设影堂前宣读此文。"（《辛亥革命回忆录》第一集。）文曰:"津方冥冥兮，欧、满交挫。单于西跳兮，蜩螗群沸。假太阿于晳人兮，烹千胡而啖其肺。何大功之不卒成兮，阚丛怨于群憝。""政变之狱，实阴谭、林。媚于天囚，厥死非褉。勤王之败，唐、傅是罹。为满干城，划类则宜。今钧天百神之忘震旦兮，方授人以金版。资赤棒于羶胡兮，独芟夷兹姬汉。惟夫子之一瞑兮，泰皇、女娲之魂长往而不返。呜呼哀哉！""不有死者，谁申民气？不有生者，谁复九世？哀我遗黎，不绝如系。大波相续，云谁亡继？重曰:支那有人兮君千万岁。像写良金兮云之外。魂归来兮淞江介。蜺为旌兮翠为盖。径路刀兮绵苾位。犁清廷兮神哉沛。黄帝归兮，鼎湖返兮，汉土曼兮度无界。呜呼哀哉！尚飨。"（《浙江潮》第九期，1903 年 11 月 18 日出版；又见《国民日日报汇编》题为《上海公祭沈愚溪国士文》，东大陆图书译印局本。）

又为支那汉族黄中黄（章士钊）所撰《沈荩》作序:"当唐氏建国会时，荩与其议，余方以勤王、光复，议论不合，退而毁弃毛发以自表。唐氏败，荩则杖马箠走天津，与联军诸将士往来，伪庄王、启秀等，皆死其笔札间，其志将锄满人，使无遗育，以建设支那政府。功不卒就，其过勤王什伯。荩之进化，速乎哉！勤王之党，今犹未艾，不镜于沈荩以自鞭策，是终身沦于幽谷，故余弟中黄辑其事状，以谏往者，而告邦人士大夫伯叔弟兄。"（《沈荩》卷首，铅字排印本，署名"西狩"。）

七月初一日，《江苏》第五期出版，"文苑"栏有中央:《驳康书书后》。查《江苏》杂志，本年四月初一日在日本创刊，署江苏同学会干事编辑，实为柳亚子（人权、亚庐）主持，月刊。《郑成功传》，见《江苏》第四期。《江苏·发刊词》谓:"以腐败之人民谈腐败，其谈腐败也必确；居腐败之土地以谈腐败，其谈腐败也必确；具腐败之性质以谈腐败，其谈腐败也必确。然则腐败者，我江苏之特色，而谈腐败者又我《江苏杂志》之特任。请得而谈腐败之方。处于水者不知水，处于空气者不知空气，处于腐败者不知腐败，时时提撕我江苏人者，有'社说'一。去其陈，谋其新，腐败既去，输入不腐败，时时灌输我江苏人者，有'学说'一。较其腐败之程度，与不腐败之程度，时时布告我江苏人者，有'记事'一。补我江苏人之不足，以助我江苏人者，有'记言'一，'译篇一'，'时论'一。又有为我《江苏杂志》所必不可少者，有'小说'一，'杂录'一，'告白'一。"

当《苏报》被封，章、邹被逮后，《江苏》发表评论，指斥中外反动派，如闰五月初一日，《江苏》第四期出版，（按：实际出书时间，应在闰五月十三日以后。）"记事"栏《本省时评》发表《咄！汉满两种族大争讼》、《祝苏报馆之封禁》二文，对清政府的逮捕章、邹，封禁《苏报》，加以申斥。又有《异哉上海有所谓爱国会社者》，谓："自官场严查新党日急，而后上海有所谓爱国会社者始出现，周行海上，遍求不得。噫！其果有爱国会社否耶？抑误爱国学社为会社耶？""噫！吾知之矣。学社既以爱国名，学生必有爱国之思想，彼官吏恐学生志趣既高，学术又优，将陶铸未来之新中国，而拯救同胞于黑暗地狱，使满清政府不能固其万世帝王之业，而一切家奴走狗，亦不能复肆其鹰攫虎搏之伎俩，故不置学生于死地，心勿甘焉。"

至是，所刊中央："《驳康书书后》云："徐杭章，南海康，章公如麛康如狼，狼欲遮道为虏伥，麛起啖之暴其肠。升周新纪太平洋，墨雨欧潮推亚强。军国民志正激昂，奔雷掣电孰敢当。胡牛瞎骑逐臭忙，兔引狐牵金满装。喻犹一盲导犀盲，夜半冲暗投深坑。投深坑，自作殃，一颠再蹶徒心丧。独立帜已扬霄光，国仇誓雪民权昌，昆仑血脉还系黄。呜呼噫嘻南海康。"

"中央"，即黄宗仰，章氏入狱后，黄宗仰（乌目山僧）曾"百方为营解"。《栖霞寺印楞禅师塔铭》述其事，并载与黄宗仰相识经历："当清光绪末，海宇多故，士皆瞋目搤椀，道执政无状，虽宴游未尝衰，而上海舟舆之会为尤剧。是时禅师自上江来，以绘事识诸名士，论议往往及时政，皆中症结，诸名士尽愕眙不知其所从来，良久乃知为金山江天寺僧也。余时粗涉释典，且好事，以是得与禅师游。顷之，余以《驳康有为书》贬绝清室，与邹容同下狱，禅师百方为营解，卒不得。"（《制言》第十期，收入《文录续编》卷五下。）

八月初一日（9月21日），《江苏》第六期出版，载有中央：《寄太炎》："凭君不短英雄气，斩虏勇肝忆倍加。留个铁头铸铜像，羁囚有地胜无家。""飒飒风霜点铁衣，音容憔悴须发肥。稔君狱读《瑜珈论》，还与《訄书》理合非。"又有中央：《再寄太炎威丹》："大鱼飞跃浙江潮，雷峰塔震玉泉号。哀吾同胞正酣睡，万籁微闻鼾声调。独有峨嵋一片月，凛凛相照印怒涛。神州男子气何壮，义如山岳死鸿毛。自投夷狱经百日，两颗头颅争一刀。"

九月（10月），《致柳亚庐书》云："别数月，忽得《江苏》杂志，见弟所为《郑成功传》，曩吾睹弟之面，而今睹弟之心矣。杂志草创时，辞颇噎塞，数期以来，挥斥忼慨，神气无双，进步之速，斯为极点。而弟所纂《郑传》，亦于斯时发现，可谓智勇参会，飙起云合者也。……自教育会分散以来，爱国诸君，亦既票摇失所，常熟殷君复蹈水死，恐塔后亦少达者。昨闻浔溪公学又以小衅分裂。自兹以往，私设诸校，益凌迟衰微矣。同川之存，千钧系发，复得诸弟与松岑、□□、□□诸君尽力持护，一成一旅，芽蘖在兹。当使朱鹤龄、陈长发辈知后起有人，积薪居上，亦令奴性诸黉，不以爱国分散之故，遂谓天下之莫予毒也。"(《复报》第五号，中华开国纪元四千六百四年八月二十五日发行，署名"西狩"，原题《致□君书》。）常熟殷君，指殷次伊，为中国教育会常熟支部负责人之一，与丁初我等创塔后小学，及"苏报案"起，愤懑自杀。《中外日报》光绪二十九年闰五月二十日"来函"云："常熟殷次伊，名崇亮，极为开化任事。自南洋退学归后，即任翻译学社出版事，常往来虞沪间。初九日，以病疟自沪归，……晕绝落水，停轮捞救无及。讵次伊身死之日，正海上钩党事急之时，耗至吾邑，举邑哗然，佥谓次伊之死，必死于自尽。"

十月，邹容有《致四兄书》（《致柳亚子书》），谈到他和章氏狱中情况："奉致枚公书，得近状。审足下以支那大陆尚有某某，不以其微贱忽之，感甚感甚。某事国无状，羁此半年，徒增多感。幸得枚公同与寝食，迩来获闻高谊，耳目一新。奈某愚极，不堪造诣。且思潮塞绝，欲尽文字的国民责任，念而不能。得足下活阔〔泼〕之文章，鼓吹国民，祖国前途，或有系耶？狱事消息，又转伪京。俟有来文，然后定议。"（《复报》第五号。）

冬，柳亚子有《癸卯冬日有怀太炎威丹》："祖国沉沦三百载，忍看民族日仳离。悲歌咤叱风云起，此是中国玛志尼"。"泣麟悲凤伴狂客，搏虎屠龙《革命军》。大好头颅抛不得，神州残局岂忘君。"（《复报》第三号。）

十月十五、十六、十七（12月3、4、5日）再"讯"章、邹。在此以前，清政府竭尽办法，欲置章、邹于死地。《又致吴君遂》云："今见西报，满洲以十万金易我辈头颅，抑何可哂！狱中近尚清洁。邹君本是同志；积之议论，亦复水乳交融；陈仲歧略有怨尤，亦尚宁静；无如程、钱二子，搅扰不安。"（《甲寅》周刊第一卷第四十三号"太炎集外文。"）

清政府以"大逆不道，煽惑人心，谋为不轨"的罪名，妄图将章、邹"引渡"，解至南京，处以极刑。美国公使康格、总领事古纳、参赞福开森也秘密策划"移交中国官府惩办"，以便从清政府手中换取更多特权。由于帝国主义在侵华过程中有矛盾，英国为了保持其长江流域"势力范围"的优势，维护其上海"租界"的独特地位，对清政府一打一拉，暂未签署。当时报纸在报道中，对中外反动派的"策划"，也略有流露，录之如下：

"革命党章炳麟、邹容等六人拘押捕房，迄已多日。日前两江督宪魏午庄制军札饬苏松太兵备道袁海观观察亲赴租界会讯供辞详报核办。观察因即照会租界领袖美总领事古纳君，订期在洋务局会讯。刻已议定由观察及上海县主汪瑶庭大令，英、美租界谳员孙建臣直刺，会同古纳君及英、日两国总领事官推鞫情由。惟日期则尚未商订也。（《申报》，1903年9月23日——八月初三日《会鞫革命》。）

"革命党渠魁邹容、章炳麟等人拘押英租界捕房已经数月，大宪本订于下礼拜一，即本月十二日，饬上海县主汪瑶庭大令莅英、美等国公共租界会同谳员邓鸣谦司马及英总领事署迪翻译官推鞫。兹因是日则有要公，已改迟至下礼拜四，即本月十五日提案讯供矣。"（《申报》,1903 年 11 月 29 日——十月十一日《改期会鞫》。）

　　中外反动派相互勾结的行径,"忽告泄漏",立即遭到全国人民和舆论界的猛烈抨击。1903 年 7 月 25 日古纳:《呈副国务卿潘尔思及驻北京公使康格函》,招认了当时帝国主义和封建统治阶级的可耻行径,以及他们在舆论压力下的狼狈嘴脸。函称:"七月廿日,上海道持函来访,函内转达两江总督电,严责道台与各领事取得协议,告以如不立即将六犯引渡,押解苏州惩办,即以降级问罪,职遂与道台于翌日莅临总领事会议。"次日,"道台告以朝廷曾勒令两江总督要求将该案人犯立即引渡,……既在公廨审讯,并已服罪,应立即解交中国官府惩办。""之后,华人提出要求一事忽告泄漏,上海《泰晤士报》与《中国日报》立论异常激烈,竟以为外交团如若决定将罪犯引渡,应予以反抗。""街头谣言纷纭,暗示如若外交团决定引渡,六犯将逃逸。"最后还说:"逆书笔端犀利,鼓吹武装革命,杀戮满人,痛诋皇上,西人何故保护此辈莠民,使其谋为不轨,安然造反耶?"（见《美国外交档案显微胶卷》F. M112—R49。）在群众的压力下,遏制了中外反动派的阴谋,阻止了"引渡"的实现。

　　在帝国主义干涉"苏报案",镇压中国革命运动时,帝俄坚持把章、邹"引渡"给清政府,并多次纠集各国公使到俄使馆秘密策划。《中外日报》1903 年 8 月 18 日载:"近在北京地方各公使因上海苏报馆一案,英国参赞之意,以为诸人不应交与华官,日本公使以为未曾拘人,以前上海道既与各国领事立有约章,现在即应照约办理。惟俄、法两国则欲助中国政府,将诸人交于华官,故其中彼等之意见各不相同。美公使之意以为莫妙于仍交上海领事办理此事也。本馆以为现在惟英领可决言其不允将诸人交于华官,惟闻工部局已有函与各领事,以后须设法使华人所开之馆不许在租界上于报中发抗拒政府之议论。惟本馆则以为工部局虽有此意,倘使华馆有洋商出面,则虽有此意,恐工部局亦难于照办也。"（《北京公使会议苏报案》,译自上海《泰晤士报》,1903 年 8 月 17 日。）9 月 2 日又载:"伦敦《泰晤士报》驻北京访事之电,言及北京法公使杜卑尔之意,以为苏报馆诸人应交与华官,俄钦使拉萨氏意则较法公使之意,更注重于此,美钦使康格则以为法公使谓应将《苏报》诸人交与华官,甚为合理,彼意与之相同,惟现在各领事既与上海道立约,将苏报馆诸人在租界审明施罚,则应照约办理。"（《西报志各使议苏报事》,译自上海《泰晤士报》,1903 年 9 月 1 日。）9 月 6 日译载上海《泰晤士报》评论:"俄国公使亦谓此诸人者,欲在中国举革命之事,废去满洲王室,实为大逆不道。"（《西报论公使领事改变苏报办法之由》,译自上海《泰晤士报》,1903 年 9 月 5 日。）10 月 22 日又载:"十四日北京电云:本日午后驻京各国公使就俄国公使馆内会议《苏报》事件,及交付罪人条约。盖中国因上海《苏报》事件以来,拟改正交付罪人条约,屡与各公使交涉,故各公使有此会议。"帝俄插手"苏报案",罪证俱在!

　　十月十五、十六、十七（12 月 3、4、5）三日,再"讯"章、邹。章太炎在法庭上指驳:"小丑两字,本作类字,或作小孩子解,并不毁谤。至'今上圣讳',以西律不避,故而直书。""教学生之书,皆无'圣讳'","我实不明回避之理"。严正的詈斥,清朝统治阶级为之震慑,发出了"穷凶极恶,已预备在租界以外造反"的哀鸣。（金鼎:《致梁鼎芬函》,见

《近代史资料》1956 年第 3 期。）

当时报载十月十五日"审讯"情况云：

"中国政府律师古柏声称：'此案现奉驻京钦使允在公共会审公堂讯办，所谓额外公堂也。查所控悖逆各书，均有证据，犯者系华人，又在中国租界，自应照华例究办。案照中外条约，华人在租界犯罪，亦照华例办理，故此罪名应归地方知县核办。……应请堂上先将陈〔程〕、钱两人开释。其陈仲彝系代其父陈范管押，其父逃避无踪，应请暂准保释。'汪大令曰：'可着将陈仲彝交保，如奉饬传，即须投到。'古君又曰：'章炳麟大逆不道，其办法中外一律。第一层，凡国人有谋反悖逆重大各情，西律究办此种人罪名最重；第二层，聚众闹事；第三层，扰乱人心。以上三项罪名，按之各西国律例，皆应科以最重之罪。查章、邹等人登报著书，扰乱人心，在寻常罪名上，作书人岂有不知国人必因此作乱者，料想作书者必知利害。如一国皆思蠢动，则作书者罪名更大。现中国各处不平，如在英国印售此种书籍，固决无闹事情形。倘在印度，即闹事矣。总之，无论何国，均须禁止究办，而德国办理此事尤严。今章等所著之《驳康有为书》，公堂上有否？'大令曰：'有。'古君又曰：'书中最利害之语，前已声明，兹又经本律师一一标注，请堂上披阅，其最要者系仇视今上，及直呼今上之名，指为小丑各节，本律师惟引其大概而已。'大令曰：'只要写今上一字，罪名足矣。'古君又将闰五月十二日之《苏报》呈上曰：'章等扰乱人心之处，请阅之，其意欲将满人驱逐，此种重大之事，如华人尽听其语，天下岂不大乱。或言章等系患疯狂，然仇视今上，辱及太后，岂非大逆不道。况伊等均系读书人，似此狂乱行为，想早已料知其后，前堂确经供认，有案卷供单可考，如何究办，请堂上讯断可也。'……博易之伙爱立师律师曰：'前堂各供不能作据。'大令曰：'安能不作据。'乃叱章退下，提邹容至案。……大令曰：'前堂章、邹业已供认，此案自应即照华例办理。'高律师称：'凡有教化之国，案须得有真凭实据，方可定谳，若无凭据，即无罪名。'古君称：'邹等业已供认，不得谓之无凭。'高称：'章、邹只认著书，未认印书，今已在押数月，应请堂上开释。'古君称：'邹等所著之书，有披毛戴角及教堂、满人等语，并非维新，实系悖逆。兹又翻供不认，实属荒谬。'讯至此，时已正午，……俟翌日午前十点钟时复讯。"（《申报》，1903 年 12 月 4 日——十月十六日《会讯革命党案》。）

当时报载十月十六日"审讯"情况云：

"古律师复称：'邹、章等所作所印之书，将来国人见之，如何肇乱，前已申明。况此书经识者指出纰缪甚多，若直书今上名字，尤大逆不道。况再加以小丑二字，更使民人无亲上之心，此即在俄、德两国亦须究办。若谓并非谋叛，究竟作此书者，其意何居？况邹容书内，更甚于章，不但革命，而且欲杀尽满人。另一段写满人为君主，各国亦然拿办，以德、俄为最重。总之，此等书籍，并非维新，不过欲杀尽满族而已。其肇乱情形，实与从前发逆之事无异。'及提讯章炳麟，供：'杭州人，先曾读书，后至报馆七年，即至台湾，由日本回上海，在《西〔亚〕东时报》为主笔，复至诚正学堂当汉文教习。未及数月，又至苏州东吴大学堂。至前年，又赴日本，去年航海回华。今年二月来沪，在爱国学社教习,常见康有为致书与某商人、某学生,经我拆阅,当即驳其不能流血,只能革命。此信甚长,系托广东人沙耳公带至香港,转寄新加坡交康,未得回信。至于'小丑'两字,本作类字,或作小孩子解,并不毁谤。至今上圣讳,以西律不避,故而直书。'古律师谓:'尔在绳〔诚〕正学堂教学生时,是否敬避圣讳。'答言:'教学生之书,皆无圣讳。'大令谓:'只须一字,照中律罪名甚大。况康有为亦是华人,亦不应不避圣讳。'再三驳诘,章不能答。迪君曰:'如不能答,即行定罪。'章始称我实不明回避之理,请查清律。讯至此,时已过午,大令与司马商之迪君,着还押。俟午后二点钟再讯。

"追钟鸣两点半,大令与司马会同迪君复行升座,传讯邹容,供年十九岁,四川人,在家读书,嗣来上海广方言馆,后至日本东京留学生学堂读书,因披阅各西国诸书,即作《革命军》书,底稿放在行李内。今年四、五月间请假来沪,在马路上看见卖日报人手内持有《革命军》书出售,我未及查问何人所刷印,亦不知其书价若干。至章炳麟系在东京留学生学堂内认识,无甚交情。嗣闻人言公堂出票拘我,即至捕房查询,见提牌上第一名钱允生、二名陈仲彝、三名陈〔程〕吉甫、四名章炳麟、五名龙积之、七名邹容,(原刊如此。)下注小字,'以上作《革命军》书匪人',当即操英语告之,捕头即将我收押。古律师诘以'书中意思,尔现在仍记得否?'邹称不然,现在我意欲改作'均平赋'一书,令天下人无甚贫富。至前作之《革命军》已弃而不问,市上所售系被人所窃,将来至东京时,尚须查究。古律师问:'知《革命军》书不好,何不废弃。既被人窃印出售,何不出而禁止?'邹答:'既非巡捕房,又非上海县,实无此势力能禁止人收书出售。'……大令与司马商之迪君,将邹等还押。明晨十点钟莅堂复讯。"(《申报》,1903年12月5日——十月十七日《续讯革命党案》。)

当时报载十月十七日审讯情况云:

"政府律师哈华托起而言曰:'查章、邹所犯各节,业经古律师辩明,有罪无罪,显而易见。况章驳康有为之信,昨已直认不讳,伊所称书稿放在字篓中被人窃去付印,堂上可信否?……本律师观此书两本,实在不法已极,想著书者当时实欲使通国之人皆无尊君亲上之心,扰乱国事,莫此为甚。今琼师为章、邹声辩,妄冀开脱罪名,要知若何定罪,堂上自有权衡。'琼师称:'章、邹二人,系年轻学生,出于爱国之忧,并无谋叛之意。'古律师谓:'章、邹既图扰乱人心,即系国之乱民。各国皆知此案关系重大,即章、邹二人所供各情,谅堂上亦必不信。察其举动乖谬,藐视公堂,本律师深服英领事赫然震怒,斥为应严行究办。今日公堂非寻常讯案之公堂可比,英领事会讯此案,系代各国会讯,应请堂上将章、邹二人从重惩办,以儆将来。且《革命军》一书,目下市中仍有出售者,每本收小银钱一枚。方今广西乱事未平,安知非本书实阶之厉,请即定断可也。'讯至此,日已过午。大令与司马商之迪君,着将章、邹、龙还押捕房,候礼拜一解案定断,陈仲彝亦着暂行管押,俟定案时核夺。"(《申报》,1903年12月6日——十月十八日《三讯革命党案》。)

十一月初六日(12月24日),所谓额外公堂宣判章太炎、邹容"应科以永远监禁之罪",但领事团又"对此发生异议",相持不决。当时报载:"苏报馆革命渠魁邹容、章炳麟迭经上海县汪瑶庭大令命驾至英、美等国公共租界公廨会同谳员邓鸣谦司马、英总领事署翻译官翟比南君讯明各情，拟科以永远监禁之罪。前日捕头遂命将章、邹二犯送入提篮桥畔西狱收禁。"（《申报》，1903 年 12 月 26 日——十一月初八日。）

次年四月，章氏被判处监禁三年，邹容被判处监禁二年。

《口授少年事迹》述其本年经历云："蔡孑民等在上海设爱国学社，张溥泉、邹蔚丹自日本归，章行严自南京来，相见甚欢，皆与余结为兄弟。时蔚丹作《革命军》，余为序而刻之。余又作《驳康有为书》，痛斥保皇之非。行严又主苏报社，亦发挥革命。《驳康有为书》中有'载湉小丑，不辨菽麦'之语，于是清两江总督派员来查，遂成大狱。余与邹威丹被捕。余在巡捕房，与中山书，尊称之为总统，溥泉为余送去。遂下狱三年。"

本年，章氏又为白浪庵滔天著、黄中黄译的《孙逸仙》一书题辞："索虏昌狂泯禹绩，有赤帝子断其嗌，掩迹郑、洪为民辟，四百兆人视兹册。"（《孙逸仙》，荡虏丛书之一，1903 年铅字排印本。）查黄中黄即章士钊，章士钊回忆："癸卯八月，愚据日本宫琦寅藏《三十三年落花梦》为底本，成一小册子，颜曰《孙逸仙》，其时天下固瞢然不知孙氏为何人也。"（《孤桐杂记》，见《甲寅周刊》第一卷第二十三号，1925 年 12 月 19 日出版。）狱中有《癸卯口中漫笔》："上天以国粹付余，自炳麟之初生，迄于今兹，三十有六岁。凤鸟不至，河不出图，惟余亦不任宅其位，繄素王素臣之迹是践，岂直保守残阙而已。（《文录》作"岂直抱残守阙而已"。）又将官其财物，恢明而光大之。怀未得遂，累于□国，惟□□翼□欤？（《文录》作"累于仇国，惟金火相革欤？"）则犹有继述者。至于支那阂硕壮美之学，而遂斩其统绪，国故民纪，绝于余手，是则余之罪也。"（《国粹学报》乙巳年第八号，光绪三十一年八月二十日出版，收入《文录》卷一。）

【著作系年】《致陶亚魂柳亚庐书》（《复报》第五号，中华开国纪元四千六百四年八月二十五日出版，原题《致□□二子书》，又刊《制言》第六十一期，书于四月。《致吴君遂书》（手迹，章士钊藏，书于四月二十二日）。《革命军序》（《苏报》五月十五日，撰于四月）。《驳康有为论革命书》（《文录》卷二）。《驳革命驳议》（《苏报》，五月十七、十八日）。《狱中答新闻报》（《苏报》，闰五月十二日）。《论承用维新二字之荒谬》（《国民日日报》第三号，六月十七日出版）。《狱中赠邹容》（《浙江潮》第七期，1903 年 9 月 11 日出版，撰于"闰五月二十八日"）。《狱中闻沈禹希见杀》（同上，撰于六月十二日，最初发表在《国民日日报》第八号）。《狱中闻湘人某被捕有感》（同上，撰于六月十八日）。《狱中与吴君遂张伯纯书》（《甲寅》第一卷第四十三号）。《又致吴君遂》（同上）。《祭沈禹希文》（《浙江潮》第九期，1903 年 11 月 18 日出版；又见《国民日日报汇编》第四集）。《沈荩序》（《沈荩》卷首，共和二千七百四十四年铅字排印本）。《致柳亚庐书》（《复报》第五号，原题《致□君书》，书于九月）。

《与刘师培书一》（《国粹学报》乙巳年第一号，光绪三十一年正月二十日出版，题《章太炎与刘申叔书》，《文录》未收，钱玄同：《章太炎黄季刚二君关于刘申叔君之文十首》，题为《与刘光汉书一》，《太炎集》系为"癸卯文"，旋经章氏自行涂删）。《与刘师培书二》（《国粹学报》乙巳年第一号，题《章太炎再与刘申叔书》，收入《文录》卷二，题《与刘光汉书》，下注"癸卯"。钱玄同系为《与刘光汉书二》）。

《孙逸仙题辞》（《孙逸仙》卷首影行手迹）。《癸卯口中漫笔》（《国粹学报》乙巳年第八号，光绪三十一年八月二十日出版，收入《文录》卷一，题称《癸卯狱中自记》）。

《释真》（《太炎集》系为"癸卯文"，刊《国粹学报》乙巳年第二号，光绪三十一年二月二十日出版，收入《文录》卷一）。

光绪三十年甲辰（1904 年） 三十七岁

【自定年谱】羁系逾岁，狱犹未决，清廷复要各国公使杂治。是年三月，上海县知县赴会审公廨，摄余与威丹听判。知县宣读外务部会同各国公使判文，章炳麟监禁三年，邹容监禁二年，许以羁系时日作抵，期满后不得驻上海租界。时清廷自处原告，故不得不假判决于各国公使，然自是革命党与清廷居然有敌国之势矣。听毕，入外人所置狱中。狱吏课以裁缝役作。友人或求纳致书籍，狱吏许之。始余尝观《因明入正理论》，在日本购得《瑜伽师地论》，烦扰未卒读，羁时友人来致；及是，并致金陵所刻《成唯识论》。役毕，晨夜研诵，乃悟大乘法义。威丹不能读，年少剽急，卒以致病。

【国内大事】正月二十五日（3 月 11 日），《东方杂志》创刊。三月初五日（4 月 20 日），帝俄侵犯辽西中立。四月初七日（5 月 21 日），上海会审公廨改判章炳麟监禁三年，邹容两年。五月初八日（6 月 21 日），清政府特赦戊戌党籍，除康、梁外，戊戌案内各员均宽免。二十日（7 月 3 日），刘静庵、曹亚伯等于武昌组成科学补习所。六月十九日（7 月 31 日），广西起义军攻占庆远，清政府命两广、云、贵、湖南各督抚调兵合击。九月十五日（10 月 23 日），华兴会黄兴、马福益等谋于湖南起义，事泄失败。十月十三日（11 月 19 日），万福华在上海枪击已革广西巡抚王之春，未成被逮。冬，陶成章、龚宝铨、蔡元培等在上海成立光复会。

正月（2 月），保皇会开大会于香港，康有为、徐勤等主持，到会者除各地保皇分会的代表外，梁启超也特从美洲赶回参加。"会议的内容，以商会事为主，大概除商会问题外，一定还讨论到其他的问题"。（《梁任公先生年谱长编》"光绪三十年甲辰"。）会后，梁启超又潜回上海，筹办《时报》，手拟发刊《缘起》和体例。四月，《时报》出版。不久，梁启超仍至日本，"自悔功利之说、破坏之说之足以误国也，乃一意反而守旧，欲以讲学为救中国不二法门"。（同上。）继续在《新民丛报》上鼓吹立宪。

四月初七日（5 月 21 日，《自定年谱》作"三月"，误。）由帝国主义和清政府共同宣布：章氏判刑三年，邹容判刑二年，"罚作苦工，限满释放，驱逐出境"。当时报载：

"前日本埠领事公会复议革命党一案，酌定将章炳麟监禁三年，邹容监禁两年，而以上年拘获之日起算，俟禁期届服，即逐出租界之外，各领事均已允洽。领袖古纳君已照会上海道立饬承审,陪审各员,务于初七日以前定断。袁观察即檄行原审君汪瑶庭大令遵照办理,惟昨午某国领事又生异议云。(《新闻报》,光绪三十年四月初七日"中国要事"《党案重判述闻》。)

"昨日午前,上海县汪大令赴英廨会讯党案,判词录下:本县奉南洋大臣委派,会同英副领事审讯苏报馆一案,今审得钱允生、陈吉甫,一为馆友,一为司帐,已管押四月,应行开释。陈仲彝系馆主陈范之子,姑准交保寻父到案。龙积之系鄂督访拿之人,惟案无证据,且于苏报馆一事无干,亦应省释。至邹容作《革命军》一书,章炳麟作《訄书》,并作《革命军序》,又有《驳康有为》一书,言词纰缪,形同悖逆。彼二人者同恶相济,罪不容恕,议定邹容监禁二年,章炳麟监禁三年,罚作苦工,以示炯戒,限满开释,驱逐出境。此判。"(《新闻报》,光绪三十年四月初八日"中国要事"《党案判词照录》。)

章氏在《狱中与威丹唱和诗》中述狱中情况云:"狱久不决,量满洲政府意,余当重于威丹,计齿则余长威丹且二十岁,百年大剂,先死固其分也。《涂山》一绝,比于李斯之思上蔡,(按指邹容《涂山》诗:"苍崖坠石连云走,药叉带荔修罗吼。辛壬癸甲今何有,且向东门牵黄狗。"章氏和诗为:"头如蓬葆犹遭购,足有旋轮未善驰。天为老夫留后劲,吾家小弟始能诗。")既非身具五刑,则斯言亦为泰过。……

"狱事既决,狱卒始不以人道相待,时犹闭置空室,未入铁槛,视狱卒陵暴状,相与咋舌裂眦。余语威丹:'尔我体皆弱,又不忍辱,与为白人陵藉而死也,无宁早自为计。然以禁锢期限计之,我三年,尔二年,尔当生,我当死。'威丹哽咽流涕曰:'兄死,余不得不死!'余曰:'不闻子胥兄弟事耶? 且白人内相陵逼,而外犹恶其名。余死,彼惧烦言之不解也,必宽假尔。'因复议引决事,时刀索金环毒药诸物既被禁绝,惟饿死。威丹曰:'饿死,小丈夫事也。'余曰:'中国饿死之故鬼,第一伯夷,第二龚胜,第三司空图,第四谢枋得,第五刘宗周。若前三子者,吾不为;若后二子,吾为之。'因作绝命词三首,前二首与威丹联句成者;最后一绝,余续成之。

"击石何须博浪椎(邹),群儿甘自作湘累。要离祠墓今何在(章),愿借先生土一坏(邹)。

"平生御寇御风志(邹),近死之心不复阳(章)。愿力能生千猛士(邹),补牢未必恨亡羊(章)。

"句东前辈张玄箸,天盖遗民吕晦公。兵解神仙儒发冢,我来地水火风空(章)。

"既入铁槛,余断食七日不死,方五六日所,稍作欬,必呕血数刀圭。因忆周亚夫事,非必由愤懑致之,盖不食则血上溢也。同系者告余曰:'断食七日不必死,有素嗜罂粟膏者,眩掉呕写,绝粒四十二日,犹故不死,况于彼为六分之一耶?'因复进食。然所食皆麦饭带稃,日食三合,粗粝鲠会咽,顾视便利,则麦复带稃而出,其不能输精成血可知。同系五百人,一岁死者百六十人,盖三分而瘏毙其一矣。余复谓威丹曰:'食亦死,知必死,吾有处之之道。'自是狱卒陵藉,余亦以拳拟之,或夺其椎。固自知力不逮,亦太史公所谓知死必勇者,以是遭狱卒踶跌二次。印度人尤暴横,每举足不择腰膂腹背,既仆地,则数狱卒围而击之,或持椎捣其胸间,至闷绝,乃牵入铁槛中。以伤死者甚众，既无检尸具结之事，故恣肆无所顾忌。或时为医生检得，则罚金四五圆耳。而狱卒复造私刑为钳制计，其法以帆布为梏，反接两手缚之，加以木楔，名曰软梏。梏一小时许，则血管麻木，两臂如针刺状，虽巨盗弗能胜，号呼宛转，声彻全狱，其虐较拶指为甚。凡狱囚与外交通书札，则以此钳制之，故暴戾之状，不闻于外。余复受梏三次，由今思之，可以致死者数矣。威丹略解英语，稍与委蛇，未罹斯酷。"（《汉帜》第二期，1907年1月出版，署名"太炎"。）

　　章氏后来在《革命军约法问答》中述同狱者人语曰："今西人所设狱，外观甚洁清，而食不足以充腹，且无盐豉，衣又至单寒，卧不得安眠，闻铃即起，囚人相对，不得发一言，言即被棒，此直地狱耳。……五百囚人，一岁而死者一百六十有奇。"（《民报》第二十二号，1908年7月10日出版，列为"主客语，"《文录》未收。）

　　辛亥革命后，章氏在南通和人"答问"中也言及狱事："定罪甚奇，予住捕房十个月，甚闷。某日，会审公堂忽传予，谓上海道有文书来，北京外务部与各公使会议，定汝罪监禁西牢三年，是夕移入狱。此事甚奇，外部掌外交，民刑事自有主管部衙门，予罪乃烦外部判定；予为中国人，各公使为外国人，定予罪乃烦各公使会议，奇奇。"章氏在狱中罚作裁缝，"予担任者二、缝袜底，一也；犯人衣上编号写字，二也。最后升一美缺，曰烧饭。"（《章太炎先生答问》，见《太炎最近文录》。）

　　章氏在狱中备受艰苦，而革命之心，毫不动摇，《东京留学生欢迎会演说辞》曾追述，见"光绪三十二年（1906年）三十九岁"条。

　　冬，光复会成立，推蔡元培为会长，其誓词为"光复汉族，还我山河，以身许国，功成而退"。章氏《光复军志序》称："光复会初立，实余与蔡元培为之尸，陶成章、李燮和继之。总之，不离吕、全、王、曾之旧域也。"查这时章氏在狱中，积极策划光复会成立的，实为陶成章。魏兰：《陶焕卿先生行述》称："（癸卯）其时在日诸志士，组织义勇队，推汤尔和、钮铁生为代表，谒袁世凯，欲以拒俄为名，假其兵力，图谋革命，事不成，疑先生（指陶成章，下同。）从中破坏。命龚宝铨（原名国元，字薇生。）与先生同居，侦察先生之所为。及闻先生议论，始知先生之苦衷，于是陶、龚称为莫逆。先生得龚君之介绍，遂联络嘉属诸志士。是年，柳州事起，先生拟往扶助之。未几，事旋败，先生乃止其行。癸卯冬十二月，魏兰拟归浙江运动，陈蔚介绍先生同往，遂与魏兰由东京而至上海，与蔡元培熟商进取之法。及抵杭州，寓杭州白话报馆，时已腊月二十八矣。……次日，得孙翼中之介绍，先生偕魏兰见濮振声于仁和狱中。甲辰正月初四日复往，振声为先生出介绍函数通，名片数十纸，以为联络秘密会之助。由是先生改名陶起东，偕魏兰买舟先至桐庐之招山埠客董魏兰存家。兰由水道经兰溪、龙游而至云和。先生由岸道步行至分水、建德经松阳而至云和。魏兰创先志学堂，请先生为教习。……先生以掌教为名，寄居学校，兰则奔走于栝、瓯两郡。兰之堂侄魏毓祥，亦驰往松阳、青田、温州等处联结会党。夏四月，先生因陈大齐事，驰赴温州，乘海船而至上海。未几，偕龚宝铨而至杭州，在杭州白话报馆。月馀，著《中国民族权力消长史》，函托陈蔚向各志士假金而印之。时魏兰又由处州联络丁镈、吴应龙等；复偕丁镈至缙云，联络李浩钟，运动吕逢樵、吴嘉益等。至永康，运动沈荣卿：至金华，运动张恭等；如武义之周华昌，台州之王锡彤，处州之王金宝等，本与荣卿相联合：由是各府之党会联为一气矣。

"秋八月，兰与毓祥由缙云经永康、金华至嘉兴，与敖嘉雄接洽。先生在上海与蔡元培等密谋，定于十月初十日万寿节，黄兴在湘、鄂两省同时并举，以闽、浙两省为后援。议定，先生遂乘轮而至温州，盖不知兰等之由陆路而出也。及兰等抵上海，见蔡元培，始知彼此相左之。兰以函达，先生乃由温返申，偕魏兰、魏毓祥至嘉兴，与龚宝铨、范拱薇、敖嘉熊接洽，再由嘉兴经杭州，买舟而至金华，并带《猛回头》、《新山歌》等数千册，暗中分送。时张恭组织戏班，在义乌、金华间往来演唱，先生与魏兰、魏毓祥遂至班内，与张恭接洽，对外人则诈称堪舆家为卜吉穴而至。戏班所至之地，咸随往之。既而魏毓祥至处州，魏兰至永康，复偕沈荣卿至张恭班内，事甚秘密。至十月初十日，先生等始与言明湘、鄂之事，于是沈荣卿、张恭等，乃命其部下预备一切。过数日，湘、鄂杳无动静，先生遂由义乌经诸暨而至杭城。阅上海各报，始知湖南事败，湖北、福建因按兵不动。先生仍由杭城而至义乌。往返四日，每日步行一百一十里之多，其不辞劳瘁有如此者。自是，魏兰则归处州，筹划经费，先生则由义乌至永康，又由永康至东阳之至山尖，与大开和尚等接洽。复由台州而至上海。……

"是冬，先生又与皖、宁各志士在上海组织一秘密会，名曰光复，以蔡元培为会长。十二月，先生约兰赴日本，与诸志士筹商，兰因变卖田产，偕毓祥等腊杪始至上海，而先生则先期而行。"（油印稿，陶本生先生旧藏。）

《行述》撰于 1912 年 8 月，距陶成章被刺仅七月，魏兰又亲历光复会筹备事，所言较为可信。《浙案纪略》说：当时"组织有暗杀团，规则极为严密，为上海中国教育会会长蔡元培所觇知，求入其会，于是改名为光复会，又曰复古会。"沈飏民回忆："（癸卯十一月）又在王嘉祎寓所举行第二次密商，陶成章等均参加。为了取得革命武装根据地，决定陶成章、魏兰分往浙江、安徽二地，龚宝铨往上海，张雄夫和我往湖南长沙，与华兴会首领黄兴联系，因黄兴已在长沙暗策革命，武装起义庶可首尾相应也。……陶成章、魏兰归国后，奔走浙江各地，联络会党，策划革命。……一九〇四年八月，陶成章联络各地会党参加革命的工作，略有头绪，就到上海和黄兴、蔡元培密谋，决定十月十四日'万寿节'实行武装革命。……一九〇四年（甲辰），龚宝铨也在上海组织暗杀团，与陶成章、敖嘉熊、黄兴暗中配合。暗杀团成立后，人数极少，力量单薄。龚宝铨想扩大组织，是时陶成章来上海，龚、陶在东京时，已成刎颈之交，两人密商后，根据东京浙学会的原议，组织一革命团体。因章炳麟在狱中，惟蔡元培系清朝翰林院编修，声望素高，欲推为首领，以资号召。陶素知蔡书生气重，恐不能相容，反使工作造成不利，于是由龚宝铨先与蔡元培商讨，决定扩大暗杀团组织，并由蔡元培自动提出邀陶成章参加，于是光复会遂在上海正式成立。"（《记光复会二三事》，《辛亥革命回忆录》第四集第 131—142 页，中华书局 1963 年 1 月版。）

由上可知，光复会成立于本年冬，是在上海成立的。光复会奔走最力的是陶成章、龚宝铨，而蔡元培则是"求入其会"，"推"出来的。

光复会成立时，章氏虽在狱中，却很有关联：第一，"光复会的前身是军国民教育会，而军国民教育会的前身则是支那亡国纪念会，这个会是在日本的章太炎……等为了挽救祖国的危亡而组织的。后因日本政府不许其他国家的人民在它的国土上进行政治活动，军国民教育会就迁来上海。适值蔡元培先生来沪，闻有这个组织，即来参加入会。后经商讨，改名为光复会，蔡被选为光复会会长。"（陈魏：《光复会前期的活动片断》，《辛亥革命回忆录》第四集第127页。）章氏自撰《龚未生事略》也说，龚宝铨"未冠，直义和团之变，即有光复志。游学日本，以争俄约与黄克强、钮惕生、杨笃生、陶焕卿、汤尔和相集为军国民教育会，与上海言光复者相应和。"（《华国月刊》第一卷第二期，收入《文录续编》卷四。）支那亡国二百四十二年纪念会，章氏是主要发起人之一，《纪念书》也出自章氏手撰，"其后留学界中爱国团体缤纷并起，即导源于亡国纪念会。"（冯自由：《革命逸史》初集第54页《章太炎事略》。）

第二，章氏在狱中，不断寓书同志，矢志革命，据冯自由称，章曾致书蔡元培等策动光复会的成立。"至甲辰秋，乃招集江、浙、皖数省同志扩大为革命党集团。会蔡元培从青岛归上海，觇知其事，乃求入其会，愿与合作，团员非常欢迎，于是更将规章详加修订，定名曰光复会，群推元培为会长。……是冬，光复会始在沪正式成立。章炳麟时在狱中，尝致书元培等策动之。"（《中华民国开国前革命史》续编上卷第68—69页。）章氏在辛亥革命后发表的《致临时大总统书》也说："详考光复会初设，实在上海，无过四、五十人；其后同盟会兴于东京，光复会亦渐涣散。"（《大共和日报》，1912年1月28日。）光复会的成立，章应参预。

第三，光复会成立于本年，而"光复"之名，则在章氏1903年所撰《革命军序》中早经揭橥："同族相代，谓之革命；异族攘窃，谓之灭亡。改制同族，谓之革命；驱逐异族，谓之光复。今中国既灭亡于逆胡，所当谋者光复也，非革命云尔。"《狱中答新闻报》也说："吾之序《革命军》，以为革命、光复，名实大异。从俗言之，则曰革命；从吾辈之主观言之，则曰光复。"疑光复会的定名，也与章氏有关。（章氏后来在《民报》第八号发表的《革命之道德》更明确说明："吾所谓革命者，非革命也，曰光复也，光复中国之种族也，光复中国之州郡也，光复中国之政权也。以此光复之实，而被以革命之名。"《汉帜发刊序》说："索虏入关以来，汉乃日失其序，然名号犹与所谓满者相对。一二豪俊得依之以生起光复之念，而后乃今将树汉帜焉。"《民报》第十二号发表的《社会通诠商兑》说："光复旧邦之为大义，被人征服之可鄙夷，此凡有人心者所共审。"《民报》第十三号发表的《官制索隐》说："吾侪所志，在光复宗国——《文录》作'中国'而已。光复者，义所任，情所迫也。光复以后，复设共和政府，则不得已而为之也，非义所任、情所迫也。"《民报》第二十二号发表的《革命军约法问答》说："为目前计，保护僧侣，无过表示文明，趣以集事；为久远计，黎仪旧德，维国之桢，与之特别保护，则光复家之分所应为者。"知"光复"之名，章一直沿用。）1910年重组光复会时，推章氏为会长，渊源有自。

章氏在狱中，曾经专修佛学，对他今后的思想演变有关。查章氏在1897年，受到夏曾佑影响，略涉《法华》、《华严》、《涅槃》诸经，"不能深也"。宋恕说："何不取三论读之。"他读后"亦不甚好"。戊戌政变后，流亡日本，购得《瑜伽师地论》，又以"烦扰未卒读"。"苏报案"发生,友人送来《瑜伽师地论》,《成唯识论》。蒋维乔说,章、邹"二人初系福州路工部局,禁令尚宽,每周可容亲友前去探视一次。中国教育会在沪同人,约定以二人轮值,前往探问送食物,太炎索阅《瑜伽师地论》,是书当时上海尚无处可购,惟蒋智由寄存于会中书箧内有之,乃设法取出,送与太炎"。(《章太炎先生轶事》,《制言》第二十五期。)章氏"晨夕研读,乃悟大乘法义"。思想发生变化。他自己说:"遭世衰微,不忘经国,寻求政术,历览前史,独于荀卿、韩非所说,谓不可易;自余闳眇之旨,未暇深察;继阅佛藏,涉猎《华严》、《法华》、《涅槃》诸经,义解渐深,卒未窥其究竟。及囚系上海,三岁不觌,专修慈氏、世亲之书,此一术也。以分析名相始,以排遣名相终,从人之涂,与平生朴学相似,易于契机。解此以还,乃达大乘深趣。私谓释迦玄言,出过晚周诸子不可计数,程、朱以下,尤不足论。"(《菿汉微言》。)又说:"余少年独治经史通典诸书,旁及当代政书而已,不好宋学,尤无意于释氏。三十岁顷,与宋平子交,平子劝读佛书,始观《涅槃》、《维摩诘起信论》、《华严》、《法华》诸书,渐及玄门,而未有所专精也。遭祸系狱,始专读《瑜伽师地论》及《因明论》、《唯识论》,乃知《瑜伽》为不可加。既东游日本,提倡改革,人事繁多,而暇辄读藏经,又取魏译《楞伽》及《密严》诵之,参以康德、萧宾诃尔之书,益信玄理无过《楞伽》、《瑜伽》者。"(《自述学术次第》。)那么,"苏报案"发生以前,章氏对佛学尚"未有所专精";他的"益信玄理无过《楞伽》、《瑜伽》者",则在入狱以后。他认为佛学中禅宗以外,法相、华严最为可用。因为"这华严宗所说,要在普渡众生,颈目脑髓,都可施舍与人,而道德上最为有益;这法相宗所说,就是万法惟心,一切有形的色相,无形的法尘,总是幻见幻想,并非实在真有"。必须"要有这种信仰,才能勇猛无畏,众志成城,方可干得事来"。(《东京留学生欢迎会之演说辞》。)这样,"用宗教发起信心",才能"增进国民之道德",坚定革命的意志,以使"众志成城",企图把佛学"改造"成为革命斗争和个人意志锻炼的"思想武器",则他在狱中的潜研佛学,并不是消极的"遁世"。但,章氏只注意从"古事古迹"作为宣传动员群众的方法,想从佛学中汲取"改造",这就反映了资产阶级革命家的软弱性。他这种"高妙的幻想",没有实现,也不可能实现。

本年,《訄书》"重印本"于日本出版。查章氏于 1902 年把《訄书》删革重编,本年铅字排印出版(重印本)。"重印本"扉页(章氏肖像的背面)云:"章太炎先生名炳麟,浙江馀杭人也。素雄于文,博治经史百家,而尤注意于明季文史。深维汉族亡国之痛,力倡光复主义,作《訄书》以见志,文渊奥古,俗吏未之察也。及去年作《答康有为政见书》,遂被逮,而《訄书》改订本则已于前数月脱稿。阅一年,其友为之出版,网罗古今学说,折衷己意,而仍以光复主义为干。先生之学术,其荦荦者略具于是书矣。"下署"共和二千七百四十五年夏四月出版"。

【著作系年】《狱中与威丹唱和诗》(《汉帜》第二期,1907 年 1 月出版)。

《訄书》重印本出版,日本东京翔鸾社印刷,铅字排印本,目录见"光绪二十八年壬寅"条。

光绪三十一年乙巳(1905年)　三十八岁

【自定年谱】在狱研诵《瑜伽师地论》。威丹狱期将满,春正月,病温,医师以为必死。二月,就会审公廨保释,得诺。出狱前一日,摄赴工部局医院,医师予药一函,归服之,夜半即死。明旦,余往抚其尸,口张目视,恸不能出声。晡时舆尸出狱,上海刘季平舍地葬焉。

【国内大事】正月,帝俄侵占新疆巴尔鲁克山地方,继续进兵喀什噶尔。二月初五日(3月10日),日军占领沈阳城,俄军全数退出。二十日(25日),上海《警钟日报》被封。二十九日(4月3日),邹容死于狱中。三月初二日(6日)帝俄入踞吉林长春。十一日(15日),上海新华纱厂工人发生反裁减工人斗争。二十五日(29日),上海集成纱厂工人罢工。四月初五日(5月8日),军机处命查禁《浙江潮》、《新民丛报》、《新小说》等书刊。初七日(10日),上海各帮商董召开商务总会议决,两月内美国不改虐待华侨苛例,即行抵制美货。五月初一日(6月3日),广州士商会议抵制美约。接着,湖州、苏州、天津、南京、汕头、潮州、杭州、福建以及新加坡等地纷纷抵制美约。六月十七日(7月19日),上海绅商集议抵制美国工约,议决不定美货。次日,各帮商董签允并电三十五埠照行。二十八日(30日),同盟会于东京成立筹备会,十七省代表参加,通过党名、誓词并宣誓。七月十三日(8月13日),留日学生于东京召开欢迎孙中山大会。二十日(20日),同盟会正式成立,推孙中山为总理。八月初四日(9月2日),清政府命废科举,推广学堂。二十六日(24日),出洋考察政治五大臣出都,吴樾以炸弹伤载泽、绍英,吴樾死难。九月初八日(10月6日),留日学生召开戊戌庚子死难诸人纪念会。二十八日(26日),清政府命尚其亨、李盛铎会同载泽、戴鸿慈、端方前往各国考察政治。十月二十九日(11月25日),清政府命各省严禁革命排满学说。十月三十日(11月26日),同盟会机关报《民报》在东京创刊。十一月十二日(12月8日),陈天华抗议日本颁布留学生取缔规则,于东京投海自杀。

正月二十日(2月23日),《国粹学报》在上海创刊,邓实主编,旬刊,撰稿者有章氏、刘师培、黄节、陈去病、马叙伦等。《发刊辞》谓:"刊发报章,用存国学,月出一编,颜曰国粹","钩元提要,括垢磨光,以求学术会通之旨,使东土光明,广照大千,神州旧学,不远而复。"分"社说"、"政篇"、"史篇"、"学篇"、"文篇"、"丛谈"、"撰录"诸栏。第一号刊有章氏癸卯年《与刘申叔书》、《再与刘申叔书》。

二月二十日(3月25日),《国粹学报》乙巳年第二号出版,"撰录"栏有《章太炎释真》:"《说文》真,仙人变形而登天也。从匕从目,从乚川,所乘载也。炱,古文真。案古文下从兦,即从卵而合之,盖多细胞生物必有死,而单细胞生物万古不死。卵字作双耳相背,象多细胞也;兦字合而一之,则单细胞也。真人不死,必化单细胞物,故从匕兊也。"

二月二十九日（4 月 3 日），邹容卒于狱中。《狱中与威丹唱和诗》称："仲春二月，时近清明，积阴不开，天寒雨湿，鸡鸣未已，吾弟以亡，且日十点钟顷，余始往视，距气绝八小时矣，目犹未瞑，同系者亦多〈目〉为疑案，呜呼哀哉。""威丹既殁，白人稍善视余，使任执爨之役，因得恣意啖食。余之生，威之死为之也。假令业识不亡，复循旧趣，他日生千猛士，君然可知。恨含敛时未令医师剖验，不知果以病终否耳。"（《汉帜》第二号，1907 年 1 月出版。）

章氏为撰《邹容传》，初在日本《革命评论》上发表时谓："明年二月，容病心悸，西医来验视云：'病易治。'食以牛乳。又二十日，曰：'病稍甚，吾当请而释之。'其夕，积阴不开，天寒地湿，鸡初鸣，卒于狱中。旦日，余往抚其尸，距气绝八小时矣，目不瞑，同系者皆疑医师受贿酖之。"（《革命评论》第十号，明治四十年三月二十五日出版，署名"章炳麟"。）后又修润："容在狱，日就炳麟说经，亦时时讲佛典，炳麟以因明入正理论授之，曰：'学此可以解三年之忧矣。'明年，狱决，容、炳麟皆罚作。西人遇囚无状，容不平，又啖麦饭不饱，益愤激，内热浚膏。炳麟谓容曰：'子素不嗜声色，又未近女，今不梦寐而髓自出，宜惩忿自摄持，不者，至春当病温。'明年正月，疾果发，体温温不大热，但欲寐，又懊憹烦冤不得卧。夜半，独语骂人，比旦皆不省。炳麟知其病少阴也，念得中工进黄连、阿胶、鸡子、黄汤，病日已矣，则告狱卒长，请自为持脉疏汤药，弗许。请召日本医，弗许。病四十日，二月二十九日夜半，卒于狱中，年二十一矣。诘朝，日加已，炳麟往抚其尸，目不瞑，内外哗言西医受贿，下毒药杀之，疑不能明。然西医视狱囚至微贱，凡病，皆令安坐待命，勿与药，狱囚五百，岁瘐死者率一百六十人，容疾始发而医不知其剧，比日久，病能已著，顾予以热病常药，亦下毒之次也。"（《民报》第十九号，1908 年 2 月 25 日出版；章氏后撰《赠大将军邹君墓表》，就本文加以增损。）

三月初一日（4 月 5 日），中国教育会同人，在上海愚园召开追悼邹容大会。蒋维乔回忆："二月二十九日，邹容病毙于狱中，叶浩吾有函告蔡子民，已由中外日报馆备棺殡殓，十日之内，即须埋葬，嘱会中觅地及筹葬费。三月初一日，教育会同人，在愚园开邹容追悼大会，到会者五十馀人。初二日，在爱国女学校，会议邹容善后事宜，拟将柩暂停于会馆，一面择地，一面通知其家属，后有义士刘东海愿以其宅畔空地，为邹容墓穴。会中乃就此地，开始经营葬事。"（《中国教育会之回忆》，《上海研究资料续集》。）

邹容逝世之次年，《复报》第四号"批评"栏载《生章炳麟与死邹容》，略云："居今日之中国，而不以民族主义为前途唯一之目的者，此其人必与现政府有特别之姻缘者也；否则抱高官厚禄之志愿，欲为小朝廷大臣者也；否则无国家思想，不知天地为何者也；否则为康、梁邪说所惑，混淆其良知者也。除此数种人外，此主义固有黄河伏流一泻千里之势矣。然此特近岁之现象耳，求诸四、五年前，实渺不可得。……

"其首以微言大义，变易一世，光祖宗之玄灵，振大汉之天声，使有今日之影响者，舍章馀杭、邹巴县外，更谁属哉！两先生宗旨同，言论同，为言论而遭虏廷疾视，代众生入地狱亦同，惟生死独大异，而其近今皆有特别之纪念则又同。……

　　"传有之曰：'不有居者，谁守社稷；不有行者，谁捍牧圉。'两先生之一生一死，亦可作如是观矣。生者以言论救天下，死者以血肉殉同胞。……然则两先生之造福于国民，岂浅鲜哉！"

　　三月二十日（4月24日），《国粹学报》第三号出版，"撰录"栏有《章太炎读佛典杂记》，系"择录"，共三则，其一谓："人之能力，不能连续行动，而快乐者即行动之结果，行动不能连续，故快乐不能连续也。""若自由活动，不被阻遏，断无苦感，故爱活动者，必不爱苦。"其二谓："天下无纯粹之自由，亦无纯粹之不自由，何以言之？饥则必食，疲则必卧，迫于物理，无可奈何。虽昌言自由者，于此亦不得已，故天下无纯粹之自由也。投灰于道，条狼所遮焉；便利于衢，警察将引焉。有法制在，而不得不率行之，则喜其自由矣。虽然，苟欲自由，任其苛罚，亦何不可，今自愿其自由，而率从于法律，即此自愿，亦不得不谓之自由，故曰天下无纯粹之不自由也。然则虽至柱囚奴隶，其自由亦无所失。所以者何？住囚奴隶，人所强迫也，而天下实无强迫之事。苟遇强迫，拒之以死，彼强迫亦无所用。今不愿死，而愿从其强迫，此于死及强迫二事，固任其取舍矣。任取其一而任舍其一，得不谓之自由乎？"其三谓："自利性与社会性，形式则殊，究极则一。离社会性即无自利，离自利性亦无社会。""然则非障碍者，固亦不戕，虽障碍者以欲除其障碍之事，而不得不戕其人，所戕者人，所欲戕者在事，是故事无障碍，则同类意识如故。巨盗入门，知主人无若我何，则未有伤害主人者。小盗窃钩，虑主人之格逐，则始有伤害主人者。然则其所谓利，但在得藏，非在伤人，是亦无损于社会性也。"按章氏在狱中研治佛典，上录三则，寻文绎意，应为狱中所撰。

　　八月（9月），《訄书》"重印本"再版。

　　八月二十日（9月18日），《国粹学报》第八号出版，"撰录"栏有《章太炎与某君书》，注明"壬寅正月七日"，按即《致吴君遂书三》，内有删节，见"光绪二十八年壬寅（1902年），三十五岁"条。另有《癸卯口中漫笔》，见"光绪二十九年癸卯（1903年），三十六岁"条。

　　九月二十日（10月18日），《国粹学报》第九号出版，"撰录"栏有《章太炎答某君论编书书》，下注"辛丑十二月十二日"，按即《致吴君遂书二》，见"光绪二十七年辛丑（1901年），三十四岁"条。

　　十月三十日（11月26日），中国同盟会机关报《民报》出版，（《民报》第一号再版本所记为10月20日印刷，据邹鲁《中国国民党史稿》所记为11月26日出版。）在日本东京发行。孙中山撰《发刊词》："近时杂志之作者亦伙矣，娇词以为美，嚣听而无所终，摘埴索涂，不获则反复其词而自惑，求其斟时弊以立言，如古人所谓对症发药者已不可见，而况夫孤怀宏识、远瞻将来者乎？夫缮群之道，与群俱进，而择别取舍，惟其最宜。此群之历史既与彼群殊，则所以掖而进之之阶级，不无后先进止之别。由之不贰，此所以为舆论之母也。余维欧、美之进化，凡以三大主义，曰民族，曰民权，曰民生。”“是三大主义，皆基本于民，递嬗变易，而欧、美之人种胥冶化焉。其他旋维于小己大群之间，而成为故说者，皆此三者之充满发挥而旁及者耳。今者中国以千年专制之毒而不解，异种残之，外邦逼之，民族主义、民权主义殆不可以须臾缓，而民生主义，欧、美所虑积重难返者，中国独受病未深而去之易。是故或于人为既往之陈迹，或于我为方来之大患，要为缮吾群所有事，则不可不并时而弛张之。”“近时志士，舌敝唇枯，惟企强中国以比欧、美，然而欧、美强矣，其民实困，观大同盟罢工，与无政府党、社会党之日炽，社会革命，其将不远。吾国纵能媲迹于欧、美，犹不能免于第二次之革命，而况追逐于人已然之末轨者之终无成耶？夫欧、美社会之祸，伏之数十年，及今而后发见之，又不能使之遽去。吾国治民生主义者，发达最先，睹其祸害于未萌，诚可举政治革命、社会革命毕其功于一役，还视欧、美，彼且瞠乎后也。翳我祖国，以最大之民族，聪明强力，超绝等伦，而沈梦不起，万事堕坏，幸为风潮所激，醒其渴睡，旦夕之间，奋发振强，励精不已，则半事倍功，良非夸嫚。惟夫一群之中，有少数最良之心理，能策其群而进之，使最宜之治法，适应于吾群，吾群之进步，适应于世界，此先知先觉之天职，而吾《民报》所为作也。抑非常革新之学说，其理想输灌于人心，而化为常识，则其去实行也近。吾于《民报》之出世觇之。”（《民报》第一号。）

　　查《民报》系就《二十世纪之支那》“改名而来”。（宋教仁：《我之日记》第 5 第 25 页。）《二十世纪之支那》，日本东京中国留学生会馆发行，开国纪元四千六百〇三年五月初一日出版。《发刊之趣意》为：“对于内足以组织完全之国家，对于外足以御列强之吞噬。于是树二十世纪新支那之旗于支那，此则我《二十世纪支那》杂志所以发刊之趣意也。”

　　【著作系年】《释真》（《国粹学报》乙巳年第二号，光绪三十一年二月二十日出版）。《读佛典杂记》（《国粹学报》乙巳年第三号，光绪三十一年三月二十日出版，右文版《别录》卷三存三则，浙江图书馆版删）。

　　《訄书》重印本再版出书（日本东京翔鸾社铅字排印本，署“共和二千七百四十六年秋八月再版”）。

章太炎年谱长编　卷三

（1906 年—1911 年）

说　明

本卷记述 1906 年—1911 年章太炎三十九岁至四十四岁的主要事迹。

1906 年 6 月 29 日,章氏出狱,中国同盟会派员至沪迎章赴日,担任《民报》主编。《民报》是同盟会的机关报,创刊于 1905 年 11 月 26 日,在日本东京印刷。从第七号起（1906 年 9 月 5 日出版）,由章氏主《民报》笔政。编至第十八号（1907 年 12 月 25 日出版）,章氏以脑病辞职,由张继接办一期（十九号）,陶成章接办三期（第二十一——二十二号）。二十三号起（1908 年 8 月 10 日出版）,仍由章氏主编。出至二十四号时（1908 年 10 月 10 日出版）,《民报》被封禁。

章氏主持《民报》,深刻揭露改良派"污邪诈伪"、"志在干禄"的丑态,积极阐扬推翻清朝、"建立民国"的旨意,愤怒斥责革命投机分子"自慕虚荣"、"私心暧昧"的劣迹,和立宪党人斗,和向敌人献策的吴敬恒等人斗。他在《民报》上发表的文章,大都针锋相对,文字锐利,"真是所向披靡,令人神旺"。（鲁迅:《关于太炎先生二三事》。）

1908 年 10 月,日本政府下令"封禁"《民报》,章太炎亲至警厅,慷慨陈词:"我言革命,我革中国之命,非革贵国之命。我之文字,即鼓动人,即扇惑人,扇惑中国人,非扇惑日本人,鼓动中国人,非鼓动日本人。于贵国之秩序何与? 于贵国之治安何与?""言论自由,出版自由,文明国法律皆然,贵国亦然,我何罪?"迫使"厅长无言。"

这时,章太炎还在《汉帜》、《复报》等刊物和宣传革命的书籍上,发表诗文或撰序介绍。

辛亥革命前,章太炎对敌斗争的英勇,攻战文字的犀利,至今犹感生气勃勃。这些,正是他一生中"最大、最久的业绩"。

但,章太炎在革命和"光复",以及推翻清朝后进行怎样的政治、经济上的改革,同"伟大的革命先行者孙中山先生"每有分歧。他在《民报》上发表的论文,也夹杂唯心论和封建糟粕。章太炎的门户之见也深,在《民报》封禁前后,与同盟会发生磨擦,旋和陶成章等重组光复会,闹派别纠纷。

与此同时,章太炎在日本讲学,常为《国粹学报》撰写学术论文,先后完成《小学答问》、《新方言》、《齐物论释》、《庄子解诂》、《国故论衡》等专著,在语文、历史、哲学方面均有创获,对近代学术产生很大影响。但 1909 年后,他的政治论文,却相对地减少;

他在 1910 年手改的《訄书》也已"渐减锋芒"了。

光绪三十二年丙午(1906 年)　三十九岁

【自定年谱】在狱研诵《瑜伽师地论》。五月,期满出狱。同志自日本来访。时孙逸仙与善化黄兴克强,已集东京学子千馀人设中国同盟会,倡作《民报》,与康氏弟子相诘难。主之者,溥泉及桃源宋教仁遯初、番禺胡汉民展堂、汪兆铭精卫、朱大符执信也。余抵东京,同志迎于锦辉馆。来观者七千人,或着屋檐上。未几,以寿州孙毓筠少侯之请,入同盟会,任《民报》编辑。余以胡、汪诘责卓如,辞近诟谇,故持论稍平。湖南徐佛苏来道卓如意,欲为调停。克强不许。其冬,《民报》创置满一岁,赴锦辉馆庆祝,观者万人。是时东京人材最盛,满洲人留学者至匿姓名不敢言。国内学子以得《民报》为幸,师禁之,转益珍重,化及全域,江湖耆帅皆愿为先驱,而湖南陈天华亦著小册称《猛回头》,潜输内地,重摹至十馀次。威丹所作《革命军》者,则直银二十两云。天华后以忧愤蹈海死,不与其成,可惜也。是岁,义军起萍乡,安化李燮和柱中所为也。

【国内大事】三月二十一日(4 月 14 日),上海华新纱厂工人罢工,反对售厂与日人。五月初八日(6 月 29 日),章太炎出狱。七月初四日(8 月 23 日),出国考察宪政大臣载泽归国。七月十三日(9 月 1 日),清政府颁诏预备立宪。八月二十八日(10 月 15 日),云南留日学生创办《云南杂志》。九月二十一日(11 月 7 日),清政府宣布厘定京官制,内阁、军机处、外务部、吏部、学部均仍旧,巡警部改民政部,户部改度支部,兵部改陆军部。十月十七日(12 月 2 日),《民报》在东京开一周年纪念会,孙中山、章太炎等二十馀人演说。十九日(4 日),萍乡、醴陵、浏阳起义。十一月初九日(24 日),安徽宣城饥民起义。初十日(25 日),江苏南翔难民起义。十二月二十三日(1907 年 2 月 5 日),俞樾死。

五月初八日(6 月 29 日),章氏出狱,孙中山派人赴沪迎接。章氏抵日后,即主《民报》笔政。《口授少年事迹》称:"夏,余监禁期满,中山自东京遣使来迎,遂赴东京,入同盟会,主民报社。"蒋维乔回忆:"五月初八日,章炳麟监禁期满,将于是日出狱。事前数日,会中先行预备,购定船票,送往日本。是日之晨,蔡子民,叶浩吾及余等在沪会员十馀人,均集于河南路工部局门前守候。十时,炳麟出,皆鼓掌迎之。遂由浩百陪乘马车,先至中国公学。即晚,登日本轮船。"(《中国教育会之回忆》,《上海研究资料续集》。)《复报》第四号"批评"栏《生章炳麟与死邹容》谓章"于五月初八日上午十一时出狱。先是,民报社有特派员来沪,延之主笔政,待已数日,即于是晚登轮,翌日就道,香港各处专电来致贺者有十馀起云。"《章太炎先生答问》则谓:"问:'先生何年东渡?'答:'予之出狱也,在丙午六月,是月即东渡。'问:'东渡何为?'答:'不得已也。方出狱时,官判三日内出租界,不准停留;又出狱日友人邀往中国公学(在租界外巴子路),公学之人皆惴惴，且虑有害予者，迫予去，故留三日即去。'……问：'出狱时，孙中山尝遣人接先生，有此事否？'答：'有之，曾遣人来。'问：'先生到东何作？'答：'东京民报馆办笔墨。'"（《太炎最近文录》。）《民国光复》讲演说："三年期满，出狱东渡，同盟会已由孙中山、黄克强等成立，以余主《民报》。初，孙之兴中会可号召南洋华侨，黄之华兴会可号召沿江会党，徐锡麟等之光复会可号召江、浙、皖士民。三党纠合为同盟会，惟徐锡麟未加入。黄克强系两湖书院出身，留学生亦多通风气，国内文学之士则未能生影响。自余主笔《民报》，革命之说益昌，入会之士益众，声势遂日张。"又据回忆："《民报》为同盟会之机关报，而同盟会别无事务所，即以民报社为事务所。《民报》发行所招牌悬于宫崎寅藏之家，编辑部在牛込区小川町，所有党事皆在编辑部治理。所谓民报社者，即编辑部也。专任主持者，先后有邓慕韩、董修武、黄树中、何天炯、鲁鱼、吴昆等。次年，章太炎将出狱，会中特派仇式匡、龚炼百、时功玖往上海欢迎，入社长驻之。"（江介散人：《革命闲话》，见《太平杂志》第一号，1929 年 10 月 1 日发行。）同盟会派往上海迎接章太炎的，据《总理年谱长编》为龚炼百，时功玖，胡国梁，仇亮。（卷上第 141 页。）而熊克武则称："丙午（1906 年）春，我和但懋辛奉命迎接章太炎出狱，我们问章：'你准备去哪里，'章说：'中山在哪里，我就去那里。'我们告诉他在日本，他就到东京去了。"（见《辛亥革命回忆录》第三集第 4 页。）疑熊克武回忆有误。

五月十五日（7 月 6 日），与宋教仁晤。宋教仁《我之历史》本日记："三时，至新宿孙少甫寓，晤章枚叔，枚叔于前月出沪狱，特来掌理《民报》者，与余一见面时，甫通姓名，即谈及哲学研究之法，询余以日本现出之哲学书以何为最？余以素未研究，不知门径对之，盖孤负其意不小矣。复谈良久。"（庚申桃源三育乙种农校石印本，1905 年后记事用阳历，以黄帝纪元，本年系"开国纪元四千六百零四年"，下同，见第四，第七叶上。）

五月二十四日（7 月 15 日），东京留学生开会欢迎，"是日至者二千人，时方雨，款门者众，不得遽入，咸植立雨中，无惰容"。（民意：《纪七月十五日欢迎章炳麟枚叔先生事》，见《民报》第六号。）章氏发表演说，述"平生的历史与近日办事的方法"。首谓："兄弟少小的时候，因读蒋氏《东华录》，其中有戴名世、曾静、查嗣庭诸人的案件，便就胸中发愤，觉得异种乱华，是我们心里第一恨事。后来读郑所南、王船山两先生的书，全是那些保卫汉种的话，民族思想渐渐发达。但两先生的话，却没有甚么学理。自从甲午以后，略看东西各国的书籍，才有学理收拾进来，当时对着朋友，说这逐满独立的话，总是摇头，也有说是疯颠的，也有说是叛逆的，也有说是自取杀身之祸的。但兄弟是凭他说个疯颠，我还守我疯颠的念头。

"壬寅春天，来到日本，见着中山，那时留学诸公，在中山那边往来，可称志同道合的，不过一二个人，其馀偶然来往的，总是觉得中山奇怪，要来看看古董，并没有热心救汉的心思。暗想我这疯颠的希望，毕竟是难遂的了，就想披起袈裟，做个和尚，不与那学界政界的人再通问讯。不料监禁三年以后，再到此地，留学生中助我张目的人，较从前增加百倍，才晓得人心进化，是实有的。以前排满复汉的心肠，也是人人都有，不过潜在胸中，到今日才得发现。……只是兄弟今日还有一件要说的事，大概为人在世，被他人说个疯颠,断然不肯承认,除那笑傲山水诗豪画伯的一流人,又作别论,其馀总是一样。独有兄弟却承认我是疯颠,我是有神经病,而且听见说我疯颠,说我有神经病的话,倒反格外高兴。为甚么缘故呢? 大凡非常可怪的议论,不是神经病人,断不能想,就能想也不敢说。说了以后,遇着艰难困苦的时候,不是神经病人,断不能百折不回,孤行己意。所以古来有大学问成大事业的,必得有神经病才能做到。……为这缘故,兄弟承认自己有神经病,也愿诸位同志,人人个个,都有一两分的神经病。近来有人传说,某某是有神经病,某某也是有神经病,兄弟看来,不怕有神经病,只怕富贵利禄当现面前的时候,那神经病立刻好了,这才是要不得呢! 略高一点的人,富贵利禄的补剂,虽不能治他的神经病,那艰难困苦的毒剂,还是可以治得的,这总是脚跟不稳,不能成就甚么气候。兄弟尝这毒剂,是最多的。算来自戊戌年以后,已有七次查拿,六次都拿不到,到第七次方才拿到。以前三次,或因别事株连,或是普拿新党,不专为我一人;后来四次,却都为逐满独立的事。但兄弟在这艰难困苦的盘涡里头,却没有一丝一毫的懊悔,凭你甚么毒剂,这神经病总治不好。"

至于近日办事的方法,章氏认为最紧要的是:"第一,是用宗教发起信心,增进国民的道德;第二,是用国粹激动种性,增进爱国的热肠。"

"先说宗教","有的说佛教看一切众生,皆是平等,就不应生民族思想,也不应说逐满复汉。殊不晓得佛教最重平等,所以妨碍平等的东西,必要除去。满洲政府待我汉人种种不平,岂不应该攘逐? ……所以提倡佛教,为社会道德上起见,固是最要;为我们革命军的道德上起见,亦是最要。总望诸君同发大愿,勇猛无畏。我们所最热心的事,就可以干得起来了。"

"次说国粹。为甚提倡国粹? 不是要人尊信孔教,只是要人爱惜我们汉种的历史。这个历史,是就广义说的,其中可以分为三项:一是语言文字,二是典章制度,三是人物事迹。近来有一种欧化主义的人,总说中国人比西洋人所差甚远,所以自甘暴弃,说中国必定灭亡,黄种必定剿绝。因为他不晓得中国的长处,见得别无可爱,就把爱国爱种之心,一日衰薄一日。若他晓得,我想就是全无心肝的人,那爱国爱种的心,必定风发泉涌,不可遏抑的。……照前所说,若要增进爱国的热肠,一切功业学问上的人物,须选择几个出来,时常放在心里,这是最紧要的。就是没有相干的人,古事古迹,都可以动人爱国的心思。当初顾亭林要想排斥满洲,却无兵力,就到各处去访那古碑古碣传示后人,也是此意。"最后谓:"要把我的神经病质,传染诸君,传染与四万万人。"(《东京留学生欢迎会演说辞》《民报》第六号)。

"此演说录,洋洋洒洒长六千言,是一篇最警辟有价值之救国文字,全文曾登《民报》第六号,而《太炎文录》中未见收入。"(许寿裳《纪念先师章太炎先生》,《制言》第二十五期。)

六月初五日(7月25日),《民报》第六号出版,登有章太炎《告白》:"接香港各报馆暨厦门同志贺电,感愧无量,惟有矢信矢忠,竭力致死,以塞诸君之望,特此鸣谢!"《民报》另载《广告》:"本报社编辑人兼发行人张继君有南洋之行,适馀杭章炳麟枚叔先生出狱来东,特继其任。自次号始。"

六月十五日(8 月 4 日),宋教仁再访章氏,《我之历史》记:"董特生遣人来邀余,今日下午,至新宿章太炎处议报事。下午二时,余遂至新宿,先至宫崎滔天家,不遇,乃至章太炎处,坐谈长久。特生、胡展堂亦至。乃议以太炎为总编辑,每月报由其总纂焉。"(第 4 第 10 页上。)

七月十五日(9 月 3 日),《复报》第四号出版。查《复报》于本年四月十五日在日本创刊,(以前曾出油印本。)柳亚子主编,执笔者有柳亚子、陈去病、金松岑、蔡冶民等,鼓吹反清革命,分"社说"、"政法"、"传记"、"文苑"、"批评"、"谈丛"、"来稿"、"历史"等栏。第四号《复报》内附"社告":"本社同人痛祖国之已亡,愤异族之无状,爰于去岁孟夏组织斯报,发挥民族主义,传播革命思潮,为国民之霜钟,作魔王之露檄。今春复大加改良,以谋进步。前数期出,即蒙欢迎,骤增销数。本社同人敢不奋勉,以副盛意。如有同志欲携至内地担任代派者,本社定当特别从廉,不胜盼切。"本期载有章氏"诗二首",《咏南海康氏》:"北上金台望国氛,对山救我带犹存。夺门伟绩他年就,专制依然属觉新","对山",指康有为,援明李梦阳为刘瑾搆陷下狱,书"对山救我"事,(康海字对山,刘瑾乡人。)讥康有为的喧言"衣带诏"高倡复辟,反对革命。又《杂感》二绝:"万岁山边老树秋,瀛台今复见尧囚。群公辛苦怀忠愤,尚忆扬州十日不?""谁教雨〔两〕犬兢呀呀,貂尾方山总一家。恨少舞阳屠狗侣,扫除群吠在潼华。"两诗应为旧作。

七月十七日(9 月 5 日),《民报》第七号出版,本期起,《民报》由章太炎主编。载有章氏所撰《俱分进化论》,(收入《章氏丛书》,见《太炎文录》初编《别录》卷二,下简称《别录》。)谓"进化之所以为进化者,非由一方直进,而必由双方并进。专举一方,惟言智识进化可尔。若以道德言,则善亦进化,恶亦进化。若以生计言,则乐亦进化,苦亦进化。双方并进,如影之随形,如罔两之逐景"。这就是他的所谓"俱分进化"。结论是"进化之实不可非,而进化之用无所取"。

八月上旬,国学讲习会成立。八月初九日(9 月 26 日),《我之历史》记:"至民报社,访章枚叔,坐谈最久,枚叔言国学讲习会已经成立,发布章程,其科目分预科、本科。预科讲文法、作文、历史,本科讲文史、学制、度学、宋明理学、内典学。又言诸君意欲请君讲宋元理学一科,可担任否? 余谓余于宋元理学尚未入门,派别亦不清楚。至于区分学别、折衷古今,则更不能矣,此责实不能任也。枚叔又言及作文一科无人担任,且此科无善法可教,作文之善否,不可以言喻,又无一定之法则者也。余言此诚无善法,但亦有可能以理法规定之者,则以此教之足矣。作文总不外乎文之有道理与否、及文之佳好与否,前者可谓之文理,后者可谓之文辞。文理即论理学,文辞即日本所谓修辞学,专就此二者,循此二学之理法讲之,则亦可乎? 枚叔谓此固然,但亦犹有未尽善者也。余又言中国宗教亦讲否? 枚叔言亦于文史学中略讲一二,但中国除儒释道三教外,馀皆谓之异教,不能知其教理若何也,又推而言及现今中国诸教。枚叔言江苏泰州一带有大乘教,为佛教之别起。于近时者,镇江一带有天心教,大概为白莲教之别派,以鼻梁上部两目中间之处为玄关修炼,至开通此玄关后,则呼吸皆可由此出入而得道矣云云。又谓道教现今最行世者不过三派：一丘长派，即北京白云观为之宗主；一天师派，即龙虎山为之宗主；一茅山派，起于秦时，茅濛字初成其宗主，尚未及知云。谈至十二时，遂留午餐"。（同上第4第35页上）。

八月十四日（10月1日），《我之历史》记："章枚叔来一片，问余以宋明理学讲义，能略说数篇否云。章枚叔来片中又有言及《说文》处，谓灋字平之如水，故从水廌，触不直者去之，故从廌去，今风宪官皆以獬廌为补服，皆因此神话也。又与灈〔灗〕同"。（同上第5第1页。）

《民报》第七号载有《国学讲习会序》，中谓："吾闻处竞争之世，徒恃国学固不足以立国矣，而吾未闻国学不兴而国能自立者也。吾闻有国亡而国学不亡者矣，而吾未闻国学先亡而国仍立者也。故今日国学之无人兴起，即将影响于国家之存灭，是不亦视前世为尤岌岌乎？"又谓："顾氏《日知录》者，固国闻中之良书也，数年前石印书贾发行之数，不下十万，其所以然者，乃以其言蕴藉，而且殚洽便于试场之吞剥，与国中治国闻者之级数，毫无比较之关系。而章氏之《訄书》，其价值与顾氏之书，可俟定论，而徒以其文艰深，骤难通晓，且大远于应世俗学，故庚子此书出世以后，即海内通识之士，又或表同情于章氏者，且艰于一读。而汤蛰仙之《三通考辑要》，当经济特科之顷，则不胫而走天下也。呜呼！此即可见治学者之劣根性也。""真新学者，未有不能与国学相契合者也。国学之不知，未有可与言爱国者也。知国学者，未有能诋为无用者也。作《訄书》之章氏者，即馀杭太炎先生也。先生为国学界之泰斗，凡能读先生书者，无不知之。今先生避地日本，以七次逋逃、三年禁狱之后，道心发越，体益加丰，是天特留此一席以待先生，而吾人之欲治国闻者，乃幸得与此百年不逢之会。同人拟创设一国学讲习会，请先生临席宣讲，取为师资，别为规则，附录于后。先生之已允为宣讲者：一，中国语言文字制作之原；一，典章制度所以设施之旨趣；一，古来人物事迹之可为法式者。""且先生治佛学尤精，谓将由佛学易天下。临讲之目，此亦要点。要之，先生之所欲授之吾人者多端，皆非吾人所能预揣，且将编为讲义，月出一册，故不赘。至国学所以须昌明之道，与由何道以昌明之，吾人皆将获确证之于先生。夫讲学者，必精博绝伦，且不可杂以丝毫利禄之念者也，而先生之学如彼，其为人昭然如日月如此，则吾所谓昌明之当属之何人者，则先生亦实未见其有偶，此则吾人亟欲语诸吾同志者也。世有同志，盍兴乎来！"

国学讲习会出有《国学讲习会略说》，铅字排印本，日本秀光社印行，1906年9月出版，署黄帝纪元六百四年，收《论语言文字之学》、《论文学》、《论诸子学》三篇。《论诸子学》，即同年七月二十、八月二十日出版之《国粹学报》丙午第八、第九号所载章氏所著《诸子学略说》，见下。

又，《民报》刊有"国学振兴社广告"："本社为振起国学、发扬国光而设，间月发行讲义，全年六册，其内容共分六种：一，诸子学；二，文史学；三，制度学；四，内典学；五、宋明理学；六，中国历史。每册售价四十钱，全年费先纳者二圆二十钱，但十月二十日前交费者，特别减价二圆。"并谓"第一期十一月二十日出版"，事务所则设在民报社。

查《国学振兴社讲义》第一册于本年编成，章氏为编辑兼发行人，铅字排印本，民报编辑所发行，秀光社印刷。(署中华民国纪元四千六百〇四年，当1906年；但封底则为日本明治三十九年十二月六日发行。)

收文三篇，第一篇《诸子系统说》，无署名，与《国学讲习会略说》中的《论诸子学》不同。于"西汉以前胪列诸子，订其得失者有《庄子天下篇》、《荀子非十二子篇》、《淮南要略篇》、《史记太史公自序》；若增入《艺文志》，则为五事，《艺文志》出于刘歆《七略》，是亦西汉人说也。"下列五书原文，最后"综论系统"。第二篇《管子馀义》，署"章炳麟学"，收入《章氏丛书》初编。(右文版、浙江图书馆版都收录。)第三篇《中国近代史》，(正文标题为《中国最近世史讲义。》)署汪震述。

八月二十日(10月7日)，《国粹学报》丙午年第九号出版，章氏所撰《诸子学略说》刊完，(刊于丙午年第八、九号。)即《国学讲习会略说》中的《论诸子学》。首谓："盖中国学说，其病多在汗漫，春秋以上，学说未兴，汉武以后，定一尊于孔子，虽欲放言高论，犹必以无碍孔氏为宗，强相援引，妄为皮傅。愈调和者，愈失其本真；愈附会者，愈违其解故。故中国之学，其失不在支离，而在汗漫。"

继谓："说经之学，所谓疏证，惟是考其典章制度与其事迹而已，其是非且勿论也。欲考索者，则不得不博览传记，而汉世太常诸生，唯守一家之说，不知今之经典，古之官书，其用在考迹异同，而不在寻求义理。故孔子删定六经，与太史公、班孟坚辈初无高下，其书既为记事之书，其学惟为客观之学。党同妒真，则客观之学必不能就，此刘子骏所以移书匡正也。若诸子则不然，彼所学者，主观之学，要在寻求义理，不在考迹异同。既立一宗，则必自坚其说，一切载籍可以供我之用。非束书不观也，虽异己者，亦必睹其籍，知其义趣，惟往复辩论，不稍假借而已。是故言诸子，必以周秦为主。

"古之学者，多出王官世卿用事之时，百姓当家，则务农商畜牧，无所谓学问也。其欲学者，不得不给事官府为之胥徒，或乃供洒扫为仆役焉。……观春秋时，世卿皆称夫子。夫子者，犹今言老爷耳。孔子为鲁大夫，故其徒尊曰夫子，犹是主仆相对之称也。《说文》云：'仕，学也'。仕何以得训为学？所谓宦于大夫，犹今之学习行走尔。是故非仕无学，非学无仕，二者是一而非二也。"以为"诸子出于王官"，"惟其各为一官，守法奉职，故彼此不必相通。……亦有兼学二术者，如儒家多兼纵横，法家多兼名，此表里一体互为经纬者也。"

续论各家，其"论儒家"，略谓："有商订历史之孔子，则删定六经是也；有从事教育之孔子，则《论语》、《孝经》是也。由前之道，其流为经师；由后之道，其流为儒家。""盖儒生以致用为功，经师以求是为职，虽今文、古文所持有异，而在周、秦之际，通经致用之说未兴，惟欲保残守缺，以贻子孙，顾与世事无与。"

"儒家之病，在以富贵利禄为心。盖孔子当春秋之季，世卿秉政，贤路壅塞，故其作《春秋》也，以非世卿见志，(公羊家及左氏家张敞皆有其说。)其教弟子也，惟欲成就吏材，可使从政。而世卿既难猝去，故但欲假借事权，便其行事。是故终身志望，不敢妄希帝王，惟以王佐自拟。观荀卿《儒效篇》云：'大儒者，天子三公也；(杨注："其才堪王者之佐也。")小儒者,诸侯大夫士也;众人者,工商农贾也。'是则大儒之用,无过三公,其志亦云卑矣。

"孔子之讥丈人,谓之'不仕无义',孟子、荀卿皆讥陈仲,一则以为无亲戚君臣上下,一则以为盗名不如盗货,(见《荀子·不苟篇》。)而荀子复述太公诛华仕事,(见《宥坐篇》。)由其不臣天子,不友诸侯,(见《韩非子·外储说右上》。)是儒家之湛心荣利,较然可知。""庄周述盗跖之言曰:'鲁国巧伪人孔丘,不耕而食,不织而衣,摇唇鼓舌,擅生是非,以迷天下之主,使天下学士不反其本,妄作孝弟,而侥幸于封侯富贵者也。'此犹曰道家诋毁之言也,而微生亩与孔子同时,已讥其佞,则儒者之真可见矣。孔子干七十二君,已开游说之端。其后儒家率多兼纵横者。"(见下。)"然则孔子之教,惟在趋时,其行义从时而变,故曰:'言不必信,行不必果。'"下引《墨子·非儒》讥评孔子"穷于陈、蔡之间"的"污邪诈伪"。谓:"其诈伪既如此,及其对微生亩也,则又以疾固自文,此犹叔孙通对鲁两生曰:'若真鄙儒,不知时变也。'所谓中庸,实无异于乡愿。彼以乡愿为贼而讥之,夫一乡皆称愿人,此犹没身里巷、不求仕宦者也。若夫逢衣浅带,矫言伪行,以迷惑天下之主,则一国皆称愿人。所谓中庸者,是国愿也,有甚于乡愿者也。孔子讥乡愿,而不讥国愿,其湛心利禄,又可知也。君子时中,时伸时绌,故道德不必求其是,理想亦不必求其是,惟期便于行事则可矣。用儒家之道德,故艰苦卓厉者绝无,而冒没奔竞者皆是。""虽然,孔氏之功则有矣,变机祥神怪之说而务人事,变畴人世官之学而及平民,此其功亦复绝千古。二千年来,此事已属过去,独其热中竞进在耳。"

章氏在"论道家"时,以为"老子以其权术授之孔子,而征藏故书,亦悉为孔子诈取,孔子之权术,乃有过于老子者。……观其师徒之际,忌刻如此,则其心术可知,其流毒于中人,亦可知已"。"庄子晚出,其气独高,不惮抨弹前哲,愤奔走游说之风,故作《让王》以正之;恶智力取攻之事,故作《胠箧》以绝之"。

章氏在"论纵横家"时,又谓:"儒家者流,热衷趋利,故未有不兼纵横者。""儒家不兼纵横,则不能取富贵。"

章氏以为法家"略有二种,其一为术,其一为法"。"为术者,则与道家相近;为法者,则与道家相反"。"亦有兼任术法者,则管子、韩非是也。《汉志》,《管子》列于道家,其《心术》、《白心》、《内业》诸篇,皆其术也;《任法》、《法禁》、《重令》诸篇,皆其法也。韩非亦然,《解老》、《喻老》,本为道家学说,少尝学于荀卿,荀卿隆礼义而杀《诗》、《书》,经礼三百,固周之大法也。韩非合此二家,以成一家之说,亦与管子相类"。"后此者惟诸葛亮专任法律,与商君为同类,故先主遗诏,令其子读《商君书》,知其君臣相合也"。

《诸子学略说》,章氏后来手定的《章氏丛书》没有收入。

八月二十一日(10月8日),《民报》第八号出版,载有章氏所撰《无神论》(收入《别录》卷三。)和《革命之道德》。(收入《别录》卷一,改题《革命道德说》。)前文对世界上各种有代表的宗教,作了概括的分析,谓:"世之立宗教谈哲学者,其始不出三端,曰惟神、惟物、惟我而已。""惟物之说犹近平等,惟神之说崇奉一尊,则与平等绝远也。欲使众生平等,不得不先破神教。"他对基督教深刻批判,否定上帝的存在。"神者非由现量,亦非自证,直由比量可知"。"凡现量自证之有无,而比量又不可合于论理者,虚撰其名,是谓无质独影"。就是说,完全是一种虚构,所以"不可执之为有,而不妨拨之为无"。他反对基督教,反对"崇奉一尊",当时具有一定革命涵义,但他认为一切客观事物的分别,都是主观的虚构,不是客观真实,终于导致唯我论的道路。章氏也讲到泛神论,谓:"近世斯比诺莎所立泛神之说,以为万物皆有本质,本质即神。其发见于外者,一为思想,一为面积。凡有思想者无不具有面积,凡有面积者无不具有思想。是故世界流转,非神之使为流转,实神之自体流转,离于世界更无他神,若离于神亦无世界。"

《革命之道德》认为"名不必期于背古,而实不可不务其惬心。吾所谓革命者,非革命也,曰光复也"。他以"道德衰亡,诚亡国灭种之根极"。认为优于私德的,亦必优于公德,薄于私德的,亦必薄于公德;无道德者,决不能担当革命的重任。"且道德之为用,非特革命而已,事有易于革命者,而无道德亦不可就。一于戊戌变法党人见之,二于庚子保皇党人见之。戊戌变法,惟谭嗣同、杨深秀为卓厉敢死。……使林旭、杨锐辈,皆赤心变法无他志,颐和之围,或亦有人尽力。徒以萦情利禄,贪着赠馈,使人深知其隐,彼既非为国事,则谁肯为之效死者?戊戌之变,戊戌党人之不道德致之也!庚子保皇之役……庚子党人之不道德致之也!彼二事者,比于革命,其易数倍,以道德腐败之故,犹不可久,况其难于此者"。认为道德的主要内容是顾炎武提出过的"知耻"、"重厚"、"耿介",再加上"必信"。谓:"今之道德,大率从于职业而变。都计其业,则有十六种人:一曰农人,二曰工人,三曰裨贩,四曰坐贾,五曰学究,六曰艺士,七曰通人,八曰行伍,九曰胥徒,十曰幕客,十一曰职商,十二曰京朝官,十二曰方面官,十四曰军官,十五曰差除官,十六曰雇译人。"以为"农人于道德为最高";工人"强毅不屈,亦与农人无异";裨贩"其有荷蒉戴盆,求鬻于市者,则往往与农工相类",而官僚、军官则是最没有道德的人,"故以此十六职业者,第次道德,则自艺士以下,率在道德之域;而通人以上,则多不道德者"。他不是也不能用阶级观点来区分革命与不革命的界线,而从抽象的道德观念出发,"追怀往诰,惕然在心",是其根本弱点。

八月二十五日(10月12日),《复报》第五期出版,"歌谣"栏收有章氏"逐满歌",署名"西狩",中谓:"可怜我等汉家人,却被羊猪进屠门。扬州屠城有十日,嘉定、广州都杀毕。福建又遇康亲王,淫掠良家象宿娼。驻防鞑子更无赖,不用耕田和种菜。菜来伸手饭张口,南粮甲米归他有。汉人有时欺满人,斩绞流徙任意行。满人若把汉人欺,三次杀人方论抵。……名为永远不加赋,平馀火耗仍无数。名为永远免丁徭,各项当差着力敲。开科诳骗念书人,更要开捐骗富民。人人多道做官好,早把仇雠忘记了。地狱沉沉二百年,忽遇天王洪秀全。满人逃往热河边,曾国藩来做汉奸。洪家杀尽汉家亡,依旧猢狲作帝王。我今苦口劝兄弟,要把死雠心里记。……莫听康、梁诳尔言,第一雠人在眼前,光绪皇帝名载湉。"

八月二十六日(10月13日),在民报社与孙中山、宋教仁晤谈。《我之历史》记:"至民报社,晤得孙逸仙,到东才二三日者也。……午餐后,又与章枚叔谈良久。"(第5

第10页下。)

　　九月初一日(10月18日),《洞庭波》在日本创刊,署"日本东京中国留学生会馆"发行,分"图画"、"论著"、"学术"、"译丛"、"学术"、"时评"、"文苑"、"谈苑"、"鸡肋录"等栏。首有章字"朔风变楚"题字。《洞庭波》后改为《汉帜》,章氏又为撰序,见后。

　　九月,撰《南疆逸史序》。《南疆逸史》,温睿临撰。《序》云:"《逸史》始萌芽在庤康熙之中,文网尚疏,犹不敢以死奋笔,上絜《蜀志》,差得比肩。若夫南唐者,偏方之小侯,西魏者,丑庤之馀孽,而晚世好事之徒,犹摭拾成事,为一家言,则温氏之志,过是远矣。贻之后生,以继《春秋》攘夷之义,庶几足以立懦夫,起废疾。"《序》文后载《国粹学报》丁未年第九号,署名"戴角";《南疆逸史》,《民报》十二号曾有广告介绍。

　　九月,撰《洪秀全演义序》。查《洪秀全演义》,黄世仲(禺山世次郎)撰,1905年起,连载于《有所谓报》和《少年报》,凡五十四回而止。1906年,香港中国日报社始发行完整的六十四回本,卷首有章氏序文:"洪王起于三七之际,建旗金田,入定南都,握图籍十二年,旌旄所至,执讯获丑,十有六省,功虽不就,亦雁行于明祖。""庤廷官书虽载,既非翔实,盗憎主人,又时以恶言相诋。近时始有搜集故事,为太平天国战史者,文辞骏骤,庶足以发潜德之幽光,然非里巷细人所识。夫国家种族之事,闻者愈多,则兴起者愈广。诸葛武侯、岳鄂王事,牧猪奴皆知之,正赖演义为之昭宣令闻。""洪王朽矣,亦思复有洪王作也。"(《文录》未收。)

　　九月二十五日(11月11日),《复报》第六期出版,刊有"民报社同人"的《民报广告》:"本报以发挥民族主义、国民主义、民生主义,而主张我国种族革命、政治革命、社会革命为目的。创于去冬,兹已发行至七号,适遇馀杭章炳麟枚叔先生出狱至东京,遂任为本报总编辑人。报事益展,销行至万七千馀份。然吾国交通机关之幼稚,尚虑有未及,同人故为此以告欲表同情于本报者。至本报于杂志中位置价值及其特色,阅者当自得之。"

　　本来,当时刊物销行最广的是《新民丛报》,它在梁启超的主持下,以"新民"的幌子,宣传立宪,压制革命,清政府也就不再查禁取缔。连以守旧著称的《申报》,还特地刊发广告,协助推广:"启者:本报开办四载,久为士大夫所称许,故销售至一万四千馀份,现第四年第一期报已到,定阅者争先恐后,此诚民智进步之征也。阅报诸君,务请从速挂号是幸。"(《申报》,光绪三十二年三月一日《上海四马路新民丛报支店启事》。)这时,中国同盟会已正式成立,《民报》已出。还在章氏出狱之前,《民报》第三号即发表号外,(4月28日发行)题为《〈民报〉与〈新民丛报〉辩驳之纲领》,内称:"近日《新民丛报》将本年《开明专制论》、《申论种族革命与政治革命之得失》诸篇,合刊为《中国存亡一大问题》。本报以为中国存亡诚一大问题,然使如《新民丛报》所云,则可以立亡中国。故自第四期以下,分类辩驳,期与我国民解决此大问题。兹先将辩论之纲领,开列折下,以告读者。

　　"一,《民报》主共和,《新民丛报》主专制。

"二,《民报》望国民以民权立宪;《新民丛报》望政府以开明专制。

"三,《民报》以政府恶劣,故望国民之革命;《新民丛报》以国民恶劣,故望政府以专制。

"四,《民报》望国民以民权立宪,故鼓吹教育与革命,以求达其目的;《新民丛报》望政府以开明专制,不知如何方副其希望。

"五,《民报》主张政治革命,同时主张种族革命;《新民丛报》主张政府开明专制,同时主张政治革命。

"六,《民报》以为国民革命,自颠覆专制而观,则为政治革命,自驱逐异族而观,则为种族革命;《新民丛报》以为种族革命与政治革命不能相容。

"七,《民报》以为政治革命必须实力,《新民丛报》以为政治革命只须要求。

"八,《民报》以为革命事业,专主实力,不取要求;《新民丛报》以为要求不遂,继以惩警。

"九,《新民丛报》以为惩警之法,在不纳租税与暗杀;《民报》以为不纳租税与暗杀,不过革命实力之一端,革命须有全副事业。

"十,《新民丛报》诋毁革命,而鼓吹虚无党;《民报》以为凡虚无党皆以革命为宗旨,非仅以刺客为事。

"十一,《民报》以为革命所以求共和;《新民丛报》以为革命反以得专制。

"十二,《民报》鉴于世界前途,知社会问题心〔必〕须解决,故提倡社会主义;《新民丛报》以为社会主义,平〔不〕过煽动乞丐流民之具。

"以上十二条,皆辨论之纲领,《民报》第四号刻日出版,其中数条,皆已解决。五号以下,接连辟驳,请我国民平心公决之。"

列举双方的根本分歧,归结到要不要革命,要不要实行民主政治,要不要改变封建土地制等问题。《民报》第四号至第六号,也陆续有《斥〈新民丛报〉之谬妄》等文章发表。章氏主编《民报》后,揭橥革命,箴贬新党,文字锐利,大都有针对性。

《自定年谱》称,"任《民报》编辑。余以胡、汪诘责卓如,辞近诟谇,故持论稍平"。许寿棠回忆:当章氏主持《民报》以前,《民报》也有诘难康、梁之作,"然还不免近于诟谇之处,惟有先生持论平允,读者益为叹服,而又注意于道德节义,和同志们互相切励;松柏后凋于岁寒,鸡鸣不已于风雨,如《革命道德论》、《箴新党论》二篇,即系本此意而作"。(《章炳麟》第52页。)

九月二十九日(11月15日),《民报》第九号出版,载有章氏所撰《建立宗教论》和《说林》。《建立宗教论》对康德进行批判,认为"夫使此天然界者固一成而不易,则要求亦何所用? 知其无得而要幸于可得者,非愚则诬也"。以为"建立宗教",可以泛神论为基础,但它"损减自心,而增益外界",也有缺点。"今之立教,惟以自识为宗",认为应以佛教唯识宗为宗,"特不执一己为我,因以众生为我"。"故一切以利益众生为念。其教以证得涅槃为的,等而下之,则财施无畏施等,亦与任侠宋、墨所为不异。乃有自舍头目脑髓以供众啖者"。(收入《别录》卷三。)

《说林》则为"时评"汇辑，分期连载。《遣王氏》，主要谴责王守仁，"其学既卑，其功又不足邵"。（收入《文录》卷一。）《衡三老》谓："季明之遗老，惟王而农为最清"；顾炎武"虽著书，不忘兵革之事"；"黄太冲以明夷待访为名，陈义虽高，将俟虏之下问。"（同上。）《悲先戴》，对戴震"生雍正末，由亲见贼渠之遇士民，不循法律，而以洛、闽之言相稽，哀矜庶戮之不辜，方告无辜于上，其言绝痛。桑荫未移，而为纪昀所假。以其惩艾宋儒者，旋转以泯华戎之界"。《哀后戴》谓戴望"寄食于大盗曾氏之门，然未尝仕"。"而其学流传于湖南岭广间，至使浮竞之士，延缘绪言，以成新学伪经之说"。《伤吴学》谓顾炎武而下，陈启源、朱鹤琳〔龄〕、臧琳等"未尝北面事胡人"。"满洲于江南，其奸劫屠夷最甚，故士人耻立其朝。康熙、乾隆之世，贼渠数南下以镇抚之，犹不能扰，则以殿试甲第诱致其能文章者，先后赐及第无算，既醉利禄。……则嘉道之风始息"。《谢本师》，详"光绪二十七年辛丑（1901 年）三十四岁"条。

十月十一日（11 月 26 日）与宋教仁晤谈，《我之历史》记："至民报社，乃与章太炎谈话，冀以消遣，谈至午后，始辞而回寓。"（第 5 第 23 页上。）

十月十三日（11 月 28 日），民报社为黄立君饯行，孙中山、宋教仁和章氏均在座，《我之历史》记："十二时，复至民报社，适逢黄立君将归国，社中为之饯行，余遂亦入座，孙逸仙、章太炎等皆在座。……余与章太炎诸人谈良久，胡展堂言法国近出一小说，甚新奇，乃拟为德国与英战，直败英而攻入伦敦之实事者。孙逸仙欲汉译之而不得暇，欲余就孙逸仙之口说而译为汉文，章太炎与孙逸仙亦赞其说。余不得已，遂诺之，四时回。"（第 5 第 24 页上。）

《对二宋》记章氏在日本与宋教仁"计光复事"，谓："主者不深信教仁，教仁尝叹曰：'今世固无英雄，其人材之匮绝，将犹有蛰隐未襮者邪？'章氏对曰：'夫英雄者，内有识度，亦其所据时地就之，阻奥之壤，尊信之民，下不无文学，而上不能郁然，有智略者御之，则群奉以为工宰，其将不在大江之岸也。大江之岸，文学已盛，人人各自以为高贤，从其以势羁靮，退则有后言矣，势去则遂崩，虽以文武季叔，生处其地，不能人人奉戴之也。诚有英雄，意者将在领背之南、牂牁之上游邪？必非大江矣。'宋教仁答以"吾则沅湘产也"，并以曾国藩、左宗棠"无忝于英雄"。章氏以为"曾、左之伦，起儒衣韦带间，驱乡里服末之民，以破强敌，宗棠又能将率南旅，西封天山，置其叛迹，则上度皇甫规嵩，下不失为王铎、郑畋，命以英雄，诚不虚。夫风教有变移，而古今无常序，当曾、左时，文化盛在中江以下，湖南处势稍僻左，学艺未兴，魏源、汤鹏，邹汉勋者，觊而一觊，其学术终未就成也"。"夫文学盛，则人自以为高材，莫肯率服；仕宦达，则夸奢中其心，而势利移其志。假令曾、左生于今日，成功大名，终不可就，非其材之绌也，时地异矣"。宋教仁怃然曰："诚如是者，必生不毛之地，伧荒之间，若朱全忠、李自成者，昉可以为英雄耶？"章氏曰："非然也，吾固曰：下不无文学，而上不能郁然。郁然而盛者，莫肯为他人下，无文学者，其识不能窥远，独随奉暂，势力转移，复有强者，则判而从之。是故朱全忠、李自成躬无识度，与其徒廥聚鸟集，挢虔据势，隆于一时，而其道不可长久。直朱邪、建州盛于朱、李，其众又耆栗失气，骇然他就也，夫乌得为英雄矣。"宋教仁"甚服其言"云。(《检论》卷八。)

秋——冬,孙中山、黄兴与章氏等制订同盟会《革命方略》,包括《军政府宣言》、《军政府与各国民军之条件》、《招军章程》、《招降清朝兵勇条件》、《略地规则》、《对外宣言》、《招降满洲将士布告》、《扫除满洲租税厘捐布告》八个文件,备各地革命党人武装起义时应用。《军政府宣言》是一个纲领性文件,以法国资产阶级革命时期的"自由、平等、博爱"口号作号召,对同盟会的"驱逐鞑虏,恢复中华、建立民国、平均地权"分别作了阐释;在《对外宣言》和《略地规则》中,表现了对帝国主义的幻想和对地主阶级的让步。

十月十七日(12月2日),民报举行一周年纪念会。《自定年谱》称:"其冬,《民报》创置满一岁,赴锦辉馆庆祝,观者万人。是时东京人材最盛,满洲人留学者至匿姓名不敢言。"宋教仁《我之历史》记载会议情况云:"九时,偕宫崎氏往赴民报纪念大会,(原注:在神田锦辉馆。)至则已开会良久,来者已满,门口立者约有千馀人,余等不能入,自其旁一窗内蛇行而入。至会场,侧望之,满场已无隙地,欲入场竟不可得,乃复出,徘徊良久,余忽思得一法,遂引宫崎氏自大门排挤而入,余在前大呼'有特延之来宾一人来,请少让勿却客云云',则诸人皆偏身让出一路,遂得入场。比至演台后,则余之履物已失矣。时则孙逸仙氏正演说社会主义,拍掌声如雷,余不及细听。逸仙复演说'将来宪法,不宜仅仿三权分立,宜加入试验权、监察权,皆使独立,为五权分立方好'云云。逸仙演讫,则章枚叔继之。又其次则来宾日人池亨吉氏、北辉次郎、宜野长知氏等及宫崎氏皆以次演说,余为之翻译一次,其馀皆田梓琴及山西某君翻译之。讫,复有会员演说者数人,一时拍掌声、呼万岁声,甚为烦杂,余几不堪。良久,有一人提议捐助《民报》经费,则皆赞成,一时投钱者,书名于册者,不知若干人。良久讫,始散会。散会时,发民报临时增刊赠书券,人一枚,合计发出五千馀枚。合其外未及发券及未得入场者计之,盖已近万人矣,亦未有之盛会也,亦足见人心之趋向矣。……盖《民报》力固大,然未办之前,无一人赞成办报者。(原注:余于去年邀黄廑午等办报,皆不赞成,孙逸仙至东京,亦问余言,君等办报,可邀宫崎氏同办之,亦无办报之意。)《民报》之发生,实由《二十世纪之支那》之改名而来者也。回思余初至东京,创办《二十世纪之支那》时,共事者仅田梓琴、李和卿、郭瑶皆、张步青等,赞成者甚寥寥,反对者到处皆是,以陈星台之热心而亦畏避之。经几次之波折,几多之变换,始克出报,其艰难之境及余当时之苦心孤诣,实不堪感慨系之矣。"(同上第5第24—25页。)

章氏撰《民报一周年纪念会祝辞》:"相我子孙,宣扬国光,昭彻民听,俾我四百兆昆弟,同心戮力,以底房酉爱新觉罗氏之命。扫除腥羶,建立民国,家给人寿,四裔来享。呜呼!发扬蹈厉之音作而民兴起,我先皇亦永有依归。"(《民报》第十号,民意:《纪十二月二日本报纪元节庆祝大会事及演说辞》中,收入《文录》卷二。)

章氏又亲临演说,谓:"目下言论渐已成熟,以后是实行的时代。但今日实行上有一种魔障,不可不破。因以前的革命,俗称强盗结义;现在的革命,俗称秀才造反。强盗有力量,秀才没有力量。强盗仰攀不上官府,秀才仰攀的上官府,所以强盗起事,没有依赖督抚的心,秀才就有依赖督抚的心。前此数年,遍地是借权的话。直到如今讲革命的,也想借到督抚的权,好谋大事,这真胡涂得很。"　"且看从古革命的历史,凡从草茅崛起的,所用都是朴实勤廉的人士,就把前代弊政一扫而尽;若是强藩内侵,权臣受禅,政治总与前朝一样,全无改革。因为帝王虽换,官吏依然不换,前代腐败贪污的风俗,流传下来,再也不能打扫。(拍掌大喝采。)像现在官场情景是微虫霉菌,到处流毒,不是平民革命,怎么辟得这些瘴气。(拍掌大喝采。)若把此事望之督抚,真是其愚不可及了。"(拍掌大喝采。)"从今以后,我汉人兄弟,请把依赖督抚的一念,早早打消。但想当兵,不要想当奸细,但想当将士,不要想做参谋。这革命大事,不怕不成,中华民国,不怕不立。"(同上,《文录》未收。)

十月二十日(12月5日),《国粹学报》丙午年第十一号出版,章氏《文学论略》,于本期续完。(丙午年第九号开始登载。)又有《某君与某论朴学报书》,即《与人论朴学报书》,收入《文录》卷二,略谓:"人事百端,变易未艾,或非或是,积久渐明,岂可定一尊于先圣。《春秋》三统三世之说,无虑陈其概略。天倪定分,固不周知,岂有百世之前,发凡起例,以待后人遵其格令者。故知通经致用,特汉儒所以干禄,过崇前圣,推为万能,则适为桎梏矣。仆以素王修史,实与迁、固不殊,惟体例为善耳。百工制器,因者易而创者难,世无孔公,史法不著。"

十月二十一日(12月6日),与宋教仁谈及哲学。《我之历史》记:"至民报社,……晚餐后,与章枚叔谈最久,谈及哲学,枚叔甚主张精神万能之说,以为'万事万物,皆本无者,自我心之一念以为有之,始乃有之矣。所谓物质的,亦不过此一念中,以为有此物质,始乃有之耳'。余以惟我之理质之,并言'此我非内体之我,即所谓此之一念也云云。'枚叔亦以为然。"(第5第26页。)

查章氏赴日后,对佛教哲学和西方资产阶级哲学也加研习。《自述学术次第》称:"既东游日本,提倡改革,人事繁多,而暇辄读藏经,又取魏译《楞伽》及《密严》诵之,参以近代康德、肖宾诃尔之书,益信玄理无过《楞伽》、《瑜伽》者。"(稿本,上海图书馆藏。)

十一月初五日(12月20日),《民报》第十号出版,刊有章氏《箴新党论》,对"新党"痛加箴贬。先是,当清政府正式宣布预备仿行立宪后,国内外立宪分子大为鼓舞。康有为准备在光绪三十三年元旦(1907年2月13日),将保皇会改为国民宪政会。梁启超积极组织政党,从事立宪活动,说什么"我国之宜发生政党久矣,前此未有其机,及预备立宪之诏下,其机乃大动"。并拟定纲领:"一,尊崇皇室,张民权;二,巩固国防,奖励民业,此条未定;三,要求善良之宪法,建设有责任之政府。"说什么:"今者我党与政府死战,犹是第二义;与革党死战,乃是第一义。"(光绪三十二年十一月《与夫子大人书》,见《梁任公先生年谱长编》"光绪三十二年丙午"。)把斗争矛头对准资产阶级革命派。章氏从而撰《箴新党论》加以驳斥。

《箴新党论》谓:"彼新党者,犹初习新程墨者也。是非之不分,美恶之不辩,惟以新为荣名所归。""党人之所以自高者,率在危言激论,而亦藉文学以自华。今之新党,于古人固不相逮。若夫夸者死权,行险徼幸,以求一官一秩,则自古而有之。"谓:"今

之新党,与古人絜长则相异,与古人比短则相同。""康有为乘七次上书之烈,内资同龢
之力,外藉之洞之援,设强学、保国诸会以号召天下。""有为既用事,欲收物望,树杨
锐、刘光第于军机,以宫闱相挤之故,复结二妃。""有为既败,杨、刘死,张之洞、梁鼎芬
始与有为抵拒,其党人亦稍稍引去,而江标以连蹇死,惟黄遵宪始终依之。倾侧扰攘,
至于庚子团民之变,唐才常起汉口,事发,有为再败,则同党始有告密于诸藩,自戕其爪
牙者。然新党之萌芽,本非自有为作,挟其竞名死利之心,而有为所为,足以达其所望
则和之,不足以达则去之,足以阻其所望则畔之,故有为虽失助,而新党自若。至学生
任事时,则新党始颓废,其善附会者犹故不败。"

他以为"抑此新党者,自名为新,彼固以为旧染污俗,待我而扫云尔。返而观其行
迹,其议论则从新,其染污则犹旧"。并举出"师生"、"年谊"、"姻戚"、"同乡"四事,系
"彼党人之所以自相援助,传之自旧,虽昌言维新而不解者。"最后谓:"今满人习于承
平之乐,惟声色狗马是务,诸所举措,纷无友纪,而学生之承流其下者,一切以顺为正,
海内向风,既明且哲,反唇偶语,且不得闻,而欲建立议院,以匡救庙堂之阙,此必不可
得之数。然则虏廷之自态必甚,而亡国划类,固可以旦夕俟之。"(收入《别录》卷一。)

同期《民报》,另载章氏《说林》和《与人书》;民意:《纪十二月二日本报纪元节庆
祝大会事及演说》也在本期刊发。

《说林》中《定经师》指出要审名实、重左证、戒妄牵、守凡例、断情感、汰华辞六者。
以俞樾、黄以周、孙诒让为"上",皮锡瑞为"次",王先谦再"次",王闿运"更次",廖平
"今其次也"。谓:"虽然,说经者明是非,无所于党,最上者固容小小隙漏,而下者亦非
无微末蚁子之得也。故曰:与其过而废之也,宁过而存之,使左道乱政之说,为虏廷所
假借,至于锢其人、烧其书,则肉食者之罪,上通于斗极。"《第小学师》、《校文士》对清
代的文字学家和文学家进行"第"、"校"。《校文士》以魏源、龚自珍为"伪体"。(以上
都收入《文录》卷一。)

《与人书》则对"《俱分进化论》批评一篇"进行反驳。首谓:"足下尚崇拜苏轼:
《赤壁赋》,以《红楼梦》为成佛之要道,所见如此,仆岂必与足下辩乎?"最后结论是:
"吾今当语足下,一切世间善恶,悉由我见而起,就此分析,则有俱生之善恶,有后得之
善恶,就后得中,复有决定胜解者,有非决定胜解者。人与他物俱生善恶,大体不殊,而
后得者实较他物为甚。吾固非欲为虎豹理冤,以贬抑人类,故于知识进化之下,立善恶
进化两品,非谓其惟进于恶。足下虽不全觇佛经,亦涉猎《起信论》矣。待明三细六粗
之旨,然后立言,未晚也。"末后附白:"再贵报《新教育》'冠言'有一言云:'虽如汗牛
之充栋',思之累日不解。汗牛充栋,语出唐人文中,非难得之秘书,其意谓积书既多,
藏之则充塞栋梁,载之则牛马流汗。语本平列,而作此句,恐有杜温夫助词不中律令之
诮,望速改正。"

查此即鲁迅:《关于太炎先生二三事》中指出的"和'以《红楼梦》为成佛之要道的
×××斗争'"。×××,即蓝公武。1924年5月25日北京《晨报》副刊蓝公武:《"汗
牛之充栋"不是一件可笑的事》一文说:"当日和太炎辩难的是我,所辩难的题目,是哲

学上一个善恶的问题。"章氏所言"贵报"，指当时蓝公武在日本发行的《教育》。蓝文载《教育》第一年一号，丙午十月十五日出版，谓《俱分进化论》"亦有精义。第著者不知科学，于哲理亦所未明，见解既误，立言自谬"。《新教育》则为冯世德撰，载同期《教育》。《与人书》发布后，蓝、冯又于《教育》第一年二号"附言"辩难。

十一月十七日(1907 年 1 月 1 日)，与宋教仁同访孙中山，《我之历史》记："十时，至民报社，坐良久。十一时，偕田梓琴、章枚叔至孙逸仙寓，留午餐。"(第 6 第 1 页。)

十一月二十日(1907 年 1 月 4 日)，《国粹学报》丙午年第十二号出版，有《某君与某书》二通，即钱玄同:《章太炎黄季刚二君关于刘申叔之文十首》中的《与刘光汉书》三、四，《文录》未收。《与刘光汉书三》对学报"录《公羊》诸说，时有未喻"，以为廖平"耳食欧书，惊其瑰特，则又旁傅骈氏，通其说于赤县神州。至谓'雅言即翻译，翻译即改制'，荒谬诬妄，更仆难终"。以为王闿运"文学深湛，近世鲜其畴类，仆亦以为第二人也。而门下标榜，乃谓掩迹史迁，俾倪韩、柳，则亦誉过其职。鄙意提倡国学，在朴说而不在华辞。文学诚优，亦足疏录，然壮言自肆者，宜归淘汰。经术则专主古文，无取齐学。"末后谓刘师培"世治《左氏》，诚宜笔其精粹，以示后生"。自撰《春秋左氏读》，"藏在箧中"，拟觅"书手迻写"《叙录》寄交。《与刘光汉书四》谓:"国粹日微，赖子提倡。泛览群籍，未若专精一家，君以贾、服古文，奕世载德，年力鼎盛，必当比辑成书。"末署"刘子骏之绍述者"。

十一月二十七日(1907 年 1 月 11 日)，宋教仁告章氏，梁启超挽人请"《民报》以后和平发言，不互相攻击"，章氏谓"可以许其调和"，孙中山等"不以为然"。查《民报》以鼓吹革命为务，锋芒所指，梁启超等改良派感到"不能不反驳之"，"此实一死生问题"。梁启超在《致徐佛苏》云:"章君前久耳其名，今心理能变迁如此，真可敬。公能偕与枉顾，何幸如之。本报对于《民报》，以现在第五、六号论，仍不能不反驳之。盖不如是，则第三者之观听愈荧也。第十、十一号已更有文，第十号之题为《暴动与外国干涉》，此实一死生问题，不能不讲也。公所谓作一来函登报，以停止论战者，此甚要，望早成之。"(《梁任公先生年谱长编》"光绪三十二年丙午"条。)《我之历史》十一月二十六日(1 月 10 日)记："四时，至徐应奎寓，坐良久，谈及梁卓如。应奎言:'梁卓如于《民报》上见君文，欲一见君，且向与《民报》辨驳之事，亦出于不得已，苟可以调和，则愿不如是也。《民报》动则斥其保皇，实则卓如已改变方针，其保皇会已改为国民宪政会矣。君可与民报社相商，以后和平发言，不互相攻击可乎?'余答以将与民报社诸人商之，改日将有复也。"(第 6 第 3 页。)本日又记："十时回，与章枚叔言及昨日徐应奎所言之事，枚叔言可以许其调和。余遂至孙逸仙寓，与逸仙及胡展堂言之，则皆不以为然，余遂已。"(第 6 第 3 页。)十二月十九日(2 月 1 日)又记："接徐应奎来信言，将邀蒋观云同往梁卓如处，劝其不加恶口于《民报》事云。"(第 6 第 7 页上。)

十二月初四日(1 月 17 日)，访孙中山。《我之历史》记："至孙逸仙寓，与章枚叔、胡展堂谈最久。"(第 6 第 4 页。)

十二月十二日(1907 年 1 月 25 日)，《汉帜》在日本刊行，章氏为《汉帜》撰《发刊序》,系应宋教仁之邀"代作之"。《我之历史》十二月初一日(1907 年 1 月 14 日)记:"陈汉元来言,《洞庭波》杂志,前改为《中央杂志》者,余以此名不善,又改为《汉帜》,属余为之作发刊词一篇,余允之"。(第 6 第 3 页下。)次日(15 日)记:"接陈汉元片,催余作《汉帜》发刊词,余恐不能速作就,遂倩章枚叔代作之。夜,枚叔交稿与余,余乃寄与陈汉元焉。九时,至孙逸仙寓,寻回。"(第 6 第 4 页上。)《汉帜发刊序》谓:"索虏入关以来,汉乃日失其序,然名号犹与所谓满者相对。一二豪俊得依之以生起光复之念,而后乃今将树汉帜焉。顷者,汉族同志实基于此义,创一报,以发扬大汉之国徽,推倒满旗之色线,于是以《汉帜》定名。推斯志也,受小球大球,为大国缀旒可也。"(《文录》未收)。

《汉帜》第二期也于同日发行,刊有章氏《狱中与威丹唱和诗》,(见"光绪二十九年癸卯,三十六岁"条。)另旧民《旧民诗话》称:"章太炎炳麟先生,为现今学界之泰斗,遇捕七次,被监三年,艰苦备尝,志不少挫。其文章每一出,学者珍之,如获大贝。先生亦以振兴古学自负。先生不多为韵语,然偶一吟咏,寄意深远,令人穆然如见其人。其题《亡国惨记》一绝云:露衿何所为,怅然怀古意。秦俗犹未平,汉道将何冀!"又录"《题孙逸仙》一绝",见"光绪二十九年癸卯,三十六岁"条。

《亡国惨记》,据冯自由称,系柳亚子等"编集明遗老所记佚事及清代严禁各书"而成。(《革命逸史》第二册第 159 页。)又据《革命闲话》,《亡国惨记》为田桐所辑,撰于"乙巳",刊行当在本年。内称:"乙巳之岁,田桐集有明遗老所记佚事、清时严禁各书,名曰《亡国惨记》。书成,资不足,刘仲文恨之,认二百元,始付梓。章太炎先生题辞曰:'沾襟何所为,帐然怀古意。秦俗犹未除,汉道将何冀。'是书出版,风行东京、南洋、香港及美洲等处。不及一年,售逾三万。上海及内地有禁令,无敢代售者,持往者则有之,可见人心复清之心,是时至为激昂也。"(江介闲人:《革命闲话》,见《太平杂志》第一号,1929 年 10 月 1 日发行。)

十二月十二日(1907 年 1 月 25 日),《民报》第十一号出版,载有章氏所撰《人无我论》、《军人贵贱论》。前文谓:"人莫不有我见,此不待邪执而后得之,则所谓依他起之我者,虽是幻有,要必依于真相。"并谓自己"所以提倡佛学者,则自有说:民德衰颓,于今为甚,姬孔遗言,无复挽回之力,即理学亦不足以持世。且学说日新,智慧增长,而主张竞争者,流入'害为正法论';主张功利者,流入'顺世外道论'。恶慧既深,道德日败,矫弊者乃憬然于宗教之不可泯绝,而崇拜天神,既近卑鄙,归依净土,亦非丈夫榦志之事。至欲步趣东土,使比丘纳妇食肉,戒行既亡,尚何足为规范乎? 自非法相之理,华严之行,必不能制恶见而清污浴。若夫《春秋》遗训,颜、戴绪言,于社会制裁则有力,以言道德,则才足以相辅,使无大乘以为维纲,则《春秋》亦《摩拿法典》,颜、戴亦顺世外道也。拳拳此心,独在此耳。"(收入《别录》卷三。)

《军人贵贱论》谓:"今有痛心于宗国之沦亡,而身在草茅,无尺寸假手之柄,欲得其当而报汉者,顾岂无其人哉? 夫不惮以身为厮养臧获,展布四体,以趋胡羯答箠之下,卒其所谋,乃归于反正者,此其心至哀隐,其行亦天下之至高也。""陆军人而知此,成则可以上比二公，其不成也，犹不失为李陵，此汉人所当写金为像而膜拜之者也。若其弗能，胡汉治戎，遇于中原，弹丸未发，望风瓦解，宁失数金之廪食，积岁之勋资，而不忍冒天下之不韪者，抑其次也。虽然，借权之事，固非容易得之。坚忍者以此为恢复汉宗之径窦，而狡者或假借其名以谋衣食，至不已而裴回观望，不以一矢相加遗者，虽至无俚，犹其次也。"（收入《别录》卷一。）

同期《民报》，载有病己《敢死论》一文，以为"发愤自戕，或孑身蹈海"，"乃类于匹夫匹妇之所为"；"而何以不利用此精神，以成敢死之事也"。此文撰于陈天华投海自杀后不久，对之似有讥意，章氏于文后加有附识："记者案发愤自戕，诚属无谓，然天下必多此辈，而后临事不惧。何者？无名誉之死，尚优为之，况复见危授命，为举世所尊崇耶？若必选择死所，而谓鸿毛泰山，轻重有异，则虽值当死之事，恐亦不能死矣。……凡事取法乎上，所成不过中流，自戕之风，当开之，不当戒之。"（《文录》未收。）

十二月十二日（1907 年 1 月 25 日），《革命评论》第八号出版，载有章氏的《失题诗》："独独鹿鹿，水深泥浊。泥浊尚可，水深杀我。雍雍双雁，游戏田畔。我欲射雁，念子孤散。翩翩浮萍，得风担轻。我心何合，与之同并。空床低帏，谁知无人。夜衣锦绣，谁分伪真。刀鸣箭中，倚床无施。父冤不报，欲活何为。"

十二月二十日（1907 年 2 月 2 日），《国粹学报》丙午年第十三号出版，刊有《某君与某书》，按即章氏《丙午与刘光汉书》，系接刘师培复信后发。刘函见《左庵外集》卷十六，章函收入《文录》卷二。主要讨论《左传》、《古韵分部》、《各省乡土志》等。

本年，撰《讨满洲檄》和《邹容传》。（《太炎集》订为"丙午文"。）《讨满洲檄》刊于次年《民报》增刊《天讨》，见"光绪三十三年丁未（1907 年），四十岁"条。《邹容传》最早刊于《革命评论》第十号，"明治四十年三月二十五日出版"，和后来收入《文录》的《邹容传》很不相同，特别是对当时隐藏在革命派内部的吴敬恒的"献策"行径，《文录》多加刊落，见"光绪二十九年癸卯（1903 年），三十六岁"条。

又据章氏自订《太炎集》"丙午文"中，尚有撰于本年，而刊于后来出版的《国粹学报》的，如《与王鹤鸣书》（《国粹学报》庚戌年第一号。）《古今音损益书》。（《国粹学报》戊申年第七号。）

《与王鹤鸣书》，讨论"古今事四端？"一，以为"经术致用，不如法吏"。"学者将以实事求是，有用与否，固不暇计求六艺者"。"近世翁同龢、潘祖荫之徒，学不覃思，徒捃摭《公羊》以为奇觚，金石刻画，厚自光宠，然尚不敢言致用。康有为善傅会，媚以拨乱之说，又外窃颜、李为名高，海内始彬彬向风，其实自欺"。二、对《史》、《汉》优劣，提出自己看法。以为"棘下生左丘明之学，赖《史记》存其故训，不绝如线，言先黄老后六经诚过，八书乃不逮《汉志》翔实。《游侠》、《货殖》诸篇，一予豪猾，一予齐民，此为后瑜于前"。三、对辞章诗歌是否"其用贤于历史"，以为"凡诸朴学，虽阿好者，有非弗能隐；虽媚嫉者，有是弗能蔽。瑕垢晃采，效情同见，是以无偏无党。文辞即否，忌者相攻，虽横言无一字中律令可也；朋党相比，虽多病则谓之美。近世比周之德，独文士为众。荀卿欲隆礼义，杀诗书，仆亦以为当如是矣"。四、对"科举废、学校兴、学术当日进"的论点,提出不同看法:"中国学术,自下倡之则益善,自上建之则日衰。""今学校为朝廷所设,利禄之涂,使人苟偷,何学术之可望。"(《国粹学报》庚戌年第一号,收入《文录》卷二。《文录》收入时,删去很多脚注,特别是责让今文经学的。如"仲舒乃为张汤增益苛碎,尝仕江都,民无能称,伴于千驷"下,原有脚注:"汉武好仙,于时有二巫师:一栾大,一董仲舒,二子妖妄则同,顾经术与方士异名耳。然栾大之祸,靡财以营祠祀,害只一时;仲舒行诛心之法,其害千年未极。"又如"近世翁同龢、潘祖荫之徒,学不罩思,徒捃摭《公羊》以为奇觚"下,原有脚注:"今文之学,虽自庄存与、刘逢禄传之,然刘氏亦未敢斥《毛诗》、《古文尚书》也。其言《公羊》,虽多虚诬,然尚与《左氏》评议是非,其后遂成门户,以今文为宗教,而趣势者名附翁、潘二家。"又如"诚欲致用,不如掾史识形名者多矣"下原有脚注:"古今异宜,汉、唐法制犹不可尽行,今世何论继周之道。若《繁露》、《白虎通义》诸说,在汉犹不可尽行,今日欲以三统五行之说定人事,此何为哉?且《公羊》师说,亦云孔子为汉制法而已,令则言为百世断法,此又愚于《公羊》博士也。"这些脚注,在当时有一定战斗性,《文录》删去了。)

【著作系年】《东京留学生欢迎会演说辞》(1906年7月15日,《民报》第六号,1906年7月25日出版)。《告白》(《民报》第六号)。《咏南海康氏》(《复报》第四号,1906年9月3日出版)。《杂感》(同上)。《逐满歌》(《复报》第五号,1906年10月12日出版)。《俱分进化论》(《民报》第七号,1906年9月5日出版,收入《别录》卷二)。《无神论》(《民报》第八号,1906年10月8日出版,收入《别录》卷二)。《革命之道德》(同上,收入《别录》卷一,改题《革命道德说》)。《南疆逸史序》(《文录》卷二,撰于九月)。《洪秀全演义序》(上海启智书店版)。《建立宗教论》(《民报》第九号,1906年11月15日出版,收入《别录》卷三)。《遣王氏》(同上,收入《别录》卷一)。《衡三老》(同上)。《悲先戴》(同上)。《哀后戴》(同上)。《伤吴学》(同上)。《民报一周年纪念会祝辞》1906年12月2日,载《民报》第十号,收入《文录》卷二)。《民报一周年纪念会演说辞》(同上)。《箴新党论》(《民报》第十号,1906年12月20日出版,收入《别录》卷一)。《定经师》(同上,收入《文录》卷一)。《第小学师》(同上)。《校文士》(同上)。《与人书》(同上,《文录》未收)。《汉帜序》,(《汉帜》第一期,1907年1月25日出版,撰于19日)。《人无我论》(《民报》第十一号,1907年1月25日出版,收入《别录》卷三)。《军人贵贱论》(同上,收入《别录》卷一)。《敢死论跋语》(同上,《文录》未收)。

《国学讲习会略说》(收《论语言文字之学》、《论文学》、《论诸子学》三篇,1906年9月日本秀光社印刷,署黄帝纪元六百四年。三文均在《国粹学报》刊布,《论诸子学》即《诸子学略说》)。《国学振兴社讲义》第一册(民报发行,秀光社印刷,章氏编辑. 内有《管子馀义》,收入《章氏丛书》初编)。《诸子学略说》(《国粹学报》丙午年第八、第九号,光绪三十二年七月二十日、八月二十日出版;《文录》、《国故论衡》都未收入)。《文学论略》(《国粹学报》丙午年第九、第十、第十一号,光绪三十二年八月二十日、九月二十日、十月二十日出版,《太炎集》作《说文学》,系为"丙午文"。)《论语言文字之学》(《国粹学报》丙午年第十二号、第十三号,光绪三十二年十一月二十日、十二月二十日出版,其中"语言何自起乎"以下,后经修改,收入《国故论衡》卷上,题《语言缘起说》)。

《与人论朴学报书》(《国粹学报》丙午年第十一号,光绪三十二年十月二十日出版,题《某君与某论朴学报书》，收入《太炎文录》卷二）。《与刘师培书三》（《国粹学报》丙午年第十二号，光绪三十二年十一月二十日出版，题《某君与某书》，《文录》未收，钱玄同：《章太炎黄季刚二君关于刘申叔君之文十首》题为《与刘光汉书三》）。《与刘师培书四》（同上，钱玄同系为《与刘光汉书四》，《文录》未收）。《与刘师培书五》（《国粹学报》丙午年第十三号，光绪三十二年十二月二十日出版，题《某君与某书》，钱玄同系为《与刘光汉书五》，收入《文录》卷二，题《丙午与刘光汉书》）。《与王鹤鸣书》（《国粹学报》庚戌年第一号，宣统二年正月二十日出版，收入《文录》卷二，《太炎集》系为"丙午"文）。

《古今音损益说》（《国粹学报》戊申年第七号，光绪三十四年七月二十日出版，收入《章太炎文钞》卷二，《太炎集》系为"丙午文"）。《语言缘起说》（原为《论语言文字之学》的下篇，见上，收入《国故论衡》卷上，《太炎集》系为"丙午文"）。《一字重音说》（同上）。《说门》（《文录》卷一，《太炎集》系为"丙午文"）。

《邹容传》（撰于本年，初载《革命评论》第十号，1907年3月25日出版，《太炎集》系为"丙午文"）。《讨满洲檄》（初载《民报》增刊《天讨》，1907年4月25日出版，《太炎集》系为"丙午文"）。

《失题诗》（《革命评论》第八号《革命风流》，1907年1月25日出版）。

光绪三十三年丁未（1907年）　四十岁

【自定年谱】逸仙自南洋还东京，作青天白日旗，张之壁上。克强欲作井字旗，示平均地权意。见逸仙壁上物，争之曰："以日为表，是效法日本，必速毁之。"逸仙厉声曰："仆在南洋，托命于是旗者数万人。欲毁之，先摈仆可也。"克强怒，发誓脱同盟会籍。未几，复还，时日本人入同盟会者八人，自相克伐。汉人亦渐有同异。孙、黄、胡、汪南行，遁初亦赴奉天。数月，遁初复来。同志闻逸仙与日本西园寺侯阴事，渐相攻击，异议始起。

宝庆谭人凤石屏来，石屏于同志年最长，耆艾骨鲠，有湘军风。

是岁山阴徐锡麟伯荪刺杀清安徽巡抚恩铭。伯荪性阴鸷，志在光复，而鄙逸仙为人。余在狱时，尝一过省，未能尽言也。后以道员主安徽巡警学堂，得间遂诛恩铭，为虏所杀。其党会稽陶成章焕卿时在日本，与余善，焕卿亦不惬逸仙。而李柱中以萍乡之败，亡命爪哇，焕卿旋南行，深结柱中，遂与逸仙分势矣。

【国内大事】正月初七（2月19日），许雪秋于潮州起义失败。二十日（3月4日），日本政府徇清使杨枢之请，驱逐孙中山出境。孙日前以二千元留为《民报》经费，遭到章太炎等非议。同月，钦州群众抗捐起义。二月二十日（4月2日），《神州日报》在上海创办。四月十一日（5月22日），同盟会发动潮州黄冈之役，占领黄冈，旋退走。二十二日（6月2日），邓子瑜等在惠州七女湖起义失败。五月二十六日（7月6日），徐锡麟击杀安徽巡抚恩铭，起义安庆，事败死难。二十八日（8日）清政府重下"预备立宪"上谕。六月初四（13日），绍兴大通学校被破坏。次日，秋瑾死难。初八日（17

日），梁启超召开政闻社成立大会于东京锦辉馆，被革命党人打散。七月（8月），焦达峰等于日本东京成立共进会。九月十一日（10月17日），清政府命各省筹设谘议局。十月二十七日（12月2日），孙中山、黄兴等在镇南关起义，旋撤离。十一月二十一日（12月25日），清政府严令查禁学生干预国政、立会、演说等。

正月初八日（2月20日），《汉风》出版，日本秀光社印刷，章氏手书"能夏则大"四字。

正月十三日（2月25日），与孙中山晤。《我之历史》记："至孙逸仙寓。四时，同逸仙、章枚叔、刘申叔、鲁夕卿、胡展堂等至赤阪三河屋。"（第6第11页上。）

正月二十二日（3月6日），《民报》第十二号出版，刊《社会通诠商兑》。按《社会通诠》（History of Politics），英人甄克思（E. Jenks）撰，严复于1903年译成，初载《东方杂志》第一期，1904年3月11日出版。甄克思分社会进化为图腾、宗法、军国三大形式，以为"宗法社会，以民族主义为合群者也"。严氏比附其说，谓"中国社会，宗法而兼军国者也"。断言民族主义不足以救中国。实质上是反对革命，为清政府辩护。（严复主要论点，见《社会通诠序》及卷十四《国家之议制权》、卷十四《治制不同》之译文按语。）章氏驳云："今之政客，虑有二涂，其一热衷干禄，而以立宪望之满洲政府者。太史公云：'在日月之际'，此固不足与议。其一欲以国民自竞，奋起僵尸，竭其膂力，以倡国会于下，使政府震怖而从吾之追胁者。其始固不得不以甲兵耀武，不幸而被诛夷，则与革命何择，幸而可以震慑之也，当是时，则固足以继濠州、金田之迹，而胡为局促于立宪之辕下者？苟以胁迫清廷，与日本之要求立宪等易，则利害相反之故，固第二政客所深知矣。暴骨犹是，涂地犹是，势力犹是，安见此之可为而彼之必不可为也？此吾所为辩其利害，以相讽激，使无惑于严氏之莠言，纳约自牖，尽于斯耳！""法人有言，所志不成，当尽法国而成蒿里，以营大冢于其上。士苟知此，彼天然淘汰、优胜劣败之说，诚何足以芥蒂乎？循四百兆人之所欲击，顺而用之，虽划类赤地，竞伸其志可也。"（收入《别录》卷二。）

正月二十五日（3月9日），《大江七日刊》出版，章氏书《发刊辞》。

二月十二日（3月25日），《革命评论》第十号出版，"革命风流"栏刊有柳亚子：《有怀太炎威丹》，即《复报》第三号所载"泣麟悲凤伴狂客"一诗，见"光绪二十九年癸卯（1903年）三十六岁"条。

三月十三日（4月25日），《民报》发行临时增刊《天讨》，章氏除刊《讨满洲檄》外，又将所附插图题签。《讨满洲檄》，"数虏之罪"十四条，谓："今者，民气发扬，黎献参会，虏亦岌岌不皇自保。乃以立宪改官之令，诱我汉民，阳示仁义，包藏祸心，专任胡人，死相撑拒。我国民伯叔兄弟，亦既烛其奸慝，弗为惑乱，以胡寇孔棘之故，惟奋起逐北，摧其巢穴，以为中华种族请命。""为是与内外民献四万万人契骨为誓，曰：'自盟以后，当扫除鞑虏，恢复中华，建立民国，平均地权。有渝此盟，四万万人共击之！'"（"军政府"名义发表，收入《文录》卷二。）

《天讨》附有插图多幅，章氏在《猎胡图》下题辞："东方乡种，为貉为胡，射火既开，载鬼一车。"《岳鄂王游池州翠微亭图题辞》："经年尘土满征衣，特特寻芳上翠微，好水好山看不足，马蹄趁催月明归。"《徐中山王莫愁湖泛舟图》、《陈元孝题奇石壁图》、《太平天国翼王夜啸图》下都有"题辞"，后二图为苏元瑛（曼殊）所绘。（冯自由：《革命逸史》初集第 169 页。）

三月，与张继、刘师培、苏曼殊、陶冶公等在日本发起"亚洲和亲会"，《约章》出自章氏手笔，谓"建亚洲和亲会以反对帝国主义，而自保其邦族。他日攘斥异种，森然自举，东南群辅，势若束芦，集庶姓之宗盟，修阔绝之旧好。用振我婆罗门、乔答摩、孔、老诸教，务为慈悲恻怛，以排摈西方旃陀罗之伪道德。令阿黎耶之称，不夺于皙种，无分别之学，不屈于有形。凡我肺腑，种类繁多，既未尽集，先以印度、支那二国组织成会，……一切亚洲民族，有抱独立主义者，愿步玉趾，共结誓盟"。

宗旨为"一，本会宗旨，在反对帝国主义，期使亚洲已失主权之民族，各得独立"。会员为"一，凡亚洲人，除主张侵略主义者，无论民族主义、共和主义、社会主义、无政府主义，皆得入会"。

义务为："一，亚洲诸国，或为外人侵食之鱼肉，或为异族支配之佣奴，其陵夷悲惨已甚。故本会义务，当以互相扶助，使各得独立自由为旨"。"二，亚洲各国，若一国有革命事，馀国同会者应互相协助，不论直接间接，总以功能所及为限"。"三，凡会员均须捐弃前嫌，不时通信，互相爱睦，期于感情益厚，相知益深，各尽其心，共襄会务。且各当视为一己义务，以引导能助本会及表同情者使之入会，并以能力所及，建设分会于世界各国。"

"组织"略谓："凡会员，须每月聚会一次"。"会中无会长干事之职，各会员皆有平均利权，故各宜以亲睦平权之精神，尽相等之能力，以应本会宗旨。无论来自何国之会员，均以平权亲睦为主"。"现设总部于东京、支那、孟买、朝鲜、菲律宾、安南、美国等处，俾收发函件皆得定处。既便交通，且使散处之各会员，均得易悉会中事务。"《亚洲和亲会约章》曾译成英文、日文，以上据陶冶公旧藏中文抄稿录出。陶冶公附识："此会成立于 1907（光绪三十三年）丁未之春，首由中、印两国革命志士发起于日本之东京。《亚洲和亲会约章》为章太炎先生之手笔，译成英文，开章明义即为反对帝国主义。其后陆续加入者有：越南、缅甸、菲律宾、朝鲜诸邦，形成亚洲民族解放统一战线。以余记忆所及，中国方面入会者有：章太炎（炳麟）、张溥泉（继）、刘申叔（师培）、何殷振（震）、苏子谷（元瑛，法名曼殊）、陈仲甫（独秀）、吕剑秋（复）、罗黑子（象陶）及余等数十人。"

三月二十三日（5 月 5 日），《民报》第十三号出版，载《记印度西婆耆王纪念会事》，附《送印度钵罗罕、保什二君序》，谓："夫体国经野之术，支那视印度，则昔人所谓礼先一饭者，至与万物相人偶，亲若一体，卒勿能逮也。他日吾二国扶将而起，在使百姓得职，无以蹂躏他国相杀毁伤为事，使帝国主义之群盗，厚自惭悔，亦宽假其属地，赤黑诸族，一切以等夷相视，是吾二国先觉之责已。"（收入《别录》卷二。）

四月二十日（5月31日），《国粹学报》丁未年第四号出版，刊有《某君与某书》，即《文录》卷二《再与刘光汉书》，讨论《左传》、《后明史》"编辑辞典"等事。

四月二十八日（6月8日），《民报》第十四号出版，载有《官制索隐》，分《神权时代天子居山说》、《专制时代宰相用奴说》、《古官制发源于法吏说》、《古今官名略例》四篇，谓："吾侪所志，在光复宗国（《文录》作"中国"）而已。光复者，义所任、情所迫也。光复以后，复设共和政府，则不得已而为之也，非义所任、情所迫也。以是反观，则无欣厌于甘辛黑白矣。"（《文录》卷一。）

同期《民报》，又有《答铁铮》，谓："故仆以为民族主义如稼穑然，要以史籍所载人物、制度、地理、风俗之类为之灌溉，则蔚然以兴矣。不然，徒知主义之可贵，而不知民族之可爱；吾恐其渐就萎黄也。""至中国所以维持道德者，孔氏而前，或有尊天敬鬼之说，孔氏而后，儒道名法，变易万端，原其根极，惟'依自不依他'一语。""及其失也，或不免偏于我见，然所谓我见者，是自信而非利己，犹有厚自尊贵之风。尼采所谓超人，庶几相近。排除生死，旁若无人，布衣麻鞵，径行独往，上无政党猥贱之操，下作懦夫奋矜之气，以此揭橥，庶于中国前途有益。"（收入《别录》卷二。）

五月二十五日（7月5日），《民报》第十五号出版，发表章氏所撰《中华民国解》。初，杨度作《金铁主义说》，在其所编《中国新报》第一年一号（光绪三十二年十二月初七日）起连载，第一号《今中国所处之世界》，略为："中国云者，以中外别地域之远近也；中华云者，以华夷别文化之高下也。即此以言，则中华之名词，不仅非一地域之国名，亦且非一血统之种名，乃为一文化之族名。"章氏驳斥杨度有"三惑"。"一曰未明于托名标识之事，而强以字义皮傅而言"。"二曰援引《春秋》以诬史义"。"三曰弃表谱实录之书，而以意为衡量"。指出"华是国名，原于华山。夏是族名，并非邦国之号，所以得称诸夏"。是故华云、汉云，随举一名，互摄三义。建汉名以为族，而邦国之义斯在；建华名以为国，而种族之义亦在，此中华民国之所以谥"。谓："革命果成，取此深根宁极之政府而覆灭之，其兵力必非犹人而已。纵不足以抵抗欧人，然其朝气方新，威声远播，彼欧人之觇国也，常先名而后实，自非吹而可僵者，亦未至轻召寇仇，为劳师费财之举。"此文解述了"中华民国"，对立宪党人以为"国会成立，笼罩群生，则中国已足以治"也加驳斥，但其中有错误见解。

七月初二日（8月10日），《天义报》第五册出版，载有章氏《秋女士诗集序》和《曼殊画谱序》。《天义报》，本年四月三十日（6月10日）在日本创刊，半月刊，其《简章宗旨和命名》为："以破坏固有之社会，实行人类之平等为宗旨，于提倡女界革命外，兼提倡种族政治经济诸革命，故曰《天义》。"中有"社会主义讲习会"报道，也介绍过《共产党宣言》，（第十五册。）其实是宣传无政府主义的刊物。何震编辑。（很多文字出于其夫刘师培之手，后何震夫妇叛变革命。）《秋女士诗集序》，为纪念秋瑾而作，诗集为王芷馥编，1907年石印本，《序》谓："余闻古之善剑术者，内实精神，外亦妥仪，则喋喋腾口者寡。读《吴越春秋》，有袁公越女之事，惜乎瑾之不志此也。"《序》文又载《民报》

第十七号，《文录》未收。旋又撰《祭徐锡麟陈伯平马宗汉秋瑾文》，末谓："浙虽海滨，实兴项楚。其亡其亡，系于三户，谁云黄鹄，谶语无语。"（《民报》第十七号，收入《文录》卷二，题"哀辞"。）1913 年，章氏在《稽勋意见书》中，以徐锡麟为官吏革命之始"；秋瑾"为女子革命之始"。（《朝野新谈》丙编，1914 年 3 月光华编辑社铅印本。）

《曼殊画谱序》谓："今者曼殊上人善作山水，其弟子何震集其画稿付之印人。余愿上人他日证无生果，亦如舍利、目连二师，则是画亦一缘起已。"末署"震旦邬波索迦章炳麟序"。苏元瑛曾与章氏"议建梵文书藏，人无应者，卒未成"。（柳亚子：《苏元瑛新传》，见《曼殊全集》第一册。）又作《梵文典》，章为撰序，"命速将付梓，后因印人索价太奢"，未成。（苏曼殊：丁未七月《致刘三书》，同上第 189 页。）

七月初七日（8 月 15 日），《与孙仲容书》："今夏见报，知俞先生不禄，向以戆愚，几削门籍，行藏道隔，无由筑场，悬斯心丧，幸在天之灵知我耳。荐岁以来，经术道息，视亭林、稷若之世，又若羲皇、燧人，国粹陵夷，虑禹域终不我属。而闻先生所著《周礼正义》已付雕印，高文典册，蔚为国光，亦虑知此者希，神宝终秘，念我戆愚，尝聆言教，侧身岛屿，不睹天府球图之珍，痛寐伏枕，伤如之何？""方今国故衰微，大雅不作，文武在人，实惟先生是赖。湘潭王氏辈华辞说经，绣其鞶悦，其学盖非为己；扶微继绝，非我天台、雁荡之大师，其谁与归"。并将近作《新方言》一卷"敬缄就正"。（孙延钊《徐杭先生与先征君》附，见浙江图书馆《追悼章太炎先生特刊，1936 年出版《文录》未收。）

孙诒让接信后，于"中秋前五日"函复，并赠《周礼正义》一部，谓："搏桑古籍间出，近见岛田氏所刊皇侃：《丧服小记疏》，信为奇册；此外倘有所得，敬祈惠示其目。"又谓略读《新方言》"数条，精审绝伦，容再细读寻绎，或有剩谊，当续录奉质"。（孙延钊《徐杭先生与先征君》附，载浙江图书馆：《追悼章太炎先生特刊》，1936 年出版。）章氏于 1908 年 6 月 1 日写复信，见该年条。

八月十八日（9 月 25 日），《民报》第十六号出版，刊有章氏自撰《五无论》和《定复仇之是非》。前文认为，"若夫民族必有国家，国家必有政府，而共和政体于祸害为差轻，固不得已而取之矣"。最后还要达到"五无之制"。"五无者，超过民族主义者也"。五无即：无政府、无聚落、无人类、无众生，无世界。结语是"人生之智无涯，而事为空间时间所限，今日欲飞跃以至五无，未可得也；还以随顺有边为初阶，所谓跛驴之行。夫欲不为跛驴而不得者，此人类所以愈可哀也"。文末附诗一首："香附子苦蓼，庵摩罗除热，石女无有儿，竹笋重有苦，兔印记月光，阳春时作乐"。（收入《别录》卷三，但附诗未收。）

《定复仇之是非》则称："种族革命之志为复仇，然今人多以复仇为上古野蛮之事，故余以义定复仇之是非云。""今之种族革命，若人人期于颠覆清廷而止，其后利害存亡，悉所不论，吾则顶礼膜拜于斯人矣。而缀学知书之士，才识一名以上，皆汲汲于远谋，未有不以共和政体国家社会耿介于其心者，余虽踸踔，亦不能不随俗为言。且以为民族主义，非专为汉族而已。""然必举具体之满洲清主，而不举抽象之强种王权者，强种与王权，其名无限；满洲与清主，其名有限。今之强种，孰如白人；今之王权，孰如独逸帝。苟取无限之名以为旌帜，则中国之事犹在后，而所欲先攻者，乃在他矣。今只为一区说法，斯无取笼罩一切之名，惟此现量在前者是。循是以推，强种之白人，非不当为黑人赤人驱之也；王权之独逸帝，非不当为世界生民废之也。然规定行事者，至急莫如切肤，至审莫如量力。今日汉人，其智力岂足方行域外，则斯事固为后图矣。""余向者所称说，固非以民族主义自画而已，人我法我，犹谓当一切除之，虽独唱寡和，然犹不惮烦辞，冀导人心于光大高明之路，乃至切指事情，则仍以排满为先务。"（收入《别录》卷一，改题《复仇是非论》。）

秋，陶成章与"樊光联络印度、安南、缅甸诸志士，在日本东京设立东亚亡国同盟会，以章太炎为会长"。（魏兰：《陶焕卿行述》，油印本，陶本生旧藏。）

九月十九日（10月25日），《民报》第十七号出版，刊有章氏自撰《国家论》、《祭徐锡麟陈伯平马宗汉秋瑾文》（见上）、《秋瑾集序》（见上）。和"时评"多篇。

《国家论》略谓："一、国家之自性，是假有者，非实有者；二、国家之作用，是势不得已而设之者，非理所当然而设之者；三、国家之事业，是最鄙贱者，非最神圣者。""前第一义，既不忍许国家自性为实有物，则凡言爱国者，悉是迷妄。虽然，爱国之义，必不因是障碍，以人心所爱者，大半非实有故。""爱国之念，强国之民不可有，弱国之民不可无，亦如自尊之念，处显贵者不可有，居穷约者不可无，要以自保平衡而已。""前第二义，既不忍许国家作用为当设，则凡言建国者，悉是悖乱。虽然，建国之义，必不因是障碍，以人所行事，大半非当然故。""前第三义，既不忍许国家事业为神圣，则凡言救国者，悉成猥贱。虽然，救国之义，必不因是障碍。以人之自卫，不论荣辱，……故一念及生，即不恤自处汙垢。况于匡扶邦族，非专为一己而已。"（收入《别录》卷三。）

本期《民报》中，章氏所撰"时评"，主要有：一、《印度中兴之望》，谓："余因念中国无孔子、左丘明、太史公辈，则自共和以讫二世，其年历亦且暗昧不可究观。今者学术多废坠，独历史尚稍完具，令士民不骞太古，以期独立。印度则阙是，故国民自觉稍晚。今果有自编《通史》者。"（收入《别录》卷二。）

二、《政闻社员大会破坏状》，系记述革命派和立宪派斗争的"时评"。光绪三十二年七月十三日，清政府正式宣布"预备仿行立宪"以后，康有为于本年元旦（1907年2月13日），将保皇会改为国民宪政会，准备回国从事政治活动。五六月间，梁启超且为组党事一度潜返上海，在国内外与杨度、熊希龄、徐佛苏、蒋智由等立宪党人秘密筹划，又致书康有为："启超数月来奔走于上海、神户、东京之间，几乎日无暇晷。……杨皙子初本极热心此事，至今犹然。但征诸舆论，且察其行动，颇有野心，殆欲利用吾党之金钱名誉，而将来得间则拔戟自成一队，故不惟本党旧人不敢放心，即东京学界各省新进之士表同情于吾党者，亦不甚以彼为然。故现在政闻社之组织，杨氏不在其内。"（梁启超：六月八日《致南海先生书》，见《梁公先生年谱初稿》"光绪三十三年丁未"条。）

七月，梁启超、蒋智由等在东京筹组推动立宪的"政闻社"，企图有限度地发动并组织一定的社会力量来胁迫清政府认真准备"立宪"。并于九月一日刊行机关报《政论》。在《政闻社宣言书》中，提出所持之主义有四条："一，实行国会制度，建设责任政府；二，厘订法律，巩固司法权之独立；三，确立地方自治，正中央地方之权限；四，慎重外交，保持双等权利。"（《政论》第一号，光绪三十三年九月一日出版。）九月十一日（10 月 17日），政闻社开成立会于东京，推举马良为总务员。"政闻社员大会于锦辉馆，谋立宪也"。梁启超召集党徒二百人开大会，而革命派却来了一千多人。梁启超刚站到讲台宣传："今朝廷下诏，刻期立宪，诸君子宜欢喜踊跃"，就遭到革命派的斥责，只好逃避，革命党人随即登台演说，梁启超也只好哀叹"数年以来，革命论盛行于国中"了。章氏记述其事，并加评议："余意梁启超、蒋智由辈，志在干禄，虑非专心于立宪者。又前日所为欺诈事状，多已发露，其党人并自知之"。"原吾辈所以遮拨立宪者，非特为满、汉相争，不欲拥戴异族以为共主；纵今日御宇者，犹是天水、凤阳之裔，而立宪固不适于中国矣。是何也？宪政者，特封建世卿之变相乎？其用在于纤悉备知，民隐上达，然非仍封建之习惯者弗能为。欧洲诸国之立宪也，其去封建时代，率不过二三百岁，日本尤近。……今中国之去封建时代，则已二千余岁矣。夫封建之猥诸侯，其地财一县耳。百里之封，而命官授吏至数百人，且用人多不出乡里，其知民间情伪，无异簟席之间。然则纤悉备知，而民亦不敢自匿，固其所也"。"综观中外之历史，则欧洲、日本，去封建时代近，而施行宪政为顺流；中国去封建时代远，而施行宪政为逆流"。"自前观之，则于国之富强无益也；自后观之，则于民之利病无与也。徒令豪民得志，苟且横流，朝有党援，吏依门户，士习嚣竞，民苦骚烦，是宁足以为知微审势者耶？"（收入《别录》卷二。）

　　政闻社成立会为革命派粉碎后，仍不甘心失败，他们"咸以马先生道德学问为当世所尊仰，因推为总务员"。（《政论》第三号。）"拟公派专员到沪，求马君承诺"。十一月十一日（12 月 15 日），马良"不惮奔走之劳，特来东瀛"，就总务员职。梁启超等以为"马先生已到，此公之持积极主义，其勇更逾吾辈"。（光绪三十三年十一月《致蒋观云徐佛苏及社员诸君书》，见《梁任公先生年谱初稿》"光绪三十三年丁未"条。）马良抵达日本后，到处演说，立宪党人叫嚣一时，章氏于本年岁阑作《与马良书》加以抵制，刊发于次年印发的《民报》第十九号上，略谓："立宪党人，志不过升斗，借成名以取宠，此婴婗子之所周知。然其说率以民权为埻，故有所谂于先生。代议政体，非能伸民权，而适埋郁之。盖政府与齐民，财有二阶级耳。横置议士于其间，即分为三，政府固多一牵掣者，齐民亦多一抑制者。欧、美、日本行之，民愈困穷，未见其为元元福也。是在中国，则势尤异于东西"。"一曰去封建久近之比例。……无故建置议士，使废官豪民梗塞其间，以相陵轹，斯乃挫抑民权，非伸之也"。"二曰面积大小之比例。……县选其一，得一千四百人，犹三十万分之一也。（《文录》作"犹二十九万分之一也"。）数愈阔疏，则被选者必在故官大蛆。……以是代议，民其得有幸乎？"循是二例，以中国行立宪代议之政，其蠹民尤剧于专制。今之专制，直刑罚不中为害，他犹少病，立宪代议，将一切使民沦于幽谷。夫贼民者非专官吏，乡土秀髦权力绝尤，则害于民滋甚"。"且宪政既成，则政党因缘而起，新学浮华之士，又往往参错其间。今之新党，其猥鄙盖甚于旧党矣。榜署既章，惟封殖党援是急，民之利病，固委置之，贿赂公行，为枭为貙，将什伯于官吏。……先生游衍昊天，躬行文莫，哀民德之昌披，以身作则，教之善道可也，焉用与宵人奔走，以自尘点。有皇上帝，爱民甚矣。岂其使新党豪民肆于人上。"（收入《文录》卷二。）

当康有为、梁启超等拼命展开立宪运动的同时，康有为门徒陈焕章妄图发起昌教会于美国纽约，旨欲"昌明孔教"，说什么"将来拟辑《孔教约编》，以英文译之"，并嘱梁启超把《序文》"登于《新民丛报》中，以广其传"。（光绪三十三年七月二十六日陈焕章《致饮冰学长书》，见《梁任公先生年谱长编初稿》"光绪三十三年丁未"。）章氏以为"孔氏之教，本以历史为宗。宗孔氏者，当沙汰其干禄致用之术，惟取前王成迹，可以感怀者流连弗替"。（《答铁铮》，《民报》第十四号。）"不言孔学则已，若言孔学，愿亟以提倡历史为职矣"。（同上。）

章氏主持《民报》以来，发表多篇论文，文字犀利，针锋相对，致为改良派、立宪党人所愤疾，楼思诰《致汪康年书》竟讥谓："枚叔颇为《民报》所欢迎，盖利用其文章，以为金钱主义，销数极旺，亦是好际遇。"（第二十一书，无年月，见《汪穰卿先生师友手札》，上海图书馆藏。）

十一月二十九日（1908年1月2日），《民报》第十八号出版，载有"本社谨白"："本社总编辑人章君炳麟因脑病忽作，不能用心，顷已辞职，仍请张君继接续主持。"《民报》随由张继接办一期（第十九号）、陶成章接办三期（第二十——二十二号）、二十三号起（1908年8月10日出版），仍由章氏主编。

十二月二十日（1908年1月23日），《国粹学报》丁未年第十二号出版，"社说"栏有《某君与人论国粹学书》二封，即《别录》卷二《与人论国学书》和《再与人论国学书》。第一书谓："渔仲《通志》、实斋《通义》，其误学者不少。""渔仲所长，独在校雠、图谱、氏族数事，其他皆无可采，六书尤谬。""实斋虽少谬语，然其用只在方志。"第二书谓："学名国粹，当研精覃思，钩发沉伏，字字征实，不蹈空言，语语心得，不因成说，斯乃形名相称。若徒摭旧语，或张大其说以自文，盈辞满幅，又何贵哉。实事求是之学，虑非可临时卒办。"并对自己前撰《春秋左传读》，认为"今仍有不惬意者，要当精心汰淅，始可以质君子"。对《膏兰室札记》也表示不满，见"光绪十八年壬辰（1892年），二十五岁"条。

十二月二十八日（1908年1月31日），有《复吴敬恒书》，对苏报案发生时向敌人"献策"的吴敬恒（朓）展开斗争。先是，日本《革命评论》第十号刊登了章氏所撰《邹容传》，揭露了吴敬恒的告密行径后，（见"光绪三十二年丙午——1906年，四十岁"条。）吴敬恒寄书狡辩，并刊于巴黎《新世纪》第二十八号，（1908年1月4日巴黎出版。）说什么："如《慰丹传》所云，有所原本，请将出诸何人之口，入于君耳，明白见告，恒即向其人交涉。如为想当然语，亦请见复，说明为想当然，则思想自由，我辈所提倡，恒固不欲侵犯君之人权，恒即置之一笑。倘不能指出何人所口述，又不肯说明为想当然语，则将奴隶可贵之笔墨，报复私人之恩怨，想高明如君，必不屑也。"至是，章氏公开函复，并发表在次年刊行的《民报》第十九期上。

《复吴敬恒书》略谓："案仆入狱数日，足下来视，自述见俞明震屈膝请安及赐面事，又述俞明震语，谓：'奉上官条教，来捕足下，但吾辈办事不可野蛮，有释足下意，愿足下善为谋。'时慰丹在傍，问曰：'何以有我与章先生？'足下即面色青黄，嗫嚅不语，须臾引去。此非独仆与足下知之，同系者尚有□□□、□□□辈，可复问也。仆出狱时，见□君□□，□□曰：'前与俞明震赌骨牌为戏，微及'苏报案'事，明震亦於邑有自悔状。'仆是日亦往东京，不复多语。至最后足下献策事，则□□□言之，□□语不知得自传闻，抑亲闻诸俞明震者。但仆参以足下之屈膝请安，与闻慰丹语而面色青黄，及□□所谓明震自悔者，有以知□□之言实也。足下既作此鬼蜮事，自问素心，应亦惭惶无地，计穷词屈，乃复效讼棍行径，以为造膝密谈，非人所晓，汹汹然驰书诘问。足下虽诘问，仆岂无以答足下哉？适扬之使愈彰明耳！是非曲直，公道在人，无则言无，有则言有。仆于康、梁诸立宪党，诋諆未尝过甚。今于无政府党如足下者，摘发奸回，如彼其至。盖主义之是非，与心术之是非，二者不可同论。且以败群之羊，不可不摈，普天同志，犹未分明，故不得不明著表旗以示天下，岂以个人之私怨而诬足下哉！

"呜呼！外作疏狂，内贪名势，始求权藉，终慕虚荣者，非足下乎？康长素得志时，足下在北洋，拜其门下而称弟子，三日自匿，及先生既败，退而噤口不言者，非足下之成事乎？为蔡钧所引渡，欲诈为自杀以就名，不投大壑而投阳沟，面目上露，犹欲以杀身成仁欺观听者，非足下之成事乎？从康长素讲变法不成，进而讲革命；从□□□讲革命不成，进而讲无政府。所向虽益高，而足下之精神点污，虽强水不可浣涤。仆谓足下当曳尾涂中，龟鳖同乐，而复窃据虚言，高言改革，惧丑声之外露，则作无赖口吻以自抵谰。引水自照，当亦知面目之可羞矣。

"足下始学批尾家当，中则葆爱对策八面锋之伎俩，最后效村学究，持至简且陋之教科书以自豪。今者行役欧洲，已五年矣。仆以为幡然如蜕，当有以愈于畴昔。及观足下所著，浮夸影响，不中事情，于中国今日社会情形，如隔十重云雾。有所记叙，则犹二簧之演历史也；有所褒贬，则犹儿童之说是非也。盖曩日之以《经世文编》、《校邠庐抗议》汲汲然求术于众者，今则变相如是。吾于是知纵横捭阖之徒，心气粗浮，大言无实，虽日日在欧洲，犹不能得毫毛之益也。

"足下恶言国粹者，利人之愚。利人之愚者，将以掩己之失。私心暧昧，灼然可知，而复虚憍谩人，不自知其庸妄，指孔、孟以解嘲，举奴隶以相劫，此足以吓素无学术、随逐波涛之子耳！

"仆则素志已定，愿自署为守旧党、顽固党矣，岂新党骛名之士，腾其绝无根据之谤辞，遂足以相慑耶？

"足下自慕虚荣，以为人亦慕之，曾不自量所处何地？康有为门下之小史，盛宣怀校内之洋奴，不屑为者众矣，未知足下屑此否也？"（书于1908年1月31日，《文录》刊落。）

章氏对吴敬恒的丑恶面貌揭露无遗，即鲁迅所称反对"献策"的斗争。函中"同系者尚有□□□、□□□"，似指《苏报》职员"钱葆仁、程吉甫"。"仆出狱后，见□君□□"，指汪德渊，汪曾任中国教育会董事。"至最后足下献策事，则□□□言之"，指张鲁望，张于1903年在南京充幕僚。"从□□□讲革命不成"，似指孙中山。

又，函中谓"以讲国粹属张之洞，讲吏治属曾国藩"。指吴敬恒在《新世纪》发表《进化与革命》，把近代中国思想变迁分为十派，称张之洞代表什么"古文实学派，主张存古及保国粹"。并影射攻击章太炎："革命党中亦有如某君某君者，言论虽若有进，实则思想、目的、手段常不离此派。"该文还把曾国藩列为"吏治民主派"，且予赞美："此类乃稍受动于时势之外力，能知为因时之制宜，此即魏源之徒为代表，而曾国藩乃此中之翘楚。"故章氏函中驳之。

章氏复书驳斥后，吴敬恒又在《新世纪》第四十四号载其《答章炳麟书》，强辩饰非，章氏撰书再驳，见"光绪三十四年戊申（1908 年），四十一岁"条。

本年，章氏与孙中山发生"异议"。先是，正月二十日，日本政府应清政府之请，驱逐孙中山出境。孙中山于是日与胡汉民、汪精卫等离东京赴安南。离日前得日本政府和股票商铃木久五郎馈金一万五千元，以二千元留为《民报》经费，馀款悉充军费，遭到章氏非议。五月，章太炎又在东京就潮、惠起义失败及孙中山离日前分配馈款事，发起攻击，要罢免孙中山的总理职务，改选黄兴继任，遭到黄兴、刘揆一等的反对，刘揆一：《黄兴传记》："丁未春间，日政府徇清公使杨枢之请求，劝孙总理出境，馈以赆仪五千金，日商铃木久五郎亦慨赠万元，孙总理受之，同人未喻其意，故颇不以为然。及潮州、惠州军事失利，反对者日众，欲开大会，改选公为总理，以揆一系庶务代行总理职权，纷纷催逼召集会事。揆一以孙总理受此款时，留给民报社维持费二千元，馀悉以供潮、惠党军急需，诚非得已，又深知公素以实行革命为务，绝不居此空虚总理之名。且方与孙总理共谋粤东首义，万一因总理二字而有误会，使党军前途顿生阻力，非独陷害孙、黄二公，实不啻全体党员之自杀，故力排众议。"（铅字排印本第 29—30 页。）冯自由谓：购械"正进行间，太炎在民报社偶闻日人平山和田等言，谓吾党所购枪械属明治十八年式，陈旧不堪作战，遽用民报社名以明电告香港《中国日报》，谓械劣难用，请停止另购。余得电，乃转告孙总理，总理以事属军事秘密，而太炎竟以明码出之，深为不怿。"（《革命逸史》第二集第 37—38 页。）章氏门户之见较深，终致"与逸仙分势"，形成分裂，参见"光绪三十四年戊申（1908 年），四十一岁"、"宣统元年己酉（1909 年），四十二岁"条。

本年，章氏有《致肃亲王书》，他认为清朝"诸亲贵中，以肃亲王善耆为比较开通"，为陈"二策"："一、为清室计者，当旋轸东归，……而以中国归我汉人。""二、为贤王计者，贤王于宗室中称为巨人长德，固与方域之见殊矣。革命之业，亦何不可预。""吾党所持，革命以后，惟建设共和政府，二王三恪之号，虑不足以辱贤王，要使千载而下，睹其史书，瞻其铜像，然后贵耳。"还以为"投间抵隙，今其时矣"。（冯自由《革命逸史》第五集，《文录》未收。）

本年，德人罗列《总同盟罢工论》，由张继翻译出版，章氏为之撰序，谓："今罢市为内地所恒有，顾皆猥琐，不敢行于巨大市场，行之则受成长官大贾，堕其调中。若循同盟之则，姟兆一志，更相携将，一市之间，闭门七日，则馈饷役使皆不继。虽有利器，且缩不前。吾乃近据其所有者而均调之，揟柱晢人富民之道，独有是耳。"（收入《别录》

卷二。)

本年，意大利人马刺跌士达《无政府主义》，由张继翻译出版，章氏撰序谓："若能循齐物之眇义，任夔蚿之各适，一人百族，势不相侵，井上食李之夫，犬儒裸形之学，旷绝人间，老死自得，无宜强相陵逼，引入区中，庶几吹万不同，使其自已，斯盖马氏所未逮欤？然其批捣政家，锄犁驵侩，振泰风以播尘壒，鼓雷霆以破积坚，堕高堙卑，丘夷渊实，荡覆满盈之区，大庇无告之民，岂弟首涂，必自兹始。虽有大智，孰能异其说耶？"(《民报》第二十号，收入《别录》卷二，撰于"丁未十二月"。)

本年，《春秋左氏读叙录》在《国粹学报》刊完(第一——十一号)；《新方言》开始在《国粹学报》连载(第九——十二号)，未完。

又据《太炎集》，《古音娘日二纽归泥说》、《古双声说》、《国粹学报祝辞》、《梵文典序》，都撰于本年，刊于次年出版的《国粹学报》。

【著作系年】《社会通诠商兑》(《民报》第十二号，1907年3月6日出版，收入《别录》卷二)。《讨满洲檄》(《民报》临时增刊《天讨》，1907年4月25日出版，收入《文录》卷二)。《天讨》附图题辞(同上，《文录》未收)。《亚洲和亲会约章》(抄件，陶冶公旧藏)。《记印度西婆耆王纪念会事》附《送印度钵罗罕、保什二君序》(《民报》第十三号，1907年5月5日出版，收入《别录》卷一)。《官制索隐》(《民报》第十四号，1907年6月8日出版，收入《文录》卷一)。《答铁铮》(同上，收入《别录》卷二)。《中华民国解》(《民报》第十五号，1907年7月5日，收入《别录》卷一)。《秋瑾集序》(《秋女士诗集序》，《天义报》第五号，1907年8月出版；又载《民报》第十七号，题《秋瑾集序》，《文录》未收。)《曼殊画谱序》(《天义报》第五册，《文录》未收。)《祭徐锡麟陈伯平马宗汉秋瑾文》(《民报》第十七号，收入《文录》卷二)。《徐锡麟陈伯平马宗汉传》(《文录》卷二)。《山阴徐君歌》(同上)。《与孙仲容书》(浙江图书馆《追悼章太炎先生特刊》，1936年出版，又见《制言》第三十期扉页摄片，《文录》未收)。《五无论》(《民报》第十六号，1907年9月25日出版，收入《别录》卷三)。《定复仇之是非》(同上，收入《别录》卷一)。《国家论》(《民报》第十七号，1907年10月25日出版，收入《别录》卷三)。《印度中兴之望》(同上，收入《别录》卷二)。《汉字统一会之荒陋》(同上，收入《别录》卷二)。《政闻社员大会破坏状》(同上，收入《别录》卷二)。《邹容传》(《革命评论》第十号，1907年3月25日出版，撰于"丙午")。《复吴敬恒书》(《民报》第十九号，撰于1908年1月31日)。《致清肃亲王书》(冯自由《革命逸史》第五集《清肃王与革命党之关系》)。《与马良书》(《民报》第十九号，《太炎集》系为"丁未"文，收入《文录》卷二)。《总同盟罢工论序》(《别录》卷二，《太炎集》系为"丁未"文)。《无政府主义序》(《民报》第二十号，收入《别录》卷二，撰于"丁未十二月")。

《春秋左传读叙录》(光绪二十二年撰，见前，载《国粹学报》丁未年第一、二、三、四、五、六、七、八、九、十一月号，完，光绪三十三年正月二十日至十一月二十日)。《新方言》(《国粹学报》丁未年第九、十、十一、十二月号，未完，光绪三十三年九月二十日至十二月二十日)。

《与刘师培书六》(《国粹学报》丁未年第四号，光绪三十三年四月二十日，题《某君与某书》，收入《文录》卷二，题《再与刘光汉书》)。《南疆逸史序》(撰于"丙午九月"，见该年条，《国粹学报》丁未年第九号,光绪三十三年九月二十日,收入《文录》卷二)。《某君与人论国粹学书》一——二(《国粹学报》丁未年第十二号,光绪三十三年十二月二十日,收入《别录》卷二,题《与人论国学书》,《再与人论国学书》)。《丁未与黄侃书》(《文录》卷二)。《再与黄侃书》(同上)。《与刘光汉黄侃问答记》(《文录》卷一,《太炎集》系为"丁未文")。《国粹学报祝辞》(《国粹学报》戊申年第一号,光绪三十四年正月二十日出版,《太炎集》系为"丁未"文)。《古音娘日二纽归泥说》(《国粹学报》戊申年第五号,光绪三十四年五月十日出版,收入《国故论衡》卷上,《太炎集》系为"丁未文")。《古双声说》(《国粹学报》戊申年第六号,光绪三十四年六月二十日出版,收入《国故论衡》卷上,《太炎集》系为"丁未文")。《梵文典序》(《国粹学报》戊申年第六号,收入《别录》卷三,《太炎集》系为"丁未文";《章太炎先生所著书》有《初步梵文典序》,首尾略同,中间有异)。

光绪三十四年戊申(1908年)　四十一岁

【自定年谱】初,孙、黄之南也,以同盟会事属长沙刘揆一林生。林生望浅,众意不属。既与逸仙有异议,孙、黄亦一意规南服,不甚顾东京同志,任事者次第分散。溥泉以言社会主义为日本法官逮捕,脱走欧洲。遁初贫甚,常郁郁,醉即卧地狂歌,又数向民报社佣婢乞贷。余知其事,曰:"此为东人笑也。"急取社中馀资赒之。然资金已多为克强移用,报社穷乏,数电告逸仙,属以资济,皆不应。其夏,克强袭破云南河口,旋败归,抵东京,遁初不往见。余谓克强曰:"吾在此以言论鼓舞,而君与逸仙自交趾袭击,虽有所获,其实不能使清人大创,徒欲使人知革命党可畏耳。愚意当储蓄财用,得新式铳三千枝、机关铳两三门,或可下一道数府,然后四方响应,藉群力以仆。若数以小故动众,劳师费财,焉能有功。"克强未应。余又言:"遁初在稠人中,粗有智略。君来何不就与计事。"克强遽曰:"人云遁初狂,下视仆辈。闻其言曰:'不杀孙、黄,大事不可就。'是何嫉我之深也。"余曰:"谗间之言,何所不至,遁初诚狂,嫉君则未也。"克强乃稍与遁初计事。顷之,清遣唐绍仪赴美洲,绍仪过日本,因胁日本当事封禁《民报》,使馆亦遣人潜入报社下毒。社员汤增璧饮茗,几死。余欲取绍仪,绍仪已去;因诣留学生总会馆,自颇黎函中得绍仪像,击堕地,蹴碎之。会清主、太后先后死,袁世凯罢,绍仪至美洲,亦无所就而返。

【国内大事】二月初四日(3月6日),中、英订立沪杭甬铁路借款合同。二十五日(27日),黄兴于钦州起义,战四十馀日,因无弹药,退回安南。四月初一日(4月30日),黄明堂于河口起义,未几失败。四月初七日(5月6日),清政府准陆军部设立陆军警察。六月二十七日(7月25日),清政府命将政闻社员法部主事陈景仁革职看管。七月十七日(8月13日),清政府命各省查禁政闻社,严拿社员。八月初一日(8月27日),清政府宣布自本年起第九年召开国会,并于9月颁布宪法大纲。十月二十一日(11月14日),光绪帝死,以载沣子溥仪为嗣皇帝,载沣以摄政王监国。十月二十二日

(15 日),慈禧死。二十六日(19 日),熊成基在安庆起义,次日失败。十一月初九日
(12 月 2 日),溥仪即帝位。初十日(3 日),清政府宣布立宪准备,仍以宣统八年为限。
十二月十一日(1909 年 1 月 2 日),清政府罢斥袁世凯,由皇室掌握兵权。

　　正月二十日,《国粹学报》戊申年第一期出版,刊章氏《祝辞》:"今之学者,非碎与
朴是忧,忧其夸以言治也,忧其丽以之淫也,忧其琦傀以近谶也,忧其钮杂以乱实也,忧
其缴绕以诬古也。磨之劀之,抒之浚之,扶其已微,攻其所傫,余以是祝贤人君子。"(收
入《文录》卷二。)

　　正月二十四日(2 月 25 日),《民报》第十九号出版,载《本社特别广告》:"本报编
辑人张继君以要事已离东京,自二十期起改请陶成章君当编辑主任"。陶成章接办了
三期。(第二十、二十一、二十三号。)二十三号(1908 年 8 月 10 日出版)起,仍由章氏主编,出
至二十四号,(1908 年 10 月 10 日出版。)《民报》被封禁。在张继、陶成章接办期间,章氏
仍在《民报》发表论文。

　　同期《民报》,有《与刘揆一书》。这时,主张立宪的杨度组织宪政讲习会,在两湖
地区活动,或言"杨度归从奥王翁",以王闿运为湖南宪政支部会长。章氏在《与刘揆
一书》中指出:"意者宪政诸子,建王翁为表旗,因以矜耀,不吝余名,以复露诸夸者。
八十老翁,名实偕至,尤而有悔,自堕前功,斯亦可悼惜者也。立宪者,岂足以张国威、
舒民气? ……夸者求仕宦不获,持此上遂,幸得假手,车坚马驳,被貂裘、着织成韡以
游王侯长者,其腹肠至猥鄙。""盖竞名嗜进,(《文录》作"竞进嗜利"。)自相题榜,以求显
贵者,非直廉节士所不为,乃亦自违其学。"(收入《文录》卷二。)

　　三月二十五日(4 月 25 日),《民报》第二十号出版,在"时评"中载有章氏"论印度
事"数则,认为"支那、印度既独立,相与为神圣同盟,而后亚洲殆少事矣。联合之道,
宜以两国文化相互灌输。昔内典既由中国译成,唐时复译老子为梵文以达印度,然历
史事迹地域广轮邈焉,弗能通晓。今则当以此为先路。至于语言文字互有障碍,亦宜
略有讲习"。"余以醯鸡蚊蚋之微,妄为学者引重,怀此数年,独唱寡和,悲从中来,不
可夭阏,故书此以劝同好。世有志士,务求实而不殉名者,庶几成此志哉"。(《支那印度
联合之法》,见《别录》卷二。)

　　同期《民报》,有寄生:《刘道一碑文》、运甓:《刘烈士道一像赞》,章氏也有《鹡鸰
案户鸣为刘道一作也》。查刘道一于 1907 年 1 月 4 日在湖南浏阳遇难。章氏诗云:
"人生会有死,蒿里洞无涯。不如登祝融,仰天扪虚危。传语后世人,请视杞梁妻。"
(收入《文录》卷二。)旋又撰《刘道一传》。(载《复报》第十一号,1908 年 7 月出版;又《民国报》
第三号,1911 年 12 月 11 日出版。)

　　五月初三日(6 月 1 日),有《与孙仲容书》,系接到孙诒让复书并《周礼正义》而
写,并请孙诒让劝刘师培"弗争意气,勉治经术"。书云:"自昔未侍先生杖履,既遭党
锢,修谒无缘,并赐书亦濡滞半岁,喜益悲矣。……《名原》七篇,何时出版? 渴望赐
阅,若昏夜之待明星。海内耆硕,自德清、定海二师下世,灵光岿然,独有先生。虽年逾

中身,未为大耋,浙人所仰望者,亦无第二人。愿存精神,加餐食,长为乡土表仪,幸甚幸甚。麟以寡昧款启之身,荐更忧患,学殖荒芜,无可自憙,内省素心,惟能坚守旧文,不惑时论,期以故训声均,拥护民德,远不负德清师,近不负先生,虽并世目为顽固,所不辞矣。

"仪征刘生(旧名师培,新名光汉,字申甫,即恭甫先生从子。)江淮之令,素治古文《春秋》,与麟同术,情好无间,独苦年少气盛,憙受浸润之潛。自今岁三月后,谗人交构,莫能自主,时吐谣诼,弃好崇仇,一二交游,为之讲解,终匆能济。(以学术素不逮刘生故。)先生于彼,则父执也。幸被一函,劝其弗争意气,勉治经术,以启后生,与麟戮力支持残局,度刘生必能如命。偻偻陈述,非为一身毁誉之故。独念先汉故言,不绝如线,非有同好,谁与共济? 故敢尽其鄙陋,以浼先生,惟先生少留意焉。"(《制言》第三十期影印原函,《国粹学报》戊申年第四号刊布时,删去浼请"劝说"刘师培一段,《文录》卷二也删。据孙延钊《馀杭先生与先征君》:"札尾原署五月初三日,时先征君已在病中,而即于是月二十二日卒,此札寄到,已不及见。"见浙江图书馆:《追悼章太炎先生特刊》。)

查刘师培于1907年返国,与妻何震先后叛变,沦为端方密探,他利用章氏与孙中山发生矛盾,"经费拮据",企图拉拢。本年春,刘师培夫妇又到日本,"太(太炎)、少(少甫,刘师培)两公,又有龃龉之事"。(苏曼殊:《与刘三书》,戊申四月八日于日本,见《曼殊全集》第一册208页。)刘师培目的未遂,又指使伪造《炳麟启事》,刊于1908年5月24日上海《神州日报》,说什么:"世风卑靡,营利竞巧,立宪革命,两难成就。遗弃世事,不撄尘网,固夙志所存也。近有假鄙名登报或结会者,均是子虚。嗣后闭门却扫,研精释典,不日即延高僧剃度,超出凡尘,无论新故诸友,如以此事见问者,概行谢绝。特此昭告,并希谅察。"章氏即于6月10日出版的《民报》第二十一期刊登《特别广告》,予以否认:"仆于阳历五月二十四日,赴云南独立大会,时本社人员亦俱往赴。仆归后即不见印章一方,篆书'章炳麟印',知是侦探乘间窃去。以后得仆书者,当审视笔迹,方可作准。其印章'章'字上画阙者,可信为真,完具者即非真印也"。"再,近有人散布匿名揭帖,伪造仆与锡良之电报,又有人冒名作信,在上海《神州日报》登《炳麟启事》一则,其散布匿名揭帖者,查得是山西宁武府人,其冒名告白,尚待调查,合并声明。"章氏原与刘师培同治古文,"臭味相投","情好无间",过去书信往来,商讨经学。至是,刘师培"依端方于江南"。(蔡元培:《刘君申叔事略》,见《刘申叔先生遗书》卷首。)章氏耻其行而"深爱其学",故仍"移书劝其归隐"。(钱玄同语。)

章氏又拟介绍汪东从孙诒让学,汪返而孙已殁,遂受业章氏之门。汪东:《刘申叔先生遗书序》:"其后余欲归国,从瑞安孙仲容先生游,章君赞之,作书为介,甫及里门而孙氏殁,乃始投章君,请著籍为弟子。"(见《刘申叔遗书》卷首。)

孙诒让死,章氏撰《孙诒让传》,发表在本年《国粹学报》第七号,对孙撰《周礼正义》、《墨子间诂》等备极推崇,以为:"诒让学术,盖龙有金榜、钱大昕、段玉裁、王念孙四家,其明大义钩深穷高过之。""诒让治六艺,旁理墨氏,其精傅足以摩撽姬汉,三百年绝等双矣。"(收入《文录》卷二。)又有《瑞安孙先生哀辞》。(《民报》第二十二号。)

五月十二日（6 月 10 日），《民报》第二十一号出版，载有章氏：《排满平议》、《驳神我宪政说》、《驳中国用万国新语说》、《答梦庵》诸文。《排满平议》谓："吾侪所执守者，非排一切政府，非排一切满人，所欲排者，为满人在汉之政府。而今之政府，为满洲所窃据，人所共知，不烦别为标目。故简略言之，则曰排满云尔。""满洲政府必无让地自归之事，为汉族者，亦固知其不可望于满人，则有昌言排满而已！满人之与政府相系者，为汉族所当排，若汉族为彼政府用，身为汉奸，则排之亦与满人等。近世革命军兴，所诛将校，什九是汉人尔。……然而必以排满为名者，今之所排，既在满洲政府，虽诛夷汉吏，亦以其为满洲政府所用而诛夷之，非汎以其为吏而诛夷之。是故诛夷汉吏，亦不出排满之域也。""举一纲而众目张，惟排满为其先务，此贞实切事之主义，所以异于夸大殉名之主义矣。"（收入《别录》卷一。）

《驳神我宪政说》，则为继续驳斥政闻社马良等而作。初，章氏于光绪三十三年对立宪党人组织政闻社进行揭露，并撰发《与马良书》，对马良为"宵人奔走，以自尘点"加以批判后，马良坚持原来立场，热衷立宪。本年正月（1908 年 2 月），政闻社本部由东京迁上海，在马良主持下，采取公开和秘密同时进行的办法展开活动。三月初十日，政闻社的机关报《政论》发表了马良的"就任演说"——《政党之必要及其责任》，说什么："人类之能为国家也，恃有神我也；人类之乐有国家也，所以求常保神我之愉快也。""政党政治者，现世人类中最良之政治也。"还公开上书资政院总裁，对资政院的组织与权限发表意见。（马良：《政闻社总务员马良上资政院总裁论资政院组织权限说帖》，见《政论》第三号。）章氏在本文中针对马良的"就任演说"严加诘责。

马良以为"人类者，非徒以形我之安佚而自满也，必更求神我之愉快"。章氏指出："神我之名，自数论始。……马氏欲以家族、部落、国家供养神我，神我所不受也，其言扩充神我，尤不可通。……今以文明野蛮，为国家有无之准，又何其紾戾也。"马良以为"神我之最感愉快者，莫我中国人若也"。章氏讥谓："充其旨趣，去金铁主义不远矣。"马良说什么"吾侪以求神我之愉快故而组织此政闻社，吾侪以遵良知之命令故而组织此政闻社"。章氏指出："今以匡扶胡羯、热衷巧宦之政党，主义相同，同在慕膻之事，而以良知所信文之，斯良知亦不足邵矣。"最后批驳马良："马良以方闻之黄耇，为承学重。今其持论款空，徒为侈大，有以知权利之涂，令人丧其神守而已矣。""今马良自吴淞来，不惮波涛，自日没以至日出，又与东国勋旧应和，寡君爱新觉罗氏，其亦叹为白眉哉！汉有胡广，明有胡广，中庸之道既同；汉有马良，清有马良，协穆二家，亦复古今一揆。所志固遂，若无以昭事上帝何？"（收入《别录》卷一。）

《驳中国用万国新语说》，对"巴黎留学生相集作《新世纪》，谓出国当废汉文而用万国新语"，加以驳诘。认为这是"好尚奇觚，震慑于白人侈大之言，外务名誉，不暇问其中失所在"。章氏"定纽文为三十六，韵文为二十二，皆取古文篆籀径省之形，以代旧谱，既有典则，异于乡壁虚造所为，庶几足以行远"。（收入《别录》卷二。）此后续与《新世纪》辨难，见"宣统元年己酉（1909 年），四十二岁"条。

《答梦庵书》则因章氏《大乘佛教缘起说》等在《民报》第十九号发表后，《东亚月报》载梦庵说："此《缘起说》，足以济度恶劣政府乎？足以建设共和乎？""《民报》宜作民声，不宜作佛声"。章氏谓："今问梦庵，《民报》所谓六条主义者，能使其主义自行耶？抑待人而行之耶？待人而行，则怯懦者不足践此主义，浮华者不足践此主义，猥贱者不足践此主义，诈伪者不足践此主义。以勇猛无畏治怯懦心，以头陀净行治浮华心，以惟我独尊治猥贱心，以力戒诳语治诈伪心。此数者，其他宗教伦理之言，亦能得其一二，而与震旦习俗相宜者，厥惟佛教。是固非言语文字所能成就，然方便接引，非文辞不为功。以是相导，令学者趣入法门以自磨厉，庶几民德可兴，而六条主义，得人而弘其道，谁谓改《民报》作佛声者？此《缘起说》，亦诚不离名相，有同史考，所谓提要钩玄而已。其他微旨，散在《民报》诸篇。梦庵以为佛教亡骸，不足为维持新世界平和之具，吾岂谓四分十诵，可直接用为国际法者？惟是居贤善俗，非斯不足以救浇漓，民德既衰，纵求世界平和，岂有近效？"又谓："若顾宁人者，甄明音韵，纤悉寻求，而金石遗文、帝王陵寝，亦靡不殚精考索，惟惧不究，其用在兴起幽情，感怀前德，吾辈言民族主义者犹食其赐。且持论多求根据，不欲空言义理以诬后人，斯乃所谓存诚之学。"（《文录》未收。）仍本"用宗教发起信心，增进国民的道德"，"用国粹激动种性，增进爱国之热肠"之旨。

同期，又有《博征海内方言告白》："中国方言，传承自古，其间古文古义，含蕴甚多，而世人不知双声相转、叠韵互变之法，至有其语而不能举其字，通行文字，形体不过二千，其伏在殊言绝语中者，自昔无人过问。近世有文言一致之说，实乃遏绝方言，以就陋儒之笔札，因讹就简，而妄人之汉字统一会作矣。果欲文言合一，当先博考方言，寻其语根，得其本字，然后编为典语，旁行通国，斯为得之。仆前撰《新方言》一册，略得三百七十馀条，近复展转钩考，又发现百馀事。一人耳治，势不能周，愿海内知言之选，各举乡土殊言以告，上书今语，下解义训，旁注某省某府某县，以便订实。函件寄牛込区新小川町二丁目八番地民报社可也。章炳麟白。"（附载《民报》第二十一号，此后数期续录，《文录》未收。）

查章氏深研"方言"，所撰《新方言》，于本年六月在《国粹学报》刊完。还在光绪三十二年，章氏已拟属稿，《与刘光汉书五》谓："若能精如杨子，辑为一书，上通故训，下谐时俗，亦可以发思古之幽情矣。昔仁和翟灏有《通俗篇》之作，惜其人小学太浅，上比子慎，犹多不逮，其去子云，复乎远矣。吾侪于此，尚能致力，似较他事为易，亦有意乎？"（《国粹学报》丙午年第十三号，光绪三十二年十二月二十日出版，收入《文录》卷二，有修改。）光绪三十三年，章氏《与孙仲容书》，将"近作《新方言》一卷敬缄就正"，也非全帙。同年九月，《国粹学报》开始刊载《新方言》。十二月，《国粹学报》丁未年第十二号所载章氏《与人论国粹学书》称："《新方言》亦著录讫，自谓精审，然皆履蹈绳墨，说义既了，不为壮论浮词，以自芜秽。"（收入《别录》卷二。）《再与人论国学书》称："即吾作《新方言》，亦尚费岁馀考索。昔子云把弱翰，赍油素，以问卫卒孝廉，归乃椠次异语，二十七岁始有成书。吾之比于子云，已过速矣。"（同上。）则《新方言》撰于丙午，而成书则在光绪三十四年戊申，《新方言序》即撰于是年，（署"共和二千七百四十九年，当1908年。"）谓：

"考方言者,在求其难通之语,笔札常文所不能悉,因以察其声音条贯,上稽《尔雅》、《方言》、《说文》诸书,敫然如析符之复合,斯为贵也。"他考察戴震等所记,"虑得六例:一曰一字二音,莫知谁正";"二曰一语二字,声近相乱";"三曰就声为训,皮傅失根";"四曰余音重语,迷误语根";"五曰音训互异,凌杂难晓";"六曰总别不同,假借相贸"。"明斯六例,经以音变,诸州国殊言,诘诎者虽未尽憭,悦得模略,足以聪听知原"。"会仪征刘光汉申叔、蕲黄侃季刚亦好小学,申叔先为札记三十馀条,季刚次蕲州语及诸词气,因比辑余说及二君所诊发者,亡虑八百事,为《新方言》十一篇"。(《新方言序》)此后,又加修治。己酉七月,刊于日本东京,见该年条。

六月十二日(7月10日),《民报》第二十二号出版,载有章氏《四惑论》、《哀陆军学生》、《革命军约法问答》、《再复吴敬恒书》,以及"时评"多篇。

《四惑论》,以公理、进化、惟物、自然为"四惑","昔人以为神圣不可干者曰名分,今人以为神圣不可干者,一曰公理,二曰进化,三曰惟物,四曰自然。有如其实而强施者,有非其实而谬托者,要之皆眩惑失惸,不由诚谛"。以为:"今之言公理者,……其以世界为本根,以陵藉个人之自主。其束缚人,亦与言天理者相若。……宁得十百言专制者,不愿有一人言天理者;宁得十百言天理者,不愿有一人言公理者,所以者何?专制者其力有限,而天理家之力比于专制为多;……言公理者,以社会常存之力抑制个人,则束缚无时。""进化者,以常识论之,必有所处而后能进,若无所处则必不能进。虽然,进者必动,而动与处相反,……有进于此,亦必有退于彼,何进化之足言?""惟物者,自物而外,不得有他,……言科学者,不能舍因果律。因果非物,乃原型观念之一端。既许因果,即于物外许有他矣。真持惟物论者,在印度有斫婆迦师,在欧洲有吼模(休谟)耳。""自然规则者,则胶于自性,不知万物皆展转缘生,即此展转缘生之法,亦由心量展转缘生。"(收入《别录》卷三。)他以"公理"为惑,主张"俱分进化",歪曲和误解了唯物论,否认自然和自然规律的客观性,认为都是"心造"。《四惑论》是章氏在《民报》发表最晚的哲学论文,反映了他哲学思想中的唯心论。

《哀陆军学生》则因四月二十九日"留东学生监督处"发出《公布书》:"案照练兵处章程第十六条,学生在日本士官学校毕业,充见习士官则满,除考入大学校及各专门学校外,其馀回国。由练兵处就其历年所学一一考试,最优者奏请授职守备,次者千总,次者把总。此项武职,即作为该学生等出身等因。现在士官学校第四期学生已届毕业,无论志愿回国,或志愿继续留学,一并送部考试,希即一律来处领取川资及咨文赴京投考。"章氏阅后撰写此文,谓:"维我天公,何不简择,而生徐锡麟于中国。尔为陆军学生,尔为道员,纵不竭忠事主,为国家作保障,当念道员与陆军学生,固同类也,何因攻难冒死,注铅丸于尔大帅。身既不保,屠肠决肺,陈于市朝,卒无补益,徒以暗杀之名表尔墓道,尔享其誉,人受其疑。为道员者,以尔徐锡麟故,悉堕谗谤,蔡钧被编管,以忧愤死,高尔嘉赭关木,雷电击之。为陆军学生者,以尔徐锡麟故,沈沦不起,降在伍伯舆台之贱。嗟兹天公,胡生是子,以祸我道员,陆军学生也。……其上书愿著旗籍耶?偷取官位,何以上对祖宗丘墓;其自承为汉人耶?牙旗羽节,于我绝分,空受数岁之劳,而不可得毫厘之酬报。进退道穷,羝羊绊棘,人生不天,未有如陆军学生之甚者也。"(《文录》未收。)

《革命军约法问答》,则因三月河口起义,曾有"约法",章氏借"公是先生"所问,为之解答:"言种族革命,则满人为巨敌,而欧、美少轻,以异族之攘吾政府者,在彼不在此也。若就政治社会计之,刚西人之祸吾族,其烈千万倍于满洲。僧侣之祸,吾勿深知;商人之祸,吾深知之矣。……今者狱主非他,则外来之商旅,余所为日夜切齿腐心者,亦惟斯竖,幸而授首,是为中国翦一长蛇,岂以为病? 然以利害相校,则革命军不得不姑示宽容,无使清人、白人协以谋我,军中约法,半为利害,不尽为是非也。""顷者军兴二十馀日,过师祗席,视民如伤,虽约法有偏重轻,而于里巷齐民,秋毫无所骚扰,则知草泽健儿,已明种族相亲之义,后有继者,庶几救民水火,其则不远。惜乎吾党之士,既其实未既其文,约法之书,辞气不能无畸轻重,是亦千虑之失也。"(《文录》未收。)

《再复吴敬恒函》,是继光绪三十三年十二月《复吴敬恒书》后进一步揭斥吴敬恒"献策"之作。当《复吴敬书》在《民报》第十九号刊布后,吴敬恒"私心暧昧","而复虚憍议人",在巴黎《新世纪》第四十四号(1908 年 4 月 25 日出版。)载其《答章炳麟书》,章氏特再撰书申斥,谓:

"仆始终视足下非革命党也,非无政府党也,非保皇党、立宪党也,曰:康有为门下之小史,盛宣怀校内之洋奴云尔。足下辄以陵轹同辈为言,谁视足下为同辈者? 乃牵涉陈范事,摘仆所著《慰丹传》中之言云'清铅山知县免官欲报仇'者以相诘。陈范素以赃吏得名,淫昏欺诈,至免官后尚然。凡人书信札封面与范,题云'大老爷'则怒,题云'大人'则喜,(范曾捐升知府。)此得为真革命党乎? 至于提考篮、戴铜顶,二者吾幸脱焉,少小未尝应试,至今犹是汉族齐民也。足下尝中式乡试,私臆他人非举人即学官弟子,盗跖以余财污良家,何足与辩? 仆意固非谓应科举者即不得为革命党,亦非谓曾入仕涂者即不得为革命党,要在观其行事而已。陈范以赃吏免官,发愤而言革命,其心诈伪,非独仆一人知之。若如香山陈景华者,杀岑春煊差官,因被拘劾,遂入革命党中。当其攻杀差官时,已有鲠直犯上之气,故其言革命为可信,亦谁得以陈景华为免官报仇者? 如范之伦,固远非景华比矣。

"民族革命,光复旧物之义,自船山、晚村以来,彰彰在人耳目,凡会党户知之,凡妇女儿童亦户知之,非自仆始,仆安得以革命党前辈自居哉! 世有材骏,或沉沦科举仕宦之间,与昌言立宪变法而卒自悟其非,豹变龙拿以归于革命者,吾方馨香顶礼以造其门,独于足下则异是,要以行事推知耳! 昔闻康子有日月二侍者,怪而问其徒党,则曰:林旭者,吾师之外嬖也;吴朓者,吾师之内嬖也,此所以赫然留吴朓之名也。

"前此作《慰丹传》,由革命评论社人属仆疏记,以充篇幅,书此相付,草次操觚,录其事状,所以发扬芳烈,酬死友于地下者,无过毫末,痛心之事,言之能无切乎? 慰丹而外,死友复有秦力山氏,欲为作传,至今未成。诚以二子之提倡革命,收效至宏,与仆交义亦最挚,悲痛惨坦,度越恒情,故欲记其事而不能措诸文辞。若无革命评论社人之请,斯传虽至今不作可也。而足下谓以此为表旗。足下思想自由,仆亦岂能干涉,但自述素心，如是而已！

"足下诘仆云：'□□□君果有其人否？何以屡询留欧同人，无知之者，新从东方来之人，亦不之知。'今告足下，□□□乃一幕友，前岁来此游历，与仆相见而说其事，至其语所从来，仆何必问，度金陵皆已知之。足下虽以死诋谰，赐面请安之事，卒不可讳；且足下既见明震，而火票未发以前，未有一言见告，非表里为奸，岂有坐视同党之危而不先警报者？及巡捕抵门，他人犹未知明震与美领事磋商事状，足下已先言之，非足下与明震通情之的证乎？非足下献策之的证乎？仆辈入狱以后，足下来视，自道其情。当是时，足下亦谓仆辈必死，以此自鸣得意，故直吐隐情而无所讳，（即赐面请安等。）及今自掩，奈前言不可食何？乃云'何不勾□君亲叩俞氏'，足下既自述，仆又得二子证明，证据已足，又安用复叩为。

"又云：'献策语与对学生语，未容随便填写。'足下试念，仆作《慰丹传》，非法庭录供之爰书，有其事则略记其语，宁能适与声气相肖。非独仆然，自来记事者皆然。足下自命为无政府党，与法律相攻，顾于寻常记叙之言，欲以法吏录供为例，岂足下不知文体耶？抑攻击法律者所以自便，而挟持法律者所以御人乎？足下以直供《苏报》主笔让仆，抑足下入狱省视时，已自述行期，仓猝告别，既为逋逃之人，无从捕录，又何隐焉。足下复以简邀邹、龙让仆，抑仆岂愿入网罗，以珠抵鹊者？徒以学社未理，是故守死待之，犹军吏之死城塞。不然，何苦而不自藏匿耶？学社之争，仆与慰丹发之，《革命军》为慰丹所著，仆实序之，事相牵系，不比不行。仆既入狱，非有慰丹为之证明，则《革命军》之罪案，将并于我，是故以大义相招，期与分任，而慰丹亦以大义来赴。使慰丹不为仆事，亦岂欲自入陷阱者？□氏虽以他事见捕，而人证未具，即狱不速决，狱不速决，则仆与苏报馆中三子，将永系于捕署之中，是故亦以简邀□氏。昔吕安、嵇康，辞相引证，吾但知汉土先贤，有此成例而已，安知所谓落水求伴者哉！文辞记载，自有详略，但说慰丹入狱，义不负心可也；纵自述简邀事，于仆何损，而当深讳其文耶？爱国学社先进诸生，忿于社事，抵慰丹之门，抛砖骂詈，云'章某已入狱，尔不入狱为无耻。'此非足下教之乎？仆于此事，盖亦未及详载也。

"足下睚眦报仇，与主父偃、朱买臣辈异世同术，而外以博大之语自文。且前在学社，目中惟有南洋退学生，今在巴黎，目中亦惟有法国留学生。自此而外，四千年四百兆之士民，一切与犬羊同视，党见狭陋，并世无双，而反以心量过狭议人，此固足下所当自省者也。

"足下本一洋奴资格，迸而执贽康门，特以势利相缘，非梁启超、陈千秋辈从之求学者比。先生既败，文武道穷，今日言革命，明日言无政府，外骛大阉，忘其雅素，一则曰吾年长，再则曰君年少，是明以革命先辈自居，而反以是议人，何其自戾。足下果年长耶？保奢艾者，不在多言。善钳而口，勿令舐痈；善补而袴，勿令后穿。斯已矣，此亦足下所当自省者也。"（《文录》未收。）此书刊出后，吴又在巴黎《新世纪》第六十三号（1908 年 9 月 5 日出版）刊其《再答章炳麟书》。

同期《民报》刊发章氏"时评"多篇，一、《台湾人与新世纪记者》，系对吴敬恒在巴黎《新世纪》宣传无政府主义的抨击:"《新世纪》记者阳托名于无政府,而阴羡西方琛丽,一睹其士女车马宫室衣裳之好,魂精泄横,惧不得当,欲为顺民,复惧人之我诮,乃时吐谲觚之语以震荡人,犹女子之无行者,阳言不嫁,乃无往不遂其私。……吾向以为顽钝无耻者,独立宪党人耳。由今观之,此曹无耻,复倍蓰于立宪党人。"(《文录》未收。)

二、《满洲总督侵吞赈款状》,揭露清政府的腐朽和指斥立宪党之"乱政":"顷有友人自金陵来函云:去岁(按:应为"前岁"。)江北赈款,上下凑集约五百万,灾民实受惠仅二百馀万,馀尽被贪吏所侵蚀"。"今据来书,以五百万之赈款,而侵蚀至三百万,盖昔时所未有。……欲使官常整饬,视民如伤,必非满洲政府所能为也。或议吾辈所持,偏在种族革命,而政治革命之说,一切委弃不谈。不悟法制臧否,因时而施,非今日所能悬拟;所可悬拟者,惟共和政体之空名,其间细碎典章,安得预为筹画也"。"今之乱政,满洲政府为根株,而立宪变法诸家为之加厉,何也? 今之言立宪变法者,非为内治而起,乃为外交而起,寝食不忘,惟敛财治兵是务,而官常清浊,民生疾苦,非其口所欲说、耳所欲闻者。方略重而文法轻,策士尊而循吏绌,其弊不至此不止。彼袁世凯、端方者,纵横之士拥戴以为宪政巨公者也。既为宪政巨公矣,虽有赎货殃民之事,而朝士视之,以为分所应为。且谓小节出入,无伤大体,故侵蚀至三百万,其事未尝见于弹章。虽民闻清议,亦相与优容之,此则立宪变法之说,所以纵端方而使无忌者也。"(《文录》未收。)

三、《越南设法侬议员》,是攻击立宪之作,谓:"越南之议员,非越南之议员,法竖之侬也。循是以推,中国之议员,非中国之议员,满竖之侬也。""今清竖规设国会,期以十年,其意云何? 杨度所谓金铁主义尽之矣。然法竖果于设会同员,而清竖不果于开国会者,非清竖之智,短于法竖。法竖之力,自分足以制越南人;清竖之力,自分不足以制汉人,正惧国会朝开,而攻击政府之声夕起耳。……一朝开国会,其厉民亦或少减于彼。然以今昔相衡,立宪必毒于专制,比例一也。"(《文录》未收。)

四、《王夫之从祀与杨度参机要》也是批判立宪党人之作,谓:"今之言立宪者,左持法规之明文,右操运动之秘术,正与馀姚异世同奸矣。满人方主立宪,而竭其唇吻之力以斥馀姚,此可异也。将以蔑视君主为嫌耶? 蔑视君主之为忧,未若攘斥胡虏之为忧"。"虽然,神道设教,末也。征之行事,则满洲政府之用杨度,亦有一二可怪者。杨度本爱国协会会员,与徐锡麟、黄兴、刘揆一盖尝歃血苞盟,誓灭建夷而后朝食者也。……其后浸寻言立宪,汉人之处枢密者,援以为重,犹其藩蔽馀姚之志,而满洲人亦尊宠之,忘其畴昔,则未知其与尊祀衡阳之心一耶异耶? 又未知此杨度者,将终为馀姚之事耶? 抑将返为衡阳之事耶? 夫衡阳者,九泉下之积尸,虑不足为满洲患,有与衡阳生同乡里,而夙所行事复与衡阳同轨者,今一旦背衡阳之学而效馀姚,人犹疑之曰:名为立宪,实则革命也。既不能剖腹以明心迹,盍亦排摈衡阳,罢其从祀,使皇天后土,鉴其竭忠新主之情矣。"(《文录》未收。)

本期《民报》,另有章氏《答祐民》,提出"使欧、美人不得占领亚洲",谓:"足下已知法兵助清政府,破云南之义师,然则保护为虚名,而破坏为实事,虽未明言排法,且宛转以就之,法人亦终以我为鱼肉也。由是言之,借援敌国,冀以自全,在品格则为下劣,在事实则无秋毫之效,愿足下勿作此迷梦也"。"《民报》前有六条主义,其四条已宣发无馀,自馀二条,所云'要求世界列国赞成中国之革新事业'者,此本含混言之。要之列国政府,必不赞成,唯列国之个人为可。所云'维持世界真正之平和'者,已明仞不维持世界之伪平和。真正平和云何?曰:使欧、美人不得占领亚洲,使亚洲诸民族各复其故国而已。此条主义,往日尚未宣明,今仆始有意发扬之。"(《文录》未收。)

六月十二日(7月10日),《江西》杂志在日本发刊,分论著、译述、时评、文苑、杂俎、来函等栏,留日江西学生编,首有章氏题字,署"末底"。查末底,梵语"慧"的意思,系"章氏学佛后别名"。

七月十四日(8月10日),《民报》第二十三号出版,刊有章氏所撰《五朝法律索隐》、《马良请速开国会》等。

《五朝法律索隐》谓:"挽世士大夫熹言法律。法律者,笼一切格令而为言,此则六典通礼之流,悉包之矣"。"季世士人虚张法理,旧律则不以属意,以为欧、美自有法令,可因而摭之也。满洲政府设律例馆,亦汲汲欲改刑法,比迹西方。原其意,非为明罚饬法,以全民命、惩奸宄也,徒欲收回治外法权,则一切不问是非,惟以屈就泰西为急。法律者,因其俗而为之,约定俗成,于是有是非之剂。故作法者当问是非,不当问利害。今以改律为外交之具,其律尚可说哉?满洲政府无足论,士人之醉于西方法令者,非直不问是非,亦不暇问利害,直以殉时诡遇,斯其见又在满洲政府下矣。""五朝之法,信美者有数端:一曰重生命,二曰恤无告,三曰平吏民,四曰抑富人。余为捃摭其文,附以说解,令吏士有所取法焉"。"夫訾议法律者曰:法律所以拥护政府与资本家,(《文录》作"货殖民",下同。)余观汉土诸律,徒有拥护政府者,未有拥护资本者也。数朝所定,虽良楛有殊,幸无拜金之辱,独苦拥护政府之文,过为严峻,且集于君主一身。……今魏、晋、南朝之律虽已残缺,举其封略,则有损上益下之美;抽其条目,则有抑强辅微之心。后有作者,因而为之节文,参以今制,复略采他方诸律,温故知新,亦可以弗畔矣夫。"(收入《文录》卷一,有较大改动。)

《马良请速开国会》是继续驳斥政闻社等立宪分子的政治论文。这时,在政闻社各省特派员的活动下,各省立宪分子继湖南之后纷纷上书请愿,清政府认为这种请愿活动,对他们的统治权力有损害,意图压制。刚好这时派往德国考察宪政的大臣于式枚两次电请缓行立宪,政闻社员法部主事陈景仁上书弹劾于式枚,电请三年内召开国会,马良也电致宪政编查馆:"开设国会一事,天下观瞻所系,即中国存亡所关,非宣布最近年限,无以消弭祸乱,维系人心。"章氏斥以"案马良本罗马教神父,身有祖祢且不祀,何有于他人之宗庙?家有五祀且不举,何有于他人之社稷?""良之言曰:时不我留。此义云何?以为老夫僻处,马牛羊齿已长矣,复待十年,则将上宾于帝,以享天宫之乐,遂不获享上议院之乐也。纵获再生,惟得为天使,犹不得为人间之议长也。盖闻东方学生之言开国会者,期以三年;满洲政府之言开国会者,期以十年;西方学生之言开国会者,期以二十年。淹速之度,相去绝远,何也?东方学生,以为吾习法政既成,暖暖姝姝,足以自喜,他日习者猥众,则其贱与帖括房行无异,乘其未集,以高材捷足掩袭得之,犹可以取富贵。西方学生,以为吾习法政未成,今富贵为东方学生袭取,吾辈归国以后,特循资除授耳,未能据要津也,故力遏其流,以待明王之梦。一则曰开国会过迟,时不我留;一则曰开国会过速,时不我待。所持不同,其为利禄则一也。马良者,介在东西之间,视荫已不能待五稔,其弁急甚于恒人宜矣。人虽厚貌,眸子不能掩其中情。于式枚老于事,逆知宪政党人鼠窃狗偷,所志不过升斗,故以'中国自有宪法'折之。虽附会,足令夸夫夺气。陈景仁忿戾争之,遂被编管。良不遇谴,亦幸矣! 吾所为良忧者,七十岁老秃翁,危如朝露,且夕将入天宫,若无上帝耶? 一瞑不视,亦已矣;若有上帝耶? 见其宗社幸甚之言,惧将斥之为老魔,责之为背叛正教。不蒙谴于生前,而或蒙谴于死后,则上议院之乐未得,而又丧其天宫之乐也。悲夫。"(《文录》未收。)

这时,清政府借口"闻政闻社内诸人良莠不齐,且多曾犯重案之人,陈景仁身为官职,竟敢附和比昵,倡率生事"。(《上谕》,光绪三十四年六月二十八日《申报》。)革陈景仁职。又于七月十七日下令查禁政闻社,警告各省请愿分子。梁启超认为"事既至此,除形式上之解散外,更无别法;惟精神上之结合,当益加巩固耳"。(《致蒋智由书》,见《梁任公先生年谱长编初稿》"光绪三十四年"。)章氏续撰《代议然否论》,见后。

本期《民报》,又有揆郑:《亚洲和亲之希望》:"是故希心大同,仅言社会革命,则联合欧、美同志宜也。东亚多亡国,情状迥异,正宜扶将以为事,而吾以种族之故,政治社会,一切务须更张。事有先急,种族是为要点。……亚洲而和亲也,其大有造于将来哉,余引领望之矣。"查章氏于光绪三十三年三月在日本发起亚洲和亲会,这时《民报》发表此文,知"和亲会"仍有活动。

七月二十日(8月16日),《国粹学报》戊申年第七号出版,有章氏《俞先生传》、《孙诒让传》,该刊"介绍"云:"章君所撰传,仿刘向《别录》之体,专主学术,不录碎事,阅者作二先生学记读可也。"《俞先生传》称俞樾"为学无常师,左右采获,深疾守家法、违实录者。说经好改字,末年自救为《经说》十六卷,多与前异。""然不能忘名位,既博览典籍,下至稗官歌谣,以笔札泛爱人,其文辞瑕适并见,杂流亦时时至门下,此其所短也。"(收入《文录》卷二。)《孙诒让传》已见上引。

七八月间,章氏有《复蒋智由书》,系指斥蒋智由为清朝官吏辩护而发。初,光绪三十三年五月二十六日,光复会员徐锡麟刺杀恩铭,起义安庆,事败死难。六月初四日,绍兴大通学校被破坏;次日,秋瑾死难。据陶成章《浙案纪略》上卷第二节《破坏事实》七《绍兴之难》称:"先是,绍兴士绅既有恨于瑾,又因师期屡改,密谋尽露,于是绅士胡道南等密禀知府贵福,……贵福遂面禀浙抚张曾敭,曾敭使其幕友张让山(章函作"三")询之。"(第四十七页。)又贵福致张曾敭电亦云:"越密。前据胡道南等面称,大通体育会女教员革命党秋瑾及吕凤樵、竺绍康等谋于六月初十日起事,……请预防。"(同上书第四十九页。)知当时官僚士绅勾结破坏。而蒋智由在"秋瑾案"发生后,以为仅系"办理不善",需"讲一大善后之策",提出所谓"生命、财产、学校、蛮刑之取除"及"处分办法不善之官吏"等办法,发表在其主编的政闻社机关报《政论》第一号中,(见该号

《绍兴案》。)实质上和清政府妥协,反对资产阶级革命运动的展开,故章氏撰书驳斥。

章氏认为"袁(翼)、胡(道南)告密,不为无因";又云:"蒋之居心可知"。蒋智由于七月十五日寄书强辩:"弟不知其他,苟有利于国家人民之事,则必为之,虽与公主义不同,而此心则固可质之天地鬼神者也。"(蒋智由:《致章炳麟书》,见《章太炎先生与蒋观云先生往来函件》,钞本,南京图书馆藏,见《章太炎政论选集》卷二《复蒋智由书》"附"。)章氏申驳云:"君所拟五件要求之事,多为补救方来,而非昭雪既往。其处置告密之人,与秘密调查等法,如君所拟处分条件,一云:'此次办理不善之人治罪';二云:'告密无实据者,诬告反坐之条适用。'其第一事,似为昭雪既往矣,然办理不善之人,只承上官札饬而行事耳。若非有告密者为之乡导,安有札饬之事? 即安有办理不善之事? 故今日所欲治者,重在告密之绅衿,轻在办理之官吏。如君所说,但当治此办理不善者也;于告密者则非所问,斯非包庇政闻社员而何? 第二事虽云告密无实据者反坐,然此次密告秋瑾后,浙抚据武义之案以相传,则非无实据而已编成实据矣,密告者,安能反坐乎? 至秘密调查之说,以何法调查乎? 出告密者之口,入绍兴府之耳,声音欸往,岂有明征? 自府至院,或有电报,而密码疑文,谁能指实? 况此次密电,非若详文禀稿之属,当存档案,非明问浙抚,何从而得之乎? 如君所言,问之袁翼,则袁翼固不肯自承也;问浙抚幕张让三,则让三亦有参预密谋之嫌疑也。若自各种方面旁敲侧击,终属比拟推度之辞,不同现量。左袒告密者,则同司,(原钞如此。)是犹上海各报所登载耳,乌足为据。如是则虽调查,犹不调查也。若夫质问浙抚,诚未得其要领,然与秘密调查同归无效,则宁舍甲而就乙矣。假令二者皆有成效,则秘密调查所得告密者,尚有躲闪之馀地,而浙抚所指明者,则虽欲躲闪而不能也。陈、陶诸君所以力主彼说,而君必反对之,盖'秘密调查'之语,不过为告密者预谋其兔窟耳。若君意谓质问浙抚,必无成效可期,故力言'不必'者,试问君所拟之五件,政府与浙抚能听之乎? ……

"就前所闻会场实事,与君前后所行之事而综合之,则君之可疑者三:一、秋瑾本曾妄称革命党首,以君为东京机关,君衔秋瑾次骨。而此次昌言立宪,则斯语于君,尤为切肤之害,恶其语,斯不能不恶其人也。(有人述君在会场言:"若为保安地方计,秋瑾当杀。"此语不知实否?)二、袁翼本政闻社员,与君有密切关系也。三、《政闻社章程》有"徼告政府"一条,并未注明应徼告者限于何事,则革命党之有害于政府者,非不应徼告也。以此三事测君之心,而加推论,然终未尝下武断语,但云'袁、胡告密,不为无因'耳。此所谓盖然之词,而非必然之词也。又云:'蒋之居心可知。'可知者,谓其可以推知,非如实证知也;亦所谓盖然之词,而非必然之词也。报章既非爱书,推究之辞,又非十成死语,而君以断狱相绳,何其拟不于伦也。若君心果洁白无疵,岂非仆所甚愿。三千日之交游,乍成仇衅,人心倾险,可畏如彼;而仆于六七年中,又负盲不知人之诮,宁不为之梗咽坠心乎? 于此知君果非有异志,则仆所馨香祷祝以求之者也。

"虽然,是非数行纸墨所能明也。更有说者,君前后二书,处处以法律相绳。夫仆之所定,固越于通行法律。然法律于君大有碍,何也。君言立宪,则不能不自认为清国臣民,既自认为清国臣民,则不得不遵奉清国之法律;虽有他国之律,优于清律十倍,而非清国臣民所当遵奉也。清国之法，结社有刑，则君不当设政闻社也，清国之法，不垂辫发有刑，则君不当割辫也。……若云吾所奉之法律，本非清国法律，则无解于自认为清国臣民。若云惟伸公理，本不以法律为据者，则君于生命条件一云：'招出及告密，必有实据，方可拿捕。'是有革命之实据者，君亦谓应拿应捕矣。革命党而云应拿应捕，此法律之言乎？抑公理之言乎？故以君而言法律，则自身所为，抵触于清国法律者多矣。以君而言公理，则生命条件第一款，又不合于公理矣。进退失据，如羝羊之触藩，愿君审思可也。"（同上。）

九月十六日（10月10日），《民报》第二十四号出版，刊有章氏所撰《代议然否论》、《规新世纪》以及《时评》多篇。

《代议然否论》谓："代议政体者，封建之变相，其上置贵族院，非承封建者弗为也。""乃者杨度鸱张，夸夫伸眉延颈，喁喁请开国会，满政府如其请，果刻九年为宪政实行之日。吾且庀阁民族主义，而言代议之不可。夫其横分阶级，既略论如前矣，若乃选举不可实行，则明之以丁口比例。……是故选举法行，则上品无寒门，而下品无膏粱，名曰国会，实为奸府，徒为有力者傅其羽翼，使得腴腊齐民，甚无谓也"。"且以满洲政府歆羡金钱，其计必以纳税为权度，然以纳税定选权者，又不可施于震旦也。……夫以四万万人成国，其得选权者只百五十万，是二百六十六人而一，于民权不增涓壤，又安用选举之虚名为哉！""所为选举者，欲其伸民权，宜民志也，庶事多端，或中或否，民不能预揣而授其意于选人。选人一朝登王路，坐而论道，惟以发抒党见为期，不以发抒民意为期。乃至工商诸政，则未有不徇私自环者。"他认为"民权不藉代议以伸，而反因之扫地"，"田不自耕者不得有"，有一定进步意义。但又说"余固执守共和政体者，故以为选举总统则是，陈列议院则非"。对革命胜利后怎样实现政治上的民主制度，感到彷徨。

《代议然否论》后面附有《虏宪废疾六条》，（《别录》卷一辑入《代议然否论》而删此附篇。）谓："彼宪法言大清皇帝统治大清帝国，万世一系，永永尊戴。又曰：君上神圣尊严，不可侵犯。……杨度辈为是草案，与曩日排斥异族之言，僢驰若彼。……世人有通称立宪党为保皇党者，然哉然哉，顾同波而异澜耳。""彼宪法有万世一系之文，至继承皇位事，则宪法不为规定。……西王母者，如人而虎尾，履其毛端，咥人破骨，草宪法者，不得不委屈避之。……父系且易为母系，所谓万世一系之实，竟安在耶？""彼宪法于皇帝年少及其他故暂举摄政事，亦不一道，盖不许摄政云尔。……平时事事皆奉上谕，至宪政刻期之诏，则上谕不敢专擅，而必钦奉懿旨以下之，此为一国两君，犹日本所谓院政，其浮于摄政远甚"。"彼宪法言皇室大典，应由君上督率皇族议定，议院不得干涉，皇室经费，应由皇上制定常额，议院不得置议，此又模拟日本宪法而加厉者。……立宪党者，上比政党不足，而下校保皇党有馀，其爱新觉罗氏之社公欤？""彼宪法言议院有建议之权，所有决议事件，应恭候钦定后政府方得奉行。夫决议而犹待钦定，所谓议员者，犹汉之议郎耳。……甚矣，杨度之专固自恣，更甚于康有为也，余固非嘉许代议政体者，诚不烦为议院理冤，亦不欲求民权于胡人奎下，然观其所谓立宪者,不能无露断而笑也。""彼宪法言臣民按照法律所定,有纳税当兵之义务。……夫隐名以避役,踽踽高厚,处处触藩,孰与烧其穹幕,犁其王庭,尸其主者,枭其首,椓杙其阴,菹其骨肉于市,使獫猲政府,永绝于地球之上。方今旱潦不恒,海波上击,燕、赵与南海皆大康,四万万人槁饿矣,其取胡人、汉奸之酴以来。"

《规新世纪》是对吴敬恒在巴黎主编、宣传无政府的《新世纪》的反驳。当章氏《排满平议》、《驳中国用万国新语说》在《民报》二十一号刊发后,《新世纪》"各为书后",章氏"因论及哲学、语言文字二事,撰《规新世纪》"。

《排满平议》批评无政府主义,谓:"人有恒言曰:玉卮无当,虽宝非用,凡哲学之深密者类之矣。无政府主义者,与中国情状不相应,是亦无当者也。其持论浅率不周,复不可比于哲学,盖非玉卮,又适为牛角杯也。"《新世纪》称:"无政府主义者,譬之饮汤,乃一横当之瓷杯,譬之饮水,乃一直脚之颇黎杯。以世俗金钱之价值而论,固较玉卮为贱,亦较牛角杯为贱,惟合干物理之应用,则万倍有加。"章氏驳之曰:"无政府主义,本与科学异流,亦与哲学异流,不容假借其名以自尊宠。""无政府主义之在西方,则豕零与桔梗,是时为帝。虽然,可用与可宝故殊,溷宝与用而一之者,只功利学派之偏见,非一切人情皆尔。吾云哲学之深密者,虽宝非用,顾未尝以其无用贱之;纵无政府主义在西方为适用,亦不以其有用贵之"。《新世纪》称:"作者以民族主义为向下,可曰中国之革命党所抱即向下主义乎?"章氏驳之曰:"上下固无定衡,民族主义,视要求立宪、侧媚异族为高,然视独活主义则向下,视无生主义则愈向下,以其深根宁极,淖入于中国人心,而又适为切用,故鼓舞欲遂成之,非曰一切主义莫如我高也。"

《驳中国用万国新语说》,"尤为《新世纪》所反唇",《新世纪》第五十七号即载《书驳中国用万国新语说后》。章氏"规之"曰:"彼欲以万国新语剿绝国文者犹是,况挟其功利之心,歆羡纷华,每怀靡及,恨轩辕厉山为黄人,令己一朝堕藩溷,不得蜕化为大秦皙白文明之俗,其欲以中国为远西藩地者久,则欲绝其文字,杜其语言。令历史不燔烧而自断灭,斯民无感怀邦族之心亦宜。"(《规新世纪》,《文录》未收。)章氏以为"语言各含国性以成名",要就中国的语言文字,以激起"爱国保种的力量"。(《东京留学生欢迎会演说辞》。)此后,吴敬恒在《新世纪》仍肆攻击,章氏在《与人书》中重申自己的主张,见"宣统元年己酉(1909年),四十二岁"条。

同期《民报》有"时评"多篇,主要有:一、《清美同盟之利病》,批判清政府"欲借极东之美以掣日本",并揭露美帝国主义的利用传教士肆行文化侵略,谓:"盖外人所甚者,莫黄人自觉若,而欲绝其种性,必先废其国学,是乃所危心疾首、痛寐反侧以求之者也。始宣教士咻之,犹不见听,适会游学西方之士,中其莠言,借科学不如西方之名以为间,谓一切礼俗文史皆可废,一夫狂舞蹈,万众搴裳蹑屣而效之。今已糜烂不可收拾,外人之志已得矣,则犹以为未足。美之返岁币也,以助中国兴学为辞,俾倪山西,知藏矿最博奥,乃令宣教师往主学校,卒令山西大学堂专崇欧语,几有不识汉文者,以是为鼓铸汉奸之长策,而宝藏可任取求矣。今美与清政府同盟,游学者且加厉,其成效百山西,其获利万岁币,异日求学子如今之宪党者且不可得,何有于革命?"(《文录》未收。)

二、《德皇保护回教事》，谓："今我新疆腹地诸回人，若以慝满洲故，投命德皇，鉴戒不远：满洲尔寇仇，尔当自诛夷之。摩罕穆德尔宗主，尔当自敬礼之；葱岭盐泽尔封土，尔当自光复之，无滋他族，实逼处此，以自贻祸，以为兄弟诸国殷忧。庶几汉、回同受其福，尔大小和卓木之胙，亦流于百世。"（《文录》未收。）

三、《政闻社解散之实情》，系七月十七日清政府下令查禁政闻社，政闻社总务员"奉诏解散政闻社员"后所撰。谓："今果不自服从良知而服从清廷上谕，弃其人格，自比于贞虫蜇鸟，意马良未至此。察其情实，盖康有为、徐勤之徒，诚诪张为幻者也。""盖自杨度得志以还，龃龉康、梁久矣，而政闻社员中，自蒋智由而外，多与杨度无怨，且有素通款曲者。宪政党本以势利成团体，其良知亦惟在势利，谁不就杨度之菀而去康党之枯者。是故政闻社员，欲离此结晶体而别附于他结晶体者已众，康有为、梁启超亦束手无奈之何。铤而走险，出奇计以致其必败，曰：置之死地而后生，与之亡地而后存。是故不询于马良，而先擅发檄文，后又诡托法部主事以电奏。夫固知其必遭驳斥，必被查拿，且幸其有是也。查拿之谕下，则政闻社员之为康党，皆已有名章彻录在丹书，必不能公附杨度，虽杨度亦不敢收恤之，如是而后团体可固、叛降可绝也。""康有为、徐勤欲因查拿之谕，以锢政闻社员；而政闻社员亦因查拿之谕，以解散政闻社而雪康党之名。马良因民所欲，公布解散政闻社状，一施一报，理有宜然。世之沾沾訾议马良者，盖未审其苦心也。"（《文录》未收。）

四、《中国之川喜多大尉袁树勋》，为山东巡抚袁树勋"电商外务部严禁人民争矿"事而加评议："继自今，愿尔山东士民，为义和团，无为衍圣公，（自注："衍圣公曾以军乐迎德皇画像至其第。"）为林清、王伦，无为吕海寰。北出则拊建州之背，西迤则断燕京之喉，东下则捣胶州之脊，事不就，则尽六千万人归魂于泰山蒿里，庶其为邹鲁之遗民、管葛之令子，徒搤臂怒目无为也。"（《文录》未收。）

七——九月，章氏草拟《六诗说》、《小雅大雅说》、《八卦释名》、《毛公说字述》四文，邮寄《国粹学报》，该刊于己酉年第二号登出，（该号"记者识"。）见"宣统二年己酉——1909年，四十二岁"条。

九月二十五日（10月19日），日本政府"徇清政府之请，下令封禁《民报》"，章氏曾于二十七日（21日）、二十九日（23日）、十月初二日（26日）三次"移让日本内务大臣平田东助"，进行抵制，并亲至警廷反抗。邹鲁：《中国国民党史稿》称："同盟会成立，首重宣传，故设《民报》以司其责。《民报》于纪元前七年（乙巳）十一月发刊，至纪元前四年（戊申）底，出至二十四期。时适清廷派唐某（按：即唐绍仪。）为中美联盟专使，道经日本，《民报》为文抨击，唐某觉之，嗾使驻日清使与日政府交涉，求封禁《民报》。日政府惧中美同盟弗利于己，乃允清使请，以见好清廷，借口《民报》文字有激扬暗杀、破坏治安之嫌，即行封禁，不准发行，于是《民报》中断。"

又据《新世纪》第七十九号，（1908年12月26日在巴黎出版。）《报告〈民报〉二十四号停止情形》（文末署名"中国革命党同白"。）称："敬启者：《民报》二十四号于阳历十月初十日出版，乃日本政府受唐绍仪运动，始则胁以清、米同盟之威，继则唑以间岛领土、抚顺烟台煤矿、新法铁道之利，遂令日本政府俯首帖耳，于十月十九日突发命令书，没收本期《民报》，并其所曾经认可之《民报简章》，亦永禁登载同一主旨之文字。其书如左：

"《民报》发行人兼编辑人章炳麟：

"明治四十一年（按即 1908 年）十月十日发行《民报》第二十四号，有人告发，违背新闻纸案例第三十三条，遂依同案例之第二十三条，停止其发卖颁布。且记事如《革命之心理》（按为汤增璧撰，笔名伯夔），《本社简章》有与同一主旨事项之记载，皆被停止。合将内务大臣命令相达如右。

"明治四十一年十月十九日，警视总监龟井英三郎。

"此书发时，《民报》编辑人章炳麟适往镰仓，至二十日晚，归至东京，即在警署得此命令。按《革命之心理》一篇，无一语与彼三十三条相犯，所谓败坏风俗者无有也，所谓扰害秩序者无有也。至《民报简章》，自开办时已经彼内务省认可，前日不禁而今禁之，尤与法律背驰。编辑人章炳麟向牛込警察署长诘问理由，警察署长答曰：'此事关于外交，不关法律。'……时人或以避其锋锐，渐与转圜为说，编辑人章炳麟知日本政府不可信任，乃封还命令书，且致书于内务大臣平田东助。

"内务大臣鉴：《民报简章》六大主义，前经贵内务省认可，今未将此项保证退还，突令不许登载与此《简章》同一主义之事项，本编辑人兼发行人不能承认，特将此纸缴还。贵内务省如以扰害秩序为嫌，任贵内务省下令驱逐，退出日本国境可也。《民报》编辑人兼发行人章炳麟白。十月二十一日。

"此书去后，内务省复饬警视厅谕牛込警察署长，令其恳切晓谕以复受命令书为期。二十三日，编辑人章炳麟诣警察署，署长以原件示之。章炳麟曰：'吾始终不受此命令书，任君上告长官，言我反抗命令可也。'警察署长答曰：'不受亦不得为反抗命令，以前此已亲手接取。'故章炳麟知封还无益，乃复致书内务大臣。

"内务大臣鉴：前封还命令书，经贵内务省饬令警视厅传告牛込警署，令其恳切晓谕以复受命令书为期。警署本奉命之地，署长特备役之人，权不己操，本编辑人兼发行人勿庸与之撑拒，当将命令书仍旧携归。然今有为贵大臣告者，前经牛込警察署长当面告言：'此事关于外交，不关法律'，本编辑人兼发行人早闻北京传说，据云：'唐绍仪此次途经日本，将以清、美同盟之威胁日本，又以间岛领土之权、抚顺炭矿之权、新法铁道之权啖日本。'今与牛込警察署长之言相校，毫厘不爽。本编辑人兼发行人私谓贵国自有历史以来，以刚毅恺明称于天下，必不茹柔吐刚，以纤毫之利、圭撮之害，而俛首以就满洲政府之羁轭，以挠邻国士民之气。往者，朱之瑜以光复中原不胜，违难贵国，贵士大夫至今称之。本报立论，犹朱之瑜之志也，顾岂前后异哉！

"贵国天性尊君亲上，世笃忠贞，若以此推爱于满洲政府，虽名实相违，而言出由衷，犹为世所共谅。若以威吓利啖之故，而以《民报》之革命宗旨与满洲政府所赠利益交换，本编辑人兼发行人宁为玉碎，不为瓦全。……

"呜呼！圜舆广大，何所无托身之地，黄鹄一举，识天地之圆方。本报刊行，岂必局在东海。必若操之过蹙，即人人能作唐绍仪耳！吾党人在美国者，已明言中、美国民连合，变本加厉，或亦本报所有事。自兹以后，更不烦以'同文同种'酬酢之言，辱我炎黄遗胄矣。《民报》编辑人兼发行人章炳麟白，十月二十三日。

"此书去后，二十四日即有铁道技师高桥孝之助来作说客，先以买报为名，伪若不知《民报》没收之事者。编辑人章炳麟以命令书示之，高桥应声答曰：'此非日本政府意，乃唐绍仪以间岛、抚顺、新法之利为饵，故外交政策，不得不如此耳。'章炳麟心知其所从来，直答曰：'贵国政府所为，非官吏之行为，乃娼妓之行为，谁能信娼妓无贰志乎？'高桥曰：'岂但倡伎，直盗贼耳'，凡政治家不得不然。且日本为新造之国，外交方针，仓皇无定，亦当见谅。……

"二十五日，同人集议善后之策，决定迁移报社至他国境界；且于迁移之前，先当筹款起诉，无论胜负，要之期于糜碎而止。次日，编辑人章炳麟又移让内务大臣。

"内务大臣鉴：二十三日寄去一书，次日即有铁道技师高桥孝之助来作说客。本编辑人兼发行人观其辞气举止，知于政界有瓜葛者。祸福存亡之念，不以撄心久矣，岂此奢阔之言，而足挠乱神听？独有为贵大臣告者，台阁之上，政由己出，龙行虎步，高下在心，欲将《民报》永远禁止，则直令永远禁止耳。今既不敢居严厉之名，而利权所在，又不能不虚与委蛇，由是舍永远禁止之名，而取永远禁止之实，迫胁《民报》，使变其革命宗旨，为此者亦内疚神明，惟欲深秘其事，并贵国诸报章不令记载，以激外人之姗笑；复遣游说之徒，风示意旨；为长吏者，当丸皮如是耶？本编辑人兼发行人虽一介草茅，素不受权术笼络。若贵大臣有意督过之，封禁驱逐，惟命是听，幸勿令纵横之士腾其游说也。《民报》编辑人兼发行人章炳麟白。十月二十六日。"（以上均见《新世纪》第七十九号）。

《章太炎先生答问》记录章氏在警庭斗争情况。云："问：'住民报馆几年。'答：'三年，其后为东京巡警总厅禁止出版。'问：'何故禁止？'答：'此难言也。时前清方遣唐少川赴美，（时盛倡联美主义。）日人忌之，藉禁《民报》以为见好中国起见，亦未可知。'问：'禁止出版，有无理由？'答：'突如其来，有何理由。'问：'既无理由，警厅何以干涉？'答：'彼谓我扰乱秩序，妨害治安。'问：'何所指？'答：'指报中登有《革命之心理》一篇，山西汤某所作。'问：'先生辩乎？'答：'有何弗辨，彼来传吾时，我方外出，及归，知有此事，即赴地方裁判厅起诉，彼邦辩护士五六辈，亦来助我。'问：'先生胜乎？'答：'理胜而事不胜。我语裁判长，扰乱治安，必有实证，我买手枪，我蓄刺客，或可谓扰乱治安，一笔一墨，几句文字，如何扰乱？厅长无言。我语裁判长，我之文字，或扇动人，或摇惑人，使生事端，害及地方，或可谓扰乱治安。若二三文人，假一题目，互相研究，满纸空言，何以谓之扰乱治安？厅长无言。我语裁判长，我言革命，我革中国之命，非革贵国之命。我之文字，即鼓动人，即扇惑人，扇惑中国人，非扇惑日本人，鼓动中国人，非鼓动日本人，于贵国之秩序何与？于贵国之治安何与？厅长无言。我语裁判长，言论自由，出版自由，文明国法律皆然，贵国亦然，我何罪？厅长无言。我语裁判长，我言革命，我本国不讳言革命，汤、武革命，应天顺人，我国圣人之言也。故我国法律，造反有罪，革命无罪，我何罪。厅长无言。'问：'究竟结果如何？'答：'无结果，最后开庭，彼仍判禁止出版数字，判后不容人辨。惟曰：若不服者，可向上级官厅起诉。闻彼承内务省命令，弗能违也。'"（《太炎最近文录》。）

此后，汪精卫又刊行《民报》第二十五号、第二十六号，托名"巴黎出版"，实际仍在日本秘密刊行。为章氏所反对，称之为"伪民报"。（见后。）

《民报》被封禁前，报社经费非常困难。本来，光复会本旨，与同盟会原有不合，在革命、光复、政体、土地诸问题上和孙中山的主张都有不同。这年，章氏因"报社穷乏"，"屡以函致南洋，欲孙文有所接济"，而孙中山先生组织武装起义失败，也很困难。黄兴河口之役失败回到日本后，章氏竟谓黄兴"吾在此以言论鼓舞。而君与逸仙自交趾袭击，虽有所获，其实不能使清人大创，徒欲使人知革命党可畏耳"，（《自定年谱》。）以致裂痕加深。

吴玉章回忆："《民报》正遭遇到极大的困难，由于经费不继，章太炎等人几乎有断炊之虞。他派陶成章到南洋去募捐，也无结果，因南洋华侨与兴中会关系较深，而与光复会素少联系。因此，章大骂孙中山先生不支持他办《民报》。其实，孙中山先生这时到处搞武装起义都遭失败，也很困难。章的埋怨徒然暴露了同盟会内部派系之间的裂痕。看到这种情形，我觉得孙中山先生既无过错，而章太炎也可以原谅，于是就极力设法弥补。把从四川留日学生中"捐到的钱交与章太炎去维持生活，他很感动地说：'同盟会中只有四川人才是好的，才靠得住。'他这话虽是对四川同盟会员的夸奖，并且出自衷心，但却是错误的。章太炎的门户之见过深了，所以到处流露出来，无怪其后来走向分裂革命的道路。"（《辛亥革命》第 92—93 页。）

本年，章太炎除主编《民报》外，又为青年讲学。查章氏讲学之年，章氏弟子忆述有异。黄侃、钱玄同都系在光绪三十三年丁未，黄侃《先师刘君小祥会奠文》："丁未之岁，始事章君，投文请诲，日往其门。"（《制言》第十期，又见《刘申叔先生遗书》卷首。）钱玄同谓："丙午，余留学日本，始谒章公。丁未阳历四月二十二日，于章公座上始识刘君，缘章公与刘君彼时皆以党祸避地日本也。"（《刘申叔先生遗书序》)，见《刘申叔先生遗书》卷首。）都说是"丁未"。但钱玄同在 1935 年写的《挽季刚》又说"与季刚自己酉年订交，至今廿有六岁"，（见《制言》第七期，1935 年 12 月 16 日出版。）说是"己酉"，前后记述也不一致。章氏虽有《丁未与黄侃书》："前得蕲州方言小志二纸，佳者即采入《新方言》。"《与刘光汉黄侃问答记》也说："仪征刘光汉申叔、蕲黄侃季刚皆善小学，炳麟为《新方言》，光汉、侃各分疏数事。"此文，章氏自编的《太炎集》定为"丁未"文，疑这时黄侃虽与章氏相识，但尚未正式讲学。许寿裳：《纪念先师章太炎先生》则系于"1908 年"我以为许寿裳的追忆是可信的，因为：

第一，国家图书馆藏有《朱希祖日记》，稿本，其中第二册系"明治四十一年"，即 1908 年日记，记录自 3 月 22 日听章氏演讲，4 月 4 日起听章氏讲段注《说文》，直到 10 月 31 日听章氏讲《广雅疏证》，这是最可靠的原始记录。知正式讲学，应在 1908 年。

第二，除许寿裳外，任鸿隽《记章太炎先生》说他 1908 年至日本，听到章氏讲学；

周作人《秉烛集·记太炎先生学梵文事》也说在 1908 年听章氏讲学。

第三，章氏在 1907 年主持《民报》，写了大量文章，又组织《亚洲和亲会》（见前），政治活动很忙，不会在 1907 年"4 月"已经正式讲学；同时，他的有关文字、音韵专著，也大都结集在 1908 年以后，这些撰著，是和"讲学"有关的。

第四，章氏弟子事隔多年，追述有误，是完全有可能的，上引钱玄同就曾自我误系。即朱希祖虽有《日记》记录，但在《口授少年事迹》中也曾误作"丁未"。

因此，章氏正式讲学，应为 1908 年，早期前往受业的有鲁迅、许寿裳、朱宗莱、朱希祖、黄侃、钱家治、周作人（稍后有汪东）等。鲁迅回忆："前去听讲也在这个时候，（按指本年在日本东京时到章氏处听讲文字学。）但又并非因为他是学者，却为了他是有学问的革命家，所以直到现在，先生的音容笑貌还在目前，而听讲的《说文解字》却一句也不记得了。"（《关于太炎先生二三事》，见《且介亭杂文末编》。）

许寿裳回忆："民元前四年（1908），我始偕朱蓬仙（宗莱）、龚未生（宝铨）、朱逷先（希祖）、钱中季（夏，今更名玄同，名号一致）、周豫才（树人）、启明（作人）昆仲，钱均夫（家治）前往受业。每星期日清晨，步至牛込区新小川町二丁目八番地先师寓所，在一间陋室之内，师弟席地而坐，环一小几。先师讲段氏《说文解字注》、郝氏《尔雅义疏》等，精力过人，逐字讲解，滔滔不绝，或则阐明语原，或则推见本字，或则旁证以各处方言，以故新谊创见，层出不穷。即有时随便谈天，亦复诙谐间作，妙语解颐。自八时至正午，历四小时毫无休息，真所谓'默而识之，学而不厌，诲人不倦'。其《新方言》及《小学答问》二书，皆于此时著成，即其体大思精之《文始》，初稿亦权舆于此。……凡所诠释，'形音义三，皆得脉络'，豁然贯通，此先师语言文字学之成就，所以超轶清代诸儒。惜我听讲时间既短，所得又极微，次年三月，便因事告归耳。"（《纪念先师章太炎先生》，《制言》第二十五期）。

许寿裳《亡友鲁迅印象记》和后来写的《章炳麟》一书都提到章氏在日本讲学事，谓："寿裳与周树人、作人兄弟等亦愿听讲，然苦与校课时间冲突，因托龚宝铨（先生的长婿）转达，希望另设一班，蒙先生慨然允许。地点就在先生寓所——牛込区二丁目八番地民报社。"周作人也说："先兄及本人与钱玄同、钱家治、龚宝铨、朱宗莱诸人，每星期日亦请太炎先生在东京民报社内讲学。"（《苦雨斋中周作人谈鲁迅往事》，见《时事新报》，1936 年 10 月 23 日。）

朱希祖回忆："希祖于丙午秋至日本留学早稻田大学。丁未，始与钱玄同、马幼渔、沈兼士、周豫才、周启明、许季黻等受业于本师，常至民报社，别在大成学校请本师讲授经子及音韵训诂之学，常至师寓请益。"（《口授少年事迹》。）

"丁未"，应为"戊申"。《朱希祖日记》第二册（1908 年）记录了他在日本求学事迹。（当时朱希祖住"日本东京牛込区鹤巷町早稻田大学清留学生第一宿舍楼第八号。"），今将《朱希祖日记》中有关章太炎讲学记录抄附于下：

3 月 22 日，"下午，偕屈君至清风亭，聆宫崎明藏讲社会主义及无政府主义派别，刘申叔讲法律出于宗教说。太炎讲人之根性恶，以其具好胜心，二物不能同在一处，即排斥性也,而断定愈文明之人愈恶,愈野蛮其恶愈减。蒙古游牧数千年,历史至今不变,然犹不若台湾之生番,然生番犹具淫杀性,推其为原人之渔猎,以石投兽,生涯独立,此其稍自由耳,然终不若猿之为善,吾辈拟猿可也。"

4月4日,"下午,至清风亭,请章先生讲段注《说文》,先讲《六书音韵表》,为立古合音之旁转、对转、双声诸例"。

4月8日,"下午,至帝国教育会,聆章先生讲《说文序》,先生之讲转注、假借,与许稍异,因举例数多。灯下,阅章先生所著《论语言文字学》一篇"。

4月11日,"下午,至神田大成中学校,聆讲《说文》,讲至五篇部首完"。

4月15日,"下午,至大成中学校聆讲《说文》,自木部至象部之部首"。

4月18日,"下午,至大成中学校聆讲《说文》,部首完,讲至王部"。

4月22日,"下午,……二句钟,至大成中学校聆讲《说文》"。

4月25日,"余独至大成中学校聆讲《说文》草部,讲完"。

4月29日、5月2日、5月6日并记:"下午,至大成中学校聆讲《说文》"。

5月9日,"下午,至大成中学校聆讲《说文》,至四篇之眉部"。

5月13日,"下午二时起,至大成中学校聆讲《说文》"。

5月16日,"下午,至神田大成中学校聆讲《说文》"。

5月20日,"午后,至大成中学校聆讲《说文》,至五篇上"。

5月23日,"下午,至大成中学校聆讲《说文》,至六篇"。

5月27日,"下午,至大成中学校聆讲《说文》"。

6月3日、6月6日并记,"下午,至大成中学校聆讲《说文》"。

6月10日、6月20日、7月1日并记,"下午,至大成中学聆讲《说文》"。

7月11日,"八时起,至太炎先生处听讲音韵之学,同学者七人,先讲三十六字母及二十二部古音大略。先生云:音韵之繁简递嬗,其现象颇背于进化之理,古音大略有二十二部,至汉则仅有六七部,至隋唐则忽多至二百六部,唐以后,变为百七部,至今韵亦如之,而方音仅与古音相类,不过二十馀部。又北方纽正,南方韵正,汉口等处则当十八省之中枢,故其纽韵皆正。

"午后,至大成中学校聆讲《说文》,至女部完"。

7月14日,"八时,至太炎先生寓,聆讲江氏《四声切韵表》,谓江氏分等多不可解,误处甚多,分等之法,宜限于同韵中之音有小小者分之"。

7月16日,"下午,大雨,至大成中学校聆讲《说文》"。

7月17日,"上午,至太炎先生寓,聆讲音韵之学,所讲者为钱竹汀舌音类隔之说不可信,说章氏《古音损益说》、《古娘日一纽归于泥纽说》、《古双声说》"。

7月18日,"午后,至大成中学校聆讲《说文》"。

7月22日,"午后,至馀杭先生寓聆讲音韵及《新方言·释词》一篇"。

7月25日,"下午,至大成学校聆讲《说文》,至亥部完毕"。

7月28日,"上午,至太炎先生寓,重上《说文》,自一部讲起"。

7月31日，"上午，上《说文》"。

8月1日，"上午，至大成学校聆讲音韵"。

8月5日，"上午，讲《庄子》，第一次"。

8月8日，"上午，讲《庄子》，第二次"。

8月12日，"上午，讲《庄子》，第三次"。

8月15日，"上午，讲《庄子》，第四次"。

8月19日，"上午，讲《庄子》第五次"。

8月20日，"上午，讲《庄子》，毕"。

8月26日，"上午，讲《楚辞》，第一次"。

8月29日，"上午，讲《楚辞》，第二次"。

9月2日，"上午，讲《楚辞》，第三次"。

9月5日，"上午，讲《楚辞》，毕"。

9月9日，"午后，第一次上《尔雅义疏》，在大成学校"。

9月12日，"十一时至十二时，上历史研究法"。

"下午二时起至五时，第一次上《尔雅义疏》"。

9月23日，"下午，上《尔雅》及新制《说文》部首均语"。

9月26日，"下午，至大成中学聆讲《尔雅》"。

9月27日，"下午，至民报社聆讲《说文》"。

10月21日，"午后，……至大成学校聆讲《尔雅》，闻《民报》二十七号禁止发行"。

10月28日，"午后，《尔雅疏证义疏》讲毕"。

10月31日，"午后起，讲《广雅疏证》"。

任鸿隽：《记南京临时政府及其他》也回忆1908年在日本听章太炎"开讲国学"事，并谓："当先生讲中国文学史时，有一天我们见先生的门首列了一个小榜，把中国古来的文人分为几类：第一是通人，如东汉的王仲任、仲长统，隋的王通，宋的司马光，属于此类。第二是学者，如明末的顾炎武、王船山，清代的全榭山，属于此类。第三是文士，如西汉的扬子云，唐的韩昌黎，宋的苏氏兄弟，属于此类。可惜当时没有把这个名单抄下来，现在已记不清楚了。我们当时窃窃私议，以为先生是属于第一类的。"（见《辛亥革命回忆录》第一集第416—417页。）

当时到章氏处听讲者络绎，俞云岫说："余始识馀杭章先生，在日本东京，正先生讲学之时，执经入座，毕讲而退，先生固不知也。"（《馀杭章师逝世三周年追忆》，见《制言》第五十三期。）

章氏在诸弟子中，推崇黄侃，《新方言》撰成，黄侃拟《后序》。《文录》也辑有《与黄侃书》、《与刘光汉黄侃问答记》等。本年，有《三与黄侃书》，讨论文字音韵，（收入《文录》卷二，函末谓："近与诸生讲《说文》竟，方讨论庄周书。"据上引《朱希祖日记》，8月5日至20日，章氏凡讲演《庄子》六次；章氏于本年讲《庄子》，而所撰《庄子解诂》也于1909年春在《国粹学报》刊布，故系于本年。）又亲致书国粹学报社，推荐黄侃，刊于五月二十日出版的《国粹学报》戊申年第五号末后"报告"内"通讯"中，谓："贵报以取材贵广，思得其人，前此蕲州黄君名侃，曾以著撰亲致贵处。黄君学问精婹，言必有中，每下一义，切理厌心，故为之介绍，愿贵报馆加以甄采，必能钩深致远，宣扬国光。盖衣锦尚絅，暗然日章者，昔人所以为学，观人亦当如是。名高者未必吐辞为经，思深者不能违道殉誉，微显阐幽，存乎其人，愿诸君少注意焉。"（《文录》未收。）此后，《国粹学报》庚戌年第四号即刊录黄侃《国故论衡序》，署名"黄刚"。

《民报》被封禁后，章氏继续讲学，《章太炎先生答问》："问：'《民报》既停，先生作何生活?'答：'讲学。'问：'生徒何国人?'答：'中国之留学生、师范班、法政班居多数，日本人亦有来听者，不多也。'问：'人数多少?'答：'先后百数十人。'问：'先生讲何种学?'答：'中国之小学及历史，此二者，中国独有之学，非共同之学。'"（《太炎最近文录》。）

黄侃回忆："后革命党稍涣散，党之要人或他适，民报馆事独委诸先生。日本政府受言于清廷，假事封民报馆，禁报不得刊鬻。先生与日本政府讼，数月，卒不得胜，遂退居，教授诸游学者以国学。睹国事愈坏，党人无远略，则大愤，思适印度为浮屠，资斧困绝，不能行。寓庐至数月不举火，日以百钱市麦饼以自度，衣被三年不浣。困厄如此，而德操弥厉。其授人国学也，以谓国不幸衰亡，学术不绝，民犹有所观感，庶几收硕果之效，有复阳之望，故勤勤恳恳，不惮其劳，弟子至数百人。"（《太炎先生行事记》，原载《神州丛报》一卷一期，后载《制言》第三十一期。）

章氏在《赠曼殊自题小影》和《致苏曼殊函》中，也提到一度有"戊申孟夏，披鬀入山"之意。与黄侃所称"思适印度为浮屠"相合。其《赠曼殊自题小影》云："余自三十岁后，便怀出世之念，宿障所缠，未得自在。既遭王贼之难，幸免横夭，复为人事牵引，浊世昌披，人怀悇恨。庄生云：'阴阳错行，天地大绒，水中有火，乃焚大槐。'今之谓也。非速引去，有欧血死耳。当于戊申孟夏披鬀入山。旧好有曼殊师者，盖怀厌世离俗之志，名利恭敬，视之蔑如，虽与俗俯仰，餐啖无禁，庶几卢能之在猎群，亦犹志公之茹鱼脍，视披身在兰阇，情趣缨弗者，乃相去远矣。因以三十九岁所造影像寄之。盖未得法身，虽大士犹互存相见，而况其凡乎?"（冬藏：《章太炎与曼殊和尚》。见《越风》第十七期，1936 年 7 月 30 日出版。）《致苏曼殊函》云："曼殊师法座：有罗浮山宝积寺沙门名娑罗者，航海来日本，特访师于民报社。盖娑罗在广东见警告书，故不远万里，求善知识。师本意欲往罗浮，又译《娑罗海滨遁迹记》，今皆应验，所谓嗜欲将至，有开必先者欤? 娑罗素学禅观，与哑羊辈大异，在横滨曾讲经一月，今寓镰仓建长寺，彼寺则日本临济宗第一招提，其僧亦尚少真宗臭味也。末底近方托印度友人转购波儞尼八部书，其书到后，当就师讲解。所著《梵文典》，娑罗亦有意付梓，是一大快。我亚洲语言文字，汉文而外，梵文及亚拉伯文最为成就，而梵文尤微妙，若得输入域中，非徒佛法之幸，即于亚洲和亲之局，亦多关系，望师一意事此，斯为至幸。手此，敬颂禅悦。末底伴陀南。"（同上。似发于丁未冬。）

查苏元瑛丁未十月在上海《致刘三书》云："前太炎有信来，命曼随行，南入印度，现路费未足,未能预定行期。"(《曼殊全集》第一册第 197 页。)是章氏在丁、戊间曾想"南入印度"。章、苏同治佛学,在日本时,章氏且时为苏元瑛"点定"诗文,苏撰《阿输迦王表彰佛诞生处碑》译文,即经章氏润饰。(《曼殊文年月考》,同上第 113 页。)所译拜轮诗,也由章氏"改正"。(苏元瑛:己酉四月在日本《与刘三书》,同上第 223 页。)《去国行》则经章氏"增删"。章士钊称:"曼殊真近代之异人也,自初识字以至卓然成家,不过经二三年。始在沪与钊共笔墨时,学译嚣俄小说,殊不成句,且作字点画,八九乖错,程度犹远在八指头陀之下。一日,攫洋蚨三十,遗字于案,遁去。钊与陈独秀大诧,而亦无法追之。后一年,走东京,复与同人文会,则出语隽妙,已非辈流所及矣。然犹时烦太炎为之点定,钊藏有所译《去国行》数章,曼殊手笔及太炎增删之迹咸在。"(章士钊:《复柳无忌书》,见《甲寅周刊》第一卷第三十八号,1927 年 1 月 1 日出版。)

本年,《刘子政左氏说》于《国粹学报》刊毕。查章氏《与人论国粹学书》谓:"今次得《刘子政左氏说》一卷",此信载光绪三十三年十二月二十日出版的《国粹学报》丁未第十二号,则《刘子政左氏说》在丁未年即已完稿。谓:"《说苑》,《列女传》中所举《左氏》事义六、七十条,其间一字偶易,正可见古文《左传》,不同今本;而子政之改易古文,代以训诂者,亦皆可睹。盖字与今异者,则可见河间古文;训与今异者,则本之贾生训故。抽绎古义,断在斯文。若其微言大义,则亦往往而有。其间或与《穀梁》相涉,二传既同为鲁学,故自孙卿至胡常、翟方进辈,皆以《左氏》名家,而亦兼治《穀梁》,非《公羊》齐学,绝不相通者比,则子政之综贯二氏宜也。今次第其文,为之疏证,凡得三十馀事。"

【著作系年】《大乘佛教缘起说》(《民报》第十九号,1908 年 2 月 25 日出版,收入《别录》卷三)。《辨大乘起信论之真伪》(同上)。《龙树善萨生灭年月考》(同上,《文录》未收)。《与刘揆一书》(同上)。《印度独立方法》(《民报》第二十号"时评",1908 年 4 月 25 日出版,收入《别录》卷二)。《印度人之观日本》(同上)。《印度人之论国粹》(同上)。《支那印度联合之法》(同上)。《鸜鹆案户鸣为刘道一作也》(同上,收入《文录》卷二)。《刘道一传》(《复报》第十一号,1908 年 7 月出版)。《排满平议》(《民报》第二十一号,1908 年 6 月 10 日出版,收入《别录》卷一)。《驳神我宪政说》(同上)。《驳中国用万国新语说》(同上,又见《国粹学报》戊申第四号、第五号,收入《别录》卷二)。《答梦庵》(同上,《文录》未收)。《博征海内方言告白》(同上)。《四惑论》(《民报》第二十二号,1908 年 7 月 10 日,收入《别录》卷三)。《哀陆军学生》(同上,《文录》未收)。《台湾人与新世纪记者》(同上)。《满洲总督侵吞赈款状》(同上)。《越南设法伥议员》(同上)。《王夫之从祀与杨度参机要》(同上)。《革命军约法问答》(同上)。《答祐民》(同上)。《再复吴敬恒书》(同上)。《瑞安孙先生哀辞》(同上,收入《文录》卷二)。《五朝法律索隐》(《民报》第二十三号,1908 年 8 月 10 日出版,收入《文录》卷一)。《马良请速开国会》(同上,《文录》未收)。《再答梦庵》(同上)。《代议然否论》,附《府宪废疾六条》(《民报》第二十四号,1908 年 10 月 10 日出版,收入《别录》卷一,删去附篇)。《规新世纪》(同上,《文录》未收)。《清美同盟之利病》(同上)。《德皇保护回教事》(同上)。《政闻社解散之实情》(同上)。《中国之川喜多大尉袁树勋》(同上)。《法显发见西半球说》(同上,收入《别录》卷三)。《大秦译音说》(同上,收入《别录》卷二)。《汉土始知欧洲各国略说》(同上)。《匈奴始迁欧洲考》(同上)。《印度先民知地球绕日及人身有精虫二事》(同上)。

《说刑名》(《文录》卷一,《太炎集》系为"戊申文",又章氏在1910年手改《訄书》时,拟将此篇编入,见"宣统二年庚戌,四十三岁条")。《王荆公画像赞》(《太炎集》系为"戊申文")。《小疋大疋说》上、下(《太炎集》系为"戊申文",载《国粹学报》己酉年第二号,宣统元年二月二十日出版,章氏在1910年手改《訄书》时,拟将此篇编入,见该年条,后收入《文录》卷一)。《八卦释名》(同上)。《六诗说》(同上)。《原经》(《太炎集》系为"戊申文",载《国粹学报》己酉年第十号,宣统元年九月二十日出版,章氏在1910年手改《訄书》时,拟将此篇收入,见该年条,后收入《国故论衡》卷中)。《毛公说字述》(《太炎集》系为"戊申文",载《国粹学报》己酉年第二号,收入《文录》卷一)。《说象象》(《太炎集》系为"戊申文",收入《文录》卷一)。《说物》(同上)。《南洋华侨志序》(同上)。《与孙仲容书》(《制言》三十期影印原件,书于五月初三日,《国粹学报》戊申年第四号和《文录》卷二有重要删节)。《致国粹学报社书一》(《国粹学报》戊申年第五号,光绪三十四年五月二十日出版)。《三与黄侃书》(《文录》卷二)。《复蒋智由书》(《章太炎先生与蒋观云先生往来函件》,抄本,南京图书馆藏)。《为民报封禁事移让日本内务大臣平田东助书一——三》(《新世纪》第七十九号,1908年12月26日在巴黎出版)。《致苏曼殊函》(《越风》第十七期,1936年7月30日出版,似写于丁未冬)。

《国粹学报祝辞》(《国粹学报》戊申年第一期,系"丁未文",见该年条,收入《文录》卷二)。《古音娘日二纽归泥说》(《国粹学报》戊申年第五号,系"丁未文",见该年条)。《古双声说》(《国粹学报》戊申年第六号,系"丁未文",见该年条。)《梵文典序》(同上)。《俞先生传》(《国粹学报》戊申年第七号,光绪三十四年七月二十日出版,收入《文录》卷二)。《孙诒让传》(同上)。《古今音损益说》(同上,《文录》未收)。《蕲黄母铭》(《文录》卷二,《太炎集》系为"戊申文")。《赠苏曼殊自题小影》(《越风》第十七期,1936年7月30日出版)

《刘子政左氏说》(《国粹学报》戊申年第三、四、五、六、七号,刊完,光绪三十四年三月二十日至七月二十日出版,收入《章氏丛书》初编)。《新方言》(续完,《国粹学报》戊申年第一、二、三、四、五、六号,光绪三十四年正月二十日至六月二十日出版,收入《章氏丛书》初编)。

宣统元年己酉(1909年)　四十二岁

【自定年谱】《民报》既被禁,余闲处与诸子讲学,克强复南。时东京同盟会颇萧散,而内地共进会转盛。共进会者,起自川、湖间游侠,闻同盟会名,东行观之,以为迂缓,乃阴部署为共进会,同盟会人亦多附焉。其魁则四川张百祥也。旋归,众益盛,后武昌倡义,卒赖其力。焕卿自南洋归,余方讲学,焕卿亦言:"逸仙难与图事,吾辈主张光复,本在江上,事亦在同盟会先,曷分设光复会。"余诺之,同盟会人亦有附者。然讲学如故。

【国内大事】二月十五日（3 月 6 日），清政府宣布实行"预备立宪、维新图治"之宗旨。本月，熊克武在四川广安起义失败。闰二月（4 月）共进会在汉口设立总机关。四月初一日（5 月 19 日），孙中山由新加坡赴欧、美。五月十一日（6 月 28 日），清政府命两江总督端方为直隶总督兼北洋大臣，粤督张人骏为两江总督兼南洋大臣，以粤抚袁树勋署粤督。八月二十二日（10 月 5 日），张之洞死。九月初一日（10 月 14 日），清各省谘议局开会。十三日（26 日），伊藤博文在哈尔滨被朝鲜安重根刺死。十一月（12月），各省士绅要求速开国会，并于上海组成国会请愿同志会。十二月十八日（1 月 28日），熊成基于哈尔滨谋刺载洵不成。二十日被逮，旋死难。

二月二十日，《国粹学报》己酉年第二号出版，"社说"栏刊有章氏《六诗说》、《小雅大雅说》、《八卦释名》、《毛公说字述》。"记者识"云："章君绛邮示近著四篇：一，《六诗说》；二，《小雅大雅说》上，下篇；三，《八卦释名》；四，《毛公说字述》。义皆确当，为前人所未言。属草自七月至九月，凡三阅月而成，其精审可知也。录以代'社说'。"四文均撰于"光绪三十四年戊申"。后三文收入《文录》卷一。

三月二十日，《国粹学报》己酉年第三号出版，刊毕简朝亮（竹居）：《尚书集注述疏序》、《后序》。章氏"从门人得《尚书集注述疏》"，对"周公居摄之事，云摄政非摄位，此为以时制隐度先民，乃与古今文一切乖异，窃以为未可也"。拟《与简竹居书》。（《文录》卷二。）又致书《国粹学报》主编邓实："得简君《尚书集注述疏》一通，其间新意甚多，要为陈古刺今，不尽关于经义。惟周公摄位、文王受命二事，汉世古今文说皆同"；"今详为执证，庶几宗周大法，不堕冥昧之中。草作尺书，质之简君。因未详简君住址，故求兄录之报内。"（《文录》卷二。）《与简君书》后刊于《国粹学报》辛亥第七号。

春、夏间，章氏拟学梵文，有《与周豫才等书》曰："豫哉、启明兄鉴：数日未晤。梵师密史逻已来，择于十六日上午十时开课，此闻人数无多，二君望临期来趾。此半月学费弟已垫出，无庸急急也。手肃，即颂撰祉。麟顿首。十四。"并按时至"智度寺"听讲。（周作人：《秉烛谈·记太炎先生学梵文事》，北新书局 1940 年版，《文录》未收。）又有《与余同伯书》："顷有印度婆罗门师，欲至中土传吠檀多哲学，其人名苏蕤奢婆弱，以中土未传吠檀多派，而摩诃衍那之书彼土亦半被回教摧残，故恳恳以交输智识为念。某等详婆罗门正宗之教本为大乘先声，中间或相攻伐，近则佛教与婆罗门教渐已合为一家，得此扶掖，圣教当为一振，又令大乘经论得返梵方，诚万世之幸也。先生有意护持，望以善来之音相接，并为洒扫精庐，作东道主，幸甚幸甚！末底近已请得一梵文师，名密尸逻，印度人非人人皆知梵文，在此者三十馀人，独密尸逻一人知之，以其近留日本，且以大义相许，故每月只索四十银圆，若由印度聘请来此者，则岁须二三千金矣。末底初约十人往习，顷竟不果，月支薪水四十圆，非一人所能任。贵处年少沙门甚众，亦必有白衣喜学者，如能告仁山居士设法资遣数人到此学习，相与支持此局，则幸甚。"杨仁山（文会）代作余同伯的答书云："来书呈之仁师，师复于公曰：佛法自东汉入支那，历六朝而至唐、宋，精微奥妙之义阐发无遗，深知如来在世转婆罗门而入佛教，不容丝毫假借。今当末法之时，而以婆罗门与佛教合为一家，是混乱正法而渐入于灭亡，吾不忍闻也。桑榆晚景，一刻千金，不于此时而体究无上妙理，遑及异途问津乎？至于派人东渡学习梵文，美则美矣，其如经费何？此时祇桓精舍勉强支持，暑假以后下期学费未卜从何处飞来，唯冀龙天护佑，檀信施资，方免枯竭之虞耳。在校僧徒程度太浅，英语不能接谈，学佛亦未见道，迟之二三年或有出洋资格也。仁师之言如此。"（两信均见杨仁山《等不等观杂录》卷八，题《代余同伯答日本末底书》，《秉烛谈》也引录。）章氏以汉学兼治佛法，又以"依自不依他"为标准，故推重法相与禅宗，而不取净土宗，与杨仁山不能相合。

六月二十日，《国粹学报》己酉年第七号出版，"绍介遗书"栏"近儒新著"类有介绍："《新方言》旧本三百七十馀条，近复重搜遗语，择其尤雅驯者，增订为八百馀条，分释词、释言、释亲属、释形体、释宫，释器、释天、释地、释植物、释动物、音表，凡十一卷，外附《岭外三州语》（惠、潮、嘉应）一卷。阅此书者，可知中夏言文，肇端皇古，虽展转迁变，而语不离其宗。凡南北省界偏党之见，自此可断，并音简字愚诬之说，自此可消，以此读周、秦、两汉之书，向所视为诘诎者，乃造膝密谈，亲相酬对，视杭世骏、翟灏诸家，不啻霄壤矣。"

七月（8月），《新方言》刊于日本东京。

八月（9月），陶成章、章太炎等在南洋和日本对孙中山进行攻击。陶成章自1908年在南洋筹款受到同盟会的阻止后，即以光复会名义进行活动。陶成章不满于孙中山的侧重华南武装斗争，主张"中央革命"，即在江、浙或华北地区起义。

九月初三日（10月16日），巴黎《新世纪》第一一四号出版，登有"本社广告"："支那第一杂志《民报》，去冬为胡政府要求日政府所干涉，暂时停刊，久欲择善地续印，现已从第二十五号起，次第秘密出版，将以本社为主要之发行所。正在印刷中之数期，其人皆由我国大撰述家所论述，其价值久著海内，无烦缕告。惟蓄之既久，而积理愈富，故近刊之诸作，皆足为新中国文学史、革命史上大放光彩也。"（原注：此非指国粹而言，文章随时进化，同为天演界中之一端，固有专求于昔人之古训词格，可尽文章之能事者，故好古之陋儒，拘墟于经典而为文，无异侈言商周之明堂太室，用以研究新世界之建筑术也。纵笃旧之士，各国皆有，希腊、罗马之椳桂，用饰外观，然此特附属于绳墨外耳，非如东方泥古之徒，步禹步，趋颜趋，委动作于高曾，直忘己之为进化之幼虫也。一俟发行有日，即当续告。）注中"国粹"云云，系讥原《民报》主编章氏。

查1908年10月，《民报》被封禁后，汪精卫秘密筹编《民报》第二十五号、第二十六号，托名"法国巴黎濮侣街四号"为总发行所，（《新世纪》发行所。）实则仍在日本秘密印刷。章氏以之为"伪民报"，并撰《伪民报检举状》，攻击孙中山。略谓："夫东京本瘠苦之区，万数学生，仅支衣食，非有馀裕，足以供给《民报》也。萍乡变后，《民报》已不能输入内地，销数减半，印刷、房饭之费，不足自资。而孙文背本忘初，见危不振。去岁之春，公私涂炭，鄙人方卧病数旬，同志遂推为社长。入社则饔飧已绝，人迹不存，猥以绵力薄材，持此残局，朝活文章，暮营悬费，复须酬对外宾，支柱警察，心力告瘁，寝食都忘。屡以函致南洋，欲孙文有所接济，再差胡汉民或汪精卫一人东渡，邮书五六次，电报三四度，或无复音，或言南洋疲极，空无一钱。有时亦以虚语羁縻，谓当挟五六千金来东助，至期则又饰以他语，先后所寄，只银元三百而已。""夫孙文怀挟巨资，而用之公务者计不及一，《民报》所求补助，无过三四千金，亦竟不为筹画，其干没可知已。及去秋有黎姓者自新加坡来云，《民报》可在南洋筹款，即印刷股票数百份，属友人陶焕卿即陶成章带致孙处，而孙坐视困穷，抑留不发。""今精卫伪作《民报》，……思欲腾布南洋美洲，借名捐募。"（引自燃：《党人》，见《新世纪》第一一七号，1910 年 1 月 22 日出版。）自署："原《民报》社长章炳麟白。"（《太炎先生著述目录初稿》卷下。）

陶成章：《致铁仙、若愚书》也提到章、陶和孙、黄间的矛盾，函云："东京总会名存实亡，号召不尽，全由一二小人诞妄无耻，每事失信，以至于此耳。弟初到之时，即与克强公商议，不料已先入精卫之言（先已有信云），而精卫亦即随之而至，以术饵克强，遂不由公议，而以《民报》授之。以精卫为编辑人，由秀光社秘密出版；托名巴黎发行，东京同人概未与闻。为易本羲兄所知，告之章太炎先生，太炎大怒，于是有传单之发。克强既不肯发布公启，弟往问之索回，不肯归还。太炎传单出后，克强屡使人恐吓之，谓有人欲称足下以破坏团体故也。遂又登太炎于《日华新报》，诬太炎以侦探，谓因其与刘光汉有来往也。又以信责弟，以神圣孙恶，而隐隐以弟谓授政府之指使。自谓真正公心，而责弟以妄存私意。弟乃为二千言之长函以责之。兄之公启再寄到时，总机关已无，弟乃录出数纸，（本欲刊印，因身无分文。）一与《云南》杂志社，一与太炎，贴之于国学讲习会之讲室。而南洋各埠接到太炎之传单，已有复信，又来责言一纸，以太炎之事为受弟指使，目前有代为总会长之意。彼等又使人诈取太炎之图章，太炎不虑有他，与之。（云往警察署取旧《民报》之保证金。）越数日，而《日华新报》又登章炳麟有与端方合谋，卖革命党之信矣。又牵涉到弟，谓弟在南洋与李时乾狼狈为奸，于是克强函责太炎以晚节不终。而太炎亦责克强以端方请其入幕，（此信自南京来。）并派湖北人吴坤往天津谒端方，（此事本甚秘密，不知何故为云南会长赵伸所侦知，因以长函责克强，而转为太炎所悉也。）意欲何为等语。现太炎已有辩书一纸，将以付印，日后当寄奉也。克强如此，故现在东京皆人人疑惧，不可与有为矣。"（无月日，手迹，湖南哲学社会科学研究所藏。）在《致亦逵、柱中书》中也说："克公之言，弟未敢妄议其是非；唯精卫之欺妄，弟已亲受之矣。"（同上。）10 月 19 日《致柱中书》又云："太炎大恨孙文，因彼等欲窃取《民报》事，已发了传单，分送南洋各埠。"（同上。）

九月初七日（10 月 20 日），章氏又以"世界语流行上海，隐患甚深"，作《与人书》，重为申说。说是"今中国复处处规仿泰西，无一语能自建立，即与日本人同过"。（上海沐君来稿：《辟谬》引，见巴黎《新世纪》第一一八号，1910 年 2 月 19 日出版，《文录》未收。）

九月初九日（10 月 22 日），孙中山致函在布鲁塞尔的同盟会员王子匦，指出："陶（成章）去年到南洋，责弟为他筹款五万元，回浙办事。弟推以近日南洋经济恐慌，自顾不暇，断难办到。彼失望而归，故今大肆攻击也。东京留学界之不满于弟者，亦有为之推波。故从外人视之，吾党亦成内乱之势。人心如此，真革命前途之大不幸也。"

"此事于联络华侨一方面,大有阻碍也。"(《国父全书》,第417页。)10月下旬,孙中山致函在伦敦的吴敬恒,针对陶成章等所作攻击,特别是"借革命以攫取他人四五万元之资",通过说明革命经过和收支情况进行辨驳。还建议吴敬恒"为长文一篇,加以公道之评判,则各地新开通之人心自然释疑,而弟从事于运动乃有成效也"。(《致伦敦吴稚晖书》。见胡汉民编《总理全集》第三集"函札",惟误系为1910,下同。)

九月二十日(11月2日),《国粹学报》己酉年第十号出版,在《国学保存会报告》第三十九号"通讯"中,刊有章氏:《致国粹学报社书》,《文录》未收。书云:"国粹学报社者,本以存亡继绝为宗,然笃守旧说,弗能使光辉日新,则览者不无思倦,略有学术者,自谓已知之矣。其思想卓绝,不循故常者,又不克使之就范,此盖吾党所深忧也。弟近所与学子讨论者,以音韵训诂为基,以周、秦诸子为极,外亦兼讲释典。盖学问以语言为本质,故音韵训诂其管籥也;以真理为归宿,故周、秦诸子其堂奥也。经学繁博,非闭门十年,难与斠理,其门径虽可略说,而致力存乎其人,非口说之所能就,故且暂置弗讲。音韵诸子,自谓至精,然音韵亦有数家异论,非先览顾、江、戴、孔诸家之说,亦但知其精审,不知精审之在何处也。诸子幸少异说,(元明以来,亦有异论,然已无足重轻,近世则惟有训诂,未有明其义理者,故异说最少。)而我所发明者,又非汉学专门之业,使魏、晋诸贤尚在,可与对谈。今与学子言此,虽复踊跃欢喜,然亦未知其异人者在何处也。"

"虽然,学术本以救偏,而迹之所寄,偏亦由生。近世言汉学,以其文可质验,故蔓言无由妄起,然其病在短拙,自古人成事以外,几欲废置弗谈。汉学中复出今文一派,以文掩实,其失则巫。若复甄明理学,此可为道德之训言,不足为真理之归趣,惟诸子能起近人之废。然提倡者欲令分析至精,而苟弄笔札者,或变为猖狂无验之辞,以相诳耀,则弊复由是生,此盖上圣所无如何也。贵报宜力图增进,以为光大国学之原。(肉食者不可望,文科、经科之设,恐只为具文,非在下者谁与任此。)延此一线,弗以自沮,幸甚。"

同期《国粹学报》"社说"栏载有章氏《原经》、《原儒》。《原经》撰于光绪三十四年戊午,后收入《国故论衡》中卷,《原儒》后收入《国故论衡》下卷,都有修改。《原儒》略谓:"儒有三科,关达、类、私三名,达名为儒,儒者,术士也。""太古始有儒,儒之名盖出于需。需者,云上于天,而儒亦知天文、识旱潦。""类名为儒,儒者,知礼、乐、射、御、书、数。……儒者游文,而五经家专致,五经家骨鲠守节过儒者,其辩智弗如。此其所以为异。自太史公始以儒林题齐、鲁诸生,徒以润色孔氏遗业,又尚习礼乐弦歌之音,乡饮大射,事不违艺,故比而次之。及汉有董仲舒、夏侯始昌、京房、翼奉之流,多推五胜,又占天官风角,与鹬冠同流。草窃三科之间,往往相乱。晚有古文家出,实事求是,征于文不征于献,诸在口说,虽游、夏犹黜之,斯盖史官支流,与儒家益绝矣。"

九月二十五日(11月7日),又有《致国粹学报社书》,载于《国粹学报》己酉年第十一号(宣统元年十月二十日出版。)"国学保存会报告"第四十号"通讯"中,《文录》未收。书云:"《原名》一篇,已属友人誊来,即寄上。前见皋文、仲容所说《墨经》,俱有未了。邹特夫曾以形学、力学比傅,诚多精义,然《墨经》本为名家之说,意不在明算也。向时无知因明者,亦无有求法相者,欧洲论理学复未流入,其专以形学、力学说《墨经》,宜也。今则旧籍已多刊印，新译亦时时间出，而学者不能以是校理《墨经》，观其同异。盖信新译者不览周秦诸子，读因明者亦以文义艰深置之，而《墨经》艰深，又与因明相若，因无有参会者。仆于此事，差有一长，不以深言比傅，惟取真相契当之文为之证解，其异者亦明著之，如宗因喻之次第，彼此互异。大故、小故，相当于欧人之大前提、小前提，不当于尼夜耶派之大词、小词，皆稽合文义，不以单词强证。又《荀子·正名篇》，亦与《墨经》互有短长，言名相则荀优，立辩论则墨当，故以二家参会，成《原名》一篇，当不让鲁胜也。"《原名》也在同号《国粹学报》刊出。

九月二十五日（11月7日），黄兴：《为陶成章诬谤事致孙中山书》和《为陶成章等诬谤孙中山事致巴黎新世纪社书》二件，对陶成章在南洋诬谤孙中山，以及运动章太炎在《日华新报》登一《伪民报检举状》加以揭露。《为陶成章诬谤事致孙中山书》云："中山先生鉴：昨接读由伦敦发来之函，得悉有人冒名致函美洲各埠，妄造黑白，诬谤我公，以冀毁坏我公之名誉而阻前途之运动，其居心险毒，殊为可恨。再四调查东京团体，无有人昧心为此者，但只陶焕卿一人由南洋来东时，痛加诋诽于公，并携有在南洋充当教习诸人之公函，（原注："呈公罪状十四条。"）要求本部开会，弟拒绝之，将公函详细解释，以促南洋诸人之反省。是函乃由弟与谭人凤、刘霖生三人出名，因当时公函中有湖南数人另致函弟与谭、刘也。本拟俟其回复再作理处，不料陶焕卿来东时，一面嘱南洋诸人将前公函即在当地发表，（原注："即印刷分布于南洋各埠者。"）一面在东京运动多人要求开会，在东京与陶表同情者，不过江浙少数人与章太炎而已。及为弟以大义所阻止，又无理欲攻击于弟，在携来之附函中，即有弟与公朋比为奸之语，弟一概置之不理。彼现亦如何只专待南洋之消息，想将来必大为一番之吵闹而后已。彼不但此也，且反对将续出之《民报》，谓此《民报》专为公一人虚张声势，非先革除公之总理不能办《民报》。见弟不理，即运动章太炎在《日华新报》登一《伪民报之检举状》，其卑劣无耻之手段，令人见之羞愤欲死。现在东京之即非同盟会员者亦痛骂之。此新闻一出，章太炎之名誉扫地矣。前在《民报》所登之《与吴稚晖君书》，东京同志已啧有烦言，知其人格之卑劣，今又为此，诚可惜也。弟与精卫等商量，亦不必与之计较，将来只在《民报》上登一彼为神经病之人，疯人呓语，自可不信，且有识者亦已责彼无馀地也。总观陶、章前后之所为，势将无可调和。然在我等以大度包之，将亦不失众望，不知公之意见若何也？美洲之函，想亦不出陶、章之所为，今已由弟函达各报解释一切，桀犬吠尧，不足诬也。我公当亦能海量涵之。至东京事，陶等虽悍，弟当以身力拒之，毋以为念。《民报》二十五号已出，二十六号不日亦可出来。美洲之报，统寄至《自由新报》卢侯公处转发，（原注："只能印一千册，存东者不过五十册而已，馀皆转南洋、美洲矣。"）兹另邮寄三册于公，以慰期望之殷，且博先睹之一快。弟所欠款事，刻尚无从筹得，且利息日加，今已及四千圆以上矣。欲移步他去，为所牵扯竟不能也。公有何法以援我否？港部在东所筹事如能成功，当可少资以活动，刻未揭晓，不知结果如何。（原注："劝学舍自六月解散矣。"）馀俟续述。以后复书，即请寄'日本东京府丰多摩郡，西大久保一五八，桃源寓，黄兴收'为要。此请筹安。弟黄兴顿首。西十一月初七日。"（《黄克强先生全集》第116—117页"党史会藏影件",1973年10月增订本,台版。)

　　黄兴又有《为陶成章等诬谤孙中山事致巴黎新世纪社书》二件,其一为:"拜启者:《民报》自日政府受胡政府运动,将《民报》封禁后,同人等即谋继续,以著述经费,两者困难,未能迅速出版,殊深惭愧。前中山先生由欧洲来函云,贵社允担任印刷事务,同人等不胜雀跃,奋励图成,冀副贵社同人之望。今秋以来,又得香港同志林君之助,并请精卫君来东任其编辑,始得继二十五号起秘密出版,托贵社为发行所,前已由精卫君将情形函达贵社,已蒙《新世纪》第壹佰拾肆号登布广告,奖励同人,同人等曷胜感激。惟是事事皆从秘密,经费较前为多,往还邮费,殊为昂贵,又不能纯为营业的性质,借所入以资周转。同人等材力绵薄,深惧无以继其后,尚望贵社诸君有以匡持不逮,则更所企祷者也。至章太炎此次之发布《伪民报检举状》,乃受陶成章运动,(原注:"陶因在南洋欲个人筹款不成,遂迁怒中山,运动在南洋之为教员者,连词攻击之。陶归东京后,极力排击,欲自为同盟会总理,故谓《民报》续出,则中山之信用不减,而章太炎又失其总编辑权,无以施其攻击个人之故智,遂为陶所动"。)遂有此丧心病狂之举,已于二十六号中登有广告,想同人阅之,皆晓然于太炎人格之卑劣,无俟辩论也。今特寄上二十五号《民报》提单一纸,乞查收为幸。二十六号亦随寄上。手此,即请任安。弟黄兴顿。"(同上第118页。)

　　其二为:"拜启:昨邮上一函,内附呈二十五号《民报》之提单一纸,想可于此函前达到矣。兹又呈上二十六号《民报》之提单一纸,乞再为查收为幸。此期内有辨正章炳麟之《伪民报检举状》之告白,若能转登于《新世纪》,更加以辟词,同人等尤为盼切。手此,并请公安。弟黄兴顿。"(同上第119页。)

　　同时,黄兴又《致各同志望同心协助函》,略谓:"本处风闻于孙君未抵美以前,有人自东京发函美洲各埠华字日报,对于孙君为种种排挤之辞,用心险恶,殊为可愤,故特飞函奉白。""望我各位同志,乘孙君此次来美,相与同心协力,以谋团体之进步,致大业于成功,是所盼祷。"(同上第119—120页。)

　　九月三十日(11月12日),孙中山由美国纽约致书吴敬恒,建议"由《新世纪》用同人字样"致函美洲各华侨报纸,澄清陶成章的谤毁。(《致吴稚晖书》,见胡汉民编:《总理全集》第三集"函札"。)

　　十月初一日(11月13日),吴敬恒在巴黎主编的《新世纪》第一一五号出版,发表《劝劝劝》"劝革命党二"云:"近见有东京同盟会布告孙文君罪状书,所言不惟无足为孙文君之罪状,且适显其为沾染保皇党气息。"并录原书:"我同盟会成立之际,孙文固无一分功庸,而我同志贸贸焉直推举之以为总理,不过听其大言。……以为南洋各埠多有彼之机关,华侨推崇巨款可集,天大梦想,如此而已。即弟等各人先后南渡之始,亦何尝不作是妄想。……弟等一片公心,尽力为之揄扬,承认其为大统领,……于是彼之名誉乃骤起,彼又借我留学生革命党推戴之名目,《民报》之鼓吹,……而得此高尚之名誉。"对孙中山大肆污蔑。《新世报》加以"按语":"《布告罪状书》,亦有人寄书来,谓出于陶成章君之一行人中,但陶君性虽褊急,心实坦白。……陶君之卤莽,实有如此。惟今次伪托同盟会之一书,过于鄙陋,同人可保陶君必不屑为,然同人之意,甚不愿谬信何人,或孙或陶,决无鄙陋之事,惟望无论孙君、陶君及实为此布告者之某君,当时时存念昔人之言,若曰'要使死者复生,生者不愧'。"

十月二十二日(12月4日),孙中山因章太炎近在东京"又发狂攻击",致函吴敬恒:"《新世纪》所评陶言甚当,而公见者当无不明白,可以毋容再发专函于报馆矣。且东京同盟会近已有一公函致各报馆,想此亦足以解各人之惑矣。近得东京来信,章太炎又发狂攻击,其所言之事,较陶更为卑劣,真不足辩。陶之志犹在巨款不得,乃行反噬;而章之欲则不过在数千不得,乃以罪人。陶乃以同盟会为中国,而章则以民报社为中国,以《民报》之编辑为彼一人万世一系之帝统,故供应不周,则为莫大之罪。《民报》复刊,不以彼为编辑,则为伪《民报》。兹将章太炎《检举状》寄上一观,此真卑劣人种之口声也。闻太炎此状一出,则寓东京之人士,无党内党外皆非之云,此足见公道尚存于人心也。"表示"际此胡氛黑暗,党有内讧,诚为至艰危困苦之时代,即为吾人当努力进取之时代也。倘有少数人毅力不屈,奋勇向前,支撑得过此厄运,则以后必有反动之佳境来也。"(《致吴稚晖书》,见胡汉民编:《总理全集》第三集"函札"。)

十一月初一日(12月13日),孙中山又函吴敬恒,告以章太炎的攻击文字,除刊《日华新报》外,已为新加坡保皇党的《南洋总汇报》所转载,请《新世纪》予以批论。(同上。)

十一月初四日(12月16日),孙中山再函吴敬恒,嘱吴:"将刘光汉发露太炎同谋通奸之笔迹照片寄与弟,用以证明太炎之所为,庶足以破其言之效力。因海外革命志士多以太炎为吾党之泰山北斗也。非有实据以证彼之非,则类于相忌之攻击,弟不欲为也。"(同上)查刘师培(光汉)叛变革命,同伙汪公权为革命党人王金发击毙,《新世纪》于本年7月24日出版的第一〇五号已经揭载。(见《续暗杀进步》。)8月21日出版的《新世纪》第一〇九号,吴敬恒又在"鳞鳞爪爪"中揭批刘师培。(笔名"燃料"。)函中所称"刘光汉发露太炎同谋通奸",当指《新世纪》后来在1910年1月22日出版的第一一七号吴敬恒《党人篇》所附《章炳麟与刘光汉及何震书五封》。这五封信,除一二两封署"麟"外,其馀都署"毛一"。原信均很简短,谈到"欲出家",赴印度事。吴敬恒所谓章太炎"运动张之洞",原信仅言"所托诸事,务望尽力"。(第一书。)并无确语;所谓何震注:"彼(指章太炎)于去岁八月致函张之洞,誓言决不革命,决不与闻政治,且言中国革命决难成功。若赠以巨金,则彼往印度为僧。"也乏旁证。同时,也未闻吴敬恒将"笔迹照片"寄交孙中山。这时,刘师培、何震夫妇已叛变,吴敬恒为"献策"复与章氏嚷嚷不已,是"何震注"实有可疑。

然而章太炎还以为与刘师培"学术素同",除一度浼请孙诒让"劝说"刘师培外(见前),又于本年致刘师培书:"与君学术素同,盖乃千载一遇。中以小衅,蔫为仇雠,岂君本怀,虑亦为人诖误。兼以草泽诸豪,素昧问学,夸大自高,陵懱达士,人之贱忿,古今所同,铤而走险,非独君之过也。天奁其衷,公权陨命,君以权首,众所属目,进无搏击强御之用,退乏山林独善之地。彼帅外示宽弘,内怀猜贼,闲之游徼之门,致诸干撤之域,臧谷廞养,由之任使,赁舂执爨,莫非其人,猜防积中,菹醢在后,悲夫悲夫! 斯诚明哲君子所为嗟悼者也。""盖闻元朗、冲远，（按指陆德明、孔颖达。）皆尝为凶人索引矣。先迷后复，无减令名。况以时当遁尾，经籍道息，俭德避难，则龙蛇所以存身，人能弘道，而球图由之不队，祸福之萌渐，废兴之枢机，可不察乎？然则唐棣之华，翩然如反，未之思也，何远之有？"（《再与刘光汉书》，《文录》卷二。）还对刘师培曲谅。甚至以革命派为"草泽诸豪"，而"怜"刘师培之"学"，以为"千载一遇"。武昌起义胜利后，还为刘师培"说项"。

十一月初六日（12月18日），《新世纪》第一一六号出版，首登"本报广告"："《民报》第二十五号已竟告成，由汪君精卫一手所编辑，汉民、民意诸君皆有述作，章太炎氏因未经参与，忽发简骘之牢骚，妄肆诋諆，骂为伪《民报》，东方党人皆不直章君之所为，群起攻斥。因此一段故事，续刊之《民报》，一时愈为党界所欢迎，同人已接得样本，并寄三百册在途。""《民报》续刊，汪精卫君作总编辑，而章太炎君不悦，……实为新奇之竞争。且章氏彼文登《日华新报》者，有无端离间黄觐午君语，以私恨坏公益，直已病狂，黄君已明白斥其造孽。此种离奇之历史，俟得详细情形，别加评论。"黄觐午，即黄兴，知章氏这时对孙、黄备加攻击。

十二月二十日（1910年1月30日），《国粹学报》己酉年第十三号出版，在"国学保存会报告"第四十二号"通讯"中，刊有章氏《致国粹学报社书》，《文录》未收。书云："近见日照丁竹筠以此所著《毛诗正韵》五卷，条理极精，远在宁人、先籧之上。其人年六十馀，教授里巷，岁只三十千文。仆以其付印无资，为作《序》一首，望先登'绍介遗书'门中，以后或有人助之刻板。北方学者，今已寂寥，有此一介，而乡邑不知其名，致以训蒙糊口，然后知贤士湮没者多。宁人遇张稷若，亦在蒙塾中。丁君用心于《诗》，亦犹稷若用心于《礼》，山东耆秀，先后同符，可慨也。"按：《毛诗正韵》，丁以此撰，丁"为文字语言之业，尝参王念孙、孔广森所订韵部，分为二十二"，"成《毛诗正韵》四卷、《韵例》一卷"。"其仲子惟汾友馀杭章炳麟、仪征刘师培、蕲春黄侃"，"以所著质炳麟"，章氏从而撰序。（马叙伦：《丁竹筠先生传》，见《天马文存》外篇，《天马山房丛书》本。）章氏《毛诗正韵序》刊同期《国粹学报》，《国粹学报》庚戌年第九号又录丁以此《毛诗韵例》。

十二月二十二日（2月1日），汪精卫编《民报》第二十六号发行，末页附有"本报谨白"："启者：本报自去岁十一月为日本政府停止发行，当时本社同人，即集议续刊方法，社长章君炳麟当众辞职，并谓此后不再与闻《民报》之事。于是关于《民报》之续刊，困难之点有三：一曰发行所定于何地？二曰续刊之经费如何筹集？三曰编辑之任付之何人。为此三难，续刊之举，至于迟之又久。迨今夏巴黎新世纪报社诸君，图《民报》之复兴，愿兼任印刷发行之事，又得香港某君资助续刊经费，惟编辑之任，仍难其人，同人遂共举汪君精卫担任。……乃近日《日华新报》，揭载章君炳麟寄美洲、南洋等处之函，斥第二十五期以后之《民报》为伪民报，污蔑之辞，不一而足。夫第二十五期以后之《民报》，果如章君函中所言与否，读者诸君，自有鉴衡，无待本报之辩白，至于章君所以发布此函之原因，不能不为读者诸君言之：一、由章君好信谗言，往往不计是非，不问情伪，卤莽与人绝交，前年已与孙君逸仙绝交，后知误会，乃复和好。今复为谗言所中，又为满纸污蔑之言，以精卫、汉民两君与孙君同事，遂辞连及之。二、由章君夙反对《新世纪报》，前所著《台湾人与新世纪记者》及屡与吴敬恒书，可见其意。今兹闻《新世纪》诸君兼任《民报》发行印刷之事，故断然反对，由此二者，遂有此举，同人甚慨以章君之学行，而有此卤莽灭裂之举动。章君之函，已经发布，不能不有之辨正之，诚所不得已也。本报谨白。"

本年，有《与邓实书》，对"上海有人定近世文人，笔语为五十家"表示不满。他自己以为："仆之文辞，为雅俗所知者，盖论事数首而已，斯皆浅露，其辞取足便俗，无当于文苑。向作《訄书》，文实闳雅，箧中所藏，视此者亦数十首，盖博而有约，文不奄质，以是为文章职墨，流俗或未之好也。定文者以仆与谭复生、黄公度耦，二子志行，顾亦有可观者；然学术既疏，其文辞又少检格。复生气体骏利，以少习俪语，不能远师晋宋，熹用雕琢，惊而失粹，轻侠之病，昕昕相属。公度熹言经世，其体则同甫、贵与之侪，上距敬舆，下推水心，犹不相逮。仆虽朴陋，未敢与二子比肩也。近世文士，王壬秋可谓游于其藩，犹多掩袭声华，未能独往；康长素时有善言，而稍谲奇自恣，仆亦不欲与二贤参俪。谓宜刊削鄙文，无令猥厕大衍之数，虚一不用，亦何伤于著卦哉。"（《文录》卷二。）

按："论事数首"，指的是《驳康有为论革命书》以及发表在《民报》等报刊上的战斗作品，章氏以为"无当于文苑"。这些"雅俗共知"，起了重大政治影响的"论事数首"，章氏反以为"浅露"；而诘屈聱牙，索解为难的，却以为可入"文苑"。以往，章太炎在中外反动派的严密监视下，用比较隐讳深奥的文字阐述反清革命思想，是可以理解的；正由于这样，我们对《訄书》的战斗涵义，予以充分估价。但章太炎在辛亥革命前夕，追求"流俗或未之好"的所谓"传世"之文，写作不再是为了当前的战斗，而想留入今后的"文苑"，不能不说是一个倒退。

本年，《庄子解诂》分期载于《国粹学报》中，署"章绛学"。首志："《庄子》三十三篇，旧有《经典释文》，故世人讨治者寡。王氏《杂志》附之卷末，洪颐煊财举二十九事。挽自俞、孙二家而外，殆无有从事者。余念《庄子》疑义甚众，会与诸生讲习旧文，即以己意发正百数十事，亦或杂采诸家，音义大氐备矣。若夫九流繁会，各于其党，命世哲人，莫若庄氏。《消摇》任万物之各适，《齐物》得彼是之环枢，以视孔、墨，犹尘垢也。又况九渊、守仁之流，牵一理以宰万类者哉。微言幼眇，别为述义，非《解诂》所具也。"全书收入《章氏丛书》初编。

本年，《小学答问》成，钱玄同写刻付印。章氏自称："及亡命东瀛，行箧惟《古经解汇函》、《小学汇函》二书，客居寥寂，日披大徐《说文》。久之，觉段、桂、王、朱见俱未谛，适钱夏、黄侃、汪东辈相聚问学，遂成《小学答问》一卷。"章氏以为"近代言小学者众矣，经典相承，多用通假治雅训，徒以声谊比类相从，不悉明其本字"。而《说文》之学，段玉裁、朱骏声犹有"未能昭察"者。于是"以鞅掌之隙，息肩小学，诸生往往相从问字，既为陬先正故言，亦以载籍成文钩校枉韦，断之己意，以明本字藉字流变之迹。其声谊相禅，别为数文者，亦稍示略例，观其会通，次为《小学答问》。"（《小学答问序》。）查《小学答问》，钱玄同虽于"己酉写刻"，但刻成当在 1911 年，鲁迅曾寄付刊资，《致许寿裳书》称:"《小学答问》刊资已寄去,计十五圆,与仆相等,闻板已刻成,然方寄日本自校,故未印墨。此款今可不必见还,近方售尽土地,尚有数文在手。"(1911年3月14日《致许寿裳》,见《鲁迅书信集》,人民文学出版社1976年版第10页。)

"又昨得遏先书并《小学答问》一大缚,君应得十五部,因即以一册邮上,其它暂存仆所,如何处置,尚俟来命。遏先云:刻资共百五十金,印三百部计五十金,奉先生一百部,其二百则分与出资者,计一金适得一部云。"(《致许寿裳》,1911年闰6月初6日,同上第12页。)

本年,继续在日本讲学。

【著作系年】《再与刘光汉》(《文录》卷二,即《与刘光汉书七》)。《原经》(光绪三十四年撰,《国粹学报》己酉年第十号,宣统元年九月二十日出版,收入《国故论衡》中卷)。《原儒》(《国粹学报》己酉年第十号,收入《国故论衡》下卷)。《原名》(《国粹学报》己酉年第十一号,宣统元年十月二十日出版,收入《国故论衡》下卷)。《毛诗正韵序》(《国粹学报》己酉年第十三号,宣统元年十二月二十日出版,收入《文录》卷二)。

《致国粹学报社书二》(《国粹学报》己酉年第十号,《文录》未收,辑入《太炎学说》卷下,辛酉春观鉴庐刊本)《致国粹学报社书三》(《国粹学报》己酉年第十一号,《文录》未收,书末注明撰于"阳十一月七日")。《致国粹学报社书四》(《国粹学报》己酉年第十三号,宣统元年十二月二十日出版,《文录》未收)。《与邓实书》(《文录》卷二)。《再与邓实书》(同上)。《与简竹居书》(《国粹学报》辛亥年第八号,同上)。《答朱逖先论小学书》(《太炎先生著述目录后编初稿》,《制言》第三十四期,未见)。《答朱逖先言六书条例非造字人,勒定乃后人所部署书》(同上)。《答朱逖先论形声字声母本音书》(同上)。《与周豫才书》(见周作人:《秉烛谈》)。《与余同伯书》(同上)。《伪民报检举状》(巴黎《新世纪》一一七号,1910年1月22日出版)。

《庄子解诂》(《国粹学报》己酉年第二、三、五、六、七、八、九、十一、十二号,宣统元年二月二十日——闰二月二十日、四月二十日——八月二十日,十月二十日——十二月二十日出版,收入《章氏丛书》初编)。

《小学答问》(己酉钱玄同写刻本,收入《章氏丛书》初编)。

《新方言》(附《岭外三州语》,己酉七月日本东京刊本)。

宣统二年庚戌(1910年) 四十三岁

【自定年谱】时东京与南洋声闻转疏,孙、黄异议,逸仙亦他去。克强在香港,与丹徒赵声伯先合。伯先始为江苏标统,练达戎事,以党人见黜,南行与克强、石屏计事,欲自桂林起兵下湖南。议甚秘,未行也。焕卿数言克强得伯先,事或可就,逸仙似无成者。余谓:"集党数年,未有规画,恐诒之后人耳。然清自袁世凯废、张之洞死,宗室用事,人民胥怨,固不能久。粤人好利而无兵略,湘中朴气衰矣,亦未必属孙、黄也。君以光复会号召,所谓自靖自献,成败利钝,谁能知之。"

余学虽有师友讲习,然得于忧患者多。自三十九岁亡命日本,提奖光复,未尝废学。东国佛藏易致,购得读之,其思益深。始治小学音韵,遍览清世大师著撰,犹谓未至。久乃专读大徐原本,日翻数叶,至十馀周。以《说解》正文比较,疑义冰释。先后成《小学答问》、《新方言》、《文始》三书,又为《国故论衡》、《齐物论释》、《訄书》亦多所修治矣。弟子成就者,蕲黄侃季刚、归安钱夏季中、海盐朱希祖逖先。季刚、季中皆明小学,季刚尤善音韵文辞。逖先博览,能知条理。其他修士甚众,不备书也。恨岁月短浅,他学未尽宣耳。

焱适嘉兴龚宝铨未生。

【国内大事】己酉十二月三十日(2 月 9 日),广州新军与巡警冲突,次日新军入城毁警局。正月初三日(2 月 12 日),同盟会会员倪映典等策动新军起义,旋失败。二月二十一日(3 月 31 日)喻云纪、黄复生、汪精卫谋炸摄政王未成,黄、汪被捕入狱。三月初一日(4 月 10 日),浙江武康乡民抗捐起义。初四日(13 日),河南密县乡民抗捐起义。长沙饥民起义。初九日(18 日),江苏海州饥民起义。四月初一日(5 月 9 日),清政府命资政院于本年九月一日(10 月 3 日)开院,选定宗室王公世爵各部院官及"硕学通儒"议员八十八人。六月初四日(7 月 10 日),山东莱阳、海阳人民抗捐起义。七月十八日(8 月 22 日),日本正式侵占朝鲜。八月十五日(9 月 18 日),杨王鹏等在武昌召开大会,改群治学社为振武学社。九月初九日(10 月 11 日),《民立报》在上海出版。十月初三日(11 月 4 日),清政府颁布改于宣统五年开设议院,并预行组织内阁。

正月(2 月),光复会于东京成立总部,以章太炎为正会长、陶成章为副会长。南洋英、荷各埠亦设分会。初,光复会加入同盟会后,光复会中徐锡麟"志在光复,而鄙逸仙为人",陶成章"亦不熹逸仙",李燮和"亡命爪哇",陶、李"深结","遂与逸仙分势矣"。(《自定年谱》)裂痕日深,终致重组光复会,和同盟会在南洋争夺权力。《自定年谱》"宣统元年(1909 年),四十二岁"记:"焕卿自南洋归,余方讲学,焕卿亦言:'逸仙难与图事,吾辈主张光复,本在江上,事亦在同盟会先,曷分设光复会。'余诺之,同盟会人亦有附者。"然组成则在本年。魏兰:《陶焕卿先生行述》称:"庚戌岁,复兴光复会于东京,公举章太炎为正会长,先生为副会长,李燮和、沈钧业、魏兰为行总部。先生与章太炎等,又在东京组织《教育今语杂志》,以为通信机关。……陈威涛作书联络管慎修、杨俊明、钟芝溪等,钟芝溪复联络何剑非等。在新加坡,以何剑非为招待员;在爪哇,以谏地里魏兰、也班许绍南为机关所。南洋志士,如陈吉宾、何根性、曾赞卿、梁玉田、邹天彩、何德南、兰亦凡、蔡公哲、胡子春、刘维东、徐柏如、李弼公、陈芸生、陈百鹏等,先生皆联为一气。时李燮和、沈钧业、王文庆等,在网甲组织教育会,举槟港华侨温庆武为会长,沈钧业为视学员,借此为联络入会之机关。网甲岛华侨,对于李燮和、沈钧业之信用极深,故其佩服章太炎与先生之心尤切。爪哇岛之华侨,开化最迟,故入同盟会者甚少。杨俊明在泗水联络华侨，创办书报社，以管慎修为坐办，鼓吹革命，一日千丈。又得张云雷、魏兰、郦景曾、许绍南、丁镛等之运动，思想日益发达。"（油印本，陶本生旧藏。）

又据冯自由称："陶成章于丁未年冬，由日赴南洋，欲筹款在浙江发难。同盟会干部以时方经营粤桂滇三省军务，无法应其需求，成章不惬，乃在荷属各岛倡议恢复旧光复会，遥戴章炳麟为首领，并发售江浙闽皖赣五省革命债券向各埠推销，潮州黄冈败将许雪秋、陈芸生等亦以向干部索款不得，相率和之，更得文岛教员湘人李柱中及旧光复会员王文庆、沈钧业之助，颇为得势。是年四月，汪兆铭、邓子瑜等同游文岛筹饷接济云南河口革命军，被光复会员强烈反对，无功而回。及庚戌冬，黄克强、赵声等亲赴南洋，为辛亥三月廿九一役筹饷，并解除一切误会，荷属同盟会势力始渐回复。"（《中国革命运动二十六年组织史》第 167 页。）《华侨革命开国史》也说："丁午、戊申间，陶成章遍游荷属群岛，大倡光复会，用江浙皖赣闽五省革命军名义募款，不受同盟会本部节制。李柱中、曾连庆、王文庆、许雪秋、陈芸生等助之，泗水富商蒋报和、蒋报礼兄弟亦入其会，故势力颇盛，骎骎有取同盟会而代之之势。戊申，河口革命军起事，汪兆铭、邓子瑜奉总理命往荷属筹饷，至文岛时，大受光复会会员反对，无功而还。"（第 94 页。）

陶成章自称：光复会"必不汲汲扩张，以教育为进取，察学生之有志者联络之，如是而已，又一面经营商业云"。"且先讲持久策。其策无他，先集数千金，或万金之款，办暗杀事宜，以振助华侨始可。否则会既成立，于一二年内，竟乃影响全无，其可乎哉？如不用暗，转用地方起兵，丧民费财，祸莫大焉，一有不慎，必引外国人之干涉，后事盖难着手矣。太炎先生既为总会长，可借以联络各埠，弟意自联络成后，可将太炎公改为教育会会长，方为合宜。盖彼之能力，在此不在彼，若久用违其长，又难持久矣。至于弟之副会长职，非特不能胜任，抑亦实非心之所愿也。弟心本下急，无容人过失之量，近日心复多疑，非所居而居之，辱与危且交至矣。意欲于联络后告退，谅诸兄必许弟也。至新推正副会长，恐名望不足以副人心，此节弟可助劳，使行暗杀者，以名归之，斯可矣。"（《致石哥书》，1910 年，无月日，手迹，湖南哲学社会科学研究所藏。"石哥"，谭石屏，即谭人凤。）

章氏追述光复会历史说："详考光复会初设，实在上海，无过四五十人；其后同盟会兴于东京，光复会亦渐涣散。二党宗旨，初无大异，特民权、民生之说殊耳。最后同盟会行及岭外，外暨南洋，光复会亦继续前迹，以南部为根基，推东京为主干。仆以下材，同人谓是故旧，举为会长，遥作依归，素不习南州风俗，惟知自守礼教而已。"（《致临时大总统书》，载《大共和日报》1912 年 1 月 28 日。）

正月二十日（3 月 1 日），《国粹学报》庚戌年第一号出版。准备"更定例目"，录前人"旧著"。在国学保存会报告"第四十三号"通讯"栏，有章氏：《致国粹学报社书》，（今系为《致国粹学报社书五》。）《文录》未收。书云："得信具悉，委录乾、嘉以来师儒遗著。弟处目录传记之书甚少，粗凭记臆，略得数种。窃谓经训如《学海》、《南菁》两编所收，史考如《史学丛书》所收，皆已通行，无烦登录。其未收而已流布者，如《礼书通故》、《汉书补注》之类，亦当除去。子部近人鲜专书，如《绎志》，《潜书》之类，亦世所多有者。乾、嘉以后札记、文集日繁，而真为子部者鲜矣。算学精者甚多，皆已传布。理学或有阙遗，亦来可定。其集部有文有质者，不传之本亦少。此次意在搜求遗逸，其小者可入报者固佳，即部帙过大者，得其书，亦可扶微辅绝。"并"略识数种，分别已刊、未刊"，录目于函后。凡"经部"庄忠棫：《周易通义》等二十三种；"史部"邵晋涵：《南都事略》一种；"子部"戴震：《绪言》等五种。末谓："理学家有嘉定钱氏，在康熙、雍正间，其学不主朱，亦不主陆，服膺者乃在二程，亦尝改定四子，别有著述，皆不可见，钱晓徵已言恐覆酱瓿，然实奇伟之士，当求其书。"又言："集部，惠栋：《屈原赋注》，此书未知视戴氏何如？"《国粹学报》编者赘云："右目为章君所录示，海内藏书家如藏有其书者，乞为借钞付刊，不胜大愿。"

正月二十九日（3 月 10 日），《教育今语杂志》在日本创刊，章氏主办，据魏兰：《陶焕卿先生行述》："组织《教育今语杂志》"，作为光复会"通讯机关"，见上引。封面为章氏手书，署"共和纪元二千七百五十一年正月二十九日发行"，封底刊"编辑兼发行者：教育今语杂志社；印刷者：秀光社"。社址为"日本东京大塚町五十番地教育今语杂志社"。首载《刊行教育今语杂志之缘起》："环球诸邦，兴灭无常，其能屹立数千载而永存者，必有特异之学术，足以发扬其种性，拥护其民德者在焉。中夏立国，自风、姜以来，沿及周世，教育大兴，庠序遍国中，礼教昌明，文艺发达，盖臻极轨。秦、汉讫唐，虽学术未泯，而教育已不能普及全国。宋、元以降，古学云亡，八比诗赋及诸应试之学，流毒士人，几及千祀。十稔以还，外祸日急，八比告替。兼欧学东渐，济济多士，悉舍国故而新是趋，一时风尚所及，至欲斥弃国文，芟夷国史，恨轩辕、厉山为黄人，令己不得变于夷。语有之：'国将亡，本必先颠。'其诸今日之谓欤？同人有忧之，爰设一报，颜曰《教育今语杂志》。明正道，辟邪辞，凡诸撰述，悉演以语言，期农夫野人，皆可了解。所陈诸义，均由浅入深。盖登高必自卑，升堂乃入室，躐等之敝，所不敢蹈。真爱祖国而愿学者，盖有乐乎此也。"

《教育今语杂志章程》列：第一章，宗旨，"本杂志以保存国故，振兴学艺，提倡平民普及教育为宗旨"。第二章，定名，"本杂志依上列宗旨，演以浅显之语言，故名《教育今语杂志》"。第三章，门类，共分"社说"、"中国文字学"、"群经学"、"诸子学"、"中国历史学"、"中国地理学"、"中国教育学"、"附录"八类。（附录"算学"、"英文"、"答问"、"记事"四目。）定每月一册，每册"暂定七十页"。

上引《缘起》、《章程》，似为章氏门人钱玄同所拟，（第三册起，版权页署编辑名"庭坚"。）章氏曾为《教育今语杂志》撰文多篇。

《教育今语杂志》第一册"社说"，署章氏笔名——独角，述"中国文化的根源和近代学术的发达"，从中国开化、文字起源谈起，以为"中国第一个开化的人，不是五千年前的老伏羲吗？第一个造文字的人，不是四千年前的老仓颉吗？第一个宣布历史的人，不是二千四百年前的孔子吗？第一个发明哲理的人，不是二千四百年前的老子吗？

伏羲的事,并不能实在明白,现存的只有八卦,也难得去理会他;其馀三位,开了一个法门,倒使后来不能改变。并不是中国人顽固,其实也没有改变的法子"。认为要解决"小孩子识字烦难,也有一个方便法门,叫他易识。第一要把《说文》五百四十个部首使他识得,就晓得造字的例,不是随便凑成的,领会得一点,就不用专靠强记。第二要懂得反切的道理。……现前只照三十六字母,改换三十六个笔画最少的字;又照《广韵》二百六韵,约做二十二韵,改换二十二个笔画最少的字,上字是纽(就是别国人唤做子音的),下字是韵(就是别国人唤做母音的),两字一并,成了反切,注在本字旁边。大凡小孩子们识了五十八个字,就个个字都反切得出来了"。认为孔子修《春秋》,"政府虽倒,历史都不会亡失,所以今日还晓得二三千年以前的事,这都是孔子之赐了"。以后司马迁《史记》、班固《汉书》,"那个体裁是纪传体,虽和《春秋》不同,但总是看个榜样,摹拟几分,所以《史记》、《汉书》的事,仍复可以编排年月。后来人又照着《史记》、《汉书》的体例做去,一代有一代的史,到如今有二十四史。假如没有孔子,后来就有司马迁、班固,也不能作史;没有司马迁、班固的史,也就没有后来的二十二部史,那么中国真是昏天黑地了"。接着又谈司马光《资治通鉴》的编年体、袁枢《通鉴纪事本末》的纪事本末体,以及专讲典章制度的杜佑《通典》、马端临《文献通考》、郑樵《通志》和此后的《续三通》、《清三通》。"这四种书都是最大的历史,论开头的,只是孔子一人,所以孔子是史学的宗师,并不是甚么教主。史学讲人话,教主讲鬼话,鬼话是要人愚,人话是要人智,心思是迥然不向的"。并对当时有人引斯宾塞的话,"说历史载的,都是已过的事",以及"中国的历史,不合科学"等说法进行批判。认为"中国历史的发达,原是世界第一,岂是他国所能及的"。

章氏又说,"中国头一个发明哲理的,算是老子",老子"不相信天帝鬼神和占验的话";二百年后"庄子出来,就越发骏逸不群了。以前论理论事,都不大质验,老子是史官出身,所以专讲质验。以前看古来的帝王都是圣人,老子看得穿他有私心,以前看万物都有个统系,老子看得万物没有统系。及到庄子《齐物论》出来,真是件件看成平等。照这个法子做去,就世界万物各得自在"。"以前伊尹、太公、管仲都习权术,老子看破他们的权术,所以把那些用权术的道理一概揭穿,使后人不受他的欺罔"。接着,对儒、墨等"九家"以及此后宋代的濂、洛、关、闽各派进行解说。

二月二十日(3月30日),《国粹学报》庚戌年第二号出版,刊有章氏:《驳皮锡瑞三书》,(庚戌年第三号续登完。)批判皮锡瑞所撰《王制笺》、《经学历史》、《春秋讲义》三书。皮锡瑞是经今文学家,信纬书,以"六经"是孔子所作,为章氏所反对。书云:"皮锡瑞尝就《孝经》郑注为之义疏,虽多持纬侯,扶微继绝,余甚多之。其后为《王制笺》、《经学历史》、《春秋讲义》三书,乃大诬谬。《王制笺》者,以为素王改制之书,说已荒忽,然王制法品,尽古今夷夏不可行,咎在博士,非专在锡瑞也。《经学历史》钞疏原委,顾妄以己意裁断,疑《易》、《礼》皆孔子所为,愚诬滋甚。及为《春秋讲义》,又不能守今文师法,糅杂《三传》,施之评论,上非讲疏,下殊语录,盖牧竖所不道。又其持论,多以《四库提要》为衡。《提要》者,盖于近世书目略为完具,非夫《别录》、《七略》之俦也。其序论多两可,不足以明古今文是非,锡瑞为之恇惑,兹亦异矣。"此信在《国粹学报》刊登时,下分《孔子作〈易〉驳议》、《孔子制礼驳议》、《王制驳议》、《春秋平议》四节,《文录》卷一收入时,删去《春秋平议》,而在上述"驳议"加以数字符号,似为驳皮锡瑞的"三封信",实章氏初意,专驳皮锡瑞:《王制笺》、《经学历史》、《春秋讲义》三部书,原信阅之自明。此信的刊布,是经今古文学派学术上的一次重要论争。

二月三十日(4月9日),《教育今语杂志》第二册出版,"社说"署"独角",述"常识与教育"。开头谓:"现在有许多人说,教育的第一步,就是使人有常识,我说这句话是最不错,只可惜他们并不晓得甚么是常识。原来精深的学问,本来有两路,一路是晓得了可以有用的,一路是晓得了虽没有用,但是应该晓得的","古人的教育法,不过是礼、乐、射、御、书、数六种,到孔子以后,历史、地理、哲学、政治各项都渐渐起来。射、御两种,近来用处固然是少;乐呢? 大概少理会得的,但历代政府都还有太乐,就是民间的乐器也还不少。""礼与乐是要紧一点。惟有书、数两项,是一切学问的本根。论致用呢? 致用也最广;论求是呢? 求是也最真。书就一向唤作小学,数就一方唤作算学。""最可笑的是那一班讲政治的人,小学、算学都不懂。对着算学,因为外国人原是精的,还不敢菲薄;对着小学,自己不学,还要加意的诽谤。总之讲政治的人,常识实是不备,也不必多说了。讲了政治呢? 法理学、政治学的空言,多少记一点儿,倒是中国历代的政治约略有几项大变迁反不能说,这还算是久远的事情,只问现在的政治,几种的款目,几种款目中间,真正的利弊在那里,又说不出来。看来他们所说的政治法理,像一条钱串绳子,只得一条绳子,并没有一个钱可穿","不晓得本国的历史,就晓得别国的历史,总是常识不备。""所以我曾对好讲常识的人发几条策问","先问老兄有经典的常识吗?"再问"《周礼》说的吉、凶、宾、军、嘉五礼,能把《仪礼》十七篇去分配吗?"又问"《尚书》五十八篇,那几篇是真,那几篇是假?""《周礼》六官和近代六部,怎么样的不同?"再问《春秋》三传的成书先后,和"郑司农是甚么人"。

"再问老兄有历史的常识吗?"接着问:"二十四史,那几部没有本纪,那几部没有表、志? 欧洲人何时初通中国? 秦朝以后"那一代有丞相,那一代没有丞相?""那几代郡县都有学校,那几代没有?"井田制是"什么时候真正废了?"

"再问老兄有地理的常识吗?"接着问:"汉朝有郡县的地方,比现在中国本部大小广狭怎么样?""中国现在的人口,照本部地面分起来,一个人该有几亩田?""苗人真是上古的三苗吗?""中国各省,为甚么大小不同?"

"再问老兄有清代政治的常识吗?"接着问:"清代设大学士的衙门有几个? "清朝有几个布政使?""制币本来只有铜钱,为甚么赋税反用银子计算?""正税有那几件?""从九品未入流的俸银,为甚么比兵反少?"

"再问老兄有礼俗的常识吗?"接着问:"独子兼祧","从甚么时候起来,到底合不合呢?""生母的父母兄弟,儿子都不认作外亲,照法律应该怎么样?""甚么时候才有偶像、沙糖、桌子、椅子?"

他以为"上边问的几件,都是最平淡的常识","如果当面对不出来,就算常识缺乏。所问的不过随便摭拾几件，也并不是就止于此"。

他以为"大概常识，总是从书、数起，后来再晓得一点历史"。"现在的教科书，只有算学还像样，历史真是太陋"，夏曾佑所作《中学历史教科书》，又是发明的"只有宗教最多，其馀略略讲一点儿学术，至于典章制度，全然不说，地理也不分明，是他的大缺陷。但近来的教科书，这样也算好了"。以为当时"小学更是全然不讲，到底总是个空架子"。"大概历史中间最要的几件，第一是制度的变迁，第二是形势的变迁，第三是生计的变迁，第四是礼俗的变迁，第五是学术的变迁，第六是文辞的变迁，都在志和杂传里头"，"把这几件为纬，历年事迹为经，就不怕纷无头绪"。

最后，他认为"常识不是古今如一，后来人的常识，应该胜过古人，但要求一代一代的人常识展转增进，就不可使全国只有常识的人，必要有几十个独到精微的学者，想成一种精致的理，平易透露的说出来，在自己想的非常难，叫后生学的非常易，那么常识就可以展转增进了"。

同期，又发表以"独角"署名的《论经的大意》，以为"真实可以称经的，原只是古人的官书"，而"孔子所删定的，只有六经"。下对历代六经注疏"好坏"提出看法。又说："总领学校的人，用经典当作修身之具，也有一番苦心。我说这句话也有几分道理。但要晓得，传记里面修身的话还多，子书里面，像荀子说修身的话就很不少，并不是除了本经，没有修身的书"。"实在各国道德不同，既作了中国人，承中国的习惯，自然该守中国的道德"。"经典是最初的历史"，是不可以"废得"的。如果"发废弃经典的妄论，再也没有立论的根源。不过是狂吠乱骂，总不怕别人会听信"。

三月二十九日（5 月 8 日），《教育今语杂志》第三册出版，"社说"为"独角"《论教育的根本要从自国自心发出来》。认为"中国学说，历代也有盛衰，大势还是向前进步，不过有一点儿偏胜。只看周朝的时候，礼、乐、射、御、书、数，唤作六艺，懂得六艺的多，却是历史政事，民间能够理会的很少，哲理是更不消说得；后来老子、孔子出来，历史、政事、哲学三件，民间渐渐知道了，六艺倒渐渐荒疏"。次述汉朝以后的学术变迁，谓："本国的学说，近来既然进步，就和一向没有学说的国，截然不同了。但问进步到这样就止么，也还不止。六书固然明了，转注、假借的真义，语言的缘起，文字的孳乳法仍旧模胡，没有寻出线索"；"礼固然明了，在求是一边，这项礼为甚么缘故起来，在致用一边，这项礼近来应该怎样增损"；"历史固然明了，中国人的种类，从那一处发生，历代的器具是怎么样改变，各处的文化是那一方盛那一方衰，盛衰又为甚么缘故，本国的政事和别国比较，劣的在那一块，优的在那一块，又为甚么有这样政事，都没有十分明白"；算学则"罗士琳、徐有壬、李善兰都有自己的精思妙语，不专去依傍他人，后来人可不要自勉吗？近来推陈出新的学者，也尽有几个，若说现在的学者没有心得，无论不能概全国的人，只兄弟自己看自己，心得的也很多。到底中国不是古来没有学问，也不是近来的学者没有心得，不过用偏心去看，就看不出来。怎么叫做偏心，只佩服别国的学说，对着本国的学说，不论精粗美恶，一概不采，这是第一种偏心。在本国的学说里头，治了一项，其馀各项，都以为无足重轻，并且还要诋毁"。"这两项偏心去了，自然有头绪寻出来"。认为"本国的学问，本国人自然该学，就像自己家里的习惯，自己必定应该晓得，何必听他人的毁誉"。接着从日本人读汉字、读"中国的现行的文"以及"中国人种原是从巴比仑来，又说中国地方本来都是苗人，后来被汉人驱逐了"，"法国又有人说，《易经》的卦名，就是字书"等的谬误加以批驳，说："可见别国人的支那学，我们不能取来做准，就使是中国人不大深知中国的事，拿别国的事迹来比附，创一种新奇的说，也不能取来做准，强去取来做准，就在事实上生出多少支离，学理上多出多少缪妄"。"就使没有这种弊端，听外国人说一句支那学好，施教育的跟着他的话施，受教育的跟着他的话受，也是不该"。"现在北京开经科大学，许欧洲人来游学，使中国的学说，外国人也知道一点儿固然是好，但因此就觉得增了许多声价，却是错了见解了。大凡讲学问、施教育的，不可像卖古玩一样，一时许多客人来看，就贵到非常的贵；一时没有客人来看，就贱到半文不值。自国的人，该讲自国的学问，施自国的教育"，"不问外人贵贱的品评"，"这样就是教育的成功了。至于别国所有中国所无的学说，在教育一边，本来应该取来补助，断不可学格致古微的口吻，说别国的好学说，中国古来都现成有的。要知道凡事不可弃己所长，也不可攘人之善"。

同期，又发表以"独角"署名的《论诸子的大概》，认为"古来学问都是在官"，"九流成立的时候，总在周"。"九流分做十家，儒家、道家、法家、名家，都有精深的道理，墨家固然近宗教，也有他的见地。《经上》、《经下》两篇，又是名家的开山，这五家自然可贵了。纵横家只说外交，并没甚么理解，农家只讲耕田，阴阳家只讲神话，小说家录许多街谈巷语，杂家钞集别人的学说，看来这五家不能和前五家并列。为什么合在一起，因为五家都有特别的高见，也有特别的用处，所以和前五家并列。就像农家有君臣并耕的话，小说家的宋钘，有不斗的话，有弭兵的话，都有特创的高见。杂家是看定政治一边，不能专用一种方法，要索取各家的长斟酌尽善，本来议官应该这样。阴阳家别的没有好处，不过驺衍说的大九州，很可以开拓心匈"。"纵横家的话，本来几分像赋，到天下一统的时候，纵横家用不着，就变做词赋家"。末后对后来的"分部"，如《四库提要》等以"《老子》、《庄子》的注解和道士的书录在一块"的"荒唐"提出批判。最后说："要把子部目录细细整理，就不是刘向父子出来，总要有王俭、阮孝绪的学问才够得上，断不是纪昀、陆锡熊这班人所能胜任的。"

四月二十日（5月28日），《国粹学报》庚戌年第四号出版，刊有章氏《原学》，系就《訄书》中的《原学》修治，后收入《国故论衡》。在"绍介遗著栏"，有"《国故论衡》三卷"，并有黄侃序文，见后。

四月二十九日（6月6日），《教育今语杂志》第四册出版，"代社说"署"独角"，标题为《庚戌会衍说录》，讲的是"留学的目的和方法"，认为"致用本来不全靠学问，学问也不专为致用"。"可见在致用上，第一要紧是阅历，第二要紧是勤劳，书本子上的学问，不过帮助一点儿"。"况且致用的学问，未必真能合用，就使真能合用，还有一件致用的致用，倒不得不碰机会，机会不巧，讲致用的还是无用。专求智慧，只要靠着自己，并不靠甚么机会。假如致用不成，回去著书立说"。又说："还有人说，求学是为修养道德,教人是为使人修养道德。兄弟看起来,德育、智育、体育,这三句话,原是该应并重。不过学校里边的教育,到底与道德不相干。""道德是从感情发生,不从思想发生,学校里边只有开人思想的路,没有开人感情的路。且看农工商贩,有道德的尽多,可见道德是由社会熏染来,不从说话讲解来。学校里边修身的教训,不过是几句腐话,并不能使人感动,再高了,讲到伦理学,这不过是研究道德的根原,总是在思想上,与感情全不相关,怎么能够发生道德出来。况且讲伦理、讲修身的教习,自己也没有甚么道德","不能为学生做表仪"。又说:"先生就果然有道德,也未必能成就学生,何以见得呢?中国的孔夫子,道德就不算极高,总比近来讲伦理学的博士要高一点,教出来的学生,德行科也只有四个,其馀像宰我就想短丧,冉有就帮季氏聚敛,公伯寮还要害自己同学的人,有甚么道德。郑康成的道德,能够感化黄巾,倒是及门的郗虑,害了孔融,又害了伏后,始终不能受郑康成的感化。后来几位理学先生,像二程的道德也算可以了,教出来的学生,有一个邢恕,和蔡京、章惇一党,名字列在《宋史·奸臣传》里。"所以"学校的教育,可以拿定主意,向智育一方去;不必再装门面,向德育一方去"。

又说:"既然求智,就应该把迷信打破,迷信不是专指宗教一项,但凡不晓得那边的实际,随风逐潮,胡乱去相信那边,就叫做迷信。"末后又谓:"书籍不过是学问的一项,真求学的,还要靠书籍以外的经验;学校不过是教育的一部,真施教的,还要靠学问以外的灌输。"旨在规劝留学生不要专去"迷信学校"。

本文末后,有编者"庭坚"的"附识":"这一篇社说,本是中国各省留学日本高等师范学校学生,请独角先生去演说所录下来的演说稿。本是为中国留日本学生下一针砭,开一个学问入手的门径,立一个施教的方准。至于海外华侨学生,方才略识国文,怎能组织学会,到这样高深地步。所以众华侨学生如果有志本国学问,还须从学校入手。若论一班施教的教员,正该设立学会,研究研究施教的方法,使一班学生知本国有学问,并知本国学问的可贵,就便可以振起学生爱国的精神,这也是一班施教的人责无旁贷的了。"

同期,又发表以"独角"署名的《论文字的通借》,认为"现在使用的文字,十分有二三分用通借。通借本来和假借不同:由这一个意义,引伸作那一个意义,唤作假借;本来有这个字,却用那个声音相近的字去替代,唤作通借"。"看见一个字,有这一种意义,又有那一种意义,两种意义,象胡越的不相干,就要怀几分疑惑。怀疑还是好事,有一班武断的人,竟胡乱去解说字形,就变成了世界第一种缪妄。看宋朝的王荆公就晓得了"。

认为"通借的字,定要求出本字"。至于在修词上,"通借的字纯然改作本字,有几分不方便"。但"到底修词于理论有碍,质言于理论无碍,毕竟应该写从本字"。

又说:"有人说,古人用同音字代本字,就称通借;今人用同音字代本字,就称为别字。这也太不公平了。古人可以写得,为甚么今人不可写得。我说这句话倒不然,就古人用通借,也是写别字,也是不该。""古人写得别字,通行到如今,全国相同,所以还可解得;今人若添许多别字,各处用各处的方音去写,别省别府的人,就不能懂得了。后来全国的文字,必定彼此不同,这不是一个大障碍么?"

《教育今语杂志》还载有《本社编辑教科书预告》："本社为振兴教育起见，特由同人中公推学问深邃者，各就专门，编辑初学教科书若干种，定五月后渐次出书。已起稿者，列如下：一，《中国历史教科书》；二，《中国地理教科书》；三，《算术教科书》；四，《理科教科书》。特此预告。"

章氏在《教育今语杂志》上发表的"社说"、"演说录"，后来由他亲自持交张静庐，由泰东图书局于 1921 年排印出版，题称《章太炎的白话文》。（见"1921 年，五十四岁"条。）

五月二十日（6 月 26 日），《国粹学报》庚戌年第五号出版，"诵论"内刊有章氏《原道》上、中、下，"文篇"有《文学总略》，都辑入《国故论衡》。

本年，有《答朱逖先问老子征藏故书书》。先是，章氏在《诸子学略说》中谈到"老子征藏故书悉为孔子所诈取"后，（见"光绪三十二年丙午，三十九岁"条。）颇有人询以"来源"者，至是，续为申说，谓："言老子征藏故书为孔子所诈取者，此非臆言之也。问礼事见《曾子问》及《孔子世家》，是时礼经虽在侯国，不能全具。鲁秉周礼，书府为备，然恤由之丧，尚令孺悲问《士丧礼》于孔子，则鲁无《士丧礼》一篇也。其馀诸篇，阙者疑亦不少，然周室征藏无由得也。《乐经》虽亡，其书必备六代之乐，鲁乐惟有四代，云门、咸池不与焉，此又非周室征藏无由得焉。《诗》、《书》为士大夫常诵之文，然季札观乐，目次与今诗不同，孔子言雅、颂各得其所，即谓正其篇第。昔正考父校商名颂，尚就周大史谋之，《商颂》本宋人所守，然校定篇第，犹赖周室故书，况乎遍及雅颂，此又非周室征藏无由得其定本也。《尚书》，墨翟亦多引之，此盖出自史角之传，然自史角下逮墨子已三百年、下逮孔子，亦几二百馀年，（史角，鲁惠公时人。）其传讹盖已多矣。是以《甘誓》一篇，墨子称曰《禹誓》，而《书序》归之于启，《尚书》本直称王，为禹为启，非有明征。若斯之类，当正之以《书传》，《国语》引《太誓》，故《孔子世家》云《书传》、《礼记》自孔氏，又云序《书传》，明孔子序《书》，非独专序其经，乃亦序其传矣。《尚书》虽为侯国所有，不证之以《书传》，则事迹无由明，《书传》非周室征藏又不可得也。鲁大史氏旧有《易象》与鲁《春秋》，然孔子独赞《周易》者，无《连山》、《归藏》以相比况，何以知《周易》独妙邪？坤乾虽得之宋，《连山》非周室征藏何由得之。鲁《春秋》所记鲁事详矣，其于他国事状，无由尽明，《严氏春秋》称孔子将修《春秋》，与左丘明乘如周，观书于周史，（严氏引《观周篇》，不知何书，是否真《家语》，或是别书，无可晓。）是时老子尚在否不可知。要之《易》象、《春秋》，必参之周室故书矣。然则子朝奔楚，周之典籍，亦有流入南方者，夫子无常师，宁知不受之尹氏。今必云取自征藏者，固以问礼老聃，观书周史，诸书既有明文，求之于楚，则臆决之事，非有实征也。此则征藏书为孔子迻写，断无可疑。国史及天子诸侯礼，非私家所得藏，从而迻写，亦犹诸吕之盗兵书。故一则曰窃取，（窃即盗窃，义即凡例。）再则曰罪我者其惟《春秋》，夫子自道固然，但言诈文致其罪耳。"（见《制言》第三十五期，1937 年 2 月 16 日出版。）后来，章氏"渐趋颓唐"，对"老子征藏故书为孔子所诈取"事也改变初旨，见"1922 年，五十五岁"条。

本年,《学林》在日本出版。《学林缘记》称:"馀杭章先生以命世之材,旅居不毛,赫然振董,思所以延进后生,求一二俶傥者与之通道。谓前世学术,始或腐蚀不修,终以沦灭者有之矣,未有贤儒更出,婺然周汉而中道剥丧如今日者。其咎不专在趣新。徒以今文诸师,背实征,任臆说,舍人事,求鬼神,己先冒赣,守文者或专寻琐细,大义不举,不能与妄者角。重以玄言久替,满而不盅,则自谕适志者寡。学术既隐,款识声律之士,代匮以居上第。至乃钩援岛客,趣以干誉,其言非碎,则浮文也。浮使人惑,碎使人厌,欲国学不亡无由。今之所急,在使人知凡要。凡要远矣,不在九能目录中。盖无尺蠖之诎者,无独伸之功;无龙蛇之蛰者,无跃见之用。博而约之,易简而天下之理得以是牖民,如璋如圭然。先生所为书,既章章有条牒矣。同人复请著《学林》,尽其广博,以诒迩近,先生则诺。且言一国之学,宜有十数大士,棋置州部,然后日给而德不孤。《小雅》有言:'国虽靡止,或圣或否,民虽靡膴,或哲或谋,或肃或艾,'今成学之士,伏于家巷,自侔其美,而名堙没不彰者,盖已多矣。环堵而识九共之情,瓢饮而辨千载之味,不在闻人,其在芋畴之间。宜搜逑索耦,冯翼斯道,学诚精秤,虽尺札单文,足以云补道艺,亦乃为诸生祈招,国之埊美,岂一家而已哉。既受命,敢告一二者儒故老,如何不淑,文武之道,将队粪壤,仁于旧贯,是在先觉,不鼓缶而歌,则大耄之嗟,愿出其绪言,勤以榜辅,传之九服,使民无谖。老聃曰:'死而不亡者寿。'《大雅》曰:'大命近止,无弃尔成!'若载其言,国虽亡,其神宜不没。"《缘起》似出黄侃手笔,《学林》设"日本东京小石川区小日向台町一丁目四十六番地"。

《学林》"文例条件",共十二目:一,名言部(以发明小学为主,经典传记诸子杂文之诂亦附焉);二,制度部(略采《通典》之法以成斯部,《三礼》之说尤要);三,学术流别部;四,玄学部;五,文史部;六,地形部;七,风俗部;八,故事部(自经籍及后代诸史所记事迹,有所考证,皆入此部);九,方术部(旧有算术医方诸学及诸杂艺,皆入此部);十,通论部;十一,杂文录;十二,韵文录(韵文录四言五言古诗及诸辞赋箴铭之属,其近体诗以下不录)。

《学林》每三月刊行一册,共出二册,第一册除《缘起》外,均为章氏撰文,有《文始》(名言部);《封建考》(制度部);《五朝学》(学术流别部);《信史》上、《信史》下(文史部);《思乡愿》上、《思乡愿》下(通论部);《与农科大学教习罗振玉书》(杂文录);《秋夜与黄侃联句》、《游仙与黄侃联句》(韵文录)。署名都是"章绛"。

《学林》第二册章氏撰文有《文始》(名言部,续);《释戴》、《非黄》(学术流别部);《征信论》上、下(文史部);《秦政记》、《秦献记》(故事部);《医术平议》(方术部);《程师》(通论部);《与人论文书》(杂文部)。另有黄侃《梦谒母坟图题记》(下有章氏跋记)、《旅怀诗十二首》二篇。

上述各篇,有的是早经撰就,今始发表的,如《秦献记》、《征信论》就是写于 1901年,现在首次发表的;(《秦献记》在《学林》发表时有修改,见"光绪二十七年三十四岁"条。)大部分则为近年所撰。专著连载的有《文始》。(见后)

《封建考》谓:"必以古小今大为稽者,殷氏之域,促于《禹贡》;三国之地,陋于西汉;宋、齐之略,迫于全晋;宋、明之迹,局于隋、唐。一盛一衰,自古已然。何有圣明经略,河神授图,而金版不完,短于后嗣者乎?""且夫秉鞭专伐,有分陕之重;同壤藩侯,有聘享之好;救患分灾,有简书之恤;怀柔追貉,有行埋之命。封建不过今一府,所食不过今六县,犹患其小,非忧其大也。"

又谓:"古之建国,无有华离之地。虽然,亦因地势阨塞为之。地势与形方固不阂,而世疑建国不可方如棋局,因以旧术为虚,始自孔颖达,近世恽敬益张之,余以为其说非也。"对"关内侯"、"社稷之守","甲士"数、"马苑"等也作了考释。

《五朝学》则对"俗士"之以"秦汉之政,踔踔异晚周;六叔之俗,子尔殊于汉之东都",(六叔,指魏、晋、宋、齐、梁、陈。)提出异议,以为"魏、晋者,俗本之汉,陂陀从迹以至,非能骤溃,济江而东,民有甘节,清劲中伦,无曩时中原媮薄之德,乃度越汉时也"。又谓:"五朝有玄学,知与恬交相养,而和理出其性,故骄淫息乎上,躁兢弭乎下,及唐名理荡荡,夸奢复起,形于文辞播于小说者,参而伍之,则居可知矣。世人见五朝在帝位日浅,国又削弱,因遗其学术行义弗道。五朝所以不竞,由任贵贱,又以言貌举人,不在玄学。顾炎武粗识五朝遗绪,以矜流品为善,即又过差。五朝士大夫孝友醇素,隐不以求公车征聘,仕不以名势相援为朋党,贤于季汉,过唐、宋、明益无訾。其矜流品,成于贵贱有等,乃其短也。"

《信史》上、下对"儒有好今文者"进行批判,今文经学者以为"玄圣没矣,其意托之经,经不尽故著微言于纬"。章氏认为纬书不可信,"遂古之事,今既无术足以遍知,欲知之乃穿凿无验,然则主以六籍,参以诸子,得其辜较,而条品犹不章者,是固不可知也,非学者之耻也。及夫成周以降,事有左验,知不可求之堀穴瓦砾,因撼纬谶以改成事,下及魏、晋,纬谶又不足用,乃弃置不一道"。"不稽他书,不详同异,狷狷以诬旧史,人之利晻昧而憎明察也,固如是哉。信神教之款言,疑五史之实录,贵不定之琦辞,贱可征之文献",只是"空穴来风"而已。

今文经学者信三统说,以为"三王之道若循环","世皆自乱以趣治","自质以趣文"。章氏以为"治乱之迭相更,考见不虚,质文之变,过在托图纬,顾其所容至广,政化之端,固有自文返质者矣"。"或言往古小康,则有变复。今世远西之政,一往而不可乱,此宁有图书保任之邪。十世之事,谁可以胸臆度者"。他对今文的三统循环论进行了批判,但又以"上观皇汉,智慧已劣于晚周,比魏、晋乃稍复。远西中世,民之齐敏,愈不逮大秦时",也有可议处。

《思乡愿》上略谓:"狂狷有伪于今,则宁予乡愿矣。乡愿者,多持常训之士,高者即师洛、闽。洛、闽之学,明以来稍敝蠹,及清为佞人假借,世益视之轻。""程(颐)、杨(时)、李(侗)、朱(熹)者,可谓乡愿之秀,中行则未也。正德、嘉靖以来,王守仁变其节度,又益巧足以取世资,及今而衰,衰则少伪,故能得三数乡原,犹愈狂狷之为疚也。"又说:"思乡愿者,所以惩昌狂检情貌,非为色庄者征祸福之论也。""夫君子正其衣冠,尊其瞻视,饬其辞气,平其怨尤,要以自厉,非畏咎歆福而然也。世人横以祸福为训,辞既不度,又不能得其征。"

《思乡愿》下借用"桐城人"以"明用程、朱之道","而先生独以程、朱为乡原"的设问为之解答。以为"辅存程、朱者，将以孳乳乡原，上嚊庸德"。"若徒诵程、朱者，辩智有馀，固不足动五情，使人乐进。虽然，精其业者，反复而不致，比于围棋筹算，亦可以使人寡过，要之能杜门耳。交游既盛，而浸不自执持，是何也，则无以理其情也"。如果只是"敷释《论语》，依附《集注》"，那是"不足化民"的。

《与农科大学教习罗振玉书》，则对罗振玉的"《与林泰辅书》商度古文，奖藉泰甚"大为不满。认为林泰辅所作《说文考》，"特贾贩写官之流"。

《释戴》谓："明太祖诵洛、闽儒言，又自谓法家也。儒法相渐，其法益不驯。"这是因为他不懂韩非子所说"上无以使下，下无以事上"的道理之故。"戴震生雍正末，见其诏令，谪人不以法律，顾摭取洛、闽儒言以相稽，觇司隐微，罪及燕语，九服非不宽也，而迻之以丛棘，令士民摇手触禁，其蠹伤深。震自幼为贾贩，转运千里，复具知民生隐曲，而上无一言之惠，故发愤著《原善》、《孟子字义疏证》，专务平恕，为臣民愬上天，明死于法可救，死于理即不可救。又谓衽席之间，米盐之事，古先王以是相民，而后人视之猥鄙，其中坚之言尽是也。震所言多自下摩上，欲上帝守节而民无瘅"。

《非黄》谓："世乱则贤愚甚。黄宗羲学术计会，出顾炎武下远甚；守节不孙，以言亡宗，又弗如王夫之。然名与二君齐。其所以自旌式，散在《明儒学案》，陶诞而哗，非忮者莫之重。"接着，对黄宗羲《明夷待访录》中"有治法无治人"、"深恕吏部"、"欲置丞相"等论批判。末谓："举世皆言法治，员舆之上，列国十数，未有诚以法冶者也。宗羲之言，远西之术，号为任法，适以人智乱其步骤，其足以欺愚人而不足称于名家之前明矣。"

《秦政记》总结了秦王朝的统治经验，赞扬秦政，肯定秦始皇实行"人主独贵"的中央集权的封建制度在我国历史上的作用，"虽四三皇六五帝，曾不足比隆也"。指出："人主独贵者，政亦独制，虽独制，必以持法为齐。释法而任神明，人主虽圣，未无不知也。惑于左右，随于文辩，己之错置方制于人，何以为独制。""独秦制本商鞅，其君亦世守法"，"秦皇固世受其术，其守法则非草茅缙绅所能拟已。"至于秦朝的所以覆亡，"非法之罪也。""六国公族散处闾巷之间，秦以守法，不假以虚惠结人。公族之欲复其宗庙，情也"。秦始皇的"微点，独在起阿房，及以童男女三千人资徐福，诸巫食言，乃坑术士以说百姓，其他无过"。

《程师》谓"师者，未足为作述者也。制法谓之作；因其法能充实之谓之述；守其成，闻见过弟子，有比次之功谓之师，以师为作述者，则作述陋；以作述者责师，则师困"。并研廖平"充成都校师，发妄言，为提学者所辱"。"平所说多荒唐，受辱则宜；然俗吏多不通方，异己即怪"。可知"师者在官，作述者在野，其为分职，居然殊矣"。以为"不奸权势，何部党之造；说有符验，何异端之诡；行中礼乐，何圣人之拟"。"曩日有自拟仲尼以惑稠人者，其绪则不可长"，可知他是借批判廖平以批判康有为的"自拟仲尼"的。

《与人论文书》，评价当时"文坛"说："仆重汪中，未尝薄姚鼐、张惠言。姚、张所法，上不过唐、宋，然视吴、蜀六士为谨。仆视此虽不与宋祁、司马光等；要之文能循俗，后生以是为法，犹有坛宇，不下堕于猥言酿辞，兹所以无废也。并世所见，王闿运能尽雅，其次吴汝纶以下，有桐城马其昶为能尽俗。下流所仰，乃在严复、林纾之徒，复辞虽饬，气体比于制举,若将所谓曳行作姿者也。纡视复又弥下,辞无涓选,精采杂污,而更浸润唐人小说之风。夫欲物其体势,视若蔽廔,笑若龋齿,行若曲肩.自以为妍,而只益其丑也。"

《秋夜》和《游仙》联句,曾寄交苏元瑛,苏亦有"奉答"。(《曼殊全集》第一册第30页,又见《燕子龛随笔》。)

从《学林》所载各文可以看出,它很多是反对儒家今文经学派和程、朱宋学的。在《学林缘起》中已标出对"今文诸师背实征,任臆说,舍人事,求鬼神"极端不满,《信史》上、下,更集中对今文学的信纬书,奉三统说进行批判,《程师》也借廖平以反对康有为。《思乡愿》对程、朱理学尖锐批判,《释戴》对当时的"死于理即不可救"的不合理现象辛辣讥讽,从而指出程、朱理学的危害。章氏对康有为等的利用今文鼓吹改良立宪以及对高踞堂庙的程、朱信徒进行指摘,是起一定作用的。但他这时又逐渐回到学术领域方面,以为"一国之学,宜有十数大士,横置州部,然后日给而德不孤"。于是撰文讲学,欲"尽其广博,以诒逖近",与当时正在展开的资产阶级革命运动渐渐睽隔了。

《学林》中另有医学论文《医术平议》,首为绪论,谓"余以浅昧丁兹末流,精神遐漂,聊以医术乱思。伤外科之少效,念旧法之沉沦,以为黄帝、雷公之言,多有精义,犹时有傅会灾祥者。精而不迁,其惟长沙太守"。并取俞樾,郑文焯"二家之说,匡其违误,举其正则,为书四篇",即《平脉篇》、《平六气篇》、《平方药篇》(未完)。查章氏世传中医之学,对医案脉理时有札记,这是他较早发表的论医文篇。

本年,章氏对"《訄书》亦多所修治矣"(《自定年谱》)。查国家图书馆藏有章氏的《訄书》手改本,即1910年改本。他改在《訄书》重印本"共和二千七百四十五年夏四月出版,七年秋九月再版"的本子上。(以下简称为"手改本"。)按"七年秋九月",当1906年9月,这时章氏已在日本,改笔都是蝇头小楷。

"手改本"目录增列了不少篇目:《订孔》第二下,注有《原儒》、《原经》、《六诗说》、《小定大定说》上下、《八卦释名》、《孝经说》;《原法》第五下,注有《原名》、《原五宗》、《正见》;《原兵》第七下,注有《征信》、《秦献》;《订文》第二十五下,注有《说刑名》、《五朝法》;《弭兵难》第四十四下,注有《告浙江人》;《刑官》第三十七下,注有《代议然否论》;《消极》第五十五下,注有《告王鹤鸣》;《哀清史》第五十九下,注有《国风》、《偄诗》、《伤徐锡麟》、《告刘光汉》;末后注《告刘揆一》。

"手改本"篇目改动、调整的有:《原学》先曾增订,后又全删;《儒墨》改为《原墨》;《儒道》全删,改为《原道》上、中、下;《儒法》改为《原法》,改动很大;《儒兵》改为《原兵》;《颜学》改为《正颜》;《订实知》改为《通谶》下,后又改为《非谶》下,原来的《通谶》则作《通谶》上;《平等难》改作《商平》;《官统》中改为《官统》下,注明即《官制索隐》;《官制》下改为《五术》;《正葛》改为《评葛》;《不加赋难》改为《遣虚惠》;《消极》改为《消道》,后改《无言》;《别录》甲改题《杨颜钱别录》,《别录》乙改题《许二魏汤李别录》。

"手改本"删去的篇目则有:《族制》第二十,《封禅》第二十二,《冥契》第三十。

"手改本"增列、调整的篇目,大都在报刊上登载过,表列如下:

手 改 本 增列、调整篇目	发 表 报 刊	备 注
《原儒》	《国粹学报》己酉第十号,宣统元年九月二十日(1909 年 11 月 2 日)出版。	收入《国故论衡》卷下。
《原经》	同上	收入《国故论衡》卷中。
《六诗说》	《国粹学报》己酉第二号,宣统元年二月二十日(1909 年 3 月 11 日)出版。	《国故论衡》卷中《辨诗》。
《小疋大疋说》上	同上。	收入《太炎文录》卷一。
《小疋大疋说》下	同上。	同上。
《八卦释名》	同上。	同上。
《孝经说》		《太炎文录》卷一《孝经本夏法说》。
《原名》	《国粹学报》己酉第十一号,宣统元年十月二十日(1909 年 12 月 2 日)出版。	收入《国故论衡》卷下。
《原五宗》		
《正见》		《国故论衡》卷一下《明见》。
《徵信》	《学林》第二册,1910 年。	收入《太炎文录》卷一。
《秦献》	同上。	同上。
《说刑名》		收入《太炎文录》卷一。
《五朝法》	《五朝法律索隐》,载《民报》第二十三号,1908 年 8 月 10 日出版。	收入《太炎文录》卷一。
《代议然否论》	《民报》第二十四号,1908 年 10 月 10 日出版。	收入《太炎文录·别录》卷一。
《告王鹤鸣》	《国粹学报》庚戌第一号,宣统二年正月二十日(1910 年 3 月 1 日)出版。	收入《太炎文录》卷二。
《国风》		
《佹诗》		
《伤徐锡麟》	《祭徐锡麟陈伯平马宗汉秋瑾文》,载《民报》第十七号,1907 年 10 月 25 日出版。	《徐锡麟陈伯平马宗汉秋瑾哀辞》,见《太炎文录》卷二。
《告刘光汉》		
《告刘揆一》	《民报》第十九号,1908 年 2 月 25 日出版。	收入《太炎文录》卷二。
《官制索隐》	《民报》第十四号,1907 年 6 月 8 日出版。	收入《太炎文录》卷一。
《告浙江人》		
《原学》		收入《国故论衡》卷下,内容有改动。
《原道》上、中、下	《国粹学报》庚戌第五号,宣统二年五月二十日(1910 年 6 月 26 日)出版。	收入《国故论衡》卷下。

　　表中各篇，都发表在1906年以后。最后一篇为《原道》上、中、下，发表在1910年6月出版的《国粹学报》，但《原道》辑入《国故论衡》，而《国故论衡》的初刊本则于"庚戌五月朔日出版"。（见后。）《訄书》"手改本"把《原道》列入目录，疑早经写成，由日寄沪，发刊反迟。那么，"手改本"增订于"庚戌五月朔日"以前，亦即1910年6月7日以前。（内有个别字句为辛亥革命后所补。）

　　章太炎手改《訄书》，准备增加《原儒》、《原经》、《六诗说》、《小疋大疋说》、《八卦释名》、《孝经说》等自认为"闳雅"的所谓"传世"之文，而对这一时期发表在《民报》等的不少战斗之作不再收入。有的文篇虽仍保留，内容也已调整，如"重印本"《儒道》篇，主要揭露儒家的巧伪，指出："夫不幸污下以至于盗，而道犹胜于儒。然则愤鸣之夫，有讼言伪儒，无讼言伪道，固其所也。""手改本"把《儒道》删去，改为《原道》上、中、下，《原道》上保留了《儒道》的少数字句，而把上述"伪儒"一段全部删去。章太炎这时已潜心"国故"了。

　　有的文篇，"手改本"保留了"重印本"的部分内容，但思想已起变化，如《订孔》。《订孔》篇，"手改本"把"孔氏"都改作"孔子"。"重印本"最后几句："虽然，孔氏古良史也"还只把孔子、左丘明、司马迁、刘歆等写在一起。而"手改本"却增加了一大段："自老聃写书征藏以诒孔子，然后竹帛下庶人，六籍既定，诸书复稍稍出金匮石室间，民以昭苏，不为徒役，九流自此作，世卿自此堕，不曰贤于尧、舜，岂可得哉，校之名实，孔子古良史也。"最后还加："微孔子则学皆在官，史乘亦绝，民不知古，乃无定臬。"这种论调，正是源于儒家古文经学派。

　　章太炎这时又已渐渐走上用古文来反对今文的老路了。这个"手改本"并未立即刊出，章氏后来手定《章氏丛书》，把《訄书》改为《检论》，就是在"手改本"的基础上"多所更张"的，见"1914年，四十七岁"条。

　　本年，《国故论衡》在日本初版，末后扉页："庚戌年五月朔日出版，定价日币七十钱。""版权所有者：国学讲习会。""印刷者：秀光会舍。"总发行所为："小石川区小日向台町一丁目四十七番地国学讲习会。"封面篆书"或故論衡"，铅字排印本，共216页，分上、中、下三卷，上卷小学，中卷文学，下卷诸子学。上卷目录与《章氏丛书》略有不同。（见本年"著作系年"。）收入《丛书》时，文字也有损益。

　　查《国故论衡》中好多篇目，如《古音娘日二纽归泥说》、《古双声说》、《原经》、《原儒》、《原名》等篇，都在《国粹学报》刊登。本年《国粹学报》又载录《原学》、《原道》上中下和《文学总略》。《国粹学报》庚戌年第四号除在"绍介遗书"栏"近儒新著类"载黄侃：《国故论衡序》（署"庚戌五月，蕲州黄刚"）外，又在"广告"栏刊发《国故论衡出版广告》："此书为余杭章先生近与同人讨论旧文而作，分小学、文学、诸子学二十六篇。叙书契之原流，启声音之秘奥，阐周、秦诸子之微言，述魏、晋以来文体之蕃变，凡七万馀言。昔章氏《文史通义》括囊大典，而不达短书小说不与邦典。王氏《经义述闻》甄明词例，而未辩俪语属辞古今有异。陈氏《东塾读书记》粗叙九流，而语皆钞撮，无所启发。段氏《说文解字注》始明转注。孔氏《诗声类》肇起对转。而段误谓转注、假借不关造字,孔氏知声有正变,通转甚繁。先生精心辩秩,一切证定。口授既毕,爰著纸素。同人传钞,惧其所及未广,因最录成裘,以公诸世。有志古学者,循此以求问学之涂,窥文章之府,庶免摛冥行之误,亦知修辞立诚之道。为益宏多,岂待问哉。今已出版,每册定价日币七十钱(合洋八角)。"

《国故论衡广告》,也在《教育今语杂志》第一册登出:"本书分小学、文学、诸子学三类,用讲义体裁,解说简明,学理湛深,诚研究国学者所不可不读也。定价每册龙园七角,邮费一角。"《教育今语杂志》第三册又有《国故论衡广告》:"本书分小学、文学、诸子学三类,本在学会口说,次为文辞,说解明鬯,学理湛深,语皆心得,义无剿取。要使治国学者,醇笃之士,弗以短见自封;高明之士,弗以缪想自误;多闻之士,弗以记诵自安:诚不可不读之书也。"

本年,《新方言》修订"成书"。查《新方言》于光绪三十三年九月二十日起在《国粹学报》连载;次年六月二十日刊毕,序亦撰于是年。己酉七月,在日本刊行。本年,又加修治。《教育今语杂志》第三册登有《方言定本附岭外三州语广告》:"本书为章君所著,前曾出一册,后又增益过半,凡常行俗语,悉以《说文》、《尔雅》诸书证之,而注今之误书俗书于下。其别附三州语者,以惠、潮、嘉应客籍语言,尚多敦古,与南纪诸省稍殊,亦为客籍刷异族之名也。定价每册龙圆一圆二角,邮费一角。"

本年,撰成《文始》,在《学林》连载,未登完。《叙例》谓:"讨其类物,比其声均,音义相雠,谓之变易,义自音衍,谓之孳乳。坒而次之,得五六千名,虽未达神恉,多所缺遗,意者形体声类,更相扶胥,异于偏觭之议。若夫卤桼同语,冏横一文,天即为颠,语本于凶;臣即为牵,义通于玄。中出岜壬,同种而禅;丸巨夊互,连理而发,斯盖先哲之所未谕,守文者之所疴劳。亦以见仓颉初载,规摹宏远,转注假借,具于泰初。"许寿裳称之为"体大思精"之作,以为"凡所诠释,'形音义三,皆得俞脉',豁然贯通,此先师语言文字学之成就,所以超轶清代诸儒"。(《纪念先师章太炎先生》,《制言》第二十五期。)又谓:《文始》"探名言的渊原,极形声的妙用,是中国文字学上一大发明。"(《章炳麟》第87页。)

章氏后来溯述写作《新方言》、《文始》的缘由云:"余治小学,不欲为王菉友辈滞于形体,将流为'字学举隅'之陋也。顾、江、戴、段、王、孔音韵之学,好之甚深,终以戴、孔为主。明本字,辨双声,则取诸钱晓徵。既通其理,亦犹有所歉然,在东闲暇,尝取二徐原本读十馀过,乃知戴、段所言转注,犹有泛滥,由专取同训,不顾声音之异,于是类其音训,凡说解大同而又同韵,或双声得转者,则归之于转注。假借亦非同音通用,正小徐所谓引伸之义也。(同音通用,治训故者所宜知,然不得以为六书之一。)转复审念,古字至少,而后代孳乳为九千,唐、宋以来,字至二三万矣。自非域外之语。(如伽佉僧塔等字,皆因域外语言声音而造。)字虽转繁,其语必有所根本。盖义相引伸者,由其近似之声,转成一语,转造一字,此语言文字自然之则也,于是始作《文始》。分别为编,则孳乳浸多之理自见,亦使人知中夏语言,不可贸然变革。又编次《新方言》,以见古今语言,虽递相嬗代,未有不归其宗,故今语犹古语也。凡在心在物之学,体自周圆,无间方国,独于言文历史，其体则方，自以已国为典型，而不能取之域外，斯理易明，今人犹多惑乱，斯可怪矣。《新方言》不过七八百条，展转访求，字当逾倍。"（《自述学术次第》，稿本。）

又云："近世小学，似若至精，然推其本，则未究语言之原，明其用，又未综方言之要。其馀若此类者，盖亦多矣。若夫周秦九流，则眇尽事理之言，而中国所以守四千年之阼者也。玄理深微，或似佛法，先正以邹鲁为衡，其弃置不道，抑无足怪。乃如庄周《天运》，终举巫咸，此即明宗教惑人所自始。惠施去尊之义，与名家所守相反，子华子迫生不若死之说，又可谓管乎人情矣。此皆人事之纪，政教所关，亦未有一时垂意者。汪容甫略推墨学，晚有陈兰甫始略次诸子异言，而粗末亦已甚，此皆学术缺陷之大端，顽鄙所以发愤。古文经说，得孙仲容出，多所推明。余所撰著，若《文始》、《新方言》、《齐物论释》，及《国故论衡》中《明见》、《原名》、《辨性》诸篇，皆积年讨论，以补前人所未举。"（同上。）

又云："又以为学问之道，不当但求文字，文字用表语言，当进而求之语言。语言有所起，人仁天颠，义率有缘，由此寻索，觉语言统系秩然。因谓仓颉依类象形以作书，今独体象形见《说文》者，止三四百数，意当时语不止此。盖一字包数义，故三四百数已足，后则声意相迤者孳乳别生，文字仍广也。于是以声为部次，造《文始》九卷。"（《自述治学》，《制言》第二十五期。）

本年修治《齐物论释》，《序》谓："体非形器，故自在而无对；理绝名言，故平等而咸适。《齐物》文旨华妙难知，魏、晋以下解者亦众，既少综核之用，乃多似象之辞。"以为"齐物者，一往平等之谈，然非博爱大同所能比傅，名相双遣则分别自除，净染都忘，故一真不立，任其不齐，齐之至也。若夫释、老互明，其学术旧矣"。（黄宗仰：《齐物论释后序》。）章氏对《齐物论释》自视甚高，称："中年以后，著纂渐成，虽兼综故籍，得诸精思者多。精要之言，不过四十万字，而皆持之有故，言之成理，不好与儒先立异，亦不欲为苟同。若《齐物论释》、《文始》诸书，可谓一字千金矣。"（《自述学术次第》。）又云："余既解《齐物》，于老氏亦能推明，佛法虽高，不应用于政治社会，此则惟待老庄也。儒家比之，邈焉不相逮矣。然自此亦兼许宋儒，颇以二程为善，惟朱、陆无取焉。二程之于玄学，间隔甚多，要之未尝不下宣民物，参以戴氏，则在夷、惠之间矣。至并世治佛典者，多以文饰膏粱，助长傲诞，上交则谄，下交则骄，余亦不欲与语。"（同上。）

【著作系年】《与王鹤鸣书》（《国粹学报》庚戌年第一号，宣统二年正月二十日出版，《文录》卷二，收入时，删去脚注颇多）。《致国粹学报社书五》（同上，《文录》未收）。《驳皮锡瑞三书》（《国粹学报》庚戌年第二、第三号，宣统二年二月二十、三月二十日出版；《文录》卷一收入时，删去"春秋平议"一节）。

《中国文化的根源和近代学术的发达》（《教育今语杂志》第一册"社说"，共和纪元二千七百五十一年正月二十九日发行，收入《章太炎的白话文》）。《常识与教育》（《教育今语杂志》第二册"社说"，共和纪元二千七百五十一年二月三十日发行，收入《章太炎的白话文》）。《论经的大意》（同上）。《教育的根本要从自国自心发出来》（《教育今语杂志》第三册"社说"，共和纪元二千七百五十一年三月二十九日发行,收入《章太炎的白话文》)《论诸子的大概》(同上)。《庚戌会衍说录》(《留学的目的和方法》,《教育今语杂志》第四册"社说",共和纪元二千七百五十一年四月二十九日发行,收入《章太炎的白话文》)。《论文字的通借》(同上)。

《文始》(《学林》第一、二册,未刊完,后出单行本)。《封建考》(《学林》第一册,收入《文录》卷一)。《五朝学》(《学林》第一册,收入《文录》卷一)。《信史》上、下(同上)。《思乡愿》上、下(同上)。《与农科大学教习罗振玉书》(《学林》第一册,收入《文录》卷二)。《秋夜与黄侃联句》(《学林》第一册,收入《文录》卷二)。《游仙与黄侃联句》(同上)。

《释戴》(《学林》第二册,收入《文录》卷一)。《非黄》(同上)。《秦政记》(同上)。《秦献记》(撰于 1901 年,《学林》第二册首次发表)。《征信论》上、下(同上)。《程师》(《学林》第二册,收入《文录》卷一)。《与人论文书》(《学林》第二册,收入《文录》卷二)。《医术平议》(《学林》第二册)。《答朱逖先问老子征藏故书书》(《太炎先生著述目录后编初稿》,《制言》第三十四期)。《答朱逖先问古文疑义书》(同上)。《答朱逖先问毛诗传授徐整陆玑二说互有异同书》(同上)。《答朱逖先论汉官禄秩尊卑不能定长属书》(同上)。《与朱逖先论教授初学文学书》(同上)。《原五宗》(见《訄书》"手改本"增列目录,未见)。《国风》(同上)。《危诗》(同上)。《告刘光汉》(同上)。《告浙江人》(同上)。

《国故论衡》(日本秀光舍庚戌五月朔日铅字排印本。上卷小学十篇:《小学略说》、《成均图》、《一字重音说》、《古今音损益说》、《古音娘日二纽归泥说》、《古双声说》、《语言缘起说》、《转注假借说》、《理惑论》、《正言论》。中卷文学七篇:《文学总略》、《原经》、《明解故》上、下,《论式》、《辨诗》、《正赍送》。下卷诸子学九篇:《原学》、《原儒》、《原道》上、中、下、《原名》、《明见》、《辨性》上、下。钧案:中、下两卷编目与《章氏丛书》初编右文版同,但上卷《古今音损益说》为右文版所无,右文版另增《音理论》、《二十三部音准》,文字亦有损益。凡"修正二十四则"。章氏有校本书眉云:"此初校本语亦有校定本所未载者,他日当集合刊之。"(《太炎先生著述目录初稿》卷上,《制言》第二十五期。)又下卷《原学》载本年《国粹学报》第四号,宣统二年四月二十日出版;《原道》上、中、下,《文学总略》,载本年《国粹学报》第五号,宣统二年五月二十日出版)。

《齐物论释》(收入《章氏丛书》初编;1912 年另有频伽精舍校刊本《齐物论释重定本》一卷)。

宣统三年辛亥(1911 年)　四十四岁

【自定年谱】三月,克强集同志攻两广督署,不克,死者七十二人,所谓黄花岗之役也。是役使清大吏震怖,然同盟会才俊亦略尽矣。伯先治军严肃,为广州人忌,发愤致死,或疑为被毒,焕卿尤恨之。石屏以广州非用武地,转向江汉,集中部同盟会,共进会人多附者。其夏,四川以争铁道事,起者数十万人。秋八月,武昌兵起。余时方与诸生讲学,晨起,阅日报得之,不遽信。及莫,阅报,所传皆同。一二日知鄂军都督为黎元洪,用事者则谭人凤、孙武。孙武者,字尧卿,武昌人也。尝抵东京,与同盟会,后兼隶共进会。余故识之。不意其能成此大事。嗣闻湖南、江西相继反正,始辍讲业。以上海未拔,不得遽返。九月,东南粗定,独江宁未下,于是附轮归国。

十月,抵上海。是时江苏有五都督,苏州、江北、镇江、上海、吴淞也,其他军政分府又不与。

上海都督陈其美者,字英士,归安人。初,英士与李柱中谋袭江南制造局,柱中不许,英士先率部党突入,被获。其党叩首请柱中往援,柱中以湘军从之,制造局官长散走,馀卒尽降。柱中日夜抚慰降人,疲极。英士乘其倦卧,集部党举己为上海都督。柱中觉,大怒,欲攻之,惧为清虏笑,乃率众直走吴淞,亦称都督。陈、李交恶。余至,宿柱中军府。念江苏有五都督,而上海吴淞尤相逼,教柱中去督号,称总司令,奉程德全为江苏全省都督。德全者,字雪楼,云阳人也,故清江苏巡抚,反正称苏军都督。兵多,故余教柱中属焉。柱中从之。焕卿先自爪哇归,浙江已反正,举山阴汤寿潜蛰仙为都督,以焕卿为参议。苏、浙、镇江、吴淞诸军方攻江宁,遁初自武昌来,道克强任汉阳总司令,得湖南援,可守。时南方独有江宁未下,规模粗定,诸军皆推武昌为中央,遁初自许当为执政,属余作人物品目。余念同志中唯遁初略读政书,粗有方略,然微嫌其脱易,似前世刘禹锡辈。时辈既无过遁初者,因为宣布。未几,汉阳陷。余方在尧化门观军,归次镇江,闻耗。东人报言,晡时黄兴当来过此,因留待之。舟过,遣同志往候,克强疑不敢见,乃归上海。后三日,英士来言:"克强今诣余军府,程都督亦至,特招君会议。"既至,余言江宁即下,当为援鄂计。克强称武昌绝地,赴援无益,不如北伐便。余言天时向寒,南军无裘褐;且兵寡不能与北军相当,终当援鄂以固根本。闻汉阳破时,炮弹及武昌督府,然石屏等以独力支柱,军心不携,焉有委弃理。克强不可。雪楼虽是余说,而不敢口赞也。江宁既下,浙府属余为浙江代表。各省代表半已上武昌矣,其半尚留上海。克强欲自为大元帅,代表多屈从之。议于江苏教育会,苏、浙二都督亦至。余言克强功虽高,已受黎督委任为汉阳总司令,不得以部将先主帅;且前已推武昌为中央,焉得背之。诸代表未有言,蛰仙称浙江有事,遽引去。苏军偏将顾忠琛横刀直入曰:"诸君议何故不决,吾军人,不能容诸君犹豫。"诸代表皆起,决推黄兴为大元帅。余曰:"武昌先起,今处黎督何地。"乃推黎元洪为副元帅。议罢,江苏督部总务厅湖南章驾时闻之,怒曰:"南方倡义,可录者两大功耳:发难自武昌,下江宁者程公之力,黄兴何故得先之? 若然,吾将举兵攻兴。"克强大惧,让大元帅于雪楼。雪楼初反正,尚不能制顾忠琛,亦不敢受。英士闻,遽以商团四十人护克强,其徽识曰禁卫军焉。后十馀日,代表先上武昌者皆返,以前所推举非代表全体意,复上江宁,议于江苏谘议局。主黄者犹未屈,诸军汹汹,浙司令朱瑞尤愤。克强微知之,急请程、汤、陈三督同赴江宁。浙军责蛰仙规避,语未终,英士狼狈走还上海。蛰仙许通情代表,终推黎元洪为大元帅、黄兴为副元帅。以汉阳新破,北军方逼夏口,武昌不可置政府,推副元帅就江宁组织内阁。克强欲入江宁,无应者。未几,逸仙返。甫达岸,自言携兵舰四艘至,且挟多金。又言战则非吾所任,和则吾能任之。军民惑焉,遂选孙文为临时大总统,黎元洪为临时副总统云。

【国内大事】正月初一日(1月30日),蒋翊武等于武昌开文学社成立大会。初十日(2月8日),上海协和丝厂工人罢工。三月初十日(4月8日),温生才刺毙署广州将军孚琦,温亦遇害。三月二十九日(4月27日),黄兴等于广州起义失败,死难者七十二人,葬于黄花岗。四月初十日(5月8日),清政府颁布内阁官制,设立新内阁,以庆亲王奕劻为内阁总理大臣,大学士那桐、徐世昌为协理大臣。四月十一日(5月9日),清政府宣布铁路国有,两湖、广东、四川人民纷起反对。五月二十一日(6月17日),四川保路同志会成立。闰六月初六日(7月31日),宋教仁、谭人凤等在上海成立同盟会中部总会。闰六月十九日(8月13日),林冠慈、陈敬岳炸伤广东水师提督李准。七月初一日(8月24日),成都开保路大会,全川举行罢市罢课。初十日(9月2日),清政府派端方率兵入川查办。十五日(7日),赵尔丰逮捕四川谘议局议长蒲殿俊等人,群众齐集督署请愿,赵令开枪,杀群众数十人。四川各地人民纷纷起义。二十日(14日),文学社、共进会召开会议,策划武装起义,并派人邀黄兴等来鄂。八月十九日(10月10日),武昌新军起义,总督瑞澂逃。原新军混成协统黎元洪被推为都督,组织军政府,各省纷起响应。九月十一日(11月1日),清政府命袁世凯为内阁总理大臣。清军反攻,旋陷汉口、汉阳。十九日(9日),黎元洪电约各省代表至武昌议商组织临时中央政府。二十六日(16日),袁世凯责任内阁成立。十月十八日(12月8日),袁世凯以唐绍仪为全权代表,与民军议和。次日,各省军政府公举伍廷芳为议和代表,与清方代表议和。二十七日(17日),各省代表复举黎元洪为大元帅,黄兴为副元帅。十一月初六日(25日),孙中山抵沪。初十日(29日),各省代表开会于上海,选孙中山为中华民国临时大总统。

　　本年八月武昌起义前,章氏仍在日本讲学。

　　六月十一日(7月6日),槟榔屿《光华日报》"评论之评论",载铁厓:《哀章太炎》:"《天铎报》有短评曰:《哀某文豪》,其言曰:'文豪某,轩辕黄帝之肖子也,抱冤禽之隐痛,羁旅海外,十馀易寒暑,近闻穷途潦倒,将至断炊。呜呼! 天何酷我文豪至于此极也。虽然,彼亦有所自取焉。(以彼文章声誉。)苟能少与推移,揣摩时尚,(高官厚禄,何患不予取予携。)乃牢抱(高尚主义),与俗相违,几于(穷饿而死),得不令当世之所谓通人名士笑汝拙乎。子舆氏有言:富贵不能淫,贫贱不能移,文豪之所为无负文豪,则亦以此。'其言盖指章太炎也。数年嫉恶太炎者,每诬其致书端方求官,(道高毁来。)自古然矣。旁观之公论如此。太炎之心,夫岂汩乎。嗟乎! 西山薇蕨,千古高风,愈穷饿而伟人之心迹愈昭著焉矣。"

　　八月十九日(10月10日),武昌起义,"章太炎尚羁留东京,时满洲留日学生,惊慌万状,有主张向日本借兵,故太炎作书正告之"。略云:"所谓民族革命者,本欲复我主权,勿令他人攘夺耳;非欲屠夷满族,使无孑遗,效昔日扬州十日之为也;亦非欲奴视满人不与齐民齿叙也。曩日大军未起,人心郁勃,虽发言任情,亦无尽诛满人之意。今江南风靡,大势已成,着定以还,岂复重修旧怨。""若大军北定宛平,贵政府一时倾覆,君等满族,亦是中国人民,农商之业,任所欲为,选举之权,一切平等,优游共和政体之中,其乐何似？我汉人天性和平，主持人道，既无屠杀人种族之心，又无横分阶级之制，域中尚有蒙古、回部、西藏诸人，既皆等视，何独薄遇满人哉？四年前曾说肃王，晓以此意，肃王心亦默知。彼爱新觉罗之皇族，犹不弃遗，何况君辈惟是编氓，何所用其猜忌耶？（冯自由《革命逸史》第五集《清肃王与革命党之关系》。）

九月初五（10 月 26）、初七（28）、初十（31），槟榔屿《光华日报》"论说"栏，连续刊载章氏所撰《诛政党》，全文为：

"杨子云曰：'周之士也贵，秦之士也贱，道泰业隆，乃有显懿，叔代偷薄，狙诈斯起。'故朋党之兴，必在季世。汉代党锢，起于甘陵、汝南，海内雾会，非尽正人。后世徒以李膺、陈蕃辈并有伟节，遂并矜党锢。明之季年，君荒政非，阉尹用事，党人婞直者羞与之伍，抗节死直，略同桓、灵之世，然桑荫未移，九服分崩，党祸为之也。近世礼经威仪之化尽敚，习于戎俗，士益佻偷，夸者无古人婞直之风，而有淫昏之德，外慕远西政党之名，内怀驰骛追逐之志，遨集京邑，交关豪右，食如蟥，衣如华，东泽可鉴，先马前驰，昂首伸眉，列论政事，甚乃侈陈政纲，诱惑夏众，黔首倥侗，聪明不开，以此曹为有褆民之德，死亡无日而不思自拯，不亦重可哀乎？吾乃发愤笔而诛之。

"天下之至猥贱，莫如政客。挽近中夏民德污下，甚于皙人，故政之猥贱尤甚。欧、美政党，贪婪竞进，虽犹中国，顾尚有正鹄政府，有害民之政，往往能挟持不使遂行，自及秉政，他党又得议其后，兴革多能安利百姓，国家赖焉。汉土则独否。盖欧、美政党，自导国利民至，中国政党，自浮夸奔竞，所志不同，源流亦异，而漫以相比，非妄则夸也。当世党人，可约而数，观其言行，相其文质，校第品藻，略得七类：

"治公羊学，不逮戴望甚远，延其绪说，以成新学伪经之论，刘歆所谓党门妒道真者也。浮竞上士，不期景从，教授岭海间，生徒以千数，风声所树，俨然大儒；上方马融，则不相逮，下亦比于徐湛。及大阉用事，四裔交侵，上书北阙，二人仅胜持举，所言虽不足观，布衣伏阙，要为数百年所仅见，不以船山、晚村之义正之，则陈东之俦也。主事之秩，亦才比于黄头郎耳。自鸣得意，谓受殊知，及今犹自煜耀。中更猖獗，欲效高欢故事以弋大官，事机败露，逋逃异国，利夫蒿里丧元者不能起而辩其诬也，则俯张为幻，以欺黔首，身窜绝域之表，心在魏阙之下。见侨商多金，狨狨如鹰隼，得之则辈馈名王贵人，以求赦宥，千夫十年积之异域，党人一绳输之朝贵。贿赂之外，复营菟裘，兵库海峤，巍然新宫，是未来宰相之华居也。政府立宪，意别有在，辄为露布天下，以为己功，乘此以结政党，谓中国大权，在其党徒，他日爵秩之尊卑，视今政进钱之多寡，贪饕罔利，如斯其极。向使兴以其严道之山，虽尽灭汉种，亦所甘焉。财用既充，则周游列国，以自娱乐，舟车馆舍，比于王侯，旬月之间，资以万计。其游记曰：欧西小儿，见吾衣冠华好，疑为中国贵人，皆额手为礼，逋臣身上衣，侨商颡上沈也。游迹所至，多有遗行，腥德彰闻，中外共弃，独东方政客利用之，资以金钱，为之外援。大隈重信其智矣乎，以国易货。若夫学未及其师，而变诈过之，掇拾岛国贱儒绪说，自命知学，作报海外，腾肆奸言，为人所攻，则更名《国风》，颂天王而媚朝贵，文不足以自华，乃以帖括之声音节凑，参合倭人文体，而以文界革命自豪。后生好之，竞相模仿，致使中夏文学扫地者，则夫己氏为之也。又往代党人，所与争者宦官外戚，碎首断胫而不顾，亦为壮也。今则曲事大珰，以求禄秩者有之矣。不特不逮汉、明，方以牛僧孺、李德裕之徒，犹有惭德，昏淫猖诈，古未曾有。是汉种将灭之妖，而政党之第一类也。

"见天下大乱，不利立朝，荣华丘壑，又不堪其闷，乃弃官牵牛，不争于朝，而争于市。以褛褴子，不及数年，起富巨万，南金积宫中，嫔嫱充绮室，梁木表缇绣，狗马被缋罽，高台华屋，连骑击钟，剥割萌黎，以恣奢欲。班固有言，上争王者之利，下锢齐民之业，伤化败俗，大乱之道也。此曹既好货殖，不求仕进。好货殖则为白圭、范蠡可也，家既不訾，乃求比封君而抗礼王侯，束帛之币，以赂贵臣，则膺显秩而备顾问，复大结朋党，将隐握政权以便其私。论者不察，谓中国方患贫，是可以富国家而舒民困，延其声誉而名播于歌咏。呜呼！选举徒有空名，民生日即艰苦，王室倾而政出富民，欧、美之弊，吾尝见之矣，此又一类也。

"尝受学于当世大师，能以文学自华，而学术未具。游学异国，结纳亡命，歃血为盟，誓复诸华，所言不出戎狄豺狼之辞，所书不出内夏外夷之义，叠山、所南之伦也。心醉利禄，一变而谈保皇，宗国幅裂，民生多艰，置夏民而为引弓者谋生计，陈义纵高，权衡已丧，将以媚大长，则尤无耻矣。惩于党魁之失，不輂金于朝贵而要藩镇，与一二党徒，激扬名声，以动听闻，大命一至，若恐弗及。屈膝穷庐，驰驱豪帅，朝习胡语，暮弹琵琶，亦云勤矣。昊天不仁，不生之于东陬，而生之于中国，身为异类，终见猜疑，载沉载浮，大官难致，向日奥援，或死或废，荃更不察，十年将不迁也。赎货无厌，至于自卖乡里，父老震恐，致届汉口，狼狈北窜，仅逃诛灵，然人而不见容于其乡，谓能谋国，何颛蒙之甚也。亦有奸人，高谈佛理，竟在欺世，能为诗歌，以钓名声，内不慈于其子，外不忠于友朋，睚眦之怨，至于告密藩镇，大者钩党，杀多士，贼烈女，以快其私，谛晓释氏之旨者而若是耶？热衷利禄，无由得进，大结党徒，闻政主上，亦犹负鼎俎击牛角之意也。遭逢强暴，兽散瓦解。惧东京子弟粗刚，去而之上海，拥树景教高僧为缀旒，而自持其柄。法部主事，主上倡优狗马之所蓄也。嘉谟入告，本非其事，利其服官京师，使言政事而弹大臣，既获严遣，全党夺气。人固坐废，己亦连蹇，竭忠新主之情，既不得表见，缩头畏死，又不能追踪彭咸以自洁，见楚人之得计，乃舍灵修而曲求藩镇，挟其笔札之才，以涉历幕府，颇见倖亲尊宠日异，知县之秩，虽不通显，所望不奢，因已满意。盖宛平万流竞进，贵游众多，既非韩嫣之善射，复非延年之能歌，二千石印，终不得佩，固不若谨身以媚节度使，犹得鹰扬虎视于清州也。谚有之曰：众偷牛不若独偷狗，其时之谓欤。此又一类也。

"少游学于欧洲，见其车马宫室衣裳之好，甚于汉土，遂至鄙夷宗邦，等视戎夏。壮岁而归，才备重舌之选，上者学文桐城，粗通小学，能译欧西先哲之书，而节凑未离帖括，其理虽至浅薄，务为华妙之辞以欺人。近且倡言功利，哗世取宠，徒说者信之，号为博通中外之大儒。下者以六籍之文为诬，而信大秦之教，既奉天生〔主〕圣母矣，法当追踪保罗，继迹马太，辟路德之非，绍彼德之后，若不能仰跻先圣，则当传教里闾，以求多福，而乃连结身犯重案之人，以成良莠不齐之党，将欲借宗教以得政权耶？则当今之世,政教既分,教皇且不能作威福,何有于神甫？将欲借政党以致显贵耶？则天堂之乐,如约翰所云,胜于人世千万,驾云螭以腾丹霄,宁不愈于乘马车以趋议院。既羡天国之嘉祉,复求人世之利禄,以天使而慕人爵,居神州而梦罗马,进退失据,徒为天下笑而已。观其不自祀其祖考,而上书当涂,深以他人宗庙为忧,又似宁背教宗,只求显达者矣。至若病汉字难识欲尽废之,而以罗马字拼音,则年来浮薄少年,歆羡岛中蛮夷,多倡此议,固难责之于袄教僧也。后生观其华而不观其实,相其文而不相其质,相与禋祀之,甚无谓也。要之此曹,虽不仕宦,一则服事豪帅以致科第,且得议郎；一则专树朋徒以耀声誉而求富贵。进无补于国计,退无迹于简编,诚为通事教民之雄,而未合显士之科,此又一类也。

"家世贫贱,又不学问,以赂市官,既无其资,绝迹浚谷,复非所耐,出不能自致通显以光宗族,入不能挥毫属笔以收声誉,谘议局员,斗筲之役,复非丈夫所甘处。习闻苟偷法政者之言,以为国会可以致富强而便驰骋,于是以请开国会之名,号召党徒,海外党人,嘉其忠义,延其名于四方,遂为流俗所推慕。既游京师,朱轮竟衢,冠盖荫术,堂有珥貂之客,门结安车之轨,王公贝子,与之分庭抗礼,虽不得请,荣何加焉。峨峨高门,比于阊阖,请开国会,则得入之；玄熊之肤,肥牛之腱,请开国会,则得食之；华阁飞陛,闲宫云屋,请开国会,则得处之；燕赵佳人,丰鬐垂臀,请开国会,则得近之。东鄙贱民,一旦及此,魂精泄横,瞑瞒流污,固其所矣。又此曹为民请命,行必厚赆,今日百缗,明日千金,则请开国会又起富之道,是可谓党人之黠者,非真为国家也。非然者既不得请,则伏白棓,首土囊,受马通之熏,挟熟烧之镇,以死报国可也,否则自湛东海,以谢父老而励来者,犹不失为烈士,而乃凭依权豪,附托显贵,或求入海军处,或求入编查馆,公卿阍人室中,红笺厚尺有咫,识者掩口,海内嗟叹,何无耻至于斯也。狂呆者偶触藩镇之怒,衣赭关三木,全团股栗,遂不敢复请,此曹亦浸浸如死灰矣。若夫以减短四年为奇功,市酒肉张华灯以相庆者,则其中国之祥耶？此又一类也。

"少负俊逸之才,长有乡曲之誉,崇伪耀也。乃膺民选,既入资政之院,品核公卿,裁量宰辅,讥刺内宠,讪谤朝政,一言才出,直声闻于天下,贵臣动容,黎庶色喜,群公碌碌,诚不若一士之谔谔也。执政病其害己,稍羁縻之,亦帖然以就范围,四五品京堂,名优大阉之所弗屑,微蔑者得之,光宠五宗焉。爵秩既赐,谤声随衰,贵游一言,则稽首以拜大命,王公一怒,则征营不知死所。甚乃承受意旨,膏唇拭舌,甘祸生民,以效忠政府。民贼利之,如虎得伥,百姓怨怼,则假借此曹之言以塞其口。求之史册,英国选法改革以前,法国路易腓力以后,差足比之。选举议郎,以代言论,不知适以自害也。盖其非权贵适所以要权贵,谤政府适所以求政府,譬之小儿夜啼,人辄投以果饵,既而时时啼,非故欲啼也,欲果饵耳。开院一稔,四海困穷,而政府之暴滋甚,此曹无状,又较然明矣。士生鄙野,选而禄之,非不贵也,而形神不全,颜歜之言,岂虚语哉。此又一类也。

"不晓学术,惟能诗歌,资目录以应对,假新党以邀名,彷徨苏轼之道左,而文学两不相逮,徒以爵命通显,毫末之长,足以倾动天下,转入保国、强学之会,与浮夸之徒更相褒重,声名翕煜,公卿倒屣,八俊三君,未足方喻。党祸既兴,并见罢斥,既已坐废,则衡门悬车可也,而乃昵迩豪帅,交欢贵臣,伺候奔走,不惶起处,其视宦官内宠,亦齐楚之间耳。近年朝野竞谈立宪,新党亦稍稍复出,上者为师傅,下亦为布政使,然则今日又其用事时矣。观其建铁路于乡里,至言好货者必称其名,贪饕可以想见。至若诗人之刺,以谒王侯,殃民之计,以献朝贵,夺齐民之业,借强国之债,逢迎当涂,以得大郡者,其罪更浮于为师傅者矣。当此曹贬黜时,天下尚有高尚其道,污秽庙堂者。今则湘川闽粤之民,思食其肉,人毁其奸,神疾其邪,有党若此,速中国之亡而已,此又一类也。

"综观七类,操术各异,而竞名死利,则同为民蠹害,又一丘之貉也。中国自东汉以后,党祸相寻,魏、晋、宋、齐、梁、陈皆享国日浅,其害不著。蒙古僭盗中原,视汉人如重台,又贱儒术,为日未久,即见攘逐,故亦无朋党。向使久据神州,假借经术以诳燿诸夏,猥贱之士,与之相忘,则党祸必不在汉、唐下也。历观史册,凡四代有党,汉、明以之亡国,唐、宋以之不振,朋党之祸,天下亦彰明矣。

"近世朋党者,新党所从出,政党又新党之变相。中国大局,已非往代,朋党猥贱,甚于古人,其祸必更烈于先襈。即以近事观之,十年以前,党人犹以风节自高,五年以还,已专以奔走贵人为事。今日闻有受岛国之金而建议弃辽沈者矣。不出一纪,人为完用,家效容九,亡国夷种,不待著龟而可决也。苟我夏齐民,不忍亡其宗国,赫然振作,以恢九服,中国既安,各依其见为政党,内审齐民之情,外察宇内之势,调和斟酌,以成政事而利国家,不亦休乎?不然,则速速方谷,邦国随倾,既见灭于欧人,万劫将不复也。狙公赋芋,朝三而暮四,则群狙怒;朝四而暮三,则群狙喜。恶专制而喜立宪,亦犹此而已。党人以其便己变诈乖诡,以合时宜,贪夫殉财,夸者死权,不足责矣。国人不悟,睹暧昧之利,而不见显哲之祸,托命此曹,亦犹□〔鹇〕鸠之巢苇苕也。九县崩离,天地否闭,士怀夷庆,民忘华风。悲夫,吾其长为左衽矣。"(署名"太炎"。)

《诛政党》是章太炎在辛亥革命前夕在海外发表的一篇政治论文。他以为"朋党之兴,必在季世","天下之至猥贱,莫如政客"。中国政党,"非妄则夸",并"校第品藻",分为七类:

第一类指的是康有为在变法前聚徒讲学,政变后"侜张为幻",并骗取华侨捐款,"腥德彰闻"。至于"学未及其师",则指梁启超,梁于1910年1月在东京创办《国风报》,宣传"国会请愿同志会"成立的意义,号召各地的立宪分子参加,以扩大请愿的声势。(《国会请愿同志会意见书》,见《国风报》第一年第九期,宣统二年四月初一日出版。)

第二类指的是地主、官僚和民族资产阶级上层的一些立宪分子。1908年6月间,广东士绅代表入京呈递国会请愿书。康有为的"中华帝国宪政会"也联合华侨中的立宪分子,以海外二百馀埠华侨的名义上书要求开国会,实行立宪。康、梁等更谋贿赂肃亲王,拉拢良弼等满洲贵族为自己使用,文中所谓"束帛之币,以赂贵臣",指此一类。

第三类的"高谈佛理",指蒋智由,1902年,蒋曾"欲往金陵听讲《大乘起信论》",见《致吴君遂书二》;(见"光绪二十八年壬寅,三十五岁"条。)"杀多士,贼烈女",指"秋瑾案"告密事。(《复蒋智由书》,见本书上册"光绪三十四年戊申,四十一岁"条。)这里指蒋智由、梁启超等组织推动立宪运动的政闻社,章氏曾与之展开斗争。(见"光绪三十三年丁未,四十岁"、"光绪三十四年戊申,四十一岁"条。)

第四类中"上者学文桐城",指的是严复,"近且倡言功利,哗世取宠,徒说者信之",指严复翻译甄克思(E. Jenks)《社会通诠》(History of Politics),比附其说,谓"中国社会,宗法而兼军国者也",断言民族主义不足以救中国,实质上反对革命,为清政府辩护,立宪党人又予渲染,章氏曾撰《社会通诠商兑》以驳之。(见"光绪三十三年丁未,四十岁"条。)下者"奉天主圣母",指马良,马曾任政闻社总务员,发表"就任演说"等鼓吹立宪之作,章氏曾撰《驳神我宪政说》、《马良请速开国会》等文批驳。(见"光绪三十四年戊申,四十一岁条")

第五类指政闻社法部主事陈景仁奏请速开国会,马良复致宪政编查馆"宣布期限,以三年召集国会",(同上。)以及梁启超派他的密友徐佛苏去北京活动。1910 年春,徐佛苏在北京参加了请愿代表团,和当时的请愿代表汤化龙、孙洪伊、林长民等发生联系,开展"国会请愿运动"。

第六类指资政员和各省谘议局员。

第七类指江浙的张謇、汤寿潜以及争粤汉、京汉铁路权利的湘、川、闽、粤士绅。

章太炎认为这七类,虽则"操术各异,而竞名死利,则同为民蠹害,又一丘之貉也"。事实上,这七类都是立宪派,跟随革命形势的发展,立宪派的立宪请愿活动也就越益频繁。立宪派抵制革命,阻止历史前进,是反动的改良主义的政治活动,章氏把《诛政党》发表在海外华侨聚集、立宪保皇分子一度盘踞之地,揭露立宪分子的卑劣面貌,无疑是起一定作用的。但这时已是辛亥革命前夕,武装起义时机成熟,清朝统治面临崩溃,章太炎却丝毫不提领导革命的同盟会,也不谈武装革命,而说什么、"赫然振作,以恢九服"后,各政党"内审齐民之情,外察宇内之势,调和斟酌,以成政事而利国家,不亦休乎"? 这就说明了章太炎当时对同盟会的裂痕和在政治上的彷徨,以致武昌起义胜利,章氏返国后,他自己也和立宪分子沆瀣一气,搞起他本来"诛"过的政党活动了。

九月十三日(11 月 3 日),上海发动起义,次日"光复";十六日(6 日),沪军都督府成立,以陈其美为都督,章氏在日本《致沪军都督电》云:"探悉大革命家孙君逸仙已于前日乘轮回国,不日即可抵埠。请贵处派员妥为招待,以便与之协商北伐攻宁之策,俾得早定大局,以苏民困。"(《民国军行政用军文牍》三集,民国初铅字排印本,原题《章炳麟由东京致沪军都督电》。)

九月二十六日(11 月 16 日),槟榔屿《光华日报》"时评"为持平:《文字功》,谓:"革命虽重实行,不重空言,然理论足而复实事生,则今日革命军赫赫之功,亦当推源于文字",并首推章氏和邹容,谓:"一,章炳麟也。当甲午、乙未之顷,全国人心锢蔽不开,而一般文人,醉心科举,除八股帖括外茫无知识。章生平不应房试,提倡民族主义,所著《訄书》,发挥透辟,于是而革命之学说,如怒芽苗生,日渐加长矣。

"二,邹容也,革命学说,虽发生于下,而风潮未起,房廷未知,外人亦未闻,邹乃著

《革命军》一书，而章炳麟序之行世，于是风潮大起，虏廷震惊，捕章、邹入狱，外人乃译其书布于全球，而全国人心因之咸识革命矣。”

九月二十六日（11 月 16 日），《民立报》刊载章氏“回国返沪”消息，同日撰有《欢迎鼓吹革命之文豪》社论：“章太炎，中国近代之大文豪，而亦革命家之巨子也。正气不灭，发为国光，文字成功日，全球革命潮，呜呼盛已。一国之亡，不亡于爱国男儿，文人学士之心，以发挥大义，存系统于书简，则其国必有光复之一日，故英雄可间世而有，文豪不可间世而无，留残碑于荒野，存正朔于空山，祖国得有今日，文豪之力也。今章太炎已回国返沪矣，记者谨述数语以表欢迎之忱，惟望我同胞奉之为新中国之卢骚。”

九月三十日（11 月 20 日），《民立报》载《章太炎之计划》，谓：“革命文豪章太炎先生与李燮和总司令夙称至交，前日抵沪，即住吴淞军政分府，与李秘密议决之事二件：一为由先生以私人资格向某某富户借银六十万两，交李司令作速行招募民兵二万人之开办费；一为系南京克复，即将吴淞军政分府搬至去年南洋劝业会场内云。”（《民立报》，1911 年 11 月 20 日。）

十月初一日（11 月 21 日），章氏在《民立报》刊登回国启事，对《章太炎之计划》提请“更正”。“今见贵报登有《章太炎之计划》一条，事出传闻，实无根据。仆此来担任调人之职，为联合之谋，因淞军司令官李君素有旧交，故暂驻军中数日，初非别有规划。所云‘向某某富户借银六十万两’者，尤属不根。……至所云‘沪市非练兵之地’者，仆意诚然。其馀皆虚妄伪言。愿将此条更正，勿令妒嫉者生心，借名者得计。则大局幸甚”。（《民立报》，1911 年 11 月 21 日。）

十月初四日（11 月 24 日），国民自治会于上海开会，章氏主持，并发表演说：“时势危急，诸君毋多财以贾祸。至于政治，宜先认武昌为中央政府。各省地方冲突，多由于省垣政治，握于附部少数人之手，如参用各处人，平均调和，其势自平。”发言者另有伍廷芳、陈其美等。会后，上海各业设法劝募款项。（《民立报》，1911 年 11 月 25 日。）

十月十一日（12 月 1 日），《民国报》第二号出版，（《民国报》于辛亥十月初一日在上海创刊。）刊登章氏《宣言》九则，略为：

一、“今日承认武昌为临时政府，但首领只当称元帅，不当称大总统；各省都督，亦不应称总统。以总统当由民选，非可自为题署。北方未定，民众未和，公选之事未行，则总统未能建号，元帅、都督，皆军官之正称也。”

二、“各省只应置一都督，其馀统军之将，但当称司令、部长，与民政官同受都督节制。”

三、“今虽急设中央政府，兵事未已，所布犹是军政，虽民政官亦当受其节制。各处谘议局议员，只当议及民政，无参预军国建置之事。盖自地方自治说兴，而省界遂牢不可破，谘议局员，保守乡曲之见者，多绅士富商，夜郎自大，若令议及大事，必至各省分离，排斥他人而后已。是则中国分为十数士司，正堕北廷置宣慰使之术中矣。逮北廷既覆之后，建设真正共和政府，然后与议员以大权，未晚也。”

四、“方今惟望早建政府，速推首领，则内部减一日之棼乱，外人少一日之觊觎。

初起倡议者黎公，力拒北军者黄公，今之人望，舍此焉适！元帅、副元帅之号，惟二公得居之。至虏廷倾覆以还，由国会选大总统，或应别求明德耳。"并以为孙中山"长于论议，此盖元老之才，不应屈之以任职事。至于建置内阁，仆则首推宋君教仁，堪为宰辅，观其智略有余，而小心谨慎，能知政事大体"。

五、"今者文化陵迟，宿学凋丧，一二通博之材，如刘光汉辈，虽负小疵，不应深论。若拘执党见，思复前仇，杀一人无益于中国，而文学自此扫地，使禹域沦为夷裔者，谁之责耶？"

六、"今日但应由首领委任内阁总理，总理组织内阁各部。如是，权不外制，举不失才，庶于时局有济。若各都督府以私意选举，彼此牵掣，虽管、萧不能任总理之职也。敬告诸府，急于秣马厉兵，刻期北伐，弗徒以推毂人材为务。"

七、不赞成在上海设临时政府，谓："今日仍宜认武昌为临时政府，虽认金陵且不可，况上海边隅之地。"

八、"阁员之选，当一任中央政府，若诸府争举，则意见滋生，而纷争自此起矣。如仆一身之计，则愿处言论机关，以裁制少年浮议，教育、法律二事，所怀甚多，亦不能专处学部之任也。"

九、"今以一人之见，品藻时贤：谓总理莫宜于宋教仁，邮传莫宜于汤寿潜，学部莫宜于蔡元培，其张謇任财政，伍廷芳任外交，则皆众所公推，不待论也。海陆军主干者，军人中当有所推，非儒人所能定。若求法部，惟有仍任沈家本。"（收入《太炎最近文录》。）

查章氏"谓总理莫宜于宋教仁"，《自定年谱》说："遁初自武昌来，……属余作人物品目。余念同志中唯遁初略读政书，粗有方略，然微嫌其脱易，似前世刘禹锡辈。时辈既无过遁初者，因为宣布。"后来章氏又以宋教仁"政治知识实未备也"。《民国光复》讲演云："当革命未成时，群目宋教仁为将来之政治家，然宋氏仅知日本之政治，处处以日本之政为准，如内阁副署命令，两院决可否，矜为奇异。不知此二制度，中国已行于唐、宋。副署之制，唐时诏令俱然，并谓不经凤阁鸾台不得为制敕，其所谓墨敕内降者，则出乎法外者也。逮宋亦然。""而宋之在政府，亦以副署权陵轹元首，终蒙杀身之祸。由今观之，其政治知识实未备也。"

十月初七日（11月27日），清军冯国璋攻陷汉阳。黄兴辞民军总司令职，由武昌去上海。当黄兴在汉阳时，"尝以扩大同盟会远询于"章，章太炎"以'革命军起，革命党消'告之，克强未纳。"（《民国光复》讲演。）

十月十一日（12月1日），"南京旦夕可下"，"章氏到尧化门与程德全面谈"。程德全于本日致汤寿潜、陈其美、张謇等电云："前敌战况极佳，南京旦夕可下。此后进行，亟待规正，其大要盖有三端：一，派兵援鄂；一，进师北伐；一，联合会组织实行。昨章太炎先生到尧化门面谈，意见相同。"（《时报》，1911年12月2日。）《自定年谱》亦云："未几，汉阳陷。余方在尧化门观军，归次镇江，闻耗。东人报言，晡时黄兴当来过此，因留待之。舟过，遣同志往候，克强疑不敢见。"

同日，外蒙古宣告独立，章氏《复梁启超书》云："兵强财盛，本部足以雄视世界；兵屦财尽,虽有无数外藩,亦何所益耶?""共和政体既就,蒙古必无恶感。仆所见蒙古人,其恨满人至于衔骨,其对汉人犹有同舟相济之意,所患者,俄人诱之耳。然即清帝不退,能使俄人无蚕食之心耶?"(《梁任公先生年谱长编初稿》"宣统三年辛亥"。)

十月十二日(12月2日),章氏返沪,晤宋教仁、黄兴、于右任、张謇,"知江宁以夜三时攻下"。(《张謇日记》辛亥年十月十二日。)即与宋教仁、黄兴联名致电南京总司令徐绍桢、镇江都督林述庆等:"南京光复,谨贺。目下因敌兵有南下江北之信,且浦口贼敌未灭,林都督又已公推为征临淮总司令,故众意推苏州程都督移驻江宁,为江苏都督,一以资镇守,一以便外交。"(《申报》,1911年12月3日。)又与宋教仁、黄兴、程德全、陈其美、汤寿潜、张謇、唐文治、伍廷芳、赵凤昌、温宗尧、虞和德、李钟珏、朱佩珍、王震、于右任、范鸿仙、郑赞成联名电贺"南京光复"。(同上。)

同日,章氏又与宋教仁、黄兴致电林述庆:"南京光复,为大局贺。鄂事紧要,亟待应接。临淮关须有劲旅驻守,既可进取,又可为援鄂之策应。且将来中州重镇,非公莫属。此间同志,咸推公先进兵临淮,继图开封,谅邀鉴允。应带军队暨筹备一切,望酌核赐示。"(《民立报》,1911年12月3日。)

十月十三日(12月3日),有《致赵凤昌书》,谈到关于建都地点的意见:"昨日议临时政府地点,迄无成议。主鄂者惟有下走,主金陵者惟有克强,而渔夫斟酌其间,不能谈论。今日所望,在临时政府从速发表。若如渔夫圆活之说,又迁延无期矣。雪楼、蛰仙意在主鄂,而皆唫口结舌,不敢坚持。盖雪楼处嫌疑之地,蛰则慎于发言,坐令议政府地点者,惟在一二革命党之口,此非国人之耻耶?蛰仙私言:'前已认武昌为政府,危而背之,于心有疚。'此诚长者之言,然不敢当众发表,而独与下走私语,为之快然。窃念曩日满政府虽屡弱寡谋,然遇有兵祸时,省城虽危急将陷,犹未以外府为省会,必待真正失守,乃移行省于他处。今吾侪之认政府,反不能如满廷之认省会耶?以武昌为都城,以金陵为陪都,此今日正当办法,愿公大宣法语,以觉邦人。不然,仆辈所持,既与克强不合,终无谈了之期。若曲循金陵之议,援鄂之心必懈,冒昧之策必生。(谓大举北伐。)其祸将不可解也。"(手迹,见《赵凤昌藏札》第一〇八册,国家图书馆藏。)

同日,盛先觉访问章太炎。这时,梁启超主张"虚君共和",特派盛先觉等"赴国内各方面联络",是日,盛先觉"三访章太炎,尚未起,……觉乃进言。先是,章有信给满洲与清帝使之自主之议,觉以询之。章曰:'昔诚有此议,今已知其不可而作罢矣。'觉又闻章曾有共和政府成立之后,首立清帝为大总领,后再黜而竟废之之议以询章,章曰:'昔亦诚有是,然今大势已粗定,清廷万无能为力,且革命党势甚嚣器,再作此言必大受辱,吾今亦不敢妄谈矣。'次及觉此次路经须磨,面谒南海及先生事,并略述南海及先生意,章曰:'今也两先生心迹盖昭昭然于天下矣,吾何慊焉。'觉因进先生所托之书焉,章阅毕曰:'曩余致书任公,盖未知其隐衷故尔,今知之矣。'觉乃略道虚君共和主义,章求其详,觉因出先生所属携长书示之,章请俟三数日略行研究而后相答。觉许之,并历述南海及先生之苦心孤诣,且求其善为研究焉。章许之"。(十月十七日盛先觉:《致梁启超书》,见《梁任公先生年谱长编初稿》"宣统三年辛亥"。)

十月十六日(12月6日),盛先觉又于"午后访章太炎,托词事繁不见"。盛先觉:《致梁启超书》云:"仅以书答,盖其左右扼之也。窃察书旨所答,究对何人,暧昧不能晓,乃浼其左右欲面求说明,而此辈少年,意气用事,瞋目怒视,几将谩骂,觉不屑与较,婉言诱之,左右似亦谅觉意。……觉微闻章太炎左右数人,嚣张浮华,专事阿谀,颇有视太炎为奇货可居之概,而章太炎似亦竟为所蒙蔽者然。甚矣哉! 君子可欺以其方,小人无往而不在也。"(同上。)

十月二十二日(12月12日),天津《大公报》载:"日前章炳麟复武昌谭人凤诸人电云:'武昌都督府转谭人凤诸君鉴:电悉。革命军起,革命党消,天下为公,乃克有济。今读来电,以革命党人召集革命党人,是欲以一党组织政府,若守此见,人心解体矣。诸君能战即战,不能战,弗以党见破坏大局。章炳麟。文'。"(《章炳麟之消弭党见》,见天津《大公报》,1911年12月12日第三三六七号第五版。)

十一月初二日(12月21日)《民立报》刊载福建林万里"电《民立报》转黄兴、太炎:"公返国,喜极而悲。癸、甲之间,二公在沪,有一同患难之友万福华者,其人今犹系狱。二公八年出亡,再履故土,追怀往事,当能忆此好男儿,似宜转商英领释放万君,以全公谊。"

【著作系年】《致满洲留日学生书》(冯自由:《革命逸史》第五集《清肃王与革命党之关系》)。《致沪军都督电》(《民国军行政用军文牍》三集,民国初铅字排印本)。《回国启事》(《民立报》,1911年11月21日)。《宣言》一——九(《民国报》第二号,辛亥十月初一日出版,收入《太炎最近文录》)。《致徐绍桢等电》一——二(《申报》,1912年12月2日,与宋教仁、黄兴等同署)。《致林述庆电》(《民立报》,1911年12月3日,与宋教仁、黄兴同署)。《致赵凤昌书》(1911年12月3日,见《赵凤昌藏札》第一〇八册,国家图书馆藏)。《复梁启超书》(《梁任公先生年谱长编初稿》"宣统三年辛亥")。《刘道一传》(《民国报》第三号,辛亥十月二十一日出版。《复报》第十一期曾载录,1907年8月25日出版)。

《齐物论释自序》(撰于1910年,见《国粹学报》辛亥第七号)。《与简竹居书》(撰于1909年,同上)。

章太炎年谱长编　卷四

（1912 年—1918 年）

说　明

本卷记述 1912 年—1918 年章氏四十五岁至五十一岁的主要事迹。

1911 年，辛亥革命胜利，章太炎的"排满"之志虽伸，但他视为最要紧的："第一，是用宗教发起信心，增进国民的道德；第二，是用国粹激动种性，增进爱国的热肠。"这种"高妙的幻想"，没有实现，也不可能实现。他还提出"革命军兴，革命党消"的错误口号，分裂革命队伍。由日返国后，组织中华民国联合会于上海，旋改为统一党。主张建都北京，对袁世凯存有幻想，任东三省筹边使。

不久，袁世凯"攘窃国柄，以遂私图"，章氏逐渐由拥袁转向反袁，"以大勋章为扇坠，临大总统府之门，大诟袁世凯之包藏祸心"，被幽禁三年。

章太炎在"幽居"期间，"追迹往事"，"感事既多"，以为"怀抱学术，教思无穷"，手定《章氏丛书》，所收大多是学术专著，先前见于期刊的宣传革命的文章，竟多被刊落，如发表在《浙江潮》的《狱中赠邹容》等诗，发表在《复报》的《致陶亚魂柳亚庐书》，发表在《民报》的《复吴敬恒书》以及很多"时评"，《文录》多未收载。《訄书》定名为《检论》，从分卷到内容，都有很大更动，《客帝匡缪》、《分镇匡缪》和《解辫发》等篇也被删除了。

1916 年 6 月，袁世凯死后，章氏始被释放，这时，在帝国主义的操纵下，军阀混战，争权夺利，孙中山在广州成立护法军政府，章氏任秘书长，起草宣言，往来港粤，终因军政府内部派系斗争剧烈，"欲西行"联络唐继尧。不久，漫游滇、川，遄返上海，"退居于宁静的学者，用自己所手造的和别人所帮造的墙，和时代隔绝了"。

1912 年(民国元年壬子)　四十五岁

【自定年谱】孙公于太阳历一月一日就职。始行太阳历，以江宁为南京。时府中粤人与遁初不协，恶其豫政，用为法制院总裁。克强任陆军总长。政府号令，不出百里，孙公日骑马上清凉山耳。

初，赵伯先之死，未有疑克强者也，焕卿不能分别，并恶之。至是，日与黄、陈不合，自设光复军总司令部于上海，募兵。余告之曰："江南军事已罢，招募为无名。丈夫当有远志，不宜与人争权于蜗角间。武昌方亟，君当就蛰仙乞千馀人上援，大义所在，蛰仙不能却也。如此既以避逼，且可有功。恋此不去，必危其身。"焕卿不从，果被刺死。（手稿有"或言英士为之也"一句。）

焕卿既死，孙公延余至江宁，欲任为枢密顾问，不能却。乃曰："上海、江宁，咫尺地耳，若有献替，邮书半日即至，无必常宿直庐也。"因返上海。其夕，闻孙公以汉冶萍公司许日本松方正义合资，与盛宣怀同署名。时南通张謇季直被任为实业总长，余就问其事，季直言："有之，吾亦不得不辞职矣。"余遽上书请速废约，孙公以军饷为辞，往复数四，卒得请而废约。初，克强在汉阳，视武昌诸将蔑如也。其义故浅躁者，欲因推克强为都督以代黎公，未果。及汉阳败，克强窜上海，武昌诸将甚恨之，然未尝怨孙公也。孙公初返国，不晓情伪。湖北参议员刘成禺禺生、时功玖季友皆同盟会旧人，说孙公宜宠异武昌诸将，勿令怨望。克强与汤化龙椓之。化龙者，以湖北咨议局议长起主民政，亦与诸将不善，随克强下窜者也。孙尧卿至南京，不用。时黎公已被副选，诸将请仍称大元帅。移书南京，称汤化龙湖北逃官，不当任用。两府之怨，自此起矣。清遣唐绍仪来议和，精卫力赞袁氏。余适与清故两广总督西林岑春煊云阶遇，云阶言，在清宜死社稷，在南宜北伐，无议和理，余颇是之。然以南府昏缪，自翦羽翼，不任夑伐；假手袁氏，势自然也，故持论颇同精卫。二月，清主退位。袁世凯被选为临时大总统，南政府将解，孙、黄以袁氏难制，欲令迁都江宁以困之。余谓："江宁僻左，不足控制外藩。清命虽黜，其遗蘖尚在，北军未必无思旧主者；重以蒙古、东三省之援，死灰将复炽，赖袁氏镇制使不起耳。一旦南迁，则复辟之祸作矣。"克强闻之，愤甚，与余辩难。且遣使者三人入宛平迎袁公南下，袁公亦诱致兵变以劫之，卒不能成言。夫假人威力以翦建夷，名实归之；而又欲以小慧牵制，所谓既不能令又不受命者矣。斯孙、黄所以败也。然克强辨义利，有常识，爱军吏，愈于孙公。袁公就职，余复被任为高等顾问。

四月，入都。时唐绍仪任内阁总理，遹初以农林总长教绍仪擘制公府，京师号为唐、宋内阁。共和初政，少年横欲推致极端，以阶级名号既废，又欲黜蒙古王公封号，唐、宋皆是之。余谒袁公曰："蒙古何赖于中国。所倚者，诸子争位，中国以册立定之耳。今域中尚有土司，与王公何异，土司无封爵，而蒙古有封爵者，内外之异，然其有土长民一也。必欲废之，则蒙古不为我属矣。"袁公以为然。亦会漠北诸藩弍心于俄，故抚柔漠南为慎。惜其后专意南征，弃漠北不顾。然热河、察哈尔、绥远尽设特别区域，漠南比于郡县，袁公功不可没。

初，同盟会著籍者不过二千人。自南都建立，一日附者率数千。武昌诸将，同盟会、共进会分处其半，以与南府不合，复立民社，与同盟会新附者竞。余亦暂集人士为统一党，既入都，谋与民社合。清世所遗君宪党人，亦欲藉民社庇荫，民社许之。余知植党无益，自是泊然矣。其后唐、宋罢政，同盟会收集小党数区，合为国民党。民社已先改为共和党。二年春，君宪党复自立，称进步党云。余尝谓中国共和，造端与法、美有异。始志专欲驱除满洲，又念时无雄略之士，则未有能削平宇内者。如是犹不亟废帝制，则争攘不已，祸流生民，国土破碎，必为二三十处；故逆定共和政体以调剂之，使有功者得更迭处位，非曰共和为政治极轨也。调剂敷衍，所谓以相忍为国，起因既尔，终后即当顺其涂径,庶免败绩覆〔霤〕驾之祸。用人行政。亦有去泰去甚耳。急欲求治,其计已愚,况挟其私图以党相竞乎。然时同盟会旧人尚忘其原。况新进躁动不识本邸者。或诋余为逢迎袁氏,至竟孙、黄及袁皆以不能容忍,相随挫败。余记是语,以谂后人。

袁公甚信参谋次长陈宧,北洋宿将皆下之。宧雅多奇策,余曰:"人以袁公方孟德,是子则为司马宣王矣;仆袁氏者,必是人也。"

七月,之武昌,谒黎公。闻武昌人甚重张之洞,以为人材军实皆张氏所遗以为倡义资也。返自武昌,与袁公道之。袁公愤然曰:"南皮竖儒,今犹为人引重耶。"因数张过咎数端,又言初练陆军及遣学生出洋,皆己所建明,无与南皮。剧谈至三刻顷。余始虽审袁公雄猜,犹谓非卞急者;及闻其排诋张之洞,独念曰:"死者尚忌之,况于生人。褊浅若是,盖无足观矣。"后袁公长子克定以书抵余,托佛法为廋辞,曰:"夫人人皆有佛性,则人人可作如来,然人人可作如来,而人人未有佛性,则法施不如财施明矣。"余识其旨,尤不怿。欲辞顾问去。袁公遣王赓来,拟以仓场总督位之。余曰:"有官守,无职事。非仆所能居也。"会以事赴三姓,北抵卜魁,还返,乃任为东三省筹边使。命下,被冰雪赴之,冀以避地,然卒不免也。是冬,石屏亦被任为长江巡阅使。

【国内大事】1 月 1 日,孙中山在南京就任临时大总统职,宣布中华民国成立,改用公历,以 1912 年为中华民国元年。1 月 14 日,陶成章在上海被刺。2 月 12 日,清帝宣统退位,授袁世凯全权组织临时共和政府。15 日,参议院选举袁世凯为临时大总统。袁世凯不愿到南京就职,29 日,在北京制造兵变。3 月 10 日,袁世凯在北京就任临时大总统,辛亥革命果实为袁窃取。11 日,孙中山于南京公布中华民国临时约法。13 日,袁世凯任命唐绍仪为国务总理。4 月 1 日,袁世凯任黄兴为南京留守,仍总辖南洋各军。2 日,参议院议决临时政府迁往北京。5 月 1 日,参议院改选议长,吴景濂、汤化龙为正副议长。5 日,统一党、民社、国民协进会、民国公会等组成共和党。7 日,参议院决议国会采用两院制。24 日,黄兴条陈国民捐及劝办国民银行办法。6 月 16 日,唐绍仪辞国务总理职。7 月 14 日,同盟会阁员宋教仁、王宠惠、蔡元培、王正廷辞职。24 日,孙中山应袁世凯邀请至京。9 月 25 日,袁世凯任赵秉钧为国务总理。10 月 21 日,梁启超自日本回国。12 月 10 日,汉阳兵工厂工人罢工。南昌兵变。23 日,烟台兵变。

1 月 3 日,中华民国联合会开成立大会于上海江苏教育总会,到有章氏及唐文治等二百馀人。首由主席唐文治报告开会,次由章氏演说联合会宗旨,继行选举,章被选为正会长,程德全被选为副会长。

查章氏返国后,即从事组织中华民国联合会的活动,1911 年 11 月 19 日《民立报》列有《中华民国联合会通告》,言明"以促进中国临时共和政府成立,暂设临时外交总机关为宗旨。择于十月初一日(11 月 21 日)在江苏教育总会开会。"发起人为"胡仰、胡瑛、何海鸣等,赞成员为章炳麟、伍廷芳"等。

1911 年 11 月 20 日《时报》载：《中华民国联合会启》，发起人为程德全、章炳麟等，谓"拟发起中华民国联合大会，附设言论机关，集合各省宏通达识之士，公同研究共和联邦政治与今时适用问题，发挥刊布，期以整一宗旨，并调查各省独立团之情况，而监察其行为，庶以扶助共和政府之完全成立，而保亚洲和平之大局"。下附《联合会简章》十一条，第一条为"本会联合中华民国各省志士，为消除畛域，一意进行起见，故命名为联合会。"第二条为"一则扶助临时政府之成立，一则调查各独立团之性质，而监督其行为，务使共和国家前途毫无障碍。"末条谓如"有捐助经费者，概由苏州军政府及时报、民立报馆代收。"

1911 年 11 月 21 日《时报》载：《程都督章炳麟来电》，说明组织联合会，"并拟在沪开办《大共和报》。近以扶助临时政府之成立，远以催促共和政府之完全。其会所暂设苏州军政府内"。

1911 年 11 月 22《时报》载：《记共和中国联合会开会》，沈缦云主持，何海鸣宣布章程。"宣言毕，即有人起而诘问，谓前日有中华民国共和联合会之传单，亦此数人发起，究竟是一是二？朱少屏言：'且作缓议'。最后推举起草员为章太炎等六人，惟半未到会云"。

1911 年 11 月 25 日《民立报》载："本月初一日（11 月 21 日），江苏教育总会召开联合会，公举起草员等。现拟与苏州所发起之联合会商议合并，由章太炎赴苏接洽，其章程即以苏州所草者为蓝本，诸君意见有须修改增减者，请于初九日前，缮寄哈同花园章太炎可也。"据此，知联合会有二：一即何海鸣等所创，一即苏州程德全所创。

1911 **年 12 月 14 日**《民立报》列《中华民国联合会章程》第二条谓："本会以联合全国、扶助完全共和政府之成立为宗旨。"设正副会长各一人，驻会干事每省一人，驻省干事每省四人，参议员每省二人。驻会干事下设办事各科，即总务科、会计科，书记科、交际科、调查科。创办员为章炳麟、程德全、赵凤昌、张謇、唐文治、陈三立等十八人。

至是（1 月 3 日），中华民国联合会举行第一次大会，章氏发表"演说"："本会性质，对于政府立于监督补助地位。""中国本因旧之国，非新辟之国，其良法美俗，应保存者则存留之，不能事事更张也。""惟置大总统限制其权，以防民主专制之弊，宜与法之制度相近。至行政官，除大总统外，不由人民选举。行政部应对议员负完全责任，不宜如美之极端分权。""三权分立之说，现今颇成为各国定制，然吾国于三权而外，并应将教育、纠察二权独立。""近来对于民生问题，颇有主张纯粹社会主义者。在欧洲国度已高之国，尚不适用，何况中国？惟国家社会主义，乃应仿行，其法如何？一，限制田产，然不能虚设定数，俟查明现有田产之最高额者，即举此为限。二，行累进税，对于农工商业皆然。三，限制财产相续，凡家主没后，所遗财产，以足资教养子弟及其终身衣食为限，馀则收归国家。至若土地国有，夺富者之田以与贫民，则大悖乎理，照田价而悉由国家买收，则又无此款，故绝对难行。如共产主义之限制军备，只可就兵力充足之国言之，而非适用于今日之中国也。若财政问题，现时只宜整理，不应增加，厘正漏规而搜括中饱，改正税则而平均负担，国家收入，自必倍增于前日。然富国必先足民，国民经济，应为发展，金融机关，宜求整理，则统一币制，设立国家银行，实为今日不可缓之事也。"继言："中国旧有之美俗良法，宜斟酌保存者"，即：一，婚姻制度宜仍旧，惟早婚则应禁。"纳妾"应悬为禁令。二，家族制度宜仍旧。三，"不应认何教为国教"，政教分离，中国旧俗，其僧侣及宣教师，不许入官，不得有选举权。四"禁断""本国人在本国境内入外国籍者"。五，"承认公民不依财产纳税多额，而以识字为标准。"六，"速谋语言统一，文字不得用拼音"。七，严禁赌博、竞马、斗牛。八，禁止"在公共场所，效外人接吻、跳舞者"。（《大共和日报》1912 年 1 月 5 日、6 日；又见《统一党第一次报告》，1913 年京师印书局铅印本；《太炎最近文录》收入时，文字有更改。）他认为"中国本应旧之国"，"其良法美俗，应保存者则存留之，不能事事更张"，对旧制度表示妥协。

《民立报》载有《联合会成立大会记》，谓当天"选举，用投票法，章炳麟君得一百二十六票，被选为正会长，程德全君得八十一票，被选为副会长。次由各省会员互选参议员，其得票最多数者，江苏为唐文治、张謇二君，浙江蔡元培、应德闳，湖南熊希龄、张通典，湖北黄侃，安徽汪德渊、程承泽，四川黄云鹏、贺孝齐，江西刘树堂、邹凌沅，广西陈郁璋，云南陈荣昌，广东邓实、甘载坤，（据宗方小太郎所撰为"甘肃牛载坤"。）贵州符诗熔、王朴诸君当选"。（《民立报》，1912 年 1 月 5 日。）

该会成立后，章氏与程德全联合署名，发出一个通知："敬启者：本会于开成立大会时，决议于驻会干事外，增设特务干事，无定员，由参议会公推名望最著者任之，以维持会务，并力图发展。昨日由参议会公推执事担任斯职，谨此奉闻。再，同日参议会拟定政见讨论会办法，先由会员拟定政纲数则，由本会开参议会审定后再由大会讨论公决。执事瞻言百里，必有达识宏论示厥周行者，敬候德音，无任翘企。"（《近代史料信札》第三十一——三十三函第 2 页，国家图书馆藏。）

又据《大共和日报》1912 年 1 月 7 日《中华民国联合会启事》，载该会各省"驻会干事名单"："本会照章由会长于各省会员中指定一人，更为斟酌分科，为本会驻会干事，兹特指定如次：江苏唐演、浙江黄理中、江西符鼎升、湖南章驾时、四川廖希贤、福建林长民、山西景耀月、贵州王朴、安徽江谦。但本会事涉草创，办事需人，现因有数省人数过少，暂时不能指定，故特另嘱参议员贺孝齐、张通典，创办员杜士珍、杨若堃，会员王绍鏊、曾道等暂行勷办，特此布闻。"

中华民国联合会成立后，曾呈请通告各省，召集省议会，选举议员，速赴南京组织参议院。（《中华民国联合会呈请组织参议院文》，见《大共和日报》1912 年 1 月 20 日。）旋得临时大总统复："民选议会当候北房破灭后议之。"中华民国联合会再复临时大总统，请限制参议会立法权及尊重都督权，并言及女子参政。临时大总统再复：除女子参政"自宜决之于众论"外，"前者当加意致谨，后者已交部核施"。（以上均见《统一党第一次报告》。）

1 月 4 日，中华民国联合会机关报《大共和日报》创刊，日报，日出两大张，章氏任社长。早在 1911 年 11 月，该会即行筹备刊报，1911 年 11 月 26 日《民立报》：《大共和日报出现》谓："本会既集合各省宏硕之士公同研究共和进行之方，复附设《大共和日报》为发表之机关，藉以普告国民，共谋幸福。仍请本会发起人章太炎先生为《大共和》全部主任，延聘海内博学通才，襄理撰述编辑，俟部署粗秋，即当定日出版，先此布告。中华民国联合会启。"

　　章氏撰《大共和日报发刊辞》称："民主立宪、君主立宪、君主专制，此为政体高下之分，而非政事美恶之别。专制非无良规，共和非无秕政。我中华国民所望于共和者，在元首不世及，人民无贵贱，然后陈大汉之岂弟，荡亡清之毒螫，因地制宜，不尚虚美，非欲尽效法兰西、美利坚之治也。议院之权过高，则受贿鬻言，莫可禁制；联邦之形既建，故布政施法，多不整齐，臧吏遍于市朝，土豪恣其兼并，美之弊改，既如此矣；法人稍能统一，而根本过误，在一意主自由。……中国效是二者，则朝夕崩离耳。""政治法律，皆依习惯而成，是以圣人辅万物之自然而不敢为，其要在去甚、去奢、去泰。若横取他国已行之法，强施此土，斯非大愚不灵者弗为。""风听胪言，高位之所有事；直言无忌，国民之所自靖。《日报》刊发，大义在兹。箴当世之痼疚，谋未来之缮卫，能为净友，不能为佞人也。"（《大共和日报》1912年1月4日。）

　　1月5日，章氏在《大共和日报》发布《宣言》："本年改用阳历，由参事会所议定。寻今日南北未一，观听互殊，岂容遽改正朔。"

　　1月6日，《大共和日报》发布《复张季直先生书》，对政体问题进行商榷。先是，张謇致书章氏，以为"法、美皆民主，而宪法不相袭，国势根本不同，未可削趾适屦。今以共和为主义，立法不妨参酌法、美，期适于我"。章氏复书略谓："承示尊恉，深契下怀。君主世及之制既亡，大总统遂为相争之的，不速限制，又与专制不殊。惟有取则法人，使首辅秉权，而大总统处于空虚不用之地。……法、美两制，皆不适于中区。鄙意都察院必当特建，以处骨鲠之人，而监督行政、立法二部。至于考选黜陟，仍于总理之下，设局为宜。惟学校必当独立，其旁设教育会，专议学务，非与财政相关者，并不令议员容喙，庶几政学分涂，不以横舍为献谀之地。社会主义，在欧、美尚难实行，奚论中土？其专主地税者，尤失称物平施之意。此土本无大地主，工商之利，厚于农夫，掊多益寡，自有权度，何乃专求之耕稼人乎？"（《太炎最近文录》收入时，改题《与人论政书一》。）

　　章氏后来记述他对政治制度的意见说：

　　"余于政治，不甚以代议为然，曩在日本，已作《代议然否论》矣。国体虽更为民主，而不欲改移社会习贯，亦不欲尽变旧时法制，此亦依于历史，无骤变之理也。清之失道，在乎偏任皇族，贿赂公行，本不以法制不善失之。旧制或有拘牵琐碎，纲纪犹自肃然。明世守法，虽专制之甚，乱在朝廷，郡县各守分职，犹有循良之吏。清世素不守法，专制之政虽衰，督抚乃同藩主，监司且为奴虏，郡县安得有良吏乎？逮乎晚世变法，惑乱弥深，既恶旧法之烦，务为佚荡，以长驾远驭为名，而腐蠹出于钧府，鱼烂及于下邑，夫焉能以旧法为罪也。尚新者知清政之衰，不知极意更其污染，欲举一切旧法尽废夷之。主经验者又以清政为是，踵其贪淫，而不肯循其法纪。斯犹两医同治一疾，甲断为热，乙断为寒，未知阴阳隔并，当分疏而治之也。

"余独以为旧法多可斟酌,惟省制当废耳。一省小者或为二三道,大者或为三四道,道不过六七十部,所部不过二三十县,犹大于汉之列郡,而司察可周矣。明世设分守道,即布政司参政、参议也,名曰分守,即与汉时太守相同。清时并去司衔,则布政司之权已分,使各道隶于督抚,曷若隶于中央,而以巡按监之为愈乎?(督抚可以挠守道之权,巡按但主纠察,不能挠其政权也。)边方斗绝,兵民之政难分,户口之数寡少,自可别为区处,不当以是概内地也。省制不除,非独政纪不能清理,而地方自治之法,亦难以见诸实行。(地方稍小则能自治,过大则未有不疏略诞慢者。)明时以布政使专主省事,晚设督抚,不能专有其地。(明督抚甚多,一省或二三人。)而政治已渐有牵掣矣,况军民同主乎?……"

"是故明政霉于应变,清政绌于守常。言政治者,本多论常道耳。且守法之弊,能令胥史把持,得因受贿,然所取本非甚巨,亦不敢破律败度为之。议既定矣,又不保长官之觉察否也。释法之弊,胥史无受贿之门,而大臣乃为奸府,其破律败度,得以破格应变为名,其所取又十倍于胥史,而复更无长官以觉察之也。三百年以来,言胥史蠹败者多矣,清平之世,长官寡过,其忿疾胥史自可也。及于末世,士大夫之行,乃较胥史逾下,而复昌言骂詈,其忸怩不已甚乎?明世长官,不敢恣意为非者,饬法循纪之效也,然犹设都察院以督百僚。自洪武迄于隆庆,台宪箸效,吏治甚清。万历中年以降,言官始有分曹树党,而杨、左诸公之风节,于国事终非无补也。清世虽循旧设官,内多惩忌,台宪之职已轻,然大吏奸私,尚颇因之发觉。末世乃有受财鹜奏,毛举细故者,则以风宪官吏犯赃罪加二等之制,浸废不行也。向令清无察院,其昏乱又何所底止矣。余向与总统孙公论政多所不合,其谓中国有都察院制度善于他方,适与鄙心相中。及南都建设,余以议员或难专任,亟怂恿设评政院,遂著之《约法》焉。虽然,此非可以虚名取效。"(《自述学术次第》,稿本。)

"余于法律非专,而颇尝评其利害,以为当今既废帝制,妖言左道诸律,固宜删刊,其旧律有过为操切,反令不行者,与自相缪戾者,删改亦宜也。而今律之缪亦多。"如"今拟新刑律者,死刑以下,独有徒刑一名,虽无期五等,迭为衰次,其名曰徒刑则一也。……然则杖笞虽废,徒刑而下,宁无他种惩罚之名?徒之五等,亦宜分剂五年耳。每一年限之中,或伸或缩,法官犹倬倬有馀,而罪状不失于轩轾,自徒以上,流刑虽无所用,加役流与发遣当差,今犹可以惩创,此其大法当革者也。"又以为"人情习俗,方国相殊,他国之法,未尝尽从一概,独欲屈中国之人情习俗以就异方,此古所谓削趾适屦者矣。"(同上)

1月6日,《大共和日报》刊布章氏所撰《时评》:对传闻孙中山向国外订购军舰快枪事,提出"研究"。

1月7日,《大共和日报》刊布章氏《敬告同职业者》:"报章之作,所以上通国政,旁达民情,有所弹正,比于工商传言。粤当扰攘之世,法律未颁,议员未选,托之空言,亦以救世。是故不侮鳏寡,不畏强御,是新闻记者之职也。"(《太炎最近文录》收入时,改题《敬告新闻记者》。)

1月7日，因浙江都督汤寿潜改任交通总长，举章氏及陶成章"代理浙事，"章氏《致杭州电文》，推举陶成章。电云："蛰公举炳麟及陶焕卿、陈英士代理浙事。英士志在北伐，炳麟愿作民党。焕卿奔走国事，险阻艰难，十年如一日。此次下江光复，微李燮和，上海不举；微朱价人，南京不下；而我浙之得力于敢死队者甚多，是皆焕卿平日经营联合之力。且浙中会党潜势，尤非焕卿不能抚慰。鄙意若令代理浙事，得诸公全力以助，必为吾浙之福。敢布区区，仍候公同议决为幸。"(《时报》，1912年1月8日。)蛰公，汤寿潜。又电汤寿潜，略谓："下江光复，实惟焕卿数年经营之力，其功非独在浙江一省。代理浙事，微斯人谁与归。"(《民立报》，1912年1月8日。)

1月8日，《大共和日报》刊布章氏《宣言》，以为改历"断难遵行"。"凡事当决于民议，不决于是非。仆非反对阳历，乃反对用阳历者之不合法制"。

同日，又载《时评》："临时政府成立以来，宪法未定。内阁既不设总理，总统府秘书官长，乃真宰相矣。"

1月11日，《大共和日报》刊出《求刘申叔通信》："刘申叔学问渊深，通知今古，前为宵人所误，陷入范笼。今者，民国维新，所望国学深湛之士提倡素风，任持绝学。而申叔消息杳然，死生难测。如身在他方，尚望先一通信于国粹学报馆，以慰同人眷念。章炳麟、蔡元培同白。"此后，在报端连载多天。

查刘师培叛变革命，充端方密探，章氏觉察后还挽请孙诒让"劝说"刘师培"勉治经术"。(见"光绪三十四年"——1908年，四十一岁"条。)此后，刘师培潜匿四川，章氏除在《大共和日报》刊登"启事"外，又发表宣言："今者文化陵迟，宿学凋丧，一二通博之材，如刘光汉辈，虽负小疵，不应深论。若拘执党见，思复前仇，杀一人无益于中国，而文学自此扫地，使禹域沦为夷裔者，谁之责耶？"(《章太炎宣言》，见《民国报》第二号，1911年12月1日出版。)当时报载："刘光汉在资州被拘，该处军政分府电大总统请办示法。"(《民立报》，1912年1月25日"南京电报"。)教育部和总统府还分别致电四川都督府和资州军政署，"电贵府释放"。教育部电文为："四川都督府转资州分府：报载刘光汉在贵处被拘。刘君虽随端方入蜀，非其本意，大总统已电贵府释放。请由贵府护送刘君来部，以崇硕学。教育部。宥。"(《临时政府公报》第一号，1912年元月29日。)总统府电文为："四川资州军政署鉴：刘光汉被拘，希派人委送来宁，勿苛待。总统府。宥。"(同上。)后来《民立报》又载："刘师培君前由资州只身来省，现与谢君无量组织政进党机关报。"(《民立报》，1912年4月4日，"四川电报"。)

1月11日，《大共和日报》刊载《先综核后统一论》："以电报统一易能也，惟实际统一为难。不先检方域之殊，习贯之异，而预拟一法以为型模，浮文犷令，于以传电有馀，强而遵之则龃龉不适，不幸不遵则号令不行。在位者胡可不矜慎哉！""参事会一议改历，未尝问民俗循行便安与否"；"陆军部一议限制练军，未尝问各省军人多少之剂。""举是二者，武断为政，徒能以电报统一耳，安望其实际遵行耶？""夫旧贯或以致贫弱，民心所安，则未可骤以新法变易也。旧贯固已就腐败，群情所恶，又不可以新法助长其恶也。……是故欲更新者，必察其故；欲统一者，必知其殊。然后政无庚民，法无辅恶矣。""夫诚欲统一者，不在悬拟一法，而在周知民俗，辅其自然，故其事必从综核始。"（《太炎最近文录》曾收入。）

1 月 14 日，陶成章在上海被刺。陶成章是光复会副会长，浙江光复后任浙江都督府参议，在上海主持光复会和光复军工作。浙江都督汤寿潜改任交通总长后，章太炎等推举陶成章，（见上。）陶成章致各报转浙江各界"退让"："公电以浙督见推，仆自维轻才，恐负重任。如汤公难留，则继之者非蒋军统莫属，请合力劝驾，以维大局。"（《民立报》，1912 年 1 月 12 日。）浙江"士绅"沈荣卿等又以"吾浙倚先生如长城，经理浙事，非先生其谁任"，并"号召旧部"，听陶指挥。（《民立报》，1912 年 1 月 14 日。）由于陶成章在浙籍人士中威信很高，遭到陈其美的嫉恨，派人在上海刺杀陶成章于广慈医院。

陶成章被刺后，孙中山电陈其美："即由都督严速究缉，务令凶徒就获，明正其罪，以慰陶君之灵，泄天下之愤。"（《民立报》，1912 年 1 月 17 日。）黄兴于 17 日（霰）自南京电陈其美："闻陶君焕卿被刺，据报云是满探。请照会法领事根缉严究，以慰死友，并设法保护章太炎君为幸。"（《民立报》，1912 年 1 月 20 日。）南洋寄来追悼陶成章挽联，章氏嘱《大共和日报》录之，且曰："辞虽不文，然觇侨商萦怀祖国之热忱，而焕卿先生之人格，愈可见矣。"（《大共和日报》，1912 年 3 月 25 日。）

1 月 20 日，《大共和日报》刊布《与张季直先生书》。当中华民国联合会成立后，章氏推张謇为"特务干事"，张謇函询："不知以何种为特务，愿闻其例。"章氏函复："特务干事，即领袖之异名，国有大疑，即当谘访，非敢劳之以簿书期会也。""曩者，武昌倡义，未盈百日，南纪已清，谓法兰西山岳党之祸，必不见于今日，然未敢断言也。"（《中国革命记》第二十册和《太炎最近文录》都收入。）

1 月 22 日，《大共和日报》刊布《复浙江新教育会书》："所论教育方针，以不离道德为宗旨，其言甚辩。至设立通俗讲演社，鄙人固陋，未知意趣所在。凡诸饬身修行之事，盖在以身作则，为民表仪，不闻以口舌化也。"（《太炎最近文录》曾收入。）

1 月 28 日，《大共和日报》刊布《章太炎先生致临时大总统书》，缕述光复会"赫赫之功"，以及与同盟会"渐有差池"，请孙中山"力谋调处"，并"当谨饬"。书云："同盟、光复初兴，入会者半是上流，初无争竞，不图推行岭表，渐有差池。盖被习文教者寡，惟以名号为争端，则二会之公咎也。然自癸、甲以来，徐锡麟之杀恩铭，熊成基之袭安庆，皆光复会旧部人也。近者，李燮和攻拔上海，继是复浙江，下金陵，光复会新旧部人，皆与有力。虽无赫赫之功，庶可告无罪于天下。侨民虽智识寡陋，其欣戴宗国，同仇建虏，亦彼此所同也。纵令一二首领，政见稍殊，胥附群伦，岂应自相残贼。""执事挺生岭海，习其旧常，登高一呼，众山皆应，惟愿力谋调处，驰电传知，庶令海隅苍生，咸得安堵。兼闻同盟会人（原注："指在广东者。"）有仇杀保皇党事。彼党以康、梁为魁帅，弃明趋暗，众所周知，然附和入会者，尚不能解保皇名义，赤子陷阱，亦谓无罪于人。今兹南纪肃清，天下旷荡，虽旧染污俗，亦当普与自新。若以名号相争，而令挟私复怨者，得藉是以为名，无损于虏，徒令粤东糜烂，此亦执事所当谨饬者也。"（《太炎最近文录》题作《销弭党争书一》）。

据冯自由《革命逸史》第五集《光复会》称：广东汕头民军司令光复会员许雪秋、陈芸生"与同盟会员之领军者不合，势成水火"。章氏撰发此书后，孙中山专电粤督陈炯明和同盟会予以"调处"。孙中山电见《民立报》1912年2月2日，末注"勘"电，则应发于1月28日。孙中山《致陈炯明电》称："同盟、光复二会，在昔同为革命之团体。""两会欣戴宗国，同仇建虏，非只良友，有如弟昆。纵前兹一二首领政见稍殊，初无关于大体。今兹民国新立，建虏未平，正宜协力同心，以达共同之目的，岂有猜贰而生阋墙？为此驰电传知，应随时由贵都督解释调处。同盟、光复二会会员，尤宜共知此义。虽或有少数人之冲突，亦不可不慎其微渐，以免党见横生，而负一般社会之期许，切切。"

章氏又有《复孙中山书》，谓："辱书以旧恩相励，同盟之好，未之敢忘。况下走于执事，昔在对阳，相知最夙，秦力山所以诏我者，其敢弃捐。顾念墨子练丝之消，杨朱歧路之悲，私以齐桓、唐玄方拟执事。丙、丁之际，一二倾危之徒随附左右，以执事令名早著，一朝为宵人玩弄，被其恶名，斯不能不为执事惜也。

"天佑汉宗，武昌倡义，曾未二月，南纪肃清，首发难者，不敢居功，而况吾侪鼓吹之士。执事高远西去，超然不涉于禹域者十有馀年矣。曩日促膝私谈，本以破坏相期，不敢以建置相许，不图便嬖在旁，偷假名势，令执事戎马之间，亦无以展其方略。临时政府将设，群情允同，虚大总统以待北方之英，树大元帅以顺南军之志，名号既就，无所改图。执事乐与观成，惠然远至，浙都督汤公驰电，以欢迎相属，先马徹席之劳，非下走所能胜任。且谓嫌疑应避，遂以固辞。选举议起，仆以都督府代表，不系国民，不当有选举临时总统之柄，力辞代表，亦已载在简书。吾侪初志，岂有所图，在翦灭北虏而后朝食，于是建设共和政体耳。隆冬之令，南军绵薄之驱，非能径破幽燕也。和议可成，北廷将覆，而一二沾沾自喜者私自建树以召北军之怒，是为曲徇一人，而令虏延其馀命，即与光复之志背驰。纵复倖成，则生灵涂炭已甚，所以悼心失图不敢从命者，岂歉然于执事一人哉！苟举成事不说之义，辅全南纪，大布德音，仆亦尝与人言，孙君今日莅中国而总群黎，非复曩日秘密结社时也。宜屏去幸人，委心耆秀，东西从者三数浮浪之人，一切资遣归国，无令杂处，然后博精一志，劳来四民，南方虽弱，足勉自成就。尝传达其言于汪兆铭，终不见听；迄于今日，摽心扼腕，而议执事之短长者，非独一二人也。栋折榱崩，身将被压，箴规不听，不得不著之报章，以冀执事之一晤，而岂反对新政之云。

"执事就职半月，新政未行，仆何所容其反对。乃如改历定官诸议有所指摘，此自平议之常。令新政府所行，庶政事无美恶，权无当否，徒以新政之名禁人訾议，度执事亦不谓然也。私衷过虑，以为天下恒少善人，况承满政府腐败之馀，贪墨生心，奸欺得志，非督以威刑，格以绳墨，旧染将不可涤除，独于执事尊重纠察一权，有所未择，亦以救弊宜然耳。苟讳国恶以避外交之责言，彰虚美以淆邦人之观听，身遇开明之世所不敢出也。若执事能翻然改图，推诚黄发，萦怀万民，仆方优游缓带，以扬德美，复何讽议之有! 若其不改,能持论者,岂惟一人,其天下实将藉藉。盖闻恃旧不虔,许攸所以致戮;进言见却,张昭为之杜门。仆虽浅拙,亦尝涉历世变矣。死生之分,一系于执事耳。书此,敬问起居万福。章炳麟白。"(《大中华》第二卷第十二期,1916 年 12 月 20 日出版。)此书未标年月,惟于标题下注明"辛亥年作"。函称"乃如改历定官诸议有所指摘",查章氏"改历"之议,见《大共和日报》1912 年 1 月 8 日;"定官诸议",见 1911 年 12 月 1 日出版的《民国报》所载"宣言",(均见上引。)则应发于 1 月上旬以后。又云"执事就职半月,新政未行",应发于 1912 年 1 月 1 日孙中山就临时大总统职半月以后,故系于此。

1 月 30 日,章氏赴杭。报载:"日前浙江教育会开会选举,经公众举定章太炎、沈衡山二君为正副会长,已志本报。兹该会以教育关系重要,急须正副会长到会主持,特派代表来沪向章太炎先生劝驾,业于昨日偕同返杭矣。"(《大共和日报》,1912 年 1 月 31 日。)

2 月 7 日,章氏"赴金陵",旋即返沪。初,孙中山曾函邀章太炎赴南京,章氏复以"得书,适归浙理教育会。六日,当赴宁相见"。(《临时政府公报》第十号,1912 年 2 月 9 日。)遂"于阳历二月七日赴金陵,见胡汉民于总统府"。(《布告反对汉冶萍抵押之真相》,见《大共和日报》,1912 年 3 月 6 日。)

2 月 9 日,"闻孙公以汉冶萍公司许日本松方正义合资,与盛宣怀同署名","布告反对汉冶萍抵押之真相":"大冶之铁、萍乡之煤,为中国第一矿产,坐付他人,何以立国? 公司虽由盛宣怀创办,而股本非出一人,地权犹在中国,纵使盛宣怀自行抵押,尚应出而禁制,况可扶同作事耶?""以执事之盛名,而令后来者指瑕抵隙,一朝蹉跌,自处何地? 及今事未彰布,速与挽回,是所望于深思远计之英也。"(《大共和日报》,1912 年 3 月 6 日,《太炎最近文录》改用今题。)

查"抵押"事,据盛宣怀函稿:"因敝处自去秋以后,银行钱庄一概不通往来,重以尊命,特派赵君丙生转商正金银行儿玉君代借,四个月为期,该银行以必有合例抵押品方能商办。"且谓"区区之事,鄙人极愿效劳,惟儿玉君所云抵押,亦是银行常例,似难相怪"云云。(盛宣怀:《复孙中山书》,1912 年 1 月 10 日,函稿,上海图书馆藏。)则孙中山因南京政府军饷缺乏,曾派人向盛募款。章氏发出《宣言》后,孙中山又专函复告:"此事弟非不知利权有外溢之处,其不敢爱惜声名,冒不韪而为之者,犹之寒天解衣付质,疗饥为急。先生等盖未知南京政府之现状也。每日到陆军部取饷者数十起,军事用票,非不可行,而现金太少,无以转换,虽强迫市人,亦复无益。""弟坐视克兄之困,而环观各省,又无一钱供给,以言借债,南北交相破坏,非有私产,无能为役。似此紧急无术之际,如何能各方面兼顾。(原注:"且盛氏自行抵押,亦无法禁制。该矿借日人千万,今加倍五百万,作为各有千五百万之资本。")夫中国矿产甲于五洲,竞争发达,当期其必然;否则专为盛氏数人之营业,亦非无害。此意当为时论扩之,至于急不择荫之实情,无有隐饰,则祈达人之我谅。"(见《赵凤昌藏札》第一○九册"辛亥要件"三册之三,国家图书馆藏,下同。)

2 月 10 日,参议员通过"清室优待条件",章氏发表宣言:"优待皇室条件,过于宽大,而为弭兵之计,惟须速解,其势不得不然。要在退位,不在去名。""惟既有皇帝、王公名号,似不应视为公民,令其选格;若兼爵号、选格而有之,则过于优崇矣。鄙意以为自辅国将军以上,宜削去公权,有愿入民籍者,听其自便。"(《太炎最近文录》。)12 日,清帝下诏退位,授袁世凯全权组织"临时全权政府"。

2 月上旬,孙中山函聘章氏为枢密顾问:"自金轮失驭,诸夏沉沦,炎黄子姓,归于僮隶。天右厥宗,人神奋发,禹域所封,指顾奠安,实赖二三先达启牖之功。文亦谓密勿以从于诸君子之后,惟日孜孜,犹多隙越,光复闳业,惧有蹉失。惟冀耆硕之士,为之匡襄,砥砺民德,纲维庶政,岂惟文一人有所矩矱,冠裳所及,实共赖之。执事目空五蕴,心殚九流,撷百家之精微,为并世之仪表,敢奉国民景仰之诚,屈为枢密顾问。庶几顽懦闻风,英彦景附,昭大业于无穷,垂型范于九有。伫贮高风,无任向往。急惠轩车,以慰饥渴。"(《临时政府公报》第十三号,1912 年 2 月 11 日。)但章未到任。

2 月 13 日,孙中山向临时参议院辞临时大总统职,并推荐袁世凯以自代。

2 月 13 日,《时报》刊载章氏《致南京参议会论建都书》。本日,袁世凯在致南京临时政府的电文中称:"世凯极愿南行,畅领大教,共谋进行之法。只因北方秩序不易维持,军旅如林,须加部署。而东北人心,未尽一致,稍有动摇,牵涉全国。诸君皆洞鉴时局,必能谅此苦衷。"不肯离开北京。孙中山则在向参议院咨请辞去总统时,咨文末尾所附办法三项,第一项即为"临时政府地点,设于南京,为各省代表所议定,不能更改"。坚决主张建都南京。章太炎原曾主张建都武昌,以为"以武昌为都城,以金陵为陪都,此今日正当办法"。(1911 年 12 月 3 日《致赵凤昌书》,见《赵凤昌藏札》第一〇八册。)到南京临时参议会开会讨论前,却又电请建都北京,说是:"金陵南服偏倚之区,备有五害,其可以为首善之居哉!谋国是者,当规度利病,顾瞻全势,慎以言之,而不可以意气争也。"(《致南京参议会论建都书》,见《时报》,1912 年 2 月 13 日。)2 月 14 日,南京临时参议会开会,提议讨论建都地点,投票者二十八,主北京者二十票,主南京者五票,主武昌者二票,主天津者一票。孙中山接到参议院的议决案,异常气愤,立即依法咨交该院复议,仍主定都南京。越日,开选举会时,粤省议员倡言重议,而临时总统交令复议之咨文亦至,结果,投票者二十七,主南京者十九票,主北京者六票,主武昌者二票。此后,章氏还以中华民国联合会名义致电南京参议会:"贵院决议临时政府建都北京,天下公论。政府驳令复议,务望坚持。"(《时报》,1912 年 2 月 21 日。)又以政团、报纸名义致电南京参议院:"都城地点,贵院为政府所牵制,舍北取南,帝党有死灰复然之势,强敌有乘机侵略之虞。况立法为行政所侵,不能保其独立。民国开此恶例,尤可寒心,望诸君以去就力争,保全天职。中华民国联合会、民社、国民协会、《民立报》、《神州日报》、《时事新报》、《大共和日报》同叩。"(《民立报》,1912 年 2 月 21 日"公电"。)

这时,黄兴特地发出《为主张建都南京驳庄蕴宽等电》,提出"袁公虽与清廷脱离关系,尚与清廷共处一城。民国政府移就北京,有民军投降之嫌,军队必大鼓噪"。"临时政府既立,万不能瞬息取消。清帝既退其统治权,统一政府未成立以前,当仍以南京为临时政府,自应受之于政府所在地,更无移政府而送其接收之理"。袁世凯"移节南来,与清帝关系断绝,尤足见白于军民各界,而杜悠悠之口。袁公明哲坦白,固已见此,故日来亦有来宁之意。若移政府而北往,势不得不移南方之重旅以镇北京"。并谓"章太炎先生之函,与《民立报》上所论略同,所云谋政治之统一,谋经济之发展,谋兵权之统一等条,多非纯粹之建都问题"。(《民立报》,1912 年 2 月 24 日。)又发出《致袁世凯请南来就总统职电》,(《临时政府公报》第二十四号"附录",1912 年 2 月 28 日。)而章氏却发出《驳黄兴主张南都电》,说是"袁公既被选为大总统,大总统之所在,而百僚连袂归之,此自事理宜然,何投降之可能"。"袁公既被举为临时大总统,则名实自归之矣,何必移统一政府于金陵,然后为接收耶?""袁公已被举为民国大总统,徒以与清帝同城,谓之关系未断,是断绝不断绝之分,不在名位权实,而在地点。然则临时政府所遣使人往迎袁公者,一入蓟门,亦即与清帝复生关系耶?"(《太炎最近文录》。)章太炎在建都问题上,支持了袁世凯建都北京的主张。

2 月,又有《敬告对待间牒者》、《参议员论》。前文谓:"报载某国遣间牒游说某会,定都南京,反对项城,余亦备闻其说。""夫国人所以推袁项城者,岂以为空前绝后之英乎?亦曰国家多难,强敌乘之,非一时之雄骏弗能安耳。虽项城所以不敢穷兵胜敌而后自贵者,亦惧相杀至尽,而反为他人利也。若以彼有帝王万世之心,此则民党相监,自有馀裕。且夫称帝亦何容易,非战胜强邻,得其土地重器,不足以极威望而驯民志。"《参议员论》谓:"议员者,其实非民之代表也,不受僦费于民,而受月俸于政府,此特民选之议郎耳,犹官吏属也。""往古名例,旧朝官称,因国固不能悉废,今必欲拨而去之,以为专制时代之名,无当于民国,乃至以左院右院之称,而横举左辅右弼以相拟。苟左右亦为民国禁忌之言,则手足必当断截,方位必当混淆矣。""谋及刍荛者国之益,筑室道谋者国以亡。不知今之议员,其愿为前之谋主耶?将愿为后之谋夫耶?或曰:一院擅场,鲜无斯病,他日两院既成,祸将自弭。然而草创之初,百事待理,欲坐待半年则远矣。"(两文均见《太炎最近文录》。)

2 月,又致电袁世凯商榷官制,有"内官拟设总理";"各部总长、次长以下,设参事厅,主讨论;设佥事厅,主执行";"外官废省存道,废府存县,县隶于道,道隶于部。其各省督抚、都督等,改为军官,不与民事,隶陆军部"。"参议院应由国会推举,不得由内外行政长官指派"等。(《太炎最近文录》。)

2 月 28 日,报载章氏弟子马裕藻等发起"国学会",请章为会长。《缘起》云:"先民不作,国学日微,诸言治兴学,以逮艺术之微者,罔不圭臬异国,引为上第。古制沦于草莽,故籍鬻为败纸,十数稔于兹矣。……语曰:'国将亡,本必先颠。'典章制度名物训诂,玄理道德之源,粲然臭备于经子,国本在是矣。今言者他不悉知,唯欲废绝经籍,自诩上制,何其乐率中国而化附于人也。方当匡复区夏,谓宜兴废继绝,昭明固有,安所得此亡国之言,以为不祥之征耶?刘子政有言,历山之由者善侵畔而舜耕焉,雷泽之渔者善争陂而舜渔焉,东夷之陶器窳而舜陶焉,故耕渔与陶,非舜之事,而舜为之以救败也。学术之败,于今为烈,补偏救弊,化民成俗,非先知先觉莫能为,为亦莫能举其效。馀杭章先生以命世之材,为学者宗,魏晋以来大儒,罔有逮者。昔遭忧患,旅居日本,睹国学之沦胥以亡,赫然振董,思进二三学子,与之适道。裕藻等材知驽下,未能昭彻所谕教,然海内学校之稍稍知重国故,实自先生始之。流风所被,不其远乎？虏廷克减〔灭〕,先生亦返国,昌言至论,既彰彰在人耳目,同人复以学会请,庶尽其广博,以贻后昆。先生许诺。且言令之所亟,亦使人知凡要,凡要微矣,诚得其故,如日星河岳然,虽月三数会,不病寡也。既获命,敢告海内贤士大夫,莫莫葛藟,施于条枚,岂第君子,求福不回。文武之道,未坠于地,十室之邑,必有忠信。宣扬而光大之,是在笃志自信者,可以固国,可以立,可以诏后生,可以仪型万世。凡百君子,其亦乐乎此也。学会规约别录如左:

"一,定名曰国学会。

"二,请章太炎先生为国学会会长,并随时延请耆儒硕彦,分科讲授。

"三,讲授科目大别有六:甲,文,小学(音韵训诂,字原属焉)、文章(文章流别,文学史属焉);乙,经(群经通义);丙,子(诸子异义);丁,史(典章制度、史评);戊,学术流别;己,释典。

"四,讲授期以壬午阳历四月七日、阴历二月二十日房日始,自后凡房虚昴星日即为会期。

"五,愿入会者,以得会员三人以上介绍而学长允许为准。

"六,凡会员暂定月纳会费银二元。

"七,凡所讲授,由会员分任,随为国学讲义,随时印行,以饷学者。刊行讲义,别有详章。

"发起人:马裕藻、钱夏、朱宗莱、沈翚、龚宝铨、范古农、朱希祖、沈钧业、张传梓、张传瓛。"(《民立报》1912年2月28日《国学会缘起》。)此后,《大共和日报》又有《国学会广告》,谓设会于杭州。见下。

2月29日,报载章氏与陈三立等"乞保护"金山寺电,电云:"南京孙大总统、内务部、教育部钧鉴:前因太虚、仁山二僧假佛教协进会名义,以武力劫制金山寺,曾电乞保护,蒙饬教育部查办在案。讵意旧历十二月二十九日,仁山复引军人数人,将寺僧三人捆送审判厅拘押,迄未开释。昨日审判区又率兵到寺,搜拿方丈,并将普陀山僧少青等四人拘去,闻有非刑逼勒罚款情事,如此不法恣肆,岂今日民国所应有,迫切电请速救倒悬,不胜待命之至。章炳麟、陈三立、狄葆贤、汪德渊、梅光远、蒯寿枢暨佛学研究会全体会员同叩。"(《民立报》1912年2月29日"公电"。)

3月1日,中华民国联合会宣告改名为统一党。该日《大共和日报》载《中华民国联合会改党通告》:"南北混一,区夏镜清,共和之政府成,而艰难复逾于曩昔。经营构画,在强有力之政府,谋议监督,在有智识之国民。夫惟集天下之智勇,聚天下之精材,然后一者不复分,合者不复涣。中华民国联合会照章本应改党,特开参议会,询谋金同,兹署新名曰统一党。"(又见《统一党第一次报告》,出章氏手笔。)

3月2日,中华民国联合会召开"改党会议","到会者二百人,章太炎君报告开会宗旨与联合会成立以来之历史及所以改为统一党之理由。熊君秉三演说政纲。张君季直演说组织政党,所以站稳共和脚步。黄君云鹏演说社会政策与社会主义之区别。

遂投票选举理事五名:章太炎、程雪楼、张季直、熊秉三、宋遁初。又每省选评议员二名,当场选出者十省"。(《民立报》,1912 年 3 月 3 日《统一党之成立》。)

章太炎在"改党大会"上演说,大意谓:"本党前此名联合会者,因各省独立,恐形势涣散,不能统一,故设立此会,但尚未宣布政纲。数月以来,政府未成真正政府,故本会亦鲜大事可记。而对于建都、借债各问题,或明电力争,或暗中阻止,对于时病,盖已多所挽回。现在沪、宁两处,俱有政团发生,除社会党外,如民社、国民协会、共和统一会、国民共进会等,宗旨大约相同,本可合而为一,即仆亦甚望其并合。无如事实上微有阻碍,故一时不能即合,然将来必可联合也。

"本会本部会员,现已达七百馀人,南方各省,大抵皆已设支部,北方亦可渐次扩充。当此区夏廓清,真正政府,必当出现,故应此时期改名为统一党。至本党宗旨,不取急躁,不重保守,惟以稳健为第一要义。"(《大共和日报》,1912 年 3 月 3 日,《统一党第一次报告》也曾收入。)《统一党章程》"总纲"为:"本党以统一全国建设,强固中央政府,促进完美共和政治为宗旨。"(《统一党第一次报告》。)

3 月 3 日,又电孙中山:"汉冶萍事,公将借款原约十二条电令取消,甚佩卓见。惟盛宣怀致电股东董事会,尚借口于公司合办草约十条亦经核准,诿咎我公,以肆狡诈。查该草约十条送宁,在公电令取消原约之后,究竟是否核准,请速电复为盼。"(《民立报》,1912 年 3 月 7 日。)孙中山电复:"所谓取消,即取消合办条约十条之批评也。此草约以须通过股东会而后成立,股东会抗议即无效。⋯⋯两次电王转盛,皆令取消合办之约。"(同上。)

3 月 4 日,《大共和日报》刊登《国学会广告》:"兹者中夏光复,民国底定,振兴国学,微先生(按指章氏)其孰与能,同人念焉。爰设讲学会于湖上,乞先生主持之。"发起人为马裕藻、钱夏、朱宗莱、沈罢(兼士)、龚宝铨、范古农、朱希祖、许寿裳等。会址暂设杭州方谷园。《缘起》、《章程》则载 2 月 22 日《大共和日报》。

3 月 4 日,内务部颁布"暂行报律"电文:"前清政府颁布一切法令,非经民国政府声明继续有效者,应失其效力。"规定暂行报律三章:一,"新闻杂志已出版及今后出版者,其发行及编辑人姓名须向本部呈明注册";二,"流言煽惑,关于共和国体,有破坏弊害者,除停止其出版外,其发行人、编辑人并坐以应得之罪";三,"调查失实污毁个人名誉者,被污毁人得要求其更正,要求更正而不履行时,经被污毁人提起诉讼,讯明得酌量科罚"。(《南京临时政府公报》第三十号,1912 年 3 月 6 日。)上海报界俱进会和《大共和日报》等通电反对,3 月 7 日,《大共和日报》社论《却还内务部所定报律议》系章氏所撰,谓:"种种不合,应将通告却还,所定报律,绝不承认,当知报界中人,非不愿遵守绳墨,惟内务部既无作法造律之权,而所定者又有偏党模胡之失。"(收入《太炎最近文录》。)旋即由大总统令饬内务部取消"暂行报律"。(《南京临时政府公报》第三十三号,1912 年 3 月 9 日出版。)

3 月上旬,与程德全等联名致电袁世凯、孙中山,以范光启等弹讦王赓为"与事实矛盾"。电云:"北京袁总统、南京孙总统、各部次长、各省都督、南北军司令、京津武汉各报馆均鉴：报载范光启君等电称，汉奸王赓一则，当与事实矛盾。此次共和成立，王君以充旧内阁军事参议，转移北方将士心理，赞助项城，民国计画，功效极大。其在九、十月间，未入北京以前，首在吉林主倡共和，各方反对，几遭暗杀，北方人士多能言之，岂有首主共和之人，密谋调查同党之理。至于孙君少侯被逮，据当时报纸所载，咸谓系安徽桐城凌某所为，更于王君无涉。事实彰彰，海内本有公论。惟念民国新造，弓影之来，最是使正士寒心。尤恐范君等南北暌隔，传闻异词，致生误会。某等夙与王君并无友谊，此次战证以至友所□，或同谋共和事业，深知王君为热心共和、尊重道德之人，用特申明事实，俾海内同志不厚诬正人，或亦于主持公道有关焉。程德金、章炳麟、张绍曾、刘莹泽、陈宦、吕均、钱芥尘同启。"（《民立报》，1912年3月11日"公电"。）章氏此电与官僚、政客、军阀同署，为劣迹多端的王赓（揖唐）进行辩护。

　　3月中旬，浙江民国新政社成立，不经章氏同意，以他和陈介石为正副会长，引起褚辅成等的反对。（《大共和日报》，1912年3月18日《莫须有案之真相》。）

　　3月26日，《大共和日报》刊登章氏《诘问南京政府一等匿名印电》，对"匿名印电"所云章太炎主都北京，有功袁世凯，拟畀以教育总长或最高顾问之职，着"速晋京陛见"，提出诘问。孙中山看到后，即于27日函复："已饬电局查报"，"仆不虑此曹能变乱是非，独恶其造谣生事，居心叵测耳。时局虽称大定，然图治未见加奋，思乱者仍犹未已，于极无聊赖中，犹欲试其鬼蜮，民德如此，前途大可忧也。"江宁电报局也专电查复："所询之电，确有内务部印信。"（见《太炎最近文录》附。）章氏对此，终不能释然。

　　3月下旬，南京川籍革命党人召开四川革命烈士追悼会，孙中山出席，章太炎则送来一副挽联，写道："群盗鼠窃狗偷，死者不瞑目；此地龙蟠虎踞，古人之虚言。""他骂南京鼠窃狗偷，但当时鼠窃狗偷的大半还是立宪党人，而章太炎不正是和他们沆瀣一气吗？他反对建都南京，认为南京并非龙蟠虎踞，难道北京果真就是龙蟠虎踞的地方吗？很明显，章太炎为了反对孙中山先生，已经实际上站到袁世凯那方面去了。"（吴玉章：《辛亥革命》第152页。）追悼会后，川人黄复生、吴永珊（玉章）等为死难烈士请求追赠，孙中山立即签署，"邹容、喻云纪、彭家珍照陆军大将军阵亡例赐恤，谢奉琦照陆军左将军阵亡例赐恤。"（《临时政府公报》第五十一号，1912年3月29日。）

　　3月29日，《大共和日报特别启事》："以发表政见，多已由报界公同集议，商定限制：一，非关于公害公安而攻击个人者；二，不具名者；三，无真确之政见，为私人图名誉发空论者；四，行政官寻人由报馆代转者；五，立言过激，妨害治安者。凡属此类，均削而不登，自今日起一律实行。"

　　3月，章氏有《致袁世凯论治术书》：首先希望袁世凯："厉精法治，酬报有功，慎固边疆，抚宁南服，以厝中夏于泰山磐石之安，而复一等国之资格。"继谓："当今急务，盖有数端：以光武遇赤眉之术，解散狂狡，以汉高封雍齿之术，起用宿将，以宋祖律藩镇之术，安尉荆吴。大端既定，然后政治可施。"（《太炎最近文录》。）又有《致袁世凯商榷官制电二》："中书初建，必赖骨鲠胜任之人，非以位置阘茸，安慰反侧也。乃闻设官分部，数至十二，已开虚糜廪禄之端，商榷阁员，每下愈况。京外官僚中，非无清刚晓练之士，何取著名鬻国之曹□□,(按指曹汝霖。)发难首功者,非无稳健智略之人,何取弄兵潢池之陈其美? 物议哗然,人心将去。""愿饬唐总理访求物望,询于老成,无故无新,惟善是与,杜奔竞者夤缘之路,削参议院干预之权,然后人无幸进,国有与立"。(同上。)

3 月,章氏又有《致张继、于右任书》:"昨承饷食,恳恳以帝制复兴为虑,而言保皇、立宪诸党之不可信。不知此但少数人耳,资政院、谘议局人,不可称立宪党,立宪党亦与保皇党殊。保皇党始起也,无过康、梁辈数人,本与西太后抗,而非为保其旧君。清景帝殁,名义复无所托,康长素在神户,亦已宣告割辫,渐有转移矣。武昌倡义,汤济武乃为元功,此独非保皇党耶? 若云效忠小腆,以求死灰之复然者,吾知天下无此愚夫也。立宪党者,其间亦玉石不齐,与革命党相类。若夫愤国权之沦丧,哀行政之苛残,屈于满洲帝制之下,而不得不以君主立宪为名者,盖三分居二焉。今者,民国成立,名分已移,安有屈强不悟、以崇戴大事为表帜者哉? ……仆之始愿,岂与同盟会背驰,曩日所以力排二党者(按指保皇、立宪诸党。)虑其为建夷用耳。今者,屡胡已去,天下为公,虽无公旦之贤,握发吐哺,期于招延彦圣。若夫怀娼嫉之心,挟阴私之计,宁使人材蛰伏,邦国殄瘁,而必不可使一党不居于势要者,非独仆所不为,亦愿诸君与同盟会人深戒之也。""南京政府既成,任用非人,便佞在位,私鬻国产,侵牟万民,无一事足以对天下者。同盟会人,惟是随流附和,未尝以片语相争,海内视同盟会,盖与贵胄世卿相等,起而与之抗者,非独一人之私也。""遁初尝言,选择同盟会中稳健分子,集为政党,变名更署,与同盟会分离。诸君若采是策,仆方咏歌颂祷之不暇,何敢复有异辞,以伤大雅卓尔之士。"(《太炎最近文录》,题称《销弭党争书二》。)

张继复书见《民立报》,原文为:"太炎先生左右:先生思虑太繁复,往往千端万绪,易并为一谈。曩夜我辈酒酣话旧,杂以笑语,所言各有一当,贯串叙合则语病生。即前夜先生作醉语,亦颇有愤激过当者,无非有感而言。故次晨来书,不复叙入,亦知枝叶可删也。所谓虑帝制复兴,盖言若此后国民仍听意气用事,各趋两极端,则精神将病,不可不加意致谨于其始。至以世界趋势之事实论,继之所料度,正如先生之意,彼此无不吻合也。保皇、立宪诸党之名,我辈昔日,习指一二狐群狗党,肆恶满奴者而言。犹乎同盟、光复诸会之名,彼辈昔日亦习指一二狐群狗党、卖弄革命者而言,同一习惯之代名词也。前夜偶因一二不可信任之遁客等等,(原注:"尚非指梁启超一流,知人论世者,自知所指。")遂随便以保皇党等之代名词,举例相质,是亦类乎先生痛恶今日一二乘机行恶之人,亦以同盟会为代名词,混括见疵,本皆不合于论理者也。

"先生忽泛论及于资政院、谘议局之人物云云。先生特欲论之者,无他深意,然比类而举,时人不察,或借以挑弄恶感,为继所不惜造此黑白。因彼夫愤国权之沦丧,哀行政之苛残,屈于满洲帝制之下,而不得不以君主立宪为名,所谓一般之政客,迷信政治万能者,玉之居石,继何尝不信其三分居二。即在今日,所谓统一党、同盟会等等,以政党自标者,略有十数。在继之心目中,一例以昔日出入资政院、谘议局之立宪党视之,因目的稍异,手段则同。继等亲为参议院议员有日,验之益信。若居此有政府之浊世,苟此曹诚有所愤所哀而论之者,亦可相恕。今日之持论如此,昔日之持论亦同。昔日不明言者,力排二党,虑其为建夷用,此物此志也。

"苟欲批露吾之本心,政客之贤不肖,非所愿论,择党而居之,独有赓续革命善耳。然强抑吾之志愿,善善从长,以调人自居,委蛇于政客间者,特不忍新国之萌芽幼弱,惧冲突则致蹂践,适趋于灭绝而已。继之屈意于各党,愿过于人人,乃疑为与人辄有所异同,是诚何心。同盟会之变名更署,继初主张甚力,后乃悟名目上之问题,特朝三暮四之术耳。隶吾于同盟会,学从其朔,在我个人,顾名思义,或借可保持革命精神,倘如先生所虑,其他庸妄人,或有贵胄世卿之思。例诸来书玉石之喻,一党之大往往杂出此等不稳健之分子,纵屡变名目,引之即至,贤否相参,无党幸免,止能随时汰除,积渐改良而已。故同盟会以秘密结社之名目,一旦暴露天日,移为政党之名目,蕲参于诸党之间。同盟之义,犹夫统一,正亦足以与诸大党左右携手,发表其所谓政纲者,一变名之名词,在政海中少一罪言。先生好绝恶缘,独于政客,欲多其繁文,是又何义?先生之所谓势要,欲各党人材同居之者,继之粗卤,不明其界,说若专以行政大官为势要,则彼政客鼓吹政党内阁,扶为最良政治云云者,方视国务之员必出于一党,有宪之国以议会为主体,不充国务员之各党,即于主体之议会,行其监督,言其势要,亦复相同,此术虽不足骤适于蒙昧之时代,然一人任事,往往汲引其所知,亦事势所难免,问其材否何如,不必责其必出于党外也。

"虽然,政海恶孽,本为悲智家所深悯,无如梦梦长夜,中西同揆,何日破晓,是在人智。先生既愿入地狱,与政客作缘,当降格以世法论,否则我辈乃鼓吹社会之革命,必剧必烈,投荒于海外可也。惟先生之言,有足为同志戒勉者,继愿与同盟会及非同盟会诸有道共志之。张继顿首,右任先生并嘱致意,不另答。"(《民立报》,1912年4月3日《张溥泉复章太炎书》。)

这时,章氏对同盟会裂痕加深,且主张"销去党名"。张謇《为时政致黄克强函》云:"总之军事非亟统一不可,而统一最要之前提,则章太炎所主张销去党名为第一。此须公与中山先生密计之,由孙先生与公正式宣布,一则可融章太炎之见,一则可示天下以公诚,一则可免陆军行政上无数之障碍,愿公熟思之,此为民国前途计,绝无他意也。"(《政闻录》卷四。)可见章太炎已与立宪党人沆瀣一气。

《太炎最近文录》辑有《否认临时约法》,并云:"是文系先生口授大意与某君,并为删订,故与平素文字不同。"查本文载《大共和日报》1912年3月26日,注明"来稿",作者署名"匪石",显非章氏手笔;28日,《大共和日报》又载"匪石"《再论否认临时约法》,系驳章士钊者,也非章太炎所写。

4月7日,章氏自沪至南通。8日,南通共和党分部成立,开会欢迎。张謇在欢迎会上致介绍辞:"今日我县共和党分部成立,党之本部理事章太炎先生适惠然下临,凡党中进行之事可以求教,无任欢忭。国虽已为民主,进行方针尚未确定,此后如何指导,如何监督,凡在国民,皆有责任。惟国民程度尚浅,未能尽人具此知识,实有赖于政党为之代表,政党非可随意结合,必须全体有指导监督之能力。近日党之名目多,而随意结合者亦有所闻,创作之始,所不能免,正须一稳健之政党,此党中人物于社会有充足之信用,有正当之政见,方能吸收各党成一最有力之政党。就各种党派言,能有此价值者以本党为最。太炎先生学识宏富,道德高洁,尤为国人所崇拜。此次惠然来通,实吾党极大幸事,已请指导一切,吾党群士,其敬听之。"(曹文麟辑:《张季子九录校补稿》,稿本,上海图书馆藏。)

4月9日,又至南通师范学校演说,张庸等询以"苏报案"、《民报》封禁等事,章氏有"答问",载《太炎最近文录》,已分别择录于前。

4月11日,《大共和日报》载:《统一党消息》:"本党党员许卓然君等在苏州组织法政学校,聘请本党理事章太炎先生为名誉校长,明日开校。许君来沪迓太炎先生往苏。"

4月11日,章氏返沪。12日,《大共和日报》载:"太炎先生自常州返沪,席未暇暖,即至南通县分部演说政见,勾留数日,昨夜始返本部云。"

4月14日,《大共和日报》载有《与黄季刚书》:"昨闻述黄克强语云:章太炎反对同盟会,同盟会人欲暗杀焉,以其所反对者,乃国利民福也,赖我抑止之耳。""克强丛怨已深,兵在其颈,当自求全驱之术,毋汲汲为他人忧也。昨兼述遁初语,此子当任其优游,去秋以总理相期者,当时固无人敢为权首,秉钧之望,独在新起有功者,同盟会人亦惟此君差可,非谓中国惟此材也。"(收入《太炎最近文录》。)对同盟会人时有讥议。

4月22日,北京《新纪元报》创刊,章氏撰《发刊词》,据说是因"当时莠言乱政,众喙争鸣,先生恫之,故痛抉其弊"的。辞曰:"京师,政令之出也,街陌传言,朝暮相受,光复以来,日报至二三十家,然以视海上逖听风声者,犹几不逮。其人或素在政界,见闻当悉,评议当近真,而视海上之营业者,又往往偏颇失实。则何也?情在爱憎,而志相倾陷也。""前者燕昵之情,发而为媚道;后者斗狠之气,腾而为讹言。……日报若是,何足以匡国政而为史官所取材哉!""尝观清政府之亡也,非以兵刃,乃自言论意志亡之。今者,中夏光复,万物开春矣。秀而不实,中道夭伤,其非志士仁人所愿。若以斯之言论,伏于心胸,发于事业,则媚与乱交长。以乱易媚,非不足以快愤心,将有瓜分之祸;以媚易乱,非不足以驯民志,则有鱼烂之忧。大惧国之丧亡,不在戈矛,而成于謷謷之口,俯仰筹箸,思所以革更之,己亦不称,人亦不足与我相当。京师有报,题曰《北京日日新闻》,视他报犹颇质信,因易其名曰《新纪元》。与记者约,事不可诬,论不可宕,近妇言者不可听,长乱略者不可从,毋以肤表形相而昧内情,毋以法理虚言而蔽事实,毋以众情踊动而失鉴裁,以是革末流之弊,则庶几其有瘳乎!"(《太炎最近文录》。)

4、5月间,有《致梁启超书》:"迩者,民国成立,寰宇镜清,而君濡滞海隅,明夷用晦,微窥时势,犹非故人飞跃之时。盖党见纷争,混淆黑白,虽稍与立异者,犹不可保,况素非其类耶?自金陵光复以来,弟与雪楼、季直、秉三、竹君诸公,即尝隐忧及此,与诸君子相合,为中华民国联合会,近改署统一党,无故无新,唯善是与,声气相连,遂多应和。而同盟气焰犹盛,暴行孔多;旁有民社,则黎宋卿部下旧勋不平于南京政府者,虽与弟辈意见稍殊,大致亦无差异。以言政党,犹非其时;若云辅车相依,以排一党专制之势,则薄有消长耳。当今南北相持,犹未和洽,南京政府取销以后,悍兵暴客,复当挠乱,东南不逞之徒,弥满朝市,欲令此曹灭迹,非厚集智勇,无以为功。前佛苏来沪,云项城有招君归国之意,鄙意以为联络则是,归国则宜少待岁时也。虽弟辈所望于故人者,意亦犹此。幸藉门下之英材,以作党中之唇齿,遭时不靖,相见愆期,币岁以还,当可揭建鼓而行衢路也。"(《梁任公先生年谱长编初稿》"民国元年"。)

5月,与于右任、王正廷、田桐、张謇、张继等发起通俗教育研究会,其《宣言》略谓:"革命未成以前,当注力于通俗教育,而期多数人民之能破坏;革命成功而后,当注力于通俗教育,而期多数人民之能建设。""传布通俗教育之方术,不外二大端:一为借语言艺术及娱乐事物以传布者,二为借印刷出版物以传布者。""兹同人等谨发起通俗教育研究会,集思广益,先之以研究,继之以实行。"(《民立报》,1912年5月7日《发起通俗教育研究会宣言》。)又附《通俗教育研究会简章》,其"宗旨"为:"本会以研究通俗教育设施方法,为普通人民灌输常识,培养公德,并发启有关社会教育之各事物为宗旨。""研究事项"为:"甲,以语言艺术及娱乐事物感化社会";"乙,以印刷出版物感化社会。"(《民立报》,1912年5月10日。)

5月初,章氏赴北京,5月7日《大共和日报》载《章太炎先生政见之一般》:"章太炎先生来京,寓蒙古实业公司,近有某君拜访,问其政见。章君谓今日之政府,名为南北统一,其实中央政府之命令,不能行于全国。予以为民国成立,首在规定政权,必中央之权略重,地方之权略轻,始能有统一之望。又谓参议院前定临时约法太完备,应即提出修改,以为将来编订宪法之根本。"

5月7日,北京统一党人开会欢迎章太炎,当时报载:

"北京统一党日前假湖广会馆开会,在京党员到会者不下五六百人,首由章君炳麟演说该党宗旨之正大。次由唐君蔚芝演说进行方法,后由徐、龚诸君相继布告各处党员日见增多,合计达三四千以上,并述该党归入民社之理由。略谓统一党之成立,同人颇费艰辛,而宗旨与实力,实当今最有力之政党,促民国进步,有非浅鲜。若云归入民社,夫岂本党之愿,然现在国民协进等会,均与民社联合为一,本党未便独树一帜,且于此加入,正可使共和一致进行,组成一极大共和政党,民国初基,于以巩固,与本党之宗旨,并无违异。故此时本党决计与民社归并者,仍为实行本党宗旨起见云云。闻俟国民协进会等六政团在沪联合为一大共和党,开成立会后,该党暨京沪各政团即在联合归并,开成立会云。"(《民立报》,1912年5月10日《统一党开会记事》。)

又载:"京函,章太炎到京,统一党人在虎坊桥湖广会馆开欢迎会。章之演说,并无正当政见,惟以詈骂同盟会、毁诬同盟会为最得意之事。该党员皆章徒,以挑衅速祸为能,与平日名望大不相符云云。章自到京以来,谒大总统二次,闻赵总长甚不满意,以老学究目之。"又附唐文治致章氏书云:"昨得敝校来函,将届临时考试,促请南归。因思目下合并大会业已展期,进行之机,尚在阻滞,爰定即日出京。惟窃有进者,吾辈联合政党,确定政纲,原以改良政治为目的,非以抵制他党为宗旨。事若抵制不已,日后不至两党流血不止。……惟望先生此后以和平广大为心,勿詈骂以为名高,勿偏激以致奇祸。至于办事更不宜卤莽专制,以集众怨"云云。(《民立报》,1912年5月19日《唐蔚芝与章太炎》。）《民立报》为同盟会机关报，所载或稍夸大，但章氏这时对同盟会确曾抨击，闹派别纠纷。统一党与民社等并为共和党，他又反对。（见下。）唐文治是清室遗老，和章太炎一起组织中华民国联合会，后并入共和党，也称章氏"以抵制他党为宗旨"，知章氏此时滥发议论。这样，只能对袁世凯窃国有利。

由于章太炎攻击同盟会，反对孙中山、黄兴，当时舆论对他很是不满，同盟会广东支部且通电抨击，电称："各省同盟会鉴：章炳麟乞前充满奴端方侦探，泄漏民党秘密，笔据确凿，尚存本处。忽闻拟委国史院长，如此重大事件，委诸金壬之手，势必颠倒是非，摇惑万世。同人誓不承认。中国同盟会广东支部公叩。"（《民立报》，1912 年 5 月 12 日"公电"《不认章炳麟为国史院长》。）

《民立报》也曾发表秋水撰《呜呼经学大师》短评："章太炎，叔世之大儒也。幼受学于德清先生，研精经学，遂于内典，文又足以自华。少小痛心房祸，提倡排满，遇捕七次，下狱三年，避地日本，益锐于从事诸华之得光复者，太炎之功为多焉。

"汉土恢复，共和既建，任持遗文，拥护民德，訾敕后生，嘉惠来者，是其责也，不谓太炎舍是而结政党。

"太炎素贱视政党，议士至比之为乾矢鸟粪，今竟甘为抱粪之蜣螂而作党魁，朝曳裾于朱门，夕奔走于豪右，不恤宗国之危亡，而惟党见是争，岂范蔚宗所谓憨夫世士，以离俗为高，而人伦莫相恤也？以遁世为非义，故屡退而不去，以仁心为己任，故道远而弥厉者耶？

"昔郭泰以一代大师，不能荣华浚谷而交王公，开朋党奔竞之风，葛洪著论正之，太炎复引其论以讥之，奔走宛平者，可以讥奔走洛阳者乎？

"呜呼！诸夏衰微，学绝道丧，太炎以四百州仅存之硕果，不务兴废继绝，而驰驱于京邑，振兴微学，吾复何望于后生哉！"（《民立报》，1912 年 6 月 2 日。）

6 月 2 日，《大共和日报》刊载《致报界俱进会书》，略谓："京城报馆三十馀家，大抵个人私立，取快爱憎，以嫉妒之心，奋诬污之笔。其间虽有一二善者，而白黑混淆，难为辨别。都城斗大，闻见易周，然其信口造谣，甚于齐谐志怪。"对《国民公报》、《定一报》所载"章太炎在总统府中，以手枪吓唐总理"，提出诘辨。（《民立报》，1912 年 6 月 2 日也载此书。）

查章太炎"以手枪吓唐总理"云云，上海《民立报》曾刊载："前日章太炎在总统府宴会，与唐总理相值，忽出手枪击唐未中，唐走避。总统笑曰：'先生醉耶？'饬兵护送出府。章在途犹向空连击不已，巡警出而干涉，经护兵解释，始得回寓。"（《民立报》，1912 年 5 月 23 日"北京电报"。）《民立报》且载血儿《呜呼党争之怪剧——章炳麟暗杀唐绍仪》。（《民立报》，1912 年 5 月 24 日"社论"一。）报纸刊出后，同盟会南京支部且发出通电，"请求按法惩究"："北京袁大总统、参议员、各部总次长、中国同盟会本部各报馆鉴：报载章炳麟在总统府宴会，以手枪狙击唐总理，总统未予追究，仅以护兵送章返寓云云。事果属实，则章炳麟乱暴违法，已蹈刑章。按之现行律，实不容宥。乃总统震章虚名，竟放弃法律责任，毫不加罪，既足破坏法律之尊严，尤大负人民信赖之初心。本会为国法计，为风纪计，为政事计，为总统计，不得不请求按法惩究，以维法权而杜效尤。中国同盟会宁支部叩。"（《民立报》1912年5月26日《请究章太炎之乱暴》。）此事报纸传闻失实。

6月5日，《大共和日报》载《唐绍仪为章太炎辨诬》："唐以总理名义，电复上海同盟会，辨明章氏并无杀害之意"；惟因"章氏尝有'为国务总理，必须有不畏手枪、炸弹之毅力'云云。各报均系传闻失实，幸勿误会云"。尽管"辨诬"，已造成很大影响，海外华侨且有反映，7月22日，槟榔屿《光华日报》载有李慕牺《章炳麟运动教育总长》："章炳麟固大文豪，亦大粗豪，宜乎用之上马杀贼，下马作露布，总长教育，似乎不宜。盖教化者，陶铸人材，养育者涵养德性，则学问要渊博，品行尤要纯粹。必品学兼优，而后方足以为一国之教育总长。以学问言大文豪足以为教，以言行言大粗豪不足以为育。何谓大粗豪，于总统府敢以手枪击人，粗豪甚矣。欲总长教育，而出于运动，而至于授意党羽赞扬于总统之前，其品行可以想矣。全国之文明进步，基础于教育；全国之道德保存，扶持于教育。章炳麟不足以为诸大夫国人所矜式，又岂足为二十二省诸学堂学生之模范哉！"（转录自《光华日报廿五周年纪念刊》中《本报廿五年来之言论》，1935年12月20日出版。）

6月5日，刊布《论国民捐之弊》，攻击黄兴。初，黄兴留守南京，因经费支绌，军队欠饷，曾于5月24日条陈国民捐及国民银行办法，用以抵拒借用外债。以为"吾国人数约计四万万，其中一贫如洗者，与夫遍地灾黎，固无馀力可以捐助国款；而中人以上之产，即可人以银币一圆为率；最富者更可以累进法行之；所得较多者，亦可以所得税法征之。逆计收入褒多益寡，当不下四万万元，于特别劝募之中，仍寓公平征取之意，在贫者不致同受牵累，在富者特著义声，而仍不失为富"。（黄兴：《提议劝募国民捐通电》，《民立报》，1912年5月2日。）又谓："惟国民捐只可救急一时，仍不能无维持永久之策，以持其后"，主张"除急办国民捐外，宜再由各省自行集合人民资本，以组织国民银行。并由国民银行协力组织一国民银公司，国家如有急需，国民银公司得与政府直接交涉，酌量需款多寡，转向国民银行告贷。"（黄兴：《致袁世凯等电》，见《黄留守书牍》。）接着，"征集众见，拟将民间从前所纳军饷，一律酌换公债券，周年照章给息，以便一意举办国民捐。拟订简章二十馀条，大要以资产计算。除不满五百元之动产、不动产捐额多少听国民自便外，其馀均以累进法行之"。"至政学军商各界及各工厂之职工等，除以资产计算纳捐外，应按照其月俸多寡，分别纳捐十分之一二，以三个月为限"。（《条陈国民捐办法》，见《黄留守书牍》。）章太炎对此，又加反对，在《论国民捐之弊》中说："国民捐者，发于忠士热忱，商民乐助，以是抵拒借债，似有利无弊，然审其实情，非无缘起存焉。""国民捐不期于勒迫，而勒迫必自之生；勒迫不期于永远借债，而永远借债必由之起。吾愿深思远虑之士，审察源流，无为虚言所饵矣。"（《太炎最近文录》。）6月30日，通令禁止勒派国民捐。

6月9日，《大共和日报》载《章太炎主张之一般》，并加按语云："日前章太炎移书某新闻记者杨救炎君，书中于其平日之主张，略举要领，并录之以资留心世务者之商榷。"书曰："今者，暴徒未息，官僚继之，抑其恣睢，针其腐败，诚吾辈之责也。下走刚肠疾恶，近郅都为人，观今弊俗，非言论所能正，独有刀锯桁杨，弹治之耳。言之所及，财有大端，亦所以引纲维、匡倾侧。曩在南方，见金陵政府之败，所争者在汉冶萍合资案及临时政府地点议，卒使聋聩震惊，贪暴戢翕，言之不可以已也如是。今北方大势粗定，一切行政，尚无端倪，仆虽非先觉，亦宜有一二斟酌其间。若夫正人心、息邪说，非仓猝所能就。要之，斫雕为朴，以武健严肃为本。"

6 月 10 日，有《移让阁员书》："昨知唐、熊、蔡三君，在大总统府，以印文小故，去就相要，言辞交构，遂及党争，不意闺房娟妒之情而见之于执政也。""何图外似平夷，阴相猜慝，昌言救国，系心在官。知同时去位，内阁必不能猝备也，故以辞职相要；知两党混成，群情必不能尽允也，故以连持相制。""人心交兵，慑于矛戟，幸而无外患，第二次之革命，将自数君子酿郁成之。祸延于国，殃返其躬，人之所责，不在末僚下吏，非数君子之问而谁问哉？"（《太炎最近文录》。）

6 月 15 日，《时报》载有《统一党暂行总理章炳麟宣言书》，"宣告独立"。先是，统一党于 3 月 1 日宣告"改名"后，于 3 月下旬发布《宣言》："本党本集革命、宪政、中立诸党而成，无故无新，惟善是与，只求主义不涉危险，立论不近偏枯，行事不趋狂暴，在官不闻贪佞者，皆愿相互提携，研求至当。所望政府团体诸君，毋吝金玉，乐与扶持，非独辅助共和，亦以泯除畛域。"（《统一党宣言书》，见《太炎最近文录》，亦载《统一党第一次报告》。）不久，张謇等积极改组，于四五月间筹备合并统一党、民社、国民协进会、民国公会、国民党等政团，改名为共和党。其"党义"为："一，保持全国统一，采取国家主义；二，以国家权力扶持国民进步；三，应世界大势，以平和实利立国。"（《民立报》，1912 年 4 月 27 日《共和党成立大会》。）这时，章氏已和张謇等发生矛盾，《张謇日记》"民国元年三月二十日（1912 年 5 月 6 日）"记："连接章函电，槎桠特甚，乃知政治家非文章之士所能充。"二十一日（5 月 7 日）又记："统一党开职员会，章太炎惑于谬说，意气甚张。"5 月 9 日，共和党开成立大会于上海张园，到者千馀人，由张謇主持，并致开会词言："本会今日由五政团合并成立。……章太炎先生进京时，曾以合并事托謇。太炎未去之先，已议有大致；太炎去时，又承其委托，遂接议合并事宜，当以党义政纲为前提，审无违异统一党原有政纲之处，是为合并之自然元素。惟太炎先生进京后，时有电信往来，最后提出五条件解决后，合并遂定。后又与各党商量，成立大会宜开在北京。各党以时间迫促，广告久经宣布，党员现已到齐，势不能不开大会，后仍应合并到京，乃成本党之本部。由是与各团商定，先在申开会成立，以待北京各团之开会。今日成立会之事实如此。所有共和党规约，皆由各党协定，应请大会中通过。"选举黎元洪为理事长，章太炎、张謇、伍廷芳、那彦图为理事。"次多数程德全、蓝天蔚、李经羲诸君"。另由各团选出干事五十四人。（《时报》，1912 年 5 月 10 日《共和党成立大会记》。）章太炎又予反对，发表《关于统一党不与他党合并之演说》，略谓："合并之事，原非定不可行，但必须群情允洽，方有成功；如不愿而强迫之，比如强迫结婚，必致反目。""后上海来电，欲举基本干事，所谓基本干事者，各团各出四人，此假合并之名，而无合并之实，俨然是一联邦政府"。"故仆对于基本干事一节，始终极端反对。""详上海一会，只能为预备合并，不能为正式合并成立之会。且上海偏隅，无举理事之权，可不待言而决。彼处先举理事、干事，失之越分侵权；又以二百馀人之会，而举五十四干事，尤为不合，故仆虽举理事，而至今未尝承认也。其后在京各团，又复来要求合并，仆开列四条件：一，理事须经北京开会承认，如不承认，可在北京另选；二，干事与评议员不同，须由理事派定，须本部办事，不得徒拥虚名，但特别交际科不在其内；三，各团体所负之债，须各团体自行偿还，新团体不负责任，但各团体馀存之款，当归交于新团体；四，各团体所设之机关报，须由新团体管辖。四条去后，各团既不辨驳，亦不赞成，迁延至今，终无复信，妨害本党之进行，莫此为甚。""仆等非不赞成合并，然既为有条件之合并，一条不合，即无合并之效。各团既不承认四条，故宣言不合并。""大凡一党之精神，不在人数之多寡，而在分子之健全，即令统一党员散至二人，亦可独立。""仆在南方，于《大共和日报》中极斥同盟会办事不合，以南方政府之专横也，而穷途失志辈之骂同盟〈会〉者，则为争官争衣食计。公私之辨，较然易知，岂能以政党为官僚派开辟门径哉！""今日南方政府已消，同盟会亦鲜可诋之处，时有张弛，则对付不同。且同盟会之弊，不过暴乱；而老立宪党及官僚派，则为巧言令色足恭者。暴乱易灭，腐败难医。……然则立宪党、官僚派之害，过于同盟会远矣。"（《统一党第一次报告》。）

　　章太炎发表演说，提出"四条件"后，北京共和党仍成立，组织本部，设共和党事务所，并登报通告《共和党党员报告统一党合并情况》，说明"仍一力主持合并"，云："张理事与各团协议，定妥条件，签字后曾有电致北京，嘱在京各团于本月八日开成立会，沪则九日开会，彼时本党干事易、朱两人，因有私见，故捏危词，怂太炎否认前议，另提条件，以致各团不能允从，此即展期之议所由来也。初十日得沪电，已开会，理事、干事均已举定。此间本党职员及党员，多以为沪上既已合并，此间即无不合并之理。惟朱某等则受他党之运动，极力破坏，力劝太炎提出各种条件，且明与他党重要人接洽，且同太炎至他党本部，并发电到各分支部，以致南北电信两歧，各怀疑虑。职员等不得已，乃约党员会议，皆以为一面宜婉劝太炎，一面宜速与各团合并，以免后患，始有共和党筹备事务所之设。职员等窃以为我辈所以组织政党者，实为大局，非为一人。今若使一人之私图，即牺牲大局而不顾，非职员所敢出。且以时局危险而论，非有绝大之党，不能有统一之政府出；非有统一政府，不能有统一中国出。想诸君子热心爱国，必蒙赞同，故仍一力主持合并，以顾全大局。"署名者，有阿穆尔灵圭、唐文治、那彦图、熊希龄、丁世峄等。（《申报》，1912年6月2日。）

　　至是，章太炎在报上发表《宣言书》，谓："自惟身无长德，而以一身引摄维纲，同盟、共和，互相忌嫉，造言炫众，腾布报章。""今者，党派竞争，几于抗兵相加矣。彼以执政去留，为己党盛衰所系，而所争固不在政策，是故衅隙滋深。本党当以政纲十一条，超然自举，不随乱流，行而当则各党皆吾友朋，行而不当则各党皆吾敌对。履道坦坦，无故无新，必不偏有阿私，以贻国家之害，是本党对于各党之态度也。""国家新造，人材未兴，内阁则人不一意，相互连持；议员则工诃在官，拙于定策。国门以外，赋税几许？官制何如？土田安在？几无有过问者。事无备预，则仓卒不可为谋。本党当务求实际，先事绸缪，以助当事之不逮，毋以身不在官，责人求备，是本党对于政府之态度也。光复以来，号称平等，而得志者，惟在巨豪、无赖。人民无告，转甚于前，茹痛含辛，若在囹圄。""本党支部、分部散在四宇，当代达民隐，无专为一二巨子讼冤。夫民气骤伸而不以渐，则适为桀黠者利用，良家朴士，转受陵藉，伸之以渐，犹赖贤良长吏之提携，纵有武健严酷之治，而反足以佐百姓者，本党亦不应与之反对，是本党对于人民之态度也。陈此数言，期与支部、分部共守，以待国会选举之至。"（《时报》，1912 年 6 月 15日，题称《统一党暂行总理章炳麟宣言书》，又见《统一党第一次报告》。）

6 月 16 日，唐绍仪辞内阁总理职，章氏撰《内阁进退论》、《处分前总理议》。前文谓："奉身而退，足以自完，于国事固无损益。若谓其因事要求，能致祸变，实未然也。然同盟会之攻唐也，猝然发起于秘密会议之中，而非同盟会派亦与戮力，是何故？则有欲取而代者为之枢纽尔。""吾意政党内阁，在今日有百害而无一利，两党交构，亦有轧轹之忧，乘兹废置之间，以建无党总理，犹足以持危定倾。各部总长，虽数党杂糅也，调和于无党总理之下，则意见销而事举。大抵不应偏任京曹，亦不应偏任新进，惟取清时南方督抚著有材名者，以充阁员之选，比于京曹，则度量较宽，比于新进，则经验较富，虽有一二署名党籍者，大抵随波逐流，行所无事，任其材略，必视新旧阁员为胜。""盖汉之良相，即亡秦之退官；唐之名臣，即败隋之故吏。政治不能凭虚而造，非素有涉历者不理。今虽有君主、民主之异，特以元首代更，三权分立，为异于专制之时，而不能不循旧贯，以施因革，则方镇老吏，自优一二新材，宜处参议，固不可骤居大长，以堕万事而丧令名，此亦事理至明者也。但惧同盟会人惟以光复有功者为先，非同盟会人又以诵习法政讲义者为主。夫勋臣不可为吏，而习于讲义者，惟是比附笼罩之谈，不剀切于实事，必以二流秉政，中国可炊而僵也。纵不然者，人民愁痛而思清之故政，则新政府愈可危也。"（《太炎最近文录》。）主张"循旧贯"，用"老吏"，而对同盟会则加讥诽。《处分前总理议》谓："唐绍仪之未遁也，康达士已发其私，既遁然后情事大现，然滥用比款一端，亦有公私之别，不得以忿嫉同盟会故，事事执为罪状。""夫其干没与滥赠也，有莫大之罪；其以贿赂取消南京政府也，有必录之功。议功议勤，宁无可以减贷者哉！然此非可以含胡弇盖了之，必付法司，而后以事状明白宣布也。故以为参议院宜弹劾，大理院宜穷治，大总统宜下赦令。"（同上。）

查唐绍仪辞职后，6 月 22 日，同盟会、共和党、统一共和党召开三党联合会，同盟会到有张耀曾、李肇甫等，共和党到有汤化龙、张伯烈、丁世峄等，统一共和党到有谷锺秀、吴景濂等。同盟会主张政党内阁，"非民国所信仰之人，则本党惟有退出内阁"；共和党宣布"同盟会员实不宜再为总理"，"坚持超然总理、混合内阁之说，对于同盟会政党内阁之主张，诬为扶植党利，宣言决不承认"。（《民立报》，1912 年 6 月 25 日《6 月 22 日北京电报》。）章太炎对同盟会也肆攻击，发出了上述主张，说什么"建无党总理"，"取清时南方督抚著有材名者，以充阁员之选"，对旧势力妥协。

6 月中旬，有《上大总统书》："闻留守取消之令，旦暮将下，克强萧然解职，果能无觖望否?""同盟会人材乏绝,清流不归,常见诮于舆论,今欲得此一部,振刷旧污,人望渐归,势能复振,此不力争而以心竞,其患转深,然非克强所能及也。王采丞、沈幼兰习于吏事,善察物情,而皆为彼股肱,能建谋议,此可为长太息者。""参政院果能建设,必将特虚左位,以待二君,庶几耆秀归心,不为敌用。""目观近势,非广延良士,无以预储来岁之需,而或足以资寇。辱承知遇,敢不竭情以对。"(《民国经世文编》正编《内政》五,上海经世文社石印本,1914 年出版。查 4 月 1 日,袁世凯任黄兴为南京留守,仍总辖南洋各军。6 月 14 日,南京留守府撤销,黄兴解职。则此函应撰于 6 月。)

6 月 26 日,《大共和日报》载《章太炎通信》,否认欲请梁启超归国。谓:"仆虽与卓如无怨,亦不以秉钧当国相推。且为卓如计,固当养晦东瀛,待时而返,不当造次归国,为反对者所集矢。今春徐佛苏来赴上海,已以此意告之矣。""又上海各报,皆谓统一党与同盟会冲突,不知南北情形迥异,北方与同盟会冲突者,惟共和党最为激烈。张伯烈之骂唐总理,蔡子民之诃熊秉三,此皆共和、同盟两党,以个人势位相争。统一党本处中流,于政策则有相竞,于势位则无相争。""若唐,若黄,若熊,皆以鹳雀蚊蝱等视,非有偏私,而共和党人内欲与同盟会争权利,外又不敢表彰同盟会人,内欲与共和党争权利,外又畏其兵力。故反对同盟会之事,两家皆寄名于统一党。上海不知情实,受其淆乱,故更申明之。"

6 月下旬,《复北洋法政学堂教习今嘉幸井书》,对"保存省制,使行省之长,权逾督抚",提出不同看法。以为"今存行省之制,而使军民分权,独可方迹明世,拨元、清之乱法耳。民情风俗之异不恤也,户口土田之籍难周也;又使行省之长权逾督抚,是名与联邦异,实与联邦同"。"盖政治之要,不在大言,而在版籍户口之清理,斯非分画行政区域,无以为功。"并以"废省存道"为善。(《大共和日报》1912 年 7 月 3 日;《太炎最近文录》收入,题称《与人论政书三》。)

6 月 30 日,《致江西统一党支部函》,略谓:"迩来共和、同盟二家,日以心斗,内阁之争虽罢,而睚眦相怨,饮恨无穷。略观大体,同盟会固多不直,共和党亦务诈欺,蛮触相争,不离蜗角。本党处中流之位,亦不能专务调停,惟薄于私利,急于公图,差为二党所服。故自倡言无党总理以后,共和党不得不俯就范围,而同盟会亦尚服从大义,此则可为诸君告慰者耳。""顷者,同盟会在京者颇愿改良,然不能脱离孙、黄,终恐无效。共和党则自相冲突,日有寻仇,而上海一部尤甚。黎副总统近又发起大同会,自为会长,似其意亦不愿在共和党者。要之势位竞争,有心人必不能满意,吾党惟有持满不发,以待来年。国会之选既多,自能出人头地也。"末对"赣州来信,知同盟会之攻仆也,以手枪轰击唐总理为辞"之"向壁虚造"加以辨诬。(手迹,上海革命历史纪念馆藏。)

7 月 17 日,《大共和日报》载《章太炎致孙中山书》:"孙中山因比款事,为各报揶揄,电请政府宣布比款用途以明其迹,大总统及财政部已复电安慰之矣。日昨章太炎复为此事寓书中山,略谓报馆有闻必录,传言失实,本属常事,不必介怀,并历引黄克强从前损失名誉与后来恢复之事以相解释。其书中有瑾瑜微瑕,岂足以累盛德;味莼园之谤,奚尝损克强毫末哉!(原注:黄在上海味莼园曾遭毕某之辱。)公能作一二公正事以悦众心,则不难立白于天下云云"。

7月下旬,章氏由京赴鄂。8月7日,又《致江西统一党支部函》云:"弟自二十三日由京赴鄂,见黎公之丰采,非特主持公道,且能遇事立断,真足与项城伯仲,以二公左提右挈,中国当不致沦亡。共和党参议员刘、郑诸君,仍以合并相劝。鄙意国会将开,举措一失,则立召瓜分,时势所迫,非协力不可,而合并之议,前已打消。此时惟请黎公为本党名誉总理,弟亦允任共和党理事,交互系维,提携取效。至在京两党本部,无难合并,而各处支部,往往感情不洽,不能强令归并,无妨各立门户,互相提携,一俟感情融洽以后,乃可并归一致耳。"(手迹,上海革命历史纪念馆藏。)

8月12日,有《致伯中书一》,亦言在武昌请黎元洪"为统一党名誉总理"事。谓:"共和党虽联合五种团体,惟民社尚有人材,统一党则本未拟合,至今独立支部虽未逮同盟会之多,而校之共和党实有加倍。(共和党只有长江流域,北方及闽广则无人。)其间有一二改党者,已用强力收回,山东、江西等处,两党以白刃相见矣。共和党除民社外,馀皆诡黠小慧之人,不可长久。本党所任,皆诚朴果毅之材,材不外露,故人言如彼耳。仆近赴武昌二十馀日,黎公以勉就共和理事相劝,仆亦请黎公为统一党名誉总理,交叉相倚,以为联合之图。此本非为党势计,但为明年国会选总统计耳。人数多寡,虽未可知,大约明年国会之剂,十三分中,同盟占六,统一占四,共和占二,无党者占一,非统一党与共和党一致,则同盟会一致选孙,势遂无敌,而中国必有瓜分之祸。(俄、日协约已急,项城在或可保长城以内,易以孙、黄,则黄河以北皆失矣。)不得已乃为此议,然亦非可实行合并也。阁员提出两次,初次不得同意,第二次所提出者,皆三等人材。项城满拟其不通过,然后天下痛心疾首于参议院同意权。不意事前先有军警起而恫喝,遂致一一承认,殊为非计。仆不欲谋国务员,以同盟会及统一、共和党反对者多,无烦虚文提出,近仍以高等顾问优游讽议,然亦尚遭仇嫉,且看顾问院建设后再作进止耳。"(手迹,重庆市博物馆藏。)

章氏在武昌时,适湖北发生查封《大江报》和张振武、方维被杀二事,由于章太炎屡屡攻击同盟会,引起同盟会的不满,有人怀疑这二事与章有关。初,黎元洪于8月8日命参谋黄祯祥派人查封《大江报》,并于9日发出通电,说什么"查有《大江报》出版以来,专取无政府主义,为图谋不轨之机关,擅造妖言,摇惑人心,废婚姻之制度,灭父子之大伦。……至有除去政府、取消法律之邪说,实属大逆不道",故查封《大江报》,"并严惩何海鸣"。(《民立报》,1912 年 8 月 14 日《大江报被封记》。)8 月 15 日,袁世凯又根据黎元洪"电请",下令枪杀前湖北军务司副司长张振武、湖北将校团长方维。《民立报》谓章氏"与闻密谋",说是:"《大江报》主任何海鸣君,见武汉军政各界之腐败,尝著论纠正,以是武汉军政各界颇为侧目。日前章太炎自京至汉,见黎副总统以参议院不通过国务员之风潮,实受约法上之影响,请黎副总统电致袁总统,主张取消约法。《大江报》当时曾著论痛斥之,题为《恶政府之现状》,遂因此被封。"(同上。)又云:"外间多谓张振武之被杀,章太炎实与闻密谋,章急自白,爰制挽联一幅,悬于张枢前,其文录下‘英雄正自粗疏,犹将宥之十世;权首能无受咎,如可赎兮百身。’"(《民立报》,1912

年 8 月 23 日。）又谓章太炎自鄂返京后，提出"解散议员，自荐总理"云云："京讯：日前参议院议员为张振武、方维被杀一案，提议弹劾总理，章太炎闻信大喜，以为又有机会运动各界，极力反对，并通电南洋新架坡、槟榔屿、暹罗、爪哇、旧金山、檀香山、安南等处华侨，极言'参议院不顾大局，欲假张、方之名推倒内阁，动摇国本。蒙藏独立，各省内讧，全置不问。务请同心协力，拍电中央，要求解散参议院'等语。近时旧金山华侨来电反对，即章太炎原动力云。

"又，章太炎因陆总理退志坚决，继其任者，除赵秉钧外，宋教仁最有希望。章忽发奇想，致信某秘书托其鼎力在总统前吹嘘，推荐己为总理。书中盛夸己之才学，胜赵、宋十倍，若得总理一席，以抒其所抱，必能达到五族统一之宗旨，能成之后，必有相当之报酬，并谓黎副总统已允密荐等语。秘书阅竟，不觉大笑。"（《民立报》，1912 年 9 月 8 日《章疯子大胡闹，解散议员，自荐总理》。）查《民立报》为同盟会之机关报，当时章氏反对同盟会，《民立报》所载自不可全信，"自荐总理"云云，亦未见其他记载。但章太炎闹派别纠纷，引起同盟会不满，可以概见。

9 月初，章太炎由鄂返京，自言"闻武昌人甚重张之洞"，"与袁公道之"，袁世凯"数张过咎数端"，章认为袁"褊浅若是，盖无足观矣"。（《自定年谱》。）

9 月 5 日，孙中山在北京约请国务员、参议院及各界各团体在迎宾馆开茶话会，"到者有数百人之多"，孙中山演说说明此次北来，感到"今日欲解决"者，"非先解决外交问题不可"。"主张及早取消临时政府字样，以免惹外人之疑虑，冀求早得各国之承认"。"今日欲救外交上之困难，惟有欢迎外资，一变向来闭关自守主义，而为门户开放主义"云云。章氏在会上演说："中山北来，实为调和政党起见，此实中华民国莫大之要图。鄙人与中山相知最久，从前时对于中山行事不无责备，因其故形宽和，事多放任，因之往往或有弄权之弊。然此不得不归咎于首领，亦犹今之责备袁大总统之意也。但南北调和之际，孙中山对于项城事事相让，岂徒能弃万乘，实为天下得人计也。解职以来，失职者或谋暴乱，结党者惟务贪缘，而中山超然事外，从未赞成一语，至可佩服。惟现在有一部分地方党，不惟不顾国家，兼亦不顾本党，即如中山为革命元勋，今日亦遭排斥，人之无良，一至于此。然以鄙人观之，彼地方党之排斥中山，不啻以卵投石耳。何则？彼一般结党营私者，固不可一日无党。若长厚如中山，功名如中山者，又安用党为！鄙意谓孙、袁、黎三公，皆不用党，亦不必以党为凭借。行事而当，发言而正，人心助顺，孰不风从草偃，是四万万人皆其党也，又安用私党为哉！彼地方党者，不义必自毙，适足以自败耳，而欲排斥中山，于中山庸何伤哉！"（《民立报》，1912 年 9 月 12 日《孙先生迎宾馆答礼会记》。）

9 月 12 日，黄兴、陈英士入京。同日，张謇访章氏于贤良寺。（《张謇日记》，民国元年八月二日。）17 日，共和党开欢迎黄兴大会，张謇主席，黄兴报告："贵党与敝党本无嫌隙，而两党党纲，渐相接近，将来携手同行，共谋福利，彼此均以国家为前提，尚有何事不可商榷。盖讨论政见，与党派毫无关系，即同党人亦往往有因政见之不同而生差异者，且党员政见，不贵苟同。政治本无绝对之美观，政见即有商量之馀地，如贵党以为是,敝党以为非者,一经平心讨论,贵党所主张果属可行,则敝党必牺牲党见而赞同之。"主张"以国家为前提,只求真理"。章太炎反对统一党并入共和党,当然没有参加这次欢迎会。共和党邀请章太炎"与黄兴、陈其美同食",章又公开发表《却与黄陈同宴书》:"共和党诸君子鉴:昨者见招,令与黄兴、陈其美同食。……中山行迹,不无瑕疵,然而金陵秕政,皆黄兴迫胁为之,非出自中山腹中。解职以还,大体不误,其于张、方逆谋、绝无牵缧,此尤为难得者。外人多以皮相抑之,仆诚不能不为讼直。若黄兴者,招募无赖,逼处金陵,兵无伍两,供饷巨亿,身虽辞职,而江南脂膏,自此垂尽。其募集国民捐法,比于摸金发丘,残酷尤甚,非所谓民贼者乎? 张、方之事,路透电喷有烦言,仆虽不敢指为实证,参以武昌二次革命之迹,及身在武昌所闻者,不能臆断以为尽虚也。若陈其美者,阃茸小人,抑无足道,上海光复,攘李燮和之功以为己有,偷儿成群,拥为都督,自言饷糈匮竭,日有征求,而珍翠细饰,递负数万,斯岂军中所用。陈来京时,债家恐其逸走,持不得行,黄兴为之保证,乃出发。陶成章之狱,罪人已得,供辞已明,诸君子亦当闻其崖略。自陶之死,黄兴即电致陈其美,属保护章太炎,仆见斯电,知二竖之朋比为奸,已发上冲冠矣。诸君子不以匪目视二子,引与为欢,岂承张、方之遗嘱,抑为湘吴谰言所簧鼓耶。……仆若与于斯宴,惧为各国公使所笑。昨已将花枝证券却还,今更陈其旨趣如此。"(《大共和日报》,1912 年 9 月 19 日,收入《太炎最近文录》。)对孙中山尚为"讼直",对陈其美批判亦当,但对黄兴则攻击过甚。

章太炎反对统一党并入共和党,但统一党很多人仍主并入,章太炎且"被统一党公决,驱逐出党"。(《民立报》,1912 年 8 月 30 日"北京 28 日电"。)报载:"统一党失败,全为章疯子所累,现虽逐出章疯子,而该党整顿方始,党员又不甚多,支、分部亦少,外省支部加入国民党者有之,党势日见薄弱。"(《民立报》,1912 年 10 月 7 日。)

章太炎在京,好发议论,鲁迅回忆:"民国元年,章太炎先生在北京,好发议论,而且毫无顾忌地褒贬。常常被贬的一群人于是给他起了一个绰号,曰'章疯子'。其人既是疯子,议论当然是疯话,没有价值的人。但每有言论,也仍在他们的报章上登出来,不过题目特别,道:'章疯子大发其疯。'有一回,他可是骂到他们的反对党头上去了,那怎么办呢? 第二天报上登出来的时候,那题目是:'章疯子居然不疯。'"(鲁迅:《补白》,见《华盖集》,《鲁迅全集》第三册第 80 页。)

9 月 18 日,黄孟曦所创"将以评议约法,为明年定宪地"的《新纪元星期报》第一卷第一期在北京出版,首载章氏《发刊辞》,略谓:"余向者提倡革命,而不满于代议。以为代议之制,满人行之非,汉人行之亦非;君主行之非,民主行之亦非。是时所痛心疾首者,盖在君主立宪。至于今,幸而小成,君主世及之制已移,独立宪未能拨去。""清之失政,在乎官常废弛,方镇秉权,则适与专制相反,而令人戒心于是,非所谓惩热羹而吹齑者欤? 矫清之弊,乃在综核名实,信赏必罚,虽负虿尾之谤可也;若制宪法以为缘饰,选议员以为民仪,上者启拘文牵义之渐,下者开奔竞贿赂之门,是乃不改清之积弊,而反浚其末流。欲言民权,编户无锱铢之藉;欲言民福,兆庶有丘山之灾,徒为数百莠民增其意气,而元元之困苦如故也,其转于沟壑弥甚也。然则议员之为民贼,而宪政之当粪除,于今可验,吾言亦甚信矣。”“今不正其根本,而徒计校宪法长短之间。宪法者出于国会,国会者决于多数,彼其自谋权利至矣,胡肯降心以相从哉！就令从之,亦多一附赘尔！”

10月,章氏与马良、梁启超等发起“函夏考文苑”。马良《致徐又铮书》:“此事经太炎、任公先生及良三人发起后,正苦入手维艰,(《马相伯先生文集》三十一。)知发起者三人。”马良《致国务院总理赵秉钧书》:“乃本苑发起人章、梁二君各以事牵,不遑兼顾矣。”(同上二十九。)《致张仲仁书》:“发起人章、梁既各以事牵。”(同上三十。)知章氏“不遑兼顾”。“函夏”,出于《晋书·左贵嫔传》,指“华夏”;“考文苑”,拟仿效法国,开设研究院,下设研究所,以“作新旧学”,“奖励著作”。马良有《函夏考文苑议》,刊于1913年1月26日、2月2日、2月16日天津《广益录》第四十九、五十、五十一张。当时他们所拟名单为:

马良相伯	章炳麟太炎
严复几道	梁启超卓如
沈家本子敦(法)	杨守敬惺吾(金石、地理)
王闿运壬秋(文辞)	黄侃季刚(小学、文辞)
钱夏季中(小学)	刘师培申叔(群经)
陈汉章倬云(群经、史)	陈庆年善余(礼)
华蘅芳若汀(算)	屠寄敬山(史)
孙毓筠少侯(佛)	王露心葵(音乐)
陈三立伯严(文辞)	李瑞清梅庵(美术)
沈曾植子培(目录)	

前数人似为“发起人”,故未言“专门科”,后面则为推荐者。马良在名单后注云:“说近妖妄者不列,故简去夏穗卿、廖季平、康长素,王壬秋亦不取其经说。”又据《大共和日报》1913年3月19日载“北京电”,谓“马相伯所办考文苑,保存国粹学,大总统允先拨助经费银三万两”云。

12月22日,鲁迅、许寿裳“赴贤良寺见章先生,坐少顷”。(《鲁迅日记》第26页,“壬子日记”,人民文学出版社1976年版,下同。)

冬,袁世凯任章氏为东三省筹边使,统一党本部于12月23日开会欢送,章氏在“欢送会答辞”云:“鄙人此次进行手续,第一统一币政,其次兴矿,其次开垦。”(《统一党第一次报告》。)又据刘成禺《洪宪纪事诗本事簿注》卷一称:“孙中山先生来京,章太炎正膺东北边防使之命,项城大宴孙、章,予亦陪席。席间畅谈论东北西南开发之策。孙先生主张将多数军队,行古屯田制,携家室实边开发”云。

12月23日,有《与王揖唐书》。本月,临时稽勋局推章氏为“名誉审议”,并有“授勋”之议,章氏标榜自己,而对孙中山等均有论议,函云:“揖唐中将左右:行期已迫,不及待民国第二年也。元日恐有一番发表。稚晖辈决意辞勋,彼自无政府党,亦未尝艰难困苦;弟则不为此矫情干誉之事。盖赏功论罪,政理所先,图一己之名,使他人亦不得不相牵而去，此乃于德道强人，失政治之理，负志士之心，必不为也。但二等勋位，弟必不受。中山但有鼓吹而授大勋，吾虽庸懦，鼓吹之功，必贤于中山远矣。当庚、辛扰攘以来，言革命者有二途：软弱者与君主立宪相混，激烈者流入自由平等之谬谈，弟《驳康有为书》一出，始归纯粹，因是入狱。出后至东京，欢迎者六千人。后作《民报》，天下闻风，而良吏宿儒亦骎骎趋向矣，此岂少年浮燥者所能冀，亦岂依违法政者所敢为耶？又中山本无人提挈，介绍中山，令与学人相合者，实自弟始。去岁统一告成，南都之说，不可抵御，弟始大声疾呼，奠都燕蓟，纵不敢自比子房，而庶几等夷娄敬。当时若缄默不言，则今之外患，岂独库伦，虽东三省、内蒙古亦已为他人所有。如上数端，自谓于民国无负，二等勋必不愿受。孙、黄之间，犹自谓未满也。然同功者亦非一人，其间或有性情暴乱、举措不当者。要之，功烈必不可没。由我而推，有五人焉：弟则首正大义，截断众流；黄克强百战疮痍，艰难缔造，孙尧卿振威江汉，天下向风；段芝泉首请共和，威加万乘；汪精卫和会南北，转危为安。如是五人，虽不敢上拟黎公，而必高于孙前总统也。其蔡子民，首创光复会；宋遁初运动湖南北，功亦不细，其馀乃可二等耳。与弟同事死者，有邹容、陶成章；与汪精卫、黄克强同事死者，有喻培伦；与段芝泉同功死者，有彭家珍。建祠旌表，亦当在诸烈之上。盖闻内举不避亲，外举不避仇者，祁奚所以为直；小曲辞让，非大人所为，故为君道其梗概如此。弟章炳麟白。十二月廿三日。"（1913 年三四月间，章氏又上《稽勋意见书》。5 月，又因孙武、王赓[揖唐]"请勋"，章氏"得勋二位"。见该年条。）

本年，与马叙伦讨论注释《尔雅》，章氏原函未见，马叙伦答书谓："手书祗读，伦于《尔雅》，欲有所纂，倥偬不能绝俗，比于《释诂》，才解数条，内有自申之义，或覆前人之论，未宜为准，敢质然否？"下列"哉"字等释义。（马叙伦：《报章太炎书》，见《天马文存》内篇，《天马山房丛书》本。）

【著作系年】《中华民国联合会第一次大会演说辞》（《大共和日报》，1912 年 1 月 5 日、6 日；《统一党第一次报告》）。《通知》（《近代史料信札》第三十一——三十三函）。《大共和日报发刊辞》（《大共和日报》，1912 年 1 月 4 日）。《宣言》十（《大共和日报》1912 年 1 月 5 日）。《与张謇论政书》一（《大共和日报》，1912 年 1 月 6 日）。《时评》一（同上）。《敬告同职业者》（《大共和日报》，1912 年 1 月 7 日）。《致杭州电文》（《时报》，1912 年 1 月 7 日）。《宣言》十一（《大共和日报》1912 年 1 月 8 日）。《时评》二（同上）。《致汤寿潜电》（《民立报》，1912年 1 月 8 日）。《求刘申叔通信》（《大共和日报》，1912 年 1 月 11 日）。《先综核后统一论》（同上）。《与张謇论政书》二（《大共和日报》，1912 年 1 月 20 日）。《复浙江教育会书》（《大共和日报》，1912 年 1 月 22 日）。《致临时大总统书》（《大共和日报》，1912 年 1 月 28 日）。《复孙中山书》（1912 年 1 月，见《大中华》二卷十二期，1916 年 12 月 20 日出版）。《乞保护金山寺电》（《民立报》，1912 年 2 月 29 日）。《布告反对汉冶萍抵押之真相》（《大共和日报》，1912 年 3 月 6 日）。《宣言》十二（《太炎最近文录》）。《致南京参议会论建都书》（《时报》，1912 年 2 月 13 日）。《致袁世凯孙中山等电》（《民立报》，1912 年 3 月 11 日）。《驳黄兴主张南都电》

(《太炎最近文录》)。《敬告对待间牒者》(同上)。《参议员论》(同上)。《致袁世凯商榷官制电》一(同上)。《中华民国会联合会改党通告》(《大共和日报》1912 年 3 月 1 日)。《为汉冶萍事续电孙中山》(3 月 3 日;《民立报》,1912 年 3 月 7 日)。《中华民国联合会改党大会演说辞》(《大共和日报》,1912 年 3 月 3 日;《统一党第一次报告》)。《却还内务部所定报律议》(《大共和日报》,1912 年 3 月 7 日)。《诘问南京政府一等匿名印电》(《大共和日报》,1912 年 3 月 26 日)。《致袁世凯论治术书》(《太炎最近文录》)。《致袁世凯商榷官制电》二(同上)。《致张继于右任书》(同上)。《统一党宣言书》(《统一党第一次报告》)。《关于统一党不与他党合并之演说》(同上)。《统一党独立宣言书》(同上;又见《时报》,1912 年 6 月 12 日)。《与黄季刚书》(《大共和日报》,1912 年 4 月 14 日)。《致梁启超书》(《梁任公先生年谱长编初稿》"民国元年")。《新纪元报发刊辞》(《太炎最近文录》)。《致报界俱进会书》(《大共和日报》,1912 年 6 月 2 日)。《论国民捐之弊》(《太炎最近文录》)。《致杨敩炎书》(《大共和日报》,1912 年 6 月 9 日"章太炎主张之一般")《移让阁员书》(《太炎最近文录》)。《内阁进退论》(同上)。《处分前总理议》(同上)。《上大总统书》(《民国经世文编》正编"内政"五)。《否认欲请梁启超归国》(《大共和日报》,1912 年 6 月 26 日,"章太炎通信")。《致江西统一党支部函》一(1912 年 6 月 30 日,上海革命历史纪念馆藏)。《复北洋法政学堂教习今嘉幸井书》(《大共和日报》,1912 年 7 月 3 日)。《致孙中山书》(《大共和日报》,1912 年 7 月 17 日,仅见摘录,未见原函)。《致江西统一党支部函》二(1912 年 8 月 7 日,上海市革命历史纪念馆藏)。《致伯中书一》(1912 年 8 月 12 日,手迹,重庆市博物馆藏)。《却与黄陈同宴书》(《大共和日报》,1912 年 9 月 19 日)。《新纪元星期报发刊辞》(《太炎最近文录》)。《统一党欢送会答辞》(《统一党第一次报告》)。《与马叙伦书》(未见,《天马文存》有马叙伦《报章太炎书》)。

1913 年(民国二年癸丑)　　四十六岁

　　【自定年谱】设筹边署于长春,僚属财十人耳,既鲜事,经费亦少。吉林民政司韩国钧紫石适去官,荐泰县缪学贤子才于余。子才善测绘,尝为吉林图,余甚爱之。紫石言:"松花江、辽河相距二百馀里,可穿运河以通之。自辽入运,自运入松花,自松花入黑龙,四五千里,皆方舟之道也,君何不为之。"余曰:"昔张季直尝言是,余以辽河水少,海口易涸,果穿运河,辽水东注,则海口遂淤。且松辽南北分注,中间相隔二百馀里,辽水不入松花江者,必其间有高原间之,恐穿治亦不可就。仆之在此,犹叔敖寝丘耳。行署公费,一月财三千圆,复能得巨资通松、辽耶。"紫石曰:"尝试测之,费亦无几。英人秀思,昔尝测量辽口者也。君召之来,何如。"余行署本有盐山韩沇涛旭初,能测绘,又得子才相辅。念事无成理,测实可知;因召秀思测之,中间果高,其议遂寝。子才复为绘黑龙江图,校旧东三省图为精矣。吉林有滴道山煤矿,法人求开采,以银六百万两开治二十年为期,期满仍还中国。督署许之。省议会大哗,称都督卖滴道山。余晓之曰:"吉林无煤,俄人以之藉口,合抱之木,伐为东省铁道薪柴。今滴道山煤得出，则俄人无辞。夫煤矿之占地有限，而森林之面积无穷，以此易彼，何惮不为。且吉林诸矿，人民不能集资自采，但除俄、日两国以外，有请愿开采者，不妨斟酌与之。二十年后，矿质既尽，地亦归我。诸君何葸葸也。"议员晓悟，然终以都督无赖，不肯同意。

韩人侨居延吉者数万口，多以采金为业，请愿"归化"。政府畏日本，不敢许。余为议曰："间岛之争，中国幸而获直。而处其地者皆韩人，不予'归化'，名为吾有，其实与日本领土无异，宜速许之。"政府终不敢从。

汤夫人来归。

袁公就职岁馀，渐恣肆，克强甚畏恶之，欲因正式国会改选总统，然己亦不理众口。余谓宜推黎公，上书问其去就。会遁初亦与黎公成言，或言其有所要挟，机事不密，三月，盗杀遁初于上海。余以四月托事南行。克强欲举兵，犹豫。时人望多属黎公者，黎公以遁初死，惧及己，益懔懔。五月，余复上武昌。数日，云阶亦至。先是，江湖群狡，常借克强名号，扰乱武汉间，克强不能禁也。黎公疑怖，召北军李纯以一师下夏口，诸将多谏。余力言顺众望以安之，则乱流自止。云阶亦劝黎公毋辞大选，黎公意未决。谓余曰："君且入都视之，其人苟可谏，安用更置。必不可谏，如君等计耳。"频行，黎公为设祖饯。约晡时会食，至日落，黎公始出。曰："属有日、俄二领事来谒，言多，故迟耳。"余曰："二领事亦何言？"黎公曰："彼忌项城，专以大位动我。辩语移时，其志可疑也。"余曰："若是，则知吾辈所言，非一家私意矣。日本人或忌项城，俄人何与焉。"卒不得领，遂入都。袁公已下令授余勋二位，冀以歆动。入府，袁公问曰："克强意何如？"余曰："遁初之死，忧惧者不止克强一人。"袁公曰："报纸传克强欲举兵，称为遁初复仇，何诬缪如是。"余曰："南方报纸亦传公将称帝。道听途说，南北一也。"袁公曰："吾以清运既去，不得已处此坐，常惧不称，亦安敢行帝制。人之诬我，乃至于是。"余曰："以愚意度之，言公将称帝者，非毁公、乃重公耳。夫非能安内攘外者，妄而称帝，适以覆其宗族，前史所载则然矣。法之拿坡仑，雄略冠世，克戡大敌，是以国人乐推。今中国积弱，俄、日横于东北。诚能战胜一国，则大号自归，民间焉有异议，特患公无称帝之能耳。诚有其能，岂独吾辈所乐从，孙、黄亦焉能立异也。故曰言公将称帝者，非毁公，乃重公也。"袁公默然，两目视余面，色悻悻。时辰钟过三分，乃曰："明日来受勋耳。"遂出。凡留京师七日，复归上海。以南北相持，辞东三省筹边使。数日，溥泉亦来，时国会成立已两月，溥泉被选为参议院议长，知有变，南行避之。会协和免江西都督，东下，谋定即归。七月十二日人定，溥泉、行严突至余宅，以讨袁檄相示。余曰："冒昧作此，将何为？"行严曰："兵将动矣，檄文何如？"余曰："此何必工，如弟所属草可也。"十五日，克强果起兵江宁。初，克强自知力不制北，又以江苏人怨之，尝欲以军事属云阶。云阶语余："事若克捷，宜以清宗室为大总统，庶几袁氏旧部不能为变。"余曰："君欲复辟耶？"云阶曰："非也。宣统帝不可为元首。属之恭亲王，暂主大政，不为子孙万世基。"因说春时刘廷琛、于式枚等来谋复辟，冯国璋、张勋皆与谋，今乘其机以覆袁氏，易为力。余曰："项城之罪，在杀宋教仁，非得罪民国也。覆项城而戴清之宗室，名曰总统，实与天子无异。倒行逆施，谁助公者。"云阶曰："尝问诸有经验者，皆善是策。"余曰："有经验者，非郑孝胥耶。彼有大清之经验，未有民国之经验也。是策行，则南北皆偿刃于君矣。"云阶议始寝。教克强奉程都督为主，勿令走。有亟，则已来助之。克强乃行。北军郑汝成来据江南制造局，英士日与言贿卖，汝成得为备。云阶属英士急攻之，其规画亦多中者，竟不从也。未几，江宁军有异言，克强走。云阶亦窜槟榔屿，南事败坏。余念袁氏网罗周布，无所逃死；中国已覆而犹亡命，所不为也。会共和党人急电促余入都，称国民、共和二党惩于旧衅，欲复合。余念京师、上海皆不能避袁氏凶焰，八月，冒危入京师，宿共和党。戒严副司令陆建章以宪兵守门，余不得出，然入门者如故。十月，袁世凯将选为正式大总统，黎元洪被选为正式副总统。十一月，国民党被解散。黎公入都。十二月，国会亦解散矣。

　　【国内大事】1月10日，发布正式国会召集令及各省定期召集议会令。2月15日，全国教育会开读音统一会。3月20日，袁世凯派人暗杀宋教仁于上海。4月8日，民国第一次国会开会。参议院解散。26日，参议院选举张继、王正廷为正副议长。28日，众议院选举汤化龙为议长。5月2日，美国正式承认袁世凯政府。29日，共和、民主、统一三党合并组成进步党，举黎元洪为理事长，梁启超、张謇等为理事。6月19日，命各省尊孔祀孔。22日，共和党声明脱离进步党。7月12日，李烈钧占江西湖口宣布独立，"二次革命"爆发。15日，黄兴入南京，迫使江苏都督程德全宣布独立，自任江苏讨袁军总司令。17日，安徽宣布独立。22日，袁世凯宣布"讨伐令"。27日，袁世凯令军警"保护"国会，进行监视。29日，黄兴自南京出走，程德全宣布取消独立。31日，袁世凯任熊希龄为国务总理。8月4日，驻重庆师长熊克武宣布独立。陈炯明弃职出走，广东取消独立。5日，黎元洪、冯国璋、段祺瑞等十九省区军事长官通电主张先选总统，后制宪法。13日，湖南都督谭延闿宣布取消独立。9月1日，张勋攻陷南京，"二次革命"结束。12日，重庆取消独立。10月6日，袁世凯以军警数千人包围国会，强迫选举他自己为正式总统。俄、法、日、英、意等十三国驻京公使照会外交部，承认袁世凯政府。7日，国会选黎元洪为副总统。11月4日，袁世凯下令解散国民党，并取消国民党籍之国会议员。

　　春，设东三省筹边使署于长春。当其"受任之始，曾粗疏计度为一书，请交国务院议决在案"。这时，又"实地查验"，拟《东省实业计划书》，略谓："实业所以开利源，而经营必资于财用，运输必借于交通。无财用则重价之物与粪土同，无交通则出产之货与埋藏同。"提出"设立三省银行，以圆易吊，使民易知"，和铸造金币。"欲铸金币，又不可不预浚金源，非开办金矿，收买金砂，不足以供鼓铸"。又请开浚松花江、辽河，"去其淤梗"，以利交通。末谓："炳麟本革命党人，从前所以出入生死者，只为政令之苛残、民生之憔悴耳。今者持节临边，期偿始愿，以鹰颤搏击之心，副云霓救旱之望。若炳麟隐忍不言，虚糜廪禄，则无以对国人。若大总统含濡不断，姑待他年，则亦非所以命炳麟矣。"（《太炎最近文录》。）

撰《东三省政要序》,谓:"兴利之道多端,若屯垦铁冶,皆艰阻未易猝举,铁道亦多隶外人,虽欲新辟无由。要以利水道、平钱币为主。"(《文录》卷二。)

在东三省筹边使任内,章氏曾找人绘制黑龙江全图。《自定年谱》谓韩国钧曾荐缪子才(篆),"子才善测绘,尝为吉林图"。又据缪篆自称,在东北,"从章公问业",缪"绘吉林、黑龙江二图,较旧东三省图为精"。(见缪篆遗著《老子古徵上下篇引用书目》跋语,载《制言》第五十期。)在吉林省议会讨论滴道山煤矿开采等问题时发表自己的意见,又为黑龙江的浙江同乡会呈请褒扬吕留良的后裔。据孙世扬称:"往闻章公言,在东三省筹边使任,至黑龙江访得吕晚村后人,大抵以课童蒙及医方自给,称为老吕家。公尝至其家,见《三鱼堂文集》,其中有《祭吕晚村先生文》一首,因知陆稼书实为晚村弟子,今通行《三鱼堂文集》无此祭文,则乾隆以后抽毁之本也。"(《吴下随笔》,载《制言》第三十一期。)

《癸丑长春筹边》诗曰:"剑骑临边塞,风尘起大荒。回头望北极,轩翩欲南翔。墨袂哀元后,黄金换议郎。殷顽殊未尽,何以慰三殇。"(但植之:《章先生别传》,见《制言》第二十五期。)

2 月 1 日,《大共和日报》载有章氏在东北情况三则:一、《组织报馆》:"章太炎现拟独自组织机关报,自任主笔,已聘定前警局总务科员赵述之为经理,即《筹边日报》为名称云。"二、《设会研究》:"章太炎现拟组织一筹边研究会,以共和、国民、统一三党并群进会之部员、职员充为会员,以便定期研究云。"三、《实业着手》:"章太炎以边民生计日艰,拟以兴办实业为入手办法,已派员调查东南东北各路,并令旅东实业团代表,偕同调查委员前赴边要查勘垦矿云。"

2 月 23 日,"作《熊成基哀辞》,以彰先烈而斥凶人,凶人指陈昭常"。(许寿裳《章炳麟》,胜利出版社 1946 年版第 58 页。)辞谓:"独念谗人高张,久未枭除,其所以贼君者,不以临时对垒,顾诬为刺客以媚贵宠,而又饫以珍膳,餂以甘言,禁锢告变之人以自解说,使死者无怨声,而亲藩得以快意,斯可谓宗社党之造端也。""昭告君之神灵,凡今日与奠者,自奠之后,而不能本君革除之志以锄贪邪,而敢有回旋容阅以为凶人地者,有如松花江。"(《文录》初编《文录》卷二。)又有《致共和党国民党统一党电》:"熊君成基,首以军队反正,义薄云天,就义吉林,敷天共痛。鄙人行部至此,查悉当时捕杀熊君者,西南路道颜世清、长春巡警总办陈友璋实为罪魁。北方义旅未兴,巨憝元凶,因而漏网,民国既建,不能追问前咎,应将二憝迅速驱逐出共和党。并以各党名义勒令捐资,为熊君造铜像于吉林,以昭义烈,而儆奸,无伫偻偻。"(手稿。)

3 月 20 日,国会召开前夜,热衷议会政治,想做内阁总理的宋教仁被刺,血的教训,使章太炎震醒起来,认识到跟随袁世凯没有出路,逐渐由拥袁而反袁。撰《宋教仁哀辞》:"即日去官奔赴,躬与执绋,拜持羽扇,君所好也。若犹有知,当见颜色。"(《文录》初编卷二。)

3 月 24 日,为宋教仁被刺事,致电上海《神州日报》记者汪德渊:"宋君遁初,运动革命,其功非细,由沪至京,无故被杀。共和党与同盟会一时虽有小嫌,百年宜思大义。

君为报界最公正人,果属佞臣主使,君乌可以无言。"(《民立报》,1913年3月26日《宋先生哀电汇录》。)

3月25日,又致电《大共和日报》:"宋案恐系佞臣主使,法吏鞫囚,必不能水落日出,愿认真监督,无任委蛇。"(同上。)又撰《挽宋教仁联》:"愿君化彗孛;为我扫幽燕。"

3月下旬,撰《稽勋意见书一》。先是,1912年3月,南京临时参议院制定《临时稽勋局组织条例》。袁世凯篡夺辛亥革命胜利果实后,任冯自由为临时稽勋局局长,设局于北京,并在各省设分局。12月,该局请由各省议员调查员推举"临时稽勋局名誉审议",共二百馀人。章氏即为其中之一。宋教仁被刺以后,章氏拟撰此书,首谓:"鄙人素在同盟,向于光复、共进、急进会友,声气相通,先正典型,知之颇悉。由此求江源于滥觞,探黄河于星宿,则谓会党红帮,亦有不可湮没者。""又此次革命,多赖鼓吹运动之功,其人或向作党魁,或备尝艰苦,或苦心奔走,或尽力报章,而以事未彰闻,致被遗漏,鸿冥物外,退作钓徒者,固已不少;虽声誉已光,而酬庸未称者,亦有数人。"分"死难、横死、生存三门"。"死难者"列唐才常、马福益、史坚如、邹容、吴樾、徐锡麟、秋瑾、熊成基、喻培伦、彭家珍、温生材、张榕。"横死者"列陈天华、杨笃生、吴春阳、陶骏保、张振武、陶成章、宋教仁、焦达峰。"生存者"列蔡元培、孙毓筠、黄树中、谢武冈、刘□□(按:疑指刘基炎)、林述庆、胡瑛、谭□□(按指谭人凤)、李燮和、陈□□(按:疑指陈其美)、柳大年、张根仁、尹□□(按指尹昌衡)、阎锡山、韩沅涛、汪德渊、于右任。谓"右所开列,皆亟待表章酬录者"。

4月,又上《稽勋意见书二》,谓:"得四月三日书,以为明室遗民及洪、杨、□、石诸公,皆宜表扬,以彰潜德,具见主持公道,不忘本源。""依此时代先后,分为三列":一,"明末遗臣国亡以后百折不回者",列李定国、郑成功、张煌言、李来亨。一,"耆儒硕学著书腾说提倡光复者",列王夫之、顾炎武、傅山、吕留良,子毅中、弟子严鸿逵,齐周华、曾静、戴名世。一,"倡义起兵功烈卓著者",列朱一贵、林清、洪秀全、杨秀清、韦昌辉、冯云山、萧朝贵、石达开、林凤翔、陈玉成、李秀成、赖文光、容闳。另补"前书所列"缺录的,即"死难者"杨衢云,"横死者"赵声,"生存者"邓实三人。(姜泣群《朝野新谈》,一名《民国野史》,丙编,1914年3月光华编译社出版。)

稽勋局曾分别具呈请恤。6月23日,《民立报》载《稽勋局办理成绩》,有局长冯自由通电云:"开国前先烈及开国时殉难之重要人物陆皓东、史坚如、唐才常、刘家运、徐锡麟、刘复基、吴禄贞、焦达峰、熊成基、邹容、赵声、倪映典、温生材等四百五十四名,归先烈第一次案办理,已于正月七日呈请在案。次武昌为首义之区,殉难之士复较他省为多,得一千零一十名,归先烈第二次案办理,已于三月十四日呈请亦在案。次上海、南京、固镇、宿州诸役战事亦剧,殉难自多,归第三次请恤案办理,已于五月十九日呈请抚恤,其馀各省先烈按次续请,以安忠魂,而绥遗族,生赏一项,亦陆续核办叙勋列等,呈请大总统核奖,以酬向者,以昭来兹,务期无党无偏,无遗无滥。"(《民立报》,1913年6月23日。)

4月,鲁迅将前曾助资印行的《小学答问》分赠图书馆等。《鲁迅日记》3月30日记:"收二弟所寄《小学答问》五册。"(第 43 页"癸丑日记",人民文学出版社 1976 年版,下同。)4 月 4 日记:"赠图书馆、夏司长、戴芦舲、许季上《小学答问》各一册。"(同上第 44 页。)4 月 6 日记:"王懋熔(字佐昌)来,赠《小学答问》一册。"(同上。)

    4 月 9 日,《致伯中书一》,对袁世凯"游宴相牵,势利相动,出囊橐以买议员,受苞苴而选总统",视为"寇盗所不齿者,夫安足以谋国是"!对"政党事宜",也有论述。函云:"共和一党,最为稳重,然其中老于革命者,与新附诸子意见复殊。民主党大都保皇变相。统一党自仆脱党后,亦非旧观。今虽势力滂沛,大抵是酒肉朋友耳。吾辈前日所以诋同盟会者,以其陵轹平民,失平等之性质故也。今其势亦已就衰,至流为国民党。夫掊多益寡,称物平施,斯为维持社会之道。今自宋案发见,国民党虽愤激异常,而内容已非强盛,夫何患其恣睢。宋案本政府不直,其有白刃报仇之念,亦本人情。京师人士,疾首蹙頞于革命党,并国民党公正之事而亦非之,则吾所深恶也。亡国大夫,恣其势焰,毒痡海内,祸重丘山,此不可纵逸者。今欲纠合党会以谋进取,惟取各党中革命人材,纠合为一,辅以学士清流,介以良吏善贾,则上不失奋厉之精神,下不失健全之体格,而国事庶有瘳矣。

    "共和政体,以道德为骨干,失道德则共和为亡国之阶,此孟德斯鸠所已言者。所谓道德,岂必备三德六行哉?见利思义,见危授命,不侮鳏寡,不畏强御,则足以为共和之本根矣。若夫游宴相牵,势利相动,出囊橐以买议员,受苞苴而选总统,斯乃寇盗所不齿者,夫安足与谋国是。如前所举,旧革命党学士清流、良吏善贾,虽不必悉具道德,然刚毅而不暴,和易而不挠者,固往往出其间,自非重新纠合,其馀固难及格矣。共和党所以不能纯粹者,由张季直、熊秉三误之,每念及此,不胜扼腕,然校之民主党与新集之统一党,则犹居于优胜,以中坚尚是革命健儿,而辅助亦有学士清流也。国民党自改组后,颇多淆混,然亦尚有真革命党。所惜两党寻仇,无商量之馀地。他日首魁相处,能复旧交,则或容和耳。舍此以外,无可望者。"(手迹,重庆市博物馆藏,下同。)

    4 月,"托事南行"。

    5 月,赴武昌,谒黎元洪。章太炎对袁世凯不信任了,但是依靠谁去对付这个掌握兵权的军阀呢?资产阶级的软弱性使他看不到人民群众的力量。他所想到的还是清朝的旧军官、"民国"的新军阀黎元洪。黎元洪看到宋教仁被刺,"惧及己,益懔懔",连到北京去参加正式大总统的选举都不敢,反请章太炎"入都视之",探听情况。

    5 月 10 日,章太炎在鄂致电袁世凯,请去梁士诒、陈宧、段芝贵、赵秉钧"四凶",电云:"北京大总统鉴:前奉复书,以从政诸君未能满意,归咎于约法之缚人。炳麟审察实情,内阁诸员,不过肉食,而宵人作慝,实在公府近昵之中,此皆简在方寸,岂约法所能持。欲推诚人才而梁士诒壅之,欲保全元勋而陈宧贼之,欲倚任夹辅而段芝贵乱之,此三凶者,把持重地,荧惑主心,投诸四裔,犹惧为祸,况日与聚谋耶?至如赵秉钧之妄用金壬,变生不意,犹不过奉令承教者耳。昔曾上言,四凶不去,虽以唐尧之能,天禄于是永终,此愿大总统决机刚断,而不必委咎约法之苛者。迩来宋案,借款二端,人皆激戾,要亦未有实事,只以朝有佞人制造风潮,转相簧鼓,授意中外报纸散播谣言,以屏总统之聪明，而蔑元勋之名誉，恫疑虚吓，冀得自任调和，于是遂其私图，建其死党，将来调和结果，不外以唐绍仪组织内阁。庸人不察，攘臂相争，甲者则曰总统杀人，乙者则曰方镇倡乱，事皆乌有，而无不在佞人黠术之中，此其凶悍，又远出陈宧、段芝贵上。大总统尚信任此曹，欲以弭祸，又焉知奸谀腾说，借虚寇以自重也。惟望平情察事，淡然相忘，亟屏元凶，以餍人望，而止谗说。日月之更，人皆仰之，岂在繁辞解说，与天下争口牙之利哉！沥血陈辞，惟希洞鉴。章炳麟。蒸。"（《民立报》，1913 年 5 月 14 日《看袁世凯能去四凶否？》。）

5 月 15 日，《民立报》刊载血儿《愿为太炎进一解》云："章太炎自鄂电袁世凯，请去四凶。四凶为谁？则梁士诒、陈宧，段芝贵、赵秉钧也。然彼四凶者，固袁氏亲幸之人也。袁氏知四凶之足以为恶而用之，四凶亦以得袁之庇护乃足以济其恶，是故非四凶之为祸也，以四凶附袁之为祸也。然则袁氏之罪，殆浮于四凶远矣。"（《民立报》，1913 年 5 月 15 日。）

5 月 21 日，章氏寄《宣言》一首交《时报》，"所愿报纸传单等类，据实著录，勿据传闻，勿尚假托"。云："敬启者：鄙人此次往来沪鄂，获与诸君子游，言谈之间，时及政治，而报章所录，多非实情，除亲笔函电外，托辞者几三分居二。特寄宣言一首，望贵报即予登录，以解国人之疑，不胜盼祷。章炳麟白。五月二十一日。

"章太炎宣言：仆自长春赴沪，本以官事南来，适因宋案、借款发生，人情愤激，而反是者又以敷衍为宗。仆则以为草昧经纶，人才为急。况承亡清馀烈，在在须改弦更张。然则任贤去佞，今之要务，不必专指一端，琐琐与较。若当局蔽于莠言，不能划破，讴歌讼狱，自有所归，必不能逆挽也。若同志妄思暴动，衅自己开，斯亦取祸之道。凡所陈说，无过二端。自此上溯武昌，亦怀此旨。所上大总统函电，真〔具〕有明文，而两党殊涂，各欲假借鄙言，以抒己见，浮辞飞语，大半无根。或云不承认大总统，或云劝副总统征讨黄兴，此何等语，而可借名影射耶？餵糠及米，素未易言，煮豆燃萁，尤深隐痛。所愿报纸传单等类，据实著录，勿据传闻，勿尚假托。尤愿世界明限人信所可信，疑所当疑，因为危言蒙蔽，致贻祸于邦家也。章炳麟。"（《时报》，1913 年 5 月 25 日"要闻栏"《章太炎之宣言》。）

5 月下旬，章太炎在武昌和黎元洪交换了意见以后，由武汉到了北京，袁世凯识透章太炎入都是来了解自己的虚实，就尽量联络。5 月 25 日，发令："章炳麟授以勋二位，此令。"（《民立报》，1913 年 5 月 27 日。）"冀以歆动"。（《自定年谱》。）还假惺惺地说："吾以清运既去，不得已处此坐，常惧不称，亦安敢行帝制。人之诬我，乃至于是。"（同上。）

关于章太炎的"得勋二位"，据《民立报》报道，"闻系孙武，王赓（揖唐）等因章氏近日反对政府颇烈，故献此策，以为笼络之术"。（查 1912 年 12 月，即有"授勋"之议，章氏有《致王揖唐书》，见该年条。）其"请勋原文"为："窃维民国肇造以来，于稽勋之典特加注意，凡属微劳，皆膺奖叙，其言事功昭著，啧在人口者，更无论矣。窃查东三省筹边使章炳麟，于缔造民国，厥功甚伟，在前清光绪中叶，章炳麟即以革命之说鼓吹人心。自《驳康有为书》出,海内人心益晓然于民权之精义,夷夏之防、革命之机遂动。章炳麟因事被逮下狱,幽于图圄者数年,艰难困苦,穷而愈坚。出狱后,东渡日本,与留东学生集会讨论,扩张势力,复与汪兆铭等主办《民报》,以共和真理灌输国人,全国人心为之大变。及武昌起义,章炳麟附舟归国,与国中豪杰相聚海上,设立中华民国联合会,以促□一国家之成立,苦心孤诣,百折不回,犹复遇事敢言,不畏强暴,于国家大计多所维持,真民国有数之人物也。窃以章炳麟之功,有非寻常所可比者,中邦古以专制立国,君权之说深入人心,此次民国告成,全由于人心之倾向共和,而养成最近之人心,不得不归功于十馀年来之言论。至言论之中坚,则当以章炳麟称首。考之舆论,莫不皆然。且章炳麟处前清专制之下,出万死不顾一生之计,悍然以个人言论与政府为敌,乃至下狱不悔,流落海外不悔,终以民权学说,养成一般社会之心理,卒至武汉一呼,天下响应,百日之间,共和宣布,此其功业,比于孙文、黄兴,殆难相下。惟酬庸之典,至今尚付阙如,揆诸民国旌功之文,容有未尽。用特合辞陈请,可否援例给予勋位,旌其功业。在章炳麟淡泊自甘,原无矜功伐能之意,武等念论功行赏,政理攸关,不得不据实缕陈,以彰湮滞”云云。(《民立报》,1913 年 5 月 28 日。)

6 月 4 日,离京来沪。章太炎在北京住了七天,抵沪后上黎元洪书,谓:“浃旬以来,默观近状,乃知中国之有政党,害有百端,利无毛末,若者健稳,若者暴乱,徒有议论形式之殊。及其偕在议院,胡越同舟,无非以善腾口舌为名高,妄扩院权为奉职,奔走运动为真才,斯皆人民之蠹蠹、政治之秕稗,长此不息,游民愈多,国是愈坏。前清立宪党可为前车。夫政党本为议院预备,而议院即为众恶之原,驱使赤子,陷于潢池,非吾侪之过欤? 公以盖世之略,旋乾转坤,功德在人,本无待政党为之援助,虽以炳麟之驽下,发声振铎,阮谷皆盈,亦但以一身为先觉耳,妄借后先胥附为也。与其随逐乱流,终为罪首,岂若超然象外,振起群伦。若公能以廓然大公之心,率先凡庶,所愿执鞭奉骅,趋步后尘,风声所播,谁不倾靡? 纵有暴乱党人,乌合万亿,不孚人望,势自崩离。此盖审观时势,而知非此不足以救国家之危亡也,惟公熟计而厉行之。”(《与副总统论政党》,见《民国经世文编》正编“政治”三。)

6 月 8 日,国民党上海交通部开茶话会,章太炎出席演说,据当时报载:“本月八号,国民党上海交通部职员,因章太炎、蔡子民、汪精卫先生到沪,特于交通部开茶话会,以表恳亲之意。首由居觉生出席演说,略谓‘太炎先生为革命先觉,开国伟人,昔日奔走国事,今日调和大局,皆然〔煞〕费苦心。此次由京、鄂到沪,必有宏谋硕画,挽救民国。’……乃请太炎先生出席演说,略谓:

“兄弟亦主张革命之一分子,当南北统一时,深恐革命派以从前急进主义,演种种激烈手段,或妨害国势之进步,曾随时自加监督,忠告民党同志。而一年以来,从各方面观察,又将民国人物一一比较,觉吾民党,终算是有良心的,自始至终,尚不违背‘国利民福’四字。所最堪叹息者:一,民党当日不应退步,遗留腐败官僚之根株;二,民党不应互相猜忌,争先利用不良政府,使彼得乘机利用政党,此民党失败之总因。今日追悔,亦属无益。就民党一方面说,惟有化除意见,联合各省起义同志为一气,合力监督政府,终有政治改良之一日。惟现在国法公理,扫地以尽,民国欲不亡,恐不可得。政府党日日言某省独立,某省独立。又方与俄人定约,断送外蒙。夫中国革命,本由各省独立始,推倒满清,改建民国,据兄弟看来,即各省独立,仍是吾民国之领土。政府甘心误国,领土让与外人,即永久不能收回。由是言之,政府误国之罪,较各省独立之罪加十倍、百倍。且政府养兵不用以对外,而专用以对内。昔日袁氏以清军烧抢汉阳,今日袁军又欲借故烧杀九江。窥其用意,宁可以民国赠与朋友,不愿以民国交与家人,共和前途,实无希望可言。最近发生改组短期内阁问题,国民党恐人材不敷用,进步党亦恐人材不敷用。若互相让步,互相牵制,最终必是纯粹的袁派官僚组织内阁,厉行专制,国民党不适于生存,恐进步党亦不适于生存。昔日为民权激战时期,今日为民党与官僚激战时期。一进一退,均关系共和之真伪。但吾民党,当日以数十同志渐增至数百、数千,卒能推翻专制,改造共和。今日民党已达十万众,果能始终一致,猛进不衰,则种族问题既解决,政治问题终必解决,最后五分钟之进行,尚望吾民党注意。"(《民立报》,1913年6月11日《国民党交通部茶话会记事》。)

6月13日,《致伯中书三》又称:"京师党人交构,日益粉糅,四凶不去,终无宁日,委蛇就之,未尝非策,然亦不应时务。本初于革命党人无不忮忌,非迁就即能幸免也。而孟森、黄群、杨廷栋辈,则并黎公亦牺牲之,何独我辈。其排挤倾轧之情,实可比予鬼蜮,惟有任其跳梁,终将自杀,四五年后或有一线光明乎? 必不得已,聚集上江诸贤成一团体,使江苏、浙江、广东诸省化为废墟,或有补救。黄克强近在穷蹙,兄所以愿与往还,亦寓扶持之意。曩者规其开衅,近日则劝勿敲诈。而中山一部,与梁士诒声气相输,则避之若浼焉。黎公所信有饶汉祥,克强所信有李书城,此二人乃陈宦之秘密侦探,使之挑构黎、黄,自为仇敌,则尤可畏者也。兄本欲避地东三省,跳出旋涡,而小有发展,政府尚不能相容,惟有决计出洋而已。"

6月15日,与吴兴汤国梨于上海"哈同公园举行结婚礼,并卜居于北四川路长丰里二弄弄底,即神州女学前址,闻嘉礼〈后〉尚须小作勾留云"。(《民立报》,1913年6月14日《章太炎先生之婚期》。)当时报载:"章太炎君前次来申,曾与吴兴汤女士国梨订婚,择于本月行文明结婚礼。刻在京,袁总统以奉天筹边事要商请先行到奉,将婚事暂缓。后因章君到沪之便,决先成婚后携眷偕往。特于初四日离京,初八日抵申。章君对于婚事力从简省,其致介绍人张君伯纯函,有此次拟取急式婚礼,俾可早日首途。闻汤女士亦系学识迈群,不事化费,故已双方允洽矣。"(《民立报》,1913年6月10日,《会稽苕水结朱陈》。)又云:"章先生为革命先觉,汤女士本为务本女塾第三班师范毕业生,现在神州女学任教务,……来宾极盛,……孙中山,黄克强、陈英士诸君皆先后至。……三时正,行结婚仪式,蔡子民先生为证婚,查士瑞君为典仪,而介绍人则张伯纯,沈和甫两君也。其婚书词华典赡,闻系章先生自撰。"(《民立报》,1913年6月16日《太炎先生之婚礼》。)

章氏自撰"婚词",略谓:"所愿文章赭黻,尽尔经纶,玉佩琼琚,振其辞采。《卷耳》易得,官人不二乎周行;松柏后凋,贞干无移于寒岁。"并"即席赋诗":"吾生虽稊米,亦知天地宽。振衣涉高冈,招君云之端。"又"赋诗以谢婚事介绍人"云:"龙蛇兴大陆,云雨致江河。极目龟山峻，于今有斧柯。"（《太炎最近文录》。）

6 月 18 日，"电致总统及国务院辞差"。这时，章氏对他的东北"实业计划"仍很关注，曾议设筹边实业银行，没有经费，想向法帝国主义借款，但财政总长梁士诒不肯盖印。章太炎计划落空，感到"大抵政府之与我辈，忌疾甚深，骂亦阻挠，不骂亦阻挠"，故决"奉身而退"，不再在袁政府任筹边使了。电文谓："炳麟从政以来，除奸无效，从昏不能，宋教仁无故被戕，大借款损失过钜，麟岂不知其奸宄。但以司法不可妄参，国命不可自蹙，故隐忍不言耳。迩者实业银行借款已有成言，而梁竖士诒怵法商以日、俄之衅，从中破坏，忌疾如此，更何一事可成。即日辞差，冀遂初志，恳乞将东三省筹边使开去。死生之分，一听尊裁。"（《民立报》，1913 年 6 月 20 日《章太炎诛奸之言》。）

6 月 20 日，章氏"自沪出发"，至杭州西湖"度密月"。（《民立报》，1913 年 6 月 18 日《灵隐韬光蜜月游》。）

6 月 21 日，《致伯中书四》，谈及"辞差"及政党事："十四日，得梁士诒来电：'法商以日、俄之故，不愿承办，特转达。诒。'窃谓法商果有此意，当与仆面议，何故先告财政部？此为梁士诒怵迫法商无疑。故于十八日电致总统及国务院辞差。大抵政府之与我辈，忌疾甚深，骂亦阻挠，不骂亦阻挠，故落得守正也。共和党近不袒护政府，大端发于民社。溥泉欲与提携，亦亲与仆谈及。渠意不甚愿改党，但愿两党融化，消界限于无形，于以监督政府，六辔在手，无往不宜，诚如是，则国家之福也。国民党经仆与子民、精卫劝告，较前颇为平和。京师情状，想与上海略同。仆拟遵时养晦，以待政府之稔恶，其时排去一二佞人，有如摘果。今日仕亦无益，故且奉身而退。"（手迹。）

6 月 23 日，"辞差""见允"。

6 月 24 日，《致伯中书五》云："借款为梁士诒所阻挠，电文具在。因于十八日辞差，二十三日见允。虽无赤松、黄石之风，聊以养晦。"（手迹。）

6 月 25 日，《致伯中书六》云："晚闻人言，此次组织新共和党，弟与美涵实在其中，为之距跃。孟森、黄群之无赖，乃弟所亲睹，而美涵实曾受其诈欺者也。浙有二陈，狡险相似，数子不除，终为祸本。去岁刘禺生大声疾呼，排之使去。事后不能固守，终令卵育其间，楚材性直，往往不能与奸人持久，此则弟等当助之距守者。孙尧卿意态近能明了否？倡义元勋，最遭忌疾，其危亦与克强无异。然天下汹汹，党争如水火者，徒以尧卿、克强二公故耳。前者鄂中变乱，闻克强实有嫌疑。今则人穷反本，无复自生仇衅之心，谓尧卿可以释然矣。至国民党加入共和，愚意无妨听其跨党，结以恩信，自为一家。若竞存权利之心，则同党尚如胡越，黄、孟之事，殷鉴岂在远乎？"（手迹。）

6 月，有《与上海国民党函》："往者同人逋逃海外，乞食为生，大众一心，初无倾轧。既而武汉倡义，稍有权利之争，地位有殊，遂分政党，条件未异，门户各分，昔之弟兄，今为仇敌。致令奸人乘间，坐拥高权，天下汹汹，徒以黄克强、孙尧卿二公之反目耳，衅隙已成，弥缝无术。进步党品类丛杂，无可献规，愚赣之言，惟有贡之诸君子。"以为："黎黄陂功业格天，仁声彰著，世无其人，则中国终于左衽矣。其坐镇江流，严秉军法，以惠人而负蛮尾之议，本众母而行火猛之政，实以保持秩序，不得不然，而乃指为屠户，罾为民贼，自诋首难之英，何怪他人之陵轹乎?""追念往昔，革命党人，不盈千数，而能抗暴清万钧之势，改建民国，易如转规。今以数十万人而为亡国廉、来所制，外人之额手加礼者，今且相与鄙夷。""迩者殷顽馀毒，布在市朝，小腆犹存，鴂音未隔。能以坚贞之力，次第湔除者，非我光复中夏之旧人更将谁赖? 若能乘此剥挠，危心自厉，塞翁失马，正转祸为福之机。人事纷纭，震荡相复，固未可知也。如复晏安鸩毒，自相侮嘲，始以口舌之争，终以戈矛之伐，贤材既尽，民望无归，我同志亡，中国亦丧矣。"（《民国经世文编》正编"政治"三。）

7月2日，《致伯中书七》云："知共和党势已坚凝。楚、蜀人材，潼溔蔚荟，兼有亲仁善邻之美，与国民党同心监督，此政党中一大快事也。已致函共和党本部，遥致颂祝。尚望弟与美涵支柱数月，待其深根宁极，然后他行。"（手迹。）

7月3日，《致伯中书八》，对孙中山又肆攻击，而对黎元洪（黄陂）、岑春煊（西林）则寄厚望。函云："共和党与国民党提携，此为政党成立以来第一快事，而此后进行之策，则有当决定者。项城溺职违法之事，已为全国所周知。论者尝以雄才大略相推，欲待第二次然后改选，不知项城藏身之因正在此中。盖帝王思想是其所无，终身总统之念是其所有。既不能正身轨物，使天下乐推，惟有滥借外款，用如泥沙，债务已多，抵押已尽，则第二任总统任令何人不能接手，而己之地位可以永固。其用心阴鸷，正与西太后大同。故就财政一端观之，项城不去，中国必亡，待第二次选举会谋之，则无及矣。前此国民党欲推举黎公，而进步党不与协谋，项城劣迹亦未大著。今则党势已更，政府之恶亦公布于天下，欲谋改选，正在斯时，大抵仍宜推举黄陂，必不肯任，然后求之西林。（原注："黄陂之廉让，可望责任内阁；西林之果毅，可望廓清贪邪。若中山、雪楼，则与项城一丘之貉。"）此共和党所当主持，国民党必无不应。若不务改选而沾沾于宪法之改良，彼宪法者，亦适为所利用。至于政党内阁，则无不堕其彀中。孙少侯，景耀月、吴景濂辈皆国民党之下乘，而政府所乐与援手者也。而熊希龄、张謇辈，亦进步党所乐为推荐者。其人虽贤愚不同，蠹政病民，其事则一，故非从根本解决，虽想尽种种良策，无不转为厉阶，此事应与亚农诸公密商，再与国民党协议。事势虽无十全，而自现势观之，已有五分把握也。非常之原，黎民或惧，舍是则中国不能五稔矣。"（同上。）

7月12日，李烈钧在江西举兵讨袁，"二次革命"爆发。15日，南京宣布独立，黄兴任江苏讨袁军总司令。16日，章氏发布《宣言书》："统一政府成立以来，政以贿成，为全国所指目，而厉行暗杀，贼害勋良，借外力以制同胞，远贤智而近谗佞，肆无忌惮，不恤人言，推原祸本，实梁士诒、陈宧、段芝贵、赵秉钧四凶为首，而王赓、陈汉弟、陆建章辈，亦党恶之最著者。余昔早有陈戒，置若罔闻，至于今日，而江西讨袁之师以起，江南诸军，一时响应，晋阳之甲，庶几义师。夫天之所助者顺，人之所助者信。若政府能追悔往恶，幡然改图，其势自定。必若怙恶不悛，任用狼虎，则义师所指，固当无坚不摧。余尤劝倡义诸军为国司直，不为利回。若情存分割，而荧东邻之言，阴联宗社，以重北方之祸，诸义士必不然也。黎公首举大义，久为民国斗杓。两年以来，激昂之士，动扰武昌，至今劳心，镇抚诛罚过严，此为保安地方，而非阿附政府。封疆之任，职守宜然。若有昧于远势，惟务迩谋，迁怒鄂中，危及奥主，亦吾所不与也。"（《民立报》，1913 年 7 月 17 日。）

7 月 16 日，又有《致黎元洪电》，幻想这个"民国斗枡"出来"厉兵北向，请诛罪人，以为南方指导"。电云："自统一政府不纲，人心所归，公为奥主，宋教仁驰说于前，炳麟请命于后，我公至德高让，愿处寝丘。数月以来，朝政愈紊，惟闻贿赂公行，收买国会，扣外债以肥己，割漠北以媚俄。四凶未除，党恶丛附，其视南京政府，非特鲁卫伯仲而已。防民过甚，壅溃遂成。乃令晋阳之甲，起自江右。程德全衰老知几，犹能响应，此则众曹所恶，不可回护明矣。我公功高大舜，让如周文，而下士莫测其用心，反视为阿附政府。江汉之域，烽候时惊。以公劳心抚绥，至仁断狱，而不平之士终莫能以相谅，内则金佞在朝，仍多忌嫉。往者北军之下，名为防浔，其实乘公之急，诡称援助，以行监制耳。夫以蛮貊尊亲之势，而为南北丛忌之人，此炳麟所欲为公恸哭者也。公昔语炳麟曰：'苟利国家，虽为韩信何害。'盖以政府罪状未著，尚欲曲意维持，今则恶贯既盈，众怒难犯，亟宜厉兵北向，请诛罪人，以为南方指导，然后可为国家谋利泽耳。若徒守小义，愿以身殉，斯岂仁人长者之用心。公纵不出，而下江之兵已起，比于政府，其为大桀小桀尚未可知。纵令志尚纯洁，其识不规久远，东邻间之，则分割之祸以起，自非功高宇宙、明达大体如我公者，庸足以统摄群材，荡洗毒螫，远免分崩之祸，近戢骄肆之兵哉。时不再来，国无幸立，惟愿决机俄顷，以顺民情，既为全体生民起见，即不必以竞争权利为嫌。吴楚相连，终当会合。敢冒斧钺，沥辞上陈。"（《民立报》，1913 年 7 月 17 日。）

7 月 20 日，对浙江都督朱瑞"一意党附政府，延不宣告独立"表示不满，与蔡元培联名宣布朱瑞"劣迹"：

"杭州省议会、商务总会、吕师长、张旅长、章团长鉴：浙都督朱瑞假诸将士之力，克定金陵，侥幸将绩，吞没饷项，劫取财物，累累数十万金。自受任为都督，贿赂公行，滥縻官款，任用宵人，为邦人所指目。如先派张栩办北京《新中国报》，授以钜金，密为运动。杭、沪各报，多以贿买，并为妻弟张世桢运动选举众议员，以实业司酬监督孙世伟。又于杭、沪等处密设机关，鬻卖官缺，统捐局长、地方知事贿分数等，如江永琛以一娼寮走使为知事，乃事迹之最著者。且浙江军队，不过一师一旅，及水陆巡防各数千人，一岁饷糈，约计不盈四百万，而预算开至六百馀万。综其贪污之迹，实为近世官吏所无。而又草菅人命，骚扰行旅，专作残苛，助桀为虐，内则特陈汉第为奥援，外则以朱福说、张栩、金华林、屈映光、秦子乔等为心膂，金壬为朋，百计拥护，故秽迹虽闻于浙中，而恶声不流于境外。迩者宁波独立，嘉、湖、绍、温、处、台亦将接踵继起，非得公明大吏，统拟群伦，哀我浙江，将成瓦裂。如朱瑞辈一意党附政府，延不宣告独立。且既为著名脏吏，必不可一日姑容。炳麟等关怀桑梓，谊难坐视，应请诸君子共扶大义，戮力抨弹。若其廉耻未忘，必当挂冠而去。如复弩骀恋栈，惟有纠合文武，与众逐之。临电愤慨，发欲冲冠，诸希谅察。章炳麟、蔡元培同叩。号。"（《民立报》，1913 年 7 月 21 日，《章炳麟、蔡元培宣布朱瑞劣迹通电》。）

章太炎和蔡元培通电"宣布朱瑞劣迹"后,又发《致报馆书》,谓:"章、蔡一电,军情愤激,而该报复于江永琛事哓哓置辩,归罪于阙麟书之汲引,试问听其汲引者谁乎? 各报攻击乃始取消,则前此固尝受其关节矣。其馀各节,彼亦无辩。大抵军人只知保卫地方,而于政治良楛,置之不论。窃国窃钩之巨细,监守盗与常人盗之重轻,非军人所知也。诋其主帅,私衷愤激固宜,而浙中具官冗吏,乃以仆辈一电,为与暴民同情,此乃可笑之论。仆以为贪人墨吏决所必诛,无论党附政府,抑或宣告独立,其当予以惩治,初无殊职,非谓独立即可逃罪也。前在东三省,弹劾陈昭常至三次,皆以其婪脏吞款,为士民所深恨,故今返故乡,目击朱瑞所为,亦与陈昭常未有殊致。身非在职,则无弹治之权;南北分离,亦无惩办之效。则对于议会军队而言之,谁曰不宜,即仆所以愤嫉政府者,亦以贪人败类,贿赂公行,为挠乱政纪、布彰官邪之的,而于出兵江右、防守上海二端,初无所预。假令宣告独立者,复效政府、浙江所为,仆之反对亦与前者无异,岂以独立与否为是非予夺之权衡耶? 自全国智者观之,曾有开国之初,专行宠赂,乞灵钱神,而以保我黎民、固我疆圉者乎? 则当讨者,固不止元首一人,而秉执讨权者,亦宜反躬自省。此乃区区愚见,而于宣告独立、拥护中央诸子,皆有殊情者也。特书陈意,惟诸君子鉴之,章炳麟白。"(洪越、殷榕:《癸丑战事汇编》公函《章炳麟致报馆书》,1913年9月上海民友社铅字排印本。)

7月21日,《大共和日报》"文苑"载,章氏在沪,有"开学会之讯",乌目山僧(黄宗仰)为之撰诗,题为《太炎先生将开学会,得观云先生赞成之,赋呈志喜》,诗云:"河汾今不作,沧海此横流。公论初尊孔,斯人欲证刘。(原注:"明刘蕺山先生有证人会。")先生起坛坫,大义继《春秋》。更喜轮扶谁,青山拜蒋侯。"

7月26日,《致伯中书九》,对袁世凯及其爪牙极为愤恨,但对孙中山的武力讨袁仍不信赖,谓:"今日之事,政府贿赂公行,割弃领土,实属罪大恶极。而讨袁者亦非其人,宜以蛮触相争视之,不足与辩曲直也。曾致共和党一电,谓宜双退袁与孙、黄,改建贤哲,仆则承命。盖北军虽可占胜利,而人心亦多不服。浙中如汤蛰仙辈,皆憎恶政府特甚,但不欲与黄、陈合谋耳。黎公想已见过,闻项城以南方大事委之,其意盖欲嫁祸,胜则袁享其成,败则黎受其害。恐黎公过于悃忱,亦未能窥此也。仆以南北阻阂,航路不通,未能北上,然素志所在,惟欲取贪人墨吏而诛之,筑为京观,以示惩戒。政党中人专欲拘文牵义,空谈玄远,虑又未必同心也。"

7月26日,发表《第二次宣言》:"今之讨袁军,以罪归元首为名,而从恶诸奸未尝一问,岂不以歼厥巨魁,胁从罔治。不悟政府之恶,乃彼辈养成之,论罪执刑,不得视为从犯。或乃意存招抚,期与涤瑕荡秽,此尤迂谬之谈。若势足以倾倒政府,虽麾之犹将自来;若师徒挠败,局促一隅,虽招之固未肯至。今之起兵,为政治革命也。然则有害政治者,一切当钼而去之,非若去岁光复之师,但欲倾覆清廷,而臣僚可以不问也。吾昔尝论列四凶,复求其外,则当戮者凡有七人:屏蔽贤良,昵护贪吏,紊乱财政者,梁士诒也;阴谋杀张振武,并欲罗织武昌倡义诸勋,且上及于黎公者,陈宦也;煽黄祯祥以乱武汉,进陆建章以索京畿者,段芝贵也;公行贿赂收买议员者,王赓也;素为乡里大蠹,又以其术行之中央,恶直丑正,力进佞人者,陈汉第也;与蒙古叛党通谋,欲令中国人民不得动其一草一木者,熊希龄也;专作奸宄,躬为盗贼者,赵秉钧也。此七子者,虽厥角稽首以附南军,犹将执而戮之,又安用招抚为! 若南军胜利而复纵恣此数人者,无论何人登为总统,其可讨一也。"(《民立报》,1913 年 7 月 27 日《章太炎第二次宣言》。)

8 月,为越南阮尚贤《南枝集》作序,以为"复国非难,凝之则难"。序曰:

"余违难江户,而越南遗民阮鼎南君适至。尔时亡国之痛相若也。余以持论慷慨,腾书转输,逾五年,卒睹光复。归国既二岁,阮君亦来余邸中,出其所作《南枝集》相示,其道故国灭绝之祸,悲愤怏郁,与余曩日所持论等。国性不亡,其胙不斩,光复之期不远也。余以为复国非难,凝之则难,何者? 国之倾覆,必有叛降他族之人。夫能媚于异国者,未有不能媚于邦人,匡复之士,性情亢直,往往易为此曹玩弄,少不矜持,曩之叛降他族者,蠢尔复出,植朋党、执政柄以还噬倡义之人,则兴国之气销而正论不容复作矣。呜呼! 越鉴不远,在禹贡之域。中华民国二年八月,章炳麟。"(越南河南阮尚贤鼎南著:《南枝集》,1925 年排印本。)

8 月 3 日,有《致伯中书十》,说是要"双数袁与孙、黄之恶",对袁世凯不满,对孙中山也不信任。谓:"政治革命,名正言顺,但黄兴、陈其美非其人耳。今黄、陈已遁,天去其疾,而湘、蜀之师复起,项城虽欲黩武,势不能也。人心所反对者,袁与黄、陈,黄、陈去则一意恶袁,又可知也。愚意项城必败,兵连祸结,无可如何,如以生民涂炭为忧,黎公实有调停之责,而非人道主义之腐言可以解此重祸。(原注:"伍廷芳、丁义华、韩汝甲辈,皆近宗教家,不必与谈。")惟有双数袁与孙、黄之恶,使正式选举,不得举此三人,而又以严词请诛七奸。(原注:"梁士诒、陈宧、段芝贵、王赓、熊希龄、陈汉第、赵秉钧,此谓七奸。现是戒严时代,法律停止,可以便宜诛戮。")则南方民怨自解。调停之法,只此而已。而黎公于讨报尚加取缔。此种言辞,岂肯出诸其口,惟效老妪劝善,以人道主义为言,吾闻之掩耳欲走矣。万物并作,吾以观其复,但作壁上观而已,安用强聒为!"(手迹。)

8 月 5 日,《致伯中书十一》,谓即将冒危"直赴京、津"。函云:"闻共和党势亦孤穷,然吾人以为中正稳健者,惟此一发,不可不为张目。顷已买航直赴京、津,要与诸志士同处患难,为中夏留一线光明。项城甚欲购拿革命旧人,电已通布,吾辈亦不畏也。"(同上。)

8 月 10 日,章氏抵天津。

8 月 11 日"早,入京,驻化石桥共和党本部"。(1913 年 8 月 11 日《家书》,见《章太炎先生家书》,中华书局 1962 年影印本,下同。)

据吴宗慈(蔼林)《癸丙之间太炎言行轶录》,章氏入京,是共和党在袁世凯的授意下"急电促章入都"的。谓:"共和党者,武汉革命团体,民社中人在民二时,反对三党合并之进步党而宣告独立者,推黎公宋卿为理事长,太炎先生副之。……太炎先生居沪,常发表反袁文字,一纸宣传,报章争载,袁恨且畏,而无如何。鄂人陈某献媚于袁,谓彼可致太炎于北京,袁颔之,陈乃商之共和党郑某、胡某,于党中集会,谓党势孤危,不如请太炎先生来京主持党事,党议韪之。不一月,先生遂入京,即寓化石桥共和党本部。到京后，仅一往晤黎公，袁遣人招之往见，弗应也。"（见刘成禺：《洪宪纪事诗本事簿注》卷二，又见《制言》第二十五期，下简称《癸丙之间言行轶录》。）

8月14日，《致伯中书十二》，告以入京观感，并攻击孙、黄。谓：共和党本部"业已恢复，支部独立者甚多，精神踊跃，本部亦颇团结。惟出报甚艰，言论无由抒发，而戒严期内，政府视议员如无人，议会亦甚萧索。今时宜存精蓄锐以待方来，不务一时制胜也。孙尧卿为进步党所蔑视，有不屑伍哙之意，心颇怏郁，欲归共和，而鄂中诸友又深憎之，进退失据，殊可怜也。南方渐定，黎公必为刍狗，以后境遇，恐远不如前矣。道德太高，任人玩弄，夫复何言。""袁公近亦师法中山，属人致意，欲一相见，余以目疾辞之。大抵黄兴遁走，国党解散，此为中国之幸而袁氏之不幸也。（原注："无分谤之人，则民怨悉归，其不幸一。国党既散，暗杀党必蜂起，其不幸二。然政治改良或有可望。"）塞翁失马，祸福难知，惟深识者能察之耳。"

8月14日《家书》亦云："迩来共和党甚相亲爱，而进步、保皇诸派时腾谤词，大抵政府使之也。袁公假意派兵保护，已力却之。"

章氏"时危挺剑入长安"，（《时危》四首之一，见《文录》卷二，上海右文社版。）一方面看到"京邑崎岖，道路以目"，以为"吾虽微末，以一身撄暴人之刃，使天下皆晓然于彼之凶戾，亦何惜此屡形为！"（8月20日《致伯中书十》。）表示不畏强暴，敢临虎穴；另一方面又以为"共和党势渐扩张，此为可熹"。（1913年8月17日《家书》。）"连日议员入党者，已增三十人矣。骥老伏枥，志在千里，况吾犹未老耶？"（1913年8月26日《家书》。）但是，袁世凯对章太炎还是不肯放松的，对他加紧迫害，不让自由活动，章太炎被软禁在共和党总部，心情十分烦恼，意志也渐趋颓唐了。

当时报载章氏初入京时被监视情况云：

"章太炎前日到京，大为袁世凯所注目，赵秉钧派四巡警出入监视。"（《民立报》，1913年8月18日。）

"袁、赵、梁、陈忌章太炎甚深，除派四巡警出入监视外，又授意御用党报纸百端污蔑。昨某某数报载章屡次托人向袁疏通无效，现匿居共和党本部不复出，非极熟人不见，窘迫可怜云云。又捏载章致袁书，谓并未与叛徒往来。该报等之意，盖欲形容章之进退失据，以毁其名。然观该报等前日曾载章在共和党演说，措词激烈云云，则可知章到京后，态度明了，必无摇尾乞怜之事，而该报等有意造谣，自相矛盾，实不值识者一笑。"（《民立报》，1913年8月20日。）

"梁士诒因章太炎首斥其奸，目为四凶之一，切齿忿恨，日与赵秉钧、王赓聚议倾陷之策，闻将捏造证据，置章于死。"（《民立报》，1913年8月23日。）

8月20日，《致伯中书十三》，言及被"监护"情况，并责骂国民党："京邑崎岖，道路以目。仆处化石桥，当涂亦令宪兵保护，其意可知。""本党势虽扩张，楚材尚劲，吴、蜀诸贤，则不免失于仁柔。徒谓形式宪法可以制佞人之死命，亦太迂矣。然此中衢一勺，犹稍胜于宗社官僚一派而已。整顿乾坤，犹未能也。至于国民党者，其间不无奇材烈士，而不能率循常规，处患难则有旋乾转坤之能，遇安乐则有同流合污之病，下江独立,实国党自杀之媒。然非穷无立锥,终无大用。雪霜不下则草木不坚。弟以为至愚,愚乎愚乎,恐更有愚于此者矣。观世惟患无远见,立身惟患没出息。此种回狄变转之理,在国党且不自知,其馀可知也。"

8 月 27 日,《致伯中书十四》,认为"凡一政党","非有实业为中坚,即有侠士为后应"。谓:"吾昔在东京,本不取代议政体。及共和宣布,成事不说,于是树立政党。涉历岁馀,已明知政党鲜益,然犹主持共和党者,以他党尚在,则此党不容独消也。""若为久远计,凡一政党,非有实业为中坚,即有侠士为后应,无此即不足以自树。非实业则费用不给,而政府得以利用之矣;非侠士则气势不壮,而政府得以威喝之矣。国民党有其一,无其一,共和党则逾不逮,后忧正不知何底也。若夫政治一方,无取玄妙。今者承清之弊,则对治者正在官吏贪污,而民主党人之论,惟在布置远势,不除近弊,此犹待熊掌象白而后食,无之则必不肯以蔬菜充饥。弟试思之,谁为切实,谁为高尚之理想耶?"

9 月 2 日《家书》称:"竭来人事纷纭,转变难测,共和党财可支柱,气亦未雄,况诲之谆谆,听者藐藐,则虽焦音喑口,犹不足以救乱扶衰也。所以同德相助者,乃知其不可而为之耳。不佞虽在风尘,周身之防亦密,比惟日览文史,聊以解忧。本欲速谋归计,离此尘嚣,然南北皆无净土,兵事未解,亦不容入此漩涡,是以却顾不行耳。"

9 月 14 日《家书》称:"此间警备犹严,一切政论,无由发舒。选举宪法诸大端,无非在军人掌握中耳。此虽由武夫桀骜,亦由议员太无骨干也。近又有人欲以孔教为国教,其名似顺,其心乃别有主张,吾甚非之。"

9 月 15 日(八月十五日),有《八月十五夜咏怀》:"昔年行东塞,旋机始云周。京洛多零露,举酒增烦忧。灼灼此明月,皎皎当危楼。念我平生亲,忽如参与留。与子本同袍,含辛结绸缪。飞丸善自弹,迩室寻戈矛。蒿邪识麻直,弦急如韦柔。去矣拔山力,青骓羁长鞭。丈夫贵久要,焉念睚眦仇。知旧半凋落,忍此同倾轴。虞卿捐相印,蓬转随逋囚。巍网密凝脂,收骨知王修。寒燠变常度,彼哉曲如钩。惜无不死药,西上昆仑丘。后羿无灵气,姮娥非仙俦。"查此诗载《雅言》第六期,(收入《文录》卷一。)而黄侃:《奉和章先生咏怀》则载《雅言》第二期,刊于 1914 年正月,知章氏《咏怀》,应为本年"八月十五夜"所撰。证以 9 月 18 日《家书》:"八月十五夜坐视明月,忧从中来,少顷月蚀,遂复辍观,今为八月十七日也。"知撰于本年。又据《章太炎外纪》,此诗"先生告我,云为黄克强发也"。黄侃和诗为:"常闻至德人,秕糠铸尧舜。依物岂为主,遁世谅无闷。神州昔未康,华裔纷相溷。哲匠唱高言,金声而玉振。虽复夏王迹,未解斯民困。周服假蝯狙,毁裂固其分。菁华既先竭,襄裳复奚吝。易京大如砺,市廛何隐赈。适越思伯鸾,歌峤怀子晋。废兴岂由人,是非安可论。"《雅言》第六期又有《感旧》诗,疑亦撰于是年。

9 月 18 日《家书》称:"北方政党情形,气已萧索,国会徒存形式,莫能自主,盖迫于军警之威,救死不暇,何论国事。前所逮捕议员,近闻已枪毙五人,神龙作醢,灵龟剥肠。吁! 实吾生所未见也。不佞留滞燕都,心如鼎沸,虽杜门寡交,而守视者犹如故,且欲以蜚语中伤。行则速祸，处亦待毙，所以古人有沈渊蹈海，或遁入神仙者，皆是故也。"

9月20日《家书》："南京战事既平，东衅又启，恐全国无安乐土。君之烦忧，当倍于我；我之踾踙，又甚于君。苟天道与善，亦何惧焉。自非然者，则亦委心任运而已。"又录《短歌》八首："丹阳富钱帛，吴王头已白。亚夫真将军，不知细柳屯。""华膏炳明烛，督护行传箭。鸡鸣天欲曙，羞与良人见。""我居太行北，君在瀛海渚。但得高展人，我曹不活汝。""闾阖郁崔嵬，天门不可开。水深泥淖浊，牛羊上山麓。""东封七十二，玉牒传人间。不读西方书，安知舜禹贤。""我本魏王妾，嫁为汉昭仪。绿衣藏金印，不敢怀邪奇。""天汉至南箕，相间三千里。宁啖箕中糠，不食汉之鲤。""主人何所思，愿得丞相章。筑室在水中，莲叶覆茄梁。"（又载《雅言》第一期，收入《文录》卷二。）

9月23日《家书》："心烦意乱，亟欲思归，而卫兵相守，戒严未销，出则死耳。迩者检察厅又以语言之故，起而诉告，（原注："因病未去。"）亦政府使之也。吾处此正如荆棘，终日无生人意趣，共和党亦徒托清流，未能济事"。"展转思之，惟有自杀，负君深矣。然他人皆无可与谋，以疏阔者多，周密者寡耳。此书恐成永诀也。"

9月28日《家书》："比来戒严未解，尚有危机，委心任运，聊以卒岁，而胸中愤懑，终不能自胜也。愤慨既极，惟迎诗以自遣。有时幡阅医书，此为性之所喜，但行箧此种殊少耳。家中医籍尚多，务望保藏勿失。昔人云：不为良相，当为良医，此亦吾之志也。"

10月2日《家书》："连接两函，言之酸楚，令人心肝皆摧。嫌疑事亦诚有之。当今之时，苟凤隶革命党籍及开国有功者，自非变节效媚，无不在嫌疑中，非独吾一人也。然所以致此者，亦因旧时清誉，过于孙、黄，故其忌之益甚，殆非杀其身、败其名不已。都中豺狼之窟，既陷于此，欲出则难纵驱，委命无此耐心，故辄愤愤图自决耳。若剥极能复，则坐以待之也。"

10月9日《家书》："京师冠盖之区，暗如幽谷，惟有终日杜门，自娱文史而已。""大抵北京当事者，皆二三无赖下流，内阁虽修饰名誉，而匡救之力甚少。近则军警又宣告两院九大罪，且欲逼迫宪法草案，延总统任期至七年，且许连任矣。议员已全无力量，恐不能不受其威胁。共和党名为中流砥柱，人数既少，亦不能济此横流也。加以财政匮乏，保守不暇，沈剑侯欲令接济报馆，则登天之难矣。吾意亦欲离京，近尚扰攘，未能遂意。"

10月17日《家书》："前书自言求死，乃悲愁过当之言。昔人云：人生实难，其有不获死乎？吾亦非惧祸而为此言也，蛰居一室，都不自由，感激侘傺之馀，情自中发，乃欲以此快意耳。内念夫人零丁之苦，外思蛰公劝戒之言，亦不能不抑情而止也。"

10月25日《家书》："戒严未解，门卫亦未能撤，吾以一月后即当封河，恐欲归不得，往催撤兵，可作归计，而当涂甚不放心，大抵必欲逼令受官，留之京邸，此虽非心所愿，恐亦无可奈何，盖犹胜于虎豹守关也。成败祸福，本难预知，今亦不得不隐忍待之。"

11 月 4 日《家书》:"解严未成,撤兵无日,而困于一官,亦非余之始愿。今日所观察者,中国必亡,更无他说。余只欲避居世外,以作桃源,一切事皆不闻不问,于心始安耳。""呜呼! 苟遇曹孟德,虽为祢衡,亦何不愿,奈其人无孟德之能力何,奈其人无孟德之价值何,夫复何言?"

11 月 4 日《家书》又称:"立意欲移家青岛,而彼中尚未听从也。观其所为,实非奸雄气象,乃腐败官僚之魁首耳。"11 月 8 日《家书》云:"前与军政处一函,彼亦不能自主。"11 月 18 日《家书》:"前与袁、陆相商,欲往青岛,彼尚不舍。"查章氏于 11 月上旬《致陆建章书》为:"入都三月,劳君护视。余本光复前驱,中华民国由我创造,不忍其覆亡,故来相视耳。迩来观察所及,天之所坏,不可支也。余亦倦于从事,又迫岁寒,闲居读书,宜就温暖,数日内当往青岛,与都人士断绝往来。望传语卫兵,劳苦相谢。"《致袁世凯书》为:"幽居京师,宪兵相守者三月矣。欲出居青岛,以返初服而养苛疾,抵书警备副司令陆君,以此喻意。七日以来,终无报命。如可隐忍,以导出疆,虽在异国,至死不敢谋燕。"(陶菊隐:《北洋军阀统治时期史话》第一册第 179 页。)

11 月 8 日《家书》:"近因解散国民党议员,都下人情惶乱。闻湖南所杀革命党,皆非此次创独立者,而即辛亥举义之人也。诚如是,则吾辈安有生路。前与军政处一函,彼亦不能自主。重以近日变故烦多,彼何肯为一人谋乎? 友人或劝讲学,迎君前来,吾意无可奈何,或作是计,纵令死别,犹愈生离也。唯君图之。"

11 月 18 日《家书》:"前与袁、陆相商,欲往青岛,彼尚不舍。今日与陆强要,方得撤兵,吾亦约不他往。京师本无味,然已淹留于此,不可背信,且当以讲学自娱,君亦可来京相伴。"

《癸丙之间言行轶录》记录章氏在北京"幽居"共和党,以及与袁世凯斗争情况云:"某日,应黎坤甫(宗岳)君晚谯,乘马车出门,宪兵跃登车,前后夹卫之。初未注意,谯毕回寓,夹卫如故。先生疑,询慈及张亚农,未便实告。次日,再询鄂人胡培德,胡笑曰:'此为袁世凯派来保护者。'先生乃大怒,操杖逐之,宪兵逃。先生谓慈曰:'袁狗被吾逐去矣。'慈应曰:'诺。'宪兵既被逐,易便服来,与宗慈、亚农谈判,(原注"慈与亚农任党干事"。)谓奉上命来,保护章先生,虽触怒,不敢怠,请易便服,居司阍室中,不能拒,但不令先生知耳。先生居党部右院斗室中,朋辈过从极少,日共谈话者为宗慈与亚农、张真吾三数人耳,上天下地。无所不谈。谈话既穷,继以狂饮,醉则怒骂,甚或于窗壁遍书'袁贼'字以泄愤,或掘树书'袁贼',埋而焚之,大呼'袁贼烧死矣'。骂倦则作书自遣,大篆、小楷、行草,堆置案头,日若干纸,党中侪辈欲得其书者,则令购宣纸易之,派小奚一人主其事。某日,陆建章派秘书长秦某(原注:"前清翰林。")来晤宗慈,谓'奉敞总长命,欲谒章先生,请先容。'询何事? 则曰:'敞总长奉大总统命,谓章先生居此,虑诸君供亿有乏,将有所赠,慈入告先生,导与相见。秦入,致词毕,探怀出钞币五百元置书案。先生初默无一语,至此,遽起立持币掷秦面,张目叱曰:'袁奴速去。'秦乃狼狈而遁。黎公念先生抑郁,召慈等至瀛台,商所以安慰之策,嘱询先生在京愿为何事,经费可负责,并言袁对之尚具善意,但不欲其出京及发表任何文字耳。慈等归商先生,先生表示愿组考文苑事。复黎公命。黎往商袁,年拨经费十五万元,先生开列预算。坚持非七十五万元不可。袁允经费可酌增,但不必如预算所列,设机关办事。约言之,即予以一种名义及金钱,示羁縻而已。先生最终表示,经费可略减,但必须设机关办实事。……双方谈判,终告决裂。黎公徒为扼腕。……当时预算中,所拟办事人才,其高足弟子黄季刚,赫然首选焉。"

11月22日,有《致袁世凯书》,也谈到"考文苑"事。查1912年,章氏即与马良等商组"考文苑",至是又提此事。谓:"迩者宪兵虽解,据副司令陆建章言:公以人才阙乏,必欲强留,炳麟不能受此甘言也。若有他故,能议公者,岂惟一人,舆论纵不振于中土,若外人之烦言何? 炳麟本以共和党独立来相辅助,亦傥至而相行耳。而大总统羁之不舍,既使赵秉钧以国史相饵,又欲别为置顿。炳麟以深山大泽之夫,天性不能为人门客,游于孙公者,旧交也;游于公者,初交也。既而食客千人,珠履相耀,炳麟之愚,岂能与鸡鸣狗盗从事耶? 史官之职,盖以直笔绳人,既为群伦所不便。方今上无奸雄,下无大佞,都邑之内,攘攘者穿窬摸金皆是也。纵作史官,亦倡优之数耳!""饱食终日,无所用心,以与朋辈优游谑浪,炳麟亦不为也。苟图其大,得屈此身以就晦冥之地,则私心所祈向者,独考文苑一事,经纬国常,著书传世,其职在民而不在官,犹古九两师儒之业。迩者方言国音、字典文例、文学史、哲学史等,皆未编成,而教育部群吏,又盲瞽未有知识,国华日消,民不知本,实愿有以拯济之。同苑须四十人,(原注:"仿法国成法。")书籍碑版印刷之费,数复不少,非岁得数十万元不就。(按:底稿作"非岁得二十四万元不就。")若大总统不忘宗国,不欲国性与政治俱衰,炳麟虽狂简,敢不从命。若縶维一人以为功,委弃文化以为武,凤翱翔于千仞,览德辉而下之,炳麟亦何愧之有? 设有不幸,投诸浊流,所甘心也。书此达意,请于三日内见复。"(《民权素》第二集,1914年7月15日出版;查见到底稿残卷,系别人起草而经章氏改定者。)

又据一士《章炳麟被羁北京轶事杂记》云:"章本有设'考文苑'之主张,兹以规模较大,恐难即就,此机关名称拟定为'弘文馆',作小规模之进行,其工作则为编字典及其他。馆员人选,预定有门人钱玄同、马裕藻、沈兼士、朱希祖等,盖犹师生讲学之性质也。当玄同等以马车迎往西城石老娘胡同钱宅与恂面谈此事时,军警及侦探多人乘自行车簇拥于车之前后左右云。""张謇既言诸袁氏,袁氏表示:'只要章太炎不出京,弘文馆之设,自可照办,此不成何等问题也。'并允拨给数千元作开办费,其经常费每月若干,亦大致说定,惟待发表而已。事虽已有成议,而未能即日实行,延滞之间,章氏不能耐矣。"(《逸经》第十一期,据徐一士称,系"闻诸钱玄同先生者为多"。)

11月24日,章氏"欲行,陆建章部下叩头请留",他自感"遇软颇难用硬,仍限三日答复。"(1913年11月25日《家书》。)

12月9日,章氏开始讲学。查袁世凯强迫国会选举他自己为正式总统后,又下令解散国民党,并取消国民党籍之国会议员,正式推行独裁政治,章氏益感愤懑,心情十分烦恼,他想往青岛,"袁棍仍不放行,口作甘言,以倚仗人才为辞,吾致书力斥之"。(1913年11月25日《家书》。函中所称"致书力斥之",即指上引11月22日《致袁世凯书》。)"同人劝以讲学自娱,聊复听之,然亦未尝不招当涂之忌也。若并此不为,则了无生趣矣"。(1913 年 12 月 7 日《家书》。)至是"开学,到者约百人",章氏以为"此事既与文化有关,亦免彼中之忌"。(1913 年 12 月 10 日《家书》。)"吾今且以讲学自娱,每晚必开会两点"。(1913 年 12 月 15 日《家书》。)"都下狐鼠成群,吾之所在,亦不敢犯,讲学之事,聊以解忧"。(1913 年 12 月长至日《家书》。)

《癸丙之间言行轶录》记其在北京讲学情形云:"穷愁抑郁既以伤生,纵酒谩骂尤非长局,党中同人商允先生讲学。国学讲习所遂克期成立。讲室设于党部会议厅之大楼,报名者沓至。袁氏私人受命来监察者,亦厕讲筵。讲授科目为经学、史学、玄学、子学,每科编讲义,党中此类书籍无多,先生亦不令向外间购借,便便腹笥,取之有馀。讲授时源源本本,如数家珍,贯串经史,融和新旧,阐明义理,剖析精要,多独到创见之处。讲学时绝无政治上感情,不惟专诚学子听之忘倦,即袁氏之私人无不心服,忘其来意矣。"

"讲学次序,星期一至三讲文学科的小学,星期四讲文科的文学,星期五讲史科,星期六讲玄科。"当时在讲学处的壁上"粘着一张通告":"余主讲国学会,踵门来学之士亦云不少。本会专以开通智识、昌大国性为宗,与宗教绝对不能相混。其已入孔教会而后愿入本会者,须先脱离孔教会,庶免薰莸杂糅之病。章炳麟白。"(《古史辨》第一册顾颉刚《自序》引。)"国学会开讲还没满一个月,太炎先生就给袁政府逮捕下狱。"(同上。)

12 月,章氏《驳建立孔教议》在《雅言》发表,对当时"尊孔祀孔",进行批驳。查辛亥革命以后,封建守旧势力,主张建立"孔教会",欲以"孔子为国教"。1913 年,康有为在《不忍》杂志上先后发表《孔教会序》、《以孔子为国教配享天坛议》等文,并在该刊特辟"教说"一栏。2 月,上海创刊《孔教会杂志》,由陈焕章主编。袁世凯且于 6 月 19 日下令各省"尊孔祀孔"。章氏在 9 月 14 日《家书》即谓:"近又有人欲以孔教为国教,其名似顺,其心乃别有主张,吾甚非之。"旋撰此文,首言"中土素无国教";继言:"智者以达理而洒落,愚者以怀疑而依违,总举夏民,不崇一教。"至于"孔子于中国,为保民开化之宗,不为教主。世无孔子,则宪章不传,学术不起,国沦戎狄而不复,民居卑贱而不升,欲以名号列于宇内通达之国难矣。今之不坏,繄先圣是赖,是乃其所以高于尧、舜、文、武而无算者也"。末谓:"孔教本非前世所有,则今者固无所废;莫之废则亦无所复矣。愚以为学校瞻礼,事在当行;树为宗教,杜智慧之门,乱清宁之纪,其事不便。"(《雅言》第一期,收入《文录》卷二,文字有修润。)

章氏另有《反对以孔教为国教篇,示国学会诸生》云:"迩者有人建立孔教,余尝为《驳议》一首,幸不为智者弃捐,彼昏不知,犹欲扬其馀滓,定为国教,著之宪章,虽见排于议会,其盗言邪说未已,犹不得不拒塞之。盖中土素无国教,孔子亦本无教名。表章六经,所以传历史;自著《孝经》、《论语》,所以开儒术。或言名教,或言教育,此皆与宗教不相及也。三仁异行而皆是,由、求进退而兼收,未尝特立一宗以绳人物。是故异教之在中国,足以在宥兼容,所谓以无味和五味,以无声君五声者。

更二千年而未有宗教战争之祸,斯非其效欤? 其间有小小沾滞者,若汉武帝罢黜百家,尊崇孔氏,内多欲而外施仁义,至于民不乐生。王莽继之,其流益厉,所假借者,岂独孔子耶? 并与元后而假借之,欲以禅让为名,卒无解于篡盗,匈奴之愚,犹不可欺也。徒令士民疾首,四海困穷而已。庄生云:圣人者,天下之利器,儒以《诗》、《礼》发冢,乃于此见其明验也。然仍世相称,皆以儒术为之题署,云儒教者无有也。及佛法被于东方,天师五斗之术起,佛、道以教得名,由是题别士人号以儒教,其名实已不相称,犹未有题名孔教者也。

"孔教之称,始妄人康有为,实今文经师之流毒,刘逢禄、宋翔凤之伦,号于通经致用,所谓《春秋》断狱,《禹贡》治河,三百五篇当谏书者,则彼之三宝已。大言夸世,故恶明文而好疑言,熹口说而忌传记,以古文《周礼》出于姬公,嫌儒术为周、孔通名,于是特题孔教,视宋儒道统之说弥以狭隘,其纰缪亦滋多矣。言《公羊》者,辄云孔子为万世制法,《春秋》非纪事之书。夫以宪章文、武,修辑历史者而谓之变乱事迹,起灭任意,则是视六经为道士天书,其祸过于秦之推烧史记。推其用意,必以历史记载为不足信,社会习惯为不足循,然后可以吐言为经,口含天宪。近者于光复事状,既欲泯其实录矣。

"夫其意岂诚在宗教耶? 点窜《尧典》、《舜典》以为美,涂改《清庙》、《生民》以为文,至于冕旒郊天,龙衮备物,民国所必不当行者,亦可借名圣教,悍然言之。政教相揉,不平者必趋而入于天方、基督,四万万人家为仇敌,小则为义和团之争,大乃为十字军之战,祸延于百年,毒流于兆庶。昔康有为尝云:观革命党之用心,非四万万人去半不止。余尝亲为革命党,自知同类无是心也。若循此辈所为,宁将以半数之命,殉其宗教而无所悔,涓涓不绝,成为江河,岂不哀哉! 又古者释奠释菜,礼本至薄。近世亦直岁时致祭而已。如昔三水徐勤之述其师说也,谓当大启孔庙,男女罗拜,祷祠求福,而为之宗主者,人人当舐足致礼,则是孔子者,乃洪钧老祖、黄莲圣母之变名,而主持孔教者,亦大师兄之异号耳。渎乱风纪,乃至于此。言孔教者,亦尝戒心否矣。若其系于学术者,锢塞民智,犹其小者尔,大者乃在变乱成说,令人醒醉发狂。往者宋翔凤之说《论语》,好行小慧,已足以易人心意矣。近世如王闿运则云墨家巨子即榘子,榘者,十字架也。(案:榘形本曲,与十字之形迥异,闿运或未向匠人处视榘耶?)'有朋自远方来'朋即凤,谓凤凰自远方来也。廖平则云'法语之言'谓作法兰西语;'君子之道斯为美',谓俄罗斯一变至美利加;'吾犹及史之阙文也。有马者借人乘之',知孔子以前,皆并音字,马即号马,乘即乘除也。如此之类,荒诞屈奇,殆若病寐。彼说耶苏,以为耶即是父,苏即死而复生,犹太名字,尚可以汉语读之,况于国之经传文言,非略随情颠倒,亦安往而不可哉! 循此诸说,则昔人以西方美人为佛者,固无足怪,今且可说为美利加人矣。苟反唇以相稽,虽谓孔丘即空虚,本无是人,而今之所传者,皆阳虎为之词,又何以难焉。以若所教,行若所学,非使学术泯绝,人人为狂夫方相不已。事已成而挫之,病已甚而疗之,则无及矣。

"今为诸君说是者,以其寄名孔子,所托至尊,又时时以道德沦丧,借此拯救为说,足以委曲动人,顾不知其奸言莠行,有若是者。夫欲存中国之学术者,百家具在,当分其馀品,成其统绪,宏其疑昧,以易简御纷糅,足以日进不已。孔子本不专一家,亦何为牢执而不舍哉！欲救道德之沦丧者,典言高行,散在泉书,则而效之,躬行君子,亦足以为万民表仪矣。若以宗教导人,虽无他害,犹劝人作伪耳。况其因事生奸,祸害如彼之甚也。若犹有观望者,请观陈焕章自谓在美洲学习孔教二十年,张勋以白徒拥兵,工于劫掠,而孔教会支部长,其言果足以质信,其人果有立教之资格耶？惧未有汉武之能、王莽之学,而窃此于厂公配享也"。（抄件。）

12月,《雅言》创刊,章氏弟子康宝忠主任,上海右文社发行,分"论说"（社论、译论）、"纪事"（国内纪事、国外纪事）、文艺（名贤遗著,学录,文选,诗录,词录,丛谭,小说）、杂录（专件、调查）等栏,章氏诗文,经常在《雅言》发表。第一期除刊录《驳建立孔教议》外,另有《木犀赋》及《章太炎先生最近诗》。（《过广宁》、《短歌》等。）

本年冬,为龚翼星《光复军志》撰序,谓："夫以清廷骑寇破神州如摧枯,三百年犹有馀烈,以儒生独力当之,其不量力亦甚矣。腊毒盈贯,江介一咤而覆其宗,后生视之,若以为苟简便易者,其未知图事之艰难,与夫幽囚辟易断胻绝趾者之困于前也。苟始于忧患,终于逸乐,前事之忘,后将何师焉。以麟之一介进取,亲戚坟墓垂危而不反顾,今为舆马仆役室庐之奉,幡然与阘茸小人游处,久更染污,身亦沾沾,习与侧媚。昔时同义争名号,念忿痮而相倾陷,斯亦生人之大耻也。"（《光复军志》,1919年8月天津华新印刷局铅字排印本,收入《检论》卷九《大过》之后。）

本年,修改《小学答问》、《文始》,并将《文始》手写本影行。自称："民国二年,幽于京师,舍读书无可事者。《小学答问》、《文始》初稿所未及,于此时足之。《说文》：'臑,臂羊矢也。'段氏不解,改'臂羊矢'为'羊矢臂",孙仲容非之,谓羊或美之讹,矢或肉之讹。余寻医书《甲乙经》,知股内廉近阴处曰羊矢,方悟臂羊矢义。又,《说文》：'设,常也。'段亦不解。余意设职同声。《说文》：'职,记散也。'《周礼》司常掌九旗之物名,各有属以待国事。郑注,属谓徽识也。徽即小旗,古人插之于身,《说文》有职而无帜,于是了然于设、常之义。又,《说文》：'斦,二斤也,阙。'大徐音语斤切。余谓质从斦,必为斦声。《九章算术》刘徽注,张衡谓立方为质,立圆为浑,思立方何以为质,乃悟质即斦,今之斧也。斧形正方而斜,《九章》中谓为壍堵形,斤本作▽,小篆变乃作匚,两斧壍堵形颠倒相置,成立方形,立方为质者,此之谓也。斦当读质,非语斤切,由此确然以信。凡此之类不胜举,皆斯时所补也。"（《自述治学》,《制言》第二十五期。）

鲁迅曾索得《文始》石印本。《鲁迅日记》9月4日记："上午,从稻孙处索得《文始》一册,是照原稿石印者。"（61页"癸丑日记",人民文学出版社1976年版。）9月23日记："朱遏先送《文始》一册。"（同上第63页。）

本年,撰《自述学术次第》,首谓："余生亡清之末,少慧异族,未尝应举,故得泛览典文,左右采获。中年以后,著籑渐成,虽兼综故籍,得诸精思者多,精要之言,不过四十万字，而皆持之有故，言之成理，不好与儒先立异，亦不欲为苟同，若《齐物论释》、《文始》诸书，可谓一字千金矣。晚更患难，自知命不久长，深思所窥，大畜犹众。即以中身而陨，不获于礼堂写定，传之其人，故略录学术次第，以告学者。"下分十节：一，"余少年独治经、史、《通典》诸书，旁及当代政书而已，不好宋学，尤无意于释氏"。此后，与宋恕交，"渐近玄门"；"遭祸系狱，始专读《瑜伽师地论》及《因明论》、《唯识论》。东渡日本，"暇辄读《藏经》"，"参以近代康德、萧宾诃尔之书"，最后终日读《齐物论》。"余以佛法不事天神，不当命为宗教，于密宗亦不能信"。二，"余治经专尚古文，非独不主齐、鲁，虽景伯、康成亦不能阿好也"。三，"余少读惠定宇、张皋文诸家易义，虽以为汉说固然，而心不能惬也。亦谓《易》道冥昧，可以存而不论。在东因究老、庄，兼寻辅嗣旧说，观其明爻明象，乃叹其超绝汉儒也。近遭忧患，益复会心"。四，"余治小学，不欲为王菉友辈，滞于形体，将流为字学举隅之陋也。顾、江、戴、段、王、孔音韵之学，好之甚深，终以戴、孔为主，明本字，辨双声，则取诸钱晓征。既通其理，亦犹有所歉然。在东闲暇，尝取二徐原本，读十馀过，乃知戴、段所言转注，犹有泛滥，繇专取同训，不顾声音之异，于是类其音训，凡说解大同，而又同韵或双声得转者，则归之于转注，假借亦非同音通用，正小徐所谓引伸之义也。转复审念，古字至少，而后代孳乳为九千，唐、宋以来，字至二三万矣，自非域外之语，字虽转繇，其语必有所根本。盖义相引伸者，由其近似之声，转成一语，转造一字，此语言文字自然之则也，于是始作《文始》。分部为编，则孳乳浸多之理自见，亦使人知中夏语言，不可贸然变革。又编次《新方言》，以见古今语言，虽递相嬗代，未有不归其宗，故今语犹古语也"。五，"余少已好文辞，本治小学，故慕退之造词之则，为文奥衍不驯，非为慕古，亦欲使雅言故训，复用于常文耳"。"三十四岁以后，欲以清和流美自化，读三国、两晋文辞，以为至美，由是体裁初变"。"余作诗独为五言"，"余亦专写性情，略本钟嵘之论，不能为时俗所为也"。六，"余于政治。不甚以代议为然。曩在日本，已作《代议然否论》矣。国体虽更为民主，而不欲改移社会习贯，亦不欲尽变旧时法制，此亦依于历史，无骤变之理也"。七，"余于法律非专，而颇尝评其利害，以为当今既废帝制，妖言左道诸律，固宜删刊。其旧律有过为操切，反令不行者，与自相缪戾者，删改亦宜也。而今律之缪亦多"。八，"余于晚明遗老之书，欲为整理而未逮也。古称读书论世，今观清世儒先遗学，必当心知其意"。九，"近世学术未备"，姓氏、刑法、食货、乐律"斯四术者，所包闳远，三百年中，何其衰微也。此皆实事求是之学，不能以空言淆乱者，既尚考证，而置此弗道乎？其他学术，虽辩证已精，要未可谓达其玄极"。十，"余以人生行义，虽万有不同，要自有其中流成极，奇节至行，非可举以责人也，若所谓能当百姓者，则人人可以自尽，顾宁人多说行己有耻，必言学者宜先治生，钱晓征亦谓求田问舍，可却非义之财，斯近儒至论也。"对当时"见利思义，见危授命，久要不忘平生之言"的"澌灭而不存"，倍加慨叹。（手稿，上海图书馆藏；《制言》二十五期曾录载。查文中谓"晚更患难，自知命不久长"，疑为1913冬间"幽居"讲学时作。）

　　本年，曾为胡仰曾：《国语学草创》撰序，谓："余向者病世人灭裂自喜，字母等韵,六书略例,皆所未达。苟欲乡壁虚造,以定声格,成简字,辄私鄙笑之。尝为声韵对转之图,撰次二十三部,补东原、㧑约所未备,而仰曾综贯大秦驴唇之书,时时从余讲论,独有会悟。今见其书,乃为比合音理,别其弇舒,音有难喻,以珊斯克利及罗甸文参伍相征,令古今华裔之声,奄然和会,斯治语学者所未及也。”“迩者以统一语言有所发舒。古之正音,存于域中者,洋洋乎其惟江汉大鄂之风,其侵谈闭口音,宜取广东音补苴之。异时经纬水陆之交,凑于汉上,语音旁达,天下为公。今者考文正读,宜逆计是以为型范,斯余畴昔所持论而仰曾亦有取焉。既擂其大旨,乃为叙录,以告国人治语学者。”（1913 年 1 月,见《国故月刊》第三期,1919 年 5 月 20 日出版,《文录》未曾收录。）这时,教育部召开读音统一会,研究汉字的标准读音,章氏弟子鲁迅、许寿裳等联名提议,以章氏手定的切音工具作为注音符号。建议被接受,章氏手定的纽文三十六、韵文二十二略加增删以后,就被确定为当时全国通用的注音符号,于 1918 年由北洋政府教育部把注音字母公布,（见该年条。）一直沿用了三十多年。许寿裳说：“现今常用的注音符号,亦系发原于章先生。先生曾说切音之用,只在笺识字端,令本音画然可晓,故曾定纽文为三十六,韵文为二十二,皆取古文篆籀径省之形,以代旧谱。至民国二年,教育部召集读音统一会。开会的时候,有些人主张用国际音标,有些人主张用清末简字,各持一偏,争执甚烈。而会员中,章门弟子如胡以鲁、（按即胡仰曾。）周树人、朱希祖、马裕藻及寿裳等,联合提议用先生之所规定,正大合理,遂得全会赞同。其后实地应用时,稍加增减,遂成今之注音符号。”（《章炳麟》第 95—96 页。）

　　本年,《统一党第一次报告》出版,一册,京师京华印书局铅字排印本,录有章氏演说、宣言、书函等十一篇,即：一,《章太炎演说》（1912 年 1 月 3 日）；二,《联合会改党通告》（1912 年 3 月 1 日）；三,《改党大会演说辞》（1912 年 3 月 2 日）；四,《改党宣言》（1912 年 3 月下旬）；五,《关于统一党不与他党合并之演说》（1912 年）,原题《本党理事章炳麟对于本党独立之演说》）；六,《统一党独立宣言书》（1912 年）,原题《本党暂行总理章炳麟宣言书》）；七,《章太炎为建都事致南京参议会书》（1912 年 2 月 13 日）；八,《驳黄总长主张南都电》（1912 年 2 月）；九,《致袁世凯商榷官制往复电》（1912 年 2 月）；十,《章太炎与张季直书》（1912 年 1 月）；十一,《欢送会演讲》（1912 年 12 月 23 日）。

　　【著作系年】《东省实业计划书》（《太炎最近文录》）。《东二省政要序》（《文录》初编《文录》卷二）。《国语学草创序》（1913 年 1 月,《国故月刊》第三期,1919 年 5 月 20 日出版）。《熊成基哀辞》（《文录》初编《文录》卷二）。《宋教仁哀辞》（同上）。《光复军志序》（《光复军志》,收入《检论》卷九）。《南枝集序》（阮尚贤：《南枝集》,1925 年排印本）。

　　《致共和党国民党统一党电》（1913 年 2 月,手迹）。《致神州报汪君及大共和日报电》一——二（1913 年 3 月 24—25 日,见《民立报》,1913 年 3 月 26 日）。《稽勋意见书》一——二（姜泣群：《朝野新谈》丙编）。《致伯中书二》（1913 年 4 月 9 日,手迹,重庆市博物馆藏，下同）。《致袁世凯电》(1913 年 5 月 10 日，见《民立报》，1913 年 5 月 14 日)。《宣言书》(《时报》，1923 年 5 月 25 日)。《与副总统论政党》(1913 年 5 月，见《民国经世文编》正编"政治"三)。《致伯中书三》(1913 年 6 月 13 日)。《电辞东三省筹边使》(《民立报》，1913 年 6 月 20 日)。《致张伯纯书》(未见，《民立报》1913 年 6 月 10 日引)。《致伯中书四》(1913 年 6 月 21 日)。《致伯中书五》(1913 年 6 月 24 日)。《致伯中书六》(1913 年 6 月 25 日)。《与上海国民党函》(1913 年 6 月，见《民国经世文编》正编"政治"三)。《致伯中书七》(1913 年 7 月 2 日)。《致伯中书八》(1913 年 7 月 3 日)。《宣言书》(《民立报》，1913 年 7 月 17 日；又见洪越等：《癸丑战事汇编》，1913 年 9 月上海民友社印刷)。《致黎元洪电》(1913 年 7 月 17 日，同上)。《宣布朱瑞劣迹通电》(1913 年 7 月 20 日，见《民立报》，1913 年 7 月 21 日)。《致报馆书》(洪越等：《癸丑战事汇编》)。《致伯中书九》(1913 年 7 月 26 日)。《第二次宣言》(《民立报》，1913 年 7 月 27 日)。《致伯中书十》(1913 年 8 月 3 日)。《致伯中书十一》(1913 年 8 月 5 日)。《致伯中书十二》(1913 年 8 月 14 日)。《致伯中书十三》(1913 年 8 月 20 日)。《致伯中书十四》(1913 年 8 月 27 日)。《致陆建章书》(《北洋军阀统治时期史话》第一册)。《致袁世凯书》(同上)。《致袁世凯书》(1913 年 11 月 22 日，见《民权素》第二集)。

《驳建立孔教议》(《宪法新闻》第二十二册，1913 年 10 月 26 日出版；《雅言》第一卷第一期；收入《文录》初编《文录》卷二)。《示国学会诸生》(1913 年，抄稿)。《国学会通告》(顾颉刚：《古史辨》第一册)。《自述学术次第》(手稿，上海图书馆藏)。《家书》(1913 年 8 月 11 日，14 日，17 日，19 日，22 日，26 日；9 月 2 日，5，14 日，18 日，20 日，23 日，28 日；10 月 2 日，9 日，12 日，14 日，17 日，21 日，25 日，30 日；11 月 4 日，8 日，18 日，21 日，25 日；12 月 7 日，10 日，15 日，22 日，30 日，31 日)。《频伽精舍校刊大藏经序》(《庸言》一卷三号；《宪法新闻》第二十四册)《癸丑长春筹边》(《制言》第二十五期)。《木犀赋》(《庸言》一卷二十二期；《雅言》第一年第一期，收入《文录》初编《文录》卷二。《过广宁》(同上)。《短歌》八首(同上，又见《家书》)。《长歌》(同上，《雅言》第一年第一期作《长歌行同章先生连句》，署黄侃名，下赘联句姓氏，《文录》收入时，修改较多)。《八月十五夜咏怀》(《雅言》第六期，1914 年 3 月出版)。《感旧》(同上)。《挽宋教仁联》。

《文始》(手稿石印本)。

《统一党第一次报告》(京师京华印书局铅字排印本，录有章氏演说、宣言、书函等十一篇，见正文)。

1914 年（民国三年甲寅）　四十七岁

【自定年谱】是时共和党犹以空名驻京，宪兵逼迫。余终日默坐室中。弟子独钱季中及贵阳平刚少璜时时来候。余念共和党不能久支，二月，张伯烈亚农为余谋，直往谒袁公辞别，不见，则以襆被宿其门下。从之，遂被禁锢。先属陆建章锢一军事废校中，渐移龙泉寺。当事皆走使告曰："以家属来则无事。"余念是为谲术，汤夫人亦惧袁氏有异谋，皆谢之。建章慕爱先达，相遇有礼。及移龙泉寺，别以巡警守之。警吏入见,语言瞻视,浸陵人矣。袁克定复遣德人曼德来省,且言可移处克定彰德宅中,余默不应。至六月,余以资斧空匮,饬厨役断炊,不食七八日,神气转清,唯步起作虚眩耳。旧友广州黄节晦闻书致当事,道不平。当事惧余饿死,复令医工来省,得移东城钱粮胡同。政府月致银币五百圆,赁屋治食,悉自主之。以巡警充阍人,稽察出入。书札必付总厅检视,宾客必由总厅与证,而书贾与日本人出入不与焉。时弟子多为大学教员,数来讨论。余感事既多,复取《訄书》增删,更名《检论》。处困而亨,渐知《易》矣。

是冬,孙尧卿自德意志归,来候。时同志旧勋与余相遇者,独尧卿、柱中二人耳。初克上海,柱中功高,授勋才得五位。川边经略使尹昌衡以事下狱,祸不测,柱中独与前贵州都督杨荩诚上书救之,尧卿亦为言云。

【国内大事】1 月 10 日,袁世凯下令宣布停止两院现有议员职务。2 月 3 日,袁世凯下令停办各地方自治会。12 日,孙宝琦代熊希龄任国务总理。27 日,赵秉钧猝死。28 日,袁世凯下令解散各省议会。3 月 2 日,袁世凯颁布治安警察条例。9 日,设立清史馆。18 日,约法会议开会,选举孙毓筠、施愚为正副议长。5 月 1 日,袁世凯公布"中华民国约法"。24 日,袁世凯公布约法会议制定的参政院组织法。7 月 8 日,孙中山在日本召开中华革命党成立大会,公布宣言。28 日,第一次世界大战开始。9 月 2 日,日军在山东登陆。11 月 7 日,日军占青岛。12 月 5 日,袁世凯公布出版法。29 日,袁世凯公布 28 日约法会议通过之修正大总统选举法,任期十年,且得连任。

1 月 1 日,章氏有《致黎元洪书》:"时不我与,岁且更新,烈士暮年,壮心不已,以此为公祝。炳麟羁滞幽都,饱食终日,进不能为民请命,负此国家;退不能阐扬文化,惭于后进。桓魋相迫,惟有冒死而行。三五日当大去。人寿几何,亦或尽此。书与公诀。"(一士:《章炳麟被羁北京轶事杂记》,《逸经》第十一期,1936 年 8 月 5 日出版。)不数日,即"有大闹总统府之事"。(同上。)

1 月 3 日,章氏欲乘车离京,为军警所阻。7 日,"以大勋章作扇坠,临总统府之门,大诟袁世凯之包藏祸心。"(鲁迅:《关于太炎先生二三事》)1914 年 1 月 14 日《申报》载:"章太炎来京日久,日前择期出京,已行至车站,将起身矣。送行之人,有张伯烈诸人,忽被人干涉,不许其出京,外间喧传有军警数人将章载去,不知何往,实则截留之后,章遂回寓。……讵意章回寓之后,忽于七号早前往总统府,坚求谒见,适值总统有事与总理谈话,不能晤面。章遂在外与承宣官大闹,谓:'总统因何不见,现会何人?'承宣官答言总理。章手执团扇一柄,团扇之下系以勋章,足穿破官靴一,在院内疯言疯语,大闹不休。及至熊总理出后,章又大闹,谓'总统现又会谁?'承宣官答言'向瑞琨'。章大呼曰:'向瑞琨一个小孩子可以见得,难道我见不得么?'于是又要见总理及梁秘书长。承宣官答言:'今日政治会议开会去了。'章又要见张一麐,张亦往政治会议开会。

章又要见各秘书，承宣官无可如何，往各处寻找秘书，各秘书你推我让，均不愿见。"又《时报》1月13日也有《章炳麟大闹总统府》，与《申报》略同，惟稍简。《时报》并有"时评"云："人谓章太炎疯子，我谓汝曹不放章太炎出京，恐北京人将传染疯气。忆曾译一小说，有一疯人院院长，日与疯人相亲近，后亦遂为疯人。今诸公拥此章太炎哄来哄去，若为一大事也者，得无已传染些疯气耶，可怕可怕。"（《时报》，1914年1月13日"时评"二《特请章太炎》。）

一士：《章炳麟被羁北京轶事杂记》称："三年元旦，钱宅接到章之明信片一纸，若贺年片而语则异乎寻常。开首为'此何年'三字，以下又有'吾将不复年'之句。玄同见之，以其措语不祥，虑有意外，翌日亟往省视，至共和党本部，登章氏所寓之楼，则酒气扑鼻，而室中阒其无人，惟章氏新书之字多幅，纵横铺列，几满一室。案头有致黎元洪书稿一通，告别之书也。（按：书见前，略。）方疑讶间，闻章氏与二三友人上楼，且行且言，入室之后，与玄同略谈数语，即仍与友人谈，所言为明日出京之准备。玄同因问将何往，章氏正襟端坐，肃然而言曰：'长沮、桀溺，耦而耕，孔子过之，使子路问！'玄同曰：'将往天津耶？'曰：'然。袁世凯欺人，居心叵测，此间不可一日居，明日即先至天津，再由津南下。'曰：'弘文馆事已有成议，何遽行乎？'曰：'袁世凯只能骗尔等，岂能骗我，彼岂真肯拨款以办弘文馆耶！'曰：'袁似不至吝此区区之款，惟官场办事，向来迟缓，弘文馆事之延滞，或亦其常态，盍再稍待乎？'曰：'吾意决矣，必不再留。'玄同虑其出京难成事实，而见其态度极为坚决，不便强谏。翌日，果行，军警等随至东车站而截留之，章惟痛骂袁氏无状而已。"

《癸丙之间言行轶录》称："决议出京之翌日，党部同人设筵为饯，逆知出京必被阻，约纵酒狂欢以误车行。尹硕权（昌衡）豪于饮，倡议以骂袁为酒令，一人骂则众人饮，不骂者罚，先生大乐，轰饮至下午五时。先生蘧然起曰：'时晏矣。'遂匆促赴车站，车站寂无人，京奉车早开矣。先生命移行箧六国饭店，由哈达门登车良便，慈等不可，谓价昂，旅资将不敷，不如仍回党部。先生不可。曰：'无形监狱不可入，盍移扶桑馆'，从之。派庶务员同往照料。翌晨七时许，庶务员电话告慈，谓太炎先生一人赴总统府矣。即约亚农往扶桑馆询究竟，悉先生一人服蓝布长衫，手羽扇，悬勋位章，雇街车前往，因追踪至，见先生兀坐招待室，候电话。顷之，梁士诒来招待，方致词，先生曰：'吾见袁世凯，宁见汝耶？'梁默然去。旋又一秘书来，谓总统适事冗，请稍待。久之无耗。先生怒，击毁招待室器物几尽。至下午五时许，陆建章昂然入，鞠躬向先生曰：'总统有要公，劳久候，殊歉。今遣某迎先生入见。'先生熟视有顷，随陆出，登马车，车出东辕门。先生唶曰：'见总统胡不入新华门。'陆笑对曰：'总统憩居仁堂，出东辕门，经后门，进福泽门，车可直达，免步行耳。'先生颔之。噫！先生受欺矣。盖陆已奉袁命，幽先生于龙泉寺"。

1月12日《家书》，述其大诟袁世凯经过，并嘱汤国梨切勿接受袁贿："吾自一月三日欲行，火车失期，黎公留之。三日至七日前，向袁氏辞行，知其不舍，欲面见与言，在承宣处候至七八点钟，袁氏忽派宪兵警察十馀人前来相逼，挟至军事教练处安置。与彼业已破面,惟有以死拒之。而黎公忽受彼运动,令陈绍唐、何雯前往上海接君来京,盖以家室在北,则无南行之虑。前者吾亦欲以是销其疑忌,今则不复念此矣。陈、何二人,皆招摇撞骗之徒,乘人之危,冀以自利,油嘴造谣,以黑为白。此次南来,必受政府财贿可知。如果欲面谒,即当严拒弗见。彼辈无策,则必请刘禺生、黄季刚转说,二君亦多过计,其言不尽可听也。处事有疑,只当请教蛰仙先生,今日公正人,惟有此公,细密人亦惟有此公,其馀皆不足道也。家居穷迫,宁向亲朋借贷,下至乞食为生,亦当安之,断不受彼嗟蹴之食。陈、何辈若以钱来接济,尤当严厉拒之。"（1914 年 1 月 12 日《家书》。）

　　1 月 20 日,迁龙泉寺,仍被监禁。（据 1914 年 2 月 21 日《家书》；又同年 4 月 9 日《家书》作"17 日",《与吴炳湘书》则作"21 日"。）吴炳湘派暗探充"门房、厨手、扫夫","阻格来客",为章氏"斥退",吴炳湘又派军警四五十人"耀威",章氏即行函斥:"二十一日至龙泉寺,知卿派遣四人作门房、厨手、扫夫,吾即令写保状,以二十二日日中为限,至期不来,即令退走,乃犹逗留不去。遣仆送信,即被拦阻,二客到门,亦遭格拒,遂厉声诃叱而逐之。闻彼以奉长官令为辞,殊不知巡警守门,惟能检点来客,暗录存记,而无阻格来客之法。至于函信往来,本有秘密自由,更不得从中阻止。况以门房厨役为名,即当受主人使唤。彼辈所为,种种不合规则,尚何能以长官命令为解乎?乃闻卿向人言,亦以奉长官命令为解,当知长官命令,有合法不合法之分,有明发命令与暗中指使之异。制人迁居,违背约法,则悖逆也;不用明令,但下纸条,则私谋也。卿作总监,非仆隶臧获比,既见事不合法,又非正式命令,而犹悍法施行,亦安能以奉长官命令为解乎?吾生平虽有性气,苟以礼来,断无抗扞,若不合规则、违背约法之事,而强以施行于我,则自有正当防卫,虽威力绝人,亦必御扞而后止。当知民国政府纪纲略备,凡在官者,非若前清之可以恣睢妄行也。遵法而施,则官吏视之;违法而行,则盗贼视之。卿等所为,无异于马贼绑票,而可借口命令乎?自作不法,干犯常人,而可言防卫者性气太甚乎?故特书此示卿,使知大指。若能悛改,吾亦何怨于卿;如不能尔,吾在日本,亦尝抵抗彼国大吏。今政府之威力,又视日本何如,此亦卿等所明知也。昨者以斥退役人,卿遣巡警四五十人一时麇集,此不足以耀威,乃适形其暴乱耳。忧患之馀,见卿所为,反不得不胡卢一笑也。"（1914 年 1 月 23 日《与吴炳湘书》,见《章太炎书札》,钞本,温州市图书馆藏。）

　　"幽居"龙泉寺时,袁世凯派子克定送锦缎被褥,为章氏焚掷。刘成禺:《癸丙之间太炎先生记事》称:"先生移居龙泉寺之翌日,袁抱存亲送锦缎被褥,未面先生。先生觉窗隙有人窥探,牵帷视之,抱存也,入室燃香烟,尽洞其被褥遥掷户外,曰将去。"（《洪宪纪事诗本事簿注》卷二。）陆建章且谓:"太炎先生不可得罪,用处甚大,他日太炎一篇文章,可少用数师兵马也。"又谓:"项城曾手示本人八条保护太炎先生:一,饮食起居用款多少不计;二,说经讲学文字,不禁传钞,关于时局文字,不得外传,设法销毁;三,毁物骂人,听其自便,毁后再购,骂则听之;四,出入人等,严禁挑拨之徒;五,何人与彼最善,而不妨碍政府者,任其来往;六,早晚必派人巡视,恐出意外;七,求见者必持许可证;八,保护全权完全交汝。"(同上。)陆建章又告人曰:"太炎先生是今之郑康成,黄巾过郑公乡,尚且避之,我奉极峰命,无论先生性情如何乖僻,必敬护之;否则并黄巾之不如了。"(许寿裳:《章炳麟》第65页。)

1月24日《家书》,述"幽居"事,且谓已生"厌世之心",书云:"余在此已二星期,不见天日,左右更无他人,亦无启口笑谈之事,抑郁已极。共和党人曩日以人为标竿,及临患难,无相救相恤之情,偶请一人来语,必隔二三日始到,若自来,则无此事也。憎我者既排挤不遗馀力,而爱我者亦唯淡泊相遭,人情浮薄,乃至于是。有生之乐既尽,厌世之心遂生,唯有趣入死地耳。观君来书,殆未知幽囚之苦,不知此时更苦于下狱也。"("狱中尚有同因者,此则唯有一人。")

2月2日《家书》云:"人生至此,亦焉得不求死地,使彼能以白刃相加,所欣慕也。彼意乃欲縻维之,挫折之,而不令一死,以召谤议,此其可恨者耳。收拾房舍,乃黎公主意。黎公本煦煦为仁,性如老妪。最得意者,乃为家庭之乐,不欲人室家仳离,其中亦有诚意存焉。但今之黎公,亦笼中物耳。其意半出至诚,半受运动,吾固不能听其指挥,亦不能不虚与委蛇也。所以刚柔迭用者,正以是故,幸而得出,欲令从俗浮沉,优游卒岁,自度有所未能。若借君以为要挟,吾侪志已坚定,亦自有所不受耳。"(原注:"偕老之愿难知,同死之心犹在,幸勿见弃也。")

2月21日《家书》云:"二十日,吴炳湘迁我于龙泉寺,身无长物,不名一钱,仆役饮食,皆制于彼,除出入自由外,与拘禁亦无异趣,下床畏蛇食畏药,至此乃实现其事矣。大抵吾辈对于当涂,始终强硬,不欲与之委蛇也。而赔偿损害,实彼所当行,吾所当要求者。考文苑等名目,但避去赔偿损害之名词耳。"(原注:"今则但以索赔为言,不言考文苑矣,盖破面之后,意态自殊也。")来书言宗旨不定,此盖误听报纸之言。夫有所乞怜于人,与有所要求于人,其事既异,其情亦殊。若吾辈今日忽欲受彼官佐,营求禄仕,此诚为宗旨不定矣;今所要求者,非此之谓也。彼既违背约法,制人迁居,在京一日,彼即当赔偿损失一日,焉能放弃权利而任彼恣睢也。况京师友人既少,无可假贷,仆役之徒,惟视财物,此而不得,则自为彼作眼目矣。画筌行牧,不足以驱一羊,谁能忍此终古也。"(原注:"有钱则侦探还为我用,无钱则仆役皆为彼用,今日事势如此。")章氏当时还幻想函达新加坡华侨林秉祥"属其致意政府为鸣不平"。

3月,《章太炎文钞》出版,题静荪编辑,上海中华图书馆石印本,系坊间掇拾《訄书》及报刊各文而成,间有《章氏丛书》中未刊之作,如《解辫发》、《谢本师》、《诸子学略说》、《再复吴敬恒书》等。

4月1日,《雅言》第六期出版,(扉页作"三月",误。)有章氏《题所撰初本〈新方言〉予黄侃》。黄侃时在北京大学任教,经常至章处存问。题云:"《新方言》三百七十事赠黄季刚。季刚昔为我次蕲州语,及诸词气,复以新所诊发者,第为十篇,都八百二十馀事。余尫愚无所任,齿历渐衰。念今小学训诂浸益放失,不量其屡,欲自儋何。以告邦人诸友,逡匿宏多,终已不得反乡里,上先人冢墓,其它云云,复何所嚃。季刚年方盛壮,学术能为愚心稠适,又寂泊愿握苦节,此八百事,赖季刚挑大之。余自分问学不逮子云踰远,身为皇汉之逸民,差无符命投阁之耻。念欲自拟幼安嗣宗,又劣弱不胜也。保氏旧文,危若引发。绝续之际,赖季刚亹亹而已。"(《雅言》第六期,1914 年 3 月朔日。)又有《题黄侃梦谒母坟图记后》:"蕲州黄侃,少承父学,读书多神悟,尤善音韵,文辞澹雅,上法晋、宋,虽以师礼事余,转相启发者多矣。颇好大乘,而性少绳检,故尤乐道庄周。昔阮籍不循礼教,而居丧有至性,一恸失血数升。侃之念母,若与阮公同符焉。录是以见士行不齐,取其近真者是。若其精通练要之学,幼眇安雅之辞,并世固难得其比。方恐世人忘其闳美,而以绳墨之论格之,则斯人或无以自解也。老子云:'常善救人,故无弃人。'余每以是风侃,亦愿世之君子,共喻斯言。"(同上,两文均载《雅言》第六期,《文录》未收。)

4 月 9 日《家书》云:"惟一人独处,思虑恒多,夜至两点钟后方能熟眠,有时竟至天亮,早起则在两点前后矣。卫生之道,至此全乖,平素虽尝学佛坐禅,思虑掉举之时,却又无用。迩来万念俱灰,而学问转有进步,盖非得力于看书,乃得力于思想耳,幸得苟全,此事终不能放。过此则平生所好,又在医学。"

5 月 23 日《家书》,决意绝食,"以死争之"。谓:"幽居数月,隐忧少寐,饮食仆役之费,素皆自给,不欲受人馁养,今遂不名一钱,延至六月,则槁饿而死矣。""呜呼!夫复何言。知君存念,今寄故衣,以为记志,观之亦如对我耳。斯衣制于日本,昔始与同人提倡大义,召日本缝人为之。日本衣皆有圆规标章,遂标汉字,今十年矣。念其与我同更患难,常藏之箧笥以为纪念。吾虽陨毙,魂魄当在斯衣也。亡后尚有书籍遗稿皆在京师,(原注:"中有自写诗一册,又自定文稿皆在箧中,去岁得范文正遗卷,未必是真,亦在箱内。")君幸能北来一抚,庶不至与云烟俱散。自度平生志愿未遂,惟薄官两年,未尝妄取非分,犹可无疚神明耳。"又云:"不死于清廷购捕之时,而死于民国告成之后,又何言哉!吾死以后,中夏文化亦亡矣。"(又 1936 年 7 月 20 日朱希祖《致潘承弼书》云:"先师尝言经史小学传者有人,光昌之期,庶几可待,文章各有造诣,无待传薪,惟示之格律,免入歧途可矣。惟诸子哲理,恐将成广陵散矣。此二十年前在故都绝粒时之言也。至今思之,仍不能逾于斯言。"手迹。)

5 月 23 日,又致书长婿龚宝铨(未生,章氏有《龚未生事略》,见《文录续编》卷四。),谓"来月初旬",即"陨身之日"。书云:"仆遭围守者五月,幽居又五月矣。不欲以五羖鬻身,遭值穷匮,遂将槁饿,亦所愿耳。来月初旬,盖仆陨身之日也。乌虖!古之达士,吾谁敢拟,刚婞之性,往往如刘青田,亦不知其墓安在?愿为求得遗茔一抔而托处焉。西湖虽有廷益、玄箸、伯荪、焕卿祠墓,而仆性不熹杭地。观其人士情钟势耀,趣利若骛,(其人有主张排满者,有主张君主立宪者,有在家乡办事者,要皆借名射利,无一可信。)素尝远而避之。焕卿性恶浮华,而独受欺于省城人士,今若复生,当亦裂眥矣。往昔所希,惟在光复旧物,政俗革新,不图废清甚易,改政易俗,竟无毫铢可望,而腐败反甚于前。然曩时所以不去者,亦慕宋贤程伯淳言:'一命之士,必思有以济物。'况仆身当贞观,其敢忘百姓之忧。去岁在东三省半年,上下牵掣,卒不如志,犹幸身无妄取,微有仁声,不为士民诉病耳。""夫成功者去，事所当然，今亦瞑目，无所吝恨；但以怀抱学术，教思无穷，其志不尽。所著数种，独《齐物论释》、《文始》，千六百年未有等匹。《国故论衡》、《新方言》、《小学答问》三种，先正复生，非不能为也。虽从政蒙难之时，略有燕闲，未尝不多所会悟，所欲著之竹帛者，盖尚有三四种，是不可得，则遗恨于千年矣。"（《章太炎书札》，钞本，温州图书馆藏，书末原有注语云："此信稿录就后，欲寄未生，为吴炳湘所阻。真本及遗书一纸，亦被其藏匿矣。"）

6月初，"槁饿半月，仅食四餐"，（1914年6月26日《家书》。）进行绝食斗争。据徐一士：《章炳麟被羁北京轶事杂记》称，袁世凯"害怕"了，"因谆属京师警察总监吴炳湘，妥为设法劝导处置，俾不至以绝食陨生。官医院长徐某，炳湘所亲信，与商此事，乃由徐具一报告书，言章患病，龙泉寺与其病体不相宜，应迁地疗养，即移居东城本司胡同徐之寓中"。

6月16日，由龙泉寺移居东四牌楼医生徐某寓中，《家书》述其事曰："十六日，由彼处医生前往关说，即于是夕出龙泉寺，现寓东四牌楼本司胡同铁如意轩医院，医生徐姓，即为关说者也。"（1914年6月26日《家书》。）

7月4日，致函龚宝铨，谓已租定钱粮胡同房屋，拟接眷来京，并嘱设法电请南洋筹款。函称："房舍近已看定钱粮胡同，月租五十三圆，京师生活程度，较上海为三与二之比例，加以买书等费，终非四百左右不足以支一月，（无书则郁。）书中所云月筹五十圆者，杯水车薪，无济于事。柱中虽有资助，亦非久计，能筹集三年资斧，不取彼中一文，最为上策。次则筹集半年资斧，亦免彼中挟制也。三年之计，当须二万，君可与柱中联名电告南洋，为之筹画。（爪哇商君自知之，新加坡希路士的在老商会董事林秉祥。前岁亦由仆介绍于黎公。去岁南洋人来，知仆于南洋颇有信用，告急筹款当能有助。）半年之计，亦须三千，如抑厄外峰辈，似亦可以转乞。总之眷属来京，利多害少，而筹资实为要计。（眷属来后，黎公亦允为助，但亦恐不能久累耳。）谋定而行，乃无悔吝。得信后望至上海与蛰公、逖先商议，馀人不必示知，浙中官吏虽旧同志，亦不必与谋。"（1914年7月4日《致龚未生书一》，手迹，龚觉生先生旧藏，下同。）蛰公，汤寿潜。逖先，朱希祖。同日《家书》也言"房舍已看定钱粮胡同一宅"事。

7月10日，《雅言》第七期出版，续刊《章太炎手写稿本石印〈文始〉出版广告》："乡岁馀杭章太炎先生避地东邻，含章养素，哀国华之瓠落，不忍怀宝迷邦。爰乃钖布德音，召迪遐迩，遂有《小学答问》、《新方言》、《国故论衡》等书著行于世，沉钩冥会，前无古人。今同人复得请于先生，以手写《文始》草稿摄影石印，出赍学者。斯编所载，都计十三万馀言，大抵率音韵之轨踪，穷文字之挈乳，不烦假借鼎彝款识，而导源竟流，推十合一，摛九千之精妙，示百禩以表绳，信乎极深研几、弥纶天地者矣。若夫斯文不沫，弘之在人，雉雉螣贲，贵于知化，是有籀诸讽晞者尔。现已出版，精装一巨册。定价洋一元五角，批发九折。总发行所，上海右文社。"

又有"本社记者"在"新刊介绍"中介绍《章太炎先生手写〈文始〉》："是书为太炎先生平生精撰，合音读故训，上溯文字之本原，使仓姬之文，粲然若网之在纲,宁仅并世所希,实二千岁之绝作也。晚近学者,用力不精,语及文字之原,辄乞灵于金器。夫金文奇诡,殊形互见,三古同文,疑不若是。欿以伪作浸多,徒滋眩世,芸台诸贤,犹有牾韦,竺信者徒足以乱保氏之故常。先生为《文始》,始以正规示人,俾知六书之义虽微,犹可执本以穷流,因形以定音,因音以求义,稍有识者,莫不服膺,所谓百世以俟圣人而不惑者也。(原注:"顷有宵小以不歀于先生之故,于其著述,妄思诋论,仅识之无,遽尔大言,指为吴牛喘月,蜀犬吠日,斯虽无忌惮之小人,不自愧怍,要以学绝道丧之馀,乃容螭魅罔两,横行于白昼也。夫学以相长,苟有异义,未尝不可从容坐论,乃无端以恶语相加,直与三家村之悍妇无异,斯诚不可以理喻。其父师有灵,亦唯有痛楚之而已。")右文社乞得先生手写稿本,影印成书,以饷国人,其盛举已。"查《文始》手稿影行本,1913 年出版,见前。

7 月 15 日,又函龚宝铨。"南中或欲上书陈请,请予南归,此可谓暗于事理者。近睹彼中情态,忌我者不在一身,只恐南方多革命党耳,岂肯轻易纵遣耶?半年以来,钱念劬、李柱中数为展转关说,卒未有效。自出龙泉寺后,钱、李皆从旁调护,而彼中终未涣然冰释,则以家累不在京城故也。南中诸友向未深思其理,又颇有怪念劬不能竭力者,其谬亦甚。念劬本南皮旧僚,素非袁系,特以名誉素优,虚加礼貌,参政一席,亦等于闲散耳,其中调护,皆展转间接而为之,夫安能直接进言耶?(今日廉远堂高之势甚于清时。)足下宜劝内人早定行计,一面访问君默、坚士何时携眷入京,即以同行为妙。资斧望向南洋筹集,及早为之,不至误事。若急遽不及,家中存贮银行一款,亦可支取入都。(存款一年将满。)总之,京师、上海分住两家,用费必逾于并住,此理所易知者也,若谓医院可以暂居,则不知容膝之地,断不能久安矣。房屋定计租赁,明知彼中必无纵行之事也,此情宜与内人言之,从早决定。"又嘱"《文始》、《国故论衡》、《小学答问》,望各寄十许册"。(《致龚未生书二》。)

7 月 15 日《家书》所言,与《致龚未生书》内容略同。

7 月 24 日,迁居钱粮胡同新寓,《致龚未生书三》云:"近日租得东城钱粮胡同一屋,尚觉宽裕,略加修治,今日即可迁居。此次事状,由黎副总统从中调护。(原注:"黎本亦遭疑忌之人,近与当事通婚姻。疑忌颇释,故可进言。")李柱中助资,钱念劬助力,而二君奔走虽勤,终不能接直进言于当事,皆由黎公处间接成之。近日需款,则由念劬筹画,(原注:"实亦黎公暗为主张。")可免警厅挟制矣。惟眷属未来,政府未肯筹出正名的款,盖仍带五分疑虑也。急当告知内人速与两沈夫妇同行。""书籍在哈同花园者,若不能与月霞直接往问,彼处门上亦可指示。(原注:"自著《齐物论释》,彼处尚有存本,亦当带致四、五十册,如门上不知,可函知金山宗仰必知之。")其《小学答问》、《文始》,望先寄二三十册来耳。""近日除念劬、柱中及诸学生外,得叶德辉一人,可与道古。(原注:"叶为力攻康、梁二人,遂以顽固得名,其实知识远过壬秋,而亦未尝与腐败官僚同气,因其素畜家财也。今岁为汤芗铭所杀,柱中救之获全,亦仍赖'顽固党'三字。")此君亦不乐久留,仆与柱中强挽之,盖外借顽固之名,以解当涂疑虑。叶感仆意,(原注:"初光复时,叶亦几为唐蟒所杀,以素与唐才常相攻也,仆曾驰书救之,故叶亦念此旧恩也。")当不遽去。朋友尚然,而况同室,此意当令家人知之也。”

8月1日《家书》云:"厂屋高明,亦为读书宴客之所。连日购到全史。《九通》、《通鉴》、经疏诸书,官料书籍,亦已粗备,尚觉屋中空虚也。杂役厨手,共用三人,其暗探作仆者,亦已遣去,朋友之乐,差足自娱,而去后仍叹孤寂。吾亦不乐出门,一者避暑,二为坚当涂之信也。"

8月11日,《致龚未生书四》,嘱龚宝铨劝汤国梨北来,又云:"冬月裘衣,皆在家中箱箧,北地寒凓,仆素恶火炉,非狐貂不足御寒,此亦急当携上者。书籍尚有数件,(原注:"遂先来时失带。")如《大观本草》、《问经堂丛书》、《瑜伽师地论》及自著《訄书》改削稿本,并宜带上,馀则花瓶瓷玉数事耳。""足下虽病,此事宜勉强一行,(原注:"伯纯夫妇必宜请到。")以此为言,似亦不能异议。况遂先携去三百元,皆彼中资助旅费之款,不作一行,亦何能明取与之分,而解欺诈之名耶。总之内人宜来久住。"

8月16日,《致龚未生书五》略云:"足下速赴沪,将吾所有衣箱什器书籍,一概付运送来京。"(原注:"书存哈同花园者,在其藏经流通处。")

8月20日,《致龚未生书六》云:"家中书籍,有《问经堂丛书》、《大观本草本事方》、《二酉山房丛书》、《孔巽轩遗书》、《经韵楼丛书》、《瑜伽师地论》、《唯识撰要》及自著书为要。此皆小种易携。""其馀多在哈同花园,书亦多缺,唯《守山阁丛书》、《艺文类聚》、《周礼正义》、《墨子间诂》尚完耳。""仆所作文集,经季刚迻写,甚好。唯箧中尚有改定《訄书》,未能惬意,今欲重加磨琢,此稿亦望先期带致也。"

8月22日,鲁迅、许寿裳往访章氏,《鲁迅日记》本日记:"午后,许季市来,同至钱粮胡同谒章师,朱遏先亦在,坐至傍晚归。"(第104页"甲寅日记",人民出版社1976年版,下同。)

9月3日,《致龚未生书七》云:"前得《文始》三十册,其《小学答问》未见寄来,望为付印寄交。箧中尚有《訄书》改本,亦望速寄,拟再施笔故也。"

9月3日《家书》又云:"战事或起,未必与中国开衅,纵令事出意外,吾辈本非腐败官僚,所居宅舍,安于金城汤池也。"

9月15日,《致龚未生书八》云:"足下总须抵沪一行,劝行者未必有效,而运送物件,非足下亲临不可也。"

9月17日《家书》云:"尔来一二门人半集都下,日间谈论,尚不寂漠,唯中夜深思,忧心转恻,星河鉴影,谁与为言?""此间图籍既足供览,园林亦可宴游,京邑虽乱,吾家自治,彼附膻吮痈之士,何能入我门限一步哉!东隅战争渐当逼紧,然缘此更难望归期,俟河之清,人寿几何!"

9月,汤国梨寄《索居》五律。接章氏17日《家书》后,汤国梨又复一书:"平心而论,君以一书生至事业文章纵横天下,功名姓氏,可期不朽,平生抱负,亦已稍展,目的既达,似亦可以已矣。功成身退,诗酒自娱,如果万不能忘情于手谛之事业,则读书之暇,尽可以文章言论而褒贬之。如再不可为,亦听之可耳。盖国可更造,民不能易也。君乃热血欲沸,不惜投身浊流,讵知狂澜之祸,竟卷君以入矣。君孤高之士,既不能任之浮沉,又不能砥柱中流,徒受此播荡旋转之苦,而浊流依然,未稍见其证,而君已骨肉离散,身被拘辱矣。盖发之筹边使、勋二位,实已劝辱,况今日之遭遇乎?呜乎!吾每静以思之,未尝不为君痛哭也。然往事不可追,来者犹可为,愿君在都,凡于政界人物,无论其为师弟、为亲串,概勿与交,钱某等更无论矣。闭户读书,怡养天真,此后若得脱于羁绊,则勿再关心国事,著书立说,以立不朽之业,徒抱孤愤,亦殊无谓也。"(原稿凡二叶,汤国梨自拟。)

10 月 7 日,《致龚未生书九》云:"康心孚来京,因托其将三百元带致家中,以作来京之费。""如内人坚意不来,可将二百元购□伽《藏经》,(按:疑指哈同刻本。)并家中残存书籍,及吾旧稿衣服之类,一百元运送来京,然此亦必不得已之说,究竟购书亦无借于此也。"

10 月 9 日,《致龚未生书十》云:"尔来东警频烦,京师恐将不靖,内人固无庸急于北上,而书籍亦可不必购置"。"至内人愤激之情,仆已深晓,前已作书宛转言明,近更作一函,请为加封转寄。且当看东事如何,再定北上南留之计。"所附《家书》,写于同日,内容略同,又云:"谂读未生来书,知君零丁辛苦,俭啬自持,闻之悲惋,风尘横起,南北阻绝,又自伤也。"

10 月 15 日,《致龚未生书十一》云:"所有文集及自著书,钞副留杭亦大好,唯《訄书》改本一册,尚未大定,可即钞录大略,原本俟德玄来京时,可速带上,拟再有增修也。北京书籍甚贵,新书又不可得,浙馆近印定海《黄氏遗书》,闻甚可观,并局印《论语后案》、《周季编略》,望各取一部寄来,或交德玄亦可。拙著《小学答问》,版在浙馆,并望刷印三四十部寄致。《藏经》哈同刻本既有删讹,其日本弘教书院本已否卖尽,亦不可知,都下无从访问,浙中日人甚多,望为转询也。"

11 月 26 日,《鲁迅日记》记:"得二弟所寄书籍两束,计《小学答问》二部二册。"(第 114 页"甲寅日记"。)

12 月 5 日,《雅言》第十一期出版,刊有章氏《杂诗》,即《文录》卷二《秋夕咏怀》,文字略有异同,应撰于本年。诗云:"北貉非吾乡,重此清秋节。黄沙蔽高岑,浮云暗白日。荡荡天门开,舆金相过轶。惨惨棘林下,降虏持刀笔。(《文录》作"降虏操刀笔"。)岳岳朱轩人,暮宿间姬室。一掷成卢枭,绕床万事毕。人生尠不死,为乐恐蹉跎。悉蟀吟西堂,华灯淡明河。欢娱复几何?(《文录》作"欢娱讵几时?")青麦生陵坡。东方暧将出,压鬟何其多。(《文录》作"东方日已作,压颠何其雾"。)抚弦试登陴,江表今如何?"

同期《雅言》又有《无题》四首:"时危挺剑入长安,流血先争五步看。谁道江南徐骑省,不容卧榻有人鼾。""怀中黄素声犹厉,酒次青衣泪未收。一样勋华成贱隶,诸君争得似孙刘。""歌残《尔汝》意春容,伸脚谁当在局中?笑杀后来陈叔宝,献书犹自请东封。""威仪已叹汉宫消,绣黼诸于足自聊。明镜不烦相晓照,阿龙行步故超超。"《雅言》编者并加按语:"按太炎生平绝少为近体,截句尤未之见,偶然纵笔,成此数章,读者得此,诚不啻旷世之珍矣。"此四首诗收入上海右文社版《文录》卷二,浙江书局版

《章氏丛书》则删去。

　　同期《雅言》又有《上留田行》:"亡赖不治田园,上留田。入金买得大官,上留田。处世莫乐君王,上留田。生得遭虞与唐,上留田。上分服事殷商,上留田。"(收入《文录》卷二。)

　　12月15日《鲁迅日记》记:"送程伯高《小学答问》一册。"(第116页"甲寅日记"。)

　　本年,章氏自称:"感事既多,复取《訄书》增删,更名《检论》。"查章氏在《致龚未生书》中多次提到《訄书》"未能惬意,今欲重加磨琢","尚未大定"。查《检论》系就《訄书》增删,改动很大。《訄书》木刻本于1899年冬付梓,重印本印于1904年。重印本增加了木刻本所无的革命内容,而《检论》却把《訄书》很多革命文字删除了。如今根据《检论》卷目,把它和《訄书》重印本的异同表列于下;又1910年章氏曾手改《訄书》,它是《訄书》到《检论》的过渡本,手改本情况,也附注于后:

《检论》卷次	篇名	《訄书》重印本编次	主要改动情况	备注
一	《原人》	第十六	"葛天"改作"三皇",其馀改动不大。	手改本与《检论》基本相同。
	《序种姓》上	第十七	"地球"改作"员舆",删去"宗国加尔特亚者"、"上古亚衣伦图"以及"穆传又曰"数段。	手改本与《检论》基本相同,多几条注。
	《序种姓》下	第十八	末后有改动,全文多修饰。	手改本与《检论》基本相同,多两条注文。
	《原变》	第十九	末后"合群之义其说在《王制》、《富国》;知人之变,其说在八索"二句删,全文多修饰。	手改本与《检论》同。
二	《易论》(附《易象义》)			
	《尚书故言》(附《造字缘起说》)			
	《六诗说》			原载《国粹学报》己酉第二号,宣统元年二月二十日出版,手改本已列目。
	《关雎故言》			
	《诗终始论》			
	《礼隆杀论》			
	《辨乐》	第五十二	开端"民气滞箸,筋骨瑟缩,舞以宣导之,作《辨乐》"数句,《检论》删。	手改本与《检论》同。
	《春秋故言》			
	《尊史》	第五十六	略有改动。	
	《徵七略》	第五十七	未改。	

续表

《检论》 卷次	《检论》 篇名	《訄书》重印本编次	主要改动情况	备注
三	《订孔》上	第二	析为上、下,改动很大。	手改本已有很大改动,又不同于《检论》。
	《订孔》下			
	《道本》			
	《道微》	第四《儒道》		手改本删《儒道》,收《原道》上、中、下。《检论·道微》首称:"章炳麟次道家师说,先为《原道》(见《国故论衡》),次作《齐物论释》,自以为尽其眇意。遭时不淑,极览古人处死之道,客或靳焉。"于是作是篇。
	《原墨》	第三《儒墨》	首段、末段改,又增"附记"。	手改本与《检论》同。
	《原法》(附《汉律考》)	第五《儒法》	增改很大,末增"著书定律为法家,听事任职为法吏"一段,又增《汉律考》。	手改本已有很大改动,又不同于《检论》。
	《儒侠》	第六	增改很大,《訄书》原有附《上武论征张良事》,《检论》删去。另增"问者曰:《儒行》所称诚侠士也"一大段。	
	《本兵》	第七《儒兵》	开端"甚矣《阴符经》之谬也"数句,《检论》删去。中间增改很大。	手改本改名《原兵》,较《检论》为简。
	《学变》(附《黄巾道士缘起说》)	第八	"文明以降,中州士大夫厌检括苛碎久矣",《检论》加一长注,全篇文字改动亦多,又增附录。	前半与《检论》同,后半修改后与《检论》异。
四	《案唐》			
	《通程》	第九《学蛊》	《訄书》首谓:"宋之儳烈,蛊民之学者,程、朱无咎焉。欧阳修、苏轼其孟也。"《检论》重作《通程》,基本另拟。	手改本《学蛊》有改动。
	《议王》	第五《王学》	原文保留极少,内容亦异。	手改本有改动,与《检论》异。
	《许二魏汤李别录》	第六十二《别录》乙	正文少改动,惟汤斌传后,章炳麟曰,《訄书》作:"乌虖!孔子已失诸宰予,世传与田常作乱,孙、黄于汤斌,亦少弛矣。"《检论》作:"往者二程授邢恕、邵雍、章惇,卒为大奸。孙、黄于汤斌,亦少弛矣。"	手改本已改今题。
	《哀焚书》	第五十八		手改本略有改动。

《检论》卷次	《检论》篇名	《訄书》重印本编次	主要改动情况	备注
四	《正颜》	第十一《颜学》	末后《訄书》作:"虽然,自荀卿而后,颜氏则可谓大儒矣。"《检论》改,正文也有改动。	手改本已改今题,改动处与《检论》同。
	《清儒》	第十二	全文改动很大,如删去《訄书》"六艺,史也"下一段。又于方东树《汉学商兑》下增:"东树亦略识音声训诂,其非议汉学,非专诬谰之言。然东树本以文辞为宗,横欲自附宋儒,又奔走阮元、邓廷桢间,躬行佞诶,其行与言颇相反"等大段注文。《检论》又增:"及翁同龢,潘祖荫用事,专以谀闻召诸小儒学者,务得宋、元雕椠,而昧经记常事,清学始大衰。"并增注文,其他修改亦多。	手改本有改动,与《检论》异。
	《学隐》	第十三	改动很多。《检论》文末增有:"章炳麟曰:诸学皆可以驯致躬行。近世有朴学者,其善三:明征定保,远于欺诈;先难后得,远于傲幸;习劳思善,远于偷惰"等一大段。	手改本已改,与《检论》大体相同。
五	《民数》	第二十一	略有改动。	手改本较《检论》增加一段,增几句。
	《方言》	第二十四	《检论》文末增有:"右《方言》篇,亡清庚子、辛丑间为之,时念清亡在迩。其后十年,义师亦竟起于武昌,然正音之功,卒未显著"跋文一段。	手改本改动与《检论》有异。
	《订文》(附《正名杂义》)	第二十五		手改本改动较多,与《检论》有异。
	《述图》	第二十六		手改本有改动,与《检论》有异。
六	《正议》			
	《商平》	第二十八《平等难》	有修改。	手改本改今题,修改处与《检论》同。
	《原教》	第四十八《原教》下	改动较大。《訄书·原教》原分上、下,《检论》录其下篇。	手改本改动较大,与《检论》有异。
	《争教》	第四十九	《检论》把《訄书》第五十《忧教》八百馀字并于本篇之后。	手改本有修改,与《检论》有异。《忧教》保留,字句亦有更易。
	《订礼俗》	第五十一	《检论》开端加"清既窜西安归,民俗服御,益不衷守,新故者咸莫能正。"《訄书》共列九事,《检论》增加:"往世贱木绵非无木绵也"和"古者本有革屦"二事,凡十一事。	手改本较《检论》多一长注,其馀大体相同。

续表

《检论》		《訄书》重印本编次	主要改动情况	备注
卷次	篇名			
七	《通法》	第三十一	有增损。	手改本有修改,与《检论》有异。
	《官统》上	第三十二	内容全异,基本重拟。	手改本有修改,与《检论》有异。
	《官统》下	第三十三《官统》中	有增损。"《考工记》始言九卿或言六卿三孤"一段,即为《检论》所增。	手改本即拟将《官制索隐》改作《官统》下,后收入《太炎文录》。
	《五术》	第三十四《官统》下	删"议院"一术为"五术"。	手改本改今题,有增删。
	《刑官》	第三十七	有修改。	手改本与《检论》同,多一注文。
	《谴虚惠》	第三十九《不加赋难》	有修改。	手改本改今题,修改处与《检论》亦有异。
	《相宅》	第五十三	《检论》前加一段,说明系录旧文,并有"其后十年,清主退,南北讲解,孙公不能持前议,将建金陵"等一段。	
	《地治》	第五十四	《检论》首加"章炳麟在清末作《地治》"。	
	《明农》	第四十	有修改。	手改本有修改,与《检论》同。
	《定版籍》	第四十二	《检论》首加"清之末"三字,末删《均田法》。	手改本有修改。
	《惩假币》	第四十三《制币》	《检论》开始加"人主虽神明,非能声为律身为度也,钱府虽技巧,非能转尘埃为黄金也"一段,内容亦异。	手改本原拟删去,旋又保留,与《检论》有异。
	《无言》	第五十五《消极》	《检论》首加"章炳麟在清末为《无言》"数语。	手改本改今题,有修改。
八	《杨颜钱别录》	第六十一《别录》一	略有修改。	手改本改今题,与《检论》有异。
	《杂志》	第六十	略有修改。	手改本有修改,与《检论》略有异。
	《哀清史》	第五十九	《检论》首加"清既遁西安逾二年,章炳麟识其亡征,乃为议曰"数语。另附《近史商略》,对宋、辽、金、元、明五史进行评议,并谓:"近世为清史者。初定叙目,观其纰缪,盖亦多矣。"	手改本有增改,删去《中国通史略例》。

《检论》		《訄书》重印本编次	主要改动情况	备注
卷次	篇名			
	《对二宋》			《訄书》原无,撰于1913年宋教仁被刺以后。
九	《非所宜言》			《訄书》原无。
	《商鞅》	第三十五	略有修改,如"张汤、赵禹之徒起",改为"董仲舒、公孙弘之徒起"。	手改本有修改,与《检论》同。
	《思葛》	第三十六《正葛》	有修改,末谓:"章炳麟少时为《正葛篇》,……晚涉世变,益窥古人用心,征之事状,关羽常挠吴、蜀盟好之志,宜不与武侯同心,然其材可辅可用也"一段。	手改本改题《评葛》,后又全删。
	《伸桓》			《訄书》原无。
	《小过》			《訄书》原无。
	《大过》(附《光复军志序》)			1914年撰,《光复军志》撰于1913年孟冬。
	《近思》			《訄书》原无。

《检论》好多篇文章的修改,与"手改本"基本相同,如《原人》、《序种姓》上、《原变》、《原墨》、《学隐》、《刑官》、《明农》等。《检论》标题更改的,很多参据"手改本",如《许二魏汤李别录》、《正颜》、《商平》、《五术》、《谴虚惠》、《无言》、《杨颜钱别录》。也有新增的篇文,"手改本"已经列目,如《六诗说》。因此,《检论》是在"手改本"的基础上重行增订的,"手改本"可视为《訄书》"重印本"到《检论》的过渡。但也有好多篇目为"手改本"所无,如《易论》、《尚书故言》、《关雎故言》、《诗终始说》、《礼隆杀论》、《春秋故言》等。章太炎增补这些儒家经书"故言",表明他力图使《检论》"补前人所未举",发明"先圣"之"故言"。这样,《检论》中"国故"增加了,革命性削弱了。

《检论》又把《訄书》好多文篇删除:"重印本"原有"前录"两篇,即《客帝匡缪》、《分镇匡缪》,《检论》刊落了;重印本最后一篇《解辫发》,"手改本"还保留,《检论》删除了。新增各篇,又多"感事"之言,言论渐趋消沉,如《非所宜言》谓:"言有高而不周务者,不可以议政,虽卑之切于人事,已非其人,非所宜言也。言之,或以距人而自固其奸之宅,亦犹等于犯分陵贤而已矣。"《小过》谓:"宅京既久,渐益染其淫俗,诸所以为抗音嚚言者,乃在挟持执政,视财赂为通塞,物或间之,琛币公行,甘言规生,向者茸技之官,奔亡之虏,游食于北都者,乘其阽危,阳与为好,而阴蠹害其事,于是盟败约解,人自相疑,丑声彰于远近,而大势崩矣。"《大过》谓:"民国既兴三年,教学日媮,商贾多诳豫,在官者皆为须臾秩禄,亡久长心。""今先时创谋者,虽颇凋丧,其他或以小器易满,不能知忧思,而涉变复、知患难者,尚四五人。诚令追迹前事,念始谋之不易,与一身颠沛屏营之状,宜有俶焉动容,潸焉泡涕者矣。"《近思》谓:"如曾、左、张(之洞),刘(坤一)者,上不敢为伯王,而下犹不欲为馈赠割赂之主。此之易行,而犹几不可睹,则中夏之迹,殆乎熄矣!"章氏已"既离民众,渐入颓唐"了。

《检论》存录《訄书》各篇,内容也多删革,如《学隐》增加"朴学之善三",《订孔》对"仲尼名独尊"有所称誉。增加的篇文,在九卷本《检论》的第二卷,几乎都是儒家经籍的"故言";其馀即使有些总结辛亥革命失败的言论,也多"潜焉泪涕"的"感事"之言。说明"手改本"服膺清儒的迹象已渐显露,《检论》又拉向右转,"殆将希踪古贤",力求"醇谨"了。

这里可再以《订孔》为例。《检论》把《订孔》析为上、下,自称"逼于舆台,去食七日,不起于床",而对周文王的"厄"于"羑里"、孔子的为"匡人"所困"若有寠者"。以为"圣人之道,罩笼万有",孔子的"洋洋美德乎,诚非孟、荀之所逮闻也"。还加上"道在一贯,持其枢者,忠恕也"一段,对儒家"忠恕"之义也去发挥一通。革命时期的"订孔"已落在他的视野之外。章太炎想把《检论》改为"传世"的"文苑"之作,其实是向后倒退。

本年,章氏撰《宋武帝颂》、《魏武帝颂》、《巡警总监箴》、《肃政使箴》。(均见《文录》卷二。)据《自定年谱》"中华民国四年〔1915 年〕"下称:"时袁氏帝制萌芽已二岁矣,往日当事数遣客来伺余意,道及国体,余即以他语乱之。间亦以辞章讽刺,《宋武》、《魏武》二颂及《巡警总监》、《肃政使》二箴,皆是时所为也。"查章氏于 1913 年 8 月起,即为袁世凯禁闭,《魏武帝颂》曾刊《雅言》第七期,1914 年 7 月 10 日出版,则此颂必撰于 1914 年 7 月前,疑《自定年谱》误系。《宋武帝颂》称:"上称高号,履籍不爽,比皇轩辕。后有幺么,穿瘉滔天,家室相残。敢奸王命,盗偷左纛,视此书丹。"《魏武帝颂》谓:"信智计之绝人,故虽谲而近正,所以承炎刘之讫录,尸中原之魁柄。夫唯其锋之锐,故不狐媚以弭戎警;其气之刚,故不宠赂以要大政。桓、文以一匡纪功,尧、舜以耿介称圣。苟拟人之失伦,胡厚颜而无赧"。《巡警总监箴》称:"奸不可长,国家滋昏。侯人司察,敢告应门。"《肃政使箴》称:"发彼小眚,舍此鞫凶。恫疑苛财,吹毛相讼。""薰莸之辨,图于庙墉。柱下司直,敢告守宫"。

本年,《民国经世文编》出版,例言称:"本编取最近政治大家之鸿篇巨制以及各政团发表之政见,各官厅往来之公文,内容或痛箴时弊,或发抒新谟,无不为家弦户诵之文,有目共赏之作。"内录章氏文三篇,即《上大总统书》(《内政》五)、《与副总统论政党》(《政治》三)、《与上海国民党函》(《政治》三)。

【著作系年】《致黎元洪书》(《逸经》第十一期)。《与吴炳湘书》(1914 年 1 月 23 日,见《章太炎书札》,钞本,温州图书馆藏)。《与龚未生书》(1914 年 5 月 23 日,同上)。《致龚未生书》一(1914 年 7 月 4 日,手迹,龚觉生先生旧藏,下同)。《致龚未生书》二(1914 年 7 月 15日)。《致龚未生书》三(1914 年 7 月 24 日)。《致龚未生书》四(1914 年 8 月 11 日)。《致龚未生书》五(1914 年 8 月 16 日),《致龚未生书》六(1914 年 8 月 20 日)。《致龚未生书》七(1914 年 9 月 3 日)。《致龚未生书》八(1914 年 9 月 15 日)。《致龚未生书》九(1914 年 10 月 7 日)。《致龚未生书》十(1914 年 10 月 9 日)。《致龚未生书》十一(1914 年 10 月 15 日)。

《家书》(1914 年 1 月 12 日,24 日,26 日;2 月 2 日,21 日;4 月 9 日;5 月 23 日;6 月 26 日;7 月 4 日,15 日,21 日;8 月 1 日;9 月 3 日,17 日;10 月 1 日,9 日,16 日,22 日)。

《山阴徐君歌》(1914 年前,见《文录》初编《文录》卷二)。《书苏元瑛事》(同上)。《巡警总监箴》(同上)。《肃政使箴》(同上)。《宋武帝颂》(同上)。《魏武帝颂》(同上,又见《雅言》第七期)。

《蕲黄母铭》(《雅言》第二期,1914 年正月朔日出版)。《文始叙例》(同上)。《章太炎与尤莹问答记》(《雅言》第五期,1914 年 2 月望日出版,收入《文录》卷一)。《征信论》(同上)。《鸩鹊案户鸣为刘道一作也》(同上,收入《文录》卷二)。《印度顶羯罗君碑》(同上,收入《文录》卷二,题《顶羯罗君颂》)。《齐物论释序》(同上)。《秦献记》(《雅言》第六期,1914 年 3 月 10 日出版——应为 4 月,收入《文录》卷一)。《唐绂丞画像赞》(同上,收入《文录》卷二)。《题所撰初印本〈新方言〉予黄侃》(同上,《文录》未收)。《韩安重根君传》(同上,收入《文录》卷二,题《安君颂》)。《题黄侃梦谒母坟园记后》(同上,《文录》未收)。《甲寅四月九日家书》(同上)。《读郭象论嵇绍文》(《雅言》第七期,1914 年 7 月 10 日出版,收入《文录》卷一)。《甲寅五月二十三日家书》(同上)。《说稽》(《雅言》第八期,1914 年 7 月 25 日出版,收入《文录》卷一)。《甲寅六月二十六日家书》(同上)。《说渠门》(《雅言》第九期,1914 年 8 月 10 日出版,收入《文录》卷一)。《夏用青说》(同上,收入《文录》卷一)。《孝经本夏法说》(1893 年,载《雅言》第十期,1914 年 8 月 25 日出版,收入《文录》卷一)。《宾柴说》(同上)。《钱唐吊龚魏二生文》(1896 年,同上,收入《文录》卷二)。《艾如张董逃歌序》(1898 年,同上,收入《文录》卷二)。《旅西京记》(署"己亥至台",《雅言》第十一期,1914 年 12 月 5 日出版,收入《文录》卷一)。《陆机赞》(同上,收入《文录》卷二),《杂诗》(同上,收入《文录》卷二,题《秋夕咏怀》)。《上留田行》(同上)。《无题》(同上,按即《时危》四首,见上海右文版《文录》卷二)。《教育厄言》(《云南教育杂志》三卷十号,1914 年 10 月 15 日出版)。

《章太炎文钞》(静荪编辑,1914 年 3 月上海中华图书馆石印本,五册)

卷一《国家论》、《俱分进化论》、《无神论》、《四惑论》、《文学论略》、《建立宗教论》、《人无我论》。

卷二《原经》、《原学》、《订孔》、《儒墨》、《儒道》、《儒法》、《儒侠》(附上武论征张良事)、《儒兵》、《学变》、《学蛊》、《王学》、《颜学》、《清儒》、《学隐》、《订实知》、《通谶》、《原人》、《序种姓上》、《序种姓下》、《原变》、《族制》(附许由即咎繇说)、《民数》、《封禅》、《河图》、《方言》、《订文》(附正名杂义)、《述图》、《公言》、《平等难》、《明独》。

卷三《冥契》、《通法》、《官统上》、《官统中》、《官统下》、《商鞅》、《正葛》、《刑官》、《定律》、《不加赋难》、《明农》、《禁烟草》、《定版籍》、《均田法》、《制币》、《弭兵难》、《经武》、《议学》、《原教上》、《原教下》、《争教》、《忧教》、《订礼俗》、《辨乐》、《相宅》、《地治》、《消极》、《尊史》、《征七略》、《哀焚书》。

卷四《诸子学略说》、《古音娘日二纽归泥说》、《古双声说》、《古今音损益说》、《驳中国用万国新语说》、《驳神我宪政说》、《五朝法律索隐》、《官制索隐》、《神权时代天子居山说》、《专制时代宰相用奴说》、《古官制发原于法史说》、《古今官名略》、《大乘佛教缘起说》。

卷五《频伽精舍校大藏经序》、《新方言自序》、《梵文典序》、《秋瑾集序》、《俞先生传》、《孙诒让传》、《致刘申叔书》、《再致刘申叔书》、《答某君论编书书》、《复某书》、《与某君书》、《与某论朴学报书》、《与刘申叔书》、《复刘申叔书》、《复孙仲容书》、《与某君书》、《与某君书》、《与王鹤鸣书》、《与某君书》、《答祐民书》、《再复吴敬恒书》、《祭□□□□□□□□□□文》、《瑞安孙先生哀辞》、《遣王氏》、《衡三老》、《悲先戴》、《哀后戴》、《伤吴学》、《谢本师》、《定经师》、《第小学师》、《校文士》、《别录甲》、《解辫发》、《八卦释名》、《杂志》。

《庄子解故》(一卷,本年有北平排印本出版)。

《检论》(本年删革,次年编入《丛书》初编,目录见前表)。

1915 年（民国四年乙卯）　四十八岁

【自定年谱】日本以往岁取青岛,知袁公将改号,以二十一条要之,袁公惧,如约。人心始去。

三月,长女㷛,少女㼵及长婿龚宝铨入都省视,遂居焉。歙吴承仕绲斋时为司法部佥事,好说内典,来就余学。每发一义,绲斋录为《菿汉微言》。时袁氏帝制萌芽已二岁矣,往日当事数遣客来伺余意,道及国体,余即以他语乱之。间亦以辞章讽刺,《宋武》、《魏武》二颂及《巡警总监》、《肃政史》二箴皆是时所为也。七月,筹安会起,劝进者日数百。余知袁氏将满贯也,顾不能无感愤,赖以禅观制止。孙少侯时为袁氏要人,柱中以狱事被胁,皆豫筹安会。余甚恶少侯,而知柱中无他,柱中来见,不甚消让也。然柱中颇自愧,不继见矣。八月,㷛自经死。事传日本,误谓余已死。既而上海报纸依以入录,汤夫人急电问安。余复电曰:"在贼中,岂能安。"露章明发,逆知袁氏技尽,无能为害也。是冬,多恶梦,自为《终制》。十二月,云南护国军起。

【国内大事】1月18日,日本帝国主义提出"二十一条",阴谋灭亡中国。2月2日,外长陆征祥、次长曹汝霖与日使日置益非正式谈判。3月12日,袁世凯公布国民会议组织法。25日,袁世凯申令禁止排斥日货。5月9日,外交部承认日政府提出的"最后通牒"。7月1日,袁世凯令参政院推举中华民国宪法起草委员。3日,推定梁启超、杨度、严复、马良等十人为委员。8月14日,杨度、孙毓筠、严复、刘师培、李燮和、胡瑛发表组织筹安会宣言。23日,筹安会宣告成立,以杨度、孙毓筠为正副会长,9月1日,自称山东、江苏、云南、广西、甘肃、湖南、新疆等省派代表请愿变更国体。10月8日,国民大会组织法公布。15日,筹安会改组宪政协进会。11月20日,袁世凯操纵之各省区投票结束,全体"赞成"君主立宪。12月12日,袁世凯宣布承受帝位。次日,在居仁堂受"百官朝贺"。15 日,袁世凯册封黎元洪为武义亲王。17 日,李烈钧、熊克武等抵昆明,准备反袁。25 日,蔡锷、唐继尧等通电各省宣告云南独立,声讨袁世凯。31 日,袁世凯申令明年为洪宪元年。

本年,章氏仍被"幽禁"。

1 月 20 日《家书》:"来书劝以慎默,危行言孙,固当如是,但明知慎默不足以解其疑,故落得忼慨耳。君果能来,当以己意行之,不可因人成事,盖何人送君北上,即何人可以讨好于政府也。"

1 月 31 日《鲁迅日记》记:"午前,同季市往章先生寓,晚归。"(第 128 页"乙卯日记"。)

2 月 14 日《鲁迅日记》记:"旧历乙卯元旦,星期休息,上午季市来,交与银三百元。午前往章师寓,君默、中季、逷先、幼舆、季市、彝初皆至,欲归。"中季,钱玄同;逷先,朱希祖;幼舆,马裕藻;季市,许寿裳;彝初,马叙伦。又据马叙伦自称,他曾致书众议院副议长李经羲,"即为进一言于袁公,使太炎得以优游自遂,而毋为风雨之所中"。谓:"太炎学通古今、达中外,不特赤县为冠冕,亦宇内之昆仑也。""苟一旦陷于不测之境,是绝读书种子而使天下后世以讥汉文、光武者议袁公,窃为袁公不取也。""今太炎居于军政执法处,虽非幽囚,然军政执法处非所以处士之地,即太炎不足惜,而士林引以为耻,所系者亦大矣。"(马叙伦:《致李仲轩议长书》,见《天马文存》外篇,《天马山房丛著》本。)

章氏被幽禁在北京钱粮胡同时,"服役之人",是"军警执法处长陆建章派去的密探,据传章氏曾发表"约仆规则"六条:"一,每日早晚必向我请安;二,见我时须垂手鹄立;三,称我四大人,自称曰奴仆;四,来客统称曰老爷;五,来客必须回明定夺,不得擅行拦阻,亦不得擅行引入;六,每逢朔望,必向我一跪三叩首。"还说:"你们要吃这碗饭,就照做,要不就滚蛋"。"这些特务中间,有一个是京师警察厅的副课长,他每逢初一、十五,遵照规则,向太炎一跪三叩首,太炎特别要和他讲一段《大戴礼》,以示'有教无类'云。"(风楚:《章太炎有他对付特务的一套办法》。)

章氏被幽禁情况,据徐一士:《再记章炳麟羁留北京时轶事》称:"章在钱粮胡同寓所,所用仆人及庖人,共有十人左右之多,一仆系前由军政执法处长陆建章所荐,曾随侍于龙泉寺,此外则吴炳湘所间接推荐,盖由警察之类改充,皆负有暗中监视之责者也。"(《逸经》第十二期。)又称:章氏门人黄侃应北京大学之聘来京,讲授词章学和中国文学史,"欲与章同寓,俾常近本师,遇有疑难之处,可以随时请教","不料不数月,而黄突为警察逐出,而章氏因之复有绝食之事",适遇长女㸚,少女㖮及其长婿龚宝铨"入都省视",而渐"复食"云。

3 月 1 日《鲁迅日记》记:"夜,季自求来,……赠以《小学答问》一册。"(第 129 页"乙卯日记。")

4 月初,女㸚、㖮及长婿龚宝铨来京。查《自定年谱》称:三月,"长女㸚、少女㖮及长婿龚宝铨入都省视,遂居焉。"但 3 月 29 日《家书》:"近日长女蕴来及未生婿皆已决定来京,与次女穆君会于上海,相偕前往迎君。"则㸓等来京,当在四月初。

4 月 6 日《家书》,"驰书力阻"汤国梨上书"营救"。初,汤国梨幻想袁世凯"曲赦党人",上书徐世昌:"前电传言,(章)六日二粥,将忍饿就毙。病中闻讯,惶急万分",请"转达大总统,乞赐外子早日回籍,俾得伏处田间,读书养气,以终馀年。"(《正志》一卷一期,上海新闻社发行,1915 年 4 月国光书局铅字排印本。又见到底稿,凡二页,书于白宣纸上,似非汤国梨自拟,而系经其润改者。)至是,《家书》称:"嗟乎!观人察事,亦何容易,岂报章浮泛之论,市井一哄之见,而可以知其真相耶?来书以曲赦党人之事,谓仆必不见忌。不知政府为此,但以敷衍门面,而真心疾痛未忘也。彼所赦者,皆乌合驰说之徒,此辈见利即趋,遇败即散,原不为政府所深忌。仆与此辈,政府本不一概视之。盖袁本武人,所畏不在军人流氓,而在学者。前岁党狱所治,亦不在二次革命之人,而在首倡光复之人。(原注:"不然,谭延闿、欧阳武、程德全皆以都督独立,而谭、欧一判即赦,程则绝不问及,何耶?至如陈之骥、王金发辈,更不足数。且陈为冯国璋女婿,王亦实与孙、黄不合,岂政府必欲置诸死地者耶?")去岁黎宋卿、孙尧卿诸友,已将此情转问要人,答言则云'由重生畏,由畏生忌'。此乃政府用心最深之处,岂可以外面和平,谓其无事,又岂可以本非同比例者而强开比例乎?上海、苏、杭一带,率多浮浪,武昌起义以后,乃哄然称革命党,前此十载经营,皆非彼辈所晓。彼视莫伯衡之归国,以为政府遇仆,与莫相同,则真可谓盲人之道黑白矣。君虽未知前事,于此不应轻信人言也。仆观近势,政府暴戾恣睢之气虽渐次归平,而彼所隐忧方大,己既无能,则忌人之心自不能已。譬如惊鸡甫定,惟有与之相忘,则彼亦渐能忘我;稍一惊动,又鼓翅而起耳。迟一二年,容可作南归之计;今若骤与之言,是鸡甫定而又惊扰之也。要之仆所怀者,惟有一死,次则出家为沙门也。今岁以出家告政府,彼仍不允,仅将警卒撤去。夫出家尚不可望,而况于归家乎?何君所与往来言论者,皆知表面,而不知底里也。""君既多病,仆亦绝少生趣,迟一二年,恐已不复相见,一晤而死,何快如之。若责人以所不能,而又无可以为其后盾者,则所谓俟河之清,人寿几何也。此种情事,不须与他人议之,蛰仙或能领略耳。"

4 月 8 日《家书》:"得初六日信,知上书乞归已成事实,此事前早知其无效,已驰书力阻,今竟行之,何益于事,徒令当事疑我耳。献是计者,真可谓愚暗之甚也。春日一书,言'迎者皆为讨好',(按指上引 1 月 20 日《家书》。)此由黎公误遣何雯、陈绍棠等,恐其播弄是非,是以作□拒绝,今则时非昔时,人非昔人,岂当胶柱调瑟邪?""人情谁不思乡怀土,吾之不归,非不欲也,势不能耳。如君必一意孤行者,吾亦削发入山而止耳。"

4 月 9 日《家书》:"吾辈所求,但愿朝夕聚首,琴书相和。若夫当事所怀,欲以室家为固,此非彼所明言,而亦揣度事情,理有必至者尔。""吾今处此,不发一谋如徐庶,家室保聚如仲长统,优哉游哉,聊以卒岁,此既古人所不能訾议,而亦功成事就者所当然也。解忧成乐,实赖君之哀我耳。每思遇事以来,千回百折以至今日,刚柔迭用,始能出险,发计常在一心,其中甘苦得失,亦筹之至熟矣。而报章妄言,常由访事构造,所论是非利害，皆可以《封神传》、《西游记》视之。"汤国梨劝章氏"纳妾"，亦为所阻。

4月10日，有《致山田饮江书》。（曾在东亚同文会任职之日本人。）略谓："夫怨毒于人，其憯甚于矛戟，处心积虑以成于杀者，当涂之志，固恒情也。必生挫折之而不与死，虞侯满市，窥侦盈室，羁之重门，下之幽谷，虽欲为田舍布衣读书观稼而不可得也，此何心哉！夫众口足以铄金，众欤足以漂山，复有为之主谋者在也。人固有一死。功业已就，没身可以无恨，如下走者，寝疾默化，亦恬漠而终耳。所未忘者，独以国故衰微，民言咙杂，思理而董之也。政治者，当轴所忌言，国史之业，亦与人构怨于千秋万岁也。若乃究极语言，审定国音，整齐文字，仆于今世有一日之长、一饭之先焉，又无忌于秉钧用事者也。然复必欲摧其萌芽，如农夫之务去草者，则保皇党人把持之尔。审吾畴昔所以陷保皇党人者，已如彼之烈烈矣，今而修怨，亦其情也。然复有隐曲内疚者，一者其人天性狂狡，欲自比迹于罗马法皇，二者以身事异姓，堕其前言，思所以文饰之。皆非假威孔子、颠倒六经不能也。仆之学出，即其虚伪自消，是故竭力致死以争尔。盖皇皇欲揽政权，惟恐一人异己者，当涂之用心也；皇皇欲揽文化权，惟恐一人异己者，保皇党之用心也。二者夹辅，以制一人，虽有贲、育之勇，将焉用之！昔太史公身被极刑、郑康成禁锢、赵邠卿侧身处复壁间，而不肯引决自裁者，以他人不与争文化之业也。今者世益陵迟，虽欲屏处畎亩，以理余之绪业，固不得矣。假令斯人以祖述尧、舜，宪章文、武自居，而仆被少正卯之名，戮于两观，亦奚恨焉。昨者已抵书黎公，属求死所，纵不可获，亦将有以致命遂志，故愿与君道其本末，以抒愤懑。"（手迹，上海图书馆藏。）

4月18日《鲁迅日记》记："午后，至劝业场访《文始》，得之，买一册，银一元五角。"（第136页"乙卯日记"。）

4月26日《家书》，寄归《阿育王寺重修舍利殿记》。

4月，钱须弥编《太炎最近文录》出版，上海国学书室发行，大共和日报馆为"特约贩买所"。《例言》谓："是编所搜集之文字，以辛亥返后所作者为断"；"是编文字，与右文社近刊之《章氏丛书》，无一重复"；"是编文字，散见报端者什居八九，惟书牍栏中，亦有未经刊布者，读者当能辨别，不待注明也。"其实只是掇拾一些章氏在1911年11月到1913年间，于报刊上发表的宣言、函电、演说辞；"附录"虽也收录载于《民报》等的几篇文章，也为数寥寥。章氏对此书意见很大，对它辑附《秋瑾集序》，更为不满。见下。

5月9日《家书》，谈及章氏委托康宝忠（心孚）、康宝恕（心如）兄弟在上海右文社付印《章氏丛书》事。书云："右文社所作目录，乃系前两月中心孚所定，上月心孚之弟来京，早与斠酌改删，其《秋瑾集序》一篇，已在删除之中，想不日当另印目录也。心孚事乃仆所委托，并未生亦列名，故可如意张弛。其钱须弥辈素行无赖，不值与之理论版权之事，或许或不许，已属右文社主之。至《秋瑾集序》一篇，仆意观云未必肯自出面，同时已函致心孚，令其与钱辈磋商矣。但无赖之徒，惟知取利，非有势力压之，终恐寡效，且看心孚办此如何，如其不效，再作别种商量也。"

5月16日，《时报》刊载《章太炎近状记闻》云：

"太炎在京,近状殊为安适。近数月来,其女公子来京侍奉朝夕,太炎极为欢愉,前日已出都回夫家矣。

"湘潭叶焕彬吏部极精于板本训诂之学,倾服太炎甚至。太炎亦亟称焕彬。辛亥之役,长沙为革命军所占领,老辈尽逃死山谷。太炎语人云:'民军若杀叶焕彬,则湖南读书种子将绝矣。'焕彬因是于太炎有知己之感。避地湘潭,作怀人诗犹及此事。顷有书抵太炎,论修清史事,于当时执笔诸公多所讥评。太炎复书论史例,极为详备,当求其原稿公之海内也。

"先辈常言,诸史之中惟《宋史》最为芜杂,褒贬亦多不公。太炎顷已着手改修,政府亟赞成此举,遣人通意,且允助以经费云。"(《时报》,1915 年 5 月 16 日。)

按叶焕彬,即叶德辉,湖南劣绅,顽固守旧,章氏在戊戌政变后所撰《翼教丛编书后》、《今古文辨义》曾对叶抨击。(见"光绪二十五年己亥,三十二岁条"。)1914 年,被袁世凯幽禁后,叶德辉往谒,章氏又以为"得叶德辉一人,可与道古",为之称誉。(见"1914年,四十七岁条。")这里所云"民军若杀叶焕彬"云云。1914 年 7 月 24 日《致龚未生书三》亦云"柱中救之获全"。(同上。)本年且有《焕彬同学属题丽楼图》诗,见《甲寅》一卷五号。

5 月 22 日起,《时报》刊登《章氏丛书》广告,谓:"阳历六月底截止预约,七月底全书出版。预约只以万部为限,现已售出数千部,如期前售满,即行停止。"《广告》"附告"云:"一,本《丛书》原由先生及门诸君编录,现复经先生自行审定,略加修改,《文录》中并增若干篇;二,《訄书》一种,先生改名《检论》,大加修改,与初印本绝异;三,《国故论衡》,先生亦正在修改中,较之原印本,新增入者甚多;四,全书由先生门人康达窘、潘力山、康心儒三君担任校勘,自信讹字甚少"云云。(《时报》,1915 年 5 月 22 日《章氏丛书广告》。)

5 月 26 日《家书》,对《太炎最近文录》又致不满,特别是所收《秋瑾集序》,谓:"国家书室所刻《太炎最近文录》,前康心如已曾相示。右文社欲与交涉,不知其果否也。其中所登文字,今昔异情,原无关系。彼辈妄加评骘,亦属小人常态,吾心自有把握,宇内自有公评,断非一二小人腾其簧鼓所能变乱也。唯《秋瑾集序》一篇,关系观云名誉,即袁迪庵临事委蛇,亦属可谅,故右文社近刻《文集》,已属将此篇抽去,而小人专恣,拾其覆沈,殊属荒缪,然亦或不知事状所由来也。版权之说,出言不逊,今日谗慝横行,宵人成市,大怨尚不能修,而况此小小者乎?语云:'豺狼当道、安问狐狸。'事之变复,亦何常也。今日且不必与争,争之亦无益耳。右文社康心孚辈,仆已明以刻板委之,或康等能与争执,未可知也。吾意今日不必与论版权,但将《秋瑾集序》一篇,促其抽去。此事仍以托之观云,附信一阅,望即交去,未知观云力量何如也。"

5 月 29 日《鲁迅日记》记:"下午,同许季市往章师寓"。(第 140 页"乙卯日记"。)

6 月 17 日《鲁迅日记》记:"下午,许季市来,并持来章师书一轴,自所写与;又《齐物论释》一册,是新刻本,龚未生赠也。"(第 143 页"乙卯日记"。)查章氏书赠鲁迅一轴为:"变化齐一,不主故常,在谷满谷,在坑满坑。涂却守神,以物为量。书赠豫才。章炳麟。"（《文艺报》,1956年10月号影印原件。）系录《庄子·天运》以赠。）

6月28日,《鲁迅日记》记:"寄二弟……《文始》一本,作一包。"（第144页"乙卯日记"。）

6月,撰《南夏英贤题名记》,列"西南六杰",为"帝高阳氏、夏后大禹、楚庄王、汉光武皇帝、诸葛孔明、虞彬甫","别附汉大义皇帝友谅"。列"东南八杰",为:"吴王夫差、西楚霸王、魏武皇帝、桓元子、谢安石、宋武皇帝、明高皇帝、延平王成功","别附太平天王秀全"。列"浙江八杰",为"越王勾践、吴武烈皇帝、吴大皇帝、陈武皇帝、宗汝霖、刘伯温、于廷益、张玄箸"。并加附识云:"右南夏英贤二十有二人,别附二人,自高阳氏起于若水,北定穷朔,以诛蚩尤之裔,九黎之寇。夏后产于石纽,疆理中国,别生分类。自是南夏有英贤出,皆能挞伐胡戎,致届有北,右所题名是也。地以汉淮为界,故不录汉高皇;人以生长土断,故项王归吴,武侯归荆,安石归建业,宋武归丹徒。庄王以胜晋,夫差以伯黄池,勾践以都琅玡,武烈以破董卓、羌胡之兵,曹公以戮蹋顿见录,阖闾桓王战于门内,则阙焉。陈、洪二主,志亦广矣,以无英雄之略。故在别附。乌虖!自晋之东,中州已杂羯胡,女真已降,风教言语浸变为夷,诸夏唯有梁、荆、扬三部,其可自相距却为伧房驱除邪。乙卯夏六月,章炳麟记。"（《制言》第四十四期。）

7月,《章氏丛书》上海右文社版初版出书,"甲种一千"部,连史纸印;"乙种二千"部,有光纸印,（《致龚未生书十三》,见下。）在当时印数已广。

8月23日,筹安会成立以后,袁世凯积极进行称帝活动,章氏非常悲愤。某日,以七尺宣纸篆书"速死"二字,悬于壁上,并自跋云:"含识之类,动止则息,苟念念趣死,死则自至,故书此二字,在自观省,不必为士燮之祷也。乙卯孟秋,章炳麟识"。

9月1日《家书》云:"京师议论日纷,彼冒昧主张者,徒造成亡国之基础,虽暂得富贵,其覆可待。仆以性情素峻,人亦不敢强迫。两女虽已成年,大事安危,终非所晓,未生暂当留此,以备意外之虞。仆今忧患虽深,而坐待死亡,转无烦恼,惟以力薄身羁,坐视危亡而不能救,以此自愧而已。余复何言。"

9月5日,"得张伯纯（通典）讣告"。（1915年9月10日《家书》。）"哭不能成声,既伤其以轶材扶义,不在勋策,而更失职左降,至乎监门籥舟之死;又幸其潜蛰,不撄锋于暴人之前"。（《故总统府秘书张君墓志铭》,见《太炎文录补编》。）

9月8日"平旦",长女𢘋"无故自经","延医救治,云已无及"。"猝遭此变,心绪恶劣,又异前时。"（1915年9月10日《家书》。）撰《亡女𢘋事略》称:"余以不禄,出入生死几二十年,宝铨亦颠沛者数矣,幸虽有功,未得以觞酒与宾婚故人相劳,而衃咎复时中之。成章之死,与其他故旧无穷失据之状,皆𢘋所亲睹也。身处其间,若终身负疢疾者,其厌患人世则宜然。"

𢘋适龚宝铨,龚与鲁迅相识,赴京后,曾数次访问鲁迅,𢘋死后,鲁迅亦得其讣告。《鲁迅日记》4月13日记:"午前,龚未生到部来访。"（第136页"乙卯日记"。）4月15日记:"上午,龚未生来部。"（同上。）9月19日记:"得龚未生夫人讣,章师长女,有所撰《事略》。"（同上第154页。）10月25日记:"下午,龚未生到部访。"（同上第157页。）10月

26 日记："午后，龚未生来，以《洪氏碑目》返之。"（同上第 158 页。）11 月 21 日记："云和魏兰字石生来，有未生介绍函"。（同上第 160 页。）次年 12 月 18 日又记："寄龚未生信。"（同上第 211 页。）

燊自杀后，当时误传章氏身死，汤国梨急电"问安"。章氏复曰："在贼中岂能安。"（《自定年谱》。）《家书》又云："自筹安议起后，颇闻上海人情惶扰，近则北京风声亦急，南方可知。两日中连接浙中友人电报问安，盖讹传吾已死也。此虽虚语，然事实亦不相远。吾人生死问题，正如鸡在庖厨，坐待鼎镬，唯静听之而已，必不委曲迁就，自丧名检也。"（《家书》，未署月日。）

10 月 11 日，《中华新报》刊登《章氏丛书再版现已出书》广告，谓："敝社发行《章氏丛书》，海内风行，出版不久，即行售罄，现在再版业已出书"，下署"本社设在二马路天利栈内粹记书店章氏丛书社启。"右文版错字较多，章氏对此很不满意。

10 月，撰《终制》，谓："古今人亦诚不可比拟，厥距戎狄，乡有鄂王及于廷益、张玄箸三墓，余所直兴废又殊也，功状性行，足以上度，其唯青田刘文成公。既密近在五百年，又乡里前文人，非有蹘踔难知之事，如有所立，风烈近之矣。""余少慈建州，语辄发愤，岩阻艰难，备尝之矣。躬执大象，鼓万物而不为主。回薄十年之间，海宇胙应，武昌始义，兵不顿刃，遂覆清宗。亦以少性婞直，功成不改，从事南北两政府间，少有辟韦，弹射不避交游贵幸，遂遭倾陷，横逆荐臻，孤立群贵之中，旁无一言之佐。惧天禄之不兼，以忧思殃吾躬，它变又不可预规也，斯乃大体素同者矣。文成择君而事，耦俱无猜，吴本奉香军名号，事败覂其御床，以辨南朔。余念在破胡，不皇简别，所遇数雄，规摹皆不能闳远。建州既覆，又将裁割息壤以诒它人，其无赖乃与文成所黜者等。迨菁之故，以不能知人择主，悲夫，悲夫！""北都建而清命斩，小腆伏息，终无后忧。是时惟欲神州宁谧，汉族全制，诚不意狂狡据之以方命圮族也。卒乎民政顿挫，伦党府怨，姗议丛于一身，正刿心箸地，犹不足自明其款诚，而息人之谪言。故以上校文成，相宅异地，本之赤心，而有不虞之患则同，此又不能为少年俗士道也。""今旦莫绝气，而宅兆未有所定，其为求文成旧茔软地，足以容一棺者，他焉安处。"（手迹影印，见浙江图书馆《追悼章太炎先生特刊》，收入《太炎文录补编》。）

又函杜志远，谓："闻君著籍青田，故诚意伯刘公则乡之令望，而中国之元勋也，平生慕之久矣。虽才非先哲，而事业志行，仿佛二三，见贤思齐，亦我素志。人寿几何，墓木将拱，欲速营葬地，与刘公冢墓相连，以申九原之慕，亦犹张苍水从鄂王而葬也。"托杜志远代为觅地，"不论风水，但愿地稍高敞，近于刘氏之兆而已"。（《章太炎书札》，钞本，温州图书馆藏。又见《大中华》二卷九期，1916 年 9 月 20 日出版。）

又"尝语青田刘祝群，身后愿得文成墓傍片地以葬，祝群为咨其族人立山券予之"。章氏"乞祝群刻碑立文成墓前"，碑曰："民国四年，乡有下武，曰章炳麟。瞻仰括苍，吊文成君。於铄先生，功除羯戎。严以疾恶，刚以制中。如何明哲，而不考终。去之三百，景行相从。千秋万岁，同此窀穸。"（手迹影印，见浙江图书馆《追悼章太炎先生特刊》，见《制言》第四十四期。）

据汪太冲称，袁世凯妄图称帝时，"广罗名士劝进，某君请于袁，愿游说太炎上请愿书，以为交换释放之条件。某趋谒太炎，说明来意，太炎伪诺之。明日，果有一纸呈览矣。袁拆而阅之，有曰'某忆元年四月八日之誓词，言犹在耳。公今忽萌野心，妄僭天位，匪惟民国之叛逆，亦且清室之罪人。某困处京师，生不如死，但冀公见我书，予以极刑，较当日死于满清恶官僚之手，尤有荣耀'云云。袁大怒，欲杀先生，大为舆论所不容。乃自作解嘲曰：'彼一疯子，我何必与之认真'"。(《章太炎外纪》。)

11 月，撰《诚意伯集序》，亦言"冢墓相连"事。谓："炳麟去公久远，自明元戊申以逮民国纪元壬子之岁，五百四十有四年矣。平居问学未能逮公豪末，独以怀志操行大同，幸而克济，非曰勤劳，其公在天之灵，实式冯之。甚欲瞻礼颂法，敬荐酒脯，身在厄困，怀不可遂。以为古者要离、梁鸿，趣舍异路，犹以冢墓相连，炳麟于公，非独要离、梁鸿也。咨于公之裔孙而先为圹密迩于公，以申生死慕义之志。公之微旨，亦非炳麟莫敢任其言也。"(《大中华》二卷八期。)

11 月 2 日，龚宝铨和三女珽南返，(11 月 1 日《家书》。)5 日早抵沪。(11 月 11 日《致龚未生书十二》。)

11 月 11 日，《致龚未生书十二》："所说《丛书》已竣，寄上一部，是否亲见，抑系闻之？通一现得心孚书，亦有是语。但彼辈言语本非可靠，通一亦是大意人，须实见其书，实见其寄，乃可凭信，不然则是一时搪塞之计。又《检论》等原书仍须取还，如有删改，原书具在，可以自印也，千万勿疏为要。"

11 月 20 日，《中华新报》时评二为《章太炎》。查《中华新报》本年 10 月 10 日在上海创刊，由欧阳振声（骏民）任总经理，谷锺秀、徐溥霖、李述膺、吕复任编辑，(1916 年 7 月后，改由吴敬恒任编辑；8 月后，由钮永建任总经理。)馆设"上海法租界三洋泾桥东"。《发刊词》谓："今则于对外丧权辱国之后，乃为一姓之子孙帝王万世之谋，以二三近幸官僚之化身，悍然冒称国民之公意"。"政府之横征暴敛，亦日益甚。但使穷奢极欲，承至尊之欢娱，那顾火热水深，哀小民之无告。帝制成立，当然有加无已。是时为国家着想，固不敢望治安；为人民而言，又何从求生活？故一面政治上不可不为根本解决之谋；一面经济上亦不可不为国民发展之计，此又本报之特别注意者也。"它是上海反对袁世凯帝制之报，《袁逆退位之期迫矣》、(1916 年 5 月 2 日"本馆专电"。)《袁逆不得不去矣》(1916 年 5 月 5 日"本馆专电"。)等标题充斥报端，云南护国军文告、章程也在该报刊载。报上刊录章氏函电、言论、活动甚多，也有对章氏的论议，本日所刊"时评"即是。文曰："章太炎幽囚逾年，举世不能名其罪，或曰以其能文也。今者新朝将兴，又以其能文之故，而迫之使美新矣。然则前之所以幽囚久而不释者，其即为今日美新之用欤？夫称帝之事何事，竟以兵力行之可耳，胡乃乞灵于文字；乞灵于文字矣，当今廉耻扫地之世，又何患无扬雄，而必强我太炎耶？又况乎龙性难驯之太炎，强之动，亦有所格而不能通也。或曰：美新之文朝上，太炎可夕释，否则幽囚无期，太炎恐亦自兹死矣。余应之曰：哀莫大于心死，使仅殉一身，而留此正气于天壤，不犹愈于苟且偷活于浊世者万万耶？夫桂可食故伐之，漆可用故割之，太炎宁自殉，而不以文阿世，此乃太炎之所以为太炎欤?"此后,《中华新报》又于 1916 年 9 月 1 日出北京版。

11 月,王闿运为"避免在京称臣之嫌","又恐项城帝国告成,无将来见面地",乃借夏寿康《整饬官眷风纪折》,辞参政院参政、国史馆馆长,说是什么"帷簿不修,妇女干政,无益史馆,有玷官箴,应请自请处分"。章氏闻之,曰:"湘绮此呈,表面则嬉笑怒骂,内意则钩心斗角。不意八十老翁,狡猾若此。"(刘成禺《洪宪纪事诗本事簿注》。)

初,王闿运曾有《游仙诗》,并"说其本事"。章氏幽居时,刘成禺"以《游仙诗注》示之,太炎提笔逐句窜点曰:'此今日王壬秋之《游仙诗》也。'"刘曰:"先生于改唐诗,讽袁、黎外,又多一体裁矣。"查章氏所改《游仙诗》,录存《洪宪纪事诗本事簿注》卷二,辑附如下:

"萧瑟清秋不耐弹,攀龙骑虎快骖鸾。("袁骑假虎"刘注,下同。)东华幕客曾谋逆,("王为肃顺上客,与谋逆事,谈及清末失败,曰肃顺若在,必不使戚贯横行,自有立国之道,清亡于杀肃顺云。")南岳王妃肯降坛。("王久主衡阳船山书院"。)捧诏却怜金换骨,著书那复羯为冠。("袁赠祭祀冠。")湘军一志堪千古,却被人呼作史官。("洪、杨之役,《湘军志》高绝一时,来京不知所修何史。")

"出岫闲云列上仙,将军拥席饯南天。("湘鄂将军巡使文武诸官,亲赴王翁行辕陈席"。)因生杨肘行出梦,("由杨度推荐"。)不对柯棋坐比肩。("柯绍忞欲为副馆长,却之。")总统国民都受箓。("王翁入京属对,有民犹是也,国犹是也,总而言之,统而言之之句。")江湖河海不需船。("王翁在汉,言此行入京江湖河海皆不需船。")妇人行役周妈在,莫怪先生爱早眠。("人有以周妈病王翁者,翁曰:古者妇人行役礼也"。)

"新承凤诏入金闺,争看潭州老丑郎。("王翁籍湘潭"。)一卷《公羊》师北面,("王翁以《公羊》教井研廖平,平传南海康有为,时康徒梁启超辈在京奉王甚谨。")两行女乐列西墙。("王翁有左列生徒、右列女乐之志"。)劳拖仙带迎专使,("袁派专使赴汉迎迓"。)只领天钱办内装。("馆俸皆周妈经手"。)宴语玉堂诸后辈,("王翁曾钦赐翰林院,入京时,旧列名翰林院者公谦之"。)此行不住首山阳。("王翁云:予未仕前清,登西山不用采薇"。)

"居仁堂下恋黄帏,("袁首宴王翁居仁堂"。)天上申猴坐玉扉。("京中呼袁为猴头"。)文字当头经有证,("王翁以经语解出土签碑"。)君王盗国史何依。("王翁南旋,曰予不躬逢盗国"。)封还馆职修帷簿,("王翁佯因周妈事,封还馆职,自劾曰帷簿不修"。)托起朝仪下织机。("翁南还时,以史馆事交付馆员,曰尔辈可起朝仪也"。)莫道燕京天气冷,高皇前月送貂衣。("袁曾送王翁貂衣一袭"。)"

又,刘成禺所称章氏改唐诗讥黎元洪,亦见《洪宪纪事诗本事簿注》卷二:"元洪入京,太炎改唐诗讥之曰:袁四犹疑畏简书,芝泉长为护储胥。徒令上将挥神腿,终见降王走火车。饶、夏有才原不忝,("饶汉祥、夏寿康两鄂民政长"。原注,下同。)蒋、张无命欲何如。(蒋翊武、张振武两将军。)至今偷过刘家庙,汽笛一声恨有馀。蓬莱宫阙对西山,车站车头京汉间。西望瑶池见太后,("黎入京谒隆裕"。)南来晦气满民关。云移鹭尾开军帽,日绕猴头识圣颜。一卧瀛台经岁暮,几回请客劝西餐。"徐一士则称:"章氏此项谐诗,忆共五首,刘君所引两首外,更有三首,当系在京而于元洪到京后所作耳。'西望瑶池见太后'句,刘君谓'黎人京谒隆裕',夫隆裕已于是年春间逝世,元洪入京何能相见乎? 意者此句或是虚指之句。"(《章炳麟被羁北京轶事》,见《一士类稿》第84页。)

时袁世凯欲称帝"改元",于"丙辰元旦未宣布以前,议纪年诸臣,聚讼纷如,大半主用'武'字者",也有"主张用'文'字者",而"主张符应图谶之说者,得获奇胜",说是什么"得见天地之心,原本《洪范》,历察谶纬,洪字累累如贯珠,故帝业纪年,洪字先行决定,再拟他字"。章氏闻之,曰:"力不足者,必营于禨祥小数,所任用者皆蒙蔽为奸,神怪之说始兴。以明太祖建号洪武,满清独太平军为劲敌,其主洪氏也。武昌倡义者黎元洪,欲用其名以压塞之,是以建元洪宪云。"(刘成禺:《洪宪纪事诗本事簿注》卷二。)

12月8日,《致龚未生书十三》,谈《章氏丛书》出书事:"据通一来书,知《丛书》甚风行,甲种一千部(即连史印者)已销尽,则知乙种二千,其销亦速。足下来书云:图书馆寄售者滞销,盖因浙中朋友知其有误字耳,非普遍于全国也。目下不须与算帐,但以连史、有光三千部,计连史售六元,得六千,有光售四元,得八千,合之为一万四千。除原用工费六千,当赢八千,四分之,须二千元。如一时不能如数,可先交千元,其一千元则以明年一二月底为期可也。据通一书言,拟再版,若非畅销,必不为此,其帐只是花帐,可不必观也。"

12月19日,《致龚未生书十四》,对《章氏丛书》右文版"错乱百出",很是不满,书云:"心如处款果如何? 闻彼又拟再版,而此书错乱百出,校亦难清,已书致通一,令将原稿归足下处。大抵心孚兄弟性本欺诈,果于赖债,今即使彼再版,必不如数交款,而书终非精校,进退无益也。若二千之数绝无眉目,宜直往取书,断不可稍带客气也。今时所要者,首在自述其志,志愿成遂则足矣。亡女开吊闻在近日。黎公屡次愆期,亦由彼心绪恶劣之故。近日政府唐突,授以大封,闻参谋部员全体往贺,坚拒不见,此为可取,要亦羝羊触藩之势耳。仆夜梦荒诞,依前不减,此事亦乐之,知人世本不能久居,何异于死,好在文成后裔已以葬地相许,图契皆已寄来。致远归,托其税契,所需地价二十四圆,一时难寄,望先填交致远,窀穸已成,安坐以待可也。"

12月23日,《致龚未生书十五》,嘱龚宝铨将《章氏丛书》设法交浙江图书馆木刻刊行,对《检论》、《国故论衡》自视甚高,可以开雕,《文始》"且俟后议",《别录》"不须亟行"。书云:"心如处已交来五百元,想上海家用足支半年,彼欲作甲种再版亦好,但《检论》既可木刻,原稿须速取回,仆处虽有校本,而彼此邮寄,殊属不便。今以原稿存杭,初校再校即据之互对,终校则取刻本寄京,而仆以自所校本覆对,如此邮寄,不须在杭初校,再校亦有所据,此为至便矣。《国故论衡》原稿亦当取回存杭,此书之作,较陈兰甫《东塾读书记》过之十倍,必有知者,不烦自诩也。《检论》成后,此书亦可开雕,大略字数与《检论》相等。(原注:"十二万馀字"。)幸有杨惺吾所教刻工,以此付之最善矣。《文集》且俟后议,大氐《别录》一种,不烦亟印,《文录》约亦十一二万字,错误甚多,未及校理,如欲动工,必在明年年底矣。商务合股经营甚好。医药著述,仆前此曾有数篇,亦未甚精。医药新闻恐难着手。盖精医者甚少,如彼五行六气之论,徒令人厌笑耳。中国今日未必无良医,但所谓良医者,亦但富于终验,而理论则瞪焉。恐笔端必有五行六气字样,欲免此者万无一二也。鄙意良方可制,而新闻难作,若夫药物出产,古方治效,此或可登之新闻,而药性亦不可依于纲目,(原注:"以其好用五行附会"。)唯《大观本草》可用耳,今日有审慎之医则能言之,非者亦不能也。"

　　章氏自定的右文版《章氏丛书》,所收大都是学术专著,《检论》已经"删削",《太炎文录》也只收录了一些诗文,而先前登在报刊上的富有战斗性的文章,竟多被刊落。如发表在《浙江潮》的《狱中赠邹容》,发表在《复报》的《逐满歌》,发表在《民报》的《复吴敬恒书》以及很多"时评",《文录》多未收载。章氏一方面怕人"忿詈相讦",而多刊落,如《秋瑾集序》即以为"关系观云(蒋智由)名誉",而在"删除之中";(5月9日、26日《家书》,见上。)另一方面,对《太炎最近文录》刊载了不少《丛书》没有编进的政论性诗文、宣言、演说辞、函札,又极不满。他所关心的,则是《国故论衡》、《齐物论释》等"自诩"之作。《文录》既"俟后议",《别录》"不须亟印"。《文录》多少还收录一些革命文字,而《别录》更绝大多数是他在《民报》上发表的文篇。连脍炙人口、为"雅俗所共知"的《驳康有为论革命书》,浙局版也赘称:"是首本编入《别录》,今姑从右文社印本","暂时"仍入《文录》。章氏"慕文苑之文",而对过去政治论文"取足便俗"已有所不取了。章氏在编定《丛书》时,已"粹然"欲为"儒宗"了。

　　鲁迅先生对章氏手订《章氏丛书》,刊削斗争之作,有非常精辟的论述:"但革命之后,先生亦渐为昭示后世计,自藏其锋芒。浙江所刻的《章氏丛书》,是出于手定的。(按:浙江图书馆版,刊于1919年,详后。)大约以为驳难攻讦,至于忿詈,有违古之儒风,足以贻讥多士的罢,先前的见于期刊的斗争的文章,竟多被刊落,上文所引的诗两首,(按:指刊登在《浙江潮》的《狱中赠邹容》、《狱中闻沈禹希见杀》。)亦不见于'诗录'中。一九三三年,刻《章氏丛书续编》于北平,所收不多,而更纯谨,且不取旧作,当然也无斗争之作,先生遂身衣学术的华衮,粹然成为儒宗。"(《关于太炎先生二三事》,见《且介亭杂文末编》。)"先生手定的《章氏丛书》内,却都不收录这些攻战的文章,(按:指《复吴敬恒书》、《再复吴敬恒书》等。)先生力排清虏,而服膺于几个清儒,殆将希踪古贤,故不欲以此等文字自秽其著述,……但由我看来,其实是吃亏、上当的,此种醇风,正使物能遁影,贻患千古。"(《因太炎先生而想起的二三事》,同上。)

　　本年至1916年初,章氏为吴承仕口述"玄理","亦有讽时之言","令其笔述",名《菿汉微言》,(章氏这时寓所亦自题"菿汉章寓",见10月21日《家书》。)共一百六十七则,多数是发挥印度哲学和有关中国先秦诸子、宋明理学思想的记录,也有一些讨论文字音韵的笔述。有北京铅字排印本,收入浙江图书馆木《章氏丛书》,右文社版则未收入。该书最后一则,自述学术思想变迁,略谓:"少时治经,谨守朴学,所疏通证明者,在文字器数之间,虽尝博观诸子,略识微言,亦随顺旧义耳。遭世衰微,不忘经国,寻求政术,历览前史,独于荀卿、韩非所说,谓不可易。自余闳眇之旨,未暇深察。继阅佛藏,涉猎《华严》、《法华》、《涅槃》诸经,义解渐深,卒未窥其究竟。及因系上海,三岁不觌,专修慈氏、世亲之书,此一术也,以分析名相始,以排遣名相终,从入之涂,与平生朴学相似,易于契机,解此以还,乃达大乘深趣。私谓释迦玄言,出过晚周诸子不可计数,程、朱以下,尤不足论。既出狱,东走日本,尽瘁光复之业,鞅掌馀闲,旁览彼土所译希腊、德意志哲人之书,时有概述邬波尼沙陀及吠檀多哲学者,言不能详,因从印度学士咨问,梵土大乘已亡,《胜论》、《数论》传习亦少,唯吠檀多哲学,今所盛行,其所称述,多在常闻之外。以是数者,格以大乘,霍然察其利病,识其流变。而时诸生适请讲说许书,余于段、桂、严、王未能满志,因翻阅大徐本十数过,一旦解寤,的然见语言文字本原,于是初为《文始》。而经典专崇古文,记传删定,大义往往可知,由是所见,与笺疏琐碎者殊矣。却后为诸生说《庄子》,间以郭义敷释,多不惬心,且夕比度,遂有所得,端居深观,而释《齐物》,乃与《瑜伽》、《华严》相会,所谓摩尼见光,随见异色,因陀帝网,摄入无碍,独有庄生明之,而今始探其妙。千载之秘,睹于一曙。次及荀卿,墨翟,莫不抽其微言,以为仲尼之功,贤于尧、舜,其玄远终不敢望老、庄矣。

"癸甲之际,厄于龙泉,始玩爻象,重籀《论语》,明作《易》之忧患,在于生生,生道济生,而生终不可济。饮食兴讼,旋复无穷。……又以庄证孔,而耳顺绝四之指,居然可明,知其阶位卓绝,诚非功济生民而已。至于程、朱、陆、王诸儒,终未足以厌望。……

"自揣平生学术,始则转俗成真,终乃回真向俗,世固有见谛转胜者邪! 后生可畏,安敢质言? 秦、汉以来,依违于彼是之间,局促于一曲之内,盖未尝睹是也。乃若昔人所消,专志精微,反致陆沉,穷研训诂,遂成无用者。余虽无腴,固足以雪斯耻。"

【著作系年】《诚意伯集序》(1915 年 11 月,见《南田山志》卷十一《文征》一、《大中华》二卷八期,1916 年 8 月 20 日出版,收入《太炎文录补编》)。《书刘文成碑》(《南母山志》《卷九《刘诚意伯碑》,又见浙江图书馆《追悼章太炎先生特刊》)。《致山田饮江书》(1915 年 4 月 10 日,手迹,上海图书馆藏)。《终制》(手迹影行,见《追悼章太炎先生特刊》,收入《太炎文录补编》)。《亡女㸷事略》(1915 年 9 月 11 日,载《国故月刊》第二期,1919 年 4 月 20 日出版,收入《太炎文录续编》卷四)。《阿育王寺重修舍利殿记》(1915 年 4 月 26 日《家书》提到,见《太炎文录补编》)。《兔彬同学属题丽楼图》(《甲寅》一卷五号,署日本大正四年五月十日)。《自题造像赠曼殊师》(《甲寅》一卷十号,署日本大正四年十月十日,注云:"三十九岁所造像")。《南夏英贤题名记》(《国学丛编》一期一册,1931 年 5 月出版,署"乙卯夏六月记"。又见《制言》第四十四期,《文录》未牧)。《致蒋智由书》(1915 年 5 月 26 日《家书》提到,未见)。《致杜志远书》(无年月,言购青田葬地等事,应撰于是年;《大中华》二卷九期,收入《章太炎书札》)。《与苏子谷书》(1915 年 8 月,《甲寅》一卷八号)。《致龚未生书》十二、十三、十四、十五(1915 年 11 月 11 日、12 月 8 日、12 月 19 日、12 月 23 日)。《家书》(1915 年 1 月 10 日、19 日,20 日;3 月 29 日;4 月 6 日、8 日、9日,未署月日,26 日;5 月 9 日、26 日、29 日;9 月 1 日、7 日、10 日,未署月日;10 月 13 日、21 日、23 日;11 月 1 日)。

《菿汉微言》(本年至 1916 年初录)。

《章氏丛书》(1915 年上海右文社铅字排印本,共两函,二十四册),包括:

《春秋左传读叙录》一卷

《刘子政左氏说》一卷

《文始》九卷

　　《叙例》《略例》《韵表》

　　卷一《歌泰寒类》　卷二《队脂谆类》　卷三《至真类》　卷四《支清类》　卷五《鱼阳类》　卷六《侯东类》　卷七《幽冬侵缉类》　卷八《之蒸类》　卷九《宵谈盍类》

《新方言》十一卷附岭外三州语一卷

　　《自序》《释词》第一　《释言》第二　《释亲属》第三　《释形体》第四《释宫》第五　《释器》第六　《释天》第七　《释地》第八　《释植物》第九　《释动物》第十　《音表》第十一　刘光汉《后序》　黄侃《后序》　附《岭外三州语》

《小学答问》一卷(有自序)

《说文部首均语》一卷

《庄子解故》一卷

《管子馀义》一卷

《齐物论释》一卷(前有自序,末附辛亥十月黄宗仰序。)

《国故论衡》三卷(较庚戌日本铅字排印本略有损益,见1910年条,又首益黄侃赞。)

《检论》九卷(系增删《訄书》而成,见1914年条。)

《太炎文录》初编五卷

《文录》卷一　《小疋大疋说》上、下　《八卦释名》《说象象》《孝经本夏法说》《子思孟轲五行说》《驳皮锡瑞三书》《大夫五祀三祀辩》《夏用青说》《毛公说字述》《宾柴说》《禽艾说》《说束矢白矢》《诸布诸严诸逐说》《说渠门》《说稽》《说门》《说物》《太子晋神仙辨》《说于长书》《与尤莹问答记》《与刘光汉黄侃问答记》《文例杂论》《征信论》上、下　《信史》上、下　《秦献记》《秦政记》《五朝学》《五朝法律索隐》《官制索隐》《说刑名》《封建考》《说林》上、下　《释戴》《非黄》《思乡愿》上、下　《程师》《二羊论》《读郭象论秽绍文》《旅西京记》《癸卯狱中自记》《人滩说》

《文录》卷二　《癸卯与刘光汉书》《再与刘光汉书》《与王鹤鸣书》《与人论朴学报书》《丙午与刘光汉书》《再与刘光汉书》《丁未与黄侃书》《再与黄侃书》《三与黄侃书》《与孙仲容先生书》《与简竹居书》《与人论文书》《与邓实书》《再与邓实书》《与罗振玉书》《驳康有为论革命书》《与马良书》《与刘揆一书》《中夏亡国二百四十二年纪念会书》《讨满洲檄》《驳建立孔教议》《书莽苍园文稿馀后》《张苍水集后序》《南疆逸史序》《毛诗正韵序》《重刊古韵标准序》《南洋华侨志序》《东三省政要序》《地文学序》《国粹学报祝辞》《民报纪念会祝词》《高先生传》《俞先生传》《孙诒让传》《黄先生传》《邹容传》《徐锡麟陈伯平马宗汉传》《刘永图传》《书苏元瑛事》《书清彭山县知

县康寿桐事》《韵文集自叙》《瑞安孙先生伤辞》《沈荩哀辞》《徐锡麟陈伯平马宗汉秋瑾哀辞》《熊成基哀辞》《宋教仁哀辞》《魏武帝颂》《宋武帝颂》《陆机赞》《唐才常画像赞》《邹容画像赞》《蕲黄母铭》《顶羯罗君颂》《安君颂》《钱唐吊龚魏二生赋》《哀韩赋》《哀山东赋》《吊伊藤博文赋》《木犀赋》《噢伧文》《肃政使箴》《巡警总监箴》《艾如张董逃歌》并《序》《鸩鹊案户鸣》《山阴徐君歌》《东夷诗》十首 《秋夜与黄侃联句》《游仙与黄侃联句》《夏口行》《广宁谣》《八月十五夜咏怀》《怀旧》《短歌》八章 《长歌》《冥厄歌》《孤儿行》《秋夕咏怀》《平原》《陇西有壮士》《丹橘》《上留田行》《时危》四首

《别录》卷一 《中华民国解》《排满平议》《复仇是非论》《革命道德说》《箴新党论》《军人贵贱论》《代议然否论》《驳神我宪政说》

《别录》卷二 《论汉字统一会》《社会通诠商兑》《驳中国用万国新语说》《与人论国学书》《再与人论国学书》《记印度西婆耆王纪念会事》《送印度钵罗罕保什二君序》《记印度事》《答铁铮》《记政闻社大会破坏状》《汉土始知欧洲各国略说》《匈奴始迁欧洲考》《印度先民知地球绕日及人身有精虫二事》《总同盟罢工论序》《无政府主义序》《俱分进化论》

《别录》卷三 《无神论》《建立宗教论》《人无我论》《五无论》《四惑论》《国家论》《大乘佛教缘起考》《大乘起信论辩》《频伽精舍刻大藏经序》《梵文典序》《法显发见西半球说》《读佛典杂记》

《太炎最近文录》（钱须弥编，1915 年 4 月上海国学书室铅字排印本一册。）

发刊辞

《大共和日报发刊辞》《新纪元报发刊辞》《新纪元星期报发刊辞》

论说

《先综核后统一论》《却还内务部所定报律议》《敬告对待间谍者》《敬告新闻记者》《驳黄兴主张南都电》《论当防国民捐之弊》《否认临时约法》《处分前总理议》《内阁进退论》《参议员论》《驳建立孔教议》

书牍

《与人论政书》一 《与人论政书》二 《与人论政书》三 《致南京参议会论建都书》《致袁项城商榷官制电》一 《致袁项城商榷官制电》二 《致袁项城论治术书》《复浙江新教育会书》《销弭党争书》一 《销弭党争书》二 《与黄季刚书》《移让阁员书》《却与黄陈同宴书》

附录

《中华民国联合会成立会之演说录》《东京留学生欢迎会之演说录》《章太炎先生答问》《布告反对汉冶萍抵押之真相》《诘问南京政府一等匿名印电》《党务文告》一束 《东省实业计划书》《杂评》一束 《革命军序》《秋瑾集序》《中国通史略例》《婚礼记》

1916 年(民国五年丙辰) 四十九岁

【自定年谱】一月一日,袁世凯所谓洪宪元年也。护国军事闻,世凯始恐。然以陈宧在四川,倚以镇慑,谓西南可无事,江上列戍;亦自谓慎固也。余虽被禁止,数闻北军败耗。时有欲迎黎公赴广西者,余闻,密书授人致黎公,劝决策。未几,广西独立,世凯自褫帝号。闻南北有议和意。又闻西南设军务院,云阶在肇庆称都司令,所部桂军,不出湖南,顾日与龙济光竞。欲移书示以方略,检视既严,书不可达,乃取银币千圆,存交民巷日本正金银行,银行员得出入余门。因取书属展转达之。久之,军事岑寂。至五月中,陈宧以四川独立,世凯犹不信,见其露布,始怒,命秘书发电痛诋之。秘书不肯,世凯惭怖,欧血至碗许,渐不支。余时欲观南方实状,友人有在海军部者,与日本海军增田大佐、柴田大尉相知,示余易和服亡走,自铁道达天津。至期,日本驻津领事密携宪兵迎于车栈。既发,未上车,侦者踵至,称汝负我钱,何故脱逃。取指环及常弄古玉去,群曳以走,日本军官与焉。领事所携宪兵前进,夺军官去。余被曳至巡警总厅。时世凯已病,警吏气亦衰,但促归邸而已。六月六日,日将昏,朱逖先入告曰:“公署学校处处皆下旗,袁世凯必死矣,且秘之。”明日,知黎公继任,即东厂胡同邸中为行府。余欲往见,守门巡警尼之,乃书付逖先转达公府。九日,有人来传公府音问,云总统得书,即饬内务总长王揖唐(即王赓更名)下令撤警。揖唐不肯,总统无奈何。十三日,门人余干郭同宇镜来,自言佐公府秘书。余问撤警事,字镜答曰:“此曹所忌,在先生出暴其短耳。今宜陈情总统,言袁氏已殁,无庸念旧恶。同以手书示揖唐,其事必解。”从之。十六日,果以院令撤警。增田、柴田皆来贺,余感其意,以范文正公手书一卷赠焉。

余寓钱粮胡同,与陆军少将哈汉章同巷居,亦素识其人。既撤警,汉章方为公府军事幕僚,数至邸中,称段祺瑞跛扈,谋以徐世昌代之。余知世昌与宗社党有连,兼闻其首赞帝制。念汉章以总统侥幸,祸自此始矣,二十一日,入谒黎公,告以行意。黎公亦道京师危状。余曰:“军警不能为变,清世达官,其心难任也。今所望者,南方不屈,则公亦安。”黎公但称毋苦百姓而已。二十五日,黎公遣一卫官护行,至天津,浙江已遣戚则周来逆。是晚登舟,七月一日至上海,抵家。

余既归,适海军独立。政府下令召集国会。浙江都督吕公望戴之遣人来迎,到杭县。劝勿遽取消独立。留五日,旋归。而军务院已解。时克强亦自美洲来,闻其声嘶楚,语顿挫,不能为长言。问曰:“何羔至是?”克强以数患欧血告。言及国事,嗟叹而已,终不言方略也。直徐世昌、冯国璋、张勋等有徐州会议、彰德会议,皆密谋复辟,以倾民国。余见国事日发,八月,南赴肇庆,视云阶。时云阶方攻龙济光,其军中任事者为腾冲李根源印泉,而行严次之。余问往时何不亟图长江以规形势,而局促于岭外为。印泉出示五月三十日军事计划书,拟陆荣廷下湖南、李烈钧出江西、林虎左右策应。余曰:“是计当矣,何故不行?”印泉曰:“袁氏旋殁,黎公继任。江西为政府直隶之地,义不当加兵也。”余曰:“即如是,湖南亦然。何以陆荣廷复进攻耶?”印泉曰:“湖南汤芗铭已先独立,地属我,故可攻耳。"余怪其辞遁,后知印泉利广东富原,故令协和却归攻之,以龙济光所部皆云南产,可以情抚也。济光卒不可破,而都司令部穷蹙矣。余见南方无可与谋者,遂出游南洋群岛,岁晚始归。归时肇庆都司令部已解,冯国璋已被选为副总统,克强已欧血死。人才日乏,凶暴日长,知大乱之将作也。闻主选冯国璋者为唐绍仪、孙洪伊,而溥泉亦为之关通。余见溥泉,痛责之。溥泉深自悔,明年送克强葬,伏地痛哭,至不能起。

初,孙公好尚与克强异,厌薄军官,而喜少年轻薄与江湖屯聚者,讫为大总统不能悛。二年之变,孙公劝克强急起,克强不从,后亦致败,孙、黄同时窜日本。英士等日夜怂恿孙公、杂集同盟会人及新附者为中华革命党,气甚盛,尤排摈克强。克强惭愤,避之美洲。所隶军官协和、印泉辈及二年起兵者,无所附,皆南走归云阶,与孙公交恶,独石屏不肯。克强归时,余问往候孙公否。克强曰:"往则遭其詈耳。"及克强卒,其徒亦集同盟会新附者谷钟秀、张耀曾等称政学会,皆宗云阶,与孙公角。余颇任调和,衅已深,不能合也。其后政学会日益披昌,众怒归之,而中华革命党转衰,所谓为渊驱鱼,为丛驱爵者矣。

【国内大事】1月1日,云南都督府正式成立,举唐继尧为都督,组成护国军总司令部,以蔡锷、李烈钧为第一、第二军总司令。27日,贵州护军使刘显世宣布独立。2月18日,中华革命党于武昌南湖举事,失败。25日,袁世凯明示延缓登极。3月15日,陆荣廷等宣告广西赞助共和,陆自任广西都督兼两广护国军总司令,任梁启超为总参谋。22日,袁世凯申令撤销承认帝位案,任徐世昌为国务卿。次日,任段祺瑞为参谋总长。废止洪宪年号。黎元洪、徐世昌、段祺瑞电蔡锷等请停战,商议善后办法。30日,广东潮州、汕头、钦州、廉州宣布独立。4月6日,龙济光被迫宣布广东独立。22日,袁世凯准国务卿徐世昌免职,任段祺瑞为国务卿。5月1日,两广组织都司令部,举岑春煊为都司令,梁启超为都参谋。9日,孙中山发表第二次讨袁宣言。22日,四川将军陈宧宣告独立。29日,湖南将军汤芗铭宣告独立。6月6日,袁世凯死。7日,黎元洪代理大总统,陕西取消独立。8日,四川取消独立。9日,广东取消独立。29日,黎元洪申令仍遵行民国元年2月11日公布之临时约法。申令续行召集国会,撤销关于立法院国民议会各法令,裁撤参政院。8月1日,国会复会。9月5日,国会宪法会议开会。10月30日,总统选举会补选冯国璋为副总统。31日,黄兴在上海病逝。11月8日,蔡锷在日本病逝。21日,国会通过中美实业借款案。次日,四国银行团抗议中美借款。26日,江南造船厂全体工人千馀人罢工。

1月1日,黎元洪派人前来"贺年"。据刘成禺《章太炎先生在莒录》称:"丙辰元日,黎元洪派瞿瀛谒先生,代表贺年。先生问瞿曰:'汝来奉王命乎?'瞿曰:'奉副总统命也。'先生曰:'汝归语副总统,不久即继任扶正,决非长此位备储贰者。'又谓:章氏"幽居"时,康宝忠"亦屡视起居。一日语宝忠曰'我未教尔劝人家做皇帝,汝何故反背师说?'宝忠曰:'先生亦皇帝也,素王改制,加乎王心,先王执《春秋》之笔,行天子之事,项城不过僭周室天子位,以洪宪元年为元年春王周正月耳。兴周故宋,黜周王鲁,笔削之权,仍属先生。'先生曰:'周家天子姓姬,洪宪天子姓袁,汝何不直称之曰袁术,我已为彼贮蜜十斛,恐江亭呼唤,声力俱碎,一滴不能入口耳。尚欲闻蜜脾香乎?速去,勿多言'"。(《制言》第二十五期;又见《洪宪纪事诗本事笺注》卷二,文字稍有修改。)

1 月,汤国梨"读一月一日大总统申令,有'栖身异地,骨肉乖违,颠沛流离,死生莫测'等语",又寄以幻想,上书徐世昌:"窃思外子罪非暴乱,迹无嫌疑,徒以书生数奇,致使文字作祟。然入京年馀,深居忏悔,既已寒蝉久噤,当可少赎前愆。彼附乱行为,且容自首,岂书生空论,转在不赦耶? 况外子爱国有心,出言无忌,戆直易愚,为人受过,奸猾利用,(原为"乱党利用",旋改。)昔所不免。今则大总统推诚布公,猜嫌尽泯,朝无阙遗,野无反侧,欲言无事,播弄无人,外子虽愚,必不至再蹈覆辙,此氏可以身命为证者也。""抑更有进者,去岁一二腐儒,谬倡复辟邪说,举国惊骇,咸请投诸四夷,大总统犹悯其腐儒无知,曲予矜全,赐令回籍。今外子之罪,不过无心触讳,观过知仁,初非丧心病狂者比,岂转不得生入玉门邪? 氏虽愚蠢,固知大总统必有以宥之也。"请求徐世昌"哀而怜之,代为转呈大总统,乞赐外子早日南旋"。(原稿,汤国梨自拟,书于红格八行纸上。)

2 月 1 日,《致龚未生书十六》云:"前书论商业事,诚然诚然。结帐以后,依足下意写立合同耳。笕桥买地,鄙意以为未可,处乱世宜立定主意,可作生意,不可营实业,可置动产,不可置不动产。所以然者,欲此一身不受系缚耳。通一处《检论》、《国故论衡》二稿宜即往取,阴历春间可付刻也。杜子远归青田,托彼税契,未知已将原契寄回否? 如尚未到,望函问之。""仆近身体尚安,唯思想不断,一日寂静之境,但有一点钟耳。患梦亦尚如故,久亦习以为常,不复怪矣。此种颠倒妄觉,总由三昧未成,习气难断。图书馆所藏书籍,如有张九成《语录》《论语解》、(原注:"张九成,字子如,号无垢,南宋人。")杨简《甲乙稿》、《己易》,(原往:"杨简通称慈湖,南宋人。")二书,望欲借观。二公皆浙中英杰,亦不谓我不如,但以其在理学部中无理气等障碍,故欲为表彰耳。"

2 月 14 日,《致龚未生书十七》云:"药业组织如何? 望即晓示"。"《检论》、《国故论衡》原稿,望速向通一处取木版精印。"浙江图书馆刊印《章氏丛书》时,省议会曾"责问",事遂中阻,直到 1919 年始刊成。(见该年条。)12 月 9 日,鲁迅《致许寿裳书》云:"杭车中遇未生,言章师在外,亦颇困难。浙图书馆原议以六千金雇匠人刻《章氏丛书》,字皆仿宋,物美而价廉。比年以来两遭议会责问,谓此书何以当刻,事遂不能进行。国人识见如此,相向三叹!"(《鲁迅书信集》第 13 页,人民出版社 1976 年版。)

2 月 27 日《家书》:"吾今亦无他事,外来警报顿亦闻知,唯与学者数人讨论玄远,以待时清而已。"

3 月 23 日,致书许寿裳,谓:"梵土旧多同志,自在江户,已有西游之约,于时从事光复,未及践言。纪元以来,尚以中土可得振起,未欲远离也。迩者时会倾移,势在不救,旧时讲学,亦为当事所嫉。至于老、庄玄理,虽有纂述,而实未与学子深谈,以此土无可与语耳。必索解人,非远在大秦,则当近在印度,兼寻释迦、六师遗绪,则于印度尤宜。"许寿裳因即"就商于教育总长张一麐,托其进言,竟未有成。(许寿裳:《章炳麟》第149页。)

章氏"幽居"日久,1915 年 12 月后,"夜多梦幻,久亦习以为常"。(1915 年 12 月 19 日,1916 年 2 月 14 日《致龚未生书》。)

3 月 30 日,《答黄宗仰书》专述"幻梦事状"。(《章太炎阴司听讼述异》,见冯自由《革命逸史》二集第 334—336 页。)

4 月,汪太冲"上书请见先生",并言"愿为先生作传",章氏曰"善"。汪太冲旋撰《章太炎外纪》,于 1918 年 11 月由北京文史出版社出版,见该年条。

4 月 19 日,屈映光电北京政事堂,请释章太炎、褚辅成,当时报纸曾有报道:

"浙中章太炎及褚辅成二先生,皆以无罪,被袁逆幽囚,一羁于北京,一羁于安庆,不杀不放亦不讯,千古蛮横无理之政府,未闻有如是之横行者。荏苒已逾三载,中经绅耆之呈请保释,要人之竭力关说,皆归无效。盖袁逆之心目中,凡国中之有道德、能文章,或有才智可举事,而不甘屈服于其下者,皆宜作如是观也。即此一端,袁逆之肉,已不足食矣。兹屈映光因都督位置不稳之故,拟派一二好事以收人心,乃电北京,请将章、褚二先生开释,但袁逆或因独立省分都督之请,反加害二先生,亦未可知。若然,是屈映光之求释,适足以加害二先生矣。姑录其电文如左,以供国人之观览焉。

"北京政事堂统率办事处鉴:章太炎、褚辅成二人,才识优裕,众望所推,无罪被羁,群为抱抑,应即予开释回籍,俾慰舆情。乞转达。屈映光。皓。印。"(《中华新报》,1916 年 4 月 25 日"紧要新闻"《章褚二先生开释之佳音》。)

4 月 20 日,《致三女叕书》:嘱读《资治通鉴》,谓"果熟读《资治通鉴》,在今日即可称第一等学人,何必泛览也"。"汝姊之死,固由穷困,假令稍有学业,则身作教习,夫可自谋生计,何至抑郁而死也,此事须常识之"。

5 月 18 日,章氏欲逃离北京,被暗探跟踪,"拥至巡警总厅"。自蔡锷云南起兵,发动了讨伐袁世凯的护国战争后,贵州、广西相继独立,章氏逆料"北京必有兵变",(4 月 6 日《家书》。)"时局必变。"(4 月 7 日《家书》。)5 月 9 日,孙中山发表宣言。指出此次战争"不徒以去袁为毕事",主张"尊重约法",表示"决不肯使谋危民国者,复生于国内"。(《孙中山选集》上卷第 100—103 页。)洪宪帝制已成众矢之的。章氏虽被幽禁,但早已设法和广西方面的护国军通信,他急欲知道南方护国军的实际情况,又想逃离北京。5 月 29 日《家书》述其事:"本月十八日,以日本川田医院介绍,至天津公立医院治病,将上汽车,有数人蜂拥而至,云:'汝欠我债。'十数警察随之,拥至巡警总厅,警官出见。吾曰:'汝辈真不晓死活,今何时,尚与人结怨耶?'警官口称:'但知奉大总统令。所以不欲正式干预,而以欠债为名者,即为此故。若不肯,亦唯有正式干预耳。'吾曰:'任汝正式干预,他日自有正式干预汝辈者。'警官乃挽铁道人员恳求还家,归则警察复守门矣。吴炳湘名在罪魁,兵在其颈,而抵死不寤,此辈颇与义和团同术。吾此次亦任彼胡闹,明知彼辈不能久耳。观其情态,终究怯弱,而无赖亦较前为甚。身畔一玉一戒指,临时劫去。其后警察不但守门而已,有时且趋入中堂。似此目无法纪,亦其自知不久之征也。"

查章氏欲逃离北京事,《自定年谱》亦志其事:"余时欲观南方实状,友人有在海军部者,与日本海军增田大佐、柴田大尉相知,示余易和服亡走,自铁道达天津。至期,日本驻津领事密携宪兵迎于车栈,既发,未上车,侦者踵至,称汝负我钱,何故脱逃,取指环及常弄古玉去,群曳以走,日本军官与焉。领事所携宪兵前进,夺军官去。余被曳至巡警总厅。时世凯已病,警吏气亦衰,但促归邸而已。"后章氏曾将经过语友人,《中华新报》有记述:

"顷闻自北京新归之某君,谈及前月太炎先生谋遁详情,颇资发噱:

"先生在京居住,本有警察看守,前月上旬,袁政府忽欲笼络先生,即将警察撤去,先生亦欲于此机会遁赴南方,乃由参谋部范某介绍日人嘱其保护出京。先一日,范赴先生宅,携一大皮包出,为警察所瞥见,以为范乃窃盗,急入询先生之仆,其仆答以系吾主人亲手交付,警察始疑先生有去志,乃以侦探尾范行。至次日,先生剃须削发,易日本礼装,命驾马车至长春亭赴日人约,又见范持皮包入长春亭。未几,先生命马车往召日妓,遂与范及二日人出唤人力车,大呼至东车站,且断断与之讲价。尾范之侦探,遂得确知先生之将去,急电知吴炳湘请示办法,吴复电令阻回。时先生已上车,座中多日人,侦探踌躇其久,忽得奇计,上前索债,争辩之间,已被人挤下车去,日人旁观,固亦无如之何也。先生入待车室,牢骚大发,决计不肯回钱粮胡同旧居。正争执间,而站长某出,连连打躬,再三说诸事看在兄弟面上,请先回去,有话明天再说罢。其状直如戏中小丑,先生亦不觉失笑,于是推拥之间,又被人挤上马车去矣。然先生卒不肯回寓,乃随同侦探赴警厅,有一科长之类者,出见先生,先生骂之曰:'汝等太不知死活,此何等时,尚如此开罪于人,真不自留地耶?'出见者瞪目不知所对,仍以力迫先生返旧居处,恢复原来警察看守之状况。先生入宅,即将马夫、仆人遣去,将大门闭起,不许人入。京中知人闻者,往访先生,不得而入。一时猜疑大作,恐有不测。第三日,直至某君得警察之许可,始入见先生,据先生自述如此云云。"(《中华新报》,1916 年 6 月 12 日《太炎出京失败之趣闻》。)

又传章氏被"幽禁"时,袁世凯且"伪造太炎意见书",报载:

"章太炎先生为袁逆软禁在京,今已三载,得各方面婉转营救,始幸免毒手,盖以先生为能言之人,而其言又颇为人信仰也。

"近袁逆取消帝制,盘踞总统,全国人民莫不迫袁退位,即三尺童子,亦能知之。乃袁逆忽以惯行窃用黎、段名义之手段,而又施于章太炎,嗾其私人代章太炎发表一文,用油印邮寄来申,题曰《章太炎先生对于时局之意见书》,其文字鄙俚,绝不类章氏手笔,善读文者自能知之。而其中为袁逆回护,颂扬现责任内阁,并无一语及于袁之退位。夫今之时局解决,孰有急于袁之退位乎?岂章氏之智,顾不及三尺童子,其为假借,不待论已。章氏身陷重囚,虽明知之,安敢揭破,而况章氏之知有此文与否,又为一疑问也。嘻!袁逆之作伪,诚可谓无微不至矣。"(《中华新报》,1916 年 5 月 7 日"本埠要闻"

《逆党伪造太炎意见书》。)

6月6日,袁世凯死。7日,副总统黎元洪代理大总统,章氏"作书请见,并求解警"。6月7日《家书》云:"昨者袁酋殒命,今日黎翁就职。然吾家门禁未解,盖一时亦不暇思此也。"

6月8日,传章氏被释。次日(9日)《时报》载:"北京八日亥刻专电:'章太炎(炳麟)释放。'"同日《中华新报》重载章氏1913年7月27日《第二次宣言》,强调"严惩从逆诸逆",冠以弁言:

"现袁逆虽死,而帝制派诸逆犹复负隅北京,横张凶焰,数日来聒于吾人之耳者,殆较诸袁逆未死之前犹形跋扈。惩制附逆诸祸首之谓何?乃自任保持北京秩序之伪内阁,竟任其横行无忌耶?癸丑二次革命,章太炎即主张讨袁非仅讨袁逆一人,并严惩从逆诸奸,证以今日之事,愈以见章公有先见之明也。"(《中华新报》,1916年6月9日"紧要新闻"《民国二年章太炎第二次宣言之回顾》、下录1913年7月27日《章太炎第二次宣言》,《宣言》已录入"1913年,四十六岁"条。)

6月11日,《中华新报》"本馆专电":"伪内务总长王揖唐昨奉大总统谕,加意保护章太炎。"同日,《时报》又有《北京致孙伯兰电》:"宝康里孙伯兰君鉴:奉大总统面谕,太炎夫人来电,要求送章南下。太炎居京甚安,请转章夫人及其夫婿,速来京照料等语,特闻。"孙伯兰,即孙洪伊,后任黎政府内务总长。

6月12日《家书》又云:"七日,黎公就职,即作书请见,并求解禁。黎本善人,于吾亦非无感情也。(原注:"前事问尹维峻自知"。)即谕内务部总长王揖唐传谕撤警。王答以:'太炎在此颇安,今者大局未定,恐人害彼,不如仍旧保护,加以优待'云云。故至今未得撤警。夫本无祸患而云防害,囚房待人而云优待,禁止行动而云保护,小人蒙蔽之言,于斯极矣。乃王忽挽钱念劬作书与巡警厅要求撤警,又挽康心孚集门下诸生作书,盖不欲以撤警之权归之总统,而欲自操其柄,得以操纵自如,名撤而实不撤也。遽先知之,告诸生弗作信,而念劬信已写去,亦竟无效。闻君又致电黎公,恐亦无效。王揖唐从中阻挠,黎公无可奈何也。即不明言阻挠,而阳奉阴违,黎公不能调查也。此事以一人言之无效,以门下诸生言之亦无效,君果有意,宜嘱维峻、未生告浙都督吕公望作一电,再附浙中将吏名士数人,宜可有益。浙已取消独立,与前此屈映光发电自殊,唯不可以褚辅成同举。盖褚案须俟大赦党人,而吾事片言可解也。议长汤化龙,君亦宜往见。"

6月12日,《致国会诸议员电》:"上海汤议长及众议院诸公鉴:天祚中华,独夫殒命。义师锐气,反似折伤,为祸为福,尚未可定。黎公于七日正位,人情翕从,而国事多艰,殷忧犹在,叛人未戮,昏制未除。仆以尚在羁囚,无能陈力,转危为安,唯望诸公精进。"(《申报》,1916年6月13日。)"汤议长",汤化龙,研究系首领。

同日,又有《致军务院电》:"肇庆岑抚军、李参谋、章秘书鉴:义师云合,独夫殒命,非独天祚中华,固由人谋之力。念往昔戮力之艰难,思今兹阴敌之已易。俯仰悲喜,何以为情?黎公于七日正位,人情顺应,而国〔事〕多艰,殷忧犹在,叛人未戮。仆亦尚在羁囚，昏制未除。卓如，济武，犹滞在上海。转危为安，端赖诸公努力。"岑抚军，岑春煊。李参谋，李根源（印泉）；章秘书，章士钊（行严）。卓如、济武，指梁启超和汤化龙。

二电发后，《中华新报》发表《读太炎通电感言》："袁逆叛国，义师致讨。所谓讨逆云者，固不仅在专讨袁氏一人，凡与袁氏同恶相济，构成叛逆罪名者，无不在可讨之列。盖凡一罪名，一经成立，未有主犯独受法律制裁，而其馀从同之逆，皆可不究。天祚吾华，值义声高张之日，独夫忽伏天诛，国民狂喜之馀，惰气生焉。试观日来舆情，徒多歌颂之声，绝少惕励之语，然默察政局，阴霾弥漫，逆氛未靖，实有未可乐观者。旨哉太炎之电曰：'义师锐气，反似折伤，为祸为福，尚未可定。'又云：'叛人未戮，昏制未除。'寥寥数语，足以警动国人之自觉心，而激动其最近之惰气。夫所谓'叛人未戮'，则见奸党之宜锄；'昏制未除'，则见约法之亟宜恢复，国会之亟宜召集。兹数事者，虽为国人群趋之途，要未可以空言致之也。故国人苟欲集起义之大勋，发挥真正民义，亦惟有毋苟安、毋迁就，坚最后之决心，持之以实力而已。"（《中华新报》，1916 年 6 月 13 日。）

据当时报载，黎元洪曾于 6 月 12 日下午访问章太炎，称："新总统于十二下午轻车简从，亲访章太炎，咨询大计，互谈两钟许，章小有献替，惟对新约法固极端反对。未论人才，举者仅某某二三人，临别谓乡思甚切，意在归隐，不复出山，黎允其请，将以蒲轮送回。"（《时报》，1916 年 6 月 18 日"要闻"一"京师短信"。）又据所载"北京十三日亥刻专电"云："章太炎函贺总统，请开国承家，小人勿用。总统嘉纳，命内务王妥为照料。"（《时报》，1916 年 6 月 14 日。）汪太冲《章太炎外纪》则云：黎元洪曾"微服谒先生于寓所，既见，黎请示事宜，先生首谓开国承业，与民更始，第一以去小人为务，又宜大开党禁以广言路，且泛论国势人才，及去取所宜者，黎君深服其言"。惟《家书》未言共事。

又，据称，黎元洪"延纳名流"，章被"延见"云。"黎黄陂继任大总统，以时局颠危，扶持挽救，端赖人材，除对于京内外文武各官吏一律令其照旧供职，兼有所勉励外，并听从某将军之建议，延纳国内名流，以共襄郅治，除各名流之在京者，如章太炎等已分别延见外，昨日并有电拍发各省敦请各名流克日来京"。有伍廷芳等十馀人。（《时报》，1916 年 6 月 14 日。）并谓，章氏于 6 月 17 日"谒黎总统，请留相助"。（《时报》1916 年 6 月 18 日"北京十七日亥刻专电"。）

6 月 16 日，章氏"始得出入自便"。（《复吕复书》，见下。）

6 月 16 日，沈定一、沈祖绵致电章氏"即日南下"：

"北京章太炎先生鉴：复法无讨论馀地，迟不履行，魔高可知。公能为力，则请督促中枢，否则即日南下，免婴孽障。沈定一、沈祖绵。铣。"（《中华新报》，1916 年 6 月 17 日"公电"《沈定一致章太炎电》。）

6 月 21 日，浙江都督吕公望致电黎元洪、段祺瑞，准备"派员北迎"章太炎。先是，6 月 12 日《家书》，曾嘱龚宝铨等"告浙督吕公望作一电再附浙中将吏名士数人"电请"撤警"。（章氏已于 6 月 16 日"果以院令撤警"。）至是，吕公望电称："太炎先生直言招祸，横遭羁留，已经三载。窃谓公路既逝，暴政宜除。此公文章气节，冠冕东南，虎口之生，频思归隐。若为安车蒲轮之送，以示礼贤下士之忱，岂惟薄海播为美谈，行见史册得其盛德。比闻都门之出,遥遥无期,徐孽弄权,犹加监视,方以公道示天下,岂宜有此。倘以此公家属南归、只身远返为虑,自当派员北迎,妥为照护。谨先电达,希盼速复。"(《时报》,1916 年 6 月 26 日《浙江吕都督致段总理电》。)吕公望并"派咨议官戚思周赴京迎接太炎先生来杭"。(《时报》1916 年 6 月 26 日"杭州快信"。)

6 月 21 日,章氏"入谒黎公,告以行意"。(《自定年谱》。)

6 月 23 日,复国会议员、《中华新报》编辑吕复书,谓:"今之国事无待问","扫除凶焰,急起有功,是乃介胄之事,非儒人所能预规。"函云:"健秋足下:得书欣慰。仆自黎公就职以来,即请解警,而官僚尼之,十六日始得出入自便。入观公府,元首疲于应酬,而秘书闲于简毕,盖拟命令者,自在他方也。约法之议,尚在磋商,昨见济武,亦不能确有把握,今之国事无待问也。读《魏志·董卓传》、《唐书·张柬之等五王传》,则可以惕然警悟矣。

"来书云:'以平日互相水火之人,一致讨贼。'可见直道未泯,斯言既足以销除党见。夫大器犹规矩绳墨,先正己而后正人。今世官僚横暴,积之数年,非一日所能挽也。总望志士仁人自相辑睦,而无授他人以间隙,则彼亦自仆耳。然则政党不可猝立,(原注:"原有三党,能销除名号最好,若其不能,亦当以现有党员为限,切不可开门招募。开门招募,则政党为官僚藏身之窟穴矣。")同志不可自携,容忍小过,掩覆匿暇,则三党之公务。颇闻袁氏亡后海上言论,渐有纷歧,而现在有功之人,亦或撍其阴事,稍率暗攻,此大非今日之务。壬子、癸丑间事,前车不远,想我兄弟诸友,非尽忘也。人情所公患者,急则相救,缓则相攻,能共患难而不能共安乐,亟去此病,今之遗孽,缓急未有不歼也。仆于反抗帝制事,自愧无尺寸功,所以励我同伦者,如此则止。至于扫除凶焰,急起有功,是乃介胄之事,非儒人所能预规也。章炳麟白。二十三日。"(《中华新报》,1916 年 6 月 28 日"紧要新闻"《章太炎复吕复书》。)

6 月 24 日,岑春煊电复章太炎,(章电即《申报》6 月 13 日所载《致军务院电》,见上。)以"预期与公一夕谈为至快"。电云:"北京章太炎先生鉴:辱电迄未奉到,见报始知,空谷足音,得之狂喜。方今奸宄已歇,隋〔堕〕气尤存,谋国布猷,端资硕彦。先生有何伟略,望即随时发抒。煊尤有慨然者,一别三年,天地异色,君幽北地,仆走南荒,国家大事,抑且不言,友朋之乐,于焉扫他。此次南服兴师,志存光复,而煊之私愿,尤在获返故居,与公尺素相通,亦首道加餐相忆。煊俟此间部署稍定,即返沪卜居。公何日南来?定当洗盏以待。沧桑万变,灵光尚存。煊为预期与公一夕谈为至快耳。春煊叩。根源、士钊附叩。敬印。"(《中华新报》1916 年 7 月 2 日"公电"《岑西林致章太炎电》。)

6 月 25 日,章氏离开北京,"黎公遣一卫官护行,至天津,浙江已遣戚思周来逆"。(《自定年谱》。)戚思周电沪"太炎先生克日南归":"上海泥城桥百二十六号浙议员公鉴:章太炎先生准二十七乘奉天轮南旋,约三十日抵申。特闻。思。"(《中华新报》,1916 年 6 月 28 日"公电"《太炎先生克日南归电》。)

6 月 27 日,《中华新报》特予报道,谓"沪上各名流",拟"开会欢迎,请章先生演说":

"章太炎先生文章声望彪炳一时,其著作之行世者,久为中外人士所推崇。自遭袁逆之忌,养晦都门,羁囚监视,行动不能自由,大有佯狂受辱之概。黎公就任后,即撤除监视,聘为公府高等顾问,随时咨询政治,感情颇为融洽。兹悉章先生以家乡庐墓,久未展谒,拟请假南旋,回浙展墓。浙督吕公望得此消息,已派谘议官戚思周赴京迎接。沪上各名流,平日思慕丰采,每恨不能聚首,此次南来过沪,正可畅聆议论。因特发起邀集同志,俟太炎先生道出沪江时,开会欢迎,请章先生演说,借以增长知识而联情谊。闻章先生已定日内束装就道,约计莅沪之期,当在指顾间耳。"(《中华新报》,1916年6月27日"本埠新闻"《欢迎章太炎预纪》。)

6月29日,《中华新报》又予报道,谓浙省议员等拟于30日"齐集码头欢迎章君登岸":

"文学大家章太炎君,自经黎总统恢复其自由,浙江吕都督即派谘议官戚思周赴京,迎接返里等情,已纪本报。兹悉戚君抵京,与章君会晤后,章即辞别黎总统,束装出都赴津,于二十七日乘太古公司奉天轮船航海来沪,于三十日可以抵埠。昨日旅沪浙省重要人物及浙省议员均接章君来电通知后,旋即转告浙省旅沪各界,准于三十日(明日)齐集太古码头欢迎章君登岸云。"(《中华新报》,1916年6月29日"本埠要闻"《章太炎抵沪有日》。)

7月1日,章氏回到上海。

7月3日,致电黎元洪,对广东龙济光、李烈钧之争,提出看法,希望"勿宴息以图苟安,勿委权以便豪贵"。电云:"北京黎大总统鉴:南中获见电文,对于龙、李之争,多方调护,斯诚我公仁覆群生之盛心,而于舆论反有相左。龙济光之残暴,粤人愿与偕亡;李烈钧仗义吊民,壶箪载路,此全国所周知,非独粤人一方之言也。我公虽意存调剂,而归曲于李,责其黩武;至于龙氏纵暴,独无一言,恐天下以庇护凶人疑公矣。炳麟以为滇、黔倡义,迄今六月,岂独袁氏帝制之为,实以伐暴安民为志。自项城殂陨,义师迟梜,于是恢复约法、召集国会二事,商度数旬,迄无成说,徒借海军一震之威,权奸褫魄,二令得以畅行,此则独立不为病国,而反足以辅毗大政明矣。况今之人事,尚有过于约法、国会者,以公肇建维新,而先摧残大义,使曩日凶顽徐孽,得以假托教令,遑其阴谋,想公本旨必不然也。迩来饕功偷事之徒,日以取消独立,拥护中央为口柄,不知民意寄于独立,国蠹本在中央,国蠹未除,先违民意,则虽约法、国会之彰彰者,亦适为奸回利用矣。以此粉饰太平,涂民耳目,辛亥覆辙,必将复见于今,此炳麟所为扼腕增欷者也。唯愿我公怀宁人之大略,推利害之本源,勿宴息以图苟安,勿委权以便豪贵,薄海蒸民,庶有重见天日之望。章炳麟。江。"(《时报》,1916年7月5日《章太炎致大总统电》;错漏字,据《中华新报》,1916年7月4日改。)

7月3日,又致电岑春煊:"肇庆岑都司令鉴:散电询悉。近闻道路传言,有取消军务院计画,斯事若行,则民气挫折,而奸回得志,元首等于赘旒,国会受其蹂藉。公瞻言百里,当为全国生民请命,不应袭政客之浮谈,作和平之甘语,以长天下惰气也。叛徒未戮,出师何患无辞;馀孽犹存,仔肩卸于何地? 愿审察鄙言,先定大计。详函续陈。

章炳麟叩。江"（《时报》1916年7月5日《章太炎致岑都司令电》）

7月3日，浙江国会议员开会欢迎章太炎，章"起立演说"，以为"今日中国，尤不宜有政党"，说是要"痛念前尘"，竟至"失声哭"，报载：

"昨日午前十二钟，浙江国会议员欢迎章太炎先生，设宴于一品香，与会者百数十人，颇极一时之盛。首由陈介石君述先生从前提倡革命之功，及癸丑民党失败后，先生为袁逆幽系京师，至今始得重见天日。吾人所以欢迎先生之故述毕，先生即起立演说曰：

"'此次讨伐，鄙人实无尺寸之功。今承诸君欢迎，不胜惭愧。滇黔首义诸贤辛苦艰难，今日无一人在此，尤令人想念。现在袁氏既亡，黎总统已有明令恢复约法、召集国会，此后民国基础当可巩固。唯鄙人尚有私忧窃虑者，约法国会，本民国固有之物，为袁氏所摧残。今日以一命令复之，犹且艰难若此，则其他大政之待施行者，必不能尽如人意，已可预期。此非鄙人臆测之言也，试溯往事，可引为殷鉴。当辛壬之间，临时政府成立于北京时，南都尚有留守府可以为民党后援。迨留守府取消，南方军队遂无所附丽。袁党复百出其诡谋，肆行挑拨，迫使之不得不为二次之革命，于是民党根据摧残以尽。今之四省护国军军务院，即昔日之留守府，若于共和前途无完全保障，而遽然骛统一之虚名，以自撤其藩守，是甘蹈其覆辙也。召集国会，固今日之根本大端，然即召集而国会仍不可恃。非国会不可恃也，无以为之后援也。吾国国会与外国不同，吾国议员虽曰由民间选举，其实军府指挥于上，政党操纵于下，民间选人，不过为其机械已耳。夫以政治思想素不发达之国民，其漠视国会，亦固其所。国民既漠视国会，则必不能为之后援；国会既不得国民为之后援，复无军队为其保障，则八百之议员虽日日开会，日日议决，其能强政府以必从耶？且官僚帝孽盘踞京师，其数之众多，又非议员所能比拟，然则国会之不可恃，固人人意中事矣。今日中国，尤不宜有政党，盖党会偶一发生，官僚即羼之而入也。中国从前本无政党名目，辛亥以后，所谓国民、进步、共和诸党，皆由同盟会和君主立宪党两部分人递嬗而来，其初为在野诸人组织，自官僚羼入，渐为其把持盘踞，于是国人多诟病矣。此次讨逆，除少数附乱者外，几于全国一致，固无所谓党见。唯中国人有一极坏性质，则可与共患难，不可与共安乐是也。当危难之际，彼此尚能同德同心，及至事稍有成，于是萌攘夺权利之念，而互相嫉视，或其人劳苦，又必思所以挫抑之，凡此皆取败之道也。辛亥以来，与吾人以经验者至众。诸君多身处局中，必有能痛念前尘者矣。言至此，先生忽失声哭，座中诸人亦有泣下者，词遂中止。'"（《中华新报》，1916年7月4日"紧要新闻"《欢迎章太炎先生纪闻》。）

7月4日，沪海道尹周晋镖来邀，拒之。

7月5日，赴浙省墓，报载：

"文学巨子章太炎君，由京抵沪后，各界人士开会欢迎者络绎不绝。前日（四日）午后七时，沪海道尹周晋镖亦竭诚束邀宴会，并请李平书诸君作陪，金以周氏由商而官，今昔悬殊，多借故却之。现因浙江吕都督派员来沪迎迓，遂于昨日同乘沪杭铁路火车赴浙,盘桓数日,然后再返馀杭珂里,省视丘墓。并闻章君对于时局,颇有所建议,前日曾致电肇庆军务院岑都司令,甚不以各省亟亟取消独立为然云。"(《中华新报》,1916年7月6日"本埠新闻"《章太炎由沪赴杭》。)

7月6日,浙江参议会欢迎章太炎、褚辅成,并发表"欢迎词":"今日得重瞻太炎、慧僧两先生之言论丰采,本会同人欢幸之忱,靡可言既。溯自袁氏当国,崇用奸回,残害忠良,海内贤俊,诛夷窜逐,靡有孑遗。两先生义声炳朝野,逆知袁氏必败,袁氏亦知两先生之不阿己,遂于赣宁战事之馀波,被逮而禁锢,而下狱,于今三年矣。当帝制党气焰熏灼,张牙舞爪之日,正两先生囚系幽室,求死不得之时,两先生自分已无生理。洎乎滇师起义,东南响应,袁贼日暮途穷,相持益急,同人又惴惴虑两先生必无生理。今得与两先生相晤一堂之上,此足为民国前途之休征,不仅为两先生一身之利害。要之,袁贼不死,帝党不败,则两先生必无生还之日,可断言也。今国基再奠,危机四伏,是非虽已大明,邪正尚多并立,两先生经一重磨挫,则增一分神智,此后出其英毅果决之精神,贡身社会,循共和之正规,树伟大之规模,造福国家,造福桑梓,同人等敬于欢迎之日,为两先生预祝,并为民国前途预祝。"(《中华新报》,1916年7月7日"紧要新闻"《浙江参议会欢迎章太炎褚慧僧词》。)

章氏留杭五日,返归上海。

7月13日,唐绍仪、黄兴等"以驻沪国会议员不日北上,特开欢送大会于本埠三马路汇中饭店,并请孙中山、章太炎两先生光陪,议员莅会者约二百馀人,民党诸领袖殆全集于斯"。会上,"章太炎起立曰:'今日诸君在会,有国会以内人,亦有国会以外人,要皆袁政府所谓暴徒也。国民党人,暴徒之称,布满天壤,而共和党亦有'武汉暴徒'名号,进步党人,名未显著,其自腐败官僚视之,未尝戴红顶、插翎毛,而猝然出身与政者,皆暴徒之比类也(拍掌)。总之,凡在民党,官僚必以暴徒相视(拍掌)。三年以来,诸君子备尝艰苦,轻肆之气渐衰,沉毅之略渐生,诚可为前途庆贺(拍掌)。然必力避暴徒之名,阳为和平,以求庸人之许可,鄙意以为未然也(拍掌)。袁政府时以吸烟赌博为良民(大拍掌)。今日此风虽去,而俗人所谓和平者,则偷安耳,苟且耳,不辨是非耳(大拍掌)。以偷安苟且、不辨是非为和平,则和平适为国蠹,而所谓暴徒者,乃严毅刚明之代名也(大拍掌)。尝观水流迅急,则有暴流、暴布诸名,而一切尘垢秽污,不容停滞,若水道迂回,绝无暴势,则淤泥腐草,早填塞于其中矣。是故欲见清明气象,非暴徒不为功(大拍掌)。流俗浮言,岂志士所畏哉。比见同志主张激烈者,其表面多为软美之词,虽于实行无碍,而全国之广,不可家至户见。众人见其发言如此,即以软美为当。然而民气因以销沉,国势因以堕落,此非细故也。论者徒见壬子、癸丑之间,议员凌厉,被目为暴民政治,以为循此不改,必成乱阶。鄙人则恨曩日议员未尽暴徒之资格矣(大拍掌)。尝见登坛演说,锋利无前,旦暮之间,而噤若寒蝉者有矣。下者或为猾诈金钱,上者亦为畏祸中止,以是锐气挫折,而国家既受其弊,己身亦不为人民推重。若能持续稍久,至数星期,纵使语多率意,未惬事情,要必多益而少害也(拍掌)。由是言之,壬、癸之败,患在暴未充分,而岂以暴为患哉!今者帝制馀孽,犹未剿除,墨吏贪人,布满朝列,非震以雷霆霹雳之威，仕涂何自而廓清，政治何由而循轨，而欲厉行此事，必不能避暴徒之名（大拍掌）。诸君果能详思事理，信心直前，则知官僚所谓暴徒者，非于吾党名誉有伤，而徒愧难副此美名耳（拍掌）。若龃缩于悠悠之议，迁延于流俗之言，强作老成，自失素志，则举世所称为进化者，乃适为退化矣。鄙人所以外傲同志、内傲一身者如此。'（《中华新报》，1916 年 7 月 14 日"紧要新闻"《沪上名流欢送国会议员志盛。章太炎之暴徒解》。）章氏演说毕，孙中山讲"国会主权论"。

7 月 15 日，"粤省驻沪国会议员假法界尚贤堂，请海上诸名流国会议员开茶话会"，孙中山、黄兴、伍廷芳等都演说，章氏也发表演说："国家之所以能成立于世界，不仅武力，有立国之元气也。元气维何？曰文化。不特中国然，即他国亦无不然。希腊，孱国也，然至今未亡。列强曾何爱于此弹丸之地，而必欲保存之，以其为欧洲文化之祖耳。欧人恒言曰，野蛮国可灭，文明国不可灭，可知文化所在，为世界人类之所同爱，必不忍灭忘〔亡〕之。然吾国自比年以来，文化之落，一日万丈，是则所望于国民力继绝运，以培吾国本者耳"。（《时报》，1916 年 7 月 18 日《尚贤堂茶话会诸名流之演说》；又见《中华新报》，1916 年 7 月 17 日。）

7 月 23 日，日本青木中将、有吉总领事在上海举行"中国国会议员欢送会"。"到有张继、王正廷、谷钟秀、李述膺诸议员，与孙中山、黄兴、唐绍仪、伍廷芳、章炳麟、温宗尧、孙洪伊、王宠惠等南方重要人物"，有吉致欢迎辞，谓："诸君此次以重大之任务赴京，对于制定宪法等，劳心之处当多，然其间切勿忘中日亲善之一事。"章太炎起言："日本盛行王阳明之学，而日本维新之力，多本于阳明学，王阳明重初一念，即中日两国之亲善，亦当于初一念。袁世凯自出使朝鲜以来，以被驱于第二念而误事。今后当以第一念亲善中日之关系云云。"（《时报》，1916 年 7 月 25 日转载"《上海日报》24 日记事"。）

7 月 28 日，孙中山"设宴一品香，招待中日两国人士者，日本人方面有有吉总领事、青木中将"，中国方面则有黄兴、唐绍仪等，计六十馀人，章氏亦出席。（《时报》，1916 年 7 月 30 日转载"《上海日日新闻》29 日记事"。）

8 月 5 日，江苏省教育局附属小学教员暑期补习学校请章太炎演讲，"大旨谓：学问须有自己意思，专法古人，专法外人，而自己无独立之精神，大为不可。教育者，对于受教育者不过尽辅助之责，其实自己不能教人，人亦不能教我，以言德育，须从自己良心上认定是非，不可以众人之是非为从违。如孔子言见贤思齐，阳明指为伪道德是也。以言智育，凡人之知识，并不从教育而得，盖举一固在教师，而反三仍在自己也。总之，人须有自信之能力，若全恃他人之教授，则其智慧为伪智慧，道德为伪道德"。继由省教育会副会长黄炎培提出："章君所说之要旨，证以近今中外教育家提倡之新教育主义，适相符合"。（《时报》，1916 年 8 月 6 日《章太炎演说教育》。）

8 月 10 日，致电黎元洪，以为"今日之患"，"在帝孽"，"在中原"，提出"攻讨宜速"，"宣谕宜勤"。电云："北京大总统鉴：自帝制派逆犯不诛，潜逃作慝，以有九省联盟之事，力惩粤事，唯是借名反对国会，尚为表面。说者以为投间抵隙，为宗社党之中坚，王占元已曾电辩。炳麟以为人情趋势，断无有燃清室死灰者，况于彰德会议、徐州会议在人耳目,彰彰不讳。而袁乃宽、张镇芳、段芝贵、陆建章等,莫不参预其间,海外则有梁士诒为之谋主,此岂复为清室计耶? 当知宗社党有新旧之分,复辟论有满汉之异,旧宗社党不过反对袁氏一家,项城既亡,即归消灭,即令小小蠢动,其责在地方军警耳。而新宗社党财力雄厚,萌蘖潜滋,动员令可以自主选举事,可以妄干怀抱,与清室遗臣绝异。若非严令征剿,必将滋蔓难图。颇闻道路传言,谓政府利用此曹,冀以扫除民党。不悟狼子野心,非可自由操纵,祸机一发,岂独中华民国荡无孑遗,即今之执政,亦将无以自处。谓赵孟所贵,仍赵孟所能贱耳。政府民党,休戚相同,事后噬脐,悔将何及! 今日所患,不在殷遗,而在帝孽;不在塞外,而在中原。攻讨宜速,宣谕宜勤,不在一二电文涂饰耳目,所愿我公与执政诸君加意而已。章炳麟。蒸。"(《时报》,1916 年 8 月 11 日《章太炎致大总统电》。错漏字,据《中华新报》,1916 年 8 月 12 日改。)

8 月 13 日,"沪上同志孙中山、黄克强诸先生等数十人发起,假本埠法界霞飞路尚贤堂开追悼诸烈士之大会,挽联千数百付",孙中山因患病未到,由黄兴宣布开会,章氏发表演说云:"袁氏盗国,在杀宋时已露端倪,众人为其所欺,而先觉者悟而起斗。然袁势寝成,已无及矣。嗣后数年,民党屡起屡仆,至袁公然称帝,始以全国民之力,继云南举义之后,一致倒袁,幸底于成。然至于今日,又似未能乐观。辛亥兵力甚弱,而人心坚固,此次兵力较强,而人心转涣。人谓辛亥为种族革命,此次为政治革命,实则此次亦仅可谓国体革命耳。军人干政之势未能廓清,正与辛亥同一覆辙,军人势力不除,虽政府电来追悼,无裨实际。元年在京,追悼黄花岗先烈及吴樾,袁氏亦派代表与祭,其心中则仍以为乱党耳。今欲预防此弊,宜由国人以全力监督之,以凛履霜坚冰之渐也。"(《时报》,1916 年 8 月 14 日"本埠新闻"《癸丑以后诸烈士追悼会纪事》;又见《中华新报》,1916 年 8 月 14 日"紧要新闻"。)

8 月 13 日,章氏撰《告癸丑以来死义诸君文》:"某等以为武昌之师,以戈异族;云南之师,以荡帝制。事虽暂济,而皆不可谓有成功,则何也? 异族专制之势,非一人能成之,其支党槃结于京师者,不可胜计。京师未拔,正阳之闉未摧,虽仆一姓、毙一人,馀孽犹鸟兽屯聚其间,故用力如转山,而收效如毫毛,遽以是为成功者,是夸诞自诬之论也。""今者兵未逾江,元凶自陨,于彼所丧一人耳;罪魁叛将,与其尝受伪命之吏,根抵相连,不可钼治。彼讼言帝制者,乱人也;阴佐帝制而阳称疾不视事者,又乱人也;以其野心与帝制异议,而欲保介袁氏馀业以桡大法,而为罪人托命之主者,复乱人也。三乱不除,则袁氏未死,国会犹朝露,元首若赘旒。然而二三躁竞之士,饕窃天功,以为己力,欲弭兵以修文政,他日复诒后生之忧,其罪将弥甚于某等也。"(《中华新报》,1916 年 8 月 14 日"紧要新闻";又载 1917 年 12 月 8 日北京《中华新报》;又见《新中华》二卷七期,首为"民国五年八月十三日",收入《太炎文录补编》。)

8 月 26 日,《时报》载:"不党主义本唱自汤济武,而南方之梁任公、章太炎亦主张之。彼时汤正在京劝段速召国会,国会议员亦方以恢复为第一义,故至召集之初,汤之不党颇能占一短时间之势。"约二十日至本初十边,(原刊如此。)情形已大变,反对不党之声大起。……势不能不于院外设一融洽意见,以利进行之机关,而院外谈话会于是乎发起",后亦有建设"议员俱乐部","由国民、进步两党主要人物分头接洽"云云。(《时报》,1916 年 8 月 26 日彬彬:《最近之党派活动大写真》。)实则这时章氏滞留在沪,拟赴肇庆谒岑春煊,这里所记北京情况,与章氏无涉。

8 月,"南赴肇庆,谒云阶(岑春煊)"。(《自定年谱》。)这时,袁世凯虽死,他的党羽直系冯国璋、皖系段祺瑞仍握实权。在帝国主义操纵下,相互间又进行争权夺利的斗争。章氏一度把希望寄托在西南军阀岑春煊身上,从而南行。"时云阶方攻龙济光,其军中任事者为腾冲李根源印泉,而行严次之"。(同上。)查章士钊于 8 月 27 日抵肇庆,(《章士钊由肇庆致大总统电》,谓于"沁日抵此",见《时报》,1916 年 9 月 5 日"30 日电"。)章氏抵肇庆,应较此稍后。

9 月,与章士钊"同居军幕",章士钊有"中兴《甲寅》之议",章氏"实怂恿之,并为题词约四百言"。查《重刊甲寅杂志题词》,《文录》未收,录之如下:

"《甲寅》杂志之迹,起长沙章士钊行严,行严少居江南陆师学堂,始弱冠已有济世意,以《苏报》讼言光复,与沧张继、巴邹容及余歃血而盟。行严与余本同祖,而因弟畜之矣。其后马福益起湘东,善化黄克强与行严为主谋。事败,窜日本。中国同盟会起,余主《民报》,欲行严有所发抒,行严以修业明法为辞,余甚恨之。及武昌兵起,而行严自伦敦归,其妻党与袁氏有连,夫妇相誓不受暴人羁縻,余以为难能也。民国二年,故人宋遁初以议改选死,余亦自长春解官归。是时行严再起,慨然有废昏立明之志,与余先后上武昌,议不就而有二次革命。既败,行严复东窜日本,知袁氏不可与争锋,始刊《甲寅杂志》,言不急切,欲徐徐牖启民志,以俟期会,逾一岁乃有云南倡义之事,行严则走肇庆,为两广都司令秘书长,多与废兴大计。袁氏早夭,功未就,以民气之巽懦,国难之未已,退复缵嗣前迹,重刊《甲寅杂志》以示国人,于是知其志之果也。余闻言之中者,在适其时。方行严初为《甲寅杂志》,主联邦议甚力,是时元凶专宰,吏民人人在其轭中,不有征诛,虽主联邦何益焉。时物动移,爻象相变,至于今而联邦为不可已,又非为向者之难行也。余愿行严无忘昔之言矣。民国五年九月,章炳麟。"(《甲寅杂志》第一卷第二号,1925 年 7 月 25 日出版。)

李根源亦与章氏"同居军幕",李根源父大茂死,章氏为撰《清故腾越镇中营千总李君墓志铭》,中谓:"丁清政不纲,遣子根源入日本士官学校,得业归,主云南讲武堂。根源始谋举大事,而昆明杨振鸿亦欲兴师腾越、永昌间,事败,名捕振鸿甚急,君匿之,间关走缅甸,益感激,云南倡义自此始"。"清宣统三年秋八月,武昌兵起,张文光以兵应于腾越,根源以兵应于昆明,而永历之辱始雪。袁世凯得政,君又忧之。逾二年,根源及弟根澐,以讨袁氏败,窜日本。又二年,袁世凯称帝,根源等谋所以拨乱者。顷之,云南兵起,十省翕应,民国再建,而君于是死矣。"(《中华新报》,1916 年 9 月 22 日"杂俎",旋于 1917 年 1 月 26 日北京《中华新报》转载,收入《文录续编》卷五下。)

这时,岑春煊正在和龙济光混战,丝毫不以"国事为重",结果龙济光出走,陆荣廷进入,朱庆澜为省长,"两广都司令岑春煊现因粤事经已解决,所有军事手续一律收束完竣,故特定期一号即将都司令部宣告撤销"。(《时报》,1916 年 10 月 3 日。)

10 月 7 日,岑春煊、李根源等回广西,章氏"见南方无可与谋者,遂出游南洋群岛,岁晚始归"。(《自定年谱》。)有《自岭海南行抵阇婆(今译爪哇)》诗:"昔有中贵郑三宝,手持玉节征南冥。徼皇西迈过身毒,颈系名王还汉廷。宫嫱下嫁号翁主,蛮中如望天孙星。代身金人始献质,王会大开炎海清。徼威至今震岛峤,阇婆祠庙扬精灵。明清代谢旦复旦,日月光华今皓旰。贯头卉服纷人市,大号俄然未涣汗。上兵岂必矜伐谋,信行蛮貊真多算。君不见咸阳失鹿方五年,尉佗屈强犹争先。箕踞椎髻延汉使,自问孰与皇帝贤。玺书一日布德意,桂蠹跪陈前殿前。"(《文录续编》卷七下。)

10 月 12 日,《鲁迅日记》记:"寄回……章先生书一幅。"(第 204 页"丙辰日记"。)似即 1915 年 6 月 17 日"许寿裳"持来章师书一轴,自所书写。"(第 143 页,见前。)

12 月 10 日,孙中山致电黎元洪,推举章氏主国史馆,电云:"北京大总统钧鉴:民国既设国史以求实录,开办未有成绩,馆长王君遽逝,总统知人善任,继职者自必妙选长才。以文所见,则章君太炎硕学卓识,不畏强御,古之良史,无以过之。为事择人,窃谓最当。敢陈鄙见,以待采择。孙文叩。蒸。"(《中华新报》,1916 年 12 月 14 日"公电"《孙中山为国史馆事致黎总统电》。)

黎元洪于 11 日电复:

"孙逸仙先生:蒸电悉。章君德望学识,迥异时流,夙所钦佩。承荐继任国史馆一节,已交院议。黎元洪。真。"(《黎总统复电》,同上。)

查章太炎赴南洋期间,国史馆长王闿运死,当时报载:"政府意中,以目下堪称是职者,无过于康长素、章太炎,拟于二人中择一任命,已分别拍电征询意见矣。"(《时报》,1916 年 10 月 28 日《未来之国史馆长》。)又云:吕公望且"保章太炎长史馆,黎总统复电:'太炎如北来,当专车以迎'。"(《时报》,1916 年 12 月 4 日"北京三日戌刻专电"。)又据报载:"国史馆长,黎总统仍主樊增祥。"(《时报》,1916 年 12 月 11 日"北京十日戌刻专电"。)当时舆论,对章主国史,有赞成者,有反对者,仲斌:《政潮中之国史馆》称:"乃自孙中山等电请以章太炎长国史馆,议员中吴景濂等又主张之。旧派群起反对,谓某党自知种种罪恶,祸国病民,难免天下后世之诛,因主以章氏修史为文饰铺张之计。而新派又谓旧派之反对,为恐章氏之直笔揭其暗幕。故观近来两派报纸,或曰某党举章太炎修史之居心,或曰某派反对章氏长馆之真相,已属与笔墨战争矣。……章氏之评论人物,把柁不定,瞬息万变。元年作九等人物表中,以陈宧为军事家,列第一等;于梁士诒亦称智略家,推崇备至,后忽列诸'四凶',指为恶极,故旧派人多呼为疯子。"(《时报》,1917 年 1 月 1 日。)实则当时政府"要人",大都是清朝旧官僚、民国新军阀,章氏虽一度为袁世凯蒙蔽,也着力推崇黎元洪,但他毕竟是"同盟旧人",这些官僚是不会叫章氏充任"国史馆长"的,最终由遗老缪荃荪充任。次年 4 月,国史馆停办,由教育部接收。(《时报》,1917 年 4 月 22 日"专电"《26 日国史馆停办矣》。)又,章氏曾于 1917 年 1 月致书友人,谈"不愿就国史馆馆长事",见该年条。

12 月 15 日,章氏由沪赴杭。查《自定年谱》:"归时肇庆都司令部已解,冯国璋已被选为副总统,克强已欧血死。"查冯国璋于 10 月 30 日被选为副总统,黄兴于 10 月

31 日逝世,则章氏返国应在 11 月以后;又据《时报》1916 年 12 月 15 日"杭州快信":"章太炎先生定于今日由沪乘车来杭",则返国应在 12 月 15 日以前。

12 月 20 日,撰《黄克强遣奠辞》。黄兴逝世,章氏认为"人才日乏,凶暴日长,知大乱之将作也"。《自定年谱》谓"孙公好尚与克强异",并记孙、黄"交恶",实囿于同盟会、光复会门户之见,与事实不能相符。查章氏对黄兴早有微词,辛亥革命前主持《民报》时期,他对同盟会已有芥蒂;武昌起义胜利,在讨论临时政府地点时,章太炎公开反对黄兴的"主张南都",于 1912 年 2 月发表了《驳黄兴主张南都电》。(见"1912 年,四十五岁"条。)又听信谗言,以为黄兴曾说:"章太炎反对同盟会,同盟会人欲暗杀焉",责备黄兴"所善者独有恫疑虚愒","反令己党陷于下流卑污之名",连对同盟会的平均地权主张都加讥讽。(1912 年 4 月 14 日《与黄季刚书》。)等到黄兴"萧然解职",又以为不能无"觖望",说是"此岂须臾忘大计哉,顾不能进寸而退尺耳"。在上袁世凯书中尚说"同盟会人材乏绝,清流不归,常见诮于舆论"。(1912 年 6 月《上大总统书》。)1913 年,袁世凯窃国阴谋已露,革命党人酝酿讨伐,章太炎又以"黄克强近在穷蹙,兄所以愿与往还,亦寓扶持之意。曩者规其开衅,近日则劝勿敲诈",说什么"克强所信有李书城",李是袁世凯爪牙陈宧的"秘密侦探"。(1913 年 6 月 13 日《致伯中书三》。)又说:"然天下汹汹,党争如水火者,徒以尧卿、克强二公故耳,前者鄂中变乱,闻克强实有嫌疑。"(1913 年 6 月 25 日《致伯中书六》。)"二次革命"失败,章氏又谓:"政治革命,名正言顺,但黄兴、陈其美非其人耳。今黄、陈已遁,天去其疾",以黄兴与袁世凯、陈其美并举,说是"人心所反对"者。(1913 年 8 月 3 日《致伯中书十》。)且连及孙中山,说什么"惟有双数袁与孙、黄之恶,使正式选举,不得举此三人,而又以严词请诛七奸"。(同上。)《自定年谱》系后来追记,仍琐琐言孙、黄矛盾,知章氏门户之见实深。

《黄克强遣奠辞》,系与孙中山、唐绍仪、岑春煊、李烈钧等同署。中云:"南都草创,朔方假器。以彼屠夫,而歆帝制。僭志未伸,民亦小墅。林、宋既钼,戎心聿肆。秣陵兴师,三方陵厉。虽知败衄,新我民气。""方君得志,假威昌狂。兵挫亡奔,詟语优优。乌乎哀哉!飘风骤雨,势不终朝。三岁克捷,亦覆其巢。遗蘖未翦,俊民萧条。如何我君,既竭贤劳。曾不宿留,以靖桀枭。国亡元老,江汉沮消。乌呼哀哉!乱流不澄,善人缄齿。闻君弥留,不谈国事。遗言满牍,伊谁所志。"(《中华新报》,1916 年 12 月 30 日"杂俎"'收入《太炎文录补编》。)

12 月 24 日,致电黎元洪,请表彰陶成章。电云:"北京大总统钧鉴:闻之旧勋不录,则新进无观;死者见褒,则生人愈劝。自辛亥至今,两次改革,勤劳宣力之士,皆获酬庸。湮没无闻者,亦颇不少。查前浙江军政府参议陶成章于武昌倡义以前,早在东南一带提倡光复,苦身淡食,义从如林。至辛亥攻拔上海,即其部曲李燮和所为,由此苏、浙反正,金陵克举,屹然为武汉干城。大志甫就,奄遭凶祸。李燮和已授勋五位,而陶成章身后阒寂无闻,何以劝善?应请追授荣典,以彰殊绩。又新加坡华侨陈楚楠、张永福、林义顺,于同盟会未起以前,业已有志恢复,其后组织党会,捐助军需,多赖其力。徒以隔在异城,事未上闻。其同侨林秉祥、林文庆劳勋未甚彰著,而已各授四等嘉禾章矣。功多无报，未免轻重失衡，应请各给勋章，以惠遐迩，庶几名实相副，功赏不畸。向隔之泣，于兹免矣。章炳麟叩。敬。"（《中华新报》，1916 年 12 月 27 日"公电"《章太炎致大总统电》，个别错字，据同日《时报》刊正。）

黎元洪于 26 日电复："章太炎先生：敬电悉。表彰幽隐，至佩热忱。行置论功，义无偏废。所请追授陶成章荣典，并授华侨陈楚楠等勋章，已交国务院核议矣。黎元洪。宥。印。"（《大总统复章太炎电》，同上。）

12 月 29 日，《致浙省议会电》，对浙江督军吕公望下台，黎政府欲以张载阳、周凤岐代督军、省长二职，张、周伪辞，认为"不应引嫌退让"。电云："杭州浙省议会、军界、警界同鉴：吕督既退，张、周义当担任，不应引嫌退让，使阴谋派入室，害甚于吕。章炳麟。"（《时报》1916 年 12 月 30 日《章太炎致浙省会电》，又见同日《中华新报》。）

本年，《大中华》杂志刊录章氏诗文多篇，其中《复张伽厂书》，似撰于"幽居"时，中云："志微憔悴之时，作彦辅、子期者，犹足自娱；效伯伦、嗣宗者，弥以得苦。若远规正平，近希子美，则形神俱酷矣。私于数者，抉择甚审，勤而不怨，则吾岂敢，亦比物此志尔。时复一发，形之篇章，终有不自制者。来书以尘根未划为忧，此固未易断伏，要当兼习文玄，且以遣累。若性能理烦，便可从事考索，念在析理，无妨精学大乘，有一于此，自足优游卒岁。其馀方伎杂艺，亦可兼修。以视萱草忘忧，合欢解忿，则虚实相悬矣。往者龚璱人亦似解此，以生当平世，声气尚多，故不能独居精进，终身出入玄儒，顾反无以自遣，斯亦其不幸也。尝念颜平原《家训》一篇，为乱世解忧之良药，友朋有自悲身世，懊丧无已者，辄持此令卒观之，谓君亦宜乐是。河清凤至，事不可期，栋折榱崩，咎宁在我。此类不宜寻思，思之徒速老耳。"（《大中华》二卷六期，1917 年 6 月 20 日出版。）

又，《大中华》二卷七期起，登载《介绍中华书局教科书》广告，谓该局初、高等小学教科书，中学师范教科书，新制中学师范教本"均内容美备，程度适合，允推民国适用最善之本"云云，署名者有汤化龙、张一麐、严修、张謇等，章氏亦在列。

【著作系年】《致龚未生书》十六、十七（1916 年 2 月 1 日、14 日）。《与许季茀书》（1916 年 3 月 23 日，见许寿裳《章炳麟》）。《答黄宗仰书》（1916 年 3 月 30 日，见冯自由：《革命逸史》第二集）。《复张伽厂书》（《大中华》第二卷第六期，1916 年 6 月 20 日；又见《太炎学说》，辛酉年观鉴庐本）。《家书》（1916 年 2 月 16 日、27 日；3 月 4 日、15 日；4 月 6 日、7 日，未署月日；20 日；5 月 29 日，未署月日；6 月 7 日，中华影印本误系为 10 日，又 12 日）。《复吕复书》（1917 年 6 月 23 日，见《中华新报》，1916 年 6 月 28 日）。

《致国会诸议员电》（《申报》，1916 年 6 月 13 日）。《致军务院电》（同上）。《致大总统电》（《时报》，1916 年 7 月 5 日）。《致岑都司令电》（同上）。《致大总统电》（《时报》1916 年 8 月 11 日）。《致大总统电》（《时报》1916 年 12 月 27 日）。《致浙省会电》。（《时报》，1916 年 12 月 30 日）。

《告癸丑以来死义诸君文》（1916 年 8 月，1916 年 8 月 14 日《中华新报》，1917 年 12 月 8 日

北京《中华新报》转载,收入《太炎文录补编》)。《黄克强遣奠辞》(《中华新报》,1916 年 12 月 30
日,收入《太炎文录补编》)。《张伯纯诔》(1916 年 3 月 15 日《家书》,《故总统府秘书张君墓志
铭》也说"为之诔矣",未见)。《清故腾越镇中营千总李君墓志铭》(《中华新报》,1916 年 9 月
22 日,1917 年 1 月 26 日北京《中华新报》转载,又见《华国月刊》第一卷第五期,收入《文录续编》卷
五下)。《无卯字说》(丙辰秋作,《甲寅周刊》一卷一号)。《重刊甲寅杂志题辞》(1916 年 9 月
作,载《甲寅周刊》一卷二号)。《题杨忠愍狱中与郑端简书》(丙辰秋季题,载 1917 年 11 月 13
日《中华新报》)。《自岭海南行抵阇婆》(《太炎文录续编》卷七下)。《阿育王寺重修舍利殿
记》(《太炎文录补编》)。《甲寅杂志题辞》(1916 年 9 月,见《甲寅周刊》第一卷第二号,1925 年
7 月 25 日出版)。

《浙江国会议员欢迎会演说辞》(1917 年 7 月 3 日,见《中华新报》,1916 年 7 月 4 日)。
《上海欢送国会议员会上演说辞》(1917 年 7 月 13 日,见《中华新报》,1916 年 7 月 14 日)。
《上海国会议员茶话会演说辞》(《时报》,1916 年 7 月 18 日)。《中国国会议员欢送会演说
辞》(《时报》,1916 年 7 月 25 日)。《江苏省教育会附属小学教员暑期补习学会演讲辞》
(《时报》,1916 年 8 月 6 日)。《癸丑以来烈士追悼大会演说辞》(《时报》,1916 年 8 月 14
日)。

1917 年（民国六年丁巳）　五十岁

【自定年谱】是时宗社党遍布上海、青岛间。康有为、劳乃宣、刘廷琛、郑孝胥、章
梫为著。而内与梁鼎芬、陈宝琛等通,散布揭帖,讼言无忌。余闻鼎芬献纶旅〔展〕金
鉴于清废主。又知彼中计画,党首皆为辅政大臣,徐世昌则辅政王也。一月末,故内阁
总理凤皇熊希龄至上海,以其情报唐绍仪,且征求革命伟人同意,绍仪怪其妄。余曰:
"不然。革命伟人必不赞助复辟,彼亦自知之。所谓同意者,欲令同意于冯国璋耳。"
继见孙公为道之。孙公曰:"复辟果成,则聚而歼旃尔,养寇可也。"余曰:"不然。冯国
璋方欲倾黎公,必怂惠张勋为此,而己不与焉。勋事成,则己又出师讨勋,然后以副总
统继任。公何不了也。"孙公曰:"不然。冯国璋北洋老军,清主果立,彼得一王封足
矣,安敢望继任。"余曰:"不然。冯平日固非有大志者,今为副总统,则觊觎之心自起,
岂以王封自满乎?"孙公终不悟,余数腾书公府徼之。黎公时任哈汉章,亦不省也。
既,黎公遣使授孙公大勋位,云阶勋一位,协和复勋二位。孙、李皆受,云阶以不肯三鞠
躬,不受。余知其无礼于民国也,稍疑恶之。有顷,对德宣战议起,国会哗然,公府欲更
置内阁。余亟移书国会中相知者曰:"今之内阁,本一武人,行事悖缪,不可胜书。然
以比于清袁贵相,尚无术而易与。若去彼得此,则其祸更深。"清袁贵相谓徐世昌也。
其后公府更欲以李经羲代段氏,经羲有小术,而素怯葸,不能为轻重。陆荣廷入都,黎
公遇之甚厚。然荣廷亦觐清废主,且与张勋交欢。黎公以荣廷故,谓张勋无他肠。及
倪嗣冲反,雷震春拥徐世昌于天津,私称大元帅,公府复召张勋入都以抗之。由是国会

解散，而复辟之祸成矣。自克强起兵江宁时，尝欲抚纳张勋，以倾袁氏，卒为所卖。是岁春，协和又遣彭程万与勋通问，荣廷复要束之，是以黎公不疑。召勋致变，其祸甚于江宁之役。时为黎公奔走者，郭宇镜也。宇镜以是蒙诟，思欲湔浣，举措不慎，嗟何及矣。

孙公初以失位怏望，闻中央有变，辄喜，故与余辈异情。石屏始终谓孙公不可居首长，余亦不能慊。然中国首义，人所知者孙、黎二公而已。黎公初遣海军总长程璧光南下，冀为后图。璧光者，字玉堂，香山人。清末尝西行购军舰四艘，即孙公指目以为己物者也。性忠谨，孙公惭而疏之。复辟祸起，国命已断。黎公避居日本使馆。孙公欲复称临时大总统，余亦谓可行也。七月三日，集议孙公邸中。玉堂起言奉大总统命，国家危急，属孙先生维持国事，孙公答曰："当复设临时政府。"唐绍仪起持驳议。玉堂曰："所谓维持国事者，谓起兵讨贼，其他非所敢知也。"议不决。余就语玉堂曰："国无元首。闻黎公避居日本使馆，君统率海军，当以军舰奉迎。可先电日本公使，护黎公至海军泊所。不然，南方无主，何以自立。"玉堂曰："本有军舰二艘，在秦皇岛，即传无线电语之。"少顷，余为拟电致日本公使。明日，日本公使辞以难。于是决策以军舰护孙公至番禺，冀有所建设矣。余始未有子，是岁四月，汤夫人举一男，小字曰导，以王茂弘期之也。未三月，即赴番禺。

余与孙公南行，风甚。抵番禺，段祺瑞已破张勋，北人群胁黎公辞职，冯国璋得代理总统。余曰："不幸而言中矣。"孙公以护法名，属广东省议会迎致国会议员，开非常会议于番禺。未几，海军亦大至。议员来者七八十人耳。时孙公尚欲称临时大总统，余谓宜且称摄大元帅。石屏时亦移书，劝孙公勿自尊。众议喧呶，或欲以议员合组政务委员会者。孙公极口詈议长吴景濂，景濂恚，誓不复见。余宿实业团，议员吕复健秋及宇镜来就议，余谓分疏晓譬，群情渐悟。故广东都督陈炯明竞存复来詈之。余初以云南督军唐继尧赍赆之招，欲赴云南观军容，未果，至是以广州事难就，戒期西行。竞存止之曰："诸议员尚信君。事毕前往，不晚也。"至九月，番禺立军政府，孙文被选为大元帅。两广巡阅使陆荣廷、云南督军唐继尧被选为元帅。余劝孙公遥戴黎公以存国统，使人不能苟与贼和，且示无自尊意。为大元帅作宣言书，称愿与全国共击废总统者。孙公虽貌从，情不顺也。时孙、陆不相能，荣廷不受元帅印证。滇军师长张开儒等言唐督军已与龙济光和好，约为兄弟，其人可用。余往香港视之，济光怨荣廷甚深，欲观望南北胜负。孙公所部粤人亦欲挟军政府以行广东主义，余知其无就，欲西行。孙公使人来曰："令人心不固，君旧同志也，不当先去以为人望。"余曰："此如弈棋，内困则求外解。孙公在广东，局道相逼，未有两眼，仆去为作眼耳。嫌人失望，以总代表任仆可也。"孙公从之。遂与议员五人授元帅印证者及宇镜、少璜偕西，自交趾抵昆明焉。

初，云南光复，蔡锷始侵略四川，至自流井。护国军之役，四川第二师师长刘存厚先反正，功高。罗佩金以云南产督四川，贵州人戴戡为省长，皆忌存厚。云南军在四川者，又偏得利权，川人失职，谓其将并己也，衔之次骨。存厚因民之怨，攻佩金，走之；又攻戴戡，杀之。北廷遣吴光新赴川查办，以一师驻巴。时云南兵在川南者尚二万人，蒉赓惧，不敢出，其秘书长李曰垓尤尼之。余至云南，蒉赓犹豫，不敢受元帅印证。余谓五议员曰："不受，诸君为无面目，宜速归。余名义亦属军府，随君等去矣。"蒉赓始具礼受印证。然其文移号令，终自称滇黔靖国联军总司令，未肯称元帅也。数日，以公函请余为总参议，少璜为参议，宇镜为秘书。余受之，亦未尝自称云。蒉赓问计，余言："南北相持，不得湖北，不能取均势。今桂军方援湖南，荆襄黎天才、石星川亦思独立。君必待破重庆、定成都，然后东下，则岁时淹久，事将中变；且川人怨云南深，未可猝下也。宜分兵自贵州出湘西，取辰沅常澧为根本，北与江陵相望，黎、石一起，计时湘中亦已下矣，乃与桂军会师武汉，敌人震聋，形势在我，刘存厚亦焉能倔强也。"蒉赓歆四川富厚，不肯舍。会贵州兵自桐梓出，规川东。北廷所置四川督军周道刚欲攻川南以缀之。其旅长刘成勋来告变，蒉赓欲出，余以为中策，力赞之。十一月，发昆明，渡可渡河，从丛菁中行数日，至毕节。川南泸县已为周道刚军所拔，云南军大溃，蒉赓亟下令捕亡还者，才得百馀人耳。值湘桂军拔长沙，黎、石反正；贵州军自綦江取黄角亚，距巴十馀里，吴光新走。重庆镇守使熊克武以巴自主。克武者，字镜帆，本同盟会旧人，而黄花岗死难之遗也。未一月，泸亦复。云南势复振。余劝蒉赓速出，不果。当是时，南方势盛。云阶在上海，阴结长江三督，任调停，其实为北方缓兵计。文电数至，蒉赓以为实然，余曰："三督所行，谚所谓狐假虎威者。西南群虎，奈何为狐所弄。"然时人为云阶三督所诖误者甚众，不能以一人胜众口也，乃遣少璜赴湘西，身与宇镜同下东川。孙公与荣廷相恶，权日蹙，命令不能出府门，欲亲征福建。余在毕节，电请决计，不果行。

【国内大事】1月1日，冯国璋联合各省军政长官，电请黎元洪信任总理段祺瑞"秉持大政"，并责国会两院"力持大体"。20日，曹汝霖与日本订立五百万元借款合同。3月4日，段祺瑞请黎元洪与德绝交，黎以此事须经国会同意，未允。段即日提出辞国务总理职，前往天津。14日，北京政府正式宣告与德绝交。4月26日，京师地方法院宣判财政总长陈锦涛、次长段汝骧等大贿案。5月23日，北京政府免国务总理兼陆军总长段祺瑞职，令外交总长伍廷芳暂代。28日，北京政府任李经羲为国务总理。29日，安徽省长倪嗣冲等宣告与中央脱离关系。31日，山东、黑龙江独立。6月1日，福建，山东宣告独立。黎元洪召张勋来京共商国事。12日，黎元洪任江朝宗代理国务总理。黎元洪解散参、众两院。20日，广东、广西宣告"暂行自主"。25日，李经羲就国务总理职。27日，康有为化装入京，阴谋复辟。7月1日，张勋等拥溥仪在京复辟。2日，黎元洪电各省讨贼，并电副总统代大总统职，任段祺瑞为国务总理。3日，段祺瑞组织"讨逆军"，在马厂"誓师"。6日，副总统冯国璋布告代理总统职。12日，"讨逆军"进入北京，张勋逃入驻京荷兰公使馆。14日，段祺瑞入京，黎元洪通电去职，冯国璋通电仍代大总统职。17日，唐继尧通电不承认段自任总理。孙中山乘舰由沪抵粤。21日，海军总司令程璧光等通电各省不认国会解散后之政府。次日，率舰队赴广东。8月1

日,冯国璋就任总统。11 日,唐继尧通电拥护约法。14 日,北京政府布告对德奥宣战。9 月 1 日,非常国会选举孙中山为大元帅。10 日,孙中山就任军政府大元帅,宣告军政府成立。13 日,非常国会通过对德宣战案。10 月 7 日,大元帅孙中山通电否认冯、段政府,并命各路进军北伐。11 月 2 日,美日蓝辛石井协定成立。7 日,俄国发生十月革命。15 日,国务总理段祺瑞辞职。22 日,冯国璋准段祺瑞辞职,派汪大燮代理国务总理。

　　1 月 21 日,章氏就不愿任国史馆长事,致函友人,报载:

　　"章君炳麟别有所志,不愿就国史馆馆长,闻于上月曾致书留京友人某氏,披沥其心事,刚直之气,溢于言表。兹录志之,以贡阅者:

　　"某某兄鉴:适得手书,欣慰无似。仆自入都以后,拘系三年,袁氏既陨,而吴炳湘、江朝宗辈,尚纵横辇毂,去之未恐不速也。后至肇庆,而黎公忽以电召,斯电固非诚意。又以帝制重犯尚稽诛戮,且有仍拥实权者不及复举,遽往南洋。三月以来,调和侨旅,亦颇有力。闻内地欲设政党,即归视之,而中山、西林诸公遽以国史相要,盖未知吾辈本情也。今之人情,信国史不如信野史,果欲表彰直道,元遗山非不可为,焉用断烂朝报为也。近闻政府相尼,此亦不足与校计矣。鄙意今之中央,已如破甑,不须复顾,阿附当事者,诚无人格,而抗志猛争者,亦为未达时务,豺狼当道,不能尽捕,而诛之驱狼延虎,亦何益焉。待其恶熟,将必自焚。异时大计,宜以迁都为主。仆在今日,且欲闲处数年,或东游日本,宣布国华。兄等且当扶护黎公,安其生命。至于命令是非,直以天书符箓观之可也。书此,敬问起居万福。章炳麟鞠躬。一月二十一日。"(《中华新报》,1917 年 2 月 7 日"编辑剩谈"《章太炎尺书》。)

　　2 月 1 日,美国政府宣布对德绝交,并请中国一致行动。英、法也请中国参战,段祺瑞也欲借参战之名,向外借款。章氏与谭人凤于 2 月 9 日联名致电黎元洪等,认为"加入战争,果有何力"? 电云:"北京大总统、国务院、参众两院钧鉴:闻最近有加入协约之议,不胜怪诧。欧人交战,各有利害,我无与焉。此次美、法邦交决裂,原为德人败其商务,中国无商务可言,何取邯郸学步。或谓法胜则共和巩固,德胜则帝祸蔓延,怀此悃拟,殊为浅谬。借观西南护德军起,共和如法则赞助之,如美则未尝赞助也;帝国如英则障碍之,如日则未尝障碍也。然则国体问题,内固发于自力,外亦自有他因,不在德、法之胜负明矣。至亲仁善邻,自有长策,非加入协约,遂足以动其感情。迩来军实空虚,士心怯弱,蒙匪小寇,尚不能速奏荡平,加入战争,果有何力? 假饬德人战胜,则赔款割地之害,嫁祸无穷。细审此事,有百害而无一利,譬如勇夫,勇赢弱者交媾其间,无益于被〔彼〕而有害自身,亦不自量甚矣。存亡之机,系于一发,愿勿以国家为孤注也。若夫东国邦交,自宜亲睦,亦曰亚东主义而外,非我所敢知而已。谭人凤、章炳麟叩。佳。"(《中华新报》,1917 年 2 月 11 日"公电"《谭石屏章太炎反对加入协约电》。)

　　2 月,拟《会议通则序》,全文为:"人有恒言曰:'生而言,起而行。'上古淳质之世,习劳于形躯,言议其末已;其次有造膝抵掌,以定安危之计者,言简而时促犹易也。庶

务益繁,辩智锋起,发言者非一夫,而决策不在俄顷。言有绪则事不乱,言之不从而事
亦泯棼矣,中国今日是也。自前世专断之主,恶臣下为朋党,剥其会聚,严其戒令,由是
私室谈宴,无过辞赋文史之间;次乃围棋六博,以避上之诇察,猝有大事,则长官主之,
僚属虽集议,默如也。是故名家有私书,而会议无成则。

　　"民国既立,初建国会,厖奇无统,至于攘臂,以为吏民鄙笑,横恣者骎骎欲解散国
会,返于独裁,故临时大总统孙公有忧之,以为今之纷吠,非言之罪,未习于言之罪也。
夫倡乐优戏,犹有部曲以制其越,非是则不能成节奏,况国论乎? 今中国议会初萌,发
言盈庭,未有矩则,其纷扰固宜,因是称国会不宜于中国则悖矣。于是采摭成说,断以
新意,为《会议通则》,以训国人,草稿既就,而属炳麟序之。公之旨要,已具于自序矣,
炳麟何言哉? 独以世人之议公者,皆云好持高论,而不剀切近事。今公之为是书,盖仪
注之流耳。不烦采究,而期于操习,其道至常,乃为造次酬对所不能离,御于家邦,则议
官循轨,而政事得以不扰,斯岂所谓不切近事者哉。古者《曲礼》禁儳言劙说雷同,自
为儿时已习之也,礼法既失,儒家者流,议论多而成功少,用为诟病,而武夫暴主得专宰
之。公之为此,所谓有忧患而作者欤? 有言责者,欲以鄙夫任天下之重,必自习公之言
始矣。"(《太炎学说》卷下,辛酉春夜观鉴庐印本。)

　　3月4日,章氏在上海发起之亚洲古学会,开第一次大会。该会"欲联同洲之情
谊","沟通各国之学说",以"研究亚洲文学、联络感情为宗旨",章氏在会上发表演说。
当时报载:

　　"日昨章太炎先生假江苏教育会发起亚洲古学会,其宗旨以研究学术、连络群谊
为前提,绝不含有政治上之臭味,斯亦近日不可多得之学会也。其宣言小启略谓:'亚
细亚一洲,风俗人情,虽不尽同,溯其渊源,无大歧异,惟以国界所分,致有隔阂。今欲
联同洲之情谊,非沟通各国之学识不为功。如溯中国自四世纪至八世纪之思潮,必探
源于印度哲学;考日本民族之发展,必寻源于支那有唐以来之历史。其他亚洲各国,互
有关系,如此类者,不可胜数。然山河阻隔,情志久疏,属意远交,遂忘同气。迩来西势
东渐,我亚人群,有菲薄旧日文明,皮傅欧风,以炫时俗者。亚洲古学,益虑沦亡。然以
日本一国,而能北制强俄,东西民族,安见其不相及。近者欧战发生,自相荼毒,惨酷无
伦,益证泰西道德问题扫地以尽,而东方高尚之风化,优美之学识,固自有不可灭者。
在同人等爱自发起亚洲古学会于上海,以研究亚洲文学,联络感情为宗旨。特于三月
四日下午三时,开第一次大会于西门外林荫路江苏省教育会内,凡我亚人,顾念同舟共
济之义,惠然肯来,不胜幸甚。'云云。及至三时开会,其莅场者,有日人平川清风(《大
阪每日新闻》记者)、植村久吉、(《上海日报》主笔。)西本省三,暨某国人建德其昌等二十馀
人。首由西本省三表示赞成该会之意,次为章先生演说,略谓:'予在日本时即拟发起
亚洲古学会,以与全洲人士提倡旧日之文明,旋以他事牵绊,未克实行。今日此会初
设,而各国人士均联袂偕来,斯则昔年筹画,或可成为事实矣。夫亚洲之士,大于欧陆
者六七倍,惟以交通不便,而情谊致多隔阂,然一般人士,对于欧、美之近状,莫不了然
于胸,而于同洲各国,如日本以同文之故,情谊稍为亲密,至于印度、亚剌伯等国之政

俗,则瞠目不知所对,是胡可者。且亚洲学派虽多,尚无宗教之争,未若欧土教争,动致流血。诚以欧人以物为主体,以心为客体;亚人则以心为主体,以物为客体:是则两相歧异之处也。今欲保存吾洲之古学,惟有沟通各国之文字为着手,然此事殊难,行之匪易,予拟当创一种共用之语,以为彼此联络情谊之准备。如是则古学可兴,而国家亦可得其裨益。'云云。(《时报》,1917 年 3 月 5 日《发起亚洲古学会之概况》。)

3 月 29 日,与谭人凤联合致电黎元洪等,请"放斥梁启超"。初,3 月 3 日,段祺瑞拟就致日本政府电稿,声称中国已决向德绝交,黎元洪反对参战,拒发此电。段辞职赴津,旋经冯国璋调停,黎作让步后回京。26 日,梁启超致函国务院,请速向德、奥宣战。至是,章氏与谭人凤联名反对梁启超"倡言宣战",并请"放斥"。电云:"北京大总统、国务院、参众两院均鉴:政府断绝德交,非有开衅之事,对于奥国和好如初,既与抗议相符,而亦不为已甚。成事不说,可无异言。乃梁启超倡言宣战,欲以绝奥为先,误人于不觉,而复以青岛为我重仇,冀以激成敌忾。窃以为弱国之势,唯在修德保邦,而不可果于寻忿。若不量国力,旧怨是修,未知南邦属藩,今归谁有。比于青岛,地孰大而民孰多。一矢相加,岂在德乎?至于奥国,但有邦交,初无宿衅,前日抗议,本未牵连。而梁启超欲借绝交以兴战祸,是将以全国军民之生命财产,供其一人之牺牲。若不病狂,岂无乾没。查梁启超卖友事仇,借权赎货,行事反复,变诈无常,此次以个人资格,强主战争,事端暧昧,道路以目。切望拒绝莠言,加以放斥,仍于奥国和亲如故,以符抗议而保国命。全国幸甚。谭人凤、章炳麟。艳。"(《中华新报》,1917 年 3 月 31 日"公电"《谭章二先生请放斥梁启超电》,原刊误植甚多,4 月 1 日该报又予重登。)

4 月 8 日,亚洲古学会开第二次大会,通过章太炎所拟"暂定简章",章氏并在会上发表演说,当时报载:

"亚洲古学会昨日假虹口日本人俱乐部开第二次人会,到会者有:西本省三、柏田忠一、筱崎都香佐、小川尚义、植村久吉、南井几久司、大西斋中、世古梯次、波多博、平川清风、章太炎、童亦韩、朱少屏、周越然、严濬宣、顾企渊及某某等国数人。二时开会,首由西本省三报告开会宗旨,次为章太炎君逐一朗读暂定简章,征求与会诸人意见,并由西本省三君译以日语,周越然君译以英语,结果全体通过,略加修改而已。兹将该会简章附记如下:

"一,定名:本会由亚洲各国同志组合而成,名曰亚洲古学会。

"二,宗旨:本会以联合同洲情谊,昌明古代哲学为宗旨。

"三,责任:列如左:(一)本会有将亚洲书籍互相输送之责任;(二)本会有劝导亚洲人士互相敬爱之责任;(三)亚洲大事,本会有通信于亚洲人之责任;(四)有侮慢损害亚洲各国及亚洲人者,本会有劝告匡正之责任。

"四,入会:会员资格如左:(一)籍隶亚洲者;(二)与宗旨无悖者;(三)无不正当之名誉被有指摘者;(四)有会员三人之介绍,经评议会认可者。

"五,义务:会员之义务如左:(一)入会时缴入会银五元;(二)每月缴常费银一元;(三)会员有谋本会发达之义务;(四)会员有被举为职员之义务;(附)亚人之热心赞助本会及捐助经费,或力任他项义务,本会当认为名誉赞成员。

"六,职员:本会职员数任期及职务列如左:(一)本会暂不设会长;(二)总干事一,执行会务,于会员选举之,任期一年,续举者得连任;(三)干事八,分任书记、会计、庶务、调查、选举,任期同前;(四)评议员十二,评议会务,各就本国会员中公推二人或三人为之,并得互选,主任之任期同前。

"七,会期:列如左:(一)大会由总干事召集全体会员行之,每年一次,会期应由总干事决定。(二)职员会由总干事召集全体职员行之,每月一次,会期亦由总干事决定;(三)干事会由总干事召集全体干事行之,会期决定同前;(四)评议会由评议主任召集全体评议员行之,会期应由评议主任决定;(五)临时会准本款第一、两两项办理。

"八,出会:事由列下:(一)失第四款二、三两项之资格者;(二)一年以上不尽第五款第二项之义务者;(三)经职员议决辞退者;(附)因第四款第二项之事由而出会者,其事由解除后仍得入会。

"九,会所:本会事务,暂设爱多亚路某号,其临时会所于开会前十日布告。

"十,附则:此章经职员会议决定后,当即公布实行,如有未尽妥协,应于下次大会提议修改。"

"次为柏田忠一演说,题为《亚洲之文艺复兴》","柏田君演说毕,章君太炎即就佛教上略加研究,谓'佛教入中国,本无统系可言,确如欧土之新教,若合僧徒而一之甚难。夫研究佛教者一沙门,一居士。沙门以有宗派之分,致生门户之见。是以合一殊非易事。居士学术较深,亦无宗派争执,连络而统一之,甚易为力。吾以为凡宗教之类,上下点均同,所异者惟中间之规则等,绝端不能相同。所谓下者,如五戒等,上者如望人为善,与他教亦无不相同,若规则则各自为政。然居士于规则一项,每每脱略,而不为所泥,只求上者而研究之,故合之殊易易也。夫佛教各派既已难合,而与各教更难一致,然以予观之,若欲谋亚洲佛教之联合,亦非大难之事。盖就其上下两端而统一之即是。且佛教中有大乘、小乘,又有天乘、人乘。所谓天乘者,即天堂等说是也;人乘者,即望人为善是也。至有所谓外道者即属天乘,以天乘有门户之分,故谬执天乘之说即为外道,否则均可入佛法。今中国无天乘,但有人乘而已,人乘无迷信,其入大乘甚易。彼主张天乘者,若去其门户之私,亦可入佛法。佛法如帝国,各乘如受保护者,各乘不脱离佛法,犹保护国不脱离帝国相同。故门户之见除,则各教自合。总之,各教之联络,宜于居士,不宜于僧徒也。'次为平川清风演说,略谓亚洲主义者,即保护亚洲是也。"(《时报》,1917年4月9日《亚洲古学会第二次开会纪事》。)戈公振且撰《亚洲古学会》时评云:"亚洲开化最先,其间文物之流传,亦历久而不敝。乃洎西学东渐,世风丕变,浅尝之士,徒骛新知,而几欲尽弃其旧学,有识者早引为隐忧。夫同洲宗教虽殊,而以道德为根本,则颇属一致,是其精神上之关系,诚有不能磨灭者。发挥而光大之,夫岂其难。今者亚洲古学会之发起,其为全洲思想界联络之一大枢纽欤?"(《时报》,1917年4月9日。)

5月11日,与孙中山等联名致电黎元洪,"要求严惩伪公民犯法乱纪之人"。先是,3 月 25 日,段祺瑞召集督军团在京开会,商讨对德宣战。5 月 3 日,督军团招待国会议员,为段疏通参战案。7 日,国会开会讨论参战案。10 日,段祺瑞组织"公民请愿团"、"五族请愿团"等三千馀人,由陆军部人员指挥,包围国会,殴辱议员,声称必俟参战案通过始行解散。国会停止会议,国务员谷锺秀、伍廷芳、张耀曾等相率辞职,内阁仅馀段祺瑞一人。至是,章氏与孙中山、岑春煊、唐绍仪等联名致电黎元洪,电云:"北京大总统鉴:宣战之议,元首不敢专断,而征意见于国会。乃京师不逞之徒,自称请愿公民,殴伤议员,欲行迫胁,使国会不得自由表决,法治之下,而有此象。我公不严加惩办,是推危难于议员,而付国论于群小,何以对全国人民。应请迅发严令,将伪公民犯法乱纪之人,捕获锄治,庶保国会尊严,而杜宵人之指嗾。国民幸甚。孙文、岑春煊、唐绍仪、章炳麟、温宗尧叩。真。"(《时报》,1917 年 5 月 12 日《孙文等请严办伪公民电》。)

5 月 12 日,黎元洪电复:"孙中山、岑云阶、唐少川、章太炎、温钦甫先生鉴:真电悉。维持法治,热诚深佩。公民团滋事之人,已有明令究办矣。此复。黎元洪。文。"(《时报》,1917 年 5 月 15 日《黎总统复孙岑唐诸公电》。)

5 月 14 日,又与孙中山等联名致电黎元洪"严惩暴徒主名",电云:"北京大总统钧鉴:接诵文电,知滋事之徒已付惩办,惟念蚩蚩暴民,受人指嗾,无足指数。张尧卿等六人系陆军部咨议差遣人员,陈绍唐亦充国务院参议,联名扰乱,谁实尸之。但问现行犯事之凶徒,而为首造意者,得以逍遥事外,将来奸宄纵□,伊于何底。应请我公奋断,勿令势要从旁掣肘,以为创谋乱法者戒。大局幸甚。孙文、岑春煊、唐绍仪、章炳麟、温宗尧叩。寒。"(《时报》,1917 年 5 月 15 日《孙岑唐诸公再请严惩暴徒主名电》。)

5 月下旬,亚洲古学会开第三次例会,议决发行机关杂志,报载:"亚洲古学会于前日午后二时,在西门外江苏教育会内开第三次例会,中日人士与会者凡二十人。当时议决发行机关杂志(原注:"由章太炎发议"。)推周越然、西本省三为会计,波多博、周越然,谢英伯为编辑,章太炎为总编辑,并为各种具体的准备,以待四次例会全体之承认。"(《时报》,1917 年 5 月 22 日《亚洲古学会之例会》。)

5 月下旬,为段祺瑞滋扰国会事,与孙中山联名致电黎元洪及两院议员,要求黎"严诛谴以惩有罪,信赏必罚,勿事调停",希望议员"与宪法共死生,勿遑遽奔散,稍存让步,以保民国代表之尊严"。(《国父全书》第 669 页。)

5 月 23 日,为督军团反对黎元洪免段祺瑞总理职,致电张敬舆等"镇抚京畿"。电云:"北京训练总监张敬舆、督练处陈秀峰两公鉴:国会孤危,宰辅谋逆,各督军听人嗾使,责有攸归。诸公猛虎在山,藜藿不采,业已宣言仗义于前,当有实力对付于后,若有蓄谋肇乱之人,应效周绛侯、张柬之故事镇抚京畿,惟力是问,则中兴之功,冠于民国矣。章炳麟。梗。"(《中华新报》,1917 年 5 月 25 日"公电"《章太炎致张绍曾陈光远电》。)

张绍曾复电为:"《中华新报》转章太炎先生钧鉴:承电敬悉。政局解决,郅隆可期。京津安谧,请纾厪念。张绍曾。有叩。"(《中华新报》,1917 年 5 月 26 日"公电"《张敬舆复章太炎电》。)

5 月 23 日,又电黎元洪:"愿公严持大法,勿求解决于势贵,与狐谋皮,决定见卖。

章炳麟。"（《中华新报》，1917 年 5 月 25 日"公电"《章太炎致大总统电》。）

5 月 26 日，章氏函李经羲，称之为袁世凯的"嵩山四友"，反对李经羲倡"改变约法之策"，叫李"宜自休息"。函云："仲轩总长执事：君前以阿附袁氏，获嵩山四友之尊，是为帝者宾师，非民国辅相也。西南倡义，渠魁陨命，谓君当优游田里，不与素称乱党者周旋，而复往来畿辅，营谋仕宦，兰荪失职，因以弋获财政。是时政出段氏，朝列混淆，污鼎铉者不止执事一人，人民亦莫与苛责耳。今者权豪覆𫗦，朝政将有清明之望，而君适膺枚卜，国会同意与否，未敢知也。然君所以自解者，岂不曰吾未尝赞成帝制也。四友之名，袁氏所以污蔑正人也，清室遗臣之见用者，所在皆是，何独斤斤于一人耶？鄙人以为礼义廉耻，国之大防，君诚反对帝制，谁肯隆以四友之名者？纵令强以相污，抗辞拒绝可也，不能则逃之域外可也，不能则赞助义师自求洗濯可也。数者皆不为而靦然处于近畿闻政之地，得无似杨彪之冠鹿皮、公孙禄之受征聘者乎？且君之于袁氏实为心膂，非独名号云尔也。当癸丑金陵挫败以后，袁氏帝业，已有萌芽，而君适于是时得意，改变约法之策，君实倡之。又身为政治会议议长，故〔改〕约法者是为叛逆，与赞成帝制者不殊。帝制一案，委琐附和者，多其倡谋者无几耳。而君之于约法，实为倡议变乱之人，是则袁氏之荀文若也。规画既就，家产获偿，目睹袁氏僭号改元，又欲以未预帝制自明，是犹以金刃伤人，于保辜限内致死，乃曰非我所操金刃杀之也，彼自横以他疾致死也。是故袁氏称帝，君为谋主，其罪重于周自齐、朱启钤辈，谓君于总统提名之日，已当引疾固辞。不然，而国会或适投同意票，人虽谅君，又复何以自谅？当陈书引避，以失身袁氏自咎，是犹不失为硁硁者也。必欲扬首伸眉，悍然以赞帝之身，复为民国首辅，不亦轻朝廷而羞当世之士耶？闻君烟癖未除，宜自休息。袁氏尝起园亭以威四友，林大翁蔚，楼观壮盛，此当民国帑藏之馀，非袁氏之私财也。退而居此，既有免裘之乐，民国于君，亦不为相负矣。智者见几，宜早引决，若遂不听，辱必及身。章炳麟白。五月二十六日。"（《中华新报》，1917 年 5 月 27 日"本埠新闻"《章太炎致李仲轩书》。）

旋又电北京众议院批评李经羲："北京众议院议员同鉴：李经羲系嵩山四友，首倡变乱约法之人，诸君赖约法而生存，乃汲汲同意于李，果主张民政耶？抑愿恢复袁氏帝制耶？反颜事仇，何所不至。乃以患得患失之心，与之交换阁员，酖酒毒饵，无故自吞，能不为陈锦涛、殷汝骊之继续否？从此以后，帝孽凶徒，所得荫庇，恶焰更张，料诸君与民国俱覆也。清夜自思，能无惭惧！章炳麟。"（《中华新报》，1917 年 5 月 29 日"公电"《章太炎致众院电》。）6 月 5 日，致电黎元洪及参众两院、各督军省长，认为副总统冯国璋不"遏乱流"，"实为罪魁"。初，5 月 29 日，安徽省长倪嗣冲通电独立，奉天、陕西、河南、浙江、山东、吉林、黑龙江、直隶、福建、山西各省相继独立，倪嗣冲并在蚌埠扣车运兵赴津，准备与奉、鲁、豫三省共同进兵北京。6 月 2 日，张勋代表李盛耀由徐州赴京，以入京调停自任，黎元洪谋依张勋自保，派李赴徐迎张。至是，抨击冯国璋，电云："北京大总统、参众两院、各督军省长公鉴：副总统江苏督军冯国璋，当倪嗣冲宣告独立、张勋要求总统退位、国会解散之时，近在肘腋，力能致讨，不肯发一师、出一卒以遏乱流，而徒拱手处中，定言调解。及卢永祥脱离中央关系，本在江苏管内，亦不肯出军讨伐，显属指嗾乱人,身为祸首。是皆与贼通谋之实证。近闻徐逆窃号,元首将退,又复觊觎继任,惧西南各省之不容,于是伪作文告,劝各叛督取消独立,将以空言媚结民心,自求高位,诳假虚饰,不加征讨,其为通同谋叛,事证显然。全国人民应认冯国璋为内乱罪犯,倪、张之罪犹为其次,而冯国璋实为罪魁。若有心存利用,引为大援者,他日必受其祸。事势至明,特此儆告。章炳麟。歌。"(《时报》,1917 年 6 月 6 日《章太炎通电》。)

6 月 5 日,又与胡毅生等通电"以三事昭告天下"云:

"北京参众两院并转各省议会、将吏、军民公鉴:倪嗣冲等阻兵叛乱,妄称独立,以解散国会、改组宪法会议、特赦帝制罪魁三事要求政府,罪状彰著,法在不赦。夫不令之人,天下之所共恶。民国者,四万万人之所同建也。今大总统天性至仁,度量广博,或曲与含容,启宠纳侮,则法律之效几绝。宣告罪状,职在人民。今以三事宣告:

"一曰将吏本中央所任,弁髦明令,则位号非所得据。自叛首独立以后,凡在国民,及其部下将校吏士,不应认为督军省长,当竭股肱之力,以遏乱流。强者举兵,弱者抗税,匹夫有志,唯所堪任。

"二曰将吏游客,有为叛人主谋、受其调遣者,是谓赞乱,悉以逆党视之。

"三曰专守一方,有力能讨,而坐视邻省之变,束手玩寇,或且昌言调和,为之游说,以挠国会元首之大权者,是谓奖乱,亦悉以逆党视之。

"科条既布,权位已夺,死罪已宣,叛国之人,非政府所能曲宥。纵使他日取消独立,获得赦令,仍窃旄钺,假威方面。业经人民公共裁决以后,屈法之令,不得恃为护符。各省申讨之军,部曲倒戈之举,人民仗义之师,不以此中止。庶几凶顽知儆,幸门不开。方今群盗鸱张,良民屏息,民国危阢,有若悬丝。某等同属国民,义不坐视,为此驰电宣言。伏愿同赞大义,毋使乱贼得以恣意。章炳麟、胡毅生、朱执信。"(《时报》,1917 年 6 月 7 日《章太炎等以三事昭告天下电》。)

6 月 6 日,与孙中山联名通电南方各省"严斥中立":"南宁陆巡阅使,并转云南唐督军及西南各省督军、师长公鉴:倪逆叛乱,附者八省,亦有意图规避,宣告中立者。督军、省长,受任命于元首,当服从教令,不得自言中立,进退失据。按中立者,即脱离中央关系之谓,其与独立,唯举兵不举兵之异,然为窃地拒命,一也。昔袁氏称帝,各省或力不能抗,于时宣告中立,以中立为脱离帝制可也。今之所谓中立者,果脱离何国何人何政府耶?若脱离民国,当为四万万人所摈弃;若脱离总统政府,亦与叛逆不殊。巧避作贼之名,以为叛人壅遏义师,是即谋叛各省之屏敝,不应听其巧诈,回避不攻,使叛人有所荫庇。孙文、章炳麟。鱼。"(《时报》,1917 年 6 月 8 日《孙文、章炳麟严斥中立电》。)

6 月 7 日,张勋率兵五千由徐州北上。8 日,至天津,与段派集议。段派允张进行复辟,怂恿其入京倡乱,张勋电黎元洪调停条件须先解散国会。章氏又与孙中山等电陆荣廷等:"两广陆巡阅使、广东陈督军、朱省长、李将军、陈将军、广西谭督军、刘省长、云南唐督军、贵州刘督军、湖南谭督军、四川罗将军、刘将军公鉴:近知天津伪政府,不得列国承认,形见势绌,不得已复求荫庇于黎公。张勋、熊希龄身任调和,倪嗣冲、汤化龙复称翊戴。调停战事之人,即主张复辟之人;拥护元首之人,即主张废立之人。俟张为幻,至于此极。盖自去岁帝制罪魁未及惩治,虽有通缉之令,而往来腹地如故,是以奸人反复,绰有馀裕。若复任其调和,以保全总统饵黄陂,以解散国会威民党,主坐守府,叛人秉政,则共和遗民必无噍类。诸公倡义坤维,有进无退,万不可以府中乱命,遽回仗义之师。总之,伪政府首领徐世昌,及各省倡乱督军、省长、护军使辈,以及去岁帝制罪犯指嗾叛乱之段祺瑞、冯国璋、张勋,身为谋主之梁启超、汤化龙,熊希龄等,有一不诛,兵必不罢。若总统宣布赦令,亦以矫诏视之,种种维持统一之迁言,列强干涉之危语,并宜绝止,勿听操纵,在我不在降贼之中央,是非在法,不在伪造之舆论。计画既定,奉以周旋。民国一线之光明,将启于此,唯诸公图之。孙文、章炳麟。"(《时报》,1917 年 6 月 10 日《孙文、章炳麟主张彻底澄清电》。)

同日,又致电广东陈炯明:

"广东陈竞存先生鉴:闻公发起国民大会,岭表一振,则全国希风,叛党当自崩沮。目前伪政府鼠伏天津,哀求外国承认,悉被却回,而复辟、推冯两说,自相竞斗。团体涣散,至于攘臂,不得已,又有拥护总统、解散国会之议,彼势既穷,则取乱侮亡,正其时也。乃黄陂不察实情,求与调和,以损元首之尊严,国会若或自议解散,冀为黄陂解围,免于废立。不知国会一散,去中坚而存守府,叛党得挟元首以令全国,反客为主,其祸更甚于反侧跳梁。君在今日,宜宣言拥护国会,不应宣言拥护总统。拥护总统之说一出,适使叛贼占据上游,而我堕其术中。去岁军务院所以取消者,正为太阿授人,自致屈伏,此乃已成之殷鉴也。况今者群盗鸱张,叛形已著,黄陂与之讲解,实同降伏。元首降贼,而人民复靡以从之,譬彼徽、钦,从官追随俘虏,妇寺小忠,适为辜负全国矣。要知国会为民国之命脉,调和乃借寇之资粮。今所愚人民誓约者,以保障国会、歼灭叛徒为限,一事未成,必不罢兵旋斾,使叛徒强如故,固当出义师而申讨。即叛从取消独立,亦当以甲兵为大刑,斯言一出,全国乃有方针,纵使迫成篡窃,我直彼曲,亦何所畏。慎毋瞻徇顾忌,姑息爱人,致堕入陷阱也。清胡林翼有言,自降于贼而美其名曰贼降,斯语可为千秋金鉴。孙文、章炳麟。"(《时报》,1917 年 6 月 10 日《孙文章炳麟致陈竞存电》。)

6 月 12 日,黎元洪下令解散国会。20 日,广东、广西宣告独立。25 日,李经羲就国务总理职,于就职前(22 日养)致电孙中山、康有为、岑春煊、章太炎等发表"就任内阁",谓:"此次政争目的,为国会、宪法、内阁三要点,各省兵谏,自出救国之诚,而难端方发,异议旋生,或且利用时机,乃欲别图建设。""羲受命总理之初,本已再三辞谢,惟区区保持国家统一之志愿,非酬知遇,实惧危亡。绍帅到津,首以维护元帅、巩固国体宗旨见示,见解从同,诐辞顿熄。而各督军中亦多散布正论,力破群疑,民国统一,殆恃此为转圜,维持调解之法,亦自是始能着手。大总统俯念时艰,下令解散国会,绍帅与羲,遂同以调人资格入京,商榷待决条件,期于此后国会、宪法问题,专以召集代表会议,为解决枢纽。"末谓"任事之期,断以三月"云云。

6 月 23 日,《复李经羲电》:"北京李仲轩先生鉴:养电敬悉。足下引寇入都,挠乱法纪,如崔胤之召朱温,行将及矣。平日闻君议论,自谓过于君家文忠,而今乃为张勋走使,名为总理,实是副官,安用假托热忱,大言欺世。仆民国旧人,以为国会不能改置,约法非可诡更,有一于此,即为乱党。职志在斯,于人非有恩怨。足下与徐、段之争,视为触蛮互斗,非敢左右袒也。章炳麟。梗。"(《时报》,1917 年 6 月 24 日《章炳麟复李经羲电》。)

6 月 29 日,对两广通电自主后,两广巡阅使陆荣廷于"约法存亡,议会聚散,漠不关心",特电广西议会,请促陆荣廷等"刻日进兵"。电云:"南宁省议会公鉴:拜诵径电,恳恳以拥护约法、兴师讨逆为辞,而责仆等缄默。自倪逆叛乱以后,仆辈所发通电、专电,凡五六次,以为大义既明,防闲复密,执兵柄者,必能闻风而起。逮国会解散令下,遂不复重述前言。盖以征讨将兴,不须辞有枝叶也。二旬以来,陈、谭、李虽有电文宣言讨伐,而又以为必得陆使莅粤,为之主帅,乃克出师,逡巡生误,竟为迁延之役。敝处曾接真日陆使密电云:张勋北上磋商,可望和平解决。其后议员自京来沪者,亦云张勋据陆使密电,谓除推倒总统以外,两粤必不动兵,以此面告黎公,始有解散国会之令。是时约法存亡,议会聚散,陆使本漠不关心,而陈、谭二督,手握兵符,犹须禀命。外以不受中央命令为言,内则借口秋饷,不肯出师,是则讨叛为虚职,而割据为事实,所谓联合六省同盟举义者,乃夸大戏弄之言,仆辈虽不敢以不肖待人,比合心迹,不能无疑。昔人云,不可与言而与之言,失言。仆等何人,而敢冒昧。诸君代表桂人,言为经制,当促陆使、谭督,刻日进兵,以雪公言诞谩之耻,而杜人心疑惑之端。当知人望无常,正直是与,罪魁功首,岂必异人,华父督之狡诈,复何足效乎? 言之济否,在乎诸君,非仆辈所能纳牖也,章炳麟。艳。"(《时报》,1917 年 6 月 30 日《章太炎致桂议会电》。)

7 月 1 日,亚洲古学会开第四次会,决定发刊《大亚洲》杂志,报载:"亚洲古学会,日昨假一品香菜馆开第四次常会,主席为章太炎先生,其馀莅会者,为西本省三、柏田忠一、山田谦吉、平川清风、大西斋、波多博、谢英博、周越然、朱少屏、严潜宣、顾企渊等。所议之件:一,杂志之出版;二,会费之酌减。后经在会者逐件磋商,乃议决会费仍照定章,杂志则着手进行。该杂志定名为《大亚洲》,总编辑一席由章太炎先生担任,其中文编辑为谢英伯君,英文编辑为周越然君,和文编辑为波多博君,并预定 9 月 1 号出版。所有体例,约分六门:一,图画;二,论说;三,纪事;四,时评;五,杂著;六,古籍提要。迨至各件议妥,遂由主席宣告散会。"(《时报》,1917 年 7 月 2 日《亚洲古学会开第四次常会记事》。)旋因章氏即随孙中山赴粤,亚洲古学会未见续开,《大亚洲》亦未见刊行。

7 月 3 日,和海军总长程璧光(玉堂)等"集议孙公邸中",对张勋复辟后时局进行讨论,程璧光"属孙先生维持国事"。孙中山主张"当复设临时政府",唐绍仪起持驳议,议不决,章氏主张"以军舰奉迎"黎元洪,并"拟电致日本公使"。(《自定年谱》。)当时报纸也有记载,《时报》云:"本埠自复辟之事实现以来,人心愤激,兹闻孙中山先生以奔走革命数十年,共和告成六稔,今一旦破坏,且有种族关系,闻讯之下,愤不欲生,昨特就环龙路本宅召集各要人各同志会议,誓不与共天日,协议扫穴犁庭计画,并闻孙先生会议之后,不觉放声痛哭云。"(《时报》,1917 年 7 月 4 日《复辟声中之上海》。)并译 4 日《大陆报》云:"本埠海陆军当局及民党要人,昨日大会议,决议办法也。到海军总长程璧光、海军总司令萨镇冰、第一舰队司令林葆怿、卢护军使之代表马鸿烈(军署参谋)、唐少川、孙中山、孙洪伊、章炳麟,……一致决定拥护共和,出师讨逆。"当讨论设立临时政府时,唐绍仪反对,认为目前北方是"非合法政府",南方也不能成立"非合法政府",定议"将合法之中央政府迁至上海,继续执行合法之职务",准备迎接黎元洪,宣布:"一、出师讨逆;二设立海陆军总机关于上海;三、在沪择一地点为拥护民国之人士会聚之所。"(《时报》,1917 年 7 月 5 日《上海反对复辟会议之大计画》。)

《自定年谱》谓"于是决策以军舰护孙公至番禺,冀有所建设","程璧光先以海琛、应瑞奉孙公赴番禺,而自率葆怿(按指第一舰队司令林葆怿。)及前外交总长唐绍仪以七舰从之而南。""八月,君部七舰抵番禺,自是两院议员来赴者几百人。九月,国会非常会议选孙公为大元帅,两广巡阅使陆荣廷、云南督军唐继尧为元帅,称军政府焉"。(《赠勋一位海军上将前海军总长程君碑》,见《文录续编》卷五上。)

7 月 6 日,与孙中山、廖仲恺、朱执信、何香凝等乘海琛舰由上海启程赴广州。(《廖仲恺集》第一页,中华书局 1963 年版。)

7 月 17 日,孙中山乘海琛舰抵粤,章氏"与孙公南行"。在欢迎会上,孙中山以"共和政体号召",谓:"今日所望于诸公者,即日联电请海军全体舰队来粤,然后即在粤招集国会,然后请黎大总统来粤执行职务",以黄埔公园为行辕,同住者有章太炎、陈炯明、朱执信、马伯良等。(《时报》,1917 年 7 月 25 日"广东通信",言孙中山于 18 日 2 时,"由黄埔晋省"。)

章氏随同孙中山抵粤后,"有人以其于西南大局甚有关系,特投刺请谒,询问来粤之宗旨,及讨逆之计画"。章云:"余(章自谓)此次偕孙中山来粤,所抱之希望颇大,简言之,即切实结合西南各省,扫除妖孽,新组一真正共和国家,但不知西南各省,有此能力遂此希望否? 至中国今日是非不明,顺逆不分,搅得一团充分之大糟,那还成一个国家? 而南北各省,讨逆之声,日震于耳鼓,几成一种之普通口头语,试质之讨逆者之心理上,确能判别得顺逆二字清楚否,盖先判别谁是逆不逆,始可认定讨不讨。至在今日是非不明之时代,将以何物为判别顺逆之标准,此我国民不得不研究也。夫共和国家,以法律为要素,法存则国存,法亡则国亡,合法者则为顺,违法者则为逆,持一法字以为标准,则可判别一切顺逆矣。故讨逆之举,即为护法而起,惟不违法之人而后可以讨逆,否则以逆为顺,或以逆讨逆,成为大逆不道之世界如今日者。今日救亡之策,即在护法,护法即先讨逆。余此次与孙中山来粤,即欲切实结合多数有力者,大起护法之师,扫荡群逆,凡乱法者必诛,违法者必逐,然后真正共和之国家,始得成立。所谓法治精神,人民幸福,庶有实见之一日。"记者又问:"张逆现下已败,民国政府将重新组织,岂容再有讨逆之师?"章曰:"子言过矣,是将认逆为顺矣,一张勋败则众张勋起,余所谓群逆者此也,非将此群逆从根本而廓清之,不足以言共和也"云云。(《时报》,1917 年 7 月 28 日《章太炎之讨逆解》。)

7 月 21 日,海军总司令程璧光、第一舰队司令林葆怿通电三事:一、拥护约法;二,恢复国会;三,惩办首恶。海军第一舰队于 22 日赴粤,同行者有唐绍仪等。(《时报》,

1917 年 7 月 23 日。)

8 月 4 日下午,永丰、同安、豫章三舰行抵黄埔,"是日省中各团体如省议会、华侨俱乐部…均预备画舫专轮,舣于岸畔,国会议员张溥泉、林伯和、王斧军暨章太炎君亦附轮前往。抵黄埔后,由孙中山告知各团体,谓永丰等舰今日六时必能驶进,届时果见永丰自虎门至,中山先生亲乘小轮前往迎迓",章氏亦同往迎迓。(《时报》,1917 年 8 月11 日《海军抵粤之详情及粤人欢迎之状况》。)

8 月 6 日,广东各界开欢迎海军大会,孙中山、程璧光、林葆怿等参加,章亦到会,程璧光在会上发表演说。(《时报》,1917 年 8 月 14 日《广东各界欢迎海军会详情》。)

8 月 18 日,孙中山召集国会议员在黄埔开谈话会,决定在粤开非常会议。25 日,非常会议开幕,议决组织政府。9 月 1 日,广东非常国会选孙中山为大元帅,10 日,孙中山宣言就职,组织护法军,以保护中华民国临时约法为名,出兵讨伐段祺瑞。章氏被任为护法军政府秘书长,《代拟大元帅就职宣言》:"江南既定,共和初造,则南部武昌为中枢。嗣以虏运告终,授之袁氏,文虽自甘退让,而推荐非人,终于反噬。南方涂炭,元勋杀戮,国会解散,恣睢五稔,僭号称帝,实赖西南豪杰,出师致讨,兵未渡江,元凶殂殒。黄陂以副贰之位,依法继位,然后知神器不可以力竞,民意不可以横诬也。徒以除恶未尽,权奸当道,帝孽纵而不治,元勋抑而不用,怏怏之威,上陵元首,诈取之谋,南暨吴、蜀。侵约法宣战媾和之权,辱国会神圣立法之地,既被罢黜,嗾贼兴戎,以肇解散国会之祸。小腆乘之,应机复辟,民国根本,扫地无余。犹幸共和大义,浃于人心,举国同声,誓歼元恶。""是用崎岖奔走,躬赴广州。所赖海军守正,南纪扶义,知民权之不可泯没、元首之不可弃遗、奸回篡窃之不可无对抗、国际交涉之不可无代表也。于是申请国会,集于斯地,间关开议,以文为海陆军大元帅,责以戡定内乱、恢复约法、奉迎元首之事。文忝为首建之人,谬膺澄清之责,敢谓神州之广,无有豪杰先我而起也哉!徒以身为与共和死生相系,黄陂为同建民国之人,于文犹一体也,生命伤而手足折,何痛如之。艰难之际,不敢以谦让自洁,即于六年九月十日就职。冀二三君子同德协力,共赴大义。文虽衰老,犹当荷戈援枹为士卒先,与天下共击破坏共和者!"(邹鲁《中国国民党党史稿》第三册第 1076—1077 页,商务印书馆 1947 年 4 月上海增订第一版。)末句,胡汉民编《总理全集》第二集"宣言"、许寿裳《章炳麟》一书引作"犹当寨裳濡足,为士卒先,与天下共击废总统者"。

10 月下旬,"自交趾抵昆明"。章太炎随孙中山南下后,往来于香港、广州,想争取龙济光等军阀参加护法军,后因护法军政府中派系斗争激烈,章"欲西行",孙中山劝以"不当先去以失人望"。章氏表示愿为军政府去争取外援,到云南联络唐继尧。章氏以军政府特别代表取道越南到云南,据说,章太炎到云南时,"特制了两面特大的红旗,挑选两个年青力大的人扛着,作为先导,以壮行色,兼示隆重之意,一时传为美谈"。(陈劭先:《辛亥革命后孙中山在广东的几起几落》,见《文史资料选辑》第二十四辑。)

10 月 25 日,孙中山致电章氏,认为当前可争取与桂系合作,已派代表"谒陆,商方略,稍稍妥协,即分别出师"。(胡汉民编《总理全集》第三集"文电"。)但陆荣廷始终对军政府不支持,拒就元帅职。

11月2日,电告孙中山,唐继尧"决心北伐"。孙中山电复:"冬电悉。唐帅决心北伐,赞同军政府,先生此行益资固结,良用嘉勉。"并望章"时慰箴言,以匡不逮"。(孙中山:《致云南章太炎唐继尧王文华等电》"十五",见胡汉民编《总理全集》第三集"文电",下同。)

11月7日,对冯国璋下令组织参议院,筹备修改国会组织法、议员选举法,以及下令通缉孙中山等反动措施,通电反对:"广州非常国会孙大元帅、程总长、陈督军、林总司令、唐少川、汪精卫、李协和、胡汉民、黄子荫、张亚农诸先生,南宁陆巡阅使、金晓峰先生,行营谭总司令、衡州程总司令、上海谭石屏、蔡幼襄、孙伯兰、岑西林、伍秩庸诸先生及各报馆钧鉴:迭接非常国会与西粤、湘南通电,皆严诛段氏,而曲贷冯□。鄙人与诸同志,前已电非常国会,请从一例,恐海内诸君子未喻其由,今复重言申意。按冯国璋行事,于倪逆称兵则养寇中立,于张勋复辟则端坐事成,罪比段氏,初无末减。近复伪设参议院,逮捕非常国会议员,斁法灭纪,出于自动,非段祺瑞所能诱胁,与黎公被迫屈法之事大殊矣。资格既失,而诸公尤〔犹〕称为冯代总统,乃段祺瑞一人偏加严责,是为轻首恶而重附凶。且冯氏不讨,则名义在。近者免职褫勋之令无日不下。彼有黜陟之柄,我无征诛之名,抗兵攻击,将谓之何。抑以吴光新、傅良佐专属段氏部曲耶?而二人实受冯氏命令,不能以段氏私属视之。譬如两水合流,强分泾渭,理所不可,既认冯氏为代总统,而又与其命吏吴、傅相攻,是乃对抗顾行,自居叛逆,名不正则言不顺,言不顺则事不成,非此谓欤? 或谓宽缓冯氏,所以怠其战心,此联冯倒段之说,尤为不揣事理。冯、段虽有小嫌,而阋墙御侮,人情之常,假令南军不起,冯、段自相袭杀,所不可知。今南北构兵,已成事实,彼虽胸有芥蒂,而患难相同,焉有自撤屏藩,以媚仇敌。纵使我军大捷,不得已罪于一人,亦不过敷衍塞责耳。陈泰云:但有过于此者,更无其次,诸公明达,何苦出此掩耳盗铃之计耶? 且果倒段,能与南方相安乎? 爵位利禄之权,事事可以饵人而挑衅,彼时不堪其忿,则五次革命之事又生。今不为一劳永逸之谋,而他贻以亟肆疲兵之祸,又岂所以对我军民也。盖谓不讨冯氏,所以取悦直系军人,不使协以谋我,不思直系非尽冯氏死党,其间志节皎然者,黄陂在位之日,亦常申以恩纪,引为腹心。今以黎公复职为宗旨,名义至顺,直系亦岂有异图,何取委蛇诸媚以反例。事待人为。谨按冯氏调和南北之说,此皆报章传述,政家诳言,按之事实违反,伪令具在,非可诬也。昔徐世昌阳言不附帝制,而实为助命首功,此袁系人物之故智则然。今之冯氏,岂异于彼? 而诸君子信其荧惑,而不惜牺牲法律、屈抑名义以就之,无乃信虚言而忘实事,听浮说而乱大谋乎? 依上二者,以法则冯氏不可宽容,以势则冯、段不能离间,直系有仗正之人,引为同志可也,因直系而媚冯氏而〔则〕不可也。夫韩亡则子房奋节,秦帝则鲁连耻生。鄙人以为冯氏若遂尸大位,吾辈当披发入夷,身为左袒,不能受彼魁统治。人之好义,岂异于我。应请国会、军界一律声讨,但有顺逆之分,焉论直皖之异。谨披沥肝胆以告。愿请诸君子勿弃刍荛。章炳麟叩。阳。"(《时报》,1917年12月6日《章太炎最近之通电》。)

11月8日,孙中山又电章氏:"程玉堂总长由南宁返粤,陆帅决心讨逆,已有誓约,两广可归一致。外交承认，关键在视诸帅是否就职。先生望重海内，唐必能见听，除另电请即宣布就职外，务望速为劝驾。唐就，陆必不辞，势难再缓，幸力图之。"（孙中山：《致云南章太炎唐继尧王文华等电》"十七"。）

11 月 11 日，孙中山又电章太炎等，论述西南两广局势，指出："电悉。伪政府利用此间弱点，捣乱粤局，粤桂如起内讧，于援湘即生障碍，西南全局，或致动摇，即军府亦难立足，此理至明，人所共见。""唐帅既已亲自督师，理应即日宣布就元帅职，以壮军威，并电促陆，使其自觉孤立，非与军府团结，则将为粤人所逐。自可审度利害，就我范围，举足轻重，系于唐帅，惟诸君图之。"（同上"二十"。）《自定年谱》亦记："冀庼犹预，不敢受元帅印证"，经章氏等劝说后，"始具礼受印证。然其文移号令，终自称滇黔靖国联军总司令"。

11 月 18 日，章氏电告孙中山，讨伐勾结段派的广东湖梅镇守使莫擎宇，已于 16 日获胜。25 日，孙中山复电："效电敬悉。竞存前因陈督收其亲军，故在惠招集旧部。嗣闻梁士诒亦适嗾莫擎宇、张天骥等在惠独立谋粤，竞存乃急止所部举动，梁、段谋遂败。故惠事骤发即定，联梁说实讹传。此间仍与陈督协议，拨回前亲军，陆、陈意亦渐接近。本日派溥泉谒陆商方略，俟稍妥协，即分别出师。"（同上"十八"。）

12 月 3 日，章氏电告孙中山"湘桂军拔长沙"。7 日，孙氏复电："江电奉悉。陆此次出兵，本在攫取湘权，长沙既得，其欲已偿，故一再电冯停战，而未及旧国会之应恢复。对于岳州，北军亦无驱除之意，于军府始终无诚意之表示，致冯意益肆，局势至此，危险实甚。现幸黎、石两师，举义荆、襄，闻联军亦下重庆，大江脉络，可望贯通，此实一大转机。望促冀帅，渝事稍定，即分兵东下。武汉三镇，桂所必争，倘能为我所有，即形势略定。"又谓"此后局势不无挽回之望，惟在吾人奋勉而已"。（同上"一"。）《自定年谱》记章氏向唐继尧提出："南北相持，不得湖北，不能取均势。今桂军方援湖南，荆襄黎天才、石星川亦思独立。君必待破重庆、定成都，然后东下，则岁时淹久，事将中变；且川人怨云南深，未可猝下也。宜分兵自贵州出湘西，取辰、沅、常、澧为根本，北与江陵相望，黎、石一起，计时湘中亦已下矣，乃与桂军会师武汉，敌人震詟，形势在我，刘存厚亦焉能倔强也。"终因唐继尧"歆四川富厚，不肯舍"。乃于 11 月，"发昆明"，至毕节。不久，"熊克武以巴自立"，"泸亦复，云南势复振。余劝冀庼速出，不果"。

12 月 6 日，章太炎曾电孙中山。11 日，孙氏复章："鱼电奉悉"，"望冀帅速出宜昌，趋武汉，卜游响应者必群起，陆虽单独构和，无为也。"又言内国公债券已"派滇军护送，由桂赴滇"。（同上"四"。）接着，又电："现在正式债券三四星期内可以造成，不如待造成后，如两广无甚变动，当径以正式债券解送，以保道途之安全，并免以公债收条更换债券之手续重复。"（同上"八"。）

12 月 11 日，章氏电询是否新派招抚使。15 日，孙氏复电："真电奉悉。此间并无派赵端为招抚使，倘有假名招摇，逾越轨范举动，请商由冀帅酌予处置。滇川事，得左右及冀帅主持，川事又委黄、卢办理，文亦何乐纷歧事权，以生掣肘，想亮及之。"（同上"五"。）

12 月 19 日,章氏电告孙中山湖北襄阳镇守使黎天才宣告自主。27 日,孙氏电复:"效电悉。北军内讧,黎、石奋起,此时用兵之地适在中原,倘滇军能顺流东下,会师武汉,则长江下游、黄河流域必更有响应者,斯时破竹之势已成,其所获视之泸州,损失奚啻倍蓰。""与其重恶感于蜀人,曷若就欢迎于湘鄂。望告莫〔冀〕帅,早撤驻泸之师,鼓行而东,期与黎、石联络,破敌必矣。不然,困顿于泸,非计之得也。"(同上"九"。)

12 月 23 日,章氏电告"泸州已拔"。孙氏于 28 日再电:"漾电悉。泸州已拔,甚慰。能不与川军争持,克取东下,大局庶有裨益。""所示三事,张积怨已深,无可排解;程潜处已复电联络,并表同意;韵松经出兵两团攻闽,竟存得兵十馀营,不日亦可向闽出发。如秀山能于中部独立,则北方援师已绝,破闽必矣。林德轩等起兵湘西,有兵二团,令其改用靖国军名号,请告冀帅转饬前敌将士与之提携。"(同上"十"。)孙中山多次电嘱章氏促唐继尧东下,章也曾"劝冀赓速出",终未成功。《自定年谱》1918 年仍记"数促"唐继尧"东下"事。

吴宗慈记章氏"在粤滇川各省之联系"云:"护法之役,中山先生率海军南下,国会非常会议,成立于广州,中山先生被选大元帅,陆荣廷、唐继尧副之,先生任大元帅府秘书长,簿书烦琐,既所不屑,议事又常与展堂不洽,乃请赴滇、川等省,宣播护法之旨,中山题之,遂以大元帅府秘书长名义行。……正办理护照,准备起程,北政府商驻京法使,电致安南总督,不许革命政府人员过境,粤港法领拒护照签字,乃各易姓名,先生易姓名为张海泉,故沿途戏以'海泉'呼之,先生应如响。及抵安南海防,华侨来招待,安全通过。抵滇,冀赓衣上将礼服,率伙飞军郊迎,执礼甚恭,遂馆于八邑会馆。每日下午,则赴军署欢谵,谈谐至深夜。冀赓之尊人墓碑、墓上楹联,皆先生所撰写。云南产名酒,味醇而性烈。某日,先生饮酣,在座者行酒令,慈与芷塘(王芷塘)所负,先生辄夺以代饮,并举当日在共和党纵酒骂袁,以致误车,种种趣事告唐,阖座大噱。既,饮至极醉,卧八邑会馆三日,头重不能起床。慨然曰:'酒之误我又一次,从此誓不痛饮矣。'居半月馀,慈与芷塘赴川,先生与冀赓则同赴贵州毕节,毕节设川、滇、黔三省军事指挥之总部故也。当启行时,先生制大纛,大书大元帅府秘书长名义,大逾冀赓主帅纛约三分之一,冀赓之副官长以告冀赓,但笑颔之,即令副官长随先生行,照料一切。……

"川中军事生变化,熊克武遣使请冀赓移节重庆,以便指挥,时冀赓为三省联军总帅也。冀赓乃请先生先赴渝与熊氏商军事。其时北政府冯、段交恶,冯离京南下,至蚌埠,为倪嗣冲所阻,仍回北京。李纯者,冯系也,方督江苏,因之主张渐与南方相近,与冀赓电商,意欲于护法主张,稍取折衷之义,则北方直系,可与南政府共倒皖系。先生知其事,乃电函络绎责冀赓,不应有始无终,陷于不义,辞切直。冀赓遣人致意,谓政治主张固应坚定不移,然手段办法,似当多取途径,未能径情直遂,望加原谅,且自誓必不负中山也。事过境迁之后,先生对冀赓亦释然无间焉。"(《太炎先生言行轶录》,见《制言》第二十五期。)

章氏在西南,有《发毕节赴巴留别唐元帅》:"旷代论滇士,吾思杨一清。中垣销薄蚀，东胜托干城。形势稍殊昔，安危亦异情。愿君恢霸略，不必讳纵横。""兵气连吴会，偏安问汉图。江源初发迹，夏渚昔论都。直北馀逋寇，当关岂一夫？许将筹箸事，还报赤松无。"又有《黑龙潭》："昔践松花岸，今临黑水祠。穷荒行欲匝，垂老策无奇。载重看黄马（云南皆以马任重），供厨致白罴。五华山下宿，（《华国月刊》作"武侯祠下宿"。）扶杖转支离。"（《文录续编》卷七下，又载《华国月刊》，一卷二期。）

本年，撰《勋一位前陆军部总长黄君墓志铭》，谓黄兴："始以布衣挋合伦党，任天下重，光复之业，自君始力行。用兵不尚诡道，常挺身独进，为士卒先，故能因败为胜，克黿大敌。遭袁氏猜贼，计或失中，借枢于寇，而西南杖义者，其半犹同盟会士也。处埶异古，故与项王、孙伯符殊业。其在民国，功比孙、黎矣。"（《太炎文录补编》。）

本年，章氏有《与吴承仕论宋理道学利病书》二通。其一谓："宋儒不满思、孟，极诋《大学》者，唯慈湖一人。举《孟子》'必有事焉而勿正心'一语，以诋《大学》正心之说，此亦他人所不敢言者。然观其自叙，则仍由反观得之。……明世王学，亦多如是。""然则金溪、馀姚一派，但是吠檀多哲学耳，于佛法犹隔少许也。其所谓主宰即流行、流行即主宰者，王学诸儒，大抵称之，而流行即恒转如瀑流，主宰即人我法我，其执为生生之几者，亦是物也。庄生所谓以其知得其心，是派所诣则然。所谓以其心得其常心者，则未有一人也。然以校度横渠、晦庵诸公，则高下悬绝矣。阳明所谓良知者，以为知是知非也，此乃即自证分，八识皆有自证，知是知非，则意识之自证分也。又云：良知本无知，本无不知，则正智之证真如，亦近之矣。是说最为圆满，而阳明实未暇发明。其书中于生物不息等语，尚有泥滞，知不住涅槃，而未知不住生死，此其未了之处。""仆近欲起学会，大致仍主王学，而为王学更进一步，此非无见而云然，盖规矩在我矣。"（《国学丛编》一期一册；又见《国民杂志》一卷一期；《归纳杂志》第二期，吴承仕跋云：撰于1917 年 4 月 3 日，"由沪寄京"；收入《章太炎书札》。）

其二曰："今之所患，在人格堕落，心术苟媮，直授大乘，所说多在禅智二门，虽云广某万善，然其语殊简也。孔、老、庄生，应世之言颇广，然平淡者难以激发，高远者仍须以佛法疏证，恐今时未足应机，故先举阳明以为权说。下者本与万善不违，而激发稍易；上者转进其说，乃入华梵圣道之门。权衡在我，自与康、梁辈盲从者异术。若卓吾放恣之论，文贞机权之用，则在所屏绝久矣。要之，标举阳明，只能应时方便，非谓实相固然，足下以为何如？"（1917 年 4 月 12 日，同上。）

【著作系年】《致某君书陈不愿任国史馆长事》（1917 年 1 月 21 日，见《中华新报》，1917 年 2 月 7 日）。《致黎元洪等电》（1917 年 2 月 9 日，见《中华新报》，1917 年 2 月 11 日）。《致黎元洪等电》（1917 年 3 月 29 日，见《中华新报》，1917 年 3 月 31 日）。《请严办伪公民电》（1917 年 5 月 11 日，见《时报》，5 月 12 日）。《再请严办暴徒主名电》（1917 年 5 月 14 日，见《时报》，5 月 15 日）。《致张敬舆等电》（1917 年 5 月 23 日，见《中华新报》，1917 年 5 月 25 日）。《致大总统电》（同上）。《致李仲轩书》（1917 年 5 月 26 日，见《中华新报》，1917 年 5 月 27 日）。《章太炎通电》(1917 年 6 月 5 日,见《时报》,6 月 6 日)。《以三事昭告天下电》(《时报》,1917 年 6 月 7 日)。《严斥中立电》(1917 年 6 月 6 日,见《时报》,6 月 8 日)。《主张彻底澄清电》(《时报》,1917 年 6 月 10 日)。《致陈炯明电》(《时报》,1917 年 6 月 10 日)。《复李经羲电》(1917 年 6 月 23 日,《时报》,1917 年 6 月 24 日)。《致桂议会电》(1917 年 6 月 29 日,《时报》,6 月 30 日)。《代拟大元帅就职宣言》(1917 年 9 月,见邹鲁:《中国国民党党史稿》第三册第 1076—1077 页)。《致广州非常国会孙中山等电》(《时报》,1917 年 12 月 6 日)。《会议通则序》(《太炎学说》卷下,辛酉年观鉴庐本)。

《致孙中山冬电》(1917 年 11 月 2 日,见胡汉民编《总理全集》第三集"文电"《致云南章太炎唐继尧王文华等电》,原电未见)。《致孙中山效电》(1917 年 11 月 19 日,同上)。《致孙中山电》(11 月,同上)。《致孙中山江电》(1917 年 12 月 3 日,同上)。《致孙中山鱼电》(1917 年 12 月 5 日,同上)。《致孙中山真电》(1917 年 12 月 11 日,同上)。《致孙中山效电》(1917 年 11 月 19 日,同上)。《致孙中山漾电》(1917 年 12 月 23 日,同上)。

《致孙中山书》(1917 年 11 月,未见,见胡汉民编《总理全集》第三集"文电"《大元帅代致川黔粤各电》引)。

《与吴承仕论宋明道学利病书》一——二(1917 年 4 月 3 日、12 日,见《国民杂志》一卷一期;《国学丛编》一期一册,1931 年 5 月出版;收入《章太炎书札》,钞本,温州市图书馆藏;又见《太炎学说》卷下)。

《勋一位前陆军部总长黄君墓志铭》(1917 年 4 月,《文录补编》)。《赵秉钧私谥议》(北京《中华新报》,1917 年 10 月,目存《太炎先生著述目录初稿》卷上)。《故总统府秘书张君墓志铭》(1917 年,《文录补编》)。

《发毕节赴巴留别唐元帅》(1917 年,载《华国月刊》第一卷第二期,收入《文录续编》卷七下)。《黑龙潭》(同上)。

1918 年(民国七年戊午)　五十一岁

【自定年谱】一月十日至巴县,礼威丹祠。南府尝赠威丹大将军,故巴人直称邹大将军也。其家无恙。时锦帆以四川靖国各军总司令建牙,与刘存厚相持。云南军已复川南,其军长顾品珍出没川南、川东间。锦帆屡请畀赓东下,余亦数促之。大旨言:"荆襄独立,吴光新以一师衔还,半自万县渡江,半沿江直下,皆会宜昌。沿江者为川中民军颜德基等所截,亡失军械无数。今急以滇黔军蹴之,多即一师,寡则一混成旅,六七日可抵宜昌。滇黔蹴其后,荆襄当其前,吴光新必为虏矣。又湘桂军已破长沙,方向岳阳;而武昌民党亦起,王占元穷蹙欲走,今不亟取吴光新,与湘桂鄂三军直下武汉,是养寇也。公以云南贫瘠,欲得四川为外府,然川人怨公亦深,而鄂人争欲迎致,鄂之富实,不减四川,分川鄂以给军,馈饷无乏,而川人之怨亦弭"云云。如是十馀上,畀赓终托故不出。宇镜至戒以吴三桂遗事,且言:"公宜速出,免为深山穷谷中人。"欲以激之,亦不怒也。未几,吴光新复炽,荆襄溃败,石星川先走。黎天才斜窜入秭归。而湘桂军适破岳阳，告捷电至。余电促湘桂联军总司令谭浩明亟取武汉，浩明复曰："取武汉易，守之不易。"余言："岳阳亦非可守。今得武汉，纵不能进取，且为岳阳屏障。不然，虽欲端坐，得乎？"浩明言："君宜速致唐公下攻宜昌，仆则可规武汉。"卒不得决。是时云阶在上海，交关南北，冯国璋以厚赂资之，故云阶劝浩明弗进攻，浩明不悟也。湘桂军亦自相挤，皆云阶一言致之。由是敌悉锐师来攻，湘桂军崩溃，退守衡阳，蹙地七八百里，大势沮坏。云阶，清旧臣也，为贼所任，以奸旗鼓，枭头磔腹，自谓其分，行严辅云阶至久，主笔枢要，辱其桑梓，亦已甚矣。后刘存厚走，锦帆入主成都。而陕西民军方欲奉滇府节度，蒉赓分遣九总司令，以五援鄂，以四援陕，然皆虚名。至三月，云南将叶荃以二千人下援宜昌，余送之舟。荃驭下有恩，慷慨任事。既发，见秭归、巴东驻师尚万人，即挺进逼宜昌。吴光新尽选锐卒出其后，袭秭归、巴东破之，黎天才跳入巫山。荃自兴山山行退还，士无溃者。今时将领，此子为佼佼矣。至四月，日本人来报唐绍仪赴东京，拟拥立徐世昌，求外援也，因征余意。余曰："首乱中国者，徐世昌也。余必黜之。"协和数电蒉赓，言改组军政府事，余闻孙公矜躁失众，尝自乘军舰发炮攻桂军，似高贵乡公所为，知不可留。独怪协和举云阶，致书痛诋之。既，读议员汤漪改组草案，至不必遥戴，咤曰："此乞降之兆也。"因念护法端绪，本以勉强行之。陆荣廷不肯就元帅选，唐继尧受印证而不肯称；贵州助云南出师，自号黔军，不肯用靖国军名号；其将吏常言出师四川，为戴戡复仇，本不与国家事；此皆市德北廷，为伸缩地，幸以遥戴固之，使不得脱，而孙公不能力行，乃反与桂军寻衅，黠者乘间，并遥戴之名去之，前之苦心，遂为灰烬。发意欲归乡里，中阻宜昌，不可下。时南军挫衄，江陵军推唐克明为主，转入恩施。武昌旧勋蔡济民幼襄亦起利川，所谓鄂西军也。衡阳之师，复退郴桂。而田应诏等起辰沅，号湘西军。余知事不可为，犹劝贵州分兵出常澧，以观其变。贵州所遣，才一旅耳，幼襄日遣使赴川告援。余以郧中六县，敌不能及，而颜德基方领东川下游，与郧中连壤；劝幼襄就德基，以偏师出巫、竹，为鄂西张翼。锦帆患云南之逼，余告以亲贵州，善宿将，则外侮自止。川东北民军石青阳、颜德基、陈秉坤据地既广，不相辑睦，亦欲余以军府名义护之。云南军在川者惢焉。五月，道万县之利川，是时军政府改为七总裁制，云阶与选。

余至利川，见幼襄兵甚单。余谓："守小县，统弱卒，责百姓输饷，又与唐克明相逼，甚非计也。颜德基兵尚盛，而甚慕君，君虽元勋，今时事已变，宜屈己就之，得彼千余兵，为指挥前敌，往攻郧竹，愈于利川多矣。"幼襄计已定，未行。复偕余抵恩施，唐克明军部所在也。江陵既溃，克明转战江南，部兵仅残千馀人，保于恩施，势虽微弱，然视幼襄犹胜。余四十六岁在武昌，知师长黎本唐谏黎公召李纯，不听，即自免去，心善之。黎本唐者，则唐克明旧名也。故安徽都督寿州柏文蔚烈武者，本赵伯先旧部，民国二年，以抗袁氏败，亡命，黎公时以将军赏焉。护法事起，从湖南来赴。克明闻吴光新军中将领旧多事烈武者，因请为前敌总指挥，驻师崔坝，距恩施百馀里，鄂西赖之以安。余至恩施，烈武亦来候。值夏正端午，克明尚携观竞渡，而北军已袭破建始。克明震恐，密谋退守利川，咨于幼襄。幼襄恶逼，乃曰："咸丰、宣恩皆可守也。"即去。烈武亦仓猝往前敌。明日军报益恶。及夜，余已卧，克明遣使来咨曰："敌即向恩施矣。总司令欲走四川。公意何如？"余曰："敌势虽盛，然山中作战，不在众寡，石板顶之险，非彼所能度也，尚有守者乎？"答言有。余曰："足矣，纵不能守，待敌逼城，犹当一战而退。今遽以千馀人走四川，川军亦迫令缴械耳。均之非己所有，何不以力战获名。"使者曰："商民已动摇矣。奈何。"余曰："此有旧族饶氏，好宾客。明日尔总司令呕就其家，集军佐商人饮博，可立定也。"使者还报，克明果不走。明日，同赴饶氏。余就观瓦当铜器，数入至博所觇之。见商会总理王某神色沮丧，每博辄负。问之，言昨夜总司令遣人以钱票兑实币二万圆，疑必走。余始知商民动摇所由。因曰："彼能饮博，已安矣。"于是置酒尽醉而散。明日，知北军袭建始者，乃为省长何佩镕迎致家属，意不在得地。余曰："彼时若走，真为北人笑矣。"始，鄂西军皆恃柏烈武；势既定，幼襄谋以烈武代唐克明。烈武难之，谓余曰："鄂人自相争则可，吾辈羁旅，乘人危而取之，后将焉入。"余以烈武为知大体，然克明始疑余矣。唐、蔡相逼，余终促幼襄往就德基。其后幼襄尝一赴巴，复返利川。明年，遂为人所袭杀，怀土故也。

余在恩施两月，闻武昌旧勋吴醒汉厚栽屯兵来凤，往视之。厚栽始与幼襄同起武昌，为黎公爱幸，得人心。来凤故土司，清中叶始置县。一县地税，不过二十馀两。饷乏，然田稼多。余教厚栽以秋收征谷，亩取什一。厚栽欲行之，时山寇来攻城，兵不得出。留十馀日，赴湘西。抵沅陵，田应诏方称军政长，所部总司令四五人，或以四百人称军者。常德已为冯玉祥所陷，而周则范在溆浦，兵最强，不肯属应诏。少璜时为军民会议处议长，介贵州军以守。湘西军恃清浪滩之险，将佐日夜酣宴如无事者。留两月，自沅陵微行出常德，渡洞庭，至夏口。闻徐世昌得伪选大总统。归抵上海，十月十一日也。先一日，世昌就伪职矣。使遥戴之制不变，鼠子敢尔耶。

八月，闻赓虋始出重庆。时锦帆位已定，迎于江岸，磬折待事，导入邸中，晨起上食，晚亦如之，若西门豹对河伯然。及议出兵援陕，设川南、夔万两镇守使，皆龃龉不相入；但言联帅离家浃岁，为国忧劳，当旋归休息而已。赓虋怒，驰归云南，行凯旋礼。然时四川供云南月饷，定银币二十五万，云南军辄自征之，月至四十馀万，川人怨益深。

自六年七月以还，跋涉所至，一万四千馀里；中间山水狞恶者，几三千里。学殖浸落，比年亦有讲论，皆观察风土言之。初在云南，赓虋憙言姚江学，属余为将领说之。余以南中情性，有主观，无客观；将帅能破敌，不能抚民；军旅能乘胜，不能善败。因言姑近法曾涤笙，无必远师姚江为也。后在巴，士人求开示。余观四川文化，通儒特起能名其家者，不如下江，然人尽读书，鲜有不识文字之子，亦视下江为优。近世棒客横行，略及军旅，行商大吏，多受攻钞，然爱慕儒先，相戒勿劫教员，化亦美矣。乃所以不竞者，其性轻易淫泆，贵慕权势，至今如汉志所云也，因告之曰："四川重江复关，自为区域，先后割据者七矣，公孙述、刘备、李特、王建、孟知祥、明玉珍、张献忠皆自外来，而乡土无作者。杨、马、陈、李，文学为最高，盖得召南江沱之化。功名著者乃甚鲜。宋世二苏，善为章奏。范镇、张浚，则忠正之士，皆不能有大就。可数者，虞允文、杨廷和耳。清世岳、杨诸将，因主威而立功，非经纬之才也。文高而实不副，得非先浮华后器识之过欤？但习《资治通鉴》、《文献通考》、《方舆纪要》三书，斯为切要，不烦求高远也。"所得人士，云南袁丕钧、湘西修先桢，亦一方之秀。

余始在巴，闻唐绍仪拥戴徐世昌，心甚恶之。至十月，正式国会已集番禺，而北方伪国会亦选世昌。抵家，见同志无深慭世昌者，西南群帅，且屈意与和好。因念帝制复辟僭立，皆此一人为主。自袁氏死，黎公继任，海内粗安。其间交搆府院，使成大衅者，亦世昌也。二年以来，乱遍禹域，则世昌为始祸，冯国璋其次也，段祺瑞又其次也。唐绍仪以私交故，独推世昌为文治之主，变乱白黑，举国信之，何哉！发愤杜门，不时见人。已而唐绍仪自日本归，西南任为议和总代表，胡展堂与俱来。余见展堂，言世昌不可并立状。展堂言，今当宣布罪状者四人：黎、冯、徐、段是也。余知展堂欲为世昌解围，故引黎、冯，佛法所谓以楔出楔，乃宣布主和阴谋徐、唐朋比状。

【国内大事】1 月 8 日，美国总统威尔逊发表"和平条件"十四条。2 月 17 日，北京政府公布修正中华民国国会组织法、参议院议员选举法、众议院议员选举法。26 日，程璧光在粤被刺身死。28 日，上海轧花厂工人罢工。3 月 10 日，段祺瑞、徐树铮等组织安福俱乐部。15 日，北京政府特赦洪宪、复辟帝制犯。4 月 18 日，毛泽东等于长沙成立新民学会。5 月 1 日，上海英美烟公司烟厂工人罢工。2 日，上海英商祥生造船厂工人罢工。4 日，广东非常国会通过修正军政府组织法案。孙中山向广东非常国会辞军政府大元帅职。15 日，鲁迅于《新青年》四卷五号发表《狂人日记》。16 日，中日"陆军共同防敌"军事协定成立。19 日，中日"海军共同防敌"军事协定成立。20 日，广东非常国会选举唐绍仪、孙中山、唐继尧、伍廷芳、林葆怿、陆荣廷、岑春煊七人为军政府国务总裁。孙中山离广州，到汕头与陈炯明会见，旋往上海。21 日，北京大学等校学生赴总统府请废中日军事协定。6 月 23 日，粤赣战争。29 日，闽粤战争。7 月 5 日，唐继尧等通告军政府成立。24 日，通告拥护约法。8 月 12 日，北京安福国会开会。20 日，众议院选举王揖唐、刘恩格为正副议长。9 月 4 日，国会选举徐世昌为总统。7 日，北京政府任命张作霖为东三省巡阅使。10 月 10 日，徐世昌就任北京大总统职。11 月 11 日，第一次世界大战停火。23 日，教育部公布注音字母表。24 日，曹锟于北京组织"戊午同袍社"。（后改称"参战同志会"。）12 月 2 日，美、英、法、意、日公使联合到北京政府提出劝告和平之正式文件。10 日，北京财政部与日本横滨正金银行订立整顿币制一千万元借款合同。

1 月 10 日，至巴县，到邹容祠凭吊。

1 月 11 日，致电孙中山，告以旅途情况。查章氏入川后，孙中山屡次电促章氏劝唐继尧"早撤驻泸之师，鼓行而东"，以与荆襄黎天才、石星川会合。章氏与熊克武也屡请唐继尧东下，唐"终托故不出"。至是电孙。16 日，孙氏复章："真密敬悉。道途劳瘁，极为系念。妥抵渝城，欣慰无已。刘存厚既与锺体道抗命不悟，势非声讨不足以固吾军根本。克武兄兵力既厚，又得人心，洵吾党难得之士，望执事励其破除顾忌，提兵进取国安,乃所以保川也。谢慧生来言,得电,川中同人公推克武兄为川军总司令,业于青日就职,不审确否? 前经唐帅电商军府,尝委任黄复生、卢师谛为川军总副司令,闻复生现亦在渝,如公推属实,则军府应加委任,请召熊、黄两兄妥商办法,密复为祷。去年十一月手书奉悉,略有商榷之处,已另函奉复寄渝。"(孙中山:《大元帅时代致川黔粤各省电》一,见胡汉民编《总理全集》第三集"文电"。)《自定年谱》也记熊克武"屡请冀赓东下,余亦数促之","如是十馀上,冀赓终托故不出"。

2 月 21 日,发布《驳岑春煊提出议和条件之通电》。这时,岑春煊"在上海,交关南北,冯国璋以厚赂资之"。(《自定年谱》。)又以四条征求各省同意:"一,承认冯国璋为总统;二,国会问题,交各省省议会解决;三,以陆为粤桂湘巡阅使,免龙济光职;四,以唐为川滇黔巡阅使,免刘存厚职。"章氏《通电》为:"据第一条,黎公复职,已绝非其所许。据第二条,省议会北多南少,以国会交令解决,则恢复旧国会亦绝对非其所许。于义师初起之宣言,一概抛弃,且对于两段亦任其优游自处,莠言乱政,乃至于此。三、四两条,直以小利诳人。血战经年,于国家无毫发之益,而为唐、陆争此权利,受之者亦何以自处?"又谓:"岑春煊本宗社党人,……袁氏既殒,春煊自谓目无馀子,而复热衷利禄,谄媚僭盗,欲使南方护法靖国之师,皆为一己利用。""应请宣布岑春煊罪状以告天下。"(孙曜:《中华民国史料》,中华书局 1929 年 5 月版。)

2 月 23 日,孙中山致电章太炎,嘱联合川、滇、黔各军以求巩固军政府,并指出护法各军,不得忽视"巩固根本,惟以利用为事"。(《大元帅时代致川黔粤各省电》一、见胡汉民编:《总理全集》第三集"文电"。)

本年,章氏由四川经湖北,入湖南,有诗纪行。《巴歈》云:"金鼓且勿喧,听我歌巴歈。人皇既荒昧,方志传鱼凫。自从嬴秦来,梁雍粲同区。天险固可恃,乘乱资枭渠。公孙早跃马,章武从后驱。狂狡逮诸李,王孟相乘除。明夏犹小坚,张公荡无馀。七豪彼何人,及尔无葭莩。剑碧(谓剑阁、碧口。)地斗绝,瞿唐铁不逾。胡为行绝迹,郁然构皇居。皇哉江沱上,百县鲜完郛。守险一失道,良士皆成俘。族望无宋明,转徙僵路衢。同室勿相斗,相斗利豺貙"。(《文录续编》卷七下。)《辰州》云:"天道有夷险,(《华国月刊》作"天道有兴废"。)神仙非久长。秦皇与避世,陵谷两茫茫。("辰州即汉武陵所部,桃源当在其地,非今常德之桃源县也"。《华国月刊》作"避秦留怪伟,多难此瞻望"。注文移作端上。)熏穴兵符峻,("蛮俚相攻,负者避入山峪,敌以药然火熏之,无不死者,谓之熏洞,官军攻蛮亦用此。")探丸盗迹狂。中流作渔父,(《华国月刊》作"缘流"。)相对涕沾裳。"(同上,又见《华国月刊》一卷一期。)《桃源叹》("去辰州作",《华国月刊》副题"辰州一律,意犹未尽,复作桃源行申之"。)"五溪天下险,丛桃何便娟。欣然裹粮至,所求乔与伶。涉水患湍碛,(《华国月刊》"患"作"苦"。)登陆迷畦阡。役夫殊健饭,三升犹枵然。解縢到吏舍,(《华国月刊》"到"作"下"。)诸偷方圜圜。长官日卷卧,黄金勒膺前。昨者起军府,罢癃不盈千。清浪虏已逼,山寇复揉挻。流黄一煎饵,沉瀯冲黄天。群仙获兵解,蝉蜕随飞烟。(《华国月刊》作:"流黄一煎饵,蝉蜕随飞烟。群仙获兵解,洞府为填咽。")桃根斫斧尽,桃叶从风迁。已矣下濑去,清沅莽无边。"(同上。)

10 月 11 日,章氏返沪。(《自定年谱》。)

11 月,章氏因传闻唐绍仪回国,"北廷欲利用唐公",致电广州:"广州参众两院、军政府诸公同鉴:唐少川乘安艺丸前来,据京、津、沪各方面确耗,北廷欲利用唐公,成其正选东海之谋,而以首辅饵之。唐公天性耿直,不为利回,或不至受其笼络,然迟回数月,不就总裁,人心不能不疑。其规避诸公,应一致促其来粤就职,不得逗留,毋使北派乘间淆惑是非,致唐公清白之身,不幸而遭蝇玷。民国幸甚。章炳麟白。"(《时报》,1918 年 11 月 20 日《章炳麟致西南电》)

11 月 23 日,北洋政府教育部把 1913 年拟定的注音字母公布,注音字母采自章氏。初,章氏在讲授文字音韵时,为了便于切音,撷取篆字或籀文的偏旁,手定纽文三十六、韵文二十二,作为教学的工具。1912 年,曾开读音统一会;1915 年,又设注音字母传习所。1916 年 8 月,北京教育界人发起国语研究会。1917 年 2 月 18 日,"在宣武门外学界俱乐部,开会讨论进行方法。莅会者皆研究教育社会有名之人,议定名'中华民国国语研究会'。"(《时报》,1917 年 3 月 10 日《国语研究会之现状》。)蔡元培实预其事,并将简章抄呈教育部呈请立案。1917 年 3 月 16 日奉批:"研究本国语言选定标准,以备教育界之采用,用意深远,洵可嘉许,所呈简章九条,亦切实可行,应即准予备案。"(《时报》,1917 年 4 月 17 日《教育部允准国语研究会备案》。)

当读音统一会召开后,章氏弟子鲁迅、许寿裳等出席了会议。他们联名在会上提议以章氏手定的切音工具作为注音符号。(见"民国二年癸丑,四十六岁"条。)这五十八个符号略加增删以后,就被确定为一套全国通行的注音符号。它对统一汉字读音有过不少的贡献。至是,教育部通令各地,"将注音字母正式公布,以便传习推行"。内云:"查统一国语问题,前清学部中央会议业经议决。民国以来,本部鉴于统一国语,必先从统一读音入手,爰于元年特开读音统一会讨论此事。经该会会员议定,注音字母三十有九,以代反切之用,并由会员多数决定常用诸字之读音,呈请本部设法推行在案。四年,设立注音字母传习所,以资试办,迄今三载,流传漫广。本年全国高等师范校长会议议决,于各等师范学校附设国语讲习科,以专教注音字母及国语,养成国语教员为宗旨。该议决案已呈由本部采录,令行各高等师范学校遵照办理。但此项字母未经本部颁行,诚恐流传既广,或稍歧异,有乖统一之旨,为特将注音字母正式公布,以便传习推行,为此训令该厅遵照,公布周知。"(《时报》,1919 年 1 月 8 日《公布注音之字母》。)注音字母是给汉字注音的,在字典上或课本上用来给汉字注音是适用的,但它每个字母却像一个独立的汉字,不便于草写和连写,如ㄑ、ㄥ、ㄋ、ㄅ、ㄊ、ㄔ,正体还可以辨别,草写起来就容易混淆。同时,一部分字母代表两个音素,拼写起来也有一定局限。尽管如此,他一直沿用了三十多年,在汉语拼音字母诞生以前,仍不失为一套勉强能用的拼音工具。

11 月底,发表"对于西南之言论",历述西南之行,"七月以来","四策皆阻",唐继尧等"言和不过希恩泽,言战不过谋吓诈",以为"西南与北方者,一丘之貉而已"。全文为:"来书责仆不应拒人过甚,为是言者,亦非独足下一人,仆岂敢轻视侪辈,惟恐其浼己耶？仆初旨亦欲国事清夷、南北衡势耳,而二三武夫政客之流,所见与鄙怀绝异。机已去矣,论大法则不可言和,论人材则不可言战,所以坐守愚戆,而不欲以一言助其跳梁也。盖所谓西南主义者,本不能成一种名义,以西南为发迹之地,渐进以图中原可也,以西南自成部落作方镇割据之势不可也。南方有事,必以武汉为中枢,然后可与北方均势,不得武汉,吴三桂固守西南而败,洪秀全驰骛下游而亦败。癸丑之役,循洪秀全之覆辙也。丙辰以来,又反之而效吴氏所为。岳州以北,暨于武汉北方,皆屯守重兵,梗我咽咙,不与一决雌雄,而沾沾守此深山穷谷以为得意,纵得苟延喘息,亦终于穷蹙而已。方仆初至云南也,蕚赓以军械缺乏,不欲与刘、周浪战,仆劝其分军为二:一驻云南,一出湘西,据常澧通达之衢,以作荆襄后劲,蕚赓不能听也。其后泸州挠败,士气稍伤,赖王文华以黔军攻拔重庆,而荆襄黎、石二师亦已独立,因劝蕚赓亟抽一旅,下出峡口,使吴光新宜昌之师腹背受敌,非缴械则无生理,如此川鄂可通,荆襄可完,次第得图武汉。蕚赓方以并蜀为急,亦不能听也。当时云阶勾结北方,倡义连冯倒段,莠言腾播,西南无识者已渐中之,意态如此,其中可觊望者可知。因于阳历岁暮,驰抵巴下,知黄毓成、赵又新辈纵暴川南,人人切齿,然时蜀人方顾名义,不欲苟与云南失欢。正月之季,荆襄溃败,而湘桂诸军,又取岳州,此亦转败为胜之机。既得谭月波通电,因劝以直下武汉,纵不能守,犹愈于孤守。岳阳袒露无蔽,亦劝蕚赓速议援鄂,规复荆襄,而谭、唐皆受联冯倒段之惑,不欲与王占元开衅。谭尚依违,则唐复以种种困难求人鉴谅。卒令长、岳失守,归巴日蹙。及叶荃、黄复生等奔命赴援,而已无所及矣。四月初,已知叶荃孤军不能拔宜昌、取荆襄也。是时常德尚非北军范围,因致书黔中当事,欲令抽调一师,死据桃源、常德之间,而云南悉师以出夷陵,使北军在荆襄者,欲援宜昌,则黔军径进荆南,以扰其后,鄂西大势,犹可为也。滇黔狃于部落主义,亦不能行。其后归、巴沦陷,寇逼峡口,彼尚瞠目视之耳。综计七月以来,四策皆阻,仆知其无能为,自是始有归志矣。原群帅所以怯于规鄂者,非兵力不任也。国内战争与国外战争异状,决死为上,而军实次之,此在群帅亦知之矣。徒以部落主义蔽其远略,广西不过欲得湖南,云南不过欲得四川,借护法之虚名,以收蚕食鹰攫之实效,湘蜀既得,而彼已偿初志矣。人之自尊,谁不如我。湘蜀士民,非无力而易欺者也,强与抑制,必有内争,于是欲借北方政府之威,以三省大权相授。又恐北方之靳不我与也,则不得不借长江三督以为媒介,于是形势要害之地如荆襄武汉者,亦不得不度外置之,此其愚妄无知之最著者也。仆于四月下旬,已有通电揭其隐情,蕚赓尚呼天自誓,今则情见势绌,无可奈回,纵令北方以三省大权相授,咽喉之地已受封锁,虽欲为南诏尉佗,岂可得哉。外人徒见其宣布明电,慷慨自矜,而密电私议,实多不可告人之语。言和不过希恩泽,言战不过谋吓诈,里巷讼棍之所为,而可以欺大敌欤？要之,西南与北方者,一丘之貉而已。仆因不欲偏有所助,是以抵家五十日间,未尝浪发一语,独少川以故人之谊,冀其尊重人格,尝从旁纳牖耳。中土果有人材能戡除祸乱者,最近当待十年以后,非今日所敢望也。章炳麟白。"(《时报》,1918 年 12 月 2 日《章太炎对于西南之言论》。)

本年:《章太炎外纪》出版,汪太冲编,北京文史出版社铅字排印本,一册,1918 年

11 月初版,1924 年 2 月再版。分"治经时代之太炎"、"论文时代之太炎"、"《时务报》中之太炎"、"排满思想之太炎"、"著作《訄书》之太炎","《苏报》时代之太炎"、"《民报》时代之太炎"、"讲学生活之太炎"、"比辑方言之太炎"、"革命时代之太炎"、"政治生涯之太炎"、"筹边专使之太炎","沪上结婚之太炎"、"幽囚北京之太炎"、"哀思亡女之太炎"、"恢复自由之太炎"、"太炎人物之批评"、"太炎逸事之鳞爪"、"丙午到日之演说"等节。书中资料,据吴更始《序》称:"取材于太炎著书者有之,取材于太炎耳者有之,取材于友朋传说者有之。"这是一本较早评述章氏的传记。虽略有资料为他书所失载,但观点陈腐,记述也很简略。

【著作系年】《致孙中山真电》(1918 年 1 月 11 日,见胡汉民编《总理全集》第三集"文电"《大元帅时代致川黔粤各省电》,原电未见)。《驳岑春煊提出议和条件之通电》(孙曜:《中华民国史料》)。《致广州参众两院军政府电》(《时报》,1918 年 11 月 20 日)。《对于西南之言论》(《时报》,1918 年 12 月 2 日)。

《巴歈》(《文录续编》卷七下)。《辰州》(1918 年"去辰州作",载《华国月刊》第一期,收入《文录续编》卷七下)。《桃源叹》(同上)。

《章太炎外纪》(见正文)。

章太炎年谱长编　卷五

（1919 年—1936 年）

说　明

本卷记述 1919 年至 1936 年章氏五十二岁——六十九岁逝世的主要事迹。

1919 年,爆发了五四运动,"五四运动的杰出的历史意义,在于它带着为辛亥革命还未曾有的姿态,这就是彻底地不妥协地反帝国主义和彻底地不妥协地反封建主义"。五四运动,"在思想上和干部上准备了一九二一年的中国共产党的成立,又准备了五卅运动和北伐战争"。

人民革命运动日渐发展,章太炎由反对军阀割据演变为赞成军阀割据,提出"联省自治虚置政府议",以"约法"、"国会"、"总统"为"三蠹",主张"各省自治为第一步,联省自治为第二步,联省政府为第三步",对湖南"自治",甚为注目。他"既离民众,渐入颓唐",赴鄂谒吴佩孚,赴宁访孙传芳,而对孙中山的"联俄、联共、扶助农工"的三大政策则示反对。1927 年,赋诗自述:"见说兴亡事,拏舟望五湖。"晚年在苏州讲学,欲"甄明学术,发扬国光"。1933 年,刻《章氏丛书续编》于北平,"所收不多,而更纯谨,且不取旧作,当然也无斗争之作,先生遂身衣学术之华衮,粹然成为儒宗"。

但是,当帝国主义蹂躏祖国,中华民族灾难深重的时候,章太炎起来遣责国民党"怯于御乱而勇于内争"。1932 年,北上见张学良;次年,又与马相伯等联合发表"二老宣言"、"三老宣言",呼吁抗日。1935 年,"一二九"运动发生,宋哲元进行压制,他也致电宋哲元:"学生请愿,事出公诚,纵有加入共党者,但问今之主张如何,何论其平素。"保持爱国主义晚节。

章氏在这一时期的文电、函札,有的散见各报,有的未曾公开发表,这里尽量爬梳,辑集不易。至于学术论文以及一些讲演,则因数量过多,只能简要说明或编入"著作系年"。

1919 年（民国八年己未）　五十二岁

【自定年谱】二月,世昌遣帝制犯人朱启钤来与唐绍仪议和。余集同志茅祖权咏熏、方潜襄如、简书孟平等为护法后援会。破徐、唐之谋也。初,启钤来,精卫以元勋讶之道左,人皆知其隐慝矣。孙洪伊辈徒恨段氏,于世昌犹矜之。绍仪力言中东密约,卖国丧权,尽祺瑞一人为之。欲移人情于反对密约,而忘世昌倡乱僭立之罪。溥泉数来候,亦不能决。余谓祺瑞勇夫,其恶皆世昌诱构成之,重以帝制、复辟、僭立三罪。今西南所以自名者,护法也。曩日为保持国会,今国会已集矣。但令世昌退位,伪国会解散已足,不当先论他事。其后陕西告急。海上论者以北军既言停战,而复攻击陕西民军,以此要绍仪停议,绍仪不得已,三月,宣告停会。洪伊与留沪议员亦稍知绍仪奸伪,且悟徐世昌不可与。而孙公与绍仪本同县人,闲居上海,相往复,中间行理,则展堂也。孙公教绍仪重开和会,绍仪以为口实,从之,士论益不韪。孙公招余饮。言和议为外人所赞。必欲反对,外人将令吾辈退出租界。余笑不应。归,力争如故。绍仪复开议,颇受徐世昌贿,唯以裁兵理财为文饰,未尝及护法事。五月四日,京师学生群聚击章宗祥,欲尽诛宗祥及陆宗舆、曹汝霖辈,三人皆伪廷心膂,介以通款日本者也。事起,上海学生亦开国民大会,群指和议为附贼。绍仪不得已,逾十日,乃提八条以胁启钤。其前七条,唯国会自由行使职权,废除中日密约,为差可意。最后一条,仍言由和会承认徐世昌为临时大总统,启钤不许,和会遂散。盖自余始宣布徐、唐罪状,其后八次与绍仪书,道其隐情,留沪议员亦相与应和。至是徐、唐之谋暴著,和会始破。然西南议和之望,犹未绝也。余数移书两院,劝选举大总统,虽分立亦无害。两院亦有应者,然竟不行。

和会中断。至八月,伪廷复以王揖唐代朱启钤。揖唐庸鄙,为人所轻。绍仪遣易次乾入都,迎致上海。军政府电致绍仪拒之,称非得明令,不容开议。绍仪大窘,伪辞总代表。余移书发其伪,言不去上海,是以辞职欺人。广州国会亦建议撤回代表,下讨伐令。军政府不省。王揖唐宣段祺瑞旨,欲与民党握手,以诱孙公。孙公自失职后,大怨望,日夜欲向北,已遣焦易堂、叶夏声、黄大伟三辈入都。闻揖唐言,憙过望,然犹以恢复国会要之,揖唐不能从。至九月,靳云鹏就伪总理。云鹏与徐树铮皆段氏门下要人,不相能。王揖唐比于树铮,云鹏犹以名任之,而遣梁士诒等南至广东密议。然陆荣廷已渐有战志,海军欲出厦门,与浙军戍闽者合。吕戴之时亦在汕头统兵,陈竞存驻漳州,孙公遣使说陈、吕勿战,要求饷械以困军府;又遣人往与福建督军李厚基合;盖事事与军府相掣云。初,军府亦阴通款于北,独与孙、唐利害不相容,故举事多鉏铻。及是,海军欲取福建;湖南军在郴州者,亦与北军吴佩孚成言,令佩孚北归覆段氏,而湖南军自取长沙,云阶出资九十万助之。其后海军计虽无成,而长沙卒以恢复。此云阶之善于补过也。

是岁春,幼襄为四川援军方化南所杀。十一月,恩施兵变,厚栽入恩施,唐克明走,烈武受军府命为鄂西总司令。

初,四川以滇患故,不暇问川边斥候。其镇守使陈遐龄,受北廷命,与川军相左,给饷不时。藏番窥川边,至昌都。遐龄不能守,伪廷已欲画巴塘为界矣。锦帆稍整戎备,陆军民军皆听命。编以七师,命但懋辛出川边,击藏番,却之,威名始振。云南亦以备川边故,出兵建昌,逍遥金沙打冲间,未尝出塞应敌也。由是四川势渐盛,而云南转衰。伪廷密使来求和者,辐辏于广西,不问云南所欲矣。

1月18日，巴黎和会开会。27日，日本代表要求日本继承德国在山东权利。2月5日，段祺瑞为反对南方政府要求解散参战军，命徐树铮与日代表缔结延长中日军事协定协约。20日，南北代表在上海开和平会议，对参战军与陕西战争双方争执甚烈。章氏自称："二月，世昌遣帝制犯人朱启钤来与唐绍仪议和。余集同志茅祖权咏薰、方潜寰如、简书孟平等为护法后援会，破徐、唐之谋也。"（《自定年谱》。）

3月20日，《国故月刊》出版，北京大学文科编辑，刘师培等撰文，"以昌明中国固有之学术为宗旨"，分"通论"、"专著"、"遗著"、"艺文"、"杂俎"、"记事"，"外稿选录"、"著述提要"、"通讯"诸门。第一期有黄侃《题辞》和吴承仕《王学杂论》。黄侃将该期寄交章氏，章氏即函吴承仕："季刚寄来《国故月刊》，见足下辨王学数条甚是。大抵远西学者，思想精微，而证验绝少，康德、肖宾开尔之流，所论不为不精至。至于心之本体何如？我与物质之有无何如？须冥绝心行，默证而后可得，彼无其术，故不能决言也。陆、王一流，证验为多，而思想粗率，观其所至，有绝不能逮西人者，亦有远过西人者，而于佛法终未到也。罗念庵称当极静时，恍然觉吾此心中虚无物旁通无穷，有如长空，云气流行，无有止极，有如大海，鱼龙变化，无有间隔，无内外可指，无动静可分，上下四方，往古来今，浑成一片。王塘南称澄然无念，是谓一念，非无念也，乃念之至微至微者也。此正所谓生生之真，几更无一息之停。此二说者，非会验心相而能如是乎？然其所验得者，只阿赖耶识而已。所谓流行变化真几无停，即恒转如瀑流之谓也。真无垢识，罗、王不能验得，故于生机生理始终执著，以为心体。然较诸康德辈绝无实验者，则已远过之矣。王隆吉、刘蕺山谓意非心之发，身之主宰谓之心，心之主宰谓之意，心无时不动，妙应无元，必有所以主宰乎其中，而寂然不动者，是为意也，此已见及意根矣。所谓寂然不动者，既恒审思量之谓，亦作实验无由知此。而断绝意根，非王、刘之所解，故隆吉云，圣狂之所以分，只重主宰诚不诚耳。此乃宰执吾见与绝四之说大异矣。然则王学高材，皆实证七八两识者，较之洛、闽诸公，迥为确实，惜乎宗旨一异，趋向虽殊，梨州所谓儒释疆界眇若山河者，正坐生理生机之说为之障耳。（原注：梨州实未见及此。）孔子唯绝四，故能证生空法空，此所以为大圣欤。杨慈湖但毋意为心不起意，诚令如是，不过如卧轮所谓能断百思量，对境心不起者，乃为大鉴所诃矣。"（《与吴检斋书》，《国故月刊》第二期，1919年4月20日出版，收入《章太炎书札》，钞本，温州图书馆藏。）

又函黄侃："《月刊》中有何人言'炭石训钜，古代所无'。我之以钜为金刚，岂创说耶？因《御览·金刚类》引服虔《通俗文》，乱金谓之钜，知前人以钜为金刚，《说文》大刚之训又相符契。若云金刚非中土物，大小篆不当预为制字。珊瑚珋离，岂中土所有，而小篆有其字，何也？以此相明，疑可释矣。""姑为弟言之，非必欲争此一事之谛否。"（《与黄季刚书》，同上。）

《国故月刊》特将原函载入，并云："太炎先生学问文章，本社同人素所景慕。此次锡之教言，匡其不逮，极为感谢。谨将原书载入'通讯栏'，并拜嘉惠。同人以课徒之暇，率尔成文，自知必多谬误，尚望硕学如先生者，时锡教言，匡其不逮。"

4月4日，以护法后援会名义，致电李纯、王占元、陈光远，反对他们"居中播弄，催促议和"。先是，2 月 26、27 日，南代表迭接靖国军电，谓"北军仍进，三原危急"。28 日，南代表提出质问。3 月 30 日，徐世昌派张瑞入陕调停，并宣布陕西停战。长江三督李纯、王占元、陈光远联名电和议代表，请以陕西停战为和议重要条件。至是，章氏电称："南京李督军、武昌王督军、南昌陈督军鉴：见诸君东日致各代表电，为北方谋，可谓至矣。诸君前以拥冯、倒段，谎诱南方，阳为一致，实在缓兵，致令岳州得而复失，诸君不得辞其罪。今又居中播弄，催促议和，鬼蜮之心，路人共见，如非受北庭之嗾使，何以为此妄言。与其饰诈欺人，何苦自吐供状，直言拥护徐世昌、服从段祺瑞可矣，安用游辞巧说为耶？护法后援会章炳麟等。支。"（《时报》，1919 年 4 月 7 日《护法后援会致长江三督电》。）

4 月 12 日，巴黎和会讨论山东问题，日本争持必须继承山东权益。23 日，美国总统威尔逊质问北洋政府代表：1918 年为何"欣然同意"与日订约？和会议决：德在山东一切权利，概让与日本。

5 月 2 日，山东交涉失败消息传来，举国愤慨。

5 月 4 日，五四运动爆发，北大、高师、法专、高工等十馀校学生三千馀，赴天安门游行示威，要求罢免曹汝霖、陆宗舆、章宗祥，为军警所阻。学生拥至东城赵家楼，焚曹汝霖宅，痛殴章宗祥。警察镇压，学生被捕三十二人。5 日，各校代表集会，议决罢课。"事起，上海学生亦开国民大会，群指和议为附贼。绍仪不得已。逾十日，乃提八条以胁启钤"。"盖自余始宣布徐、唐罪状，其后八次与绍仪书，道其隐情，留沪议员亦相与应和。至是徐、唐之谋暴著，和会始破"。（《自定年谱》。）惟章氏与唐绍仪书，当时报纸未见刊布。

5 月 20 日，《国故月刊》第三期出版，载有章氏《国语学草创序》（1913 年 1 月撰，见该年条。）和《太炎漫录》。《太炎漫录》系其阅读《汉书》、《文选》等的札记。如谓："汉之地图，盖甚精审。《汉书·武帝纪》：'遣浮沮将军公孙贺出九原。'臣瓒曰：'浮沮，井名，在匈奴中，去九原二千里'，见《汉舆地图》。按《舆地图》乃及匈奴之井，则精审可知。（原注：去九原二千里，则在汉北之大偏。）《书钞》九十六引晋诸公赞云：司空裴秀以旧天下大图，用缣八十，正省视既难，事又不审，乃裁减为方丈图，以一分为十里，一寸为百里，从率数计里，备载名山都邑，则旧图甚大，秀始缩小耳。"又云："《文子》九篇，本见《七略》。今之《文子》，半袭《淮南》，所引《老子》，亦多怪异，其为依托甚明。"又云："《艺文志》儒家孔臧十一篇，无《孔丛子》。按臧父即蔡夷侯孔蕲，蕲丛同字，则臧书或题其父也，而今本《孔丛子》后附连丛，其谬如是。世人多以《孔丛》为王肃伪作，然今本必非王肃之旧。"

5 月 21 日，《鲁迅日记》记："晚，孙福源君来，赠以《小学答问》一册。"（《己未日记》，人民文学出版社 1976 年版，第 311 页。）

6 月 3 日，北洋政府大举逮捕学生，企图以暴力摧残全国人民反帝反封建的民主革命运动。4 日，北京教员联合会通电各省督军省长，以及唐绍仪、章太炎等，申明"除向当局严重交涉外，特此布闻"。（《时报》，1919 年 6 月 9 日"公电"。）北洋军阀的反动暴行,立即激起全国人民无比的愤怒。

6 月 5 日,上海首先举行了罢工、罢市、罢课的"三罢"斗争,初登政治舞台的中国工人阶级显示了革命力量。自上海"三罢"斗争开始,立即得到全国各地的响应和支持,在全国人民的压力下,北洋政府被迫撤除了卖国贼曹、陆、章的政治职务。在这一场政治斗争中,章太炎对学生爱国运动表示赞成,对北洋军阀卖国行为强烈反对。

夏,为刘成禺《洪宪纪事诗本事簿注》撰序,谓:"袁氏既覆,其佞臣猛将尚在,卒乱天下。今日无有言袁氏之功者矣,然其败亡之故,与其迫切而为是者,犹未明于远近。国史虚置,为权贵所扼,其详不可得而书也。"谓刘成禺"居京师久,习闻其事","其词瓌玮可观,余所知者略备矣"。（《洪宪纪事诗序》,见《洪宪纪事诗本事簿注》卷首。）

《章氏丛书》,浙江图书馆刊本出版,刊印最精,收录较多。较 1915 年上海右文社本增加《齐物论释》重定本、《太炎文录补编》、《菿汉微言》三种。《文录》也略有删革,如《文录》二删去《时危》四首,《别录》三删去《读佛典杂记》。

【著作系年】《护法后援会致长江三督电》（《时报》,1919 年 4 月 7 日）。《洪宪纪事诗序》（书首）。《与吴检斋书》（《国故月刊》第二期,1919 年 4 月 20 日出版,收入《章太炎书札》）。《与黄季刚书》（同上）。《亡女㚑事略》（1915 年 9 月 11 日,《国故月刊》第二期）。《国语学草创序》（1913 年 1 月,《国故月刊》第三期）。《太炎漫录》（《国故月刊》第三期,1919 年 5 月 20 日出版）。

《章氏丛书》（浙江图书馆校刊本出版,较 1915 年上海右文社铅字排印本,增加《齐物论释》重定本、《太炎文录补编》、《菿汉微言》三种,《文录》也有删革。）其中《文录补编》目为:

《阿育王寺重修舍利殿记》（1915 年）。《湘乡张君诔》（1916 年）。《告癸丑以来死义诸君文》（1916 年 8 月）。《黄克强遣奠辞》（1916 年 12 月 20 日）。《勋一位前陆军部总长黄君墓志铭》（1917 年 4 月）。《故总统府秘书张君墓志铭》（1917 年）。《诚意伯集序》（1915 年 11 月）。《终制》（1915 年 10 月）。

1920 年（民国九年庚申）　五十三岁

【自定年谱】自一月患黄疸,至于三月。

谭石屏殁于上海。往吊,哭之恸。为作墓铭,承其属也。

云南、四川怨日甚。冀虞复为其弟继虞所制,与军长顾品珍交恶。品珍时在川南,昵于印泉。印泉与冀虞,旧怨也,方统滇军于广东。李、顾声气相呼召,则冀虞不能得志,于是怨及军政府矣。郭宇镜往为谋,使解印泉兵柄,以兵属协和,符令严切。印泉不肯从,迫协和走。然滇军亦半归协和,屯广东、湖南界上。唐绍仪知岑、唐可问也,密召伍廷芳归上海。已与孙公、廷芳及云南代表皆离广东,则总裁去过半,不足法定人数,不能开政务会议。于是议员亦太半离广东。方是时,云阶谋助湖南恢复,而绍仪辈掣之。其为伪廷谋,可知也。余病中闻而恶之。

四月,弟子曾道通一自四川来,谋逐滇黔军也。言川军亦或不靖,而顾品珍可就抚。即南与军府谋,且赴郴见谭延闿。延闿者,字组安。以文人督军,智略可任。通一既返,时川中师长吕超、石青阳皆受云南密命,起为变。余观锦帆之智,知其必能定蜀也,移书告以湘军必克。事定,宜与为唇齿援。是计既定,于是川、湘永为同盟焉。

六月三日,孙公与唐、伍及云南代表李协和联署电伪廷,言军政府已失统驭,总裁去者过半,北廷欲议和,当就吾辈,不当就广东。且令协和电致驻湘滇军,戒勿助湖南击张敬尧,静俟和议解决。余作书宣唐等罪状,并电协和痛责之,欲与孙洪伊同署。洪伊始可之,既而忸怩,故独署名焉。未几,余热病大作,几死。病中闻湘军克长沙,喜甚,跃起,以电贺组安。且言云阶于此,为能晚盖。张魏公始附汪、黄,后与会之立异,此可以解君子之讥矣。上江〔焦〕既清,兼得王勃山为下调胃承气汤,栀子豉汤,热病寻愈。通一复来,闻川中亦有胜算,忘其疾矣。长沙方复,曹锟、吴佩孚亦贰于段氏,与张作霖会师复之。孙公先已得段氏诸借军械,于是竞存有所藉手。云阶以湖南已复,段祺瑞已败,自谓尽职,欲辞去。而海军以恢复福建请,云阶从之。由是竞存得藉为名,亦自言将恢复广东也。两军相交,广府日危。时川军虽胜,重庆未下。诸议员与孙、伍、二唐合者,复去之云南。自此下趣川东,以巴为国会驻地,余劝云阶入湘,招国会于长沙,云阶不能行也。组安数招余入湘,酷暑未果。

方是时,湘、川皆以恢复故土为号。余既议湘、川同盟,知军政府必不支,则以自治同盟为说。会溥泉自欧洲返,余为言近事,且云:"川、湘恢复,于义为得正。粤人所为,亦川、湘之次。然因是覆军政府,于义不可。故余赞川、湘,不能尽赞粤军也。唯揣云阶亦终不济,军府亡,则无以拒北贼,独言自治同盟,可尽靖献之义耳,于弟何如。"溥泉为易名曰"联省自治"。因拟秋凉偕往长沙云。

九月,以病愈归馀杭。去故乡十七年矣。朋辈依然,田畴无改。于是祇谒先茔,与长兄及族党欢饮十馀日而返,组安所遣使者亦至。并闻川军已下重庆,于是溯江入长沙。未几,溥泉亦来。

既抵长沙,以联省自治说其人士。时组安方拟制省宪,意相得也。溥泉初甚赞之,然为国会议员周震鳞所惑,不与组安相能,因是中沮。会粤军克番禺,云阶走,明电取销军政府,且令各省亦取销自主。西南不言联省自治,则势且解散,因以入北,于是溥泉亦不能异。会四川军官来电,称承军政府令取消自主,湖南大凶。余语组安,电中军官皆署名。唯锦帆以督军不在,犹可救。联省自治之名,川中所未闻也。吾与溥泉举此以告锦帆,君亦举此以告四川军官全体,其庶几知反乎。电去,川人如醉睡始觉,即以联省自治不受南北政府支配复。由是西南根本复定。

周震鳞者,亦同盟会旧人也。湖南恢复,震鳞独不豫,欲得省长,势不可,于是甚恶组安,欲倾之。时湖南所破北廷督军张敬尧者,新事孙公,称受业弟子,孙公右敬尧,欲为复仇。而湖南首倡义者林修梅,事定乃被斥,发愤招湘西群叛为变。醴陵军主李契隽者,亦组安所不礼也。震鳞假三方之力,为之谋主。湘西变既起,大军左行,东方颇空虚,醴陵亦杀旅长萧昌炽以应。组安欲出兵,无应者,于是去之。师长赵恒惕炎午继其职。未几,尽诛契隽及同谋者数人。震鳞先走,得脱。周震鳞之谋乱也,溥泉先知之,语余无昵组安。余曰:"吾来此为六省大势。湖南新复而气盛,可以为中坚,夫岂为一人进退也。"及组安败,余已先归。十一月,孙公以粤军军长许崇智之请,南赴广东,溥泉从之。未几,溥泉复来,称军府欲讨赵恒惕,辅谭氏复位。余曰:"弟昔日恨组安,谓其党皆宵人。今又欲纳之,何爱憎之多易也。"溥泉以赵杀李契隽非法告。余曰:"军法断斩,不能如常规,不得以非法论。就令枉杀,各省为此者亦多矣。枉杀人即当讨伐,是讨伐无已时也。"溥泉始退。

4月,谭人凤卒于上海,章氏"往吊,哭之恸"。(《自定年谱》。)撰《前长江巡阅使谭君墓志铭》:"君素刚,民党独君最长老,在武昌功尤高。自黎公及兴、教仁名位已显,君面数其过,皆唫默不敢校。晚节诸义故多废死,移枢西南,莫有知君功者。君愤世亦益甚,时或谓君过,然以君刚果成就,而世莫用其策,捐忘旧勋,以兵多寡为雌雄,君之发愤,宜有不能已者。"(见《制言》第三十三期,收入《文录续编》卷五下。)

5月,撰《宋教仁〈我之历史〉序》,谓:"吾友桃源宋渔父,当世卓荦之士也。始,同盟会兴,从事者贸贸然未有所适,或据岭海偏隅以相震耀,卒无所就其谋。自长江中流起者,则渔父与谭石屏策为多。武昌倡义,卒仆清廷,而渔父亦有宰相之望,惜其才高而度量不能尽副,以遇横祸。今渔父殁已七年矣,遗事未著,其乡人为刻自述一篇,署曰《我之历史》,盖渔父存时所题也。由是平生经画之迹,粲然著明。余闻其事而为之快。时适以胆热致病,思虑湮郁,不能为言辞。会石屏亦以温死,悲悼气结,自谓将就木矣。病二三月,少间,思渔父事,又若耿耿不能忘者。乃略抒胸臆,为题其端。渔父之才,世人所知也;其功,世人不尽知也。"(《我之历史》,庚申桃源三育乙种农校石印本。)

6月8日,《致唐继尧电》,责为"明为保护北廷之总裁"。先是,5月4日,政学系召集留粤议员开会,温宗尧、刘显世为军政府政务总裁。6月2日,孙中山、唐绍仪、伍廷芳、唐继尧联名宣言,谓在粤政务总裁不足人数,广东军政府命令无效。3日,孙等又通电指斥岑春煊、陆荣廷等私自与北京议和,牺牲护法主张,并声明将军政府及国会移往云南。这时,段祺瑞等以直皖战争迫在眉睫,极力拉拢滇唐,并密与孙中山商谈。段命皖系闽督李厚基与入粤闽军妥协,以军饷援助陈炯明,使其率师回粤。《自定年谱》记其事,并谓"余作书宣唐等罪状,并电协和痛责之,欲与孙洪伊同署,洪伊始可之,既而怩惋,故独署名焉"。原电为:"近日上海孙、唐、伍三总裁,与公之代表李部长烈钧发出宣言,有共济艰难之语,归结委任唐绍仪议和,促与王揖唐开会,自非欲尊立徐世昌使成公认之大总统,何以为此。夫不认王揖唐为代表,军府国会早有宣言,已成铁案,即公以个人名义表示者,亦非一次。皇天后土,实闻此言,岂可自背。唐绍仪本徐之心膂,素以议和营业,其诱致伍总裁及三议长也,名为拆台主义,但欲广东军政府速倒,不欲他之军政府继兴,以哲妇倾城之技,献功北廷,则酬庸自厚。孙、伍两公与李部长受其愚蒙,于此宣言,率尔同署,而公名遂在列,不早检举,随流合污,则与平日主张适相反矣。

"夫上海租界,名义犹系中华,自属北廷管辖,各总裁逃亡寄寓,岂可于此行其职权,不可行而竟得行,是明为北廷保护之总裁也。且广东军府,总裁只有三人,故不能开政务会议,而上海以四人同署名为过半,然其宣言委任,不过私室密谈,岂遂可认为政务会议耶?进退相求,只俯张为幻而已。炳麟以为唐、孙、伍、李,无足深求,但问李部长所代署之宣言,公果承认否耶?公今既被推为三省联军总司令,总司令者,本对敌作战之号,非安坐统军之名。若不与北廷宣战,而与之议和,名实相戾,其谓之何。况湖南已与北军开仗,衡、宝收复,长、岳即有肃清之期,今以和议强挠战事,是则牺牲湖南,邻国为壑,视七年岑春煊之阻攻武昌,致令全湘覆败者,其罪岂有末减乎?公果主张有定,应将四总裁宣言及委任唐绍仪与王揖唐议和事,明电取消,应将现在上海和会明电否认,静待国会到滇,改组军府,仗义兴师,声讨僭伪,庶乎誉望不亏,名实相副。若含糊默认,则附北已成,他日虽再图出兵,则为进退失据,东对岑、陆,又将何以自解也。章炳麟。齐。"(《申报》,1920 年 6 月 9 日"本埠新闻"《章太炎致唐赍赓电》。)

6 月 11 日,湖南南军随吴佩孚后撤,逐步前进,湘督张敬尧无力抵抗,由长沙逃往岳州。12 日,南军赵恒惕占领长沙。《自定年谱》称:"病中闻湘军克长沙,喜甚,跃起,以电贺组安。且言云阶于此,为能晚盖。张魏公始附汪、黄,后与会之立异,此可解君子之讥矣。"按:《致谭延闿电》发于 6 月 15 日,见《申报》。原电为:"衡州谭督军鉴:迭承通电,知贵军累战皆捷。近闻收复长沙,敌师鼠窜,湘川南岳,重秀而明,非特为湖南雪此沉冤,亦为扬子江全域争存人格。自克强云亡,石屏继逝,常恐直道将泯。得公振起,大义复申,遂听凯声,曷胜觌藻。是役也,西林前日误湘之罪,似亦可以晚盖。果如新沐弹冠,勿滋旧秽,张魏公初附汪、黄,后更与会之立异可也。匡维之责,犹在大贤。章炳麟。删。"(《申报》,1920 年 6 月 18 日"本埠新闻":《章太炎致谭延闿电》。)

7 月 22 日,湘军总司令谭延闿以避免卷入南北战争为借口,发出通电,主张湖南自治。8 月 3 日,徐世昌下令解散安福俱乐部,宣言仍据民元国会选举法召集国会。7 日,下令通缉王揖唐。9 日,靳云鹏再任国务总理,北京政权全为直奉两系支配。

8 月 7 日,南方国会议员在云南省城开会,宣言撤岑春煊总裁职。17 日,国会议决军政府及国会移设重庆,议员纷纷赴川。当时有贵阳刘显世"选为总裁"之讯,章氏于 8 月 26 日电:"贵阳刘督军鉴:接云南吴景濂、王正廷、褚辅成等铣电称,寒日投票选刘显世为总裁等语,而吴、王二子寒日实未到滇。褚辅成之称临时议长,犹广东议会之有临时主席也;其宣告岑春煊免职,犹广东之将孙、唐、伍除名也;其补选君为总裁,犹广东之补选温宗尧为总裁也。废兴之事,有若弈棋,是非之争,只同鹬蚌,智者于此,当亦顾影自笑矣。或云君受部将逼迫,与杨伯周往事正同,借虚名以替实权,聊存体面,其然,岂其然乎?章炳麟。寝。"(《申报》,1920 年 9 月 1 日"本埠新闻":《章太炎致刘显世电》。)

9 月,归徐杭。这时人民革命运动日渐发展,章氏害怕群众革命运动,由反对军阀割据逐渐转变为赞成军阀割据。他"既议湘、川同盟,知军政府必不支,则以自治同盟为说"。（《自定年谱》。）并于9月后"溯江入长沙"。"既抵长沙，以联省自治说其人士。时组安方拟省宪，意相得也"。（同上。）

秋，在长沙。有《长沙何氏园》诗："君是云中人，（主人云南产也。）未卜云麓舍。草树蔽埃壒，筋羿永晨夜。未见云中人，棋声落岩榭。"（《太炎文录续编》卷七下，又见《华国月刊》一卷十二期，《华国》无脚注。）又有《岳麓》诗："明发度湘水，相牵登绝巘。出郭无半驿，随磴近千转。累累冢相似，冥冥露犹泫。隔峰闻鸡鸣，开径杜鹿瞳。秋风日夕来，草静沙亦浅。成功古不易，告归今始免。笑彼上蔡豪，父子哭黄犬。"（同上。）旋返沪。

10月24日，广东军政府总裁岑春煊、陆荣廷、林葆怿、温宗尧等宣言撤销军政府。27日，桂系军阀撤离广州。29日，陈炯明粤军进入广州。11月1日，粤军总司令通电否认取消军政府。

11月2日，湘督谭延闿通电声称军政府为西南集合体，不承认取消。又言湘省实行自治，"以树联省自治之基"，不受任何一方之干涉。章太炎紧接着在11月9日的《益世报》上发表《联省自治虚置政府议》，谓："民国成立以来，九年三乱。近且有借名护法，阴图割据者。自湖南建义，破走北军，光复旧壤；而四川亦击走滇、黔，自固疆圉；广东之于桂军，骎有灭此朝食之势；下及湖北、江、浙，靡不以地方自治为声。是知敬恭桑梓，无滋他族，为人心所同然，为事势所必至。欲济横流，在此道也。自今以后，各省人民，宜自制省宪法，文武大吏，以及地方军队，并以本省人充之；自县知事以至省长，悉由人民直选；督军则由营长以上各级军官会推。令省长处省城，而督军居要塞，分地而处，则军民两政，自不相牵。其有跨越兼圻，称巡阅使，或联军总司令者，斯皆割据之端，亟宜划去，此各省自治之大略也。

"然近世所以致乱者，皆由中央政府权藉过高，致总统、总理二职为夸者所必争，而得此者，又率归于军阀。攘夺一生，内变旋作，祸始京邑，鱼烂及于四方。非不预置国会，以相监察，以卵触石，徒自碎耳。今宜虚置中央政府，但令有颁给勋章、授予军官之权；其余一切，毋得自擅。军政则分于各省督军，中央不得有一兵一骑。外交条约则由各该省督军省长副署，然后有效。币制银行，则由各省委托中央而监督造币，成色审核、银行发券之权，犹在各省。如是，政府虽存，等于虚牝，自无争位攘权之事。联省各派参事一人，足资监察，而国会亦可不设，则内乱庶其弭矣。

"或云：外交大权，中央不能专主，则应敌为难。不知今日所公患者，不在外人之迫胁，而在中央之贩卖路矿，以偷一时之利耳。中央之所贩卖者，其实还在各省，而非中央自能有之。以中央去人民远，密谋贩鬻，人民无自审知；比其觉察，则签约已成，不可追改。此正外患所由生也。今使事涉某省者，皆由该省督军省长副署负其责任，督军省长去人民近，苟有奸，事易宣露。身为是省之人，而与外人朋比以贩鬻本省人民之公产，千夫所指，其倾覆可立而期；虽甚贪愚，焉得不深自敛戢。故外交权归于各省，则贩卖自止，而应敌反易，外患亦可渐息矣。

"此种联省制度，为各国所未有，要之中国所宜，无过于此。若但如德、美联邦之制，则中央尚有大权，行之中土，祸乱正未有艾也。谨议。"

他认为"中央政府权借过高","所以致乱",主张"虚置中央政府","军政则分于各省督军",甚至外交"事涉某省者,皆由该省督军省长副署负其责任",这种政治主张,恰恰符合部分军阀政客为保持地方割据、反对民主革命的需要。

11 月 24 日,《致李根源书一》,以为"此次军府取消,人情骇愕,大抵政客受欺所致"。(见《近代史资料》,1978 年第 1 期。下同。)

11 月 29 日,孙中山回粤,重整军政府,自任内政部长,以唐绍仪为交通部部长,陈炯明为陆军部长。

12 月 1 日,孙中山等宣告军政府重开政务会议,并宣言北方倘能以诚相见,仍可继续和议。非常国会回粤。

12 月 10 日,《致李根源书二》:"川中诸友何时可以见面? 川局终以熊、刘辑睦为要。近致锦帆一电,望以密电拍发为荷。"锦帆,即熊克武,广东军政府任为四川督军,11 月 30 日通电解职,主张川省自治。刘湘(甫臣),曾任川军副总司令,是时与熊联合驱逐滇黔军出川,主张川省独立自治。所附"致锦帆一电",李根源于 14 月拍发,电云:"滇唐逃遁,川滇解仇。近知粤中联省自治之议,亦将提向各省征求同意。窥其态度,仍是独裁,并谓省宪未成以前,军民兵官仍由联省政府任命。此乃阻遏省宪、破坏自治之端。夫各省军民兵官既由地方军民公推公认,虽省宪未成,不为正式;而临时职位,已有定型,又焉用他人任命,自取侮辱。反言之,省宪未成,则联省亦是假定;国宪未就,则政府何自产生? 彼临时之联省政府首领是否亦待他人任命耶? 贵省现既脱离南北漩涡,军民两长亟应早推。粤中提议,务须反抗,以免自诒伊戚。"(同上。)

本年,撰《盐城陶小石遗书序》,谓:"余家居,人以盐城陶小石书来,其目曰《读礼志疑》、《左传别疏》、《读诸子札记》,学可谓知所趋向者矣。"(《制言》第二十六期。)《读诸子札记》后在《制言》刊布。

本年,《太炎教育谈》在四川出版,"庚申仲春刊于观鉴庐",共二卷,分订两册,都是《教育今语杂志》所载讲演。卷一共三篇:一,《论文字历史哲理的大概》,即《教育今语杂志》第一册"社说"《文化的根源和近代学术的发达》;二,《说文字的通借》,原载《教育今语杂志》第四册;三,《论常识》,即《教育今语杂志》第二册《常识》。卷二共三篇:一,《论群经的大意》,即《教育今语杂志》第二册《论经的大意》;二,《论诸子的大概》,原载《教育今语杂志》第三期;三,《论教育的根本当从自国自心发出来》,原载《教育今语杂志》第四期。内容见"宣统二年庚戌(1910 年)四十三岁"条。

【著作系年】《致唐继尧电》(《申报》,1920 年 6 月 9 日)。《致谭延闿电》(《申报》,1920 年 6 月 18 日)。《致刘显世电》《申报》,(1920 年 9 月 1 日)。《致李根源书一》(1920 年 11 月 24 日,《近代史资料》,1978 年第一期),《致李根源书二》(1920 年 12 月 10 日,同上)。《致熊克武电》(1920 年 12 月 14 日,同上)。

《前长江巡阅使谭君墓志铭》(《制言》第三十三期,收入《文录续编》卷五下)。《宋教仁〈我之历史〉序》(1920 年 5 月,《我之历史》卷首)。《联省自治虚置政府议》(《益世报》,1920

年11月9日)。

《盐城陶小石遗书序》(《东南大学国学丛刊》;又见《制言》第二十六期)。《毛诗韵例序》(《国学卮林》第一卷,1920年5月)。《与吴承仕论哲学书》(《国学卮林》,第一卷,同上)。

《长沙何氏园》(《文录续编》卷七下)。《岳麓》(同上)。

《太炎教育谈》(二卷,庚申仲春四川观鉴庐刊本,目见正文)。

1921年(民国十年辛酉)　五十四岁

【自定年谱】组安自去位,即居上海。而厚栽为恩施神兵所破,伤指掌及颅骨,潜来。是时西南六省,唯广西附北方。其馀皆称自治,改督军号总司令,或兼省长。龚赓为顾品珍所蹙,逃之香港。锦帆亦让位于刘湘。贵州卢焘以王文华之命,攻刘显世去,自为总司令。湖南则赵已代谭矣。孙公在广东,犹称总裁,以令任命顾、刘、卢、赵,顾、刘、赵皆不受。及四月,孙公以议员二百人选为非常大总统,湖南力争之,虽竟存亦不说也,孙公自是益恨炎午。而周震鳞、程潜诸不逞亦日夜说孙公征湘,炎午惧,专与竞存交欢以缓兵。余闻孙公就选,以为非法。然知孙公不得大位必附北,而唐绍仪在粤,犹为徐世昌谋,反对孙公则使徐、唐快意。念武侯贺仲谋称尊之事,故不与争。孙公来电亦自言不得已。余答曰:"广东地治,一以付陈;他省逋逃,屏绝勿近。得一夫而失一国,非谋也。"终以联省自治不可反对为献,言甚切至。孙公近周、程辈终不肯弃。溥泉时在孙公左右,余以保傅冲人属焉。其夏,竞存征广西克之。时王占元据湖北,兵数变,湖北人日求救于湖南。会锦帆游长沙,始定川、湘会师之议。然两省军行迟速不相及。锦帆归,七月二十二日,始抵巴下,议未定,湖南已出师,晨夜部署。八月十九日,川军前锋及巴东,而两湖之战已再旬矣。闻吴佩孚自将救武昌,炎午亦亲督师与战,杀伤相当。然岳阳守甚单,佩孚以军舰攻城陵矶,二十八日克之,炎午遁归。所将二师道绝不得通。长沙几危。九月一日,川军攻宜昌,湖南事始得解,与北军画汨罗为界焉。川军新下,气锐甚,宜昌戍军不能守,佩孚自将御之,顾不知城已陷也。莫夜抵郭下,见有川军,自率卫兵与鏖战。川军亦不知佩孚在,竟退师。相持月馀,杀北军过当,然终不能拔,与盟而还。是役也,湖南利湖北富庶,欲专其功,故先川师而下,几侥幸袭得武汉,卒以自困,非川军踵之而下,则亡矣。于是知亲仁善邻之益也。川、湘既旋师,广西事定。孙公赴桂林,始议道湘南取武汉。余争之曰:"岳州已尽入北军,自铁道至株洲,不半日;株洲距衡阳百馀里,其趣利速。而粤军东道韶关,西道零陵,去衡阳犹远,必不能与争,徒以长沙授敌耳。今公所恃名将,则协和也,其志在江西;江西陈光远失众心,易攻。得江西,亦自可窥武汉,无徒苦湖南为也。"时孙公方恨炎午,不为意。而周、程辈亦日从臾之。竞存素幸爱陈光远,亦不肯攻,众口同辞,皆称出湖南便。余辩之急,组安亦力持。十一月,始定计出江西。谗人在侧,几使湘衡尽陷贼中。天诱其衷,得以变计,亦危矣。

　　1月3日,《与各省区自治联合会电》,主张"使地方权重而中央权轻"。以为"各省自治为第一步,联省自治为第二步,联省政府为第三步"。电云:"自联省自治之声一起,虽狂狡不得不顺此潮流,广东军府尝有改称联省政府之说矣。而北来政客,亦以东南联省为言,此虽于南孙北徐外别树一帜,要其形式,亦无异也。鄙人则谓频年扰乱,皆中央政府为厉阶,有之不如其无,中国既不能绝对无政府,则当使地方权重而中央权轻,此自治之说所由起也。联省政府与联省自治名义似无差别,其实有冰炭之殊。自治云者,必以本省人充军民长官,本省人充军队警察,而长官尚须本省人民公举,不由政府除授,斯为名实相称,如是层累以成联省政府,则根本巩固,不可动摇,是故各省自治为第一步,联省自治为第二步,联省政府为第三步。未有各省自治而先有联省自治,是舍实责虚也;未有联省自治而先有联省政府,则启宠纳侮也。从前所谓君主立宪、民主立宪者,大抵自政府政客提倡成之,其事自上而下,今言自治则不然。千里之行,始于足下,九仞之台,基于累土,其事当自下而上,非政府政客所能笼罩也。若昧于步骤,贸然歆求联省政府,斯乃妨害自治之大端。何者,联省政府,只求各省附己,而不问该省长官军警是否本省人所充,是否本省人所举,借大名以胁小民,援暴客而侮土著,其势有所必至。我各省父老兄弟,果有诚求自治者,宁可使暂时无中央政府,不可使暂时无地方主权,务在敬恭桑梓,无滋他族,推贤吁俊,百姓与能。而现在之南北政府,但视以栖流所;现在之总统、总裁,与未来之大元帅、非常总统,但视以僧纲勾头;现在之旧国会,但视以失业流民;现在之新选举,但视以烧香集市。废兴生灭,任其自然,总不使干预省事,事虽稽迟,力则磐固。若狃于欲速见小之私,上者希附政府而得达官,下者苟顺他人而图厅长,斯乃假借美名、贩鬻伪物,所谓鱼目混珠而已,夫岂邦人君子之所乐为欤? 章炳麟。江。"(《申报》,1921年1月6日《章太炎与各省区自治联合会电》。)

　　1月8日,四川刘湘等通电"川省自治",章氏于14日致电刘湘、但懋辛。电云:"重庆刘总司令兼转但军长鉴:读庚电,知诸公不汙伪命,力图自治,脱离南北,无所偏党,风声皎然,不胜欣舞。川省为长江上源,襟带六省,自湖南先言自治,而贵省以高屋建瓴之势,应于上游,风声所播,东被海堧。此后下江各省,岂甘后人,远效吴、蜀之同盟,近复辛亥之原状,则非特川省一方之福,而我扬子江人皆被其赐矣。敬电驰贺,惟希亮察。章炳麟。寒。"(《申报》,1921年1月15日"本埠新闻"《章炳麟复重庆刘、但电》。)

　　2月7日,四川军阀以"自治"名义驱逐在川滇军,顾品珍率师回滇,逐唐继尧,占领昆明。章氏又于3月11日致电熊克武、刘湘、但懋辛、赵恒惕、陈炯明、顾品珍:"重庆熊锦帆先生,刘、但两军长,长沙赵总司令,广州陈总司令,云南顾总司令均鉴:自西南各省恢复旧疆,顽愚之见,即以联省自治相劝,幸协同情,各守多地。其间步骤,本分三期,有省自治而后有联省自治,有联省自治而后有联省政府,节次稍差,便为躐等。广州欲亟设联省政府,鄙人已斥其非矣。今者,根本法律虽未形成,而客军退于境外,长官出于土著,已定自治之式,互相联络,理亦宜之。夫既以联省自治宣布,所联者不必问其属于南北,而不得不以省民为限。今西南自治,各省之所联者,又阑及于东南,东南各省,本无自治,其督军有一出于土著者乎? 其省长有一出于推选者乎? 以客军之威力,制在籍之人民,此与唐继尧、陆荣廷所为原无大异,在内则深嫉自治之名,而代表之赴川、赴湘、赴粤者,又仿托联省自治以为号,碔砆混玉,紫色乱朱,诸公岂应听其簧鼓? 就中如反对选举一件,心伪事真,无妨嘉许,即西南各省与之连界者,互防盗寇,恤以简书,此亦不足深怪。至'联省自治'四字,名器所在,岂可假人? 若近知本省人民之复业,而远忘他省人民之陷阱,听其奸欺,加之粉饰,不已甚乎? 此鄙人所为诸公做告者也。章炳麟。真。"(《申报》,1921年3月15日"本埠新闻"《章太炎最近致川湘粤滇通电》。)

4月7日,广东国会开会,议决中华民国政府组织大纲,选孙中山为非常总统。查此时广西尚在桂系手中,已投降直系,湖南已别树帜"自治",四川刘湘亦宣言"自治",云南虽声称与孙中山合作,但在二月唐继尧即为顾品珍所逐,故所谓军政府势力所及仅陈炯明所据的广东一省。列强在华外交团从前曾将关税一部分交其支用,现在则不交付,孙中山因此进行设立正式政府,以谋对外活动。5月1日,孙中山贻书章氏:"太炎先生执事:文回粤以来,事变迭生,倏经三月。兹者粤局略定,西南联络,尚待进行,民生憔悴,如何苏息,千端未竟,岂一手一足之烈所能计? 急愿贤哲南来,匡我未逮,欲言千万,伫盼巾车有日首途,并希电告,俾饬人迎候,手颂起居不悉。"(手迹,南京博物馆藏。)而章氏"闻孙公就选,以为非法",并"以联省自治不可反对为献"。(《自定年谱》。)

4月25日,靳云鹏与曹锟、张作霖、王占元在天津会议,议妥奉、直划定势力范围。27日,联名发电反对广东非常国会另组织政府。

5月3日,曹锟、张作霖入京。14日,靳云鹏内阁改组,交通系阁员周自齐、叶恭绰去职。30日,任张作霖为东三省巡阅使,兼蒙疆经略使,热、察、绥三省皆归其节制。5日,孙中山就任非常大总统。

6月6日,四川各军阀举刘湘为总宪兼任省长。这时,浙江督军卢永祥也以"自治为名",发出豪电(4日)。浙江有"制宪之议",旅沪浙人曾开会集议,并选章氏"起草省宪",又推派褚辅成赴杭州。章氏于11日发出通电:"杭州卢子嘉先生及省宪筹备处诸君鉴:浙省自主,既可使□廷夺气,亦于浙江度支有益,鄙人本极端赞成。惟自治二字,名义精严,非可迁就。前见卢公豪电,既以自治为名,而浙人亦以自治评议之结果,促成省宪,两方同调,其误甚多。鄙意卢公宜速宣布自主,而浙人则极端主张自治,精神既可互助,名义不必苟同,庶名实相符,无所牵掣。在浙人既有回翔之地,在卢公亦促进取之心,计莫善于此矣。鄙人被选起草,待命而行,若必欲苟同,鄙人本提倡西南真正自治之人,少一惟阿,即无以见西南之士。特此电达,详俟褚辅成代陈。章炳麟。真。"(《申报》,1921年6月14日"本埠新闻"《章太炎对于浙江省宪之意见》。)

6月12日,旅沪浙人集议一次,(《申报》,1921年6月13日"本埠新闻"。)13日,褚辅成抵杭。(《申报》,1921年6月15日"杭州快信"。)14日,旅沪浙人杭辛斋等又电杭州省议会转省宪起草委员会"电催省宪起草"。(同上"本埠新闻"。)章氏于14日、15日分别发出《致陕西陈树藩电》、《致浙江省宪起草员电》,"主张自治",对"未宣布自治之陈树藩则策励之,于已宣布自治之卢永祥则拒绝之"。(《柏烈武与章太炎往来函》,《申报》,1921 年 6 月 22 日,详下。)

6 月 16 日,浙江省宪起草委员会开成立会,选王正廷为委员长。(《申报》,1921 年 6 月 17 日"杭州快信"。)同日,卢永祥"邀沈省长及省议会议长、议员等",谓:"外传浙江独立之谣,实由豪电误会所致,我并无脱离中央之意,浙江今日亦无独立之必要。……(豪电)用意在'分权自治'四字,以非此不足以救国弭乱,并希望先制省宪,然后产生国宪。但此系我个人之意见,仍须由人民自动,断不用军人之干涉云云。"(《申报》,1921 年 6 月 18 日《浙卢督宣明态度》。)从事欺骗。17 日,浙江省宪起草委员会第一次大会,王正廷主席,"讨论大纲八条,大致采取湖南省宪法纲要"。会上"褚辅成主张职业团体各选出若干人,郑迈、沈钧儒赞成"。(《申报》,1921 年 6 月 19 日《浙制宪会第一次大会记》。)

6 月 17 日,柏文蔚以章氏"于已宣布自治之卢永祥则拒绝之",特为函询,并请"命驾回浙"。函云:"太炎先生有道:取地方分权制,施行民治,为吾党始终一贯主张。读先生致陕西陈树藩寒电、浙江省宪起草员删电,极端主张自治,语不离宗,足资表率。惟于未宣布自治之陈树藩则策励之,于已宣布自治之卢永祥则拒绝之,其故即以一为本省人,一为非本省人。窃以一切施设,其主动自治,出自民意,则执行事务之公仆,未必须限于本省人,昔之程德全是也。否则施行政务,以官吏意思为主动,则自治之名,非本省人固不得冒称,即本省人亦决不得伪托。如张作霖、倪嗣冲又何足道,所以官吏当问贤否,自治当问真赝。卢永祥凭藉武力,不以之虐民而以之倡导自治,制宪发动委之于省议会,广延浙省名流,从事起草,毫无包办及干涉事迹,似不应以非本省人薄之。且军人职在卫国,驻在省分,非其封邑,于地方政治,当然不能干预。若浙省宪法成立后,卢永祥果有据地毁法之事实,其曲在彼,不攻自倒。今彼以提倡民治之道来,先生亦宜宏不逆诈不亿不信之度,祈即命驾回浙,领袖群英,完成宪典,作全国楷模。素承知爱,敢贡刍荛。倘蒙嘉纳,曷胜荣宠之至。专此,即颂道安。柏文蔚拜启。十七日。"(《申报》,1921 年 6 月 22 日"本埠新闻"《柏烈武与章太炎往来函》。)

6 月 18 日,章氏公开函复柏文蔚:"烈武我兄鉴:示悉。卢子嘉果能进取,则以浙省为策源,原无不可。如昔日孙、刘之借荆州,已有成例。惟观其近日主张,惟取退缩。若以浙为汤沐邑者,吾辈廉耻尚存,岂可为浙之李完用耶?删电所言,本非极端排斥,如彼能决志进取,吾又何求?若其濡滞不决,欲以保守主义,坐谈西伯,则浙境固非可得,而变生肘腋,正不可知,彼既自祸,又祸浙人,又焉能以身殉彼也?仆之为人,兄所素悉,平时惟论正义,兼于利害观察亦深,初不以党派感情而论事也。此复,章炳麟顿首。十八日。"(同上。)

6 月 29 日,旅沪浙人组织之浙江省宪协进会又开评议、干部两部联席会议,杭辛斋主持,报告"章太炎君二次来函,对章君来函,主席主张推举代表前往解释,当由会众公推李徵五、严潄宣、周志成三君前往"。(《申报》,1921 年 6 月 30 日"本埠新闻"《浙江省宪协进会开会记》。)

此后,浙江省宪协进会又于 7 月 6 日开评议、干部联席常会,杭辛斋主席,"继严潚宣报告请章太炎出席事,有意见书说明"。(《申报》1921 年 7 月 8 日"本埠新闻"《浙江省宪协进会评干联席会》。)章氏致省宪协进会函和意见书未见,但参阅上引《复柏文蔚书》,知章氏对浙省"自治"和"省宪"又有芥蒂。浙江省宪法于 9 月 9 日宣布,上海各公团于 9 月 8、9、10"三天庆祝"。(《申报》,1921 年 9 月 6 日。《申报》于 9 月 10 日起刊布浙江省宪法。)

夏,有《食瓜》诗:"膏火长为患,呼僮且买瓜。不辞停浊酒,正尔醉流霞。却热频添凌,承尘为笼纱。青门战方剧,(《华国》作"青门尚酣战"。)莫问故侯家。""老欲灌园去,於陵已陆沉。海隅沙正白,塞上气犹阴。大实能寒胆,明灯不系心。休将天子树,还以换兼金。"(《太炎文录续编》卷七下,又见《华国月刊》一卷十二期。)又有《吊易白沙》:"新会有大士,(《华国》作"遗佚"。)卜居近白沙。冥心契玄牝,志欲凌云霞。樊篱(《华国》作"樊柚"。)在名节,吐辞无奇邪。苕苕四百载,名字何相若。探古诋黄农,视世如浮苴。南辕北有辔,啖此苦与荼。闻子税骆越,江门行无遮。荡荡跞弛材,齿颊流芳葩。钱刀敛衽拜,耰锄谇阿耶。兰滫岂同御,岁晏谁为华。何不登阳春,韫椟而藏诸。宾名未毁实,令人长咨嗟。"(《同上》。)

7 月 23 日,中国共产党第一次全国代表大会在上海举行。

革命形势日益发展,章氏的言行又和时代不合,成为"活的纯正的先贤"了。

8 月 10 日,孙中山以两广已定,谋由桂林取道湘省北伐,陈炯明反对北伐。章氏"争之",不主张"出湖南"。(《自定年谱》。)

8 月 23 日,《致李根源书四》,认为,《中华新报》在湘直之战时"赞许"吴、萧,应该"转移论调"。初,8 月 9 日,北京政府任吴佩孚为两湖巡阅使,萧耀南为鄂督,孙传芳为长江下游总司令。吴佩孚率军自洛阳南下,湘鄂之战,遂变为湘直之战。14 日,吴密令决京口堤,湘军死数百人,人民千八百馀户尽被淹没。17 日,双方下总攻令,湘军大败。章氏函云:"日来湘直战争,舆论皆反对吴、萧,而《中华新报》颇尚赞许,外间议论多谓政学系与研究系同趣,鄙意不愿老民党受此声名。兼吴、萧得志,若设第三政府,黄陂实亦无望,彼仍以曹锟垄断大政耳,曹之狂悖恐更甚于袁、段也。一二政客仰攀不上,即研究系为彼谋主,恐尚有鸟尽弓藏之患,(原注:"研究系为段设法讨张勋,成后终被踢开,盖北方军阀本不与政党相容也。")而况馀子。此中是非利害,宜所审知。兄肝胆照人,不同唅等,惟望劝《新报》诸君,转移论调为荷。"(见《近代史资料》,1978 年第一期,下同。)

8 月 29 日,《致李根源书五》:"党生又来,今日虽未必有寻仇之念,然兄门禁宜加慎。"党生,居正。

11 月 15 日,孙中山赴桂林组织大本营,筹备北伐。章氏又以为"谗人在侧,几使湘衡尽陷贼中,天诱其衷,得以变计,亦危矣"。(《自定年谱》。)对孙中山仍示不满。

本年,《太炎学说》出版,上、下二卷,四川印行,"辛酉春夜观鉴庐印"。上卷为章氏演说记录，除中有掇拾过去演说记录外，有的可能是 1918 年章氏在四川的讲演记录；下卷则为已发表过的书札等。

上卷共收七篇。一，《说新文化与旧文化》，谓："近来有人提倡新文化，究竟新文化和旧文化，应该怎样才得调和，今天预备关于这层来说一下。""我最初专攻汉学，不求科举和别的职业，偶然也做过教师，当时对于学问，总求精奥，后来觉得精奥也无甚用，就讲大体，对于前人所未发明的，虽然也曾加以发明，但琐碎的是总不讲了"。"所以做教师的，宜在教科书外指导学生。学生也要自己多方参考，务必要求学问底大体。那么，大体怎样去求呢？学问底大体，从前却不易求，现在却比较容易。明以前考据很疏，到清代渐渐精密，自然说来也很琐碎，但到了后来，大体却显现出来；这大体不曾错误，我们也容易求得。""我国古学，论其大者，不过是经、史、小学、诸子几种"，"一说经学。……清代治经，分古文、今文两派，不如从前的难得统系，古文是历史，今文是议论。古文家治经，于当时典章制度，很明白的确；今文家治理，往往不合古时的典章制度。……古文家将经当历史看，能够以治史的法子来治经，就没有分乱的弊病，经就可治了，这是治经的途径。""二说史学。再讲读史，学校里读，往往多做空议论，实不得法。古人像吕祖谦、苏轼等，也欢喜多做史论，但是不过是为干禄计的，所论于当时的利害，并不切当，这是毫无意义的事。我们读史，应知大体。全史三千多卷，现在要人全读，是不可能的事，《资治通鉴》和《通典》、《通考》，却合起来，不过六七百卷，可以读完的。不过这个里面，也有许多不可以读的，如五行、天文等类，用处很少；至于兵制、官制、食货、地理等重要门类，应该熟读详考。""三说小学。小学似非有师指导，不能入门径学问。其实关于小学著作中，真可观的书也没有几种。……近来应用的字，已达了在三千以上的数目，专从形体上去求，实太琐碎，应该从音训上去学。文字原是言语的符号，……凡声相近的，义也相近。譬如'天，颠也'。人身最高部是颠，天也是最高部，所以音义也相近。这样去讲求，就能得着系统，得了系统就可以免去烦琐。对于很复杂的文字，不求了解彼底根源，专从形体上去讲求，既觉得纷烦而且无实用。这是小学的途径。""四说诸子。……原来我国的诸子学，就是现在的西洋所谓哲学。中国哲学，有特别的根本。外国哲学，是从物质发生的，譬如古代希腊、印度的哲学，都以地、火、水、风为万物的原始。外国哲学，注重物质，所以很精的。中国哲学，是从人事发生的。……如老子、孔子，也着重在人事，于物质是很疏的。人事原是幻变不定的，中国哲学从人事发出，所以有应变的长处，但是短处却在不甚确实。这是中外不同的地方。于造就人才上，中胜于西，西洋哲学虽然从物质发生，但是到得程度高了，也就没有物质可以实验，也就是没有实用，不过理想高超罢了。中国哲学由人事发生，人事是心造的，所以可从心实验，心是人人皆有的，但是心不能用理想去求，非自己实验不可。中国哲学就使到了高度，仍可用理学家验心的方法来实验。这是中胜于西的地方。印度哲学也如是。我从前倾倒佛法，鄙薄孔子、老、庄，后来觉得这个见解错误，佛、孔、老、庄所讲的，虽都是心，但是孔子、老、庄所讲的，究竟不如佛的不切人事。孔子、老、庄自己相较，也有这样情形，老、庄虽高妙，究竟不如孔子的有法度可寻，有一定的做法。那么,孔子可以佩服,宋儒不可佩服了吗? 这却不然。宋儒也有考据学,不过因时代不同罢了。程、朱、陆、王互相争轧,其实各有各的用处。阳明学说,言而即行,适于用兵。朱子一派,自然浅薄,但是当当地方官、做做绅士,却很有用。程明道、陈白沙于两派都不同,气象好像老庄,于为君很适当。这三派易地俱败,以阳明学去行政治,就成了专制;以朱子学说去用兵,就有犹豫不决的弊病;以明道、白沙两学说去做地方官和绅士,就觉得大而无当。……我们自己欢喜做那样的人,就去学那一派,不必随着前人诤论的,这是诸子学的途径。”“五,总论。中国学问中最要紧的就是这几种。此外,虽然还有许多门类,但不是切要的。”

《说今日青年的弱点》,认为“现在青年第一个弱点,就是把事情太看容易,其结果不是侥幸,就是退却”。“近来一般人士,皆把事情看得容易,亦有时机凑巧,居然侥幸成功,他们成功既是侥幸得来,因之他们凡事皆想侥幸成功。但是天下事那有许多侥幸呢? 于是乎一遇困难,废然而返,则毁谤丛集。譬如辛亥革命诸人,多半未经历练,真才不易显出。诸君须知凡侥幸成功之事,便显不出谁是勇敢,谁是退却,因之杂乱无章,遂无首领之可言。假使当时革命能延期间三年,清廷奋力抵抗,革命诸人由那艰难困苦中历练出来,既无昔日之侥幸成功,何至于有今日之纷纷退却。又如孙中山之为人,私德尚好,就是把事情太看容易,实为他的最大弱点。现在青年若能将这个弱点痛改,遇事宜慎重,决机宜敏速,抱志既极坚确,观察又极明了,则无所谓侥幸退却,只有百折不回,以达吾人最终之目的而已”。“现在青年第二个弱点,就是妄想凭藉已成势力,就将自己原有之材能,皆一并牺牲,不能发展。譬如辛亥革命,大家皆利用袁世凯推翻清廷,后来大家都上了袁世凯的当。历次革命之利用陆荣廷、岑春煊,皆未得良好结果,若使革命诸人听由自己的力量,一步一步的做去,旗帜鲜明,宗旨确定,未有不成功的。他们的少年中国学会,主张不利用已成势力,我是很赞成的”。“现在青年第三个弱点,就是虚慕文明。虚慕那物质上的文明,其弊是显而易见的;就是虚慕那人道主义也是有害的。原来人类性质,凡是能坚忍的人,都是含有几分残忍性,不过他时常勉强抑制,不易显露出来,有时抑制不住,那残忍性质便和盘托出。譬如曾文正破九江的时候,杀了许多人,所杀者未必皆是洪、杨党人,那就是他的残忍性抑制不住的表示,也就是他除恶务尽的办法。……现在中国是煦煦为仁的时代,既无所谓坚忍,亦无所谓残忍,当道者对于凶横蛮悍之督军,卖国殃民之官吏,无不包容之、奖励之,决不妄杀一个,是即所谓人道主义。今后之青年做事皆宜彻底,不要虚慕那人道主义”。“现在青年第四个弱点,就是好高骛远,在求学时代,都以将来之大政治家自命,并不踏踏实实去求学问”。“故现在青年之好高骛远,在青年自身,当然亟应痛改。即前辈中之好以‘少年有大志’奖励青年者,亦当负咎。我想欧、美各国青年,在求学时代,必不如中国青年之好高骛远,大家如能踏踏实实去求学问,始足与各国青年相竞争于二十世纪时代也”。

《说求学》以为“求学之道有二:一是求是,一是应用。前者如现在西洋哲学家康德等是,后者如我国之圣贤孔子、王阳明等是。顾是二者,不可得兼,以言学理,则孔子不及康德之精深,以言应用,则康德不及孔、王之切近。要之,二者各有短长,是在求学者自择而已。然以今日中国之时势言之,则应用之学,先于求是"。"中国今日之急务维何? 即芟锄军阀是也。盖今日中国,为从古未有之变局,欲应兹变,非芟锄军阀,则虽有优良之社会制度,终托空想,无如今人每多昧此而务彼,兹可大惧者也"。"近吾国最好立异者,厥有二人,前有康有为,今有蔡元培,一则以政治维新号召,一则以社会主义动人。其实满清政治非不应改革,社会主义亦非不应研究,不过以素无研究及一知半解者,从而提倡之,未免欲以其昏昏使人昭昭,殊可笑耳"。"吾于兹尚欲一言,即求学宜切戒浮华,浮华者非谓从事美衣玉食也,即务名而不求实之谓"。

《说真如》谓:"余以所谓常乐我净者,即指真如心;而此真如心,本唯绝对,既无对待,故不觉有我,即此不觉,谓之无明。证觉以后,亦归绝对,而不至再迷者,以曾经始觉故。"

《说忠恕之道》谓:"仲尼以一贯为道为学,贯之者何? 只忠恕耳"。"尽忠恕者,是唯庄生能之,所云齐物,即忠恕两举者也。二程不悟,乃云佛法厌弃己身,而以头目脑髓与人,是以己所不欲施人也。诚如是也,鲁养爰居,必以太牢九韶邪? 以法施人,恕之事也;以财及无畏施人,忠之事也。"又谓:"举一隅以三隅反,此之谓恕。……顾凡事不可尽以理推。专用恕术,不知亲证,于事理多失矣。救此失者其唯忠。忠者周至之谓,检譣观察,必微以密,观其殊相,以得环中,斯为忠矣。今世学者,亦有演绎、归纳二涂,前者据理以量事,后者譣事以成理,其术至今用之,而不悟孔子所言何哉!"

《说道德高于仁义》,认为"道德果在仁义上矣。仁义唯有施戒忍进四度,而定智皆劣,通在上乘;道德则六度晐之,惟菩萨乘,是故其言有别"。

《说职业》谓:"不学稼者,仲尼之职业也,因是欲人之不为稼可乎? 勤四体分五谷者,荷蓧丈人之职业也,因是欲人人为稼可乎? 吏农陶冶,展转相资,必欲一人万能,势所不可。自政俗观之,九两六职,平等平等;自学术观之,诸科博士,平等平等,但于一科之中则有高下耳"。

《说音韵》谓:"在昔北音,本与南音相近。造切韵者,多是北人,而所定音切,与今世北人唇吻所发大异其趣,司马温公作《指掌图》,亦非今之北音也。自汴都覆亡,骤经金、元之乱,异种杂居北方,音韵已非华夏之旧,既失故步,反目正音为南音,故无识之人,辄斥切韵为吴语,可谓倒乱之尤矣。"

《说自心之思想迁变》,即《菿汉微言》最后一则。

《大炎学说》下卷,则为:一,《与弟子论学札》,内收《与吴检斋》二通,即《与吴承仕论宋明道学利病书一》,见"1917 年,五十岁"条;另一通和《与黄季刚书》,均载《国故月刊》,见"1919 年,五十二岁"条。《与国粹学报社书》,原载《国粹学报》己酉第十号,见"宣统元年(1909 年),四十二岁"条。《复张伽厂书》,原载《大中华》二卷六期,见"1916 年,四十九岁"条。

《会议通则序》撰于 1917 年 2 月,见该年条。

《漫录》,即《国故月刊》第三期所载,见"1919 年,五十二岁"条。

本年,《章太炎的白话文》出版,吴齐仁编,泰东图书馆铅字排印本。1921 年 6 月 20 日初版,1922 年 11 月 1 日三版,共一册,一三八页。收录一、《留学的目的和方法》,二、《中国文化的根源和近代学术的发达》,三、《常识与教育》,四、《经的大意》,五、《教育的根本要从自国自心发出来》,六、《论诸子的大概》,七、《中国文字略说》。"编者的话"虽谓:"章先生一生亲笔做的白话文极少,编者煞费苦心,才收集这几篇。"(1921 年 1 月吴齐仁"短言"。)但萧一山《清代学者著述表》称:"末篇乃钱玄同作,误收。实则此书采自太炎与钱玄同所办之《教育今语杂志》。该杂志几全出玄同手,即署名'太炎'者,亦玄同作也,故应名《钱玄同白话文》。"(商务印书馆 1944 年 9 月赣版。)按:萧一山所载有误。《章太炎的白话文》为章氏在日本讲学时的演说录,曾载《教育今语杂志》,见"宣统二年庚戌(1910 年),四十二岁"条。此后,庚申仲春观鉴庐刊本《太炎教育谈》也加录载,不是"钱玄同白话文"。

又据张静庐先生面告,编者"署名'吴齐仁'者,无其人也",实为张静庐所编,系张在章氏沪寓索得付印的。

【著作系年】《与各省区自治联合会电》(1921 年 1 月 3 日,见《申报》,1921 年 1 月 6 日)。《复重庆刘、但电》(1921 年 1 月 14 日,见《申报》,1921 年 1 月 15 日)。《致川湘粤滇通电》(1921 年 3 月 11 日,见《申报》,1921 年 3 月 15 日)。《致卢永祥等电》(1921 年 6 月 11 日,见《申报》,1921 年 6 月 14 日)。《复柏文蔚书》(1921 年 6 月 18 日,见《申报》,1921 年 6 月 22 日)。《致李根源书四》(1921 年 8 月 23 日,见《近代史资料》,1978 年第一期)。《致李根源书五》(1921 年 8 月 29 日,同上)。

《与吴检斋论说文书》(立夏后一日,《章太炎书札》,钞本,温州图书馆藏)。《与徐哲东书》(1921 年 4 月 19 日,《太炎先生著述目录初稿》卷下)。《与吕黎两君论佛理书》(《民铎杂志》三卷一号,1921 年 12 月 1 日)。《关于佛理之辨解》(《时事新报》,1921 年 1 月 19 日《学灯》)。《实验与理想》(《时事新报》,1921 年 10 月 5 日《学灯》)。《居宾虞先生八十寿序》("民国十年季夏谷旦"撰,见《制言》第四十二期)。《慈溪洪君铭》(1921 年,见《制言》第五十一期)。《故郿州州判张君墓志铭》(1921 年,见《制言》第五十五期)。《易校三国志序》(《宗圣学报》第二十五号,1921 年 5 月出版)。

《食瓜》、《吊易白沙》、《大学》、《九日》(《文录续编》卷七下)。

《太炎学说》二卷(辛酉春夜观鉴庐刊本,一册,目见正文)。

《章太炎的白话文》(1921 年 6 月 20 日上海泰东图书馆铅字排印本,一册,署吴齐仁编,目见正文)。

1922 年(民国十一年壬戌) 五十五岁

【自定年谱】孙公将北伐。遣伍朝枢之奉天,与张作霖和,谋南北同起,攻吴佩孚。

既成言，自桂林东下，以竞存异议，罢其省长。自将趣韶关，设大本营，令协和督许崇智、黄大伟、朱培德等出南雄。五月，兵抵赣州，陈光远之卒大崩。转战至吉安，无守者。伪廷命蔡成勋救之，亦不进。而张作霖入关，与曹、吴战，兵大挫。吴佩孚知徐世昌在，则南方讨伐无已时也，谋迎黎公复位。属长江上游军孙传芳言之，北方诸帅皆应。电信来，余复言："曹、吴不自解兵柄。而请黎公复位，是谓囚尧。"六月二日，闻徐世昌已走。急电致黎公于天津，言将帅过骄，难为其上。公于段阁，已有前车，切勿罣系北京，自同囚锢。且致密书，言但高卧数旬，则京师自乱，然后权在我。黎公六日发电，以废督裁兵为主。限诸督军十日解职，己乃正位。余知其挟以求退，甚喜。曰："是必陈宦之谋也。"已而果然。十日，得黎公电称入都就职，大惊。盖黠者乘陈宦不在，破其谋矣。方徐世昌未走时，溥泉来问计。余曰："竞存阴鸷，恨孙公罢其职，必报仇。徐世昌在，彼不欲居逐主名；世昌退，孙公亦黜矣。"亟电孙公，劝以去名号，勿负气忿争，以招反动，溥泉犹不信。十二日，黎公已复位。十七日，竞存部将叶举发难广东，孙公走。溥泉复来，言当电致北伐诸军，归讨陈氏。余曰："不可。军士前则气盛，归则气衰。今下南昌，其势如破竹，既定江西，与竞存争曲直，未晚也，归讨必败。"溥泉曰："竞存大逆无道，发电痛斥之，何如？"余曰："亦不可。其人阴鸷，然犹好名，今虽通吴佩孚，未显也。痛斥之，则遂往矣，此危及西南，非一省之事。"然孙公部党皆与溥泉同计，尽反余策，卒弃江西，而旋归之师亦败。小不忍，乱大谋，有如此也。黎公数电召余，余知不可为，辞之，独以勿下讨伐南方令、勿借外款为戒。告西南则言坚持自治，勿遽受命，为曹、吴所弄，幸西南犹信吾言耳。黎公始不知利害，力主统一；余数以鸟尽弓藏为戒，久之亦渐悟。八月二十九日，受勋一位。

2月27日，广东北伐军举行誓师典礼，拟取道湖南进攻直军。张作霖派人赴粤与孙中山接洽联合反直。粤军总司令陈炯明时为英帝国主义和直系军阀收买，章氏《致陈炯明电》："吴佩孚以远交近攻之策，又派代表到粤，宜认为间谍，逮捕监禁。彼前曾械系湖南代表，对于此事，当亦无辞，而执事足以表明心迹，唯望决行。"（手稿。）

4月19日，孙中山电准陈炯明去粤军总司令及省长职，令粤军统归大本营直辖。20日，陈炯明率部退出广州，转赴惠州。孙中山决定在韶关设大本营，变更北伐路线，东进入赣。

5月9日，有《与孙中山书》："黄晦闻来，奉读手书，略悉近状。沈军既挫，北兵当不敢果于一逞，竞存虽尚跳梁，逆计未能得志，此可以暂息目前而未有久安之计也。前联名通电未发时，我公曾欲召集各省代表；今电已发出，正着手此事，以省代表尚在上海，赴粤是其心愿。滇则切托王九龄使归晓寰赓，湘亦派人前往要求矣。此事成就，尚非甚难，然只为联合感情之事，于军事计画尚无通盘筹算之地。此后更欲各省派遣军官就大营组织一参谋团，虽行军动员，未必出于中枢命令，而欲尽当今彼此互知，较之各干各事不相呼应者，必有进步矣。然今日之势，攻守同盟，尚难实现，事前须先有军械，同盟一事，所以然者，如有子弹，皆为自相战争，消磨略尽。（川、滇二省，最为近鉴,川军所以不敌杨森者在此,滇军虽援川,不能与北军猛战者在此。）以所闻者,平均分配,每枪不过二百粒,欲与北方竞胜,非增至五百粒不可。（前此与皖系战争,子弹较今为充足,皖系亦尚易与,然仅得自保而止。今吴佩孚之善战,远过皖系,断不可狎而玩之,目前所以尚得支持者,正因奉张牵制,吴氏本部军队不得南下耳。然川中已受巨创,粤虽幸胜,亦未能永久无患。况奉直终须一决,奉若战胜,我尚可存;奉若战败,则又谁为牵制者耶? 终不如自充实力为可恃也。）现以军械、军队相比,南北军队,可用者当不下十六万人,则充补子弹,须四千八百万粒矣。川之兵工厂,既为敌人所据,滇则昼夜加工,不过出三万粒,粤规模较大于滇,而向来所造六八子弹,与各省枪式不合,未可通用。纵使一律改造七九,尽一年之力,犹未足补充他省。若奉若浙,虽可向彼拨调,而江海阻隔,事多留碍,故非一面自行整齐,一面购之外国,无由取济。购弹之道,唯滇、粤可以直接,川、湘、黔则非待滇、粤转运不可。故非军械同盟,则各省不得平均分配,而攻守同盟之策,心虽欲之而力不能逮也。鄙意当以各省派遣寻常代表于粤为第一步,以各省派遣军事代表于粤组织参谋团为第二步,以筹画军械实行同盟为第三步,但使奉直未决,西南终有从容筹画之馀地。从前孟浪用兵,不谋根本,但可以对河上翱翔之将。今则大敌在前,远非前日皖军可比,若欲以儿戏对之,恐无可幸免矣。此外,尚望推诚将士以辑军情,招致民八议员以箝敌口,本末兼施,名实具举,则庶可以维持数岁乎? 炳麟近以联合西南,尚未竣事,未克南下,所拟策略,亦不外此数端。用特驰书以复。"（手迹,上海图书馆藏。）

5 月 14 日,北京国民裁兵会致电上海商教联合办事处,"请全国各地,同时组织裁兵大会,鼓吹弭兵"。电云:"顷由北京各法团发起国民裁兵大会,望同时进行,分向各地方提倡,务使人人奋起。拟以京、沪、汉、广为集中点,乞派代表共策进行。北京国民裁兵大会。寒。"（《申报》,1922 年 5 月 16 日"本埠新闻"《国民裁兵会之公电》。）章氏阅后,即于 18 日函复,提出"先计分额、后定总额","废巡阅使","撤驻防军","撤中央直辖军"等"四事"。函云:"国民裁兵会诸君子鉴:顷由商教联合会转来寒电,具悉。民国兵祸,先后十年,每战一次,则军队转增。以今视民国初元,殆将三倍。是则战争为因,增兵为果,不去战争之源,虽暂时裁兵,亦焉能禁其复聚? 前见贵会宣言,哀音正辞,为民请命,凡在含识,谁不动心。顾此事果发于外人持论,抑出于诸公自心。由前之说,大体虽是,而域中利害,非旁观所能尽知,不必置议;由后之说,则必慎于作始,而后保其永终,虑或不周,则朝裁兵而暮复增兵者有之矣。盖自袁氏倾覆以来,南北之战,直皖之战,直奉之战,上者师出有名,次即狃焉思逞,绵亘数岁,全国厌此久矣。然民力凋敝,则南北皆思弭兵;客军凭陵,则地方又思自卫。两者利害相殊,进退维谷,不详校其利害,惟以前者之说,强抑后者之心,人情不平,则乱阶方始,是反复无有已时也。

"然则裁兵大法,当有四端:一曰先计分额,后定总额也。中国行省二十有二,特别区域有五耳。若每省定存两师,每特别区域定存一师或一混成旅,纵或以地域广狭、山川夷险略有参差,而大纲要不逾此。此则多寡相均,可无怨讟。计其总额,约不过五十师也。然使以定存五十师为限,而分额任其所为,则多者自多,少者自少。多者恃强以凌弱,少者不平而生心,此之裁兵,正为造攻之本,是故不定分额,则裁兵无益也。

"二曰废巡阅使也。分额已定,省区军队已均,而有巡阅使在,则一人兼制数省,恃有强权各省预有戒心,焉肯以裁兵自致削弱,是故不废巡阅使,则欲裁兵而不能也。

"三曰撤驻防军也。辛亥倡义,各省本自为谋,逮乎项城得志,意存侵略。其后南北更仆迭起,而鄂、赣、苏、皖、浙、闽六省,皆驻有北方防军,军纪不饬,时有驿骚,浚民以生,赋敛无度。向者赋庶之区,今皆入不敷出矣。夫无形之诛求,甚于有形之杀掠;永久之宰割,甚于一时之战争。六省之患驻防军,非但如直隶之患奉军也,由是西南惩艾,咸思自保,人民虽已厌兵,而又不得不为抵制客军之计。兵虽增多,犹愈他人之逼处,谁能裁之?是故不撤驻防军,则东南无旦夕之安,西南亦不肯受裁兵之约也。

"四曰撤中央直辖军也。民国以来,战争虽多,皆以中央为祸始,帝国之复兴,国会之解散,夫孰非中央政府多置军队为之?今虽不敢再蹈前辙,而以挟有重兵为总统者,则借为终身尸位之资,为总理者,亦倚为部曲代兴之具。人情愤懑,则战端又生。夫外人不知吾内情者,则曰愿中国有强固之政府耳。诸君十九处首都,阅人亦众,旷观禹域,果堪任元首者有无其人,非其人而以强固之力资之,则适为赍寇兵助盗粮耳。是故不撤中央直辖军,则国必内溃,而兵必日增也。

"以上四事,皆审察利害之言,非有爱憎,亦无偏党。诸君子果实心为国,仆虽迂钝,敢不勉竭心力,广布德音。若偏徇一方之情,苟塞外人之议,卤莽从事,功安得成?非徒为向戌、宋轻之流贻人讥议而已也。特陈刍议,惟诸君子察焉。章炳麟顿首。五月十八日。"(《申报》,1922 年 5 月 20 日"本埠新闻"《章太炎复国民裁兵会书》。)

5 月 20 日,上海报载:"国闻通信社云:章太炎氏迩来厌弃政治,专事研究学术。近在本埠公开演讲,颇受学子欢迎。此间演讲完毕后,尚须赴杭州教育会演讲之约。章氏本寄寓沪上,现因此间过于烦嚣,颇思去而之他。闻现已托其友人在苏州购置相当房屋,以便专心典籍,避免政治之牵累与烦闷云。"(《申报》,1922 年 5 月 20 日"本埠新闻"《章太炎将卜居苏州》。)按章氏于本年 4 月 1 日起,在沪讲"国学大概"、"国学派别",每周一次,共讲十次,于 6 月 17 日讲毕,详后。

5 月 29 日,《复曹锟吴佩孚电》,主张"先废巡阅使"。查《自定年谱》称:"而张作霖入关,与曹、吴战,兵大挫。吴佩孚知徐世昌在,则南方讨伐无已时也。谋迎黎公复位,属长江上游军孙传芳言之,北方诸帅皆应。电信来,余复言:'曹、吴不自解兵柄,而请黎公复位,是谓囚尧。'"按:5 月 5 日,奉直战争,奉军失败。14 日,吴佩孚以孙中山"护法"作为旗帜,谋恢复旧国会,拥黎元洪复位,以塞南政府之口,电各省征求恢复国会意见。15 日,孙传芳即通电请黎元洪复位。19 日,直系曹锟、吴佩孚以"尊重民意,谋巩国本"为名,发出"效电",一些官僚、政客如熊希龄、汪大燮、孙宝琦、王宠惠、梁启超等随即发出"祃(22 日)电"响应,蔡元培也列名,电文略为"金以解决纠纷,当先谋统一,谋统一当以恢复民国六年国会,完成宪法为最敏速最便利之方法","在宪法未成之前","应由南北各省选派代表于适中之地组织会议,协谋解决"。(《申报》,1922 年 5 月 27 日《熊希龄等响应曹吴之祃电》。)章氏于本日发出"艳电",《自定年谱》所谓

"是谓囚尧"之"电信"，即指"艳电"。电云："保定曹仲珊先生、吴子玉先生鉴：得效电，以百年大计相咨。今者所患，不在不统一，而在不均平，势不相衡则人思争命，促成分裂，其势必然。前者西南唐、陆，自称联帅，邻省已不相容。今北方巡阅使与联帅何异。奉张已去，诸君不反其所为，毅然废巡阅使，以兵柄还付各省，以自治还付省民，存此障碍，而欲借法律以求统一，人谁就之。恢复旧国会，是谓舞文；召集国是会议，是谓惑众；拥护黄陂复位，是谓囚尧。凡讲法体，皆为巡阅使作承宣官，其心已路人皆知，其人岂折简可致？鄙人以为先废巡阅使，则种种皆救国之方；不废巡阅使，则种种皆统一之害。诸君子尽其在己而已。章炳麟。艳。"（《申报》，1922 年 5 月 29 日"本埠新闻"《章太炎复曹锟吴佩孚电》。）

5 月 30 日，《复孙传芳电》，主张"恢复法廷"，"须先倒北廷"。查 5 月 28 日，孙传芳发出"勘电"，"请孙、徐退位"，说什么"慨自法统破裂，政局分崩"，主张"恢复法统"，请广东孙中山、北京徐世昌"及时引退"云云。（《申报》，1922 年 5 月 30 日"公电"《孙传芳请孙徐退位电》。）章氏阅后，即行电复："宜昌孙师长鉴：勘电悉。北廷首长非法僭称，国有常刑，岂容干纪。粤东改建，本应敌而为之，北果倒戈，南自慰解矣。顾足下以恢复法统为号，而吴子玉则有巩固北洋正统之言。正统云何？若即北廷首长，不能声讨，而欲巩固，附逆之罪，百喙难辞。若意在直军主帅，此即民国六年督军团中据地犯顺、迫散国会之人。身为祸首，岂容假借名义也。彼意欲开旧国会于叛逆势力范围之中，纵有议案，亦与刑讯逼供无异。恢复法统，岂容若是。总之，足下与吴子玉顺逆判殊，不可一致。且伪廷一日未倒，足下一日尚是伪廷爵吏，欲思靖献，旗帜贵于鲜明。章炳麟。卅。"（《申报》，1922 年 5 月 31 日"本埠新闻"《章太炎复孙传芳电》。）

6 月 1 日，旧国会议员发电驱逐徐世昌，谓其"窃位数年，祸国殃民"。2 日，徐世昌宣布辞职。《自定年谱》云："闻徐世昌已走，急电致黎公于天津。言将帅过骄，难为其上，公于段阁，已有前车，切勿里系北京，自同囚锢。"查章氏曾于 3 日电劝黎元洪"择地复位"："天津黎大总统鉴：徐酉行遁，我公复位有期，薄海欣心，而所忧亦正在此。将帅过骄，难为其上，公于段阁，已有前车，宜于金陵、武昌择地复职，切勿里系北京，自同囚锢。章炳麟。江。"（《申报》，1922 年 6 月 4 日"本埠新闻"《章炳麟劝黎黄陂择地复职》。）

《自定年谱》又云："且致密书，言但高卧数旬，则京师自乱，然后权在我。"查潘承弼先生旧藏章氏《上黎元洪书》手稿，首为："适发江电，言有未尽，故更以函密陈"，内容与《年谱》同，与"江电""择地"亦合，惟末署"七月三日"，疑"七月"为"六月"之误，今系于此："黄陂总统执事，适发江电，言有未尽，故更以函密陈。吴佩孚此次行事，颇效项城，但以资格未充，又于南方绝无信用，故不得不借公笼罩。然今者彼方有求于公，而公无求于彼。徐酉既去，北京成无政府之状态，一二月无主，则乱机必生。公诚能坚卧不出，以俟其弊，逮及局势不支，迫害已甚，而后勉起就之，则不能复如今之跋扈，此一策也。

"南迁武汉，以宣慰西南为名，内则树孙传芳，外则征川、湘之师以入卫，李烈钧果下江西,则唇齿愈固,如此,所防只在洛阳一面,彼亦不敢公然胁制。对于西南,仍宜听其制宪自治,切勿遽下任命,破人秩序。西南悦服,则根本不摇。然是策也,吴佩孚未必不沮。公应以去就相争,不如是,则断不应其请。彼方有急,亦无若公何。此一策也。

"若舍是二策,遽于北京复位,将来祸患,不可胜言。此种况味,公于五年前曾饱尝之,无俟觊缕也。"(底稿。)查章氏后撰《大总统黎公碑》,亦言:"及十一年夏,……世昌走,炳麟以书邸公曰:'……必欲复位,请南都武昌,无滞宛平中。'"当指此书。

6月6日,黎元洪通电主张"废督裁兵"。11日,宣布就总统职。《自定年谱》云:"十日,得黎公电称入都就职,大惊。""方徐世昌未走时,溥泉来问计。余曰:'竞存阴鸷,恨孙公罢其职,必报仇。徐世昌在,彼不欲居逐主名;世昌退,孙公亦黜矣。'亟电孙公,劝以去名号,勿负气忿争,以招反动。"查章氏曾于11日与张继联名"宣言":"旬月以来,北方自谓法统恢复,护法目的已达,西南自应服从,此皆表面之言,非实情之论。西南自民国九年以前,实主护法,逮九年湖南克复,主张联省宪法,以后所为者,不止护法一端。今北方军阀以护法为挟制西南自谋权利之地,西南为自卫计,决不服从。如北方早自觉悟,宜限半月以内,先将岳州,江西让出,一月以内,再将湖北让出,认湖北为南北缓冲之地,除湖北省民自练军队外,南北各省,不得驻兵。如此切实办到以后,磋商联邦宪法,裁兵废督,自有馀地。若执迷不悟,借法律之乌狗,为蚕食之阴谋,西南宁以六省人民殉之,长江各省亦宁以各省人民殉之,不驱逐北洋驻防军不止,断不苟且顺从,草间偷活也。特此宣布。章炳麟、张继。六月十一日。"(《申报》,1922年6月12日"本埠新闻"《章炳麟、张继宣言》。)

6月13日,章氏又发出"通函",谓"有受徐酋馀孽之旨,变乱黑白者","必痛斥之",并谓已对蒋智由"特别儆告"。函云:"径启者:黄陂仓猝复职,为人所持。吴佩孚兵强气骄,威能震主。鄙人于事前陈戒,已彰彰在人耳目矣。民党旧故,颇有异同,未足以介意也。唯身居上海,为良莠杂处之区。自徐酋伏罪以后,徐党、奉党、交通党、安福党麇聚一方,志图煽惑,甚或利用民党为彼护符,而民党亦或受彼濡染。鄙人天性迂愚,差知自守。昔于癸丑宋案,虽与袁世凯立异,而有勾结张勋、自陷复辟地位者,鄙人曾痛斥之。今虽与吴佩孚立异,而有受徐酋馀孽之旨,变乱黑白者,鄙人亦必痛斥之。昨对故人蒋智由已加特别儆告,后有濡染徐孽臭味,口作大言,前来问讯者,虽素有交游,不敢闻命。特先函达,望恕其愚直焉。章炳麟顿首。六月十三日。"(《申报》,1922年6月14日"本埠新闻"《章太炎之通函》"拒徐党之问讯"。)

查蒋智由于6月5日发出"歌电",谓"北中伪旧国会宣言,认徐世昌为非法产生","以非法之人,而逐非法之人,其为非法同一。逐其前非法之人,又迎其后非法之人,均不外非法行为。今若以法律论,当属南方之旧会,如谓法律道穷,取决国是,惟有国民会议。今既南北同尊法统,一当根由正法,诸非法擅国者,悉以伪科,与盗同论"。(《申报》,1922年6月6日"本埠新闻"《蒋智由论北方旧会非法电》。)章氏"通函",即针对"歌电"而发。

6月14日,即章氏"通函"露布之次日,蒋智由发出《答章太炎书》云:"不赞成徐世昌者,国人之同心;不赞成黎元洪者,国人之公论也。智由于徐、黎二人,同所排斥,电文可检,一则曰徐固为伪,再则曰徐之退位固当,三则曰徐之退位,万众欣心。祖徐之言,智由不一出诸口;祖黎之论,智由不敢欺其心。是非衡平,皎如白日。必谓今不承认黎元洪者,即为党徐,是诬我四万万人之公论也。欲以'党徐'二字,禁止四万万人不敢出反对黎元洪之言,是重箝我四万万人之口也。有能举智由有一言一字之祖徐者乎?然则智由直矣,必以黎为然,非智由之所敢苟同。蒋智由启。"(《申报》,1922年6月15日"本埠新闻"《蒋智由答章太炎书》。)

6月14日,《复蔡子民书》,反对蔡的"停战息兵为说"。先是,章氏于6月6日致电蔡元培,以为"公本南人,而愿北军永据南省",是"身食其禄,有箭在弦上之势"。电云:"北京大学蔡校长鉴:阅公劝中山停止北伐一电。南方十二省,唯六省尚称自治,其余悉为北方驻防军所蹂躏,贪残无道,甚于奉张。此次北伐,乃南方自争生存,原动不在一人,举事不关护法。公本南人,而愿北军永据南省,是否欲作南方之李完用耶?或者身食其禄,有箭在弦上之势,则非愚者所敢知也。章炳麟。鱼。"(《申报》,1922年6月7日"本埠新闻"《章太炎与蔡元培电》。)蔡元培于6月10日复电,表示异议,章氏又于本日函复:"子民校长左右:得六月十日复电,称'身食其禄,身事伪廷,皆君主时代之陈言'等语。不知官吏与佣工不同,佣工可以自由去来,官吏不得潜逃而去,佣工与主立对等契约,官吏则受任命之书,两者不同,无间于君主民主时代,不得强借职工之事以例官吏也。北廷既有非法总统,则受其命令者,自为附逆,受其俸禄者,无异分赃。所谓相当之义务者,即附逆是;所谓相当之报酬者,即分赃是。足下以为南人北人,同为中华民国国民,不能以李完用为喻。原电本云,南方之李完用,不云纯粹之李完用,何以犹有未解?若云置身炮火不及之地而鼓吹战争,足下以责他人,未为不可。鄙人则于民国六、七年间,身入滇、川、黔交战之区,且曾亲赴施南,为彼方划守御之策矣,非置身炮火不及之地也。足下前为革命党人物,身处柏林,未尝为革命尽分毫义务,自是以来,国安则归为官吏,国危则去之欧洲。鼓吹战争,诚非足下所宜,而必以停战息兵为说者,亦由久与南方脱离,未见南人受炮火之惨,故不愿以炮火转加南人之仇耳。要之足下一生,尽是外国人旁观中国之见。视北京为首都,谓之神圣不可侵犯;视南人为土匪,谓之无事而弄兵戈。彼欧洲人素于中国无与,言此亦自无妨,而足下以中国之人民,作欧美之论调,以后转籍他国,似较相宜,不须株守山阴旧籍,使终身无游行自在之地也。章炳麟顿首。六月十四日。"(《申报》,1922年6月15日"本埠新闻"《章太炎复蔡子民书》。)

6月15日,有《致柳翼谋书》,对南京高等师范学校教授柳诒徵在《史地学报》中批评章太炎过去"诋诃孔子",是"诬蔑古代圣贤","坐儒家以万恶之名,不知是何心肝也"进行回复。

《致柳翼谋书》一开头就说:"顷于《史地学报》中得见大著,所驳鄙人旧说,如云'孔子窃取老子藏书,恐被发复'者,乃十数年前狂妄逆诈之论,以'有弟兄啼'之语,作

'逢蒙杀羿'之谈。妄疑圣哲,乃至于斯。是说向载《民报》,今《丛书》中已经刊削,不意浅者犹陈其刍狗。足下痛予箴砭,是吾心也。感谢,感谢!"关于孔子窃取老子藏书,章氏前在《国粹学报》上《诸子学略说》一文援以"诋孔",(此信误作《民报》,见"光绪三十三年丙午,三十九岁"条。)此后,朱希祖相询,章氏仍主前说。(见《答朱逖先问老子征藏故事书》,见"宣统二年庚戌,四十三岁"条。)事隔十馀年,却悔为"狂妄逆诈之论",对柳诒徵的责问,还要表示"感谢"。

这封信继谓:"胡适所说《周礼》为伪作,本于汉世今文诸师;《尚书》非信史,取于日本人;六籍皆儒家托古,则直窃康长素之唾馀。此种议论,但可哗世,本无实证。……长素之为是说,本以成立孔教;胡适之为是说,则在抹杀历史。"信中最后一段是:"鄙人少年本治朴学,亦唯专信古文经典,与长素辈为道背驰,其后深恶长素孔教之说,遂至激而诋孔。中年以后,古文经典笃信如故,至诋孔则绝口不谈。亦由平情斟论,深知孔子之道,非长素辈所能附会也。而前声已放,驷不及舌,后虽刊落,反为浅人所取。又平日所以著书讲学者,本以载籍繁博,难寻条理,为之略陈凡例,则学古者可得津梁。不意后生得吾辈书,视为满足,经史诸子,束阁不观。宁人所谓'不能开山采铜,而但剪碎古钱,成为新币'者,其弊正未有极。前者一事,赖足下力为诤友;后者一事,更望提掣后进,使就朴质,毋但依据新著,恣为浮华,则于国学庶有益乎!"

过去章太炎"激而诋孔",使他和"纪孔"、"保皇"划清界线,走上革命道路,现在却后悔"前声已放,驷不及舌";"后虽刊落,反为浅人所取",他已"粹然成为儒宗"了。

6 月 19 日,章氏电黎元洪,请"表彰"程璧光:

"北京大总统钧鉴:篠电奉悉。大统已复,时局尚艰,凡百施为,非在野所能论列。惟念表彰勋烈,庶政所先。五年以来,以护法死难者,不可胜纪,而推本元功,则以海军总长程璧光为首。六年夏,国事阽危,璧光奉命南下,激厉师人,首倡大义,未几复辟难作,复令秦皇岛驻泊兵舰就近奉迎,事为日本使馆所阻,于是奉前临时大总统孙公,南赴广州,规设军府,遥戴威灵,自任匡复。五年以来,南方护法之业,实程璧光倡之,大义未伸,不幸惨死。今者法统恢复,日月重光,而程璧光赍志九泉,不睹中兴之业。我公追怀勋德,感悼如何? 恳请追赠官勋,优恤后裔,以为忠于谋国者劝。章炳麟。皓。"(《申报》,1922 年 6 月 21 日"本埠新闻"《章太炎之两皓电》。)

不久,黎元洪"赠勋一位海军上将",章氏为撰《前海军总长程君碑》,谓:"君临变倜傥有大节,而处官廉,虽至辅政,未尝增服器。卒之日,遗孙公所资海军银币不在经费者二十三万,耀楠悉反之海军部,承君志也。其后徐卋昌盗国,南北乞盟,曹锟、张作霖覆段祺瑞,更四五年未定。"铭曰:"夫子之亡,盗言浸飚,出师否臧。百舻湫久,苔蛤胶糅,艐沙则廇。虽则否臧,大龚烝湘,群舒于襄。庚以五年,巨灵嗷天,法统再延。舫舰铜臬,扬休且烈,式是北粤。仡此鸿冢,桓表有竦,书其神勇。"(《华国月刊》第一卷第一期,1923 年 9 月 15 日出版,收入《太炎文录续编》卷五上,题称《赠勋一位海军上将前海军总长程君碑》。)本月 12 日,树碑于宝山县境,"碑文系章炳麟所撰,田桓所书,苏州黄慰萱所镌。碑文共二千馀言,高及八尺,树于宝山县境云。"(《申报》,1922 年 12 月 14 日"本埠新闻"《程璧光碑将告成》。)

6 月 19 日,致电陈炯明,仍主"联省自治"。初,6 月 15 日,叶举受陈炯明令在白云山召集军事会议。16 日,叶部围攻总统府,并通电促孙下野。17 日,孙中山亲率永丰等五舰驶白鹅潭,向粤军开炮轰击。至是,章氏电称:"惠州陈竞存先生鉴:徐酋将覆,仆已电劝中山去号,中山暗于事机,而君又果于报复,遂成此祸。然遽效王文华对刘显世事,亦太悖矣。但中山可仇,西南邻省果可背,联省自治主义果可弃否? 愿君明以教我。章炳麟。皓。"(《申报》,1922 年 6 月 21 日"本埠新闻"《章太炎之两皓电》。)

6 月 21 日,陈炯明派人策动海军内乱,逼孙下野。25 日,赣州行营北伐军将领会议,决定分兵二部,一部回粤,一部留驻赣边。

6 月 25 日,章氏与褚辅成联名致电孙中山,希望孙能"惠然来沪"。当时报载:

"联合通讯社云:昨日章太炎、褚慧僧两人,联名致孙中山一电,原文如下:

"广州探送孙中山先生鉴:徐世昌伏罪,我公内践前言,外从舆论,翻然下野,信若丹青,无任钦佩。时局尚有纠纷,望公惠然来沪,赐以教言,鹄立待命。章炳麟、褚慧僧叩。"(《申报》,1922 年 6 月 26 日"本埠新闻"《章太炎等电请孙中山来沪》。)

同日,《申报》又载:"据某方消息,孙中山夫人因粤变发生,业于昨日乘轮到沪","据云中山并无来沪之意,留在粤从事筹划云。"(《孙中山夫人昨日抵沪》。)7 月 1 日,《申报》又载《孙中山致某君函》,略谓:"粤都之变,想已闻悉,幸天相民国,我犹不死,遂有十七日炮轰之举,以表护法政府尚未全坠。今设行营于黄埔,专待北伐大军之倒戈,则乱贼实不足平也。前以姑息养奸,今则彼罪通天,惟有诛戮而已。望各省同志切勿失望。孙文。六月二十日。"孙中山后于 8 月 14 日到沪。

6 月 25 日,《申报》刊载章氏《大改革议》,"一,主联省自治;二,主联省参议院;三,主委员制"。原文是:

章太炎氏昨撰一文,对于现人物及现制度,均有非难,其文曰:

"民国失叙,于今五年矣。迩者徐酋伏罪,法统重光,议者犹谓于法未合,不知法虽密合,终不足以弭乱,欲定国本,则必有大改革焉。所改革者云何? 曰现行约法、现式国会、现式元首是。约法偏于集权,国会倾于势力,元首定于一尊。引生战争,此三大物者。三大物不变,中国不可一日安也。往者武汉倡义,各省本自为谋,因而导之,即为联邦之局,而现行约法务与此反,天坛宪法虽经增订,微使地方权利扩大,亦无联邦之文,其为集权专制之护符,彰彰可见。逆于国情,则桀骜者生心,而寡弱者致死,势使然也。

"自民国九年湖南提倡自治,西南各省,闻风兴起,护法之名,渐为刍狗。十年,广州国会非常会议曾纠驳湖南省宪,湖南即有脱离约法之宣言,此事光明俊伟,允惬人意。今宜先由各省自制宪法,次定联省宪法。各省省宪已成,则约法、天坛宪法已可先行废弃。一省省宪已成,则一省于宪法已可脱离,不必远俟联省宪法之成也。现式国会,参众两院八百余人,文义未通,仅能写票者甚众,遑论余事。论者谓中国无共和之资格,实由议员泰多,遂成滥选,贤愚杂沓,纷呶一堂,其间岂无聪明特达秉正不阿者,而屈于多数，义不得伸，是以为害多而为利少也。以近事观之，则又趋附势力，绝无操守，大节逾闲者多矣。民国四年，袁氏以强力停闭国会，中更帝制。五年，恢复国会，而帝制请愿之议员，于全数四分居一，竟不能除名也。六年，复被解散，中更安福国会。今十一年又恢复国会，而曾在安福国会之议员，于全数亦有什一，竟不能除名也。由是言之，国会则藏垢纳污之数，议员乃趋势善变之人，不可以国家大事付托，较然明矣。七年，广州开宪法会议，又有两院联合会，人数亦已过半。于是推军政府代国务院，推代理国务院执行大总统职权，固自谓法统所在也。然徐世昌由非法国会选出，篡窃显然，而军政府乃与言和，两院毫无反对明文，及议和总代表唐绍仪提出由和会承认徐世昌为临时大总统一条，而两院亦毫无弹劾查办等案，于是广州国会趋势善变之迹，显然大白于天下。十年，广州又开非常会议，选孙文为非常总统，固由对抗徐酋不得已而为之。然国会以立法机关，而先违法选举，狐埋之而狐搰之，趋势善变之迹，终亦无以自解。是故以广州国会而讥今所恢复之国会，犹以五十步诮百步也。纵令广州国会今再恢复于北京，其为藏垢纳污之数如故也，其为趋势善变之人如故也。当知此辈自绝于民，政府虽重行召集，而人民实已弃之不认。制宪、选举二大事，更不可委之此辈。制省宪法，当由省议会或各法团任之；联省宪法，当由省议会议员任之。自此以后，乃设联省参议院，而现式国会可永断。一省所选不过三五人，既无贤愚杂沓之病，自少趋势善变之人，较之十年前旧制，必有愈矣。

　　"现式元首，以大总统一人莅政，势必孤注，为殉权者所必争。民国十年之间，乱事数起，皆由攘夺此位致之，如投骨然，引狗以噬之，纵令权归内阁，即民国六年之乱，又自此起。内阁专权与总统专权，其害非有异也。然则大位之召争论，实与帝王无异，而五年改选，必有喋血之争，则视帝王世袭者为尤剧，不去此职，则衅自中起，鱼烂及于四方，人民终无一幸矣。凡今之曾居元首者，无过三种人材，一者枭鸷，二者夸诞，三者仁柔耳。大总统之职不废，枭鸷者处之，则有威福自专之患，而联省或为所破；仁柔者处之，则有将相上逼之虑，而联省不与分忧；夸诞者处之，势稍强则或与枭鸷者同，势稍弱则又与仁柔者同矣。后之当选者，不知谁属，然有枭鸷者在，则其余自不能与争也。今拟废去大总统一职，以委员制行之，员额既多，则欲得者自有馀地；权力分散，则枭鸷者不得擅场；集思广益，则夸诞者不容恣言，仁柔者不忧寡助。故当其选举也，则争不至于甚剧；及其处职也，则乱不至于猝生。自是而后，兵祸其少弭矣。如犹狃于现法，不能毅然改革，则此三大物者，必为涂炭兆民之本。一胜一负，不过瞬时，而乱终不可止"云云。（《申报》，1922 年 6 月 25 日"本埠新闻"《章太炎改革法制之新主张》。）

　　查章氏《大改革议》，后经删润为《弭乱在去三蠹说》，以约法、国会、总统为"三蠹"，以为"约法偏于集权，国会倾于势力，总统等于帝王，引起战争，无如此三蠹者。"其言曰："黄陂践位于北，中山称号于南，北京有国会，广州亦有国会，以法相稽，纷如聚讼。然皆势不久长，无足深论。欲为中国弭乱，则必有大改革焉。所改革者云何？曰约法、国会、总统是。约法偏于集权，国会倾于势力，总统等于帝王，引起战争，无如此三蠹者。三蠹不除，中国不可一日安也。"认为"今宜先由各省自制宪法，次定联邦宪法。各省省宪已成,则约法、天坛宪法等,已可先行毁弃。一省省宪已成,则一省于约法已可脱离,不必俟联邦宪法之成也"。又谓"国会自当永断,此后制省宪者,由省议会;制联邦宪法者,由省议会联合会推选,不得由国会制之也。大总统一职,为殉权者所必争,民国十一年中,乱事数起,皆由争此大位而成,如投骨然,引狗使相噬也。……然则大位之引争端,实与帝王无异,顾其害则较帝王尤剧。帝王以终身任之,以子孙袭之,其以武力争者,不过一次。而大总统五年一选,则每五年必有武力之争,不去此职,则衅自中起,鱼烂及于四方,而人民始终无幸矣"。"且今之曾居元首者,无过三种人材:一者枭鸷,二者狂妄,三者仁柔耳"。"今拟联邦制成后,明定中央政府,用合议制,以诸委员行之,员额既多,则欲得者自有馀地;权力分散,则枭鸷者不得擅场;集思广益,则狂妄者不容恣言,而仁柔者不忧无助。是故当其选举也,则争不至于甚剧;及其处机也,则乱不至于猝生。自是而后,祸乱庶几少弭矣。若狃于现法,存此三蠹,不能毅然行大改革,一胜一负,不过取快瞬时,而乱终不可止"。(手稿,潘承弼先生旧藏。)

又有《各省自治共保全国领土说》,谓:"自古幸成单一国家者,以力征服,以德怀濡,必更三四十年而后定之,然不久亦无不分离者。最近者不过三五十年,最远者无能过三百年,此其故何也? 地本广漠,非一政府所能独占,其以力征服,以德怀濡者,能如胶漆之暂附,非能如金铁之熔成也。而此才固间世一生,不可常得;迨及后嗣,则胶解而漆枯,则附者自然散矣。

"今之人,德固不古若也,力亦不古若也。将士无致死之心,见利而动;兵械有日绌之象,力战则殚。加以南北异宜,各保习贯,南兵不能涉淮而北,北军不能逾衡而南,其幸而制胜者,皆在其便习之地耳。求如清时之以满洲兵征大金川、以湖南兵征新疆者,今固不可再得;虽如宋世之禽南汉,明世之定滇缅,吾亦知其未必能为。是故以势则不能成单一国也。假令有古人之才,而兵械又足以济之,则人民必无孑遗,而帝制又将再起。是故以义则不容成单一国也。

"今所最痛心者,莫如中央集权,借款卖国,驻防贪横,浚民以生,自非各省自治,则必沦胥以尽。为此计者,内以自卫土著之人民,外以共保全国之领土,卫人民则无害于统一,保领土则且足以维持统一矣。野心侵略之人,必以此为分裂,是何谓也? 岂其心不愿分权于国人,而愿分权于敌人耶?"(手稿,潘承弼先生旧藏。)

6月27日,发布《解疑书》。当《大改革议》发表后,颇有议其"祖护黄陂"、"前后自相歧异"者,章氏撰此"解疑":"谨启者:鄙人前此电致黄陂,直称大总统,近作《大改革议》,又有改总统制为行政委员制之主张。外间谣诼,初谓鄙人祖护黄陂,继谓前后自相歧异,请叙中怀,以解疑惑。

"六年护法之役,孙中山、程玉堂为倡始,而鄙人多预其谋,遥戴黄陂要求总统复位及海军奉迎之议,皆鄙人与玉堂发之;及为中山作宣言,亦始终不离此旨。息壤在彼,不容自负素心,是以他人虽有异同,而鄙人必不能立异也。若中山之称非常总统,多由孙伯澜党中议员选之,故其徒至今执以为是。当时反抗徐菊,本合权宜之道,若必强言合法,则所谓言伪而奸矣。鄙人于此,事前本不与谋,心亦不以为允,然选举既成,更与反对,徒令徐酋快意,故亦不立异同。盖闻帝制之世,民无二王,然仲谋称尊,武侯亦遣使致贺,岂谓义法宜然,利在抗魏故也。电文称谓,原在徐酋拥号之时,纪念祝辞,乃代孙部党人而作,此中曲直,任人评定可矣。及乎徐酋势尽,颠覆可期,于是电劝中山,待时去号,原电有'切勿负气忿争,致遭反动'语,盖非独义法宜然,亦知其祸在眉睫也。而中山亲党,不知鄙人善为人谋,反更以此为恨,逮及叶举作难,犹不知悔,自谓援助中山,实乃驱之入井。其素乏智识者,不足责也;其稍有智识者,或与北方军阀本有亲交,正幸中山之困辱、广东之糜烂耳。诸与鄙人相驳,拥中山而攻黄陂者,果为中山计耶? 抑为北方军阀计耶?

"若鄙人之于黄陂则不然。护法宣言,名义已定,而势未妥帖,则力劝其慎于出山。黄陂信人太过,遽尔就职,为之怅然。然护法之业,于此告终,时局之难,较前无减,则当为民国更思久安之术,此《大改革议》所以作也。夫黄陂犹在,认定大总统如故,而又有改总统制为委员制之说者,一依现时之常式,一谋将来之改良,时期不同,亦何歧异之有也。至于西南各省,至今仍有未奉黄陂者,此本各有主张,鄙人亦不强人就我。以要言之,结束护法,属于现在;策进联省,属于将来。不负前盟,属于人格;改革旧法,属于国势。若能就此分别,自可释然,至夫胸怀险诈,别有作用者,鄙人亦不求其谅解也。章炳麟顿首。六月二十七日。"(《申报》,1922 年 6 月 28 日"本埠新闻"《章太炎之解疑书》。)

6 月,《上黎大总统书》:"借款事近日似渐冷淡,萌芽未断,尚望坚持。西南各省,主以大度包函,去来任其自便,此固我公所能为,而亦人情所至愿也。大抵西南各省,视湖南为转移,四川尤与湖南密迩,感情最睦。赵恒惕与熊克武,一为公所救济之人,一为公所礼聘之士。而于近畿二帅,则于援鄂一役,与川、湘已有喋血之争,人民苦痛,不言可知。川、湘不认中央,则黔、滇亦与一致。虽为自卫计,实亦为公援助。鸟尽弓藏之戒,昔则将帅对于主上之语,今则主上对于将帅之言。是故公与西南,离之则双美,合之则两伤也。中山为陈炯明所覆,势已不支,然犹誓死不去。我公于此,惟当慰以德音,不必过求办法矣。炳麟睽隔清尘,已历年所,久思一瞻颜色,得慰素怀,然轻易入都,又撄权门之忌,故属川人曾君通一面谒,其人能知大计,亦熟悉川、湘情状。所有详情,不可笔罄者,请随时面询可也。

"四川近分三军,但懋辛、杨森、刘成勋为之长,但本熊之旧部,杨则刘湘旧部也。三军意见,不甚相同,刘湘既下野,熊克武亦不愿当冲,是以三帅鼎立,有群龙无首之势。而杨森与吴使通款,盖欲得中央任命耳。然三军分,势不能以一军兼统,若轻加任命,则酿成战争,此为武力控驭者所愿而公则必不愿也。任其自治,军民必有所推。或独裁,或合议,唯在川人自谋,则公之德音更远矣。"(抄件,见《章太炎书札》,温州市图书馆藏。)

7 月 4 日,致电黎元洪,以为地方"自治之要,名义存乎省宪,当听各省自为;实事在乎撤防,亟待中央明令"。当时报载:

"章太炎因黄陂七月一日曾有关于地方自治之通令,昨特致电黄陂论列其事,原电如下:

"读七月一日通令,地方自治为国家根本要图,宪典告成,政府定能遵守等因。仰见我公视民如伤,仁至义尽。窃惟自治之要,名义存乎省宪,当听各省自为;实事在乎撤防,亟待中央明令。请先树大信,将沿江各省驻防军队撤回,否则喧宾夺主,遇事掣肘,制宪之权,既非院外所能参预,定宪以后,又恐法律等于具文。章炳麟。支。"(《申报》,1922年7月6日"本埠新闻"《章太炎与黎黄陂论地方自治》。)

7月12日,上海八团体国是会议国宪草议委员会开临时会,章氏出席,报载:

"七月十二日,国是草宪委员会在沪开临时会,到有章太炎、张君劢、沈信卿等十馀人,沈信卿君主席,由孙福基(筹成)干事将前两次开会关于宪法上议决各点报告,并抄录全文交与张君劢君,以便着手起草。旋讨论总统制与委员制之利害,……咸主宪法上应规定解除兵柄三年以上者始能被选举总统或行政委员,以杜现役军人之觊觎。又如决定委员制,则一省同时不得选二委员云云。"(《申报》,1922年7月14日"本埠新闻"《国是会议草宪委员会开会纪》。)

7月15日,陈炯明电复章氏关于"联省自治"。初,章氏曾于6月19日致电陈炯明,以为"联省自治主义"不可弃,旋又"开示数条"专函陈炯明(原函未见),继得陈炯明"删电"(15日),当时报载:

"联合通信社云:章太炎氏日前因时局问题,曾致函陈炯明,有所商榷。昨接陈炯明复电云:

"章太炎先生鉴:奉手教,开示数条,至佩苇筹。民国塞乱之源,致治之本,非定为自治省联邦国不可。故联治制度,炯曾着手运动,不图以贾此祸,今竟弄到如此,至为痛心。然为国努力,无论在位在野,务达此制而后已。南北均有爱国之士,唯于乱源及政制,弗克深考,是以主张未能一致,舆论亦归沉寂。我公万流仰止,务望登高一呼,俾群山皆应,庶国事可以大定。炯明。删戌叩印。"(《申报》,1922年7月18日"本埠新闻"《陈炯明最近复章太炎电》。)

7月22日,褚辅成邀"旅沪各省名流"集会,讨论"联省自治",决定成立"联省自治促进会"。先是,6月25日,赣州行营北伐军将领会议,决定分兵二部,一部回粤,一部留驻赣边。7月2日,回粤北伐军到达粤边,分三路进攻韶州。6日,援赣军总司令蔡成勋令北军向留赣北伐军进攻。10日,回粤北伐军与陈炯明部接触,激战于韶关一带。本日集会,会中决定"就询政府,究竟有无停止江西战争之诚意与能力",推章氏代表"非国会议员"起草电文,当时报载:

"旅沪众院副议长褚慧僧氏假座某旅社,柬邀旅沪各省名流,如柏烈武、章太炎、尹昌衡、徐季龙、蒋伯器、蒋雨岩、曹亚伯等,及川湘等省委派来沪商洽联席会议之代表甘子言(川)、钟伯毅(湘)、朱湘溪(滇)等及国会议员多人开叙餐会"。褚致词:"余以为吾人政治上最重大之要求为联省自治,刻下北方武人,对联省自治之政制,有怀疑者,有反对者,欲求此种政治之实现,尚非纯恃国会同人与西南当局之力所能奏效。鄙意以为亟宜联络各省同志,组织一联省自治之运动机关,从社会方面分道进行,以赞助国会议员与西南当局,期达实现此种政制而后已。"又拟"请就询政府,究竟有无停止江西战争之诚意与能力,迅速见复"。当时柏、徐、尹等均表赞成,"惟关于赣事之电文,决定由国会议员与非国会议员分别拍发。比即推举起草员,非国会议员之电文,由章太炎起草,国会议员之电文,由吴宗慈起草"。"其非议员方面,凡赞同发电者,均亲笔签字,交章太炎君起草叙列,并决定非议员之电,专致吴佩孚,仍将原文通告各省。最后又讨论组织团体之事,决定名义为'联省自治促进会',推举曹亚伯、朱湘溪、甘子言、钟伯毅、吴宗慈、褚慧僧、李次山等七人为筹备员"。(《申报》,1922 年 7 月 23 日《联省自治促进会之发起》。)

　　7 月 22 日下午,"八团体国是会议国宪草议委员会开第五次常会,到会者:章太炎、张君劢、黄任之、张东荪等十馀人,由沈信卿主席。先由孙福基干事将印就之宪法草案分给各人,互相研究,继即讨论。结果,第三条加'或其他区域之变更'八字于新省之设置之下。……第九条,有违反民治精神者,改为有违反本宪法或各该省宪法者"。(《申报》,1922 年 7 月 24 日"本埠新闻"《国宪草议委员会开会纪略》。)

　　7 月 26 日(宥电),章氏代表"非国会议员"起草电文拍发。电云:"洛阳吴子玉先生鉴:李烈钧率师回籍,本应全赣士民之请,为其乡国除残,非有所私于何人何党也。蔡成勋援赣之命,出自徐世昌,足下既知徐世昌篡窃,公行黜逐。今者民心厌乱,渴望和平,停战命令,业已宣布。李已固守赣南,停止进取,即蔡亦不欲穷兵矣。而足下雄心未已,必欲征服赣民而后快。始则欲遣胡景翼,继则欲遣张福来,近复电蔡称将在外君命有所不受,是仍欲追奉徐酋遗令,为篡窃者成未竟之功也。长此不悛,恢复法统之功,岂如与乱同事之罪。近观段阁,再造民国,勋业烂然,徒以贪狠好战,群情弃之,遂为足下所覆。足下昔受督军团之命,屡挫南军,百战成功,只为奸回效命。今兹晚盖,庶几知非,乃复绍述徐酋,播其馀毒,此与段阁亦何以异,岂所谓北洋正统者,自有此传授耶? 今之将帅,谁能久长,朝为元勋,暮为祸首,一朝颠仆,身名俱隳,足下自度能永为天之骄子否? 勉速戢兵,庶免自焚之悔。章炳麟、谭延闿、曹亚伯、朱树藩、赵铁桥、王希闵、李次山、刘白宥。"(《申报》,1922 年 7 月 27 日《反对江西用兵之两电》。)另"国会议员"褚辅成、吴宗慈等致北京参议院、众议院电,也同时刊载。

　　7 月 26 日,国宪草议委员会开会,章氏出席,沈信卿主席,讨论结果,"决改原定一院制为两院制,以职业团体所选之议员归入下院,并将上次所议定之职业团体议员名额条文,请张君劢酌量修正。继论总统制与委员制之利弊,决定总统制与委员制各拟一册,以供国人采取"。(《申报》,1922 年 7 月 28 日"本埠新闻"《国是会议讨论国宪之顺利》。)

　　7、8 月间,撰《感事》诗:"人情不相得,何音角与张? 屯如复邅如,婚媾来仇方。蛩蛩抱布氓,燕市潜悲凉。神娥出南海,无辜限河梁。杀人苟有算,通变亦何常。不恤抱布贱,且厌神娥望。赠尔益智粽,报以续命汤。屯如复邅如,寇来婚媾伤。"(《华国月刊》一卷四期,1923 年 12 月 15 日出版,署"壬戌六月"。)

　　8 月 5 日,以四川军阀混战又起,章氏患其"潜结北京,危其宗国",发出《忠告刘湘电》："重庆刘甫澄先生鉴：君昔以孤军支柱滇黔，卒成大捷，川中自治之基，由斯而定。去岁助湘援鄂，师虽无功，足伸大义于天下。近闻军情不辑，与一军、三军开衅。吴佩孚、孙传芳仇川素深，只欲激之使乱，区区接济，岂有所厚爱于君。而二军将校，乐与通款，胜算未成，人心已去。杨森等行险徼幸，无足深责，如君勋绩，本当俎豆川中，乃以坐延外寇，累及清名。假令行师不利，退保夔巫，孙传芳之待君，又当何似！名实交丧，更为他日之忧。鄙人于西南建立自治者，无所党偏，靡不视为良友。观君举动俶张，深为痛惜，是用陈其愚戆。悬崖勒马，端在此时，慎始敬终，庶其无困。章炳麟。歌。"（《申报》，1922 年 8 月 7 日《章太炎忠告刘湘电》。）

8 月 10 日，致电西南六省，"宜一致将该国会否认"。初，8 月 1 日，民六议员在北京召开国会，"民八议员"在上海、北京组织"法统维持会"、"法统学会"，高唱"民八正统"之说。孙中山派人入京，运动"民八议员"反对国会。章氏亦发此电，电云："长沙省议会、省长兼转川滇黔粤桂各省议会、省政府鉴：据六月一日国会紧急会议称，徐世昌非法篡窃，应宣告无效等语。徐之为贼，固人人得而诛之也。乃八月一日国会全体恢复，仍有曾充伪第二届国会议员者百余人还入其中，此辈为制造篡窃之首犯，较徐世昌之以被选为从犯者，厥罪有加，岂得借辞恢复，还取议员资格。乃国会全体包庇凶竖，不予解除，以立法之机关，作逋逃之渊薮，此非分子纯杂之小辨，而实国会正伪之大闲。鄙人为首抗徐世昌之人，当其盛时，即竭力攻破和会，幸使六省护法之名，得免玷辱。今见倡乱凶人，蟠踞国会，全体徇庇，同入乱流，以六省汗血之劳，为乱党弄权之地。用特宣告护法各省，宜一致将该国会否认，其所定法律及选举票同意票悉归无效，以儆奸宄而奠国常。至天坛缪宪已经二读，难可转移，纵加入省制，前后必生抵触。鄙意联邦宪法，当由各省制宪造端，切勿使佞人秉笔，受其欺罔。章炳麟。蒸。"（《申报》，1922 年 8 月 20 日"本埠新闻"《章太炎致西南六省电》。）

8 月 15 日，又与谭延闿联名致电赵恒惕、唐继尧等，为"川事警告西南"。电云："长沙赵总司令、省议会，云南唐省长、省议会，贵州袁总指挥、省议会，广东省议会，广西省议会均鉴：川中战祸，衅起刘、杨，潜结北京，危其宗国。吴佩孚拥众洛阳，自谓北方第二政府，特派孙传芳为援川总司令，以两师两混成旅入川，预定川事得手，设长江上游总司令部于重庆，现渝、万虽复，而吴氏侵略之志未衰，又复纠合秦陇，规出川北，煽惑黔军，冀其响应，所以图川不遗馀力者，非特报十年北伐之仇，实以铲西南自治之本。西南无川，则湘孤而滇黔无屏蔽，粤桂虽远，自在掌中矣。吴之兵略，只以远交近攻为主，诸公不欲自存则已，如欲自存，对于西南联省，不应徒以空言相结，其必同伸义愤，一致拒吴。虽军旅未兴，而简书足畏，邻封获保，则自境亦安。若必虚与委蛇，必至启宠纳侮。迩者赣中失救，咎在伊谁？自撤藩篱，想达者早悔其失计。今祸起川省，滋蔓更多，蚕食之谋，以渐而至。诸公尚晏安鸩毒，以为祸未及己，堕其上兵伐交之术，必贻舐糠及米之忧。幸免灭亡，亦夷为仆妾而已。六国蚩蚩，为嬴弱灭，不得不正言以告也。章炳麟、谭延闿。"（《申报》，1922 年 8 月 17 日"本埠新闻"《章谭为川事警告西南电》。）

8 月 15 日，"国是会议表示对于国宪之意见"，"预拟国宪草案，以供全国人民采择",其中要点为:"一,定中华民国为联省共和国;二,列举联省政府与省政府之权限;三,定国防军不过二十万人,分驻国防要地,岁费不得过联省政府岁出百分之二十;四,定各省军队改为民团;五,限定何种为联省政府收入,其馀通为各省收入;六,定军人解职未满三年者,于联省政府及省政府皆不得当选为省长;七,定现役军人不得以文字向公众发表政治意见"等七条。(《申报》,1922 年 8 月 16 日"本埠新闻"《国是会议国宪意见之通电》。)

8 月 23 日,国是会议国宪草议委员会又开会讨论"乙种宪法",晚间聚餐,章氏"述及前日有曹锟代表孙岳来晋谒"事。(见前。)报载:

"八团体国是会议国宪草议委员会,前日(二十三日)下午三时,开会讨论所拟乙种宪法,到者有章太炎、张君劢、杨春绿、崔退庵等十馀人,由委员长沈信卿主席,干事孙筹成分发江苏国是促进会,及南京各界联合会徐瀛等反对天坛宪法油印电稿,并报告尹仲材发表关于本会拟宪草之意见,旋由各委员讨论乙种宪法中之国政委员制,略有增删。公决俟印就后,交原派各代表团体,请其将甲乙两种宪法加以研究,赞成何种。并征求其对于该项宪草内容之意见,一并见复。散会后,合摄一影,以志纪念。

"晚间七时,复在功德林蔬食处聚餐,席间章太炎述及前日有曹锟代表孙岳来晋谒,曾面斥其为蒋干,并拍桌大骂,挥之使出。座众拍掌。席次由沈信卿建议,拟开一宪法演讲会,请章太炎主讲天坛宪法之劣点,张君劢演讲国宪对于国家根本之重要,并须将所拟甲乙两种宪法印成单张,在会场分发。演讲地点,拟假总商会大厅,推定沈信卿向该会接洽,旋略进茗点而散。"(《申报》,1922 年 8 月 25 日"本埠新闻"《国是会议草宪委员会开会纪》。)

8 月 23 日,联省自治促进会又开筹备会议,章氏到会参加,对章程草案等,"以为类似政党,主张变更",会议决定"对于国会所定宪法,希望容纳联省自治之精神"。当时报载:

"昨日(二十三日)午后三时,联省自治促进会假中华路某宅开筹备会议,到会者:章太炎、俞凤韶、杨春绿、曹亚伯、刘君亮、钟才宏、张秉文、曾彦、谭雄、刘映书、李次珊、刘刚、沈啸霞、黄钺、王开疆、吴应图等二十馀人。开会后,由李次珊报告筹备经过,谓各省发起人名单纷纷寄到,非常踊跃。并谓宣言章程草案,应否再加修正,请众公决。王开疆、曹亚伯、张秉文等均谓宣言无甚精采,且欠紧策,主张请章太炎君修改。章太炎对于章程原案,所定理事及组织各部,以为类似政党,主张变更,众无异议。惟宣言人意,有主张否认约法及国会者,有主张承认现状,但具改造精神者。讨论颇久,决定对于国会所定宪法,希望容纳联省自治之精神,倘与联治精神相背,则无论所定宪法如何,决不承认。结果,均请由太炎执笔,俟脱稿后再行定期审议,然后发布云。"(《申报》,1922 年 8 月 24 日"本埠新闻"《联省自治促进会开筹备会》。)

8 月 27 日,《与熊克武书》云:"得报,知刘、杨败审,北军踯迹,如风扫落叶,迅速解散,足知众志成城,故能慎固封守。唯念此次战事,本以北房窥伺,激成内争,解决虽易,而所损仍在川中。得臣犹在,忧未歇也。西南各省,唯川、湘为当冲,滇、黔、桂、粤、名虽相附,其实无分灾共患之心。竞存既已通吴,中山亦受曹氏运动。他日卷土重来,不过修饰边幅,而于长江大局无与也。以川、湘寥落之形,当北虏虎狼之众,正恐徒言保守不足自存,唯有以攻为守耳。一者川中宜自相辑睦,再勿猜疑;二者除切实联湘以外,更宜于大势着想。所谓自勿猜疑者云何?川中表里山河,外侮本难猝至,唯自相寻衅,则外寇自来,而防地之争,专在膏腴之域,其于边境,绝不顾虑。前者曾致一书,谓川防不专趣重夔巫,如剑阁碧口,亦宜驻有重兵,今果闻吴新田、孔繁锦辈又事窥觎矣。然则所患不专在峡口一隅,业已了然。若各军仍自争腹地,而于要隘则置之,既易引生内讧,又可招致外侮,此计之至缪者也。今欲示以不争,则宜自一军先示退让,毅然以防守边地为己任,则他军岂能独处其乐?边防既实,内自无忧矣。所谓于大势着想者云何?江西已失,长江唯有川、湘二省。孙、陈交构之时,协和本不愿过问,而北伐军急于救主,孙伯澜在沪,为曹、吴间牒,电劝归师,□□皆计虑浅薄之人,同主其说。于是退回广东者二万馀人,协和所部赣军不满三千,固守赣南,为敌所挫,江西遂无尺土。平时论协和为人,不甚诚实,而此次失败,则于南方大局有关。彼阻军者之罪,真不胜诛矣。近知其养病郴州,将才可惜。赣军颇愿受湘编制,而湘正患兵多,他日唯南趣桂林,暂图休息。兄能与协和交欢,此则饥者易为食、渴者易为饮之会。俟其蓄养精锐,他日必有大用。若果欲大举,则北方赵杰、胡景翼二部,粤东海军,皆须得其协助。(原注:"海军为江苏人王正承所改造,孙、陈战后,海军亦不为孙所用。此项舰队,当令前赴浙洋通卢永祥,明白宣布,然后直上金陵,必有胜算。唯出发费需十余万"。)而北方主力,终在张胡;南方主力,仍在川、湘。其馀皆取犄角之势,然后使彼应接不暇。若直以张胡及川、湘南北同举,犹未能必胜也。

　　"民党近失中坚,□孙党为□□党所驾驭。政学、益友诸系,昏沈于禄位争竞之中,不足图事。是故民党必须改造,但形式不必甚著;党员不必甚多,诚得十人有干济者,终可转旋全势。党人愈多,则愈不负责。观中山所用,竟无一人有干略者。彼研究系专选人才,至今不敝,而孙伯澜党员亦少,足以挠乱全国。是知党不在多,要使坐谈者少而秘密运动者多,则无可以□事。鄙人近观海上民党切实有用者,不过八九人,终以团体未合,彼此或不相知,甚者有相猜忌者矣。鄙人所切望者,唯在得资两三万元,以作新团体结合之需,所需不在机关用费,亦不补助军费,唯须奔走游说,使群策群力,一时同以倒吴为趣向;俟有端倪,则大举可期矣。现在上海者,组安、烈武而外,湖南朱香溪、江苏王正承、李怀诚,皆克强亲党,朱、王、李有识有用,运动之力甚广,心术亦正。将来外交,亦宜注意日本。恨吴与恨□同,未必不可得其扶助也。未知兄于二事能担任否?"(《章太炎书札》。)

　　又有致刘湘、熊克武电文手稿:"得报,知刘、杨败窜,北军踟迹东归,不敢西略,是知众志成城,故能慎固封守。唯念此次战事,本以北虏窥伺,激成内争。迩来自治精神,虽已恢复,损耗兵械,盖亦不赀,毕竟川人受亏,而于北虏无害。得臣犹在,忧未歇也。西南六省,唯川、湘为当冲,北虏所痼瘵不忘者在此。彼中用兵要略,以远交近攻为本谋,以用间纳叛为良策,欲与抗衡,亦何容易?所愿各军将士惩前毖后,益臻辑睦,当令关岳庙之宣誓,始终不渝,一致以防御北虏为务。湘本同盟,固当为唇齿辅车之倚;滇、黔密迩,亦宜存弃嫌修好之心。推赤心以待同袍,恢远略以睦邻省,则内忧不生,外患自弭矣。粤东孙、陈,前受彼中播弄,孙既失势,陈亦败名。近则彼中首领,又复抚慰孙氏,共成纵横之策,居间媒介,则孙洪伊其人,所以破坏西南团体者如此。此后川省对于北虏,能与断绝,则竟断绝耳;如其不能,祈当虚与委蛇,不可与生瓜葛。甘言倾国,甚于甲兵,此诸公所当朝夕儆戒者也。"(手稿,潘承弼先生旧藏。)

查章氏《与熊克武书》所称"中山亦受曹氏运动",纯属误解。当 8 月 4 日,北伐军腹背受敌,回粤之许崇智、黄大伟一部在北江仁化一带与陈炯明军剧战多日。陈军占南雄,许、黄残部败退闽边。江西蔡成勋军也于 4 日占赣州,李烈钧率北伐军败走湘边。9 日,孙中山接北伐军败退消息,知势不可为,乘英舰至香港。14 日,由香港到沪。(《申报》,1922 年 8 月 15 日"本埠新闻"。)15 日,陈炯明回广州,自任粤军总司令。同日,孙中山在沪发表宣言,自述历年护法经过及陈炯明叛变始末,谓今后当继续奋斗,并重申 6 月 6 日提出之工兵计划宣言。(《申报》,1922 年 8 月 16 日"本埠新闻"。)即主张裁兵为工,"直系诸将为表示诚意服从护法起见,应将所部军队半数由政府改为工兵,作为停战条件。……直军诸将若能履行此条件,本大总统当立饬全国罢兵,恢复和平,共谋建设"。

8 月 29 日,"大总统令":"晋授章炳麟以勋一位"。(《申报》,1922 年 8 月 31 日"命令栏"。)

8 月 30 日,发表《儆告上海民党书》,批评孙岳,并连及孙中山。这时,旧同盟会员孙岳受"北方将帅之嘱托",来沪谒见孙中山,并谒章氏。章氏"面斥其为蒋干,并拍桌大骂,挥之使去"。(《申报》,1922 年 8 月 25 日"本埠新闻"《国是会议草宪委员会开会记》,详后。)并公开发表此书,说是什么"中山部党","今者与曹锟连",激起"上海民党"的不满。今先将《儆告上海民党书》录之如下:"曹锟遣其旅长孙岳至上海,其人以同盟会党员资格,为曹氏游说,得孙洪伊为先容,以是与中山周旋,民党之门,无弗走也。造膝密谈,外人所不能深晓,或云拟选中山为大总统、曹锟为副总统,大总统出洋历聘,副总统代之。而孙洪伊为国务总理,阁员名单,则以二孙党人分配,事非亲见,不敢谓其必然。然自孙岳之来,上海民党日与宴游,未有出一言以排击者,其平日感慨之气,莫不化为和平,摧刚为柔,果何为者,此不能无疑者一也。

"法统维持会诸议员,昔以中山为护法大总统,牢执不移,诚为偏宕,然其反对北京国会,则天下之公言。自孙岳之来,而法统维持会渐以凌替,其议员亦取中山进止,不敢自专,饰其言曰奋斗,变其词曰自由集会。假令其意实然,何不于孙岳未来时行之,乃于孙岳来后行之耶? 此不能无疑者二也。

"由此观之,南来条件,虽未可知,而孙、曹提携之说,与招抚民党之事,实已有其端倪矣。曹锟为督军团叛乱之首,其部曲又皆残暴南国之人,杨度、夏寿田诸帝制犯匿其幕中,乘时为变,视段祺瑞、张作霖所为,有过之矣。然中山之与段、张连也,犹借曰徐世昌在,欲与对抗,不得不取犄角之形。且是时己未失势,于段、张犹为平等之交也。

今者与曹锟连，所反对者云何？所以自处者又云何？若云以报复陈炯明故，不得不忍辱图之。陈之通吴，固人情所不与，尤而效之，其何以使陈伏罪。夫颠沛之馀，至于丧节失守，睚眦之怨，至于倒行逆施，此常人所恒有，不能以豪杰阔达之度相责也。中山为是，犹有可矜也。上海一隅，中山义故最多，其间本非民党者，什有三四，而耆旧亦尚不少。昔孙、段之相连也，段氏所遣使人，其骄蹇犹不若是甚。中山部党视之，亦未至如上国册封之使也。今而如是，非独为中山部党羞，亦为南方民党全体羞，鄙人闻之，心腹支结者累日，直其走谒，不得不少伸正气，诃以蒋干，声色俱厉，终以不能击碎竖子脑袋为恨。然斯事也，岂干也所能独任哉？彼其来也，实孙洪伊为之中调，孙洪伊本非南人，亦非民党。前者孙、陈战起，洪伊即电促北伐军回粤赴救，此非亟于中山，其实欲为江西解围，北伐军误堕其术，致南昌垂得而弃之。李烈钧抃顺之师，奔窜无地，长江流域防御外侮之略，于此而终。洪伊为曹、吴谋亦忠矣，他日虽南方为沼，民党作俘，于彼固无毫末之损也。为民党者，徒以小小挫败，丧其平生，甘与督军团祸首提携而不耻。不思民党实力本微，唯以气节名誉起人信仰，气节名誉之不恤，民党岂有容身之地，斯真所谓自杀者矣。

"余于中山败时，即与人言，处败者宜镇定，北伐军回粤，必无胜理，唯留赣进攻，可以得志。今吉安不日可拔，乘民气之激昂，直陈、蔡之溃乱，径下南昌，当非难事。夫事之济否，存乎得地，不在乎小信小忠，若少一惶扰，为洪伊之言所中，他日无一片土，或反将乞哀于北，则大孙党必为小孙党所吸收，闻者犹不肯信。以今观之，吾言殆不幸而中矣。夫其平日持论，动以盛气加人，骂益友社，排政学会，扶摘瑕疵，如此其厉也。而于六省将帅，惟有记人之过，忘人之功，少有嫌疑，即以降北通敌相诟，深文巧诋，又如此其甚也，独不能以此施之真作间牒明示招抚之人。且闻一二耆旧之言，亦颇怵心于孙洪伊矣，甘言浸润，竟不得不入其调中，则吾言真不幸而中矣。

"虽然，外人所见者，形式也；当局所知者，条件也。形式日坏，不可复修；条件未行，犹可力拒。诚能拒之，如日月之食，何损于明，此不能不为诸君微告者也。当知余作此书，所以哀矜同类，激厉南士，而非有所诋讥。能听吾言，庶几足以自立。若不求其实，以吾为恶声，于己则文过，号召少不更事不负责任之人，作为谰言，以相抵拒，则亦听之全国之公评而已。章炳麟顿首。"（《申报》，1922 年 8 月 30 日"本埠新闻"《章太炎微告上海民党书》。）

8 月 31 日，即《微告上海民党书》刊出之第二天，《申报》又载《孙岳宣言》，说章氏是"博豢养者之欢心，借可少获刍秣"。原文为："余之来沪，以就医之目的，兼受北方将帅之嘱托，欲以解决国是之正轨，就教于先知先觉之中山先生。至对于旧日民党诸同仁之联欢握手，则纯系个人拳拳念旧之私忱也。日前以友人赵铁樵君之邀，往访章炳麟氏。甫一觌面，章即加以蒋干宣抚使之称谓。在章炳麟近来受北京某当局之豢养，恐余此来，于某当局之地位，或有所不利，为此破坏之举，以博豢养者之欢心，借可少获刍秣，亦固其所。惟必出此疯狂态度，殊令人不可索解。有人谓章氏向来状态，无钱则疯，有钱则不疯，余甚不愿加此刻语于章氏。惟此种状态，是否为上流人士所应有,愿多识君子,加以评判焉。孙岳顿首。"(《申报》,1922 年 8 月 31 日《孙岳宣言》。)

8 月 31 日,国闻通信社记者往访章氏,当时报载章之谈话云:

"国闻通信社云:本社记者昨日往访章太炎氏,询其对于昨日孙岳发表宣言,与北京晋给勋一位二事之意见。章氏答云:孙岳此来之目的与任务,外间俱已明了,毋庸多辩。孙来时力述前曾从事革命,隶国民党籍,一若此便可耸动听闻,且于余发言后,状颇不恭,余故斥之,并指陈其内幕所在以告社会。现在既已明了,则谩骂之辞,俱无置辩之必要。至勋位一事,外间所传吴子玉主动,含有交换之意味,或亦近似。缘余迩来力主联省自治,颇与吴所主张者相违,借此羁縻,不尽无因。余于袁项城时代,宋案发生时,亦曾有此事实,此次当即相类。至此事发生动机,以余观之,当在褒奖程璧光一事。因岬程发表后,老黎曾嘱将西南护法有劳绩者,开一名单。当时余开单曾分两类:一为尚在西南,未承认中央者;一为已下野者。总计近六十人,林葆怿、朱庆澜等俱在其中。现在遗弃其他之数十人,而独表余一人,可知此事非出老黎之意。惟勋位用意,原系表彰过去劳绩,与现在及将来之主张,绝对无关,更不能有所交换。况现在主张联省自治者,各党各派均有其人,更不能以羁縻一人为手段,以障主义进行之全体,故此种举动,实甚可哂云云。"(《申报》,1922 年 9 月 1 日"本埠新闻"《纪章太炎之谈话》。)

9 月 1 日,《申报》又载《上海民党致章太炎书》,对章氏所云"选中山为大总统,曹锟为副总统"加以驳斥,以为是"向壁虚造"。书曰:"在某报见章太炎《致上海民党书》,用意所在,姑不必测。即就事实言之,六月六日中山先生在广州之宣言,对于北方将士尊重护法之表示,援洁己以进之义,开与人为善之诚。其时北伐军锋正锐,赣州、吉安以次攻下,陈炯明等叛萌未著,而中山先生态度如此,其宅心之公恕,固天下所共见也。及八月十五日中山先生在上海之宣言,与六月六日之宣言,主旨一贯,无几微之差违,不以胜败而易其辙有如此者。自是厥后,各方面来见者,中山先生皆坦然相接,一切言论,皆根据宣言大旨,无不可公开者。所谓某正、某副之条件,吾不知太炎何处闻之? 以道义及感情而论,中山先生于太炎,爱护周恤,始终无间。今者中山先生艰难护法,九死一生,始得脱险来沪,即在交末,亦宜慰问,况于久相交厚之太炎。倘使太炎不以炎凉易态,与中山先生晤言,必能谅解一切,何从根据谰言,构成蜚语。即曰炎凉之态,太炎根性所不能改,道义感情,不可以之相期。然太炎欲其言之见信于人,亦必当稍事调查,略捉风影,始可形之笔墨。今乃向壁虚造若此,是直欲人之夷蔑其人格,粪土其言论而已。昨日见太炎此书,多有骇然不知其所指者。今日见勋一位之京电,始皆释然。呜呼! 太炎平日以国师公自命,今观所为,嗜利忘耻,果肖刘歆,又何责焉。"(《申报》,1922 年 9 月 1 日"本埠新闻"《上海民党致章太炎书》。)

9 月 1 日,又公开发表《再复上海民党书》:"以仆为趋炎附势。今之炎势,孰有过于曹、吴者乎? 孰趋附之者乎? 中山之败,由于事前不听仆言,所谓'切勿负气忿事,致遭反动'者,在仆视为药石之言,而中山听之藐藐,以召失败。自身失败犹小,大波所及,并江西而亦失之,仆以为中山当先对仆引咎,故不肯先见也。章炳麟顿首。"(《申报》,1922 年 9 月 2 日"本埠新闻"《章太炎再复上海民党书》。)

9 月 2 日,章氏闻萧耀南、冯玉祥等提出"联省自治,形同割据,国会制宪,本有特权"之说,发出"冬电":"武昌萧珩珊先生、开封冯焕章先生鉴:阅诸君赞成沈鸿英主张各电,大致谓联省自治,形同割据,国会制宪,本有特权。不思各省自治,仍以拱卫中央,而非有碍统一,如德、美、瑞士等,其例弘多。至国家制宪大权,当取人民公意,独吾国临时约法,以此付之国会,非但万国无此成例,而今之国会,非法奖篡之分子甚多,是以可得反对。如果澄清国会,修改约法,将制宪之权,付之全国法团,总投票之事,付之全国人民,又安用先制省宪,后制国宪? 而今国会全体不肯为此,是以不得不改弦更张也。若夫所谓统一者,权固属于中央,而非强藩悍帅所能假冒。今吴子玉统兵洛阳,兼领湖北,形势较大于各省,地位岂处于中央,而敢挟持政府,以令全国。观其遥制朝权,则有干预宪法、干预任用阁员之事,擅自征讨,则有派兵援川促蔡成勋进攻赣南之事。对于中央,是否视若弁髦,对于地方,是否实行割据,分崩离析,谁实致之? 即萧君作镇武昌,自谓服从中央命令,乃于中央所任省长,拒使不得到任,纵汤芗铭不满人望,为督军者,何得把持印信,擅兼民政,若非割据,何以有此? 假令省宪制成,各有规则,岂容洛阳、武昌为此越分侵权之事。邪说奸谋,不当坐之他人而当由发言者自坐矣。章炳麟。冬。"(《申报》,1922 年 9 月 3 日"本埠新闻"《章太炎致萧耀南冯玉祥电》。)

9 月 5 日,湖南省议长林芝宇对章太炎"关心湘局","复电致感"。报载:

"近因湖南省长决选问题正待解决之际,适有湖南陈嘉佑反戈之事,章太炎氏关心湘局,曾致电湖南省议长林芝宇氏,询其究竟。兹觅得林氏复电如下:

"章太炎先生惠鉴:承电询,感甚。湘南小有骚动,不日即可就范,平江兵变,旋即肃清,省长决选,仍积极进行。特电奉复。林芝宇叩。歌。印。"(《中华新报》,1922 年 9 月 8 日"本埠新闻"《章太炎先生关心湘局》。)

9 月 6 日,国是会议国宪草议委员会发出"敦请书",请章氏和张君劢主讲,报载:

"中华民国八团体国是会议改组之国宪草议委员会,曾请张君劢君起草国宪甲乙两种,甲种仍用大总统及国务院制,乙种用行政委员制,自六月二十四日起至八月二十三日止,开临时会九次,常会七次,逐条讨论,完全通过。现拟敦请章太炎、张君劢二君开会演讲,昨已发出敦请书如下:

"径启者:本会所拟之国宪草案甲乙两种,早经通过,业已印就。兹定于九月十日(星期日)下午二时,借上海总商会议事厅开国宪讲演会,公拟敦请先生主讲,除请孙筹成君趋前接洽外,特此函请,务祈准时莅临,不胜企盼。国是会议国宪草议委员会启。"(《申报》,1922 年 9 月 7 日"本埠新闻"《国宪讲演会敦请主讲书》。)

9 月 8 日,《申报》"本埠新闻"又载《国是会议函邀各界听讲宪法》,并录《通告》:"径启者,本会兹定于月之十日(星期日)下午二时,在总商会议事厅开国宪讲演会,敦请章太炎先生主讲天坛宪法之劣点,张君劢先生主讲国宪对于国家之重要,及本会所拟甲乙两种宪章之要点,印有宪草单张,当场分送,有志研究宪法者,皆可莅会听讲"云云。

9 月 10 日,章氏"讲天坛宪法之劣点",当时报载:

"中华民国八团体国是会议,昨午二时三十分,开国宪草案演讲会,敦请章太炎讲天坛宪法之劣点,张君劢讲国宪草案之要点,听讲者一百九十九人。沈信卿主席致词,谓今日开会,欲将本会所拟国宪草案内容,并天坛宪法与世界潮流、中国国势不合之点,详晰说明。此项草案,本会经十五次之会议,始克告竣。先时敦请张君劢先生起草,后经章太炎先生等之考核,始以公世。现请章先生主讲,敬先介绍。太炎于鼓掌声中出席,其演讲云:

"天坛宪法,采集权制,在袁世凯时代,经国会二读通过,其谬点甚多,兹择其最关重要者言之:

"一、天坛宪法中第一章第二条,中华民国主权,属于国民全体;第二章第三条,中华民国国土,依其固有之疆域,又附项国土及其区划,非以法律不得变更之。查第一章所谓主权,属于国民全体,以现势而论,主权云者,究在何处?要不过在制宪,次则在革命而已。按临时约法第五十四条之中华民国之宪法,由国民自定之,与第二条根本抵触,从第二条即可将第五十四条完全推翻。既谓中华民国主权属于国民全体,宪法何以须由国会产生。本来国民不能个个制宪,然亦当另定适当方法。我人根据第二条,即可推翻国会制宪,须由我人民直接制宪,此非难事,要视我人民能力何如耳。我人主张联邦制,天坛则用集权制,集权制在外国,亦不免成专制变相。从历史上观察,历来所谓专制,断无发现断送主权、卖国为奴隶之事。谓予不信,试一察袁世凯之种种卖国行为,徒拥共和之名,实属专制之实,于是中央权大,地方权小,国民几有无可如何之势。人民纳捐于地方,地方补助于中央,中央养兵肇祸,人民何贵有此宪法乎?天坛宪法本身之谬点,已如此其甚。有谓如采联邦制,恐成割据之患,此可无虑,即使造成割据,中央亦可失去其卖国能力。或谓如行联邦制,各省操权者,仍为武人则如何?予意最初第一次或被武人操纵,入后则可保无虑。总之由国而成省,则省不成为省。论中国历史,自先有国后有省。然论民国历史,自武昌起义,各省响应者十五省,此十五省之响应,非认武昌为中央,盖异途同归,而组南京临时政府。以是言,岂非中华民国由省产国乎?考之各国制亦多隐合,而天坛宪法,偏采集权制,在蒙古、西藏之要求自治,其实与宪政相合,乃出自外人指使,袁世凯允之,而反取消国内自治,在彼则暗送主权,在此则违反宪法,矧蒙古仍用主权乎?查天坛宪法第三条,中华民国领土,依其固有之疆域,何以谓之固有?究竟从明朝算起,抑由清朝算起?抑由中华民国土地失尽,或只剩一省,均尚得谓之固有耶?又原条附项国土及其区划,非以法律不得变更之。反言之,即国土及其区划,可得法律变更之;质言之,中央即有卖国之权,若请国会解释,必谓中国已失之地,以武力恢复,得法律变更之,此欺人语也。固以武力恢复失地,无须再由国会通过,即此第二条、第三条两条,已足断送中国,故中国万不能采集权制。

"查临时约法第三十五条,大总统经参议院之同意,得宣战媾和及缔结条约。至天坛宪法第七十条,则活动其句语,谓'大总统得缔结条约,但媾和及关系立法事项之条约,非经国会同意,不生效力。'从表面观,似无弊窦,而袁世凯竟缔结东清铁道条约,断送主权,而无须先由国会通过。从前因战败而缔结条约,情有可原,如俄库条约,俄人不过恐吓中国而已，然政府竟于此断送主权。又如西藏问题、九龙租界条约等等，不胜枚举。凡此奉送铁道、奉送藩篱主权等事，袁世凯之天坛宪法，皆预为之地，刬彼所公布者，仅为总统选举法，其居心可知。至大总统选举权，万不能付之国会，如在国会，彼可用威胁利诱，以演成不可思议合伙卖国之行为。再观民国十年来，如五年时之讨袁，六年时之逼黎，解散国会，暗中冯争总统，再西南护法而产总统。凡此种种，直可为之总统争。总之，一，国土可以法律变更为不当；二，缔结条约，应由国会通过，而天坛法明知姑纵为不当；三，以大总统选举权付之国会为不当云。

"次张君劢演讲国宪草案，内容约五要点：一，联邦制；二，一院制；三，军人不得干政；四，总统选举法之公开；五，社会均富。以上五项，亦极透澈。最后由主席致词，散会已六时十五分矣。"（《申报》，1922 年 9 月 11 日"本埠新闻"《国是会议国宪讲演记》。）

9 月 11 日，章氏以《申报》所载讲演纪录"错误殊多"，特函报社"更正"。函云："申报馆记者鉴：本日各报登《国是会议之国宪讲演》一件，因仓猝笔录，错误殊多。鄙人本意，先举临时约法第二条中华民国之主权属于国民全体，以见其五十四条中华民国之宪法，由国会制定为自相抵触。录者将约法第二条误录为天坛宪法第二条，则文义不驯矣。又如反对集权说中，本意谓他国集权，其极至于专制，中国集权，其极至于卖国，卖国之患，更大于专制。录者不明语意，遂至纠葛不清。又如东清铁道之成立，九龙之租借，西藏之不得驻兵，其约皆定于清代，非出袁氏，鄙意特举往事为证，而录者竟以此归之袁氏，事实有误。以上数端，望贵报照录原函，并分致各报馆登载更正为要。章炳麟。九月十一日。"（《申报》，1922 年 9 月 12 日"来函"栏《章太炎来函》。）

10 月 10 日，《中华新报》出增刊，首载章氏《时学箴言》：

"今之为时学者，曰好言诸子而已矣。经史奥博，治之非十年不就，独诸子书少，其义可以空言相难。速化之士，务苟简而好高名，其乐言诸子宜也。不悟真治诸子者，视治经史为尤难：其训诂恢奇，非深通小学者莫能理也；其言为救时而发，非深明史事者莫能喻也；而又渊源所渐，或相出入，非合六艺诸史以证之，始终不能明其流别。近代王怀祖、戴子高、孙仲容诸公，皆勤求古训，卓然成就，而后敢治诸子。然犹通其文义，识其流变，才及泰半而止耳。其艰涩难晓之处，尚阙难以待后之人也。若夫内指心体，旁明物曲，外推成败利钝之故者，此又可以易言之耶？偏于内典哲理者，能知其内，无由知其外；偏于人事兴废者，或识其外，未能识其内也；偏于物理算术者，于物曲或多所谕，非其类而强附之，则所说又愈远。岂以学校程年之业，海外数家之书，而能施之平议者哉！今人皆以经史为糟粕，非果以为糟粕也，畏其治之之难，而不得不为之辞也。至于诸子，则见为易解，任情兴废，随意取舍，即自以为成一家之言，以难为易，适自彰其不学而已。魏、晋之清谈，宋、明之理学，其始皆豪杰倜傥之士为之，及其末流，而三尺童子亦易言之。今之好言诸子者，得无似其末流者耶？或曰：佛法至深，而禅宗不识字者亦能了之，诸子虽难知，未能过于佛法，又安用苦学为！然此非其喻也。佛法之真，不在语言文字，其聚积赀粮也，在乎修持，不专在乎学理。苟能直证心源，则虽以经论为刍狗可也。今诚能涤除玄览，则可以不读《老子》矣；诚能得其常心，则可以不读《庄子》矣;诚能绝四无知,则可以不读《论语》矣;诚能兼爱尚同,则可以不读《墨子》矣。而今之为九流之学者,其趣向本不在是,唯欲明其学理、通其语言文字而已,此乃佛家之讲师,非可以禅宗喻也。夫讲师则未有能舍苦学而入者矣,进无绝学捐书之才,退失博文覃思之用,此时学之所以为弊也。"(《中华新报》,1922 年 10 月 10 日增刊。)

《中华新报》增刊首载此篇,中附章氏与爱迪生照片,冠以"东西洋文化之提携",下标"国学泰斗章太炎先生","世界大发明家艾迪生先生"。并加"记者识":"太炎先生国学泰斗,一代宗匠,吉光片羽,海内争诵。近年所作,多为关于建国问题者,论学之文,反不易见。顷者整理国故之说大倡,而率无门径。兹存先生特为本报纪念增刊撰文一首,示国人以治学之津梁。此文之出,足使全国学界获一贵重教训,固不仅本社之荣幸已也。"

10 月 10 日,《申报》增出特刊多张,载章氏《最近之五十年序》,谓:"自今以观光复之始,其事已稍微矣;又因以观湘、淮诸雄与海外独逸日本数才杰者用事之世,则又有微焉者矣;此其荦然甚大,藏于胸中者而犹若是,若后之未著者何?后,不可知也。今与昔之不忘,则若可以得后之倪已。"又谓:"变既成矣,已处于变之中,而又惛然不知所如往,坐而议之,若执符契。然少选必有啬焉不自得者,此其故何也?以其变不胜推也。吾恶知夫后之五十年者,其变不转亟于今,其造变者不乃动于几而不自知耶?后之五十年之不能任,若问无穷焉,其焉能任之。"(《文录续编》卷二下。)

查《申报》创刊于 1872 年,本年为创刊五十周年,特请章氏撰序。

10 月 12 日,《申报》又将孙筹成 9 月 10 日所记章氏演讲稿"修正后,由孙君面交章先生核润",并经章氏同意,再行刊登:

"欲述天坛宪法之不适国情,当先述临时约法。盖国会制宪之权,系约法所赋予。约法第二条谓中华民国之主权,属于国民全体。第五十四条谓中华民国之宪法,由国会制定。夫所谓主权者,孰有过于制宪之权,既云主权属于国民全体,何以制宪之权独赋予国会?自相矛盾,断难并存。故依其第二条之规定,即可推翻其第五十四条,国是会议本此意旨,而拟国宪,并非破坏约法。鄙人以为退一步言,即使国会制宪,亦应由全体人民通过后,乃能公布,如湖南省宪之用总投票法,则亦可稍减流弊。天坛宪草主集权,本会所拟之宪草则主联省自治。盖我国土地如是之大,环顾国中,刻下尚有统治全国之人才否?君主时代,汉高、明太,称雄一世,尚能驾驭群雄。及乎民国,袁氏素称桀骜,尚不能统一中国;黎、冯诸公,才更不若矣。通计民国十年以来,借集权之名,滥借外债,贩鬻主权,练兵杀人,袁氏开其端,而冯、徐承其业。中央政府,一变而为卖国机关,有之不如其无。然因代表全国之关系,又不能废此政府名称,不得已乃有联省自治之主张,以冀限制其卖国之权。天坛宪草,未有地方制,或谓加入地方制,即可适用,不知前主集权,后定自治,方枘圆凿,安能相容?故本会非特反对天坛二读之宪草,并且反对其勉强补苴之地方制。反对者乃谓联省为割据,且云我国素主统一,不可以整为碎,不知联省制权限分明,各行其事,两无妨碍,较之目前名为统一,各省霸占擅扣国税者,得益多矣。或谓外国先有邦,后集成国,行联邦制则顺;我国历史,实先有国,而后分省,故行联省制为不顺。不知以二千年之历史论,诚先有国而后分州、分道、分省;以目前中华民国之历史论,实先有省而后有国。盖自武昌起义,南北响应,计宣告独立者十有五省,省皆自主,非受武昌命令,亦未尝以武昌为中央政府,当时固只有省,未有国也。及各省分派代表,组织临时政府,而后国家之形可见。是民国之历史,以省集成为国甚明。袁氏得志,虽欲灭其形迹,而终有不可掩者。元年之参议院,及后之参、众两院,参议院议员,皆由各省省议会选出,是明认各省皆有主权矣。今所欲定者,乃中华民国之宪法,非贯彻二千年之中国宪法,则自当据中华民国之历史为本,其远者不必论也。”(《申报》,1922年10月12日“本埠新闻”《国是会议函送章太炎演说稿》。)

10月14日,续刊《天坛宪法之劣点》演讲稿:

“另有一事,今日欲为诸君言者:我国临时总统,由参议院选举,本系权宜之事。天坛宪草,不知改良,以选举正式总统之权,属于国会。不意大总统选举法公布后,袁氏即包围国会,强其选己,当时国会尚有气节,然结果袁仍当选,国会作法自毙,悔已无及。苟选举权散在省区,不属国会,则何致受其迫胁。且历届总统,除黎氏以副总统继任外,其馀或正或伪,皆属北人,亦由国会在北,选举总统,如选北京市长云尔。本会所定甲种宪章,规定选举总统,不属于国会者,即为避其威吓利用故。虽然,总统之位,亦为致乱之端。十年以来,刺宋之案,对德宣战,解散国会之案,复辟之案,背后皆有觊觎总统者为主使,南方诸省,有所不平,不当不为戡乱之举。戡乱云者,本不得已而为之,但因戡乱而兴战争,人民受害,已非浅鲜,推其根源,皆以有大总统故。夫大总统仅一缺,而堪补此缺者甚多,断难分配,是以不能不争,争则致乱矣。又副总统之设,本预防大总统有身故病废等事,今我国之有副总统也,则惟恐大总统之不死,大总统如皇帝,副总统如皇太子。历观往史,民间弑父之事甚少,而谋篡君位,至于弑父者,不胜枚举,况副总统与大总统,本无天性骨肉之亲,欲其不取而代之,其可得乎?是副总统亦一乱源也。本会欲杜其弊,故又有乙种宪章,规定用国政委员会制,不用总统,为铲除根本之计。”(续完。《申报》,1922年10月14日“本埠新闻”《国是会议函送章太炎演说稿》续。)

10月29日,上海女权运动同盟会成立,出席来宾有章太炎、张继等六十馀人,由汤国梨为临时主席,“谓女子能有自觉,故有女权运动同盟之发起”。“本会宗旨,非政党性质,似不宜偏重政治,主根本救济,自在教育云云”。张继“演说女权与政治运动”,章氏及“邵仲辉、陈望道等相继演说,历时颇久”。(《申报》,1922年10月30日“本埠新闻”《女权同盟成立会纪》。)

10月下旬,世界佛教居士林开会,章氏参加,并发表演说。其演说辞为:“佛法无边,从何处说起?简单言之,无论大乘小乘,皆必修四谛。何为四谛,苦集灭道是,苦为集果,集为苦因。集者缘起之义,有情世间、器世间之建立,皆为缘起。大地山河为器世间,就矿而论,皆含有识,矿能变动,即是其识。人类为有情世间,人之生死,识为缘起,无明缘行,行缘识,识缘名色,名色缘六入,六入缘触,触缘受,受缘爱,爱缘有,有缘生,生缘老死。识分为八,眼耳鼻舌身意为六识,末那为七识,阿赖耶识为八识,前六识有情,七、八识无情,八识统名藏识,故有谓即如来藏。苦之种类甚多,或名八苦,或名百千苦,总之有世间则有烦恼,烦恼即是苦。若欲断诸苦,惟有从一切缘起,灭者涅槃之义,道为灭因,灭为道果,一切佛乘皆为道。佛者觉也,悟之为觉,迷则为凡。小乘但求自度,大乘务在度人。度人即菩提心,欲证涅槃,必先修道。涅槃分有余依、无余依二种,此即大小乘之别,吾故谓无论大小乘,皆必修四谛。"(《申报》,1922 年 10 月 30 日"本埠新闻"《世界佛教居士林开会纪》。)

11 月,上海筹备追悼伍廷芳大会,章氏曾"署名"发起,但追悼会则未参加。据报载,"寰球中国学生会、广肇公所等发起,筹备追悼伍廷芳,署名发起者有孙中山、黄炎培、袁希涛、沈恩孚等,章氏也署名。"(《申报》,1922 年 11 月 14 日《追悼伍廷芳会近讯》。)并定于 12 月 17 日开追悼会。(《申报》,1922 年 11 月 18 日《伍公追悼会筹备会议记》。)17 日,上海开追悼大会时,谭延闿主席,孙中山有祭文,章氏则未到会。(《申报》,1922 年 12 月 18 日"本埠新闻"《伍廷芳追悼大会记》。)

11 月,吴北麟等九人"相与起武昌首义纪念",章氏《武昌首义纪念宣言书》谓:"曩者倡义之士,杀身者有矣,屏于闾巷者有矣,转徙沟壑,妻子无所覆露者有矣。……功大如此,而报薄如彼。""炳麟与武昌诸勋一体也,六七年中,欲拯其民于水火者三矣,谋几成而卒无效。""于是宣示大义,以对于天下,以祈匄于国之人。其事列左:一、设纪念大学。二、设公园,置倡义纪念碑。三、设功裔教养所,附幼稚园。四、设伤军养济院,附工厂。五、铸张文襄铜像。"(《华国月刊》一卷三期,1923 年 11 月 15 日出版,收入《文录续编》卷三上。)

冬,撰《新闻报三十年纪念辞》:谓《新闻报》"始创岁馀,即有辽东之战,中国于是乎不支,其后汉族虽光复,而国家衰乱自若,是其所经涉者,无往非扰攘世也。识变既多,于废兴存亡之故,固已窥其原测其流矣。顾世之议者辄曰:报社有二流,一者耆宿,二者新进,犹人之有少长也。耆宿者虽矜慎,而多含濡不断,遇国家大变,其议论多不深切,未若新进之能也。余以为中土之为报也,则朝报邸钞之变,主于记事而已。事果实,其是非则可知,于是或成或败,亦可以豫推也。新进者多为一党机关,时时偏于爱憎,幸而遇咎归于所憎,其论精切,至于吹毛求疵,能言人所不敢言,不幸遇咎归于所爱,则相与弥缝焉尔。若其变乱事实,生灭在意,则荧惑人亦甚,犹律师之辩辞,军家之露布,非会主客两方之言观之,无以明其然否也。试征之耆宿,则于事实相去亦不远矣。事之著也,其论虽少断,自达者视之,则是非成败易知也;自未达者视之,则犹未可以立决也。而世固多未达之人,然则长于记述短于裁断者,盖犹有所憾焉。"以为"事事而评之,条条而议之,或不能得其原委,有时宜独见至论,洒然为博辨之辞,介然如石之不可动,其言发于耆宿,视夫新进之陈义者,其中人必深,然则达者必以为契吾意,未达者必以为发吾蒙矣,是固持清议者之责也。"(《新闻报馆卅年纪念》。)

本年,有《思岳阳》诗:"大江至荆楚,天险为之开。昔过新墙驿,遥怜宗衮才。(家华亭伯佐何中湘守岳阳,筑大荆新墙二垒,支持残破几二年。)万山如马度,独戍有龙回。湖外今无事,飞云自去来。"(《文录续编》卷七下,又见《华国月刊》一卷七期,《华国》无脚注。)

12 月 24 日,乘车赴杭,报载:"章太炎氏因其母冥寿,特于前日早晨乘沪杭甬特别快车赴杭,暂寓城站旅馆,小作勾留,即赴馀杭原籍云。"(《申报》,1922 年 12 月 26 日"本埠新闻"《章太炎赴杭》。)

本年 4 月至 6 月,章氏应省教育会之约,在沪讲授"国学",共十讲,"第一次论国学大概,第二次论国学派别",当时报纸,大事宣扬,事先刊登预告,讲后载录讲辞。开始听者甚多,第一次"男女共约三四百人",因报名者多,"会场狭小",改换讲场。后来听者日少,第九次讲学,仅有七八十人。今将当时《申报》所载讲学情况和内容按期录载如后:

3 月 29 日,《申报》刊登《省教育会通告》,说明"深惧国学之衰微",特请章氏讲演,于 4 月 1 日开始:

"省教育会通告云:敬启者,自欧风东渐,竞尚西学,研究国学者日稀。而欧战以还,西国学问大家,来华专事研究我国旧学者,反时有所闻。盖亦深知西方之新学说或已早见于我国古籍,借西方之新学,以证明我国之旧学,此即为中西文化沟通之动机。同人深惧国学之衰微,又念国学之根柢最深者,无如章太炎先生,爰特敦请先生莅会,主讲国学,幸蒙允许。兹经先生订定讲题及讲演日期时间,附开如后,至希察阅,届期莅会听讲为盼。专颂台安。江苏省教育会启。三月二十八日。

"讲演期 四月一日(星期六)起。每星期六午后,准四时二刻开讲。有志研究者,并得于讲学后质疑问难。志愿听讲诸君,务请于四时二十分齐集。

"讲演顺序 第一次论国学大概,第二次论国学派别。凡志愿听讲诸君,幸先自审量对于国学确有研究之兴味,并能按期准时听讲,不至中辍者,即日开示姓名,预向本会报名,以便预留坐位。"(《申报》,1922 年 3 月 29 日《省教育会请章太炎先生讲国学》。)

4 月 1 日,章氏"开讲,听者共约三四百人",首讲"国学大概",报载:

"江苏省教育会以国学一道亟应研究,但主讲之人,殊难其选,章太炎氏为国学泰斗,近经商定邀于每星期六日主讲,昨日为第一日。四时许,听讲者先后到会,四时半开讲,男女共约三四百人。沈信卿致词,大致谓太炎先生之学问,夫人而知,不俟再赘。今日开讲,预备时促,筹备不周,来听讲者众,深恐座位不敷,至为抱歉。夫西人近来研究我国哲学,吾人对于我国自有之学,转置不问,良可惜也。今请太炎先生主讲。此后或能将此学问,传布世界,则于中国文化前途,极有关系。惟讲时简要,仍盼各自研究而发挥之。下次地点,或更觅较宽之所焉。众鼓掌。

"章太炎先生登坛主讲云:今日讲国学大概。先说在日本及北京讲学之经过,次论讲学之难易,次言讲学须对症发药。讲至此,遂书明所讲国学大概之标题:一、国学之自体:(甲)经史非神话;(乙)经典诸子非宗教;(丙)历史非小说传奇。二、治国学之法:(甲)辨书籍真伪;(乙)通小学;(丙)明地理;(丁)知古今人情之变迁;(戊)辨文学应用。依次讲述,将国学之自体讲完,时已六时有馀。沈信卿君谓:今日讲时已久,余俟下期续讲。众鼓掌。方讲述时,全堂三四百人,静肃无哗。而讲述时,引经释典,非常清晰,故听者殊有兴趣焉。所讲述者,另有纪录员纪录,以便整理,送由章氏核阅,以便发布云"(《申报》,1922 年 4 月 2 日《章太炎讲学第一日记》。)

省教育会以报名者甚多,而"该会会场狭小",商定第二讲在中华职业学校附设之职工教育馆举行,并发通告,报载:

"江苏省教育会延请章太炎先生主讲国学,已迭志本报。兹悉四月一日第一期开讲,报名者竟有六百馀人之多,临时到会者又有一二百人,而该会会场狭小,仅能容纳三百五十馀人,致后到者均不及招待。现该会为谋推广坐位起见,已商定迎薰路中华职业学校附设之职工教育馆内,计可容坐位千人,已通告于四月七日以前,继续报名领券,发券至一千号为止。查迎薰路系新辟马路,交通亦甚便利,自中华路经旧尚文门以南,即抵该路,车马可直达该校门首云。"(《申报》,1922 年 4 月 4 日《愿听章太炎先生讲学者注意》。)

又云:

"江苏省教育会敦请章太炎先生主讲国学,第一期已于本月一日举行,嗣因报名听讲者异常踊跃,决定自第二期起,改在尚文门内迎薰路中华职业学校附设职工教育馆内开会,声明扩充坐位至一千人。注意国学诸君,得此消息,争先前往索取听讲券,至昨日下午,已满足一千人,可谓盛矣。本日为第二期讲演,仍于下午四时半开始,听讲者须于四时二十分以前齐集职工教育馆云。"(《申报》,1922 年 4 月 8 日《章太炎今日继续讲学》。)

4 月 8 日,章氏作"第二讲","到者约四百馀人",续前"国学大概":

"日昨为江苏省教育会延请章太炎氏讲学之第二日,因省教育会地点不敷容坐,故改在陆家浜中华职业学校内职工教育馆。四时许,男女听讲者先后前往,至四时半,章氏登坛讲述,是日到者约四百馀人,备有蓄声机,于重要名词用机传达,以便座后者闻之清晰。开讲时,先由沈信卿氏报告改在职工教育馆之原因,并谓此间可容一千人,愿报名来听诸君,继续到场,幸勿间断。

"次章氏主讲,续前'国学大概'。其第一段国学之自体,上次已讲,今日续前讲述治国学之法。内分五目:(甲)辨古籍真伪。大致谓古时书籍多,学问亦杂,如经史子集,除集部中伪造者较少外,而经史子则鱼目混珠,伪造者不可胜纪,如彼伪造之书,真令人走入迷阁。姚际恒著有《古今伪书考》,略将伪书指出。盖经部伪书已不少,如《尚书》五十八篇,内二十五篇系晋代枚赜所伪造,至宋而知为伪,揭破之,然受欺者已千余年矣。夫人之所以受其欺者,为其所伪造尚近情也。明代伪书极多,如《子贡诗传》系书坊所造,然无价值者;郑康成之《孝经注》、《孟子》孙奭《疏》均伪。正史不敢伪造,而别史则伪者多矣。《吴越春秋》、《越绝书》皆伪书也。《越绝书》托名子贡者,实则为汉袁康伪造。《汉魏丛书》中之《汉武内传》、《飞燕外传》,类系宋代人所造,此书当时或认为真,而今则知为伪矣。子部中伪本极多,吾人所知者,如《吴子》、《列子》、《文子》、《关尹子》、《孔丛子》、《黄石公三略》等,前三书略可信,而后三书则全不足信矣。《吴子》中之器具,有为现在所无者,此必六朝时人造,《列子》殆剿袭《淮南子》,《文子》要为晋代人所造。《列子》文章极好亦圆满,然此种说法,一看佛经,便能了解,盖列子有其人,而书则伪造矣,此书虽系伪造而极好。何以知其伪?以汉时人无用《列子》语者。《关尹子》不足论。《孔丛子》比《关尹子》略好,大约魏晋时人所造。又《孔子家语》为王肃所造,《黄石公三略》为唐代人所造,《太公阴符经》亦为伪造,系唐代李筌所造,此书恐在《黄石公三略》之后。夫欲讲哲理,虽伪书亦无妨,而考据之学,则差之毫厘,谬以千里矣。康有为谓汉以前之书,尽被王莽、刘歆所删改,此太武断,不足信。总之真与伪,须自辨,不能一概论,在人自抉别之耳。

"(乙)通小学。韩昌黎云:'凡欲作文,须略识字。'识字者,通小学也。《尚书》周诰殷盘,为当时之告示,今读之,则佶屈聱牙矣。《汉书·艺文志》云:《尚书》,直言也。直言,即白话也。故《尚书》为当时之白话,或者此为各地之土话,故后之读之不易明矣。《汉书》有云:《尚书》读应《尔雅》。以《尚书》中字不可解者,则于《尔雅》中求之。总之,愿读唐以前之书,须明小学,方易上口。宋以后,则与今无甚异矣。

"小学可分为三种:一,训诂如《尔雅》;二,形体;三,谐声。朱文公好讲古书,不明小学,以致大错。如格物释为穷物。夫格训为来,来训为至,至训为极,极训为穷,转辗训诂,不明小学者,不能无误。又讲'主一无适',适本与敌通,无适,无敌也,乃取走义,而为'无走',不亦可笑乎?夫韩、柳之文,都通小学,故多佶屈聱牙处,盖亦彼时之土语耳。清桐城派略懂小学,然古书中不甚可解者,宁不用之。夫讲哲学,可以不通小学,然必古语完全不引,若欲援引古语,则仍不能不通小学焉。

"时已五时四十五分,因六时职业学校须用会场,故即止,馀三段容下期续讲。散讲,已近六时矣。"(《申报》,1922 年 4 月 9 日《章太炎讲学第二日纪》。)

4 月 12 日,《申报》预告第三讲日期:

"章太炎讲学第三期,定于本月十五号,仍在职工教育会,惟时间须提早半钟,定于是日午后四时起。凡听讲者须于三点五十分钟到场云。"(《申报》,1922 年 4 月 12 日《章太炎讲学预报》。)

4 月 15 日,章氏作第三讲,续讲"治国学之法":

"江苏省教育会延聘章太炎氏讲学各节,曾纪本报。昨日为第三次讲学之期,仍在陆家浜职工教育馆,午后四时开讲,续前国学大概中之第二项'治国学之法'。

"(丙)明地理。谓地理本为补助他种学问之一科学,故欲贯通他种学问,不可不通地理。地理有天然、人为二者,天然者尚易讲,如古今山川,变化极少,试观古籍,亦可知其大概,而人为者则难矣。例如郡县沿革,自古迄今,不知几千万变矣,春秋封建也,而秦置郡县。今之人,于古之大区域之郡,尚能知其梗概,而小区域之县,遂不易辨别,至沿革则更非容易。故中国讲地理之书,关于天然的,如《水经注》、《水道提纲》等;关于人为者,如《方舆纪要》、乾隆府厅县志等。夫后之讲地理,必以现在为本,而说某处即古之某地耳。唐代有《元和郡县志》,考究不甚分明,曾不如后来者之明白,然此犹属官书中之可信而不讹者。又李申耆五种,古代亦有,特较简而已。要之读古文,往往与地理有关系,如春秋战国时代之晋、楚等易明者,至其细处之形势,则不易明。然不明地理,将何以知其胜败之原因? 夫汉代书中之地理尚易讲,所难者为南北朝,以彼时南北互迁,有所谓'侨置'者。北人南居,往往题为某州,州之下分郡,郡之下分县,县有仅为数人者。州之名,有青州、兖州等名目,此在今之镇江地方,若误为山东之青、兖,不亦大谬乎? 元代地理,扩大及于塞外,《元史译文证补》一书,讲地理尚佳,以其博证海外故也。彼不明地理而讲地理者最易错误,如《水经注》,于北方之地理尚明,而南方之地理则不合。又如郑樵,闽人也,著《通志》,讲地理极粗率。盖中国之大,地名不能无相同者,设误甲地为乙地,不亦可笑耶? 又如名地而实与所名之地相隔者,诸葛亮《出师表》五月渡泸之'泸'字,与今之泸州相去千有馀里,必读者深考其所以当时之'泸',与后之命名'泸州',则庶几矣。此外如典章制度,亦须明白,特其较易,故不及之。

"(丁)知古今人情变迁、社会变迁,人情随之不同。此其故,由于风俗习惯物质之有变化故也。彼粗心者易犯两病,一则理学先生认天不变,道亦不变,不知道德亦随时会而变也。盖伦理道德不变,而社会道德实变,盖政体不同,则风俗不同,风俗不同,则道德亦随之不同。例如封建时代近贵族制,而郡县时代则近平民制矣。且古之所谓家,非一夫一妇之数口之家,实百乘之家、千乘之家也。故《大学》云:'欲治其国者,必先齐其家',其家不可教而能教人者无之。家,即大夫之家也。然唐太宗家庭大变,不可谓能齐家矣,而治国极好。此可见道德之说,亦宜审究。一则古时之贵族制盛,故周公之摄政,自称为王,晁错之被诛,见弃六国,以云道德,究竟孰是孰非乎? 其时之所谓是者即是,其时之所谓非者即非,道德果千古不变乎? 有因父母之丧而去官者,有不去者,甚有因长官师长妹妻而丁忧者,风俗之所关,当时不以为异,而后人见之,不觉失笑,故读古书须扩大胸襟,不可拘泥也。

"(戊)辨文学应用。文学之源流,言之长也,今日姑置。文学亦极纷繁,容俟别论。《文心雕龙》一书,固专讲文体者,自来骈体散文之讼案,各按一理,百世而不能决、韩、柳主散文,宋儒攻骈体至烈,然有挟孔子之《文言》与《系辞》为驳者,此皆不必。文章之妙,不过应用,白话体可用也。发之于言,笔之为文,更美丽之,则用韵语,如诗赋者,文之美丽者也。约言之,叙事简单,利用散文,论事繁复,可用骈体,不必强,亦无庸排击,惟其所适可矣。然今之新诗,连韵亦不用,未免太简,以既为诗,当然贵美丽,既主朴素,何不竟为散文。日本和尚有娶妻者,或告之曰:既娶矣,何必犹号曰和尚,直名凡俗可耳。今之好为无韵新诗,亦可即此语以告之。古之白话,直书于书者,如《尚书》'莫丽陈教则肆肆不违',清江艮庭谓多一'肆'字,此因其口吃而叠语之,如《汉书》'臣期期不奉诏'、'臣期期以为不可'之类,举直书白话者也。今之曲尽其力,以描摩白话,真不知白话之应用者矣。

"是日章氏讲解,颇多趣语,听者无不捧腹,以其趣语,要都从经史中证明出来故也。六时停讲,下次讲派别云。"(《申报》,1922年4月16日《章太炎讲学第三日纪》。)

4月22日,章氏作第四讲,讲"国学之派别",报载:

"江苏省教育会延聘章太炎氏讲学,昨日为讲学之第四日,仍在职工教育馆,原定四钟开讲,因章氏车行中途,为行人阻塞,到馆开讲,已四时有半矣。章氏登讲坛,众鼓掌。

"章氏云:'国学概论'中,'国学之自体'及'治国学之法',前既述之矣,今讲'国学之派别',要可分为三端:

"(甲)经学之派别;(乙)哲学之派别;(丙)文学之派别。兹先述(甲)经学之派别。夫国学有不必讲派别者,如史学是,有零碎之学问,不能列为派别者,姑置不论,而论有派别之国学。盖研国学而不明其派别,有望洋兴叹、无所适从之憾。经学二字,前既言之,无特殊意味,盖经本史耳。史与经无甚区别,吾人所共知之六经,如《尚书》、《春秋》,纪事书,即历史也。《诗》似与纪事无关,然不少为国事而作者。国风略少,大雅、小雅,俱谈国事,则亦史矣。乐,制度之书也,已失传。《礼》,则《周礼》为古之官制,《仪礼》为古之仪注,凡官制等,今俱入史部。惟《易》稍异,讲道而涉及高深,与史无关。然太史公曰:'《易》本隐以之显,《春秋》推见以至隐。'盖《春秋》谈成败利钝,无论已。《易》则以无形之道,而暗指事实,故《易》实一种社会学之书,专以推知各事者,讲之甚繁。夫世界之变迁,原无一定,本学问而讲,则学问为凡事之精华也。近代视《易》为宗教书之流亚,然周末无此风习,而此风习实起于汉。汉有古文家、今文家之别,此二者,即派别之所由生也。六经自遭秦火,已不完全,后有传经者出,遂渐渐推传。约计之,《易》有田何而传之施、孟、梁丘,京即孟之后也,共四家。《书》有伏生而传之欧阳、大夏侯、小夏侯,共三家。《诗》有申公之《鲁诗》,辕固之《齐诗》,韩婴之《韩诗》,共三家,无总传者。《礼》有《仪礼》,由高堂生传之大戴、小戴。《穀梁》不在内,而《春秋公羊》,则由胡母生而董仲舒而严氏、颜氏,盖东汉曾定为十四博士也。总之经之原本,罕有谈神怪宗教事者,惟汉末虞翻之《易》,于卜筮之说最盛,《书》则大小夏侯,好为《洪范》五行之说,以近于宗教。'《春秋》为汉制法'一语,似孔子已知将有汉者,可异甚已。夫纬书谶书,俱近宗教,《易纬》仅如《月令》之类,《诗纬》、《书纬》、《春秋纬》讲鬼甚多。凡此恐视耶稣《创始纪》尤荒诞也。此风起源于西汉末,系今文家所捏造者。

"夫所谓古文,《易》费氏、《书》孔氏、《诗》毛氏、《礼》桓公、《春秋》左氏,是古文家也。然古文家者,亦不过知有古本者耳。意者,古文者,得有篆书之古板书;今文者,以口传而后笔录之书耳。由此观之,古、今文之分别,不但文字有异,即篇数亦有不同,即事实亦不能无差异焉。秦火独不能烧诗,要因诗有韵,人人能背诵,故能烧身外之书,不能烧尽腹中之书也。《周礼》、《孟子》不甚明白,故曰其详不可得闻,又《周官》三百六十者,非三百六十员,而三百六十官名也。就当时之府史胥徒而计之,固有五万数千官焉。又《论语》、《孝经》,古人本不认为经,而后称为十三经者,殆将诸书刊列一处,遂认为经耳。

"讲至此,时已六钟,遂停讲,下次再续。"(《申报》,1922年4月23日《章太炎讲学第四日纪》。)

4月29日,章氏作第五讲,继讲"经学之派别":

"江苏省教育会延聘章太炎氏讲学,昨日午后四时,仍在职工教育馆讲述,系讲'经学之派别',就五经、七经、九经,汉唐宋明清学者之派别,条分缕析,阐发无遗。听者动容,详情容续志。"(《申报》,1922 年 4 月 30 日《章太炎讲学第四日纪》。)

5 月 1 日,《申报》续志第五次讲学内容如下:

"江苏省教育会延聘章太炎氏讲学,第五次仍在教育馆,于四月二十九日午后四时至六时,所讲大概,曾志昨报,兹再详志如下。

"今日讲'经学之派别'。夫经学三国时经王肃之提倡,当时人渐信仰古文,及晋而渐盛,几无复信今文矣。如讲《易》从费氏,其实费氏无学说,仅传其书。故后之倡学说者,仍各主一说以相争论。郑康成与王弼说《诗》,意见相左。《左传》汉时有几家著作,如服虔、杜预,亦门户各分。汉时之讲《左传》者,每引《公羊》以为证,以致抵触极多,晋杜预著《春秋释例》以驳之。《尚书》郑康成注之,古文也,然不足信,以东汉已无古文也。如马融、郑康成,师生也,所主学说不同,文字亦不同。三国后,郑得列入学官,而伪古文之说以起,东晋时信之。南北朝时,北魏颇有文化,然派亦不同,如《易》则北尊郑(康成)而南尊王(弼),《毛诗》无甚异说,《左传》南信杜(预)而北信服(虔),《尚书》则只行于南朝耳。唐则有孔颖达、贾公彦,现行世之五经,即孔颖达注疏者,如《礼记》本非经也,而至是为经。唐又并《周礼》、《仪礼》而为七经,更加以何休所注之《公羊》、范宁所注之《穀梁》,则为九经矣。孔、贾二人中,孔为北方人,北方之所尚,与南方不同。唐一统宇内,冶于一炉,宜无甚争,然北方之文化,究不及南方也。故孔虽北人,而于经则不能不舍北就南。《易》不用郑而用王,《左》不用服而用杜,卒之北并于南,虽在北而郑说失传而存王说,服说不行而存杜说,然于时南学北学之分固大炽焉。唐行科举,轻视经学,而仍用之者,以时有明经、进士两科,学者不能不攻习也。第彼时攻习经学,限于一本,自由意见,无从发展,盖用经非欲发挥经学,不过借以愚黔〈首〉耳。惟须实用之《周礼》、《仪礼》,转极发达,一时研究甚精。宋承唐后,拘守殊甚,不但文,即诗赋亦如此。有某者,于此拘束时代,特发一鸣惊人之论,释'当仁不让于师'之'师'字为'众',文意极佳,竟舍弗取,可见彼时箝束之甚矣。《孟子》本无疏,而今传之疏实伪,宋时之明经科改为学究科,盖学究二字之价值,可以概见。明经不过尔尔,则经学之厄亦甚矣。进士科中,稍有才华,及宋不得不一大变。其变也,从孙复、欧阳修起,孙谓《春秋》、《左》、《公》、《穀》俱不可恃,遂自为说经矣。孙之为此说,实本赵匡、啖〔啖〕助。唐刘敞说经甚好,有《七经小记》者,今不易见,其说殊可靠,既不泥古,亦不狂妄,以古解古,较为公允。王安石出,著《二经新义》,现亦不易得其板,然读其文集,王之说犹愈于欧阳修。以欧视《诗经》为男女调戏之书,致黄湘素杂记本是以为说,此其病在以意想讲经,不知古今人情变迁,不明小学之故也。朱文公谬甚,说《河图》、《洛书》,先天八卦、后天八卦等等。清王懋竑为文以辨之。盖朱非道学家,而道术炼丹最为深信,讲'参同契'不用己名,假托邹忻,邹、朱音近,忻可训熹,良可怪矣。《尚书》文有平易者,朱疑为非古文,清代学者举认系东晋古文,此朱之功也。然《书序》决非伪,以无序不能知为某篇某篇,朱并疑之,则谬矣。朱于《诗》则大

过，《诗》中之注说《小序》也，朱有称此刺淫奔之诗也云云，陈傅良大骂之，朱注'城阙
为偷期之所，彤管为行淫之具'二语，真可谓荒谬绝伦。现行本中无此二语，或者被陈
骂后而改之。'丘中有麻，彼留子国'等语，朱解为妒语，清代学者已驳之，果如所云，
则作诗者亦如今之新文化者，专讲自由恋爱乎？吕东莱讲《诗》极好，惜当时不行，明
则经学已无。夫清之反对朱学，最初为毛奇龄，然非之是也，而《四书改错》，则未免过
甚。《河图》、《洛书》，清初胡渭（朏明）驳之，阎若璩力攻《古文尚书》，证据完备，近似
汉学，然其病在本朱说。江永甚佩朱，而讲经则不佩之。清代之经学，有惠栋（定宇）、
戴震（东原）二人，惠为吴派，戴为皖南派。戴非自著书而讲研究法，其以训诂解《仪
礼》，以文字定训诂，以音声定文字，如此探本穷原，思过半矣。其传经之弟子，有孔广
森、任大椿、段玉裁等三人，尚有一王念孙者，虽非戴之传经弟子，而能引《汉书》之甲
处，以解其乙处，历代所不能通者，用此法则无不通矣。所著《经传释词》一书，为读古
书者不可不读也。惠、戴而外，有庄存与、刘逢禄、宋翔凤等之常州派。王闿运等亦以
经学家闻于时，惜未与惠等同时，否则相得而益彰矣。夫学派之别，初则有今文、古文
之争，次则南学、北学，次则汉学、宋学，次则吴与皖南派，今又将转入今文、古文，如此
循环无端，永无止息，天地混沌，而学派之争始已欤？"（《申报》，1922年5月1日"本埠新
闻"《章太炎讲学第五日续纪》。）

　　5月6日，为章氏第六次讲学之期，《申报》先行介绍：

　　"江苏省教育会延聘章太炎氏讲学，已经五次，今日午后四时，仍在职工教育馆为
第六次讲学。据闻章氏此次讲学，虽每星期一次，每次两小时，然其撷菁采华，用极浅
易之说法讲授，引初研国学者之入其门径，苟能继续听讲，十次讲毕，于国学之大概情
形可以明白，胜闭户读书三年焉。座次仍以先到者尽前云。"（《申报》，1922年5月6日
"本埠新闻"《章太炎今日第六次讲学》。）

　　5月6日，章氏作第六次讲学，题为"哲学之派别"，《申报》志略云：

　　"昨日为章太炎氏第六日讲学，午后四时，在职工教育馆开讲'哲学之派别'。大
致谓周秦以迄宋明，其学说之最新者，谓庄子为颜渊之一派，以《庄子》中虽有非孔之
处，而于颜渊则阐扬最精，如心斋之类。唐代哲学，只有韩愈、柳宗元、李翱三人，内以
李为最佳。次讲宋代朱、陆，次讲王阳明。是日发挥尽致，直至六时馀始止。此'哲学
之派别'，仍未完毕，俟下期续讲云。"（《申报》，1922年5月7日"本埠新闻"《章太炎讲学第六
日纪略》。）

　　5月13日，章氏第七次讲学，"续讲哲学之派别"，《申报》志略云：

　　"江苏省教育会延聘章太炎氏讲学，昨午后四时，仍在职工教育馆续讲'哲学之派
别'。历述元代以来之哲学家，阐发宗派，极为详尽。在有统系之听讲者，实觉津津有
味，直至六时半始止。详情明日续刊。"（《申报》，1922年5月14日"本埠新闻"《章太炎讲学
第七日纪》。）

　　5月14日，《申报》续志第七次讲学详情：

　　"江苏省教育会延章太炎氏讲学，前日为第七日。续讲'元明清时代哲学之派别'

云。元代哲学家为吴澄（草庐）、金履祥（尚近）、许谦（白云）、王柏（会之）等，而以王说最偏。如朱文公，彼谓《诗》为淫奔期会之作，故欲自行删《诗》，亦可谓胆大妄为者矣。明宋濂（景濂）博览群书，然非理学家也。方孝孺（正学）无甚发明，所有朱子之学说，至是而绝。陆派亦散漫，其故由于明太祖专制太过，以致学者不能自由发挥思想。要之明学派自成一代风气，非承袭宋代者，其最有名者有二人焉：一为薛瑄（敬轩），无所谓派，语亦寻常；一为吴与弼（康斋），野居而农，不应世，苦学不倦，读书又多，主身体力行，凡明代所传之学派，吴多而薛少。薛语尚正，惟行则不能无疵。吴为石亨所荐，有谓彼为石之门下士，虽有为辨者，恐亦不能免，此亦当时风气使然，不足怪。吴传派甚多，如胡居仁（敬斋）、陈献章（白沙）、娄谅等，为一时知名之士，然胡无甚发明，陈则发明不少。夫明代学者，有所发明以为尚，实自陈白沙始。陈不著书，以为著书无谓，惟诗则至富。此人系乐天派，筑阳春台，静坐三年，门下弟子从之者，亦啸傲山水以为快，其最乐诵者，为《论语》'浴乎沂，风乎舞雩' 等语。至《孟子》'勿忘勿助' 之语，亦殊赞成。盖彼以为'无时不乐，无一不快'也。其门下士为湛若水（甘泉）与娄谅，所传弟子王守仁（阳明），同时并起。王阳明似喜讲道教者，少时交道家不少，延某道家至家，三拜而问道，道家笑对曰：'求道而专以拜，犹宦海中习也。'后从娄谅，而与湛为友。湛之主要语，为体人天理，天理云者，自然之规则也。湛主一切顺乎自然，故湛之见解，比王为高。阳明无所畏，惟畏死，究不知死后如何，无以验，乃筑石棺以试之，卧棺中，忽跃起，而得'良知'之说，并讲知行合一，谓知即行，凡知之恳切者即行，至极精明之处即知，后复讲静坐，所著《传习录》中极多。原此良知之说，究竟有何所本？查宋胡宏（五峰）著有《胡子知言》一书中，有良知之说，惟说之未透耳，王说殆本胡氏欤？《孟子》亦云：'孩提之童，无不知爱其亲也，及有长也，无不知敬其兄也。'此从感情上说，若王则范围广矣。佛学有一、相分，二、见分，三、自证分，四、证自证分。用此以释孟、王。孟说良知，仅属见分；王说良知，即自证分、证自证分矣。王论事不恃他物证，亦不必事后考虑，盖对人不许狐疑，对己不得懊悔，故有谓王阳明之说，宜于用兵，最有决断，良有以也。

"阳明之弟子有钱德洪（绪山）、王畿（龙谿）、王艮（泰州），王艮最狂，而弟子极多。惟黄梨洲《明儒学案》不佩两王，而最佩江西之弟子，如罗洪先、邹守益、欧阳德、聂豹等四人。罗云：'人至极静时，心中未有不动者。'时有王时槐者，亦主静坐，谓无念即为一念，非无念也，而念之至微者，此即佛法中之所谓意根，恒审见量。设问曰：'我何物'？应曰：'阿赖耶识即我。何以知我？即先有意根也；恒审思量，即想我也。人对于我有怀疑，对于我决无自怀疑者。'王艮之弟子曰王栋，发明一语曰：'意与心恐有别。盖意非心之所发，意为心之所主。'湛若水寿极长，主张与王极不同，其门弟子极多，而著名者不多见。此外有吕经野者，说又与王、湛不同。要讲礼教而极纯正。有何心隐者，用术以倾严嵩，适如今之政客。李卓吾说奇异，与当世之讲男女同校者同。夫宋讲礼教过甚，至明而撤其防。穷则变，自然之势也。

"总之，宋儒讲礼教，明儒不讲礼教，此宋、明两代儒者之差异点也。王、湛本不同者,传至许孚远,则有会两说齐同之之机。至刘宗周(蕺山),则别有发阐'常惺惺'之说,此说朱文公亦尝说之。阳明同时有罗钦顺(整庵),或谓系朱派,其实不然。罗说只有礼义之心,并无气质之心也。又,宋儒谓天理人欲,不能并立,罗则云'欲当即为理',将天理人欲二者而冶于一炉,视宋儒为进矣。盖此非袭朱文公之唾馀,而罗所特出者。如王、湛二氏,俱可归为吴康斋派也。其后东林党出,如高攀龙、顾宪成等,诚有移风易俗之心,然东林派与政治有关,致为魏忠贤所谗害。李颙(二曲),王派而不自承为王派也,所说'一念万念',究未说得明白。

　　"清代之学派不足论,如陆陇其(稼书)、汤斌等,无独得,不足道。江藩著《宋学渊源记》,书颇佳,所收殊富,惜其为清代官,则不足取。戴东原等固打倒宋学者,戴不主遏抑人欲,功利学派也。如罗有高、彭绍升等,瑕不掩瑜,故不取。欧洲近代有所谓唯心派者,太理想而无实验,佛学所谓有此量而无现量也。总之,佛说多备于我国历代之哲学家,然今之讲佛学者,轻名节而不顾,亦未免缺点矣。"(《申报》,1922年5月15日"本埠新闻"《章太炎讲学第七日续纪》。)

　　5月20日,为第八次讲学之期,因会场冲突,展至5月27日举行,报载:

　　"江苏省教育会延聘章太炎氏讲学,业讲七期。兹得确息,本星期六即五月二十日,职工教育馆因中华职业教育社开大会自用,不能同时作讲学场所,只能展缓一期,于五月二十七日续讲。省教育会闻日内即函知章氏,并设法通告听讲者云。"(《申报》,1922年5月17日"本埠新闻"《章太炎讲学展期讯》。)《申报》1922年5月20日续载"讲学展期","延会一期,于二十七日起,继续讲演云"。

　　5月27日,章氏第八次讲学,讲"文学之派别",报载:

　　"江苏省教育会延聘章太炎氏,在职工教育馆讲学,昨日为第八次之期,午后四时开讲,准时由沈信卿氏陪同登坛。章氏开讲'文学之派别',首讲文体,谓传为纪载个人之事,本纪亦传例也,不过所纪为帝王之事,遂尊之曰本纪。论与说辨等同,如《庄子·齐物论》。贾谊《过秦论》等,初未必有论字,而论字或后加者。夫纪事之文,在文集之外者也;年谱亦属纪事之一种,传有家传,明代凡未入国史馆者,不得为家传,此误。盖传者传述其事,各传其传可也。行状与传相似,为议谥之用。六朝至唐时之行状,不过加以考语之类。自李翱主张凡行状不应仅注考语,应详注之。碑为国家大事,刻渤其功,如裴岑记功碑之类,然亦纪事也。惟庙碑不纯为纪事,墓碑为一个人者。表亦碑之一种,碣与碑同,不过碑大而碣小耳。表有表记、表颂两种,表记末无铭词者,表颂有铭词者。墓志,汉以前不见,晋后则有之,不多见。晋以汉代碑太多,故不许立碑。东晋末,直禁止立碑,遂变而为墓志,墓志固瘗于土,为人所不□也。北朝、唐代,并不禁碑,似可立碑,而不复用墓志,然碑费而墓志省,为经济计,宁存墓志焉。宋后墓志,有但述友人间之交情者。事略为纪事之文,或纪一事,或就正史中节出。奏,古无此,盖一种公事也。封事亦为公事,特一种密奏耳。表,大约为一个人者,盖举荐人时用之。议,为众所议者,如石渠议礼之类,西汉《盐铁论》,由霍光召集多人会议而讨论者。《白虎通论》,亦石渠议礼之类也。书,上书即奏记,下官与上官者,即说帖。寻常友人以书,国际间亦以书。序,如《四库提要》,即各书之序也。然著者自序、题辞,应在文之前,跋应在后。盖就题字跋字言,应如此也。纪事叙事之处,尚有非归于文集者,有数种文体:(甲)数典之文,如官制,周之《周官》、唐之《六典》、明清之《会典》,《六典》等文法摹仿《周礼》;(乙)仪注之文,《仪礼》其初也,唐之《开元律》等俱是;(丙)目录之学,刘向《别录》、刘歆《七录》之后,有壬俭《七志》、《崇文书目》、《直斋书录解题》、《四库全书〈总目提要〉》等,要皆本刘向《别录》;(丁)习艺之文,如各种算数书、农事书、医书等俱是;(戊)度地之文,即古之《禹贡》、《水经注》、《太平寰宇记》,近代《清一统志》、乾隆府厅州县志、《读史方舆纪要》等是。

"夫文学家之文章,古无派别也。派别之起自汉,如贾谊、董仲舒、太史公、司马相如、刘向等,以文著名。后之师承者,遂自倾向何方,以有派别,实则在古人未尝欲后之人附我而与人抗也。抑古之人以文学家名,未必其文果有出类超群之点,亦有文极好而并不以文学家名者。要之称为文学家,必综合其品性而称之耳。陆机之文,晋至唐称道弗衰,其文平易而有丰姿,诚难能也。张燕公、苏许公为骈文之领袖,韩愈、柳子厚以散文著,其实韩、柳固从燕、许之文来也。韩好造字,欧阳修不以为然,以致訾《大戴礼》之'魪纩塞耳,前旒蔽明'而非之,遭人反驳。宋之宋郊、宋祁,文佳而才气不如韩。八大家文之名,起于明,仅有八家乎,亦随集此以矫当时科举之文之失耳。清之桐城、阳湖两派,隐相对峙,而桐城盛。总之谈文章者,官名地名宜从今,而亲属等名,考之可信之《尔雅》等,实则不必故讲派别,以起无谓之纷扰也。"(《申报》,1922 年 5 月 28 日"本埠新闻"《章太炎讲学第八日记》。)

6 月 3 日,为第九次讲学之期,章氏"因实有特别要事,不克临讲",报载:

"江苏省教育会延得章太炎讲学各节,迭纪前报。昨午后四时,往听讲者陆续到场,教育会职员先派车往接。至四时半,车夫持章氏回片云,章先生刻因实有特别要事,不克临讲,沈信卿氏遂即当众宣布情形,并表示事出临时,不及预告,致劳跋涉,良深歉仄,还祈下期仍到听讲云云。"

6 月 10 日,章氏第九次讲学,续讲"文学之派别",因听讲者日少,"迁回省教育会大会",此次仅到七八十人云:

"江苏省教育会延聘章太炎氏讲学,业经述八次,曾纪前报,昨日为第九次讲学之期,地点迁回省教育会大会堂。四时开讲,到者不下七八十人。是日续讲'文学之派别',为有韵之文章。

"氏云:诗,有韵之文也,然有韵之文,不以诗为限,如辞赋箴铭祭文之类都有韵者,而无韵之赋,为特例耳。如屈原之《离骚》、贾生之《鹏鸟赋》等,为有韵文中之有名者。《毛诗》三百篇,分风、赋、比、兴、雅、颂等。晋代文学家极多,陆机、潘岳为有名者,而张华之诗无力。东晋时,有孙绰、许询,俱诗家也,而孙诗至庄。其'太虚辽廓而无阂,运自然之妙有'等句,直蕴藉有味,非易得之佳句。'妙有'二字,出佛经。刘琨之诗佳而不常作。总之,彼时之诗,或为境遇所迫,而致激昂慷慨。陶渊明之诗,潇洒脱俗,有田舍风味,其写风景,妙得自然,不加经意者也。前乎陶氏之诗,写风景者罕见，谢灵运、颜延之继陶而起，颜诗固高，然佶屈聱牙；谢诗句求凝炼而无疵。宋、齐之间，谢朓，人称为小谢，写风景远而且自然。梁时有永明体者，律诗也，以谢、颜之诗，不可卒读，故改此体。彼时之律诗，与后之律诗异，有四声谱者与曲谱等同。《文选》中有南朝诗，无北朝诗，而《木兰从军行》，固北朝诗也。何逊、阴铿等之诗，非全篇尽佳，不过有几句佳构耳。隋杨素，武人也，又为奸雄，然诗极好，时一般诗人太清淡，而杨则气势雄壮，不加雕琢，便觉为佳矣。如‘空梁落燕泥’，‘庭草无人随意绿’等句，真为警句，众便称之。夫诗随时代以变迁，古今不能相同也。唐初无律诗，后有似律诗而不甚费力者，如五律诗等是。沈佺期、宋之问等气魄不大。夫文穷则变，诗亦有然。四言诗将穷，则进而为五言诗，五言诗至唐而穷，则进而为七律诗。然初倡时，必苍苍茫茫。张九龄、陈子昂、李太白等三人之诗，为复古者。陈诗与古绝似，几不能辨为齐、梁以下之时之诗。其实此时之诗，都渊源于陶渊明也。李律诗极少，气极高，复古之诗，至李而达极端矣。元稹之诗，比杜工部高，而排比者，与汉代之赋相近，杜诗佶屈聱牙，多不可解。盖古之才力厚，后之才力薄也。昌黎之诗好用典，韩与杜相同，而韩远不若杜。柳子厚作文极雕琢，诗殊不经意。宋代之诗则喜对仗。唐代作诗，好用佛经中字，王荆公喜律诗，以《汉书》字为对，无甚意味。然‘正法调狂象，玄言问老龙’之句，固工而厚焉。其以字旁之偏为对，如‘何言汉朴学，反似楚技官’之句是。盖唐诗自然，而宋诗则强以字对矣。宋《沧浪诗话》云：诗有别才，非关学也；诗有别趣，非关理也。此说极是，盖诗亦不可勉强也。范石湖、刘后封，亦诗家也。夫江西派，诗七律佳，而五律则否，且起首两句，总对仗者。明代之诗华美。王士祯、朱彝尊、查慎行等，亦诗家也。彼时之诗，注重考据，无谓已极，盖失诗之气味矣。有作对仗诗者，如‘足以乌孙涂上茧，头几黄祖座中枭’两句，工则工矣，气息全无，活趣索然，视白话诗益不如矣。古代之诗，全篇俱佳，晋代则间有好句，而可以圈出者。明、清以对仗之工者为佳句，后则更不可问矣。欲作诗，须读诗，然天才亦要紧。至无韵之诗，吾亦应为一述，昉于何时，唐史思明倡之。其来华也，学作诗，不能，则强为之。曰……一览志〔篮子〕，一半青，一半黄，……鄙俚已极，可笑甚矣。世有欲为无韵诗者乎？其当奉史思明为鼻祖。”（《申报》，1922 年 6 月 11 日“本埠新闻”《章太炎九次讲学纪》。）

6 月 17 日，章氏第十次开讲，讲“国学之进步”。至此，十讲结束。

“日昨为江苏省教育会延聘章太炎氏第十次讲学之期，午后四时，仍在该会楼上讲述。首由沈信卿氏报告，今日太炎先生讲‘国学之进步’。章氏遂讲云：

“国学之进步，要可分为三种：（一）经学以比类知原求进步。夫求学而以略明大致即为满足，此清代之曾国藩、张之洞辈，为官而不能悉心求学者则然，清代所以缺乏好文学家也。如欲真为学问起见：甲，为教员者，参考互证，析疑问难，所谓温故知新而以为师，然此未必有独特之发明者；乙，学者，不仅如上所述，必依前人之条例，而更有所发明，以成新条理，使众人认为学者。夫昔之讲经学者，要将前人所述之事迹原理，讲解清楚即是。其实讲经学不可与史学分，但究史学而不明经学，不能知其情理之所在；但究经学而不明史学，亦太流于空论，不能明其源流也。且读史必读全史，而后能明一代之史,经亦史也。吾谓比类知原者,即究经学时,可以《汉书》等而印证之。书各有本,如官制之原于《周礼》,仪典之原于《仪礼》,纪事书之原于《春秋》,年表本纪事亦本于《春秋》。又如讲地理,不可不问沿革,盖知沿革,而可以知其所变,风俗道德亦变。讲史学者不可不溯其开原之处,经即最古之历史也。如此言之,适与泰西之社会学相似,然社会学之范围广,而史之范围狭,此其异焉。总之,讲学最忌第一武断,第二琐碎,必也求明其大体,斯可矣。

　　"(二)哲学以直观自得求进步。晋之清谈,理虽高而不足征。宋之理学,渐有征矣,然不多读书,而从事注经,绝少直观自得。清代讲学,但从文字上求之,即如陈兰甫之著书,论道德仁义,亦仅能说宋儒之错。明王阳明等各本所思,而为学说,所想不同,而归宗仍一,所谓殊途而同归,一致而百虑焉。西人之哲学,佐证极少,不过论理圆满,文章周到,而较精密耳。凡学问之道,他种不能走两极端者,独哲学则可走两极端,然极端之论除讲学于学校外,无所用之。彼讲天文者,推算太阳之距离速率,渺茫难证,然亦止可如此。若夫心则不然,固可印证焉。如不求直观自得,恐亦不过如朱子之说书耳。

　　"(三)文学以发情止义求进步。情,出乎自然者也;义,即法制。桐城派于文章特立法度,如吟诗之有格律,亦止于义之道也。虽然,文有发乎情而不能以法度限者,如侯朝宗、魏叔子等。明末遗民,抑郁不平,其文有情而极少法度者矣。黄梨洲、王船山诸氏亦然。顾亭林谓韩昌黎欲因文见道。夫韩之碑板甚多,见道极少,然《书张中丞传后》,为不得已而作也。东坡之文,好翻案,实则揆诸当时情形,未必吻合。盖文章之有情而无规则者极多,有规则而无情者亦不少。人谓章太炎为正统派,此非余之欲主正统,盖为文而不先绳以法度,恐将画虎不成而反为狗,曾不如守法度而遇情生时,下笔为文,则庶几矣。大抵古人情浓,故文每见佳,近几年则难及之矣。

　　"讲毕,沈信卿氏报告谓:本会延太炎先生讲学,已十次。就先生之学问,虽讲极长之年月不能尽,然诸君得此,亦可作为入门之径,由是而购书参阅,穷讨极研,不负先生此次指导之热诚则无愧矣。余以为求学问,须'自己站住脚跟',然后有'我的精神发动',而有'兴味'。要知先生之受人崇拜,不但学问,更为:一、人格上之修养;二、自找头路。诸君其熟察之。"(《申报》,1922 年 6 月 18 日"本埠新闻"《章太炎十次讲学纪》。)

　　章氏讲演,曹聚仁曾将记录整理,于本年 11 月 1 日由上海泰东图书局铅字排印,以《国学概论》为题出版,记录较《申报》为详,间有《申报》所录而为《国学概论》刊落者。此外,另有张冥飞笔述的《章太炎先生国学讲演集》,1924 年平民印书局再版本。

　　章氏讲演,报纸大肆宣传,又有记录登出,当时颇有评议者。邵力子有《志疑》一文,以为"太炎先生似乎有两种积习未能全除:一,好奇;二,恶新"。认为章氏"要讲古今人情变迁随处皆可引例,何必创为'郡县时代治国不必齐家'的奇论"。又说:"太炎先生很有不满意于白话文和白话诗的表示。固然,他和别的顽固派不同,他知道无韵的新体诗也有美感,他知道《尚书》是当时的白话文,他知道白话文能使人易解,他并非一概抹杀。但我正因为他知道了这些而还要特别提出不慊于白话文和白话诗的话，所以说他不免有恶新的成见。""近年来，很有人怕白话文盛行，国学即将废绝，其实看了国学讲演会底情形便可释此杞忧。国学讲演会底听众，据我所知，很有许多人是积极地主张白话文的。做白话文与研究国学决不相妨，太炎先生一定能知此理罢。"（曹聚仁：《国学概论》"附录"第1—4页。）

　　裘可桴：《政治制度和政治精神》对章氏"治国者必先齐家"的诠释也提出异议，说是"从太宗本身看，传第九章'其家不可教而能教人者无之'一语，也不能根本打破"。又说："太炎先生说：经史所载都是照实写出的白话，足见太炎先生很重视白话文。不过他的意思，是说现在的国语，只能描摹北方人口语的真相，不能描摹南方人口语的真相，这也是实在情形。我只祝颂太炎先生享二三百年的高寿，那时会议席上，人人能操国语，没有一些土白，笔录的人一定能把口语的真相，描摹尽致，那时太炎先生必不说这话了。"（同上"附录"第7—12页。）

　　曹聚仁还专门写信给章氏"讨论白话诗"，又在《国学概论》后刊出《新诗管见》。（同上"附录"第12—26页。）章氏有《答曹聚仁论白话诗》，发表在1923年的《华国月刊》上，见该年条。

　　【著作系年】《致陈炯明电》（手迹）。《与孙中山书》（手迹，上海图书馆藏）。《复国民裁兵会书》（5月18日，见《申报》，1922年5月20日）。《复曹锟吴佩孚电》（5月29日，见《申报》，1922年5月29日）。《复孙传芳电》（5月30日，见《申报》，1922年5月31日）。《劝黎元洪择地复职电》（6月3日，见《申报》，1922年6月4日）。《上黎大总统书》（6月3日，底稿，潘承弼先生旧藏，原作"7月3日"，"7月"疑为"6月"之误）。《与张继联合宣言》（6月11日，见《申报》，1922年6月12日）。《致蔡元培电》（6月6日，见《申报》，1922年6月7日）。《通函》（6月13日，见《申报》，1922年6月14日）。《致柳翼谋书》（6月15日，见《史地学报》一卷四期，1922年8月出版）。《致黎元洪电》（6月19日，见《申报》，1922年6月21日）。《致陈炯明电》（6月19日，见《申报》，1922年6月21日）。《大改革议》（《申报》，1922年6月25日）。《弭乱在去三蠹说》（手稿，潘承弼先生旧藏，据《大改革议》删润而成）。《各省自治共保全国领土说》（同上）。《与褚辅成请孙中山惠然来沪电》（《申报》，1922年6月26日）。《解疑书》（《申报》，1922年6月28日）。《上黎大总统书》（6月，见《章太炎书札》）。《与黎元洪论地方自治电》（7月4日，见《申报》，1922年7月6日）。《为反对江西用兵事致吴佩孚电》（7月26日，见《申报》，1922年7月27日）。《忠告刘湘电》（8月5日，见《申报》，1922年8月7日）。《致西南六省电》（8月10日，见《申报》，1922年8月20日）。《与谭延闿为川事警告西南电》（8月15日，见《申报》，1922年8月17日）。《与熊克武书》（8月27日，见《章太炎书札》）。《致刘湘熊克武电稿》（底稿，潘承弼先生旧藏）。《儆告上海民党书》（《申报》，1922年8月30日）。《再复上海民党书》（9月1日，见《申报》，1922年9月2日）。《致萧耀南冯玉祥电》（9月2日，见《申报》，1922年9月3日）。《致湖南省议长林芝宇电》（《中华新报》，1922年9月8日，仅见复电）。《致申报馆更正错误函》（9月11日，见《申报》，1922年9月12日）。《演讲天坛宪法之劣点》(《申报》,1922 年 10 月 12、14 日)。《世界佛教居士林会演说辞》(《申报》,1922 年 10 月 30 日)。

《最近之五十年序》(1922 年春,《申报》1922 年 10 月 10 日"特刊",收入《文录续编》卷二下)。《时学箴言》(《中华新报》,1922 年 10 月 10 日"特刊")。《武昌首义纪念会书》(《华国月刊》一卷三期,收入《文录续编》卷三上)。《新闻报三十年纪念辞》(《新闻报三十年纪念》,上海中华书局图书馆藏)。《履素诗集题辞》(1922 年仲秋,见《制言》第五十八期)。《前海军总长程君碑》(《华国月刊》一卷一期,收入《文录续编》卷五上)。《尤研仙先生墓表》(1922 年,见《制言》第三十三期,1937 年 1 月 16 日出版)。《饶太夫人墓志铭》(1922 年,见《制言》第五十一期)。《雷丕作先生八十寿序》(1922 年,见《制言》第五十三期)。

《感事》(《华国月刊》一卷四期,1923 年 12 月 15 日出版)。《防疫》(《文录续编》卷七下)。《思岳阳》(同上,又见《华国月刊》一卷七期)。

《国学讲演记录》(《申报》,1922 年 4 月 2 日、8 日、9 日、16 日、23 日、5 月 1 日、7 日、14 日、15 日、28 日、6 月 4 日、11 日、18 日)《国学概论》(曹聚仁编,1922 年 11 月 1 日上海泰东图书局铅字排印本,一册)。

《章太炎尺牍》(1922 年 6 月,上海文明书局铅字排印本,一册,《近代十大家尺牍》,辑自《文录》卷二)。

1923 年(民国十二年癸亥)　五十六岁

1 月 1 日,孙中山在沪发表中国国民党宣言,提出对国家建设计划及现所采用之政策五项:一,修改不平等条约,恢复中国在国际上自由平等之地位;二,实行普选制度,废除以资产为标准之阶级选举;三,确定人民有集会、结社、言论、出版、居住、信仰之绝对自由;四,制定工人保护法,以改良劳动者之生活状况,改良农村组织,增进农民生活,确认妇女与男子地位之平等;五,由国家规定土地法,使用土地法及地价税法。

1 月 4 日,黎元洪任命张绍曾组织内阁。7 日,张绍曾为"疏通阁员",招待国会议员,"希望国会早将宪法制成,庶几可依之而谋统一"。(《申报》,1923 年 1 月 10 日"国内要闻"《张绍曾招待国会议员》。)8 日,曹锟谋作总统,使高凌霨出面收买议员。9 日,张绍曾拍发"与西南六首领佳电","欲行使统一之权于六省"。

1 月 14 日,章氏发出函电各一:一电黎元洪,反对程克长司法;一函张绍曾,反对"佳电"。

其《致黎元洪电》云:"北京大总统钧鉴:程克为宋案要犯,用长司法,天下惊疑,如出他人滥荐,愿公刚断。章炳麟。寒。"(《致黎黄陂电》,《申报》,1923 年 1 月 16 日《章太炎最近之电函》。)

其《致张绍曾函》云:"敬舆先生执事:阅执事与西南六首领佳电,不胜骇然。频年南北分离,实护法戡乱为之根本。目下国会虽复,其曾充伪第二届国会议员选举徐酋者,复厕身其间,国会之为真为伪,尚难确定,是护法之责未尽也。督军团罪魁尚居高位,拥兵自恣,是戡乱之责未尽也。诚欲完成法律上之统一,则当澄清国会,惩办督军团罪魁,然后与各省协商,自不烦言而解。借日兹事体大,非所能任,则亦当缄默不言矣。今内不能行使统一之权于京畿,而反欲行使统一之权于六省,是使奸谀执法以临制,叛人执柄而恣行也。护法戡乱,果为何事? 西南虽弱,岂可以是戏弄之哉! 执事昔在清末,曾以十九信条,要挟清主,及在民国,则与曹锟同领直隶公民,请愿帝制,流芳遗臭,具在一身。今者入阁作辅,正宜自念前愆,勤思补复,何乃复作大言,以荧惑远人耶? 章炳麟顿首。十二年一月十四日。"(《致张绍曾函》,《申报》,1923 年 1 月 16 日《章太炎最近之电函》。)

1 月 21 日,《致李根源书六》:"昨得信自黎公所来,欣然色喜。当今之世各以乡望论才,仆不任为王文成,而兄当庶几杨文襄也。闻敬舆尚欲开统一会议,西林亦以和平为是,故力劝中山莫往广州。统一利害,久处南方者自知。若谓借此以缓最高问题,则亦非计。黄陂任期,终有满时。今所忧者,不在黄陂之去,而在当涂之来。若统一在前,正于当涂有利。剜肉补疮,夫岂长策。且往日戡乱,讨督军团罪魁于前。今兹统一而后选举,仍复戴督军团罪魁于后,恐民党与西南首领不应无耻至是也。以愚论之,中山欲仍称大总统,诚不可行。而必欲其不返广州,惟在上海主张和议,则尤为缪戾矣。夫西南团结则中央自安,在彼则有外患未靖之忧,在此则有养寇自重之具。较之统一,厥利为多。能于广州重设合议政府,(原注:"护法戡乱事尚未了,不为无名"。)而以各省之老成旧帅处之,上也;孙、岑分领两广,次也。如此则叛魁息心,守府势固矣。惟孙称总统,于事不可。然此但为中山自身利害计耳,于黄陂仍有益无损也。"(《近代史资料》,1978 年第一期,下同。)

1 月 26 日,孙中山在上海发表和平统一宣言,主张直系、奉系、皖系、西南各省"四派互相提携了解,开诚布公,使归一致,而皆以守法奉公为天职。……在统一未成之前,四派暂时划疆自守,各不相侵,内部之事各不干涉,先守和平之约,以企统一之成"。又谓"和平之要,首在裁兵"。

1 月 26 日,入粤桂军沈鸿英与吴佩孚勾结,谋消灭国民党在粤势力,拘捕代广东总司令魏邦平。31 日,章氏《致李根源书七》:"粤局骤变,实中山计划失所致之也。始仆劝中山还粤,勿居尊号,勿排滇桂军,能恢复军府制,而西林及各省旧帅分任总裁,此为最善。不然,则与西林分领粤、桂,各为省长可也。西林颇取第二策,而中山坚欲称尊。先命汉民往粤,而以大总统令任为省长,又任魏邦平为讨贼军总司令,而以追击司令界之客军。滇桂知其无诚意,于是魏囚而胡逐,其势遂倾矣。(原注:"许崇智再来亦必败"。)此公左右皆□行小慧之徒,卒以自败,恐不可救也。然滇桂军长据广东,粤必日趋于乱。此时为黄陂计,于他省任其自治,于粤省任其自乱可也。必欲令其归于中央,则徒为他人驱除耳。兄智识优长,托孤寄命,在兄一人,于此宜加研究。"并嘱代询"授勋一位,勋章已到",为何"证书未来"。

2 月 4 日,京汉路总工会在郑州开会,吴佩孚派军警包围会场,禁止举行,工人愤而罢工。7 日,军警强迫工人复工,工人坚决斗争,林祥谦、施洋被杀,"二七"大罢工展开。

2 月 15 日,孙中山由沪启程南下。

2 月 19 日,《致李根源书八》云:"中山此去,于大局有益无害。惟滇军万不可离粤,非徒扶持粤局,监视桂军,亦使南方增一劲旅;若遽归滇,则只能倔强于一隅耳。(原注:"曹派桂人潘乃德、皖人沈容光、直人谭鸿翰往粤运动滇军回滇。直系固当如此,但恐中山受其愚。此时若无滇军,粤省尚不可保,何论中山一人。兄当力劝滇军为南方树大势,勿徒以首丘为念。")直系联合各省督,请沈鸿英督粤,想主座断不为其所动。惟莠言狃至,恐一时难于应付。正色立朝,坚持勿下,惟兄为赞决之人焉。要之,此时黎、孙相倚,犹吴、蜀之联盟也。中山计划短浅,往往自败,此时幸而得之,断不可令其速倒。闻其偏袒许军,而陈部终存芥蒂,恐为桂系所乘。然此已无可劝谏。惟中央坚不任沈,兄能力留滇军,庶几不倒。若西南各省则以自治名义,不愿中山称号。中山天性褊狭,将来必有征服各省之志,然此时尚未能也。惟组安所为颇难令人满意耳。……

"学潮起后,政府又下严令,唯此中宜有卷舒操纵。数年以来,学风败坏,害及民俗,教职员实任其咎。然少正卯,鲁之闻人,彭君长教育而痛抑之,事迹近于操切。虽然,当官而行,固宜有此。若黄陂位在元首,则不宜专与金壬为难。盖其人众言庞,而无赖党人又利用之,未尝不可为军阀用也。……

"通一想已到京。闻段派与直曹忽合忽离,对南人言,则云欲西南掎角,以覆直系,其言似买空卖空,而其心则不可问。望告通一慎于对付"。许军,粤军许崇智部,孙中山于本年 1 月任许为粤军总司令。陈部,粤军陈炯明部。"川中乱事见报",指川军刘存厚、邓锡侯、杨森部,与川军第三军刘成勋部、第一军但懋辛部混战。"学潮起后",指"二七"大罢工发生,北京学生抗议示威,各大专学校发起反对教育总长彭允彝请愿罢课运动。"通一",曾道,章氏弟子。

2 月 21 日,孙中山由香港抵广州,就大元帅职。

3 月 1 日,大元帅大本营在粤正式成立,孙中山以廖仲恺、伍朝枢、谭延闿等分任财政、外交、内务等部部长。

3 月 3 日,《致李根源电九》:"闻政府将下令否认孙称大元帅。此事徒挑衅隙,怨归当局,利归他人,速望设法打消。"

3 月 7 日,张绍曾内阁辞职。

3 月 11 日,《致李根源书十》:"闻内阁辞职之讯。此事对付,当为合宜。惟闻保与小孙计划密议倒黎事件,一方面仍与中山联络。中山为人卤莽轻听,果有此议,亦未必不受其言。而内阁辞职通电中有'粤中僭名窃位'语,亦是以激中山之怒。言已出舌,驷马难追,不知敬舆何以矛盾若此? 或其人本有心奉曹乎? 不敢知也。大抵曹派果有异志,议员亦未必轻易选举,不过先以高凌霨代阁,转作摄行大政之举耳。此种事正宜及早抵制。如黄陂一时软弱,竟以高代总理,则大势去矣。""保与小孙",指直系头子曹锟(保定人)和孙洪伊。

3 月 17 日,张绍曾内阁又复职。

3 月 20 日,《致李根源书一一》:"阁员复职,闻又将下孙、沈命令。敬舆患得患失,其情可知也。兄于此事主张有素,反对激切,以去就争,则适堕小孙派之计。委蛇迁就,任其自然,亦适快保洛之心。盘根错节之时,利器当如何施用? 愚意力劝黎公坚不盖印,一也;以盛气闹散国务会议,二也。至由参陆处直降指挥,不用明令,此则取巧之术,斯为下矣。然逆料沈鸿英必不敢受,孙传芳亦未必满意,或能于中暗暗消灭,乃不得已之一策。然如敬舆辈俯仰依人者,自可为之,而非所望于兄也。""闻又将下孙、沈命令",指曹锟以南方组织大本营,迫张绍曾下令孙传芳督理福建军务,沈鸿英督理广东军务。

4 月 1 日,《致李印泉书一二》:"粤令下而竟无效,当赖滇军牵制,计则工矣。而中山能否自安,尚不可定。盖中山不知以相忍为国,以均势图存,而令许军返粤,恐终有破裂之期,且看协和、子荫辈能否乘机出奇耳。中央又欲任中山为兵工督办,派丁衡山赴粤接洽。光武置陇蜀于度外,孔明以大帝为藩援,仆与黎公言此久矣,而今终不免此一着。意者敬舆无识,妄一试之,未必果出黎公本怀,然亦为多事也。中山不受无足怪,亦无是虑也。而小孙辈托名中山代表,实为当涂腹心,乘此簸弄,则当冲者不在敬舆而在黎公。当今之势,黎公苟不能与中山推诚相见,即当忘于形骸之外,徒尔接洽,实有害无利也。

"又闻最高问题,波浪未已,晓峰辈只欲以制宪缓之。然制宪果成,选举问题仍即接踵而起,终非了局。愚意当以虚言鼓吹制宪,而实际则延长制宪,要使宪法成于十月十号以后。彼时依法,众院已满任期,虽胡乱开选,仍是非法选举,则南方必不承认。抵制当涂,惟此一策。兄能了此,依策行之,秘之密之,必当有益也。

"目前所患者,吴氏武力统一之策,进行不衰,不得志于粤,未必足以挠其气也。彼知西南维首实在四川,故专心以征服四川为事,既得杨森为鹰犬,又得袁祖铭为形援,川中悉索敝赋,以保疆圉。杨森属挫,吴之志尚不了,则其必欲征服四川可知也。(原注:"闻温钦甫在吴处,教以征服两广当然征服四川之策。温本西林亲信之人,何以忽有此语? 或者传诸之误。否则其人自图富贵,不为南方计也。宜告西林驰函戒饬。")现但军虽尽力抵御,而万县终未恢复,吴又多遣北军以为杨森后劲。杨果败衄,北军原不敢深入,惟袁祖铭正为夔夔所败,退入鄂。若入川则较北军为可虑。盖北军兵枝与川异而黔军兵枝与川同也。当滇军下梧州后,刘刚吾(原注:"如周之子"。)即来沪侦查,而袁祖铭亦适向汉阳运械,因告以'粤事不足虑,黔事可虑'。其后夔夔代表王九龄又来,语及黔事,仆云:'若遽兴师,则是为渊驱鱼。现在且与川、湘切实联络,黔亦不敢反复。'而时杨森军已发动。王云:'今不征黔,袁必与杨森并力。'再向川代表询之,语亦相同。然则夔夔此举,未必不暂纾川祸,而扑灭袁氏则不能,最终仍得为渊驱鱼之效果。(原注:"夔夔当时亦无可规劝,盖盛心期为帅,又欲驱吴学显出滇,胜负且不暇问,而对北则其零度耳。")川人颇欲湘中援助,时袁当未败,仆云:'宜量湘中所能行,而可收无功之功者,则以沣州军队直捣施鹤,断袁、杨相联之道为第一。'湘代表朱香谿亦主此议,密电与炎午,而湘中气已消阻,惟欲以闭门自治,求得息肩,此议竟不能行也。蒉赓本但为自身权利计,黔被征服,则其志已满,亦不暇劳师远征。留此逋寇,增杨森之助力不少。袁既穷蹙,虽力劝其勿归北方,亦属无效。悦川、通一近皆在都,兄当与斟酌善法,如果袁未忘情于黔,则与蒉赓相持,亦无后患。但今日吾辈对于蒉赓似亦未可破面,因其毒螫虽深,而爪牙可用。西南全局本非一省一人所能支持,则亦不得不赖此毒物。如何斟酌尽善,望即启告。"“子荫”,黄大伟;“晓峰”,金永炎;“钦甫”,温宗尧;“如周”,刘显世。

4 月 12 日,致电湘、川、滇、黔、粤、杭、闽等地。时章氏仍主“联省自治”,以为“独彼直系,包藏祸心,始终以武力统一主义,破坏自治”。特发此电,主张“南北十省,唯当以自治名义联拒寇仇,然后兵以义举,不为苟动”。电云:“长沙赵省长、成都刘总司令、云南唐省长、贵阳刘副司令、广州徐省长、杭州卢督办张省长、福州萨省长刘上将、奉天张总司令王省长、吉林孙督军、黑龙江吴督军、高昌庙海军林少将、潮州李将军协和、成都熊锦帆先生、上海柏烈武先生,暨各省议会各法团各报馆鉴:联省自治之议,造瑞民九,鄙人实建其谋。盖以政治言,地大非一政府所能独理;以历史言,则中华民国之建立,本由各省军府集合所成;以时局言,非联治不足以戢军阀之野心也。倡议以来,西南各省皆以此为救国保民之唯一方法,而关东、浙江亦应之。独彼直系,包藏祸心,始终以武力统一主义,破坏自治。顷岁西扰川黔,南窥闽粤,或诱致将校,为其先驱,或迫胁政府,下令置将。尚幸粤中滇、桂两军,深达时义,动顺民心,不肯贸然受命。而川、闽二省,尚被寇氛,纠纷未解。顷得海军通电,以保闽之赤诚,为自治之援助,义声所播,海宇震惊。想向来提倡自治各省,必当以人心助顺,益加奋勉,即鄙人数年赞画之苦心,亦因之愉快矣。然鄙意更有进者,大凡出师征讨,务在有名,南方诸省,昔有护国护法之师,今有自治之师,或保固疆圉,或援济邻封,皆非无因而作。自关以外,其捍卫桑梓、靖献乡邦之情,亦岂异此。而以旗帜未明,旁观者疑为忿兵寻仇之举,使直系利用间隙之,煽惑中外,夫岂无因。今者,南北十省,唯当以自治名义联拒寇仇,然后兵以义举,不为苟动,远作新共和之根本,近杜旁观者间言,较之虚言革命,驰想和平统一者,其于人心违顺,必相去远矣。敢布悃忱。惟希鉴察。章炳麟。文。”(《申报》,1923 年 4 月 13 日《章太炎赞助沪海军主张》。)

此电发后,驻沪海军少将林建章于 18 日复电“奉以周旋”,报载:

“驻沪海军领袖林建章,前日致章太炎电云:‘章太炎先生鉴:谋国之方,有如树木,根本不能巩固,枝叶何以滋荣。民国肇造,虽程改革之功,未穷郅治之本,强藩因集权而擅政,挟中枢以病民,兵祸频仍,靡有既极。今欲苏人民之痛苦,脱军阀之网罗,舍赋予地方以最大限度之自治权能,何由奠邦基以铲武力。美洲成法,前例可师。先生洞烛几先,勤求政本,鼓吹联省自治,遂为民意所归,此诚我炎黄裔胄根本自治之一线生机也。深识老谋,高山仰止,我海军同人救乡助邻,心同此理。乃承文日通电,奖许有加,亿万水犀,临风起舞。尚冀随时启迪,俾得奉以周旋,联治前途,有利赖焉。林建章。巧。’”(《申报》,1923 年 4 月 21 日“本埠新闻”《林建章致章太炎电》。)

4 月 13 日,《致李根源书一三》:“吴扰西南,势已积极。近闻将与东方开衅,死生存亡，惟在此日。彼子玉者，犹昔之虎狼秦也，西南求一信陵、乐毅殊未可得，然苟有一二材桀，能力抗北军者，虽张献忠复生犹将与之。中山名为首领，专忌人才，此仆辈所以事事与之相左也。东日，川中刘禹九、但怒刚并已辞职，是杨、刘之势已成。……洛吴必二次迫胁政府，任刘、杨为四川督、长，焦头烂额，恐不得不待赏赉。"信尾又云："各省听其自治，广东听其自乱"。"孙果称尊亦无害，当置度外。晓峰接洽统一是盲动，当制止。先裁兵、后统一是良策，当提倡。伪宪法会议当消灭"。"杨、刘"，杨森、刘存厚。

4月14日，孙中山与西南各省领袖唐继尧、刘成勋、熊克武、赵恒惕、谭延闿、刘显世等联名发出"寒日通电"："自今以后，我西南各省，决以推诚相见，共议图存。"电云："参众两院议员、各省省议会、各省军民长官、各法团、各报馆鉴：文等不佞，昔以护法之旨，为人民所推，转战数年，幸告无罪。值兹人心厌兵，天道将复，于是有和平统一之宣言，愿与直系诸将共图善后，意谓人情助顺，直系诸将，当亦同此觉悟。不意言之谆谆，听者藐藐，闽粤督理诸令陛下，而又驱策川、黔亡将，乘间为寇，增兵直北，图扰关东，屯戍闽、赣，冀侵两浙。所幸滇、桂将领，素明大义，不肯苟从，其计不能行于岭海，而川峡之间，尚为毒螯所集，窥其用意，非吞齕西南、摧残民治不止。是则和平统一，只为片面之要求，强敌在前，果非文辞所能御，文等岂敢自食前言，而正当防卫，有不得已。自今以后，我西南各省，决以推诚相见，共议图存，弃前事之小嫌，开新元之结合，分灾恤患，载之简书，外间内谍，一切勿受，兵为防守，不为争权，虽折冲疆场，为义兴师，而终不背和平主旨。我西南诸省父老兄弟，当亦敬恭桑梓，鉴其不得已之苦衷。其他各省有被直系蹂躏，愿同心敌忾者，文等为之敬执鞭弭，所不辞也。孙文、唐继尧、刘成勋、熊克武、赵恒惕、谭延闿、刘显世。寒。"（《申报》，1923年4月15日"本埠新闻"《孙文唐继尧之寒日通电》。）

"寒日通电"，据当时报载，系章太炎起草，"草成以原电寄示中山，一面由各省代表请示本省当局"，中山"询各当局此举是否出于真诚"后才"由沪拍发"的。《申报》记：

"国闻通信社云：西南各省领袖孙中山、唐继尧等七人寒日（十四）联名通电，于政治上有重大意味，颇引起外间之注意。兹经本社调查，该电系在沪拍发，乃公推章太炎氏所起草者。此事酝酿，距发电近二十日。缘北方近虽屡言和平统一，而闽、粤令之发表，与夫攻川窥黔，挑拨离间，使西南各省当局，人人自危。凡此种种，在在使西南各省凛于非内部团结之不足以图存，于是粤湘滇川黔等省驻沪代表，乃有西南重新团结之动议，章太炎氏亦从中斡旋其力。协议既成，乃推章太炎氏起草通电，草成以原电寄示中山，一面由各省代表请示本省当局。后各当局复电，均表示赞成，惟中山首次复电，尚持犹预，询各当局此举是否出于真诚。当由各省代表联名致复，谓系十分诚意，中山乃复电赞成，此电方于次日由沪拍发。惟唐继尧与杨希闵，前因各种关系，感情不佳，中山深恐因此引起杨之不快，故事前亦已向之解释，业经释然矣。"（《申报》，1923年4月19日"本埠新闻"《西南联名寒电之由来》。）

4 月 26 日,曹锟、吴佩孚谋倒张内阁,“由冯玉祥等率旅团长百馀人借口索饷赴国务院滋闹”,张绍曾允赞助曹锟“最高问题”(指运动总动选举),愿供给款项。

5 月 2 日,章氏乘“早车赴杭,游览西湖”。(《申报》,1923 年 5 月 3 日“本埠新闻”《章太炎赴杭》。)“曾在第一中学讲学两日,及于省教育会开五四纪念会时演讲一次”,于 8 日“搭车返沪”。(《申报》,1923 年 5 月 9 日“本埠新闻”《章太炎由杭旋沪》。)

5 月上旬,西南军阀“刘显世氏遣代表易崇皋携函来谒章太炎氏,征其对黔事之意见。函云:‘太炎先生道鉴:曜灵急节,瞬届青阳,引企德辉,时萦梦毂。比稔道躬康豫,定符颂忱。兹敬启者:显世频经忧患,百念俱灰,只以蒿目时艰,益以历年经验,觉非自治不足以图存,非联省不足以自治。去岁南旋葬亲,即本此旨鼓吹,联络图固西南,进谋统一,道经滇省,染疾勾留,屡以此意商之蓂赓,甚荷赞同。至于黔事,迭经宣言,愿付鼎卿,不再过问。不图鼎卿塞聪蔽智,大变初衷,首鼠两端,诚意毫无,内则横征暴敛,民怨沸腾,外则启衅客军,激怒邻好。显世内迫乡人之责言,外感国事之危逼,不忍坐视沦胥,益滋俶扰,当即饬令旧部先向黔垣,驱逐佥壬,奠安闾里。显世亦拟不日遄返,量为整理。窃思黔中近年以来,百政废弛,公私困敝,息养未遑,昌言北顾,惟环观大局,朔方强梁,黩武穷兵,已无和平统一之希望。我西南各省,苟不急图坚固之连合,势难望正义之伸张,民智摧残,纷扰愈甚,是不能不蓄养精锐申讨军实,追随群贤,共御强暴,借杜武力之侵略,策联治之进行。先生耆德硕彦,海内师宗,尚祈时赐南针,俾资率由。兹委托易君崇皋代表趋谒杖履,面陈崖略。易君官滇有年,于滇、黔情形,素所熟悉,即希俯赐接洽,不胜拜祷。肃此布臆,祗请道安,诸维爱照不备。后学刘显世敬启。’”(《申报》,1923 年 5 月 9 日“本埠新闻”《刘显世致章太炎函》。)

刘显世代表谒见章氏后,章表示“西南各省,急当力谋团结”,报载:

“刘显世氏所派代表易崇皋到沪,于日前持函谒见章太炎氏,询问对黔事意见。兹悉章氏对易答辞,大意以北方军阀谋扰乱西南之切,西南各省,急当力谋团结,捐弃小嫌,以求自卫,贯彻寒电主旨。闻易已动身返黔矣。”(《申报》,1923 年 5 月 11 日“本埠新闻”《刘显世代表返黔》。)

5 月 20 日,章氏与国民党居正、谢持等宴送伍朝枢赴粤,报载:

“伍朝枢博士奉孙中山任命为外交总长,前由唐少川代表中山面催赴任,现又经广州直接电催,伍博士准于日内前赴广州。昨日(二十日)下午六时,由国民党要人居正、谢持在莫利爱路二十九号设宴饯行,并邀唐少川、章太炎、郭泰祺,但焘等诸人作陪,席间并谈及统一上外交上各问题,至酒阑灯灺,宾主始尽欢而散。”(《申报》,1923 年 5 月 21 日“本埠新闻”《国民党要人欢送伍朝枢》。)伍朝枢于 24 日“搭法国总统号船启程赴粤。”(《申报》,1923 年 5 月 25 日“本埠新闻”《伍朝枢赴粤》。)

5 月下旬,章氏又接广东许崇智来函,报载:

“章太炎氏昨接广东东路讨贼军司令许崇智来函,以时局变幻,请其函示对于现局之意见,并应取方针,以资参考云。”(《申报》,1923 年 5 月 28 日“本埠新闻”《许崇智征询章太炎时局意见》。)

5月29日,章氏电湖南省长赵恒惕等"唯望实行团结,真正御侮",电云:

"长沙赵省长、林议长、宋、鲁两师长、谢、吴、田、蔡各镇守使,各议员,各军官同鉴:顷得赵省长函称,时局纠纷,非西南极力团结,不足以御侮而定乱,扼要之言,尽此数字。唯是空言团结,而无实力以济之,连鸡俱栖,殊不足以挫暴秦之势。夫所谓联省自治者,内则修明宪政,外则攻守同盟,非徒饰为美言,以玩岁愒日而已也。自九年军政府取消,湖南适倡联省自治之议,四川应之,共相支柱。十年,湖南北伐,川亦率军东下,虽师出无功,而简书相恤,足尽同盟之谊。所谓联省自治者,于此稍收实效矣。今吴逆驱遣杨森以挠川局,又旁遣袁祖铭助之,川中旦夕危阢,殆无完全自治之望。而贵省从旁坐视,对兹强寇,未闻以一矢相加,竟忘唇齿辅车之惧,唯为闭关却扫之谋,比之前事,有愧殊多。夫以西南全势,较之北虏,强弱已不相逮,若令其尺寸蚕食,击破一省,则他省自为其次。然则所谓极力团结,以御侮而定乱者,果安在哉?贵省自曾、左治军以来,有勇知方,闻于天下。九年,以湘南一隅,残兵万数,而能攻破张敬尧七万之师,湘军馀勇,犹有可贾。今以十年小挫,遂至妄自菲薄,奉吴逆如骄子,视同盟为路人,岂特于联省失效,而亦自堕湘军风烈。诸公犹有壮心,当必自惭衾影。唯望实行团结,真正御侮,勿以虚言文饰,则幸甚。章炳麟。艳。"(《申报》,1923年6月3日《章太炎致湘当道电》。)

5月31日,章氏电复北京护法议员,发表对国会意见:"北京众议院护法议员公鉴:向来约法及大总统选举法,将制宪、选举之权付之国会,人民不得与闻,偏枯隐秘,易滋弊端。然约定俗成,亦唯有依法从事。乃今日之所谓国会者,有广州除名解职议员糅杂其中,严格论之,是岂真正之国会哉?迭接诸君通电,以议员不合法不得从事制宪为言,大义凛然,可悬日月。夫以非法议员,构成非法国会,则制宪、选举两种,皆非其所应有,而诸议员不悟,今日言制宪,明日言最高问题,以国家大法大政,莫不揽为己有,所谓碔砆乱玉,紫色乱朱,诚全国人民所宜摈绝也。窃名擅权,意犹未慊,更有排斥省宪,以媚武力统一之夫,崇奉督军叛魁,以附定策元功之列者,拂逆民情,莫此为甚。诸君有意澄清,唯有定计恢复民八国会,如其不就,则当出身院外,与彼告绝,鸠合民八国会今未到院之议员,与之建设真正国会,然后规定大法,登陟元良,予以解决国是,庶几有望。若夫外伸大义,内含隐情,阳作正言,阴有阿附者,愿与天下共弃之也。章炳麟。世。"(《申报》,1923年6月2日"本埠新闻"《章太炎之国会意见》。)

6月初,长沙、宜昌发生日本伏见舰水兵枪杀学生事,激起各地人民的反抗,湖南当局曾致电北京外交部交涉,章氏认为既称"独立",为何"必求之于北京外交部"?于10日电湖南省长赵恒惕、议长林支宇等:"长沙赵省长、林议长、各议员、各法团、各师旅长鉴:贵省以收回旅大事件,强排劣货,具见爱国热忱,而所憾亦在此事。夫权奸在内,势不能为疆圉之争,贵省以独立支持,虽乳鸡搏狸,情犹可谅。乃何以解决外交,必求之于北京外交部,又请鄂省派舰赴湘。是否借此题目,取消自治?鄙人以为旅大边圉,何如全湘桑梓;远拒邻国,何如近抗叛人。舍己芸人,已为失策;借题归北,更属厚颜。诸公果无此心,尚期改计。不然,莫谓秦无人也。章炳麟。蒸。"(《申报》,1923年6

月 12 日《章太炎对长沙案之致湘电》。)

　　6 月 6 日，张绍曾协助曹锟，率全体阁员辞职，以倒黎元洪。7 日，陆军检阅使冯玉祥、京畿卫戍司令王怀庆、步兵统领聂宪藩、警察总监薛之珩等所部军警官佐五百馀人，借内阁无人、军饷无着滋闹。8 日，曹锟收买流氓乞丐组织"公民团"游行示威，并包围黎元洪宅。12 日，冯玉祥等向黎辞职，表示不负治安责任。黎致电曹、吴哀吁，曹、吴置之不理。13 日，黎元洪被迫离京，车至杨村，直隶省长王承斌以黎未交印信将其扣留。黎被迫交印及签名辞职通电后始放行。

　　6 月 11 日，"密电致黎公"，嘱饶汉祥转译，请任李根源署国务总理，金永炎代陆军总长。(《致李根源书一四》注。)

　　6 月 13 日，黎元洪曾发通电，"报告在津被迫情形"，"吁请国人主持正义"。(《申报》，1923 年 6 月 17 日"国内新闻"《黎黄陂在津发出之两通电》。)次日，直系内务总长高凌霨宣布摄行总统职权。黎元洪在天津咨行国会任命李根源暂署国务总理，金永炎代陆军总长。

　　6 月 14 日，电孙中山等，"根据大法，力持正义"，"未来奸伪，必予严诛"，电云："广州孙中山先生，云南唐省长，成都刘省长、熊督办，长沙赵省长，贵阳刘省长，奉天张总司令，浙江卢督办、张省长公鉴：黄陂于元日被冯玉祥迫走，北京无主，现式国会，有已解职之议员糅杂其间，非合法国会，无选举总统之权。张绍曾等内阁，由非法国会同意，非真正内阁，无摄行大政之理。目下已由驻沪合法议员促驻京合法议员离京另组，仍望各省根据大法，力持正义。已破之甑，原难复顾，未来奸伪，必予严诛，民国幸甚。章炳麟。寒。"(《申报》，1923 年 6 月 15 日《章太炎请各省严诛未来奸伪》。)

　　6 月 15 日，章氏以徐谦(季龙)"与冯玉祥关系最深"，徐又为上海国民大会发起人，特函《申报》，防徐"诳惑观听"。函云："谨启者：此次北京政变，由冯玉祥附和督军团叛魁曹锟，为其效力，称兵作乱，罪在当诛。现上海有所谓国民大会者，系由救国联合会徐谦等发起。查徐谦与冯玉祥关系最深，此次发起大会，是否暗受冯玉祥主使，希图诳惑观听，愿真正爱国者注意。章炳麟启。"(《申报》，1923 年 6 月 16 日"本埠新闻"《章太炎来函》。)

　　6 月 16 日，再复徐谦，以为徐"是真正依附"冯玉祥。报载：

　　"徐季龙因见报载章太炎通函，昨特致章函云：

　　"太炎先生大鉴：今日《申报》载执事来函，因冯玉祥而疑弟，并疑及救国联合会，及将发起之国民救国大会。执事素以疯名，宜其有此。惟弟认此等怀疑，未免淆乱观听，特将弟最近致冯玉祥电一通宣布，以见弟之主张，想执事亦当爽然若失。救国联合会团体及个人甚多，凡事公开，此次发起大会，志在救国，执事若真爱国，尚望加入，勿以怀疑自误误人为幸。(附《致冯玉祥盐电》：冯焕章兄鉴：黎已出走，兄若拥曹，即为司马昭之成济，千古唾骂，若任张代行，即系间接拥曹，亦难逃清议。弟爱国爱兄，特进逆耳之言，望兄速统兵入京，维持治安，自任狄克推多，解散满期国会，通电全国，招集和平会议，解决统一问题，如须相助，弟即来京。如不见听而拥曹，此后弟即与兄割席，勿谓弟强兄所难。兄敢为恶，独不敢为善，舆论已有攻击,同为非常之举,何不为善。法律禁人叛国,不禁救国,上言即救国善法,一举成功,愿上帝福汝。徐谦。盐。)章接函后,二次复徐,函云:

"季龙先生左右:得信附致冯电,此次蓄谋乱国者为曹锟,下手作乱者为冯玉祥。阅兄盐电,乃劝冯氏自任狄克推多,解散满期国会,是明明认贼作主。兄与冯玉祥素有宗教感情,是犹学生同校之谊,未足深怪。弟昨所疑,亦非执为必然。观兄此电,是真正阿附冯氏,吾言实不幸而中也。章炳麟。"(《申报》,1923 年 6 月 17 日《徐谦与章太炎往来函》。)

6 月 16 日,《再致湘当局电》。章氏于 6 月 10 日,电湖南赵恒惕、林支宇,责以既主"独立","何以解决外交,必求之于北京外交部"后(见前),赵等"不承归北事状",特再发此电:"长沙赵省长、林议长鉴:得复电,不承归北事状,具见维持自治,始终不渝。所谓联省政府未成,湘非国际团体,舍北外部交涉,别无办法,似于实际,尚未审察。自民国成立以来,南方脱离北廷,盖已两次,而外人所承认者,则不论真伪,统以北京政府为主。然顷岁有生命财产交涉事状,悉于本省了结。苟本省不能自了,而求之于北廷,亦不能真心解决,此历年之实验然也。以自治言,湘省不应攀援北外交部;以利害计,虽北外交部经办此事,亦无所益。诸公苟忠于省宪,似应速将此议取消。况今国体变乱,篡夫劫夺,目前之北廷,更非黄陂在位时可比,因之断绝,最为合宜。此义易知,想诸公必能领悟也。抑鄙人更有言者,自刃交胸,则目不视流矢,今日本水军无礼,伤我市民,于情诚未可恕,而国内扰乱,与此轻重悬殊,诸公斟酌缓急,似不应刻意深求于此,而度外放任于彼,所以权衡事理者,必有在矣。章炳麟。铣。"(《申报》,1923 年 6 月 18 日"本埠新闻"《章太炎再致湘当局电》。)

同日,章氏致电川中将领赖心辉等,以为"义师林立,统帅尚虚",主张推举熊克武为全川总司令。电云:"简阳赖总指挥兼转各师旅长、各司令鉴:前得漾电,以拥护自治,捍卫西南自矢,义正词顺,足以寒贼党而壮军声。嗣闻龙泉大捷,资、简、泸相次恢复,是知师直为壮,非暴力所能干犯也。唯义师林立,统帅尚虚,闻群情属望熊公,实称允惬。属以北方政变,曹锟、张绍曾、冯玉祥、王承斌首行称辞,迫黄陂北走,高凌霨等僭称摄政,直系恶迹,播扬中外。斯时亟宜推举全川总司令,近合滇、黔之援,远增粤、湘之气,内以自固疆圉,外以解决国纷,诸公义务,于是始毕。敢布腹心,惟希亮鉴。章炳麟。铣。"(《申报》,1923 年 6 月 20 日"本埠新闻"《章太炎致川中各将领电》。)

6 月 17 日,《致李根源书一四》:"国变以来,南北消息梗阻。报载黎公声明辞职,出于逼迫。及事前任兄为署总理,晓峰署陆军总长,想系事实。(原注:"真日弟有密电致黎公,属宓僧兄译转,即是此意,想不能到。")果如此,速应将明令铜版印出,以绝人疑。号令未绝,玺印虽去而可重铸。此时务与段、张切实携手,始不为张空拳以拒敌。惟国会似不能设于租界。有时亟迫,须以大元帅令行之,以免违法之嫌。时在戡乱,大元帅自可实现也。此间拒绝曹、高,并无他法,唯力言民六国会议员多已解职,故现式国会为非法,不得制宪,不得选举。张内阁由非法国会产出,不得摄政。以此二事,堵截末流,庶乎有济。唯民八议员亦多反对黎公者。此种论调,视之不必认真。果有恢复之力,则人心自允耳。西南各省,弟于寒日通电,近尚未得复电。盖粤乱于陈,川乱于杨,皆有急图自保之势,未遑远顾。湘中以排货自寻烦恼,滇中则未悉个中真相,一时皆未能发之。且看黎公与段果能切实携手,则西南自当奋起也。"

同日,《致黎元洪函》:"今亦不敢多陈办法,惟有两条而已:一、公果愿成事者,当与段氏切实携手,外借奉天之力,远借西南之声,持之数旬,必当有济。国会既不能开于租界,应筹一巨款,饯送至沪,大约以三百人为数,一人千元,不过三十万。如此国会虽不在津,而京城必不足三分之二也。二,如谓必不成者,亦当以复仇为念,段、张等任其自行,而饯送议员仍须切实行之。昔六年护法之役,议员初到南方者不满百人,其后有人决意向段复仇,为议员送车船票,于是行者三百馀人。今曹、冯之当仇,甚于往日之段派也,公岂得不发愤为雄耶? 二策随公决行。"(抄寄李根源的副本,见《致李根源书一五》。)

同日,四川刘成勋、熊克武复章氏电,表示对"因乱攘窃者,绝对不能容认"。电云:"上海章太炎先生鉴:密电悉。北京政变,大憝移国,直系军阀,频作乱阶,固已为中外所共嫉。今复称兵京邑,行同盗匪,为首者则觊觎高选,为从者则妄拟攀龙,即使依法选出,亦同墨西哥鄂泰之例,归于无效。况今日议员阿附曹、吴者,本不乏人,若复黜陟〔陟〕任臆,断为全国人民所不容。川为自治省分,历年对于直系,未尝假以辞色。今者,上顾大法,下图自靖,于此因乱攘窃者,绝对不能容认。先生领袖名流,愿与全国志士共图利之。刘成勋、熊克武叩。篠。"(《申报》,1923 年 6 月 21 日"本埠新闻"《四川刘、熊复章太炎电》。)

6 月 21 日,旅沪川民自决会对时局发出"马电",致广州孙中山暨杭州、厦门、昆明、长沙、贵阳、成都、奉天以及上海章太炎等,以为"孙公保育民国,中外共仰,当此时势颠危,应恭请以大元帅资格,统领全国将士直讨曹贼及附逆之吴、冯、王辈";"章先生直道报国,笔严斧钺,请即领率全国名流,草檄申诛"云。(《申报》,1923 年 6 月 22 日"本埠新闻"《川民自决会之新主张》。)

6 月 22 日,章氏又以颜惠庆、王正廷、顾维钧等外交官员对"迫逐黄陂",曹锟贿选,"含情隐默,甘心依附",特与唐绍仪联名电嘱"勉思去就"。电云:"北京探投颜骏人、王儒堂、顾少川诸君鉴:民国以来,数经政变,其间坏法乱纪,盗窃神器者已有数人。民权未盛,不能自由申讨,而扼腕愤痛者,实已遍于全国。唯向以外交擅名之士,率皆托庇篡夫,拥护贼乱,为之多方讳饰,以对外人。外人一与承认,则卖国丧权之事,恣其所为,又得以从中取利,此外交家之隐慝,至今未宣布于天下者也。顷者,北京军警变乱,迫逐黄陂,劫夺印玺,免职阁员,僭行摄政,帝制首恶,预购选票,种种不法,又为民国以来所未有。而诸君含情隐默,甘心依附,甚有于军警初变之时,要求摄政者。民间以万恶所归,责之军阀议会,寻求实际,则外交家实为奖盗之源。犹幸事未众著,尚得决然舍去,以图晚盖。若含濡不决,觊贼人之成功以求高位,恐名誉破产,为中外所指目。前日曹、章末路,可为诸君殷鉴也。良时在兹,勉思去就。唐绍仪、章炳麟。养。"(《申报》,1923 年 6 月 23 日"本埠新闻"《唐少川章太炎致颜顾王电》。)

同日,章氏又发表"国民应付时局意见",认为"目前目标,应专集于如何可使曹锟不为总统,如何可使国会澄清",此后,"国会合法,国民乃从容以谈建设"云云。当时报载:

"章太炎氏一昨发表关于国民应付时局态度之意见云:

"此次直系乱国毁法,形同盗匪,沪上各团体群起集会通电,表示愤慨,此诚至好之现象。惟彼等窃国之谋,尚在急进,时机紧迫,则国民应取之态度,自尚有缓急之分。总观此次各方面所表示者,其共通之点,一曰绝对否认曹锟有候选总统资格,二曰不承认北京国会选举有效。惟关于今后建设,则议论未见一致,或曰组织中央行政委员会,以摄政权,或曰拥戴某某,或曰承认某某,虽各自有其理由,但兹事体大,必须从长计议,断非此急迫之短时间所能解决。甚或因意见相左之故,顿起聚讼,互为质难,斯其结果,徒使国民懈其敌忾之心,弱其注意之力,而反予敌对以可乘之隙,此至可虑也。故予谓在此时期,国民目标,应专集于如何可使曹锟不为总统,如何可使国会澄清。曹锟既覆,国会合法,国民乃从容以谈建设,则步骤不乱,而成功指日可期云云。"(《申报》,1923年6月23日"本埠新闻"《章太炎之国民应付时局意见》。)

这时,章氏接连公开发表政见,报纸也连篇载其函电,颇引起一些人的注目。6月26日,《申报》即载《刘三致章太炎书》,推重章氏"省自为政,而受制裁于行政委员"之说,而对外间"推选","不忘情于不辨之无之督军"表示不满。函云:"太炎先生左右:玄门咫尺。钦企为劳。比自北都变生,论者纷起,有言有伦脊者,谓宜省自为政,而受制裁于行政委员。此议创自先生,至今日而渐趋一致。此正国人迷复之机,亦今日起死之剂。特推选之法,至今未定,而外间拟议,仍不忘情于不辨之无之督军,为调和党派之计。鄙意是辈当选,明示中国无人,异日牵掣事权,又其次也。先生明烛万汇,意所予夺,海内从之。甚愿量为品藻,俾国人知所适从,民国前途,实利赖之。刘三拜手。"(《申报》,1923年6月26日"本埠新闻"《刘三致章太炎书》。)

章氏于6月16日发出《致川中各将领电》,拟推举熊克武为总司令后,也有人反对,如乐爱人即于20日致函章氏:"太炎先生道鉴:读复川将领铣电,主张推举熊公为全川总司令,勉以国忧家难,义正词严。川省远隔西陲,得先生护翼而指导之,荣感何暨。锦帆为川中极有望人物,此次拥护自治,宏爱乡国,龙泉告捷,北虏溃奔,西南生机,于焉是赖,固不仅川省一隅之幸也。川中内情复杂,各党其私,此固夔门外人所不得深知。刘成勋以号称民选省长,兵临城下,弃职败军,然议会犹未许其解职,揆之大义,类于黄陂。即爱护自治各将领之出征,其初统受刘成勋之命令,若于议会未许刘成勋辞职以前,而由各将领另举锦帆,于熊则为曹锟之盗位,于刘则为黄陂之今日,于各将领则为冯玉祥、王承斌诸人以武力蹂躏法律精神,于川中自治史上更留莫大之污点,故读铣电,惕然徘徊。"章氏接信后,于6月22日函复:

"来示具悉。前因川中将领,来函商请禹九复任省长,锦帆为四川讨贼军总司令。现禹九复职,省会业已一致,而军事紧急,须得一干略者以为统帅,故鄙人复有铣电赞成锦帆,军民暂时分设机关,并非谓省长、总司令皆以锦帆兼任。此于禹九省长地位,原无所妨。川中省宪既未成立,值此强敌在前之时,暂置军府,亦于大法无碍。至锦帆今日所处,犹是兵工、造币两厂督办,其不肯遽就总司令者,亦自别有原因,非为法律有所不许也。此复乐君。章炳麟顿首。六月二十二日"

乐爱人又予函复:"禹九之省长,系出于省议会之选举,军民分设机关,为省政府组织大纲所无,而一切军权是寄于省长之下,姑无论锦帆就不就,而此总司令,决不容与省长称衡也。"(《申报》,1923 年 6 月 27 日"本埠新闻"《乐爱人章太炎往来函》。)

此外,闽籍议员林星辉、杨景文到沪后,"又有民党议员焦易堂到沪,有信致章太炎、唐少川、柏烈武","报告在津议员状况云"。(《申报》,1923 年 6 月 29 日"本埠新闻"《昨日又到议员二人》。)

6 月,中国共产党第三次全国代表大会在广州举行,确定同国民党建立统一战线的方针。

6 月 24 日,《致李根源书一六》:"目前黄陂对于芝泉能否切实提携,似闻浙卢议论,尚于黄陂有所不满。即少川一被提咨,彼尚颇有间言,吾辈亦与少川相类也。此何故耶? 此时决在讨贼,即不能出师征伐,亦当使数省表示反对。(原注:"今见反对之电,尚只四川一省。")若非真得芝泉之心,又安能使浙、奉一致哉? 议员在津者,闻已达二百人,上海国会议员通讯处数电请其前来。闻黄陂亦已筹得资斧,而竟不见一人南下,望有以慰导之。西南数省,孙、陈不调,最为大碍。昨者联电殷劝息兵,陈终觉孙无诚意。观现在实情,似孙已穷蹙求和,而陈必灭此朝食。精卫来沪表示中山欲离广东之意,如果属实,不可谓非中山之觉悟也。冀赓终是好事者,兄此时虽不愿与通信,而黄陂当与一书,彼亦必无抗拒也。"

6 月 26 日,章士钊来沪。27 日,章氏分函李根源、黎元洪,"进缓急二策"。先是,6 月 14 日,高凌霨宣告摄行总统职务。16 日,又命国会猪仔议员议决 13 日以后黎元洪之一切命令无效。18 日,国会政学系及国民党议员联合益友社分裂之褚辅成一派共三百馀人,随黎元洪至津,发表宣言,谓在京不能自由,应迁地开会,并指北京 16 日议会非法。同日,旅沪国会议员也进行"恢复合法国会","分头函请在京合法议员剋日来沪,将来之开会地点,得在上海或广州。又闻该同人对于日后行政机关之人才问题,颇有主张以章太炎、孙中山、谭延闿、唐继尧、柏烈武、熊克武、段祺瑞、卢永祥、张雨亭、李烈钧、刘显世、唐少川等为最相宜云"。(《申报》,1923 年 6 月 19 日"本埠新闻"《国会易地开会之经济问题》。)19 日,在津国会议员又在黎宅开谈话会,推吕志伊、田桐、章士钊三人南下,吕、田于 25 日到沪,章士钊于 26 日到沪。(《申报》1923 年 6 月 26、27 日"本埠新闻"。)至是,《致李根源书一七》云:"孝方、行严来,得黎公手书,并知近状。议员不亟于南下,则不能震动人心,而西南未必遽有表示,故前书以资遣议员为亟。最近与少川、西林商议,并望黎公亲自莅沪。盖欲发愤为雄,必当奋勇前进,如欲他人劳苦奔走于前,而己但端拱指挥于后,在今日不能得此好运也。弟再四思维,无以易唐、岑二君之说。黎公果来,则议员惟马首是瞻,而西南之气自壮矣。顷上黎公一书,仍进缓急二策:急策,黎公先行,议员随至;缓策,议员先行,黎公随至。盖恐怀安既久,一时重于迁居,故姑为二策以备采耳,究竟黎公先行为上策。"

　　《致黎元洪书》,即"陈缓亟二策":"亟策,公先南下,议员随至。缓策,(一)速资送议员一二百人南下,公随后至。(二)手书向西南首领告难,粤孙、陈,滇唐,川熊、刘,湘赵,黔刘。李烈钧、黄大伟,公所最亲,亦宜与以一函。(三)任外交部长官,或总,或次。(四)发下署名信笺数纸,副以余笺数十纸。(五)发下总理、陆长署名之空白命令,指授中下级军官。"(原注:"此间发后仍报告政府。"见《致李根源书一八》。)

　　6月27日,浙督卢永祥发表赞成国会迁地制宪通电,黎元洪代表、段祺瑞代表、政学系代表、奉系代表及西南代表均集于杭州,浙、沪成为反直中心。章氏又致函黎元洪:"密书想已达,数日筹商,仍请我公速行到沪。(一)国会议员譬如魂魄,公譬如躯干,有魂魄无躯干,则失所凭依,终于散尽。此不能不来者一。(二)三百议员到沪,未能过半,今欲望其过半,非公自来不可。不然,议决之案,无人执行,彼亦无味,非仍被贼人诱去,则必别图建设以召紊乱。此不能不来者二。(三)外人仍认公为总统,到沪则可截留关馀、盐馀。即不能截留,亦可使之捪住不发,以绝贼人命脉。公若不来,他人无此力量也。此不能不来者三。(四)各派对公,容有同异,然商人则最信公,不来则欢忧不接。此不能不来者四。以上四因,皆最切要之言,来时有元首之资格,而不必具元首之威仪则更善。"(抄致李根源的副本,见《致李根源书一九》,原无月日,当在6月27后不久。)

　　6月28日,章氏在报上看到孙洪伊"启程来粤"消息,致电孙中山"即应速予裁撤"。电云:"广州转送大元帅鉴:报载香港二十七日电,(原注:"孙洪伊电告启程来粤,胡汉民派员赴港迎孙。")是否属实? 查此次京都扰乱,冯玉祥、王怀庆、王承斌实为下手巨犯。冯、王之事,曹锟容可委为不知,至王承斌以直隶省长兼第三师师长,明是曹锟辖下属官,公行劫印,则曹实为主使。人心对于曹、冯,无不切齿,本非为黄陂一人雪愤也。公尚有议和代表在沪,如孙洪伊、徐谦辈,即应速予裁撤,示与曹、冯诸贼断绝关系。至孙洪伊素为曹氏私党,种种计划,无不与闻,其阳示尊崇我公者,正以牵公下水。去岁介绍孙岳,前来侮弄,已损我公名誉不小。然其时曹锟恶迹,已往者人不复忆,未来者尚在难知,犹可模糊权与也。今则公为盗匪,觊觎篡窃,事实彰明,而孙洪伊所部议员王乃昌、牟琳等正奖盗媚贼不暇,曹锟所收买之议员,方以流言惑众,谓孙、曹已归调和,冀以解民党之心,惰西南之气。我公为是非计,为利害计,为名誉计,如孙洪伊辈,速应屏绝勿通,任彼归贼,何可曲意招致,受其间牒之术,自损正直之名? 如有此事,务望速即变计。不佞对于精卫,已致规戒之辞,更望我公厉行刚断,斥拒奸邪,以明大义,而全誉望。如必以鄙言为违忤,人情向背,事已可知,虽以文言法论种种辩护,亦无益已。章炳麟。勘。"(《申报》,1923年6月29日"本埠新闻"《章太炎致孙中山电》。)

　　6月29日,章氏发表"对湘当局为对日交涉通电之意见",指责湘当局"前后抵触"、"进退无据"、"矛盾自陷"等"不能无疑者"三点,认为"未敢保其始终"。原文为:

"余见湖南省长、省议会电,有疑问者三事:湖南向来坚持省宪,此诚提倡自治者所应有。然去岁夏间,省议会坚执先制省宪,后制国宪。去冬以来,乃变为国宪容纳省宪,及今则又云先制省宪,后制国宪。夫先制省宪,后制国宪是也,而中间何以忽有变更?若云国会聚散无常,故制宪先后主张有异。然湖南既未承认法统恢复,则明谓国会非合法矣。不合法之国会,何必以聚散为转移?此其前后抵触,不能无疑者一也。

"观今省长、议会两电,似以中央变乱,湖南可以袖手旁观,此或亦自治省分所应有。然二十一条之取消,旅大之收回,此亦中央责任,何与湖南?乃于彼则不顾自治之名,至攘臂流血以争之,于此则又适用自治之名,得以度外置之,此其进退失据,不能无疑者二也。

"湖南始终未承认法统恢复,故未承认中央政府,然伏见舰交涉事,竟以文电请求北国务院、北外交部,虽云日人不承认湖南有外交权,然湖南既不承认中央政府,即应贯彻始终,虽艰难苦楚之境,不得不以独力支撑,彼若不应,唯有忍受苦痛耳。今为日人所逼迫,至自变其不承认中央政府之主张,可耻孰甚,此其矛盾自陷,不能无疑者三也。

"夫西南六省,独湖南逼近强寇,形势孤危,重以两党猜疑,时虞爆裂,故余亦不以发愤为雄、匡救国事相责,但期真能自治足矣。乃观其所为者,进不成为仗义执言,而有模棱两可之情,退不能真正保境息民,而偏喜自陷于交涉漩涡之内,真有不可究诘者矣。差可幸者,既不承认国会,自然不认选举有效耳。然谓他日必不承认北国务院、北外交部,余未敢信也;承认国务院而谓其不承认大总统,恐世人皆未敢信也。然则不认选举有效之说,亦未敢保其始终也。"(《申报》1923 年 6 月 30 日"本埠新闻"《章太炎对湘当局之意见》。)

7 月初,章氏又"批评孙洪伊主张",以为"讨贼靖乱与护法非一事",报载:

"国闻通信社云:昨有人往访章太炎氏,询以'护法旧事,今日是否继续进行?'章答曰:'此次因曹、冯辈扰乱政局,反对者义在讨贼靖乱,与护法无关。从前护法之事,是否终了,系别一问题。要之讨贼靖乱与护法非一事,不得并为一谈也。'访者又问:'前见孙洪伊主张始终护法,是否别有作用?'章答曰:'孙之主张护法,盖一以反对段氏,一以否认黎氏,间接即为曹锟减去敌人,然不知一提护法,则曹即督军团首领,亦无使人承认之理。平心而论,段之派公民团包围议院,黎之解散国会,亦有瑕疵可指。然称兵犯阙,迫散国会,则实以曹氏为首魁。且黎有开创民国之功,段有反抗帝制、讨伐张勋之功,功罪固足以相掩,而曹锟终身有罪无功,非特督军团一事而已。元年,北京兵变,其罪一也。四年,以直隶公民请愿帝制,其罪二也。今又唆使军警扰乱首都,其罪三也。与督军团事合之为四。孙于有功者则彰其罪而没其功,有罪者则必欲开脱其罪,是岂足以掩天下之耳目乎?'访客末问:'孙前宣言孙、曹携手,陷电又劝议员保持国会,完成宪法,中山与诸议员果否堕其术中耶?'章答曰:'孙洪伊制伏中山之策,最为凶狡,盖犹郑庄公之处共叔段也。中山功望最高,而天性又极自负,孙日言奉戴中山为护法总统,中山未有不受也。处位愈高,其倒愈速,既倒则挟曹氏之势,以劫制中山,使其携手,中山急于求援,亦不得不受也。倒则身危,与曹携手则名败,此孙洪伊制伏中山之恶技,但恨中山不早悟耳。至所谓保持国会、完成宪法者,但以缓议员南下之事,然何足以欺清白议员哉'云云。"(《申报》,1923年7月10日"本埠新闻"《章太炎最近之时局意见》。)

7月2日,曹锟进行收买议员,筹备大选,以巨款引诱津沪议员回京。在沪议员亦以四十元不出席费及到津签到三百元,引诱出京,国会议员活动频繁。

7月7日,《致黎元洪书》:"屡书催请南下,闻计划已定,而行期犹滞。据某议员口说,谓待各界及卢永祥欢迎,如果实有此议,可谓自绝于人。夫今日人情,一致抗拒曹逆,则间接即归向我公,何待其来电欢迎?……炳麟以为今日之事,我公非徒为一身雪耻,亦当为全国负责。夫共管之声所以甚嚣尘上者,固由曹逆罪恶贯盈,亦因中枢无人主宰。……公忍以一人之故,致全国沦胥乎?公能急行南下,暂设内阁于沪,外人有所凭附,则共管庶几可寝。""风闻曹党自知势去,欲诱公入都以吸议员。……公果入都,则议员随返,十月十号之大选,曹逆可以安坐而得之。计我公必不受其播弄。然因是犹豫,遂使南行之期,迁延无日,则曹虽失利,而我公亦不能不为全国负咎也。总之,我公已为历史人物,不可以富贵自了。我公当为负责主任,不得以安肆自偷。发装急下,今正其期。迟则时机渐去,热心化冷,再欲挽回,亦无望矣。炳麟上此一书,即欢迎我公之哀的美敦书也。"(抄致李根源的副本,见《致李根源书二〇》。)

7月8日,《致李根源书二一》:"黎公此时为负责之人,速行南下,则议员随者自多,所谓蚁慕羊肉也。若不能然,即拆台,亦未可保其必成,而况其他。来书谓黄陂不必具元首威仪,不可去元首名号,斯言固是。昨据行严述卢子嘉意,则谓:'黄陂南来,亦不反对,但不可以总统命令加人。一则无以处中山,二则无以处西南各省'云云。两者似相背驰,其实易于解决。

"黄陂之为大总统,外交承认之,国会承认之,南下后无论如何自处,而终不能损其名义。鄙意南下到沪,(原注:"浙江不可往。")速组署阁,命令但及于中央,不必及于各省,则西南与浙皆无所碍。讨贼之事,可用函电商榷,亦于大事无损,如是则卢所虑第二层无碍也。

"中山称大元帅,仍与大总统不能两立。然吾国约法,但有大总统统率海陆军,不云大总统为陆海军大元帅,是大元帅本非法定职名,亦非大总统之兼职。孙称大元帅犹过去之大将军及联军总司令云尔。此为大总统,彼为大元帅,名义原无冲突,如是则卢所处第一层亦无碍也。

"如黎公必欲得卢欢迎之电与西南承认之电而后南下,则势必不成,而为因循坐误。盖西南自去岁以来,并无明言承认。卢则于黄陂复职时,且尝反对。今以合肥协力,始肯欢迎议员。必责以尽欢竭忠,则在彼有所难言,而在此转为坐误矣。……当机立断,接渐而行,在黄陂原无损于望实,而议员则有所附丽,外交则有所依归,于此戡乱宁人,足有馀裕,奈何于仓皇失据之时,尚欲装腔作势耶?"

7月11日,章氏"电催京津议员南下":"京津两院议员鉴:留京制宪,是为贼舞文;

调和孙、曹,是引人附逆。以此欺饰,国人不受其愚。诸君踌躇日久,所谋何事,仍望速行南下,勿贻后至之悔。章炳麟。真。"(《申报》,1923 年 7 月 12 日"本埠新闻"。)

7 月 14 日,来沪之国会议员开会,章氏作为"来宾"出席,报载:

"来沪之国会议员,于昨日午后二时,假斜桥湖北会馆举行集会式,出席议员二百馀人。"到会之来宾,有章太炎、于右任等,会中通过对内、对外宣言,说明"一俟数及法定,即行正式国会,行使职权",至于"留京议员,陷于强暴,即有议案,不生法律效力。北京军人如有假借政府名义,不论与各国订立何项条约,磋商何种借款,吾国会概不承认"云云。(《申报》,1923 年 7 月 15 日"本埠新闻"《国会移沪举行集会式纪》。)

7 月 15 日,章氏又发出"专心国事之通启",报载:

"章太炎氏因自政变后,各方向其征询政见者颇众,昨特通告各友云:

"径启者,国事蜩螗,人思拨乱,鄙人虽端居里巷,而不能不以此撄心。凡以学校事状相商、专家著述相示者,请暂时停止。自愧精力衰颓,不能如王姚江、曾湘乡诸公于人事扰攘之中,从容讲学,天实限之,亦望人之恕我也。章炳麟启"云云。(《申报》,1923 年 7 月 16 日"本埠新闻"《章太炎专心国事之通启。》)

7 月中旬,黎元洪代表金永炎、韩玉辰来沪,与各方"商榷应付时局办法",并招宴章氏和汪精卫、褚辅成等,报载:

"国闻通信社云:自黄陂代表金永炎、韩玉辰来沪后,连日与各方面重要人物商榷应付时局办法。几经郑重讨论,至昨日已得完满一致之结果。据闻金、韩二氏于十七日招宴章太炎、汪精卫、褚辅成、邓汉祥等人,披沥黄陂对于大局之意见,及破坏建设之种种办法。当由汪精卫电达广州,请孙中山先生核示,并由邓汉祥赴杭报告卢督办,金、韩二人因此缓期赴浙。至前晚邓氏由杭返沪,乃于昨午宴请金、韩并章太炎、汪精卫、章行严、褚慧僧等,报告浙卢意思,大致折衷各方政见,于慎重考量之后,得一归宿,总期法律事实,双方俱能兼顾,颇为在座与会诸人所赞同,决即分头接洽,一致进行,以图时局之发展云。"(《申报》,1923 年 7 月 20 日"本埠新闻"《各方代表讨论时局进行办法》。)

7 月 23 日,《复赵恒惕电》。认为"既为保障省宪,慎固封守而战,非以身家性命殉之不为功"。时湖南战事又起,7 月 7 日,湘西镇守使蔡钜猷与西南联合宣布独立,声称接受孙中山命令。广东建设部长谭延闿奉孙中山命回湘。湖南省长赵恒惕于 18 日(巧)致电章氏,章氏即行电复。电云:"长沙赵省长鉴:巧电敬悉。蔡钜猷违宪抗命,义应讨伐,然从旁虎视,岂曰无人,万一更滋他族,煽蔡者固罪不容诛,而公亦何以自处?既为保障省宪,慎固封守而战,非以身家性命殉之不为功也。章炳麟。梗。"(《申报》,1923 年 7 月 24 日"本埠新闻"《章太炎复赵恒惕电》。)

7 月 25 日,《申报》刊《黎黄陂南下消息》,谓"黎现所以决意南来者:一,由于章太炎有函促其早日成行,唐少川亦有电促其来沪;二,由于金永炎来沪,向各方接洽后,曾有电促即日启行"云。

同日,《致黎元洪书》:"知公决意南行,而尚问行止于金永炎,金复书又以卢未切实欢迎、孙派意见未融为词。此过于求全之意,乃使人坐失事机者也。卢本老实军官,意中甚望公来,而心又畏中山派之反对,是以不能切实表示,此但当视其情,不当据其口也。中山派人在沪者,不过精卫与一二宵小,心虽不欲公来,而不能形之于事实。挺身而出,何忧乎中山,何求乎卢永祥？凡人不能决断者,即不任为行政长官。金以陆军总长而胆怯如此,若信其言,必误大事。"（系 1923 年 7 月 29 日抄致李根源的副本,见《致李根源书二二》。）

7 月 26 日,《申报》又有《黎黄陂中止南下》报道,谓"临时取消前议"云。结果,27日,李根源由津抵沪,"与先李来沪之黎元洪专使二人会谈后,将赴杭与卢督讨论时局。回沪后,将与沪上各界人士及公共团体代表讨论国家大计云"。（《申报》,1923 年 7月 28 日"本埠新闻"《西报纪李根源来沪之任务》。）

7 月 27 日,湖南省长赵恒惕派代表萧培垓到沪谒章,并携赵恒惕 7 月 8 日函,说什么"以迫于外侮,遂呼将伯于北方",报载:

"湘赵代表萧培垓,于前日奉命到沪,即于昨日往谒章太炎氏,并携有赵之公函,原函云:

"太炎先生道席:数辱明教,感何可言。方今朔方剧变,放逐其上,而新是谋。所谓置君不如弈棋。强敌压境,诸将携贰,兆庶土崩,邻国交让,天其将启南方之衷而夺群小之魄耶？恒惕知术短浅,向以迫于外侮,遂呼将伯于北方。盖以为国门之辱,重于阋墙之争也。奉闻谠论,敢不承教。顾恒惕有可以为邦人君子告者,恒惕以癸丑之役,系北京狱,黄陂黎公,多方调护,仅乃获免,私心德之,未敢或忘。客夏,黄陂复任总统,亦曾以信使相召致。念总统为国家之公器,大法为天下之公义,恒惕于黎公私义也,不可以私害公。今黎公去矣,恒惕虽孱弱,犹忝为军帅,向之不为恩屈者,而谓可为威屈乎？惟是泯泯棼棼,乱是用长,中宵彷徨,补救无术。先生令德硕望,膺瞻百里,幸得奉承德教,获所率由,感且不朽。萧培垓君稔悉湘事,一切托其面达。即颂道安。赵恒惕启。七月八日。"（《申报》,1923 年 7 月 29 日"本埠新闻"《湘赵代表萧培垓到沪》。）

7 月 29 日,《致李根源书二三》:"鄙人以为凡事须带三分呆气,方能进行。若专求圆满,此事之必不可得者也。以此个人意见,亦有两端:若黄陂能南下,政府能组织,则鄙人于中山亦当敷衍。若此计无望,吾今亦不论大局,祈顾南方根本,非设法打倒中山,不算好汉。（原注:"彼对湖南举动,与曹锟亦岂有异,不除此人,则西南不安。"）盖为大局计则有牵挂,为西南计则无牵挂。究竟如何,待津方确信而决耳。"信末附语:"再联省会议案卢亦极端赞成,鄙人因孙对湖南无状,特将此事按住,少川亦以孙不可信为言。各方见进行无望,故对黄陂南下之事渐归一致,所谓穷而思返也。"

8 月初,上海有"在沪召集各省联席会议"之议,拟推章氏及唐绍仪、岑春煊三人出面,后又改议。报载:

"前曾由上海各方面要人互相讨论,金以在沪召集各省联席会议,为应付时局之要着。先议推请唐少川、章太炎、岑西林三人出面,通电发起,嗣以黎黄陂有定期南下之说,因暂行中止。现在黄陂暂不南来,而时势需要,日形迫切,前日乃由汪精卫、章行严、邓汉祥及各省驻沪代表等人约集讨论,以为此项会议,既公认有召集必要,则不如径由各代表自行电请本省长官,派员组织,不必更烦唐、章、岑三公发起,转嫌周折。"
(《申报》,1923 年 8 月 4 日"本埠新闻"《各省联席会议将在沪开会》。)

8 月 2 日,湖南省议会议长林支宇致章太炎电,赞成"发起组织各省代表会议"。电云:"章太炎先生转岑西林、唐少川、张溥泉三先生均鉴:顷闻诸公在沪,发起组织各省代表会议,树联治之先声,宏经国之远略,下风逖听,至符夙愿。应如何积极进行,迅速成立之处,尚望不遗在远,时赐指示,绵力所及,当无不竭诚赞助。谨布区区,惟希鉴察。林支宇叩。冬印"。(《申报》,1923 年 8 月 6 日"本埠新闻"《林支宇赞成各省代表会议》。)

8 月 7 日,谭延闿在衡阳通电就孙中山所委之湖南省长兼湘军总司令职。赵恒惕在吴佩孚支持下进攻湘西。章氏"电湘救赵":"电全湘将领:野心家诱蔡抗命,诸公应禁暴止乱,炎公受省宪付托之重,更当以死济之。"(《华国月刊》一卷二期"记事"栏《中外大事记》。)

8 月 9 日,快邮代电黎元洪、李根源:"江浙间风云日急,战事迟速虽未可定,卢永祥、何丰林先已张皇。卢既欢迎国会,不敢欢迎主座,而战祸仍不可免,反失奉令讨伐之名义,似不必再与商量。目下死中求活,惟有密商奉张,迁政府于吉林长春等处,并将驻沪议员招致。虽偏在东隅,而正朔不绝。国人知有禀承,张亦易以大义号召。炳麟夙夜筹思,唯有此策。此策不行,上海一败,议员中志向不坚者,依旧北归,虽欲破坏曹氏选举,亦不可得也。"(见《致李根源书二四》。)

同日夜,又函李根源,与上引"快邮代电"内容相同,并望李根源"决策"。(《致李根源书二五》。)

8 月 12 日,湖南省议会发出"侵电",对谭延闿就职,"咨请政府实力制止",章氏于 14 日电复:"长沙省议会鉴:侵电悉。谭氏为广孙诖误,神明变乱,俾圣作狂,入湘称兵,自立名号,以倡法著而自毁法,以功之首而为罪魁。贵议会咨请政府实力制止,足见维护宪法,不尚空言。按谭氏就职通电,称服从元帅,服从主义,并推国家多难之因,在乎僭窃名义,割据土地。僭窃之罪,谭自当之;割据土地,即显为诬诋自治之言。是其根据广孙主义,非独不许湖南自治,亦且不许西南各省自治也。广孙之称大元帅,本非由西南公举,其职权只限于广东数道,而侮蔑邻封,驱人毁宪,吴佩孚所不敢施于湘省者,而孙、谭竟悍然行之。淫威所及,岂限一方,敌忾同仇,当有公愤。贵省政府前者制止蔡钜猷叛乱,行军持重,失在巧迟。今贵议会咨请贵政府制止谭氏毁宪,尤望敦促政府,迅速出兵,无任瞻顾。当知私情公义,不可得兼,缺斨破斧,事岂得以中止。如西南各省同伸大义,互恤简分,斯固如天之福,即以全湘三千万人之义愤,制个人窃号毁宪之行为,师直助多,何庸畏惮。虽将军死绥,壮士填壑,则护宪军民之义务也,亦自治先进省之荣誉也。监督之责,是在诸公。章炳麟叩。寒"。(《申报》,1923 年 8 月 15 日"本埠新闻"《章太炎致湘议会电》。)

8 月 15 日,《致韩玉辰函》:"得二盦九日来书称'黄陂到沪后,能屈一己以伸天下,则幸甚,恳委婉忠告'等语。此论似迁就浙卢,其实仍恐未搔着痛痒。鄙意终不如东行为稳。兄宜速赴津寓为要。再者鄂事实有可为,其中实际,仆所深悉。近日奔走者甚多，但苦无经费着手，办法亦不须多。兄到津后，务望乞得五千元至万元之数前来，略一飞洒，所费小而成功大。若俟川局定后再行设法，则无及也。"（抄致李根源的副本，见《致李根源书二六》。）查韩玉辰系黎元洪7月间派赴上海代表，据他回忆："章太炎连函余谓黄陂与其滞津，不如来沪，连结面广，可相机进止云。"（韩玉辰：《政学会的政治活动》。）则在此之前，章或另有致韩书札。

8月16日，《致李根源书二七》："黄陂对各省不难降意以就平等之列，而中山则唯欲自为首领。汪精卫曾宣言：'中山可与浙、奉首领平等，不可与西南首领平等。'是其意仍欲专制西南，自为元首。近观其对湘事，即可概见。黄陂屈一己以伸天下可也，屈一己以伸中山可乎？此二盦所未论也。鄙意终以浙江难恃，中山妄诞从中挑拨，愿黄陂且就东三省建设行在，号召议员。达斋则谓沪上常会将开，黄陂不来，恐惹起弹劾等事，此亦一可虑处，故仍愿黄陂先枉道赴沪，再拟他迁。二者之间，惟善处者斟酌耳。鄙意视今之时局，东北亦无一定胜算，惟较东南为安。若真正干净土，终在西南。中山扰乱自治，粤人已欲食其肉，而湘省次又当冲。欲安西南，非去中山不可。鄂事亦有可为，所苦黄陂不晓耳。得万金奔走，可以有效。此是根本之说，非纵横之计也。"末署"萧海琳"。"达斋"，即韩玉辰。

8月20日，又《电湘议会拥护自治》："谭氏为广东所误，吴佩孚所不敢施于湘省者，孙、谭悍然行之，壮士填沟壑，乃自治先进之荣誉"。（《华国月刊》一卷二期"记事"栏《中外大事记》。）

8月26日，《致韩玉辰书》："鄙意解决时局，终资一战。而合肥一派，若不愿此，既恶奉天得志，亦不欲西南获胜，缘其自乏兵力，惧他日不可节制耳。故鄙意终劝黄陂东行，据奉天安全之势，以行号令，是上策也。晓峰于此，则甚不谓然。此间议论，亦认沪上无主，则议员特复屈而归曹。于是主张黄陂南来，义亦允合。然浙卢斤斤自守，终不可恃。鄙意如果来沪，则奉张讨逆之令，当然宣布，而犄角之势则在西南，不在浙也。除湘、川、粤未认政府外，云、贵本已承认。粤中林虎、黄大伟两军，林曾受护军使、黄亦受将军名号。今冀赓大帅援川已达綦江，志在与川军同下武汉。（原注："虽未必果成，施、宜可图也"。）林、黄二军克漳州，所得军实不少。黄亦本有出江西之志者也。今当以唐继尧为西路讨逆总司令，刘显世副之；林虎为东路讨逆总司令，黄大伟副之，始有出师长江之望，而政府不为空谈矣。（原注："熊在川中虽受中山任命，然既与唐一致，则不纯属中山。俟唐受任命以后，再商熊可也"。）若无此计划，则不如东行之为安也。

"联省委员会，本非难成，惟因中山作梗，以致挫折。黄陂来后，宜视可否而行之。"

又谓总理人才，李根源、唐绍仪"人望尚足"，"印泉既惧于人言，而少川复怯于任事，此为难处耳。若鄙人处此，则毅然不复推辞，且于草昧经纶，亦自谓略有把握矣。万事无必成必胜之势，惟看到七分，便应决计。西南诸将，除中山一人以外，融洽亦非难事也"。（抄寄李根源的副本，见《致李根源书二八》。）"今冀赓大帅援川已达綦江"，指6月下旬，川军各部相互混战，云南唐继尧助熊克武、刘成勋部攻占重庆。"林、黄二军克漳州",指 8 月上旬,陈炯明部林虎攻占漳州。黄大伟原受孙中山任命,5 月,黄与陈炯明私通,孙中山下令通缉,黄竟降陈。

8 月 29 日,《致李根源书二九》:"川中战争半岁,民力已伤,必不能容滇军坐食,而锦帆与禹九亦不容一省两头。事定之日,则川滇军必进规鄂西,既以弭内争,亦以靖遏寇,殆所必行。夫如是则上游牵敌而下游亦得少纾,子嘉庸人或当有庸福也。浙沪得安,政府南迁,自无他虑。"继谈可以唐继尧、刘显世以至林虎、黄大伟为"讨逆"正副总司令事,与 8 月 15 日《致韩玉辰书》同。以为:"此种命令下后,必有实效。然后政府南迁为不虚此行。无论少川与兄谁为总理,因吾辈之建议,当必能行之,但恐段家或有犹预耳。卢既不竞,而又患他人先我着鞭,则是使政府为第二宋高宗也。此种紧要条件,务须与彼切实商妥,方可成行,不然行亦何益。颇闻公府已有枢密会议,未知其欲分内阁之权耶,否耶? 鄙人所患正在同言讨曹而实同床异梦。若讨逆诸令不受牵制,此则如天之福。鄙人虽效力中央,亦所乐为。若因忌嫉而起牵制,鄙人亦决意避去中央,但为西南诸军马弁,或犹有铅刀一割之用尔。"

9 月 2 日,发《湘事通启》。初,8 月 25 日,谭延闿、赵恒惕开始接触,朱耀华率部一团响应谭军,直迫长沙,赵恒惕仓惶出走。章氏"对于谭军入湘,认为以外力破坏自治,屡电攻讦"。《通启》云:"湖南于九年提倡自治,鄙人实在赞襄之列。自治者,即不容何方干预本省军民政事之谓,其后省宪制成,所规定者益严密矣。省宪本以保障自治,故余条或可缓施,而湖南主权,在所急护。今岁湘西蔡钜猷抗命,明受广东元帅府命令,谭氏抵衡,亦自称奉大元帅令开,特任谭延闿为湖南省长兼湘军总司令等语,此即以他方命令干预〈湖〉省长之实据,破坏自治,其事昭然。斯省议会所以有实力制止之议,而鄙人亦有促战之电。盖为维护地方,事有不得已也。乃或者视谭、蔡之举,谓之革命。夫使政府不良,人民群起反抗,则为革命之实情,而他人亦不能过问。今谭、蔡受广东任命,以抗湖南之省政府,谢、吴本湖南军官,复受谭氏委任,以抗其主帅,则为挟借外力,自破省权而已,谓之革命可乎? 果系革命,则为湖南内争,非鄙人所能问。今以外力破坏自治,吾人起而抗议,非分所不得也。谭既深入,断非折简可麾去,实力制止,事所当然。夫既出于战之一途,伤残民命,自所不免。鄙人屡次电赵及湘省议会,皆以缺斨破斧、涕泣行师言之,亦谓力虽胜敌,可吊而不可贺也。若以伤害民命,归咎鄙人,鄙人固有怆然于胸中者。然而六年护法,战事延长,全国受此伤残者,其数盖不可胜计,较之湘中战事,殆将百倍,此亦令人不得不怆然于胸中者也。若谓湘中自治,湘中省宪,皆为假设,不当以兵士肝脑殉之。试问国人之视约法,果如金科玉律? 国人之视议员,果为诚信可以〔倚〕之代表乎? 护法数岁,暴骨如山,而所争者,惟此约法之保存,议员之集会,其价值果足以相当乎? 毋亦有令人恻怆不已者乎? 以实事较之,全国约法,由内力摧残;湘省自治,由外力破坏。由内力摧残者,尚不可以和平解决,而谓由外力破坏者,不必以实力防御,此必无之事也。至谓赵与洛吴,常通使命,即诬以降北之名,湘中此举,委曲求全,想当局亦有自疚。然自九年湖南恢复以来,即与王占元彼此通聘,已为惯例,而今之自治各省,与直系绝无往来者,盖亦不数见也。究之自治如故，省宪如故，不受北廷任命如故，不受直系干预军民政事如故，则必不容诬以降北之名。广东元帅府之欲以武力统一西南，亦西南之吴佩孚也。谭、蔡受其任命，称兵行乱，此即降于西南之吴佩孚者，而欲以使命往来诬人降北，恐三尺童子亦不受其欺也。"（《华国月刊》一卷三期"记事"栏《中外大事记》。）

9月11日，黎元洪来沪，甫抵沪寓，即分访章氏等，报载：

"黎黄陂氏特包日本海轮长府丸，偕同陈宧暨医官随员人等，由海道南下，于昨晨抵吴淞口外。"至沪后，"未及一小时，黎氏即乘汽车至旅沪各名流处访谒"，"分访章太炎、唐少川、李烈钧、岑西林等"，"约五十分钟后，偕同章太炎氏乘车回寓"。（《申报》，1923年9月12日"本埠新闻"《黎黄陂昨日抵沪》。）并谓"黎氏到沪后，即有文电发表，惟同来并无秘书，现约定章太炎、章士钊、褚辅成三人主持一切文稿云"。（同上。）黎抵沪所发通电有二：一致参众两院各省军民长官、省议会、商会、各法团、各报馆："惟念纪纲不可以不立，责任不可以不尽，业于九月十一日到沪，勉从国人之后，力图靖献。"一致孙中山："我公昔在清季，与元洪共开草昧，丁兹丧乱，休戚与同，惟望共伸正义，解决时局。海天南望，伫候教言。"（同上。）此后，章氏又屡访黎，报载："黎宅日来除章太炎、唐少川等三数人常往晤谈外，生客多不接见"。（《申报》，1923年9月20日《黎黄陂最近之态度》。）

9月15日，《华国月刊》在上海创刊，分"图画"、"通论"、"学术"、"文苑"、"小说"、"杂著"、"记事"、"通讯"、"公布"、"馀兴"等栏，由章氏任社长，汪东任编辑兼撰述。撰述另有黄侃、但焘、孙世扬、钟歆、李健、孙镜、田桓等。章氏撰《发刊辞》，略谓："挽近世乱已亟，而人心之傄诡，学术之陵替，尤莫甚于今日。""尝谓治乱相寻，本无足患，寝假至于亡国，而学术不息，菁英斯存，辟之于身，支干灰灭，灵爽固不随以俱澌，若并此而天伐之、摧弃之，又从而燔其枯槁，践其萌蘖，国粹沦亡，国于何有？"汪东"创为《华国月刊》，志在甄明学术，发扬国光"，"党国故之未终丧，迷者之有复，驰骛者之喻所止，谓兹编之行，速于置邮，宜若可以操券。其或不然，岂惟学阨哉！懿人心世道之忧也"。（《华国月刊》一卷一期。）《华国》所订《略例》为："本刊定名《华国》，以甄明学术、发扬国光为恉，取材则搜罗广博，庄谐并陈，务使读者兴味深长，不厌枯槁。"（同上。）《华国月刊》刊载章氏诗文颇多。"记事"栏中，录有章氏当时有关通电、文告等。

9月25日，《申报》载："近日北方喧传唐继尧运动副座甚盛，兹悉前日本埠黎黄陂、章太炎、李根源三人，曾各接其来函，对于时局，颇有意见表示，其大意'对于曹、吴行为，自然绝对反对，而解决时局，认为仍须趋重军事，上海方面之设政府与否，无甚关系，至讨论联省制及委员制，尤恐多起纠纷'云。"（《唐继尧对黄陂表示时局意见》。）

9月28日，四川熊克武、刘成勋"关于时局之通电"到沪，通电分致孙中山、黎元洪、段祺瑞、上海参众议员、章太炎、岑西林、唐绍仪以及各省军民长官、各法团、各报馆等，声明"曹锟虽被伪选选出，亦归无效"，"所望咸秉正义，共起讨贼"，并表示"愿效前驱。上稽古训，大刑则用甲兵；敢告同胞，祸至幸勿缄默"。（《申报》，1923年9月29日"本埠新闻"《熊、刘否认贿选之通电到沪》。）

10 月 5 日,北京开总统选举会。先是,9 月 18 日,吴景濂为曹锟收买议员,定每名五千元,款先存外国银行,俟总统选出即行支款,津沪议员纷纷返京。至是,猪仔议员五百九十人出席,曹锟贿选成功。7 日,曹通电就职。章氏于 6 日听到曹锟贿选"当选",即发表"声讨意见",报载:

"章太炎氏昨日发表声讨曹锟之意见云:

"曹锟以四百八十票当选,曹本负罪中华民国之人,较寻常刑事犯尤宜加等。四年,以直隶公民首领请愿帝制。六年,以督军团称兵叛乱;此皆确有证据,较今年六月十三日之变更为明显。内乱之罪已成,虽依法选出,国民何能承认。国会是否合法,议员有无冒名受贿,犹第二事。抑世论有但求依法产生,不问人选之语。惟所谓不问人选云者,谓其人之智愚贵贱可勿论也。至以身触刑典,罪迹昭著之人,宁复能假托于法,与以原宥,此在根本上曹锟无论如何不能为我中华民国之大总统。此义既明,则西南各省,向以护法戡乱相团结,有何不可直斥。曹锟当选,此后唯有回复戡乱原状,足以褫其名义,或于西南再设军政府,或各省攻守同盟,不立形式,则视乎时宜而已。"(《申报》,1923 年 10 月 7 日"本埠新闻"《汇纪反对贿选总统之消息。章太炎之意见》。)

10 月 10 日,孙中山宣言反对曹锟贿选,发出"讨曹令"。(令文见《申报》,1923 年 10 月 13 日。)并致书各国公使,请不承认曹锟政府。15 日,曹锟令顾维钧致各国复牒,对外交团要求,除护路计划外,悉予承诺。当日,各国公使即赴怀仁堂觐贺曹锟。

10 月 12 日,卢永祥通电不承认曹锟为总统,停止与北京政府公文往来。拥黎元洪之政客群集上海,主张另设政府,卢永祥以广东孙、陈相持,奉张又未准备就绪,均不可能出兵,不敢轻举与直作战,不赞成组织政府。

10 月 15 日,《华国月刊》第二期出版,有但焘《周礼政铨》一文,但焘云:"曾以此稿示馀杭章君,不弃谲陋,为谉正若干条。"章氏"按语"为:"冢宰如今国务总理,小宰兼统宫禁,则兼日本宫内省之职矣。"又曰:"《周官》大体,行政权分之邦国,故《地官》少说畿外事;兵权统于王朝,故大司马掌九伐之法;司法权虽分在邦国,而王朝尚时受上诉,故《秋官》多说四方邦国之狱讼。自分为州郡以来,明时一省鼎立三司,都指挥使主军事,布政使主民政,按察使主司法,而两司尚有特权,都指挥使则未有能擅自调遣者也,亦与《周官》大体相近。自督抚之权日重,此制遂废,沿至今日,非割据不可矣。"又曰:"王畿以内直隶天子,此可以普鲁士制说之,市政非其比也。""周之国军,出于六乡,而贤能亦于此举,意六乡必军阀所居,故特以三公致之。"可以反映章氏当时的政治思想。

11 月 1 日,云南省长唐继尧发表"否认贿选电",章氏与于右任等于 4 日发电复唐,以为"拨乱反正,在此一举"。电云:"云南唐省长鉴:东日见公否认贿选电,义声所播,薄海同钦。逆知西南各省必归一致,拨乱反正,在此一举。静候川军东下,当执鞭弭,以逐清尘。临电神驰,不胜鼓舞。章太炎、于右任、柏文蔚、褚辅成、曾道、赵铁桥、方声涛、吴醒汉。支。"(《申报》,1923 年 11 月 6 日"本埠新闻"《章太炎等致唐继尧电》。)

11 月 8 日,黎元洪赴日"休养",李根源等送行。(《申报》,1923 年 11 月 9 日"本埠新闻"《黎黄陂昨日放洋东渡》。)黎赴日后,李根源"自谓此后不与闻一切政治活动"。(《申报》,1923 年 11 月 11 日"本埠新闻"《黎黄陂去沪后之李根源》。)

11 月 15 日,《华国月刊》第三期出版,封里有《本刊特别启事》:"本社请章太炎先生鬻书二百件,现收之件,已过半数,号满即不再书,爱先生书者,幸勿失此机会"云。

11 月 27 日,川军总司令刘成勋特派代表杨芳毓到沪,"持有刘致在沪各要人如章太炎等之函件,内述川省战事之经过,并声明对讨曹,本省意旨已极坚决,并希望各方能协同动作,以期易于成功。闻杨君尚拟赴津一行云"。(《申报》,1923 年 11 月 29 日《刘成勋代表向各方接洽》。)

12 月 5 日,为饶汉祥"卖文"文例,"略有改窜",并允署名。(《致李根源书三〇》。)

12 月,江苏主张票决宪法,章氏对此发表意见,报载:

"近日苏省人士主张票决宪法者颇多,昨有人与章太炎氏谈及此事。章氏云:'约法所载,中华民国之主权在全体人民,主权之最大者,莫如宪法之制定。故根本言之,制宪之权,应归人民。乃约法上忽又以此权属之少数议员,已为矛盾。惟国人前以重国会故,不闻对此事多所论议。自贿选告成,宪法旋亦由北京国会通过,于是承认与否认聚讼,此实确言也。赞成者曰:贿选为一事,通过宪法又一事,贿选为犯罪,而在法庭未正式宣布其罪状成立之前,未可遽断其行为无效。反对者曰:议员贿选,人格扫地,以全无人格之议员,焉有制定宪法之资格。二者表面上皆有理由,亦殊难与以判断,故仍根据约法上主权在民之规定,投票决定,亦为解决一法。况今倡其议者为苏,苏压于强藩之下久矣。北京宪法规定,田赋税归省有,而苏省田赋税最大。北京宪法实行,或非强藩所喜,故票决一事,或亦苏人不得已之举耳。惟苏省票决,可否效力,仅及于苏,亦不能以此制限他省也'云云。"(《申报》,1923 年 12 月 16 日"本埠新闻"《章太炎对苏省票决宪法意见》。)

12 月 23 日,中国国民党在沪党员集会,汪精卫主持,廖仲恺致词。(《申报》,1923 年 12 月 24 日"本埠新闻"。)24 日,选出张拱辰等三人为赴粤开会代表。(《申报》,1923 年 12 月 25 日"本埠新闻。")

本年,有《答曹聚仁论白话诗》。先是,曹聚仁在 1922 年听到章氏"国学讲演"后,曾上书章氏,以为"立论之际,或有偏激之词","恐于白话诗,未加详察,故误会之点甚多"。对章氏"无韵谓之文,有韵谓之诗","诗与文以有韵无韵为准",认为"恐非平允之论"。(见《国学概论》附录二《讨论白话诗》。)章氏认为"中国自古无无韵之诗"。谓:"若夫无韵之作,仆非故欲摧折之,只以诗本旧名,当用旧式,若改作新式,自可别造新名。如日本有和歌、俳句二体:和歌者,彼土之诗也;俳句者,彼土之燕语也。缘情体物,亦自不殊,而有韵无韵则异,其称名亦别矣。""必谓依韵成章,束缚情性,不得自如,故厌而去之,则不知樵歌小曲,亦无不有韵者,此正触口而出,何尝自寻束缚耶?""绝句不过二三韵,近体不过四五韵。古体韵虽烦复,用韵转换,亦得自由。惟词之用韵稍多,而小令亦只数语,绝无束缚情性之事,若并此厌之,无妨如日本人之称俳句。若不欲用日本名词,无妨称为燕语,不当以新式强合旧名,如史思明所为也。苟取欧、美偶有之事为例,此亦欧、美人之纰漏,何足法焉。"(《华国月刊》一卷四期,辑入《章太炎书札》。)

本年,国会议员云南刘楚湘辑载曹锟贿选前后史事,成《癸亥政变纪略》,章氏为之撰《序》:"民国兴十有二年,为总统者,若真若伪,凡五:其一以忧悸死;其二被逼以去;项城自作不靖,西南致讨,而大命踣,固无曹焉;徐氏起不以正,悖而得之,悖而失之,亦宜;独黄陂首义武昌,行事顺,则两居极位,未尝有所陵犯于人,亦两被逐。古所谓天之所助者顺,人之所助者信,乃若是其无验耶?""当北贼黜其大酋徐世昌也,余闻黄陂将再起,从上海密致二书,说以杜门高枕,偃仰三月,以待时之变。言不见从,固知其败也。黄陂既就职,又告以西南数省,不禀号令,犹孙、刘在建安,然其实则外援也,慎毋日言统一,以召自侮。斯言虽见听,仅支一年,而终不可疗矣。"(《制言》第四十七期,收入《文录续编》卷二下。)

本年,有《与章行严论墨学书》二。章士钊云:"今岁北方军阀为乱,有哗逐元首之变,钊避地南中,与兄密迩,论政既频求与兄合,间为墨学,亦荷诱掖。心迹之亲,廿载所无。"(《伯兄太炎先生五十有六寿序》,见《制言》第四十一期。)查章士钊于6月26日作为"国会议员"代表来沪(见前),曾在《新闻报》上发表《墨学谈》,章氏看到后,发出《与章行严论墨学第一书》,认为:"所论'无间无厚'一义,最为精审;'非半勿斲'一条,与惠氏言取舍不同,义亦未经人道。端为无序而不可分。此盖如近人所谓原子、分子,佛家所谓极微,以数理析之,未有不可分者,故惠有万世不竭之义。以物质验之,实有不可分者。故墨有不动之旨,此乃墨氏实验之学,有胜于惠,故得为此说耳。名家大体,儒墨皆有之,墨之经,荀之正名是也。儒墨皆自有宗旨,其立论自有所为,而非泛以辨论求胜,若名家则徒以求胜而已。此其根本不同之处。弟能将此发挥光大,则九流分科之旨自见矣。至于墨书,略有解诂,而不敢多道者,盖以辞旨渊奥,非一人所能尽解。若必取难解者而强解之,纵人或信我,而自心转不自信也。至适之以争彼为争攸,徒成辞费,此未知说诸子之法,与说经有异。(原注:"《说文》诐字,本训辩论,假令诐也自可成义,然《墨经》非《尔雅》之流专明训诂者比。以此为说,乃成戭语尔。")盖所失非独武断而已。"(《华国月刊》一卷四期,收入《章太炎书札》。)

旋又发《与章行严论墨学第二书》,续对胡适抨击。函云:"前因论墨辩事,言治经与诸子不同法。昨弟出示适之来书,谓校勘训诂,为说经说诸子通则,并举王、俞两先生书为例。按校勘训诂,以治经治诸子,特最初门径然也。经多陈事实,诸子多明义理。(原注:"此就大略言之,经中《周易》亦明义理,诸子中管、荀亦陈事实,然诸子专言事实不及义理者绝少。")治此二部书者,自校勘训诂而后,即不得不各有所主,此其术有不得同者,故贾、马不能理诸子,而郭象、张湛不能治经。若王、俞两先生,则暂为初步而已耳。经多陈事实,其文似有重赘,传记申经,则其类尤众,说者亦就为重赘可也。诸子多明义理,有时下义简贵,或不可增损一字,而墨辩尤精审,则不得更有重赘之语。假令毛、郑说经云,辩,争攸也则可,墨家为辩云,辩,争攸也则不可。今本文实未当赘,而解者乃改为重赘之语,安乎不安乎?更申论之,假令去其重赘,但云辩,争也,此文亦只可见于经训，而不容见于墨辩，所以者何？以墨辩下义多为界说，而未有为直训者也。训诂之术，略有三涂：一曰直训，二曰语根，三曰界说。如《说文》云：'元，始也。'此直训也，与翻译殆无异。又云：'天，颠也。'此语根也，明天之得语由颠而来。（原注："凡《说文》用声训者，率多此类。"）又云：'吏，治人者也。'此界说也。于吏字之义，外延内容，期于无增减而后已。《说文》本字书，故训诂具此三者。其在传笺者，则多用直训，或用界说，而用语根者鲜矣。（原注："如仁者人也，义者宜也，齐之为言齐也，祭者察也，古传记亦或以此说经，其后渐少。"）其在墨辩者，则专用界说，而直训与语根皆所不用。今且以几何原本例之，此亦用界说者也。点线面体，必明其量，而不可径以直训施之。假如云：线，索也，面，幂也，于经亦非不可。于几何原本，可乎不可乎？以是为例，虽举一争字以说辩义，在墨辩犹且不可，而况争伎之重赘者欤？诸子诚不尽如墨辩，然大抵明义理者为多。诸以同义之字为直训者，在吾之为诸子音义则可，谓诸子自有其文则不可。前书剖析未莹，故今复申明如此。请以质之适之。凡为学者，期于惬心贵当，吾实有不能已于言者，而非或胜于适之也。"（同上。）

本年，有《答冯夷博论八段锦书》，谓："书来问八段锦缘起，其名虽起近代，然由来已远，古所谓导引之术也。《庄子·刻意篇》，熊经鸟申为寿而已矣；《淮南·精神训》，熊经鸟申凫浴蝯躩鸱视虎顾，是养形之人也。华陀称古之仙者，熊经鸱顾，引挽腰体。吾有一术，名五禽之戏，一曰虎，二曰鹿，三曰熊，四曰蝯，五曰鸟。今八段锦中，两手拓天法，又两手从上引下法，则所谓熊经也；（原注："象熊攀树。"）左右回顾，则所谓鸱顾也；摇头掉尾，则所谓凫俗也。其馀属于何者，虽不可知，要必有所法象，或后人增损古法为之耳。其术亦有不止八段者，清初谓之做陈抟，盖托于陈抟所造，此犹少林拳托于达摩，未必实然也"。（《章太炎书札》。）

本年，研究三体石经，并与友人商榷。初，章氏于1921年，得"友人腾冲李根源以长安肆中所得古本《君奭》古文篆隶一百二十馀字赠"，"恨已剪截成册，无由识碑石形状。久之，知其石在黄县丁氏，得摄影本，于是识其行列部伍"。本年，"于右任又以石经拓本六纸未装者赠"，"读其文，则《尚书·多士·无逸·君奭》，《春秋·僖公》经、《文公》经，悉苏望所未见者"。旋知系1922年12月2日"洛阳东南碑楼"出土，"视诸石，上下不完，此表刻《无逸》、《君奭》者为上段，丁氏所得《君奭》石，乃其下段不全者，其里则《春秋·僖·文》经也"。章氏以为"经文专取先秦故书，《说文》所未录、《经典释文》所阙者，于是乎可考。斯乃东序秘宝，天球河图之亚，七八百年所不睹，而于末世获之，诚非吾侪始愿所及也。于是稽撰本末，理其文字，以备不贤识小之义"。（《新出三体石经考》，《华国月刊》一卷一期。）撰《新出三体石经考》，在《华国月刊》第一卷一期至四期连载。

《新出三体石经考》以为邯郸淳"书独步汉魏，尝写壁经，而弟子迻以入石，其笔法渊茂，弟子所不能至，故云转失淳法，非谓字体有失也。邕在汉立一字石经，淳从后开三字石经"，邯郸淳与蔡邕"篆法同师，而年亦相若"。"石经古文，本淳所写，及正始中立石，又在黄初后二十馀年，淳宜已早卒，虽在，亦老耄不能书丹可知也。然去博士授经之时未远，其弟子见淳写经，亲承指画者尚众，因以迻书上石，故元魏江式直称淳建三字石经于汉碑西，以故书本出淳手，而立碑亦淳遗意也。且以汉世石经，造端熹平四年，成于光和六年，时蔡邕窜徙已五岁，不尽为邕书，然后人犹以归邕者，以邕有其规画，且尝自书丹故。夫以《正始石经》归淳者，其说亦如此矣。淳、邕同时有声气，邕立一字石经，《诗》举鲁，《尚书》举伏生，《春秋》举公羊，皆当时官学所用今文经传。卢植已心非之，上书请刊正碑文，且言古文科斗，近于为实，厌抑流俗，降在小学，其与邕立异如此。淳之写古文经以待摹刻，其亦与植同旨，而近规邕之失欤！"以为万斯同、王昶"疑《熹平石经》遭董卓之乱，零落不全，故正始复补刻之，此未知文有古今，学有纯驳，有匡正之义，无补缮之责也。一字石经立于汉，三字石经立于魏，《隶释》、《隶续》、《隶辨》皆说之甚详，兰泉犹以为疑，亦由不知今古文师法之异也"。

《新出三体石经考》以为"邕书本一字，而淳书则具古文，古文入汉秘府者，计东京时已不存矣"。"汉得古文凡五处"，一为孔壁，二为河间献王所得，三为张苍所献，四为鲁淹中所得，五为鲁三老所献，"河间、淹中书不入秘府，其《尚书》、《礼》古经辈，犹流传人间。且河间王从民得善书，必为好写与之，留其真，是一书得两传也"。西汉"古文写本不绝"，"竹书而外，必有素书散于师儒者"。王莽改制失败，"殿省涂炭，西京秘府之书，已无存者，故杜林得《古文尚书》一卷，即以为贵，幸斯道不坠地也。然河间、淹中之书，庸生、贾谊、刘歆之业，散在士大夫，不随西京秘府以没。是故《说文》多录《尚书》、《春秋传》古文，郑司农亦识古文《春秋经》公即位为公即立，非亲见旧本，何以得此。邯郸淳《古文尚书》之学，受之度尚，又通许氏字指，因是采获旧本，得其真迹，手写其文，以示博士弟子，无足怪者，不得以杜林事为疑也"。（以上见《华国月刊》第一卷第一期。）

《新出三体石经考》以为"《正始石经》，自隋、唐《志》所载，苏望所摹，以逮今日所发，独有《尚书》、《春秋》，其具五经以否，今无以知也"。以为"石经有《左传》"，因"中经八王、刘、石之乱，大学芜废，其石多散逸不存，是故戴氏在东晋，已不获见全石。其后魏、齐二代，此与汉石经并徙邺都，周、隋、唐复徙关中者，则又其绪馀也"。"由是观之，魏、齐未徙以前，其石散在洛阳，或供次舍桥梁之用，或藏弄民家者，实过大学见存之数，今乃复自洛阳得之，宜矣"。

《新出三体石经考》以为："《熹平石经》见于范书者，具有五经，或亦言六经，洪氏录残石《公羊传》，而不见《春秋经》，盖经传别行也。《正始石经》《春秋》虽有传，亦不与经文混合，《汉志》《春秋古经》十二篇、《左氏传》三十卷，本自分列，篇则竹简，卷则缣素，其品物有殊，正始所刻，亦仍其旧贯也。""盖壁中、河间《尚书》《春秋古经》，与张苍所献《左氏传》，古文浩博，虽《说文》犹不能尽录，而见之于是碑。然其同者十之六七、异者三四而已。既以三体相检，其字有定，不容立异，非若释铜器款识者，人人可以用其私也。"（以上见《华国月刊》第一卷第二期。）可知章氏坚信经古文说，不但以古文经传为可据，且以石经"三体相检，其字有定"，对考古发掘的铜器铭文表示怀疑。

章氏得三体石经拓片后，曾赋诗志喜："正始传经石，人间久不窥。洛符无故发，孔笔到今垂。八体追秦刻，千金睨华碑。中原文武尽，麟出竟何为。"（《得友人所赠三体石经》，见《文录续编》卷七下。）

章氏得三体石经拓片并发刊《新出三体石经考》后，又有与人论石经书多通：《与于右任论三体石经书》，系于右任将胡朴安《论三体石经书》交章后发，章氏以为："石经非邯郸原笔，《书势》已有其文，然既云'转失淳法'，则明其追本于淳，若绝不相系者，又何失法之有？《书势》之作，所以穷究篆法，而非辨章六书，篆书用笔不如淳，则以为转失淳法，故其下言'因科斗之名，遂效其形'，言笔势微伤于锐也，岂谓形体点画之间有所讹误乎？朴安因是疑三体石经文字不正，失邯郸、许氏字旨之素，则未寻《书势》大旨也。""朴安据胡氏《通鉴注》谓淳不得至正始，诚亦近理，然胡氏徒以会稽典录知淳弱冠之年，而不审淳至黄初尚在。朴安因疑淳去正始年代隔绝，竟似石经与淳绝不相涉者，斯又失卫氏《书势》之义矣。""朴安谓只足以增汗简之价值，不敢谓于文字有所发明，斯亦轻于论古矣。古文之录在《说文》者，形体已多诡变，叔重亦不敢以六书强说。盖自周室之衰，而文字渐多不正，虽孔氏亦不能尽改也。然其二三可说者，往往出于秦、汉篆文之表，《说文》所不尽者，更于石经见之。"云云。（《华国月刊》第一卷第四期。）

12月4日，《与张伯英书》云："石经之出，不知者以为碑版赏玩，吾辈读之，觉其裨益经义，在两汉传注以上。盖传注传本，已将文字展转变易，石经则真本也。"又听说"原坑尚有碑一版"，建议"当由吾辈出资雇掘，其碑石仍归官有，而拓片则先让吾辈得之，转卖拓片，仍可还得原资，则于吾辈不为废费也；石仍归官，则与地方古物不为损失也；雇者则利，则于其自身不为徒劳也"。并"寄去百圆，望为试办"。（见《章太炎书札》。）

12月21日，《答王宏先书》云："未出石经，既在黄霜地中，正应设法，彼既不敢开掘，应厚与工赀，如其未餍，宜将原地照特价二三倍买得，则发掘之权，亦在己矣，凡此似不宜惜小费也。"（同上。）

又有《与黄季刚书》，原书无年月，也谈石经，并答黄侃"所问《鲁论》异字"，以为"唯高子弑齐君，最为难了。崔杼弑光明见《春秋》，坦然明白。鲁学者，不应不见而遽改崔为高，恐亦古文真本如是"。又谓"《鲁论》别有'可使治其傅也'一条，郑无简别，而《释文》引梁书语有之，此或出《熹平石经》，或别见汉人雅记，亦似非改读，足下能说其义否？若'盍彻乎'作'盖肆乎'，此则鲁家自有驳文，不足深论。比来商量诸义，虽有证据，而皆前辈所未道"云。（同上。）

12月，《拟重刻古医书目序》。《重刻古医书目》，清慈溪冯一梅（梦香）编，章氏序称："其林校《伤寒论》原本，则赵清常影宋所刻，日本安政三年所翻，其异于成无已注本者，卷首独有目录，方下独多叔和按语。又林氏以别本校勘者，成注本亦删去。余昔以论中寒实结胸与三物小陷胸汤，白散亦可服，寒热互歧，诸家不决，因检《千金翼方》所引，但作与三物小白散，而林校所引别本，正与《千金翼方》同，由是宿疑冰释。今成注本删此校语，则终古疑滞矣，信乎稽古之士，宜得善本而读之也。《本事续方》亦多胜处,良方伤于奇峻,局方偏于香燥,诚如昔人所指。然如至宝丹、四君子汤、二陈汤、香薷饮等,人所共晓,不得其书,则冥冥不知缘起矣。唯《中藏经》出自晚宋,用药与古绝殊。《外台秘要》所录元化诸方,此并不见,颇疑宋人臆造,孙渊如误信之尔。《活人书》、《三因方》、《圣济总录》、《儒门事亲》,今上海皆有印本,其馀单行者殊少,冯君之志,待后人成之矣。"(《华国月刊》第一卷第七期。)

【著作系年】《致黎元洪电》(1 月 14 日,见《申报》,1923 年 1 月 16 日)。《致张绍曾函》(1 月 14 日,见《申报》,1923 年 1 月 16 日)。《致湘川滇黔各省电》(4 月 12 日,见《申报》,1923 年 4 月 13 日)。《代孙中山唐继尧等拟寒日通电》(4 月 14 日,见《申报》,1923 年 4 月 15 日)。《致湘当道电》(5 月 29 日,见《申报》,1923 年 6 月 3 日)。《复北京护法议员电》(5 月 31 日,见《申报》,1923 年 6 月 2 日)。《致赵恒惕等电》(6 月 10 日,见《申报》,1923 年 6 月 12 日)。《请各省严诛未来奸伪电》(6 月 14 日,见《申报》,1923 年 6 月 15 日)。《致申报馆函》(《申报》,1923 年 6 月 16 日)。《复徐谦书》(《申报》,1923 年 6 月 17 日)。《再致湘当局电》(6 月 16 日,《申报》,1923 年 6 月 18 日)。《致川中各将领电》(6 月 16 日,见《申报》,1923 年 6 月 20 日)。《致颜王顾电》(6 月 22 日,见《申报》,1923 年 6 月 23 日)。《关于国民应付时局意见》(《申报》,1923 年 6 月 23 日)。《致乐爱人书》(6 月 22 日,见《申报》,1923 年 6 月 27 日)。《致孙中山电》(6 月 28 日,见《申报》,1923 年 6 月 29 日)。《对湘当局之意见》(6 月 29 日,见《申报》,1923 年 6 月 30 日)。《最近之时局意见》(《申报》,1923 年 7 月 10 日)。《电催京津议员南下》(7 月 11 日,见《申报》,1923 年 7 月 12 日,又见《华国月刊》一卷一期)。《专心国事之通启》(7 月 15 日,见《申报》,1923 年 7 月 16 日)。《复赵恒惕电》(7 月 23 日,见《申报》,1923 年 7 月 24 日)。《电湘救赵》(8 月 7 日,《华国月刊》一卷二期,1923 年 10 月 15 日出版)。《电湘议会拥护自治》(8 月 20 日,同上)。《致湘议会电》(8 月 14 日,见《申报》,1923 年 8 月 15 日)。《湘事通启》(9 月 2 日,见《华国月刊》一卷三期,1923 年 11 月 15 日出版)。《声讨曹锟之意见》(10 月 6 日,见《申报》,1923 年 10 月 7 日)。《复唐继尧电》(11 月 4 日,见《申报》,1923 年 11 月 6 日)。《对苏省票决宪法意见》(《申报》,1923 年 12 月 16 日)。

《致李根源书六》(1923 年 1 月 21 日,见《近代史资料》,1978 年第一期)。《致李根源书七》(1923 年 1 月 31 日,同上)。《致李根源书八》(1923 年 2 月 19 日,同上)。《致李根源书九》(1923 年 3 月 3 日)。《致李根源书一○》(1923 年 3 月 11 日,同上)。《致李根源书一一》(1923 年 3 月 20 日,同上)。《致李根源书一二》(1923 年 4 月 1 日,同上)。《致李根源书一三》(1923 年 4 月 13 日,同上)。《致李根源书一四》(1923 年 6 月 17 日,同上)。《致黎元洪书》(1923 年 6 月 17 日,见《致李根源书一五》,同上)。《致李根源书一六》(1923 年 6 月 24 日,同上)。《致李根源书一七》(1923 年 6 月 27 日,同上)。《致黎元洪书》(1923 年 6 月 27 日,见《致李根源书一八》,同上)。《致黎元洪书》(1923 年 6 月,见《致李根源书一九》,同上)。《致黎元洪书》(1923 年 7 月 7 日,见《致李根源书二○》,同上)。《致李根源书二一》(1923 年 7 月 8 日,同上)。《致李根源书二二》(1923 年 7 月 25 日,同上)。《致李根源书二三》(1923 年 7 月 29 日,同上)。《致黎元洪等电》(1923 年 8 月 9 日,见《致李根源书二四》,同上)。《致李根源书二五》(1923 年 8 月 9 日,同上)。《致韩玉辰书》(1923 年 8 月 15 日,见《致李根源书二六》,同上)。《致李根源书二七》(1923 年 8 月 16 日,同上)。《致韩玉辰书》(1923 年 8 月 26 日,见《致李根源书二八》,同上)。《致李根源书二九》(1923 年 8 月 29 日,同上)。《致李根源书三〇》(1923 年 12 月 5 日,同上)。

《华国月刊发刊辞》(《华国月刊》一卷一期,1923 年 9 月 15 日出版)。《新出三体石经考》(未完,同上)。《前海军总长程军碑》(同上,收入《文录续编》卷五上)。《童师长祠堂记》(同上,收入《文录续编》卷六下)。《大学》(1924 年,同上,收入《文录续编》卷七下)。《辰州》(1918 年,同上)。《桃源行》(同上)。《新出三体石经考》(续,见《华国月刊》一卷二期,1923 年 10 月 15 日出版)。《龚未生事略》(同上,收入《文录续编》卷四)。《黑龙潭》(1917 年,同上,收入《文录续编》卷七下)。《发毕节赴巴留别唐元帅》(1917 年,同上,收入《文录续编》卷七下)。《旭初得檄监屠宰税余闻而悲之为赋此诗》(1923 年,同上,收入《文录续编》卷七下)。《新出三体石经考》(续,《华国月刊》一卷三期,1923 年 11 月 15 日出版)。《武昌首义纪念会书》(同上,收入《文录续编》卷三)。《食瓜》(1921 年,同上,收入《文录续编》卷七下)。《辛酸》(同上)。《答曹聚仁论白话诗》(《华国月刊》一卷四期,1923 年 12 月 15 日出版,收入《章太炎书札》)。《新出三体石经考》(续,同上)。《与于右任论三体石经书》(同上)。《与章行严论墨学第一书》(同上,收入《章太炎书札》)。《与章行严论墨学第二书》(同上)。《复冯夷博书》(同上;又《论八段锦书》,见《章太炎书札》)。《与张伯英书》(12 月 4 日,见《章太炎书札》)。《答黄季刚书》(原书无年月,查函中谓接到《石经考》原稿,章氏与王宏先、张伯英等论石经都在本年,姑系于此,同上)。

《癸亥政变纪略序》(1923 年 10 月,见《制言》第四十七期,收入《文录续编》卷二下)。《唐人写经两卷跋》(未见,据《太炎先生著述目录补遗》,《制言》第三十六期)。《吴采臣先生八十寿序》(1923 年,《制言》第五十三期)。《拟重刻古医书目序》(12 月,《华国月刊》一卷七期,又见《苏州国医杂志》第十期)。

《得友人所赠三体石经》(《文录续编》卷七下)。《归杭州》(同上)。

1924 年(民国十三年甲子)　　五十七岁

1 月 5 日,"为章太炎五十六寿辰,由其友人及弟子发起,在远东饭店陈设寿筵。中午及晚间均有宴会,并有各种游艺助兴。到者有冷遹、李根源、马君武等,及旅沪国会议员多人,刘成勋、熊克武、唐继尧、唐继虞等均致送寿幛云"。(《申报》,1924 年 1 月 6 日"本埠新闻"《章太炎昨日之寿筵》。)

1 月 12 日,《致李根源书三一》,系接黎元洪在日本来函"须由外交部照会各国公使取得护照,方可旅行"后发,章氏以为"恐黄陂左右欲其速回天津,故作欺语,以阻其西行耳。老弟如愿黄陂西行,当函告以实状,吾二人同具名可也"。这时,章太炎与李根源结拜,故自本函起,称之为"老弟"。李根源:《雪生年录》:"太炎先生与余缔金兰交,视余如弟。"

1 月 15 日,《华国月刊》第一卷第五期出版,载有章氏《与章行严论改革国会书》。

先是,章氏在辛亥革命前发表《代议然否论》,1920—1921 年间,章士钊"蓄意改造代议制",于 1921 年 2 月在欧洲致章氏一函,谓:"斯制既立十年,捉襟见肘,弊害百出。"以为章氏之说"建于未立本制之先,始为人人所不能言,中为人人所不敢言,卒为人人所欲言而不知所以为言,此诚不能不蒲伏于兄先识巨胆之下"。但此信章氏未曾收到。1923 年 6 月,章士钊又录原函以告,章氏遂写此书。(《甲寅周刊》第一卷第二期,1925 年 7 月 25 日出版。)书曰:"吾前在日本,逆知代议制度不适于中土,其后归国,竟嗫口不言者,盖以众人所咻,契约已定,非一人所能改革。且国会再被解散,言之惧为北方官僚张目,故长此默尔而已。今国会恶名,播于远近,亦无再成之势,穷而思变,人人皆知之矣。""今以选举元首、批准宪法之权还之国民,此不能不取决于多数,以多数决之而无害者,以其在全体国民,不在代议士也。若夫监督政府,则当规复给事中;监督官吏,则当规复监察御史。分科分道,各司其事,监督之权,始无牵制矣。不幸而给事中、御史复有作奸犯科者,不过于一科一道中为之,而非全体为之,则法廷起诉亦易行矣。以科道监督政府官吏,以法吏监督科道,其连及者不广,则无牵制难行之事,比于国会议员,似为胜之也。"(又见《甲寅周刊》第一卷第二期,阐述"自唐迄明给事中"一段,文字有异。)

1 月 18 日,《致李根源书三二》:关于滇中语与福建相似问题,经检《华阳国志》"闽濮"字凡三见,"乃知闽濮、闽越,本自同源,宜其与福建语音相似"。

1 月 20 日,中国国民党第一次代表大会在广州开幕,孙中山担任主席,到会代表一六五人,其中有共产党人毛泽东等,李大钊为大会主席团成员。

1 月 21 日,列宁逝世。

1 月 23 日,中国国民党第一次代表大会通过《宣言》,接受了中国共产党所提出的反帝反封建的主张。在宣言第一部分中,总结过去革命斗争的经验,分析和批判了当时社会上流行的各种错误的、反动政治流派,包括立宪派、联省自治派、和平会议派和商人政府派。宣言第二部分以革命精神重新解释了三民主义。宣言第三部分包括对外、对内政策,主要内容为取消不平等条约,确定人民的自由权利,改善人民生活等。

1 月 30 日,中国国民党第一次代表大会选举中央执行委员和监察委员,执行委员中有廖仲恺等国民党左派和胡汉民等右派。共产党人李大钊、毛泽东等也被选入。

2 月 23 日,孙中山派廖仲恺代理黄埔军校筹备委员会委员长,负责建校,并开始办理招生事宜。

2 月 24 日,中国国民党于广州举行追悼列宁大会,廖仲恺主持,孙中山主祭。

2 月 29 日,章氏有致江苏省长韩国钧书。时江苏"拟以省民投票",对宪法"决定去取",章氏曾于 1923 年 12 月初,发表《对苏省票决宪法意见》。(见该年条。)至是,又"主张宪法先由苏省公民投票"。函云:"紫石先生执事:新宪法公布,论议殊涂,执者以为当遵行,激者以为宜销毁。今若以议员资格言之,本为西南护法诸省所不认,加以公取赇赂,身犯刑章,其人既非,其言亦难以轨世矣。然人之舆言,终为两事,杀邓析而用竹刑,于古既有其事。晚世所见,晋律定于贾充,唐六典成于李林甫,亦只论其法之是,不论其人之非也。新宪独标地方之权,明定各省自治,比于天坛草案,优越殊多,其间瑕疵之处,鄙人曾略加指摘,此则待于后来修正者,然其大体自足多也。

"闻贵省贤达之士,拟以公民投票,决其从违,此既可以解说非议,亦使人知人民大权,非一二议员所能攘取。而外对西南诸省,亦为之留馀地,盖至周至密之办法也。执事以身主民政,位在公仆,不敢显然主张,此似对于议员则一意顺从,对于人民则未知尊重矣。前者约法虽以制宪之权付之国会,而批准之权属之谁手,约法尚阙而不详。今者新宪虽已公布,而以何时施行,以何术施行,由何人认定而后施行,亦未尝有所规定。若依民国主权在全体国民之义,议员虽将新宪公布,犹待人民审择而后成立。不然,所谓主权在国民全体者,竟何指耶? 今者干戈遍地,欲使全民投票,既所不能。贵省幸为安乐之区,先以省民投票,决其去取,而后推及各省,亦为权宜之道。若冒昧承认,既于人民不关痛痒,尤惧对于西南显然立异,将来反对蜂起,则承认之效自销,此当于事前审虑者也。鄙人周历各省,阅人已多,所见士民辑和,柔而能正,敬恭桑梓,不以私人权利相干者,以江苏为第一。服役旧乡,欲为人民谋福利如执事者,盖亦无几。值此民气发扬、除旧布新之际,而不阔略小文,提挈大义,则他人他省,更孰能行之者哉?所以直布悃忱,殷勤期望者,固非有偏私也。惟执事实图利之。章炳麟拜启。二月二十九日。"(《申报》,1924 年 3 月 3 日"本埠新闻"《章太炎致韩省长书》。)旋江苏省长拟于 4 月 21 日召开临时省议会。(《申报》,1924 年 3 月 22 日"本埠新闻"。)

3 月 8 日,致电湖南省议会,嘱坚持"省自治之说",报载:

"章太炎氏日前因洛吴有令湘省取消省自治之说,因致电长沙,劝其坚持。该电系致省议会,嘱其分致各军官者。电文大意,略以湘省自治,万不可任其取消,至对洛吴措词,可即以北京国会通过之宪法容纳省自治为理由。如洛吴复以湘省省宪与北京颁行之宪法不合为词,则现在之巡阅使制及驻兵必须撤去,方为合宪。倘必欲湘省取消省宪,则必须废去巡阅使、撤退防兵,方有说话馀地。电末谓此种措词,甚为正大,有何不可直说云云。"(《申报》,1924 年 3 月 21 日"本埠新闻"《章太炎劝湘省坚持省宪》。)

查章氏《致湘议会》原电内容是:"湖南省议会兼转赵省长及各军官鉴:成都陷贼,洛中即以取消省宪之议要迫湘人,闻湘中将以军事会议解决,此诚省宪垂危之秋也。然苟能发愤图存,何患不能应付。若欲修改省宪,以阿附洛阳,而求瞬息之安,则终为自杀矣。洛阳所借口者,无非以省宪抵触国宪为辞。然国宪虽已公布,尚未施行,以未施行之宪法,而责人以抵触,是于国宪阴为规避,阳作奉行,其罪不容于诛矣。且北方之抵触国宪者何止数端,论其大要,盖有二事:

"一,国宪第三条,国土及其区划,非以法律不得变更之。第一百二十四条,地方画分为省县两级,是地方区画,更无有跨于省之上者,而彼所设巡阅使,或以直鲁豫名,或以两湖名,皆跨省而设,是即擅自变更区划。如欲责人抵触国宪,则当先取抵触国宪之巡阅使而废之,巡阅使不废,则省宪断无修改之理,均之抵触国宪,不难与北方平分其咎也。

"二,国宪第三十二条,常备军之驻在地,以国防地带为限,微论岳州、常德本非国防地带,国立常备军不得阑入,即武昌所辖湖北全境,洛阳所辖黄河以南各地,皆于国防无涉。今不先撤岳州、常德之国军，次撤湖北、洛阳之国军，则抵触国宪之咎，当自洛阳、湖北任之。湘省省宪，纵与国宪抵触，亦不难与北方平分其咎也。

　　"若云国宪尚未施行，故巡阅使未能骤废，自洛阳至岳州、常德之国军，未能骤撤。然则修改省宪，亦请自诸事实行后，再作商议可也。诸君果知湘局之危，自愿效死，以保桑梓，执言仗义，何患无辞。但恐偷生念切，不能为全省人民请命耳。鄙人窃观湘中人物，曾、胡、罗、左，实为天下之雄，诸君承其绪馀，风烈未艾。然自江道通航，长、武转毂以后，奢淫恶习，渐入湘垣。今者湘中危状如在漏舟，若犹妄自暴弃，甘作生降，而委咎于兵力之不振，邻援之不至，则非人民之罪也，非省宪之罪也，实诸君自坏之耳。鄙人生长吴越，与湘省为大江同气，向来对于湘省自治，未尝不稍尽绵力，故不惮其辞之戆，而有所贡献于湘中明达之士。如获采纳，则大江上下同蒙其福；如其否也，则南方之人分为俘虏矣。章炳麟叩。庚。印。"（《申报》，1924 年 3 月 24 日"国内要闻"《长沙通讯》。）

　　3 月 15 日，《华国月刊》第一卷第七期出版，"通论"栏有但焘《改革学制私议》，中引章氏论学制曰："政府设学，所以异于私塾者，为其不以金钱卖口舌也。今者敛民之租税，以设百官，莅庶事，民力已竭矣。于俊秀之入学者，复征其听读之费，所谓教育者安在哉？昔汉顺帝更修黉舍，凡所造构二百四十房，千八百五十室。质帝时游学生三万馀人。唐太宗置书算博士三百三十员，国学八千馀人。自宋以来，州县遍设学校，而师生授受之制，终明世未尝废，然皆取办于国家经费，无征费之令。学校以外，宋、明、清复有书院，皆发帑置田以给学费，未尝令学徒出资也。是故中国二千年以来教术虽疏，然政府犹知为义务也。今者政府设学教士而征学费，则是设肆于国中，而以市道施于来学之士也。学生为买主，而官校为商场，毕业之证，廉价之券也。"但焘采录章氏议论，说是"买卖教育之弊所当革"。文后，章氏并加附识："案学校本中国旧制，特清时校官失职，绝无讲授，人遂以学校为新法耳。南皮在时，已为浮言所吓，无怪其馀也。然自昔设学，论者早谓学生为国蠹，无可如何，始以科举取士，又以科举无教士之实，于是始兴书院。究之方闻之士，经世之才，多于大师讲塾，儒人学会得之，次则犹可于书院得之，而正式学校无与也。今者学校丛弊，业已不可爬梳，如一切废置，则政府阙教育之责，如因循不改，则学校为陷人之阱。余意惟有严定学额，不取学费，则国用足给，而学子亦不至以买主自大。植之斯论，大端与私意相合。然法立则弊生，人存则政举，果能见之施行，亦待之其人耳，非今日柄政者所得借口也。"

　　3 月 20 日，湖南议会对章氏 8 日《致湘议会电》专门讨论后，予以电复。报载："湘议会对于章太炎请毋改省宪电，曾于十五日提交大会讨论，因是日新选正副议长既未就职，孔昭绶又经请假，故决定作为延会，俟十七日就职后再议。"17 日，由新任议长欧阳振声"将章电提出，交付讨论"，"对外办法，由秘书拟电，答复章太炎，表示本会与三千万人坚决护宪，决不使有危险"。于 20 日电复章氏，电云："奉读庚电，情谊殷挚，爱国爱湘，曷胜钦感。吾湘宪法备历阻艰，本民意之结果，为三湘所托命，远促统一，近谋保安，设的同趋，于兹三载，中更变乱，护宪兴师，殆吾民之脂膏。赖将士之忠勇，同效命于省宪,幸历劫而重光。一百四十一条,不啻铁血染造,代价甚钜,维护益深。我公眷怀兰芷,爱若乡邦,发憔悴之幽思,作鸡鸣于风雨,好兹南服,累锡南箴,矧在局中,能无奋励。击祖生之楫,绝此横流;碎相如之头,葆兹完璧。诚开金石,志重泰山,敢虑江海之心,借答韦弦之佩,引领东国,尚盼起予。湖南省议会叩。号。"(《申报》,1924年3月24日"国内要闻"《长沙通讯》。)

　　3月21日,章氏接获"号电"后,续电湘议会,电云:"湖南省议会鉴:接号电,知诸君保障省宪之心,皎如天日。仍垂下问,敢不罄竭刍荛以报。今洛中所借以要求贵省者,曰省宪条文与国宪抵触也。今若依据根本言之,则国宪本不能成立。盖约法第二条云:'中华民国之主权,属于国民全体。'主权之大,孰有过于制定宪法者。而约法第五十四条却云:'中华民国之宪法由国会制定。'显与第二条自相抵触。如曰国会即人民之代表,然纵为代表,究不能冒称国民全体。此中范围大小,容易区分,不得混淆。况中国国会,本非人民之代表耶? 何以言之,凡云代表者,以自动派出之谓,各国之开国会,必有人民请愿在前,是以其所选出者得称代表,然吾中国未有是也。清末置资政院,其始仅一二名士请愿成之,于人民大〈多〉数绝不相涉。民国国会,则径由大总统召集,人民绝无请开国会之表示也。本未请愿,而依大总统命令以行选举,则犹地方耆老依州县命令为举地保尔。地保非一村人民之代表,则国会亦非一国人民之代表,比例可知,彼尚不能为人民之代表,而可侵国民全体之主权哉? 约法自相谬戾,业已如此。据其第二条以破其第五十四条可也。

　　"湖南省宪,由全省人民批准,较诸今之国宪为六百议员而私定者,植根深浅,不可相拟,断无曲徇私定国宪、自改省宪之理,此依据根本而言也。若权就彼等所据国宪言之,省宪诚有与国宪抵触者矣。然洛中之要求修改者,自身抵触国宪,其事正多,巡阅使跨省而设,既与地方制度划分省县为两级者相戾,是即不依法律、私自变更区划。洛阳及豫省全境,南至湖北迄湖南岳、常两处,皆非国防地带,而以常备军驻此,亦与扰乱地方无异。此二者,抵触国宪,最为大端。若巡阅使不裁,非国防地带之驻军不撤,湖南亦无徇其要求修改省宪之理,此权就国宪而言也。虎狼之洛,自谓天下莫当,兵力诚未可知,若身触国宪,而以訾言诋人,若正若权,对之自有馀裕。贵省议会以省宪为干橹,维持周卫,自无不竭尽心思。然贵省政府何尝不由省宪产出,一切军官,皆托命于省宪之下,陈力就外,亦当先自著鞭。诸君宜举省宪不容修改之理,遍示军人,使释然无所凝滞。以此有勇知方之众,力争上游,夫岂洛邑殷顽而能要劫也。章炳麟叩。马。"(《申报》,1924年3月25日"本埠新闻"《章太炎再致湘议会电》。)

　　4月3日,《复叶德辉书》,斥责湖南劣绅叶德辉为"甘作谯周"。时湖南劣绅叶德辉,与直系吴佩孚勾结,反对湘省自治,反对宪法,他以"统一"为幌子,为直系军阀"武力统一"制造舆论。且寄书章氏,说是什么"湖南费百万金钱,縻百万尸骸者,皆为省宪为之厉阶"。甚至散发传单,制造混乱。3月27日,湖南省议会有人动议,以为叶德辉"毁宪","咨请政府拿办"。3月31日,湖南省议会开会讨论"拿办毁宪叶德辉一案",谓"叶在公馆请酒","唐省务院长、实业司长、刘警厅长等均赴宴,并闻有北兵在叶宅守卫"。当经决定请省长令警厅拿办,谓"近日外间发现一种传单,系叶德辉讨论省宪致友人书,措词悖谬,无异谋叛省宪",决定加以取缔。(《申报》,1924 年 4 月 8 日"国内要闻"《湘议会再催拿办叶德辉》。)

章氏看到叶德辉来书后,即行函复,声明"所望于湖南者,唯欲其保存自治,维护省宪,不与内乱诸贼同污",并对叶德辉"来书"逐点驳斥;然又以叶"如此好学问","非可与专作鹰犬者并论"。原函为:"奂彬吾兄足下:报载电书,护宪毁宪,各不相容,于义不应作复。然举国持论,皆以兄为不可理喻之人,而仆犹不敢决然割席。则以兄本儒人,非可与专作鹰犬者并论也。曹锟昔为洪宪请愿之魁,嗣又以督军团称兵犯顺,罪关内乱,当与天下共诛。今者被选为大总统,贿买与否,虽无实据,要其罪状重大,与张勋辈只差一间。乘间抵巇,窃据大位,此在西南,本应声罪致讨,非徒以争持省宪为足也。徒以转辗频年,疮痍未起,金鼓致伐,尚非其时。故仆所望于湖南者,唯欲其保存自治,维护省宪,不与内乱诸贼同污,此本退一步言。而兄犹持承平之论,斤斤以统一相抵。诚欲统一,则当号师仗顺,致届宛平,歼厥渠魁,屈此群丑,然后万方和会,自无分离之势矣。苟不能然,即应为南方留干净土。船山有言,扬行蜜、王潮之徒,终愈于朱全忠,此即讨贼不成,就自治之说也。中土自秦汉以来,或分或合,本非一轨,孙、刘之才,纵不可望于今日;然北廷之僭位者,果有丕、叡之能,其为伪廷将相者,果有陈长文、司马仲达之望乎? 南方地虽非丑,德则视彼更无劣处,(原刊如此。)统一之论,自不适于今日矣。

"来书云:'湖南费百万金钱,糜百万尸骸者,皆此省宪为之厉阶'。此张仪威吓六国之言也。奉天、陕西,前此未尝称自治,亦更无省宪,而皖系之得志者,昔且尝以统一号召天下矣。其费金钱、糜尸骸,何以异于湖南?

"来书又云:'岳州驻兵,湖南已为俘虏'。是兄亦知附北之可耻也。不能令岳州如湖南全省,而反欲使湖南全省尽如岳州,此何说耶? 观兄辞气之间,犹多忸怩,此即李长源与马燧书所谓'缘腹中有二三百卷书,蹭蹬至此,必自内惭'者也。众怒难犯,欲得兄而甘心,而兄犹介恃北使,悍然与全省军民为敌,此种倔强气骨,不用之于项城称帝之时,而用之于桑梓濒危之日,何其悖欤! 如仆愚赣,终以读书种子为可惜。且念兄平生制行,虽多不检,而犹守朋友久要之义,终非如路粹、谢朓辈以倾陷故旧为事者。故黾勉驰书以报。吴中旧宅,松菊犹存,何不翩然避地,吟咏自适,乃必介北援以抗舆论,借强寇以胁宗邦,亦异乎吾所闻也。章炳麟白。四月三日。

"前得手书,称三体石经多用马融义,仆先曾寻讨及此,独兄亦能知之。如此好学问,甘作谯周,何欤? 炳麟又白。"(《申报》,1924 年 4 月 6 日"本埠新闻"《章太炎复叶德辉书》。)

4 月 5 日,章氏与李根源、于右任等前往祭扫邹容墓。4 月 6 日《申报》刊有《章太炎等春祭先烈邹容先生之摄影》。次日又载:

"清季革命烈士四川邹容,著《革命军》书,瘐死狱中,刘季平独收葬之于沪西华泾镇。前日,章太炎、李根源等前往谒墓,情形已志昨报。章复议募款修墓建碑,众遂推太炎与李根源、赵铁桥、刘季平四人主其事,各捐款若干。邹于南京政府追赠大将军,季平以文学名世,自号江南刘三,近岁乡居,不问世事。又邹墓之旁,为甘肃陈锦泉墓,陈清末为吏,在沪设书局,奔走改革,资尽而死,太炎拟亦为立碑表彰之。兹附前日捐款名氏于后:计章炳麟捐银一百元,于右任一百元,章士钊二百元,李根源一百元,田桐一百元,张继一百元,曾道五十元,吴秉钧、吴庶咸共一百元,黄次九五十元,吴剑秋五十元,丘志云五十元,童子钧二百元,童显汉一百元,刘少禹五十元,朱品珊五十元,韩丽生五十元,洪伯才五十元,马君武五十元,常必诚五十元,张季鸾十元,冉仲虎五十元,赵铁桥一百元,刘亚休五十元云云。"(《申报》,1924年4月7日"本埠新闻"《章太炎等醵资为邹容修墓》。)旋又拟定筑墓计划。

4月8日《申报》载:"目下预拟计划,即拟在华泾邹氏旧墓前面,再购地一亩,以便建碑,另于邹墓旁购地一亩,将在邹氏墓旁之陈镜泉墓迁移。闻陈氏有子,现任浙江营长,前次章等迭次与之交涉,均以乏资推托,此次为其购就地亩后,再行通知其来沪迁墓云。"(《章太炎醵资为邹容修墓计划》。)

章氏又就前撰《邹容传》"增损其辞以表于墓"。末后增加一段:"于是上海义士刘三收其骨,葬之华泾,树以碣,未封也。君既卒,所著《革命军》因大行,凡摹印二十有馀反,远道不能致者,或以白金十两购之,置笼中,杂衣履餐饼以入,清关邮不能禁,卒赖其言为光复道原。逾六年,武昌兵起。民国元年,临时政府赠大将军,四川军府以礼招其魂归,大总统孙公亲拜遣焉。刘三者,性方洁,寡交游,业为君营葬,未尝自伐,故君诸友不能知葬所。十一年冬,炳麟始求得之。十三年春四月,与士钊、继等二十馀人祭于华泾。腾冲李根源议曰:'勋如邹君,而墓无石刻,后世何观焉?'与祭者皆起立。炳麟亡命日本时,已尝为君传,及是稍增损其辞以表于墓。"(《赠大将军邹君墓表》,《华国月刊》一卷十期,收入《文录续编》卷五中,又曾见此文手稿,与此略异。)又赋以诗:"落魄江湖久不归,故人生死总相违。至今重过威丹墓,尚伴刘三醉一围。"(但焘:《菿汉雅言札记》,见《制言》第二十五期。)

章士钊追述其事:"李印泉自苏州寄来邹蔚丹墓表百墨,吾兄太炎撰,于右任书,印泉醵资刻之者也。……去年,太炎、溥泉与愚三人同谒其墓,生死离别之迹,临碑宛然,印泉慕蔚丹而不及交,身后事慨然任之,义同刘三,书此酬之。"(《孤桐杂记》,见《甲寅周刊》第一卷第四号,1925年8月8日出版。)

李根源:《雪生年录》也说:"十三年甲子上巳日,偕太炎先生祭烈士邹蔚丹冢。群议兴修,举余与刘季平董其事,次岁工始竣。《表》、《志》太炎撰,《表》右任书,《志铭》余书。文曰:'邹君讳容,字蔚丹,四川巴人。以著书称《革命军》,为清廷所讼,与炳麟同囚于上海。岁馀瘐死。年二十一,时清光绪三十一年二月二十九日也。上海刘三,葬之华泾。民国赠大将军。"章氏在写给李根源的信中也多次提及营建邹容墓事,4月18日,《致李根源书三五》云:"愚意三千元一时难致,地亦无从买取,则陈墓亦不能迁。惟有速将捐款收齐,为蔚丹墓作修理费耳。大抵立一五尺碣,连运费不过四五百元,筑篱亦须一二百元,堆土种树亦须一二百元,似此得八九百元,已足集事。惟陈墓更无处置之法,以其生时亦与民党有关,姑且圈入篱内,作蔚丹陪享人亦可。"4 月 21 日,《致李根源书三七》云:"蔚丹墓表增损旧传为之,将稿寄上。望遣人画格,录写一次,再付书丹为幸。"7 月 24 日,《致李根源书三八》云:"溥泉归自粤中,为蔚丹修墓募款,所得凡八百元,余并书券未获。然即此八百元者,为立碑已足。弟在苏多与碑师相识,望将原文拟成尺寸大小,即付右任,写毕刻运华泾竖立。此一心事,大约可了了。"7 月 30 日,《致李根源书三九》云:"邹墓费连刻连运需七百九十元,其间陈墓碑一项尚须除去,则只七百五十元也。溥泉在粤所得凡毫洋八百元,合大洋六百馀元,更有老弟所捐及寰澄所捐百二十元,溥泉自认捐一百元,合八百二十元,此事尽可举办。此外修墓最为紧要,如需五百元,待中山、汝为捐款收到,即可举办。(原注:"中山毫洋五百,汝为毫洋四百,约亦合大洋七百元弱。")墓志如可兼营甚善。不然,不如修墓及立四隅水泥柱也。刻已将墓表界格付右任,但捐款人名未定。今所有者章炳麟、李根源、张继、俞寰澄、刘震寰(将来有孙文、许崇智)及广东省公署也。""汝为",即许崇智。

4 月 15 日,《华国月刊》第一卷第八期出版,"通论"栏有但焘《裁道设府议》,中引章氏之言曰:"诸设官者熹废置旧名不用,而有作于新名,新名既成,则旧名不为最尊,必为冗散矣。是故汉之州牧,秩真二千石,位次九卿,其后专制一方,势同藩镇,明、清之属州,则下侪于县矣。唐分天下为十道,有观察使、按察使、节度使、巡察使、采访使等官,其职如汉之刺史州牧,明、清之督抚,而非明、清之守巡道也。唐三都尹置于京郡,因有府之名。宋初太宗、真宗皆曾居府尹,后无继者,乃设权知府一人,是乃府尹之任,非明、清之知府也。汉之刺史,以六百石而纠二千石,周行郡国,无适所治,为明巡按之任。魏、晋刺史,统辖数州,兼领军务,为明、清总督之职。隋、唐以州统县,职在亲民,无复刺举之任,乃明、清之知府,直隶州也。宋艺祖监五代藩镇专擅之弊,以儒臣临制之,通判州事,号称监州,非明、清之通判也。宋置巡检,以大小材武使臣充之,金有东北都巡检使、西南都巡检、散巡检,元、明、清以之属于诸县丞簿之下,非宋、金之巡检也。"与以前主张略同。

同期,有《李自成遗诗存录》,谓李自成"自陕西南窜入湖广境,相传死于九宫。《明史》及王而农《永历实录》皆云自成以略食为村民所毙,然其事暗昧,不足征信者有数端"。谓"自成之死,竟无诚证"。"意者南都在时,自成已有降志,而以负罪深重,不便归附,故先去之以纾其众耶?是则皂角出家之说,固未为无因也"。"其诗五首,无草泽粗犷之气,而举止羞涩,似学童初为诗者,亦举事无就之征也"。对李自成起义已有贬义。旋又撰《再书李自成事》。

同期"杂著"栏有但焘《法学厄言》,中引章氏语曰:"刑名本作形名,自晋律以刑名冠律首,今律因之,于是刑名者,乃为区别主刑从刑等差之专用,而其义狭矣。"按章氏在辛亥革命前撰有《说刑名》,收入《太炎文录》卷一。

4 月 23 日,全浙公会干事会,"在沪商议组织浙江财政调查会事务,决定通函各团体及个人,团体为杭州总商会、律师公会、省教育会,个人为蒋智由、张静江、张菊生、沈定一、章太炎等"。(《申报》,1924 年 4 月 24 日"本埠新闻"《全浙公会干事会记》。)

4月24日,章氏接湖南省长赵恒惕函,即予作复,对"修改省宪"表示反对。报载:

"湘省风云,甚为紧急,日来已有修改省宪之消息,兹闻昨日本埠章太炎氏,接有赵恒惕自长沙来函,大致谓年来湘省交通、教育、实业诸端,未能有所发展,自问甚为惭愧,惟究其原因,虽系环境所迫,实系省宪不善、条文牵掣之故。此非仅当局者之经验,即人民方面,近亦以此为请云云。言辞之间,颇露允改省宪之意。章氏接函后,当即作复,大致谓省宪善否,系另一问题,果有不善,则平日自应讨论修改,如处武力压迫之下,以省宪不良为借口,隐示屈服,是不啻城下之盟。至所谓人民,焉知非强寇代表。武力可以强迫修改不善之宪法为善,亦能强迫修改善宪法为不善。全文长至二千馀字云"。(《申报》,1924年4月25日"本埠新闻"《章太炎反对湘省改宪》。)

据报载,赵恒惕接电后,曾派袁华选来沪"向各方面接洽":

"国闻通信社云:旅沪主张联省自治分子,前因湘赵来电,对于修改省宪,表示将有屈伏之意,颇为不满,曾致电诘责。现悉赵接电后,经派袁华选代表来沪,解释一切。闻袁业于前日到沪,即携赵函向各方面接洽,惟闻袁对于修改省宪一层,言语仍极支吾云。"(《申报》,1924年5月14日"本埠新闻"《湘赵派袁华选来沪》。)

5月中旬,据"长沙通信",湖南仍主"修改湘宪":

"长沙通信,修改湘宪,至今日已由酝酿而入于实行时期,无论如何,毫无犹移之余地,但省宪名义既须保存,则修改亦不可不循一定之轨道。顷者当局已决定办法,先由各县县议会提出修正案,提出之后即由省署汇集,咨交省议会查照,再由省议会制定宪法会议组织法,省署即据此召集宪法会议,将宪法实行修改,再交公民总投票决定。"(《申报》,1924年5月20日"国内要闻"《湘宪将实行修改》。)

5月13日"湘潭通讯"谓:"洛吴因欲圆成'武力统一统一武力'之迷梦,尤视省宪为眼中钉。赵氏久以热衷移其初志,无如军事会议中,唐生智、叶开鑫二师长极力反对,赵无以为计,乃转而哀于洛吴,吴乃迫赵出兵援桂,以为暂缓取消省宪之保证。半月以来,取消声浪似稍停顿,实则暗中仍着着进行,惟未见前此之急迫耳。据最近调查,赵现已派干委多员,分赴各县,授意各法团从速致电长沙,请求修改省宪,一俟各县电报到齐之后,即由当局正式的表示"云。(《申报》,1924年5月22日"国内新闻"《湘赵对于废宪之步骤》。)此后,"湘省改宪,打破县、省两关,待九月一日省议会常会开幕"决定云。(《申报》,1924年8月26日"国内要闻"《湘改宪案第二难关打破》。)

5月15日,《华国月刊》第一卷第九期出版,有章氏《经籍旧音题辞》,系为吴承仕所撰《经籍旧音辨证》所题。以为"其审音考事皆甚精,视宁人之疏、稚存之钝,相去不可以度量校矣。明、清诸彦,大抵能辨三代元音,亦时以是与唐韵相龃,中间代嬗之迹,阙而未宣。检斋之书出而后本末完具,非洽闻强识,思辨过人者,其未足与语此也。"

又有《张化臣先生传》,张化臣系张继之父。末谓:"炳麟尝侍先生于上海,为表其先世墓道,语及族望,因从容问'冯国璋得无冯道后邪?'先生笑曰:'近之矣。道家在献县,至今名相国村,国璋族里姓行,皆相似也。'以此知其阅览博物,能以义训。"

本期又有但焘:《广章太炎代议然否论》,谓:"章太炎先生曩者息肩东土,著《代议然否论》,摘发代议政体为封建变相,与中夏国情舛迕。深切著明,质诸百世而不惑。耳食之夫,不撢政制因革,建置利弊,又眩惑欧美晚近建设,中有所蔽,诡论危言,漠不加省。余故钩考彼土代议制度之所起,与其丛弊之由来,庶读者得吾言而存之,祛其积蒙,因是以读太炎先生之说,预为蓄艾之谋焉。"

6 月 15 日,《华国月刊》第一卷第十期出版,《赠大将军邹君墓表》于本期发布。"通论"栏有但焘:《乡官制度论》,末引章氏之言曰:"乡为二级制,其下为亭,后世士夫不乐就乡职者,以去封建远,乡举里选之制废,士人由科目进身,易阶荣显。近人乐就省议员,其次则县议员,以一则可挟持令之短长,为令所惮,一则可平视令,不若乡自治职之局促令下,受其指使也。积重难返,有由来矣。"

同期《华国月刊》"文苑"栏有曾琦《巴黎寄妹书》,宣扬封建伦常,吹嘘游欧"潜心社会之书",热衷"苟有际会,得闻国政"。章氏竟于文后附识:"文辞悲壮,有习凿齿、鲍明远风,可以风世。"

7 月 2 日,《申报》载有《章太炎函复朝冈继》云:"日本派来中国调查文化事业专员朝冈继,前致书章太炎征询意见。兹悉章氏日前长数千字之复函,由日本领事馆转去。闻函中大意,谓研究一国文化,当以历史学为最重要,而中国历史中,历代尚多真本,惟明代之史,则以有清一代之删改,已多脱漏。日本与中国毗邻,历史之真本之不能存留于中国而流入日本者甚多,倘日本能以此种材料供给中国人,极所欢迎云云。"查朝冈继来沪后,曾于 4 月初往北京,(《申报》,1924 年 4 月 5 日《朝冈氏今日赴京》。)旋返沪。

7 月 15 日,《华国月刊》第一卷第十一期出版,载有章氏所撰《喻培伦传》和《复湖南船山学社书》。前文谓:"汉族光复,赖狙击之威,馀烈迄于数岁。袁世凯已定江南,犹曰吾不畏南兵反攻,畏其药取人命于顾眄间。由是观之,攻心为上,攻城为下,非虚言也。然非轻死生、外功名者,亦弗能为。十年之间,南北更仆迭起,皆以戎卒相角,抑有由哉!"后文谓:"船山学术,为汉族光复之原,近代倡义诸公,皆闻风而起者,水原木本,端在于斯。曾涤笙文学政事,虽有可称,然为胡清效力,毕竟为汉族罪人。闻辛亥光复时,曾祠即已废置,此乃人心之公。后值袁氏得志,阿附清孽,曾祠复得发还,此正湘中污点,宜亟与粪除者也。曾在金陵,将《船山遗书》发刊,人谓曾氏悔过之举,此与钱谦益、龚鼎孳辈晚年事迹正同,罪状滔天,虽孝子慈孙,百世莫改。乃曾氏后裔,不思干蛊,竟以思贤讲舍为曾祠之馀地,希图占据,借泯形迹,则杨琏真伽之毁灭宋陵,不是过也。省中大吏,不辨是非,横与庇护,斯实贵省绅权过盛所致。然黄、蔡遗裔,不闻有跋扈于乡党者,曾氏以胡清贵胄,久应革除,顾犹桀骜如此,此岂其人之力,养成势焰,必有其端,则贵省士民含容大过致之也。"

7 月 28 日,联省自治会在沪开第三次筹备会,章太炎主席,会上通过致各省长函及各省议会电,报载:

"联治会于 7 月 28 日下午,在沪开第三次筹备会,到有章太炎、汤漪、潘大道、黄云鹏、徐兰望、但焘、陈光谱、刘君亮、史嘉霖、陈懋鼎等十馀人"。"章太炎主席,首由汤漪发言,略谓本社致西南各省省议会电文,业已脱稿,但如何分发,尚须经众讨论。结果,由各省长或出席本社代表转达,并由本社致函各省长。"又讨论拟筹备周刊,征求会员等。

其致各省长函为:"（衔略）顷以国家失统,咸趋联治,敝处开会提倡,已及半年,会员虽盛,终须自治各省议员法团加入,方有实力。今特分电说明,敦请入会。素稔贵省热心联治,备历艰难,祈将该电转发,是为至幸。联治社叩。"（《申报》,1924 年 7 月 29 日"本埠新闻"《联治社筹备会纪》。）

其致各省议会电为:"（衔略）自国会贿选,祸首怙恶不悛,于是乃攘窃宪案,延长任期以自固。民国根本,悉被蹂躏,无举国咸遵之大法一也,无依法存在之国会二也。取之既逆,守亦不顺,执政如虎,议员为伥,且以断送东三省铁道、举办德发债票,承认金法郎案,卖国求逞为得计,奉伪命又复同恶相争,互争盟主,抛除异己,以人民生命为儿戏,以地方财政供牺牲。自民国成立以来,未有悖乱若斯之甚者也。同人等困心积虑,原始要终,以为欲谋民国之统一,为在打破蹂躏省权之势力,而以各省为同流共进之单位。欲谋国宪之成立,首在消灭谬托法统之国会,而以联省会议为根本解决之枢纽;欲得联省自治之实际,首在却还伪宪 赋予之自治,而以人民自决为特立独行之主张。由是集合同志,共筹联治社之发起,以贯彻上述政策为职志。因念贵会所负最大之责任,与诸公今后政治上之生命,无所在而非□于同一主义之下,殆可断言。用特略述缘起,并附简章草案,聊备参考。亟盼诸公本其素抱,积极进行,打破旧有一切团体,以联治主义为结合之中心,或就当地筹备支部之发起,或推代表参加本部筹备之进行,庶几保持国民正谊,造成有力政党,用为根本改造之先导,是在诸公之急起直追而已。同人不敏,为之执鞭,所欣慕焉。敢布腹心,敬俟明教。联治社筹备处章炳麟、褚辅成、汤漪、黄大伟、但焘、章士钊、刘白、殷汝骊、欧阳荣之、余名铨、陈伯庄、白逾桓、杨永泰、潘大道、黄云鹏、陈光谱、陈懋鼎等同叩。"（同上。）

7 月,"因教育改进会延请讲演,曾赴金陵一行",（《与吴承仕论满洲旧事书三》。）在讲坛上"劝治史学"。鲁迅先生对此讥评:"太炎先生忽然在教育改进社年会的讲坛上,'劝治史学',以保存国性,真是慨乎言之。但他漏举了一条益处,就是一治史学,就可以知道'古已有之'的事。"（鲁迅《又是"古已有之"》,见《集外集拾遗》,1924 年。）

8 月 15 日,《华国月刊》第一卷第十二期出版,载有章氏《救学弊论》,谓:"凡学先以识字,次以记诵,终以考辨,其步骤然也。今之学者,能考辨者不皆能记诵,能记诵者不皆能识字,所谓无源之水,得盛雨为潢潦,其不可恃甚明。然亦不能尽责也。"以为今之学者,"废其坦途,不以序进,以失高明光大之道,然今之学者又不必以是责也"。以为翁同龢、潘祖荫"以奇诡眇小为学,其弊也先使人狂,后使人陋,尽天下为陋儒,亦犹尽天下为帖括之士,而其害视帖括转甚。则帖括之士不敢自矜,翁、潘之末流敢自矜也。张之洞之持论,蹈乎大方,与翁、潘不相中,然终之不能使人无陋,而又使人失其志,则何也? 凡学者贵其攻苦食淡,然后能任艰难之事,而德操亦固,汉、宋之学者皆然。明虽少异,然涉艰履困之事,文儒能坦然任之,其在官也,虽智略绝人,退则家无馀财,行其素而不以钓名,见于史传者多矣。张之洞少而骄蹇,弱冠为胜保客,习其汰肆,故在官喜自尊,而亦务为豪举,以其豪举施于学子,必优其居处,厚其资用,其志固以劝人入学,不知适足以为病也。自湖北始设学校,其后他省效之,讲堂斋庑,备极严丽,若前世之崇建佛寺然,学子家居无是也。仆从周备,起居便安,学子家居无是也。久之政府不能任其费,而更使其家任之,学子既以纷华变其血气,又求报偿,如商人之责子母者,则趣于营利转甚。其后学者益崇远西之学,其师或自远西归,称其宫室舆马衣食之美,以导诱学子,学子慕之,惟恐不得当,则益与之俱化。以是为学,虽学术有造,欲其归处田野,则不能一日安已。自是惰游之士遍于都邑,唯禄利是务,恶衣恶食是耻,微特遗大投艰,有所不可,即其稠处恒人之间,与齐民已截然成阶级矣"。

《救学弊论》以为:"吾论今之学校,先宜改制,且择其学风最劣者悉予罢遣,闭门五年然后启,冀旧染污俗,悉已湔除,于是后来者始可教也。教之之道,为物质之学者,听参用远西书籍,唯不通汉文者不得入。法科有治国际法者,亦任参以远西书籍授之。若夫政治经济,则无以是为也。然今诸科之中,唯文科最为猖披,非痛革旧制不可治。微特远西之文徒以绣其鞶帨,不足任用而已,虽所谓国学者,亦当有所决择焉。"

《救学弊论》以为:"今之文科,未尝无历史,以他务分之,以耳学圉之,故其弊有五":"一曰尚文辞而忽事实","二曰因疏陋而疑伪造","三曰详远古而略近代","四曰审边塞而遗内治","五曰重文学而轻政事"。"扬榷五弊,则知昔人治史,寻其根株,今人治史,撷其枝叶,其所以致此者,以学校务于耳学,为师者不可直说事状以告人,是以遁而为此。能除耳学之制,则五弊可息,而史可兴也。吾所以致人于高明光大之域,使日进而有志者,不出此道。史学既通,即有高材确士,欲大治经术与明诸子精理之学者,则以别馆处之。诚得其师,虽一二弟子亦为设教,其有豪杰间出,怀德葆真,与宋、明诸儒之道相接者,亦得令弟子赴其学会,此则以待殊特之士,而非所教所与也"。

《救学弊论》,曾见手稿残卷,与此略异,如"与齐民已截然成阶级矣。向之父母妻子,犹是里巷翁媪与作苦之妇也。自以阶级之殊绝,则遗其尊亲、弃其伉俪者,所在皆是。人纪之薄,实以学校居养移其气体使然。观今学者竞言优秀,优秀者何? 则失其勇气、离其淳朴而已。虽然,吾所忧者,不止于庸行,惧国性亦自此灭也"。手稿残卷作:"与齐民殆已殊绝矣。今学者竞言优秀,优秀者何? 则失其勇气、离其淳朴是也。长此不已,岂独学行之疵,虽国性亦不可保也。"

《救学弊论》对当时学风有所箴贬,对迷恋西学有所讥刺,对胡适派的"因疏陋而疑伪造"也有所批评,但他过分强调"眼学",不务"耳学",要学生锢蔽于旧书堆中,"明练经文,粗习注义",欲治史以寻"国性",局限很大。

不久,章氏续撰《中学国文书目》,"引"谓:"余既为《救学弊论》,或言专务史学,亦恐主张太过。求为中学作国文书目,意取博泛,不专以史部为主,于是勉作斯目,顾终不以自夺前论。穷研六书,括囊九流,余素殚精于此,而前论皆以为不急。盖乱世之学,不能与承平同贯也。是目但为中学引导,知者当识其旨趣。""目"谓:"凡习国文,贵在知本达用,发越志趣,空理不足矜,浮文不足尚也。中学诸生,年在成童以上,记诵之力方强,博学笃志,将从此始。若导以佻奇,则终身无就。"所列书目为《尚书孔传》、《诗》毛《传》郑《笺》、《周礼》郑《注》、《春秋左传》杜《解》、《史记》、《资治通鉴》、《续通鉴》、《明通鉴》、《清五朝东华录》、《老子》王弼《注》、《庄子》郭象《注》、《荀子》杨倞《注》、《韩非子》、《吕氏春秋》高诱《注》、《中论》、《申鉴》、《颜氏家训》、《文中子》、《二程遗书》、《王文成公全书》、《颜氏学记》、《古文辞类纂》、《续古文辞类纂》、《古诗源》、《唐诗别裁》、《说文句读》、《说文解字注》、《尔雅义疏》、《广韵》、《经传释词》、《世说新语》、《梦溪笔谈》、《困学纪闻》翁《注》、《日知录》黄《释》、《十驾斋养新录》、《中华民国宪法》、《中华民国刑律》、《仪礼·丧服篇》、《清服制图》。这些书,有的"全阅",有的"检阅",有的"全阅全读",有的"选诵选读";另外还有"总参考书",如"地理类"即有顾氏《方舆纪要》,洪氏《乾隆府厅州县志》。(《华国月刊》第二期第二册,1924 年12 月出版。)真是洋洋大观,"浩如烟海"。把这些"经"、"史"、"子"、"集"列为"中学国文书目",将使青年误入歧途,反映章氏思想的日趋颓唐。

8 月18 日,为反对浙江盐斤加价,致函浙江省长张载阳:"暄初省长左右:浙江不幸,军队增而负担加,负担加而盗贼起,一二贪人奸侩,犹复利用博览会名,增加盐价,每斤至银五厘。更拟圈占民房,用为会地,其实不过供此辈侵渔,无益实业,而人民已病矣。浙省现称自治,则中央所任之运使,不能不受节制于省长,省会现已过期,则议员所定之法案,不能视为有效。执事总司民政,岂得充耳不闻,委之余子。种种不法殃民事状,即当迅速荡除。如其不听裁制,官吏则加以黜废,贾竖则施以拘捕,政客则予以驱逐,方不负独立名义。不然,则独立者他人,而浙人无预,厉民者异类,而浙人受裁。执事顾瞻名分,能无赧颜。且衣冠之盗,甚于干戈,亦安能禁彼潢池也。临颖眦裂,惟希三省。章炳麟顿首。八月十八日。"(《致张载阳函》,见《申报》,1924 年8 月19 日《章太炎反对浙省盐斤加价》。)

又拟于20 日《致杭报界电》:"杭州各报馆鉴:臧军窜入,当事恣其凭陵,猾吏杜纯,奸侩李思浩、虞和德,借博览会名义,恣加盐价。又拟豪夺旧府前及运司河下民房,作彼会场,攫财害民,以媚逋寇,实堪发指。已函浙省长请其翻案。惟惧军人跋扈,长吏不能自主。如何挽救,惟全浙豪杰之命。章炳麟。号。"(同上。)

8 月21 日,章氏以酝酿已久之江浙战争剑拔弩张,发表《告江浙人无恐》,报载:

"章太炎昨发表一文,题为《告江浙人无恐》,原文如下:

"四省攻浙之说,甚嚣尘上,而商民遂为所愚,其实闽之孙、周,方自相攻,赣之蔡成勋,自保不暇,其有馀力以攻浙否耶? 江、皖两省,今皆在齐燮元掌握。夫两倔强人有相攻之事,吴佩孚与段祺瑞、熊克武与吴佩孚是也。两油滑人断无相攻之事,试观齐燮元与卢永祥,为倔强人耶? 为油滑人耶? 不待深识而知之也。且以利害言之,江、皖之兵,固未必能破浙江,一击不胜,其后患无穷,则齐必不为也。假令引吴佩孚各部军队以攻浙,是敌未受创,而己先损势,齐亦不必为也。以是观之,焉有攻浙之事哉? 然而谣诼蜂起,如真有此事者,安知非卢、齐自造此说以欺人耶? 卢之纳臧、杨,浙人所不愿也,又令其黄口小子广招军队以当一面,其部下诸将亦不愿也。夫然,则不得不造四省进攻之说以自解,此其情之可见者也。齐处江南,与昔日冯国璋、李纯之势无异,利于南北相争,则己得从中操纵,而浙固逼处江南左右,其挟以自重更易。夫然,则不得不虚陈攻浙之计以钓北方,此亦其情之可见者也。两虚相会,遂若真情,而商民堕其术中,惴惴自苦,斯真杞人之忧天耶? 吾今指明其诈,是与诸君以一服安眠药也。"(《申报》,1924 年 8 月 22 日"本埠新闻"《章太炎告江浙人无恐》。)

8 月 23 日,章氏又发表《再告江浙人无恐》,报载:

章太炎昨又发表一文,题为《再告江浙人无恐》,原文如下:

"昨因江浙战争之诈,略为指出,期使两省人民勿徒自苦。既而来吾门者皆曰:'某处调兵进逼矣,某处调兵防守矣。传闻有据,子焉能以己意断其为虚耶?'乃笑而应之曰:甚哉客之浅也。凡料事者,当以其人之性质求之,更以其事之利害参之,前书所陈,已略备矣。若夫调防换汛,本军中所恒有,然立意欺人者,则不得不借此为符验。彼卢之所期者,欲扩张军队增加收入也;齐之所期者,欲取得军械也。卢以四省来攻欺浙人,齐以进攻浙江欺北方,而后其所期者得达。然使空言无验,则浙人与北方未必受欺,两方调兵,皆自造证据也,其情亦岂难见乎? 自顷金融紧急,钱肆倒闭,受卢、齐欺诈之赐已多,然亦两省商民之自愚耳。试观劝告和平之电,日有数起,不知善欺人者,正借此为证人证物,此愈有摇尾乞怜之形,彼愈作剑拔弩张之态,所谓借人之愚以掩吾诈者也。吾省商民,自以为身陷水中,急于欲出,然而掊杷愈力,则陷水愈深矣。若其中更有奸商恶侩,意图操纵,而故张大其词,一类诚实商民,乃不察而从之,斯则更堪怜悯者矣。吾之此言,亦再与诸君以醒酒汤也。"(《申报》,1924 年 8 月 24 日"本埠新闻"《章太炎再告江浙人无恐》。)

8 月中旬,上海发起筹备五省弭兵会,陈无咎在致该会函中提到:"当臧(致平)、杨(化昭)入浙之初,浙人意见,可分三派:一,为善意的解散,王孚川等属之;二,为借地不负饷,章太炎等属之;三,为组兵工队修筑浙赣省道,则鄙人所提议也。一为卢督所不纳;二则臧、杨曾有表示,恪守军纪,代巩浙圉,不重浙民负担;三,卢督对于此层意见,虽未容纳,亦不否认,并承复书申谢,然一面申谢,一面发表边防军条例,是则鄙人人微言轻,不足听卢公之听也。"(《申报》,1924 年 8 月 24 日"本埠新闻"《江浙问题,陈无咎致五省弭兵会函》。)

8 月 25 日,江浙战争开始,孙传芳率兵出发攻打浙边,苏皖赣闽共用兵十万上下,浙方应战部队约七万人。26 日,浙兵直趋苏州。

8 月 26 日,章氏对章士钊在《新闻报》上发表的"论江浙战讯"有不同看法,发出《与章行严论江浙战争》。函云:"行严吾弟左右:见弟于《新闻报》论江浙战讯一稿,谓事之有无,因于环境逼迫者十之七八,因于主者本意者不过十之二三,是也。若举癸丑事为证,此恐非其例矣。癸丑讨袁之役,克强实力不如袁氏远甚,其不欲战固宜,而克强固自无地位,非所谓千金之子坐不垂堂者,故于成败利钝,尚非深切,左右胥附,则皆往日之革命党也。是时亦皆失职,心之欲战,非克强一人所能制矣。自对敌言之,袁自造成宋案,其志固在挑战,期一鼓而歼焉。是黄无诚心于战,而袁有诚心于战也。屡挑不动,于是毅然罢四都督,使南人之略有地位者,亦皆自知必亡,不得不与一决,此袁之胜算也。今卢、齐皆自有地位,异于克强,其左右偏裨,亦皆拥师旅以自雄,异于革命党也。两方主者皆无诚心决死之人,非如往日尚有一方诚心于战也。其中可与四都督比者,惟失地之臧、杨、未据高位之孙传芳耳,然其穷蹙尚未如四都督之甚也。夫以环境相逼,使主者虽无诚意而不得不从之者,非对敌有必战之形,必己部有失职绝望之士,而今岂其例乎? 谓两大系常相争竞,直皖必不免于混战,亦是也。然以今人信义之衰,倾诈之盛,一团体中利相推、患相恤者,惟中山部中尚有少数,其馀则身无凭借者耳。若坐拥百城、统师数万者,其视自身之利害,常重于团体之利害,假令绝无把握,而举一身之权位以殉团体,恐非所望于卢、齐矣。道路传闻,亦谓两方互相詶诱,冀为内援,假令有是,被詶诱者亦不过观望利钝,择便而为之,欲其奋然倒戈,则亦非所望于卢、齐之部下矣。故吾谓即欲战争,今日亦未达其期候。彼卢、齐者,不过借此欺诈,自图封殖耳。两方为此,则江、浙之民愈困,吾意固甚不愿其然,然恐其必出于此也。愿更详之。炳麟顿首。八月二十六日。”(《申报》,1924 年 8 月 27 日“专件”《与章行严论江浙战争》。)

8 月 28 日,上海附近,江浙“对峙”。9 月 2 日,沪宁车断绝交通。9 月 3 日,昆山、黄渡间发生接触。浙督卢永祥发表“誓师辞”:“我浙沪军中,只知有国,与曹锟利己主义积不相容。”(《申报》,1924 年 9 月 6 日“本埠新闻”《卢永祥之誓师辞》。)4 日,张作霖为江浙战争,电斥曹、吴,响应卢永祥。5 日,孙中山发表讨伐曹、吴的宣言,声援卢永祥。13 日,孙中山出驻韶关,举兵北伐,杨希闵、刘振寰不服从调动。15 日,张作霖自任总司令,分六路出兵曹、吴。18 日,曹锟发布讨伐张作霖的命令,第二次奉直战争正式开始。

江浙战争,孙传芳部由闽入浙,卢永祥率部离杭,准备放弃浙江,到淞沪一带与齐燮元决战。

9 月 19 日,章氏致电江苏齐燮元、福建孙传芳、浙江卢永祥云:

“南京齐抚万先生、浦城孙馨远先生、龙华卢子嘉先生鉴:浙人自治,本出民心,即依北京国宪,亦难否认。苏、皖、闽当事诸君,前以卢纳臧、杨为兴师口实,今省权已还浙人,不应再侵浙境;卢君欲行其意,亦宜退出嘉兴,使浙境完全自治。章炳麟。皓。”(《申报》,1924 年 9 月 20 日“本埠新闻”《章太炎之战事意见电》。)

9 月 22 日,旅沪浙江辛亥同志会、浙民协会、旅沪工商协进会等团体,发代电致杭州各法团各公团,谓“浙局骤变,人心浮动”,“维持省城目前状况,梦乱之丝,断非一二人所能理晰,吾浙京沪耆老名流,不乏贤明才识之人,如孙慕韩、汪伯唐、章太炎、高白叔、蒋百器、顾子才、虞洽卿、李徵五、褚慧僧、屈文六、李赞侯诸君,应发公电迎归,共图挽救”。(《申报》,1924 年 9 月 23 日“本埠新闻”《旅沪浙人共维浙局之公电》。)

9 月 25 日,章氏《致段祺瑞电》:“去岁曹锟谋篡,各省不能制其萌芽,今日图之,亡羊补牢,事机差晚。然以曹、吴二子,稔恶日深,民怨逾甚,果以信顺将之,非无克敌之理。今控制北都者,实力虽在关东,而执事实为谋主。既以忧患馀生,出而图事,则宜屏迩言而宏远略,亦曰‘除恶务尽,树德务滋’而已。曹以篡窃成名,吴以黩武乱国,根株檗结,不能不尽力芟夷。若徒黜大酋,则祸源终在,慎勿以北洋同系,姑与包荒。当知军队中之师生,势在则相尊,势去则相背,人情险薄,何可中其巧令也!

"民国之乱,起于争竞大选,总统只有一位,而材望等夷者众,其势必出于争。昔袁项城机略最优,又实手除清室,人犹谓非首先发难者,特以近处清都,俯拾即是耳,纵无失德败法之事,人亦未尽服也。自是以来,乱亦日多,才亦日出,如执事与滇中唐氏,功亦几与孙、黎颉颃,外此或更有人在。若欲统于一尊,则争端又起矣。

"今宜预为规定,戡乱既毕,即以委员制从事。以后修定宪法,自不得不随此潮流,群才当位,则纷争自息,人民得以少安。至于各省自治,则西南早有规模,更不容变易也。

"以上二事,必当先有成算,然后兵不徒举,役不再劳,成败之端,决于方寸,愿执事勉之。"(《申报》,1924 年 9 月 27 日,曾见本电手稿,较此为简。)

10 月 10 日,广州群众大示威,阻止广东政府发还商团枪杖,商团屠杀群众二十馀人,闽军亦加入镇压。商团张贴布告,请孙中山下野,要陈炯明主持政事。广州形势紧急。14 日,孙中山在中国共产党的支持下,下令解决商团。15 日,商团全部缴械。

同日,《致李根源书四二》:"潘之辞职,实有贿赂。接以杜持,亦非可恃之人。此情弟已知。杜原籍青田,与夏超为亲同乡,其中更有可疑也。现望明告郝、伍两旅长,杜果明电反对孙传芳、夏超、周凤岐等,(原注:"反曹、吴尚不算数。")即与维持。如其不肯,则其异心可知,不得不取而代之。郝、伍以潘为旧长官,情谊素深,故当时不肯反颜。若杜则陌路之人,有何关系。且郝、伍素统浙军,历年已久,浙人亦以浙人视之,任其自相推择,孰为师长,浙人必无歧视之理,此仆所能保者。如犹谦让未遑,则推吕、蒋亦可,此在军中自行斟酌耳。现世人情诈伪,借乱扰攘者尚为佳士,借乱卖省者则不得不与斥逐。愿将此详告两旅长,能决行之,浙中尚有馀烬,不然恐终为宵人播弄而已。""潘",潘国纲。"郝、伍",郝国玺,伍文豪。"吕、蒋",吕公望、蒋尊簋。

10 月 12 日,《致李根源书四三》:"伍代潘为师长,仍与敌通。十一委员则屈、褚通夏最为显著。……伍与屈、褚殊途同归,唯郝似尚守正。吕、蒋亦未与敌通。连长以下皆愤愤欲战云。""伍",伍文豪。"夏",夏超。"屈、褚",屈映光、褚辅成。

10 月 13 日,卢永祥放弃淞沪,通电下野:"兹于本日解除兵柄,对国民引咎自劾。"(《申报》,1924 年 10 月 14 日"本埠新闻"《卢何去后之上海》。)江浙战争完全结束。同日,浙江自治政府改组,以蒋尊簋为总裁,屈映光为副总裁,吕公望为自治军总司令,周凤岐副之。(《申报》,1924 年 10 月 16 日《浙江自治政府之改组》。)10 月 17 日,孙传芳到沪,发"安民布告"。齐燮元赞同裁撤护军使。(《申报》,1924 年 10 月 18 日"本埠新闻"《关于军事善后之文电》。)

10 月 14 日,浙江宁波军队旅长郝国玺逐师长伍文豪宣布自治,推吕公望为总司令。次日,章氏《致李根源书四四》谈及此事,谓:"伍受孙传芳命令,郝不平而攻之,于情势相合。此事将来成败利钝且不论,即此总觉人心未死。"

10 月 23 日,奉直战争,冯玉祥倒戈反吴,占领北京各要地,包围总统府,与胡景翼、米振镖、孙岳等联名通电,主张停战。24 日,曹锟被迫下令停战,除去吴佩孚本兼各职。25 日,冯玉祥改组内阁,由黄郛组阁。这次"北京政变"发生后,章氏先草长篇通电,后未发出,报载:

"联治派要人章太炎氏,对于北京政变,草有长篇通电,苟冯玉祥表明真实态度后,即行修正发表云。"(《申报》,1924 年 10 月 28 日"本埠新闻"《章太炎将发表通电》。)

"国闻通信社云:北京政变发生后,章太炎氏曾草有一电,致冯玉祥等,对于将来改制,有所发表。现以洛吴率兵到津,京沪电报均遭扣留,故该电未能发出,暂行搁置云。"(《申报》,1924 年 10 月 30 日"本埠新闻"《章太炎致冯电未发》。)

11 月 1 日,章氏发表《改革意见书一》:"曹、吴稔恶,自取覆败。今者段能出山,冯、胡能得志否,虽未可知,而吴已处于必亡。然而长国宁人,尚无奥主,则统一不如分治。诚循三国鼎立之规,而又不相攻伐,实较统一为优。世有倡和平统一之论者,试思曹本伪主,国会则附乱选伪之人,且又过期久矣。举国之中,无人有召集新国会之权,亦无人有选举新总统之权,则合法政府,自此永断。若令军人相推,命为元帅,此在法律本无所取,乃是改革之术耳。既不讳言改革,又何惮而不改为分治耶? 然此尚形式之论也。今日人材,本无首出庶物者,而才望等夷,各存心竞,又无互让之势,则统一愈不和平,而求和平者亦不可主张统一。所以各省自治而上,尚须分为数国,或分为二,或分为三,或分为四、五,悉由形势便利、军民愿望而成,譬如兄弟分财,反少内讧,此实今日观时立制之要点也。

"至统一御外之论,十数年来,已知不验,即观西南东北诸省,自理外交,其优胜远非北京政府可比,此非其明验欤?

"其次如行政委员制,乃勉徇统一之论,原非上策。然若并此不行,欲以一人统治,微特才力有所不逮,且今之有功者,除陕军胡景翼外,皆昔日负罪深重之人,补愆救过,差幸自赎,而欲肆于人上,谁能服之? 则不得已而改为委员,犹补苴罅漏之术也。

"鄙人谨以分治制及行政委员制贡献,在己虽有轩轾之心,在人或无轻重之辨。何去何从,愿审思之。"(《申报》,1924 年 11 月 1 日"本埠新闻"《章太炎之改革意见书》。)

11 月 2 日,曹锟宣告退职,由黄郛摄政。

11 月 3 日,奉直战争结束,吴佩孚率残部由大沽浮海南下,冯玉祥乘奉军未到之际占领天津。4 日,孙中山应冯玉祥之约,决定离粤北上,段祺瑞、张作霖也致电表示欢迎。

11 月 4 日,章氏参加鄂、赣、闽、皖、苏、浙六省人士会,并对时局发表宣言,报载:

"长江流域之鄂、赣、闽、皖、苏、浙等六省之在沪要人,因曹、吴在北方虽已失势,而长江方面各省实力依然存在,且吴氏行将南下,恐六省再遭战祸。为谋自治起见,特于昨(四)日下午八时在静安寺路某号开紧急会议,到会者有章太炎、褚辅成、徐元诰、汤漪、史家麟、陈陶遗,常恒芳等三十馀人,讨论要点如下:一,反对六省军阀投诚冯、段,借以保全原有势力而祸人民;二,无论北方暨西南出兵讨伐,解除曹、吴在长江势力后,不许何方军队仍在六省驻防;三,六省人民筹谋自治,并废除巡阅使、督军、镇守使种种名目。以上各点，经众讨论通过，并议决发表六省人民宣言，当即由各该省推出章太炎等十二人为起草员，其宣言须起草后经众修正，然后发表，至十时许散会。"（《申报》，1924 年 11 月 5 日"本埠新闻"《长江六省旅沪要人之会议》。）

11 月 7 日，"东南六省人士"对时局发表宣言，章氏列名其中。谓："民国二十有二省，强盛如关东，巩固如新疆，皆未尝侵略南土。独自袁世凯以迄曹、吴，或居元首，或掌国务，或主兵柄，统绪相延，皆自称北洋正统，而对于南方各省，遍置驻防。今西南差能自保，惟吾湖北、江西、安徽、江苏、浙江、福建六省，犹为北洋防军宰制之区，其间曹、吴馀孽，又居多数，自命国军，恣睢妄作。敲剥莫甚于鄂中，焚杀莫甚于江左，自馀四省，亦相伯仲。闽、赣复生，无此残忍，此吾六省人民之深仇。是故驱除防军，完成自治，乃六省人民自身之责任。今北方已称改革，果有明达之士，无论建设政府至如何程度，皆应将六省地方缴还百姓，任其解决驻防，不加丝毫干预，亦不再派一将一兵，则传统之恶政自去，南北之情志亦通。若复以北洋正统自居，袭袁氏派遣驻防之成式，或乃祖护群凶，引为私属，恣其盘踞，自取安全。吾六省人民虽弱，宁玉碎而死，不瓦全而生。其当地驻防军首领，有煽惑人民，诈言保境安民，与伪称自治者，吾人民亦不能受其欺也。况武昌为开国之源，列省并仗义之地，谋夫猛将，存者尚多，各宜奋厉精神，前来扶助，以尽敬恭桑梓之义。而西南先觉诸领袖，功业隆重，远过北洋，并望以平日改革之方法，加之指导，则六省人民，死且不朽。诸公爱国爱乡，兼爱唇齿，忍视六省人民之无告，而不少加援手乎？某等素无穰苴之略，犹怀嫠妇之心。三户求存，不敢自薄。敬代表东南六省人民意旨以告天下。田桐、彭介石、张知本、但焘、董昆瀛、白逾桓、谢远涵、徐元诰、张秋白、陈陶怡、茅祖权、章炳麟、张人杰、张乃燕、王心三、宋渊源、陈铭钟。"（《申报》，1924 年 11 月 8 日《东南六省人士对时局宣言》。）

11 月 8 日，发出《为溥仪出宫致黄郛王正廷等电》，"主张收回清室畿辅庄田"。电云："读歌电，知清酋出宫，夷为平庶，此诸君第一功也。优待条件，本嫌宽大，此以项城素立其朝，不恤违反大义致之。六年溥仪妄行复辟，则优待条件自消。彼在五族共和之中，而强行篡逆，坐以内乱，自有常刑。今诸君但令出宫，贷其馀命，仍似过宽，而要不失为优待。再者，畿辅庄田，豪夺已久，虽似私产，其实非以金钱买取，即仍袭明代勋戚庄田者，其始孰非吾民之有，事实既为强占，土田应还人民，苟利百姓，岂宜屯泽。愿诸君勿恤遗臣嚣言，而亏国家大义。"（《申报》1924 年 11 月 9 日"本埠新闻"《章太炎对溥仪出宫复电》。）

11 月 10 日，孙中山发表北上宣言，主张废除不平等条约及召集国民会议，"以谋中国之统一与建设"，并主张先召集一预备会议，以决定国民会议之基础条件及选举方法。预备会议限由实业团体、商会、教育会、大学、各省学生联合会、工会、农会，共同反对曹、吴各军及政党等之代表组成之。

11 月，赴苏州，与李根源"盘叙数日"。（1924 年 11 月 16 日《致李根源书四五》。）

11 月 12 日，章氏又发出《为溥仪出宫致冯玉祥等电》"念自六年复辟以后，优待条件，当然消灭，此次修改，仍留馀地，一二遗臣，何得复争私见？唯是畿辅庄田，本系豪夺,非有买卖契券,不得名为私产,诸公应移知阁部,举以还民。民国十三年间,未有德政及民之举,能行此事,则畿辅黎元,普蒙沛泽,益见诸公处事之公。首阳怨谤,何损于周德也"。(《申报》,1924 年 11 月 13 日"本埠新闻"《章太炎再致冯玉祥等电》。)

11 月 14 日,"章太炎氏因连日各方征求对于政局改造意见,昨特本前次所发表意见,(按指《改革意见书一》。)再发表《改革意见书》":"鄙人前为《改革意见书》,以分立数国为正轨,以行政委员制为中策。盖以分立之说,骇人观听,故仍不废行政委员制耳!为是说者,固不独鄙人一人,而反对者亦众,有谓试验学说者,有谓一国三公,莫适为主者。盲知事有必然,(原刊如此。)而或适与他方政制相类,则取之者不肯不从。(原刊如此。)辛亥以前,吾辈所辛苦经营者,正为排满耳,其于民主共和,固非其所汲汲也。而以再立帝制,适为专制肇祸,是故归之共和,非盲从法、美政制也。今者人情所向,亦不过为扑灭曹、吴,曹、吴既败,而合法政府无自产生。又观曹、吴所以能为乱者,则北洋派之武力统一主义为之根本。今不去其根本,而徒以解决曹、吴为快,后有北洋派继之,则仍一曹、吴也。是故归之行政委员制,以合议易总裁,则一人不能独行其北洋传统政策,非盲从瑞士、苏俄政制也。若谓一国三公,莫适为主,试思前此政制,非以国务员负责,而总统为守府画诺之人乎? 国务员不止一人,此与行政委员复何异? 而不见其无主。且当总统去职以后,国务员摄行大政,而亦不见其无主。然则总统果无权,则诚可以不设;总统果有权,以己见轹乱国务员之成议,是虚有法制而实不行也。由前则总统与国务员为叠床架屋,由后则总统与国务员为同室操戈,于此又何取乎? 夫行政委员之合议,犹国务员之相维也,而又无总统以临其上,亦何不便之有?

"谈者或以广州尝置总裁数人,终以隙末,以此为戒,而不悟总统与国务员之仇隙弥甚也。府院相争,前事具在:当府之强,总统有迫走总理者矣;当院之强,总理有放逐总统者矣。此之为害,视广州总裁制又奚若乎?

"广州诸总裁所以极于相轧者,以初制未善故也,有统兵在外者,有自不赴任者,皆以僚属为之代表。代表本不能直与总裁抗礼,故势仍并于一家,其馀遂生仇衅。及其分离,则以撤回代表,使政务会议不能满数,为消极之抵制焉。今既鉴于前失,当令行政委员非统兵在外者,不得随意离职,告假逾月,即以候补人继任,亦不得许二人以上同时告假;有之,即取消名义,以候补人继任。如此,必无势并一家之害,亦无消极抵制之忧矣。

"今之有望实者,才识偏宕,试验可知,纵非暴戾如北洋派者,其识度亦终不足。是故取行政委员制,使长短相剂,调之适中,为补苴罅漏之术耳。其员额少则五人,多则七人,不必兼领部务,如唐代之同平章事、明代之内阁、清代之军机,而主席者犹首辅与领班,但当岁易一人,不得永久主席,以防专擅之过。清时政本在军机,人主亦与军机同议,君少则太后训政,此犹为有元首者。明时政本在内阁,君虽冲幼,而太后不得临朝预事,直由内阁数人自行其意,此等于无元首者,而不闻以政事棼乱为失,所以者何? 则常事之权归于部,惟大事则阁有特策尔。

"若夫委员领部,与多置委员至数十百人者,自非丛脞,必至纷呶,吾见其不可终日矣。

"外此有迁都论，有国民直接选举总统论，亦皆对症发药，而迁都则重累多费，直选所得，犹不过今之有望实者。故以行政委员制为差善，要是救偏补弊之术，终非根本之治也。根本之治，终以分立为上策。雏形已成，人情亦顺，但恐下士闻道，必将大笑耳。"（《申报》，1924 年 11 月 15 日"本埠新闻"《章太炎再发表改革意见书》。）

11 月 16 日，《致李根源书四五》："十三日段氏下令，排斥吴系，如此则冯、张联合，三分鼎足，渐具规模。然南方阽危，更甚于昔，亦不可不从长计议。馨远果回，弟仍当与筹南方保卫策也。"馨远，孙传芳。

11 月 17 日，孙中山抵沪，数千群众结队欢迎，被法捕房阻止，并捕去指挥者四人。18 日，孙中山发表宣言，"主张召集国民会议，谋统一与建设"。（《申报》，1924 年 11 月 18日"本埠新闻"《孙中山对于时局之宣言》。）同日，美国《大陆报》主张："一，快赶出孙中山离沪，不许在上海过冬；二，绝不理会孙中山所提废约要求，否则便是代登广告；三，不能废除不平等条约是因为中国有内乱。"孙中山于 22 日离沪，经日本转天津。据但焘：《章先生别传》："孙公过沪入宛平，先生入谒为别。及孙公在宛平不预，先生手疏医方，属余致之左右"云。（《制言》第二十五期。）

11 月 19 日，章氏发表《致段祺瑞书》云："方事之殷，即以行政委员制贡献，岂谓试验学说，以一国三公为极轨；盖以人才偏宥，而又无国会以相监督，一人独治，适为乱源故也。顾此尚非彻底之论，更有所谂于执事者。夫乱世论人，功罪无定，以执事赞画义师，克除大憝，劳亦至矣。前事琐琐，人亦何暇深求。唯念武力统一，是北洋传统政策，执事往日继袁而起，亦曾踵事进行，哀我南民，如被征服。今果深悟前非，秉政之日，是否能将各省自治权还之省民？是否能将驻防军队付之人民解散？此鄙人所欲问者一也。

"参战边防诸借款，由执事一手造成，既为黩武之资，复作累民之券。往日曹、吴虽戾，亦将此事阁置不谈，而执事身为事主，登坛之日，是否能将此各种借款一笔勾消？是否能不借新债以偿旧债？是否能将往日暗昧之迹直陈于民？此鄙人所欲问者二也。

"呜呼！北都政变，以暴易暴者数矣！凶顽得志，亦奚足责？而执事天性质直，数曾有功。迩复晏处海滨，焚修自讼，追惟往咎，当亦黯然疢心。如果勇于改过，应将此二问题十成解散，（原刊如此。）于事前预行宣示，而不委之国民会议；宣示以后，即见施行，则人知前日所以失者，一随袁氏之诒谋，一蒙金壬之诖误，于执事自身无与也。如或犹预未决，内幸群凶之附丽，外惧私债之渝言，宁使自愧素心，诒害赤子，以执事数更忧患，当不其然！语云：'新浴者必振其衣，新沐者必弹其冠。'执事之在今日，已取旧愆而湔除之矣，何可复自染污，遗瑕垢于万世。天长地久，人寿几何，五鼓绠如，扪心自见。君子爱人以德，当不以规为瑱也。"（《申报》，1924 年 11 月 21 日"本埠新闻"《章太炎致段芝泉函。》）

11 月 21 日，段祺瑞通电宣告，准于 24 日组织执政政府，并称一个月内召集善后会议，三个月内召集国民代表会议，企图掩饰国人耳目。24 日，执政政府正式成立。

段祺瑞曾函聘章氏为高等顾问，章氏于 12 月 3 日复函辞退。函云："承函聘以高等顾问。鄙人于目前政局，尚有研究，虽无薛方诡对之辞，愿慕虞翻却征之志。谨将原聘书缴消，伏希察纳。"（《申报》，1924 年 12 月 3 日"本埠新闻"《章太炎辞聘高等顾问》。）

11 月 29 日，上海国民会议促成会筹备处成立，发表快邮代电，号召全国各地群众，组织国民会议促成会。30 日，武汉国民外交委员会发起组织国民会议促成会。汉冶萍总工会等发电拥护国民会议促成运动。

11 月，《华国月刊》第二期第一册出版。先是，吴承仕提出"贵报以十二册为一卷，名实皆不相应，应以一年为一期，继此所出第二卷第一期，可改名第二期第一册。此虽小事，亦不当从俗为称也。"该刊编者认为："杂志分卷之例，肇自东邦，我国遂相因袭，曩亦以从俗为便耳。兹承吴君贻书商榷，即依改正"云。（《华国月刊》第一期第一册"通讯辑录"。）

本册载有章氏《王文成公全书题辞》，谓："余观其学，欲人勇改过而促为善，犹自孔门大儒出也。昔者子路告人以有过则喜，闻斯行之，终身无宿诺，其奋厉兼人如此。文成以内过非人为证，故付之于良知，以发于事业者或为时位阻，故言行之明觉精察处即知，知之真切笃实处即行，于是有知行合一之说，此乃以子路之术转进者。要其恶文过、戒转念，则二家如合符，是故行己则无怍求，用世则使民有勇，可以行三军。盖自子路奋乎百世之上，体兼儒侠，为曾参所畏。自颜、闵、二冉以外，未有过子路者。晚世顾以啴蕞之，至文成然后能兴其学，其托与陆子静同流者，直以避末俗之议耳。"

又谓："降及清世，诋文成之学者，谓之昌狂妄行，不悟文成远于孔、颜，其去子路无几也。小人有勇而无义为盗，自文成三传至何心隐，以劫质略财自枭，借令子路生于后代，为之师长，焉知其末流之不为盗也。凤之力不与雕鹗殊，以不击杀谓之德，不幸而失德，则与雕鹗等，要之不肯为鸡鹜审矣。"

又谓："文成诸弟子，以江西为得其宗，泰州末流，亦极昌狂，以犯有司之禁令耳。然大礼议起，文成未殁也，门下唯邹谦之以抗论下诏狱谪官，而下材如席书、方献夫、霍韬、黄绾争以其术为佞，其是非勿论，要之谀谄面谀，导其君以专，快意刑诛，肆为契薄。且制礼之弊，流为斋醮，靡财于营造，决策于鬼神，而国威愈挫。明之亡，世宗兆之，而议礼诸臣导之，则比于昌狂者愈下，学术虽美，不能毋为佞臣资，此亦文成之蔽也。"末云："夫善学者，当取其至醇，弃其小滴，必若黄太冲之持门户，与东人之不稽史事者，唯欲为一先生扞卫。惧后人之苛责于文成者，甚乎畴昔之苛责于宋贤矣。"

又撰《王文成公全书后序》，谓："自清之末，诸无借者始言新法，未几有云新道德新文化者，专己如是，以拂民之旧贯。新法行二十馀年，如削趾适屦，民不称便，而政亦日紊。新道德新文化者，有使人淫纵败常而已矣，是则徽公新民之说导其端也。原其始，不过失于文义，而妄者借以为柄，祸遂至此，则诚所谓洪水猛兽者，文成力为之闲，不验于明而验于今之世，诵其书者，宜可以戒矣。"

本册"图画"有《王阳明先生像》，章氏为之赞曰："渊默之貌，雷霆之声。气矜之隆，学道之名。强哉矫乎，阳明先生。"

本册另有《仲氏世医记》,谓:"方(仲)昂庭先生在时,于余为尊行,常得侍。余治经甚勤,先生曰:'厉学诚善,然更当达性命,知天人,无以经术为至。'余时少年锐进,不甚求道术,取医经视之,亦莫能辨其条理。中岁荐历忧患,始悲痛求大乘教典,旁通老、庄,晚更涉二程、陈、王师说,甚善之。功成屏居,岁岁逢天行疫疠,旦暮不能自保,于医经亦勤求之矣。"

12 月 5 日,湖南林芝宇电致章氏及唐绍仪等"报告湘西事件,请电熊制止进逼"。(《申报》,1924 年 12 月 6 日"本埠新闻"《林芝宇微电》。)章氏旋于 1925 年 4 月 2 日电熊克武,见该年条。

12 月 7 日,张作霖在天津召集卢永祥等商议解决长江各省办法,决议由段祺瑞下令免苏督齐燮元职,令奉军六万人南下。11 日,段祺瑞下令免去齐燮元职,另委卢永祥为苏皖宣抚使,齐、卢又入敌对状态。

本年冬,在国民党右派冯自由等的怂恿下,发出《护党救国宣言》,反对国共合作。查 1 月间,中国国民党在广州召开第一次全国代表大会,决定改组国民党,允许共产党员加入,会上冯自由等反对联共,被孙中山提出向国民党执行委员会控告。冯伪装"解释",实际坚持右派立场,由粤来沪,暗中活动,后居正等亦来沪,"乃于民十三冬,假上海南阳桥裕福里二号章寓讨论",主张"号召同盟旧人,重行集合团体",进行反对。"群推太炎撰稿领衔",攻击孙中山三大主张,署名者除章太炎外,另有周震鳞、管鹏、焦子静、茅祖权、田桐、居正、冯自由、马君武、但焘、谢良牧、刘成禺。原函为:"吾国原始民党以同盟会为最先,当时羁栖学舍,手无斧柯,只本此驱除鞑虏、恢复中华、创立民国、平均地权十六字之誓言,发挥民族、民权、民生三大主义,以澄清中国。不惜驱命,前仆后继,虽建置职员,而实归平等。虽分布群策,而各无异同。虽片时纷争,而不蓄私憾。故能树之风声,为全国军民所信仰。其时同盟支别,又有共进、光复诸会,名虽小异,体实大同,众志成城,赫然振发,于是有辛亥光复之役。议者或以光复为易事,苟非忠信相孚,亦乌能应于万里乎? 在会同人,志多恬退,大勋已就,而乘车戴笠者各不相猜,虽环堵萧然,亦无怨悔。追怀旧雨,实令人叹慕无穷。嗣后旗帜渐分,始有共和、国民二党,其时同盟馀烈犹未全衰。癸丑金陵失败,民气日消。及袁氏覆亡,民党已四分五裂,幸各党皆有同盟旧友为之纲纪,间招时俊,颇亦得人,相与支持不坏。然政党相猜,易破道义,淳朴之气,日渐浇漓,甲是乙非,争端无已。自六年护法至今,虽西南孤峙,存此孑遗,而各省意志,常非一轨。甚乃抗兵相攻,自生仇衅,一时利用,旋即乖离。曩无尺寸之借,而能取中夏于满洲之手。今有数省之力,而倒授军阀以主器之权,则知诚信日衰,转相携贰为之也。某等以国是不定,由民党涣散之故,所以犹有余烬者,则同盟会精神未尽磨灭,阴与维持,而受之者身不自觉。向使同盟尚在,凡民党在朝在野者,必不为尔寂寂。虽有桀黠之徒,亦不得递司神器矣。为是感念旧交,力遒来轸,冀以同盟旧人,重行集合团体。稍就次,乃旁求时彦,镕于一冶,以竟往日未伸之志,而为将来匡济之谋。将伯频呼,反思不远。执事凤同大义,勤劳廿年,阅事既多,德慧日进,惟望赞成此志,加以匡扶,则死友得酬,存者知感,膏沐天下,为泽无穷矣。

特书申意,不胜惆款之至。"(冯自由:《革命逸史》第一集61—62页《章太炎等之护党救国公函》。)章氏与唐绍仪等旋于1925年3月组织"辛亥同志俱乐部",冯自由又于1925年3月组织中国国民党同志俱乐部,见该年条。

　　12月28日,《致李根源书四八》:"北都局势,人人知其危切,而彼昏不知,专以扶植私党为能事。吾辈但认为两家报复,于民国大局无与也。足下汴中一行,最为紧要。昨闻溥泉来言,立生于南下武汉事,不甚汲汲。盖三家军队力守京汉北段,而又延及京绥故也。鄙意此策暂时足以保守,而终无建置方略。自察哈尔以逮武胜关,袤长二千馀里,三家兵额亦不过十二三万耳。守此一线之路,而四旁不能横遍,似为危道。因是以沮南下之计,则其谋更左。大抵强敌鸱张,则不可直与争锋,而当以自谋善地为上策。此武侯教昭烈之言,所以为善知进退也。今论武汉之势,实为全国中枢,而外有河洛,以为屏蔽,尤非露处敌边者可比。顷锦帆已达常德,滇军抵湘边者为张汝骥一军,数约八千。炎午又拟别派两旅,受锦帆指挥,组安亦已攻破吉安。东西齐备,得武汉不难。而终赖立生南下者,盖以西南独建,不如有陕军以增厚;武汉挺立,不如以河洛以为屏也。立生果有北顾之忧,亦不必全军南下,但将寇英杰扑灭,以两师直入武胜;而南军与相首尾,荆、沙、武汉必可同时俱拔。斯时冯、孙诸军果能力守北段,则北都或可改观。然与其处此纠纷,不如更图南徙。武汉能有大组织,则主权在我。北京小朝廷,任彼为偿债机关,有何不可。闻相实在禹行处充当师长,宣言扑灭吴氏以后,必当扑灭关东。此虽豪杰壮语,然鄙人却谓非计。此情望为立生言之,因沪汴间邮递多不稳也。""立生",胡景翼,12月6日,以国民军军长出任预督。

　　本年,章氏除继续为《华国月刊》撰文外,又注意明季清初史事,曾陆续在该刊发表《史考》,对"永历帝后裔"、"李赤心后裔"、"袁督帅家系"、张英、李巨来,吕用晦等进行考索,并从事《清建国别记》的撰述。《华国月刊》一卷十期"本刊特别启事":"章太炎先生近著《清建国别记》一书,为篇六,都凡万三四千言,于清代世系及建国原始考订綦详,比于《金世纪》殆有过之。凡留心史事及钦慕先生之文者不可不读。现定自本刊十一期分期刊布。"十一期"启事":"《清建国别记》已驰书东三省及北京、日本等处,博采异闻,以俟修改,嘱将原稿送回,缓期发表。"二期二册、三册,载有《与吴承仕论满洲旧事书》八通,系本年5月至9月所发,谓:"鄙人近得明代官书及编年书数种,乃知满洲旧事,《清实录》及《开国方略》等载爱新觉罗谱系,其实疏漏夺失,自不知其祖之事。明史于此,亦颇讳之,乃笔其事,为《清建国别记》一篇。逆知清史馆人,必不能考核至此,而鄙意犹以旁证过少,更欲得他书详之。明代册籍,自清修明史后,当遭毁灭,闻前岁内阁搜出旧案数百麻袋,其中多清初旧事,并明代公牍,亦有存者,望为访其踪迹。"(《与弟子吴承仕论满洲旧事书一》。)吴承仕为钞《熹宗实录》,章据以研勘完者秃与兀者秃木是否一人,以为系"董山之侄,董山又范察之侄,则完者秃非范察子,乃董山兄童仓之子耳"。又以为"肃慎音变为朱里真,又变为女真,为珠申,珠申语变为满珠,满珠语变为满洲"。自感"年来著述颇稀,唯《三体石经考》、《清建国别记》,自觉精当,各不过万馀言耳"。(《与弟子吴承仕论满洲旧事书四》。)吴又为钞《英宗实录》中建州事等,章又据以考核。(《与弟子吴承仕论满洲旧事书五》。)谓:"拙著大致已成,原稿约一万四千字,补入《实录》,又增四千馀字,足下于此,助我不浅。"(《与弟子吴承仕论满洲旧事书六》。)

不久,《清建国别记》出版,中华书局代售。《华国月刊》二期三册封里刊有出版广告:"清代开国以前事多荒略,章太炎先生遍检《明实录》及明人著述多种,以订清官书之悠谬,为《清建国别记》八篇,实考证清史者必读之书也。"

本年,章氏续函王宏先索取石经,嘱与张伯英"熟商,更筹良策",如"三体石经":"更有所得,则宝藏尽出,非徒以为美观,实于经学有无穷之益。所谓一字千金者,并非虚语。如其难得,来书所谓已出土者,尚有八十馀字,望设法募得之。唯篆法工拙,即为真赝之准。(原注:"石经笔法娟秀,易于识别。")若体势与六纸各异者,总可信为真物也。"(1924 年 3 月 24 日《与王宏先书》,见《章太炎书札》;另有一书,亦致王宏先托购石经者,无年月,系于本年。)

本年,又有《与弟子吴承仕论三体石经书》,谓:"《正始石经》古文,依张苍原本,隶书依汉儒定读,篆乃依隶书之。而《春秋公羊》先立学官,《左氏》至贾景伯,乃以三家经考校异同,往往改《左氏》古经以从二家。如古文败速,篆隶作败绩,古文皷葛膚,篆隶作介葛卢,皆《左氏》先师读从二家也。"(9 月 30 日,见《华国月刊》第二期第四册。)第二书谓:"马、郑皆称古文,而文字多异,盖皆其训读之字,若原本则尽依壁经,断无歧异之理,恐当时说经,与宋人钟鼎款识相近,首列摹本,次列真书,后列释文,行款虽不必同,而三者必皆完备。摹本者,即逐写壁经也;真书者,即以己意训读之本也;释文者,即己所传注也。是故马、郑本见于《经典释文》者,皆其训读之本,而非逐写壁经之本也。东晋之时,马、郑所逐写者已亡,然尚知训读之本,非真壁经,而梅氏所献,多与石经相会,是以信之不疑耳。"(10 月 14 日,同上。)仍主古文说,信奉"壁经"。

本年,《华国月刊》连载但焘《周礼政铨》,中有章氏签注多条,如:"正师旅及府史胥徒等,自来不能变易,不必日本也。"(第七期。)但焘"考刑法之经历,共分四期",即"报复期"、"威吓期"、"博爱期"、"科学期"。章氏附识:"此四种说,实不过法学家夸张之论,其见诸实事者,仍是报复与威吓耳。唯报复不如自相仇杀之甚,则有之。"(第九期。)又谓周时"商未大兴,工则率是在官之役,唯有农富耳。故期于安之,不期于限制之也"(同上)。又谓:"言法言礼,其实皆由本义引申,法本刑律,其字从廌;礼本祀神之典,其字从示,后乃用于他处耳。"(第十二期。)"军刑出于临时,自无常法可守,官刑则处分则例近之,国刑自为刑律,唯乡刑近代不用,若明世申明亭之设,但以虚言惩戒,则亦非周之乡刑也。大抵乡饮有觵挞之间,是为乡刑"。(同上。)"大行人所以属秋官者,其始盖本主邦国交争之狱讼耳,后遂为典属国之官"。(同上。)

据但焘称,《周礼政铨》系其在日本时所著,"癸亥就质先生",并录章氏"眉评""论官制一事"云:"《周官》大体,行政权分之邦国,故地官少说畿外事,兵权统于王朝,故大司马掌九伐之法,司法权虽分在邦国,而王朝尚时受上诉,故秋官多说四方邦国之诉讼。自分为州郡以来,明时一省鼎立三司,都指挥使主军事,布政使主民政,按察使主司法,而两司尚有特权,都指挥使则未有能擅自调遣者也。亦与《周官》大体相近。自督抚之权日重,此制遂废,沿至今日,非割据不可矣。"且谓:"先生语余考中夏政制因革,当熟杜氏《通典》,益之以《通考》。余每有论述,先稽之《通典》、《通考》,其有疑滞,则求先生开示,先生为榷论机要,然后归而参考群籍,伸纸疾书,予之月刊。"(《菿汉雅言札记》,见《制言》第二十五期。)

本年,章氏"于医经亦勤求之",曾与张破浪论医(《与张破浪论医书》,见《华国月刊》第一卷第五期。)有《伤寒论单论本题辞》,谓:"近代治伤寒论者,若柯琴、徐大椿据方为次,即千金翼方例;尤怡又据诸篇分列正治、权变、救逆诸法,亦于活人为近:是二者非吾所訾也。方喻诸师横以叔和所编为失次,自定其文,谓仲景本书故然,则诬罔亦甚矣。今以孙、朱、柯、徐、尤诸书羡示学者,比于类礼韵谱可也,然不得《礼记》、《说文》真本,即亦无以信后,存其本迹以为审,观其会通以为明,上工之事也。且以仲景去今千七百有徐岁矣,中遭水火兵事无算,而其书亡逸者三分有二,存者如《金匮纪略》亦颇不具,此《伤寒论》十卷,独完好与梁《七录》无异,则天之未绝民命也,虽有拱璧以先驷马,未能珍于此也。"(《华国月刊》第一卷第六期。收入《文录续编》卷二上,有增饰,今据《文录》。)并撰医药论文多篇,见本年《著作系年》。《猝病新论》四卷,亦成于本年。

本年,次子奇生。

【著作系年】《与章行严论改革国会意见书》(《华国月刊》第一卷第五期,1924年1月15日出版;又见《甲寅周刊》一卷二号)。《致韩国钧书》(2月29日,见《申报》,1924年3月3日)。《致湘议会电》(3月8日,见《申报》,1924年3月24日)。《再致湘议会电》(3月21日,见《申报》,1924年3月25日)。《复叶德辉书》(4月3日,见《申报》,1924年4月6日)。《致赵恒惕电》(4月24日,《申报》,1924年4月25日仅见摘要)。《函复朝冈继》(《申报》,1924年7月2日仅见摘要)。《致各省长书》(7月28日,见《申报》,1924年7月29日)。《致各省议会电》(同上)。《反对浙省盐斤加价致张载阳函》(8月18日,见《申报》,1924年8月19日)。《反对浙省盐斤加价致杭报界电》(8月20日,同上预登)。《告江浙人无恐》(8月21日,见《申报》,1924年8月22日)。《再告江浙人无恐》(8月24日,见《申报》,1924年8月24日)。《与章行严论江浙战争》(8月26日,见《申报》,1924年8月27日)。《致齐孙卢电》(9月19日,见《申报》,1924年9月20日)。《致段祺瑞电》(9月25日,见《申报》,1924年9月27日,曾见手稿,较此为简)。《致冯玉祥电》(草稿,未发,见《申报》,1924年10月30日)。《改革意见书一》(11月1日,见《申报》,1924年11月1日)。《东南六省人士对时局宣言》(11月7日,见《申报》,1924年11月8日)。《为溥仪出宫致黄郛王正廷等电》(11月8日,见《申报》,1924年11月9日)。《为溥仪出宫致冯玉祥等电》(11月12日,见《申报》,1924年11月13日)。《改革意见书二》(11月14日,见《申报》,1924年11月15日)。《致段祺瑞书》(11月19日,见《申报》,1924年11月21日)。《致段执政辞高等顾问书》(12月3日,见《申报》,1924年12月4日)。《护党救国公函》(冬,《逸经》第十一期,收入冯自由《革命逸史》初集)。《致李根源书三一》(1924年1月12日,见《近代史资料》1978年第一期)。《致李根源书三二》(1924年1月

18 日,同上)。《致李根源书三三》(1924 年 1 月 30 日,同上)。《致李根源书三四》(1924 年 3 月 23 日,同上)。《致李根源书三五》(1924 年 4 月 18 日,同上)。《致李根源书三六》(1924 年无月日,同上)。《致李根源书三七》(1924 年 4 月 21 日,同上)。《致李根源书三八》(1924 年 7 月 24 日,同上)。《致李根源书三九》(1924 年 7 月 30 日,同上)。《致李根源书四〇》(1924 年 8 月 1 日,同上)。《致李根源书四一》(1924 年 10 月 9 日,同上)。《致李根源书四二》(1924 年 10 月 10 日,同上)。《致李根源书四三》(1924 年 10 月 12 日,同上)。《致李根源书四四》(1924 年 10 月 15 日,同上)。《致李根源书四五》(1924 年 11 月 16 日,同上)。《致李根源书四六》(1924 年 10 月 18 日,同上)。《致李根源书四七》(1924 年 10 月 19 日,同上)。《致李根源书四八》(1924 年 12 月 28 日,同上)。

《与汪旭初论阿字长短音书》(《华国月刊》第一卷第五期,1924 年 1 月 15 日出版;又见《甲寅周刊》第一卷第五号)。《指南针考》(同上,收入《文录续编》卷一)。《清故腾越镇中营千总李君墓志铭》(同上,收入《文录续编》卷五下)。《璞庐诗序》(同上,收入《文录续编》卷二下)。《与张破浪论医书》(同上)。《墨子大取释义序》(附考,《华国月刊》第一卷第六期,1924 年 2 月 15 日出版)。《伤寒论单论本题辞》(同上,收入《文录续编》卷二)。《书顾亭林轶事》(同上,收入《文录续编》卷六上)。《书朱子春先生事》(同上)。《丘太夫人神诰》(似撰于 1921 年,见《华国月刊》第一卷第七期,1924 年 3 月 15 日出版,收入《文录续编》卷五上)。《思岳阳》(1922 年,同上,收入《文录续编》卷七下)。《李自成遗诗存录》(《华国月刊》第一卷第八期,1924 年 4 月 15 日出版,收入《文录续编》卷六上)。《张揖绅先生墓表》(似撰于 1919 年,同上,收入《文录续编》卷五上)。《史考五篇》(《记永历帝后裔》、《记李赤心后裔》、《记袁督师家系》、《再书李自成事》、《书张英事》,《华国月刊》第一卷第九期,1924 年 5 月 15 日出版,收入《文录续编》卷六上)。《张化臣先生传》(同上,收入《文录续编》卷四)。《经籍旧音题辞》(同上,收入《文录续编》卷二下)。《史考》二篇(《书李巨来事》、《书吕用晦事》,《华国月刊》第一卷第十期,1924 年 6 月 15 日出版,收入《文录续编》卷六上)。《赠大将军邹君墓表》(撰于 4 月,同上,收入《文录续编》卷六中)。《大雅韩奕义》(《华国月刊》第一卷第十一期,1924 年 7 月 15 日出版,收入《文录续编》卷一)。《杂说》三篇(《说龙》、《说鹏鹍》、《说鬼》,同上)。《喻培伦传》(同上,收入《文录续编》卷四)。《复湖南船山学社书》(同上)。《救学弊论》(《华国月刊》第一卷第十二期,1924 年 8 月 15 日出版,又见手稿,与此略异,收入《文录续编》卷一)。《郑井叔妥宾钟记》(同上)。《长沙何氏园》(庚申秋,同上,收入《文录续编》卷七下)。《吊易白沙》(辛酉夏,同上)。《王阳明像赞》(手迹影印,《华国月刊》第二期第一册,1924 年 11 月出版)。《王文成公全书题辞》(《后序》附,同上,收入《文录续编》卷二上)。《仲氏世医记》(同上)。《史考》一篇(《书姚伯言事》,同上,收入《文录续编》卷六上)。《中学国文书目》(《华国月刊》第二期第二册,1924 年 12 月出版)。《华严庵记》(同上)。《华严庵记书后》(同上)。《与吴承仕论满洲旧事书》一——五(5 月 24 日,6 月 1 日,7 月 14 日,8 月 9 日,8 月 13 日,同上)。《与吴承仕论满洲旧事书》六——八(8 月 24 日,9 月 10 日,9 月 19 日,见《华国月刊》第二期第三册)。《与吴承仕论三体石经书》一——二(9 月 30 日,10 月 14 日,见《华国月刊》第二期第四册)。《与吴承仕论尚书古今文书》一(12 月 26 日,见《华国月刊》第二册第六期)。《晋》(《文录续编》卷七下）。《金鏖龙歌》（同上）。

《与王宏先书》（3月24日，见《章太炎书札》）。《与王宏先书》（无年月，谈石经，疑撰于本年）。《复李绎之书论太平天国事》（5月，见李绎之《太平天国志》卷首）。《秦量刻辞跋》（1月，未见，据《太炎先生著述目录补遗》，《制言》第三十六期）。《跋杨邃庵遗墨》（同上）。

《保赤新书序》（医学，未见，见《太炎先生著述目录初稿》卷上，《制言》第二十五期）。《伤寒误认风温之误治论》（《三三医报》一卷二十期，1924年2月）。《论脏腑经脉之要谛》（《山西医学杂志》第十八册，1924年4月）。《论诊脉有详略之法》（《三三医报》一卷二十八期，1924年5月）。《论十二经与针术》（同上）。《论十二经开阖之理》（同上）。《论伤寒传经之非》（同上，以上四文，统名《杂病新论》）。《温度不能以探口为据说》（《中医杂志》，1924年6月）。《治温退热论》（《中医杂志》第十三期，1924年12月）。《论肺炎病治法》（《山西医学杂志》第二十一期，1924年12月）。

《清建国别记》（1924年聚珍仿宋本，中华书局代售）。

《叙》、《清为金裔考》、《建州方域考》、《范蔡董山李满住事状》、《范蔡董山李满住事状后考》、《卜哈秃兀者秃木事状》、《伏当加事状》、《孟特穆福满考》、《觉昌安塔克世奴儿哈赤事状》、附《述奴儿哈赤收鸭绿江事》、附《述奴儿哈赤与南关事》、附《佟氏考》。

《猝病新论》四卷（成于本年，此后又经改易，全书约十馀万言）

卷一　《论五藏附五行无定说》第一、《论旧说经脉过误》第二、《论三焦即淋巴腺》第三、《论太阳病非局指太阳》第四。

卷二　《论阳明病即温热病》第五、《论阳明病分胃肠非分经府》第六、《论治温者用药之妄》第七、《论温病十八法十三方》第八、《杂论中风伤寒温病及医师偏任》第九、《论伏暑说无据》第十、《论肠窒扶斯即太阳随经瘀热在里并治法》第十一。

卷三　《论少阴病属心不属肾》第十二、《论少阴热证寒症》第十三、《论厥阴厥证并再归热》第十四、《论房劳伤寒证治》第十五、《杂论温病》第十六、《驳六气胜腹及论热病暑病同异》第十七、《论病时温度内外不俱进退》第十八、《论微生菌非伤寒热病因》第十九、《论猝病侵肺各种证治》第二十、《论阳毒温毒证治》第二十一、《论肠澼》第二十二。

卷四　《论霍乱证治》第二十三、《论乾霍乱寒疝藏结同异》第二十四、《论鼠疫即阴毒并治法》第二十五、《论急性粟粒结核证治》第二十六、《论痓》第二十七、《论大厥尸厥与中风异》第二十八、《论百合颠狂》第二十九、《论狐惑及疠》第三十、《论疟非一因》第三十一、《论脚气证治》第三十二、《论刖足伤寒证治》第三十三。

卷五　《论素问灵枢》第三十四、《论本草不始于仪》第三十五、《论伤寒论原本及注家优劣》第三十六、《论中藏经出于宋人》第三十七、《论古今权量》第三十八。

《章氏丛书》（上海古书流通处印本出版，中多错字）。

《章太炎先生国学讲演集》(张冥飞笔述,1924 年,平民印书局再版本)。

1925 年(民国十四年乙丑)　五十八岁

1 月 7 日,齐卢战争开始,奉系攻苏部队行抵浦口,卢永祥也到蚌埠,其旧部第十师自江北向南京开拨。11 日,齐燮元与孙传芳联合宣言,反对奉军南下。卢永祥闻讯,在南京组织宣抚军,以张宗昌为总司令,准备攻沪。16 日,段祺瑞为离间齐、孙关系,特任孙传芳为浙督。17 日,又派吴光新调和孙氏,孙传芳果抱观望态度,奉军因此节节胜利。28 日,齐燮元由苏州溃退上海,逃往日本。29 日,奉军抵沪,缴齐军枪械。

1 月 14 日,《致李根源等书四九》,说明不参加善后会议,并谈西南军务。先是,段祺瑞在 1924 年 12 月 24 日公布善后会议条例,规定参加会议人员,仅限于各军最高将领、各省区高级官僚,有大勋劳于军阀政权者,与临时执政聘请之文丐,工、农、学生与工商业家均无与会资格。本年 1 月 17 日,孙中山提出参加善后会议的两个条件:一,该会须加入工、农、商、学等团体代表;二,军事财政诸问题,该会无最后决定权,须提交国民会议。29 日,段祺瑞答复孙中山,拒绝工人参加善后会议,允聘农会、商会、教育会长为专门委员,惟仅给予提供意见之权利。30 日,国民党议决,党员概不参加善后会议。章氏也在 1 月 1 日接到段祺瑞“东电”,“以善后会议相招。”6 日,李根源由天津来电,至是函复:“得鱼电,论善后会议之弊,正如烛照。目前滇、川、黔、粤诸省,似已一致拒绝参加。惟湖南有派钟伯毅事,电到后即钞示炎午,痛切陈明,而滇代表王、焦二君亦先与说明焉。大约湘中不派,则馀省自不待言。此间同志如少川、西林亦皆谢绝。鄙人则得段电后,已电复许俊人,告以不行之意,其后曾云沛前来运动,即告以‘今之政府,本无法律根据,则与西南无异,西南、北京两政府乃敌体,而非主属,吾参预西南事已久,今日不能去一政府,就一政府也。’最近观湖南四师长复秉三、行严一电,词旨严厉,大致为拒绝任命之辞,则湘中固有主张矣。惟辞气严正,吾辈为之非难,而终须有实际以赴之。会师武汉之说,成谋虽久,但锦帆所部川军,未能与王、卢相抗,滇军张伯群部闻将抵湘西,而外传蒉赓忽有疑滞,欲将大军尽趣百色,以御范石生之西归,则北伐又渐停滞。胡笠生本欲南下,而碍于段之阻止,不欲身为戎首;乃欲川湘先起,而己应之,则又不知迟至何日也。鄙人已电劝蒉赓,属其勿以东防为亟,当奋袂赴黔,指麾各部,以决一胜。湖北既得,则建国主义自成,(原注“前联名一电,蒉已有复,极端赞成。”)不烦却顾。而于笠生一方,深望其勿再犹豫。但以吴佩孚逋逃鄂中为名,则出师正非无辞。如认洛防有失,但以三分之一南卜,亦有胜算,已属溥泉为言之。斯时两君宜更敦促笠生,而对于唐、范之间,则印泉宜婉劝石生,勿遽寻衅。待大局已定,再论私仇,亦不为晚。如不行此,则武汉可取之机又将过去。西南仍是土司形式,大可惜也,甚可惜也。目前齐、孙又起反抗奉军,大势似有可胜。齐亦求援民党,而协和欣然应之。今日为救急计,此事亦不能不行。齐、孙果胜,或成三国鼎峙之形,然西南绝无寸进,看人富贵,岂不惭负于心耶?”“许俊人”,许世英;“曾云沛”,曾毓隽;“秉三”,熊希龄;"王、卢",似指湖北军务帮办王汝勤和荆宜镇守使卢金山;"齐、孙",齐燮元、孙传芳。

1月20日,《致李根源书五〇》:"今日又得手书,弟所以迟不赴汴者,盖因国民军计划未定耳,原其失著即在冯部北据察绥,此与胡部隔在河南者相距或三千里。由是孙部孤危,时虞奉军之乘其隙,不得已只望奉军南下,暂纾目前,此可谓饮鸩止渴也。奉军既南,齐燮元望风溃退,国民军直以邻国为壑。然长江形势已属奉军。武汉可取而不敢取,直待奉军控制江浙,使萧耀南屈而从彼,则国民军与西南遂成两截。徒以察、绥、直、豫为根据,其势何能抗奉。自此以后,民党更难发展矣。夫强敌炽盛,则不可直与争锋,惟寻一善地,观时而动,乃为长策。察、绥不如武汉,尽人所知,此计既成,形势已去其半矣。弟在津调停,此亦目前敷衍之法。大抵相逼之势,虽美言劝解,其效甚鲜,何如分道扬镳,各行其志耶?观今局势,武汉恐无下手之日,然留一萧耀南,其害尚小,属之王汝勤,则其害甚多,屈膝于奉派则其害更多。国民军如果不欲图鄂,即当与西南协商,扶持萧耀南,剪除王汝勤,是亦未始非策。若吞之不能,吐之不肯,则因循诒祸耳。或言李景林与孙、胡合谋为倒段计,则亦犹往日之倒曹也,倒后又有何办法耶?

"黄陂对于善后会议,虽一请再请,当必决然拒绝。鄙意国民会议亦不可贸然赞成。盖会员不由人民直选而以法团及随意组织之党会派出,何名国民,转不如国会议员犹有根据也。此间言论日趋混淆,惟反对段氏则大致如一。卢既获胜,恐报章论调,又将一变。此间亦不能无一正当之报为作砥柱。顷因《时报》每月欠缺,愿以六千元承租半年,正来商议,仆亦甚欲借此发抒,而苦岁暮无资,弟能为黄陂言此,请为设法可乎?"

1月26日,章太炎又接善后会议筹备处"宥电","速驾""北上列席",章氏复函云:"善后会议筹备处鉴:前得合肥东电,以善后会议相招,已电复贵处。近得筹备员朱君青华宥电,复来速驾。今执政府之应承认与否,人心尚未可知,亦观其措置何如耳。近观奉军南下,则当事本无悔祸之心,而有肇乱之实。按律载外患罪状,虽职居元首,难邀宽典。顷卢、齐报复,江左为墟。假使直用部兵,情已难恕。乃卢永祥、吴光新等,纠合奉军,中多俄匪,借外寇蹂躏中国,律以外患,百喙难辞。使当事本无其意,而卢、吴私自调发,即应责令抑兵,逮捕治罪。今乃曲予优容,是即有心指纵,叛国之罪,执政其何以辞!夫口言和平,而实兴祸乱,已为人所不信,况招致俄匪,明目张胆以行叛国之事,此乃曹、吴之所不为。吾辈敢以会议出席,引起承认叛人之实乎?侧闻中山宣言,法团加入,文即赞成。中山病中瞀乱,或为左右假托,或为精神差错,皆未可知,非鄙人之所敢附和也。

"抑又闻之,西南自护法以来,或断或续,亦自成为政府。往者黄陂复位,法统昭然,以暴人把持国政,西南不肯从其命令。今之执政府,依法律既无根据,铢两相衡,视西南未有高下。是中国之在今日,实已有两政府也。纵欲开行善后会议,当择两政府交界之地,如武昌、岳州者,庶乎其可。若直开于北京,是乃屈一就一。纵西南诸省,或有一二卑屈者,亦非鄙人之所敢附和也。阅商会联合会电,与贵处来电,救国苦心,人岂有二,惟不正其本而齐其末,戆直之身,断不敢贸然参预。纵令会议开成,亦当明示天下,告以否认也。章炳麟启。"(《申报》,1925 年 1 月 28 日"本埠新闻"《章太炎反对善后会议》。)

1 月,《华国月刊》第二期第三册出版,刊有章氏《致知格物正义》,以为郑康成、王肃"二说虽异,皆深达心要,又不违于孔、孟,非大儒尽心知性者,何以能道此。顾由其义,当云知至而后物格,于本记之文为因果相倒,犹惧非作者意也"。末谓:"凡学,治事为后,自修为先,自修安出哉?溯其本于最先,则必言心法矣。导江于岷山、导河于积石者,行视其水势所从来,非若下游之有浚治矣。且夫去物与知与夫好恶之诚者,其心如顽空,恶固不起,亦无以止于至善,是以君子不去也,不去则不惮郑重言之也。"

又有《康成子雍为宋明心学导师说》,谓:"汉人短名理,故经儒言道,亦不如晚周精至,然其高义傥见,杂在常论中者,遂为宋明心学导师。郑康成说致知在格物,曰:'格,来也;物,犹事也。其知于善深则来善物,其知于恶深则来恶物',言事缘人所好来也,是乃本于孔子之言,'我欲仁,斯仁至矣。'从是推之,'我欲不仁,斯不仁至矣'。其后王伯安为知行合一之说,则曰:'知之笃实处即行,行之精明处即知。'其于郑义无所异也。王子雍伪作《古文尚书》及《孔丛子》,《古文尚书》所云'人心惟危,道心惟微,惟精惟一,允执厥中'者,乃改治孙卿所引道经之文,而宋儒悉奉以为准,然尚非其至者。《孔丛子》言,'心之精神是谓圣',微特于儒言为超迈,虽西海圣人,何以加是。""夫以康成纯德高行,其中宜有所得者;子雍虽寡过,方于事上而好下佞己,性嗜荣贵而不求苟合,吝惜财物而治身不秽,刘寔以为三反,其行不能令人无间,然所言能如是。孔子曰:'君子不以人废言',释氏因有贫女宝珠之喻,岂不信夫。"

又有《书秦蕙田〈五礼通考〉后》,谓曾国藩以其书"宜与杜、马二家为参。余读其书,平章经礼,未能如杜公;以用于世,又去马氏甚远。顾何以得此于国藩邪?比茶陵谭延闿示王闿运笔记,乃知国藩为穆彰阿所识拔,和戎之议,牢持于其心,而《五礼通考》独揭和亲一部,为杜、马二书所无有,宜矣其深相会也"。"今蕙田以其祖之耻,国藩以其所受于举主者,遂以中国之于异域,宜始终屈节,固不得与文庄比。然自国藩张大秦氏,卒借戈登兵以拔苏、松,其辱国有甚于和亲者。其后郭嵩焘之徒,乃诚以桧为明哲,此亦未足异也。桧不过主和亲,蕙田不过欲雪其祖,而国藩乃召戎以轶中国,是又桧与蕙田之罪人也"。

本册《华国月刊》另有但焘:《学校大法论》,中引章氏之说曰:"学校教上,国家选士,非树立大法,则教化不流,政治无本。是故学校之教士,异乎学会之讲学。其在学会之学士,倚席讲论,群流竞进,异说蜂起,而其是非去取,一任之学者之抉择,无俟乎国家之预设科条,以为裁制也。而国家之教士官人,则法制不可不预立。"以为"周之三德六艺,汉武之崇尚六经,汉宣之石渠讲论,皆特立准绳,纳之轨度";"唐之《五经正义》、宋之王氏《新义》、明之《四书五经大全》,且特著成书,颁之学宫"。"当此之时,校官之岁考月书,国家之登进,皆循此以为统摄整齐之法,然而在野学士之著书腾说,互标新义者不禁也，是可法矣"。

又引章氏之言曰："《大学》一书，自格物致知，诚意正心，以至修齐治平，可谓内外一致，显微无间者矣。学校大法，必以《大学》为本，其他形而下者，采远西之所长，以供吾用可也。"并条具二事："一曰定学科。学科之中，文学以中夏之学为主；二曰质科，不属文科者隶之，辅以远西之学。"步趋已右。

2月，《华国月刊》第二期第四册出版，刊有章氏《现代民主政治序》，谓："今者法久弊生，为创始者所不及烛，谋国者无以善其后，乃回溯民本之义，建立创制权、复决权、罢免权，欲用以逭议士之横恣，矫政党之窳败，息庶僚之贪污，见卵而求时夜，于治标亦宜。然施之广土众民之国，民德不齐，方俗各异，以立法、行政之事，责难于齐民，而提防不严，衔辔不谨，其所收获，吾未见其有逾于代议制也。余顷与诸子闲居讲论，创为《华国月刊》，曾著论主采前代给事中御史制，建置监察、弹劾两权，廓清代议之弊。蒲圻但焘独是余说，谓持此以往，太平之治，不难立致。惜蒲莱士已没，不获闻吾之言，以为代议制之药石也。"查章氏"主采前代给事中御史制"，见《与章行严论改革国会书》，但焘《周礼政铨》刊布时，章氏也有按语，见"1924年"条。

2月1日，善后会议开幕。2日，国民党通电全国，声明"对于善后会议，不能赞成"。该会筹备处派袁厚之来沪"敦促入京"，章氏仍"辞谢"。报载：

"善后会议，业在北京开幕，惟前次段执政聘请在沪各会员，尚有唐少川、褚慧僧、章太炎、王竹村等数人，迄未动身。昨悉该会筹备处特派交际员袁厚之来沪，敦促入京。袁君业已抵沪，携有许世英亲笔函多件，即分谒唐、褚等接洽，闻除唐、章两君表示因不能离沪，辞谢与会，褚君等已允俟西南代表到沪，即行入京，袁君已电京报告云。"（《申报》，1925年2月5日"本埠新闻"《善后会议派员招待会员》。）

2月4日，《致李根源书五一》："连日报章登载，谓敬舆运动摄阁极热，且云弟亦入津与敬舆竞争。吾信敬舆运动为真，而于弟云入津，似为报章妄载。此时黄陂果出亦无好处，但真持法统之说，自当请黄陂复位，不应请敬舆摄政。况敬舆于十二年之事，本有罪状，已经免职，如果肆其簧鼓，必当鸣鼓而攻。究竟弟意如何？"

2月10日，《致李根源书五二》："此间自中山入都以后，同人即知其难久，有愿将辛亥同志重寻旧盟者，鄙意亦以为善。比闻中山危笃，恐将不起，幸而少延，亦难尽心国事。此后正赖同志好自为之。善后会议，吾辈力劝西南谢绝。近知派出者多，湘则云形势最危，滇则云特表意见，其实皆以应酬北廷，如祝寿贺喜之为，不知其有隐害。派出后复与少川电彼缓行，亦难必其尽听。然悬揣事势，此会亦无结果耳。"

2月24日，在上海"聚辛亥同志"，"设立一俱乐部"，（徐仲荪：《纪念太炎先生》，见《制言》第二十五期。）25日，《致李根源书五三》述其事："中山病恐无转机。其党中国民、共产二派，早已操戈。去岁有拟恢复同盟者，未及成就，而反对共产者，半为政见，半亦别有用心。今兹舍孙归段者，不知其几，此亦无足置议者。因与溥泉商酌，嫌同盟会未能包涵，先设辛亥革命同志俱乐部，盖并光复、共进诸会及滦州派与同盟会同冶于一炉，然后不嫌狭隘。此时同志半在北方，昨者草草开会，惟得十馀人，幸精神尚能团结。若中山一派在北者加入与否,固随其便,外此则皆望其相助。弟本倡义显著之人,惟愿助我张目。"

当时报纸亦有记载:"章太炎,唐少川等组织之辛亥同志俱乐部,筹备多时,业已宣告正式成立。现规定每星期聚餐一次,以资交换意见。昨据章君语人云:'此次组党活动,酝酿甚久,其初各方意见,拟即乘时合组一党。据唐君少川意见,以为不妨即命名国民党,但以其恐与现在之国民党相混,未能成立。又有人主张袭同盟会之旧名者。但以此次组合,既系集合南北革命同志,南方同志如光复会、共进会等,虽俱与同盟会直接间接有关;而北方如冯玉祥、张绍曾辈,则与同盟会可谓丝毫无关。故经众商定不如命名稍取混统,其先拟名辛亥革命同志俱乐部,后径将革命二字删去。现在此种组织,尚为初步,至正式组党,尚须有待,因同志北行者多,拟俟返沪后再商'云。"(《申报》,1925 年 3 月 8 日"本埠新闻"《辛亥同志俱乐部正式成立》。)

3 月 8 日,章氏为反对溥仪出洋致北京国会非常会议电,电云:

"北京国会非常会议鉴:溥仪负复辟罪状,今闻逃赴日本,虎兕出柙,隐患可知。前者冯玉祥驱之出宫,稽禁稍疏,未为根本解决,而现执政受殷顽之荧惑,不加防范,擅下赦令,而复辟罪案,无可执言。纵入使馆,而小腆举动,制不在我,虽非有心促成内乱,误国之罪,实无可辞。现执政虽不受弹劾查办,至于宣布罪状,则诸君之所克任。特电请即查照施行。章炳麟。庚。"(《申报》,1925 年 3 月 10 日"本埠新闻"《章太炎反对溥仪出洋电》。)

3 月 10 日,《致李根源书五四》:"得复书,允加入辛亥同志俱乐部,甚喜。近怒刚亦到矣。当时发起诸人,或在京师。闻又有国民党同志俱乐部之设,其意似排斥共产党而设立,则在北京大学终恐熏莸无辨。相实闻在郑州,统帅十年,抑郁至是,得以少舒,其乐可想。此君在西南最有气魄,而地小不容,归于中州,将来未可限量。如以老弟之力,请其加入则幸甚矣。西南义师仍无起色,冀赣宣言会师武汉,而实潜出桂省。原其始则李宗仁以刘(震寰)、范之合,请师入援。其后范卒未西南,而唐师已至,李复中悔阻止。范又与林(虎)相合,刘甚恨之,反赴云南求济。事之变幻,乃至于此。现范部已上梧州,将来战事或在浔梧之间。广东陈已败衄,而许与胡汉民仍不相容,又四分五裂之势也。锦帆在常念念北伐,其力不随。吴子玉上溯岳州,外间传言熊、袁将与吴合,同取武汉。其实乃吴派宣传之语。然观炎午致萧一电,亦未深拒吴氏。大抵西南诸公,既知段不可恃,则挟吴氏为奇货,然操纵得宜,正未易言也。笠生已破憨部,想洛阳不日可下,以后兵略,未知何似?至东南浙江人民则惟深恨奉军,假使子玉力能东下,亦该不拒,盖比奉军,吴自居于优点也。将来西南不能急进,恐东南仍归吴氏指挥耳。"

3 月 12 日,孙中山逝世,章氏参加商议治丧事宜,报载:"唐少川、章太炎等上午八时馀即到","唐少川、章太炎等到孙宅后,即由唐、章及叶楚伧等商议治丧事宜。唐绍仪、章太炎二君,主张在正式政府未成立以前,为纪念孙公之功勋起见,应由家属及人民以礼行葬,待正式政府成立,再追予国葬,以符孙公生前之主张。并议决四事如下:

一，电北京同志，主张以人民的名义，举行国葬，不宜由段令给予；二，通电全国下半旗志哀；三，治丧事务所设环龙路四十四号，治丧事务所广告，推唐绍仪、章太炎领署；四，追悼会俟北京定期，同日举行。"（《申报》，1925 年 3 月 14 日"本埠新闻"《孙中山逝世之哀悼》。）

3 月 14 日下午，"环龙路四十四号上海国民党总部，开会讨论筹备孙先生追悼事宜，到会有唐少川、章太炎、李征五、顾忠琛、常芝英、李祖夔、欧阳荣之、王赓廷、叶楚伧、邵力子、何世桢、张心抚、沈卓吾等二十馀人，议决案件录下：一，筹备处拟借山东会馆，公推杨千里、但植之、徐朗西、叶楚伧、邵力子……等十馀人为文牍，袁履登、王一亭……等为交际……。三，地点，拟借公共体育场。……四，经费由筹备员六十人自认，不足再设法募集；五，日期，待北京电报到后，同日举行。"（《申报》，1925 年 3 月 15 日"本埠新闻"《孙中山逝世之哀悼二》。）

3 月 15 日，孙中山治丧事务所发出通函，"正式请唐少川、章太炎'担任追悼会筹备处干事员，指示一切'"。（《申报》，1925 年 3 月 16 日"本埠新闻"《孙中山逝世之哀悼三》。）

3 月 22 日，全浙公会开追悼王文庆筹备会，章氏及蒋伯器等出席。查 2 月 3 日，王文庆去世，浙籍人士以为王文庆"辛亥浙江光复，民五反对帝制独立，王皆与其事。"（《申报》，1925 年 2 月 6 日《王文庆逝世》。）章氏等为了追悼，于 3 月 12 日发出"通告"，报载：

"章太炎等为追悼王文庆君，昨发通告云：'王君文庆，于民国十四年夏正十一日，殁于上海福民医院。君本光复旧勋，及袁氏称帝，又与浙中豪俊，驱除朱瑞，名满东南。而性情澹泊。最近浙局不宁，方欲投袂，竟以腹疾告终，身后萧条，家无积粟。古人有言，死于我殡，此则后死之责。生平言行，亦宜著之铭颂，以妥安灵。爰于阳历三月二十九日夏历三月初六日下午一时，假上海公共租界北京路报本堂开会追悼，并商身后事宜，筹备处假爱文义路联珠里全浙公会内'。"（《申报》，1925 年 3 月 13 日"本埠新闻"《定期追悼王文庆》。）

是日下午，"共商开会时一切手续"。"当由金玉振动议，吴兴人袁正标，去冬奔走自治后，因亲老家贫，回省省视，遽被孙传芳捕拿，于本月枪决。……请主持公道，力为伸雪等语"。"章太炎谓已死不可复生，可以全浙公会函孙，要求抚恤，以后不得兴党狱，残杀无辜。"最后，"一致主张请蒋伯器函孙"。（《申报》，1925 年 3 月 23 日"本埠新闻"《全浙公会追悼王文庆之筹备会》。）

3 月 24 日，对孙中山逝世后，"有主张改南京城为中山城"者，提出异议。据《申报》"东南通信社"讯：

"孙中山逝世后，有主张改南京城为中山城，以纪念孙氏革命之功者。昨有人晤章太炎，谈及此事，章氏发表意见云：

"闻拟改江宁城为中山城，此盖摹拟华盛顿府为之，以义则不应尔也。国家非一人之私，虽一省城亦不应施号以自代。中土帝王，昔虽专制，然亦未闻以私氏冠地方者。明太祖攘斥胡元，不假他力，其功至高，建都南京，始造城郭，亦未闻以朱氏冠之。

孙公勋业虽高,比于明祖,则犹稍逊,而城池复非孙公所造,何得私之于己。况改建共和,称曰民主,尤不应以一人名号,变国家都邑之正称。华盛顿事,乃彼土习惯使然,若施之中国,则以为僭滥矣。窃谓孙公功业,昭在耳目,载之国史,岂以改立称谓而传。若夫营葬锺山,与明祖孝陵相俪,生荣死哀,亦已备至,自非陵谷变迁,寇贼发掘,其传必视虚号为长。曾记民国元年,孙公曾改本籍香山县为中山县,未几为袁氏所废,其后孙公再莅广州,并未恢复,盖亦知虚号之不足重也。且孙公本字逸仙,其自署中山者,乃因避地日本,借彼土姓氏以榜门耳。复又改称高野,亦借东人姓氏为之,而口语相传,中山遂为定号。原其事始,既非地望,亦非别字,徒以隐讳之故,始借东人氏族为标,此本不为典要,尤不宜以易城邑正称也。"(《申报》,1925 年 3 月 25 日"本埠新闻"《章太炎对改中山城意见》;中有错字,据同日《时报》勘正。)

　　查孙中山逝世后,章氏又发表谈话,认为孙中山"确为吾党健者",对"改江宁城为中山城",则不赞成。谓:"三民主义为先生所首创,惟民族主义因有凭借,故先生能集其大成以达目的;至民权二字,照国内现状观之,尚能求完全做到;至民生二字,一切实施,则更为幼稚。总之,先生做事,抱定奋斗精神,坚苦卓绝,确为吾党健者。深愿大家竟先生未竟之功,努力救国,则追悼先生始有价值也。至于拟改江宁城为中山城,此盖摹拟华盛顿府为之,以义则不应尔也。改建共和,称曰民主,不应以一人名号,变国家都邑之正称。华盛顿事乃彼土习惯使然。窃谓孙公功业,昭人耳目,载之国史,生荣死哀,亦已备至,自非陵谷变迁,寇盗发掘,其传必视虚号为长也。"(《中山丛书》附志《中山逝世后中外各界之评论》。)

　　3 月 27 日,《致李根源书五五》:"三月廿六日接到中国银行递来银票四千七百七十元,照收讫,敬谢笠生厚谊,与弟之纳牖也。……笠生、香石能加入俱乐部,最为驰望。季鸾何时来此,或由汴梁直赴湘中耶?此事调停,或非甚难,终恐不可长久。前书云:请锦帆解决蔡巨猷,以辰沅归湘政府,此为永久调和条件。昨亦向亚光言之。据云锦帆以与蔡部同处患难,不肯相负,此诚长者之用心。然蔡本湘中叛将,于此似不可执一。尚望季鸾到彼,即为提出。至辰沅为湘中肥裔,断无轻易与人之理。然不去蔡氏,则辰沅亦不能交还也。蔚丹墓款能与当轴言之甚好。"

　　3 月 29 日下午二时,"旅沪浙人假报本堂为已故王文庆君开会追悼,举行公祭,到章太炎、蒋百器、王心一等五百馀人,当推章太炎主祭,蒋伯器报告王文庆君事略"。祭文为:"维民国十有四年夏历乙丑三月朔越五日,炳麟等谨以清酌庶馐之仪,致祭于王君文庆之灵曰:呜呼文庆! 正气所孕。有清末造,崛起革命。振臂疾呼,追逐豪俊。瀛海归来,浙局底定。名满东南,气慑藩镇。刍狗功名,土苴政柄。恬退山林,澹泊明性。每当政变,奋不避刃。义师所指,介胄忠信。甲子之役,不幸败衄。人险出夷,身免者仅。三军皆墨,忧愤交并。郁郁沪滨,寝成锢病。药石无灵,刀圭杂进。自冬徂春,医术告罄。呜呼文庆! 岁寒后凋,疾风知劲。喘息尚存,讵甘退听。天促其驾,遽兴骖乘。解脱尘缘,从兹干净。男儿死耳,亦复何靳。呜呼文庆! 哀我同人,气求声应。死别悠悠,生存已剩。欲整河山,谁辟途径? 下觅九渊,上穷千仞。相对欷歔,寂寂无兴。痛哭失声，抚此遗槕。聊具刍酒，以将恭敬。魂兮有知，请临觞政。哀哉尚飨。"（《申报》，1925 年 3 月 30 日"本埠新闻"《旅沪浙人追悼王文庆记》；中有错字，据同日《时报》勘正。）

3 月 31 日，《致李根源书五六》："得书，胡、叶二君允加入俱乐部，欣幸之至。此部本以延致旧人，共图戮力，除前此变节获罪，如帝制贿选事者，众共排斥外，其馀虽负小愆，仍以旧同志相视。粤、桂诸公作事无法，然亦未如帝制贿选之甚，故依旧容纳之。使名誉之念不绝，则不至铤而走险矣。笠生苟能相助，请白之泉，得之更为快意也。

"锦帆驻师常德，已及四月，未能进取。湘人苦于供亿，省议会遂有迫令出境之议。炎午本意未知何若？而怒刚已甚忧虑。昨致炎午书，告以军不进实为蒉赓所误。盖以左次邕桂，置武汉为后图，锦帆孤军无继，势难独进，不应以有意占据常沣责之。况吴子玉与湘深仇，尚不拒却，盖湘中而忌在北廷，容纳子玉喻如乞儿弄蛇，未始非威胁北廷之术。遇吴如此，则于熊更可知也云云。此信前去，未知炎午能见听否？笠生出面转圜，更为得策。季鸾此行，宜以切实语授之。但审思此种调人，亦不过敷衍一时。过三月后，如局势无变，锦帆终于不进，恐湘中仍有责言。盖湘西地本富饶，兼有烟税，自不能以禁脔授人也。惟湘人之忌川军，终不如其忌林、蔡为甚。……必不得已，恐须请锦帆解决蔡巨猷，收其军队，并将洪江归还湘府，以缓湘人之怒耳。"

3 月，《华国月刊》第二期第五册出版，刊有章氏《铜器铁器变迁考》，以为"综观变迁之迹，则农具之用熟铁，裁革刻玉行刑之用刚铁，自古已然。周初已取刚铁为斧钺刀剑，而数少不能布于行伍，行伍所用矛戈戟皆铜质，《管子》有试马之剑，剑已渐为军用，而戈戟亦始以铁铸。七国以后，凡兵器无有用铜者矣，安可以周初兵器用铜，而谓斧钺刀剑皆然哉？""然今所见汉剑亦铜质，非容仪与明器，将安用之？古之铁刀剑，今无一存者，此以铁易锈渍，不能久存，虽幸存，其款识漫汗，不可的知，故若徒据所见古器以为准，岂特周时无铁刀剑，虽汉、晋亦未之有也。"这时铜器时有出土，也有不少考释款识铭文之作，章氏坚信"壁经"、《说文》，不信金文，此文长篇累牍，力言周初安有"兵器用铜"。

4 月 1 日，辛亥同志俱乐部宴会，"唐少川因病未到，此宴纯系联络性质，于将来进行，并未谈及办法云。"（《申报》，1925 年 4 月 3 日《辛亥俱乐部前晚宴会》。）

4 月 2 日，"章太炎因接得湘赵电告，熊克武所联合之林、蔡两部，积极向长沙方面攻击，为维持西南局势计，特致函滇唐，并电熊克武，请其严行制止"。

其《致唐继尧函》为："蒉赓联帅执事：顷据炎午来电称'锦帆为林、蔡所蛊惑，蔡部积极攻湘，于汉寿沅江方面，陆续增兵进逼。一面勾引滇军，占据洪江，进窥武、宝，不向鄂方出动，而专以长沙为攻击目标，非决裂不止'等语。锦帆到湘，其志本在攻鄂，故虽纠合林、蔡，湘人亦视为暂局。乃林、蔡反噬乡邦，厥心未已，锦帆力不能北伐，而又纵彼所为，扰乱邻封，诚为可怪。至所谓滇军者，闻唐、胡诸部，多已入桂。且正式军队，亦不至受林、蔡勾结，或系吴学显部，亦未可知。在林、蔡自知力不足以敌湘，于是勾引此部，冀为援手。或兼请组庵来湘，以助声势，亦在意料之中。我公领袖西南，屡次通电,皆以大局为念。部下或有受林、蔡运动者,相去二三千里,当不悉知,务望严电制止,并属锦帆勿听林、蔡簧鼓,致乱西南大局。至锦帆所部,力既未能北伐,何如调赴桂省,与滇中大军共解范部。事成加以训练,再图北伐,时间早晚,实亦相去不远。此乃解纷上策,执事能听吾言乎? 自曹、吴覆灭,西南未能发展,或亦实力所限。然自相保卫,亦无不可。若专于萧墙之内,自寻斧柯,鱼烂瓦解,至于不可收拾,几何不为曹、吴笑也。用是函达悃忱,即希亮察。章炳麟顿首。"(《申报》,1925 年 4 月 4 日"本埠新闻"《章太炎致唐继尧熊克武之函电》。)

其《致熊克武电》云:"澧州熊总司令鉴:据炎武来电,'林、蔡积极攻湘,于汉寿沅江方面,陆续进兵,并勾引滇军占据洪江,进窥武、宝,非决裂不止。耿耿之诚,不蒙鉴谅'等语。兄此次出兵,本为攻鄂,故虽纠合林、蔡,湘人亦视为暂局。乃蔡等反噬乡邦,厥心未已。兄果未能出鄂,即应将蔡部解决,以顾邻交。至滇军则入桂者多,其未至洪江者,力未足以制北,所云进窥武、宝,亦近实情。想蓂赓尚未知,此亦应由兄电滇请下令严行制止。如果以侵略为事,则西南从此鱼烂,吾党之去曹、吴,其间几何。特电傲告,即希亮察。章炳麟。冬。"(《申报》,1925 年 4 月 4 日"本埠新闻"《章太炎致唐继尧熊克武之函电》。)

4 月 3 日,《致李根源书五七》亦述湘事。先是,章氏于 3 月 6 日密电李根源:"湘川两贤相戾,劝告无效,箭已在弦,惟有请笠公力任调解。条件在劝赵勿遽攻,劝熊解决蔡部,交还辰沅而已。派员往商,季鸾如不胜任,弟当勉力一行,必不得已,吾当与弟拼命赴之。章炳麟。鱼。"至是,函云:"此电发后,炎午又派人来。次又来一电,并云锦帆为林、蔡所蛊惑,出兵沅江、汉寿,节节进逼,并勾引滇军,占据洪江,欲窥武、宝。攻之则有碍邻交,听之则诒祸桑梓云云。当致锦帆一电,仍嘱其解决蔡部,勿勾滇军。所谓滇军者,传是唐继虞。炎午曾电询蓂赓,蓂告以不知。观此情形,恐是抵赖。不知锦帆自既无力北伐,滇军唐继虞等亦不能助之成功,而反欲用以祸湘,诚不可解。今欲令炎午不动,恐亦无法。刻又电炎午,劝其遇锦帆以礼,而威林、蔡以兵,不知能否见听也。此事罪魁本为林、蔡。蔡又湘之叛将,讨伐未为不是。惟锦帆力亦单薄,若始终庇护林、蔡,则己亦不保,深可虑耳。"查"鱼电",应为 3 月 6 日所发。

据报载,当时段祺瑞"怕联省自治说",当善后会议秘书长许世英接见湘议会代表王克家时,许世英表示:"合肥对'联省自治'四字,是很怀疑的。""若说联省就是国家,为中央,可以办到统一,这个当做说解,说明白,不若用联治制反为好些。"(《申报》,1925 年 4 月 16 日"国内要闻"《段执政怕联省自治说》。)

4 月 12 日,上海追悼孙中山大会在西门公共体育场开会,"壁间悬有唐少川、章太炎之挽联"。(《申报》,1925 年 4 月 12 日"本埠新闻"《孙公追悼会今日举行》。)章氏所拟挽联为:"孙郎使天下三分,当魏德萌芽,江表岂曾忘袭许;南国本吾家旧物,怨灵修浩荡,武关无故人盟秦。"(《菿汉大师连语》,见《制言》第二十五期。)追悼大会由唐绍仪主祭,何香凝发表演说。(《申报》,1925 年 4 月 13 日"本埠新闻"《昨日本埠市民追悼孙中山大会》。)

孙中山逝世后,章氏撰《祭孙公文》:"乌乎哀哉! 汪是大国,古之丹杨。始兆汉季,鉴掣莫当。刘石干纪,登琅玡王。姚姒正朔,凑兹南方。濠州仡起,北宾犬羊。乃植大都,阡陌有章。蠢尔胡清,轶我神畺。继明两作,公振其纲。惟公降生,挺于岭外。少则屈奇,辩口能说。幔役侠士,在海之濑。西厉大秦,脱彼羁靮。惠阳授兵,举其白茷。却入东峤,骁名始大。总翕群材,不弃葱巃。夏声昭播,莫我敢夆。十有七年,女真以喙。有众徯后,宅此江介。初制共和,立政良难。五权之宪,郁菸未粪。敝屣高位,以让北藩。北藩伊何?虏之馀戋。虽悔轻授,盟不可寒。纯钩倒柄,裂我屏翰。龙蛰海隅,骜气不骞。僭帝始僵,又孳狼獂。再建番禺,西南结槃。齐州不度,憖屏于蛮。公之天性,伉直自圣。受谏则难,而恶方命。有勇如离,以鼓群劲。挥斥帀馀,视重若轻。屡衄复完,亦不凝定。粤府再踣,未匡其政。铤会北平,以身入阱。肝鬲醮矣,天禄为罄。乌乎哀哉!繄昔明祖,始登鸡鸣。乃醴沛公,荐号伯兄。惟公建国,继步皇明。大飨寝宫,畛告武成。急难在原,千年同情。遗言首丘,洪武之京。惟其得一,故为天下贞。乌乎哀哉!天生我公,为世铃铎。调律专一,吐辞为矱。百夫雷同,胪句传诺。余岂异邮,好是咢咢。兰之同臭,石之攻错。沮公北盟,终亦弗获。如何南枢,委命穷朔。冬而大狩,春而殂落。何辜于天,死犹檖膊。夜光敛形,糟莩载魄。以尸尝巧,况也矫作。欲招其魂,天地寥廓。吊以生刍,忠信犹薄。厥公之功,庶其合莫。乌乎哀哉!尚飨。"(《华国月刊》第二期第六册,又见《制言》第四十一期,收入《文录续编》卷七上;又见手迹,与此尽同,盖抄以赠友者。)

4 月 20 日,章氏由沪赴杭,曾为陕西督军陈树藩"故母开吊"点主,并谒孙传芳。报载:章"由沪乘车赴杭,路局特备花车欢送"。(《申报》,1925 年 4 月 19 日"本埠新闻,"《章太炎明日赴杭》。)次日,《申报》又载:"章太炎氏年来寓居沪上,久未赴杭,兹以春光明媚,特于昨日搭乘该路特挂之花车赴杭,作西子湖游,其夫人汤国梨女士亦偕行,闻在杭约有一星期之勾留云。"又云:"远东通讯社云:前陕西督军陈树藩氏,定于今日(二十一日)在杭州为故母开吊,昨日特派路孝同来沪,敦请章太炎为之点主。孙传芳并派队在沿路保护。兹悉章氏已于昨日(二十日)下午一时半,偕同路氏由北站专车赴杭。并闻章氏尚须在杭勾留数日,始行返沪云。"(《申报》,1925 年 4 月 21 日"本埠新闻"《章太炎昨日赴杭》。)27 日,章氏返沪,报载:"章太炎于前日由沪乘坐沪杭路火车赴杭,晋谒孙督办。面晤后,至西湖游玩,业已事毕,于昨日(二十七)下午一时五十分由杭乘坐沪杭路中快车返沪,至下午七时三十分抵北站,即乘汽车至北山西路本宅。"(《申报》,1925 年 4 月 28 日"本埠新闻"《章太炎自杭返沪》。)

5 月 3 日,草《为辛亥同志俱乐部纠正段祺瑞废止法统令通电》,电云:"上海各报馆鉴:曹锟以窃国覆亡,三数军人拥前总理段氏为执政,暂保北方现状。虽摄官承乏,亦应权宜,而毁法乱常,遂成习惯。段氏于四月二十五日下令,自称负改造之责,不知此权自谁授之?乃又云主权付之国民,法统已成陈迹。名实错谬,莫此为甚。

"案中华民国主权,本在国民全体,此之代表会议,非由国民发起,则与执政私党无殊。况宪法起草委员,尚由聘请,并代表亦不得操笔削之权,何论国民全体,所谓还付主权者果安在哉?

"法统云者,自赅约法全部,非局指总统国务院开会而言,三者容可暂时停顿。若中华民国之名义,全体人民之主权,国家领土之区域,此果已成陈迹否也? 段氏于民国六七年间,以督军团称兵内乱,迫散国会,私造国会选主〔举〕法,视旧防为无用,以大法为弁髦,天性难悛,迄今弥甚。虽守府之身,未能穷极凶恶,而一言坏法,实能驯至乱流。法统苟隳,民国何恃? 虽异族窥伺,小腆生心,亦恐无辞以拒。至乘此营私卖国,所不必言。我国民处此漂摇之境,岂无感愤。我旧日革命同志与西南护法诸省,素持大义,志不后人,若不力图拨正,则上无以对全国人民,次无以对先烈死士。所望戮力一心,自图解决。主权所在,名器不可假人,勿令矫伪者得售其奸也。"(《申报》,1925 年5 月8 日,"本埠新闻"《辛亥同志俱乐部通电》。)辛亥同志俱乐部"复阅半年馀,亦无形散去";(徐仲荪:《纪念太炎先生》。)惟 1926 年4 月,仍有通电,见该年条。

5 月21 日,发表《为华界贩卖烟土之宣言》:"顷日海上私贩鸦片者,明目张胆,无所顾忌,人民日呼吁于北廷,政府但以敷衍了事。其所派查禁人员,始为曾毓隽,后为卢永祥、郑谦。曾、卢往日之事,共在耳目,派令查禁,此与狐谋皮也。即北廷之执政者,平居嗜好,当亦人所共闻,人民欲藉其力以申禁,此仍与狐谋皮也。当今军界、政界,与鸦片既有不可解之缘,诚欲禁绝,上之行法,当始尊贵;下之检货,宜在人民。昔清廷虽无善政,而调验烟癖,虽王公将相不能免。今应由国会非常会议推举公正人员兼有兵柄者,为禁烟员,苟有所闻,虽当轴秉政者,亦当拘系以待戒净,然后贵人凛然,不敢触犯,此所谓行法当始尊贵也。今之贩卖者,托于军警保护,然转相授受,与其屯积之所,仍在商家,军警焉能事事而庇之。宜仿抵制日货办法,由工商人等自行缉获,当众烧毁,如果开设土行,明白有据者,既在触犯刑律之限,拘其人,禁其货,军警亦何能强庇? 从前抵制日货,调查所及,细入秋毫,何不可仿而行之,此所谓检货宜在人民也。若不能自立,徒以文电求之他人,必无效验可睹矣。"(《申报》,1925 年5 月22 日。"本埠新闻"《章太炎之宣言》。)

5 月中旬,冯自由由京来沪,组织中国国民党同志俱乐部,发出宣言,说什么目前"既不能凡百政制,悉仿西欧;又不可实行共产,强效苏俄。是革命后仍非适合国情之三民主义,不足以建国。惟泾渭异流,清浊攸分。吾党三民主义之与共产主义,绝不相侔,不可以不辨;群策群力,众志成城,同志之分道扬镳,因故相离者,不可以不合,欲救国必自国民革命始,国民革命必自拥护三民主义始,拥护三民主义又必自联络同志感情始。爰本此旨,而有本俱乐部之组织。凡隶于同盟会、民元国民党、中华革命党、民九以后中国国民党者,悉罗而致之,历询多士,众谋佥同。筹备数月,始以粤沪京津协商之结果,于三月八日成立于北京","决不如他人之拒虎进狼,假外力外援,以为我神圣国民党之玷。"(《申报》,1925 年5 月22 日"本埠新闻"《民党同志俱乐部之宣言》)。查冯自由曾于1924 年来冬,怂恿章太炎"领衔"发出《护党救国宣言》,公开反共,旋又活动京沪,筹组国民党右派组织,章亦受其影响。

5 月,《华国月刊》第二期第七册出版,有章氏《前总统府高等顾问汪君墓志铭》。

汪凤瀛,章氏弟子汪东(东宝)之父,曾"移筹安会称七不可"者。铭称:"炳麟与君先后直总统府充顾问,帝制议起,炳麟方以牾被囚,得无冒绁,闻君移书,心义之,然未尝一识君。少尝与荣宝游,而东宝又吾弟子也,故知君事稍详,以为无道如矢,史鱼之直也,乳鸡搏狸,仇牧之勇也,卷怀以去,蘧瑗之卓也。其大节宜在民国史,而君未尝自伐,懼岁久堙没,故次其事,书于幽宫。"

　　5月,青岛、上海各地日本纱厂先后发生工人罢工的斗争,规模很大,遭受日本帝国主义及其走狗北洋军阀的镇压。5月15日,上海日本纱厂资本家枪杀工人顾正红,伤工人十馀人。28日,青岛工人被反动政府屠杀八人。30日,上海学生二千馀人在租界内宣传声援工人,号召收回租界,随后集合群众万馀人,在英租界捕房门首,高呼"打倒帝国主义"和"全中国人民团结起来"等口号,英帝国主义巡捕旋即开枪屠杀,死伤许多学生,是为著名的"五卅惨案"。

　　6月1日,章氏等发出《为上海英租界巡捕惨杀学生之通电》:"北京临时执政、国会非常会议、省议会联合会、商会联合会、各省区军民长官、各省议会、教育会、农会、商会、工会、律师公会均鉴:五月三十日,上海各校学生因反对外人越界筑路、及加码头捐事,游行演说,至英租界,被拘四十馀人,因复拥至南京路英巡捕房,要求释放。英捕交涉未已,任意开枪,伤学生及路人二十一名,当场死者四人,重伤致毙者七人。英捕房自谓保护治安,而学生实未携带金刃,空言求请,何害治安?乃竟开枪杀人,波及行路,似此妄行威虐,岂巡捕之职当然?事后学生要求驻沪交涉员与领事谈判,请将行凶巡捕治罪,而该捕房犹始终狡展,连续两日,仍于马路枪杀市民不绝。是则租界吏役擅杀华人,一切可以保护治安藉口,恐虽专制君主亦无此残戾也。某等以为英捕而不治罪,固不足以肃刑章;英捕而果治罪,亦未必足以防后患。惟有责成外交当局,迅速收回租界市政,庶几一劳永逸,民庆再生。且向日租界所以自诩者,不过曰内地官厅保护商民之力,远逊于租界耳。然自顷岁以来,绑票行劫之事,层见叠出,租界巡捕,无奈之何,比之内地都会,鸡犬不惊者,防护之力,优劣悬殊。而今英捕复恣以兵器杀人,则内地警察,固无此事。苟人民为自卫计,政府为保护人民计,以收回租界市政开议,英人虽悍,当亦噤口无词。至收回以后,英人所置私产,仿日本居留地法,仍可任其管业,则于通商原无所碍。惟租界之名,在所必废;英人所设市政廨字,在所必收。戢凶暴而惠黎元,殆无逾此。素知诸公爱国卫民,无间遐迩,用是直陈愚戆,恳请一致主张,期于必效,使水深火热之民,早登衽席,则非仅上海一方之幸也。章炳麟、褚辅成、周震鳞、曾彦、张冲、王丽中、袁华选、蒋光亮、张启荣、但焘、王心三、徐伟、程耀楠叩。东。"(《申报》,1925年6月6日。)

　　6月6日,胡景翼追悼会在沪举行,章氏主席,并预先撰写祭文。初,4月10日,原河南督军胡景翼死,章氏以其"回兵倒曹,扫除叛逆",为之撰传,刊于本年5月10日、11日《申报》"专件"栏。谓:"是时国政久不纲,景翼以民党少年特起,慨然有澄清之志,海内乡风,景翼亦自发舒,期以河南为根本,次第匡复。"(《胡景翼传》,后载《国学商兑》第一卷第一号,收入《文录续编》卷四。)另有《胡景翼遗事》,似系讣告,为5月中旬印发,

（《申报》，1925年5月22日"本埠新闻"。）内有章氏撰传，并有遗像题辞："渊海之量，螭虎之武。懿此硕人，宜司中土。寿不盈三纪，而气弥于永古。"上书"笠僧将军遗像"，下署"章炳麟赞，田桓书"。（《胡景翼遗事》，1925年铅字排印本。）章氏又拟"祭文"，文曰："维中华民国十四年五月三十一日，章炳麟等敬以醴酒花果之奠，公祭于故上将军胡公笠僧之灵：

"呜呼哀哉！国家昏乱，群盗纵横。廓清区宇，必资豪英。矫矫胡公，光大含宏。崛起西北，房运告盈。功成不居，负笈沧瀛。志存匡济，复履戎行。会逢僭窃，赫然陈兵。篡夫气褫，终罹天刑。贼之馀孽，盗弄权衡。毁法乱纪，卖国求荣。声罪致讨，兵败义申。降志东归，雌伏不鸣。国胡多难，奸猾频生。此攘彼夺，鸡鹜相争。及锟窃位，益播丑声。勃然虎啸，斩刘鲸鲵，群凶殄灭，禹甸清明。开府中原，大梁扬旆。百废俱举，民物咸亨。刘憨肆毒，师出无名。摧锋伊洛，祸乱克平，烝黎喁喁，望治方殷。何图不禄，遽尔返真。天柱既折，地维则倾。安所依赖，痛哭失声。设位以祭，聊致款诚。呜呼哀哉！尚飨。"（《申报》，1925年5月31日《胡景翼追悼会今日开会》。）

至是，在宁波同乡会开会，"到各团体代表及徐谦、褚辅成、杨庶堪等一千馀人，由章太炎主席"，先由周震鳞报告，略谓："胡上将军历史，诸君想已熟知，章太炎先生所作之传，尤为详细。胡将军有功国家，其回兵倒曹，扫除叛逆，今国民既一致追悼笠僧，是与之精神一致，并为可慰云云。"（《申报》，1925年6月1日"本埠新闻"《胡景翼追悼会昨日开会》。）

6月9日，《致李根源书五八》。时李根源因胡景翼死，由河南返苏州，函中述五卅运动："沪上自发生惨变后，罢市已逾七日，而交涉仍无进步。盖由学子受赤化煽诱，不知专意对付英国，而好为无限制之论。如所云'打倒帝国主义'、'国民革命'者，皆足使外人协以谋我，而且令临时政府格外冷心。此案恐遂无结果，徒伤无事之人，而赤化家乃得阴受金钱，真可恼亦可丑也。以后租界恐非可安住之地。内子当急欲迁避，苦于无地。不知吾弟在苏，其乐何如？"

6月10日，汉口"英商太古公司司事细故重殴太古码头工人余金山"，全码头罢工。11日，英船停泊江汉关上苗家码头，英水兵刀伤太古扛包工人刘国厚。工人激烈反对，英帝国主义用机枪射杀华人，死伤十馀人，章氏于18日拟《为汉口英租界惨案唤醒全国军人电》，见《太炎先生著述目录后编初稿》，惟《申报》未见刊载。

7月1日，群治大学学生代表访章，询问"对于五卅惨剧意见"，章氏认为应"一面督促政府，一面实行经济绝交"。报载：

"本市群治大学学生会宣传代表蒋用宏，因出发内地宣传在即，日昨特访章太炎氏，询问对于五卅惨剧意见。章氏谓'五卅惨剧，举国悲愤，民气激昂，实行经济绝交，一致对外，足见吾民族精神未死。近汉粤又继续发生惨案，英人实属惨无人道。吾人现时须一致对英。沪上交涉，虽已移京，无论成败，应努力奋斗，坚持到底。交涉员虽不努力，有民众为后盾，当不虞失败。惟至使吾人悲叹者，国内军阀，勇于内争，怯于公战，所发言论，未尝不冠冕堂皇，查其所行适背道而驰。故军阀已不可恃，所可恃者，惟吾民众耳。不过民众手无寸铁，现学生联合会虽有军事委员会之组织，而收集军械，则极感困难，但以现时激昂之民气，一面督促政府，一面实行经济绝交，努力奋斗，坚持到底，终必得最后之胜利'云云。"（《申报》，1925年7月2日"本埠新闻"《章太炎对学生会代表之谈话》。）

7月5日，与唐绍仪联名致电段祺瑞，反对国民代表会议组织法，认为段祺瑞"秉钧以来，十有馀年，诱叛犯上，毁法丧权"。电云："北京段执政鉴：国民代表会议组织法、国民代表会议议员选举程序令，皆已次第公布。按组织法乃善后会议所定，选举程序令则临时政府所自为，二者皆非法机关，无为国民制法之权。执事为此，与向之召集安福国会无异也。执事秉钧以来，十有馀年，诱叛犯上，毁法丧权，疵累孔多。然国民犹不遽摈弃者，一以久厌兵争，一以外交紧急，期执事尽力于此耳。乃执事于金佛郎案丧失利权，仍沿旧习，兵事非惟不解，于江、浙、川、广诸省兵祸，复多挑拨，外交案则不肯上紧办理，而反迁延时日，借为延长祚运之符。自颁国民代表会议议员选举程序令后，竟以去就要挟吾民，一若解理纠纷，非己莫属，国民欲舍弃之而不能者，是人以外交案为忧。执事转以外交案为幸，牺牲数百命，耗费千万钱，徒供执事为挟持诛求之具，幸灾乐祸，何其甚哉！执事果有靖献之心，则速宜保存约法，勿自创制，速将国民代表会议伪法伪令，一切取消，于外交则严持国体，努力进行，务达目的，以图晚盖。他日盖棺论定，犹不失为瑕瑜不掩之人。若乘急难之时，以行劫制之术，万目睽睽，岂可尽掩？勿谓吾有天下，如天之有日也。唐绍仪、章炳麟。微。"（《申报》，1925年7月6日"本埠新闻"《唐少川章太炎致段执政电》。）

7月11日，《致李根源书五九》，谈5日（微电）与唐绍仪（少川）联名发电前后连日商议情况："前者达斋来此，道及恢复法统事状，时知伯兰亦先有谋问，达斋意则与伯兰亦彼此无忌也。此情局外人尚未深悉。前十日少川忽以倒段相商。吾云：外交紧急，须外人承认者方能与开谈判。若贸然倡议倒段，人将以不恤外患，好兴内争相訾，必无与吾党表同情者。唯黄陂复位，可免此难。然张、冯意态实未可知，黄陂果肯再出否，亦未敢必。事先既无预备，亦不应冒昧发议。但国民代表会议实为非法，段且恃为兔窟，吾辈不得不铲其根本。由是有电致段，揭其隐衷。向后，少川又问，果欲恢复法统，当待何时？吾云，观合肥用意，实欲延长外交，自固寿命。延长日久则诸事松懈，对外精神渐渐渐灭，斯时人无所仰赖于段，然后法统可以恢复。但此事非徒倚赖军人，各党亦须商一具体办法。因告以达斋及伯兰事。昨者彭介石又来言及此事，吾云倒段拥黎，各政党虽同此心，但若自相嫉忌，惟务党争，焉有良果。凡事须博大公方乃克成就，如徒以此为一党揽权之地，断非吾辈所敢知也。以上事状如此，不知弟于恢复法统一节，果有如何计划？吾辈在此，只如药中甘草，调和群昧；但如辛苦过甚，则非甘草所能调。弟向来识度颇广，而伯兰辈不至趣入狭路与否不敢定。既以连日商议相告，亦愿弟有以教我也。"伯兰，孙洪伊。

8月，《华国月刊》第二期第八册出版，刊有章氏《读〈论语〉小记》，以为"《论语》者，六艺之纪纲，自汉以来，缀学者靡不诵之，以为义易知也。然古文《论语》初出壁中,宣帝下太常博士时,尚称书难晓,而齐、鲁二家复多异字,今之《集解》本,乃参合三家为之,虽以马、郑苞周之训,及近代经师所甄明,犹有未释然者"。"亦有字诂雅训炳然在前,而先师多失其义者,余更绅绎数事"。如云:《阳货篇》,'怀其宝而迷其邦,可谓仁乎'? 按迷本从辵,《易》言先迷失道,《楚辞》言及行迷之未远,皆指行路言之。《说文》'迷,惑也。'《易·文言》曰:'或之者,疑之也。'孔子栖栖游说,去留无恒,故阳货讽之,言怀其国之禄,而于其国去留无定尔。皇《疏》谓'汝怀藏佐时之道,不肯出仕,使邦国迷乱。'夫不仕则身不与事,何能使邦国迷乱耶?"。

又有《夏布说》,谓:"古布皆以麻织,自宋末黄婆至江南,始有吉贝之布。吉贝行而麻布废,独夏布以麻织自若,然与绤绤又异。《说文》'绤,细葛也;绤,粗葛也。'《诗·葛覃》'为绤为绤。'是绤绤乃今之葛布,夏布以麻为之,与绤绤自殊矣。""今夏布粗者即绤,细者即绤绤。""杨雄《蜀都赋》云:'筒中黄润,一端数金。蜘蛛作丝,不可见风。'按《说文》'绤,蜀细布也,祥岁切。'师古音绤为千劣反,千劣祥岁,一声之转。盖粤谓之绤,蜀谓之绤尔,杨子所说,即今四川细夏布也。""然则夏布色白,而汉人称黄润者,黄光声义相通,非谓其色黄矣。魏、晋间吴地有白绤舞,此即指今之江西夏布,今江西夏布甚有细者。""大氐夏布细者为绤,古今独江南有之;粗者为绤,古中原亦有其物。""凡吉贝不能甚细,细极则脆薄不中为衣,财可以作掌中巾帨,而枲与绤粗细皆得为之。如斩衰之麻,是其至粗者已;齐功及绤,以渐致细。""然则吉贝既入,麻布遂废者,一以吉贝易成,二以麻枲虽数练治,冬日御之,犹不胜寒,不如吉贝之温耳。独绤绤宜于暑日,视葛布则洁白,视绤则坚久,吉贝必不足以摄代,故至今莫能废也。"

本册《华国月刊》封里,又有《章太炎书例》:"篆联:七尺至八尺,三十元;六尺,二十四元;五尺,二十元;四尺,十六元;不及四尺者以四尺论。行联:七尺至八尺,二十四元;六尺,十六元;五尺,十二元;四尺,十元。篆中堂:一丈,六十元;八尺,四十八元;七尺,四十二元;六尺,三十六元;五尺,三十元;四尺,二十四元。行中堂:一丈,四十元;八尺,三十二元;七尺,二十八元;六尺,二十四元;五尺,二十元;四尺,十六元。篆屏幅:一丈,每幅二十四元;七尺至八尺,二十元;六尺,十六元;五尺,十四元;四尺,十元。行屏幅:一丈,每幅十六元;七尺至八尺,十四元;六尺,十二元;五尺,十元;四尺,八元。立幅准屏幅例。横幅半幅准屏幅,全幅准中堂。篆榜:一尺字,每字十元;二尺字,每字二十元;三尺以外别议,不足尺以尺计。碑志篆额手卷册叶另议。磨墨费一成,先润后作,一月取件。"

8 月 13 日,公平通信社记者访章,章氏对"恢复法统"、"国民会议"等均有论议,报载:

"公平通信社云:昨日下午,本社记者特往访章太炎氏于其寓所,叩询章氏对于时局上之意见,当蒙章氏一一答复,兹记之如次:

"问:近日京津及南中各省忽有恢复法统之说,甚嚣尘上,真相若何,先生对此之意见又若何?

"答:恢复法统,虽有其说,但证以国人厌乱之心理,欲回复曹锟时代之宪法,固属万不可能之事。至余则向主恢复临时约法者。然今日欲语恢复法统者,则尚属无稽之谈也。

"问:报载九省联盟,直系各省暗与国民军联络,时局上将有新发展之形势,先生果有所闻?

"答:国民军与直系各省之勾结,显然为扼奉之一种策略,果使国民军不失其原有之地位,则时局趋势,亦惟暂其静默而已。

"问:江浙形势缓和,战事当不致实现乎?

"答:江浙间事,非仅局部之问题,实隐与大局趋势,有密切之关系,但目前可决战事不致实现也。

"问:西南各省近与北京政府释嫌修好,和平统一,果得实现乎?

"答:西南各省因为求外交步骤之合一起见,故粤政府为粤案与政府磋商对外一致之方略,西南间有派员列席国民会议者,但此纯为相互间之联络。国民会议,依余之观察,成立实难握算,遑论和平统一之能实现乎?

"谈至此,记者遂兴辞。"(《申报》,1925 年 8 月 14 日"本埠新闻"《章太炎之时局谈话》。)

8 月 20 日,廖仲恺被刺。

8 月 29 日,《甲寅周刊》第一卷第七号出版,中有汪国垣《光宣诗坛点将录》,以章氏为"地默星混世魔王樊瑞"。下云:"太炎经学为晚近大师,诗原出汉魏乐府,古艳盎然,世不多见。余曩在申江曾见友人录其五言古诗若干首,颇有阅世高谈自辟户牖之概,惜未写福,今尚怅怅耳。"

9 月 7 日,上海二十万人举行大会,英租界巡捕阻碍工人游行,开枪惨杀多人。20 日,上海总工会被奉军封闭。

9 月 12 日,现代评论派文人陈西滢(陈源)在《现代评论》第二卷第四十期发表的《闲话》中,向国民党吴稚晖献媚,说什么:"高风亮节如吴稚晖先生,尚且有章炳麟诬蔑他报密清廷,其他不如吴先生的人,污辱之来,当然更不能免。何况造谣者的卑鄙龌龊更远过于章炳麟,因为章炳麟还敢负造谣之责,他们只能在黑暗中施些鬼蜮伎俩,顶多匿名的在报上放一两枝冷箭。"为其袒护章士钊、杨荫榆压迫女师大言论作辩解。鲁迅于 19 日撰《并非闲话二》,加以揭批:"即使女师大风潮,西滢先生就听到关于我们的'流言',而我竟不知道是怎样的'流言',是那几个'卑鄙龌龊更远过于章炳麟'者所造。还有女生的罪状,已见于章士钊的呈文,而那些作为根据的'流言',也不知道是那几个。'卑鄙龌龊'且至于远不如畜类者所造。但是学生却都被打出去了,其时还有人在酒席上得意。——但这自然也是'谣诼'"。(《猛进》周刊第三十期,1925 年 9 月 25 日出版,后收入《华盖集》。)

9 月 18 日,章氏应湖南省长赵恒惕之邀,乘轮"赴长沙主考知事",辛亥同志俱乐部唐绍仪等设宴欢送,并讨论"大局"。报载:

"章太炎应湘赵之请,赴长沙主考知事,湘代表已来沪欢迎。鄂萧(耀南)、赣方

(本仁),闻章氏西上,亦各派员来沪探访章氏过境日期,以便招待。前晚(十四),辛亥同志在俱乐部宴集,到有唐少川、蒋伯器、柏烈武、杨希闵、褚辅成、黄大伟、任授道、赵铁桥、龚振鹏、查光佛、顾忠琛、张冲、但植之、莫纪彬等西南重要分子数十人,对于大局,有重要之讨论云。"(《申报》,1925 年 9 月 16 日"本埠新闻"《章太炎即日赴湘》。)

又载:

"湘省长赵炎午派前财政厅长袁华选代表来沪,迎迓章太炎赴湘,主考知事,已志前报。十七晚,唐少川、蒋伯器、黄大伟、张冲、马育杭、龚振鹏、叶惠钧、杨希闵、任授道、王心三、莫纪彭、查光佛、曾彦、赵铁桥等十四人,在辛亥同志俱乐部,欢送章氏及其秘书但焘、湘财政厅长袁华选三人。闻章氏此行,系乘江新轮,昨晚上船,今晨(十九)二时启碇西上,到汉即乘鄂萧备定专车,在岳州应吴子玉欢迎,即径赴长沙。"(《申报》,1925 年 9 月 19 日"本埠新闻"《章太炎赴湘》。)

章氏赴湘,国内各大报都以头版"国内专电"报道:湖南县长考试,且俟章氏"抵湘后再定"云:

"章太炎乘江新轮准养(二十二)到汉,即偕湘欢迎代表邹礼赴湘,蒋雁行亦候章同行,俟湘典知事毕,章再来鄂讲演,豫岳亦电萧,代邀章至豫演讲。"(《申报》,1925 年 9 月 23 日"国内专电"《汉口电》。)

"县长考试报名,马(二十一)截止,考期俟章太炎抵湘后再定。"(同上《长沙电》。)

9 月 22 日,章氏抵汉口,萧耀南等往其寓处谒晤,章亦回访,报载:

"章太炎养(二十二)午后乘江新轮到汉,寓东方旅馆,萧偕陈嘉谟、罗荣衮晚九时至东方晤章,畅谈逾时。章漾(二十三)午渡江谒萧,准敬(二十四)偕邹礼赴湘,蒋百里同行。"(《申报》,1925 年 9 月 24 日"国内专电"《汉口电》。)

"章太炎漾(二十三)午,偕陈时、黄侃渡江谒萧,萧派马车欢迎至署,并设筵洗尘,章绝未谈及政治。敬晨偕邹礼、蒋百器专车赴长。"(《申报》,1925 年 9 月 25 日"国内专电"《二十四日下午四时汉口电》。)

9 月 25 日,章氏"专车来湘",过岳阳时,吴佩孚"亲赴站迎迓";到长沙时,赵恒惕亲率官员至车站迎章。报载:

"章太炎有(二十五)乘长专车来湘,过岳时吴亲赴站迎迓,谈甚洽。赵率文武官员在长沙车站迎章,午后四时章车始到,军警鸣炮致敬,为欢迎外宾从来未有之盛。赵以县长考试定期节前,恐不及赴湘乡检阅,拟定节后考期完竣,再示期出发阅车。"(《申报》,1925 年 9 月 27 日"国内专电"《长沙电》。)

"章太炎赴湘过岳,与吴谈《易》,未及政治。"(《申报》,1925 年 9 月 28 日"国内专电"《27 日下午 5 时汉口电》。)

章太炎抵达长沙后,"声明在考试县长期内,谢绝各界酬酢,宥(二十六)举行考试,论题为《宰相必起于州部》,策题为《问区田防旱,自汉迄清行之有效,今尚适用否》。"(《申报》,1925 年 9 月 28 日"国内专电"《长沙电》。)

关于湖南县长考试,当时报纸有比较详细的报道,分甄录试、初试、复试,章为考试委员长。"长沙通信"云：

"湖南此次创举县长考试,赵炎午认为澄清吏治、昌明内政要图,特请章太炎先生来湘主试,于旧学院试场旁,特设招待室,作章氏下榻处,布置极为华丽。章氏系于十九号由沪起行,二十二号到汉,鄂萧对章亦颇优礼,勾留二日,乃于二十四号半夜十二时,特派武长专车,送章来湘。二十五号晨到岳,蛰居洞庭湖畔之吴子玉,特派参议长葛豪(前湖南铁道警备司令)在站欢迎。章氏至吴氏兵舰,作三小时之密谈,以致长沙方面迎章者,望穿秋水,不见来车。至下午三时许,章氏专车始行抵站,赵省长暨军界贺师长、政界司长吴景鸿等三十馀人,脱帽登车,握手欢迎,即请章氏乘舆,军队军乐前导,省长各要人殿后,至学院招待所,当鸣大礼炮九响,以表敬意。入所休憩半小时,即排西餐四十馀份为章洗尘,尽欢而散。同章氏来湘者,有章氏内弟汤国棠(号仲棣)与鄂萧伴送招待员但焘(号植之)及前湖南财政司长袁华选、吴子玉伴送代表葛豪等数人,除章、汤住招待所外,葛、但等另以天乐居旅馆作下榻处,袁则住入省长公馆。省城军政界要人,刻拟定期分别欢宴,以尽主谊。

"章氏既已到湘,考试县长,乃于二十六号举行甄录试,湘赵则准于是日午前五时,亲莅试场,点名发卷。除请章氏为考试委员长外,并聘定前教育厅长葛允彝、省务院长兼教育司长李剑农为主试委员,现任湖南高等审检两厅长李芳、萧度,与财政司长张开莲、教育司长颜方珪、实业司长唐承绪、司法司长刘武六人为鉴试委员,内务司长吴景鸿为监试主任委员,袁华选为襄校委员,邓国勋、刘磊、殷士奇、史犹龙、陈阜源为帮办监试,以昭慎重。报名应考者,共四百五十馀名,均磨励待售,但其取录名额,规定六十人。

"另一通信,湘赵为澄清吏治计,特举行县长考试,以杜滥保擅委之弊,业经制定县长考试暂行条例,及施行细则,分别公布在案。现在报名期已经截止,报名应试者计五百六十四人,内务司特派科长殷士奇、邓国勋,书记官史犹龙、陈阜源等审查资格,合格者只四百馀名,已榜列次序,俾众知照矣。

"考试程序,分甄录试、初试、复试,甄录试。初试以笔试行之,复试以口试行之。甄录试目,为论文及关于地方行政之策问两项。初试试目,则为宪法大纲、现行行政法令、设案判断、草拟文牍四项。复试则由主试委员任意口试。各项科目,须均满七十分以上,方能取录。现在章委员长既到,遂定二十六日举行甄录试,由省长亲自莅场,点名给卷,其考试规则,已先期公布矣……

"县长考试,于本日(二十六日)举行甄录试,先晚湘赵出一牌示照墙前曰:'牌示事,本月二十六日,举行甄录试,所有应试各员,务须遵照后开钟点,听候点名给券入场,毋得迟延自误。午前二时头炮,午前四时二炮,午前五时三炮开点。'由水警厅担任司炮勤务。二炮后,赵炎午省长服大礼服,与彭、李二主试委员,以次各职员均莅试场,加派省会警察厅长刘武、长沙县长周伯南,担任检查应考人有无夹带禁物任务。迨晨光熙微,钟鸣五点,处内放礼炮九巨响,开始点名,应考者齐集旧学院头门之外辕门内,先以草册点名一次,应考人应名入头门,施行检查后,每五十人一排,鱼贯进至仪门,省长赵炎午照正册点名,各给试卷一本、试场规则一份,向省长一鞠躬后,由东仪门而入试场,按号就坐,费时一句钟之久。应考者四百三十人(余未到),又放巨炮三响,截止点名。委员长章太炎氏,出论、策题目各一个,油印数百份,交由监试主任吴景鸿携入试场,分发各应考人,扃门严试,场外特有军警站守,非考试事务处职员,不许入内。场内有监试委员巡视,禁止有违规则举动,关防极为严密。湘赵亦亲到场内巡察数周,直至午前十一时方回省署处理公务,临时并加派章太炎内弟为襄校委员,陈焕南帮忙监试。其所出试题,论题为《宰相必起于州部论》,策题为《问区田防旱,自汉至清皆有成效,今尚可行否》。惟闻论题,先系《宰相必出于州部》,应试者多不知其出典,后由彭、李二主试委员,商请章委员长改'出'为'起'并加以解释,限是日下午六时以前交卷,由事务处分发面包二次,以果应试人饥腹。至晚六时,仅数人未及交卷耳。"(《申报》,1925 年 9 月 30 日"国内要闻"《湘赵考试县长之郑重》。)

　　甄录试取录一百六十二人,出"联省实行,制定国宪,对于国会制度,应采两院制乎？ 抑采一院制乎？"等四题。报载:

　　"章太炎来湘,主考县长,第一次甄录考试结果,取录一百六十二人,以章委员长名义揭榜。本日(三十)第二次举行初试。上午六时,赵炎午与各主监委员均莅试场,鸣炮九响,躬亲点名给卷,百六十二人全到,又鸣礼炮三响,扃试场双门,示题考试,并出四题,限是日下午六时缴卷。因题目尚易,届时均完卷出场。试题如下:一,联治实行,制定国宪,对于国会制度,应采两院制乎？ 抑采一院制乎？ 试说明之;二,地方保卫团,于地方警察,根据法令,究以如何设施为宜;三,今岁城南北大火,其发火地点,因煤油商店贮藏煤油甚多,以致火势蔓延,不易扑灭。政府对于煤油商店之开设地点及各种设备,乃以命令取缔之,煤油商人因此项取缔命令,蒙营业上之不利,援引宪法上居住自由及营业自由权,呈请政府收回成命,应如何处理,试批判之;四,拟严禁败坏政俗之书籍令。初试之后尚有一次复试,即以口试行之。湘赵已决定十月三日上午八时起亲莅试场,当面询试,各应试者应服常礼服前往,连同初试结果一并榜示,发给合格证书,听候任委。其取录名额,决定不过六十人,以免仕途拥挤。再初试第四题'政俗'二字,原系'风纪'二字更易,盖出题者之意,其注重点,在防止过激文书之传播,故以风纪易政俗,以考应试者心理之揣度也。"(《申报》,1925 年 10 月 5 日"国内要闻"《湖南考试县长之初复试》。)

　　10 月 4 日,湘省县长考试考竣。10 月 5 日,章氏至"各处拜客",又至省议会与晨光学校演讲,在湘议会讲"联省自治"和"湘宪",在晨光学校讲"智识阶级"和"国文为重要学科"。临行,赵恒惕"特送程仪三千元"。据"长沙通讯":

　　"湘政府此次特聘章太炎来湘,主考县长,取录三十人,考试任务已于四日告竣,章乃于五日乘舆赴各处拜客,省议会与晨光学校俱于是日开会欢迎章氏演讲。其演词对于时局问题与教育问题,颇有关系,用录如左:

　　"省议会席上之演词　　五日下午一时半,湘议会在协议厅欢迎章太炎,首由欧阳议长致词,略云:'本会今日欢迎章太炎先生,式形甚简,用意极诚。先生创造民国,巩固共和,备尝险阻,此志不渝。近者鉴于国事纷扰,发为联治救国之谈,与湘人主义正同。湘宪未制定以前,承先生之督责;既制定以后,又承先生之维护。畴昔粤军假道,声浪日恶,北方军阀又时以危词恫吓,吾湘势处孤危,幸赖先生发皇正论,呵护不遑。一方客军与军阀慑于正论,未敢以暴力相加;一方使国中智识阶级,对湘表深刻之同情,此皆湘人感念不忘者。此次吾湘以用人无正确标准,行政未就轨道,举行县长考试,先生不惮跋涉,来湘主持,拔选真才,以为牧民之责,则将来造就吾湘者,较之畴昔,尤有进境。同人久切瞻韩,愿假欢迎之便,快聆明教'云。

　　"太炎略致谦词,即起立演说云:'曩者提倡省治,贵省首先实施,宪政经一度之修改,省政府地位愈益巩固,设施渐臻完备,较之前此风雨飘摇时代迥然不同,深为快慰。两湖地位,独得风气之先,辛亥之役,武昌首义。今者湘省又首先制宪,我于斯土,与第二故乡无异。愿掬诚商榷,今之形势,先决问题,即须判断中央政府是否合法,如为合法,宁有异议。否则当以断然之态度,强硬应付,无涉敷衍,无所游移。以今之北政府言,推翻约法,已失法律之根据,乃饰词曰革命行为,以自欺欺人。夫曹锟贿选,为犯罪行为,推翻曹锟明正其罪,此为惩罚罪犯问题,革命之义何在? 在昔项城当政,变更国体,驱袁成功,尚能维持约法之效力。今乃以惩罪人之故,侈谈革命,举约法及其他一切公布法律,悉予废除,以成非驴非马之局,则革命云云,徒足令人齿冷耳。就事实言,北政府号令不出都门,张作霖自张作霖,冯玉祥自冯玉祥,谓张、冯命令北政府可,谓北政府命令张、冯则不可。此种现象,尚复成何政府? 法律事实,两者穷于置词,则今之北政府,即是非法政府,所恃以维持国脉、保留正气者,独有西南一隅耳。然吾人盱衡西南局势,徒增郁恼。粤局自乱,川、黔已受非法任命,滇、桂远处僻壤,内情亦极复杂,法治精神之硕果仅存者,当推湖南。湖南人所处之地位,何等重大,所负之责任,何等重大。前此省政府派遣善后代表及各项委员,已属微露弱点,幸贵会明白自持,差足补救。今后如再选派国民会议代表,以有法可守之省,追随非法政府之后,消磨正气,斩断国脉,试问湘人自居何等地位? 贵会对于昔之选派委员,居于旁观地位,此时则不能不望更进一层,居于干预地位。盖选派国民代表,非选派委员可比。委员仅代表当局,代表则全省人民之代表。贵会如以清白自持为已足,不复尽其干预之职责,国民代表茫然产出,则贵会亦湘省全体人民之代表,其职责无形解除,湘民之弱点暴露,贵会亦无立足馀地矣。关于此点,曾向西南各省频进忠告,除已受非法任命者不计外,其他仅挂自治招牌者,不足与谋。湘既颁行省宪,即不可视省宪若无物,产生不健全之国民代表,又况北京所召集之国民代表会议,其召集之权,不知谁何所赋予? 借令开会,法律失所根据,终必无效,湘人若妄自菲薄,甘居暴弃,不独湘人之玷,亦抑全国之羞。贵会代表三千万湘人,猥承欢迎,愧不敢当。谨贡刍荛,借供采择。'词毕退席,议员鼓掌送之。太炎演讲,口操馀杭土音,啁啾难辨,有相顾错愕,不知所云,而亦鼓掌以表欢迎之忱者。

　　"晨光学校席上之演词　　五日上午十时半,北门外晨光学校校长彭一湖、校董钟才宏等,在校开会欢迎章氏。首由彭校长致欢迎词毕,章氏起立演说,其词甚长,大意分为二点如下:‘一,自教育界发起智识阶级名称以后,隐然有城市与乡村之分,城市自居于智识阶级地位,轻视乡村。实则吾国阶级制度向不发达,自总统以至仆役,仅有名职之差别,何必多此智识阶级之名称,为文化之中梗。贵校独见于此,以养成农村人才为宗旨,化除阶级,熔合城野,最为适用之教育。盖教育如不适用,所养之人才必不适用,开办学校伊始(因该校系本学期始办),不能不认清题目做去也。二,国文为重要科学之一,自不待言。今之衡文者,以美观为主,然美观必取其自然之势,不必加上雕琢,行文宜切实用,不可徒取美观。国文之下,包括历史、论理、哲学三种。历史为祖孙相传之信物,凡伟大之人物,皆由参考历史得来。参考历史,如打棋谱,善弈者必善打棋谱,否则虽解弈理,终非能手。至于论理哲学,可以四字包括之,即求是致用而已’云云。闻章氏定于双十节后返沪,赵炎午特送程仪三千元,以壮行色。”(《申报》,1925 年 10 月 11 日“国内要闻”《章太炎在湘之两演讲》。)

10 月 15 日,章氏离长沙。原定 10 月 10 日“游览岳麓”。(《申报》,1925 年 10 月 9 日“国内专电”《长沙电》。)旋于 15 日晚由长沙到岳州,劝吴佩孚“静待时机”,于 17 日来鄂,谒萧耀南。报载:

“章太炎删(十五)晚离湘,赵派军乐连欢迎。”(《申报》,1925 年 10 月 17 日“国内专电”《十六日下午一钟长沙电》。)

“章太炎删(十五)由长到岳,闻湘赵托章劝吴静待时机,不可轻动。”(同上《十六日下午三钟汉口电》。)

“章太炎在岳原定勾留一星期,旋因浙事,篠(十七)午专车来鄂,寓丁栈,四时谒萧,密谈甚久。中华大学巧(十八)开会欢迎演讲,省教育会定皓(十九)欢筵。闻章于二三日后即须返沪。”(《申报》,1925 年 10 月 19 日“国内专电”《十八日下午六时汉口电》。)

10 月 15 日,浙奉战争开始,孙传芳先发制人,分五路出兵进攻上海、宜兴。上海奉军为保全兵力,已于先一日退出。17 日,孙传芳占领上海,奉军因防线太长,供应困难,均不战而退。18 日,杨宇霆离南京北去,姜殿选亦离蚌埠,奉军退至徐州集合。

吴佩孚抵鄂,章往谒见。据报载,他在答“外人询”时,主张扬子江流域须给直系”,又拟电请唐绍仪来汉:

“汉电:某外人询章炳麟时局计画。章答:‘扬子江流域,须给直系,仍以段为临时执政。一方由曹锟通电退位后释放,召集旧国会,但分子中有参预贿选者,仍除名。关内驻屯奉军全退关外,双方派代表议和。’又问:‘冯、吴间有接洽否?’章答:‘确无接洽,但去年冯班师前,奉天约定不入关,有日人作见证。今奉军到长江,冯方当然不喜。’”(《申报》1925 年 10 月 24 日“国内专电”《二十三日下午一钟北京电》。)

“吴佩孚到汉后,……已分电联军各省,速派代表来汉与议,并电邀唐少川氏来沪,一商联军方面之政治规画。章太炎氏亦电唐促驾,唐已电复不日成行。但目前所最关重要者,则为豫岳之是否赞助联军。吴到汉后,岳并无一字欢迎,此间虽数电催其态度,迄今亦未得复。”(《申报》,1925 年 10 月 27 日“国内要闻”《吴佩孚到汉与鄂局》。)

10 月 22 日,因河南“北近畿南,东连徐皖”,在浙奉战争时,未曾表态,特电岳维峻："豫省北近畿南，东连徐皖，易为敌所乘，亦易致敌死命，想同仇敌忾，必不后人。请速宣布，以振义声而壮邻援。至法统说，徒滋纷扰，浙鄂皆置此不论。"（《申报》，1925年10月24日"国内专电"《二十二日下午四钟汉口电》），岳维峻即行电复，报载："豫岳复章太炎养电：'谠论甚佩，请拭目俟之，当知维峻之为何如人也。'"（《申报》，1925年10月26日"国内专电"《二十四日下午十一钟汉口电》。）

浙奉战争开始后，赵恒惕赴岳阳，劝吴佩孚"主张联省自治"，湘议员也于19日"公宴章太炎"后，"发电迎吴"，报载：

"湘赵皓（十九）赴岳，劝吴主张联省自治，号（二十）返省，吴乘舰赴汉。"（《申报》，1925年10月22日"国内专电"《二十日下午九钟长沙电》。）

"来汉参众议员百馀人，效（十九）午在普海春开茶话会，决暂不谈法律与政治，先请吴出山，主持对奉军事，故迎吴贺孙两电颇空泛。号（二十）午乘两小轮偕赴金口迎吴。省议会效（十九）午公宴章太炎，旋开茶话会，决即发电迎吴，商、教、银各团领袖纷电迎吴。"（同上，《二十日下午六钟汉口电》。）

10月21日，吴佩孚渡江来汉，就总司令职，发表讨伐张作霖之"敬电"（二十四日），说什么："乃者张作霖贪天之功，不自戢兵，既盗直隶，旋攫山东，更为豕蛇，洊食苏皖。""佩孚早作夜思，旁皇累日，以为不忍目前之痛，不足除将来之患，不歼部落之暴，不足图大安之局。""已于十月二十一日雪涕渡江，执鞭弭以随诸将之后，誓歼戎丑为民请命"云云。（《申报》，1925年10月26日"公电"《汉口吴佩孚通电》。）

吴又发"对外交宣言"，说什么："本总司令此次统帅联军讨贼，系为谋我国统一起见，纯属内政范围，对于有约各友邦从前所订之通商条约，及已经解决之成案，必特加以尊重。"（《申报》，1925年10月25日"国内专电"《二十四日上午一钟汉口电》。）乞取帝国主义的支持。

10月24日，至吴佩孚处辞行。当章太炎在鄂时，曾向吴佩孚提出"联省自治足以阻共产"、"与鄂当局合作"等建议。吴佩孚欲任章为总参赞，未就。报载：

"章炳麟对吴佩孚建议，联省自治足以阻共产，在联治未成立前，应以约法国会为过度，法无罪，罪在人，国会无罪，罪在议员，不能因子之不良，并母而杀之。章并不反对国民会议，谓召以制联治宪法，或修改前年宪法，使合于联治，及加生计，章做此工作亦可。吴对章主张，大部容纳，但吴左右不务远谟，求速利者多，故成做下去再说的形势。"（《申报》，1925年10月25日"国内专电"《二十四日下午一时北京电》。）

"章太炎谒吴辞总参赞，愿以国民资格赞成义举，并请容纳数事：一，顺从民意；二，牺牲个人权位；三，与鄂当局合作。吴颔首称是。"（同上《二十四日下午四钟汉口电》。）

"章太炎辞总参赞，拟日内返沪。"（《申报》，1925年10月26日"国内专电"《二十四日下午十钟汉口电》。）

"章太炎敬午后四时，偕孙武谒吴辞行。九时，乘江顺轮返沪"。（同上，《二十四日下午十钟汉口电》。）

"章太炎临别时，请吴勿以军事行动，涉及鄂政，并速打通军事路径，早告结束，如豫无发展,即速赴宁,与孙合作,夹击徐州。吴颇首肯。"(《申报》,1925 年 10 月 27 日"国内专电"《二十六日下午五钟汉口电》。)

"章太炎今日(二十四日)午后四时,偕孙武谒吴于总司令部,请吴处处以国家与民意为重,则联军前途,必获胜利。并称因有要事,即日返沪。晚九时,章乘江顺轮离汉。吴则极称章为吴帮忙,并传章将久留在此,为吴计画一切,且邀唐少川来汉,协商组织护法政府。讵唐尚未来,章已先去。说者谓章因见吴部日来抢夺饭碗之胡闹,预知其不能有为,故先洁身以去。其言是否足信,亦难断定也。"(十月二十四日夜,《申报》,1925 年 10 月 29 日"国内要闻"《吴佩孚到汉后之萧耀南》。)

10 月 27 日,章氏由汉口乘轮返沪。次日,记者往访,章氏谓"长江方面,除反奉以外,无其他目的"。吴佩孚对政府"无倒之之意",吴拟"赴宁,与孙会攻徐州"云。报载:

"入湘主试县知事之章太炎,于事毕后曾至汉口吴佩孚处,参预军务。今已由汉特乘招商局之江顺轮返沪,业于昨午到埠,在金利源码头上岸。"(《申报》,1925 年 10 月 28 日"本埠新闻"《章太炎返上海》。)

"章太炎氏前日自鄂返沪,昨日章之知友及中外新闻记者,踵门相访,自晨至暮,计有六七十人之多。记者昨晚往见,兹以其谈话之可以发表者记之如次:

"记者问:'此次浙孙发难,吴氏再起,其志趣可得闻乎?'

"答:'此次反奉派举兵,于时各首领,容或存有其他目的者。嗣经人从中疏解,现已归单纯,即一致反奉不及其他是也。'

"问:'吴子玉有反对现政府及护宪意,确否?'

"答:'吴对现政府虽有不满之处,然无倒之之意。至谓吴欲护宪,乃外间推测之辞。即护法,吴亦认为徒滋纷扰,现尚谈不到者。故现在长江方面,除反奉而外,无其他目的。'

"问:'何故欲反奉?'

"答:'其理由备见吴、孙等通电,多数国民必表同情,而直、鲁、苏诸省人民感觉尤切。'

"问:'国民军派将参加反奉运动否?'

"答:'闻吴、孙与豫岳,事前确有成约,岳氏允于孙氏发动后三日即响应,今岳仍按兵不动,深为不解,或竟受奉方之愚,亦未可知。'

"问:'河南如不动,则鄂军不能假道豫省,由陇海而与孙会师徐州乎?'

"答:'豫岳之态度,当数日内判别之。吴则闻决拟率兵搭轮赴宁,与孙会攻徐州,故该方日后当有剧战也。'"(《申报》,1925 年 10 月 29 日"本埠新闻"《章太炎之谈话》。)

10 月 28 日,《致李根源书六一》,述赴湘、鄂事:"此去本为湖南典试,中遂牵及国事。在岳见子玉两次,所言大旨在先去障碍,后论法律。故护宪之议遂消,(原注:"贿选议员尚持此论,军界不涉。")即倒段说亦且阁置。盖护宪为人心所不与,倒段则兵不能达,反使关东假借其名,此在棋局皆落后手。今置此不谈,布局已为不误。至于黑白输赢,则仍视军人计划耳。吾因定策已毕,暂归休息。师果获胜,他日必以法统之说进也。"

10月31日,章太炎在上海国民大学讲《我们最后的责任》,散布反共谬论,据记录,讲词为:"刚才胡朴安先生欢迎兄弟,他说:'国民大学的成立,是本于研究国学与反对复辟两点成立的。'兄弟以为这两件事,实是一而二、二而一的。兄弟从前主张推倒满清,所以要研究国学;因为我们研究国学,所以要推倒满清。研究国学与推倒满清,表面看来是两项事,其实就是一项事。今年诸君反对江亢虎阴谋复辟,组织国民大学,这是一件很光明的事。不过复辟已成为过去的事实,我们现在所要反对的,就是要反对共产党。共产是否适合我们的国情,还在其次;现在的共产党,并非共产党,我们可以直接称他'俄党'。他们不过借着'共产主义'的名目,做他们活动之旗帜,什么'共产'、'不共产',那简直是笑话。现在广东的党政府——什么'党'、'不党',简直是笑话,直是俄属政府——借着俄人的势力,压迫我们中华民族,这是一件很可耻辱的事。我们应当反对借俄人势力压迫中华民族的共产党。最后,凡是借外人势力来压迫中华民族的,我们应当反对他,这便是我们最后的责任。"(《醒狮周报》第58号,1925年11月14日出版。)

10月,《华国月刊》第二期第九册出版,有《伯夷叔齐种族考》,以为"夷、齐不食周粟者,谓不食周室养老之饩,非谓率土之毛出于民力者,悉当厌而吐之"。"其言饿且死者,夷、齐老矣,虽日食刍豢亦自毙,后人欲高其节,故以饿死连言,终之非如龚胜之所为也"。"孟子所谓目不视恶色,耳不听恶声,立于恶人之朝与恶人言,如以朝衣朝冠坐于涂炭,斯伯夷之旨也。太史以伯夷与许由同论,周末如陈仲辈,皆闻其风而悦之,此皆非有亡国之痛,直以清风絜行蝉蜕贪浊之表而已矣"。

同期,又有汪荣宝《论阿字长短音答太炎》,系对《华国月刊》第一卷第五期章氏《与汪旭初论阿字长短音书》进行商榷,认为"古韵自有阿字长音,乃在鱼模而不在泰夬,古韵歌、戈自是阿字短音,乃读ao而不读o"云。

11月初,东征军肃清潮汕一带敌人,东征获得完全胜利。

国民军发动反奉战争,分向鲁西及大名、保定进攻。

11月10日,北京总工会宣布成立,北京全国学生总会与广州外交代表团等发起"关税自主示威运动筹备会"。当日,举行第一次示威运动,通电主张民众与武装结合,并致最后通牒于段祺瑞,令其即日下野出京。后为林森、邹鲁等造谣反诬,制造分裂,驱段计划未能实现。

11月中旬,章氏"赴苏州游览,外间乃传其有赴徐晤孙传芳等之说",在他答东南通信社记者询问时,章氏认为吴佩孚"暂倾和平",黎元洪"出山","此时尚谈不到"。报载:

"章太炎自汉赴沪后,又于昨晚十二点,乘沪宁夜快车赴宁,闻转津浦车赴徐,与孙传芳有所接洽。"(《申报》,1925年11月12日"本埠新闻"《章太炎昨晚赴宁》。)

"章太炎自由鄂返沪后,日前应李根源等之约,赴苏州游览,外间乃传其有赴徐晤孙传芳之说,并多加揣测。据闻章氏到苏后,与李氏及陆荣廷等徘徊多日,浏览胜景,经已前晚抵沪,与政治上当无重大关系。

"东南通信社云:章太炎日前离沪赴苏,已于前晚返沪。记者昨晤章氏,据云:"彼赴苏州小住数日,借以游历,并无如外间所传赴宁之事。孙传芳现尚在江北,彼如晤孙,亦不仅至宁。章氏对时局意见,谓:'北方冯、张间之妥协,已成事实,否则段祺瑞决不敢下强硬之命令。冯玉祥素善取巧,吴佩孚此次上当甚大。吴之军队,一时不易集中,其左右如蒋百里等尚有政治眼光,而吴景濂等之妄谈护宪,适足以误事。故就各方形势观察,均将暂倾和平。关于恢复法统事,曾有主张黄陂出山者,但此时尚谈不到,孙传芳军队之撤回,系为预防蒋介石入闽,其实孙氏早可将蚌埠一带交皖军保守,而自镇宁垣'云。"(《申报》,1925 年 11 月 17 日"本埠新闻"《章太炎由苏返沪》。)

11 月 18 日,章氏致电孙传芳、吴佩孚,以为"通电奉迎"黎元洪"南来正位,建置合法政策"为上策。电云:"徐州孙总司令、汉口吴总司令、武昌萧督办及各报馆鉴:往岁曹锟窃国,段祺瑞借诸军之力,取而代之。执政之名,出于二三人之所私署,比诸曹氏,曲直无分,犹以临时建置,国人不与深校也。秉政以来,任用金壬,昏德未改,宪法起草之侵权,国民会议之戢法,金法郎案之卖国,关税会议之营私,大罪四端,不须馨竹。而又延致关东胡寇,侵略中原,饮马及于江上。幸五省联军倡义,追奔斩馘,抚定徐方。鄂省诸军,共相夹辅,攘除虏患,稍具规模。乃段祺瑞妄下伪令,强制停战,以恢复江淮为骚乱,以纵容猾夏为和平,冀全国解兵以遂其卖国之私计,此而不治,何以为国?亟应替其位号,以立国常,以遏乱略。既黜段氏,南方自为保固,则有二策:上策在建合法政府,中策在宣告独立而已。神州乏主,业已二年,大总统黎公继任以来,初无失德,以叛将凌逼,逊于海上,任期未满,人心所怀。今若通电奉迎,南来正位,建置合法政府,则名正言顺,薄海有所系心,乱贼失其凭借,此上策也。如以军事未了,不遑论政,则当宣告独立,自由保障,整军经武以待时,联合西南以树援,军防大小,各随其宜,而不必遽设政府,但令南北分疆,奸回亦稍敛手,此中策也。诸公总摄师干,杖顺而起。值此人心旁皇之际,必能分别朱紫,守正不回,其有拥护伪府、通款强胡及把持关税会议者,与天下共弃之可也。章炳麟。巧。"(《申报》,1925 年 11 月 20 日"本埠新闻"《章太炎巧电之主张》。)

11 月 18 日,国民军占领保定。

11 月 19 日,浙奉战争,奉军退出徐州,战争结束,苏、皖、浙、赣、闽五省均为孙传芳所占据。

11 月 23 日,奉军副军长郭松龄倒戈,向关外进攻,热河都统出援,国民军宋哲元部乘机占领热河。

11 月下旬,褚辅成等发起"五省废督运动",章氏与虞洽卿等也列名发起,拟"举孙传芳为总司令","专负军事之责,民政则由人民选举省长"。报载:

"据全浙公会消息,浙绅褚辅成等,此次发起五省废督运动,已蒙苏、浙、皖、闽、赣五省绅商之赞同。其第一步计画,将由浙绅章太炎、蒋观云、褚辅成、虞洽卿等列名发起五省士绅联席会议;第二步计画,则要求五省军事当局,废除督办名义,并公推总司令一人,专负军事之责,民政则由人民选举省长,一俟此次计画实行后,则再作大规模之裁兵运动。闻第一步计画,日内即将办理,且五省士绅之复文赞成者,现已不少云。"(《申报》,1925年11月25日"本埠新闻"《五省士绅将开联席会》。)

"东南通信社云:苏、浙、闽、皖、赣等五省人士,连日运动废督,颇为热烈,尤以苏、浙两省人为最。前日下午四时褚辅成等又为此来,邀集五省人士会议。预拟之办法,拟将五省军权统一,举孙传芳为总司令,同时将五省督军废除,民选省长,俟孙传芳来沪时,即将此项主张,推派代表面商。又关于废督事,皖军现忽反对邓如琢,闽省粤军正图侵入,前途颇多纠纷,亦正废督之好机会云。"(《申报》,1925年11月26日"本埠新闻"《五省人士之废督运动》。)

11月24日,章氏又与褚辅成、张一麐等联名发出通电,将《致孙传芳电》录附,在他《致孙传芳电》中,提出"军事权限"、"严禁增军"等两事。电云:"各报馆转江浙两省各公团及诸父老均鉴:顷上南京孙总司令一电,文曰:

"南京孙总司令鉴:闻公凯旋,群情欣慰。同人为两省久远治安问题,先就目前善后办法,条陈两事:

"一,最近两年,战祸皆起于江浙区域问题,为杜绝以后纠纷计,军事权限,不宜分歧。今后江浙两省军队,应请以五省总司令名义负责,直接指挥。所有督办、帮办、某省总司令、护军使、镇守使等名称,一律取消,不再设置。其有必须设置军事专职者,应以军事上有防御之必要地点为限。

"二,江浙两省,比年以来,人民苦兵已极,民政财政,俱受绝大影响。今后两省军权统一,应请总司令抱定兵贵精不贵多主义,严禁所属添招军队,并统一军需支放机关,一俟时局渐平,力谋裁减,庶两省财力,渐轻负担,而民政亦得依次进行。

"以上两端,尚恳鉴纳施行,江浙人民幸甚等语,应请一致主张,至为企盼。张一麐、章炳麟、黄以霖、褚辅成、马士杰、顾乃斌、沈恩孚、殷汝骊、袁希涛、俞凤韶、陈陶遗、陆启、黄炎培、余名铨、史量才、沈泽春、张嘉森、赵正平。敬。"(《申报》,1925年11月26日"本埠新闻"《江浙士绅致孙传芳电》。)

11月23日,奉军副军长郭松龄反戈后,各方人士往"章太炎处者络绎不绝",章氏与唐绍仪密商,"主张拥黎出山,以正法统"。又以为"冯玉祥尚拟拉拢段氏"。报载:

"拥黎派人物以为奉系既倒,段祺瑞失其根据,政府理当改组,此时正可推黎出山,补足其八十一日任期。惟对冯玉祥之态度,则认为可疑,以为未必肯如此做去。故昨日如李根源等,对此事迭经讨论,而各方人士往唐少川及章太炎处者络绎不绝。闻推黎出山之计划,拟请孙传芳通电提倡,而在沪名流,亦拟通电。"(东南社,《申报》,1925年11月28日"本埠新闻"《拥黎派之计划》。)

"自郭松龄反戈后,北方形势突变,本埠各要人,如章太炎等于接到郭氏自滦州发来通电后,于时局办法,颇有所讨论。参与其事者,有吴醒汉、殷汝骥、余遂辛诸君。傍晚,复由章氏偕至靶子路唐少川氏处谈话甚久。闻结果将主张拥黎出山,以正法统,以向各方接洽为着手。章氏稍缓或将赴宁一行,与孙传芳氏接洽。"(国闻社,同上,《章太炎等昨日讨论时局》。）

"自北京形势突变后，拥黎之说大盛，昨闻此事计议后，尚无显著之进行。前日唐宅之晤谈，未得结果。孙传芳方面，似尚未予以同情。据章太炎氏之观察，以为冯玉祥尚拟拉拢段氏，以迄关税会议之成功为止。"（国闻社，同上，1925 年 11 月 29 日"本埠新闻"《拥黎运动之昨讯》。）

11 月 27 日，《致李根源书六二》："昨得孙处消息，其意欲以卢香亭督浙，谢鸿勋督皖，废督之说，非彼所愿闻，对于反抗伪段事，亦无真意。此公战略稍长，而识见颇短，似不必再与之言。转瞬冯氏势盛，长江一带必为赤化所并吞，吾辈当坐视成败而已。黎公若为冯所拥，既已厚颜，且为赤化所包围，亦其不取。然郭松龄通电，实系宓僧所为，则黄陂坚卧，恐亦难劝。鄙意决定括囊，弟以为如何？"

11 月 28 日，孙传芳电章，告以联军第十三军司令邓如琢"别有他项任务"，由冯绍闵"北上"。报载：

"唐少川、章太炎两氏，昨接孙传芳电云：'联军第十三军邓司令如琢，别有他项任务，未能远征。兹悉冯师长绍闵为浙、闽、苏、皖、赣联军第十七军司令官，率带所部，援助各友军北上。特此奉闻。孙传芳，俭。'"（《申报》，1925 年 12 月 3 日"本埠新闻"《孙传芳委冯代邓之电告》。）

11 月 30 日，苏、浙、赣、皖、闽五省留沪人士聚餐，章氏到会，商讨"五省兴革之事"。报载：

"远东通讯社云：昨晚（三十日）八时，苏、浙、赣、皖、闽五省留沪重要人士，特假一品香举行聚餐会，并讨论组织五省协会事，到会者有章太炎、蒋伯器、吴挹清、李平书、项微尘、张敬垣、李惠人、李右之、谢铭勋、秦待时等五十馀人。蒋伯器主席发言，大致谓组织五省协会之必要，席间尤以章太炎发言最多，并主张凡安福系及其他不良分子，应拒绝其入会。众讨论结果，决定假明德里为该会筹备处，至十时散会。"（《申报》，1925 年 12 月 2 日"本埠新闻"《五省旅沪重要人士之会议》。）

"五省一部份人士，前晚在一品香集会，大致已见昨报。昨据参预此事之章太炎氏语人云：五省协会，实为蒋伯器等所发起，其目的似在辅助及监督五省总司令之行动，一面以五省人民之力，以建议五省兴革之事。惟昨晚到会者仅江浙人士居多，其馀各省，参加者尚属不多，故尚在发起时期，正谋邀集五省人士加入，成立之期，尚须有待。"（《申报》，1925 年 12 月 3 日"本埠新闻"《五省协会成立有待》。）

"日前本埠传说甚盛之拥黎运动，日来已形沉寂。章太炎氏日来不复为此种活动。李根源之赴宁，系因与孙氏为同学，孙曾两次招之之故云。"（《申报》，1925 年 12 月 3 日"本埠新闻"《拥黎运动已沉寂》。）

11 月 30 日，戴季陶、邵元冲等来沪，进行反共活动，"主在总理灵前集会"，反对改组后的国民党。（《申报》，1925 年 12 月 2 日《民党要人来沪》。）此后，居正、邹鲁、谢持等国民党右派也纷纷来沪，谋在上海成立孙文主义学会。（《申报》1926 年 1 月 8 日、1 月 28 日"本埠新闻"。）

11 月,《华国月刊》第二期第十册出版,刊布章氏《疏证古文八事》,谓:"《尚书》初出壁中,孔安国以今文字读之,则如闕读为闚、三读为四是也。其以声音训诂展转求通者,虑亦不少。今壁中古文,残存于《正始石经》,而孔氏所读者,多存于太史公书。石经所录,上古文,下师读。若麋蝥为迷乱,中宗为仲宗,皆上存真本,而下以师读通之,其师读讫马而止,已不尽安国旧训。若《经典释文》、《尚书正义》、《史记集解》所引马、郑诸说,云马作某、郑作某者,两家有异,则其一必为改读之字,两家相同,亦或为相沿师读之字,不应执是以求壁中古文也。《周官》始出山岩屋壁,盖未有校勘者,杜子春以下,多所发正,诚如晦之见明,然以意擅定者亦不少。今取《尚书》太史公本及《周礼故书》各四事,为疏通证明"云。

12 月,王正廷等发起"酬谢"美国教授"威尔贝",章亦列名加入。报载:

"中华民国拒毒会发起公份,酬谢美国约翰霍金大学教授威尔贝博士,赞助我国对外运动盛意,前经王正廷、朱葆三、许沅、袁履登、鲍咸昌等列名加入,近日继续加入者,有顾维钧、章太炎、关炯之、刘鸿生……等多人。"(《申报》,1925 年 12 月 16 日"本埠新闻"《各界赞成酬谢威尔贝博士》。)

12 月 6 日,上海举行倒段反奉大会。同日,北京亦开反段示威大会,国民党右派萧淑宇等到各校各团体四出活动,说"这是共产党所作的,你们都不要去上他们的当。"

12 月 6 日,《致李根源书六三》:"冯玉祥以张之江、孙岳争权,暂时腾出地位,其人不可谓无小术。冯虽去,而赤化如故。黄郛摄阁之势又起,以此为恢复法统,必应反对。至黎公恐非彼辈所愿,就令勉强拥戴,亦与拘囚无异。凡彼辈借其命令,更便从事。则俄国顺民之名,将累及长者矣。鄙意总以杜门拒绝为要。勿谓冯贼已去,可以高枕无忧也。总之,今日大势,宜分而不宜合。段、吴恋栈则各方表示不承认。段、吴引去,不如废置中央,暂各分立。夷狄有君不如诸夏之无,此在赤化时代,正为相应。不知达者以为何如?"

12 月 13 日,反奉战争,郭松龄占领营口,张作霖已陷入被包围的地位,沈阳大为震动。19 日,日本增兵到达奉天阻止郭松龄前进,郭于 23 日失败。

12 月 18 日,章太炎发表《外交政策之通电》:

"上海、汉口、天津、北京各报馆均鉴:往者南方以疆场之患,攘斥奉军,自郭松龄倒戈以来,直鲁两省,已与张作霖不生关系。张之势力,既退伏于辽左矣,冯玉祥乘其谲胜,与俄通款。""叛国之罪既彰,外患之罪斯立。

"李景林讨冯一电,虽为自固吾圉,实天下之公论也。南方各省,守御已完,即当为国干城,扬旌北迈","有与冯玉祥一致者,并在讨伐之列,不应专谋自固,置全国祸害于度外。

"又民党同志,多在塞上,国民二三两军,亦未与冯玉祥决绝。夫向日所以应和冯玉祥者,谓其有倒曹之功耳。初不料其倒行逆施至于此极也。凡人内行矫虔,外示公正,自非聪察之士,鲜不堕其术中。然既知段祺瑞为卖国,而冯之延致外患又过之;既知广东汪、蒋为赤化,冯之于汪、蒋,实为北方关主,何得随此浊流,羁縻不绝? 然则有兵者投袂而兴,无兵者濯缨而去,在此时也。总之,中国主权,重在法统之上;苏俄侵轶,害居关东之前。邦人君子,谁无爱国真诚,但恐虑祸未深,相与玩忽,故特详论利害,唯明者采而行之。章炳麟。啸。"(《申报》,1925 年 12 月 20 日"本埠新闻"《章太炎对时局通电》。)

查冯玉祥这时逐步倾向广东革命政府,汪精卫、蒋介石则隐藏在革命内部,进行破坏革命的阴谋活动。当章在 1924 年底,和冯自由等发表《护国救国宣言》,公开反共后,又在国民党右派的怂恿下,反对孙中山三大政策。"啸电"发布后,遭到各方面的责难,连有的地主、资产阶级也表示怀疑。东吴大学法学教授罗运炎,甫自日本出席全国基督教同盟大会返国,(《申报》,1925 年 10 月 26 日"本埠新闻"《罗运炎博士返国》。)也以"啸电为武断"。

12 月 22 日,函《复罗运炎》,说是什么北方"共产之说,已见实行",叫嚷要除"赤化"。原函为:"罗君运炎足下:来书谓冯俄密约,见诸报纸,未可引为确据,以鄙人啸电为武断。从来两方密约,断无公示他人之理,惟善觇国者宛转而得之。日人之见此密约,以何方法,非吾人所得知。若谓宣布他人密约者,皆恍忽无据之辞,然则前此段氏卖国诸款,又谁见其签字盖印者,而以报纸腾布,人遂同声诋之,此亦为武断否耶? 再前则李鸿章以南满赠俄人,当时又谁见其立约者? 以外人窃知其事,相与传布,时人亦信任不疑,此亦为武断否耶?

"仆于冯玉祥,本无私怨,即此密约,亦岂亲见载书,然果于下此判断者,亦由彼此参伍而后信。观冯玉祥左右任使之人,素多濡染赤化,而军实大半运之俄国。俄人势力集于中央,与他国商人贩枪者异,自非主义相同者,又岂肯以军实输之? 又自广东来者,皆明言冯与汪、蒋相契至深。熊克武因于粤中,无可控告,有向彼中保释者,则以'总机关在张家口'应。此次北京骚动,共产党手执红旗,鹿钟麟统师在京,佯为不观。近又北京勒捐绅富,下及优伶,形同绑票,则共产之说,已见实行。最近在北京观战者,且谓冯军部内,现有赤俄,以此数者参会,故对于冯俄密约信之为真。法官尚得自由心证,仆非法官,岂独受此拘束哉?

"来书又云:'满清诬人以革命,近时诬人以赤化。'夫满清之末,固实有革命党在,仆辈身遭缧绁,亦曾非满清之诬。今之赤化,岂有异是? 若夫是非顺逆,则判然有殊。革命者以汉族排摈异类,赤化者以异族宰制中华,其不可同年而语明矣。

"要之,赤化不除,大之则中土悉归他人管领,小之则吾辈为革命党者,非受其缨緌,即无保全之理。不观苏俄所排斥以为白党者,非俄国第一次革命政府之人物乎? 仆于今日,亦骨鲠在喉,不得不吐之势也。知我罪我,亦唯足下。章炳麟白。"(《申报》,1925 年 12 月 23 日"本埠新闻"《章太炎复罗运炎书》。)

12 月 23 日,林森、邹鲁、居正、石青阳、覃振、沈定一、叶楚伧、石瑛、邵元冲、张继、谢持、茅祖权、张知本、傅汝霖等在北京西山开会,作出反革命决议案:一,取消政治委员会;二,开除共产党加入国民党之党籍;三,取消共产党在国民党内之中央委员职务;

四,解除苏俄顾问鲍罗廷之职务。广东国民党中央宣布此项决议无效。

12 月 27 日,《复嵇翥青书》,攻击冯玉祥。当《复罗运炎书》发表后,有旅沪淮绅嵇翥青者,"知先生之痛恨赤化也深,关心国事也切",贻书章氏,进行讨论,认为"不能因人与俄人有所往来即谓为之赤化"。至于报纸所谓冯俄订约,"设若报纸宣传先生与某国订某某条件,先生认以为真耶? 认以为伪耶? 若然,则自民国以来,十四年中,报纸所载,不曰先生得某某若干金,即曰先生受某某之大惠,然耶否耶?"说什么"为打倒帝国主义起见,必打倒俄国之赤化;欲打倒俄国之赤化,决不可凭一己之意气"。讥评章氏"昔曾反对吴佩孚,后因赴汉一游,顿变初志。今吴佩孚招赤化元勋陈独秀入汉矣,先生则何以对之耶?"(《申报》,1925 年 12 月 27 日"本埠新闻"《嵇翥青与章太炎论赤化》。)

嵇翥青同样是站在反共立场,"明知赤化之为国害"的,而章氏接到他的来书,却说:"冯玉祥通款强俄,肆其簧鼓,化平民为顺民,而曰主张平民政治;以新帝国主义代旧帝国主义,而曰打倒帝国主义。鄙人啸电出后,为冯玉祥辩护者,实蕃有徒。其中惟嵇翥青一函,稍见大体,然谓'冯军实有俄人任训练,亦犹袁世凯小站练兵,兵书皆由日人校订',此拟不于伦也。校订兵书,固与训练不同,而训练又与指挥不同。冯军之有俄人,实已进训练而及指挥,岂得以袁氏小站相拟。必欲举一比例,则清时以汉纳根任海军提督,曾、李辈以戈登攻克苏、松,差为近似。汉纳根之任海军提督也,予之名义,犹未与之实权,已为非法。然清政府之行事,素无主张,尚可置之不论。至曾、李之用戈登以攻苏、松,则欲不谓之汉奸而不能。李鸿章治苏,勤饬吏治,减轻赋税,其惠政为苏人所知,而同时苏人已目以为汉奸。今冯玉祥之用俄国军官,与李鸿章之用戈登无异也。苟且之论,以为无足重轻,严格之论,则必谓事同叛逆矣。

"至谓'冯玉祥非汪、蒋比,汪、蒋除推尊鲍罗廷外,亦别无对不起国人之事',不知招致外患,为罪至深,即有小惠结民,岂足相抵! 清康熙之政治,实优于明崇祯之苛征暴敛,亦可曰吴三桂除推尊清政府外,别无对不起国人之事耶? 汪、蒋奉鲍罗廷以为主,冯玉祥与俄通款也,其形式未尝奉以为主,此犹仆固怀恩之招回纥、石敬瑭之招契丹,形式与吴三桂小异,其为招致外患则同。百步与五十步,又何足较其同异哉?

"北京骚乱,鹿钟麟明见红旗而不禁,冯玉祥乃于事后追发电令,自为掩饰,此种狡狯小技,何足以欺智者。熊克武案,广中有推之张垣之语,若必责其批词成证,则今之奉戴苏俄者,无不阴有其实而阳避其名,汪、蒋与冯,亦岂异是。觇国者当由心迹论定,非如法吏检案,必沾沾于文字之间也。嵇君明知赤化之为国害,而于冯玉祥偏有恕词,亦由玉祥善为狙诈,与汪、蒋辈浅露者不同,是以见其皮毛,不能察其骨肉。念之念之,他日必信吾言也。仆之在世,自伸其志而已。吴佩孚偶与往来,惟以拥曹为戒,其延致陈独秀与否,非仆所知,假令吴之所为与冯一致,仆岂能为曲恕也。章炳麟。"(《申报》,1925 年 12 月 28 日"本埠新闻"《章太炎复嵇翥青书》。)

嵇接信后,又于 28 日函复,说什么"先生为国学界巨子,而发此不负责任之论,真奇谈也,文既不足凭,口说足凭耶? 抑凡一切事务,非由章太炎口中判定,不足为凭耶",从而使这个旅沪淮绅对章太炎"数十载景仰之心,化为流水,可奈何"。(《申报》,1925 年 12 月 29 日"本埠新闻"《嵇翥青答章太炎书》。)

查函中所谓"北京骚乱",指 11 月北京总工会成立,通牒段祺瑞下野出京后,11 月 28 日,北京工人、学生集神武门示威,北京总工会率领工人臂缠红布前来参加,会后又到段祺瑞私宅,因国民军驻守不能入内。当日,林森、邹鲁等国民党右派即至鹿钟麟处造谣说:共产党领导这次运动要在北京成立工农政府,故意挑拨国民军与群众分裂。29 日,北京群众续开示威大会,驱段计划未能实现,国民党右派雇用流氓撕破北京职工总会旗帜,并焚毁晨报馆,事后反诬共产党放火烧房。章太炎信中所述,听信了国民党右派的谣言。

12 月 30 日,戴季陶又"贻书勉励孙文主义学会"。(《申报》,1926 年 1 月 4 日"本埠新闻"。)国民党右派在京、沪一带,活动猖獗。

本年,章氏又展邹容墓,赋《展亡友邹蔚丹墓因与印泉议治墓道》诗:"穷兵向一纪,跋行常逼仄。故鬼今如何,骨肉求未得。昨岁逢老圃,委曲示行色。导我钱漕庙,为我指塍畇。荒丘一亩馀,灌莽梗衣袯。哀恸陈酒黍,寒泉怳可食。远念黄花岗,贤愚共一域。兹茔虽蕞尔,吾累犹挺拔。生死阅两代,宿草无消息。招魂空遐求,一顾殊在侧。努力召巧匠,为子树石刻。石刻岂足报,零涕沾茵轼。"(曾载《太平杂志》,收入《文录续编》卷七下。)

1924 年 12 月至本年,章氏与吴承仕函札往复,讨论《尚书》古今文。吴承仕以为"古今《尚书》原本皆古文,传习皆今字"。章氏以为"其说近是"。又曰:"鄙意昔人传注,本与经文别行,古文家每传一经,计有三部,与近世集钟鼎款识者相类。其原本古文经师摹写者,则犹彼之摹写款识也;其以今字迻书者,则犹彼之书作今隶也;其自为传注,则犹彼之释文也。""追论原始,则古今文皆是古文,据汉世所传授者,则古文家皆摹写原文,而今文家直迻书今字,实有不得强同者矣。至同一古文经典,而诸家文字或异,此乃其训读之殊,非其原文之异。"(《与吴承仕论〈尚书〉古今文书》一,1924 年 12 月 26 日,《华国月刊》二卷六期,收入《章太炎书札》。)又曰:"伏,孔《尚书》,其始皆古文,后以隶书著录皆今字,诚如足下言。然古文家所以异于博士者,其故书在也。""扶微保阙,唯《三体石经》傥见其真,其馀则文字近古者差觕耳。"(《与吴承仕论〈尚书〉古今文书》二,1925 年 3 月 5 日,同上。)又曰:"汗简引石经,盖得其真。引古文《尚书》,未敢信其悉合旧本(梅氏旧本)。且其所引,又有古《周易》、古《周礼》、古《毛诗》、古《论语》等。魏晋以来,未见有是,即《三体石经》,亦不闻有此数者,疑皆出唐人,犹清世篆文《五经》耳。其文或与《说文》、石经应者,则唐时功令,固以此课书学也。足下又疑后出《舜典》所作古字,亦与石经相应,此则石经摹本,晋时必自有之,《隋·经籍志》所谓梁有三字石经《尚书》十三卷、《春秋》十二卷者是也。"(《与吴承仕论〈尚书〉古今文书》三,1925 年 3 月 11 日,同上。)

旋接吴承仕二书,又复曰:"鄙意欲知孔书为谁作,当稽之事实,不容以疑事相质。"以为郑冲之《泰誓》及《传》,"不与今孔书同"。伪古文为郑冲所作。(《与吴承仕论

〈尚书〉古今文书》四,1925年4月3日,见《华国月刊》第二卷第七期)次日,又函吴承仕:"昨复书,以伪古文为郑冲所作,似可决定。至司马彪、李颙引安国说,皆今《孔传》所无,前函未具,复申言之。"又曰:"梅赜献书已用新定《泰誓》,而李颙独见郑冲原本者,按唐修《晋书·文苑·充传》,充曾注《尚书》,颙即充子,其书盖述父母而作。充始辟丞相王导椽,其生当在渡江前,且祖秉、伯父重皆有声中朝,或以旧家窥见冲书耳。"(《与吴承仕论〈尚书〉古今文书》五,1925年4月4日,同上。)

这时,吴承仕在北平中国大学讲《尚书》,与章氏反复讨论,后有《论古今文上章先生书》。谓:"拟放刘申受之例,别作《集注》;并放江、孙之例,细为疏释。继思《正义》之作,除自有发正者外,强半钞缀成文,似非为己之学,故临事执本说之,不复具录也。""又思清儒言今古文者,大抵妄为分别,了无埠的。近如皮锡瑞、王先谦所分,祇益缴绕,或足疑误后生。顷有一文,略说此中利病,大体本之尊说,而加以证明。"并列《礼·士冠》'壹揖壹让'"等八事。章氏又复:"接手札及《尚书集释自序》,烽火之中,尚能弦歌不辍,实不愧鲁诸生矣。《尚书》今古文,除《说文》所引、《正始石经》所书者,难信为古文真本,即今文亦唯《熹平石经》稍有证据,其馀则或在纬书耳。今文虽立学官,公私称引,不必尽取于是,犹当时《春秋》立学,只有《公羊》,而称述《公羊》者亦正不少,何独于《尚书》必有科察也。"(两信均见《华国月刊》第二期第十二册,1926年3月出版。)

【著作系年】《反对善后会议电》(《申报》,1925年1月28日)。《发起开会追悼王文庆通告》(《申报》,1925年3月13日)。《为反对溥仪出洋致北京国会电》(3月8日,见《申报》,1925年3月10日)。《对于南京城改为中山城之意见》(3月24日,见《申报》,1925年3月25日)。《致唐继尧函》(4月2日,见《申报》,1925年4月4日)。《致熊克武电》(同上)。《为辛亥同志俱乐部纠正段祺瑞废止法统令通电》(5月3日,见《申报》,1925年5月8日)。《为华界贩卖烟土之宣言》(5月21日,见《申报》,1925年5月22日)。《为上海英租界巡捕惨杀学生之通电》(6月1日,见《申报》,1925年6月6日)。《为汉口英租界惨案唤醒全国军人电》(6月18日,见《太炎先生著述目录后编初稿》,《申报》未载)。《致段执政电》(7月5日,见《申报》,1925年7月6日)。《致岳维峻电》(10月20日,《申报》,1925年10月24日有摘要)。《致孙传芳吴佩孚萧耀南巧电》(11月18日,见《申报》1925年11月20日)。《致孙传芳敬电》(11月24日,见《申报》,1925年11月26日)。《外交政策之通电》(12月18日,见《申报》,1925年12月20日)。《复罗运炎书》(《申报》,1925年12月23日)。《复嵇翥青书》(《申报》,1925年12月28日)。

《致李根源书四九》(1925年1月14日,见《近代史资料》1978年第一期)。《致李根源书五〇》(1925年1月20日,同上)。《致李根源书五一》(1925年2月4日,同上)。《致李根源书五二》(1925年2月10日,同上)。《致李根源书五三》(1925年2月25日,同上)。《致李根源书五四》(1925年3月10日,同上)。《致李根源书五五》(1925年3月27日,同上)。《致李根源书五六》(1925年3月31日,同上)。《致李根源书五七》(1925年4月3日,同上)。《致李根源书五八》(1925 年 6 月 9 日,同上)。《致李根源书五九》(1925 年 7 月 11 日,同上)。《致李根源书六〇》(1925 年 7 月 25 日,同上)。《致李根源书六一》(1925 年 10 月 28 日,同上)。《致李根源书六二》(1925 年 11 月 27 日,同上)。《致李根源书六三》(1925 年 12 月 6 日,同上)。

《祭孙公文》(《华国月刊》第二期第六册,收入《文录续编》卷七上)。《祭王文庆文》(《申报》,1925 年 3 月 30 日)。《祭胡景翼文》(《申报》,1925 年 5 月 31 日)。《胡景翼传》(《申报》,1925 年 5 月 10、11 日,旋载《国学商兑》一卷一号,收入《文录续编》卷四)。《胡景翼象题辞》(《胡景翼遗事》卷首,1925 年铅字排印本)。

《致知格物正义》(《华国月刊》第二期第三册,1925 年 1 月出版,收入《文录续编》卷一)。《康成子雍为宋明心学导师说》(同上)。《与吴承仕论满洲旧事书》六一八(1924 年撰,见该年条,同上,收入《章太炎书札》)。《书秦蕙田五礼通考后》(同上)。《与吴承仕论〈三体石经〉书》(1924 年 9 月 30、10 月 14 日,见《华国月刊》第二期第四册,1925 年 2 月出版)。《现代民主政治序》(同上)。《晋》(诗一首,同上)。《铜器铁器变迁考》(《华国月刊》第二期第五册,1925 年 3 月出版,收入《文录续编》卷一)。《与吴承仕论〈尚书〉古今文书》二——三(1925 年 3 月 5 日、3 月 11 日,见《华国月刊》第二期第六册,收入《章太炎书札》)。《书段若膺明世家非礼论后》(同上)。《与吴承仕论〈尚书〉古今文书》四——五(4 月 3 日、4 月 4 日,见《华国月刊》第二册第七期,1925 年 5 月出版)。《前总统府顾问汪君墓志铭》(同上,收入《文录续编》卷五下)。《读〈论语〉小记》(《华国月刊》第二期第八册,1925 年 8 月出版)。《夏布说》(同上,收入《文录续编》卷一)。《伯夷叔齐种族考》(《华国月刊》第二期第九册,1925 年 10 月出版)。《疏证古文八事》(《华国月刊》第二期第十册,1925 年 11 月出版,收入《文录续编》卷一)。《又与吴承仕论尚书书》(无年月,应撰于本年。《华国月刊》第二期第十二册)。

《与检斋论丧服书》(《制言》第二十七期)。《与欧阳竟无书》(见《太炎先生著述目录初稿》卷下)。

《黄疸论》(《绍兴医药月报》一卷四号)。《疟疾论》(同上五号)。《温病自口鼻入论》(同上六号。)。《中土传染病论》(同上八号)。《论厥阴病》(同上十号)。《阳明证变法与用麻桂二汤之正义》(《中医杂志》第十四期,1925 年 3 月)。《与张蔚西论脉书》(《群治大学年刊》第一期,1925 年 7 月)。

《湖南省议会演说辞》(10 月 5 日,见《申报》,1925 年 10 月 11 日)。《湖南晨光学校演说辞》(同上)。《我们最后的责任》(10 月 31 日上海国民大学演说辞,见《醒狮周报》五十八期,1925 年 11 月 14 日出版)。

《展亡友邹威丹墓因与印泉议治墓道》(《文录续编》卷七下)。《长沙谒贾太傅祠》(同上)。《履霜诗集题辞》(《群治大学年刊》第一期,1925 年 7 月)。

1926 年(民国十五年丙寅)　五十九岁

1 月 4 日,国民党第二次全国代表大会开会,议决:接受第一次全国代表大会宣言及孙中山遗嘱,继续联俄,反对日本出兵,劝国民军为国民奋斗。通过弹劾西山会议决议案及处分违反本党纪律党员决议案。邹鲁、谢持永远开除党籍;西山会议派其他分子林森、张继、邵元冲、叶楚伧、覃振、张知本、石瑛、傅汝霖、沈定一等由大会给以书面警告。居正、石青阳、马君武、彭养光、杨庶堪、杨希闵、刘振寰、熊克武亦均开除出党。到会代表二百五十六人,共产党员占五分之三。选举中央执委三十六人,其中共产党员仅李大钊、林伯渠、吴玉章、恽代英等七人,候补执委二十四人,其中共产党员亦仅毛泽东、邓颖超等七人。毛泽东当选为宣传部代理部长,林伯渠为农民部长,谭平山为组织部长。

1月4日,反奉战争形势逆转,李景林入鲁收拾残部合组直鲁联军,进攻国民军。5日,张作霖电吴佩孚表示谅解。

1月8日,上海成立孙文主义学会,发起上海国民会议促成会。(《申报》,1926年1月9日"本埠新闻"。)28日,居正、邹鲁、谢持等又在沪招待新闻界,散播反共舆论。

1月13日,章太炎五十九生日,孙传芳和江苏省长陈陶遗送诗、联、酒、餐,并派员"代表致祝"。报载:

"昨日为章太炎五十晋九寿辰,孙总司令、陈省长公送寿诗一轴,寿联一副,并大餐券一百席、白兰地一箱,并嘱驻沪办事处处长宋雪琴代表致祝,宾主至为欢洽。其馀各界人士前往祝寿者,亦络绎不绝,颇极一时之盛。"(《申报》,1926年1月14日"本埠新闻"《章太炎昨日寿辰之热闹》。)

1月19日,奉军占领山海关,吴佩孚在汉口召集军事会议,决定向河南进兵。国民军直豫两省地盘陷入三面包围。

1月21日,上海《民国日报》载《章太炎滔滔谈时局,总忘不了黎元洪》,首称:"昨有人往晤章太炎,章发表其恢复法统及政治主张甚详",录之如下:

"问:今者恢复法统之论,倒段拥段之辩,纷然淆乱,先生究以何者为是?

"答:吾所主者,不在去段氏一人,而在否认驻扎北京之政府。盖自袁世凯以后,北京久无纪纲,财政操于外人之手,国政听于骄帅之言,所谓政府者,即近畿军阀之差遣。然曩日犹微有主权也,其后黎氏逐,曹氏囚,段氏软禁,此数者真伪虽殊,而军人固已受其任使,乃复凌犯如此,是北京之有政府,只为乱人俎上肉耳。恶习已成,不可改革。……故吾所反对者,非段祺瑞一人也,乃北京之政府也。今日置此不论,段祺瑞固当去矣,而曹锟亦犯授意逐黎行贿选之罪,其得之为非正。今欲认曹为真正元首,以其伪署之国务院摄政,其与段氏,熏莸无辩也。今所欲考虑者,不在段氏之当倒与台,而在倒段以后何以继之耳。法统之说,就纲纪言,则约法、总统选举法并国会两院诸法是;就人之表彰法统者言,则黎元洪与他日之新选国会议员是。苟舍是不言,而复以伪继伪,则倒段与拥段何别焉!

"问:有言约法亦如刍狗,当召集国民会议,其组织与召集方式,则参孙、段两家所定者用之,亦可乎?

"答:此邓宝珊寒电所言,邓已自行否认矣。姑就其说论之。彼谓:'恢复法统之主张,出自军阀议员,矫诬民意,莫此为甚.'以此反对贿选议员之宪法可也,以此反对约法不可也.约法者,中华国民所共守,军阀议员,亦中华国民之一,人之所当共守者,而军阀议员以力恢复之,何得谓为矫诬民意.

　　"问:有言黎之任期已满者,其说何如?

　　"答:第一任大总统,自民国二年十月十日袁世凯当选起,至七年十月十日冯国璋去位止,本已满足五年.以冯国璋参与徐州会议,附和复辟之谋,实为变更国体之从犯,其继任为非正,故南方军政府,始终未尝承认冯氏,冯氏继任十五个月之时期,应除去不算,是以黎之复位,人无异言.复位但得十二个月,任期何以为满?若高凌霨□之摄政,则其人皆已经黎免职,私匿命令,僭摄职务,固不得以依法摄政认之.屈指而计,黎之任期未满者,尚近三月,若再除袁氏帝制时期,则第一任大总统任期未满,几五月有馀矣.又除袁氏取消帝制自称总统时期,(帝制以后复称大总统,此乃擅自称号,与民选不相涉.)则第一任大总统任期未满,几及八月矣.今之任期已满者,是必承认冯之继任也.冯果当承认,则十一年黎氏复位,国会何以复承认?纵除去袁氏帝制后五个月零六日,何以容黎氏复位一年,而不于其间改选耶?

　　"问:黎若于北京复位如何?

　　"答:依照孙、刘对汉献帝例,只认元首,不认馀人可也.

　　"问:黎君不能复位当何如?

　　"答:有其所新任之国务总理在,就南方摄政可也.

　　"问:并新任国务总理亦不能摄政,当何如?

　　"答:斯时无合法之总统总理,亦无合法之国会可任改选事者,唯在暂缺中央政府而已.总统国会,法之所当有;而非法之总统国会,则法之所不许.故暂缺中央政府者,所以尊法,非违法毁法也.割据之名,人所讳言,婉其辞则曰保境安民,此两名者犹二五之与十也.依据约法,本无不许割据之条,但不得自外于中华民国.苟中华民国名不替,虽割据何所讲焉!

　　"问:张一麐答吴佩孚电,似即主张割据者,亦有可取者乎?

　　"答:居今日而言统一,正所谓夸父逐日,不知其材力不胜也.前者袁、段及吴,醉心于此,无不接踵僵仆,亦可以戒矣.顾为之说者曰,此数公皆以武力统一之念自败,非统一之义能败人也.虽然,武力而外,必有德量、威刑、智识、勇敢四者,然后足以成统一之事.今束缚诸将,惟惧其权之陵己,少或纵之,而其大又思代取,则四者之缺可知矣.张一麐之论,盖于今之人材,亦窥之至悉也.拨乱反正,谈何容易.苟不论其材,而徒以法律相羁属,则其败亦与专恃武力者等耳,惟张所分画,颇为武断.今南方湘、滇并称自治,北方鲁、晋、新疆亦各独立,非肯附属于他人也.但当大小棋置,随其所统以为之区,安能使较为划一哉!"

　　1 月 21 日,复孙传芳一书,"即答吴篠电(17 日)也."(《致李根源书六四》.)查张作霖于 5 日电吴佩孚表示谅解后.11 日,张作霖向关内进攻,旋占山海关.吴佩孚则在汉口召集军事会议,决定向河南进兵,国民军直豫两省的地盘陷入三面包围.章氏原书未见。

1月22日,《致李根源书六四》:"近闻刘、张入洛,将来田维勤等亦或回防。吴应西峰之请而归,或径攻西峰去之,皆未可定。要之,豫省自归吴有。但以乌集之众,临多匪之地,整理亦需岁月,未必能甚得志也。""刘、张",指镇嵩军刘镇华、张治公部与吴佩孚勾结,分路进攻河南岳维峻部,后于3月占洛阳。田维勤,吴佩孚部师长。西峰,即岳维峻,时任河南省督办兼省长。

1月30日,国闻通信社记者往访章太炎,章以"打倒赤化","尤易引人注意",报载:

"国闻通信社云:昨日本社记者往访章太炎先生,叩询时局意见。章君云:'中国政局,现在虽有办法,关于护宪护法之说,护法自较护宪为正当,惟已不足令人重视。黄陂再出,如言护法,则为当然之事。然其关键乃在再出以后,是否能收拾局面?豫省变乱,吴佩孚之力,虽未必即能驱岳维峻,然土匪蜂起,岳终难于维持。但就国内各方面论,吴氏实力较薄,即使入豫或竟入京,亦属毫无办法。倒段一事,各方虽视为当然,然亦冷淡视之。盖今日国内之问题,已不在此,而在注意如何打倒赤化。护法倒段,题目虽大,而以打倒赤化相较,则后者尤易引人注意。十馀年来之战争,尚系内部之争,今兹之事,则已搀入外力,偶一不慎,即足断送国家主权,此与历次战争绝对不同'云云。"(《申报》,1926年1月31日"本埠新闻"《章太炎与梁士诒之时局观》。)

1月,《华国月刊》第二期第十一册出版,刊有章氏《宁远欧阳氏母黎太夫人墓志铭》,首称:"初,桃源宋教仁在民党称隽才,教仁与宁远欧阳振声交最欢,改革之计,无不咨也。教仁殁,振声继其事,殆十年,终辞众议院议员,就选湖南省议会。未几,被推为议长,持论崭崭,仡然为一方重。民国十四年秋,余以事至长沙,过振声舍,振声方居忧,潸然以母黎太夫人状告,且语出启期而请铭。"又谓"湖南既复,称自治,布省宪,振声知中枢不可与谋,故退而就省选,地当南北交,省治萌芽,数遭倾撼,卒毅然持之,数岁自定,太夫人亦得以端居受色养,盖教之成也。"中多谀词。

本册,又有缪篆:《订孔篇注》,有记者识:"馀杭章先生作《检论》,(初名《𧮂书》。)义博而辞奥,非通明故训者,不能绅其旨也。缪君子才顷以教授之便,为《订孔注》一篇,属为布刊,以饷学者。夫其笃守善道,启悟后生,有功师门,岂云浅鲜而已。"系就《检论》中《订孔》节注,主要训释"诸所陈说列于《论语》者,时地异制,人物异训,不以一型锢铸,所谓大道固似不肖也"一段。《华国月刊》第三期第一册续刊"东极之圣,退藏于密"以及"体忠恕者"诸段笺注。

2月4日,国闻通讯社记者往访章太炎,章对"天津法统说"又有解释,报载:

"国闻通讯社云:天津法统说复盛,张绍曾甚为活跃。昨日本社记者晤章太炎先生,聆其言论。

"章氏曰:'张绍曾单人在天津跳舞耳。报纸所传,或不无过甚之处。报载余致张氏电,系二十馀日前之事,后已沉寂。至次余并无闻知。报传李印泉君赴津,或系不确。至张氏此次之活动,系因冯玉祥为其在滦州时之旧部,吴佩孚为其亲戚,以此相

言,彼等未必能相拒却。但冯玉祥反复已多,此次决不赞成即刻去段,吴佩孚氏亦未必
肯拥戴张氏,惟国会议员麕集天津,则有其事,因彼等只求恢复,固不暇计及为何人也。
假令段祺瑞今日而下令招集国会,则议员亦未始不欣然肯来,惟在汉之一部份议员,以
曹锟关系,拟拥颜惠庆组阁,各方所怀心理不同,张氏未必能顺手做去耳。'"(《申报》,
1926 年 2 月 5 日"本埠新闻"《章太炎之法统运动观》。)

2 月 17 日,电复张之江、鹿钟麟、宋哲元、李鸣钟,继续攻击冯玉祥。先是,章氏于
1 月 25 日以盖章"快邮代电",致原冯玉祥部国民一军将领张之江等,"以为患边疆者
苏俄,而延致苏俄者为冯玉祥",于 2 月 2 日《顺天时报》发表。张之江、李鸣钟、鹿钟
麟、宋哲元、刘骥等于 2 月 7 日致章太炎电,"力辟所谓冯玉祥联俄之传说",责问章氏
"固铁中铮铮、庸中佼佼者,何为漫不加察,而人云亦云耶?""先生学问道德,薄海同
钦,对于艰难辛若缔造之民国,诚欲扶持而维护之,使不至同归于尽,尚望本诸良心,发
为正论,勿为颠倒是非之言,淆举国听闻。"(《申报》,1926 年 2 月 16 日"国内要闻"《张之江
等致章太炎电》。)章氏接电后,于本日电复:"张家口张督办兼转北京鹿总司令、热河宋
都统、兰州李督办鉴:阳电悉,诸君即逼迫焕章下野者也,使焕章无外患罪,则诸君之凌
犯长上,罪亦当诛。迩者元恶已逃,犹恐潜伏生乱,诸君果有悔祸之心,即应将冯俄密
约从速取消,其赤俄所派军人党人前来参预军事宣传主义者,立即驱遣,庶足以斡旧蛊
而消隐忧,勿徒浮辞致辩为也。章炳麟。篠。"(《申报》,1926 年 2 月 19 日"本埠新闻"《章太
炎复张之江等电》。)

2 月 22 日,章太炎、徐绍桢、冯自由等应孙传芳之电邀抵宁,章劝孙传芳"好自为
之"。报载:

"民党要人章太炎、徐绍桢,及护法议员冯自由、高振霄等十馀人,曾受孙传芳之
电邀,于二十二日抵宁。当日晚间,孙即在总司令部设宴为徐、章等洗尘。翌日正午,
孙、陈二氏复共同设宴于司令部,并邀本城各厅道作陪。席散后,孙、陈即与章、徐等商
议时局问题。二十四日午,前南洋第九镇同人沈同午、杨建时等一百馀人,欢宴章、徐
等于沈氏私邸,下午徐氏偕沈同午等赴玄武湖游览。……今晨章、徐二氏,分赴孙、陈
二处辞行。下午二时许,乘汽车出城,事先由孙、陈等派有军营军乐在站欢送,并嘱路
局专挂花车一辆,接于三时五十分之特别下行车后。章、徐到站,军乐齐鸣。迨汽笛一
声,车即移动矣。又闻章太炎寓居交通旅舍时,二十三日,孙传芳曾亲赴该旅舍拜谒,
章曾对孙表示,督军之席,颇不易为。试观已往督军,其结果未有良佳者,君今且为五
省联军总司令,其权位之大,较诸督军,增加五倍,则尤不易为,希望好自为之,则五省
人民之幸也。孙颇韪其言。'(《申报》,1926 年 2 月 27 日"国内要闻"《徐章联袂返沪》。)

2 月 26 日,有人访章,章除对鄂豫战事、孙传芳态度等谈及外,又"于反对赤化事,
进行甚猛"。报载:

"国闻通信社云:章太炎氏此次偕徐固卿等赴宁,业已返沪,闻章氏在宁勾留三
日,与孙传芳及陈陶遗均曾晤面。据谓,除私人间之谈话酬酢外,并无主要问题讨论。
外传召开会议云云,尤非事实。昨日有人面晤章氏,章氏曾有所表示。据云,孙传芳现

除五省范围以内之事，一概不谈，鄂豫战事，无论孰胜，均置不问。即中央政治，所谓护宪护法，除若辈国会议员外，无人欲讨论及之，故段祺瑞之是否复留，孙意亦置不问。据章之观察，以为鄂豫战事，自靳云鹗占领归德以后，岳之地位，颇濒危殆，但以为即使豫鄂事即行解决，而孙将始终维持其态度，且将无由影响及于孙之地位，因吴果获胜，冯之势力，未必能消灭殆尽。即使冯之势力大受打击，而立于吴前面之奉天势力，必更有复燃而强大甚于吴氏之势，则孙氏必暂可置身事外也。章又谓段氏之下讨吴令而不下讨张令，颇能于利害之辨下抉择者。盖吴终无利于段，张不必为段害也。章又于鄂萧死事作批评语，谓萧死外间谓有毒害等情，自非事实，但急死确系实情。盖自吴到鄂，日日向萧索饷，而萧每以吴氏逼迫情形，向社会求恕。其实论鄂省财政现状，固甚困难，然亦不必向银行商会逼索，因汉口烟税每年达三千万，其公开以作军饷者十分之四，年有一千二百万，其馀作萧氏私人报酬者约二成，年有三百六十万。萧莅鄂四年，积资千万以上，萧苟能稍解私囊，吴亦不必取诸于民，故人民亦因此颇以萧悭吝为憾。且如最近盐斤加价事，萧以责任加诸吴身，及人民代表向吴请愿，吴即电萧令其取消。于是丛怨于萧，故萧实处于两不讨好之地位，而逼至死路也。又章氏于反对赤化事，进行甚猛，在宁亦曾有接洽，惟因最近杀戮案之多，曾告当道，注意于真假之辨云。"（《申报》，1926 年 2 月 27 日"本埠新闻"《章太炎返沪后之谈话》。）

2 月 27 日，反奉战争，国民军失利，开封被靳云鹗占领。

3 月 1 日，国民二军在河南已完全失败，靳云鹗部入郑州，寇英杰部占新郑。2 日，岳维峻部退至洛阳，被红枪会击溃。

3 月 9 日，长沙教育会议召开市民大会，一致决定十一项政治主张，并组织人民临时委员会，促其实现。其中重要项目有打倒赵恒惕、讨伐吴佩孚、拥护国民政府、速开国民会议、启封赵恒惕封闭的一切工农团体等，到会者三万馀人。消息传出以后，各县纷纷响应。

3 月 12 日，国际性的反共团体"护宪会"在上海开第一次大会。

同日，《致李根源书六五》："朱准事得馨远复电，决在宁垣办理，唯云此事应向方督说项，兄与方不相知，无由关说也。查方督歌电、杨如轩鱼电皆称民国十年朱为杨部团长，与杨开衅，民国十四年朱派人赴赣煽惑军队响应奉军，当将奸细拿获云云。十年事本在孙中山政府管下，赣省所不能问，已电请馨远驳复，其十四年事馨远已电方督请饬原告人证赴宁质讯矣。弟可痛斥如轩不应重提十年一案。盖赣与广东政府统系各别，如轩既投诚于赣，岂得再论粤事，如再醮之妇不能告前夫之子不孝也。且如轩以朱准为作乱犯上，在广东视之，如轩亦岂非叛将，而在云南视之，则曾经迫逐冀赓者，孰非作乱犯上之人乎？展转穷诘，谁非有罪。应将此旨痛斥如轩，庶案可速解。"

3 月 14 日，章氏为"湘省变化已渐证实"，赵恒惕出走，"特为此事电湘省议会"，说是"不逞之徒，一兴谣诼，遂致人心惶怖，省长倦勤"，要求"放斥莠言"，"膺惩赤化"。电云："长沙省议会兼转全省军民公鉴：湘省地居上游，人多才俊。顷岁省宪顺行，军队选练，既为全国之模范，亦握南北之重心，若能上下交儆，持此不懈，将来岂可限量。何以不逞之徒,一兴谣诼,遂致人心惶怖,省长倦勤。彼外来间牒,固惟恐湘省之一日安也。失职怨望之人,亦不为长久计也。若手握军符者,艰难险阻,身已备尝,岂可不自爱惜,逞意气于一朝,以学校流派之分,为军队党伐之具。驯至莠言乘间,妖寇内窥,幸而得之,势已破碎,无复曩时之完整,于省于身,岂有利焉? 近观滇、蜀两省,势本坚完,徒以同室之中,意气不协,日分日弱,遂令觊国者置诸不足重轻之列,湘人虑患素深,能以相忍为国。今一旦动于浮言,惊及匕鬯,综观前后,若出两途,以此徼幸,恐将来阽危之势,又甚于滇、蜀也。若能尊崇省宪,放斥莠言,辑和军民,膺惩赤化,今之一眚,正如日月之蚀,无损于明。如其不能,则积年之基,堕于瞬息,后虽追悔,将何及哉! 心所谓危,敬掬悃忱以告。章炳麟。寒。"(《申报》,1926 年 3 月 15 日"本埠新闻"《章太炎致湘议会电》。)

3 月 16 日,唐生智到长沙。

3 月 18 日,伪装革命的蒋介石为了进一步篡夺第一军军权,指使亲信以黄埔军官学校驻省办事处名义,传达命令调中山舰到黄埔候用,当中山舰抵达黄埔后,散布谣言,说是擅入黄埔,共产党阴谋暴动,并以此为借口,于 20 日晨派兵包围省港罢工委员会,拘捕了任中山舰舰长的共产党员,随后又强逼在第一军中工作的全体共产党员退出该军。中山舰事件发生后,毛泽东就提出要警惕蒋介石发动突然事变,主张给予坚决的揭露和有力的反击,并抓紧时机建立共产党自己的武装,但陈独秀右倾投降,主张退让,使蒋介石的反革命阴谋得以实现。

3 月 28 日,章太炎等因杭州报主笔许祖谦被捕入狱,"电孙传芳请免予置议"。3 月 31 日,孙传芳复电云:"太炎、百器、铸夫、慧僧诸先生鉴:勘电敬悉。诸公扶植舆论,培养民气之苦心,昭然若揭,佳甚佩甚。惟查杭州报主笔许某,对于地方绅董官吏个人私事,肆意敲诈,稍不遂愿,即施其鼓簧之手段。此等行为,本不值识者一笑,何足与较。而近今该主笔对于不实之政闻,一再缕载,以至两省人心,摇惑不安,其故意造谣,扰乱两省治安,似难原恕。承台嘱自当转电卢总司令、夏省长秉公办理,以副雅命。特复。孙传芳。世。"(《申报》,1926 年 4 月 4 日"本埠新闻"《孙传芳复章太炎等电》。)

4 月 7 日,章太炎在当时一股反共逆流中,于上海组织"反赤救国大联合",任理事,并发出通电,叫嚣"反对赤化"。报载:

"反赤大同盟,昨日下午二时开成立大会,到会者章太炎、邓孟硕、徐固卿等一百余人,推章太炎主席。其开会秩序如下:一,主席宣布开会,向国旗行礼;二,讨论本大联合总纲;三,选举理事,结果,推章太炎、徐固卿、邓孟硕为理事;四,讨论章程;五,散会,已五时馀矣。"(《申报》,1926 年 4 月 8 日"本埠新闻"《反赤大同盟昨日成立》。)

又载:

"本埠反赤救国大联合成立后,即推章太炎、徐绍桢、邓家彦三人为理事,特通电全国各报馆云:

"各报馆公鉴:赤祸日炽,汉奸公行,以改革经济为虚名,而召致外患为事实,不亟剪除,国将不国。年来海内有识之士,思所以抵御之者,大不乏人,反赤之声,洋洋盈耳,足征人心未死,公道渐昌。吾国一线生机,端赖有此。顾防遏愈力,而毒焰愈张,自由消弭不得其道,而军政工商学各界不能一致耳。同人等有鉴于此,爰组织反赤救国大联合于上海,并拟设支分部于各省及海外各地,以反对赤化,保障国权,实行民治为宗旨,以联合全国各界同志,实行本宗旨为工作,业于四月七日开成立会。国家兴亡,匹夫有责,尚乞一致进行,共除国贼。上海反赤救国大联合。阳。"(《申报》,1926 年 4 月 11 日"本埠新闻"《反赤救国大联合通电》。)

4 月 9 日,国民军发现段祺瑞与奉系勾结,当即包围北京政府,宣布段祺瑞罪状,并恢复曹锟自由,请吴佩孚入京,被吴佩孚拒绝。旅沪江浙协会张一麐提议"反对贿选议员及释放曹锟",拟出电报,章太炎以为"除请黎黄陂复位外,无更好之办法"。报载:

"日前江浙协会中,由张仲仁提议,反对贿选议员及释放曹锟,当拟就电报一通,征求各要人意见,已志前报。昨闻张氏曾以此项电报示章太炎氏,但据章氏意见,以为在此纷乱之秋,贿选议员及释放曹锟固当反对,但尤须有积极办法。彼意除请黎黄陂复位外,无更好之办法,惟此意似又不为各实力方面所赞同,故目下暂取静默。故此项电文,恐须缓发。"(《申报》,1926 年 4 月 13 日"本埠新闻"《沪名流反对贿选议员电缓发》。)

4 月 11 日,章氏又参预发起"国民外交协会",任名誉会长,发出通电,说什么要"破釜沉舟"。报载:

"国民外交协会于昨日下午二时,假座安乐宫开成立大会,计到各界代表二百馀人,三时入席。首由童理璋报告开会秩序,公推章太炎为主席。当由章氏报告开会宗旨,略谓:'我国当此外侮内乱交迫之秋,吾人欲图自存,非有坚决之毅力,一致奋斗不可。今发起国民外交协会,亦所以尽我国人之心力,以谋对付外侮之方针'云云。次由马湘伯、黄子荫、徐翰臣等相继演说。……次选举马湘伯为正会长、杨春绿、沈田莘为副会长,徐固卿、章太炎、黄子荫为名誉会长。"并发出通电:"伏思共和国家,主权在民,正义存在,誓与力争,弱国无外交,堪为深痛。当此国脉绝续之交,愿我全国同胞,有所觉悟,破釜沉舟,共纾国难,敝会有厚望焉。谨此电陈,伫候伟教,国民外交协会叩。真。"(《申报》,1926 年 4 月 12 日"本埠新闻"《国民外交协会昨开成立会》。)

4 月 13 日,国民外交协会开会,杨春绿主席,章未参加。通过"消灭世界赤化"等决议。(《申报》,1926 年 4 月 14 日"本埠新闻"《国民外交协会开会》。)18 日午,国民外交协会在一枝香开第二次同志聚餐会,到有"章太炎、徐固卿、黄大伟、周伯尧、杨春绿、徐锡麟等",以及中外新闻记者,共一百馀人。主席王万叶致欢迎词,说明上届成立大会,"公推章太炎、马湘伯……诸先生为本会会长。诸公学问道德,为全国推崇,登高一呼,众山响应,本会得此诸位耆宿,前途是无限量"。次杨春绿、马湘伯演说。章太炎演说谓:"打倒赤化,无非缓急先后之问题,全赖国民力量去做。中国向来以模仿为我之思想,此实中国国民之病根。民国十五年来,内政不修,外交凌夷,国民若不起而努力,将来必失其国性。今本会既经成立,希望群策群力,一致对外。"次宣布职员名单:"名誉会长章太炎、徐固卿、黄子荫、邓家彦,会长马湘伯,副会长杨春绿、沈田莘,总干事萧鉴水。"（《申报》，1926 年 4 月 19 日"本埠新闻"《国民外交协会聚餐记》。）此后，国民外交协会复于 25 日、5 月 2 日等连续开会甚久，并不断发出通电，章太炎均未出席。

4 月 14 日，"反赤救国大联合"开第一次干事会，章太炎主席，讨论"宣言草案"，说什么"居今之世，反对赤化，实为救国之要图"。报载：

"反赤救国大联合，自宣告成立以来，内部进行，不遗馀力。前日（星期三）午后三时，开第一次干事会，到者二十馀人，章太炎主席。首讨论各部干事提案，次讨论宣言草案，均主张组织临时审查委员会审查。兹将其草案原文照录如下：

"自莫斯科第三国际产生以来，过激主义者，假共产革命之名，行对外侵略之策，倾其全力，冀图一逞，乃既见屏于欧，复不容于美，遂悉其凶焰，转而东向。我国适当其冲，勾结野心之军阀，煽惑无识之青年，授以利器，济以金钱，于是暴徒附和，盲众争趋，甘心为虎作伥，患遂中于心腹。故居今之世，反对赤化，实为救国之要图。夫赤化之为害，非专就共产言也，共产主义之弊，为另一问题。赤俄以对内试验共产失败，改用新经济政府〔策〕，而对外仍利用共产之名，借资号召，以遂其鲸吞蛇噬之图。十九世纪帝国主义者，以经济亡人国，其害显著于外，其为害易见；而过激主义者，欲以赤化亡中国，实开千古未有之创例，其毒隐伏于内，其为害难知。昔蒙古、满洲人以武力入主中国，用我礼乐制度，犹宰割数百年。今过激主义者，以赤化侵略中国，吾人如不思抵御，恐沦于万劫不复矣。且吾人苟听赤化之流传，即不亡于过激主义者，亦必召豆剖瓜分之惨，何也？海通以后，中国之于列强，无所偏亲，故列强于中国，亦无偏怨，假令易以赤帜，则均势之局一破，远东大战，立见开始。其战争结果，要以共分杯羹为议和之条件，言念及此，不寒而栗。是故反赤之举，非学理制度种种问题，而为国家民族危急存亡之利害关键也。同人等怒焉忧之，亟谋抵抗之道。顾兹事体大，经纬万端，非群策群力不为功，大之须联合世界民族共筹防御，小之亦须联合全国各界扫除蟊贼，爰有反赤救国大联合之组织。在此反赤旗帜之下以三事相期许：一曰保持国家独立，凡一切侵略、一切诱惑、一切强权均须排除，依国际平等之原则，与各友邦携手互助；二曰发展民治精神，凡不正当之势力、不合理之政治、不安宁之状况力求革除，团结民众，共趋法律轨道之上；三曰实行社会政策，以调和劳资之冲突，普及适宜之生计，改良工人之待遇，俾假借共产学说者，无由施其煽惑。同人等才力绵薄，矢志坚贞，危厦漏舟，群谋补救，凡我同志，盍兴乎来？"（《申报》，1926 年 4 月 16 日"本埠新闻"《反赤大联合干事会记》。）

此项"宣言草案"，经讨论修改后公布。（见下。）

4 月 18 日，章太炎与张一麐等发表《对时局主张》通电，说什么"根本改造"，"俟他日各省自治完成，再图建置中央政府"；或由黎元洪"补足八十三日任期"。电云：

"各报馆转全国各公团鉴：北都扰乱，段氏被逐，虽肃清畿辅，尚需时日，而根本大计，不得不先事预筹。若曹氏复兴，或以其内阁摄政，并使贿选议员重登坛坫，则前之声讨贿选，当谓之何？若别求小站首领，使主国钧，产生无根，亦与段之私署执政何异。近之反对非法政府，又谓之何？窃谓根本改造，当俟贼平而后，就各军所据之疆域，维持不动，各修内政，互止侵陵，俟他日各省自治完成，再图建置中央政府，自有磐石之安。

现虽暂缺,不必怀三月无君之忧也。如必求建设,惟有拥护约法,俟贼平后,请黄陂补足八十三日任期,以合法之总统,下令改选过期之议员,循轨顺则自免纠纷。除此二者,而欲私有拥戴,上则戾于大法,下亦拂乎众情,将来分崩之祸,计日可待。在军界或驱于感情,不图久远。我全国父老兄弟,岂当任人措置,而自陷于涂炭之危哉？当知十四年来,兵争之祸,皆因攘夺中枢而起,处置失当,鱼烂及乎全国,心所谓危,不敢不告,愿速起自决,国家庶其有豸。章炳麟、张一麐、董康、马良、褚辅成、孟森、殷汝骊、沈椿年、余名铨、张仁辅、黄大伟、吴醒汉、杨春绿。巧。"（《申报》,1926年4月19日"本埠新闻"《章炳麟等对时局主张》。）

《对时局主张》发表后,旅沪各省区公民协会"颇多非难",报载:

"旅沪各省区公民协会,对于章炳麟等主张时局之巧电,昨特发表意见,于黄陂补足八十三日任期之拟议,颇多非难,而主张召集国民会议,仿南京临时组织法,重订约法云云。已以此意致函章氏商榷矣。"（《申报》,1926年4月20日"本埠新闻"《公民协会对章太炎巧电之商榷》。）

4月19日,湖南战衅又起。叶开鑫得吴佩孚之助,率部由湖北边境攻入岳州,吴佩孚任叶开鑫为讨贼联军湘军总司令,大举攻湘。正面从蒲圻攻岳州,由叶开鑫部担任;左翼从通城攻平江,由蒋锄欧担任;右翼从醴县攻常德,由鄂军担任。

4月21日,广州国民政府通电:北方事实上已陷于无政府状态,望国民自动召集国民会议以取得政权。

同日,章氏参预发起之辛亥同志俱乐部,"因段祺瑞避津,中央政权无主,特对时局发表通电如下":"各报馆转全国同胞公鉴:一国之立,必有大经大法,相与维持,约法为民国根本,全国人民所托命。民国十四年来,紊乱国宪,为国人共弃者,前有袁世凯,今有段祺瑞。袁氏自毙,段亦远飏,国人以为差可自安,而于约法之当遵守,尚少表示。夫法律无尽善之境,修定有正当之途,纵谓约法全部五十六条,于事未能详尽。然当正式大法,未经合法程序施行以前,则今之约法,固全国上下所当率由,万不能取舍从心,致触紊乱国宪重辟。同人等患难馀生,于民国既休戚与共,于约法亦捍卫不渝。兹当段氏负罪引避,中央政权接续之交,用敢掬布诚悃,为邦人诸君告,国人之爱民国与约法,什百倍于同人,望一致主张,毋使效法袁、段者踵起,危及民国与约法,延致内乱,所大愿也。辛亥同志俱乐部。马。"（尚有拥黎通电,从略;见《申报》,1926年4月22日"本埠新闻"《辛亥同志俱乐部对时局通电》。）

4月下旬,章太炎赴杭扫墓,于26日晚返沪,报载:

"章太炎日前乘车赴杭,遄返馀杭原籍扫墓,兹已事毕,于昨午由杭乘沪杭路专车,附挂七号快车,于傍晚七时许抵沪。"（《申报》,1926年4月27日"本埠新闻"《要人往来志》。）

4月28日,"反赤大联合"又开干事会,到有章太炎、冯自由等,讨论组织分会章程草案及《致加拉罕电》,报载:

"反赤大联合,昨日午后三时,开干事会,到有章太炎、邓孟硕、冯自由、严伯威、卢青海、王开疆、薛钰杰等二十馀人,章太炎主席。首讨论组织分会章程草案,次讨论杨春绿等提议之电请加拉罕自动回俄案。主席付表决,均通过。当场将至〔致〕加一电,照原案修正。"(《申报》,1926 年 4 月 29 日"本埠新闻"《反赤大联合干事会记》。)

"反赤大救国大联合会宣言"和《致加拉罕电》,全文续于《申报》刊布:

"反赤救国大联合会,昨日发表成立宣言,及致加拉罕一电,汇录如下:

"宣言:自赤俄假社会革命之名,行对外侵略之实,一见屏于欧,再见斥于美,易其凶焰东向,吾国适当其冲。勾结野心之军阀,煽惑无识之青年,啖以金钱,授以利器,于是盲众争趋,为虎作伥。居今之世,反对赤化,实为救国要图。顾赤化为害,非专就共产言也。共产主义自为另一问题,赤俄以之试验于内已败,则更取新经济政策而代之。其对外也,仍利用共产之名号召,以遂其鲸吞蚕食之狡谋焉。十九世纪帝国主义者,以经济亡人国,其祸昭著,有目共睹,而过激派欲以赤化政策亡人国,诡谲变幻,其后患也难知。昔蒙古、满人以武力入主中夏,袭吾礼乐制庭〔度〕,犹宰割数百年。今过激派侵略中国,吾人忽焉寡御,则且沉沦万劫不复矣。而况赤化流传,纵不即亡于赤俄,亦必召豆剖瓜分之惨乎,何者? 海通以后,中国于列强无所偏亲,向使易以赤帜,则列强均势一破,远东大战之启,其结果当以共分杯羹为议和之条件。言念及此,不寒而栗。是故反赤之举,非学理主义制度种种问题,而为国家民族危急存亡之关键也。同人等怒焉忧之,亟谋抵抗之道,爰有反赤救国大联合之组织。对于赤党,其据地称兵者,则由军人张其挞伐,其聚众骚动者,则由士工谋与抵抗,而在此反赤旗帜之下,以三事相期许:一曰保全国家独立,凡一切侵略、一切诱惑、一切强权均须排除,依国际平等之原则,与各友邦携手互助;二曰发展民治精神,凡不正当之势力,不合理之政治,不安宁之状况,力求改革,团结民众,共趋法律轨道之上;三曰实行社会政策,限制广大之地权,普及适宜之生计,改良佃佣之待遇,俾假借共产学说者无由煽惑。同人等才力绵薄,矢志坚贞,危厦漏舟,群谋补救。凡我同志,盍兴乎来?

"通电:北京苏俄大使加拉罕阁下:自贵使莅华以来,阻挠中俄会议,侵害中东铁路,已属妨害两国邦交;至贵使一意宣传赤化,鼓动敝国战事,尤属违背中俄协定,且使敝国与国际间之关系,发生无穷之障碍。敝国人民,群情愤激,应请贵使电请贵国政府,即日辞职回国,以全邦交,而免辱命。反赤救国大联合。勘。"(《申报》,1926 年 5 月 2 日"本埠新闻"《反赤救国大联合宣言与通电》。)

此后,反赤救国大联合会续于 5 月 5 日开干事会,到有冯自由、邓孟硕等二十馀人,"主席章太炎(因病)缺席,邓孟硕代,议定复香港平民自救会电,又讨论支分部组织法等"。(《申报》,1926 年 5 月 6 日"本埠新闻"《反赤大联合干事会记》,又见 5 月 7 日《反赤救国大联合开会记》。)

4 月 28 日,《致颜惠庆电》,劝其"弗摄阁",以为"如欲建置中央,则黄陂犹在"。电云:"北京探投颜骏人先生鉴:年来钧衡乏选,即以象胥之材充位,而足下又曹氏之宰相也。曹氏被选为大总统时,选举会本不足法定人数,应归无效。重以投资买票,秽德彰闻,含识之伦,莫不切齿。今曹虽恢复自由,而死灰无复然之理。吴孚威以知己旧恩,迫于大义,亦不敢公然拥戴。道路之言,谓欲以足下摄政。曹之内阁,犹段之内阁也,足下摄政,与胡惟德摄政奚异?曹之内阁,犹曹之自身也,足下摄政,与曹自居其位奚异?朝四暮三,名实无别,曾足以涂民耳目哉!兼之贿选议员,乘机恢复,道路侧目,谤讪丛生,其势可立而倾也。方今居庸逋寇,犹未肃清,粤中赤化,直扑湘楚。幸赖诸军辑睦,犹可支持,而足下以曹氏一系之人,出主大政,非其亲昵,谁不裂眦。若间牒乘之,则祸在不测。足下因孚威而起,孚威或反因足下而危,其可无惕惕乎?足下果知大势,则当进言群帅暂缺中央,专谋军事,居庸之寇,则请镇威主之;衡岭之寇,则请孚威主之。待南北二赤,次第荡定,然后徐议他事。正使鼎足而居,各守分界,亦可使战争少起,而今日建功立名之人,免于朝荣夕枯之厄。如欲建置中央,则黄陂犹在,依法可以复位,以民意则无拂逆,以军情则无偏党。除讨赤当继续进行外,亦可使猜忌渐化,兵祸日稀。夫非常之事,或非足下辈狃于外交之见者所能知。若夫国有大法,人怀忌心,少一审思,则是非利害立见。如必以北洋为正统,以曹氏为当璧,违众进行,敢为负乘,人心一移,军事亦变,则祸天下者足下也,祸孚威者亦足下也。敬布腹心,惟希内省。章炳麟。勘。"(《申报》,1926 年 4 月 29 日"本埠新闻"《章炳麟电劝颜惠庆弗摄阁》。)

5 月 2 日,颜惠庆发出"冬电",说什么曹锟"维持暂局,具有深衷,而己则感触时艰,殊难再出"。章以为"引谦于自身,而抵冒于公职",又于 6 日致电颜惠庆:"北京探投颜骏人先生鉴:阅足下冬电,谓曹电维持暂局,具有深衷,而己则感触时艰,殊难再出。此语是否以退为进?曹之贿选,姑置不谈,惟当时选举会出席,实只五百五十五人,不足法数,选举无效。尸位一年,实为窃据,所任总理,亦是伪官,安得有维持暂局之资格?足下果坚决引退,即当通电自黜,使天下知钧衡之重,非伪命所得除授,然后于国无负尔。今引谦于自身,而抵冒于公职,语涉模棱,用意安在?如复幸进,国有常刑。章炳麟。鱼。"(《申报》,1926 年 5 月 7 日"本埠新闻"《章炳麟再电劝颜惠庆》。)

5 月 4 日,《致李根源书六六》:"黄陂复位一节,难成积极问题,惟消极则有可言。盖颜阁摄政必连带宪法、国会二事,而奉天前已声讨贿选,拥护约法,必不肯自食前言,故颜之摄政亦难就绪。以事势观之,吴处果能退让,无过暂缺,中央任王士珍等维持治安,即所谓三分之局也。若南北二赤果尽解决,彼时或再有可议尔。……此时南方所急,则仍在力拒赤蒋尔。"

5 月 7 日,《致李根源书六七》:"黄陂复位之说,虽难实现。但颜惠庆为曹之内阁,实全国所不与,吾两次发电反对。此种正义,弟不应以避嫌之故,缄默不言。且黄陂事,奉方非不赞成,特难于启口。前月曾以一函商之邻葛,近得邻葛复函,甚为满意。弟与邻葛向无嫌隙,且亦士官同学,更不容不与一言。今日所虑者,惟伯兰与弟不咸,或怂吴作梗耳。弟已自言,不作总理,如回农商原任,或改署他部,自然猜忌可消。惟敬舆、少川亦不可竟推之作宰。盖敬舆与冯有关系,与吴两方皆所不与;少川以亦濡染南赤,吴亦未必与也。兹属王子荫、王开鲁两兄赴苏面论,望弟投袂而起。""邻葛",杨宇霆。函中所称"邻葛复函,"发于 4 月 26 日,亦附致李书中,略谓:"赤军系国人公敌,现已渐次肃清,稍慰众庶之望。至中央政局,奉方但期主持得人,速息纠纷,无不力与赞同,决无成见。虎威复位,难惬众望,黄陂地处超然,较为相宜。诚如尊见,即希极力主张,早日观成。弟亦当向两帅陈说。孚威方面,既得嘉谟,恐未必仍持己见也。"

"虎威",曹锟;"孚威",吴佩孚。

5月9日,章氏因吴佩孚通电"主张护宪","坚主颜惠庆摄政以承曹统",又以辛亥同志俱乐部名义"通电全国辩驳"。(《太炎先生著述目录后编初稿》有《为辛亥同志俱乐部驳吴佩孚护宪主张》,即此电,可知出自章氏手笔,见《制言》第三十四期。)电文如下:

"各报馆转全国同胞公鉴:阅吴佩孚致张作霖电,坚主颜惠庆摄政以承曹统,又谓宪法、约法不可强分,不护宪即违约法。又谓大总统缺位,无补满任期之规定,要求补满者,即系违法。种种诡辩,易于惑人,故特详加驳斥,以定是非。夫民主之国,位非世授,法非钦定,不得不取决于人民,人民不能全赴,又不得不取决于代表,代表若有奸私,为患至巨。是故制定法数,慎及忽微,稍有差池,即不能含混承认,所以防专擅、杜诡冒,义至严也。国会总额八百七十人,大总统选举会,依法当有三分二出席,方能成会,而民国十三年十月之选举,出席者只有五百五十五人,不足三分二之数,籍贯姓名,悉已调查登报,全国具瞻。当时选举会妄称五百九十人出席者,乃办选人派人顶替,捏名乱填,是则选举会本未成立,何有于曹锟之当选。曹既无效,其所任国务总理,当然无效,何由得依法摄政耶?选举会开后,未几复开宪法会议,此会议亦应有三分之二出席,方能成会,其时拒选议员,仍不赴会,故亦不足三分二之数。且二读未终,即已对打走散,猝行三读,其人数又视签到为减,是则二读会尚未告终,三读会并未成立,一二奸回,把持法会,遂乃私窜条文,捏名公布,实为欺世戢法之尤。夫宪法尚未成就,又何护法之可言。以上二者,吴氏听人欺诈,传其矫诬,人非聋盲耳目,岂可尽掩。纷纷辩论,不核其事而虚谈其理,果足以笼罩人心乎?民国二年十月宣布大总统选举法,此但宪法中之一章,其馀仍依约法,以此为约宪无分可也。谓十三年十月擅定之宪法全部尽与约法无分,此则指鹿为马之论也。至所谓大总统缺位,无补满任期之规定者,缺位与因故不能执行职务,尚是二事。或死或辞职,或被弹劾去职,或被外国俘虏,此为缺位;或疾或遵礼丁忧守制,此为因故不能执行职务。十三年六月黄陂出走,乃因暴力迫胁使然,既非缺位,亦不得视为因故不能执行职务。盖国纪已乱,即无正条可引也。且如因故不能执行职务者,依大总统选举法,应以副总统代理;副总统同时缺位,由国务院摄行其职务。同时国会议员于三个月内组织总统选举会,行次任大总统之选举,而当时实未有副总统其人。国务员张绍曾、高凌霨等,亦已于出走前明令免职,以高凌霨等滥用国务院职权,胁制印铸局不容宣布,遂得以阁员居摄。高凌霨等在刑律为诈称官员,在国纪为攘窃大政,此之摄政,断属僭伪,不容齿录。至十月开选举会,而法定人数又不足,选举会与被选者皆无效,此则大总统选举法虽存,而当时所行,并非其实,非黄陂补满任期,何以使法统不断。大总统之有任期,犹两院议员之有任期也。两院议员已被解散,而得重行集会,补满任期,亦无明文规定。然五年、十一年皆尝行之,盖以解散国会本属非法也。今大总统被暴力迫胁而去,法乎非法乎?已免职之国务员伪称摄政,法乎非法乎?以此相征,则大总统之应补满任期与两院议员之得补满任期,比例适同,何以谓之违法? 曹以选举无效,不得复位,黎以选举及继任有效,当得复位,此正为反比例。吴电乃混而同之,尚云确系为法而非为人,文过饰非,乃至是乎? 就如其说,有任期之大总统,已去即不得补满任期,无任期之总理,已去何以得坐补原缺? 颜惠庆被冯军追逐,已一年有半矣。今使之复总理之职,因而摄行政务,此种举措,谁所规定? 见于何法? 属于何条? 是又矛盾是陷之论也。方今赤党犹存,军事未了,山西有累卵之危,湖南有舐糠之急,为将帅者,不以此时戮力救国,同恤简书,而欲树置官僚,宴安鸩毒,吾辈当责其根本之误,原不必以法相稽。然既已谈法,舍本论标,亦有不可犯之正义。为是严词驳斥,以示典常,想全国父老兄弟,亦当共为矫正也。辛亥同志俱乐部。佳。"(《申报》,1926 年 5 月 11 日"本埠新闻"《辛亥俱乐部反对颜阁电》。)

5 月 9 日,参加"欢宴孙传芳",并发言。查孙传芳于 5 月 3 日来沪。4 日,就淞沪督办职,"连日酬酢,颇形忙碌。旅沪浙绅章太炎、蒋百器、张啸林、杜月笙等,定明日假西新区交涉公署公宴孙氏,并邀各官厅各绅商作陪。"(《申报》,1926 年 5 月 8 日"本埠新闻"《孙传芳连日酬酢与行动》。)5 月 9 日,"江浙士绅""欢宴联军总司令","宴毕,董康、章太炎等均相继发言,对于大局及会审公廨问题有所陈述"。(《申报》,1926 年 5 月 10 日"本埠新闻"《昨午两处公宴孙传芳》。)孙传芳于 5 月 11 日赴杭。

5 月 12 日,"反赤大联合"开会欢迎香港中国平民自救会代表,章氏出席,致欢迎辞,报载:

"反赤大联合于昨日午后三时,在本部开会欢迎香港中国平民自救会代表刘德谱、罗晓峰、陈照秋三君,到有章太炎、马育航、冯自由、邓嘉彦、严伯威、卢青海、薛钰杰、梁烈亚、黄启尧、程耀南等二十馀人。章太炎主席,首致欢迎辞,次请平民会代表陈照秋君报告该会创立之经过,及该会之组织,略谓:'敝会创立已久,组织虽具有雏形,仍希此间反赤诸君子,有以匡正。至敝会现时会员,已达六百馀人,多半为工商界,惟主张反赤救国,则均归一致。'"末由"邓嘉彦代表反赤大联合同人,致相当之答辞,略谓,今后甚希望双方合作"。(《申报》,1926 年 5 月 13 日"本埠新闻"《反赤大联合欢迎会记》。)

这时,另有徐惠霖等组织"中华国民制赤会",周文治等组织"中华民国反赤同盟会",还有什么"反赤同盟会"等,一时反共之声,甚嚣尘上。

5 月 14 日,《致颜惠庆电》,责其"觍颜再起"。查颜惠庆于 5 月 13 日"摄阁",发表"复职通告",说什么"本年五月一日曹通电辞职,本院依法自本日起摄行总统职务,特此通告"。(《申报》,1926 年 5 月 14 日"本馆专电"《颜惠庆就摄阁》。)章氏阅电后,即发此电:

"北京颜骏人先生鉴:足下果觍颜再起矣,曹锟非选举有效之人,足下所出不正,忝称摄政,憯伪显然。且足下在段政府时,曾受驻英公使之任命,虽未赴官,业已策名受职,是则曹政府之国务总理,资格已完全取消,而复假借旧称,再来摄政,此乃于伪之中更增一伪。若谓曹为正统,段为伪主,伪命任官,于法律不生效力,试问事实果可抹杀否? 事实不可抹杀,则足下乃失身降敌之人,何以得循资牵复。(原刊作"循得资牵",

误,据同日《申报》勘改。)夫段氏方盛,则宁弃国务总理之旧资而为驻英大使,曹氏复还,则又匿驻英公使之新命而称国务总理。如无行之妇,背夫他适,再遭落魄,还认故夫,岂惟非法,直忘人间有羞耻事矣！进退相征,无一可使国民承认,不速潜行,斧钺将至。阅足下九日通电,欲筹巨款以裁兵,索盐课以固本,无非为藉名举债地耳。自谓得军界之欢心,作官僚之领袖,保持禄位,坦然无忧,不悟舆情既离,兵在其颈,窃国之贼,人人得而诛之,非法律所能保护也。"(《民国日报》,1926 年 5 月 15 日。)

5 月 16 日,与程德全等出席世界佛教居士林开幕礼,报载:

"世界佛教居士林,以新民路所建新屋竣工,于 5 月 16 日(四月初五日)下午开幕","到林长施肇曾、王一亭、程雪搂、章太炎、沈思齐、关炯之、许秋驷、顾竹轩暨男女来宾信士等约千人"。施肇曾致开幕词,说什么"苟欲消弭杀机,挽回劫运,须易乖戾以和顺,化险恶为平夷,庶乎有豸。我佛慈悲,舍身度世,唱无缘慈,无不可化导之群生。佛学既能昌明,杀机即可遏灭"云云。(《申报》,1926 年 5 月 17 日"本埠新闻"《世界居士林开幕礼记详》。)

5 月 18 日,又以"辛亥同志俱乐部"名义,《再致颜惠庆电》,以为"复职在法律为无据","于节操为不可","于政策为必败"。电云:

"北京颜骏人先生鉴:足下元日通电,竟自称摄政,引曹氏辞职通电,以明其授受之所自来。曹氏电有闭门思过之词,共循法轨之勖,辞无文饰,尚可以有罪自首见原。何来妄人,曲为之解,逢迎足下摄政,指新宪中有摄政规定,导源于民二大总统选举法,则谓摄阁为护法可,护宪亦可,愚弄天下,有同儿戏。夫大总统选举法,乃约法外之单行法,与约法固并行不悖者也。选举法虽纂入新宪法,而新宪法未依法定人数制定及经合法程序施行以前,乃以民二国会通过之法律而有效,非以纂入新宪法而有效也。若以足下复出为本于护法主张,则新宪法三读会时,并未足法定人数,虽含糊公布,而当日曹之政府,并未制定施行法,以命令使其施行,事实具在,非可矫诬,是新宪法之效力,与民间私拟之草案、学生毕业之论文无异,不过供图书馆、博物馆之陈列品而已。假令如标榜护宪者言,强使宪法有效,亦当使其全部有效,不当独限于大总统及国务院二章。如国权章所载,国军驻在地须在国防地带,军额由国会议定,省不得缔结有关政治盟约。及地方自治章所载,听各省自治,以省民直接选举之省务员执行省政等项,果一律见之施行,则今之标榜护宪者,皆新宪法之罪人,惟有立解兵柄,束身司败耳,尚复何颜以论列约法、宪法之是非哉？言约法则别无正统,言宪法则多为罪人,此足下之复职,在法律为无据也。年来天下汹汹,皆由曹氏,天之所废,曹亦自知,准之约法,国务员当负行政之责任,曹之秕政,足下身柄国衡,实执其咎。曹既引咎屏息,足下苟不昧素心,即不能效古人齿剑自裁,亦当投劾出都,韬影衡门,不复问朝政,人尚可为足下谅。乃见曹失势,则折腰事段,窥曹得势,则附曹自鬻,进退失据,为天下诟病,此足下之复职,于节操为不可也。士大夫立朝施政,当有本末,政策失败,宜即谢政以避贤路,为晚节之修。足下曩以副署曹氏用兵命令,海内骚然,国人之生命财产,其直接间接丧失于足下者,不知凡几。若在往代,非朝衣东市,即荷戈边城,幸而得保首领,亦终身废锢,不齿冠带。今足下通电以筹款为言,而又称关税会议,当于六月结束,是明欲以二五附加为抵借外债,供野心军人宰制中央劫夺地盘之用。凡段氏卖国政策之未完者,足下一朝柄政,而告厥全功,始创卖国者,身受唾骂,而踵成卖国者,坐享荣名,设计虽巧,国人非尽心死,未必遂为足下所欺也。此次兴师讨赤,原为救国,非以营私,今赤军在郊,而种种借款政策,授赤党以有词,种种揽政行为,开赤军以生路,误国之罪,即今日之生成足下者,在转瞬情变境迁之后,亦不能为足下包庇矣。此足下之复职,于政策为必败也。足下本曹氏之佞臣、段氏之降俘,诈称摄政,不足齿数。同人等不忍中华数千年纪纲道德之留遗,自足下而溃裂;讨赤大业,因足下而中挫。情激于衷,不能自默,粗举数端,郑重警告,嗣后对于足下自称摄政及其所发伪令、所行政策,誓与我国民绝不承认,足下其善自审处,毋使赤党窃笑,谓国无人也。辛亥同志俱乐部。巧。"(《申报》,1926 年 5 月 21 日"本埠新闻"《辛亥同志俱乐部再致颜惠庆电》。)

6 月,《通告及门弟子》:"果有匡时之志者,当思刘晔有言,昏世之君不可赎近,就有佳者,能听至言,十不过三四,量而后人,不可甚亲,乃得免于牵絓。昔人与汉高、句践处,功成便退。若遇中材,一事得就,便可退矣,毋冀功成也。入吾门者,宜视此。"(手迹,末署"丙寅六月"。)

6 月,任国民大学校长,在"国学系"授课,报载:

"戈登路国民大学,近因校务发达,自下学期起,该校行政组织业由评议会修改,经校董会通过,除原有教务处外,添设总务、会计两处。昨由校长章太炎氏聘请殷芝龄博士为总务长、何炳松硕士为教务长,陈德恒硕士为会计长,组织行政会议,协助校长,处理校务云。"(《申报》,1926 年 6 月 23 日"教育消息"《国民大学行政之改组》。)

《申报》又刊《国民大学暨附中招男女生》广告:"本校现招大学本科国学、英文、报学、哲学、史学、商学、教育、图书馆学、社会学、政治经济等系;国学、英文、报学、商业、师范专修科及中学各班。……。校长章太炎启。"(《申报》,1926 年 6 月 28 日"广告"。)

《申报》又于 8 月 20 日载《国民大学暨附中迁移招生》广告,说明"本校现已迁移静安寺路新校舍",各系"均扩充学额,招考男女新生及插班生"。又云:"本校鉴于时局影响,如学生不能按期来考者,可由该县劝学所或教育局负责保送,得免考入学。"末署"校长章太炎启"。章氏在"国学系"授课,据 8 月 29 日《申报》"教育消息"《国民大学本学期之课程》,国学系中作文、诸子学、五经学、文字学,国学研究、古书校读法,由章氏和胡朴安担任云。

与此同时,上海法政大学又请章氏任校长,6 月 28 日《申报》有该校招生广告,署"校长章炳麟(太炎)、董康",章氏当时已成为"名人"了。(又据《申报》1927 年 10 月 15 日"本埠新闻"《法大副校长潘大道昨被暗杀》新闻中说:"上海法政大学"初请章太炎、董康为正副校长,章坚持不就,乃由董氏任校长,潘大道为副校长,校址在法租界蒲柏路四七九——四八三号"云。)

6 月,《华国月刊》第三期第三册出版,有章氏《论中医剥复案与吴检斋书》,据吴承仕附志,"先是,中华教育改进社有人提议规复中医学科,余氏著论驳之,复有自署曚叟者反驳余氏,集成一书,题为《中医剥复案》,承仕初未得见。有友人张君者,以是书属承仕寄呈章先生,乞一言以证中医之不当废,先生复书如右,可知学术自有真,初非夸言国故者所得假也"。章氏原书略为:"得某君中医剥复案,明中医不可废,是也。然谓中医为哲学医,又以五行为可信,前者则近于辞遁,后者直令人笑耳。""医者之妙,喻如行师,运用操舍,以一心察微而得之,此非所谓哲学也,谓其变化无方之至耳。五行之论,亦于哲学何与,此乃汉代纬侯之谈,可以为愚,不可以为哲也。""仆尝谓藏府血脉之形,昔人犕尝解剖而不能得其实,此当以西医为审。五行之说,昔人或以为符号,久之妄言生克,遂若人之五藏,无不相挛乳,亦无不相贼害者。晚世庸医,借为口诀,则实验可以尽废,此必当改革者也。中医之胜于西医者,大氐伤寒为独盛。温病热病,本在五种伤寒之人,其治之则各有法,而非叶天士辈专务甘寒者所能废也。藏府锢病,则西医愈于中医,以其察识明白,非若中医之悬揣也。固有西医所不治,而中医能治之者。"对中、西医优劣,剖析颇有见地。此书末署"7 月 6 日",疑即撰于本年,而《华国月刊》"出版愆期",所标"6 月"出版,实出于 7 月之后。(见三册四期《本刊启事》。)又《华国月刊》三期三、四册连载缪篆《争教篇注》,《争教》,原为《訄书》篇目。

7 月 20 日,章太炎看到"报载溥仪要求还宫"消息,致电吴佩孚"严行拒绝"。原电为:"长辛店吴上将军鉴:报载溥仪要求还宫,恢复优待条件。按溥仪于民国六年,违誓复辟,罪在当诛,侍从群僚,悉宜骈戮。我国家屡加姑息,未正典刑,已为幸逃显戮,黜之海隅,同于黔首,何负于彼。若纵令还宫,仍复帝号,优以廪饩,如民国纲纪何。议者或谓前事起于冯氏,今宜改图,不知冯之罪在后日之通俄,不在前此之废溥仪,一是一非,岂容牵合。闻执事主持严正,而对于亡清旧隶,犹作逊言,恐未能绝其窥伺,应请通行在京将吏严行拒绝,如再干渎,则大刑随之。一面电知镇威,同心禁约,庶小腆无纪叙之望,民国无护贼之羞。章炳麟。哿。"

7 月 22 日,吴佩孚电复:"章太炎先生鉴:哿电奉悉,拒绝还宫,足以永绝复辟之祸,尊论严正,良深佩荷。惟此间并未闻要求还宫事,如有之,必以尊旨应付也。特复。吴佩孚。祃。"(《申报》1926 年 7 月 24 日"本埠新闻"《章太炎反对还溥仪故宫》;又 9 月 4 日《申报》"国内要闻"又有"溥仪请东张保护陵墓"消息,未见章氏另有通电。)

7 月 24 日,章氏和太虚法师、王一亭、丁福保、熊希龄等组织之佛化教育会,招待新闻界。(据报载:已成立"三月馀",见《申报》1926 年 7 月 25 日《佛化教育会昨晚招待新闻界》。)

8 月 6 日,盘踞东南五省的孙传芳,为了提倡"复古",在南京举行"投壶"古礼,(宾主依次投矢壶中,负者饮酒。)原定邀请章太炎主持,章未去。当时报纸屡纪其事:

"孙传芳、陈陶遗提倡'投壶新仪'","定于夏历二十八日下午五时至八时正式举行,其内容以适合时宜为标准,故名'投壶新仪'。二十五至二十七预演,孙有亲自加入演习之说。上海大同乐会已得有正式通告,先于二十四日派头、二等车来沪,接载该会人员。闻乐有雅乐、清乐、燕乐、铙乐等,舞有剑舞、文小舞、武小舞等,除戏剧外古今音乐,可谓全备。"并附《投壶新仪缘起》:"投壶,古礼也,其性质实与今之游艺会相近。推古法礼重于艺,而难施于今日;今法艺重于礼,又易习轻率,不适固有之文化。吾国以礼乐为文化之精神，今欲发扬文化，非以修明礼乐不可。但礼乐之范围至广，求其在今日最可通行者，莫如投壶。按投壶为有道德之竞争，详载于《礼经》，古士大夫所常用，《左传》齐侯、晋侯用于会盟，是国际上曾见之矣。晋羊叔子常雅歌投壶以临戎，是军旅中亦用之矣。明朱载堉《律吕精义》，所载《投壶篇》，有乐、有歌、有舞，尤视为重大之典，历来若宴会若军营，师其事者，不一而足。顷者士夫名流，咸以修明礼乐为救世之急务，为此提倡斯举，于礼则求其适用，于艺则诗歌雅乐外，酌加燕乐、铙乐、剑舞等节，名'投壶新仪'。倘得数千年文化从此光大之，岂不甚善。谨将顺序如下：

"'投壶新仪'顺序：（赞迎宾。）鼓吹作，司相者引主人出立东阶下。司宾者（二人，其一司大宾，其一司众宾。）引宾入，大宾在前，众宾在后，至西阶下立定，主宾相对三鞠躬，主升东阶，宾升西阶，至楹间相对立。（赞行献宾礼。）主人取杯实酒，至大宾席，向大宾一拱，大宾答一鞠躬，主人复原位，向大宾一鞠躬，大宾答一鞠躬。司大宾者引大宾至席侧向外立，主人送众宾席。（预先实酒于杯。）主人至众宾席，挨次送酒。（每位取杯一拱，宾答如仪。）主送酒毕。复原位，向众宾总一鞠躬，众宾齐答一鞠躬。司众宾者引众宾各就已席之侧立，其时司大傧者、司众傧者，引大傧众傧入，主人由东阶下迎，一如迎宾仪，送席亦同。其时主宾皆立而未立。（赞歌《鹿鸣》之诗。）二歌生由阶下上升至檐前，立定一鞠躬，歌《鹿鸣》诗三章，歌毕一鞠躬退。歌生退时宾傧通取酒向主人，同饮一杯。（赞升座。）宾傧主人皆坐。（赞投壶乐奏《驺虞》间若一。）司矢一人，执一矢由阶下上升，将壶置于中央，量以距壶二矢有半。定投壶之位毕，即下阶，引第一耦投壶生（二人。每人四矢上升，立于投位，听乐奏至末一字发矢，左右递发各四矢，胜者击鼓一通，负者击镯一声。（赞设中。）司算者设八筹于中内，执八筹在手。（赞行觞。）负者饮酒，胜者向负者一鞠躬。（赞立马。）司马者为胜者立一马，以上为第一耦第一回投事，投法另详。（赞进矢。）司矢者各送四矢于耦生。（赞奏乐。）同上。（赞行觞。）同上。（赞立马。）同上。以上为第一耦第二回投事。（赞进矢。）同上。（赞奏乐。）同上。（赞行觞。）同上。（赞立马。）同上。以上为第一耦第三回投事。（赞行庆礼。）胜者中间立，饮酒一杯，宾主傧各饮一杯，第一耦投事毕，司矢者引第一耦退，再引第二第三耦如第一耦，若宾傧主欲投壶，即于此时加入。（赞无算爵。）（赞无算乐。）古琴《秋鸿曲》，大瑟《寿阳宫曲》，琵琶《淮阴破楚》，新丝竹《春江》，剑舞《舞仪》，宾宴舞《明宗舞》，铙乐《胡笳十八拍》。（赞送宾。）鼓吹作，宾傧出，主人送至阶下，一鞠躬入。赞礼毕。鼓吹止。"（《申报》，1926 年 8 月 2 日"国内要闻"《孙陈提倡之投壶新仪》。）

又云：

"'投壶新仪'，驻宁各领事要求加入参观，总部已特设外宾接待处。"（《申报》，1926 年 8 月 6 日"国内要闻"《南京快信》。）

"投壶"于 8 月 6 日举行，"大宾本请章太炎，因有事未能来"，临时改请姚子让，大傧为杨文恺。报载：

"南京通信：联军总司令部，于八月六日下午四时至八时，举行'投壶新仪'。……

一，礼堂之布置：礼堂设于联军总司令部大堂，四周满扎松枝，缀以灯采，上题'雅歌投壶'四字。暖阁前设正席二，右为大宾席，左为大傧席，主席与大宾席斜对，西楹列众宾席，东楹列众傧席，月台右面设参观席，大同乐会席，左面设参观席，新闻记者席。中间设铜壶、矢筒、鼓、錞、算筹、鹿之模型。陈列乐器为阴阳十二律、琴、瑟、奚琴、笙、箫、管、笛、天宝乐、箜篌、阮、浑不似、筝、埙、篪、竽、排箫、胡琴、三弦、边钟、边磬、搏拊、柷、敔、云锣、铙乐等四十馀种。

"二，列席之宾傧：大宾本请章太炎，因有事未能来，临时改请姚子让，大傧为杨文恺，众宾为宁垣诸要绅、下关浦口两商埠督办、国省立学校校长、五省军民长官代表等。众傧为江宁镇守使、南京卫戍司令、师旅长、总部各处长、政务财政教育实业各厅长、警务处长、省会警察厅长、简任阶级之各局处长等，连同各界参观人士，约共二百数十人。"旋即行"投壶礼"，司相者引孙传芳"出立东阶下，司宾者引大宾、众宾入，至西阶下立定，主宾相对三鞠躬，升阶行献宾礼。旋陈陶遗出迎大傧、众傧，亦如前仪。歌生三人，歌《鹿鸣》之诗毕，依次投壶。第一耦，二人左右分立，投篚三式，每式投四箭，凡一次不分胜负，得比投二次，共投十二箭。投式为直箭、翻箭、屏箭"。共三耦。且拟于 7 日"宾、傧主仍假秀山公园大宴，并招待外宾"。（《申报》，1926 年 8 月 8 日"国内要闻"《宁当局举行投壶新仪记》。）

8 月 8 日，章氏应五省联军总司令孙传芳、江苏省长陈陶遗"特聘"到南京任"修订礼制会会长"。9 日，在联军总司令署开修订礼制成立会。报载：

"孙、陈特聘章太炎为修订礼制会会长、但焘为会员。章氏已于昨（八日）夜到宁，下榻教实联合会。九日正午在省署瞻园公宴，下午四时在总部西花园开第一次礼制讨论会，晚七时复行雅歌投壶礼。"（《申报》，1926 年 8 月 10 日"国内要闻"《南京快信》。）

又云：

"南京消息：昨日总司令孙传芳、苏省长陈陶遗函邀修订礼制会会长章太炎、会员姚子让等九人，在联军总司令署开修订礼制会成立会，会长、会员及孙、陈两长，农商总长杨文恺，各师长等，总务处长江恒源，课长朱肇升、周纲仁，事务员陶森杰、周冕英等均列席。会场设军署大堂上，会长席居中独坐，主席、职员席西向，会员席、来宾席东向，作矩尺相对状。阶下陈干、戚、羽、竿、干、旄、编钟、编磬、琴、瑟、箫、笛、埙、篪、琵琶、箜篌等古今乐器，大同乐会奏乐生，相对列坐。奏乐开会后，先由主席孙总司令致词，次会长会员致词，次奏乐，古琴奏《平沙落雁》一曲，琵琶奏《普安咒》一曲，埙、篪合乐《鹿鸣》之诗一章。次摄影，次奏清吹乐散会。兹将演说辞汇录如下：

"首由孙传芳起立致辞云：'我国固有文明，敷流最广且甚久远者，厥惟礼乐教化。而教化之成，本于礼乐，乐又为礼之节文，故礼制实为我国固有文明之中心，其作用亦最切要。如此次举行投壶典礼，看似迂阔，实则君子礼让之争，足以感人心而易末俗。此次惠然肯来之诸师儒，于古今礼制，均夙有心得，甚望集思广益，蔚成美制，由江浙而推行于全国，移风易俗，于焉观成，岂不懿欤！'

"次会长章太炎起立致辞云：'我国古昔，甚尊视礼制，自君主政体革命后，知识界即屏而不谈。在洪宪时代,颇有议及之者,然其主张,尊卑之分太严,我辈实不敢赞同,以过犹不及,流弊易生,势必成为帝制之糟粕也。今日之学校,既置礼教于不讲,而强权者黩武相竞,又迄未得睹统一之效,在此种潮流中,修订礼制,固为当务之急。然实亦甚非易事,鄙见以为不必过尊古制。古制在今日,多有窒碍难行者,而一般社会之习惯,则必博访周知,尽量容纳。卑之无甚高论,将来议有端绪,著为典章,务使一般社会览而易知,知而易行,使国民知我国尚有此礼制,为四通八达之大路,则礼制终有观成之日。总而言之,一欲易于遵行,一欲涤尽帝国主义而已。"(《申报》,1926年8月12日"国内要闻"《江苏修订礼制会纪详》。)议定:一、修订易行者;二、"避免帝制时代之陋习";三、"修订一般社会所需要者"。(同上。)

此后,《申报》续有报道:

"苏省修订礼制会成立后,现预备征求国内诸名流关于制礼意见及学说,并搜集古今中外礼乐类各种经典图书,以备参考。该会总务处长江恒源,每日到会督率各职员,筹备进行会务之一切手续"。(《申报》,1926年8月12日"国内要闻"《南京快信》。)

孙传芳邀章太炎主持"投壶",章又赴南京任修订礼制会会长,为鲁迅所讥:"晦气也夹屁股跟到,……孙传芳大师也来请太炎先生投壶了。原来拉车前进的好身手,腿肚大,臂膊也粗,这回还是请他拉,拉还是拉,然而是拉车屁股向后,这里只好用古文'鸣呼哀哉,尚飨'了。"(《趋时和复古》。)

8月9日,章氏"以疫气深重",即乘夜车返沪。(《致李根源书六八》)

章太炎在南京参加修订礼制会,"躬聆奏乐"后,作《观郑觐文作乐》:"郑生儒者能清讴,乐综古今姚且幽。曾奏满城风雨曲,(郑自制。)担夫在道皆回头。金陵莫府素好事,招我观乐升南楼。钧天云门杂众技,编箫长笛和箜篌。鸣琴窈窕驻鸾鹤,引竽骙骙开华骝。清埙瓷斗人酢齿,锦瑟倍弦鱼出湫。鼙鼓间作亦赴节,好奇不用铜丸投。忽度清商翻楚调,潜气内转殊凡喉。飘忽便起陵云思,大人轻举风前飙。曲终吹律中夷则,惜哉鼓簧如对牛。风生黄葛退举酒,满堂神动惊清秋。顾视壁间陷神谶,东吴灵气今存不。郑生郑生歌且休,铜马遍地争王侯。九韶如可化蛮越,罗闉何事陈戈矛。"(《文录续编》卷七下。)

8月13日,发出通电,反对北伐。查7月9日,蒋介石取得革命军总司令职,独揽了党政军大权。北伐军出发,省港罢工工人组织运输队三千馀人,又组织宣传队卫生队随军出征,给予了北伐军巨大的帮助。北伐军进入湖南,工农及学生群众热烈欢迎,株萍铁路工人自动驱走军阀部队。8月1日,汉阳兵工厂全体工人反对吴佩孚,响应革命军,实行总罢工。在革命形势发展的情况下,章太炎虽在电文中也骂"蒋中正得政",实际对当时的革命运动很是不满。电云:"岳州赵省长兼转长辛店吴上将军、奉天张上将军、南京孙总司令、云南唐省长、太原阎督办、成都邓督理、万县杨省长、贵阳袁督办、暨各报馆鉴:借外兵以侵宗国者谓之叛,奉外国以为共主者谓之奴,此二事唯仆固怀恩、石敬瑭、张邦昌、吴三桂为之。粤东自蒋中正得政,尊事赤俄,奉鲍罗廷为统监,而外以反对帝国主义为口实,致少年军士受其蛊惑。究观其实,惟有内摧粤军,外扰湘境,以为赤俄辟土。近闻其出师饷绌,又借解决工潮之名,向香港借款千万,且以九广、粤汉二路接轨为条件,则并其所假托之名义亦弃之。详其一生行事,倡义有功者,务于摧残至尽,凡口言国家主义者,谓之反革命,是其所谓革命者,非革他人之命,而革中华民国之命也。苟征田赋,什分取三,有史以来,无此重税,如是始曰民生主义,则非厚民之生,而实朘民以生也。此而不加惩创,则民将左衽,人尽为隶矣。乃今南北群帅,惟数省力与支持,其馀犹多观望,甚者自为私忿,资以报复,在野民党,亦或阳与竞争,阴求容纳,志趣不定,骄谄相随。不知叛国反常之人,无可与提携之理。且其天性阴鸷,反颜最速,非若孙中山之可以辞解,岑、陆诸公之可以义结也。权利所在,虽蚁伏叩头以求解免,必不可得,幸而为彼容纳,则奴隶之下,更生阶级,地权兵柄,悉被把持。观其对唐生智事,即近鉴著明者矣。愚以为使虎兕出柙、龟玉毁椟者,溯之往事,咎亦有归,及今追挽,势犹可及。夫冯、蒋二酋,同为俄属,冯渐受创,蒋更恣睢,宜以北事付之奉晋,而直军南下以保江上,开诚布公,解除宿衅,与南省诸军共同讨伐,志在卫国,不为权利,虽有小愤,待事定而后论之,庶几叛人寡助,中华洗辱。若凶锋积厉,必不可当,惟济之以死尔。且兵之成败,实朝气暮气之分使然,昔卢循必待刘裕而后灭,洪、杨必待曾国藩而后破,自馀食饩诸军,当之无不披靡,则朝气在彼而暮气在此也。蒋中正为赤俄之顺民,奉赤俄之政策,叛国反常,非有洪、杨正大之义,亦尚卢循所不屑为也。然以其主义奇邪,亦足以坚树团体而成朝气,此方南北将士,扶义慷慨、上下一德者几何? 若非洗心思过,发愤自励,转乾没之思,为义勇之志,恐赤贼终无灭理。当知巨憝不除,虽有金汤,危如朝露,猝被俘虏,要领即分,何地位之可冀、恩怨之可复哉。今之世虽无刘裕,而曾国藩则为老生逮见之人,非不可勉而企也。师其勤诲,效其节制,有志者何必不成。且以顺制逆,以夏攘夷,则名义必可齐于刘裕,而远视曾国藩为贞正,于是干蛊之功保民济国,此则不佞所望于群帅与在野之豪杰者也。迫切陈词,无所忌讳,唯诸公鉴之! 章炳麟。元。"(《申报》,1926年8月15日"本埠新闻"《章炳麟通电》。)

8月21日,北伐军占领岳州,平江农民协助北伐军参加作战。25日,革命军克复羊楼司通城,武汉大为震动。27日,汀泗桥发生激战。30日,吴佩孚退守武昌。

8月22日,蒋介石因上海总商会电请罢兵,特电总商会会长傅筱庵:"凡于革命进程之中,苟有缩短战期减低疾苦者,视力所至,决不后人,只求闽赣表明状态,撤退赣粤边境之兵,东南各省速与吴脱离关系,……则于愿足矣。"表示愿与孙传芳妥协。

9月4日,《致李根源书六九》:"前数日误传武昌失守,近知其误,然恐难持久。惟夏口、汉阳二镇,前有大江之限,兵舰误之,或可坚守旬月。馨远前月三十日致吴处代表书云,两礼拜可达目的点。由今推计,亦不过八九日耳。馨远昨来书征文,今日即为发出,大致劝其为国家保障主权,非专以保障安民为务。若晏安江左,必难支久。盖馨远本无奈苏绅之浮议,今为此辞,非专以督励馨远,实为之解说于士民也。仲仁在苏绅中为有知识者,事已至此,欲不动而不能,应劝其不必韬晦也。"

9月6日,孙传芳发通电谓革命军进攻江西,誓将与之周旋。7日,又电蒋介石限于二十四小时内将全部军队退回粤境。13日,徐绍桢、褚辅成等进行大规模之和平运动,一方面派代表向张作霖、吴佩孚疏通,一方面派代表对蒋介石及孙传芳活动。这时,虽未见章太炎公开电函,但他和徐绍桢、褚辅成都有接触。

9月7日,革命军占领汉阳,渡江取汉口,汉阳兵工厂工人全体复工,为革命军制造军械,吴佩孚退守孝感。

9月15日,冯玉祥从苏联回国。17日,在五原誓师入陕,宣布全军加入国民党。

10月16日,浙江省长夏超宣布独立,孙传芳调大军攻浙。夏超失败,被孙部击毙,由陈仪继任省长。

11月,江西大部克复,孙传芳派杨文凯北上请张宗昌南下应援。

11月5日,上海商总联会以九江为革命军攻克,孙传芳溃退南京,宣言拒绝奉鲁军南下,主张划上海为特别市,"市政还诸市民",永不驻兵。30日,孙传芳、吴俊升、张宗昌、陈调元等十六人联名通电拥护张作霖为安国军总司令,谓"赤逆披猖","谨愿推戴我公,统驭群师,用申天讨"。张作霖派人与吴佩孚接洽援鄂军事,吴佩孚表示谅解。

12月1日,张作霖就安国军总司令,发表就职通电。12日,上海群众召集大会,反对孙传芳、张作霖。

12月26日《申报》刊登《孙传芳通告》:"近闻沪上有人假借苏皖浙三省公团名义,希图破坏三省之安宁,离间芳与三省父老昆季之感情,其居心殊属叵测",通令禁止。"否则军法所在,绝不宽贷"。28日《申报》刊登《皖苏浙三省联合会广告》,对孙传芳进行责问。次日,孙传芳密令逮捕皖苏浙三省联合会负责人蔡元培、董康、褚辅成、沈钧儒等十人。(《申报》,1926年12月30日"本埠新闻"。)并"缉捕会员,格杀不论"。(《申报》,1926年12月31日"本埠新闻"。)章太炎这时则退处缄默。此后,报上也再看不到他的"通电"、"函告"。

本年,章氏撰《民国五豪赞》,以孙中山、袁世凯、黎元洪、黄兴、蔡锷为"五豪"。其"赞"孙中山为:"香山先觉,激扬民主。狎交宗帅,不闲戎旅。私智自矜,赖兹匡辅。迫窜良将,夷其肢股。屡蹶复兴,承天之祐。""赞"袁世凯为:"项城枭鸷,剿胡粤櫱。良金善贾,锐师綦列。亢龙之进,淫名是楬。网漏坤维,位替身蹶。败不出奔,于今为杰。""赞"黎元洪为:"黄陂长者,爱国若性。承彼乐推,徂以求定。人皆贪邪,我独廉正。不援朋党,庐言兼听。仁而不武,陵夷为病。""赞"黄兴为:"善化温温,犷被军人。奋迹南裔,秉旄汉津。略不致远,进先群伦。义不务高,退全其身。人苑已枯,遭时之屯。"(马宗霍:《章氏轶文辑存》,收入《文录续编》卷七上,与此略异。)

本年,有《闻广东毁文庙》诗:"万物本刍狗,天地非不仁。君看九流起,燔书资狂秦。狂秦尚持法,清谈能食人。校官久失度,侻言来丁零。鲁叟灵已邈,何必歆明禋。"(《文录续编》卷七下。)

【著作系年】《对中东路案之意见》(1926年1月25日,见《太炎先生著述目录初稿》,《制言》第三十四期,原文未见)。《致张之江李鸣钟等电》(《顺天时报》,1926年2月2日)。《复张之江等电》(2 月 17 日,见《申报》,1926 年 2 月 19 日)。《致湘议会电》(3 月 14 日,见《申报》,1926 年 3 月 15 日)。《致孙传芳请释放许祖谦电》(原电未见,孙传芳复电见《申报》,1926 年 4 月 4 日)。《反赤救国大联合通电》(4 月 7 日,见《申报》,1926 年 4 月 11 日)。《反赤救国大联合宣言》(4 月 28 日,见《申报》,1926 年 5 月 2 日)。《致苏俄大使加拉罕电》(同上)。《对时局主张》(4 月 18 日,见《申报》,1926 年 4 月 19 日)。《辛亥同志俱乐部为中央政权无主通电》(4 月 21 日,见《申报》,1926 年 4 月 22 日)。《电劝颜惠庆勿摄阁》(4 月 28 日,见《申报》,1926 年 4 月 29 日)。《再劝颜惠庆》(5 月 6 日,见《申报》,1926 年 5 月 7 日)。《为辛亥同志俱乐部驳吴佩孚护宪主张》(5 月 9 日,见《申报》,1926 年 5 月 11 日)。《致颜惠庆电》(5 月 14 日,见《民国日报》,1926 年 5 月 15 日)。《为辛亥同志俱乐部再致颜惠庆电》(5 月 18 日,见《申报》,1926 年 5 月 21 日)。《通告及门弟子》(6 月,手迹)。《反对溥仪回宫致吴佩孚电》(7 月 20 日,见《申报》,1926 年 7 月 24 日)。《关于时局问题之通电》(8 月 13 日,见《申报》,1926 年 8 月 15 日)。

《致李根源书六四》(1926 年 1 月 22 日,见《近代史资料》1978 年第一期)。《致李根源书六五》(1926 年 3 月 12 日,下同)。《致李根源书六六》(1926 年 5 月 4 日,下同)。《致李根源书六七》(1926 年 5 月 7 日,下同)。《致李根源书六八》(1926 年 8 月 10 日,下同)。《致李根源书六九》(1926 年 9 月 4 日,下同)。

《民国五豪赞》(《文录续编》卷七上)。《欧阳氏母黎太夫人墓志铭》(《华国月刊》二卷十一期,1926 年 1 月出版,收入《文录续编》卷五下)。《论中医剥复案与吴检斋书》(7 月 6 日,《华国月刊》三期四册,收入《章太炎书札》)。《腾越宝峰山佛殿碑记跋》(7 月,见《景邃堂题跋》)。《张母杨太君五十寿序》(1926 年,见《制言》第五十六期)。

《闻广东毁文庙》(《文录续编》卷七下)。《观郑觐文作乐》(同上。)。《白纻歌》(同上)。

《当代名人尺牍》(王文濡辑,1926 年 5 月,文明书局版),下卷收有章氏"书牍",即:

《致志远书》、《复张伽厂书》、《与罗振玉书》、《与章行严论改革国会书》、《与汪旭初论阿字长短音书》、《答曹聚仁书》、《与刘光汉书》、《甲寅五月二十三日家书》、《甲寅六月二十六日家书》。

1927 年(民国十六年丁卯) 六十岁

1 月 1 日,国民政府及国民党中央在武汉执行政权,蒋介石"暂驻南昌",反对移至武汉的命令。

1 月 3 日,武汉群众举行庆祝国民政府迁都武汉及北伐胜利大会,遭英帝国主义水兵屠杀,死伤群众三十馀人,工人英勇示威,并在中国共产党领导下解除英租界巡捕及"义勇队"武装,收回英租界。6 日,九江英兵又枪杀工人,群众占领租界。

1 月 3 日,章太炎六十寿辰,《生日自述》:"蹉跎今六十,斯世孰为徒? 学佛无乾慧,储书不愈愚。握中馀玉虎,楼上对香炉。见说兴亡事,拿舟望五湖。”(《文录续编》卷七下。)

1月5日,《复章士钊书》:“不通音问者四五月,时事枪攘,遂至于此。昨得手书,并元日所成一律,悲愤之气,转成萧淡,则壹郁愈可知已。每与欧阳骏民谈及时事,骏民言吾不咎他人,但恨学识未周,无以应变,吾亦甚有同感。然补天回日之志,竟不能灰。天生我辈,使为终身无伸眉喜笑之人,亦未尝怨尤也。以弟志行,尚当努力奋斗,不可徒下新亭之泣。一二年中施于政事者,虽为过激之徒所恨,三代直道,自在人心。吾今所行,亦负谤议,要之自抚素心,可质天地,则訾言不足恤也。但苦主兵者不能尽听吾言,乃令丁零群丑,轶荡中原。如弟以周、召相拟,固非所及,即欲为鲁横江、刘诚意,亦相去远甚。前数年曾取太史公书语,作一印云‘亚父者范增也’,恐终身遂与此翁同揆,唯勉自惩抑,庶不至疽发于背耳。《甲寅杂志》曾到一册,他日有暇,当有所献。今先答诗一章,弟观之以为何如也。……章炳麟。一月五日。”(原注:“上海南阳桥裕福里二号”,见《甲寅》第一卷第四十号,1927年1月15日出版。)欧阳骏民,即欧阳振声,曾任湖南省议会议长。

章士钊在《甲寅》载此信后,又加附志:“天下惟情之至者,穷于辞说,钊屡奋笔谋寄兄书而屡不成,职是之故。来书并与逸塘同观,共叹吾兄进德晤道之猛,较前傲岸自喜时,迥若两人,或者天下将亲食君山素相之赐,为日未远也。泯怨尤、负谤议二义,弟极不忘。其能因物付物不假强为如兄与否,尚难自信,今因兄言,当益加勉。亚父之说,人且疑自况之低,然此殆同武侯之为《梁甫吟》,聊以寄意而已。《甲寅》急待吾兄为文张之,赐诗光气岳岳,无敢逼观。兄昔与威丹联吟,有‘吾家小弟始能诗’之句,今弟踵为,幸时督教。”逸塘,王揖唐,北洋安福系劣僚。

信中所称“答诗”,缘章士钊于1日作《元日赋呈伯兄太炎先生》:“堂堂伯子素王才,抑塞何消斫地哀。谋国先知到周、召,论又馀事薄欧、梅。世甘声作高呼应,吾亦名从弟畜来。浙水东西南岳北,人天尔我两优哉。”誉章太炎为“周、召”。章太炎《答行严元日寄诗》云:“十年誓墓不登朝,为爱湖湘气类饶。改岁渐知陈纪老,量才终觉陆云超。长沙松菌无消息,樊口鳊鱼乍寂寥。料是瀛州春色早,羁人楼上更怊怊。”(《甲寅》第一卷第三十九号,1927年1月8日出版。)章士钊,湘人,“为爱湖湘”,借章士钊以怀“湘省自治”云尔。

章士钊又于《甲寅周刊》第一卷四十号《国民党周刊后题》末谓:“溥泉者,曩年吾家太炎、邹君威丹及愚,相与约为兄弟,志存光复者也。威丹死矣,馀三人犹在,愚志行薄弱,固不足论,而伯兄为民党耆宿,学养深醇,每定大计,类能截断众流,通国同仰。愚意溥泉应商约同人,相与归之,此于定言定事,两有大益,虽曰私之,天下公言,固亦不越此种也。”《国民党周刊》,国民党张继、居正、邹鲁等写稿。文中“伯兄”指章太炎,溥泉即张继。

1月,撰《台湾通史题辞》,《台湾通史》,连横(雅堂)作,《题辞》谓台湾自郑成功驱逐荷兰侵略者以后,“开府其地,孑遗士民,辐辏于赤嵌,锐师精甲,环列而守,为恢复中原根本,然后屹然成巨镇焉。郑氏系于明,明系于中国,则台湾者实中国所建置,其后属清"。"豪杰之士,无文王而兴者,郑氏也;后之豪杰,今不可知。虽然,披荆棘,立城邑,于三百年之上,使后世犹能兴起而诵说之者,其烈盖可忽乎哉。"(《文录续编》卷二下。)

自 1 月 4 日起,到 2 月 5 日止,共三十三天,毛泽东考察了湘潭、湘乡、衡山、醴陵、长沙五县的农民运动以后,写了《湖南农民运动考察报告》。

1 月中旬,革命军沿长江东下,美政府令其亚洲舰队总司令维廉率部赶赴上海,并向英国提议共同封锁长江。英、日、法等帝国主义继续增兵上海。2 月 12 日,英军二千名到沪,次晨又到一千,英共调陆军四千至沪。(《申报》,1927 年 2 月 13 日、14 日。)

2 月 17 日,北伐军占领杭州。18 日,占领嘉兴。中国共产党为配合北伐军,于 22 日发动第二次武装起义,参加总罢工的工人三十六万人,孙传芳部上海防守司令李宝章用野蛮残酷手段屠杀起义工人与革命群众。

这时,寓居在上海的章太炎,却很少公开露面,报上也不见到他的"通电"、"宣言",国民大学的校长也已辞退。(《申报》,1927 年 3 月 5 日《国民大学暨附中招生广告》,署名的是校长许世英,教务长则为何炳松。)只有"以新僧运动的标语之法苑开幕"时,章太炎始一到会,报载:

"前日(二月十三日)以新僧运动为标语之法苑开幕,记者承邀,乃乘兴往观。门首大旗二,曰法苑,曰新僧运动,签名处赠《法苑说明书》等,并发行各种新出佛书。进内为花园,园后为三层华屋,下层为会场,中层为佛殿,上层为新僧修持室,遍悬名人书画,极为美观。二时开会,到会者有章太炎、但懋辛、刘嗣荣、王一亭、刘亚休、欧阳任、李振、陈敬贤、张纯一、黄警顽、李德本女士、罗杰、钟可托、西人夏士别利、蔡彬华女士、日人船津辰一郎、莹照、昭三、静庵、元照等六百馀人。先由新僧奏佛乐,太虚法师率中外信徒上香祝福。次由太虚致开会,太炎演说,当以佛教之大施主义以救人救世。西人夏士别利及日人田山水心相继宣讲,以时间过长,各处函电祝词数十通,均不及宣布,由主持告以先行摄影,遂茶点而散。"(《申报》,1927 年 2 月 15 日"本埠新闻"《新僧运动之法苑开幕》。)

他在《生日自述》中所说"学佛无乾慧,储书不愈愚",真在那里"学佛"了。如果说,章太炎在辛亥革命前夕还想"用宗教发起信心,增进国民的道德",而这时却欲"以佛教之大施主义以救人救世"了。报纸上看到章太炎列名的另一"启事"是"介绍名相昆云使者蔡北仑先生",夸奖蔡北仑是什么"素研相术","吉凶祸福,所言皆能实验,无一空谈",和他一起署名的有太虚法师和信佛的丁福保。(《申报》,1927 年 6 月 3 日。)章太炎已陷入唯心主义的宿命论了。

2 月,为金松岑《天放楼文言》撰序,对明代以后"采唐、宋八家为文章艺极",提出批评,认为"及其弊,则专取格势,有名言,无情实"。并加发挥:"余谓韩、柳与宋六家固异。夫其含元气入无间,天实纵之。乃若积势造辞,则近自燕许来。退之碑铭效后汉石刻,转益瑰怒,子厚亦多为俪体,非若晚世分北之严也。与韩、柳先后者,有若李华、独孤及吕温、刘禹锡、皇甫湜之属,大体多相似,今独举韩、柳二家,则不足尽其原也。宋世效韩氏为文章者,宋子京得其辞,欧阳永叔得其势,二家已不类。是时苏子美高材而黜,独为屈奇,而尹师鲁近愁,刘原父涓选至严,义尽则辞止,近世戴东原颇方物焉。最醇者乃莫如司马公,此宋、苏、尹、刘、司马五家者,能事异欧阳,其差第亦相若。今悉不取,独取曾、王、苏与欧阳为六,又不足以尽其变也。宋时俪语,丰杼肉称,而几于谐矣。观六家之文,两制用俪语者勿论,然常文或时不检,亦以是粲入焉,此尚不足与宋莒公颉颃,况晋、宋之翔雅者乎? 由是言之,苟醇矣,奇偶皆古之流可也;苟驳矣,奇偶皆俗之变可也。文章之多术,犹味之广乐之繁,各专其美而不以相易,其可以一崇尽诸!"(《文录续编》卷二下。)

3月21日,在共产党人周恩来、罗亦农、赵世炎、汪寿华等领导下,上海八十万工人举行总罢工,接着举行第三次武装起义,向驻在上海的北洋军阀部队全面进攻。这时,已经进抵上海近郊龙华的北伐军东路军总指挥白崇禧依照蒋介石的密令,按兵不动,阴谋利用北洋军阀削弱工人力量。英勇的上海工人经过两天一夜的血战,于22日占领上海,取得了起义的胜利,并建立了上海特别市临时政府。26日,蒋介石到上海。4月12日,蒋介石突然发动反革命政变,工人遭到残酷的屠杀和镇压,上海又处于帝国主义和国民党反动派的黑暗统治之下。

章太炎撰《避地》诗:"闻道王江泾,(自注:"依释名借为直波曰径之径。")晨夕已度兵。黄天传语怒,赤伏见旗明。肉食嗟乖计,春农待辍耕。生涯吾自拙,恐未饱群生。"(《文录续编》卷七下。)

又有《感事》:"珠江闲气开云罳,掉尾渚宫东入鄑。钟山积申森嵯峨,素车白马度滁和。垓下四面鸡鸣歌。天欲亡我非由他,罳去鳄来当奈何?"(同上。)

5月4日,在上海买办资产阶级的操纵下,各团体"纪念五四",通过下列决议:一,改组全国学生总会;二,请国民政府通缉学阀,并指定为章太炎、张君劢、黄炎培、沈信卿、蒋维乔、郭任远、殷芝龄、刘海粟、阮尚介、凌鸿勋、张东荪、袁希涛等;三,请国民政府收回教育权;四,要求国民政府教育经费独立;五,请国民政府在上海筹备中山大学;六,请南京国民政府讨伐武汉伪政府;七,肃清上海各学校之共产党份子;八,警告汪精卫;九,杀徐谦、邓演达;十,驱逐鲍罗廷。(《民国日报》,1927年5月5日"本埠新闻"《二十馀万人纪念五四》。)

6月16日,国民党上海特别市党部临时执行委员会,又以"通缉学阀事呈中央",第一名"著名学阀",就是"章炳麟"。报载:

"特别市党部临时执行委员会昨为通缉学阀事,呈中央文云:呈为请实行通缉学阀,以制止反动事。窃本年上海五四运动纪念大会曾经议决,通缉著名学阀章炳麟、黄炎培、沈恩孚、张君劢、蒋维乔、郭任远、朱炎、胡敦复、殷芝龄、袁希涛、张东荪、阮尚介、刘海粟、沈嗣良、凌鸿勋等,曾以大会名义,通电各法团各界民众在案。当时大会以冀其悔悟自新,故犹未请钧会明令通缉。乃迩来该学阀等不仅不知敛迹,且活动甚力,显系意图乘机反动,殊属藐视法纪。理合备文呈请钧会,迅予实行通缉,俾儆反动而申党纪,实为党便。此呈中央执行委员会,上海特别市党部临时执行委员会。"(《申报》,1927 年 6 月 17 日"本埠新闻"《市党部呈请通缉学阀》。)

7 月 15 日,汪精卫公开宣布与共产党决裂,封闭工会、农会等革命团体,大肆屠杀共产党员和革命群众,第一次国内革命战争遭受失败。

8 月 1 日,周恩来、朱德、贺龙、叶挺、陈毅、叶剑英、刘伯承等在江西南昌举行南昌起义。

8 月 7 日,中国共产党在汉口召开紧急会议,撤销了陈独秀的领导职务,确定了土地革命和武装反抗国民党反动派屠杀政策的总方针,号召农民在秋收季节举行武装起义。会后,毛泽东赶回湖南,领导、部署安源工人、湖南江西的农民和一部分北伐军举行武装起义。9 月 29 日,起义部队到达井冈山地区永新县的三湾村,领导部队进行改编,确定了党对军队的绝对领导。

11 月 16 日,《致李根源书七〇》:"老夫自仲夏还,居同孚路赁寓,终日宴坐,兼治宋明儒学,借以惩忿。如是四月,果有小效,胸中磊砢之气,渐能消释。惟把捉太过,心火过盛。重阳后,因即停止宴坐,暇时以诗自遣,苦无唱和。……行年六十,不久就木,而上不闻道,下不谐世,蛰居之中,虽稍能理遣,佛家所谓堕在无事甲里。视老弟鸿飞冥冥,色斯高举者,相去亦不可以道里计矣。"

11 月 27 日,《致李根源书七一》:"所说滇省父老吁请事,桑梓之情,自宜酬报。惟滇省本自为区域,闭关自治,绰然有馀,似不必与他省更生关系,反致陷入漩涡。但力革蠹赘之弊,使民乐其生足矣。他人固未必觊觎,亦无如此山川险阻何也。焕章在今日为中外人所唾骂,谓其反复狙诈,真较吕布、刘牢之为甚。如蒋、唐辈人恶其暴肆则有之,犹未如恶冯之甚也。比之匪人,似非君子之道,求为外援,亦非滇省所急。协和、右任辈但论一己爱憎,不顾有其间毁誉,恐有识者不宜随波逐流也。大抵今日不可舍者,尚是名节两字,弟平日独能以此自持,虽有未纯,梗概自具。其馀号称同志者,则未可知。若云古道不可行于晚世,然使是非羞恶一切泯绝,恐晚世亦不可行也。蔡子民辈近欲我往金陵参预教育,张静江求为其父作墓表,皆拒绝之,非尚意气,盖以为拔五色国旗,立青天白日旗,即是背叛中华民国。此而可与,当时何必反抗袁氏帝制耶?袁氏帝制,不过叛国,而暴敛害民,邪说乱俗,则尚袁氏所未有也。一夺一与,情所不安,宁作民国遗老耳。惟欲如范粲之寝卧车中,王应麟之足不下楼,则所未能,亦自恨学行之薄也。""焕章",冯玉祥;"蒋、唐",蒋介石、唐生智。

12 月 9 日,章氏《答汪旭初论诗书》谓:"论诗大旨甚是。其实七子胜处,尽有近代阮翁、坨翁所不能到者,幸勿随众訾议也。"并录近作《简童亦韩徐仲荪》、《生日自述》以赠,"欲脱化于唐人之外,则不能也,然芜杂之病,庶可免矣"。(原无年份,中谓:"录一月前近体二首",即上述二诗,知撰于本年,见《制言》第二十九期,1936 年 11 月 16 日出版。)

本年,有《答汪旭初论碑文书》,谓:"上规汉文,下录中唐,使之平而不滥,遒而不涩,庶将得其中道,要此乃为碑文立准。若小小墓志之属,初无成则,亦无取高论也。"(同上。)

12月10日,南京政府复任蒋介石为总司令。

12月11日,中国共产党人张太雷、叶挺、叶剑英等在广州领导工人和革命士兵举行武装起义,经三昼夜英勇战斗,因敌我力量悬殊失败,一部分武装被迫撤出广州后,分别在东江等地继续进行革命斗争。

仲冬,章氏撰《中国医药问题序》,阐述他对中西医的看法:"余以为今之中医,务求自力,不求断断持论与西医抗辩也。何谓自立,凡病有西医所不能治,而此能治之者。……乃若求其利病,则中医之忽略解剖,不精生理,或不免绌于西医也。独伤寒热病之属,其邪浮而无根,非藏府症结比。自仲景以来,论其脉证独备,而治法亦详,中医能按法治之者,率视西医为胜。"(抄件,又见《制言》第五十九期。)

本年,曹亚伯《武昌革命真史》成。先是,曹亚伯曾嘱章氏撰联,"曹索甚亟。曰:'无已,惟有以杜句移赠'。乃书'英雄割据虽已矣,文采风流今尚存'二语。"(徐一士:《一士类稿·谈章炳麟》。)

本年,唐继尧死,挽以联曰:"功似周绛侯,才似李西平,僭制已除,独秉义心尊奥主;燕昭晚求仙,齐桓晚好内,雄图虽蹶,终于民国是完人。"(《菿汉大师连语》,见《制言》第二十五期。)

【著作系年】《台湾通史题辞》(1927年1月,见《制言》第四十期,收入《文录续编》卷二下)。《与章行严书》(1927年1月5日,《甲寅周刊》四十号,1927年1月15日)。《天放楼文言序》(1927年2月,《天放楼文言》卷首,收入《文录续编》卷二下)。《与余云岫书》(1927年10月29日,见《太炎先生著述目录初稿》,卷上,《制言》第二十五期,未见)。《与汪旭初论诗书》(1927年12月9日,见《制言》第二十九期)。《答汪旭初论碑文书》(同上)。《中国医药问题序》(仲冬,抄件,又见《制言》第五十九期)。《李母阙太夫人诔》(1927年,见《制言》第三十六期)。

《致李根源书七〇》(1927年11月16日,见《近代史资料》,1978年第一期)。《致李根源书七一》(1927年11月27日,同上)。《致李根源书七二》(1927年12月)。

《生日自述》(《文录续编》卷七下)。《答行严元日寄诗》(1927年1月5日,见《甲寅周刊》第一卷第三十九期,1927年1月8日出版,收入《文录续编》卷七下)。《避地》(《文录续编》卷七下)。《师子》(同上)。《得友人赠船山遗书二通》(同上)。《宴坐起》(同上)。《鼋鼍》(同上)。《田家》(同上)。《感事》(同上)。《寄亦韩仲苏》(同上)。《夜饮》(同上)。

1928年(民国十七年戊辰)　六十一岁

1月,南京政府电蒋介石回京复职。

1月,章氏长兄篯卒。篯名炳森,字椿伯。清末充浙江谘议局议员。辛亥革命,浙江光复,被推为临时省议会议员,以病未就。1912年,充馀杭县议会议员,长于医术。章氏为撰《伯兄教谕君事略》,见《文录续编》卷四。拟《哭教谕君联》:"素无大功亲,同气余三,夺我寡兄何太酷;偕行六十载,残年有几,别当多难更谁堪。"(《蓟汉大师连语》,见《制言》第二十五期。)

2月10日,《致李根源书七三》:"去岁得书云就夫己氏电招,来商行止,时以比匪无益答复,曾蒙采纳。顷闻人言,弟已往就夫己氏,将及月馀,殊未尽信。夫己氏之反复狙诈,业为千夫所指。虽一时侥幸,终归覆灭。弟观前史,如吕布、刘牢之辈有成理否?以弟明照几微,似必无明珠暗投之理。或言者妄传耶?如果已成行,暂借吹基登高,酌酒与尽,即可言归。且伯母阙太夫人方事窀穸,弟丧事未终,非有墨绖从戎之义,何故苟焉视之。以弟烝烝之孝,播闻遐迩,而夫己氏之讫无成就,亦易鉴及,何可为此濡滞也。如以久离鞍马,有髀肉复生之感,事机之来岂有穷尽,亦何必躁于一试耶。不幸遭彼挫败,金石之声,反与瓦砾同败,岂非违者之所深惜乎?辱在挚交,不恤苦口,惟冀审察"。"夫己氏",似指冯玉祥。《雪生年录》,1927年:"冯君玉祥迭电约赴豫,并派员伍百锐来苏迎候,坚以母丧未葬婉辞之。"

4月,朱德、陈毅等率南昌起义留下的一部分军队和湘南起义中组织的农军到达井冈山,与毛泽东的部队会合,成立中国工农红军第四军。同年6月,在毛泽东提出的"敌进我退,敌驻我扰,敌疲我打,敌退我追"的军事原则指导下,红四军取得了龙源口大捷,革命根据地扩大到宁冈、永新、莲花三个全县,和吉安、安福、遂川、酃县等县各一部分。同时,成立了湘赣边界工农民主政府。

5月1日,蒋介石抵济南。5日,日军焚烧交涉署,枪杀交涉员蔡公时等。10日,占济南。蒋介石"向部下发出训令,绝对不使与日军发生误会"。说什么:"一、不与日军构争,保护侨民,……在个人无论有何如事,亦须忍受。二、对于日本人,绝对不开枪。三、为救一百人,虽杀十人亦可。三〔四〕、若遇有事时,日本要求枪枝,即以枪枝与之。"(天津《大公报》,1929年5月12日。)

5月27日,《致李根源书七四》:"今之拔去五色旗,宣言以党治国者,皆背叛民国之贼也。前后诸子罪状,惟袁氏与之相等;而徐、段、曹辈,皆视此为轻。不知少元先生素持夙节者,何以为此所。一入其彀,则前此之反对袁氏与徐、段、曹辈皆当爽然自失矣。大抵清代理学诸公皆修廉节,慎取予,而于顺逆大节则置之,此学者所以日堕也。前时少元先生谈及此事,见其心未能舍,遂亦未与正言。诸修之士,一朝失足,可叹可惜。向因弟在病中,不便与论时事。今知躯体已复,故及之。愿守身如玉,除五色国旗下之中华民国,更无可与。若民国一线未亡,出处可以自便。若民国澌灭以尽,即当为幼安、渊明之徒,庶不诒南董以话言钦"。"少元",孙光庭,民国初参议院议员,1928年后任云南省政府委员。

6月3日,黎元洪死于天津。

6月5日,《致李根源书七五》:"地坼天崩,哀感何极!唯中华民国业已沦亡,公在亦徒取辱,任运而去,未始非幸。想老弟悲悼之情,更逾馀子。剧病初起。犹望节哀,勿以一恸自伤也。已与在野同人去电致吊,其馀表彰哀慕之事,情不能已,而势有难行。若与贰心民国者杂糅行事,适为黎公辱耳。闻黎公子侄尚以饬终之典求之新朝,实太无耻。前数日，蒉赓之子自日本来，亦以其父未予国葬为恨。吾云尊公功在民国，今求何国予葬耶？因厉声责之，彼始感悟。举世滔滔，乃至为子者，亦不知其父所处地位，可叹也。"

6月18日，《致李根源书七六》："迟回数日，昨始为黎公设奠，不欲参杂党国人物，唯武昌倡义诸公及刘霖生、白楚香等十馀人而已。祭文明目张胆，不存忌讳。黎公短处，亦不隐避。见非阿私所好，而特存民国是非之公也。"其《祭大总统黎公文》为："公始蒙难，洪宪柣之。滇府杖顺，足相扶持。后虽再圮，玉步未改。谁珍民国，问之南海。乌呼哀哉！创业三人，鼎足而守。彼皆畔换，公独不负。杵臼千驷，伯夷采薇。董史有作，荣名谁归。"（《国学丛编》第一期第四册，收入《文录续编》卷七上。）

又《致李根源书七七》（无月日，应较《致李根源书七六》略后。）："函悉。挽黎公辞颇质直，如是亦可，不烦修饰。若自愚见窥之，则黎公为中华民国之总统，弟为中华民国之总理，立言当从其大，不应只以知己感恩之义言也。愚挽黎公一联，弟当观之，于意云何？'继大明太祖而兴，玉步未更，佞寇岂能干正统；与五色国旗俱尽，鼎湖一去，谯周从此是元勋。'"下署"中华民国遗民章炳麟哀挽"。

6月中旬，上海居士林组织佛学研究会，由唐大圆住林，使学生"得补习国学，并研究佛法外，更组织佛学研究会，于每星期六及星期日下午，专为该林林友研究佛学，俾事理圆融，行解相应，不致有盲修瞎练之弊"云。（《申报》，1928年6月19日"本埠新闻"《居士林组织佛学研究会》。）章太炎与唐大圆相稔，佛学研究会成立时未到会，仍在沪"匿迹"。

6月，为黄侃《游庐山诗》作序，谓："侃所观者，乃在山川之胜，往史之迹，于赁地略一道，盖辇而语之，非有流连荒亡之乐，斯所以异于俗士也。天地之有奥区，固不可终閟，然山林之与市朝，其情必有分矣。余家濒杭之西湖，少时游此，其庐里不饰，其器服不雕，为能与山泽称，比壮观之，道皆剧骖，朱门崇甍鳞比乎其间，以于自然之美，斯犹载鹤以轩，被巢父以韨冕，其不衷亦甚矣。喟然者久之。今以庐山大隐所宅，而为贾竖据焉，其不衷有甚于西湖者也。虽然，兹山之广，阅月逾时而不可以遍省，苟观其大，则是牯牛岭者，犹蟸蠃之屯也，亦何足以相浑乎？"（《文录续编》卷二下。）

7月，为冯自由：《中华民国开国前革命史》撰序，以为该书"阿私之见少矣"。又谓："余于开国前后诸大事，闻其谋与其役者颇众，虽不敢谓有功，自视亦庶几无疚。独民国二年，以宋教仁之死，同志发愤与中央政府抗，余亦颇与焉；稽之大法，盖不可以为至当矣。顾是时清故恭亲王潜谋复辟，因缘张勋，与南方人士相闻，同志不深观其利病，欲因势就用之，余力言其非，始已。不然，与宗社党同污，所谓志士者竟安在耶？此犹可以自慊者也。综观开国以来十馀年中，赞帝制，背民国，延外患，参贿选，及诸背义卖友之事，革命党之不肖者皆优为之，独复辟事不与，则事前训练之功犹不可没，此余所愿举以告天下者也。"（《中华民国开国前革命史》上编，1928年11月15日出版，收入《文录续编》卷二下。）

8月3日，《与马通伯书》，谓："尊意欲以三经导俗，谓《孝经》为圣人弭乱之原，鄙人正复同此,犹谓世情婥婀,非高节琦行之士出为表仪,惧不足以振起。宋世儒学,倡之者实在高平,高平所持,只在以气节厉俗耳。此如人病痿痹,非针引阳气,必不能起,其馀犹后也。《戴记·儒行》一篇,昔与《大学》并重,所谓不尽中行。大氐狂狷之才,斐然成章者也。后代儒者,视为豪气不除,或有所訾议矣。不知豪气之与善柔,相为屈伸,豪气除则善柔自至,欲其振起,岂可得邪。自鲁连以逮汉之王烈、田畴,于十五儒者,财得一端。今视之,即邈乎不可及。宋、明诸贤行谊比于东汉,犹未也。二程尝谓子路亦是百世师,后儒视此,反漠如焉。故鄙意《儒行》一篇,特宜甄表,然后可以起痿痹,振罢软尔。"(《制言》第十五期,1936年4月16日出版。)已"甄表《儒行》"。马通伯,名其昶,桐城派末流代表,著有《抱润轩文集》,卒于1930年。此书缺年份,当撰于本年。章氏1932年《与吴缄斋书》,谓"马通伯尝推演《大学》、《中庸》、《孝经》三书,以为教士所亟,吾云《中庸》可缓,《儒行》不可遗。惜通伯死矣,不得与极论也"。(《制言》第十二期。)即指此。

10月前,未见章氏公开活动,他在《春日书怀》中即云:"僦居虽近市,奐关如深湫。书史有常庋,井灶无停沤。肉食渐忘味,时复亲干糇。承泉治百合,瓮兰澄麻油。初日上露台,暴我毳羊裘。客来固不速,昼眠亦无邮。人生贵适志,大行非诡求。夸父即弃杖,东野方倾辀。文渊矜顾盼,终然困壶头。借问茂陵儿,何如马少游。"(《文录续编》卷七下。)在这年的报纸上,也从不见章太炎的函电,仅《申报》10月17日"广告"中载有《章太炎介绍袁缶鸣鬻字廉润》,亦仅见"润例",未有其他文字介绍。又,《申报》,8月27日"本埠新闻"上栏"美国三德洋行广告",推销药品,中间摄附章太炎照片,说是"中国国学大师章太炎先生"。该洋行所附照片经常轮换,另有郑毓秀(9月7日)、张宗昌(9月12日)、陈公博(9月18日)、梁启超(9月20日)等。

10月22日,《致李根源书七八》:"仆今年只以作诗遣累,时亦作字,每日辄写三四十篆,馀更无事。杨子倜蜀庄沈冥,但使成、哀不得而贵,王莽不得而贱,斯亦可矣。友人中失足一时,遗恨千古者,往往而有。墨悲练丝,杨泣歧路,真古今同慨也。昨者重九佳辰,黄花当笑逐臣矣。"

11月21日,招商局轮船公司股东代表蒋尊簋等招待新闻界,席上章太炎又责骂孙中山,对新三民主义也肆攻击。国民党上海市三区党务指导委员会以章"图谋危害政府",议决通缉,并由上海市特别市党务委员会常会"讨论通过。"报载:

"本市三区指委会昨日下午举行第四十一次常会,议决呈请市部转呈中央,通缉图谋危害政府之章太炎。兹录其原呈如下:

"呈为呈请转呈事:窃章逆太炎,辛亥前从先总理奔走革命,推倒满清,在中华革命史上,本不无微功。乃辛亥以还,总理远瞩世界潮流之奋进,内鉴民智之企发,其革命方策,乃益宏远精进。而章逆故步自封,不悟本身思想之落后,自是日事诋毁总理。民十年,奔走湘鄂汴洛,竟甘为吴逆佩孚之爪牙。迨吴逆失势,乃乞食于孙逆传芳之门,谋以阻抑本党势力之发展。迨本党统一东南,吴、孙崩溃,该逆乃匿迹沪滨。当时中央曾有通缉之议,后以该逆行将就木,不欲诛求,冀其闭门悔过,不复为军阀傀儡。

乃顷据职会委员汤德民呈称,昨午招商局轮船公司股东代表蒋尊簋等招待新闻界,席上章逆又大放其荒谬万端之言词,其言曰:'孙中山之三民主义,东抄西袭,初以推倒满清为民族主义;改专制政体为共和政体曰民权主义;以平均地权为民生主义。迨后乃欲以联合平等待我之民族,更倡以党治国,及挑起劳资斗争。故孙中山后来的三民主义,乃联外主义、党治主义、民不聊生主义。今日中国之民不堪命,蒋介石、冯玉祥尚非最大罪魁,祸首实属孙中山。他们现在说以党治国,也不是以党义治国,乃是以党员治国,攫夺国民政权,而对外仍以中华民国名义。此与袁世凯称号洪宪后,仍以中华民国年号对外,意义相同。袁世凯个人要做皇帝,他们是一个党要做皇帝。这就是叛国,叛国者国民应起而讨伐之。故吾谓革命尚未成功,国民尚须努力,应共奋起'云云。窃该逆既不了解总理毕生致力革命事业之最大目的,复不认识三民主义,而乃以谬词诬蔑总理;该逆更不了解本党暂代国民执行政权,迨训政后政权还政人民之深意,而厚诬本党与袁逆类似,且公然鼓吹推翻国民政府,其居心灼然可知。夫目不识丁、知识稚浅之国民不了解三民主义,不认识孙总理,不认识本党,情可原而亦可理喻。章逆既为知识阶级,复有历史上反革命之铁证,今复于宴会席上,狂放厥词,显图危害政府,捣乱本党,应请钧会转呈中央党部,按照中央颁布之惩戒反革命条例办理,即日训令军警机关通缉,实为党便。谨呈上海特别市党务指导委员会。"(《申报》,1928年11月22日"本埠新闻"《三区党部呈请通缉章太炎》。)

11月24日,上海市特别市党务指导委员会开第五十八次常会,"宣传部提案,呈请中央通缉反动分子章炳麟案。议决,通过。"(《申报》,1928年11月25日"本埠新闻"《市指委会五十八次常会》。)

11月,为李希白《治平吟草》作序,谓:"晚世夸诞之子,好为异言,以街谈巷语为诗,谓之清真,然观其人,则汲汲为货利者,而诗中隐晦如故。匿其性情,则言已饰伪矣,焉论其辞之文质也。"(《文录续编》卷二下。)

12月6日,《致李根源书七九》:"来书云,文中满腔愤气,非颐养之道,敬受教矣。今年本以胸有不平,研寻理学家治心之术,兼亦习禅。四月以来,忿心顿释,而遇事发露,仍不能绝。适见孙君所作碑铭,更为引申,以此发抒至尽。幸文成后,胸次尚无芥蒂,略堪告慰。孙君亦治理学者,虽彼近朱学,我取慈湖、白沙,然惩忿治心之道,本来无二,而遇事感激,辞中即不能不露锋颖,不知宋、明诸老先生在此当如何也。"

本年,汪东、黄侃"连句呈章先生",诗曰:"穷冬霆亦收,亢旱龙亦隐。圣德有时衰(侃),世乱今方蠢。夫子昔匡时(东),诸华幸无拢。殊勋竟不报(侃),奇策嗟仍蕴。删订阨穷馀(东),歊蒸出芝菌。岂惟饱邦民(侃),百世知绳准。周鼎与康瓠,贵贱未容泯(东)。尝闻当夏暴,桑榆弥易忍。黄绮终逃秦(侃),嬴宗久颠蹎。所期餐紫芝,修龄恕堪引(东)。更希强著书,真宗示关尹(侃)。"章氏以为"'尝闻当夏暴,桑榆弥易忍'二语,旨深而词稍晦。若如鄙意,当云'风雨虽飘骤,朝夕亦易忍',似为显瞭。但定、哀之际,或宜微辞耳"。("连句"及章氏"来书",并见《制言》第三十六期黄侃《石桥集》附。)

另有《寒食诗》:"介推虽随波,邈然辞万石。芳闻缠民思,逮兹钻燧易。曰余栖菆井,颇与轩翥隔。杂花飞帷墙,新草滞行役。赤熛有干时,清尘无枉迹。"(同上。)

本年,"表章《三字经》",撰《重订三字经题辞》,谓:"余观今学校诸生,或并五经题名历朝次第而不能举,而大学生有不知周公者,乃欲其通经义、知史法,其犹使眇者视、跛者履也钦?今欲重理旧常,使人人诵《诗》、《书》,窥纪传,吾之力有弗能已;若所以诏小子者,则今之教科书固弗如《三字经》远甚也。间尝举以语人,渐有信者,然诸所举人事部类,其切者犹有未具。明清人所憎尤鄙。于是重为修订,增入者三之一,更定者亦百之三四,以付家塾,使知昔儒所作非苟而已也。"(《制言》第六十二期。)

此书序明清事,原作:"乞援师,吴总兵。满入关,据神京。传十世,国号清。至宣统,大宝倾。"注谓:"明总兵吴三桂招致满人,长驱入关,窃据汉土,改国号曰清,共传十主,二百六十八年。"当为辛亥革命后所增。章氏重订本则作:"清太祖,兴辽东。金之后,受明封。"注:"清为金之后,姓爱新觉罗,明代末叶崛起辽东,至太祖始称帝。""至世祖,乃大同。十二世,清祚终。"注云:"李自成陷北京,吴三桂迎清世祖兵入关,遂代明有天下,传至宣统,逊位民国,凡十主,二百六十八年。自太祖努尔哈赤至宣统,共为十二世。"和辛亥革命前的力主反清,态度已有不同。

本年,撰《自定年谱》,至"民国十一年,五十五岁"止,刊行则在章氏逝世之后,对原稿略有删节。

【著作系年】《伯兄教谕君事略》(《文录续编》卷四)。《与黄季刚书》(1928 年 5 月 8 日,见《太炎先生著述目录初稿》卷下,未见)。《祭大总统黎公文》(1928 年 6 月,见《文录续编》卷七上)。《游庐山诗序》(戊辰六月,《制言》第三十九期,见《文录续编》卷二下)。《中华民国开国前革命史序》(1928 年 7 月,见冯自由:《中华民国开国前革命史》上编,1928 年 11 月 15 日初版,又载《江苏革命博物馆月刊》第六期和《制言》第三十二期,收入《文录续编》卷二下)。《与马通伯书》(1928 年 8 月 3 日,见《制言》第十五期)。《治平吟草序》(1928 年 11 月《文录续编》卷二下)。

《论少阴病》(1928 年 2 月,《绍兴医学月报》四卷四号)。《伤寒辑义按序》(《文录续编》卷二下)。

《春日书怀》(即《偢居诗》,见《制言》第三十六期,《文录续编》卷七下)。《寒食诗》(《制言》第三十六期)。《铜雀》(《文录续编》卷七下)。《季刚旭初行摄山得大小徐题名以墨本见示》(同上)。《重订三字经题辞》(1928 年,见《制言》第六十二期)。

《太炎先生自定年谱》(撰于本年,章氏逝世后由苏州章氏国学讲习会铅字排印)。

1929 年(民国十八年己巳) 六十二岁

1 月 1 日,国民党编遣会议开会,蒋、阎、冯、李皆与会。6 日,发表"裁兵救国誓言"。14 日,决定全国兵额不得超过六十师。各派互谋削减他人军力,矛盾百出。

1月19日,梁启超病逝。上海在2月18日公祭,陈三立、张元济等发起,公祭时报上未见章太炎名字。(《申报》,1929年2月19日"本埠新闻"《前日商学界公祭梁任公》。)有《挽梁任公联》:"进退上下,或跃在渊,以师长责言,匡复深心姑屈己;恢诡谲怪,道通为一,逮枭雄僭制,共和再造赖斯人。"(《菿汉大师连语》,见《制言》第二十五期。)

1月21日,吴承仕上书,谓"欲撰《三礼辨名》一书,以事为纲,列封建、制禄、井田、宫室、车服、时祭、间祀等数十题,首引经记明文,次钞郑说,次摘贾、孔要义,而翦其繁芜。后儒驳正之说,且置不录,如是乃能窥三《礼》之概要。是书若成,似较《通故》为善"。(《制言》第八期,1936年1月1日出版。)

1月30日,章氏复吴承仕:"此事体大,恐非一时所了。既以《礼》为郑学,而又不满于郑君傅会之说,则用思益不易。鄙意《周礼》、《仪礼》,本无纠葛,惟《小戴记》杂以今文,郑君欲为会通,遂不免于辞遁。今于《小戴》不合者,直驳斥之可也。至夏、殷文献,本无可征,郑说原非有明据,然如封建、地域二事,亦不能谓其尽诬旧说。""若夫郑说禘祫,似亦杂糅今古文为言。""《王制疏证序》,(按:系吴承仕所作,载同期《制言》。)大致近是。先师以为素王新制,真乃率尔之言。观其别言周尺,又言今以二百四十步为亩,是岂孔子预识其事,纵未必尽出汉文博士,亦必在秦、汉间矣。足下以为《新书》、《繁露》之流,拟议亦合。《戴记》多杂汉初著作,非独《王制》一篇,如《大戴记·公冠篇》,且明著孝昭冠辞矣。"(同上。)

3月,上海有废止中医风潮,激起广大中医集会反对。(《申报》,1929年3月10日"本埠新闻"《加入中医药团体联会之踊跃》。)章氏世传中医,且有专著探讨,虽认为中医"忽略解剖,不精生理,或不免绌于西医"。(《中国医药问题序》,见"1927年〔民国十六年丁卯〕,六十岁"条。)仍以中医"能按法治之者,率视西医为胜",(同上。)为不能废。本年,仍继续撰中医学论文,在7月间上海国医学院刊创刊时,特为题辞。

4月11日,胡景翼去世四周年,田桐、但懋辛、曾通一等发起在沪公祭,参加公祭名单中未见章名。(《申报》,1929年4月12日"本埠新闻"《胡景翼逝世四周纪念》。)

4月,为马宗霍《音学通论》题辞:"求古音者必先明今韵,今韵者则《广韵》是。不明《广韵》,无以知声音之畛界,而治古音将有所惑。""不明古音,则文字形声不可知,而于声类假借多惑,则训诂无以理。不明今音,则韵部声纽不能得其都数,于北方之无入声,闽、粤、滇、黔之无撮口者,皆以为音理本然,且或以诬古矣,是故审音者将以有所施也。虽然,今之人固不欲求古训,浅者且取异域侏离之语以求古音,前者废弃以自荒,后者傅会以滋谬。学校虽以音韵列科,徒文具耳。"(《文录续编》卷二下。)

5月,国民党上海县执行委员会呈请"明令优恤"邹容,"并予拨支国币","请修邹容荒墓"。(《申报》,1929年5月6日"本埠新闻"《县执委会请修邹容荒墓》。)

夏,赋《长夏纪事》:"我本山谷士,失路趋堂廉。伐华既十稔,重兹风日炎。荃葛甫在御,短制无垂襜。粥定正代殍,奎美加遗盐。啖此胜百牢,披襟步长檐。蔼蔼出墙树,淙淙筒中灊。市间或问市,百名方一慊。漱笔借颠棘,淀尽颖自铦。梡玉得越巾,破瓠逾苍礛。故书适一启,蠹食殊无缦。呼童下香药,胼汗勤自拈。平生远膏沐,两鬓

常羴羴。朋来跣不袜，夷、惠宜可兼。时复效禽戏，而不求青粘。但为涤尘虑，焉识速
与淹。大化苟我遁，老洫终如缄。"（《文录续编》卷七下。）表达了他的隐居"缄默"心情。
此诗曾寄黄侃、汪东，谓"皆附事实，故反多新语"；自以为"此诗略脱向日窠臼。虽然，
不追步陶、谢，恐与苏、黄作后尘矣"。（同上。）

　　9 月 3 日，蒋智由（观云，蒋尊簋之父）死，7 日安葬，吊唁者有张元济、于右任等，章氏
未去。（《申报》，1929 年 9 月 8 日《蒋观云先生之哀荣》。）有《挽蒋观云》三联，其一云："越人
以参佐擅场，博如王仲任，通如章实斋，小说怜他干县令；高士有义方教子，隐则宗少
文，见则种明逸，将才竟尔出清门。"其二云："卅年与世相浮沉，朝市山林，卷舒由己；
千古论才无准的，黄钟瓦缶，际遇为之。"其三云："大泽岂无贤，正令垂钓磻溪，谁能一
顾；衡门可终老，但未策名党国，便足千秋。"（《菿汉大师连语》，《制言》第二十五期。）

　　本年，在上海震旦大学讲演《说我》。这天，由马相伯先讲"中国科学之不进步，因
说到阳明先生不愿格竹，只愿致良知"。章氏继讲："我今也且学阳明先生，不论科学，
只论'我'。因为一切对境的知识，都是后起，唯有直觉有我，是最先的知识。假使不
知有我，一切知识的对境，就都无根。非但科学、哲学、文学等等知识，变了浮空无著的
东西；就是说白说黑，这白黑也是浮空无著的东西。所以最要紧的是说我。"末后强调
顾炎武所倡"行己有耻"，谓："道德败坏，一天进一天，直到今日，不能不提出'我'字。
若不把'我'字做个靠背，就使有通天的学问，到得应用于人事，自己还能毂把捉得定
吗？"（《制言》第四十八期。）

　　12 月 21 日，《太平杂志》在上海创刊，《申报》刊有广告，第一期"文苑"中有章氏
和黄侃文。

　　【著作系年】《音学通论题辞》（《文录续编》卷二下）。《答吴检斋书》（1929 年 1 月 30
日，见《制言》第八期）。《孙中山遗像赞》（《江苏革命博物馆月刊》第三期，1929 年 10 月）。《葛
母邓太夫人墓表》（单行本）。《阙茔石刻跋》（1929 年仲夏六月，见《太炎先生著述目录补遗》，
《制言》第三十六期）。

　　《国医报题辞》（《上海国医学院刊》一期，1929 年 7 月）。《与余云岫论脾脏书》（《上海
国医学院刊》二期，1929 年 7 月）。《论骨蒸五劳六极与某君书》（同上）。《张仲景事状考》
（同上）。《古今权量考》（同上）。

　　《长夏纪事》（《国学丛编》一期六册，1932 年 5 月出版，收入《文录续编》卷七下）。《附致季
刚旭初书》（同上）。

　　《说我》（1929 年在上海震旦大学演讲，见《制言》第四十八期）。

1930 年（民国十九年庚午）　六十三岁

　　1 月 13 日，马通伯死，《申报》1930 年 3 月 2 日刊有"讣告"。章氏有《挽马通伯》：
"一朝史事付萧至忠，虽子玄难为直笔；晚岁文章愧李遐叔，知颍士别有胜怀。"

2月24日《申报》头版头条为《武昌革命真史广告》，所列书中"有关系之人"，有黄兴、宋教仁及章氏等。

4月4日，有《答黄季刚书》，谓所著《春秋疑义》"虽与旧说多异，然恐实事正是如此。顷有人赠宋叶水心《习学记言序目》一书，其论《春秋》谓一切凡属书法，皆是史官旧文，唯天王狩河阳、侨如逆女、齐豹三叛四事，为孔子所书，传有明文。又谓《春秋》因诸侯之史，录史变，述霸政，所谓其事则齐桓、晋文者，此《春秋》之桢干也。至于凡例条章，或常或变，区区众人之所事者，乃史家之常、《春秋》之细尔。其论与鄙见甚合。宋儒说《春秋》多务刻深，唯永嘉诸子颇为平允，而水心特为卓荦，乃知公道自在人心。唯天王狩河阳一事，据《史记》尚是旧史所书，孔子特因之而已，而赵鞅书叛，据《史记》乃是孔子特笔，则水心考之未尽。盖水心非徒不信信传，并太史公亦不尽信，此则未知《春秋》大旨，全由太史公而传，其间时有羼杂《公羊》者，则芟薙未尽尔。宋儒终是粗疏，于刘、贾以前古文诸师传授之事，绝未寻究。今之所作，则异于此矣。足下再审杜著，评其得失，何如？"（《章太炎书札》，钞本，温州图书馆藏。）

5月4日，马相伯"九秩寿诞"，上海震旦大学、复旦大学、中国拒毒会等借震旦大学"治觞公祝"，到有蔡元培、于右任、叶恭绰、杨杏佛、殷汝骊等，章氏未参加。（《申报》，1930年5月5日"本埠新闻"《马相伯九秩寿诞》。）

7月2日，田桐（梓琴）在上海去世。田桐在沪主编《太平杂志》，章氏有文章在该志刊布，死后，章氏挽联二，其一为："李少卿有报汉心，赋命乃不如苏武；王仲淹献太平策，识时犹似后房高。"其二为："姚崇、宋璟亦事则天，俟天下之清，君未逮耳；王溥、范质不死柴氏，当五代之乱，此何讥焉。"（《菿汉大师连语》，《制言》第二十五期。）11月公祭时，"灵堂前"悬蒋介石、胡汉民、李烈钧、张群、居正和章太炎等挽联。（《申报》，1930年11月3日《昨日公奠田桐》。）

7月24日，招商局总办赵铁桥在沪被刺，（《申报》，1930年7月26日《赵铁桥治丧》。）章氏挽以联："主父偃不讳倒行，死地本来甘五鼎；石季伦何至瓮牖，孔堂今果列三千。"（《菿汉大师连语》，《制言》第二十五期。）

8月27日，书法家曾熙（农髯）去世，章氏《挽曾农髯》云："管幼安岂为汉室效贞，以一意孤行，自遂平生雅操；王子渊能令关西学步，试再修书断，知非南北分流。"（同上。）

9月22日，国民党国民政府代主席、行政院长谭延闿中风死，"以胡汉民为代国府主席，宋子文代行政院长"。（《申报》，1930年9月23日"国内要闻"。）章太炎《挽谭组安》："治大国若烹小鲜，何曾食万钱，胡广理万事；乐与饵而止过客，负羁全其室，康成保其乡。"（同上。）

9月28日，曾在江苏省教育会任职之袁观澜死，章氏挽联为："激浊扬清，骂世敢为鸡九锡；履危如坦，折冲何啻骑千群。"又有一联："经术重《齐诗》，下圈定知能刺彘（辕固）；文章推《汉纪》，噉刍休笑倍常牛（袁宏）。"（同上。）

9月，撰《谢君马夫人六十寿序》，中谓："余以为男女平等，其说亦久矣。古者称夫妇曰伉俪,又曰:妻者齐也,是阴有其意,而不尽施于法制。韩非载华士在齐,不臣天子,不友诸侯,妻老而拜之,竟以是为太公所杀。汉樊英疾,妻遣婢候之,英下床拜,曰:妻者,齐也,礼无不答。时虽举是为美谈,效之者亦少。至于今,法制所具,盖几于平等矣。然人之相与,其度量至不齐,彼以智能相君势利相倾者,固非法制所能均也。曩时虽有贵男贱女之俗,及以才能权力自怙,则父有屈于子,舅姑有屈于妇者矣,况闺房之际乎?余尝疑文化愈进,男女之阶愈以不齐。昔骊山女佐周为元勋,高凉洗夫人亦以兵佐梁、陈有功,此皆僻在羌蛮,故女子得为其雄长,及华夏则无是。母后时有听政者,而举世以为昏制也。古者君主之世,有命夫命妇,唐以来,妇人之封,与其夫散阶相应。今者散阶既废,夫虽仕宦至国相,其室人犹与贩妇均也。名义且吝之,何有于实?或虽许女子入官,然得仕者亦希。由是言之,法制者,徒文具耳。其必有谢、马扶义之事,(指谢一尘及其妻马氏)而又资以郝、王之学(指清代郝懿行、王照圆夫妇。)然后权位宠禄不足言,智能又不足以俛仰之,坦然相处,左右平平以相率从,斯齐之至已。"(《制言》第四十二期。)

秋,撰《三界重建水阁记》,谓:"市廛之所聚,中其市立观台亭阁以统之,《周官》谓之次,司市之职曰:上旅于思次,以令市,市师莅焉,而听大治大讼,胥师、贾师莅于介次,而听小次小讼。说曰:次,市中候楼也;思次,若今市亭也;介次,市亭之属别小者也。行旅之所出,当其交为传舍以顿止之,《周官》谓之路室候馆。遗人之职曰:凡国野之道,十里有庐,庐有饮食,三十里有宿,宿有路室,路室有委,五十里有市,市有候馆,候馆有积。说曰:庐,若今野候有庌也;宿,若今亭有室也;候馆,楼可以观望者也。路室候馆之制,魏、晋间谓之官檽,时议者以为官檽拘局,不如听民置客舍便。次之制,晋以下绝,晚世民间,乃稍稍自为之,要之不离《周官》之遗法云。"(《文录续编》卷六下。)

11 月,黄侃、李根源来访,李根源"示以《曲石丛书》,黄侃以《吴郡西山访古记》为所最敬服"。(黄侃:《腾冲青齐李氏宗谱序》,见《制言》第十期。)

本年,有《题瞿太保及孙简讨像》:"我志在《春秋》,推锋属建州。春陵终绍汉,宣榭是新周。故国山重秀,先贤事再搜。东皋遗像在,长恨未同舟。""身共皇明尽,须眉尚凛存。乘城双拥骑,(自注:"晋王李定国拔桂林,时人见公与别山拥驹从入城,俄孔有德自焚死,事见《永历实录》。)逾岭此招魂。葛靓难回面,陶潜自闭门。清芬遗罸里,楼阁至今尊。"(《文录续编》卷七下。)

本年,有《宾川百岁泉》:"君问神仙术,宾川有一泉。近村多百岁,当暑似秋天。丹穴赫相望,赤符书正妍。待逢重九日,更访傅延年。"(同上。)

【著作系年】《答黄季刚书》(《章太炎书札》,钞本,温州图书馆藏)。《三界重修水阁记》(1930 年秋,《国学丛编》一期五册,1932 年 3 月出版,收入《文录续编》卷六下)。《与旭初论史记书》(《太炎先生著述目录初编》卷上,未见)。

《谢君马夫人六十寿序》(1930 年 9 月,见《制言》第四十二期)。《陈氏母吴太君墓志铭》(《制言》第四十三期)。《张母詹太夫人墓表》(1930 年,见《制言》第五十四期)。

《题瞿太保及孙简讨像》(《文录续编》卷七下)。《宾川百岁泉》(同上)。

1931 年(民国二十年辛未)   六十四岁

1 月 1 日,南京国民党军完全退出湘鄂赣苏区,第一次反革命"围剿"彻底粉碎。

2 月 10 日,蒋介石又以何应钦为总指挥,采取"步步为营,稳扎稳打",重重包围政策,举行第二次反革命围剿。

2 月 24 日,有《与黄季刚论大衍之数书》,谓:"仆近偶谈算术,忽悟《系辞》大衍之数,此条向无的辞,孔巽轩以句股弦明之,谓五十即句股弦三幂相并,四十九即句股相并自乘,虚一不用,即句股弦相较之差。说似巧合。然句股不可云大衍,且所谓句股术者,但以句幂、股幂相并,开方适尽,即得弦数,非定句三股四弦五也。(自注:"自句五、股十二、弦十三,或句八、股十五、弦十七皆可。)今谓大衍之数,即平方根数,以五十为根可也,以四十九为根亦可也,乃不用五十而用四十九者,由五十之用有穷,而四十九之用不穷,但取二十五为中数,其前后四十八数各自乘之,而以两数相并为五十者,取其自乘之数相较,递远递广,级次井然,至五十遂无与相并者,亦无与其自乘之数相较者,故曰大衍之数五十,共用四十有九也,此亦不必明算术者知之,但知乘方便自了然。因作《大衍说》一首,自谓妙合自然。"(见《章太炎书札》,温州市图书馆藏。)

4 月 5 日,致李根源书,谓《安徽通志列传》中"苗沛霖一传,录《湘军志》居半,恐沛霖事迹,尚须有考索者。其人本一生员,兼能诗画以谈道,部勒子弟,支柱清军,太平军间人莫能破,盖古代剧孟一流,观其授官至监司,而终不肯服翎顶绣补,其志可知,惜不得当时记录,乃使与李兆受等同日而语。然皖北父老,犹多传说,宜更斟酌之也。"时李根源介绍潘承弼(景郑)受业章门,章氏复曰:"潘景郑年在弱冠,文章业已老成,来趣吾门,何幸有是! 世道陵夷,偶有一粗毕五经者诚心问学,吾亦拱立而接之,况如景郑辈耶?"(手迹,上海图书馆藏。)

5 月 1 日,《国学丛刊》由中国大学出版章氏弟子吴承仕编辑,《序例》谓:"此中所录,以考订国故之文为多,有实事求是之诚,无专己守残之意。"分学术、文章二门,双月刊。第二册起,"因与师大所出刊物同名",改为《国学丛编》。第一期共出六册,章氏在该刊发表文章多篇:即《与吴承仕论宋明道学利病书》二通(1917 年撰)、《南郭英贤题名记》(以上第一册);《栖霞寺印楞禅师塔铭》(第二册,1931 年 7 月出版);《崇明谢烈妇李氏表颂》(第三册,1931 年 9 月出版);《论古韵四事》(第四册,1931 年 11 月出版);《汉儒识古文考》上、《书十九路军御日本事》、《三界重建水阁记》(第五册,1932 年 3 月出版);《汉儒识古文考》下、《谢君马太夫人六十寿序》、《长夏纪事》诗。(另附:《致季刚旭初书》,第六册,1932 年 5 月出版。)

5 月,第二次反革命围剿被粉碎。

7 月,国民党对苏区第三次反革命围剿开始。

8 月 3 日,日人桥川时雄谒章氏于上海同孚路寓所,章氏谓:"读《文选》欲知其训诂，须三五年功夫，至其文章，则更难学。大抵学诗尚易，学文则六朝文稍易，汉文则甚难模仿也。""近日当以黄侃为知选学者，然其学或不如李公（指李审言）之专"。又谓："《明实录》及明人公私著述，与清建州初受封及中间变乱事，颇亦详实。然世系不能贯穿，此须从朝鲜史中得之。"（桥川时雄：《章太炎先生谒见记语》，见《制言》第三十四期。）

8 月 5 日，蒋尊箓（伯器）死，有《挽蒋伯器》二联，一为："夫子之道反害夫子邪，兵果自焚，可以休矣；灭度众生实无灭度者，佛亦不立，如是观之。"其二为："行路亦良难，吾师乎，吾师乎，尚受庾斯侮弄；与游非尽僻，可人也，可人也，且烦管仲平章。"（《莿汉大师连语》，见《制言》第二十五期。）

夏，孙思昉谒章氏于沪寓，章氏论文曰："文求其工，则代不数人，人不数篇，大非易事，但求入史，斯可矣。若梁启超辈，有一字入史耶？"（孙思昉：《谒馀杭章先生纪语》，见《制言》第二十五期。）或问及吴稚晖之作，曰：吴稚晖"何足道哉，所谓苦块昏迷，语无伦次者尔。"（同上。）

有《与孙思昉论果报书》，谓："来书尚疑林甫当身苦系，未足惩戒，而引庄生钱财不积则贪者忧，权势不尤则夸者悲，以为彼之苦乐，有异恒人，说虽成义，抑思左手握天下之图，右手自刿其喉，虽至愚不为。林甫初念，固欲得权利以为至乐耳，非欲求重关复壁一日十徙之苦也。及其为之，而所乐与所苦杂至，且苦远甚于乐焉。彼岂不欲舍之而去耶，直以骑虎之势，欲下不得耳。观近时贪财务得者，无时不以绑票为虑，其心亦岂有一日安也。然不能散其所得者，直由妻子部曲制之，虽欲散不能自由。凡事至此，非大勇不能决去，然事证甚明，明者则易于早悟矣。若此尚不足惩戒，转视福善祸淫之说，则事多不应，转视身后酬业之说，则耳目所不能见，尚安能使其惩戒哉！然固有见事甚明，而终果于一试者。若谓前说足以普戒世人，亦未必然。要较福善祸淫与身后酬业之说，则事属有据，信者当多于彼矣。今以后说语田夫村妇，彼或信之；语太史公、刘孝标，则不信也；语今之学者，更不信也。以前一说语之，信者岂徒田夫村妇，虽史公、孝标，彼之信之犹是也。今之学者，冒于权利，虽信之或不能戒之，然亦尚有能戒者。两说相较，则前者得票为多，固不敢谓提出此案，即全场一致也。水火为人所不敢犯，世亦自有犯水火者，要之其数甚少矣。犯猛兽者，必多于犯水火者也；犯盗贼与王法者，又多于犯猛兽者也；犯鬼神者，又多于犯盗贼与王法者也。何者，此犯之验即至，彼犯之而验不必至也。《老子政治思想概论序》，已交文季带致，近想已到矣。"（《章太炎书札》，抄本，温州市图书馆藏。）

又有《与孙思昉论学书》、《与孙思昉论文书》，前书谓："仆以为孔子之书，昭如日月，《论语》二十篇，高者如无我无知，克己复礼诸义，本已正趣佛家大乘，若其普通教告之语，德行政事，何所不备，此乃较佛家为近人。昔人偶举行己有耻一言，以为楷则，推而极之，则《儒行》一篇，所举十五儒者，皆慷慨行义之人。方今人格日堕，几夷牛马，得此救正，庶几免于亏辱。""为学之要，若言精求经训，非自《说文》、《尔雅》入手不可。足下疲于吏事，恐不能专意为此，但明练经文，略记注义，亦自有用。诸子自老、庄而外，管、荀、吕、韩皆要；史自四史而外，《通鉴》最要；诸家文集关涉政治者，陆宣公、范文正、司马温公、叶水心最要。文章之道,亦本与学术相系,欲求其利,先去其病,凡与录语小说报纸相似之语,宜一切汰之。稍进则场屋论文如东莱,台阁体如宋景濂,皆宜引为深戒者也。"(《制言》第四十六期。)

《与孙思昉论文书》谓:"所问场屋文字与台阁体辨别甚不易,力欲避之,又恐入棘涩诡怪一流。今谓南宋文全是场屋气味,与北宋文相校,熏莸易辨,不必如刘辉辈也。台阁体由来已远,凡作大手笔,稍一平弛,即易堕入,如韩之《平淮西碑》、柳之《馆驿使壁记》,若用其语意,更使他手为之,更无不堕入台阁体者。柳子亦时患此,宁作俪体以避之,如《岭南节度使飨军堂记》,直作燕许手笔,可知其意。权载之才又不逮,故所作碑版记序,大半为台阁体之先河,前者如元次山,后者如李元宾,力欲避此,即不免为棘涩诡怪,若欧阳詹则是闽人初观化于中原者,更不足论。以此衡之,淄渑不难别矣。"(同上。)

《与孙思昉论果报书》和《与孙思昉论学书》,都谈到《老子政治思想概论》,查此书为孙至诚(思昉)所作,《序》撰于9月,略谓:"余尝谓老子如大医,遍列方齐,寒热攻守杂陈而不相害,用之者则因其材性,与其时之所宜,终不能尽取也。其言有甚近民治者,又有倾于君主独裁者,观《韩非·扬权篇》,义亦如是。是所谓遍列方齐,任人用之者也。汉世传其术者甚众,陈平得之为阴谋,盖公得之为清静,汲黯得之为卓行,司马迁父子得之为直笔,数子者材性不同,而各以成其用,与夫墨氏之徒,沾沾守一隅之术者异矣。夫民治之与独裁,其道相反,独孝文能兼用之。处承平之世,独裁如商君、武侯,民治如今远西诸国可也。若夫奸人成朋,贵族陵逼,上以侵其主,下以贼其民庶,非有老子、韩非之术者,固无以应之。盖孝文为能得其一二,后之晓此者寡矣。今国家之乱,甚于春秋七国之间,思昉诚有意为国,于此得无深思之乎?余耄矣,无以佐百姓,愿来者之能任是也。"(《国学论衡》第三期,见《制言》第四十一期,收入《文录续编》卷二下。)

9月,为邵潭秋《中国观人论》题辞:"朋党之势成,则贤愚之实乱,唐、宋、明之季是也。独清末党锢成于上,清议不失于下,盖郭林宗、许子将品目人物之功。今之所谓朋党者,又去唐、宋、明绝远,其人固以贵族自居,与昔之清流异撰矣。"(《文录续编》卷二下。)

9月18日,日本帝国主义袭取沈阳,炮轰东北大营,东北军电询南京国民党政府,南京回电云:"为免事件扩大,绝对不抵抗。"21日,进陷吉林。

10月5日,《与孙思昉论时事书一》云:"东事之起,仆无一言,以为有此总司令、此副司令,欲奉、吉之不失,不能也。东人睥睨辽东三十馀年,经无数曲折,始下毒手,彼岂不欲骤得之哉,因伺衅而动耳!欲使此畏葸苟玩者,起而与东人争,虽敝舌瘏口,焉能见听,所以默无一言。今足下既发此问,亦姑与足下一言:奉、吉固不可恢复,而宣战不得不亟,虽知其必败,败而失之,较之双手奉送,犹为有人格也。辽东虽失,而辽西、热河不可不守,虽处势危岌,要不得弃此屏障也。然此二者,亦不值为当道言,姑与足下私言之耳。""若夫调停宁、粤,此乃适召汉奸,断绝国交,而不能从事防御,则彼得随处侵轶,其祸又不止关东矣。"(《章太炎书札》,钞本,温州图书馆藏。)

12 月 7 日,《致马宗霍书》:"东事起后,当局已不能禁人言论,而老子终无一言者,盖拥蒋非本心所愿,倒蒋非事势所宜,促蒋出兵,必不见听,是以默尔而息也。逮今拟划锦州为中立区域,则放弃东三省之志已决。学生群呼打倒卖国政府,亦奚足怪。但闻北来诸生,复垂意于粤人夫已氏者,斯可谓暗甚也。陈友仁之东行,所谈何事,见诸东国报纸,无可掩饰。然则校论宁、粤两方,宁方则秦会之,粤方则石敬瑭也。秦固屈伏于敌,石则创意卖国者,去秦求石,其愚缪亦太甚矣。此事起时,误在求联盟会,既不敢战,又不敢直接交涉,迁延时日,致敌之侵略愈广,而袁金铠辈汉奸政府亦愈巩固。此后敌虽撤兵,汉奸政府可撤乎? 彼以不侵中国领土为名,而假其权于汉奸,乃施肇基辈绝未言及,亦可怪也。今日之势,使我辈处之,唯有一战,明知必败,然败亦不过失东三省耳。战败而失之,与拱手而授之,有人格与无人格既异,则国家根本之兴废亦异也。为当局自身计,亦唯有一战。战而败,败而死,亦足以赎往日罪状矣。然逆计其人,爱国家不如爱自身,爱自身之人格尤不如爱自身之性命,复何言哉! 乃知四维不张,国乃灭亡,非虚言也。若夫委过前代,卸罪人民,一人之手,固不可尽掩天下之目矣。"(手迹。)

12 月 28 日,《与孙思昉论时事书二》:"东方事,鄙人仍守前议,以为辽西、热河必不可弃,弃则河北皆危。张学良始则失地,今幸固守锦州,亡羊补牢,可称晚悟。粤派必欲惩办张学良,此乃不顾锦州而为日本驱除,其心殊不可测,吴稚晖以卖国奴叱之,可谓直道。此公平日甚多荒缪,今能作此惊人之鸣,不可以人废言也。宁、粤两方,貌似和合,而恶气迎人,甚于戈矛。以今日外患之发峕言之,蒋固有罪,究非如粤方之创意卖国者。譬之蒋为秦桧,粤则石敬瑭也。阎、冯诸君尚欲南来与会,若偏袒粤方,则是记私恨而忘公论矣。吾之于人,心无适莫,平日恶蒋殊甚,及外患猝起,则谓蒋之视粤,情罪犹有轻重,惜乎阎、冯不得闻吾言也。"(《章太炎书札》。)

　　本年,章氏"蛰居"上海,鬻书鬻文,亦为人谀墓,如《葛母邓太夫人墓表》,公开登于《申报》1931 年 4 月 20 日"自由谈"中,说什么墓主"逮事翁姑,绸缪家室,中馈洗腆,定省必虔。""可谓邦之良媛,为世表仪"。又如《嵩明谢烈妇李氏表颂》,所谓"谢烈妇",系云南回民起义时"骂贼以死"者,章氏亦为"表颂"。(《国学丛编》一期三册。)还写《高桥杜氏祠堂记》,说是杜月笙"以寒微起为任侠,以讨袄寇,有安集上海功"。

　　本年,有《致邓秋枚书》九通,均言购买古泉、汉镜事。(手迹,上海图书馆藏。)

【著作系年】《与李印泉书》(1931 年 1 月 18 日,见《章太炎书札》,温州图书馆藏)。《与季刚论大衍之数书》(1931 年 2 月 24 日,同上)。《致李印泉书》(1931 年 4 月 5 日,手迹,上海图书馆藏)。《与季刚论司马门书》(1931 年 4 月 27 日,见《章太炎书札》)。《与黄侃论韵书》二首(《金陵学报》,1931 年 7 月,又见《制言》四期)。《与季刚论古文杀字书》(《太炎先生著述目录初稿》卷上,《制言》第三十五期,原函未见)。《与季刚论理学书》(同上)。《与孙思昉论果报书》(1931 年,见《章太炎书札》)。《与孙思昉论学书》(1931 年,见《制言》第四十六期)。

《与孙思昉论文书》(同上)。《与孙思昉论时事书一》(1931 年 10 月 5 日,见《章太炎书札》)。《致马宗霍书》(1931 年 12 月 7 日,手迹)。《与孙思昉论时事书二》(1931 年 12 月 28 日,见《章太炎书札》)。《致邓秋枚书》一——九(手迹,上海图书馆藏)。

《古骊室记》(1931 年 6 月撰,见《制言》第九期,收入《文录续编》卷六下)。《南郭英贤题名记》(《国学丛编》一期一册)。《栖霞寺印楞禅师塔铭》(《国学丛编》一期二册,1931 年 7 月出版,又见《制言》第十期)。《嵩明谢烈妇李氏表颂》(《国学丛编》一期三册,1931 年 9 月出版,收入《文录续编》卷五上)。《老子政治思想概论序》(1931 年 9 月,见《制言》第十一期,收入《文录续编》卷二下)《中国观人论题辞》(同上)。《周易易解题辞》(同上)。《论古韵四事》(《国学丛编》一期四册,1931 年 11 月出版,又见《制言》第五期,题《韵学馀论》,收入《文录续编》卷一)。《叶惠钧六十九岁寿序》(1931 年,见《制言》第四十八期)。《井研熊保周先生七十寿序》(《制言》第四十九期)。《高桥杜氏祠堂记》(《文录续编》卷六下)。

《湿温论治》(《上海国医学院院刊》第三期,1931 年 1 月出版)。《伤寒新论》(1931 年稿,刊于《中医新论汇编》)。《伤寒今释序》(1931 年 8 月,《制言》第六十期)。《桃仁承气及抵当汤之应用》(同上)。《猩红热论》(同上)。《劝中医审霍乱之治》(同上)。

《章太炎先生国学讲演集》(张冥飞等编,1935 年 5 月上海新文化书社排印本)。

1932 年(民国二十一年壬申) 六十五岁

1 月 13 日,与熊希龄、马相伯等通电"联合全民总动员,收复失地"。查九·一八事变后,日本帝国主义侵占辽宁、吉林、黑龙江等省,至本年 1 月,东北全境沦陷,章氏与熊希龄、马相伯等组织中华民国国难救济会,发表通电。电云:"南京国民政府林主席,孙院长,陈副院长,何部长,奉化蒋介石先生;上海汪精卫先生、冯焕章先生、李德邻先生,太原阎百川先生,广州胡展堂先生、陈伯南先生、白健生先生,北平张汉卿先生均鉴:最近暴日犯锦,长驱深入,关外义勇军纷起杀敌,美国且严重抗议。而我守土大军,不战先撤,全国将领,猜式自私。所谓中央政府,更若有若无。诸公均称党国首领,乃亦散处雍容,视同秦越,亡国险象,一时齐现,夫复何言。然我国民为急公救国,仍不能不进最诚恳之忠告于诸公者。国为四万万人民公器,国民党标榜党治,决非自甘亡国。事至今日,诸公倘犹认救国全责,可由一党负之,则请诸公捐助一切,立集首都,负起国防责任,联合全民总动员,收复失地,以延国命。如其尚有难言之隐,形格势禁,竟无如何,则党已显然破产,亦应即日归政全民,召集国民会议,产生救国政府,俾全民共同奋斗。大难临头,万无犹豫馀地,究竟如何决大计以谢天下,请立即以事实表明,否则全民悲愤,不甘坐毙,恐有采用非常手段,以谋自救救国者。临电迫切,无任待命。中华民国国难救济会熊希龄、马相伯、章炳麟、张一麐、朱庆澜、赵凤昌、温宗尧、李根源、赵恒惕、程子楷、陶家瑶、彭允彝、张耀曾、徐元诰、郭椿森、沈钧儒、王允恭、罗家衡、李为纶、诸青莱、蒋群、张恪惟、许克诚、陈则民、江恒源、吴山、裴汾龄、章士钊、王绍鳌、周辉浦、朱维岳、黄文中、沈田莘、朱铎民、李玉昆、游志、赵叔雍、魏伯桢、张喈、肖见宾、王宁度、胡祖舜、李维诚、谭道南、张肇通、陈定远、杨春若、张啸岑、刘毅、王建高、丘琼、熊仁、王举荪、郭之江、左舜生、余楠秋、李祚辉、宋允惠、徐钧溪、朱绍文、樊德光、赵正平、黄炎培、褚辅成等。元"(《申报》,1932 年 1 月 15 日"本埠新闻"《国难救济会请政府决大计》。)

1 月 19 日,章氏又与张一麐、沈钧儒等联名发出通电,"请国民援救辽西"。电云:"国民公鉴:关东虽失,义士犹存,马占山之保海伦,辽西义勇军之复打虎山,虽刘琨、祖逖何以尚之。顷自辽西来者称,义勇军以散兵民团合编,妇女老弱,皆充负担之役。胜则如墙而进,败则尽室偕亡,所谓将军有死之心、士卒无生之气者,于此见之。故能歼彼骑兵,复我失地。虽经略未广,足见一成一旅,犹有壮夫。若举国尽然,何患敌之不破。而当局素无斗志,未闻以一矢往援。昔贺兰进明之与张巡,盖分地统军者耳。出师救援,非有专责,以其迟不赴救,南霁云犹言必灭贺兰。今之当局,视贺兰何如。然则国家兴亡之事,政府可恃则恃之,不可恃则人民自任之。海伦远在极边,道路难达,尚有为之募饷者。今辽西近地,出关即是,而自热河左旋,亦有往来通道,非若海伦之绝远难至也。舍此不救,空于绝代之下,思熊廷弼、袁崇焕何为乎?当知辽省本我旧壤,秦汉且勿论,明时设辽东都指挥使,屏蔽北京,最为重镇,谓此非吾素有者,是乃无知下俚,不窥历史之言。就中辽西一隅,系北畿利害尤切。明末沈阳、广宁,次第沦陷,然清师终不能由山海关直入者,以关外四城为之拒捍也。此处一失,燕蓟即为极边,欲令黄河以北永为中国版图,恐非明者之所敢保。炳麟等惧幽、冀之为墟,哀义民之无拯,为是迫切陈词,愿全国智勇之士,共起图之。章炳麟、张一麐、温宗尧、赵恒惕、彭允彝、沈钧儒、李根源、赵正平等。皓"(《申报》,1932 年 1 月 22 日"本埠新闻"《章太炎等请国民援救辽西》。)

1 月 20 日,上海国难救济会成立,沈田莘主席,理事有史量才等,未见章名。(《申报》,1932 年 1 月 21 日"本埠新闻"。)

1 月 28 日夜间,日本侵略军向上海闸北一带进攻。驻守上海的十九路军在全国人民抗日高潮的推动下奋起自卫,开始了淞沪抗战。

2 月 17 日,章氏《书十九路军御日本事》,论曰:"自民国初元至今,将帅勇于内争,怯于御外,民闻兵至,如避寇仇。今十九路军赫然与强敌争命,民之爱之,固其所也。余闻冯玉祥所部,长技与十九路军多相似,使其应敌,亦足以致胜,惜乎以内争散亡矣。统军者慎之哉!"。(手迹影行,见天津《大公报》,1932 年 3 月 5 日;又载《国学丛编》一期五册,1933 年 3 月出版;又见《制言》第三十二期,收入《文录续编》卷六上。)

2 月 23 日,北上见张学良。章氏目睹日本帝国主义侵略,民族危机极为严重,大书篆轴:"吴其为沼乎!"愤激之下,由沪北上。报载:"章太炎二十三午携眷由沪乘四川轮来青,定二十四赴济转津。"(《申报》,1932 年 2 月 24 日《临时专刊》"二十三日青岛专电"。)在天津,与段祺瑞"从容论事"。(《合肥段公七十寿序》,见《文录续编》卷三下。)

2 月 29 日,至北平。

3 月 4 日,《大公报》记者访问章太炎,章太炎认为"政府意志散漫,迄无一定计划。

对日本之侵略，只有战之一路"。报载：

"（北平特讯）章太炎先生自民五政变赴沪，专事著述，不问政治。近以国难日急，十九路军抗日沪滨，举国振奋，收复东北失土，此正其时，特于上周重来旧都，访问绥靖主任张学良氏，代东南民众呼吁出兵。记者昨日上午十一时访章氏于花园饭店旅次，叩询一切。时章氏正与友人纵谈，比见记者，欣然委座。兹将其所谈及记者所问各点，汇记如次：

"年来政情不安，外侮逼至，东北首先沦陷，淞沪又落敌手，政府当局意志散漫，迄无一定之计划。军事一部份，关系秘密，当然不能发表。对外方针，无论如何，必须昭告国内国外，庶军民知所遵循，而各国亦可综而为力。乃自沪战发生后，因首都南京感受威胁，于是西迁洛阳。为谋抵抗不得已而出此，民众当无间言，但二中全会，议决又以西安为陪都，则对外恐陷于示弱。国难会议之召集，为征集国内各方救国意见，共抒国难，立意固佳；然政府自己毫无办法，结果恐议论一场，无补于实际。个人观察，今后之政府内部，惟有力使充实，以免真正走到日人讥我'无组织'之地步。对日本之侵略，惟有一战，中国目前只此一条路可走，不战则无路，惟坐而待亡。战胜无论已，不幸败衄，至少亦可转换世界之视听，予以同情之援助。国际间表示始终无力者，实即基于我之方针不定，加以昔日外交上太唱高调，更使各国态度模棱，不敢遽作表示也。本人此次来平，曾分访张汉卿、吴子玉诸氏，全国舆论界应一致督促政府共促此事之实现。本人在平拟作较长时间之勾留，最近期内，暂不返沪云云。"

"最后记者复询章氏目前对党治之意见，据谈：'余之反对一党专政，实感觉国民党党内人材太少，近如外交上之施、顾诸氏，殆何莫非党治前之人物。今兹国难严重已届万分，此种问题，可搁置不谈，惟希望现时政府，日渐有力，以应此危急存亡之关头'云云。"（天津《大公报》，1932 年 3 月 8 日《章太炎谈时局》。）

3 月 24 日，在燕京大学讲《论今日切要之学》。他以为"今日切用之学"是：一，求是；二，致用。说："明代的知识分子，知今而不通古；清代呢？通古而不知今。所以明人治事的本领胜过清人，因为明人还能致用，清代虽要致用亦不可能。所以不能致用的，因为他考大体的人少，考证枝叶的多罢了。这时候，明、清两代的学问，都是不切要，不足为今日所取法"。号召青年洞察目前的社会经济和历史的演进，以拯救国家的危亡。说："现在的青年，应当明了是什么时代的人；现在的中国，是处在什么时期；自己对国家，应负有什么责任。这一切问题，在历史上，可以全部找到明确的指示。假使连历史也不清楚，则只觉得眼前混沌万状，人类在那里栖栖皇皇，彼此似无关系，展开地图亦不知何地系我国固有，何地系我国尚存的，何地已被敌人侵占？问他都茫然不知回答的，比比皆是。那末，国家的前途岂不危险吗？一国的历史正像一国的家谱，其中所载尽是已往的事实，这事实即历史。若一国的历史已没有了，就可知道这一民族的爱国心亦一定衰了。因为事实是综错的、繁复的，无一定的规律的。而历史乃是归纳这里种种事实，分类记载，使阅者得知国家强弱的原因，战争胜败的远因近因，民族盛衰的变迁，这都是人类处世所不可须臾离的。假使明了历史的演进，根据他以致用，这是无往不利的了。"

3 月 31 日，"师大研究院的历史科学门及文学院的国文系和历史系合请先生为学术的演讲"。（《清代学术之系统》演讲记录稿后钱玄同附志，《师大月刊》第十期《文学院专号》，1934 年 3 月 31 日。）讲题为《清代学术之系统》，略谓："清代的诗本不甚好，词亦平平，古文亦不能越唐、宋八大家之范围，均难独树一帜。至于学力方面的学术，乃清代所特长，亦特多：如小学、经学、史学、算学、地理学等，均甚有成绩。"接着，讲述清代地理、算学、史学、小学、经学等。（同上。）为了策动华北各地将领抗日，曾以历史上的爱国将领和民族英雄故事"去打动他们"。

章氏在北平，曾将《章氏丛书续编》稿本交予弟子钱玄同等梓行。钱玄同《致潘承弼书》："先师自民五南旋后，惟民廿一之春，复来平一游，弟等又得侍教数月，曾在北大、师大讲学数次，手授《丛书续编》，令弟等梓行。"（1936 年 7 月 17 日，手迹，上海图书馆藏。）

3 月，《国学丛编》第五册出版，末附广告《黄季刚鬻文》，章氏"代订润例"，并加揄扬，谓黄侃"弱冠即从事于学，经训文字之学，能得乾嘉诸老正传，而文辞又自有师传"云。

4 月 17 日，致函顾维钧。先是，日本帝国主义侵占东北制造的傀儡政权"满洲国"，于 3 月 9 日在长春成立，扶溥仪为"执政"，年号"大同"，（1934 年 3 月称"满洲帝国"，"执政"改称"皇帝"，年号"康德"。）郑孝胥任"总理"。3 月 14 日，国联派调查团来华，由李顿率领，国民党政府派的国联代表团代表是顾维钧。至是，章太炎函顾维钧，"请为洪皓、左懋第"，"以死自矢"。函云："少川先生足下：日人无赖，嗾使伪满洲政府拒绝足下出关，且以种种危词恫吓。闻国际调查团诸君与足下誓同进退，宣言足下不行，各调查员亦即不往。此种态度，虽似强硬，其实反堕日本术中。仆谓服务外交者，非徒以辩论坛坫，亦当稍存节概。洪皓、左懋第或囚或杀，未尝有悔，岂徒不爱驱命而与今之奉使者异情哉，见危受命，义如是也。足下此行，为日人所忌，其极不过一死耳。牺牲一身，而可以彰日人之暴行，启国联之义愤，为利于中国者正大，岂徒口舌折冲，所可同比耶？日人常言，日人服官者性如石，中国服官者性如绵，其言中否，即以足下行止卜之。足下往矣，慎勿朝受命而夕饮冰也。章炳麟鞠躬。四月十七日。"（天津《大公报》，1932 年 4 月 18 日《章太炎函顾维钧请为洪皓左懋第》。）

5 月，《国学丛编》第六册出版，载章氏己巳年《长夏纪事》诗，并附《致季刚旭初书》。

5 月末，章氏南返，报载：

"章太炎二十九日晨七时半由济来青，沈鸿烈、葛光庭等均到站欢迎。章谈，此来纯为游历。午后三时，青大请章演讲。"（《申报》，1932 年 5 月 30 日"国内要电"《章太炎到青岛游历》。）

天津《大公报》报道：

"章太炎二十九晨由济来青，午后三时赴青大演讲，听者颇众。章氏对'行己有耻，博学于文'两句意义详加论述，尤对'耻'字发挥意见颇多，引证亦多。意为人能知耻方能立国，遇难而不抵抗即为无耻，因知耻近乎勇，既不知耻即无勇可言云。"（天津《大公报》，1932年5月30日《章太炎昨抵青岛演讲》。）

6月24日，章氏有《与吴承仕论春秋答问作意书》，谓："《春秋答问》为三十年精力所聚之书，内之繁言碎辞，一切芟薙，独存此四万言而已。原稿在季刚处，此本乃潘重规所手录者，手录以后，又增入数条。""但原钞款式与《丛书》不同，须得梓人精写一过，而校勘亦须加精也。"又谓："《春秋》终是史书，汉世唯太史公为明大体，其作《自序》，始则自比《春秋》，引董生之言以为准则，终又言余所谓整齐其世传，非所谓作也，而君比之《春秋》，缪矣。盖当时所谓《春秋》者，公羊家支离傅会之说。太史公甚不欲与之同比。究其实，孔子亦是整理世传而已。鲁《春秋》旧文删改者不过数事，而所取周室史记，则以为考证事实之用，即今《左传》所著者也。故曰：孔子亦不过整齐其世传也。是说本是平常，然浅识者视之，则反以为非常可怪。吾书成后，亦难与俗人言也。"

吴承仕连复两书，讨论"《春秋》作意"。章氏又《与吴缄斋书》，自述研读经过，谓："仆治此经，近四十年。始虽知《公羊》之妄，乃于《左氏》大义，犹宗刘、贾。后在日本东京，燕闲无事，仰屋以思，乃悟刘、贾诸公，欲通其道，犹多附会《公羊》，心甚少之。亟寻杜氏《释例》，文直辞质，以为六代以来，重杜氏而屏刘、贾，盖亦有因。独其矫枉过正之论，不可为法，因欲改定《释例》而未能也。民国以来，始知信向太史，盖耕当问奴，织当问婢，《春秋》本史书，故尽汉世之说经者，终不如太史公为明白。观《十二诸侯年表序》，则知孔子观周，本以事实辅翼鲁史，而非以剟定鲁史之书。又知《左氏春秋》，本即孔子史记，虽谓经出鲁史、传出孔子可也。简练其义，成此《答问》，虽大致略同杜氏，然亦上取荀、贾，以存大义。刘、贾有得，亦不敢轻弃焉。"（见《制言》第十二期，1936年3月1日出版。）

查章氏《春秋左氏疑义答问》，收入《章氏丛书续编》，后又由章氏国学讲习会排印单行本。

秋，赴苏州讲学。章氏南返抵沪，适金天翮、陈衍、李根源、张一麐等在苏州发起讲学，由金天翮致书章氏，请莅苏讲学。章氏遂于是年秋赴苏州。初在公园县立图书馆讲学，勉励青年要学范仲淹的"名节厉俗"、顾炎武的"行己有耻"。接着，在沧浪亭欢迎大会上讲《儒行要旨》、《大学大义》、《经义与治学》、《文章源流》等，约一月。以为"扶微业辅绝学之道，诚莫如学会便"。于是听讲人士决定组织国学会。章氏在1933年1月所撰《国学会会刊宣言》述其事：

"余去岁游宛平，见其储藏之富，宫墙之美，赫然为中国冠弁，唯教师亦信有佳者，苦于薰莸杂糅，不可讨理，惜夫圣智之业而为跖者资焉。或劝以学会正之，事绪未就，复改辙而南，深念扶微业、辅绝学之道，诚莫如学会便。其秋，苏州有请讲学者，其地盖范文正、顾宁人之所生产也，今虽学不如古，士大夫犹循礼教，愈于他俗。及夫博学屡守之士，亦往往而见。忾然叹曰：仁贤之化，何其远哉！顾念文学微渺，或不足以振民志,宜更求其远者。昔范公始以名节厉俗,顾先生亦举'行己有耻'为士行准。此举国所宜取法,微独苏州! 顾沐浴膏泽者,莫苏州先也。于是范以四经而表以二贤。四经者,谓《孝经》、《大学》、《儒行》、《丧服》;二贤者,则范、顾二公。其他文献虽无所不说,要以是为其蕢。视夫壹意章句,忽于躬行者,盖有间矣。讲浃月,将还海上,自恐衰老,不能时诣苏州,又念论述古义,学者或不能得其本,效顾先生读经会制,以付与会者主之,其事甚质,而基莫固焉。是于他州或不能举,苏州则有能举之者也。后数月,诸子复定名曰'国学会'。"(《国学商兑》一卷一号,1933 年 6 月 1 日出版,收入《文录续编》卷三上。)

8 月 12 日,鲁迅在上海书店中看到章氏所写《文始》作为"廉价出售旧书",购之以赠许寿裳。《致许寿裳》云:"归途过大马路,见文明书局方廉价出售旧书,进而一观,则见太炎先生手写影印之《文始》四本,黯淡垢污,在无聊之群书中,定价每本三角,为之慨然,得二本而出。兄不知有此书否? 否则当以一部奉呈,亦一纪念也。"(1932 年 8 月 12 日《致许寿裳》,见《鲁迅书信集》,人民文学出版社 1976 年版第 318 页。)

"《文始》当于明日同此信一并寄出,价止三角,殊足黯然。近郭沫若有手写《金文丛考》,由文求堂出版,计四本,价乃至八元也。"(1932 年 8 月 17 日下午《致许寿裳》,同上第322 页。)

8 月 18 日《鲁迅日记》记:"上午寄季市信并《文始》一本"。("1932 年",人民文学出版社 1976 年版第 792 页。)

8 月 27 日,《致黄季刚书》,谓:"自此更治《尚书》,颇有所得,所述太史旧义及自所发明者,略得六十馀事。"(黄侃:《寄勤闲室謷记》引,见《制言》第三十五期。)

章氏在 10 月 6 日的《与徐哲东论春秋书》中也谈自己治《春秋》经过,谓:"《春秋左传读》乃仆少作。其时滞于汉学之见,坚守刘、贾、许、颍旧义,以与杜氏立异,晚乃知其非。近作《春秋左氏疑义答问》,惟及经传可疑之说,其馀尽汰焉,先汉贾太傅、太史公所述《左氏》古文旧说,间一及之,其《刘子政左氏说》,先已刻行,亦间牵摭《公羊》,于心未尽慊也。"(《制言》第十七期,1936 年 5 月 16 日出版。)

又称:"方余壮时,《公羊》之说盛行,余起与之抗,然琐屑之谈,无预大义。出都后,卜居沪上,十馀年中,念孔子作《春秋》,语殆非实。孔子删《诗》、《书》,正礼乐,未加一字,《春秋》本据鲁史,孔子述而不作,倘亦未加一字。一日,阅彭尺木书,知苏州有袁蕙纕者,言孔子以鲁史为《春秋》,未加笔削,心韪之。至苏州,求其书不得,人亦无知之者。又叶水心《习学纪言》亦言《左传》有明文,孔子笔削者无几。天王狩于河阳,史官讳之,非孔子笔也。于是知孔子之《春秋》,亦如班固之《汉书》,非为褒贬作也。褒贬之谈,起于《孟子》。《孟子》谓'孔子成《春秋》而乱臣贼子惧',非谓为乱臣贼子作《春秋》也。大氏古人作史,以示君上,非为平民,司马温公作《通鉴》以进神宗,其事可证。"(《自述治学》,见《制言》第二十五期。)

10 月 6 日,致函马宗霍:"春日以避寇北行,归后,仍以说经自遣。前月往苏州讲学,归,乃得足下手书。栋折榱崩,咎有所在,英雄特起,恐待后来,若今之统兵者,犹吾大夫高子也。仆老,不及见河清,唯有惇诲学人,保国学于一线而已。诚不敢望王仲淹,亦未至献太平策也。"(手迹。)

10月3日、11日,两函潘承弼,为撰潘承弼祖父墓志事,(手迹。)即《清故翰林院庶吉士潘君墓志铭》,收入《文录续编》卷五下。

本年,今文经学家廖平卒,章氏撰《墓志铭》,谓:"君之学凡六变,其后三变,杂取梵书及医经、形法诸家,往往出儒术外。其第三变最可观,以为《周礼》、《王制》,大小异治,而康氏所受于君者,特其第二变也"。"君之言绝恢怪者,以六经皆孔子所作,虽文字亦孔子造之,与旧纪尤相左,人亦不敢信。"又谓:"君学有根柢,于古近经说无不窥,非若康氏之剽窃者,应物端和,未尝有倨容,又非若康氏自拟玄圣居之不疑者也。顾其智虑过锐,流于谲奇,以是与朴学异趣。康氏无儒行,其后数传,言益乱俗,而君持论以教孝为立国根本。"末谓"世人猥以君与康氏并论,故为辨其妄云"。(《制言》第一期,收入《文录续编》卷五下。)

本年,《与吴绲斋书》,又将新作《丧服依开元礼议》一首录交吴承仕,谓:"仆尝谓近世教授学童,必于经传妙选数种,使之服习。自《论语》而外,括囊民义,不涉天道,莫正于《大学》;奋厉志行,兼综儒侠,莫隆于《儒行》;导扬天性,遏绝悖德,莫尚于《孝经》;辅存礼教,维系民俗,莫要于《丧服》。此盖自童丱以至白首,皆应服膺勿失者。教授以此,讲学亦以此。其他博大深邃之言,则俟其人而告之可也。"又在信末附志云:"再《儒行》所列十五儒,大氐倜傥奇伟之士,东汉士风颇近之。宋世倡导理学者,当首推范文正,盖以节操风厉斯世,是故尊严陵贬冯道,其用意在此。其后理学转盛,高慕中行,反致颓靡,始雍熙时尝以《儒行》赐新进士,及绍兴欲踵行之,正字高闶言《儒行》,词多夸大,类战国纵横之言,请罢之,盖当时议论如此。"(《制言》第十二期。)章氏的倡导"儒行",虽说因日本帝国主义侵略,民族危机严重,而提倡"节操";但他特别提倡《大学》、《儒行》、《孝经》、《丧服》,以为"表率",宣扬儒术,步趋已右。

本年撰《丧服依开元礼议》前,另拟《丧服草案》、《丧服总说明书》、《丧服说明书》等,(都见《制言》第二十一期,1936年3月25日出版。)"驳清明清服制",考订古礼,对斩衰、齐衰、大功、小功、缌麻中的"正服"、"加服"、"降服"、"义服"都有"草案",与时代隔离了。

本年,章氏闻"浙江师范学校迁居文庙,惟大成殿尚仍旧贯,馀自两庑以外,皆被残毁,而大成门且改作寝室。浙中耆宿合词控告,得批俟教育厅核复"。特函国民党浙江省主席鲁涤平,请"尊先圣而保古迹"。函云:"窃谓尊崇先圣,人心所同,虽祀典已废,响往之心,终不可夺。执事于此,当自有主张,不应委之属史。且浙人于阳明、蕺山、黎洲诸先生,尚推崇极至,夫先圣之于三君,犹水木之有本原也。今坏其门庑,是拔本塞原也。有此主议者,吾知其自外于浙人矣"。"应请饬下教育厅,将文庙西偏尊经阁迤南等地,辟为师范学校;其自文庙头门以内,一切无得更动,以尊先圣而保古迹。"(《与鲁韵庵书》,见《制言》第二十期,1936年7月1日。此书原无年月,查鲁涤平1931年调任浙江省主席,1934 年调任国民党军民参议员副院长,1935 年,死于南京,姑系于此。)

【著作系年】《与熊希龄马相伯等联合通电》(1932 年 1 月 13 日,见《申报》,1932 年 1 月 15 日)。《请国民援救辽西电》(1932 年 1 月 19 日,见《申报》,1932 年 1 月 22 日)。《书十九路军御日本事》(天津《大公报》,1932 年 3 月 5 日;又见《国学丛编》一期五册,1932 年 3 月出版;《制言》三十二期;收入《文录续编》卷六上)。《函顾维钧》(1932 年 4 月 17 日,见天津《大公报》,1932 年 4 月 18 日)。《三界重建水阁记》(《国学丛编》一期五册)。《汉儒识古文考》上(《国学丛编》一期五册,收入《文录续编》卷一)。《汉儒识古文考》下(《国学丛编》一期六册,1932 年 5 月出版,收入《文录续编》卷一)。《谢君马太夫人六十寿序》(《国学丛编》一期六册)。《长夏纪事》(附《致季刚旭初书》,同上)。《明史钞略跋》(1932 年 7 月,商务印书馆版书尾)。《黑齿俊志跋》(1932 年 9 月,《太炎先生著述目录初稿》,《制言》第二十五期,未见)。《黑齿常之志跋》(同上)。《王之涣志跋》(同上)。《天放楼续文言序》(《天放楼续文言》书首,撰于 1932 年 9 月)。《游趵突泉记》(《国学丛编》二期一册,1932 年 10 月出版,收入《文录续编》卷六下)。《摩托车箴》(同上,收入《文录续编》卷七上)。《华宁金太公墓表》(1932 年,《制言》第五十四期)。《清故翰林院庶吉士潘君墓志铭》(1932 年 10 月,撰期见《致潘承弼书二》,墓志铭见《文录续编》卷五下)。《清故龙安府学教授廖君(平)墓志铭》(1932 年,《制言》第一期,收入《文录续编》卷五下)。《禹庙碑》(同上,收入《文录续编》卷五上)。《清故宁阳县知县张君墓表》(约 1932 年,《制言》第五十五期)。《刘绖誓众碑跋》(1932 年 10 月,未见,据《太炎先生著述目录补遗》,《制言》第三十六期)。

《与吴承仕论春秋答问书》(1932 年 6 月 24 日,见《章太炎书札》,温州图书馆藏)。《与吴缇斋书》(1932 年 7 月 14 日,见《制言》第十二期)。《与黄季刚书》(1932 年 8 月 27 日,见《制言》第三十五期黄侃《寄勤闲室謷记》附)。《致潘景郑书》一——二(1932 年 10 月 3 日、11 日,手迹)。《致马宗霍书》(1932 年 10 月 6 日,手迹)。《与徐哲东论春秋书》(1932 年 10 月 6 日,见《制言》第十七期,原缺年份,所言与《与吴缇斋书》同,故系于此")。《致鲁韵安书》(见《制言》第二十期)。

《丧服依开元礼议》(《制言》第十二期,谓作于是年)。《丧服草案》、《丧服总说明书》、《丧服说明书》(《制言》第二十一期,据该刊编者按:"章君论丧服之作,先作此三篇,后乃作《丧服依开元礼》,故系于此")。

《答王一仁再论霍乱之治法》(《中医新论汇编》,1932 年 1 月出版)。《对于统一病名建议书》(《医界春秋》八十一期,1932 年 7 月出版)。《覆刻何本金匮玉函经题辞》(1932 年 10 月,《昌明医刊》二期)。

《论今日切要之学》(1932 年 3 月 24 日在燕京大学讲,载《中法大学月刊》五卷五期)。《清代学术之系统》(1932 年 3 月 31 日在北京师范大学讲,柴德赓记,《师大月刊》十期)。《记太炎先生讲儒行要旨》(诸祖耿记录,《苏中校刊》第六十七期,1932 年 10 月)。《记太炎先生讲大学大义》(同上第六十八期,1932 年 10 月)。《经义与治事》(吴大琨记录,同上)。《记太炎先生讲文章源流》(诸祖耿记,同上第六十九期,1932 年 11 月)。

1933 年（民国二十二年癸酉）　六十六岁

1 月,国学会在苏州成立,"以讨论儒术为主,取读经会隶之。时有所见,录为会刊"。推李根源为主任干事。章氏时寓上海,亦列名会籍,并撰宣言以明"源起"。谓:"斯会也,其于中国,犹大山之礨空而已,尚未得比于五季之睢阳、衰晋之凉州诸子也。持以弘毅,何遽不可行远。凡事有作始甚微,其终甚巨者。仲尼云:'人能弘道',与会诸子,其勉之哉!"(《国学会会刊宣言》,见《国学商兑》一卷一号,1933 年 6 月 1 日出版。)

2 月 10 日,与马相伯发表联合宣言。日本帝国主义发动"九一八"事变,侵占东北三省后,1932 年 12 月 8 日,又炮击山海关,热河危急。日帝胡说"热河为满洲国之一部份"。章氏从历史上确证"东三省属中国无疑",发表联合宣言(即《二老宣言》)。报载:

"中国经学大师章太炎、九四老叟马相伯,鉴于国联会议,对于否认满洲国一层,未有决议,特以中国学者之立场,以历史及掌故等言,证明东三省属中国,特联合宣言。"(原注:"闻即将电日内瓦颜惠庆首席代表请向世界人士宣布。")下录"宣言",指出:"论古来历史,汉时已有辽东(原注:"今锦州"。)、玄菟(原注:"令东边道"。)二郡;明时亦设辽东都指挥司,驻沈阳。是其地原为中国内地,非同藩属。"指斥"日本攻东三省,实明知取非其有,故遁其辞曰自卫;又不可,乃文其罪而造满洲国。人民不服,而有义勇军,非明明伪造耶?"(《申报》,1933 年 2 月 10 日"本市新闻"《马相伯章太炎联合宣言》。)

《申报》载此《宣言》后,末谓:"案此为中国第一流学者联合对外宣言,将能代表其数千弟子、名教授、科学家、及教育界正服务者。为拥护中国固有主权,向全世界作公正宣布,证明东三省当属于中国,尚希全国同胞,一致奋起自救。"(同上。)

2 月 18 日,又与马相伯联名宣言,报载:"暴日强占东三省后,向国际诬称,满蒙本非中国领土。学者泰斗马相伯、章太炎二氏前曾发表一宣言,根据史事,加以申斥。兹日寇进窥热河,又诬称热河为满洲之一部份,马相伯、章太炎二氏,昨日复联名发表宣言,根据史实,证明热河与满洲无关……该宣言将电达日内瓦,昭告世界。下录"宣言"。略谓:"热河不得为满洲国之一部份,较东三省更易明白。"(《申报》,1933 年 2 月 20 日"本市新闻"《马相伯章太炎联合宣言》。)

3 月 3 日,日本侵略军侵占承德,章氏有《呼吁抗日电》:"上海报界公会转全国军民公鉴:□□□(□□□原为"国民政")府成立以来,勇于私斗,怯于公战。前此沈阳之变,不加抵抗,犹谓准备未完。逮上海战事罢后,边疆无事者八九月,斯时正可置备军械,简练士卒,以图最后之一战。乃主持军事者,绝不关心于此,反以'剿匪'名义,自图卸责。驯至今日,热河衅起,才及旬馀,十五万军同时溃退,汤玉麟委职潜逃,诚宜立斩;而处汤之上者,不备不虞,坐受敌挫,其罪状亦岂末减于汤? 应请一切以军法判处,庶几乎亿兆之愤心,为后来之惩戒。且今全国养兵近二百万,国家危急至此,犹不奋力向前,以图恢复,平日整兵治戎,所为何事? 应即督促前进,自谋靖献。如犹逍遥河上,坐视沦胥,此真自绝于国人,甘心于奴隶者矣!临电发指,唯希公鉴。章炳麟等。"(《苏州明报》,1933 年 3 月 7 日。)

3 月 14 日,在无锡国学专门学校讲演《国学之统宗》。首谓:"无锡乡贤,首推顾、高二公。""今欲改良社会,不宜单讲理学坐而言,要在起而能行。周、孔之道,不外修己治人,其要归于六经。六经散漫,必以约持之道,为之统宗。"继谓:"社会腐败,至今而极,救之道,首须崇尚气节。""专讲气节之书,于《礼记》则有《儒行》。《儒行》所述十五儒,皆以气节为尚。""今欲卓然自立,余以为非提倡儒行不可。《孝经》、《大学》、《儒行》之外,在今日未亡将亡,而吾辈亟须保存者,厥惟《仪礼》中之《丧服》,此事于人情厚薄至有关系,中华之异于他族,亦即在此。余以为今日而讲国学,《孝经》、《大学》、《儒行》、《丧服》,实万流之汇归也。不但坐而言,要在起而行矣。"(诸祖耿记,见《制言》第五十四期。)

3 月 15 日,又在江苏省立无锡师范学校讲《历史之重要》,首谓:"国学不尚空言,要在坐而言者,起而可行。《十三经》文繁义赜,然其总持则在《孝经》、《大学》、《儒行》、《丧服》。《孝经》以培养天性,《大学》以综括学术,《儒行》以鼓励志行,《丧服》以辅成礼教,其经文不过万字,易读亦易记,经术之归宿,不外乎是矣。经术乃是为人之基本,若论运用之法,历史更为重要。"继谓:"夫人不读经书,则不知自处之道;不读史书,则无从爱其国家。即如吾人今日,欲知中华民国之疆域,东西南北究以何为界,便非读史不可;有史而不读,是国家之根本先拔矣。""昔人读史注意一代之兴亡,今日情势有异,目光亦须变换,当注意全国之兴亡,此读史之要义也。经与史关系至深,章实斋云'六经皆史',此言是也。""复次,今日有为学之弊,不可盲从者二端,不可不论。夫讲西洋科学,尚有一定之轨范,决不能故为荒缪之说,其足以乱中国者,乃在讲哲学讲史学,而恣为新奇之议论。""余以为欲导中国入于正轨,要自今日讲平易之道始。三十年后,庶几能收其效,否则推波助澜,载胥及溺而已。""又今之讲史学者,喜考古史,有二十四史而不看,专在细致之处吹毛求瘢,此大不可也。"末对胡适派诋为"魔道",谓:"夫讲学而入于魔道,不如不讲。昔之讲阴阳五行,今乃有空谈之哲学、疑古之史学,皆魔道也。必须扫除此种魔道,而后可与言学。"(诸祖耿记,见《制言》第五十五期。)旋又讲《春秋三传之起源及其得失》,见《制言》第五十六期。

4 月 1 日,章氏又与马相伯、沈恩孚发表联合宣言(《三老宣言》):

"全国同胞公鉴:自九一八事变突发,迄今已一年又六月,伪国成立,亦已逾载。曩者我政府坚持信赖国联之政策,日惟呼吁国联,冀其能主持公道,抑止侵略,予我以助力。然而今日国联固已正式承认九一八以来日本之侵略为违背国联盟约之非法行为矣,亦已明认东三省为中国领土不容分割矣,亦已否认满洲伪国之合法存在矣。国联此种明白昭示之态度,予我以正义上之助力实多,抑且国联之所能助我者,此亦即其最高限度。吾人在此种正义赞助之下,则惟有切实认清,以自力自助自救之意义,对于当前日本之侵略暴行,不仅作消极之抵抗,同时更应动员全民族积极收复失地,根本消灭伪国,是为国联决议之精神,亦即为世界正义之所在。若阳示抵抗以息人言,阴作妥协以受敌饵，则吾人直无异于反对国联之决议，而默认日本之行动，是即为自甘宰割，自甘灭亡，我不自助，谁复助我？故全国人民，今日急应一致奋起，予政府以有力之督促，务使东北半壁河山，不至自我沦亡，黑山白水，不止就此变易其颜色也，此则良等所冀望于国人者一也。

"次之，先哲有言，人皆有不忍人之心。此不忍人之心，实即为生命之活力。惟不忍，故能爱人；亦惟不忍，乃能发扬其生命之伟力，以表示人类不甘为奴隶之心。今日我前线将士之所以出死入生，与强敌作艰苦之奋斗者，无他，亦即不忍我民族横遭蹂躏宰割之故。然则吾人宁独忍坐视前线将士艰苦奋斗而不予以援助乎？又宁独忍坐视民族遭受强寇之侵凌而不奋起抗救乎？故吾人今日在另一方面之工作，又应充分发挥其不忍人之心，以赴汤蹈火之精神，予前线将士以物质之补助与精神之安慰，以鼓励其为民族生存而奋斗之勇气，此又良等所冀望于国人者二也。

"国难急矣！举国环顾，山河日非。瞻顾民族之前途，辄中心忉怛而未能自已。自憾樗栎庸材，无力救国，兹谨以诚挚之呼吁，促我国人奋起。言哀意诚，尚希国人共鉴之！"（《申报》：1933 年 4 月 2 日"本市新闻"，原题《三老宣言》。）

4 月 27 日，章氏与马相伯联名发电"警国人毋幸小胜"，电云："国民公鉴：喜峰建昌营与滦东二县，一时收复，只馀古北一口，不日当可肃清，斯固将士用力，亦因敌有内忧。虽然，谋国之道，如此而止乎？热河未复，榆关未收，则北平等于瓯脱，所谓物寄瓶中者尔。敌人牧马，时去时来，固无休息之期也。夫都金陵者之不可弃北部，犹都长安者之不可弃东南也。自吾民视之，则凡汉族挚生之地，皆不可弃而遗一也。幸告当局诸公，勿幸小胜而忘大虞，勿狃近忧而忽远虑，北门锁钥，不得热河则不固；河朔形势，不得辽西则不完。共管之名既难忍受，防边之策又乏良谋。欲专恃长城，则无秦皇之力；欲偷为和议，并无秦桧之才。然则非选将厉兵，更图进展，而削去至无聊赖之抵抗之名，复何益哉！所幸士气尚振，馀勇未衰，两道出师，正有其会。东三省虽难以武力恢复，而此二处必当奋死以争之。若不能然，失地之耻，固不可除，当局误国之罪，亦不可赎。衰钺在前，愿急有以儆省之矣。"（《申报》，1933 年 4 月 28 日"本市新闻"《九四老人与章太炎电警国人毋幸小胜》。）

4 月 27 日，岑春煊死，（《申报》，1933 年 6 月 13 日"岑西林讣告"。）章太炎挽联为："暗呜叱咤有项王风，公岂徒尚勇乎？唯受善，故群材采用；温让恭良得夫子教，老而渐闻道矣，以小人，斯北面终身。"（《菿汉大师连语》，见《制言》第二十五期。）

4 月，赋《闻得贼谍》："金丸一夜起交兵，射杀湘军旧领军。借问长陵双石马，可知传法有沙门。"

又赋《闻人献图不遇》："上河图自属王家，采石莆田继物华。却恨钤山蝉蜕久，明珠空令射寒鸦。"（两诗均见《国学论衡》，1933 年 12 月 1 日出版，收入《文录续编》卷七下。）

春，黄侃、钱玄同来访，黄、钱"于馀杭师座中一言不合，竟致斗口"。（钱玄同：《挽季刚》，见《制言》第七期。）

5 月 7 日，有《与杨遇夫论子字书》，谓："慈训爱子，推其声义于子，说甚塙。鄙意古只有子字耳。爱子即曰子,犹敬老则曰老老,敬长则曰长长。”“由子孳乳则为字,小徐本《说文》,字,乳也,爱也。《系传》引大不字小为说。慈之为文,又在字后矣。”(《章太炎书札》,温州市图书馆藏。)

5 月 26 日,冯玉祥在张家口就任民众抗日同盟军总司令,曾通电全国:“武装保卫察省而收复失地,争取中国之独立自由。”(《申报》,1933 年 5 月 29 日“本市新闻”《冯玉祥通电坚主抗日》。)5 月 31 日,章氏与马相伯“同情于冯玉祥宥电之抗日主张,特电张垣,慰勉有加”。电云:

“张家口民众抗日同盟军冯总司令焕章先生勋鉴:宥电奉悉。日本逞无厌之欲,满洲燃已死之灰,而当局视为癣疥微疾,溃烂不治,脏腑皆糜。他且弗论,即如北平城中,日兵入者已二千五百人,甚至搜查住宅,巡逻东城,我宪兵反退让惟谨,如是犹谓北平未失守乎?假令妥协速成,日兵暂退,而重门洞开,去来无禁,不过数年,则黄河以北皆敌有矣。民众弗忍,诉于执事,执事以坚卓之性,应迫切之求,起虽晚而合时会,地虽小而系人心。夫抗兵相加,哀者制胜。执事与察省民众,可谓哀者矣。守察既固,必令华北设备完全,方得恃以无恐。然则东未定沈阳,北未复热河,尚无时不在哀中也。日本为患东隅,四十年矣。满洲之略有中土,前者已二百九十馀年矣。辛亥之役,幸赖民众协力,光复旧物,满洲之害虽去,而日本之患未除。今以当局疏慢,致二寇协力,危及奥区,如此弗治,是非独漫视外患,并于辛亥革命之功而亦尽堕之也。执事身预滦州倡义,至今三十馀年,不忘旧事,鸠合义众,缟素为资。所据察哈尔地方,本七国秦汉间云中定襄旧郡,与郭汾阳倡义朔方何异。执事之心,足以代表全国有血气者之心;执事之言,足以代表全国有血气者之言;执事之行,必能澈底领导全国有血气者之行。某等虽在暮年,一息尚存,必随全国民众为执事后盾。惟秉义直前,毋稍瞻顾。马良、章炳麟。世。”(《申报》,1933 年 6 月 2 日“本市新闻”《马相伯章太炎电勉冯玉祥》。)

6 月 1 日,国学会会刊《国学商兑》第一号出版,陈衍任总编辑。

夏,“国民党中央国医馆有建议统一病名者,欲以西洋译名为准”。章氏以为“欲统一中西病名,先须以两方病名对照;而此对照之前,先须以中国古今病名对照”。“又中土病名有相承沿用,而实当改易者,改易不必纯取西名,即中土亦已有之”。“要之此事,必须聚集中西良工,比较核实,方可出而行世。若但以一二人专辄之见,定其去取,必不足以行远。如此而欲惩戒他人,是所谓作法于凉者矣,犹不如任其散漫之为愈也”。(《论统   中西病名》,见《制言》第五十九期。)

7 月 13 日(闰五月二十一日),黄侃拟《寒食一首呈先生》:“榆柳当春火正然,何曾市地尽藏烟。子绥最有焚骸痛,黍饭空邀异代怜。”(《制言》第十六期影行手迹。)

8 月 5 日,冯玉祥发出“歌电”,“政权归诸政府,复土期诸国人”,此后察哈尔一切军政交宋哲元负责。(《申报》,1933 年 8 月 9 日“本市新闻”《冯玉祥通电结束军事》。)

8 月 8 日,章氏与马相伯联名发出两电,一致冯玉祥,一致宋哲元。其致冯玉祥电为:“(上略)执事以枪口不向内之誓言,俯听调处,明轩继任,付托得人,存大信也。失军得信,执事亦无不利。时局正艰,国亡无日,一身虽退,尚非骑驴种菜之时,所愿老骥壮心，勿灰于伏枥也。马良、章炳麟。齐。"

其致宋哲元电为："张家口宋明轩将军鉴：执事喜峰一捷，功冠诸军，今继焕公，萧规曹随，人心自顺。若谓察省已安则未也，戒之戒之，贺者在门，吊者在闾矣。马良、章炳麟。"（同上。）

10月，撰《十九路军死难将士公墓表》，谓十九路军抗战，"功虽未就，自中国与海外诸国战斗以来，未有杀敌致果如是役者也"。今"度地广州黄花岗之南，以为公墓，迁而坿之"。"自黄花岗事讫，仅半载，武昌倡义，卒以仆清，固其气足以震荡之。后之继十九路军而成大业者，其必如武昌倡义故事，以加于倭，然后前者为不徒死尔"。（《制言》第三十二期。）

10月10日，作《民国光复》讲演。辛亥革命后，章氏所称"革命军兴，革命党消"，讲演即追志之。内容略为："所谓辛亥革命者，其主义有二：一，排斥满洲；二，改革政治。前者已达目的，后者至今未成。其功于光复之役者，今存在尚夥，特众口纷纷，归功于谁，亦未能定也。当时之改革政治，亦只欲纲纪不乱、人民乐生耳！若夫以共和改帝制，却非始有之主义，乃事势之宜然也。"

"今论政治之改革。政治至今只有纷乱而无改良，盖革命党人忠实者固多，而好勇疾贫行险傲幸者亦不少，其于政治往往隔膜。当革命未成时，群目宋教仁为将来之政治家，然宋氏仅知日本之政治，处处以日本之政为准，如内阁副署命令，两院决可否，矜为奇异。不知此二制度，中国已行于唐、宋。副署之制，唐时诏令俱然，并谓不经凤阁鸾台不得为制敕，其所谓墨敕内降者，则出乎法外者也，逮宋亦然。明之内阁大学士，实即唐之翰林学士，只是天子秘书，故不能副署诏令。清亦沿明制，然如军机大臣奉上谕，内阁奉旨，虽不以人署名，而以机关署名也，则未尝无副署之意。下此则州县决狱，典史亦须副署，此何足矜为奇创耶？又两院议可否，唐之门下省给事中，即议诏令可否者也，有封还、涂归、批敕诸名，宋、明因之，清则将给事中并入都察院，无封还诏令之权，仅能分发诏令与各衙门，所谓邸抄者也。唐给事中四人，明设六科，亦只数十人，而国会议员至数百人之多，当时所选者半非人望，议员以可否权之奇货自居，于是势凌总统，敲诈贿赂，无所不至，国会名誉扫地无馀矣。而宋之在政府，亦以副署权陵轹元首，终蒙杀身之祸。由今观之，其政治知识实未备也。

"上述诸事，欲政治之澄清，岂可得乎？孙谓革命尚未成功，信然。党员步调不齐，人格堕落，革命初成时已渐暴露，黄在汉阳，尝以扩大同盟会远询于余，余以'革命军起，革命党消'告之，克强未纳。其后同盟会与统一共和党吴景濂等五团体合组国民党，竟留十二年曹锟贿选之丑，可见其政治上之节操，与其维持共和之能力矣。"（李希泌笔记，见《章太炎先生讲演录》，章氏国学讲习会铅字排印本。）

10月22日，在无锡国学专门学校讲《适宜于今日之理学》，谓："理学之范围甚大，今日讲学，当择其切于时世可以补偏救弊者而提倡之，所谓急先务也。吾今所讲，分为二目：一为国人同所需要之学，一为无锡特宜注意之学。"前一目言："今若讲论性天之学，更将有取于西洋，西洋哲学但究名理，不尚亲证，则其学与躬行无涉。科学者流，乃谓道德礼俗，皆须合于科学，此其流弊，使人玩物而丧志，纵欲以败度。今之中华，国堕边防，人轻礼法，但欲提倡科学，以图自强。是知其一，不知其二也。"后一目言："无锡本东林学派发源之地。东林之学，至清中叶而阒焉无闻。今之无锡，工厂如林，商业繁盛，非顾、高二公之时之比。然通商之地，人心趋利，盖习俗之移人也。使二公生于今日，虽户说以理学之眇论，恐亦不能化。""吾意设教者当取白沙一派，亦使学子知吾与点也之趣，然后可与适道。"（诸祖耿记，《制言》第五十七期。）

10 月，《归纳》第一期出版，载章氏《日知录校记序》。《日知录校记》，黄侃撰，也载本期。《序》谓："今岁春，余弟子黄侃因为校记一通，凡今本所缺者具录于记，一句一字皆著焉，其功信勤矣。颇怪次耕为顾君与徐昭法门下高材，造膝受命，宜与恒众异，乃反剟定师书，令面目不可尽睹，何负其师之剧耶？盖亦惩于史祸，有屈志而为之者也。"（收入《文录续编》卷二下。）

10 月 31 日，《致潘景郑书三》，嘱在苏弟子潘承弼、朱季海、戴镜澄等对《国学商兑》加以磨勘。国学会成立，《国学商兑》会刊出版后，章氏对刊名认为"不甚合"，对该刊内容也有意见，故发此函。函云："《国学商兑》，名不甚合，（自注："方氏《汉学商兑》，本为排摈汉学而作，今云《国学商兑》，于意云何？"）拟改称'商榷'为便。前此编次，亦未精密，如姜亮夫之论龟甲文，直以《周易》出孔、墨后，谓为庄周所作，此等凭虚不根之论，虽旧时今文学家亦不肯道，涂污楮墨甚矣。此后关系经学、小学者，编成后，足下可与戴镜澄（自注："戴于《春秋》亦涉二传之见，然是有师法者。"）及季海加以磨勘，如有此等议论，必与芟薙，篇幅不足，量附辞章诗词可也。"（手迹。）

11 月 10 日，《致潘承弼书四》云："至磨勘《国学商兑》中经学、小学文件，愿弟辈切勿辞谢。言有秕稗，非徒损学会之名，亦且贻误阅者。今日所患，在人人畔经蔑古，苟无以匡救其失，虽一人独醒，阿胶不能解黄河之浊也。望与季海及戴镜澄勉力为之。"（同上。）

11 月 14 日，《致潘承弼书五》又云："每念清世吴、皖大师，定字门下，高材苦少，得一江艮庭，尚非能继承师学者；王西庄亦优于艮庭无几耳！东原以提倡绝业自任，门下若膺、怀祖、斝轩，可谓智过其师。仆岂敢妄希惠、戴，然所望于足下辈者，必不后于若膺等三子也。前此从吾游者，季刚、缊斋，学已成就，缊斋尚有名山著述之想，季刚则不著一字，失在太秘。世衰道微，有志者当以积厚流广，振起末俗，岂可独善而已。明年定当徙宅吴中，与诸子日相磨礲，若天假吾年，见弟辈大成而死，庶几于心无欲、于前修无负矣。亮夫亦及吾门，始未知其深浅，今观《商兑》中所录二篇，其人误入歧途，较仲琪更甚，一方当以正言督戒，一方校订《商兑》所录文字，仍属镜澄、季海与足下为之。亮夫既执挚于我，亦非金、（按指金松岑。）李（按指李根源。）二君所专有，足下何须避嫌。况后此所录文字，不必定有亮夫手笔也，切望与戴、朱两生熟商，勿引嫌辞谢为幸。"（同上。）《国学商兑》根据章氏建议，自第二期起，改名《国学论衡》。

12 月，撰《孙仲容先生年谱序》，谓："先生之学，不后于宁人、东原，其散在筐箧者，非其子孙、又莫能理。排比之急，有过于二公者矣。余昔时慕先生为学，颇与通书，而苦不能亲觌,又未尽见先生之书,得是谱始稍慊于志。若其学术之大,足以上通圣则,旁开物宜者,世人当知之,日月贞观,固非下士所宜赞也。"(《制言》第二十期,1936 年 7 月 1 日出版。)对孙诒让备加赞扬。

12 月,撰《察哈尔抗日实录序》,谓"是时微冯君,寇当鼓行而西,虽蚕食至宁夏,使北方诸省皆边于寇可也。"表扬冯玉祥察哈尔抗日。(《冯氏丛书》第六种卷首,《制言》第三十二期曾予刊录。)

本年为黎元洪作碑铭,多谀辞。武昌起义时,吴兆麟等建议找新军协统黎元洪出来做都督,把从前的谘议局长汤化龙找出来做民政总长。当派人找黎元洪时,他吓得浑身发抖,不肯拥护起义。后来别人强迫把他的辫子剪了,他还为那条奴隶的标志哭了一场。就是这样一个被迫"起义"的人,碑文却说:"兵起,有数卒突入公门,公错愕,手刃之。无几,又数人至,促公赴军械局,请受都督印。公见化龙在,知士大夫有谋,宣言无略财,无妄杀,如是则可,皆踊跃称听命,即诣谘议局就选。"(《国学论衡》三期,1934 年 6 月 15 日出版。)旋经人提出后删改。(《制言》第三十一期,《太炎先生改定黎公碑文句》。)

章氏晚年,也为地主、官僚、资本家及其家属写碑传铭记,以至寿序,语多誉溢,或由亲属、门生出面接受馈遗。也有出自门生孙世扬之手,署上章氏名讳的。王基乾称:"先生晚年除著书讲学外,也常常做点应酬文字,大概不外是书文题跋和碑铭之类。一篇墓志铭或墓表,人家通常送他一千元到二千元。但他做文章,并不就以金钱为准。据说有一个纱厂的主人,想请他做一篇表扬祖上的文字,送他万元作为润笔,他却极力拒绝,一字也不肯写。反之,他替黎黄陂做了一篇洋洋的巨文,又一钱不受。因为先生是最重感情的。他于当代人物,除孙公外,惟于黄陂有知遇之感,所以替黄陂做文章,认为是应尽的义务。"(《章先生逸事》,转引自许寿裳:《章炳麟》第 162 页。)曹亚伯云:章氏在"未迁居苏州以前,卖文字以为活,文则每篇千元,字则另有润格。"(《谈章太炎先生》,《制言》第二十五期。)田桓也谓当时找章氏题识撰书者"络绎不绝,有时穷于应对,则命同门弟子代笔"。(《馨欬小识》,同上。)

本年,章氏弟子吴承仕、钱玄同等校刊《章氏丛书续编》于北平。

查《丛书续编》系章氏于 1932 年北来时交付钱玄同等校刊的(见前)。吴承仕 6 月 1 日《致潘承弼书》:"师书开工二年,今始告成。"(手迹,上海图书馆藏。)"初印兰色二十部,寄师十六部。"(吴承仕:1936 年 6 月 1 日《致潘景郑书》,手迹,上海图书馆藏。)共收著作七种:《广论语骈枝》一卷、《体撰录》一卷、《太史公古文尚书说》一卷、《古文尚书拾遗》二卷、《春秋左氏疑义答问》五卷、《新出三体石经考》一卷、《菿汉昌言》六卷。其中《春秋左氏疑义答问》,自称"为三十年精力所聚之书,向之繁言碎辞,一切芟薙,独存此四万言而已。"(《与吴承仕论春秋答问作意书一》,见《章太炎书札》,温州市图书馆藏。)

编订《丛书续编》时,章氏认为:"近所论列,往往以时忌不便布之,此《荆母夏太夫人墓志铭》所谓:'毂下何为,陈骀卒以大谁,曰东藩摧,士女靡不悲,虽悲弗悲,是固如遗锥,岂徒如锥,又籥其口,使人不敢违'者也。而近年多为碑版文字,又迹近谀墓,故未付刊也。"(孙思昉:《谒徐杭章先生记语》,见《制言》第二十五期。)《丛书续编》没有"文集",也没有"函电","所收不多,而更纯谨,且不取旧作,当然也无斗争之作,先生遂身衣学术的华衮,粹然成为儒宗"。(鲁迅:《关于太炎先生二三事》,见《且介亭杂文末编》。)

《丛书续编》,章氏于本年 6 月即已校出。6 月 25 日《答吴缜斋书》云:"拙著样本三册,其中尚有脱字误字,今校出寄去,增改宜速。"(《章太炎书札》。)

本年,有《与马宗霍论近人伪造碑版书》二通,一为"有以《袁安碑》来者","斯乃近人效赵之谦书者所为,虽间摹三公山碑少室石阙笔势,而俗媚在骨,视汉篆严栗方重者,何啻霄壤,一望决其为伪也"。(1933 年 2 月 10 日,见《制言》第四十三期。)二为"迻写《祖逖碑》,此碑伪也。"并举难信者五端。(1933 年 11 月 25 日,同上。)

【著作系年】《国学会会刊宣言》(1933 年 1 月,见《国学商兑》一卷一号,1933 年 6 月 1 日出版,收入《文录续编》卷三上)。《黄侃日知录校记序》(中央大学单行书书首,1933 年 2 月)。《与马相伯先生联合宣言》一—二(1933 年 2 月 10 日、2 月 18 日,见《申报》,1933 年 2 月 10 日、20 日;又见《制言》第三十二期)。《与马相伯沈恩孚联合宣言》(1933 年 4 月 1 日,见《申报》,1933 年 4 月 2 日)。《呼吁抗日电》(《苏州明报》,1933 年 3 月 7 日)。《闻得贼牒》(1933 年 4 月,见《国学论衡》,收入《文录续编》卷七下)。《闻人献图不遇》(同上)。《电警国人毋幸小胜》(《申报》,1933 年 4 月 28 日)。《电勉冯玉祥》(1933 年 5 月 31 日,见《申报》,1933 年 6 月 2 日)。《再勉冯玉祥》(1933 年 8 月 8 日,见《申报》,1933 年 8 月 9 日)。《电勉宋哲元》(同上)。《咏史》(《国学论衡》,署"癸酉五月")。《十九路军死难将士公墓表》(1933 年 10 月,见《制言》第三十二期;收入《文录续编》卷五下)。《大总统黎公碑》(撰于 1933 年,见《国学论衡》第三期,1934 年 6 月 15 日出版;《青鹤》三卷十期、《制言》二期均予刊载,收入《文录续编》卷五上)。《古文六例》(《中央大学文艺丛刊》一卷一期,1933 年 11 月出版;又见《国学论衡》三期;收入《文录续编》卷一)。《辞通序》(1933 年 11 月撰,《辞通》书首)。《庐山志题辞》(书首,1933 年撰,又见《制言》第二十四期,收入《文录续编》卷二下)。《察哈尔抗日实录序》(1933 年 12 月,《冯氏丛书》第六种卷首;又见《制言》第三十三期)。《孙仲容先生年谱序》(1933 年 12 月撰,见《青鹤》二卷五期,1934 年 1 月 16 日;《瓯风》二期,1934 年 2 月出版;《制言》第二十期)。《孙太仆年谱序》(1933 年 12 月撰;《青鹤》二卷九期,1934 年 3 月 16 日;《瓯风》二期,1934 年 2 月出版;《制言》第五十九期)。《人日》(《文录续编》卷七下)。《刘屈氂歌》(同上)。《日知录校记序》(《归纳》第一期,1933 年 10 月出版,收入《文录续编》卷二下)。《墨子大取释义序》(1933 年 12 月,见《制言》第三十九期)。《唐母蒋太君墓志铭》(1933 年,见《制言》第四十期)。《胡母韩太夫人八十寿序》(1933 年,见《制言》第四十七期)。《与杨遇夫论子字书》(1933 年 5 月 7 日,见《章太炎书札》)。《答吴检斋书》(1933 年 6 月 25 日,同上)。《与马宗霍论近人伪造碑版书》一——二(1933 年 2 月 10 日、11 月 25 日,见《制言》第四十三期)。《与吴承仕论形声条例书》一——二(《国学论衡》二期二册,1933 年 8 月出版,按二札一署"11 月 22 日",一署"12 月 15 日",则应撰于 1932 年,二札收入《章太炎书札》)。《答李西屏书》一——二(1933 年 10 月 15 日、27 日,见《制言》第三十一期,附《太炎先生改定黎公碑文句》,注称"李西屏先生录示")。《致潘承弼书三》(1933 年 10 月 31 日,手迹)。《致潘承弼书四》(1933 年 11 月 10 日,同上）。《致潘承弼书五》(1933 年 11 月 14 日,同上）。《致潘承弼书六》(1933 年 11 月 25 日,同上）。《致潘承弼书七》(1933 年 12 月 26 日,同上）。

《章太炎先生讲演录》(内有"民国光复"讲演,1933 年 10 月 10 日,李希泌笔记,章氏国学讲习会排印本）。《丧服概论》(潘承弼记录,《国学商兑》一卷一期）。《儒行大意》(诸祖耿记录,同上）。《述今古文之源流及其异同》(潘承弼记录,《国学论衡》二期）。《讲学大旨与孝经要义》(金震记录,同上）。《自述治学之功夫与志向》(诸祖耿记,1933 年 4 月在曲石精庐讲,《制言》第二十五期）。《国学之统宗》(1933 年 3 月 14 日讲,诸祖耿记,《制言》第五十四期）。《历史之重要》(1933 年 3 月 15 日讲,诸祖耿记,《制言》第五十五期）。《春秋三传之起源及其得失》(同上,《制言》第五十六期）。《适宜于今日之理学》(1933 年 10 日 22 日讲,诸祖耿记,《制言》第五十七期）。

《章氏丛书续编》。(1933 年北平刊本。)内:

　　《广论语骈枝》一卷(卷末有自序。)

　　《体撰录》一卷(内《大衍说》、《极数定象答问》、《说周量》、《说汉量》。)

　　《太史公古文尚书说》一卷

　　《古文尚书拾遗》二卷(卷末有自序,谓 1932 年夏作。又另有《古文尚书拾遗定本》,刊入《制言》第二十五期。)

　　《春秋左氏疑义答问》五卷(卷末有黄侃后序,章氏国学讲习会有单行本。)

　　《新出三体石经考》一卷(卷末有自序。)

　　《菿汉昌言》六卷(章氏国学讲习会另有单行本。)

1934 年（民国二十三年甲戌）　六十七岁

2 月 9 日,有《与邓之诚论史书》,谓:"鄙人提倡读史之志,本为忧患而作。顷世学校授课,于史最疏,学者讳其佄陋,转作妄谈,以史为不足读,其祸遂中于国家"。"今人之病,以经为基督圣书,以史为《虞初》小说,名实既缪,攻击遂多,甚者谓考史必求物证以为持论之根。不悟唐、宋碑刻,今时存者正多,独于爵里世系小小之事,颇为得实。至其谋之臧否,行之枉直,不及史官审正远矣。若三代彝器,作伪者众,更有乍得奇物,不知年月名号者,其器既非可信,而欲持是以为考史之端,盖见其愚诬也。总由史部繁富,躁人不及审观,而又耻其不知,故不惮多为妄论以摧破之。今欲使学校中历史一科得以稍稍振起,其事盖不可就,以史书宜于阅读,不宜于演讲也。然苟因是使学子得见崖略,所谓聊胜于无者。若诚欲昌明史学,非学校改制不可。"(《制言》第五十一期。)章氏早在辛亥革命前即撰《理惑论》,反对甲骨文;至是,对殷商铜器金文又示不满。

章氏另有《论读史之利益》讲演,首谓:"治国论政,不能无所根据。""经者古史,史即新经。远古之事,或不尽适用于今;事愈近者,愈切实用,荀子所谓法后王也。自汉以后,秉国政者,无不参用经史,以致治平,至王安石乃自以为湛深经学,不好读史,且复劫持人以不必读史,目《春秋》为断烂朝报,其流弊卒至京,惇之误国,然当时理学家亦以为王者致治不须读史。""不顾国性民情而但为蝶赢之祝,其不蹈王安石之覆辙者鲜矣。"继谓:"旧史致用之道有二:上焉者察见社会之变迁,以得其运用之妙;次则牢记事实,如读家人旧契,产业多寡,瞭如指掌,能得运用之妙者,首推道家。"接着,对我国边疆史地进行阐述,说明东三省早为我国领土。末谓:"民国以来,国人对于史事亦甚疏忽矣,或且鄙夷旧契,不屑观览,甚有怀疑旧契者,于是日蹙百里,都在迷离惝恍之中。使人人而知保守其旧契,家国之事,当不至此。"(王乘六、诸祖耿记录,见《制言》第五十二期。)

又有《略论读史之法》讲演,以为应"先明史之本体,次论史之优劣,三示读史之宜忌"。对《史记》《汉书》以下诸史都有评议。末谓:"读史所最忌者,妄论古人之是非是已。""复次借古事以论今事,所谓借题发挥者,亦读史所忌。"(王乘六、诸祖耿记录,见《制言》第五十三期。)

又手写《论以后国学进步》:"一,经学以明条例求进步;史学以知比类求进步;三,哲学以直观自得求进步;四,文学以发情止义求进步。"(《制言》第四十八期,封里摄片。)

3 月,廖仲恺亲属李默农因叛徒赵林告密被捕,章氏"因廖仲恺有大勋",与蔡元培、柳亚子等"共同具保,俾其出外继续学业"。(《申报》,1934 年 3 月 14、15 日"本埠新闻"《李默农昨解市公安局》。)

3 月 23 日,段祺瑞七十生日,章氏谓:"所为祝公者,非珮璲曼辞以为谀,顾欲公任其难耳。君子急病而让夷,公不宜引避。"并撰《合肥段公七十寿序》:"案公平生行事,驰说者虑有异同,惟与中华民国终始不能异,再造共和之绩,夫人所知也。自辽沈事起,本兵者失计于前,浸寻三稔,塞北半陷,北畿濒寇,只以长城为界,其危如累棋,人所欲傥幸者,恃苏维埃与日本一战耳。北方胜,中国幸而瓦全,然亦不能收失地;东方胜,即河朔一切沦于小腆。今之形势,非若晋、宋二代,可以江左延命也,此中智以上所为危,其与民国终始如公者,固当计及之矣。公于日本,初亦主亲善,然不肯蹙地以媚之也。及三省陷,东人觎国者数以好言铦公,公力折之,盖始之不欲恃气矜以撄人之怒者,邻交之道也;终之必以正色相遇者,体国之义也"。"要令长城以内,敌人不得恣意蹂践,察哈尔、绥远,兵足自固,犹始终为中国守。斯事在往日固易,今非有十倍之力,即不可坐觊。任其难者,非公当谁属耶?""天果不亡中国,虽有猜忍之士,百计蜇之,终不能抑之不起。炳麟为中国祝,故不得不以是祝公。"(《制言》四十七期,收入《文录续编》。)

5 月,为王纯甫撰《今字解剖题辞》,谓:"小学至清而盛,亦至清而衰。桂、段、严、王诸公,专志许书,眇达神恉,由形体以洞声义,自是故训可通,经记可说,流泽被于学者广矣,故曰盛;清廷自为《康熙字典》,编次者多鄙生白徒,分部舛戾,点画乖缪,而学官弟子多宗之,故曰衰。世之学者,不逮学官弟子之众,虽盛犹不足以偿衰也。""抑今世之所患者,非字典俗书而已。穿凿之徒,皮傅彝器,随情定字。夫其游谈无根,盖有过于安石《字说》者。重以龟书刻骨,真伪难知,而妄者乃欲以倾夺籀、斯,彼其灭裂故书，宁独如《字典》而止乎？"（《文录续编》卷二下。）对甲骨文、金文仍表怀疑。王纯甫，俞樾弟子，与章同门。

6月，《国学论衡》第三期出版，刊出章氏《疑年拾遗》，对周文王、武王、周公、管叔、蔡叔、蘧伯玉、子夏、曾子等旧史所载年岁提出疑异。（收入《文录续编》卷一。）

7月6日，有《致潘承弼书九》，讨论古文《尚书》，书云："北京大学受东人迫胁，令姊丈顾君想已南来，汇刻古文《尚书》之举，究竟有端绪否？仆自得三体残石及《释文》残卷后，亦颇欲穷问斯事。古文《尚书》见引于颜氏《匡谬正俗》，其事不诬。至宋次道所得者，晁公武以之刻石，薛士龙以之作训，虽未必枚氏原本，然《经典释文》至开、宝始易新本，其未经改窜者，北宋人当尚见之，如贾昌朝即其一也。宋次道等盖宋撝《释文》原本而为此，虽非枚氏原本，而字体固无异也。若《汗简》所录，则在《释文》未改之先，尤可信任。东方所谓足利本者，盖亦采撝《释文》原本而成，非必真自唐时携至也。今以莫高窟《释文》残卷与薛氏古文本校，颇有《释文》所引《说文》异字，而薛本即据为真者。若足利本果自唐时携至，当一同于《释文》（残卷。）大字，不以所引《说文》乱之，若犹取《说文》异字，则与宋次道本异苔同岑耳。此中源流之辨，一勘即可知也。枚氏书本宋石经古文，故当时为人所信，然亦有异同可见，……恐枚氏当时已然，非必宋次道等之误，又不知足利本何若也。此事核实，断非难行，但恐今人粗心者多，不能比勘耳。"（手迹。）

秋，章氏由上海迁居苏州。

9月1日，为黄侃撰《量守庐记》，中谓："近世长沙有皮锡瑞者，故习江、戴诸儒之学，江、戴所言，虑犹不尽契故书雅记，然颇核实矣。术既通而时方鹜今文，玩奇说，守其故，则不足以致犬酒之馈，乃去习今文，一时学子辐凑其庐，号为大师。今锡瑞之书具在，起死者质之，则必知非其心所厌也，固曰有所利之也。况兹末学奇衺之论，其易十倍今文，而利且百之。夫季刚之不为，则诚不欲以此乱真诬善，且逮于充塞仁义而不救也。"又《与黄季刚书》，谓"其中所述皮锡瑞事，乃昔年得之叶焕彬者，非臆造也"。（并见《制言》第九期，1936年1月16日出版。）

9月27日，有《与欧阳竟无论禅宗传授书》。欧阳竟无"以禅宗传授，事多眇芒，曾疑二十八祖之非实"。章氏以为"大氐沙门以宗派相轧，务尽抑扬，如异部宗轮论述大众部师，大天恶行，真乃覆载不容。彼《坛经》之揶揄秀师，又何足怪！白衣居士不与嗣法之数，心无适莫，词始近真，故鄙意能、秀二师事，当以张王两碑为信，非沙门诬善之辞比也"。（《章太炎书札》，温州市图书馆藏。）

章氏迁苏后，有《与马宗霍论文体书二》。先是，马宗霍请章氏为桃源"以商起家"的饶十写"六十寿序"，至是"略就是状为之"。函谓："此种题目，无可铺叙，唯有翻空见奇耳。世言文章之难，莫难于寿序，真是识甘苦之言。文士以十百数寿序，竟无一篇可传诵者，此亦足证。至于铺陈功德，作台阁体一类文字，本不足齿数也。"（同上。）

所撰《桃源饶子六十寿序》亦云："寿序之兴，盖近自元、明间，至昆山归氏以来转盛，顷世鸿笔巨材，靡不为之。归氏所为祝者，多乡里老儒，其言平淡则宜。及近世或以施于将相有成名者,辞多矜张,无山泽之仪。综明、清以来文士可称者四五十家,其寿序使人往复讽诵者几何。余顷岁亦时应人所求,其辞气非不谛慎,于事亦不敢缘饰,既成视之,往往多公家言,未有卓然可以动人者,岂辞之不至,将其事之不足以振吾辞,盖亦参而有焉,以是为此益倦,几不欲著纸笔矣。""今饶子所处,稍近市间,以是勤生,固非有汉代兵事之棘也。故曰为寿者亦宁其心而已,地之尘嚣不足以滑吾性也。且今之世,非全盛之世也,他日或有效避秦之事者矣。险阻日夷,固不能以窟穴求全,虽曩之高士遇之,亦将混迹市廛,缘督以养其生而已。饶子苟知是,虽今之桃源,亦何以异于古之桃源也。以是起吾辞,宜与世之祝者少异矣。"(《文录续编》卷三下。)

冬,以"与国学会旨趣不合",在苏州发起章氏国学讲习会。

本年,有《书范光启事》,范光启于宋教仁被刺后,曾在安徽举兵反袁,败走后,"为奸人狙击以死"。章氏谓:"丈夫谋大行固有道,或以术取,即往往蹈危地,此宜以一身任之,毋牵率才俊以殉可也。虽然,气矜所至,诚有令人不皇审顾者。当宋氏致祸时,余未尝与宋之谋也,闻变犹解官赴难,濡首而不恨,况如光启兼人之质乎?"(《制言》第三十五期,收入《文录续编》卷六上。)

【著作系年】《合肥段公七十寿序》(《制言》四十七期,收入《文录续编》卷三下)。《仲昴庭先生家训序》(1934 年 3 月,单行本书首)。《今字解剖题辞》(1934 年 5 月,书首;又见《制言》第二十四期;收入《文录续编》卷二下)。《疑年拾遗》(《国学论衡》三期,1934 年 6 月;又见《制言》第十九期;收入《文录续编》卷一)。《顾立人妻沈氏墓志铭》(《青鹤杂志》二卷二十二期,1934 年 10 月)。《张成清传》(《国学论衡》四期下,1934 年 11 月)。《清故宁阳县知县张君墓表》(同上)。《桃源饶子六十寿序》(《制言》第四十六期,收入《文录续编》卷三下)。《书范光启事》(见《制言》第三十五期)。《健行斋跋》(1934 年寒食,未见,据《太炎先生著述目录补遗》,《制言》第三十六期)。《与邓之诚论史书》(1934 年 2 月 9 日,见《制言》五十一期)。《与邵瑞彭论太誓书》(《国学论衡》三期)。《致潘承弼书》八——十一(1934 年 7 月 9 日、6 日、8月 4 日、6 日,手迹)。《与黄永镇书论古韵源流》一——二(1934 年 9 月,《古韵学源流》,商务印书馆排印本)。《与欧阳竟无论禅宗传授书》(1934 年 9 月 19 日,见《章太炎书札》,温州市图书馆藏)。《与马宗霍论文体书》二(1934 年秋,见《章太炎书札》)。《与王宏先书》(1934 年12 月 11 日,见《章太炎书札》,又该书另有《与王宏先书》,也论石经,无年月,疑撰于同时)。

《中国药学大辞典序》(1934 年 9 月,见《制言》第五十期,又见世界书局 1935 年版陈存仁《中国大辞典》卷首)。《时师误指伤寒小柴胡证为湿温辨》(《医报》一卷十一、十二合刊,1934年 3 月 10 日)。

《说文部首韵语》(武昌中道书局石印本)。

1935 年(民国二十四年乙亥) 六十八岁

3 月 2 日,复李源澄书,讨论《春秋公羊传》。先是,廖平弟子李源澄以"《礼》与

《春秋》,如车依辅,《礼》如法令之条文,《春秋》如管理之判词",贻书章氏。章氏复以:"自揣平生所获,与井研绝殊,然亦相知久矣。"对李源澄所言,也持异议,谓:"成周之法,见于六官,下逮共和纪年,《春秋》始作,已三百馀岁矣。鲁《春秋》又起于其后百年,时王之制,不能无更变,量以文、襄霸制,亦列国所承用,其不能无异于《周官》者势也。"并举"《周官》上公九命,侯伯七命,子男五命,凡爵五等,为位三等;及春秋则以伯、子、男同科"为例,又云"《春秋》因时制以成其例,非特《左氏》知此,虽《公羊》亦知之","《公羊》虽不窥国史,于旧传犹有所闻,是以其言云尔"。至于董"仲舒之徒,未尝参考《左氏》,乃云文家五等,质家三等,以就其改制之说,岂独诬《春秋》,亦诬公羊子矣。盖《春秋》者,以拨乱反正为职志,周道既衰微,桓文起而匡之,则四夷交侵,中国微矣。故就其时制以尽国史之务,记其行事得失,以为法戒之原"。"乃如王鲁改制之说,又《公羊》本文所无有。汉世习今文者,信其诬罔,习为固然。《白虎通》多采今文师说,《五经异义》虽备古今,要其所谓古文说者,亦特不本经传,而本师家新义。由是言之,以《礼》证《春秋》,亦何容易"。(《与李源澄论公羊书一》,见《章太炎书札》,温州市图书馆藏。)

3月10日,接李源澄书表示"不惑于改制三统之说",又复李一书,谓:"《左氏》之与《公羊》,其书自有优劣,而足下重微言,轻事实,以《春秋》是经非史,以《左氏》为档案,是犹有赵、庄、刘之见也。"以为"以《春秋》是经非史者,悉晚世经师之遁辞,自刘逢禄始张大之,足下何取焉"。"《春秋》者,夫子之文章,非性与天道也。成名垂后,讲授日浅,即有之,安得所谓微言"。(《与李源澄论公羊书二》,同上。)

3月21日,唐大圆"自鄂东游",在南京"讲演佛典文学及东方文化",后经沪来苏,访谒章氏。章氏"畅谈佛学第一义谛"。次日,又"谈经史诸子等","复为说二偈题赠曰:'博学而笃志,切问而近思。毋攘人之美,毋矜己之秘。'又云:'终日舞雩无一事,独输颜氏得心斋'"。(《制言》第八期。)

3月29日,蒋介石派丁维汾(鼎臣)"慰问",并"致万金为疗疾费"。初,章太炎与国学会旨趣不合,在"去腊"已发起章氏国学讲习会之议,"会鼻菌作酾",丁维汾"又来致中央问疾之意",章以此为"讲学基金",并招待丁等留二日而返。章氏有诗记其事云:"平生樽酒意,垂老又相逢。揽鬓谁先白,疑年各号翁。挈经怀孔壁,论韵识齐东。薄莫平门道,车声隐梵钟。"(手迹影行,见《制言》第二十五期。)黄侃跋曰:"廿四年黄花岗烈士纪念日,侃与鼎翁偕赴苏州视章君鼻酾之疾,诸故人并记鼎翁致盈数之馈于章君。深夜抵阊门,宿惠中旅馆。明日晨,游留园西园,午省章君,慰问致赆。承其大飨餔,邀游狮子林。汪君旭初适反自金陵,寻踪而至,遂共诣怡园。又明日,鼎翁独游沧浪亭,予亦继往,食后同观拙政园,因访旭初新居,乃登北寺塔,过环碧山庄觇邃园得之乃还。又明日晨起,访虎丘亭,午旋,食旭初所。申初,附车人定至下关。此四日游踪大概也。章氏以六十有八之年,遇鼎翁于羁旅寂寞之际,其欢悦殆异恒情,非为丰仪而心喜也。将别之际,力疾成此一章,虽修饰未施,弥见真性。归后三日,鼎翁令予记其梗概,爰秉笔书之。"(手迹影行,同上。)

4 月 5 日，《与王宏先书一》云："仆前本欲赴南都讲演，而协和、觉生诸公，猝欲以高等顾问相推毂，心有未安，已属印泉婉辞。亦会鼻菌作祟，不能成行。前月杪，丁君鼎丞又来致中央问疾之意，且以医药见惠，此既都下故人之情，有异官禄，故亦不复强辞；然无功受贶，终有不安。因去腊已在此间发起讲习会，即以此款移用，庶几人己两适耳。"（《章太炎书札》，温州市图书馆藏。）

4 月起，章氏在苏州又办章氏星期讲演会，每期听者颇多，有讲演记录印行，章氏星期讲演会第三期为《论读经有利而无弊》，旋载天津《大公报》1935 年 6 月 15、16 日，谓："居今而言读经，鲜不遭浅人之侮，然余敢正告国人曰：'于今读经，有千利无一弊也。'兹分三段论之：一，论经学之利；二，论读经无顽固之弊；三，论今日一切顽固之弊，反赖读经以救。"

"一，所谓经学之利者，何也？曰：儒家之学，不外修己、治人，而经籍所载，无一非修己、治人之事"。"夫读史之效，在发扬祖德，巩固国本，不读史则不知前人创业之艰难，后人守成之不易，爱国之心，何由而起？经籍之应入史类而尤重要者，厥惟《春秋》"。"吾国民族之精神乃固，虽亡国者屡，而终能光复旧物，还我河山，此一点爱国心，蟠天际地，旁礴郁积，隐然为一国之主宰，汤火虽烈，赴蹈不辞，是以宋为元灭而朱明起，明为清灭而民国兴。余身预革命，深知民国肇造其最有力者，实历来潜藏人人胸中反清复明之思想也"。"方今天方荐瘥，载胥及溺，诸夏阽危，不知胡底。设或经学不废，国性不亡，万一不幸，蹈宋、明之复辙，而民心未死，终有祀夏配天之一日。且今日读经之要，又过往昔，在昔异族文化，低于吾华，故其入主中原，渐为吾化，今则封豕长蛇之逞其毒者，乃千百倍于往日，如我学人，废经不习，忘民族之大闲，则必沦胥以尽，终为奴虏而已矣。有志之士，安得不深长思哉！要之，读经之利有二：一，修己；二，治人。治人之道，虽有取舍，而保持国性实为最要。

"二，所谓读经无顽固之弊者，何也？曰：经学本无所谓顽固也。""夫经史本以记朝廷之兴废，政治之得失，善者示以为法，不善者录以为戒，非事事尽可法也。……苟有是非之心，不至如不辨菽麦之童昏，读之无有不知抉择者，孟子言之甚明，何谓读经必致顽固哉？""若夫经国利民，自有原则，经典所论政治，关于抽象者，往往千古不磨，一涉具体，则三代法制，不可行于今者自多。……夫无证验而必之者，非愚即诬。今谓读经为顽固，证于何有？验于何有？且读经而至于顽固，事亦非易，正如僧徒学佛，走入魔道者，固不数数见也，何为因噎废食而预为之防哉？

"所谓今日一切顽固之弊，反赖读经以救者，何也？曰：有知识之顽固者，泥古不化之谓也；有情志之顽固者，则在别树阶级，不与齐民同群，声音颜色，拒人于千里之外也。夫知识之顽固易开，而情志之顽固难料，信如是，则今日学校毕业之士，其能免于顽固之诮者几希！""余以为救之之道，舍读经末由。盖即前者所举《论语》三事，已可陶镕百千万人。夫如是，则可以处社会，可以理国家，民族于以立，风气于以正。一切顽固之弊，不革而自祛，此余所以谓有千利无一弊也。"（天津《大公报》，1935 年 6 月 15、16 日，署"金东雷寄自苏州"。）

5月,"中华儒学会"代表汪吟龙、王永乐等赴日本参加"孔庙落成典礼"后返国,拟"筹组曲阜研究院",准备专门访问章太炎。报载:

"新声社云:日本于上月念八日,有东京汤岛举行之孔庙落成典礼,我方参加代表,连孔子四圣后裔共二十一人,除孔子四圣后裔孔昭润等业已返国外,昨有河南民厅秘书中华儒学会代表汪吟龙,暨山东中华儒学研究会代表王永乐,由日返沪。""汪等于参加典礼后,留日考察经旬,故昨日始返沪,今明日访章太炎、许世英、王一亭等,商筹组曲阜研究院。该院以研究东方文化、儒家学说,推行世界,促进大同为宗旨,而辅以其他有关之学科,分设各研究所。如:甲、经学研究所;乙、文字音韵语言学研究所;丙、史学研究所;丁、天算舆地地学研究所;戊、诸子学研究所;己、文艺美术学研究所;庚、中国政治学研究所;辛、中国社会学研究所;壬、其他研究所,如水利、农田、矿产、医学、体育等各研究所,得斟酌情形,合并办理或增设之。各研究所将来分设于曲阜、济南、青岛及其他各地,现此事已得河南刘主席、山东韩主席等赞助,在今年暑假中,或可底诸实现。"(《申报》,1935年5月25日"本市新闻"《中华儒学会组曲阜研究所》。)

6月6日,有《答张季鸾问政书》,谓:"一,中国今后应永远保存之国粹,即是史书,以民族主义所托在是。二,为救亡计,应政府与人民各自任之,而皆以提倡民族主义之精神为要。

"为今日御敌计,欲乞灵外援而人不我助也,欲改良政事而时不我待也,欲屈志求和而彼诛求无厌也,欲守险穷山而入不可复出也。第四策差可苟延祚运,然今日谋之,则灰亿万人之心,姑经营以待末路可也。

"今日所责于政府者,仍在军政而已。战与否固难知,而要不得不备战,备战先在整军政。……今则上下相疑,莫敢先发,事事推诿,乃召亡之大端。政府欲以中坚应敌,而恐一败则失其匕鬯也。边帅欲以偏师捍御,而恐一败而幸灾乐祸者乘其后也。是故清末尚可一战,而今则求战且不可得也。……

"救之如何?曰:整军旅而已。其道有四,皆易知易行:一曰申大信以安其功,二曰专进退以重边帅,三曰公赏罚以解疑贰,四曰均劳逸以平怨咨。四者果行,胜败固尚难知,而必可以一战,视今日之手足不随者,必相去万万矣。……

"若自人民言之,今日权不在民,固无救亡之道,惟民族主义日日沦浃胸中,虽积之十百年,终有爆发之一日。宋亡民不能救也,逾七八十年而香军起;明亡民不能救也,逾二百七十年而民国兴,此岂揭竿斩木之为力哉?有民族主义在其胸中,故天下沛然响应也。

"三,中国文化本无宜舍弃者,(自注:"妖妄之神话,淫荡之小说,前此法律有禁,今无禁矣,此决当舍弃者,而不可谓之文化也。")但用之则有缓急耳。今日宜格外阐扬者,曰以儒兼侠。故鄙人近日独提倡《儒行》一篇。宜暂时搁置者,曰纯粹超人超国之学说,故鄙人今日于佛法亦谓不可独用。"(《制言》第二十四期。)

6月9日,华北日军司令梅津与何应钦秘密签订"何梅协定",华北危急,平、津危急。

6月18日,《致蒋竹庄书》,介绍吴承仕至东南大学任教。函云:"前由严潴宣传述尊函,属以来宁讲演,人事纷扰,殊乏馀暇,请谅之。前闻东大欲请季刚教授,以彼在鄂有事而止。顷有吴君承仕,字绲斋,(安徽歙县人。)国文、小学、经训与季刚造诣伯仲,在法部作参事有年,兼以馀暇教授。近因京邑不安,欲于南方宣化,足以补季刚之缺。如以为可,望即示复。"(手迹,上海图书馆藏。)

6月19日,《与王宏先书二》云:"平、津事状如此,不过二年,金陵王气亦收耳!当局尚禁人议论外交,挑拨恶感,何哉?岂谓南宋诸公为之未工,而欲以后来居上耶?事败后,宦囊饱者不过向欧、美一溜,吾辈婆人,坐作亡国奴矣。迩来讲学,仍自竭力,非曰好为迂阔,自靖自献,舍此莫由。吾辈本无权藉,幸无以陆秀夫见诮也。"(《章太炎书札》。)

6月至8月,章氏有《与金祖同论甲骨文书》四通。章氏早在辛亥革命前,即撰有《理惑论》,载《国故论衡》上卷,"曾揭五疑以难吉金,"对于甲骨文字,并不信任,谓:"近有掊得龟甲者,文为鸟虫,又与彝器小异,其人盖欺世豫贾之徒,国土可鬻,何有文字。而一二贤儒,信以为质,斯亦通人之蔽。按:《周礼》有衅龟之典,未闻铭勒。其馀见于《龟策列传》者,乃有白雉之灌,酒脯之礼,梁卵之祓,黄绢之裹,而刻画书契无传焉。假令灼龟以卜,理兆错迎,衅裂自见,则误以为文字,然非所论于二千年之旧藏也。夫骸骨入土,未有千年不坏,积岁少久,故当化为灰尘,龟甲蜃蛤,其质同耳。……鼎彝铜器,传者非一,犹疑其伪,况于速朽之质,易薶之器,作伪有须臾之便,得者非贞信之人,而群相信以为法物,不其傎软?"至是,金祖同询以甲骨文字,章氏仍以为"研几文字之学,《说文》其总龟也"。

6月28日第一书曰:"文字源流,除《说文》外不可妄求,甲骨文真伪且勿论,但问其文字之不可识者,谁实识之?非罗振玉乎?其字既于《说文》碑版经史字书无徵,振玉何以能独识之乎?非特甲骨文为然,钟鼎彝器真者固十有六七,但其文字之不可识者,又谁实识之,非托始于欧阳公、吕与叔等乎?字既无征,欧、吕诸公何以能独识之。""要而言之,钟鼎可信为古器者,什有六七,其释文则未有可信者。甲骨之为物,真伪尚不可知,其释文则更无论也。抑仆又有说者,今人欲习经史百家,必先识字,所识之字,本今之真书也,而真书非有人创作,特省减篆文而为之,篆文又损益古籀而为之,故欲明真书之根,必求之于篆文,再溯之于古籀,《说文》其总龟也。"

6月30日第二书曰:"考古之士,往往失之好奇,今人之信龟甲文,无异昔人之信岣嵝碑也。""然则刘氏所得,竟为何物,以愚度之,殆北宋祥符天书之类耳。当时方士欲以献媚,而适会古有洛书之说,于是刻之龟甲,以为洛书复出,其文采自《说文》彝器者半,伪造者亦半,所刻既多,不能尽献,遗弃日久,出自土中,遂令人之好事者,诧为瓌宝耳。凡铜器皆有新旧可辨,龟甲则不能辨也。""凡识文字,非师弟子口口相传,即检阅字书而得者,方为可信。师所谓献,字书所谓文,未有旷代绝传,文献皆不足征,而可定其为何字者。""往古之事,坟籍而外,更得器物以相比核,其便于考证者自多。然器之真伪,非筌遮核实,则往往为作鹰者所欺,前人所谓李斯狗枷,相如犊鼻,好奇无识者尚或信之，近世精于赏鉴者，推阮芸台、吴清卿，然其受人欺绐，酿为嘲笑之事甚多，况今人之识又下于阮、吴甚远耶？”

第三书曰：“得书言欲捃摭殷事，此甚不易。夏、殷之礼，孔子已苦无征，《世本》独记王号而已，其馀未有闻也。《书序》载《商书》二十篇，今存七篇，自馀《大传》、《说苑》、《新序》、《繁露》与周末诸子所载，疑皆得之传闻，非有实事。龟甲且勿论真伪，即是真物，所著占繇不过晴雨弋获诸琐事，何足以补商史？且如周代彝器存者百数，其可以补周史者甚少也。君子于其所不知，盖阙如也；若如马骕辈所为，则徒资谈助耳。”（此书未署月日，信封为 8 月 13 日。）

郭沫若为之评述曰：“比者金君祖同得其手书四通，其前二通均以甲骨文真伪为主题，所见已较往年大有改进，如谓：‘钟鼎可信为古器者什有六七，甲骨之为物，真伪尚不可知’，于鼎彝已由怀疑变而为肯定，于甲骨则由否认变而为怀疑，此先生为学之进境也。再隔若干年，余深信‘甲骨可信为古物者什有六七’之语，必将出于章先生之笔下矣。”“窃观先生之蔽，在乎尽信古书。一若于经史字书有征者则无不可信，反之则无一可信。……今先生于刘歆所改窜之《周官》信之，于《龟策列传》所著之‘略闻’信之，于邯郸淳三体石经信之，乃至荒唐如红崖碑之类亦信之，而独于彝器甲骨则深深致疑而不肯多假思索，此实令人难解。”（《甲骨文辩证》上集序。）

7 月 6 日，《申报》“本埠新闻”载《马相伯赞助章太炎讲学》：

“九六老人马相伯先生因章太炎氏在苏讲学，特为撰文唱导云：

“馀杭章太炎先生，朴学鸿儒，当今硕德，优游世外，卜筑吴中。兹以及门之请求，启讲坛而授业，高弟都讲，才士贤媛，值风雨如晦之秋，究乾坤演进之道，体仁以长，嘉会为群，网罗百家，钻研六艺，纲纪礼本，冠冕人伦。行见郑公乡里，蛮触不知；董子帐帷，贤良多策。欣斯盛举，乐我遐岭。书此用为后起者庆。”

7 月 26 日，著名中医恽铁樵逝世，（《申报》，1935 年 7 月 28 日《名医恽铁樵逝世》。）章氏与恽时相过从，讨论医案，闻恽去世，甚感哀恸，挽以联曰：“千金方不是奇书，更赴沧溟求启秘；五石散竟成末疾，尚怜甲乙未编经。”（《菿汉大师连语》，见《制言》第二十五期。）

秋，孙思昉（至诚）“谒馀杭先生苏寓，纵谈殊畅。论某公好奇。曰学说之奇衺，至今日而极，坊表后进者，惟有昄以正轨，岂容教猱升木，如涂涂附？今则以今文疑群经，以赝器雠正史，以甲骨黜许书，以臆说诬诸子，甚至以大禹为非人类，以尧、舜为无其人，怪诞如此，莫可究诘。彼固曰有左证在，要所谓以不征征，其征也不征者已。绝学丧文，将使人忘其种姓，其祸烈于秦皇焚书矣。好奇之弊，可胜慨哉。论秦桧曰：秦桧亦何可诟厉，桧尚先使岳鹏举为郾城之捷，然后矫诏班师，以与金讲。是和之权，在宋而不在金。不然者不战不守，虽欲讲得乎？”（孙思昉《谒馀杭章先生纪晤》，见《制言》第二十五期，及《制言》第二十一期孙思昉《太炎先生伤辞》也提到“以今文疑群经”云云。）

孙思昉此文在《制言》刊布，并由徐一士《谈章炳麟》录交《国闻周报》第十三卷第二十五期（1936 年 6 月 29 日出版）刊布。姜亮夫对“今则以今文疑群经”四语，以为“语气轻重急徐之间”，与“所闻于先生者，小有同异”。以为“以今文疑群经”，则“于今文家之严守家法者,亦未尝轻蔑",如曾为廖平撰《墓志铭》。"大抵先生于当时之说经者,皆病其杂乱抄撮,不见矩矱,非必如早年于今文家之说一意作主观之批评也"。

关于"以赝器校正史",姜亮夫谓:"忆二十二年(1933 年)上海同福里座中,偶谈及先生为某氏跋散氏盘中语。先生曾言许叔重《说文解字》亦采山川鼎彝,故金石非不可治,惟赝器太多,辨别真伪,恐非目前世人学力所能及,故以证文字大体尚可寻其鯤理,以证史事终觉不安。"

关于"以甲文黜许书",姜亮夫谓:"大抵先生于甲文因其来历不明而疑之,此固治学谨严者应有之态度"。

关于"以臆说诬诸子",则谓章氏自谦所撰《齐物论释》为"此亦一种说法"云云。此后,孙、姜二人反复辩论,见徐一士《太炎弟子论述师说》,载《一士类稿》,文繁不录。

8 月 16 日,《申报》刊登章太炎在苏讲学和发刊《制言》消息:

"朴学大师馀杭章太炎先生,自卜筑苏州以来,日以著书自娱。今春国府致送万金,以示敬老,章氏即以该款充作讲学会筹备费,俾得建筑讲堂,广设学座,招收四方学者来苏听讲,寄宿会中。兹悉该会筹备工作业已就绪,所有讲堂宿舍膳厅等均已竣工,而暑期中所授之讲学班,亦经结束。自九月十六日起,正式规模宏大之讲习会,刻正征求外埠学者前往报名,章程函索即寄。该会会址为苏州城内锦帆路五十号。闻现在报名之各地学者,即边远省区亦络绎而至。他日昌明文化,复兴国学,一线生机,胥系于此。

"又闻该会自九月分起,将出版《制言》半月刊一种,专以阐扬国故为主旨,内容分类,暂定"通论"、"专著"、"义林"、"文苑"、"别录"、"杂录"等门,其有前贤遗著,未经印行者,以付该刊,可特为登载,刻已推定太炎先生主编,其弟子孙鹰若、葛豫夫、金东雷、王佩诤、诸佐耕、王乘六、潘景郑、吴得一等为理事会委员,分任编辑、发行等事。特约撰述人均海内名流,有黄季刚、邵潭秋、钱玄同、汪旭初等数十人。又该会上半年之星期讲演会,章氏讲词,已出版至第六册,定价每册二角,函购照寄云。"(《申报》,1935 年8 月 16 日"教育新闻"《章太炎在苏讲学》;载《申报》,1935 年 8 月 18 日"苏州新闻",内容同。)

8 月 27 日为孔子生日,在一片尊孔声中,苏州"举行祀孔典礼",章太炎出席演讲,报载:

"昨日为先师孔子诞辰纪念日,苏地各机关代表于上午八时,在孔庙大成殿举行祀孔典礼,主祭者县长吴企云,陪祭者教育、建设、公安、土地四局长,襄祭者汪稼仑、蒋毓泉等数人,礼节仿照古式,颇为隆重。嗣于八时半举行大会,地点在孔庙明伦堂,参加者有千馀人之多。主席吴县长,赞礼张一鹏,由朴学大师章太炎先生演讲纪念孔子意义,旋即散会。此次祀孔盛况,为三十馀年所未有。是日苏地各机关均停止办公一天,各学校放假一天,各界咸悬旗志庆。并闻苏地耆绅将于二十九日再举行丁祭。"(《申报》,1935 年 8 月 28 日"苏州新闻"《苏地各界祀孔盛况》。)

9 月,《制言》杂志创刊,章任主编,章氏国学讲习会发行。撰《发刊宣言》:"今国学所以不振者三:一曰毗陵之学反对古文传记也,二曰南海康氏之徒以史书为帐簿也,三曰新学之徒以一切旧籍为不足观也。有是三者，祸几于秦皇焚书矣。……

"余自民国二十一年返自旧都，知当世无可为，讲学吴中三年矣。始曰国学会，顷更冠以章氏之号，以地址有异，且所招集与会者，所从来亦不同也。言有不尽，更与同志作杂志以宣之，命曰《制言》，窃取曾子制言之义。先是，集国学会时，余未尝别作文字；今为《制言》，稍以翼讲学之缺。曾子云：'博学而孱守之'，博学则吾岂敢，孱守则庶几与诸子共勉焉。"（《制言》创刊号，收入《文录续编》卷三上。）《制言》为半月刊，章氏逝世后，章氏国学讲习会编印，出至四十七期，苏州沦陷。1939 年 1 月在沪续办，改为月刊，共出六十三期，载录章氏诗文函札颇多。

《制言》第一期，载章氏论文多篇，有《汉学论》上、下。谓："清时之言汉学，明故训，甄度制，使三礼辨秩，群经文曲得大通，为功固不细。三《礼》而外，条法不治者尚过半，而末流适以汉学自弊，则言《公羊》与说彝器款识者为之也"。"今《公羊》之学虽废，其馀毒遗蠚犹在，人人以旧史为不足信，而国之本实蹶矣。循彝器释文之说，文不必见于字书，音义不必受之故老，苟以六书皮傅，从而指之曰：此某字也，其始犹不敢正言，逮及末嗣，习为故然，直以其说破篆籀正文，而析言乱名者滋起矣。二者之败，其极足以覆国。始之为汉学者，尽瘁以善其事，收效不过三之一；后之为汉学者，转趣奇邪，祸乃流于人民种姓，所谓哲夫成城、哲妇倾城者非邪？"

又曰："余少时治《左氏春秋》，颇主刘、贾、许、颍以排杜氏，卒之娄施攻伐，杜之守犹完，而为刘、贾、许、颍者自败。晚岁为《春秋疑义答问》，颇右杜氏，于经义始条达矣。由是观之，文有古今，而学无汉、晋，清世经说所以未大就者，以牵于汉学之名，蔑魏、晋使不得齿列。今退而求注疏，近之矣，必牵于注疏之名以为表旗，是使何休、郑冲之徒复乔乔然而居上也"。（收入《文录续编》卷一。）

9 月 16 日，章氏国学讲习会正式开讲，发起人为朱希祖、钱玄同、黄侃、汪东、吴承仕、马裕藻、潘承弼等，赞助人有段祺瑞、宋哲元、马相伯、吴佩孚、李根源、冯玉祥、陈陶遗、黄炎培、蒋维乔等。会址设苏州锦帆路五十号，"以研究固有文化、造就国学人才为宗旨"。（《章氏国学讲习会简章》，下同。）讲习期限二年，分为四期，学程为：

第一期：小学略说　经学略说　历史学略说　诸子略说　文学略说

第二期：说文　音学五书　诗经　书经　通鉴纪事本末　荀子　韩非子　经
　　　　传释词

第三期：说文　尔雅　三礼　通鉴纪事本末　老子　庄子　金石例

第四期：说文　易经　春秋　通鉴纪事本末　墨子　吕氏春秋　文心雕龙

规定"凡有国学常识，文理通顺，有志深造者，无论男女，均可报名听讲"。当讲习会筹备期间，曾得到段祺瑞、吴佩孚等的支持。段祺瑞谓："勾吴之地，复见邹鲁之风，裨益人心，转移风俗，权舆于此，逖听之馀，钦佩何似！"（《赞助章氏国学讲习会书札》，见《制言》第一期。）吴佩孚认为"当兹道德陵夷，学术芜杂，人心维危，所关至巨。太炎先生经术湛深，今之马、郑，嘉惠士林，予以津逮，于学术心术，影响甚多。"（同上。）马相伯且撰文唱导云："值风雨如晦之秋，究乾坤演进之道，体仁以长，嘉会为群，网罗百家，钻研六艺,纲纪礼本,冠冕人伦。行见郑公乡里,蛮触不知;董子帐帷,贤良多策。欣斯盛举,乐我遐龄。"(同上。)

章氏国学讲习会初设时,据沈延国称:"各地学子,纷纷负笈来苏。据学会中统计,学员年龄最高的为七十三岁,最幼的为十八岁,有曾任大学讲师、中学国文教师的,以大学专科学生占大多数,籍贯有十九省之不同。住宿学会里,约有一百馀人。由先生主讲,并由门人朱希祖、汪东、孙世扬、诸祖耿、王謇、王乘六、潘承弼、王午、汪柏年、马宗芗、王绍兰、马宗霍、沈延国、金毓黻、潘重规,黄焯任讲师。并且增设特别演讲,请先生老友王小徐、蒋竹庄及家君(指沈瓞民)等担任,会务由章夫人、孙世扬总其事。每星期二,先生躬亲讲席,宣扬胜义。对于'经学'、'史学'、'子学'、'文学'作有系统的讲述,最后教授《尚书》,句句精审。"(《记章太炎先生》,永祥印书馆1946年6月版。)

本年,"感外交事件",撰《读宋史汪伯彦黄潜善传》:"淮上无坚守,江心尚苟安。怜君未穷巧,更试木兰看。"(手迹影行,见《制言》第五十三期。)

本年,黄侃上书云:"窃谓改易殊体,浸成奇字,大氐不出省变二涂,然必不省不变者尚存,始有可说。""近世钟鼎之家,免于妄者少矣。许君言遵修旧文而不穿凿,侃窃愿竺守斯言。"(《制言》第十期,1936年2月1日出版。)章氏有《与黄季刚书》,谓:"古文多缪,自《汉志》已言孔子伤其浸不正。初非臆说。求文字之根本,莫先于古文,故不得不尊。文字转写谬误,亦莫甚于古文,故不得不汰,此盖许君之志也。"(同上。)

章氏旋撰《古文六例》,即:一,"古文器异则体异,亦如秦书八体之例";二,"八卦为未具体之古文";三,"古文已有草书,杂入正体";四,"古文有形音同而字异者";五,"《说文》所录古文,或有声近通借之字";六,"《说文》不录古文俗字"。载1936年2月1日所出《制言》第十期。

10月8日,章氏弟子黄侃在南京去世,《制言》第三期封里特载《黄季刚先生噩耗》。第四期载汪辟疆《悼黄季刚先生》。谓:"今年春间,为先生五十寿辰,太炎先生由苏寄联为寿云:'韦编三绝今知命,黄绢初裁好著书。'"又谓:"先生平生于并世老宿,多讥弹,惟于太炎先生,则始终服膺无间,有议及章先生者,先生必盛气争之,犹古道也。"第四期补刊章氏1931年撰《与黄季刚论韵书》二首。第五期刊登章氏《黄季刚墓志铭》,谓:"余违难居东,而季刚始从余学,年逾冠耳,所为文辞已渊懿异凡俗,因授以小学经说,时亦赋诗相倡和,出入四年,而武昌倡义。其后季刚教于京兆、武昌、南都诸大学,凡二十年,弟子至四五传。余之学不能进以翾,而季刚芳颖骏发,所得视曩时倍蓰,竟以此终。"又云:"尤精治古韵,始从余问,后自为家法,然不肯轻著书,余数趣之曰:'人轻著书妄也,子重著书吝也,妄不智,吝不仁。'答曰:'年五十当著纸笔矣。'今正五十,而遽以中酒死。独《三礼通论》、《声类目》已写定,他皆凌乱,不及第次,岂天不欲存其学耶?"其挽联为:"辛勤独学鲜传薪,歼我良人,真为颜渊兴一恸;断送此生唯有酒,焉知非福,还从北叟探重玄。"(《蓟汉大师连语》,见《制言》第二十五期。)

本年,黄节(晦闻)死,黄为简朝亮弟子,在辛亥革命前,与邓实等"集国学保存会,搜明清间禁书数十种作《国粹学报》以辨夷夏之辨",后任北京大学教授。章氏为撰

《黄晦闻墓志铭》见《文录续编》卷五下。又《挽黄晦闻》:"赤伏自陈符,严子何心来犯座;黄初虽定乱,管生终日尚挥钳。"(《菿汉大师连语》,见《制言》第二十五期。)

10月10日,《制言》第三期出版,有章氏《王伯申新定助词辨》,谓:"高邮王氏父子,精研故训,所到冰释,人以为无间然矣。石臞苦心寻绎,积六十年,得之既不易,言之殊未敢肆。伯申承其父业,与艰难构造者自殊,《述闻》一编,诚多精诣,然其改易旧说,亦有可已而不已者矣。其始创作《经传释词》,晚又于《述闻》中著'语词误解以实义'一条,骤聆其说,虽宿儒无以自解,而卤莽灭裂处亦多,肆意造词,视为习贯。且有旧解非误而以强词夺之者,亦有本非臆造而不能援古训比声音以自证者。"并为"驳证数事"。(收入《文录续编》卷一。)

同期《制言》,有《史量才墓志铭》。初,《申报》主编史量才于1934年11月3日由杭返沪途中,为特务刺杀。(《申报》,1934年11月14日《本报总理史量才噩耗》。)章氏于本年撰墓志铭,谓:"或曰:暴得大名不祥,清议之权,自匹夫尸之,常足以贾祸。然自武昌倡义至今,由屠酤稗贩以陟高位、处方面者,盖什百数。君本书生,积资不过比良贾,名虽显,不能出一州,其视权要人固微甚。且清议衰久矣,虽百计持之,仅乃振其标末,非有裁量刻至之事,如汉甘陵、近世东林比也。揆之固不足以召衅,而竟为人阻隘以死,且若欲夷其宗者,抑命也夫,命也夫!"

12月5日,钱玄同《致潘承弼书》,建议《制言》能用"新标点、新行款",并请潘承弼"探诣师旨"。函云:"白话文虽为馀杭师所摈斥,然新标点,新行款(即每节首行低两格等)及国际音标、罗马字母、注音符号等是否可用?弟见《制言》已出之六期中,有蒋维乔、王纶、陈朝爵、汪辟疆诸君之文,已用及新标点、新行款,但觉用之似较醒目耳。若师意不以为然,即不用亦可。惟注音符号及国际音标,鄙意实较旧时用反切直音为剀切,故颇思用之。(原注:"或兼用反切与直音亦可。")此事所以琐琐奉渎者,缘弟凤承馀杭垂爱,教诲备至,今不愿因此末节,拂长者之意,故拟先生费神,便中探询师旨,并希示复,以便遵行。"(手迹。)据潘承弼面告,经转询章氏,"蒙首肯,故《制言》此后各期,有用新标点、新行款"者。钱玄同信中又谓:"季刚兄作古,闻之心痛。弟与季刚自己酉年订交,至今已廿有六载,平日因性情不合,时有违言。惟民国四、五年间商量音韵,最为契合。廿二年之春,于馀杭师座中,一言不合,竟致斗口,岂期此别,竟成永诀。"(同上。)

12月,北京学生举行"一二九"、"一二一六"抗日救国游行示威运动。17日,平津卫戍司令宋哲元进行压制,发出《告学生书》,说什么"但据确实报告,学生团体中,颇有不少共党分子,大多数纯洁学生,皆受共党分子所欺骗煽动","凡属明大体、识大义之学生,应立即觉悟,安心求学,勿再为无益之奔走。其少数共党分子,如仍有轨外活动,哲元为维持秩序、安定人心计,决予以适当之制止"。(《申报》,1935年12月19日《宋哲元劝告学生书》。)

12月21日,获悉宋哲元压制学生运动后,《致宋哲元电》:"学生请愿,事出公诚。纵有加入共党者,但问今之主张何如,何论其平素?执事清名未替,人犹有望,对此务宜坦怀。"（手迹。）章氏过去反对过中国共产党，但当强敌压境、民族危机严重的时候，公开反对蒋介石镇压学生爱国运动，主张抗日。

12 月 23 日，宋哲元复章太炎电："苏州章太炎先生道鉴：马电奉悉。近来学生四出请愿，哲元为维持治安计，仅予以和平之劝导，惟各处报载多有失实之处。兹重以先生之嘱，自当遵办也。"（《申报》，1935 年 12 月 24 日"本埠新闻"《章太炎电宋哲元坦怀对平学生》。）

12 月 24 日，上海学生北上请愿，列车自上海北站开出后，"当晚八九时许抵昆山站"，国民党加以阻挠。"列车由学生强制开赴苏州"，时"雨雪载道，备尝艰苦"，而国民党潘公展等亲去诱骗镇压，章氏特发表谈话。当时报载："新声社二十五日下午七时苏州电云：章太炎发表谈话，对学生爱国运动，深表同情，但认政府当局，应善为处理，不应贸然加以共产头衔，武力制止。尤其政府当局、教育当局，应对饥寒交迫之学生，负责接济粮食，并沿途妥为照料等语。"（《申报》，1935 年 12 月 26 日"本埠新闻"《请愿学生抵崑苏后昨晚有一部学生返沪》。）又据记载："上海学生为华北事晋京请愿，事过苏州，先生派代表慰劳，并嘱县长馈食。"（浙江图书馆：《追悼章太炎先生特刊》，1936 年浙江图书馆铅字排印本。）

本年，《恪威上将军总浙闽苏浙赣五省军务孙传芳墓志》上石，（孙传芳于 11 月 13 日在津被刺毙命。）署章氏撰，陈陶遗书，沈恩孚篆额。《墓志》略谓："自民国兴，同盟会数变名号，或合或分，疏逖者至不能举其契。及南方联军起广东，其始本同盟大宗，然去初集会时已远，后进诋轻，以旧同志相侮。君既破从滨（按指施从滨），势日盛，始兼总五省军务，吴、楚间皆仰以为伯主，而广东势亦转张。尝遣使求和亲，亦不知君雅素也，君以广东入共产邪谋，赤俄鲍罗廷、加伦又阴为之主，非旧义，纪之。南军已破汉阳，君驰救，师出九江与战，为所乘，返至江宁，知上游不可守，始屈志求援张作霖，作霖使宗昌及褚玉璞以十万人来援，师不整，竟以此败。……君既解兵，走之沈阳，居四年，日本破沈阳，乃还天津，以奉佛自晦，未尝谈国事。……铭曰……丁神州之幅裂兮，乌乎欲宣力而无因，伊浊世无正则兮，女休发于凶明，信直道之在躬兮，虽横尸何足以云云。"（《申报》，1936 年 3 月 16 日副刊。）据闻出于门人孙世扬之手。

【著作系年】《王叔和考》（《中医新生命》，1935 年 1 月）。《姜西溟手写题诗类钞跋》（《文澜学报》一集，1935 年 1 月）。《书论》（光华大学《中国语文学研究》，1935 年 3 月；又见《制言》第十一期，题《论碑版法帖》）。《濬县孙处士墓表》（《国学论衡》第五期下，收入《文录续编》卷五中）。《两广巡阅使陆君墓表》（同上）。

《制言发刊宣言》（《制言》创刊号，1935 年 9 月 16 日出版，收入《文录续编》卷三）。《汉学论》上、下（同上，收入《文录续编》卷一）。《尚书续说》（《说西伯戡黎序》、《说太誓序惟十有一年》。《说金縢篇王疑周公事》，同上）。《禹庙碑》（同上，约撰于 1932 年）。《清故龙安府教授廖君平墓志铭》（同上，撰于 1932 年，见前）。《季刚旭初行摄山得大小徐题名以墨本见示》（同上）。《丧服依开元礼议》（《制言》第二号，1935 年 10 月 1 日出版，收入《文录续编》卷一,撰于1932年,见前)。《大总统黎公碑》(同上,撰于1933年,见前)。《黄晦闻墓志铭》(同上,又见《越风》第四期,1935年11月2日出版,收入《文录续编》卷五下)。《王伯申新定助词辨》(《制言》第三期,1935年10月10日出版,收入《文录续编》卷一)。《史量才墓志铭》(同上,收入《文录续编》卷五下)。《乐陵宋氏谱序》(《制言》第三期)。《富平胡太公墓志铭》(《制言》第四期,1935年11月1日出版,收入《文录续编》卷五下)。《韵学馀论》(《制言》第五期,按即《论古韵四事》,见1931年)。《黄季刚墓志铭》(同上,收入《文录续编》卷五下)。《驳金氏五官考》(《制言》第六期,1935年12月1日出版,收入《文录续编》卷一)。《孟子大事考》(《制言》第七期,1935年12月16日出版,收入《文录续编》卷一)。《征求焦达峰遗事启》(同上)。《实用文字学序》(书首,商务印书馆1935年出版)。《么些文字序》(1935年7月,见《制言》第六十二期)。《古诗选评注序》(1934年5月,见《制言》第五十七期)。《蜀语》(《川南师范特种国文选》,1935年9月)。《跋表忠观碑》(1935年9月,据《太炎先生著述目录补遗》,《制言》第三十六期。未见)。

《致宋哲元电》(1935年12月21日,手迹,载《申报》,1935年12月24日。)

《复缪子才书》(《太炎先生著述目录初稿》卷上,《制言》第二十五期,未见)。《与钱玄同书》(1935年3月1日,同上)。《与王宏先书》(1935年2月8日,《章太炎书札》,温州市图书馆藏)。《与王宏先书一》(1935年4月5日,同上)。《与王宏先书二》(1935年6月19日,同上)。《与李根源论公羊书》一———二(见《光华大学半月刊》三卷八期,1935年4月出版,第二书见《章太炎书札》,署3月10日)。《与吴检斋论易书》(《国学论衡》第五期下,1935年6月出版)。《与张季鸾论政书》(1935年6月6日,《制言》第二十四期)。《与金祖同论甲骨文书一》(1935年6月28日,日本《书苑》一卷一号,1937年3月出版;《制言》第五十期;又收入金祖同《甲骨文辨证》,1941年11月影印本)。《与金祖同论甲骨文书二》(1935年6月30日,同上)。《与金祖同论甲骨文书三》(《甲骨文辨证》,未署月日,信封为8月13日)。《与金祖同论甲骨文书四》(同上,撰于同年8月13日以后)。《答欧阳竟无书》1935年8月18日,《制言》第九期)。《与黄季刚论韵书》二首(《制言》第四期,撰于1931年,见前)。《答李源澄书》(附李来书,《制言》第五期,1935年11月16日出版)。《答李源澄论戴东原〈原善〉〈孟子字义疏证〉书》(《学术世界》一卷七期,1935年12月出版)。

《怀虚诗草题辞》(书首,署乙亥南至日作)。《川南领事移任昆明诗以送之》(《文录续编》卷七下)。《宋母沈太夫人七十寿》(同上)。《除夕简曾重伯广钧》(《越风》第六期,1936年1月16日出版)。

《菿汉昌言》(1935年6月章氏国学讲习会铅字排印单行本,一册)。

《说文解字序》(王乘六等记,章氏国学讲演会第一期,1935年4月)。

《白话与文言之关系》(王謇等记,章氏国学讲演会第二期,1935年4月)。

《论读经有利而无弊》(王謇等记,章氏星期讲演会第三期,1935年5月引天津《大公报》,1935年6月15、16日;《国风》六卷七—八期;《国光杂志》第五期)。《论经史实录不应无故怀疑》(王謇等记,章氏星期讲演会第四期,1935年5月)。《再释读经之异议》(王謇等记,章氏星期讲演会第五期,1935年5月)。《论经史儒之分合》(王謇等记,章氏星期讲演会第六期,1935

年 6 月)。《论读史之利益》(王謇等记,章氏星期讲演会第七期,1935 年 6 月;见 1934 年条)。《略论读史之法》(王謇等记,章氏星期讲演会第八期,1935 年 7 月)。《文学略说》(王乘六等记,章氏星期讲演会第九期,1935 年 11 月)。《小学略说》上、下(王乘六等记,章氏国学讲习会讲演记录第一、二期,1935 年 10 月)。《经学略说》上、下(王乘六等记,章氏国学讲习会讲演记录第三、四期,1935 年 11 月)。《史学略说》上、下(王乘六等记,章氏国学讲习会讲演记录第五、六期)。《诸子学略说》上、下(王乘六等记,章氏国学讲习会讲演记录第七、八期)。

1936 年(民国二十五年丙子)　六十九岁

　　1 月 1 日,吴稚晖在《东方杂志》第三十三卷第一期上发出《回忆蒋竹庄先生之回忆》,为他在辛亥革命前的"不投大壑而投阳沟,面目上露",以及"苏报案"的"献策"辩护。由于章氏过去揭露了吴稚晖的叛变行径,吴在文中毒詈章氏:"从十三年(1924年)到今,我是在党里(国民党)走动,人家看了好像得意;他不愿意投青天白日的旗帜之下,好像失意。……今后他也鼎鼎大名的在苏州讲学了,党里的报纸也盛赞他的读经主张了。说不定他也要投青天白日旗的下面来,做什么国史馆总裁了。"这就是鲁迅先生指出的:"今年吴先生讥刺太炎先生受国民政府优遇时,还提起这件事,这是三十余年前的旧帐至今不忘,可见怨毒之深了。"(《且介亭杂文末编》。)

　　1 月 16 日出版的《制言》第九期封里,载有"章氏国学讲习会启事",谓:"本会开讲已久,通论之部,现已讲毕。以后即须分部详讲。听讲席尚有馀额十人。有志入会者,可于二月一日以前照章报名。"又刊章氏所著《春秋左氏疑义答问》、《菿汉昌言》单行本出书广告。

　　2 月 16 日出版的《制言》第十一期,刊有章氏《论碑版法帖》,谓:"清中世以后,论书者皆崇碑版而贱法帖,持之有故,言之成理。一曰法帖展转传摹,失其本真,而碑犹当时故物也;二曰阁帖题署,往往舛讹,为黄伯思所驳,碑版岁月缘起,犹可质也;三曰晋末石刻,犹近分隶,法帖著二王手笔,略无旧风,疑隋、唐以下所伪作也。"章氏以为"秦、汉石刻,至今几二千岁,唐碑至今亦千馀岁,其间风雨所蚀,椎榻所镕,至于刻浅字粗者,十有七八,则用笔之妙,不可尽见。观《醴泉铭》、怀仁《圣教序》辈,其石至今未毁,而字画断烂,笔势拥肿,当复右军、率更之旧,又况其远者乎? 法帖自淳化以后,虽转经传刻,其失真犹未若是甚也。"又谓:"世之论碑版者,征存缺于一字之内,分明暗于数画之间,非不详审,而大体不存焉,故差足以辨真伪,而不足以别妍蚩。自大兴翁氏专求形似,体貌愈真,精彩愈远,笔无己出,见诮诸城。后之习者,笔益塞劣。至乃横写涨痕,增之字内,一画分为数起,一磔殊为数段,犹复上诬秦相,下诋右军,则终为事法帖者所诮已。"

　　3 月 1 日出版的《制言》第十二期,刊有章氏《焦达峰传》。初,章氏自知衰病,想征集武昌起义诸人事迹,并作传以示后世,于 1935 年 12 月出版的《制言》第七期登出《征求焦达峰遗事启》:"自清末以至民国,称为革命之雄,于世绝无訾议者,盖三人而已，浙之徐锡麟、苏之赵声、湘之焦达峰是也。徐事最烈，赵才最大，焦功最高。徐、赵事已有记录，而焦不幸为奸人倒戈以死，世几以刍狗视之。……若不及今记载，将使元功盛业，泯没不传，唯愿与焦君同志同事者，各将当时事迹列开前来，辞不厌详，事须从实，当据此作传一通，以发潜德之幽光，而彰不朽之盛事。"至是，刊发《焦达峰传》，"赞曰"："达峰年少蹶起，义屈元耆，而其言卒中，智勇仁强，实出侪辈上，故能平行湘、汉，制其辐毂，桀然为义师树枢，盛哉，斯陈、项之亚已。夫首义者固多强死，衔辔不整，陈王且有庄贾之祸，又况于馀子。重以民党日偷，恶直上谀，扬浮名，没实功，达峰已死，而后来者掩以为上勋，众口幡幡，又曷足校哉！"

同期《制言》载有《太炎启事》，谓："余自二十一年秋赴苏讲演，同人为集国学会。至二十四年，以讲学旨趣不同，始特立章氏国学讲习会，就苏州锦帆路五十号自宅后方开置讲堂，常年讲演。发有《简章》及《演讲录》，并《制言》半月刊，以饷海内同志。其旧设之国学会，脱离已过一年。恐远道尚未分辨，致有误会，特此登报声明。"

3月16日出版的《制言》第十三期，载有《太炎通告及门弟子》，谓："余讲学以来几四十年，及门著籍，未易偻指，而彼此散处四方，音书辽绝，难收攻错之功。近余设教吴中，同学少年，金以集会为请。余惟求声应气，前哲所同，会友辅仁，流风未替。况余衰耄，来日无几，岁时接席，岂可久疏。因拟《草约》四条，以为集会之原则。凡我同人，如以此议为然，希于五月一日以前开示最近住址，以便通讯，共商进行之宜。"又附《会约四条》："一，由及门弟子组织一学会；一，每年寒假、暑假各举行大会一次；一，每次大会征集会员治学心得，发行会刊；一，会章由会员共订之。"

同期《制言》，载有章氏《菿汉闲话》，中谓："处官涉务，常苦无暇求学，然经记至言，所谓道之出口，淡乎无味，涉务稍久，乃知为不刊之典，其深造有过于读书者矣。王文成称知行合一，于此亦见一斑。"又曰："曩胡适之与家行严争解《墨经》，未有所决。余尝晓之曰：昔人治诸子多在治经后，盖训诂事实，待之证明，不欲以空言臆决也。今人于文字音义多未昭晰，独喜治诸子为名高，宜其多不安隐矣。"另有谈文字、音韵、文学、医学、佛典等。十四期《制言》续载，共二十七则。

3月25日，《与人论读经书》谓：顾炎武目睹明代空谈心性之弊，"故以车中默诵自课而外，有读经会之设。夜闻张稷若诵《仪礼》，搴裳奉手，唯恐不及，稷若亦卒成大儒。盖宁人所以启清儒之户牖者，《音学五书》、《日知录》为最著，然握其枢者，读经会也，非是皮之不存而毛焉所附乎？近代经学荒废，自中学以下，未尝通《论语》、《孝经》，及入大学，乃以《经学概论》与之强聒，此与沙门上首为老妪讲《华严》何异"。"然所宜诵者，非独经也，《四史》、《通鉴》及前人别集之属，老生亦常有上口者，顾今日不暇给，且以读经为先尔"。又谓："自民国初小学废读经，今已几二十岁，学者或不知大禹、周公，故志失坠，不知其几，及今逆以挽之，犹愈于已。若因循不改，又二十年，吾知汉族之夷于马来也。"（《制言》第二十一期，1936年7月16日出版。）倡导读经。

又列《中学读经分年日程》，谓："每年以实足二百四十日计，每半年以实足一百二十日计。""初中前一年半，每日读一百字，计三万六千字。"内《论语》一万六千字，《孝经》一千七百字,《孟子》"选读其半,一万六千馀字"。初中后一年半,"每日读一百五十字,计五万四千字",内《少仪》、《学记》、《大学》、《儒行》约七千馀字;《尧典》、《禹贡》、《甘誓》、《汤誓》、《牧誓》、《无逸》、《顾命》、《费誓》、《秦誓》约一万一千字;《诗经》约三万四千字。高中前一年半,每日读二百字,计七万二千字,内《周礼》除序官,约四万二千字,《丧服》约五千字,《左传》选读万五千字。高中后一年半,每日读二百五十字,计十万八千字,选读《左传》,"然后升入大学,为讲汉、唐及清儒经说"。要叫青年"讽诵经书"。

4月16日出版的《制言》第十五期,载有章氏所撰《秦力山传》,"赞曰":"孙公之在东国,羽翮未具,力山独先与游。自尔群士辐凑,岁逾百人。同盟会之立,斯实为维首焉。乃谋举江宁不成,窜迹蛮左,不忘奋飞,岂谓借是可以定大业哉,亦致命遂志而已。抱奇无施,卒遭阴贼,悲夫!"

同期《制言》,又有《书曾刻船山遗书后》,谓:"王而农著书,一意以攘清为本。曾国藩为清爪牙,蹈洪氏以致中兴,遽刻其遗书,何也?衡湘间士大夫以为国藩悔过之举,余终不敢信。""余谓国藩初起抗洪氏时,独以拒袄教、保桑梓为言,或云檄文宜称大举义旗以申天讨者,国藩不肯用。然则种族之辨,夫固心知之矣。洪氏纲纪不具,又诪于异教之说,士大夫虽欲为之谋不可得,国藩之屈而之彼,势也。及金陵已下,戏下则有惰归之气,而左、李诸子新起,其精锐乃逾于旧,虽欲乘胜仆清,物有相制者矣。独有提挈湘、淮,以成百足之势,清之可覆与否,非所睹也。然其魁柄已移,所谓制人不制于人,其亦或如论者所言。观其刻王氏书无所剟削,独于胡虏丑名,为方空以避之,其不欲厚诬昔贤,亦彰彰矣。虽然,论国藩者,如《公羊》之贤祭仲,汉史之与平、勃可也。自君子观之,既怀阴贼以覆人国,又姑假其威以就功名,斯亦谲之甚矣。"与以前论调,已有改变。

同期《制言》,又有《锡麟学校赞》:"不有先导,谁启大邦?烈烈徐公,智勇寡双。一震之威,计在画江。赤心虽剖,虏志亦降。千秋馨祀,悬名旗橦。"撰《成章学校赞》:"中原向明,海隅未晓。陶公孟晋,与徐分道。诚动宾萌,义夫云扰。杀身之由,志大地小。熏莸判矣,终为国宝。"

4月,又有《太炎通告及门诸子启事》:"近余设教吴中,同学年少,佥以集会为请。余惟求声应气,前哲所同;会友辅仁,流风未替。况余衰耄,来日无几。岁时接席,岂可久疏。"

《通告》刊布后,4月20日,钱玄同上书章氏,谓:"近读吾师《通告及门诸子》,敬悉将有学会之组织,甚休甚休。窃思三十年来,著弟子籍者甚多,但师讲学多次,异时异地,其同时受业者,已多散处四方,音书辽绝。至于时地不同者,彼此互睹姓名而不知为同门者盖甚夥。鄙意似宜先在南北大报上登一通告,属各人开列姓名、字、年岁、籍贯,何年在何处受业,现在通讯处,及现在在何处任事各端,并定一表格,使之照填,集成目后,刊《章氏弟子录》一册。如此不但便于通讯,且可使先后受业诸人互悉某某为同门,不知尊意以为然否?"(《制言》第十六期卷首,1936年5月1日出版。)钱玄同建议,为章氏所采取。鲁迅《关于太炎先生二三事》说：“先生遂身衣学术的华衮，粹然成为儒宗，执贽愿为弟子者綦众，至于仓皇制《同门录》成册。”（《且介亭杂文末编》。）

4月，《题中央大学所刻黄先生纪念册》，谓：“余以为昔明、清间说经者，人自为师，无所取正。元和惠氏出，独以汉儒为归，虽迂滞不可通者，犹顺之不改，非惠氏之戆，不如是不足以断倚魁之说也。自清末迄今，几四十岁，学者好为傀异，又过于明、清间，故季刚所守，视惠氏弥笃焉，独取注疏，所谓犹愈于野者也。”（《制言》第二十期，1936年7月1日出版。）

春，“因潘生承弼得洛阳续出三体石经拓本两纸，前为《尚书》，后为《春秋》。《尚书》存十五行，《春秋》存十四行，每行约十五六字，以通行本《尚书》、《春秋》对校，每行下当尚有七字，其上所损则三十馀字，此石与十一行所得一石，正相衔接”。4月，为作《书后》。（《书洛阳续出三体石经后》，《制言》第十六期，1936年5月1日出版。）

春，又为1931年后参加“剿共”的国民党二十七军军长李云杰（俊三）撰《墓志铭》，并为“刻铭神道”，以中国共产党为“贼”。（《制言》第十七期，1936年5月16日。）

5月15日，《答车铭深书》，谓：“鄙意以为学者求道，正如偃鼠饮河，期于满腹，苟未体孔、颜真谛，各尊所闻，各行所知，亦未尝不当其用，宁必强以从同，然后满志。观孔子所以语颜渊者，其于曾、闵以下，初未一言及之，此所谓小大精粗无乎不在。世变已亟，仕者得冉有、季路，隐者有季次、原宪，亦可以疗饥拯溺矣。抑非谓道止在是，更无超出其表者也。”（《制言》第十八期，1936年6月1日。）

5月25日，上海“公祭胡汉民”，壁间悬有章氏挽联：“君真是介甫后身，举世谁知新法便；我但学茂弘弹指，九原应笑老儒迂。”（《申报》，1936年5月25日《今日追悼公祭胡主席》。）

6月，章氏给国学讲习会的学生讲完《尚书》，离开暑假还有一个短时间，于是加开《说文部首》新课，准备在放暑假前讲完。开讲不久，即因鼻衄病急，气喘病又发作，最严重的时候，连饮食都难下咽，仍坚持上课。

6月4日，拟《答某书》：“前被手书，属以共信济艰之义，劝诱国人，抑言之非难，欲其心悦诚服则难。迩来所以语河北者，独云保爱令名，勿入陷阱而已。苟其人自惜羽毛，又知东人非始终可保，必不轻于依附。至于小小委蛇，如晋张轨之在凉州，非不与刘、石酬酢也。而领土必不肯弃，名号必不肯更，则所以自守者固在。一闻劝励，当必有努力增倍者矣。若欲其杀敌致果，为国牺牲，此在枢府应之以实，固非可以口舌致也。顷者，东方于津、沽等处，又增兵矣。观其用意，亦只以武力胁迫，欲为城下之盟而已，用兵则犹未也。然势之所激，往往有出虑外者，枢府虽以剿匪诸师近驻晋南，阴为犄角，一旦有急，则未知河北之意，果愿其入境否也？鄙意应之以实，本无他虑，彼在危急之中，而部下之不肯屈辱者，尚居大半，果以精械厚糈相助，唯有感激向前耳，安有据之以兴背诞者耶？此事既行，又厚遇山东，以坚其意，彼知政府之不我遗弃也，能以一部应战固善，不能独战，则必有济师之请，而晋南诸师，可与并力矣。为今日保全华北计，唯有如此。若以河北难守，而但南抗黄河，河流既长，处处可以窃渡，幸遇水潦涨盛,容可暂安,水涸则必无以阻敌矣。抑鄙意以为今之国计,固不宜恣言远略,惟领土未亡者,则不可不加意顾全。北平既急,纵令勉力支持,察省必难兼顾。盖非常之时,必以非常之事应之。今共党之在晋北者,其意不过欲北据河套,与苏俄通声势耳。此辈虽多狙诈,然其对于日军,必不肯俯首驯伏明甚。若能顺其所欲,驱使出塞,即以绥远一区处之,其能受我委任则上也;不能,亦姑以民军视之。如此,察省介在日、共之间,渐可成为缓冲之势,较今之左支右绌者,其得失必相悬矣。盖闻两害相较,则取其轻,与其使察、绥二省,同为日有,不如以一省付之共党之为害轻也。以上就形势立说,或不致有大差池。若夫开诚布公,以悬群众,使将相之视枢府,犹手足之扞头目,转移之妙,自在庙堂,此非草野所能与,而固不能不殷殷期望者也。匆遽陈辞,当不以临渴掘井为诮。"(《章太炎书札》。)

6 月 14 日,章氏因鼻衄病和胆囊炎病逝于苏州。王基乾《忆馀杭先生》叙述章氏扶病讲学直至逝世时的情形云:"先生讲学,周凡三次,连堂二小时,不少止;复听人质疑,以资启发。不足,则按日约同人数辈至其私室,恣意谈论,即细至书法之微,亦无不倾诚以告,初不计问题之洪纤也。二十五年夏,先生授《尚书》既蒇事,距暑期已近,先生仍以馀时为足惜,复加授《说文》部首,以为假前可毕也。顾是时先生病续发,益以连堂之故,辄气喘。夫人因属基乾辈,于前一时之末,鸣铃为号,相率出室外。先生见无人倾听,可略止。然馀时未满,诸人复陆续就座。先生见室中有人,则更肆其悬河之口矣。以此先生病弥甚。忆最后一次讲论,其日已未能进食,距其卒尚不及十日,而遗著《古文尚书拾遗定本》亦临危前所手定,先生教学如此,晚近真罕有其匹也。先生病发逾月,卒前数日,虽喘甚不食,勉为讲论。夫人止之,则谓:'饭可不食,书仍要讲'。"(引自许寿裳《章炳麟》第 165 页。)

当章氏"之未病也,曾草遗嘱,其言曰:'设有异族入主中夏,世世子孙毋食其官禄。'遗嘱止此二语,而语不及私"。(缪篆:《吊馀杭先生文》,见《制言》第二十四期,1936 年 9 月 1 日出版。)

章氏病逝,当时各报都以显著地位报道,6 月 15 日《申报》第二张《朴学大师章太炎氏在苏逝世》载:

"朴学大师章太炎先生,以胆囊炎症今晨八时在此逝世,春秋六十有九,远近莫不哀悼。(苏州十四日专电。)

"章太炎逝世消息到京后,中央至为痛悼,经决定发给治丧费三千元,并由中央秘书处致电丁惟汾君代唁章氏家属。原电如下:'苏州章公馆丁委员惟汾鉴:惊闻太炎先生今晨溘逝,至为痛悼,当经中央决定发治丧费三千元,并请代致悼唁之意等因。除款另汇外,特此电达,即希就近慰唁章夫人,并俟款到转交为盼。中央执行委员会秘书处。寒。印。("十四日中央社电"。)

"苏州通讯:朴学大师章太炎先生,现寓苏州锦帆路五十号自宅,于今日(十四)上午八时,以鼻菌症与胆囊炎不治而逝,存年六十九岁,兹述其病状与略史如次:

"章氏于民国二十三年由上海同孚路寓所迁居苏州锦帆路自建新屋,创设章氏国学讲习会,发刊《制言》半月刊,海内闻名来苏听讲者甚众,而在苏名流如李印泉、张仲仁、陈石遗、金松岑辈,亦均力助章氏之国学会,中央曾于去年资助章氏万元。章氏于设国学会后,同时有读〈经〉救国之主张,一时颇为一般主张复古运动者所拥护。今春广东陈济棠亦曾派员来苏,欲聘章氏入粤为学海书社讲学,章以年迈不胜跋涉而婉拒。同时中央亦拟以国史馆请章氏主持,章亦未就。章氏以年高,在苏偶应学校团体之请而往讲学时,以不胜久立,故必坐而后讲,辄气喘不止。因章患鼻菌症迄将二十年,屡治未愈,而于近四年来,以气喘疾日甚,因之体力日弱。距今二星期前,其鼻孔中之一菌,忽然脱落坠出,即觉胃纳不佳,身体不舒。至本月十三日起,遂寒热发作,最高时体温为一百〇五度。初延按脊术医师谢剑新推拿,继由沪医余云岫来苏诊治,及西医王几道、林苏民、孙剑夷相诊治,诊断其症状为胆囊炎、疟疾及鼻菌症,与气喘病并发症。但章以生性好动,故是日犹自楼上卧室至楼下之会客室与人谈话。在小王山之寓公李印泉暨在京中委丁惟汾,闻讯均来苏至章寓探问。不料至今日(十四)上午七时四十五分,章氏竟溘然长逝。章氏临终时,丁惟汾、李印泉及国学会同人暨章夫人汤国梨女士与子女等,均在病榻前,因章自以为不至即死,故未预备正式遗嘱,但章生前曾语其友好及门弟子,希望于其死后,对其设立之章氏国学讲习会,设法永久维持,俾其毕生致力之国学,得以流传。现已由其友好等在章寓设立章氏治丧事务处,即通电国内亲友报丧。定十六日大殓。"本日起,《申报》、《新闻报》刊登《章太炎讣告》。

　　6月16日,《申报》续载"治丧"情况云:

　　"国学大师章太炎先生,于十四日上午八时许,病故苏寓,中委丁惟汾特由京来苏,襄助办理丧务,组织治丧事务处,分总务、文书、布置、会计、招待等五股。推李根源、钱梓楚、沈瓞民、龚振鹏、邓孟硕、张继、丁惟汾、沙平西为总务,孙鹰若、褚祖硕、徐士复、潘景郑、皇甫荣生、王佩净为文书,钱景甫、马宽荃、惠心可、郑梨邨为布置,沙平西、庄瑞庆、郑梨邨、王乘六为会计兼庶务,聂德昭、潘璇卿、徐云秋、惠心可、金东雷、戴锦澂、施纯丞、汪青在、吴得一、贝仲琪、朱季海、王佩净、李季邨为招待,并分电平津京沪各方报丧。定十五日下午四时小殓,十六日巳刻大殓,其棺柩为杪枋,计价洋一千元。大殓丧仪,依照其夫人汤国梨意思,依照旧式,礼堂布置亦系旧式。中央党部特拨治丧费三千元,并致电慰唁。中委张继特于十五日下午由西安飞苏,段祺瑞亦将来苏吊唁,中央各要人亦将于今日(十六)来苏,故治丧处特在新苏饭店设立招待处,并在车站等处派员招待,俟各方要人来苏后,即行筹商追悼事宜。监察院长于右任特派代表监委曾道一君于十五日由京来苏吊唁。其拟定含殓仪式:一、奏哀乐;二、举哀;三、鼓吹;四、尚礼服;五、奏哀乐;六、升盖;七、结绞;八、升棺;九、举哀乐;十;奉敛;十一、平□;十二、分金;十三、含酒;十四、饭含;十五、奏哀乐;十六、加帱;十七、加盖。"(下录冯玉祥、居正、李烈钧、张继、柏文蔚、钱玄同等挽电,略。见《申报》,1936年6月16日"国内新闻"《章太炎氏今日大殓》。)

　　章氏逝世后,弟子马裕藻、许寿裳、吴承仕、周作人、沈兼士、钱玄同挽联为:"素王之功不在禹下;明德之后必有达人。"(1936年7月17日钱玄同《致潘承弼书》,手迹。)

钱玄同更挽以长联：

"缵苍水、宁人、太冲、蕺斋之遗绪而革命，蛮夷戎狄，矢志攘除，遭名捕七回，拘幽三载，卒能驱逐客帝，光复中华，国士云亡，是诚宜勒石纪勋，铸铜立象；

"萃庄生、荀卿、子长、叔重之道术于一身，文史儒玄，殚心研究，凡著书廿种，讲学卅年，期欲拥护民彝，发扬族姓，昊天不吊，痛从此微言遽绝，大义无闻。"（同上；又见《制言》第二十二期。）

许寿裳又集遗著，撰成挽联：

"内之颉籀儒墨之文，外之玄奘义净之术，（《瑞安孙先生哀辞》。）专志精微，穷研训故；（《菿汉微言》。）

"上无政党猥贱之操，下作懦夫奋矜之气，（《答铁铮》。）首正大谊，截断众流。"（《与王揖唐书》。见《章炳麟》第 166 页。）

章氏逝世后，国民党中央执行会秘书处特电丁惟汾，"发给治丧费三千元"，蒋介石、林森、居正、于右任、陈果夫、李烈钧、冯自由、邵元冲、蒋作宾、吴佩孚、李璜、孔祥熙、段祺瑞、杨虎、唐绍仪等都有"唁电"。（《制言》第二十期，1936 年 7 月 1 日出版。）

9 月 4 日，钱玄同、许寿裳等发起在北平开会追悼，《通启》为："先师章太炎先生不幸于本年六月十四日卒于江苏吴县，先生为革命元勋，国学泰斗，一旦辞世，薄海同悲。同人等今定于九月四日上午十时假北平东华门大街孔德学校大礼堂开会追悼。凡先生生平友好，吾同门诸君，又景仰先生者，届时敬希莅会，无任企盼。章氏弟子：马裕藻、许寿裳、朱希祖、钱玄同、吴承仕、周作人、刘文典、沈兼士、马宗芗、黄子通同启。"（印刷品，原件。）

10 月 6 日、10 月 17 日，鲁迅分别写了《关于太炎先生二三事》和《因太炎先生而想起的二三事》，评价了章太炎的功过："考其生平，以大勋章作扇坠，临总统府之门，大诟袁世凯的包藏祸心者，并世无第二人；七被追捕，三入牢狱，而革命之志终不屈挠者，并世亦无第二人，这才是先哲的精神，后生的楷范。"又说："既离民众，渐入颓唐，后来的参与投壶，接收馈赠，遂每为论者所不满，但这也不过白圭之玷，并非晚节不终。"

鲁迅在与友人的信札中，对章太炎也有中肯的估价：

"古之师道，实在也太尊，我对此颇有反感。我以为师如荒谬，不妨叛之，但师如非罪而遭冤，却不可乘机下石，以图快敌人之意而自救。太炎先生曾教我小学，后来因为我主张白话，不敢再去见他了，后来他主张投壶，心窃非之，但当国民党要没收他的几间破屋，我实不能向当局作媚笑。以后如相见，仍当执礼甚恭（而太炎先生对于弟子，向来也绝无傲态，和蔼若朋友然）。自以为师弟之道，如此已可矣。"（1933 年 6 月 18 夜《致曹聚仁》，见《鲁迅书信集》，人民文学出版社 1976 年版，第 380 页。）

"得《新苗》，见兄所为文，甚以为佳，所未敢苟同者，惟在欲以佛法救中国耳。从中更得读太炎先生狱中诗，卅年前事，如在眼前。因思王静安没后，尚有人印其手迹，今太炎先生诸诗及'速死'等，实为贵重文献，似应乘收藏者多在北平之便，汇印成册，以示天下，以遗将来。故宫博物馆印刷局，以玻璃板印盈尺大幅，每百枚五元，然则五十幅一本，百本印价，不过二百五十元，再加纸费，总不至超出五百，向种种关系者募捐，当亦易集也。此事由兄发起为之，不知以为何如？

"与革命历史有关之文字不多，则书简文稿册页，亦可收入，曾记有为兄作汉《郊祀歌》之篆书，以为绝妙也。倘进行，乞勿言由我提议，因旧日同学，多已崇贵，而我为流人，音问久绝，殊不欲因此溷诸公之意耳。"（1936 年 9 月 25 日《致许寿裳》，同上第1042 页。）

按：《新苗》一文，指许寿裳在 1936 年 9 月该刊第八期发表的《纪念先师章太炎先生》一文。

鲁迅在《名人和名言》中，对章太炎"以为你们说文言难，白话更难。理由是现在的口头语，有许多是古语，非深通小学就不知道现在口头语的某音，就是古代的某字，不知道就是古代的某字，就要写错"。一针见血地加以批评说："因为白话是写给现代的人们看，并非写给商、周、秦、汉的鬼看的。起古人于地下，看了不懂，我们也毫不畏缩。所以太炎先生的第三道策，其实是文不对题的。这缘故是因为先生把他所专长的小学，用得范围太广了。"指出："我们是应该将名人的话和名言分开来的，名人的话并不都是名言，许多名言倒出自田夫野老之口。"最后说："我很自歉，这回时时涉及了太炎先生，但'智者千虑，必有一失'，这大约也无伤于先生的日月之明的。"（《太白》二卷九期，1935 年 7 月 20 日出版，见《鲁迅全集》第六卷第 286 页。）

鲁迅在《趋时和复古》中还说："清末，治朴学的不止太炎先生一个人，而他的声名，远出孙诒让之上者，其实是为了他提倡种族革命，趋时，而且还'造反'。后来'时'也'趋'了过来，他们就成为活的纯正的先贤。但是，晦气也夹屁股跟到，……孙传芳大帅也来请太炎先生投壶了。原来拉车前进的好身手，腿肚大，臂膊也粗，这回还是请他拉，拉还是拉，然而是拉车屁股向后，这里只好用古文'呜呼哀哉，尚飨'了。"

景宋：《民元前的鲁迅先生》说："章太炎先生，国学非常之精醇，而又是一位百折不挠的革命家，先生的向他求学，不是志在学问，而是向往他的人格。在《关于太炎先生二三事》里明白地承认：前去听讲也在这时候，但又并非因为他是学者，却为了他是有学问的革命家，所以直到现在，先生的音容笑貌，还在目前，而所听的《说文解字》却一句也不记得了。章先生的革命勋业，是人所共知的，而他的'七被追捕，三入牢狱，而革命之志终不屈挠'，却是先生的'楷模'，终于先生也以'韧的战斗'见称于世，是真真能够得求学的真髓的。章先生对待学生，不是授课的时候，好似家人老友一般和蔼相向，这种精神，先生得其神似，所以终他的一生，对青年的态度纯恳，是有所本的。

"凡是跟着章先生研究《说文解字》或研究他的著作的，都知道他好用古体字。因之在鲁迅先生译《域外小说集》的时候，也不知不觉地采用了。但据鲁迅先生说，章先生本来不过偶然写几个古字，可是有一位最年青而又聪明的钱玄同先生却时常会拿着书走向章先生跟前，指出还有那几个字应该照古体的样子写，于是章先生点头称是，照改了。越改越甚，这就弄成后来的一些文章中所见到的特别现象。

"鲁迅先生对于章先生是很尊崇的,每逢提起,总严肃地称他'太炎先生'。当章先生反对袁世凯称帝的野心时,曾经被逮绝食,大家没法子敢去相劝,还是推先生亲自到监狱婉转陈词才进食的。后来章先生晚年行动,稍稍使人失望,先生却能原情度理,给予公允的批评,读到他纪念章先生的文章,即令人起无限景仰,给予真正的估价。"(王冶秋:《民元前的鲁迅先生》附,光华书店 1947 年 9 月版。)

【著作系年】《故驻日本公使汪君墓志铭》(《制言》第八期,1936 年 1 月 1 日出版,收入《文录续编》卷五下)。《荆母夏太夫人墓志铭》(《制言》第十期,1936 年 2 月 1 日出版)。《萧一之墓碣》(《制言》第十一期,1936 年 2 月 16 日出版,收入《文录续编》卷五下)。《论碑版法帖》(同上,收入《文录续编》卷一)。《黄季刚先生遗著专号序》(《中央大学文艺丛刊》二卷二期,1936 年 2 月)。《与沈瓞民论乡贤书》一——二(《历史周刊》十九期,1936 年 3 月)。《焦达峰传》(《制言》第十二期,1936 年 3 月 1 日出版,收入《文录续编》卷四)。《孙仲阁诔》(《制言》第十三期,1936 年 3 月 16 日出版,收入《文录续编》卷四)。《项松茂诔》(同上)。《莉汉闲话》(同上,收入《文录续编》卷一)。《二十五史别编序》(1936 年 4 月,样本影行原稿,又《制言》第五十七期)。《故参议院议员张君墓表》(《制言》第十四期,1936 年 4 月 1 日出版,收入《文录续编》卷五中)。《莉汉闲话》(续,同上,收入《文录续编》卷一)。《书曾刻船山遗书后》(《制言》第十五期,1936 年 4 月 16 日出版,收入《文录续编》卷二上)。《秦力山传》(同上,收入《文录续编》卷四)。《成章学校赞》(同上,收入《文录续编》卷七上)。《锡龄学校赞》(同上)。《书洛阳续出三体石经考》(《制言》)第十六期,1936 年 4 月记,5 月 1 日出版)。《梅黄君碑》(《制言》第十七期,1936 年 5 月 16 日出版,收入《文录续编》卷五上)。《陆军上将第二十七军军长李君碑》(同上)。《嘉禾李君墓志铭》(同上,收入《文录续编》卷五下)。《与王宏先论修史书》(1936 年 5 月 17 日,见《章太炎书札》)。《答车铭深书》(《制言》第十八期,1936 年 6 月 1 日出版)。《清故分省补用道何君墓志铭》(同上,收入《文录续编》卷五下)。《书长沙张母事》(同上)。《答某书》(1936 年 6 月 4 日,见《章太炎书札》)。《疑年拾遗》(《制言》第十九期,1936 年 6 月 16 日出版)。《答杨立三毛诗言字义》(同上)。《与人论读经书》(1936 年 3 月 25 日,《制言》第二十一期,1936 年 7 月 16 日出版)。《濬县孙处士墓表》(同上,收入《文录续编》卷五中)。《武陟鲁君墓志铭》(同上,收入《文录续编》卷五下)。《拜跪举废义》(《制言》第二十二期)。《黄冈李君墓志铭》(同上,收入《文录续编》卷五下)。《读太史公书》(《制言》第二十三期,1936 年 8 月 16 日出版,收入《文录续编》卷二)。《黄氏藏书楼记》(1936 年 3 月,见《制言》第二十三期)。《答张破浪论误下救下书》(《苏州国医杂志》十期,1936 年夏)。《中学读经分年日程》(《制言》第二十四期,1936 年 9 月 1 日出版)。《古文尚书拾遗定本》(《制言》第二十五期,1936 年 9 月 16 日出版,章氏国学讲习会另有仿宋排印本)。《连语》(同上)。《论东林误国事》(《制言》第二十六期,1936 年 10 月 1 日出版,收入《文录续编》卷二上)。《芷江刘公祠堂记》(《制言》第二十六期,收入《文录续编》卷六下)。《评校说文解字注》(书崮评语十八则,《制言》第二十七期,1936 年 10 月 15 日出版)。《答吴缇斋论丧服书》(《制言》第二十七期,1936 年 10 月 16 日出版)。《答沈商耆论丧服书》(同上)。《论生命》(《制言》第二十八期,1936 年 11 月 1 日出版)。《论中古哲学》(《制言》第三十期,1936 年 12 月 1 日出版)。《咏红豆》(丙子,《文录续编》卷七下)。

　　《章校长太炎医学遗著特辑》(《苏州国医杂志》第十期,1936 年夏。)
　　医学演讲:《伤寒论演讲词》　《对本校学生演讲词》
　　医学论文:《伤寒误认风温之误治论论脏腑经脉之要谛》　《论诊脉有详略之法论十二经与针术》　《论十二经开阖之理》　《论伤寒传经之非》　《温度不能以探口为据说》　《治温退热论》　《论肺炎病治法》　《阳明证变法与用麻桂二汤之正义》《黄瘅病》　《论厥阴病》　《疟论》　《温病自口鼻入论》　《中土传染病论》　《论少阴病》　《论霍乱》上、中、下　《论湿温治法》　《伤寒新论》　《论医笔记》五则　《桃仁承气及抵当汤之应用》　《猩红热论》　《劝中医审霍乱之治》　《对于统一病名建议书》　《时师误指伤寒小柴胡证为湿温辨》　《脚气论》
　　论医书牍:《与田桐书》　《答张破浪论误下救下书》　《征求柯韵伯遗书启》《答张破浪论医书》　《论中医剥复案与吴检斋书》　《与恽铁樵书》一——二　《论骨蒸五劳六极与其著书》　《答余云岫论脾脏书》　《答王一仁再论霍乱之治法》
　　医学考证:《张仲景事状考》　《古今权量之考证》　《王叔和考》
　　医学文苑:《拟重刻古医书目序》　《题陈无择三因方》五言一律　《防疫诗》二首《保赤新书序》　《伤寒论单论本题辞》　《仲氏世医说》　《中国医药问题序》　《伤寒论辑义按序》　《伤寒论今释序》　《覆刻何本金匮玉函经题辞》　《中国医药大辞典序》　《挽西医江逢治》　《挽国医恽铁樵》　《挽陈善馀》

　　《菿汉雅言札记》(但植之记,《制言》第二十五期)。《菿汉大师连语》(孙世扬辑,同上)。《菿汉大师语录》(孙世扬记,《制言》第二十二、二十四、二十六、二十七期)。《菿汉大师说文讲记》(徐复记,《制言》第三十一、三十三、三十四期)。